Compiled with contributions by Irina A. Walshe.

1. Auflage 2011 (1,02 - 2020)

www.langenscheidt.com

rint: Druckerei C. H. Beck Nördlingen
nted in Germany

978-3-12-514026-4

Langenscheidt Pocket Dictionary

Russian

Russian – English
English – Russian

Langenscheidt

Contents

Preface

This Russian/English Dictionary with its 45,000 references is an ideal tool for all those who work with the Russian and English languages at beginners or intermediate level. The dictionary offers coverage of everyday language and also details the latest developments in Russian and English. Hundreds of up-to-date Russian and English words have been incorporated into the present edition of this dictionary, making it ideal for everyday use in the modern world – in all walks of life and also at school. The dictionary contains the most important terminology from such specialist areas as trade and commerce, technology, and medicine.

Isolated words are often only clearly understood in context. So a large number of multi-word lexical units, loose combinations such as collocations as well as set phrases such as idiomatic expressions, are given to show the full spectrum of a word's meaning and to illustrate how the two languages Russian and English correspond in context.

Translations referring to different word classes of the same headword are indicated by arabic numbers. Synonymous translation variants are seperated by commas, and semantically distinct alternatives by semicolons.

In addition to the main vocabulary, this dictionary contains special quick-reference sections for geographical names and current abbreviations in both Russian and English.

Words need grammar to back them up. This dictionary gives detailed information on the conjugation and declension of Russian verbs, nouns and adjectives. Each Russian verb, noun or adjective in the dictionary includes a reference to a corresponding standard verb, noun or adjective in the grammar appendix, which is then fully conjugated or inflected.

English pronunciation in this dictionary follows the principles laid down by Jones / Gimson and is based on the alphabet of the *International Phonetic Association* IPA.

Russian words can be pronounced properly if the stress is known. Therefore every Russian word has an appropriate stress mark. Shift of stress, as far as it takes place within the inflection, is also indicated. A detailed account of Russian pronunciation with the help of the Symbols of the IPAs phonetic transcription can be found on pages 13–19.

It is hoped that this dictionary will be a rich source of information for you as well as an indispensable part of the materials you use to learn Russian or English.

How to Use the Dictionary

1. **Arrangement.** Strict alphabetical order has been maintained throughout the dictionary.

   A number of prefixed words, especially verbs, are not explicitly listed because of the limited size of the dictionary, and in such cases it may prove useful to drop the prefix and look up the primary form, e. g.:

   <u>по</u>благодари́ть → благодари́ть

   Compounds not found at their alphabetical place should be reduced to their second component in order to find out their main meaning, e. g.:

   термоя́дерный → я́дерный = nuclear

   The tilde (~) serves as a mark of repetition. The tilde in bold type replaces either the headword or the part of the headword preceding the vertical bar; e. g.:

   иди́лл|ия ...; **~и́ческий** = **идилли́ческий**

   In the English-Russian part the tilde in multi-word lexical units is used to replace the whole headword, e.g.:

   mobil|e ...; ~ ***phone*** = ***mobile phone***

   In the Russian-English part the tilde in idioms is used to relace the part preceding the vertical bar, e. g.:

   коль|цево́й ...; **~цо́** ...; ***обруча́льное ~цо́*** = ***обруча́льное кольцо́***

   The tilde with a circle (~̊): when the first letter changes from a capital to a small letter or vice-versa, the usual tilde is replaced by the tilde with a circle.

   In brackets a hyphen (-) has been used instead of the tilde, e. g.:

   брать [беру́, -рёшь; брал, -á ...] = [беру́, берёшь; брал, бралá ...]

   Of the two main aspects of a Russian verb the imperfective form appears first, in boldface type, followed, in acute-angled brackets < >, by its perfective counterpart.

2. **Pronunciation.** As a rule the pronunciation of individual Russian headwords has been given only in cases and places that differ from the standard pronunciation of Russian vowel and consonant letters, e. g.:

   лёгкий (-xk-) - «гк» is pronounced «хк».

3. **Stress.** The accent mark (´) is placed above the stressed vowel of a Russian entry (or any other) word with more than one syllable and printed in full, as well as of run-on words, provided their accentuated vowel is not covered by the tilde or hyphen (= marks of repetition), e. g.:

   докáз|ывать ..., <~áть> = <доказáть>

   Since ё is always stressed the two dots over it represent implicitly the accent mark.

   Wherever the accent mark precedes the tilde (´~) the second-last syllable of the part for which the tilde stands is stressed, e. g.:

   уведом|ля́ть ..., <´~ить> = <уве́домить>

An accent mark over the tilde (~́) implies that the last (or sole) syllable of the part replaced by the tilde is to be stressed.

Example:

наход|и́ть ...; ~́ка = нахо́дка
прода|ва́ть ..., <~́ть> = <прода́ть>

In special cases of phonetic transcription, however, the accent mark precedes the stressed syllable, cf. **анте́нна** (-'tɛn-). This usage is in accordance with IPA rules.

Two accents in a word denote two equally possible modes of stressing it, thus:

и́на́че = ина́че *or* **и́наче**

Quite a number of predicative (or short) adjectives show a shift, or shifts, of stress as compared with their attributive forms. Such divergences are recorded as follows:

хоро́ший [17; хоро́ш, -а́] = [17; хоро́ш, хороша́, хорошо́ (*pl.* хороши́)]

The same system of stress designation applies, to accent shifts in the preterite forms of a number of verbs, e. g.:

да|ва́ть ..., <~ть> [... дал, -а́, -о; ... (дан, -а́)] = [... дал, дала́, да́ло (*pl.* да́ли); ... (дан, дана́, дано́, даны́)]

Insertion of the "epenthetic" о, е, between the two last stem consonants in masculine short forms has been noted in all adjectives where this applies, e. g.:

лёгкий ... [16; лёгок, легка́; *a.* лёгки] = [16; лёгок, легка́, легко́ (*pl.* легки́ *or* лёгки)]

If the stress in all short forms conforms to that of the attributive adjective the latter is merely provided with the abbreviation *sh.* (for *short form*) which indicates at the same time the possibility of forming such predicative forms, e. g.:

бога́тый [14 *sh.*] = [14; бога́т, бога́та, бога́то, бога́ты]

4. **Inflected forms.** All Russian inflected parts of speech appearing in the dictionary are listed in their appropriate basic forms, i. e. nominative singular (nouns, adjectives, numerals, certain pronouns) or infinitive (verbs). The gender of Russian nouns is indicated by means of one of three abbreviations in italics (*m*, *f*, *n*) after the headword.* Each inflected entry is followed, in square brackets [ ], by a figure which serves as reference to a definite paradigm within the system of conjugation and declension listed at the end of this book. Any variants of these paradigms are stated after the reference figure of each headword in question.

---

* For users of part II: Any Russian noun ending in a consonant *or* -й is of masculine gender;
those ending in -а *or* -я are of feminine gender;
those ending in -о *or* -е are of neuter gender.
In cases where this rule does not apply, as well as in nouns ending in -ь, the gender is indicated.

Example:

ло́жка *f* [5; *g/pl.*: -жек], like ло́жа *f* [5], is declined according to paradigm 5, except that in the genitive plural the former example inserts the "epenthetic" e between the two last stem consonants: ло́жек; cf. **ло́дка** *f* [5; *g/pl.*: -док] = [*g/pl.*: ло́док].

кусо́к *m* [1; -ска́] = the "epenthetic" o is omitted in the oblique cases of the singular and in all cases of the plural; cf. **коне́ц** *m* [1; -нца́] = [конца́, концу́, etc.].

As the prefixed forms of a verb follow the same inflection model and (with the exception of perfective aspects having the stressed prefix вы́-) mode of accentuation as the corresponding unprefixed verb, differences in stress, etc. have in cases of such aspect pairs been marked but once, viz. with the imperfective form.

5. **Government.** Case government, except for the accusative, is indicated with the help of Latin and Russian abbreviations. Emphasis has been laid on differences between the two languages, including the use of prepositions. Whenever a special case of government applies only to one of several meanings of a word, this has been duly recorded in connection with the meaning concerned. To ensure a clear differentiation of person and thing in government, the English and Russian notes to that effect show the necessary correspondence in sequence.

6. **Semantic distinction.** If a word has different meanings and, at the same time, different forms of inflection or aspect, this has been indicated by numbers (e. g. бить, коса́, коси́ть); otherwise a semicolon separates different meanings, a comma mere synonyms. Sense indicators in italics serve to specify individual shades of meanings, e. g. **поднима́ть** ... *трево́гу, пла́ту* raise; *ору́жие* take up; *флаг* hoist; *я́корь* weigh; *паруса́* set; *шум* make; **приёмный** ... *часы́* office; *экза́мен* entrance; *отéц, сын* foster.

   In a number of Russian verbs the perfective aspect indicated (particularly with the prefixes <за-> and <по->) has, strictly speaking, the connotations "to begin to do s. th." (the former) and "to do s. th. for a (little) while" (the latter); but since these forms are very often rendered in English by means of the equivalent verb without any such additions they have occasionally been given as simple aspect counterparts without explicit indication as to their aforesaid connotations.

7. **Orthography.** In both the Russian and English parts newest spelling standards have been applied, and in the latter differences between American and British usage noted wherever possible and feasible.

   Words at the end of a line which are always hyphenated are indicated by repetition of the hyphen (at the end of the first line and the beginning of the next line).

   In parts of words or additions given in brackets a hyphen is placed within the bracket.

Abbreviations Used in the Dictionary

English Abbreviations

also	*a.*	та́кже
abbreviation	*abbr.*	сокраще́ние
accusative (case)	*ac.*	вини́тельный паде́ж
adjective	*adj.*	и́мя прилага́тельное
adverb	*adv.*	наре́чие
aeronautics	*ae.*	авиа́ция
agriculture	*agric.*	се́льское хозя́йство
Americanism	*Am.*	американи́зм
anatomy	*anat.*	анато́мия
architecture	*arch.*	архитекту́ра
astronomy	*astr.*	астроно́мия
attributive usage	*attr.*	атрибути́вное употребле́ние (т. е. в ка́честве определе́ния
Biblical	*Bibl.*	библе́йский
biology	*biol.*	биоло́гия
British (English) usage	*Brt.*	брита́нское (англи́йское) словоупотребле́ние
botany	*bot.*	бота́ника
bad sense	*b.s.*	в дурно́м смы́сле
chemistry	*chem.*	хи́мия
cinema	*cine.*	кинематогра́фия
conjunction	*cj.*	сою́з
colloquial usage	*coll.*	разгово́рный язы́к
collective (noun)	*collect.*	собира́тельное и́мя (существи́тельное)
commonly	*com.*	обыкнове́нно
commercial term	*comm.*	торго́вля
comparative (form)	*comp.*	сравни́тельная сте́пень
compounds	*compds.*	сло́жные слова́
computer	*comput.*	компью́терная те́хника
contemptuously	*contp.*	пренебрежи́тельно
culinary term	*cul.*	кулина́рия
dative (case)	*dat.*	да́тельный паде́ж
diminutive	*dim.*	уменьши́тельная фо́рма
diplomacy	*dipl.*	диплома́тия
endings stressed (throughout)	*e.*	ударе́ние (сплошь) наоконча́ниях
ecclesiastical term	*eccl.*	церко́вное выраже́ние
economy	*econ.*	эконо́мика
education	*educ.*	шко́ла, шко́льное де́ло, педаго́гика

for example	*e.g.*	напримéр
electrical engineering	*el.*	электротéхника
especially	*esp.*	осóбенно
et cetera (and so on)	*etc.*	и т. д. (и так дáлее)
euphemism	*euph.*	эвфеми́зм
feminine (gender)	*f*	жéнский род
figurative usage	*fig.*	в перенóсном значéнии
financial term	*fin.*	финáнсы, бáнковое дéло
feminine plural	*f/pl.*	мнóжественное числó жéнского рóда
future (tense)	*ft.*	бýдущее врéмя
genitive (case)	*gen.*	роди́тельный падéж
geography	*geogr.*	геогрáфия
geology	*geol.*	геолóгия
gerund	*ger.*	герýндий (деепричáстие)
genitive plural	*g/pl.*	роди́тельный падéж мнóжественного числá
present (past) gerund	*g. pr.* (*pt.*)	деепричáстие настоя́щего (прошéдшего) врéмени
grammar	*gr.*	граммáтика
history	*hist.*	истóрия
horticulture	*hort.*	садовóдство
hunting	*hunt.*	охóта
impersonal (form)	*impers.*	безли́чная фóрма, безли́чно
imperfective (aspect)	*impf.*	несовершéнный вид
imperfective and perfective (aspect)	(*im*)*pf.*	несовершéнный и совершéнный вид
indeclinable word	*indecl.*	несклоня́емое слóво
infinitive	*inf.*	инфинити́в, неопределённая фóрма глагóла
instrumental (case)	*instr.*	твори́тельный падéж
interjection	*int.*	междомéтие
interrogative(ly)	*interr.*	вопроси́тельная фóрма, вопроси́тельно
ironically	*iro.*	ирони́чески
irregular	*irr.*	неправи́льная фóрма
iterative, frequentative (aspect)	*iter.*	многокрáтный вид
jocular	*joc.*	шутли́во
linguistics	*ling.*	лингви́стика
literary	*lit.*	кни́жное выражéние
masculine (gender)	*m*	мужскóй род
mathematics	*math.*	математика
medicine	*med.*	медици́на

military term	*mil.*	вое́нный те́рмин
mineralogy	*min.*	минерало́гия
motoring	*mot.*	автомобили́зм
masculine plural	*m/pl.*	мно́жественное число́ мужско́го ро́да
mostly	*mst.*	бо́льшей ча́стью
musical term	*mus.*	му́зыка
neuter (gender)	*n*	сре́днний род
nautical term	*naut.*	судохо́дство
number	*no.*	но́мер
nominative (case)	*nom.*	имени́тельный паде́ж
neuter plural	*n/pl.*	мно́жественное число́ сре́днего ро́да
one another	*o. a.*	друг дру́га, друг дру́гу
obsolete	*obs.*	устаре́вшее сло́во, выраже́ние
semelfactive (aspect)	*once*	однокра́тный вид
oneself	*o. s.*	себя́, себе́, -ся
popular	P	просторе́чие
participle	*p.*	прича́стие
person	*p.*	лицо́
person	*P.*	челове́к
painting	*paint.*	жи́вопись
1. particle; 2. particular(ly)	*part.*	1. части́ца; 2. осо́бенно
partitive genitive	*part. g.*	роди́тельный раздели́тельный
pejorative	*pej.*	пейорати́вно, неодобри́тельно
person(al form)	*pers.*	лицо́, ли́чная фо́рма
perfective (aspect)	*pf.*	соверше́нный вид
pharmacy	*pharm.*	фармаце́втика
philosophy	*philos.*	филосо́фия
photography	*phot.*	фотогра́фия
physics	*phys.*	фи́зика
plural	*pl.*	мно́жественное число́
poetic	*poet.*	поэти́ческое сло́во, выраже́ние
politics	*pol.*	поли́тика
possessive (form)	*poss.*	притяжа́тельная фо́рма
present participle active (passive)	*p. pr. a.* (*p.*)	действи́тельное (страда́тельное) прича́стие настоя́щего вре́мени

past participle active (passive)	*p. pt. a.* (*p.*)	действи́тельное (страда́тельное) прича́стие проше́дшего вре́мени
present (tense)	*pr.*	настоя́щее вре́мя
predicative usage	*pred.*	предикати́вное употребле́ние (т. е. в ка́честве именно́й ча́сти сказу́емого)
prefix	*pref.*	приста́вка
pronoun	*pron.*	местоиме́ние
preposition	*prp.*	предло́г
preterite, past (tense)	*pt.*	проше́дшее вре́мя
railway	*rail.*	железнодоро́жное де́ло
reflexive (form)	*refl.*	возвра́тная фо́рма
rhetoric	*rhet.*	рито́рика
somebody	*s. b.*	кто-(кого́-, кому́-)нибудь
somebody's	*s. b. 's.*	че́й-нибудь
sewing	*sew.*	шве́йное де́ло
singular	*sg.*	еди́нственное число́
short (predicative) form	*sh.*	кра́ткая фо́рма
slang	*sl.*	жарго́н
stem stressed (throughout)	*st.*	ударе́ние (сплошь) на осно́ве
something	*s. th.*	что́-либо
substantive, noun	*su.*	и́мя существи́тельное
technical	*tech.*	техни́ческий те́рмин
telephony	*tel.*	телефо́н
thing	*th.*	вещь, предме́т
theater	*thea.*	теа́тр
typography	*typ.*	типогра́фское де́ло
university	*univ.*	университе́т
usually	*usu.*	обы́чно
auxiliary verb	*v/aux.*	вспомога́тельный глаго́л
verb	*vb.*	глаго́л
intransitive verb	*v/i.*	непереxо́дный глаго́л
reflexive verb	*v/refl.*	возвра́тный глаго́л
transitive verb	*v/t.*	перехо́дный глаго́л
zoology	*zo.*	зооло́гия

Russian Abbreviations

имени́тельный паде́ж	И	nominative (case)
роди́тельный паде́ж	Р	genitive (case)
да́тельный паде́ж	Д	dative (case)
вини́тельный паде́ж	В	accusative (case)
твори́тельный паде́ж	Т	instrumental (case)
предло́жный паде́ж	П	prepositional or locative (case)
и так да́лее	и т. д.	etc. (et cetera)
и тому́ подо́бное	и т. п.	and the like
лати́нский язы́к	лат.	Latin
та́кже	тж.	also

Russian Pronunciation

I. Vowels

1. All vowels in stressed position are half-long in Russian.
2. In unstressed position Russian vowels are very short, except in the first pretonic syllable, where this shortness of articulation is less marked. Some vowel letters (notably о, е, я), when read in unstressed position, not only differ in length (quantity), but also change their timbre, i.e. acoustic quality.

Russian letter		Explanation of its pronunciation	Transcription symbol
а	stressed	= **a** in 'f**a**ther', but shorter: ма́ма ['mamə] *mamma*	a
	unstressed	1. = **a** in the above examples, but shorter – in first pretonic syllable: карма́н [kar'man] *pocket*	a
		2. = **a** in '**a**go, **a**bout' – in post-tonic or second, etc. pretonic syllable(s): ата́ка [a'takə] *attack* каранда́ш [kəran'daʃ] *pencil*	ə
		3. = **i** in 's**i**t' – after ч, щ in first pretonic syllable: часы́ [ʧɪ'sɨ] *watch* щади́ть [ʃʧɪ'diţ] *spare*	ɪ
е	Preceding consonant (except ж, ш, ц) is soft.		
	stressed	1. = **ye** in '**ye**t' – in initial position, i.e. at the beginning of a word, or after a vowel, ъ, ь (if not ё) before a hard consonant: бытие́ [bɨţi'jɛ] *existence* ел [jɛɫ] (*I*) *ate* нет [ɳɛt] *no*	jɛ/ɛ
		2. = **e** in 's**e**t' – after consonants, soft or hard (ж, ш, ц), before a hard consonant, as well as in final position, i.e. at the end of a word, after consonants: на лице́ [naļi'tsɛ] *on the face* шест [ʃɛst] *pole*	ɛ
		3. = **ya** in **Ya**le; before a soft consonant: ель [jeļ] *fir* петь [p̧eţ] *to sing*	je/e
	unstressed	1. = s**i**t; in initial position and after a vowel preceded by (j) ещё [jɪ'ʃʧɔ] *still* зна́ет ['znajɪt] (*he*, *she*, *it*) *knows* река́ [ŗɪ'ka] *river*	jɪ/ɪ

Russian letter	Explanation of its pronunciation		Transcription symbol
		2. = **ы** (cf.) after ж, ш, ц: жена́ [ʒɨ'na] *wife* цена́ [tsɨ'na] *price*	ɨ
ё	Preceding consonant (except ж, ш, ц) is soft.		
	only stressed	= **yo** in be**yo**nd ёлка ['jɔłkə] *fir tree* даёт [da'jɔt] (*he, she, it*) *gives* лёд [l̡ɔt] *ice*	jɔ/ɔ
и	Preceding consonant (except ж, ш, ц) is soft.		
	1. stressed	= like **ee** in s**ee**n, but shorter – in the instr/sg. of он/оно́ and the oblique forms of они́ initial и- may be pronounced (ji-): и́ва ['ivə] *willow* юри́ст [ju'r̡ist] *lawyer* их [ix] *or* [jix] *of them* (*g/pl.*)	i/ji
	2. unstressed	= like **ee** in s**ee**n, but shorter – in first pretonic syllable: мину́та [m̡i'nutə] *minute*	i
		= **i** in s**i**t – in post-tonic or second, etc. pretonic syllable(s): хо́дит ['xɔd̡it] (*he, she, it*) *goes*	ı
	3. stressed and unstressed	= **ы** (cf.) after ж, ш, ц: ши́на ['ʃɨnə] *tire* цили́ндр [tsɨ'l̡indr] *cylinder*	ɨ
о	stressed	= **o** in **o**bey: том [tɔm] *volume*	ɔ
	unstressed	1. = **o** in **o**bey; in final position of foreign words кака́о [ka'kaɔ] *cocoa*	ɔ
		2. = **a** in f**a**ther, but shorter – in first pretonic syllable: Москва́ [mas'kva] *Moscow*	a
		3. = **a** in **a**go, **a**bout – in post-tonic or second, etc. pretonic syllable(s): со́рок ['sɔrək] *forty* огоро́д [əga'rɔt] *kitchen garden*	ə
у	stressed and unstressed	= like **oo** in b**oo**m, but shorter бу́ду ['budu] (*I*) *will be*	u
ы	stressed and unstressed	= a retracted variety of **i**, as in h**i**ll; no English equivalent: вы [vɨ] *you*	
э	stressed and unstressed	1. = **e** in s**e**t э́то ['ɛtə] *this* эско́рт [ɛs'kɔrt] *escort*	

Russian letter		Explanation of its pronunciation	Transcription symbol
		2. = resembles the English sound **a** in p**a**le (but without the i-component) – before a soft consonant э́ти ['eţı] *these*	e
ю	Preceding consonant is soft.		
	stressed and unstressed	= like **yu** in **yu**le, but shorter рабо́таю [ra'bɔtəju] *(I) work* сюда́ [şu'da] *here*	ju/u
я	Preceding consonant is soft.		ja/a
	stressed	1. = **ya** in **ya**rd, but shorter – in initial position, after a vowel and before a hard consonant: я́ма ['jamə] *pit* моя́ [ma'ja] *my* мя́со ['m̡asə] *meat*	
		2. = **a** in b**a**d – in interpalatal position, i.e. between soft consonants: пять [p̡æţ] *five*	æ
	unstressed	1. = **a** in '**a**go' (preceded by j after vowels) – in final position: со́я [sɔjə] *soya bean* неде́ля [ņı'd̡el̡ə] *week*	jə/ə
		2. = **i** in 's**i**t', but preceded by (j) – in initial position, i.e. also after a vowel and ъ: язы́к [jı'zɨk] *tongue* та́ять ['tajıţ] *to thaw* мясни́к [m̡ış'ņik] *butcher*	jı/ı

II. Semivowel

й		1. = **y** in **y**et – in initial position, i.e. also after a vowel, in loan words: йод [jɔt] *iodine* майо́р [ma'jɔr] *major*	j
		2. = in the formation of diphthongs as their second element:	j
ай		= (i) of (ai) in t**i**me: май [maj] *May*	aj
ой	stressed	= **oi** in n**oi**se: бой [bɔj] *fight*	ɔj
	unstressed	= **i** in t**i**me: война́ [vaj'na] *war*	aj
уй		= **u** in r**u**le + (j): бу́йвол ['bujvəɫ] *buffalo*	uj
ый		= ы (cf.) + (j): вы́йти ['vɨjţı] *to go out* кра́сный ['krasnɨj] *red*	ɨj

Russian letter		Explanation of its pronunciation	Transcription symbol
ий		= и (cf.) + (j):	ij
	stressed	австри́йка [af'stŗijkə] *Austrian woman*	
	unstressed	си́ний ['şiņıj] *blue*	
ей	stressed	= (j+) **a** in p**a**le: ей [jej] *to her* ле́йка ['ļejkə] *watering-can*	jej/ej
	unstressed	= **ee** in s**ee**n, but shorter + (j): сейча́с [şı(j)'ţ∫as] *now*	ıj
юй		= to (cf.) + (j): малю́й! [ma'ļuj] *paint!*	juj/uj
яй	stressed	= (j+) **a** in b**a**d + (j): я́йца ['jæjtsə] *eggs* лентя́й ['ļın'ţæj] *lazy bones*	jæj/æj
	unstressed	**yi** in **Yi**ddish: яйцо́ [jı(j)'tsɔ] *egg*	jı

III. Consonants

1. As most Russian consonants may be palatalized (or 'softened') there is, in addition to the series of normal ('hard') consonants, an almost complete set of 'soft' parallel sounds. According to traditional Russian spelling, in writing or printing this 'softness' is marked by a combination of such palatalized consonants with the vowels е, ё, и, ю, я or, either in final position or before a consonant, the so-called 'soft sign' (ь). In phonetic transcription palatalized consonants are indicated by means of a small hook, or comma, attached to them. As a rule a hard consonant before a soft one remains hard; only з, с may be softened before palatalized з, с, д, т, н.
2. The following consonants are always hard: ж, ш, ц.
3. The following consonants are always soft: ч, щ.
4. The voiced consonants б, в, г, д, ж, з are pronounced voicelessly (i.e. = п, ф, к, т, ш, с) in final position.
5. The voiced consonants б, в, г, д, ж, з, when followed by (one of) their voiceless counterparts п, ф, к, т, ш, с, are pronounced voicelessly (regressive assimilation) and vice versa: voiceless before voiced is voiced (except that there is no assimilation before в).
6. The articulation of doubled consonants, particularly those following a stressed syllable, is marked by their lengthening.

Russian letter		Explanation of its pronunciation	Transcription symbol
б	hard	= **b** in **b**ad: брат [brat] *brother*	b
	soft	= as in al**b**ion: бе́лка ['ḅełkə] *squirrel*	ḅ

Russian letter		Explanation of its pronunciation	Transcription symbol
в	hard	= **v** in **v**ery: водá [va'da] *water*	v
	soft	= as in **v**iew: вéна ['v̡ɛnə] *vein*	v̡
г	hard	= **g** in **g**un: газ [gas] *gas*	g
	soft	= as in ar**g**ue: гимн [g̡imn] *anthem*	g̡
	Note:	= (v) in endings -ого, -его: больнóго [bal̡'nɔvə] *of the sick* си́него ['s̡in̡ɪvə] *of the blue* ничегó [n̡ɪt̡ʃ̡ɪ'vɔ] *nothing*	v
		= (x) in бог *God* and in the combination -гк-, -гч-: мя́гкий ['m̡axk̡ɪj] *soft* мя́гче ['m̡axt̡ʃ̡ɛ] *softer*	x
д	hard	= **d** in **d**oor: дáма ['damə] *lady*	d
	soft	= as in **d**ew: дю́на ['d̡unə] *dune* In the combination -здн- д is mute: пóздно ['pɔznə] *late*	d̡
ж	hard	= **s** in mea**s**ure, but hard: жáжда ['ʒaʒdə] *thirst*	ʒ
	жч	= щ: мужчи́на [mu'ʃ̡t̡ʃ̡inə] *man*	ʃ̡t̡ʃ̡
з	hard	= **z** in **z**oo: закóн [za'kɔn] *law*	z
	soft	= as in pre**s**ume: зелёный [z̡ɪ'l̡ɔnɨj] *green*	z̡
	зж	= hard or soft doubled ж: пóзже ['pɔʒʒɛ] *or* ['pɔʒ̡ʒ̡ɛ] *later*	ʒʒ/ʒ̡ʒ̡
	зч	= щ: извóзчик [iz'vɔʃ̡t̡ʃ̡ɪk] *coachman*	ʃ̡t̡ʃ̡
к	hard	= **c** in **c**ome (unaspirated!): как [kak] *how*	k
	soft	= like **k** in **k**ey: кéпка ['k̡ɛpkə] *cap*	k̡
л	hard	= **ll** in General American call: лáмпа ['łampə] *lamp*	ł
	soft	= **ll** in mi**ll**ion: ли́лия ['l̡il̡ɪjə] *lily*	l̡
м	hard	= **m** in **m**an: мать [mat̡] *mother*	m
	soft	= as in **m**ute: метр [m̡ɛtr] *meter*	m̡
н	hard	= **n** in **n**oise: нос [nɔs] *nose*	n
	soft	= **n** in **n**ew: нéбо ['n̡ɛbə] *heaven*	n̡
п	hard	= **p** in **p**art (unaspirated!): пáпа ['papə] *daddy*	p
	soft	= as in scor**p**ion: пить [p̡it̡] *to drink*	p̡
р	hard	= trilled **r**: рот [rɔt] *mouth*	r
	soft	= as in O**ri**ent: ряд [r̡at] *row*	r̡

Russian letter		Explanation of its pronunciation	Transcription symbol
с	hard	= **s** in **s**ad: сорт [sɔrt] *sort*	s
	soft	= as in a**ss**ume: си́ла ['şiłə] *force*	ş
	сч	= щ: сча́стье ['ʃţʃæşţjɛ] *happiness*	ʃţʃ
т	hard	= **t** in **t**ent (unaspirated!): такт [takt] *measure*	t
	soft	= as in **t**une: тепе́рь [ţɪ'peŗ] *now*	ţ
		= -стн-, -стл- – in these combinations -т- is mute: изве́стно [iz'ɣɛsnə] *known* счастли́вый [ʃţʃɪş'ļivɨj] *happy*	
ф	hard	= **f** in **f**ar: фо́рма ['fɔrmə] *form*	f
	soft	= as in **f**ew: фи́рма ['f̡irmə] *firm*	f̡
х	hard	= **ch** as in Scottish lo**ch**: ах! [ax] *ah!*	x
	soft	= like **ch** in German i**ch**, no English equivalent: хи́мик ['x̡im̡ɪk] *chemist*	x̡
ц	nur hard	= **ts** in **ts**ar: царь [tsaŗ] *tsar*	ts
ч	nur soft	= **ch** in **ch**eck: час [ţʃas] *hour*	ţʃ
ш	nur hard	= **sh** in **sh**ip, but hard: шар [ʃar] *ball*	ʃ
щ	nur soft	= **sh** + **ch** in **ch**eck, cf. fre**sh ch**eeks, or = doubled (ʃʃ) as in sure: щи [ʃţʃi] *or* [ʃʃi] *cabbage soup*	ʃţʃ *or* ʃʃ

IV. Surds

ъ	hard sign	= The *jer* or 'hard sign' separates a hard (final) consonant of a prefix and the initial vowel, preceded by (j), of the following root, thus marking both the hardness of the preceding consonant and the distinct utterance of (j) before the vowel: предъяви́ть [pŗɪdjɪ'ɣiţ] 'to show, produce' съезд [sjɛst] 'congress'.	
ь	soft sign	= The *jer* or 'soft sign' serves to represent the palatal or soft quality of a (preceding) consonant in final position or before another consonant, cf.: брат [brat] 'brother' and брать [braţ] 'to take' по́лка ['pɔłkə] 'shelf' and по́лька ['pɔļkə] 'polka, Pole (= Polish woman)'.	

Russian letter	Explanation of its pronunciation	Transcription symbol
	It is also used before vowels to indicate the softness of a preceding consonant as well as the pronunciation of (j) with the respective vowel, e.g.: семья́ [şım̧'ja] 'family' – *cf.* се́мя ['şem̧ə] 'seed', and in foreign words, such as батальо́н [bəta'l̦jɔn] 'battalion'.	

English Pronunciation

Vowels

[ɑː] *father* [ˈfɑːðə]
[æ] *man* [mæn]
[e] *get* [get]
[ə] *about* [əˈbaʊt]
[ɜː] *first* [fɜːst]
[ɪ] *stick* [stɪk]
[iː] *need* [niːd]
[ɒ] *hot* [hɒt
[ɔː] *law* [lɔː]
[ʌ] *mother* [ˈmʌðə]
[ʊ] *book* [bʊk]
[uː] *fruit* [fruːt]

Diphthongs

[aɪ] *time* [taɪm]
[aʊ] *cloud* [klaʊd]
[eɪ] *name* [neɪm]
[eə] *hair* [heə]
[ɪə] *here* [hɪə]
[ɔɪ] *point* [pɔɪnt]
[əʊ] *oath* [əʊθ]
[ʊə] *tour* [tʊə]

Consonants

[b] *bag* [bæg]
[d] *dear* [dɪə]
[f] *fall* [fɔːl]
[g] *give* [gɪv]
[h] *hole* [həʊl]
[j] *yes* [jes]
[k] *come* [kʌm]
[l] *land* [lænd]
[m] *mean* [miːn]
[n] *night* [naɪt]
[p] *pot* [pɒt]
[r] *right* [raɪt]
[s] *sun* [sʌn]
[t] *take* [teɪk]
[v] *vain* [veɪn]
[w] *wait* [weɪt]
[z] *rose* [rəʊz]
[ŋ] *bring* [brɪŋ]
[ʃ] *she* [ʃiː]
[tʃ] *chair* [tʃeə]
[dʒ] *join* [dʒɔɪn]
[ʒ] *leisure* [ˈleʒə]
[θ] *think* [θɪŋk]
[ð] *the* [ðə]
[ˈ] means that the following syllable is stressed: *ability* [əˈbɪlətɪ]

The Russian Alphabet

printed		written		pronounced	transcribed
А	а	А	а	а	a
Б	б	Б	б	бэ	bɛ
В	в	В	в	вэ	vɛ
Г	г	Г	г	гэ	gɛ
Д	д	Д	д	дэ	dɛ
Е	е	Е	е	е	jɛ
Ё	ё	Ё	ё	ё	jɔ
Ж	ж	Ж	ж	жэ	ʒɛ
З	з	З	з	зэ	zɛ
И	и	И	и	и	i
Й	й	Й	й	и[1]	
К	к	К	к	ка	ka
Л	л	Л	л	эль	ɛl̡
М	м	М	м	эм	ɛm
Н	н	Н	н	эн	ɛn
О	о	О	о	о	ɔ
П	п	П	п	пэ	pɛ
Р	р	Р	р	эр	ɛr
С	с	С	с	эс	ɛs
Т	т	Т	т	тэ	tɛ
У	у	У	у	у	u
Ф	ф	Ф	ф	эф	ɛf
Х	х	Х	х	ха	xa
Ц	ц	Ц	ц	цэ	tsɛ
Ч	ч	Ч	ч	че	t͡ʃe
Ш	ш	Ш	ш	ша	ʃa
Щ	щ	Щ	щ	ща	ʃ͡t͡ʃa
Ъ	ъ	–	ъ	[2]	
Ы	ы	–	ы	ы[3]	ɨ
Ь	ь	–	ь	[4]	
Э	э	Э	э	э[5]	ɛ
Ю	ю	Ю	ю	ю	iu
Я	я	Я	я	я	ia

[1]) и кра́ткое short i
[2]) твёрдый знак hard sign
[3]) *or* еры́
[4]) мягкий знак soft sign
[5]) э оборо́тное reversed e

Important English Irregular Verbs

alight	alighted, alit	alighted, alit
arise	arose	arisen
awake	awoke	awoken, awaked
be (am, is, are)	was (were)	been
bear	bore	borne
beat	beat	beaten
become	became	become
begin	began	begun
behold	beheld	beheld
bend	bent	bent
beseech	besought, beseeched	besought, beseeched
bet	bet, betted	bet, betted
bid	bade, bid	bidden, bid
bind	bound	bound
bite	bit	bitten
bleed	bled	bled
blow	blew	blown
break	broke	broken
breed	bred	bred
bring	brought	brought
broadcast	broadcast	broadcast
build	built	built
burn	burnt, burned	burnt, burned
burst	burst	burst
bust	bust(ed)	bust(ed)
buy	bought	bought
cast	cast	cast
catch	caught	caught
choose	chose	chosen
cleave (*cut*)	clove, cleft	cloven, cleft
cling	clung	clung
come	came	come
cost	cost	cost
creep	crept	crept
crow	crowed, crew	crowed
cut	cut	cut
deal	dealt	dealt
dig	dug	dug
do	did	done
draw	drew	drawn
dream	dreamt, dreamed	dreamt, dreamed
drink	drank	drunk
drive	drove	driven
dwell	dwelt, dwelled	dwelt, dwelled
eat	ate	eaten
fall	fell	fallen
feed	fed	fed
feel	felt	felt
fight	fought	fought
find	found	found
flee	fled	fled

fling	flung	flung
fly	flew	flown
forbear	forbore	forborne
forbid	forbad(e)	forbidden
forecast	forecast(ed)	forecast(ed)
forget	forgot	forgotten
forgive	forgave	forgiven
forsake	forsook	forsaken
freeze	froze	frozen
get	got	got, *Am.* gotten
give	gave	given
go	went	gone
grind	ground	ground
grow	grew	grown
hang	hung, (*v/t*) hanged	hung, (*v/t*) hanged
have	had	had
hear	heard	heard
heave	heaved, hove	heaved, hove
hew	hewed	hewed, hewn
hide	hid	hidden
hit	hit	hit
hold	held	held
hurt	hurt	hurt
keep	kept	kept
kneel	knelt, kneeled	knelt, kneeled
know	knew	known
lay	laid	laid
lead	led	led
lean	leaned, leant	leaned, leant
leap	leaped, leapt	leaped, leapt
learn	learned, learnt	learned, learnt
leave	left	left
lend	lent	lent
let	let	let
lie	lay	lain
light	lighted, lit	lighted, lit
lose	lost	lost
make	made	made
mean	meant	meant
meet	met	met
mow	mowed	mowed, mown
pay	paid	paid
plead	pleaded, pled	pleaded, pled
prove	proved	proved, proven
put	put	put
quit	quit(ted)	quit(ted)
read [riːd]	read [red]	read [red]
rend	rent	rent
rid	rid	rid
ride	rode	ridden
ring	rang	rung
rise	rose	risen
run	ran	run
saw	sawed	sawn, sawed

say	said	said
see	saw	seen
seek	sought	sought
sell	sold	sold
send	sent	sent
set	set	set
sew	sewed	sewed, sewn
shake	shook	shaken
shear	sheared	sheared, shorn
shed	shed	shed
shine	shone	shone
shit	shit(ted), shat	shit(ted), shat
shoe	shod	shod
shoot	shot	shot
show	showed	shown
shrink	shrank	shrunk
shut	shut	shut
sing	sang	sung
sink	sank	sunk
sit	sat	sat
slay	slew	slain
sleep	slept	slept
slide	slid	slid
sling	slung	slung
slink	slunk	slunk
slit	slit	slit
smell	smelt, smelled	smelt, smelled
smite	smote	smitten
sow	sowed	sown, sowed
speak	spoke	spoken
speed	sped, speeded	sped, speeded
spell	spelt, spelled	spelt, spelled
spend	spent	spent
spill	spilt, spilled	spilt, spilled
spin	spun, span	spun
spit	spat	spat
split	split	split
spoil	spoiled, spoilt	spoiled, spoilt
spread	spread	spread
spring	sprang, sprung	sprung
stand	stood	stood
stave	staved, stove	staved, stove
steal	stole	stolen
stick	stuck	stuck
sting	stung	stung
stink	stunk, stank	stunk
strew	strewed	strewed, strewn
stride	strode	stridden
strike	struck	struck
string	strung	strung
strive	strove	striven
swear	swore	sworn
sweep	swept	swept
swell	swelled	swollen

wim	swam	swum
wing	swung	swung
ake	took	taken
each	taught	taught
ear	tore	torn
ell	told	told
hink	thought	thought
hrive	throve	thriven
hrow	threw	thrown
hrust	thrust	thrust
read	trod	trodden
nderstand	understood	understood
ake	woke, waked	woken, waked
vear	wore	worn
veave	wove	woven
ved	wed(ded)	wed(ded)
veep	wept	wept
vet	wet(ted)	wet(ted)
vin	won	won
vind	wound	wound
vring	wrung	wrung
vrite	wrote	written

Russian – English

Russian – English

A

а 1. *cj.* but; ***а то*** or (else), otherwise; ***а что?*** why (so)?; **2.** *int.* ah!; **3.** *part., coll.* eh?

аб|ажу́р *m* [1] lampshade; **~ба́т** *m* [1] abbot; **~ба́тство** *n* [9] abbey; **~за́ц** *m* [1] paragraph; **~онеме́нт** *m* [1] subscription; **~оне́нт** *m* [1] subscriber; **~о́рт** *m* [1] abortion; **~рико́с** *m* [1] apricot; **~солю́тный** [14; -тен, -тна] absolute; **~стра́ктный** [14; -тен, -тна] abstract; **~су́рд** *m* [1] absurdity; ***довести́ до ~су́рда*** carry to the point of absurdity; **~су́рдный** [14; -ден, -дна] absurd; **~сце́сс** *m* [1] abscess

аван|га́рд *m* [1] avant-garde; **~по́ст** *m* [1] outpost; **~с** *m* [1] advance (of money); **~сом** (payment) in advance; **~тю́ра** *f* [5] adventure, shady enterprise; **~тюри́ст** *m* [1] adventurer; **~тюри́стка** *f* [5; *g/pl.*: -ток] adventuress

авар|и́йный [14] emergency…; **~ия** *f* [7] accident; *mot., ae.* crash; *tech.* breakdown

а́вгуст *m* [1] August

авиа|ба́за *f* [5] air base; **~биле́т** *m* [1] airline ticket; **~констру́ктор** *m* [1] aircraft designer; **~ли́ния** *f* [7] airline; **~но́сец** *m* [1; -сца] aircraft carrier; **~по́чта** *f* [5] air mail; **~тра́сса** *f* [5] air route; **~цио́нный** [14] air-(craft)…; **~ция** *f* [7] aviation, aircraft *pl.*

аво́сь *part. coll.* perhaps, maybe; ***на ~*** on the off chance

австр|али́ец *m* [1; -и́йца], **~али́йка** *f* [5; *g/pl.*: -и́ек], **~али́йский** [16] Australian; **~и́ец** *m* [1; -и́йца], **~и́йка** *f* [5; *g/pl.*: -и́ек], **~и́йский** [16] Austrian

автобиогр|афи́ческий [16], **~афи́чный** [14; -чен, -чна] autobiographic(al); **~а́фия** *f* [7] autobiography

авто́бус *m* [1] (motor) bus

авто|вокза́л *m* [1] bus *or* coach station; **~го́нки** *f/pl.* [5; *gen.*: -нок] (car) race; **~граф** *m* [1] autograph; **~заво́д** *m* [1] car factory, automobile plant; **~запра́вочный** [14] ***~запра́вочная ста́нция*** filling station; **~кра́тия** *f* [7] autocracy; **~магистра́ль** *f* [8] highway; **~ма́т** *m* [1] automaton; *игорный* slot machine; *mil.* submachine gun; *coll.* telephone box *or* booth; **~мати́ческий** [16], **~мати́чный** [14; -чен, -чна] automatic; **~ма́тчик** *m* [1] submachine gunner; **~маши́на** *f* [5] → ***~моби́ль***; **~мобили́ст** *m* [1] motorist; **~моби́ль** *m* [4] (motor-) car; ***го́ночный ~моби́ль*** racing car, racer; **~но́мия** *f* [7] autonomy; **~отве́тчик** *m* [1] answering machine; **~портре́т** *m* [1] self-portrait

а́втор *m* [1] author; **~изова́ть** [7] *(im)pf.* authorize; **~ите́т** *m* [1] authority; **~ский** [16] author's; ***~ское пра́во*** copyright; **~ство** *n* [9] authorship

авто|ру́чка *f* [5; *g/pl.*: -чек] fountain pen; **~стоя́нка** *f* [5; *g/pl.*: -нок] parking (space); **~стра́да** *f* [5] high-speed, multilane highway

ага́ *(int.)* aha!; (oh,) I see!

аге́нт *m* [1] agent; **~ство** *n* [9] agency

агити́ровать [7], ⟨с-⟩ *pol.* carry on agitation, campaign; *coll.* (*убеждать*) (try to) persuade

агра́рный [14] agrarian

агрега́т *m* [1] *tech.* unit, assembly

агресс|и́вный [14; -вен, -вна] aggressive; **~ия** *f* [7] aggression

агро|но́м *m* [1] agronomist; **~номи́ческий** [16] agronomic(al); **~но́мия** *f* [7] agronomy

ад *m* [1; в ~у́] hell

ада́птер (-tɛr) *m* [1] *el.* adapter

адвока́т *m* [1] lawyer, attorney (at law), *Brt.* barrister; solicitor; **~у́ра** *f* [5] the legal profession

адеква́тный [14; -тен, -тна] (*совпадающий*) coincident; adequate
адми|нистрати́вный [14] administrative; **~нистра́ция** *f* [7] administration; **~ра́л** *m* [1] admiral
а́дрес *m* [1; *pl*.: -á, *etc. e.*] address (**не по** Д at wrong); **~а́т** *m* [1] addressee; (*грузополучатель*) consignee; **~ова́ть** [7] (*im*)*pf*. address, direct
а́дски *coll*. awfully, terribly
а́дский [16] hellish, infernal
адъюта́нт *m* [1] aide-de-camp
адюльте́р *m* [1] adultery
ажиота́ж *m* [1] hullabaloo; **~ный** [14; -жен, -жна]: ***~ный спрос*** unusually high demand (for **на** В)
аз *m* [1 *e.*]: **~ы́** *pl*. basics, elements; *coll*. **с *~о́в*** from scratch
аза́рт *m* [1] passion, heat, enthusiasm; ***войти́ в ~*** get excited; **~ный** [14; -тен, -тна] passionate, enthusiastic; ***~ные и́гры*** games of chance
а́збу|ка *f* [5] alphabet; **~чный** [14] alphabetic(al); ***~чная и́стина*** truism
азербайджа́|нец *m* [1; -нца], **~нка** *f* [5; *g*/*pl*.: -нок] Azerbaijani(an); **~нский** [16] Azerbaijani(an)
азиа́т *m* [1], **~ка** *f* [5; *g*/*pl*.: -ток], **~ский** [16] Asian, Asiatic
азо́т *m* [1] nitrogen; **~ный** [14] nitric
а́ист *m* [1] stork
ай *int*. ah! oh!; *при боли* ouch!
айва́ *f* [5] quince
а́йсберг *m* [1] iceberg
акаде́м|ик *m* [1] academician; **~и́ческий** [16] academic; **~ия** *f* [7] academy; ***Акаде́мия нау́к*** academy of sciences; ***Акаде́мия худо́жеств*** academy of arts
ака́ция *f* [7] acacia
аквала́нг *m* [1] aqualung
акваре́ль *f* [8] water colo(u)r
акклиматизи́ровать(ся) [7] (*im*)*pf*. acclimatize
аккомпан|еме́нт *m* [1] *mus*., *fig*. accompaniment; **~и́ровать** [7] *mus*. accompany
акко́рд *m* [1] *mus*. chord
аккредит|и́в *m* [1] letter of credit; **~ова́ть** [7] (*im*)*pf*. accredit
аккумул|и́ровать [7] (*im*)*pf*. accumulate; **~я́тор** *m* [1] battery
аккура́тный [14; -тен, -тна] (*исполнительный*) accurate; punctual; *работа и т. д.* tidy, neat
аксессуа́ры *m* [1] accessories
акт *m* [1] act(ion); *thea*. act; document; *parl*. bill; **~ёр** *m* [1] actor
акти́в *m* [1] *fin*. asset(s); **~ный** [14; -вен, -вна] active
актри́са *f* [5] actress
актуа́льный [14; -лен, -льна] topical, current
аку́ла *f* [5] shark
аку́сти|ка *f* [5] acoustics; **~ческий** [16] acoustic(al)
акуше́р|ка *f* [5; *g*/*pl*.: -рок] midwife; **~ство** *n* [9] obstetrics, midwifery
акце́нт *m* [1] accent; (*ударение*) stress
акци|оне́р *m* [1] stockholder, *Brt*. shareholder; **~оне́рный** [14] jointstock (company); **~они́ровать** [7] turn into a joint-stock company; **´~я¹** *f* [7] share; *pl*. *a*. stock; **´~я²** *f* [7] action, démarche
алба́н|ец *m* [1; -ца], **~ка** *f* [5; *g*/*pl*.: -ок], **~ский** [16] Albanian
а́лгебра *f* [5] algebra
алеба́стр *m* [1] alabaster
але́ть [8] blush, grow red; *заря и т. д.* glow
алиме́нты *m*/*pl*. [1] alimony
алкого́л|ик *m* [1] alcoholic; **~ь** *m* [4] alcohol
аллегори́ческий [16] allegorical
аллерг|е́н *m* [1] allergen; **~ик** *m* [1] one prone to allergy; **~и́ческий** [16] allergic; **~и́я** *f* [7] allergy
алле́я *f* [6; *g*/*pl*.: -е́й] avenue, lane
алма́з *m* [1], **~ный** [14] *uncut* diamond
алта́рь *m* [4 *e.*] altar
алфави́т *m* [1] alphabet; **~ный** [14] alphabetical
а́лчн|ость *f* [7] greed(iness); **~ый** [14; -чен, -чна] greedy (of, for **к** Д)
а́лый [14 *sh.*] red
альбо́м *m* [1] album; sketchbook
альмана́х *m* [1] literary miscellany
альпини́|зм *m* [1] mountaineering; **~ст** *m* [1], **~стка** *f* [5; *g*/*pl*.: -ток] mountain climber

альт *m* [1 *e.*] alto; *инструмент* viola
алюми́ний *m* [3] alumin(i)um
амба́р *m* [1] barn; *для хранения зерна* granary
амбулато́рный [14]: **~ *больно́й*** outpatient
америка́н|ец *m* [1; -нца], **~ка** *f* [5; *g/pl.*: -ок], **~ский** [16] American
ами́нь *part.* amen
амнисти́|ровать [7] (*im*)*pf.*; **∠я** *f* [7] amnesty
амортиз|а́тор *m* [1] shock absorber; **~а́ция** *f* [7] amortization, depreciation
амо́рфный [14; -фен, -фна] amorphous
амплиту́да *f* [5] amplitude
амплуа́ *n* [*indecl.*] *thea.* type, role
а́мпула *f* [5] ampoule
ампут|а́ция *f* [7] amputation; **~и́ровать** [7] (*im*)*pf.* amputate
амфи́бия *f* [7] amphibian
амфитеа́тр *m* [1] amphitheater (-tre); *thea.* circle
ана́ли|з *m* [1] analysis; **~зи́ровать** [7] (*im*)*pf.*, ⟨про-⟩ analyze, -se
аналог|и́чный [14; -чен, -чна] analogous, similar; **∠ия** *f* [7] analogy
анана́с *m* [1] pineapple
ана́рхия *f* [7] anarchy
анато́мия *f* [7] anatomy
анга́р *m* [1] hangar
а́нгел *m* [1] angel
анги́на *f* [5] tonsillitis
англи́|йский [16] English; **~ст** *m* [1] specialist in English studies; **~ча́нин** *m* [1; *pl.*: -ча́не, -ча́н] Englishman; **~ча́нка** *f* [5; *g/pl.*: -нок] Englishwoman
анекдо́т *m* [1] anecdote; **~и́чный** [14; -чен, -чна] anecdotal; (*маловероятный*) improbable
ане|ми́я *f* [7] anemia; **~стези́я** (-nɛstɛ-) *f* [7] anaesthesia
ани́с *m* [1] anise
анке́та *f* [5] questionnaire; (*бланк*) form
аннекс|и́ровать [7] (*im*)*pf.* annex; **∠ия** *f* [7] annexation
аннули́ровать [7] (*im*)*pf.* annul, cancel
анома́лия *f* [7] anomaly
анони́мный [14; -мен, -мна] anonymous
анса́мбль *m* [4] ensemble, *thea.* company
антагони́зм *m* [1] antagonism
антаркти́ческий [16] antarctic
анте́нна (-'tɛn-) *f* [5] aerial, antenna
антибио́тик *m* [1] antibiotic
антиква́р *m* [1] antiquary; dealer in antique goods; **~иа́т** *m* [1] antiques; **~ный** [14] antiquarian
антило́па *f* [5] antelope
анти|пати́чный [14; -чен, -чна] antipathetic; **~па́тия** *f* [7] antipathy; **~санита́рный** [14] insanitary; **~семити́зм** *m* [1] anti-Semitism; **~се́птика** *f* [5] antisepsis, *collect.* antiseptics
анти́чн|ость *f* [8] antiquity; **~ый** [14] ancient, classical
антоло́гия *f* [7] anthology
антра́кт *m* [1] *thea.* intermission, *Brt.* interval
антропо́л|ог *m* [1] anthropologist; **~о́гия** *f* [7] anthropology
анчо́ус *m* [1] anchovy
аню́тины [14]: **~ *гла́зки*** *m/pl.* [1; *g/pl.*: -зок] pansy
апат|и́чный [14; -чен, -чна] apathetic; **∠ия** *f* [7] apathy
апелл|и́ровать [7] (*im*)*pf.* appeal (to **к** Д); **~яцио́нный** [14] (*court*) of appeal; **~*яцио́нная жа́лоба*** = **~я́ция** *f* [7] *law* appeal
апельси́н *m* [1] orange
аплоди́|ровать [7], ⟨за-⟩ applaud; **~сме́нты** *m/pl.* [1] applause
апло́мб *m* [1] self-confidence, aplomb
апоге́й *m* [3] *ast.* apogee; *fig.* climax
апо́стол *m* [1] apostle
апофео́з *m* [1] apotheosis
аппара́т *m* [1] apparatus; *phot.* camera; **~у́ра** *f collect.* [5] apparatus, gear, *comput.* hardware
аппе́нд|икс *m* [1] *anat.* appendix; **~ици́т** *m* [1] appendicitis
аппети́т *m* [1] appetite; ***прия́тного ~а!*** bon appetite!; **~ный** [14; -и́тен, -и́тна] appetizing
апре́ль *m* [4] April
апте́ка *f* [5] drugstore, *Brt.* chemist's shop; **~рь** *m* [4] druggist, *Brt.* (pharmaceutical) chemist
апте́чка *f* [5; *g/pl.*: -чек] first-aid kit
ара́|б *m* [1], **~бка** *f* [5; *g/pl.*: -бок] Arab;

~бский (**~вийский**) [16] Arabian, Arabic, Arab (*League*, *etc*.); **~п** *m* [1] *obs*. Moor, Negro
арби́тр *m* [1] arbiter; umpire, referee; **~áж** *m* [1] *law* arbitration, arbitrage
арбу́з *m* [1] watermelon
аргенти́н|ец *m* [1; -нца], **~ка** *f* [5; *g/pl*.: -нок], **~ский** [16] Argentine
аргуме́нт *m* [1] argument; **~áция** *f* [7] reasoning, argumentation; **~и́ровать** [7] (*im*)*pf*. argue
аре́на *f* [5] arena
аре́нд|а *f* [5] lease, rent; ***сдава́ть (брать) в ~у*** lease (rent); **~áтор** *m* [1] lessee, tenant; **~ова́ть** [7] (*im*)*pf*. rent, lease
аре́ст *m* [1] arrest; **~óванный** *su*. [14] prisoner; **~óвывать** [1], ⟨**~ова́ть**⟩ [7] arrest
аристокра́тия *f* [7] aristocracy
аритми́я *f* [7] *med*. arrhythmia
арифме́т|ика *f* [5] arithmetic; **~и́ческий** [16] arithmetic(al)
а́рия *f* [7] aria
а́рка *f* [5; *g/pl*.: -рок] arc; arch
арка́да *f* [5] arcade
аркти́ческий [16] arctic
армату́ра *f* [5] fittings, armature
а́рмия *f* [7] army
армя́н|и́н *m* [1; *pl*.: -мя́не, -мя́н], **~ка** *f* [5; *g/pl*.: -нок], **~ский** [16] Armenian
арома́т *m* [1] aroma, perfume, fragrance; **~и́ческий** [16], **~ный** [14; -тен, -тна] aromatic, fragrant
арсена́л *m* [1] arsenal
арте́ль *f* [8] workmen's *or* peasants' cooperative, association
арте́рия *f* [7] artery
арти́кль *m* [4] *gr*. article
артилле́р|ия *f* [7] artillery; **~и́ст** *m* [1] artilleryman; **~и́йский** [16] artillery…
арти́ст *m* [1] artist(e); actor; **~ка** *f* [5; *g/pl*.: -ток] artist(e); actress
артишо́к *m* [1] artichoke
а́рфа *f* [5] harp
археóлог *m* [1] archeologist; **~и́ческий** [16] archeologic(al); **~ия** *f* [7] archeology
архи́в *m* [1] archives *pl*.
архиепи́скоп *m* [1] archbishop
архипела́г *m* [1] archipelago
архите́кт|ор *m* [1] architect; **~у́ра** *f* [5] architecture; **~у́рный** [14] architectural
арши́н *m* [1; *g/pl*.: арши́н]: ***ме́рить на свой ~*** measure by one's own yardstick
асбе́ст *m* [1] asbestos
аске́т *m* [1] ascetic; **~и́ческий** [16] ascetic(al)
аспира́нт *m* [1] postgraduate; **~у́ра** *f* [5] postgraduate study
ассамбле́я *f* [6; *g/pl*.: -ле́й]: ***Генера́льная ♀ Организа́ции Объединённых На́ций*** United Nations' General Assembly
ассигнова́|ть [7] (*im*)*pf*. assign, allocate, allot; **~ние** *n* [12] assignment, allocation, allotment
ассимил|и́ровать [7] (*im*)*pf*. assimilate, (**-ся** o.s.); **~я́ция** *f* [7] assimilation
ассисте́нт *m* [1], **~ка** *f* [5; *g/pl*.: -ток] assistant; *univ*. junior member of research staff
ассортиме́нт *m* [1] assortment, range
ассоци|а́ция *f* [7] association; **~и́ровать** [7] associate
а́стма *f* [5] asthma
а́стра *f* [5] aster
астроно́м *m* [1] astronomer; **~и́ческий** [16] astronomic(al) (*a. fig*.); **~ия** *f* [7] astronomy
асфа́льт *m* [1] asphalt
ата́к|а *f* [5] attack, charge; **~ова́ть** [7] (*im*)*pf*. attack, charge
атама́н *m* [1] ataman (*Cossack chieftan*)
ателье́ (-tɛ-) *n* [*indecl*.] studio, atelier
атланти́ческий [16] Atlantic…
а́тлас[1] *m* [1] atlas
атла́с[2] *m* [1] satin
атле́т *m* [1] athlete; **~ика** *f* [5] athletics; **~и́ческий** [16] athletic
атмосфе́р|а *f* [5] atmosphere; **~ный** [16] atmospheric
а́том *m* [1] atom; **~ный** [14] atomic
атрибу́т *m* [1] attribute
аттеста́т *m* [1] certificate; ***~ зре́лости*** school-leaving certificate
ауди|е́нция *f* [7] audience; **~то́рия** *f* [7] lecture hall; (*слушатели*) audience
аукцио́н *m* [1] auction (**с** P by)
афе́р|а *f* [5] speculation, fraud, shady

deal; **~и́ст** *m* [1], **~и́стка** *f* [5; *g/pl.*: -ток] speculator, swindler
фи́ш|а *f* [5] playbill, poster; **~и́ровать** [7] *impf.* parade, advertise, make known
фори́зм *m* [1] aphorism
фрика́н|ец *m* [1; -нца], **~ка** *f* [5; *g/pl.*: -нок], **~ский** [16] African
х *int.* ah!; **´~ать** [1], *once* ⟨**´~нуть**⟩ [20] groan, sigh; (*удивиться*) be amazed

ахине́|я *f* [7] *coll.* nonsense; ***нести́ ~ю*** talk nonsense
ацетиле́н *m* [1] acetylene
аэро́|бус *m* [1] airbus; **~дина́мика** *f* [5] aerodynamics; **~дро́м** *m* [1] airdrome (*Brt.* aero-); **~по́рт** *m* [1] airport; **~сни́мок** *m* [1; -мка] aerial photograph; **~ста́т** *m* [1] balloon; **~съёмка** *f* [5; *g/pl.*: -мок] aerial survey

Б

→ бы
ба́б|а *f* [5] married peasant woman; ***сне́жная ~а*** snowman; **~а-яга́** *f* old witch (*in Russian folk-tales*), hag; **~ий** [18]: ***~ье ле́то*** Indian summer; ***~ьи ска́зки*** *f/pl.* old wives' tales; **~ка** *f* [5; *g/pl.*: -бок] grandmother; **~очка** *f* [5; *g/pl.*: -чек] butterfly; **~ушка** *f* [5; *g/pl.*: -шек] grandmother, granny
бага́ж *m* [1 *e.*] baggage, *Brt.* luggage; ***ручно́й ~*** small baggage; ***сдать в ~*** check one's baggage, *Brt.* register one's luggage; **~ник** *m* [1] *mot.* trunk, *Brt.* boot; **~ный** [14]: ***~ый ваго́н*** baggage car, *Brt.* luggage van
багров|е́ть [8], ⟨по-⟩ turn crimson, purple; **´~ый** [14 *sh.*] purple, crimson
бадминто́н *m* [1] badminton
ба́за *f* [5] base, basis, foundation; *учреждение* depot, center (-tre)
база́р *m* [1] market, bazaar; *coll.* uproar, row; **~ный** [14] market…
бази́ровать [7] *impf.* base (***на*** П on); **~ся** rest *or* base (***на*** П on)
ба́зис *m* [1] basis
байда́рка *f* [5; *g/pl.*: -рок] canoe, kayak
ба́йка *f* [5] flannelette
байт *m* [1] *comput.* byte
бак *m* [1] *naut.* forecastle; container, receptacle; tank, cistern
бакал|е́йный [14]: ***~е́йный магази́н*** grocery, grocer's store (*Brt.* shop); ***~е́йные това́ры*** *m/pl.* = **~е́я** *f* [6] groceries *pl.*

ба́кен *m* [1] beacon
бак|енба́рды *f/pl.* [5], **~и** *m/pl.* [1; *gen.*: бак] side-whiskers
баклажа́н *m* [1] aubergine
баклу́ши: ***бить ~*** *coll.* idle, dawdle, fritter away one's time
бактерио́лог *m* [1] bacteriologist; **~и́ческий** [16] bacteriological; **´~ия** *f* [7] bacteriology
бакте́рия *f* [7] bacterium
бал *m* [1; на ~у́; *pl. e.*] ball, dance (***на*** П at)
балага́н *m* [1] booth (*at fairs*); *fig.* farce; noise and bustle
балагу́р *m* [1] *coll.* joker; **~ить** *coll.* [13] jest, crack jokes
балала́йка *f* [5; *g/pl.*: балала́ек] balalaika
баламу́тить [15], ⟨вз-⟩ *coll.* stir up, trouble
бала́нс *m* [1] balance (*a. comm.*); ***торго́вый бала́нс*** balance of trade; **~и́ровать** [7] balance; **~овый** [14] balance…
балахо́н *m* [1] *coll.* loose overall; shapeless garment
балбе́с *m* [1] *coll.* simpleton, booby
балда́ *m/f* [5] sledgehammer; *coll.* blockhead, dolt
бале|ри́на *f* [5] (female) ballet dancer; **´~т** *m* [1] ballet
ба́лка¹ *f* [5; *g/pl.*: -лок] beam, girder
ба́лка² *f* [5; *g/pl.*: -лок] gully, ravine
балка́нский [16] Balkan…
балко́н *m* [1] balcony

балл *m* [1] grade, mark (*in school*); point (*sport*)
балла́да *f* [5] ballad
балла́ст *m* [1] ballast
баллисти́ческий [16] ballistic
балло́н *m* [1] balloon (*vessel*); container, cylinder
баллоти́роваться [7] run (**в** B for), be a candidate (**в, на** B for)
ба́лов|анный [14 *sh.*] *coll.* spoiled; **~а́ть** [7] (*a.* **-ся**) be naughty; trifle with; ⟨из-⟩ spoil, coddle; **~ень** *m* [4; -вня] darling, pet; **~ство́** *n* [9] mischievousness; spoiling, pampering
балти́йский [16] Baltic…
бальза́м *m* [1] balsam, balm
балюстра́да *f* [5] balustrade
бамбу́к *m* [1] bamboo
бана́ль|ность *f* [8] banality; commonplace; **~ный** [14; -лен, -льна] banal, trite
бана́н *m* [1] banana
ба́нда *f* [5] band, gang
банда́ж *m* [1 *e.*] bandage; truss
бандеро́ль *f* [8] wrapper for mailing (*newspapers, etc.*); designation for printed matter, book post
банди́т *m* [1] bandit, gangster; **~и́зм** *m* [1] gangsterism
банк *m* [1] bank
ба́нка *f* [5; *g/pl.*: -нок] jar; (***консе́рвная***) **~** can, *Brt.* tin
банке́т *m* [1] banquet
банки́р *m* [1] banker
банкно́т *m* [1] bank note
банкро́т *m* [1] bankrupt; **~иться** [15], ⟨о-⟩ go bankrupt; **~ство** *n* [9] bankruptcy
бант *m* [1] bow
ба́нщик *m* [1] bathhouse attendant
ба́ня *f* [6] (Russian) bath(s)
бапти́ст *m* [1] Baptist
бар *m* [1] (snack) bar; **~мен** *m* [1] barman
бараба́н *m* [1] drum; **~ить** [13], ⟨про-⟩ (beat the) drum; **~ный** [14]: ***~ный бой*** beat of the drum; ***~ная перепо́нка*** eardrum; **~щик** *m* [1] drummer
бара́к *m* [1] barracks; hut
бара́н *m* [1] ram; P idiot, ass; **~ий** [18] sheep's; mutton; ***согну́ть в ~ий рог*** to make s.b. knuckle under; **~ина** *f* [5] mutton
бара́нка *f* [5; *g/pl.*: -нок] ringshaped roll; *coll.* steering wheel
барахло́ *n* [9] old clothes; disused goods and chattels, *Brt.* lumber; trash, junk
бара́хтаться [1] *coll.* flounder
барбари́с *m* [1] barberry
бард *m* [1] bard (*poet and singer*)
барда́к *m* [1] *coll.* complete chaos; P brothel
барелье́ф *m* [1] bas-relief
ба́ржа *f* [5] barge
ба́рий *m* [3] barium
ба́рин *m* [1; *pl.*: ба́ре *or* ба́ры, бар] member of landowning gentry in prerevolutionary Russia; *coll.* refers to s.b. affecting an air of superiority
барито́н *m* [1] baritone
барка́с *m* [1] launch, long boat
баро́кко *n* [*indecl.*] baroque
баро́метр *m* [1] barometer
баррика́да *f* [5] barricade
барс *m* [1] snow leopard
ба́р|ский [16] lordly; ***жить на ~скую но́гу*** live in grand style
барсу́к *m* [1 *e.*] badger
ба́рхат *m* [1] velvet; **~ный** [14] velvet(y)
ба́рыня *f* [6] barin's wife; *coll.* refers to s.b. acting in a haughty manner
бары́ш *m* [1 *e.*] profit, gain(s)
ба́рышня *f* [6; *g/pl.*: -шень] *iro. or joc.* young lady, miss
барье́р *m* [1] barrier
бас *m* [1; *pl. e.*] *mus.* bass
баск *m* [1] Basque
баскетбо́л *m* [1] basketball
басно|пи́сец *m* [1; -сца] fabulist; **~сло́вный** [14; -вен, -вна] legendary; *coll.* fabulous, incredible
ба́сня *f* [6; *g/pl.*: -сен] fable
бассе́йн *m* [1]: ***~ реки́*** river basin; ***пла́вательный ~*** swimming pool
ба́ста that will do; no more of this!
бастио́н *m* [1] bastion
бастова́ть [7], ⟨за-⟩ (be *or* go on) strike
батальо́н *m* [1] battalion
батаре́|йка *f* [5; *g/pl.*: -ре́ек] (dry cell) battery; **~я** *f* [6; *g/pl.*: -е́й] *mil.*, *tech.* battery; ***~я парово́го отопле́ния*** (central

heating) radiator

атист *m* [1] cambric; **~овый** [14] of cambric

атон *m* [1] long loaf of bread

атюшка *m* [5; *g/pl.*: -шек] *coll.* father; (*as mode of address to priest*) father

ахвал Р *m* [1] braggart; **~иться** [13] boast, brag; **~ьство** *n* [9] bragging, vaunting

ахрома *f* [5] fringe

ахчеводство *n* [9] melon growing

ациллоноситель *m* [4] bacilluscarrier

ашенка *f* [5; *g/pl.*: -нок] turret

ашка Р *f* [5] head, noddle

ашковитый [14 *sh.*] *coll.* brainy

ашмак *m* [1 *e.*] shoe; ***быть под ~ом*** be under the thumb of

ашня *f* [6; *g/pl.*: -шен] tower; *mil.* turret

аюкать [1], ⟨у-⟩ lull; rock (to sleep)

аян *m* [1] (*kind of*) accordion

дение *n* [12] vigil, watch

дитель|ность *f* [8] vigilance; **~ный** [14; -лен, -льна] vigilant, watchful

ег *m* [1; на -у] run(ning); *pl.* [**бега** *etc. e.*] race(s); ***~ с барьерами*** hurdle race; ***~ на короткие дистанции*** sprint; ***на ~у*** while running → ***бегом***

бегание *n* [12] running (*a. for s.th., on business*)

бегать [1], ⟨по-⟩ run (around); *coll.* shun (*a.* p. **от** Р); *fig.* run after (*a.* p. ***за*** Т); ***~ взапуски*** *coll.* race, vie in a run

бегемот *m* [1] hippopotamus

беглец *m* [1 *e.*] runaway

бегл|ость *f* [8] *речи* fluency; cursoriness; **~ый** [14] fluent; cursory

бег|овой [14] race…; **~ом** on the double; **~отня** *coll. f* [6] running about, bustle; **~ство** *n* [9] flight, escape; *паническое* stampede; ***обратить в ~ство*** put to flight

бегун *m* [1 *e.*] runner, trotter

беда *f* [5; *pl.*: беды] misfortune, disaster, trouble; ***что за ~?*** what does it matter?; ***не беда*** it doesn't matter; ***~ не велика*** there's no harm in that; ***в том-то и ~*** that's the trouble; the trouble is (that)…; ***на беду*** *coll.* unluckily; ***просто ~!*** it's awful!

бед|ненький [16] poor, pitiable; **~неть** [8], ⟨о-⟩ grow (become) poor; **~ность** *f* [8] poverty; **~нота** *f* [5] *collect.* the poor; **~ный** [14; -ден, -дна, -дно] poor (Т in); **~няга** *coll. m/f* [5], **~няжка** *coll. m/f* [5; *g/pl.*: -жек] poor fellow, wretch; **~няк** *m* [1 *e.*] poor man, pauper

бедро *n* [9; бёдра, -дер, -драм] thigh; hip; loin

бедств|енный [14 *sh.*] disastrous, calamitous; ***~енное положение*** disastrous situation; **~ие** *n* [12] distress, disaster; ***стихийное ~ие*** natural calamity; **~овать** [7] suffer want, live in misery

бежать [4; бегу, бежишь, бегут; беги; бегущий] ⟨по-⟩ (be) run(ning *etc.*); flee; avoid, shun (*a. p.* **от** Р); ***~ сломя голову*** *coll.* run for one's life *or* head over heels

бежевый [14] beige

беженец *m* [1; -нца], **~ка** *f* [5; *g/pl.*: -нок] refugee

без, ~о (Р) without; in the absence of; less; (*in designations of time*) to: ***~ четверти час*** a quarter to one; ***~о всего*** without anything; ***без вас*** *a.* in your absence

безаварийный [14; -йен, -йна] *tech.* accident-free

безалаберный *coll.* [14; -рен, -рна] disorderly, slovenly

безалкогольный [14] nonalcoholic

безапелляционный [14; -онен, -онна] categorical, peremptory

безбедный [14; -ден, -дна] welloff, comfortable

безбилетный [14] ticketless; ***~ пассажир*** *на корабле* stowaway, passenger traveling without a ticket

безбожн|ый [14; -жен, -жна] irreligious; *coll.* shameless, scandalous; ***~ые цены*** outrageous prices

безболезненный [14 *sh.*] painless

безбородый [14] beardless

безбоязненный [14 *sh.*] fearless

безбрачие *n* [12] celibacy

безбрежный [14; -жен, -жна] boundless

безверие *n* [12] unbelief

безвестный [14; -тен, -тна] unknown, obscure

безветр|енный [14 *sh.*], **~ие** *n* [12] calm

безви́нный [14; -и́нен, -и́нна] guiltless, innocent
безвку́с|ица *f* [5] tastelessness, bad taste; **~ный** [14; -сен, -сна] tasteless, insipid
безвла́стие *n* [12] anarchy
безво́дный [14; -ден, -дна] arid
безвозвра́тный [14; -тен, -тна] irrevocable, irretrievable
безвозме́здный (-mezn-) [14] gratuitous; without compensation
безволо́сый [14] hairless, bald
безво́льный [14; -лен, -льна] lacking willpower, weak-willed
безвре́дный [14; -ден, -дна] harmless
безвре́менный [14] premature, untimely
безвы́ездный (-jiznyj) [14] uninterrupted, continuous
безвы́ходный [14; -ден, -дна] **1.** permanent; **2.** desperate, hopeless
безголо́вый [14] headless; *fig.* stupid, brainless
безгра́мотн|ость *f* [8] illiteracy, ignorance; **~ый** [14; -тен, -тна] illiterate, ignorant
безграни́чный [14; -чен, -чна] boundless, limitless
безда́рный [14; -рен, -рна] untalented, ungifted; (*of a work of art*) feeble, undistinguished
безде́йств|ие *n* [12] inaction; **~овать** [7] be inactive, idle
безде́л|ица *f* [5], **~ка** *f* [5; *g/pl.*: -лок] trifle, bagatelle; **~у́шка** *f* [5; *g/pl.*: -шек] knickknack
безде́ль|е *n* [12] idleness; **~ник** *m* [1], **~ница** *f* [5] idler; good-for-nothing; **~ничать** [1] idle, lounge
безде́нежье *n* [10] lack of money, impecuniousness
безде́тный [14; -тен, -тна] childless
безде́ятельный [14; -лен, -льна] inactive, sluggish
бе́здна *f* [5] abyss, chasm; *fig. coll.* lots (of)
бездоказа́тельный [14; -лен, -льна] unsubstantiated
бездо́мный [14; -мен, -мна] homeless
бездо́нный [14; -до́нен, -до́нна] bottomless; *fig.* unfathomable
бездоро́жье *n* [12] impassability; absence of roads; prohibitive road conditions
бездохо́дный [14; -ден, -дна] unprofitable
безду́мный [14; -мен, -мна] unthinking thoughtless
безду́шный [14; -шен, -шна] heartless soulless
безе́ *n* [*indecl.*] meringue
безжа́лостный (biʒʒ-sn-) [14; -тен -тна] ruthless, merciless
безжи́зненный (biʒʒ-) [14] lifeless; inanimate; *fig.* dull
беззабо́тный [14; -тен, -тна] carefree lighthearted; careless
беззаве́тный [14; -тен, -тна] selfless unreserved
беззако́н|ие *n* [12] lawlessness; unlawful act; **~ность** *f* [8] illegality; **~ный** [14; -о́нен, -о́нна] illegal, unlawful
беззасте́нчивый [14 *sh.*] shameless; impudent; unscrupulous
беззащи́тный [14; -тен, -тна] defenseless; unprotected
беззвёздный (-zn-) [14; -ден, -дна] starless
беззву́чный [14; -чен, -чна] soundless silent, noiseless
беззло́бный [14; -бен, -бна] good-natured, kind
беззу́бый [14] toothless; *fig.* feeble
безли́кий [16 *sh.*] featureless, faceless
безли́чный [14; -чен, -чна] without personality; impersonal
безлю́дный [14; -ден, -дна] deserted, uninhabited; (*малонаселённый*) sparsely populated
безме́рный [14; -рен, -рна] immeasurable; immense
безмо́зглый [14] *coll.* brainless, stupid
безмо́лв|ие *n* [12] silence; **~ный** [14; -вен, -вна] silent, mute
безмяте́жный [14; -жен, -жна] serene tranquil, untroubled
безнадёжный [14; -жен, -жна] hopeless
безнадзо́рный [14; -рен, -рна] uncared for; neglected
безнака́занный [14 *sh.*] unpunished

безнали́чный [14] without cash transfer; **~ расчёт** *fin.* clearing
безнра́вственный [14 *sh.*] immoral
безоби́дный [14; -ден, -дна] inoffensive; harmless
безо́блачный [14; -чен, -чна] cloudless; serene
безобра́з|ие *n* [12] ugliness; outrage; disgrace; **~ие!** scandalous! shocking!; **~ничать** [1] behave outrageously; get up to mischief; **~ный** [14; -зен, -зна] ugly; shameful, disgusting
безогово́рочный [14; -чен, -чна] unconditional, unreserved
безопа́с|ность *f* [8] safety; security; ***Сове́т ~ности*** Security Council; **~ный** [14; -сен, -сна] safe, secure (**от** P from); ***~ная бри́тва*** safety razor
безору́жный [14; -жен, -жна] unarmed; *fig.* defenseless
безостано́вочный [14; -чен, -чна] unceasing; nonstop…
безотве́тный [14; -тен, -тна] without response; *любовь* unrequited; (*кроткий*) meek
безотве́тственный [14 *sh.*] irresponsible
безотка́зный [14; -зен, -зна] without a hitch; croublefree; *tech.* faultless; reliable
безотлага́тельный [14; -лен, -льна] undelayable, urgent
безотноси́тельно *adv.* irrespective (of **к** Д)
безотра́дный [14; -ден, -дна] cheerless
безотчётный [14; -тен, -тна] not liable to account; not subject to control; inexplicable: *e.g.*, **~ *страх*** unaccountable fear
безоши́бочный [14; -чен, -чна] faultless; correct; unerring
безрабо́т|ица *f* [5] unemployment; **~ный** [14] unemployed
безра́достный [14; -тен, -тна] joyless; dismal
безразде́льный [14; -лен, -льна] individed; whole-hearted
безразли́ч|ие *n* [12] (**к** Д) indifference; **~ный** [14; -чен, -чна] indifferent; ***это мне ~но*** it is all the same to me
безрассу́дный [14; -ден, -дна] reckless, rash
безрезульта́тный [14; -тен, -тна] futile, unsuccessful, ineffectual
безро́потный [14; -тен, -тна] uncomplaining humble, meek, submissive
безрука́вка *f* [5; *g/pl.*: -вок] sleeveless jacket *or* blouse
безуда́рный [14; -рен, -рна] unaccented unstressed
безу́держный [14; -жен, -жна] unrestrained; impetuous
безукори́зненный [14 *sh.*] irreproachable, impeccable
безу́м|ец *m* [1; -мца] *fig.* madman, lunatic; madcap; **~ие** *n* [12] madness, folly; **~ный** [14; -мен, -мна] crazy, insane; nonsensical, absurd; ill-considered, rash
безумо́лчный [14; -чен, -чна] incessant, uninterrupted
безу́мство *n* [9] madness; foldhardiness
безупре́чный [14; -чен, -чна] blameless, irreproachable
безусло́в|но certainly, surely; **~ный** [14; -вен, -вна] absolute, unconditional; (*несомненный*) indisputable, undoubted
безуспе́шный [14; -шен, -шна] unsuccessful
безуста́нный [14; -а́нен, -а́нна] tireless; indefatigable
безуте́шный [14; -шен, -шна] inconsolable
безуча́стный [14; -тен, -тна] apathetic, unconcerned
безъя́дерный [14] nuclear-free
безымя́нный [14] nameless, anonymous; **~ *па́лец*** ring finger
безыску́сный [14; -сен, -сна] artless, unaffected, unsophisticated
безысхо́дный [14; -ден, -дна] hopeless, desperate
бейсбо́л *m* [14] baseball
беко́н *m* [1] bacon
белёсый [14] whitish
беле́ть [8], ⟨по-⟩ grow *or* turn white; *impf.* (*a.* **-ся**) appear *or* show white
белиберда́ *f* [14] *coll.* nonsense, rubbish

белизна́ *f* [5] whiteness
бели́ла *n/pl.* [9]: ***свинцо́вые ~*** white lead; ***ци́нковые ~*** zinc white
бели́ть [13; белю́, бе́лишь, белённый] **1.** ⟨вы́-⟩ bleach; **2.** ⟨по-⟩ whitewash
бе́лка *f* [5; *g/pl.*: -лок] squirrel
белко́вый [14] albuminous
беллетри́стика *f* [5] fiction
белобры́сый [14] *coll.* flaxenhaired, tow-haired
белова́тый [14 *sh.*] whitish
бело|ви́к *m* [1 *e.*], **~во́й** [14], ***~во́й э́кземпля́р*** fair copy; **~гварде́ец** *m* [1; -е́йца] White Guard (*member of troops fighting against the Red Guards and the Red Army in the Civil War 1918-1920*)
бело́к *m* [1; -лка́] albumen, protein; white (*of egg or eye*)
бело|кро́вие *n* [12] leukemia; **~ку́рый** [14 *sh.*] blond, fair; **~ру́с** *m* [1], **~ру́ска** *f* [5; *g/pl.*: -сок], **~ру́сский** [16] Byelorussian; **~сне́жный** [14; -жен, -жна] snowwhite
белу́га *f* [5] white sturgeon
бе́л|ый [14; бел, -а́, -о] white; ***~ый свет*** (wide) world; ***~ые стихи́*** *m/pl.* blank verse; ***средь ~а дня*** *coll.* in broad daylight
бель|ги́ец *m* [1; -ги́йца], **~ги́йка** *f* [5; *g/pl.*: -ги́ек], **~ги́йский** [16] Belgian
бельё *n* [12] linen; ***ни́жнее ~*** underwear
бельмо́ *n* [9; *pl.*: бе́льма, бельм] walleye; ***она́ у меня́ как ~ на глазу́*** she is an eyesore to me
бельэта́ж *m* [1] *thea.* dress circle; second (*Brt.* first) floor
бемо́ль *m* [4] flat
бенефи́с *m* [1] benefit(-night)
бензи́н *m* [1] gasoline, *Brt.* petrol
бензо|ба́к *m* [1] gasoline *or* petrol tank; **~коло́нка** (*a.* ***запра́вочная ~коло́нка***) [5; *g/pl.*: -нок] gas *or* petrol pump, *coll.* gas *or* filling station
бенуа́р *m* [1] *thea.* parterre box
бе́рег [1; на -гу́; *pl.*: -га́, *etc. e.*] bank, *морской*, shore, coast; (*суша*) land; ***вы́йти*** (***вы́ступить***) ***из ~о́в*** overflow the banks; ***приста́ть к ~у*** land; **~ово́й** [14] coast(al), shore…
бережли́вый [14 *sh.*] economical
бе́режный [14; -жен, -жна] cautious careful
берёза *f* [5] birch tree; rod *or* bundle of twigs for flogging
березня́к *m* [1 *e.*] birch grove
берёзовый [14] birch(en)
бере́мен|ная [14] pregnant; **~ность** *f* [8] pregnancy
бере́т *m* [1] beret
бере́чь [26 г/ж: берегу́, бережёшь] **1.** ⟨по-⟩ guard, watch (over); **2.** ⟨по-, с-⟩ spare, save, take care of; **3.** ⟨с-⟩ [сбережённый] keep; preserve; **-ся** take care (of o.s.); ***береги́сь!*** take care! look out!
берло́га *f* [5] den, lair
берцо́|вый [14]: ***~вая кость*** shinbone
бес *m* [1] demon, evil spirit
бесе́д|а *f* [5] conversation, talk; **~ка** *f* [5; *g/pl.*: -док] arbo(u)r, summerhouse; **~овать** [7] converse
бесёнок *m* [2; -нка; *pl.*: бесеня́та] imp
беси́ть [15], ⟨вз-⟩ [взбешённый] enrange, madden; **-ся** (fly into a) rage; (*резвиться*) romp
бесконе́ч|ность *f* [8] infinity; ***до ~ности*** endlessly; **~ный** [14; -чен, -чна] разгово́р и т. д. endless, infinite; простра́нство, любо́вь unlimited, boundless, eternal; ***~но ма́лый*** infinitesimal
бесконтро́льный [14; -лен, -льна] uncontrolled, unchecked
бескоры́ст|ие *n* [12] unselfisheness; **~ный** [14; -тен, -тна] disinterested
бескра́йний [15; -а́ен, -а́йна] boundless
бескро́вный [14; -вен, -вна] anemic, pale, lacking vitality
бескульту́рье *n* [10] lack of culture
беснова́ться [7] be possessed, rage, rave
бесо́вщина *f* [5] devilry
беспа́мятство *n* [9] unconsciousness; frenzy, delirium
беспарти́йный [14] *pol.* independent; non-party (man)
беспербо́йный [14; -бо́ен, -бо́йна] uninterrupted, regular
беспереса́дочный [14] direct (*as a train*), through…
бесперспекти́вный [14; -вен, -вна]

having no prospects, hopeless
еспе́ч|ность *f* [8] carelessness; **~ный** [14; -чен, -чна] careless
есплá́т|ный [14; -тен, -тна] free (of charge), gratuitous; **~но** gratis
еспло́д|ие *n* [12] barrenness, sterility; **~ный** [14; -ден, -дна] barren, sterile; *fig.* fruitless, vain
есповоро́тный [14; -тен, -тна] unalterable, irrevocable, final
есподо́бный [14; -бен, -бна] incomparable, matchless
еспозвоно́чный [14] invertebrate
еспок|о́ить [13], ⟨(п)о-⟩ upset, worry; (*мешать*) disturb, bother, trouble; **-ся** worry, be anxious (**о** П about); **~о́йный** [14; -ко́ен, -ко́йна] restless; uneasy; **~о́йство** *n* [9] unrest; trouble; anxiety; ***прости́те за ~о́йство*** sorry to (have) trouble(d) you
есполе́зный [14; -зен, -зна] useless
беспо́мощный [14; -щен, -щна] helpless
беспоря́до|к *m* [1; -дка] disorder, confusion; *pl.* disturbances, riots; **~чный** [14; -чен, -чна] disorderly, untidy
беспоса́дочный [14]: **~ *перелёт*** nonstop flight
беспо́чвенный [14 *sh.*] groundless, unfounded
беспо́шлинный [14] duty-free
беспоща́дный [14; -ден, -дна] pitiless, ruthless, relentless
беспреде́льный [14; -лен, -льна] boundless, infinite, unlimited
беспредме́тный [14; -тен, -тна] aimless
беспрекосло́вный [14; -вен, -вна] absolute, unquestioning, implicit
беспрепя́тственный [14 *sh.*] unhampered, unhindered, free
беспреры́вный [14; -вен, -вна] uninterrupted, continuous
беспреста́нный [14; -а́нен, -а́нна] incessant, continual
беспри́быльный [14; -лен, -льна] unprofitable
беспризо́рный [14; -рен, -рна] homeless, uncared-for
бесприме́рный [14; -рен, -рна] unprecedented, unparalleled
беспринци́пный [14; -пен, -пна] unprincipled, unscrupulous
беспристра́ст|ие *n* [12] impartiality; **~ный** (-sn-) [14; -тен, -тна] impartial, unprejudiced, unbias(s)ed
беспричи́нный [14; -и́нен, -и́нна] groundless; unfounded
бесприю́тный [14; -тен, -тна] homeless
беспробу́дный [14; -ден, -дна] *сон* deep; *пьянство* unrestrained
беспросве́тный [14; -тен, -тна] pitch-dark; *fig.* hopeless
беспроце́нтный [14] interest-free; bearing no interest
беспу́тный [14; -тен, -тна] dissolute
бессвя́зный [14; -зен, -зна] incoherent, rambling
бессерде́чный [14; -чен, -чна] heartless, unfeeling, callous
бесси́|лие *n* [12] debility; impotence; **~льный** [14; -лен, -льна] weak, powerless, impotent
бессла́вный [14; -вен, -вна] infamous, ignominious, inglorious
бессле́дный [14; -ден, -дна] without leaving a trace, complete
бесслове́сный [14; -сен, -сна] speechless, dumb; silent
бессме́нный [14; -е́нен, -е́нна] permanent
бессме́рт|ие *n* [12] immortality; **~ный** [14; -тен, -тна] immortal
бессмы́сл|енный [14 *sh.*] senseless; meaningless; **~ица** *f* [5] nonsense
бессо́вестный [14; -тен, -тна] unscrupulous
бессодержа́тельный [14; -лен, -льна] empty, insipid, dull
бессозна́тельный [14; -лен, -льна] unconscious; (*непроизвольный*) involuntary
бессо́нн|ица *f* [5] insomnia, **~ый** [14] sleepless
бесспо́рный [14; -рен, -рна] indisputable; doubtless, certain
бессро́чный [14; -чен, -чна] without time-limit; indefinite
бесстра́ст|ие *n* [12] dispassionateness, impassiveness; **~ный** [14; -тен, -тна] dispassionate, impassive
бесстра́ш|ие *n* [12] fearlessness; **~ный**

[14; -шен, -шна] fearless, intrepid
бессты́д|ный [14; -ден, -дна] shameless, impudent; (*непристойный*) indecent; **~ство** *n* [9] impudence, insolence
бессчётный [14] innumerable
беста́ктн|ость *f* [8] tactlessness; tactless action; **~ый** [14; -тен, -тна] tactless
бестала́нный [14; -а́нен, -а́нна] untalented; ill-starred
бе́стия *f* [7] brute, beast; rogue
бестолко́вый [14 *sh.*] muddleheaded, confused; *человек* slowwitted
бе́столочь *f* [8] *coll.* nitwit
бестре́петный [14; -тен, -тна] intrepid, undaunted
бестсе́ллер *m* [1] bestseller
бесхара́ктерный [14; -рен, -рна] lacking character, weak-willed
бесхи́тростный [14; -тен, -тна] artless, naive, ingenuous, unsophisticated
бесхо́зный [14] *coll.* having no owner
бесхозя́йствен|ность *f* [8] careless and wasteful management; **~ный** [14] thriftless
бесцве́тный [14; -тен, -тна] colo(u)rless, insipid
бесце́льный [14; -лен, -льна] aimless; *разговор* idle
бесце́н|ный [14; -е́нен, -е́нна] invaluable, priceless; **~ок** *m* [1; -нка]: ***за ~ок*** *coll.* for a song or a trifling sum
бесцеремо́нный [14; -о́нен, -о́нна] unceremonious, familiar
бесчелове́чн|ость *f* [8] inhumanity; **~ый** [14; -чен, -чна] inhuman, cruel
бесче́ст|ный [14; -тен, -тна] dishonest; (*непорядочный*) dishono(u)rable; **~ье** *n* [10] dishono(u)r, disgrace
бесчи́нство [9] excess, outrage; **~вать** [7] behave outrageously
бесчи́сленный [14 *sh.*] innumerable, countless
бесчу́вств|енный [14 *sh.*] insensible, callous, hard-hearted; **~ие** *n* [12] insensibility (**к** Д); unconsciousness, swoon
бесшаба́шный [14; -шен, -шна] *coll.* reckless, careless; wanton
бесшу́мный [14; -мен, -мна] noiseless, quiet
бето́н *m* [1] concrete; **~и́ровать** [7] ⟨за-⟩ concrete; **~ный** [14] concrete…
бечёвка *f* [5; *g/pl.*: -вок] string
бе́шен|ство *n* [9] **1.** *med.* hydrophobia **2.** fury, rage; **~ый** [14] **1.** *собака* rabid; **2.** furious, frantic, wild; **3.** *цена* enormous
библе́йский [16] Biblical; Bible…
библиографи́ческий [16] bibliographic(al)
библиоте́|ка *f* [5] library; **~карь** *m* [4] librarian; **~чный** [14] library…
би́блия *f* [7] Bible
би́вень *m* [4; -вня] tusk
бигуди́ *n/pl.* [*indecl.*] hair curlers
бидо́н *m* [1] can, churn; milkcan
бие́ние *n* [12] beat, throb
бижуте́рия *f* [7] costume jewel(le)ry
би́знес *m* [1] business; **~ме́н** *m* [1] businessman
бизо́н *m* [1] bison
биле́т *m* [1] ticket; card; note, bill; ***обра́тный ~*** round-trip ticket, *Brt.* return-ticket
билья́рд *m* [1] billiards
бино́кль *m* [4] binocular(s), ***театра́льный ~*** opera glasses; ***полево́й ~*** field glasses
бинт *m* [1 *e.*] bandage; **~ова́ть** [7], ⟨за-⟩ bandage, dress
био́граф *m* [1] biographer; **~и́ческий** [16] biographic(al); **~ия** *f* [7] biography
био́лог *m* [1] biologist; **~и́ческий** [16] biological; **~ия** *f* [7] biology
биори́тм *m* [1] biorhythm
биохи́мия *f* [7] biochemistry
би́ржа *f* [5] (stock) exchange; ***~ труда́*** labor registry office, *Brt.* labour exchange
биржеви́к *m* [1 *e.*] → ***бро́кер***
би́рка *f* [5; *g/pl.*: -рок] label-tag, nameplate
бирюза́ *f* [5] turquoise
бис *int.* encore!
би́сер *m* [1] *coll.* (glass) beads *pl.*
бискви́т *m* [1] sponge cake
бит *m* [1] *comput.* bit
би́тва *f* [5] battle
бит|ко́м → ***наби́тый***; **~о́к** *m* [1; -тка́] (mince) meat ball
бить [бью, бьёшь; бей!; би́тый] **1.** ⟨по-⟩ beat; **2.** ⟨про-⟩ [проби́л, -би́ла, проби-

-ло] *часы* strike; **3.** ⟨раз-⟩ [разобью, -бьёшь] break, smash; **4.** ⟨у-⟩ shoot, kill, trump (*card*); **5.** *no pf.* spout; **~ в глаза́** strike the eye; **~ трево́гу** *fig.* raise an alarm; **~ отбо́й** *mst. fig.* beat a retreat; **~ ключо́м 1.** bubble; **2.** boil over; **3.** sparkle; **4.** abound in vitality; **про́бил его́ час** his hour has struck; **би́тый час** *m* one solid hour; **-ся** fight; *сердце* beat, struggle, toil (**над** Т); **~ся голово́й о(б) сте́ну** *fig.* beat one's head against a brick wall; **~ся об закла́д** bet; **она́ бьётся как ры́ба об лёд** she exerts herself in vain

-ифште́кс *m* [1] (beef) steak

-ич *m* [1 *e.*] whip; *fig.* scourge

-ла́го *n* [9] good; blessing; **всех благ!** *coll.* all the best; **2вещение** *n* [12] Annunciation

-лагови́дный [14; -ден, -дна] *fig.* seemly, *предлог* specious

-лаговоли́ть [13] *old use* be favourably disposed (**к** Д); ⟨co-⟩ *iro.* deign

-лагово́н|ие *n* [12] fragrance; **~ный** [14] fragrant

-лагого|ве́йный [14; -ве́ен, -ве́йна] reverent, respectful; **~ве́ние** *n* [12] awe (of), reverence, respect (for) (**пе́ред** Т); **~ве́ть** [8] (**пе́ред** Т) worship, venerate

-лагодар|и́ть [13], ⟨по-, от-⟩ (В **за** В) thank (*a. p.* for s.th.); **∠ность** *f* [8] gratitude; thanks; **не сто́ит ´~ности** you are welcome, don't mention it; **∠ный** [14; -рен, -рна] grateful, thankful (to *a. p.* for s.th. Д / **за** В); **~я́** (Д) thanks *or* owing to

-лагода́т|ный [14; -тен, -тна] *климат* salubrious; *край* rich; **~ь** *f* [8] blessing; **кака́я тут ~ь!** it's heavenly here!

-лагоде́тель *m* [4] benefactor; **~ница** *f* [5] benefactress

-лагодея́ние *n* [12] good deed

-лагоду́ш|ие *n* [12] good nature, kindness; **~ный** [14; -шен, -шна] kindhearted, benign

-лагожела́тель|ность *f* [8] benevolence; **~ный** [14; -лен, -льна] benevolent

-лагозву́ч|ие *n* [12], **~ность** *f* [8] euphony, sonority; **~ный** [14; -чен, -чна] sonorous, harmonious

благ|о́й [16] good; **~о́е наме́рение** good intentions

благонадёжный [14; -жен, -жна] reliable, trustworthy

благонаме́ренный [14; *sh.*] well-meaning, well-meant

благополу́ч|ие *n* [12] well-being, prosperity, happiness; **~ный** [14; -чен, -чна] happy; safe

благоприя́т|ный [14; -тен, -тна] favo(u)rable, propitious; **~ствовать** [7] (Д) favo(u)r, promote

благоразу́м|ие *n* [12] prudence, discretion; **~ный** [14; -мен, -мна] prudent, judicious

благоро́д|ный [14; -ден, -дна] noble; *идеи и т. д.* lofty; *металл* precious; **~ство** *n* [9] nobility

благоскло́нный [14; -о́нен, -о́нна] favo(u)rable, well-disposed (to [-ward(s)] a p. **к** Д)

благосло|ве́ние *n* [12] benediction, blessing; **~вля́ть** [28], ⟨**~ви́ть**⟩ [14 *e.*; -влю́, -ви́шь] bless; **~вля́ть свою́ судьбу́** thank one's lucky stars

благососто́яние *n* [12] prosperity

благотвори́тельный [14] charitable, charity…

благотво́рный [14; -рен, -рна] beneficial, wholesome, salutary

благоустро́енный [14 *sh.*] well-equipped, comfortable; with all amenities

благоуха́|ние *n* [12] fragrance, odo(u)r; **~ть** [1] to be fragrant, smell sweet

благочести́вый [14 *sh.*] pious

блаже́н|ный [14 *sh.*] blissful; **~ство** *n* [9] bliss; **~ствовать** [7] enjoy felicity

блажь *f* [8] caprice, whim; *дурь* folly

бланк *m* [1] form; **запо́лнить ~** fill in a form

блат P *m* [1] profitable connections; **по ~у́** on the quiet, illicitly, through good connections; **~но́й** P [14]: **~но́й язы́к** thieves' slang, cant

бледне́ть [8], ⟨по-⟩ turn pale

бледнова́тый [14 *sh.*] palish

бле́д|ность *f* [8] pallor; **~ный** [14; -ден, -дна́, -o] pale, *fig.* colo(u)rless, insipid;

~ный как полотно́ as white as a sheet
блёк|лый [14] faded, withered; **~нуть** [21], ⟨по-⟩ fade, wither
блеск *m* [1] luster, shine, brilliance, glitter; *fig.* splendo(u)r
блест|е́ть [11; *a.* бле́щешь], *once* ⟨блесну́ть⟩ shine; glitter; flash; ***не всё то зо́лото, что ~и́т*** all is not gold that glitters; **блёстки** (bloski) *f/pl.* [5; *gen.*: -ток] spangle; **~я́щий** [17 *sh.*] shining, bright; *fig.* brilliant
блеф *m* [1] bluff
бле́ять [27], ⟨за-⟩ bleat
ближ|а́йший [17] (→ ***бли́зкий***) the nearest, next; **~е** nearer; **~ний** [15] near(by); *su.* fellow creature
близ (P) near, close; **~иться** [15; 3rd *p. only*], ⟨при-⟩ approach (a p. **к** Д); **~кий** [16; -зок, -зка́, -о; *comp.*: бли́же], (**к** Д) near, close; **~кие** *pl.* folk(s), one's family, relatives; **~ко от** (P) close to, not far from; **~колежа́щий** [17] nearby, neighbo(u)ring
близне́ц *m* [1 *e.*] twin
близору́кий [16 *sh.*] shortsighted
бли́зость *f* [8] nearness, proximity; *об отношениях* intimacy
блин *m* [1 *e.*] kind of pancake; **~чик** *m* [1] pancake
блиста́тельный [14; -лен, -льна] brilliant, splendid, magnificent
блиста́ть [1] shine
блок *m* [1] **1.** bloc, coalition; **2.** *tech.* pulley; unit
блок|а́да *f* [5] blockade; **~и́ровать** [7] (*im*)*pf.* block (up)
блокно́т *m* [1] notebook, writing pad
блонди́н *m* [1] blond; **~ка** *f* [5; *g/pl.*: -нок] blonde
блоха́ *f* [5; *nom/pl.*: бло́хи] flea
блуд *m* [1] *coll.* fornication; **~ный** [14]: ***~ный сын*** prodigal son
блужда́ть [11], ⟨про-⟩ roam, wander
блу́з|а *f* [5] (working) blouse, smock; **~ка** *f* [5; *g/pl.*: -зок] (ladies') blouse
блю́дечко *n* [9; *g/pl.*: -чек] saucer
блю́до *n* [9] dish; *еда* course
блю́дце *n* [11; *g/pl.*: -дец] saucer
блюсти́ [25], ⟨со-⟩ observe, preserve, maintain; **~тель** *m* [4]: ***~тель поря́дка*** *iro.* arm of the law
бля́ха *f* [5] name plate; number plate
боб *m* [1 *e.*] bean; haricot; ***оста́ться н ~а́х*** get nothing for one's pains
бобёр [1; -бра] beaver (*fur*)
боби́на *f* [5] bobbin, spool, reel
бобо́в|ый [14]: ***~ые расте́ния*** *n/pl.* leg umes
бобр *m* [1 *e.*], **~о́вый** [14] beaver
бо́бсле́й *m* [3] bobsleigh
бог (bɔx) *m* [1; *vocative*: бо́же *from g/p e.*] God; god, idol; ***~ весть, ~ (его́) зна́е*** *coll.* God knows; ***Бо́же (мой)*** oh God good gracious!; ***дай* ♀** God grant; (let's) hope (so); ***ра́ди ♀а*** for God' (goodness') sake; ***сла́ва ♀!*** than God!; ***сохрани́ (не дай, изба́ви, упа си́) ♀ (бо́же)*** God forbid!
богат|е́ть [8], ⟨раз-⟩ grow (become rich; **~ство** *n* [9] wealth; **~ый** [14 *sh comp.*: бога́че] rich, wealthy
богаты́рь *m* [4 *e.*] (epic) hero
бога́ч *m* [1 *e.*] rich man
боге́ма *f* [5] (artists leading a) Bohemi an life
боги́ня *f* [6] goddess
Богома́терь *f* [8] the Blessed Virgin Mother of God
Богоро́дица *f* [5] the Blessed Virgir Our Lady
богосло́в *m* [1] theologian; **~ие** *n* [12 theology, divinity; **~ский** [16] theologi cal
богослуже́ние *n* [12] divine service worship, liturgy
боготвори́ть [13] worship, idolize; dei fy
бода́ть [1], ⟨за-⟩, *once* ⟨боднýть⟩ [20] (*a* **~ся**) butt (*a.* o.a.)
бо́др|ость *f* [8] vivacity, sprightliness **~ствовать** [20] be awake; **~ый** [14 бодр, -á, -о] sprightly, brisk, vigorous
боеви́к *m* [1 *e.*] member of revolution ary fighting group; *coll.* hit; ***~ сезо́на*** hit of the season
боев|о́й [14] battle…, fighting, war… military; live (*shell etc.*); pugnacious militant; ***~ы́е де́йствия*** operations hostilities; ***~о́й па́рень*** dashing fellow
бое|голо́вка *f* [5; *g/pl.*: -вок] warhead

~припáсы *m/pl.* [1] ammunition; **~спо-сóбный** [14; -бен, -бна] battleworthy, effective
боéц *m* [1; бойцá] soldier, fighter
бóже → **бог**; **2ский** [16] fair, just; **~ственный** [14 *sh.*] divine, **~ствó** *n* [9] deity, devinity
бóж|ий [18] God's, divine; ***ясно как ~ий день*** as clear as day
божи́ться [16 *e.*; -жýсь, -жи́шься], ⟨по-⟩ swear
бóжья корóвка *f* [5; *g/pl.*: -вок] ladybird
бой *m* [3; бóя, в бою́; *pl.*: бои́, боёв, *etc. e.*] battle, combat, fight; ***брать (взять) бóем*** *or* **с бóю** take by assault (storm); ***рукопáшный ~*** close fight; **~ *часóв*** the striking of a clock; **~кий** [16; бóек, бой-кá, бóйко; *comp.*: бóйч(é)е] brisk, lively; *место* busy; *речь* voluble, glib; **~кость** *f* [8] liveliness
бойкоти́ровать [7] *(im)pf.* boycott
бóйня *f* [6; *g/pl.*: бóен] slaughterhouse; *fig.* massacre, slaughter
бок *m* [1; на бокý; *pl.*: бокá, *etc. e.*] side; ***нá ~, ~ом*** sideways; **~ *ó* ~** side by side; ***под бóком*** *coll.* close by
бокáл *m* [1] wineglass, goblet
боковóй [14] side, lateral
бокс *m* [1] boxing; **~ёр** *m* [1] boxer; **~и́ровать** [7] box
болвáн *m* [1] dolt, blockhead
болгáр|ин *m* [4; *pl.*: -ры, -р] Bulgarian; **~ка** *f* [5; *g/pl.*: -рок], **~ский** [16] Bulgarian
бóлее (→ ***бóльше***) more (than P); ***~ вы-сóкий*** higher; ***~ или мéнее*** more or less; ***~ тогó*** what is more; ***тем ~, что*** especially as; ***не ~*** at (the) most
болéзненный [14 *sh.*] sickly, ailing; *fig.* morbid; painful (*a. fig.*)
болéзнь *f* [8] sickness, illness; disease; (*mental*) disorder; sick (*leave*… ***по*** Д)
болéльщик *m* [1] *sport*: fan
болéть [8] **1.** be sick, be down (with T); *за дело*; *о ком-то* be anxious (for, about ***за*** В, ***о*** П), apprehensive; *sport* support, be a fan (of ***за*** В); **2.** [9; 3rd *p. only*] hurt, ache; ***у меня́ боли́т голо-вá (зуб, гóрло)*** I have a headache (a toothache, a sore throat)
болеутоля́ющ|ий [17]: ***~ее срéдство*** anodyne, analgesic
болóт|истый [14 *sh.*] boggy, swampy; **~ный** [14] bog…, swamp…; **~о** *n* [9] bog, swamp
болт *m* [1 *e.*] bolt
болтáть [1] **1.** ⟨вз-⟩ shake up; **2.** (**-ся**) dangle; **3.** *coll.* ⟨по-⟩ [20] chat(ter); **~ся** *coll.* loaf *or* hang about
болтли́вый [14 *sh.*] talkative
болтовня́ *f* [6] *coll.* idle talk, gossip
болтýн *m* [1; -на] *coll.*, **~ья** *f* [6] babbler, chatterbox
боль *f* [8] pain, ache
больни́|ца *f* [5] hospital; ***вы́писаться из ~цы*** be discharged from hospital; ***лечь в ~цу*** go to hospital; **~чный** [14] hospital…; ***~чный лист*** medical certificate
бóльн|о painful(ly); P very; ***мне ~о*** it hurts me; ***глазáм бóльно*** my eyes smart; **~óй** [14; бóлен, больнá] sick, ill, sore; *su.* patient; *fig.* delicate, burning; tender; ***стационáрный ~óй*** inpatient
бóльше bigger, more; **~ *всегó*** most of all; above all; **~ *не*** no more *or* longer; ***как мóжно ~*** as much (many) as possible; **~ви́зм** *m* [1] Bolshevism; **~ви́к** *m* [1 *e.*] Bolshevik; **~ви́стский** (-visski-) [16] Bolshevist(ic)
бóльш|ий [17] bigger, greater; ***по ~ей чáсти*** for the most part; ***сáмое ~ее*** at most; **~инствó** *n* [9] majority; most; **~óй** [16] big, large, great; *coll.* ***взрó-слый*** grown-up; **~ýщий** [17] *coll.* huge
бóмб|а *f* [5] bomb; **~арди́ровать** [7] bomb, shell; bombard (*a. fig.*); **~арди-рóвка** *f* [5; *g/pl.*: -вок] bombardment, bombing; **~ардирóвщик** *m* [1] bomber; **~ёжка** *coll. f* [5; *g/pl.*: -жек] → ***~ар-дирóвка***; **~и́ть** [14; *e.*; -блю́, -би́шь (раз-) бомблённый], ⟨раз-⟩ bomb
бомбоубéжище *n* [11] air-raid *or* bomb-proof shelter
бор *m* [1; в борý] pine wood or forest; ***разгорéлся сыр ~*** passions flared up
бордó *n* [*indecl.*] claret; **~вый** [14] dark purplish red

бордю́р *m* [1] border, trimming
боре́ц *m* [1; -рца́] fighter, wrestler; *fig.* champion, partisan
борза́я *f* [14] *su.* borzoi, greyhound
бормота́ть [3], ⟨про-⟩ mutter
бо́ров *m* [1; *from g/pl. e.*] boar
борода́ *f* [5; *ac/sg.*: бо́роду; *pl.* бо́роды, боро́д, -а́м] beard
борода́вка *f* [5; *g/pl.*: -вок] wart
борода́|тый [14 *sh.*] bearded; **~ч** *m* [1 *e.*] bearded man
борозд|а́ *f* [5; *pl.*: бо́розды, боро́зд, -да́м] furrow; **~и́ть** [15 *e.*; -зжу́, -зди́шь], ⟨вз-⟩ furrow
борон|а́ *f* [5; *ac/sg.*: бо́рону; *pl.*: бо́роны, боро́н, -нам] harrow; **~и́ть** [13], **~нова́ть** [7], ⟨вз-⟩ harrow
боро́ться [17; боря́сь] fight, struggle (for ***за*** B, against ***про́тив*** P, wrestle)
борт *m* [1; на ~у́; *nom/pl.*: -та́] *naut.* side; board; ***на ~у́ су́дна*** on board a ship; ***бро́сить за ~*** throw overboard; ***челове́к за ~ом!*** man overboard!
борщ *m* [1 *e.*] borsch(t), red-beet soup
борьба́ *f* [5] *sport* wrestling; *fig.* fight, struggle
босико́м barefoot
босо́й [14; бос, -á, -о] barefooted; ***на босу́ но́гу*** wearing shoes on bare feet
босоно́гий [16] → ***босо́й***
босоно́жка *f* [5; *g/pl.*: -жек] sandal
бота́ни|к *m* [1] botanist; **~ка** *f* [5] botany; **~ческий** [16] botanic(al)
ботва́ *f* [5] leafy tops of root vegetables, *esp.* beet leaves
боти́нок *m* [1; *g/pl.*: -нок] shoe, *Brt.* (lace) boot
бо́цман *m* [1] boatswain
бо́чк|а *f* [5; *g/pl.*: -чек] cask, barrel; **~ово́й** [14]: ***~ово́е пи́во*** draught beer
бочко́м sideway(s), sidewise
бочо́нок *m* [1; -нка] (small) barrel
боязли́вый [14 *sh.*] timid, timorous
боя́зн|ь *f* [8] fear, dread; ***из ~и*** for fear of, lest
боя́р|ин *m* [4; *pl.*: -ре, -р], **~ыня** *f* [6] boyar(d) (*member of old nobility in Russia*)
боя́рышник *m* [1] hawthorn
боя́ться [бою́сь, бои́шься; бо́йся, бо́йтесь!], ⟨по-⟩ be afraid (of P), fear; ***бою́сь сказа́ть*** I don't know exactly, I'm not quite sure
бра *n* [*indecl.*] lampbracket, sconce
бра́во *int.* bravo
бразды́ *f/pl.* [5] *fig.* reins
брази́|лец *m* [1; -льца] Brazilian; **~льский** [16], **~лья́нка** *f* [5; *g/pl.* -нок] Brazilian
брак[1] *m* [1] marriage; matrimony
брак[2] *m* [1] (*no pl.*) defective articles, rejects, spoilage
бракова́ть [7], ⟨за-⟩ scrap, reject
браконье́р *m* [1] poacher
бракосочета́ние *n* [12] wedding
брани́ть [13], ⟨по-, вы́-⟩ scold, rebuke; **~ся** quarrel; swear
бра́нн|ый [14] abusive; ***~ое сло́во*** swearword
брань *f* [8] abuse, invective
брасле́т *m* [1] bracelet; watchband
брат *m* [1; *pl.*: бра́тья, -тьев, -тьям] brother; (*mode of address*) old boy!; ***на ~а*** a head, each
бра́тец *m* [1; -тца] *iro.* dear brother
бра́тия *f* [7] *coll. joc.* company, fraternity
бра́т|ский [16; *adv.*: (по-)бра́тски] brotherly, fraternal; ***~ская моги́ла*** communal grave; **~ство** *n* [9] brotherhood, fraternity, fellowship
брать [беру́, -рёшь; брал, -á, -о; … бра́нный], ⟨взять⟩ [возьму́, -мёшь; взял, -á, -о; взя́тый (взят, -á, -о)] take; ***~ напрока́т*** hire; ***~ приме́р*** (**с** P) take (*a p.*) for a model; ***~ верх над*** (T) be victorious over, conquer; ***~ обра́тно*** take back; ***~ сло́во*** take (have) the floor; (**с** P) ***~ сло́во*** make (s.o.) promise; ***~ свои́ слова́ обра́тно*** withdraw one's words; ***~ себя́ в ру́ки*** *fig.* collect o.s., pull o.s. together; ***~ на себя́*** assume; ***~ за пра́вило*** make it a rule; ***он взял и уе́хал*** he left unexpectedly; ***возьми́те напра́во!*** turn (to the) right!; → *a.* ***взима́ть***; ***с чего́ ты взял?*** what makes you think that?; **-ся** [бра́лся, -ла́сь, -ло́сь] ⟨взя́ться⟩ [взя́лся, -ла́сь, взяло́сь, взя́ли́сь] (***за*** B) undertake; (*присту-пить*) set about; (*хватать*) take hold

of, seize; **~ся за́ руки** join hands; **~ся за кни́гу (рабо́ту)** set about or start reading a book (working); **отку́да э́то берётся?** where does that come from?; **отку́да у него́ де́ньги беру́тся?** wherever does he get his money from?; **отку́да ни возьми́сь** all of a sudden

ра́чн|ый [14] matrimonial, conjugal; **~ое свиде́тельство** marriage certificate

рев|е́нчатый [14] log…; **~но́** *n* [9; *pl.*: брёвна, -вен, -внам] log; beam

ред *m* [1] delirium; *coll.* nonsense; **~ить** [15], ⟨за-⟩ be delirious; *fig.* rave; be crazy, dream (about **о** П); **~ни** *f/pl.* [6; *gen.*: -ней] nonsense

ре́зг|ать [1] (Т) be squeamish, fastidious (about); (*гнушаться*) disdain; **~ли́вость** *f* [8] squeamishness, disgust; **~ли́вый** [14 *sh.*] squeamish, fastidious (in **к** Д)

резе́нт *m* [1] tarpaulin

ре́зжить [16], **~ся** glimmer; (*рассветать*) dawn

ре́мя *n* [3; *no pl.*] load, burden (*a. fig.*)

ренча́ть [4 *e.*; -чу́, -чи́шь] clink, jingle; *на гитаре* strum

рести́ [25], ⟨по-⟩ drag o.s. along; saunter

рете́лька *f* [5; *g/pl.*: -лек] shoulder strap

решь *f* [8] breach; gap

рига́|да *f* [5] brigade (*a. mil.*), team, group of workers; **~ди́р** *m* [1] foreman

ри́джи *pl.* [*gen.*: -жей] breeches

риллиа́нт *m* [1], **~овый** [14] brilliant, (cut) diamond

рита́н|ец *m* [1; -нца] Briton, Britisher; **~ский** [16] British

ри́тва *f* [5] razor; **безопа́сная ~** safety razor

рить [бре́ю, бре́ешь; брей(те)!; бре́я; брил; бри́тый], ⟨вы-, по-⟩ shave; **~ся** *v/i.* get shaved, (have a) shave; **~ё** *n* [10] shaving

ри́финг *m* [1] *pol.* briefing

ров|ь *f* [8; *from g/pl. e.*] eyebrow; **хму́рить ~и** frown; **он и ~ью не повёл** *coll.* he did not turn a hair; **попа́сть не в ~ь, а в глаз** *coll.* hit the nail on the head

брод *m* [1] ford

броди́ть[1] [15], ⟨по-⟩ wander, roam

броди́ть[2] [15] (*impers.*) ferment

бродя́|га *m* [5] tramp, vagabond; **~чий** [17] vagrant; *собака* stray

броже́ние *n* [12] fermentation; *fig.* agitation, unrest

бро́кер *m* [1] broker

бром *m* [1] bromine

броне|та́нковый [14]: **~та́нковые ча́сти** *f/pl.* armo(u)red troops; **~транспортёр** *m* [1] armo(u)red personnel carrier

бро́нз|а *f* [5] bronze; **~овый** [14] bronze…

брони́ровать [7], ⟨за-⟩ reserve, book

бро́нх|и *m/pl.* [1] bronchi *pl.* (*sg.* **~** bronchus); **~и́т** *m* [1] bronchitis

броня́ *f* [6; *g/pl.*: -не́й] armo(u)r

бро́ня *f* [6; *g/pl.*: -ней] reservation

броса́ть [1], ⟨бро́сить⟩ throw, (*a. naut.*) cast, fling (*a. out*) (s.th. at В *or* Т/**в** В); (*покинуть*) leave, abandon, desert; (*прекратить делать*) give up, quit, leave off; **~ взгляд** cast a glance; **бро́сь(те)…!** *coll.* (oh) stop…!; **-ся** dash, rush, dart (off **~ся бежа́ть**); fall up(on) (**на** В); go to (**в** В); **~ в глаза́** strike the eye

бро́ский [16] bright, loud

бро́совый [14] catchpenny; under (price)

бросо́к *m* [1; -ска́] hurl, throw; (*рывок*) spurt

бро́шка *f* [5; *g/pl.*: -шек] brooch

брошю́ра *f* [5] brochure, pamphlet

брус *m* [1; *pl.*: бру́сья, бру́сьев, бру́сьям] (square) beam; bar; *pl.* **паралле́льные бру́сья** parallel bars

брусни́ка *f* [5] cowberry

брусо́к *m* [1; -ска́] **1.** bar, ingot; **2.** (*a.* **точи́льный ~**) whetstone

бру́тто [*indecl.*] gross (weight)

бры́з|гать [1 *or* 3], *once* ⟨**~нуть**⟩ [20] splash, spatter, sprinkle; gush; **~ги** *f/pl.* [5] splashes, spray

брык|а́ться [1], *once* ⟨**~ну́ться**⟩ [20] kick; *fig.* rebel

брюз|га́ *m/f* [5] *coll.* grumbler, grouch; **~гли́вый** [14 *sh.*] peevish, grouchy;

~жáть [4 *e.*; -жу, -жúшь], ⟨за-⟩ grumble, grouch
брю́ква *f* [5] swede
брю́ки *f/pl.* [5] trousers, pants
брюнéт *m* [1] dark-haired man, brunet; **~ка** *f* [5; *g/pl.*: -ток] brunette
брюссéль|ский [16]: ***~ская капу́ста*** *f* Brussels sprouts
брю́хо P *n* [9] belly, paunch
брюш|úна *f* [5] peritoneum; **~нóй** [14] abdominal; ***~нóй тиф*** *m* typhoid fever
бря́кать [1], *once* ⟨бря́кнуть⟩ [20] *v/i.* clink, clatter; *v/t. fig. coll.* drop a clanger
бу́бен *m* [1; -бна; *g/pl.*: бу́бен] (*mst. pl.*) tambourine; **∼чик** *m* [1] jingle, small bell
бу́блик *m* [1] slightly sweetened ring-shaped bread roll
бу́бны *f/pl.* [5; *g/pl.*: бубён, -бнам] (*cards*) diamonds
бугóр *m* [1; -грá] hill(ock)
бугрúстый [14] hilly; *дорога* bumpy
бу́дет (→ ***быть***) (*impers.*): ***~ тебé ворчáть*** stop grumbling
будúльник *m* [1] alarm clock
будúть [15] **1.** ⟨раз-⟩ (a)wake, waken; **2.** ⟨про-⟩ [пробуждённый] *fig.* (a)rouse; ***~ мысль*** set one thinking
бу́дка *f* [5; *g/pl.*: -док] booth, box
бу́дни *m/pl.* [1; *gen.*: -дней] weekdays; *fig.* everyday life, monotony; **~чный** [14] everyday; humdrum
будорáжить [16], ⟨вз-⟩ excite
бу́дто as if, as though (*a.* ***~ бы, ~ б***) that, allegedly
бу́дущ|ее *n* [17] future; ***в ближáйшем ~ем*** in the near future; **~ий** [17] future (*a. gr.*) ***в ~ем годý*** next year; **~ность** *f* [8] future
бу́ер *m* [1; *pl.*: -ра, *etc. e.*] iceboat, ice yacht
бузинá *f* [5] elder, elderberries
буй *m* [3] buoy
бу́йвол *m* [1] buffalo
бу́йный [14; бу́ен, буйнá, -о] violent, vehement; (*необузданный*) unbridled; *растительность* luxuriant
бу́йство *n* [9] rage, violence; **~вать** [7] behave violently, rage
бук *m* [1] beech
бу́к|ва *f* [5] letter; ***прописнá (строчнáя) ~ва*** upper-(lower)case letter (with **с** P); **~вáльный** [14] literal, verbal; **~вáрь** *m* [4 *e.*] primer; **~воéд** *m* [1] pedant
букéт *m* [1] bouquet (*a. of wine*), bunch of flowers
букинúст *m* [1] secondhand bookseller; **~úческий** [16]: ***~úческий магазúн*** secondhand bookshop
бу́ковый [14] beechen, beech…
буксúр *m* [1] tug(boat); ***взять на буксúр*** take in tow; **~ный** [14] tug…; **~овáть** [7] tow
булáвка *f* [5; *g/pl.*: -вок] pin; ***английская ~*** safety pin
булáт *m* [1] Damascus steel *fig.* sword; **~ный** [14] steel…; damask…
бу́лка *f* [5; *g/pl.*: -лок] small loaf; roll; white bread
бу́лоч|ка *f* [5; *g/pl.*: -чек] roll; bun; **~ная** [14] bakery, baker's shop
булы́жник *m* [1] cobblestone
бульвáр *m* [1] boulevard, avenue; **~ный** [14]: ***~ный ромáн*** dime novel, *Brt.* penny dreadful; ***~ная прéсса*** tabloids; gutter press
бу́лькать [1] gurgle
бульóн *m* [1] broth; stock
бумá|га *f* [5] paper; document; ***цéнные ~ги*** securities; **~жка** *f* [5; *g/pl.*: -жек] slip of paper; **~жник** *m* [1] wallet; **~жный** [14] paper…
бундестáг *m* [1] Bundestag
бунт *m* [1] revolt, mutiny, riot; **∼áрь** *m* [4 *e.*] → ***~овщúк***
бунтов|áть [7] rebel, revolt; ⟨вз-⟩ instigate; **~скóй** [14] rebellious, mutinous; **~щúк** *m* [1 *e.*] mutineer, rebel
бурáв *m* [1 *e.*] gimlet, auger; **~ить** [14] ⟨про-⟩ bore, drill
бурáн *m* [1] snowstorm, blizzard
бурдá *coll. f* [5] slops, wish-wash
буревéстник *m* [1] (storm) petrel
бурéние *n* [12] drilling, boring
буржуаз|úя *f* [7] bourgeoisie; **∼ный** [14] bourgeois
бурúть [13], ⟨про-⟩ bore, drill
бу́ркать [1], *once* ⟨-кнуть⟩ mutter

бурли́ть [13] rage; (*кипеть*) seethe
бу́рный [14; -рен, -рна] stormy, storm…; *рост* rapid; boisterous, violent (*a. fig.*)
буру́н *m* [1 *e.*] surf, breaker
бурча́|нье *n* [12] grumbling; *в животе* rumbling; **~ть** [4 *e.*; -чу́, -чи́шь] (*бормотать*) mumble; (*ворчать*) grumble; rumble
бу́рый [14] brown, tawny; **~ медве́дь** brown bear; **~ у́голь** brown coal, lignite
бурья́н *m* [1] tall weeds
бу́ря *f* [6] storm (*a. fig.*); **~ в стака́не воды́** storm in a teacup
бу́сы *f/pl.* [5] *coll.* (glass)beads
бутафо́рия *f* [7] *thea.* properties *pl.*; *в витрине* dummies; *fig.* window dressing
бутербро́д (-tɛr-) *m* [1] sandwich
буто́н *m* [1] bud
бу́тсы *f/pl.* [5] football boots
буты́л|ка *f* [5; *g/pl.*: -лок] bottle; **~очка** *f* [5; *g/pl.*: -чек] small bottle; **~ь** *f* [8] large bottle; *оплетённая* carboy
бу́фер *m* [1; *pl.*: -pá, *etc. e.*] buffer
буфе́т *m* [1] sideboard; bar, lunchroom, refreshment room; **~чик** *m* [1] counter assistant; barman; **~чица** *f* [5] counter assistant; barmaid
бух *int.* bounce!, plump!
буха́нка *f* [5; *g/pl.*: -нок] loaf
бу́хать [1], *once* ⟨бу́хнуть⟩ thump, bang
бухга́лтер (bu'ha) *m* [1] bookkeeper; accountant; **~ия** *f* [7] bookkeeping; **~ский** [16] bookkeeper('s)…, bookkeeping…; **~ский учёт** accounting
бу́хнуть [21] **1.** ⟨раз-⟩ swell; **2.** → **бу́хать**
бу́хта[1] *f* [5] bay
бу́хта[2] *f* [5] coil (of rope)
бушева́ть [6; бушу́ю, -у́ешь] roar, rage, storm
бушла́т *m* [1] (sailor's) peajacket
буя́нить [13] brawl, kick up a row
бы, *short* **б**, *is used to render subjunctive and conditional patterns*: *a) with the preterite, e.g.* **я сказа́л ~, е́сли ~** (**я**) **знал** I would say it if I knew it; (*similary: should, could, may, might*); *b) with the infinitive, e.g.*: **всё ~ ему́ знать** *iro.* he would like to know everything; **не вам ~ говори́ть!** you had better be quiet; *c) to express a wish* **я ~ съел чего́нибудь** I could do with s.th. to eat
быва́лый [14] experienced
быва́|ть [1] **1.** occur, happen; **как ни в чём не ~ло** as if nothing had happened; **она́ ~ло, гуля́ла** she would (*or* used to) go for a walk; **бо́ли как не ~ло** *coll.* the pain had (or has) entirely disappeared; **2.** ⟨по-⟩ (**у** P) be (at), visit, stay (with)
бы́вший [17] former, ex-…
бык[1] *m* [1 *e.*] *моста* pier
бык[2] *m* [1 *e.*] bull
были́на *f* [5] Russian epic
были́нка *f* [5; *g/pl.*: -нок] blade of grass
бы́ло (→ **быть**) (*after verbs*) already; **я уже́ заплати́л ~ де́ньги** I had already paid the money, (but)…; almost, nearly, was (were) just going to…; **я чуть ~ не сказа́л** I was on the point of saying, I nearly said
был|о́й [14] bygone, former; **~о́е** *n* past; **~ь** *f* [8] true story *or* occurence
быстро|но́гий [16] swift(-footed); **~та́** *f* [5] quickness, swiftness, rapidity; **~хо́дный** [14; -ден, -дна] fast, high-speed
бы́стрый [14; быстр, -á, -o] quick, fast, swift
быт *m* [1; в быту́] everyday life; **семе́йный ~** family life; **~ дереве́нской жи́зни** way of life in the country; **~ие́** *n* [12] existence, social being; **Кни́га ≈ия́** *Bibl.* Genesis; **≈ность** *f* [8] **в мою́ ≈ность** in my time; **~ово́й** [14] everyday, social, popular, genre; **~овы́е прибо́ры** household appliances
быть [3rd *p. sg. pr.*: → **есть**; 3rd *p. pl.*: суть; *ft.*: бу́ду, -дешь; бу́дь[те]!; бу́дучи; был, -á, -o; не́ был, -o, -и] be; (→ **бу́дет, быва́ть, бы́ло**); **~** (Д) **…** will (inevitably) be or happen; **мне бы́ло** (**бу́дет**) **…** (**го́да** *or* **лет**) I was (I'll be) … (years old); **как же ~?** what is to be done?; **так и ~!** all right! agreed!; **будь что бу́дет** come what may; **будь по ва́шему** have it your own way!; **бу́дьте добры́** (**любе́зны**), … be so kind as…, would your please…; **у меня́ бы́ло мно́го свобо́дного вре́мени** I had a lot of time
бюдже́т *m* [1], **~ный** [14] budget
бюллете́нь *m* [4] bulletin; ballot paper;

coll. sick-leave certificate
бюро́ *n* [*indecl.*] office, bureau; **спра́вочное ~** inquiry office; information; **~ путеше́ствий** travel agency *or* bureau
бюрокра́т *m* [1] bureaucrat; **~и́ческий** [16] bureaucratic; **~и́ческая волоки́та** *f* [5] red tape; **~ия** *f* [7] bureaucracy
бюст *m* [1] bust; **~га́льтер** (-'halʈɛr) *m* [1] bra(ssiere)
бязь *f* [8] calico

В

в, во 1. (В); (*direction*) to, into; for; **в окно́** out of (in through) the window; (*time*) in, at, on, within; **в сре́ду** on Wednesday; **в два часа́** at two o'clock; (*measure, price, etc.*) at, of; **в день** a *or* per day; **длино́й в четы́ре ме́тра** four meters long; **в де́сять раз бо́льше** ten times as much; **2.** (П): *положение* in, at, on; *время* in; **в конце́ (нача́ле) го́да** at the end (beginning) of the year; (*расстояние*) **в пяти́ киломе́трах от** (Р) five kilometers from
ва-ба́нк: (*cards*) **идти́ ~** stake everything
ваго́н *m* [1] car(riage *Brt.*); **~овожа́тый** [14] (*Brt.* tram) driver; **~-рестора́н** *m* dining car
ва́жн|ичать [1] put on (*or* give *o.s.*) airs; **~ость** *f* [8] importance; conceit; **~ый** [14; ва́жен, -жна́, -о, ва́жны] important, significant; *надменный и т. д.* haughty, pompous; *coll.* **не ~о** rather bad; **э́то не ~о** that doesn't matter *or* is of no importance
ва́за *f* [5] vase, bowl
вазели́н *m* [1] vaseline
вака́н|сия *f* [7] vacancy; **~тный** [14; -тен, -тна] vacant
ва́куум *m* [1] vacuum
вакци́на *f* [5] vaccine
вал *m* [1; на ~у́; *pl. e.*] **1.** *крепостной* rampart; *насыпь* bank; **2.** billow, wave; **3.** *tech.* shaft
вале́жник *m* [1] brushwood
ва́ленок *m* [1; -нка] felt boot
валерья́н|ка *coll.* *f* [5], **~овый** [14]: **~овые ка́пли** *f/pl.* tincture valerian
вале́т *m* [1] (*cards*) knave, jack
ва́лик *m* [1] **1.** *tech.* roller; **2.** bolster
вал|и́ть [13; валю́, ва́лишь; ва́ленный] ⟨по-, с-⟩ **1.** overturn, tumble (down; *v/i* **-ся**), *лес* fell; *в кучу* heap (up) dump; **2** [3rd *p. only*: -и́т] *о толпе* flock, throng; **снег ~и́т** it is snowing heavily
валово́й [14] gross, total
валто́рна *f* [5] French horn
валу́н *m* [1 *e.*] boulder
ва́льдшнеп *m* [1] woodcock
ва́льс *m* [1] waltz; **~и́ровать** [7], ⟨про-⟩ waltz
валю́т|а *f* [5] (foreign) currency; **твёрдая ~а** hard currency; **~ный** [14] currency…, exchange…; **~ный курс** *m* rate of exchange
валя́ть [28], ⟨по-⟩ roll, drag; P **валя́й!** OK go ahead!; **валя́й отсю́да!** beat it!; **~ дурака́** idle; play the fool; **-ся** *о человеке* wallow, loll; *о предметах* lie about (in disorder)
вандали́зм *m* [1] vandalism
вани́ль *f* [8] vanilla
ва́нн|а *f* [5] tub; bath; **со́лнечная ~а** sun bath; **приня́ть ~у** take a bath; **~ая** *f* [14] bath(room)
ва́рвар *m* [1] barbarian; **~ский** [16] barbarous; **~ство** *n* [9] barbarity
ва́режка *f* [5; *g/pl.*: -жек] mitten
вар|е́ние *n* [12] → **ва́рка**; **~е́ник** *m* [1] (*mst. pl.*) boiled pieces of dough with stuffing; **~ёный** [14] cooked, boiled; **~е́нье** *n* [10] jam, confiture
вариа́нт *m* [1] variant, version
вари́ть [13; варю́, ва́ришь; ва́ренный], ⟨с-⟩ cook, boil; brew; *v/i.* **~ся**: **~ в со́бственном соку́** stew in one's own juice
ва́рка *f* [5] cooking, boiling

…рьете́ *n* (-tɛ) [*indecl.*] variety show
…рьи́ровать [7] vary
…ря́г *m* [1] *hist.* Varangian; *coll., joc.* alien, stranger
…сило́к *m* [1; -лька́] cornflower
…та *f* [5] absorbent cotton, *Brt.* cotton wool
…та́га *f* [5] gang, band, troop
…терли́ния (-tɛ-) *f* [7] water-line
…тный [14] quilted; wadded
…тру́шка *f* [5; *g/pl.*: -шек] curd tart, cheese cake
…фля *f* [6; *g/pl.*: -фель] waffle, wafer
…хт|а *f* [5] *naut.* watch; ***стоя́ть на ~е*** keep watch; **~енный** [14] sailor on duty;
…ёр *m* [1] janitor, *Brt.* porter
…аш *m*, **~а** *f*, **~е** *n*, *pl.* **~и** [25] your; yours; ***по ~ему*** in your opinion (*or* language); (***пусть бу́дет***) ***по ~ему*** (have it) your own way, (just) as you like; ***как по-~ему?*** what do you think?; → ***наш***
…ая́|ние *n* [12] sculpture; **~тель** *m* [4] sculptor; **~ть** [28], ⟨из-⟩ sculpture, cut, model
…бе|га́ть [1], ⟨~жа́ть⟩ [4; -гу́, -жи́шь, -гу́т] run *or* rush into
…би|ва́ть [1], ⟨~ть⟩ [вобью́, вобьёшь; вбе́й(те)!; вбил; вби́тый]; drive (*or* hammer) in; ***~ть себе́ в го́лову*** get/take into one's head; **~ра́ть** [1], ⟨вобра́ть⟩ [вберу́, -рёшь] absorb, imbibe
…близи́ nearby; close (to P)
…бок to one side, sideways
…брод: ***переходи́ть ~*** ford, wade
…ва́л|ивать [1], ⟨~и́ть⟩ [ввалю́, вва́лишь; вва́ленный] throw, heave (in[-to]), dump; **-ся** fall or tumble in; burst in(to); *толпой* flock in
…веде́ние *n* [12] introduction
…везти́ → ***ввози́ть***
…вер|га́ть [1], ⟨~ну́ть⟩ [21]: ***~а́ть в отча́яние*** drive to despair
…вер|я́ть [14], ⟨~ить⟩ entrust, commit, give in charge
…вёртывать [1], ⟨ввертéть⟩ [11; вверчу́, ввéртишь] *once* ⟨ввeрну́ть⟩ [20; ввёрнутый] screw in; *fig.* put in (a word *etc.*)
…верх up(ward[s]); ***~ по ле́снице*** upstairs; ***~ дном*** (*or* ***нога́ми***) upside down; ***~ торма́шками*** head over heels; ***ру́ки ~!*** hands up!; **~у́** above; overhead
ввести́ → ***вводи́ть***
ввиду́ in view (of P), considering; ***~ того́, что*** as, since, seeing
ввин|чивать [1], ⟨~ти́ть⟩ [15 *e.*; -нчу́, -нти́шь] screw in
ввод *m* [1] *tech.* input
ввод|и́ть [15], ⟨ввести́⟩ introduce; bring *or* usher (in); ***~и́ть в заблужде́ние*** mislead; ***~и́ть в курс де́ла*** acquaint with an affair; ***~и́ть в строй*** (*or* ***де́йствие, эксплуата́цию***) put into operation; **~ный** [14] introductory; ***~ное сло́во*** *or* ***предложе́ние*** *gr.* parenthesis
ввоз *m* [1] import(s); importation; **~и́ть** [15], ⟨ввезти́⟩ [24] import
вво́лю (P) *coll.* plenty of; to one's heart's content
ввя́з|ываться [1], ⟨~а́ться⟩ [3] meddle, interfere (with **в** B); get involved (in)
вглубь deep into, far into
вгля́д|ываться [1], ⟨~е́ться⟩ [11] (**в** B) peer (into), look narrowly (at)
вгоня́ть [28], ⟨вогна́ть⟩ [вгоню́, вго́нишь; вогна́л, -а́, -о; во́гнанный (во́гнан, -а́, -о)] drive in (to)
вдава́ться [5], ⟨вда́ться⟩ [вда́мся, вда́шься, *etc.* → ***дать***] jut out into; ***~ в подро́бности*** go (into)
вда́в|ливать [1], ⟨~и́ть⟩ [14] press (in)
вдал|еке́, ~и́ far off, far (from **от** P); **~ь** into the distance
вдви|га́ть [1], ⟨~нуть⟩ [20] push in
вдво́|е twice (as …, *comp.*: ***~е бо́льше*** twice as much *or* many); *vb.* + **~е** *a.* double; **~ём** both *or* two (of us, *etc.*, *or* together); **~йне́** twice (as much, *etc.*) doubly
вде|ва́ть [1], ⟨~ть⟩ [вде́ну, вде́нешь; вде́тый] (**в** B) put into, thread
вде́л|ывать, ⟨~ать⟩ [1] set (in[to])
вдоба́вок in addition (to); into the bargain, to boot
вдов|а́ *f* [5; *pl. st.*] widow; **~е́ц** *m* [1; -вца́] widower
вдо́воль *coll.* in abundance; quite enough; plenty of
вдо́вый [14 *sh.*] widowed

В

вдогóнку after, in pursuit of
вдоль (Р, **по** Д) along; lengthwise; **~ и поперёк** in all directions, far and wide
вдох *m* [1] breath, inhalation; **сдéлайте глубóкий ~** take a deep breath
вдохнов|éние *n* [12] inspiration; **~éнный** [14; -вéнен, -вéнна] inspired; **~лять** [28], ⟨**~и́ть**⟩ [14 *e.*; -влю́, -ви́шь] inspire; **-ся** get inspired (with *or* by T)
вдрéбезги to smithereens
вдруг 1. suddenly, all of a sudden; **2.** what if, suppose
вду|вáть [1], ⟨**~ть**⟩ [18] blow into, inflate
вду́м|чивый [14 *sh.*] thoughtful; **~ываться**, ⟨**~аться**⟩ [1] (**в** В) ponder (over), reflect ([up]on)
вдыхáть [1], ⟨**вдохну́ть**⟩ [20] inhale; *fig.* inspire (with)
вегета|риáнец *m* [1; -нца] vegetarian; **~ти́вный** [14] vegetative
вéд|ать [1] **1.** know; **2.** (T) be in charge of, manage; **~éние**[1] *n* [12] running, directing; **~éние книг** bookkeeping; **~ение**[2] *n* [12]: **в егó ~ении** in his charge, competence; **~омо** known; **без моегó ~ома** without my knowledge; **~омость** *f* [8; *from g/pl. e.*] list, roll, register; *периодическое издание* bulletin; **инвентáрная ~омость** inventory; **~омство** *n* [9] department
ведрó *n* [9; *pl.*: вёдра, -дер, -драм] bucket, pail; **~ для му́сора** garbage can, *Brt.* dustbin
веду́щий *m* [17] leading; basic
ведь indeed, sure(ly); why, well; then; you know, you see; **~ ужé пóздно** it is late, isn't it?
вéдьма *f* [5] witch, hag
вéер *m* [1; *pl.*: -pá *etc. e.*] fan
вéжлив|ость *f* [8] politeness; **~ый** [14 *sh.*] polite
вездé everywhere; **~хóд** *m* [1] allterrain vehicle
везéние *n* [12] luck; **какóе ~** what luck!
везти́ [24], ⟨по-, с-⟩ *v/t.* drive (be driving, *etc.*), transport; *санки и т. д.* pull; **ему́ (не) везёт** *coll.* he is (un)lucky
век *m* [1; на веку́; *pl.*: векá, *etc. e.*] **1.** century; age; **2.** life (time); **срéдние ~á** *pl.* Middle Ages; **на моём ~у́** in my life (-time); **~ с тобóй мы не видáлис[ь]** we haven't met for ages
вéко *n* [9; *nom/pl.*: -ки] eyelid
векової [14] ancient, age-old
вéксель *m* [4; *pl.*: -ля́, *etc. e.*] bill of exchange, promissory note
велéть [9; вéленный] (*im*)*pf.*; *pt. pf. on[ly]* order, tell (p. s.th. Д/В)
великáн *m* [1] giant
вели́к|ий [16; вели́к, -á, -о] great; (to[o]) large or big; *only short form*; **от мáл[а] до ~а** everybody, young and old; **Пё[тр] ~ий** Peter the Great
велико|ду́шие *n* [12] magnanimit[y]; **~ду́шный** [14; -шен, -шна] magnan[i]mous, generous; **~лéпие** *n* [12] sple[n]do(u)r, magnificence; **~лéпный** [1[4]; -пен, -пна] magnificent, splendid
величáвый [14 *sh.*] majestic, stately
вели́ч|ественный [14 *sh.*] majesti[c], grand, stately; **~ество** *n* [9] majest[y]; **~ие** *n* [12] grandeur; greatness; **~инá** [5; *pl. st.*: -чины́] size; magnitude, quan[tity]; *math.* value; *об учёном и т. д.* ce[lebrity]; **~инóй в** *or* (**с** В) … big *or* hig[h]
вело|гóнки *f/pl.* [5; *gen.*: -нок] cyc[le] race; **~дрóм** *m* [1] cycling truck
велосипéд *m* [1] bicycle; **éздить на ~** cycle; **~и́ст** *m* [1] cyclist; **~ный** [14] (bi[-])cycle…, cycling…
вельвéт *m* [1], **~овый** [14] velveteen
вéна *f* [5] *anat.* vein
венг|éрка *f* [5; *g/pl.*: -рок], **~éрский** [16], **~р** *m* [1] Hungarian
венери́ческий [16] venereal
венéц *m* [1; -нца] crown; *ореол* halo; *fi[g.]* consummation
венециáнский [16] Venetian
вéнзель *m* [4; *pl.*: -ля́] monogram
вéник *m* [1] broom, besom
венóк *m* [1; -нкá] wreath, garland
вентил|и́ровать [7], ⟨про-⟩ ventilate air; **~я́тор** *m* [1] ventilator, fan
венчá|льный [14] wedding…, **~ние** [*n*] [12] wedding (ceremony); **~ть** [1] [1.] ⟨у-⟩ crown; **2.** ⟨об-, по-⟩ marry; **-с[я]** get married (in church)
вéра *f* [5] faith, belief, trust (in **в** В); re[-]ligion
верáнда *f* [5] veranda(h)

éрба *f* [5] willow
ерблю|д *m* [1] camel; **~жий** [18]: ***~жья шерсть*** *f* camel's hair
éрбн|ый [14]: ***2ое воскресéнье*** *n* Palm Sunday
ербов|áть [7], ⟨за-, на-⟩ enlist, recruit; *на работу* engage, hire; **ɹка** *f* [5; -вок] recruiting
ерёв|ка *f* [5; *g/pl.*: -вок] rope, cord, string; **~очный** [14] rope…
ерени́ца *f* [5] row file, line
éреск *m* [1] heather
ерещáть [16 *e.*; -щý, -щи́шь] chirp; *coll.* squeal
ерзи́ла *coll. m* [5] ungracefully tall fellow
éрить [13], ⟨по-⟩ believe (in **в** В); believe, trust (acc. Д); ***~ нá слово*** take on trust; **-ся** (*impers.*): ***(мне) не вéрится*** one (I) can hardly believe (it)
ермишéль *f* [8] *coll.* vermicelli
éрно *adv.* **1. & 2.** → ***вéрный*** **1. 2.**; **3.** probably; **~сть** *f* [8] **1.** faith(fulness), fidelity, loyalty; **2.** correctness, accuracy
ернýть(ся) [20] *pf.* → ***возвращáть(ся)***
éрн|ый [14; -рен, -рнá, -о] **1.** *друг* faithful, true, loyal; **2.** (*правильный*) right, correct; (*точный*) accurate, exact; **3.** (*надёжный*) safe, sure, reliable; **4.** (*неизбежный*) inevitable, certain; ***~ée (сказáть)*** or rather
ероисповéдание *n* [12] creed; denomination
ероломн|ый [14; -мен, -мна] perfidious, treacheorus; **~ство** *n* [9] perfidy, treachery
еротерпи́мость *f* [8] toleration
ероя́т|ность *f* [8] probability; ***по всей ~ности*** in all probability; **~ный** [14; -тен, -тна] probable, likely
éрсия *f* [7] version
ерстáк *m* [1 *e.*] workbench
éрт|ел *m* [1; *pl.*: -лá] spit, skewer; **~éть** [11; верчý, вéртишь], ⟨по-⟩ turn, twist; **-ся 1.** turn, revolve; **2.** *на стуле* fidget; ***~éться на языкé*** be on the tip of one's tongue; ***~éться под ногáми*** be (or get) in the way; **~икáльный** [14; -лен, -льна] vertical; **~олёт** *m* [1] helicopter
éрующий *m* [17] *su.* believer

верфь *f* [8] shipyard
верх *m* [1; на верхý; *pl. e.*] top, upper part; *fig.* height; ***взять ~*** gain the upper hand, win; **~и́** *pl.* top-rank officials **1.** ***в ~áх*** summit…; **2.** *о знаниях* superficial knowledge; **ɹний** [15] upper
верхóв|ный [14] supreme, high; ***~ная власть*** supreme power; ***~ный суд*** supreme court; **~óй** [14] riding…; rider; horseman; ***~ая ездá*** *f* riding; **~ье** *n* [10; *g/pl.*: -ьев] upper reaches
верхóм *adv.* astride, on horseback; ***éздить ~*** ride, go on horseback
верхýшка *f* [5; *g/pl.*: -шек] top, apex; high-rank officials
верши́на *f* [5] peak, summit
верши́ть [16 *e.*; -шý, -ши́шь; -шённый], ⟨за-, с-⟩ **1.** manage, control; **2.** run (Т); **3.** accomplish, decide
вес *m* [1] weight; ***на ~*** by weight; ***удéльный ~*** *phys.* specific gravity; ***имéть ~*** *fig.* carry weight; ***на ~ зóлота*** worth its weight in gold; ***ɹом в*** (В) weighting…
вес|ели́ть [13], ⟨раз-⟩ amuse, divert, (**-ся** enjoy o.s.); **~ёлость** *f* [8] gaeity, mirth; **~ёлый** [14; вéсел, -á, -о] gay, merry, cheerful; ***как ɹело!*** it's such fun!; ***емý ɹело*** he is enjoying himself, is of good cheer; **~éлье** *n* [10] merriment, merrymaking, fun; **~ельчáк** *m* [1 *e.*] convivial fellow
весéнний [15] spring…
вéс|ить [15] *v/i.* weigh; **~кий** [16; вéсок, -ска] weighty
веслó *n* [9; *pl.*: вёсла, -сел] oar
весн|á *f* [5; *pl.*: вёсны, вёсен] spring (in [the] Т); **~ýшка** *f* [5; *g/pl.*: -шек] freckle
весов|óй [14] **1.** weight…; balance…; **2.** sold by weight; **~щи́к** *m* [1 *e.*] weigher
весóмый [14] *fig.* weighty
вéсти[1] *f/pl.* [8] news
вести́[2] [25], ⟨по-⟩ **1.** (be) lead(ing *etc.*), conduct, guide; **2.** *разговор* carry on; **3.** *дневник* keep; **4.** *машину* drive; ***~ (своё) начáло*** spring (from **от** Р); ***~ себя́*** behave (*o.s.*); ***и ýхом не ведёт*** pays no attention at all; **~сь** be conducted *or* carried on; ***так уж у нас повелóсь*** that's a custom among us

вестибю́ль *m* [4] entrance hall
ве́ст|ник *m* [1] bulletin; **~очка** *f* [5; *g/pl.*: -чек] *coll.* news; **~ь** *f* [8; *from g/pl. e.*] news, message; ***пропа́сть без ~и*** be missing
весы́ *m/pl.* [1] scales, balance; ♎ Libra
весь *m*, **вся** *f*, **всё** *n*, *pl.*: **все** [31] **1.** *adj.* all, the whole; full, life (size; at **в** B); **2.** *su. n* all over; everything, *pl. e.* everybody; ***вот и всё*** that's all; ***лу́чше всего́* (*всех*)** best of all, the best; ***пре́жде всего́*** first and foremost; ***при всём том*** for all that; ***во всём ми́ре*** all over the world; ***по всей стране́*** throughout the country; ***всего́ хоро́шего!*** good luck!; ***во всю*** → ***си́ла***; **3. всё** *adv.* always, all the time; only, just; ***всё* (*ещё*) *не*** not yet; ***всё бо́льше* (*и бо́льше*)** more and more; ***всё же*** nevertheless, yet
весьма́ very, extremely, highly; ***~ вероя́тно*** most probably
ветв|и́стый [14 *sh.*] branchy, spreading; **~ь** *f* [8; *from g/pl. e.*] branch (*a. fig.*), bough
ве́тер *m* [1; -тра] wind; ***встре́чный ~*** contrary *or* head wind; ***попу́тный ~*** fair wind; ***броса́ть де́ньги* (*слова́*) *на ~*** waste money (words); *old use* ***держа́ть нос по ве́тру*** be a timeserver
ветера́н *m* [1] veteran
ветерина́р *m* [1] veterinary surgeon, *coll.* vet; **~ный** [14] veterinary
ветеро́к *m* [1; -рка́] light wind, breeze, breath
ве́тка *f* [5; *g/pl.*: -ток] branch(let), twig; *rail.* branch line
ве́то *n* [*indecl.*] veto; ***наложи́ть ~*** veto
ве́тр|еный [14 *sh.*] windy (*a. fig.* = flippant); **~яно́й** [14] wind…; ***~яна́я ме́льница*** windmill; **∠яный** [14]: ***∠яная о́спа*** chicken pox
ве́тх|ий [16; ветх, -á, -о; *comp.*: ве́тше] *дом* old, dilapidated; *одежда* worn out, shabby; decrepit; **~ость** *f* [8] decay, dilapidation; ***приходи́ть в ~ость*** fall into decay
ветчина́ *f* [5] ham
ветша́ть [1], ⟨об-⟩ decay, become dilapidated
ве́ха *f* [5] landmark, milestone *mst. fi*
ве́чер *m* [1; *pl.*: -pá, *etc. e.*] **1.** evening; **2.** ***па́мяти*** commemoration meeting; ***~о*** in the evening; ***сего́дня ~ом*** tonigh ***вчера́ ~ом*** last night; ***по́д ~*** toward(the evening; **~е́ть** [8; *impers.*] declin (of the day); **~и́нка** *f* [5; *g/pl.*: -нок] (eve ning) party, soirée; **~ко́м** *coll.* = ***~ог*** **∠ний** [15] evening…, night…; **~я** *f* [6 ***Та́йная ∠я*** the Last Supper
ве́чн|ость *f* [8] eternity; **(*це́лую*) *~ост*** *coll.* for ages; **~ый** [14; -чен, -чна] ete nal, everlasting; perpetual
ве́ша|лка *f* [5; *g/pl.*: -лок] (coat) hange (*петля*) tab; peg, rack; *coll.* cloal room; **~ть** [1] **1.** ⟨пове́сить⟩ [15] har (up); **-ся** hang o.s.; **2.** ⟨взве́сить⟩ [1 weigh
веща́ние *n* [12] → *радио∠*
вещ|е́ственный [14] material, substar tial; **~ество́** *n* [9] matter, substanc **~и́ца** *f* [8] knickknack; piece; **~ь** *f* [*from g/pl. e.*] thing; object; (*произведе ние*) work, piece, play; *pl.* belonging baggage, *Brt.* luggage
ве́я|ние *n* [12] *fig.* trend, tendency, cu rent; ***~ние вре́мени*** spirit of the time **~ть** [27] *v/i.* blow, flutter, ⟨по-⟩ smel breathe of
вжи|ва́ться [1], ⟨**∠ться**⟩ [-ву́сь, *etc.* **-жить**] accustom o.s. (**в** B to)
взад *coll.* back(ward[s]); ***~ и впере́*** back and forth, to and fro; up and dow
взаи́мн|ость *f* [8] reciprocity; **~ый** [1 -мен, -мна] mutual, reciprocal
взаимо|вы́годный [14; -ден, -дна] mu tually beneficial; **~де́йствие** *n* [12] in teraction; *сотрудничество* coopera tion; **~де́йствовать** [7] interact, coop erate; **~отноше́ние** *n* [12] interrelatio *людей* relationship, relations *pl.*; **~по́мощь** *f* [8] mutual aid; **~понима́ние** [12] mutual understanding
взаймы́: ***брать ~*** borrow (***у, от*** P from ***дава́ть ~*** lend
вза|ме́н (P) instead of, in exchange fo **~перти́** locked up, under lock and ke
взба́л|мошный *coll.* [14; -шен, -шна] ec centric, extravagant; **~тывать**, ⟨взбол та́ть⟩ [1] shake *or* stir up

вбе|га́ть [1], ⟨**~жа́ть**⟩ [4; взбегу́, -жи́шь, -гу́т] run up
взбива́ть [1], ⟨взбить⟩ [взобью́, -бьёшь; взбил, -а; взби́тый] whip, beat up
взбира́ться, ⟨взобра́ться⟩ [взберу́сь, -рёшься; взобрался, -ла́сь, -ло́сь] climb, clamber up (**на** B s.th.)
взби́ты|й [14]: **~е сли́вки** whipped cream
взболта́ть → ***взба́лтывать***
взбудора́живать [1] → ***будора́жить***
взбунтова́ться → ***бунтова́ть***
взбух|а́ть [1], ⟨**~нуть**⟩ [21] swell
взва́ливать [1], ⟨взвали́ть⟩ [13; взвалю́, -а́лишь; -а́ленный] load, lift, hoist (onto), *обязанности и т. д.* charge (**на** B with)
взвести́ → ***взводи́ть***
взве́|шивать [1], ⟨**~сить**⟩ [15] weigh; **-ся** weigh o.s.
взви|ва́ть [1], ⟨**~ть**⟩ [взовью́, -вьёшь, *etc.* → ***вить***] whirl up; **-ся** soar up, rise; *fig.* flare up
взви́зг|ивать [1], ⟨**~нуть**⟩ [20] cry out, squeak, scream; *о собаке* yelp
взви́н|чивать [1], ⟨**~ти́ть**⟩ [15 *e.*; -нчу́, -нти́шь; -и́нченный] excite; *цены* raise
взвить → ***взвива́ть***
взвод *m* [1] platoon
взводи́ть [15], ⟨взвести́⟩ [25]: **~ *куро́к*** cock (*firearm*)
взволно́|ванный [14 *sh.*] excited; *испытывающий беспокойство* uneasy; **~ва́ть(ся)** → ***волнова́ть***
взгля|д *m* [1] look; glance; gaze, stare; *fig.* view, opinion; **на мой ~д** in my opinion; **на пе́рвый ~д** at first glance; **с пе́рвого ~да** at first sight; *любовь* at first sight, at once; **~дывать** [1], *once* ⟨**~ну́ть**⟩ [19] (**на** B) (have a) look, glance (at)
взгромо|жда́ть [1], ⟨**~зди́ть**⟩ [15 *e.*; -зжу́, -зди́шь, -мождённый] load, pile up; **-ся** clamber, perch (on **на** B)
взгрустну́ть [20; -ну, -нёшь] *coll.* feel sad
вздёр|гивать [1], ⟨**~нуть**⟩ [20] jerk up; **~нутый *нос*** *m* turned-up nose
вздор *m* [1] nonsense; **нести́ ~** talk nonsense; **~ный** [14; -рен, -рна] foolish, absurd; *coll.* (*сварливый*) quarrelsome, cantankerous
вздорожа́|ние *n* [12] rise in price(s); **~ть** → ***дорожа́ть***
вздох *m* [1] sigh; ***испусти́ть после́дний ~*** breathe one's last; **~ну́ть** → ***вздыха́ть***
вздра́гивать [1], *once* ⟨вздро́гнуть⟩ [20] start, wince; shudder
вздремну́ть *coll.* [20] *pf.* have a nap, doze
взду|ва́ть [1], ⟨**~ть**⟩ [18] **1.** *цены* run up; **2.** *v/i.* **-ся** swell; **3.** *coll.* give a thrashing; **~тие** *n* [12] swelling
взду́ма|ть [1] *pf.* conceive the idea, take it into one's head; **-ся**; ***ему́ ~лось = он ~л***; ***как ~ется*** at one's will
взды|ма́ть [1] raise, *клубы дыма* whirl up; **~ха́ть** [1], *once* ⟨вздохну́ть⟩ [20] sigh; **~ха́ть (по, о** П) long (for); *pf. coll.* pause for breath
взи|ма́ть [1] levy, raise (from **с** P); ***~ма́ть штраф*** collect; **~ра́ть** [1] (**на** B) look (at); ***невзира́я на*** without regard to, notwithstanding
взла́мывать, ⟨взлома́ть⟩ [1] break *or* force open
взлёт *m* [1] upward flight; *ae.* take off; ***~но-поса́дочная полоса́*** landing strip, runway
взлет|а́ть [1], ⟨**~е́ть**⟩ [11] fly up, soar; *ae.* take off
взлом *m* [1] breaking in; **~а́ть** → ***взла́мывать***; **~щик** *m* [1] burglar
взмах *m* [1] *руки пловца* stroke; *косы* sweep; **~ивать** [1], *once* ⟨**~ну́ть**⟩ [20] swing, *рукой* wave, *крыльями* flap
взмет|а́ть [3], *once* ⟨**~ну́ть**⟩ [20] *пыль* whirl *or* throw up
взмо́рье *n* [10] seashore, seaside
взнос *m* [1] payment; fee; *при покупке в рассрочку* installment
взну́зд|ывать [1], ⟨**~а́ть**⟩ bridle
взобра́ться → ***взбира́ться***
взойти́ → ***восходи́ть & всходи́ть***
взор *m* [1] look; gaze; eyes *pl.*
взорва́ть → ***взрыва́ть***
взро́слый [14] grown-up, adult
взрыв *m* [1] explosion; *fig.* outburst;

~áтель *m* [4] (detonating) fuse; **~áть** [1], ⟨взорвáть⟩ [-вý, -вёшь; взóрванный] blow up; *fig.* enrage; **-ся** explode; fly into a rage; **~нóй** [14], **~чатый** [14] explosive (*su.*: **~чатое веществó**), *coll.* **~чáтка**

взрыхлять [28] → **рыхли́ть**

взъе|зжáть [1], ⟨**~хать**⟩ [взъéду, -дешь; въезжáй(те)!] ride *or* drive up; **~рóшивать** [1], ⟨**~рóшить**⟩ [16 *st.*] dishevel, tousle; **-ся** become dishevel(l)ed

взывáть [1], ⟨воззвáть⟩ [-зовý, -зовёшь; -звáл, -á, -о] appeal (to **к** Д); **~ о пóмощи** call for help

взыск|áние *n* [12] **1.** penalty, exaction, levy; **2.** (*выговор*) reprimand; **~áтельный** [14; -лен, -льна] exacting, exigent; **~ивать** [1], ⟨**~áть**⟩ [3] (**с** Р) levy, exact

взя́т|ие *n* [12] seizure, capture; **~ка** *f* [5; *g/pl.*: -ток] **1.** bribe; **дать ~ку** bribe; **2.** *карты* trick; **~очник** *m* [1] bribe taker, corrupt official; **~очничество** *n* [9] bribery; **~ь** → **брать**

вибр|áция *f* [7] vibration; **~и́ровать** [7] vibrate

вид *m* [1] **1.** look(s), appearance, air; **2.** sight, view; **3.** kind, sort; species; **4.** *gr.* aspect; **в ~е** (Р) in the form of, as, by way of; **в любóм ~е** in any shape; **под ~ом** under the guise (of Р); **при ~е** at the sight of; **на ~ý** (**у** Р) in sight; visible (to); **с** (*or* **по**) **~у** by sight; judging from appearance; **ни под каки́м ~ом** on no account; **у негó хорóший ~** he looks well; **дéлать ~** pretend; (**не**) **терять** *or* **выпускáть из ~у** (not) lose sight of (keep in view); **~ы** *pl.* prospects (for **на** В)

видáть *coll.* [1], ⟨у-, по-⟩ see; **егó давнó не ~** I *or* we haven't seen him for a long time; **~ся** (*iter.*) meet, see (o.a.; *a p.* **с** Т)

ви́дение[1] *n* [12] vision, view; **моё ~ проблéмы** the way I see it

видéние[2] *n* [12] vision, apparition

видео|зáпись *f* [8] video (tape) recording; **~кассéта** *f* [5] video cassette; **~магнитофóн** *m* [1] video (tape) recorder

ви́деть [11 *st.*], ⟨у-⟩ see; catch sight of; **~ во сне** dream (of В); **ви́дишь** (**-ите**) **ли?** you see?; **-ся** → **видáться** (*b…* *a. once*)

ви́дим|о apparently, evidently; **~о-не…** *coll.* lots of, immense quantity; **~ость** [8] **1.** visibility; **2.** *fig.* appearance; **вс… э́то однá ~** there is nothing behind thi…; **~ый** [14 *sh.*] **1.** visible; **2.** [14] appare…

видн|éться [8] be visible, be seen; **~о** can be seen; it appears; apparentl…; (**мне**) **ничегó не ~о** I don't *or* can… see anything; **~ый 1.** [14; -ден, -дн… -днó] visible, conspicuous; **2.** [14] distin…guished, prominent; *coll.* *мужчин…* portly

видоизмен|éние *n* [12] modificatio…, alteration; variety; **~я́ть** [1], ⟨**~и́ть**…⟩ [13] alter, change

ви́за *f* [5] visa

визави́ [*indecl.*] **1.** opposite; **2.** perso… face-to-face with another

византи́йский [16] Byzantine

виз|г *m* [1] scream, shriek; *животно…* yelp; **~гли́вый** [14 *sh.*] shrill; given t… screaming; **~жáть** [4 *e.*; -жý, -жи́шь…] ⟨за-⟩ shriek; yelp

визи́ровать [7] (*im*)*pf.* visa

визи́т *m* [1] visit, call; **нанести́ ~** mak… an official visit; **~ный** [14]: **~ная кá…точка** *f* calling *or* visiting card

ви́л|ка *f* [5; *g/pl.*: -лок] **1.** fork; **2.** (**штé…сельная**) **~ка** *el.* plug; **~ы** *f/pl.* [5] pitc… fork

ви́лла *f* [5] villa

виля́ть [28], ⟨за-⟩, *once* ⟨вильнýть⟩ [2… wag (one's tail *хвостом*); *о доро…* twist and turn; *fig.* prevaricate; be eva…sive

вин|á *f* [5; *pl. st.*] **1.** guilt; fault; blame; **…** (*причина*) reason; **вменя́ть в ~ý** im…pute (to Д); **свáливать ~ý** lay th… blame (on **на** В); **э́то не по моéй …** it's not my fault

винегрéт *m* [1] Russian salad with vin…aigrette

вини́т|ельный [14] *gr.* accusative (case…; **~ь** [13] blame (**за** В for), accuse (**в** П o…

ви́н|ный [14] wine…; **~ó** *n* [9; *pl. st.*] win…

виновáт|ый [14 *sh.*] guilty (of **в** П); **…** sorry!, excuse me!; (I beg your) pa…don!; **вы в э́том** (**не**) **~ы** it's (not) you…

fault; ***я ~ перед ва́ми*** I must apologize to you, (*a.* ***круго́м ~***) it's all my fault
инов|ник *m* [1] **1.** culprit; **2. *~ник торжества́*** hero; **~ный** [14; -вен, -вна] guilty (of **в** П)
иногра́д *m* [1] **1.** vine; **2.** *collect.* grapes *pl.*; **~арство** *n* [9] viticulture; **~ник** *m* [1] vineyard; **~ный** [14] (of) grape(s), grape…
иноде́лие *n* [12] winemaking
инт *m* [1 *e.*] screw; **~ик** *m* [1] small screw; ***у него́ ~иков не хвата́ет*** *coll.* he has a screw loose; **~о́вка** *f* [5; *g/pl.*: -вок] rifle; **~ово́й** [14] screw…; spiral; ***~ова́я ле́стница*** spiral (winding) stairs
иньє́тка *f* [5; *g/pl.*: -ток] vignette
иолонче́ль *f* [8] (violon)cello
ира́ж *m* [1 *e.*] bend, curve, turn
иртуо́з *m* [1] virtuoso; **~ный** [14; -зен, -зна] masterly
и́рус *m* [1] virus
и́селица *f* [5] gallows
исе́ть [11] hang
и́ски *n* [*indecl.*] whisk(e)y
иско́за *f* [5] *tech.* viscose; *ткань* rayon
и́снуть *coll.* [21], ⟨по-⟩ *v/i.* hang
исо́к *m* [1; -ска́] *anat.* temple
исоко́сный [14]: ***~ год*** leap year
ися́чий [17] hanging; suspension…; ***~ замо́к*** padlock
итами́н *m* [1] vitamin; **~ный** [14] vitaminic
ит|а́ть [1]: ***~а́ть в облака́х*** have one's head in the clouds; **~иева́тый** [14] affected, bombastic
ито́к *m* [1; -тка] coil, spiral
итра́ж *m* [1] stained-glass window
итри́на *f* [5] shopwindow; showcase
ить [вью, вьёшь; ве́й(те)!; вил, -á, -о; ви́тый], ⟨с-⟩ [совью́, совьёшь] wind, twist; ***~ гнездо́*** build a nest; **-ся 1.** wind; *о пыли* spin, whirl; **2.** *о растении* twine, creep; *о волосах* curl; **3.** *о птице* hover
и́тязь *m* [4] *hist.* valiant warrior
ихо́р *m* [1; -хра́] forelock
ихрь *m* [4] whirlwind
и́це-… (*in compds.*) vice-…
ишн|ёвый [14] cherry…; **~я** *f* [6; *g/pl.*: -шен] cherry
вка́пывать [1], ⟨вкопа́ть⟩ dig in; *fig.* ***как вко́панный*** stock-still, rooted to the ground
вка́т|ывать [1], ⟨~и́ть⟩ [15] roll in, wheel in
вклад *m* [1] deposit; *капитала* investment; *fig.* contribution (**в** В to); **~ка** *f* [5; *g/pl.*: -док] insert; **~чик** *m* [1] depositor; investor; **~ывать** [1], ⟨вложи́ть⟩ [16] put in, insert, enclose; *деньги* invest; deposit
вкле́|ивать [1], ⟨~ить⟩ [13] glue *or* paste in; **~йка** *f* [5; *g/pl.*: -е́ек] gluing in; sheet, *etc.*, glued in
вкли́ни|вать(ся) [1], ⟨~ть(ся)⟩ [13; *a. st.*] drive a wedge into
включ|а́ть [1], ⟨~и́ть⟩ [16 *e.*; -чу́, -чи́шь; -чённый] include; insert; *el.* switch *or* turn on; **-ся** join (**в** В s.th.); **~а́я** including; **~е́ние** *n* [12] inclusion; insertion; *el.* switching on, **~и́тельно** included
вкол|а́чивать [1], ⟨~оти́ть⟩ [15] drive *or* hammer in
вконе́ц *coll.* completely, altogether
вкопа́ть → ***вка́пывать***
вкось askew, aslant, obliquely; ***вкривь и ~*** pell-mell; amiss
вкра́|дчивый [14 *sh.*] insinuating, ingratiating; **~дываться** [1], ⟨~сть(ся)⟩ [25] creep *or* steal in; *fig.* insinuate o.s.
вкра́тце briefly, in a few words
вкруту́ю: ***яйцо́ ~*** hard-boiled egg
вкус *m* [1] taste (*a. fig.*), flavo(u)r; ***прия́тный на ~*** savo(u)ry; ***быть* (*прийти́сь*) *по вку́су*** be to one's taste; relish (*or* like) s.th.; ***име́ть ~*** (P) taste (of); ***о ~ах не спо́рят*** tastes differ; ***э́то де́ло ~а*** it is a matter of taste; **~ный** [14; -сен, -сна́] tasty; (***э́то***) ***~но*** it tastes good *or* nice
вла́га *f* [5] moisture
владе́|лец *m* [1; -льца] owner, proprietor, possessor; **~ние** *n* [12] ownership, possession (of T); **~ть** [8], ⟨за-, о-⟩ (T) own, possess; *ситуацией* control; *языком* have command (T of); ***~ть собо́й*** control o.s.
влады́ка *m* [5] *eccl.* Reverend
вла́жн|ость *f* [8] humidity; **~ый** [14;

В

-жен, -жна́, -о] humid, damp, moist
вла́мываться [1], ⟨**вломи́ться**⟩ [14] break in
вла́ст|вовать [7] rule, dominate; **~ели́н** *m* [1] *mst. fig.* lord, master; **~и́тель** *m* [4] sovereign, ruler; **~ный** [14; -тен, -тна] imperious, commanding, masterful; ***в э́том я не ~ен*** I have no power over it; **~ь** *f* [8; *from g/pl. e.*] authority, power; rule, regime; control; *pl.* authorities
влачи́ть [16 *e.*; -чу́, -чи́шь]: ***~ жа́лкое существова́ние*** hardly make both ends meet, drag out a miserable existence
вле́во (to the) left
влез|а́ть [1], ⟨**~ть**⟩ [24 *st.*] climb *or* get in(to); climb up
влет|а́ть [1], ⟨**~е́ть**⟩ [11] fly in; *вбежать* rush in
влеч|е́ние *n* [12] inclination, strong attraction; *к кому-л.* love; **~ь** [26], ⟨**по-, у-**⟩ drag, pull; *fig.* attract, draw; ***~ь за собо́й*** involve, entail
вли|ва́ть [1], ⟨**~ть**⟩ [волью́, -льёшь; вле́й(те)!; вли́тый (-та́, -о)] pour in; **-ся** flow *or* fall in; **~па́ть** *coll.* [1], ⟨**~́пнуть**⟩ [20] *fig.* get into trouble; find o.s. in an awkward situation; **~я́ние** *n* [12] influence; **~я́тельный** [14; -лен, -льна] influential; **~я́ть** [28], ⟨**по-**⟩ (have) influence
влож|е́ние *n* [12] enclosure; *fin.* investment; **~и́ть** → ***вкла́дывать***
вломи́ться → ***вла́мываться***
влюб|лённость *f* [8] (being in) love; **~лённый** enamo(u)red; *su.* lover; **~ля́ться** [28], ⟨**~и́ться**⟩ [14] fall in love (***в*** В with); **~́чивый** [14 *sh.*] amorous
вмен|я́емый [14 *sh.*] responsible, accountable; **~я́ть** [28], ⟨**~и́ть**⟩ [13] consider (***в*** В as), impute; ***~я́ть в вину́*** blame; ***~я́ть в обя́занность*** impose as duty
вме́сте together, along with; ***~ с тем*** at the same time
вмести́|мость *f* [8] capacity; **~тельный** [14; -лен, -льна] capacious, spacious; **~ть** → ***вмеща́ть***
вме́сто (Р) instead, in place (of)
вмеш|а́тельство *n* [9] interference, intervention; *хирургическое* operation; **~́ивать** [1], ⟨**~а́ть**⟩ [1] (В/***в*** В) (in; with) *fig.* involve (in); **-ся** interfere, intervene, meddle (***в*** В in)
вме|ща́ть [1], ⟨**~сти́ть**⟩ [15 *e.*; -ещу, -ести́шь; -ещённый] **1.** (*поместить*) put, place; **2.** *зал и т. д.* hold, contain, accommodate; **-ся** find room; hold; go in
вмиг in an instant, in no time
вмя́тина *f* [5] dent
внача́ле at first, at the beginning
вне (Р) out of, outside; beyond; ***быть ~ себя́*** be beside o.s.; ***~ вся́ких сомне́ний*** beyond (any) doubt
внебра́чный [14] extramarital; *ребёнок* illegitimate
внедр|е́ние *n* [12] introduction; **~я́ть** [28], ⟨**~и́ть**⟩ [13] introduce; **-ся** take root
внеза́пный [14; -пен, -пна] sudden, unexpected
внекла́ссный [14] out-of-class
внеочередно́й [14] out of turn, extra(ordinary)
внес|е́ние *n* [12] entry; **~ти́** → ***вноси́ть***
вне́шн|ий [15] outward, external; *pol.* foreign; **~ость** *f* [8] (*наружность*) appearance, exterior
внешта́тный [14] *сотрудник* not on permanent staff, freelance
вниз down(ward[s]); **~у́** **1.** (Р) beneath, below; **2.** down(stairs)
вник|а́ть [1], ⟨**~́нуть**⟩ [19] (***в*** В) get to the bottom (of), fathom
внима́|ние *n* [12] attention; care; ***приня́ть во ~ние*** take into consideration; ***принима́я во ~ние*** taking into account, in view of; ***оста́вить без ~ния*** disregard; **~тельность** *f* [8] attentiveness; **~тельный** [14; -лен, -льна] attentive; **~ть** [1], ⟨**внять**⟩ [*inf. & pt. only* внял, -а́, -о] (Д) *old use.* hear *or* listen (to)
вничью́: (*sport*) ***сыгра́ть ~*** draw
вновь **1.** again; **2.** newly
вноси́ть [15], ⟨**внести́**⟩ [25; -с-: -су́, -сёшь; внёс, внесла́] carry *or* bring in; *в список и т. д.* enter, include; *деньги* pay (in); contribute; *поправки* make (correction); *предложение* submit, put forward

ук *m* [1] grandson; **∼и** grandchildren
ýтренн|ий [15] inner, inside, internal, nterior; *море и т. д.* inland…; *отечественный*) home…; **∼ость** *f* 8] interior; (*esp. pl.*) internal organs, entrails
утр|ú (P) in(side); within; **∼ь** (P) in -to), inward(s), inside
уч|áта *m/f pl.* [2] → **внýки**; **∼ка** *f* [5; g/pl.: -чек] granddaughter
уш|áть [1], ⟨-úть⟩ [16 *e.*; -шý, -шúшь; шённый] (Д/В) suggest; *надежду, страх* inspire (*a p.* with); *уважение и т. д.* instill; **∼éние** *n* [12] suggestion; *выговор* reprimand; **∼úтельный** [14; лен, -льна] imposing, impressive; **∼úть** → **∼áть**
ят|ный [14; -тен, -тна] distinct, intelligible; **∼ь** → **вникáть**
обрáть → **вбирáть**
овл|екáть [1], ⟨-éчь⟩ [26] draw in; *впутывать*) involve
óвремя in *or* on time, timely
óвсе: **∼ не(т)** not (at all)
овсю́ *coll.* with all one's might; **старáться ∼** do one's utmost
о-вторы́х second(ly)
огнáть → **вгонять**
óгнутый [14] concave
од|á *f* [5; *ac/sg.*: вóду; *pl.*: вóды, вод, вóдам] water; ***в мýтной ∼é рыбу ловúть*** fish in troubled waters; ***вы́йти сухúм из ∼ы́*** come off cleanly; ***как в ∼у опýщенный*** dejected, downcast; ***толóчь ∼у (в стýпе)*** beat the air
одвор|ять [28], ⟨∼úть⟩ [13] *порядок* establish
одевúль *m* [4] vaudeville, musical comedy
одúтель *m* [4] driver; **∼ский** [16]: ***∼ские правá*** driving licence
од|úть [15], ⟨по-⟩ **1.** lead, conduct, guide; **2.** *машину* drive; **3.** move (T); **-ся** be (found), live; ***как ∼ится*** as usual; ***это за ним ∼ится*** *coll.* that's typical of him
óдка *f* [5; *g/pl.*: -док] vodka
óдный [14] water…; ***∼ спорт*** aquatic sports
одо|ворóт *m* [1] whirpool, eddy; **∼ём** *m* [1] reservoir; **∼измещéние** *n* [12] *naut.* displacement, tonnage
водо|лáз *m* [1] diver; **♒лéй** *m* [3] Aquarius; **∼лечéние** *n* [12] hydropathy, water cure; **∼напóрный** [14]: ***∼напóрная бáшня*** *f* water tower; **∼непроницáемый** [14 *sh.*] watertight, waterproof; **∼пáд** *m* [1] waterfall; **∼пóй** *m* [3] watering place; watering (*of animals*); **∼провóд** *m* [1] water supply; *в доме* running water; **∼провóдчик** *coll. m* [1] plumber; **∼раздéл** *m* [1] watershed; **∼рóд** *m* [1] hydrogen; **∼рóдный** [14]: ***∼рóдная бóмба*** hydrogen bomb; **∼росль** *f* [8] alga, seaweed; **∼снабжéние** *n* [12] water supply; **∼стóк** *m* [1] drain(age), drainpipe; **∼стóчный** [14]: ***∼стóчный жёлоб*** gutter; **∼ханúлище** *n* [11] reservoir
водру|жáть [1], ⟨∼зúть⟩ [15 *e.*; -ужý, -узúшь; -ужённый] hoist
вод|янúстый [14 *sh.*] watery; wishy-washy; **∼янка** *f* [5] dropsy; **∼янóй** [14] water…
воевáть [6] wage *or* carry on war, be at war
воедúно together
военачáльник *m* [1] commander
военизá|ция *f* [7] militarization; **∼úровать** [7] (*im*)*pf.* militarize
воéнно|-воздýшный [14]: ***´∼-воздýшные сúлы*** *f/pl.* air force(s); **´∼-морскóй** [14]: ***´∼-морскóй флот*** navy; **∼плéнный** *m* [14] *su.* prisoner of war; **∼слýжащий** [17] serviceman
воéнн|ый [14] **1.** military, war…; **2.** military man, soldier; ***∼ый врач*** *m* medical officer; ***∼ый корáбль*** *m* man-of-war, warship; ***∼ое положéние*** martial law (under ***на*** П); ***поступúть на ∼ую слýжбу*** enlist, join; ***∼ые дéйствия*** *n/pl.* hostilities
вож|áк *m* [1 *e.*] (gang) leader; **∼дь** *m* [4 *e.*] chief(tain); leader; **∼жи** *f/pl.* [8; *from g/pl. e.*] reins; ***отпустúть ∼жи*** *fig.* slacken the reins
воз *m* [1; на -ý; *pl. e.*] cart(load); *coll. fig.* heaps; ***а ∼ и ны́не там*** nothing has changed
возбу|дúмый [14 *sh.*] excitable; **∼дúтель** *m* [4] stimulus, agent; **∼ждáть**

В

[1], ⟨~ди́ть⟩ [15 *e.*; -ужу́, -уди́шь] excite, stir up; *интерес, подозрение* arouse; incite; *надежду* raise; *law* **~ди́ть де́ло про́тив кого́-л.** bring an action against s.o.; **~жда́ющий** [17] stimulating; **~жде́ние** *n* [12] excitement; **~ждённый** [14] excited

возвести́ → **возводи́ть**

возв|оди́ть [15], ⟨~ести́⟩ [25] (**в** *or* **на** В) put up, raise, erect; *в сан* elect; *на престол* elevate (to)

возвра́|т *m* [1] **1.** → **~ще́ние**; *1. & 2.*; **2.** relapse; **~ти́ть(ся)** → **~ща́ть(ся)**; **~тный** [14] back…; *med.* recurring; *gr.* reflexive; **~ща́ть** [1], ⟨~ти́ть⟩ [15 *e.*; -ащу́, -ати́шь; -ащённый] return; give back; *владельцу* restore; *долг* reimburse; *здоровье* recover; **-ся** return, come back (**из** *or* **с** Р from); revert (**к** Д to); **~ще́ние** *n* [12] **1.** return; **2.** *об имуществе* restitution

возв|ыша́ть [1], ⟨~ы́сить⟩ [15] raise, elevate; **-ся** rise; tower (over **над** Т); **~ыше́ние** *n* [12] rise; elevation; **~ы́шенность** *f* [8] **1.** *fig.* loftiness; **2.** *geogr.* height; **~ы́шенный** [14] high, elevated, lofty

возгл|авля́ть [28], ⟨~а́вить⟩ [14] (be at the) head

во́зглас *m* [1] exclamation, (out)cry

возд|ава́ть [5], ⟨~а́ть⟩ [-да́м, -да́шь, *etc.* → **дава́ть**] render; (*отплатить*) requite; **~а́ть до́лжное** give s.b. his due (Д for)

воздвиг|а́ть [1], ⟨~́нуть⟩ [21] erect, construct, raise

возде́йств|ие *n* [12] influence, pressure; **~овать** [7] (*im*)*pf.* (**на** В) (*оказывать влияние*) influence; (*действовать, влиять*) act upon, affect

возде́л|ывать, ⟨~ать⟩ [1] cultivate, till

воздержа́ние *n* [12] abstinence; abstention

возде́рж|анный [14 *sh.*] abstemious, temperate; **~иваться** [1], ⟨~а́ться⟩ [4] abstain (**от** Р from); **при двух ~а́вшихся** *pol.* with two abstentions

во́здух *m* [1] air; **на откры́том (све́жем) ~е** in the open air, outdoors; **~оплава́ние** *n* [12] aeronautics

возду́ш|ный [14] air…, aerial **1. ~н тревóга** *f* air-raid warning; **~ное с общéние** aerial communicatic **~ные за́мки** *m/pl.* castles in the a **2.** [14; -шен, -шна] airy, light

воззва́|ние *n* [12] appeal; **~ть** → **вз ва́ть**

вози́ть [15] carry, transport; *на маши* drive; **-ся** (**с** Т) busy o.s. with, me (around) with; (*делать медленн* dawdle; *о детях* romp, frolic

возл|ага́ть [1], ⟨~ожи́ть⟩ [16] (**на** В) l (on); entrust (with); **~ага́ть наде́жд на** (В) rest one's hopes upon

во́зле (Р) by, near, beside

возложи́ть → **возлага́ть**

возлю́блен|ный [14] beloved; *m* (*s* lover; **~ная** *f* [14] mistress, sweethea

возме́здие *n* [12] requital

возме|ща́ть [1], ⟨~сти́ть⟩ [15 *e.*: -ещ -ести́шь; -ещённый] compensat make up (for); **~ще́ние** *n* [12] compe sation, indemnity; *law* damages

возмо́жн|о it is possible; possibl **о́чень ~о** very likely; **~ость** *f* [8] poss bility; **по (ме́ре) ~ости** as (far as) po sible; **~ый** [14; -жен, -жна] possibl **сде́лать всё ~ое** do everything poss ble

возмужа́лый [14] mature, grown up

возму|ти́тельный [14; -лен, -льн scandalous, shocking; **~ща́ть**, ⟨~ти́ть [15 *e.*: -щу́, -ути́шь] rouse indignatio **-ся** be shocked *or* indignant (Т at); **~ще ние** *n* [12] indignation; **~щённый** [1 indignant (at)

вознагра|жда́ть [1], ⟨~ди́ть⟩ [15 *e* -ажу́, -ади́шь; -аждённый] (*нагр дить*) reward; recompense (for **~жде́ние** *n* [12] reward, recompens (*оплата*) fee

вознаме́ри|ваться [1], ⟨~ться⟩ [1 form the idea of, intend

Вознесе́ние *n* [12] Ascension

возник|а́ть [1], ⟨~́нуть⟩ [21] arise, sprin up, originate, emerge; **у меня́ ~л мысль …** a thought occurred to m …; **~нове́ние** *n* [12] rise, origin, begir ning

возня́ *f* [6] **1.** fuss; bustle; romp; **мыш**

ная ~ petty intrigues; **2.** (*хлопоты*) trouble, bother

озобнов|ле́ние *n* [12] renewal; (*продолжение*) resumption; **~ля́ть** [28], ⟨**~и́ть**⟩ [14 *e.*; -влю́, -ви́шь; -влённый] *знакомство, усилия* renew, resume

озра|жа́ть [1], ⟨**~зи́ть**⟩ [15 *e.*; -ажу́, -ази́шь] **1.** object (to **про́тив** P); **2.** return, retort (**на** B to); **(я) не ~жа́ю** I don't mind; **~же́ние** *n* [12] objection; rejoinder

о́зраст *m* [1] age (**в** П at); **~а́ние** *n* [12] growth, increase; **~а́ть** [1], ⟨**~и́**⟩ [24; -ст-; -расту́; -ро́с, -ла́; -ро́сший] grow, increase, rise

озро|жда́ть [1], ⟨**~ди́ть**⟩ [15 *e.*; -ожу́, -оди́шь; -ождённый] revive (*v/i.* **-ся**); **~жде́ние** *n* [12] rebirth, revival; **эпо́ха ~жде́ния** Renaissance

о́ин *m* [1] warrior, soldier; **~ский** [16] military; **~ская обя́занность** service; **~ственный** [14 *sh.*] bellicose

ои́стину in truth

ой *m* [3] howl(ing), wail(ing)

о́йло|к *m* [1]: **~чный** [14] felt

ойн|а́ *f* [5; *pl. st.*] war (**на** П at); warfare; **идти́ на ~у́** go to war; **объяви́ть ~у́** declare war; **втора́я мирова́я ~а́** World War II

ойска́ *n* [9; *pl. e.*] army; *pl.* troops, (land, *etc.*) forces

ойти́ → входи́ть

окза́л [1]: **железнодоро́жный ~** railroad (*Brt.* railway) station; **морско́й ~** port arrival and departure building; **речно́й ~** river-boat station

окру́г (P) (a)round; **(ходи́ть) ~да о́коло** beat about the bush

ол *m* [1 *e.*] ox

олды́рь *m* [4 *e.*] blister; bump

олейбо́л *m* [1] volleyball

о́лей-нево́лей willy-nilly

о́лжский [16] (of the) Volga

олк *m* [1; *from g/pl. e.*] wolf; **смотре́ть ~ом** *coll.* scowl

олн|а́ *f* [5; *pl. st.*, *from dat. a. e.*] wave; **дли́нные, сре́дние, коро́ткие ~ы** long, medium, short waves; **~е́ние** *n* [12] agitation, excitement; *pl.* disturbances, unrest; *на море* high seas; **~и́стый** [14 *sh.*] *волосы* wavy; *местность* undulating; **~ова́ть** [7], ⟨**вз-**⟩ (**-ся** be[come]) agitate(d), excite(d); (*тревожиться*) worry; **~у́ющий** [17] disturbing; exciting, thrilling

волоки́та *f* [5] *coll.* red tape; a lot of fuss and trouble

волокн|и́стый [14 *sh.*] fibrous; **~о́** *n* [9; *pl.*: -о́кна, -о́кон, *etc. st.*] fiber, *Brt.* fibre

во́лос *m* [1; *g/pl.*: -ло́с; *from dat. e.*] (*a. pl.*) hair; **~а́тый** [14 *sh.*] hairy; **~о́к** *m* [1; -ска́] hairspring; **быть на ~о́к** (*or* **на ~ке́**) **от сме́рти** *coll.* be on the verge (within a hair's breadth *or* within an ace) of death; **висе́ть на ~ке́** hang by a thread

волосяно́й [14] hair…

волочи́ть [16], ⟨**по-**⟩ drag, pull, draw; **-ся** drag o.s., crawl along

во́лч|ий [18] wolfish; wolf('s)…; **~и́ца** *f* [5] she-wolf

волчо́к *m* [1; -чка́] top (*toy*)

волчо́нок *m* [2] wolf cub

волше́б|ник *m* [1] magician; **~ница** *f* [5] sorceress; **~ный** [14] magic, fairy…; [-бен, -бна] *fig.* enchanting; **~ство́** *n* [9] magic, wizardry; *fig.* enchantment

волы́нк|а *f* [5; *g/pl.*: -нок] bagpipe

во́льн|ость *f* [8] liberty; **позволя́ть себе́ ~ости** take liberties; **~ый** [14; -лен, -льна́] free, easy, unrestricted; **~ая пти́ца** one's own master

вольт *m* [1] volt

вольфра́м *m* [1] tungsten

во́л|я *f* [6] **1.** will; **си́ла ~и** willpower; **2.** liberty, freedom; **~я ва́ша** (just) as you like; **не по свое́й ~е** against one's will; **по до́брой ~е** of one's own free will; **отпусти́ть на ~ю** set free; **дать ~ю** give free rein

вон 1. there; **~ там** over there; **2. ~!** get out!; **пошёл ~!** out *or* away (with you)!; **вы́гнать ~** turn out; **~ (оно́) что!** you don't say!; so that's it!

вонза́ть [1], ⟨**~и́ть**⟩ [15 *e.*; -нжу́, -зи́шь; -зённый] thrust, plunge, stick (into)

вон|ь *f* [8] stench, stink; **~ю́чий** [17 *sh.*] stinking; **~я́ть** [28] stink, reek (of T)

вообра|жа́емый [14 *sh.*] imaginary; fictitious; **~жа́ть** [1], ⟨**~зи́ть**⟩ [15 *e.*; -ажу́,

В

-азишь; -ажённый] (*a.* **~жáть себé**) imagine, fancy; **~жáть себя́** imagine o.s. (T s.b.); **~жáть о себé** be conceited; **~жéние** *n* [12] imagination; fancy
вообщé in general, on the whole; at all
воодушев|лéние *n* [12] enthusiasm; **~ля́ть** [28], ⟨**~и́ть**⟩ [14 *e.*; -влю́, -ви́шь; -влённый] (**-ся** feel) inspire(d by T)
вооруж|áть [1], ⟨**~и́ть**⟩ [16 *e.*; -жу́, -жи́шь; -жённый] **1.** arm, equip (T with); **2.** stir up (**прóтив** P against); **~éние** *n* [12] armament, equipment
воóчию with one's own eyes
во-пéрвых first(ly)
вопи́|ть [14 *e.*; -плю́, -пи́шь], ⟨за-⟩ cry out, bawl; **~ющий** [17] crying, flagrant
вопло|щáть [1], ⟨**~ти́ть**⟩ [15 *e.*; -ощу́, -оти́шь, -ощённый] embody, personify; **~щённый** *a.* incarnate; **~щéние** *n* [12] embodiment, incarnation
вопль *m* [4] howl, wail
вопреки́ (Д) contrary to; in spite of
вопрóс *m* [1] question; **под ~ом** questionable, doubtful; **~ не в э́том** that's not the question; **спóрный ~** moot point; **что за ~!** of course!; **~и́тельный** [14] interrogative; **~и́тельный знак** question mark; **~и́тельный взгляд** inquiring look; **~ни́к** *m* [1] questionnaire
вор *m* [1; *from g/pl. e.*] thief
ворвáться → **врывáться**
ворковáть [7], ⟨за-⟩ coo; *fig.* bill and coo
вороб|éй *m* [3 *e.*; -бья́] sparrow; **стрéляный ~éй** *coll.* old hand
воров|áть [7] steal; **~ка** *f* [5; *g/pl.*: -вок] (female) thief; **~скóй** [16] thievish; thieves'…; **~ствó** *n* [9] theft; *law* larceny
вóрон *m* [1] raven; **~а** *f* [5] crow; **бéлая ~а** rara avis; **ворóн считáть** *coll. old use* stand about gaping
ворóнка *f* [5; *g/pl.*: -нок] **1.** funnel; **2.** *от бомбы, снаряда* crater
воронóй [14] black; *su. m* black horse
вóрот *m* [1] **1.** collar; **2.** *tech.* windlass; **~а** *n/pl.* [9] gate; **~и́ть** [15]: **~и́ть нос** turn up one's nose (at); **~ни́к** *m* [1 *e.*] collar; **~ничóк** *m* [1; -чкá] (small) collar
вóрох *m* [1; *pl.*: -хá; *etc. e.*] pile, heap; *coll.* lots, heaps

ворó|чать [1] **1.** move, roll, turn; **2.** *co*… manage, boss (T); **-ся** toss; turn; sti… **~ши́ть** [16 *e.*; -шу́, -ши́шь; -шённы…] turn (over)
ворч|áние *n* [12] grumbling; *животн…го* growl; **~áть** [4 *e.*; -чу́, -чи́шь], ⟨за… п(р)о-⟩ grumble; growl; **~ли́вый** [1… *sh.*] grumbling, surly; **~у́н** *m* [1 *e.*…] **~у́нья** *f* [6] grumbler
восвоя́си *coll. iro.* home
восемнáдца|тый [14] eighteenth; **~т…** [35] eighteen; → **пять, пя́тый**
вóсемь [35; восьми́, *instr.* вóсемь…] eight; → **пять, пя́тый**; **~десят** [3… восьми́десяти] eighty; **~сóт** [36; вос… мисóт] eight hundred; **~ю** eight time…
воск *m* [1] wax
воскл|ицáние *n* [12] exclamatio… **~ицáтельный** [14] exclamatory; **~иц… тельный знак** exclamation mar… **~ицáть** [1], ⟨**~и́кнуть**⟩ [20] exclaim
восковóй [14] wax(en)
воскр|есáть [1], ⟨**~éснуть**⟩ [21] ris… (from **из** P); recover; **Христóс ~éс(е…** Christ has arisen! (*Easter greeting*); (*r… ply*:) **вои́стину ~éс(е)!** (He has) tru… arisen!; **~есéние** *n* [12] resurrectio… **~есéнье** *n* [10] Sunday (on: **в** В; *p…* **по** Д); **~ешáть** [1], ⟨**~еси́ть**⟩ [15 *e*… -ешу́, -еси́шь; -ешённый] resurrect, r… vive
воспал|éние *n* [12] inflammatio… **~éние лёгких** (**пóчек**) pneumonia (n… phritis); **~ённый** [14 *sh.*] inflame… **~и́тельный** [14] inflammatory; **~я́т…** [28], ⟨**~и́ть**⟩ [13] inflame; (*v/i.* **-ся**)
воспе|вáть [1], ⟨**~ть**⟩ [-пою́, -поёш… -пéтый] sing of, praise
воспит|áние *n* [12] education, upbrin… ing; (good) breeding; **~áнник** *m* [1… **~áнница** *f* [5] pupil; **~áнный** [14 *sh…* well-bred; **плóхо ~áнный** ill-bre… **~áтель** *m* [4] educator; (private) tuto… **~áтельный** [14] educational, pedago… ic(al); **~ывать** [1], ⟨**~áть**⟩ bring up; e… ucate; *прививать* cultivate, foster
воспламен|я́ть [28], ⟨**~и́ть**⟩ [13] set c… fire (*v/i.* **-ся**) *a fig.*; inflame
восполн|я́ть [28], ⟨**~ить**⟩ [13] fill i… make up (for)

воспо́льзоваться → **по́льзоваться**
воспомина́ние *n* [12] remembrance, recollection, reminiscence; *pl. a.* memoirs
воспрепя́тствовать [7] *pf.* hinder, prevent (from Д)
воспре|ща́ть [1], 〈**~ти́ть**〉 [15 *e.*; -ещу́, -ети́шь; -ещённый] prohibit, forbid; ***вход ~щён!*** no entrance!; ***кури́ть ~ща́ется!*** no smoking!
воспри|и́мчивый [14 *sh.*] receptive, impressionable; *к заболеванию* susceptible (**к** Д to); **~нима́ть** [1], 〈**~ня́ть**〉 [-приму́, -и́мешь; -и́нял, -а́, -о; -и́нятый] take in, understand; **~я́тие** *n* [12] perception
воспроизв|еде́ние *n* [12] reproduction; **~оди́ть** [15], 〈**~ести́**〉 [25] reproduce
воспря́нуть [20] *pf.* cheer up; ***~ ду́хом*** take heart
воссоедин|е́ние *n* [12] reun(ificat)ion; **~я́ть** [28], 〈**~и́ть**〉 [13] reunite
восста|ва́ть [5], 〈**~ть**〉 [-ста́ну, -ста́нешь] rise, revolt
восстан|а́вливать [1], 〈**~ови́ть**〉 [14] **1.** reconstruct, restore; **2.** *против* antagonize; **~ие** *n* [12] insurrection, revolt; **~ови́ть** → ***~а́вливать***; **~овле́ние** *n* [12] reconstruction, restoration
восто́к *m* [1] east; the East, the Orient; ***на ~*** (to[ward] the) east, eastward(s); ***на ~е*** in the east; ***с ~а*** from the east; ***к ~у от*** (Р) (to the) east of
восто́р|г *m* [1] delight, rapture; ***я в ~ге*** I am delighted (**от** Р with); ***приводи́ть (приходи́ть) в ~г*** = ***~га́ть(ся)*** [1] *impf.* be delight(ed) (Т with); **~женный** [14 *sh.*] enthusiastic, rapturous
восто́чный [14] east(ern, -erly); oriental
востре́бова|ние *n* [12]: ***до ~ния*** to be called for, poste restante; **~ть** [7] *pf.* call for, claim
восхвал|е́ние *n* [12] praise, eulogy; **~я́ть** [28], 〈**~и́ть**〉 [13; -алю́, -а́лишь] praise, extol
восхи|ти́тельный [14; -лен, -льна] delightful; **~ща́ть** [1], 〈**~ти́ть**〉 [15 *e.*; -ищу́, -ити́шь; -ищённый] delight, transport; **-ся** (Т) be delighted with; admire; **~ще́ние** *n* [12] admiration; delight; ***приводи́ть (приходи́ть) в ~ще́ние*** → ***~ща́ть(ся)***
восхо́|д *m* [1] rise; ascent; **~ди́ть** [15], 〈взойти́〉 [взойду́, -дёшь; взошёл] rise, ascend; go back to; ***э́тот обы́чай ~дит*** (**к** Д) this custom goes back (to); **~жде́ние** *n* [12] sunrise
восьм|ёрка *f* [5; *g/pl.*: -рок] eight (→ ***дво́йка***); **~еро** [37] eight (→ ***дво́е***)
восьми|деся́тый [14] eightieth; → ***пя́т(идеся́т)ый***; **~ле́тний** [14] eight-year-old; **~со́тый** [14] eight hundredth
восьмо́й [14] eighth; → ***пя́тый***
вот *part.* here (is); there; now; well; that's…; ***~ и всё*** that's all; ***~ (оно́) как*** *or* ***что́*** you don't say!, is that so?; ***~ те(бе́) раз*** *or* ***на́*** well I never!; a pretty business this!; ***~ како́й …*** such a …; ***~ челове́к!*** what a man!; ***~~!*** yes, indeed!; ***~-~*** (at) any moment
воткну́ть → ***втыка́ть***
во́тум *m* [1]: ***~ (не)дове́рия*** (Д) vote of (no) confidence (in)
воцар|я́ться [28], 〈**~и́ться**〉 [13] (*fig., third person only*) set in; ***~и́лось молча́ние*** silence fell
вошь *f* [8; вши; во́шью] louse
вощи́ть [16 *e.*], 〈на-〉 wax
вою́ющий [17] belligerent
впа|да́ть [1], 〈**~сть**〉 [25; впал, -а] (**в** В) fall (flow, run) in(to); **~де́ние** *n* [12] flowing into; *реки* mouth, confluence; **~дина** *f* [5] cavity; *глазная* socket; *geogr.* hollow; **~лый** [14] hollow, sunken; **~сть** → ***~да́ть***
впервы́е for the first time
вперёд forward; ahead (Р of), on(ward); *заранее* in advance, beforehand; → *a.* ***взад***
впереди́ in front, ahead (Р of); before
вперемéжку alternately
впечатл|е́ние *n* [12] impression; **~и́тельный** [14; -лен, -льна] impressionable, sensitive; **~я́ющий** [17 *sh.*] impressive
впи|ва́ться [1], 〈**~ться**〉 [вопью́сь, -пьёшься; впи́лся, -а́сь, -ось] (**в** В) stick (into); *укусить* sting, bite; ***~ва́ться глаза́ми*** fix one's eyes (on)
впи́с|ывать [1], 〈**~а́ть**〉 [3] enter, insert
впи́т|ывать [1], 〈**~а́ть**〉 soak up *or* in;

В

fig. imbibe, absorb
впи́х|ивать *coll.* [1], *once* ⟨**~нуть**⟩ [20] stuff *or* cram in(to) (***в*** В)
вплавь by swimming
вплe|та́ть [1], ⟨**~сти́**⟩ [25; -т-: вплету́, -тёшь] interlace, braid
вплот|ну́ю (***к*** Д) close, (right) up to; *fig. coll.* seriously; **~ь** *fig.* (***до*** Р) (right) up to; even (till)
вполго́лоса in a low voice
вполз|а́ть [1], ⟨**~ти́**⟩ [24] creep *or* crawl in(to), up
вполне́ quite, fully, entirely
впопыха́х → ***второпя́х***
впо́ру: ***быть ~*** fit
впорхну́ть [20; -ну́, -нёшь] *pf.* flutter *or* flit in(to)
впосле́дствии afterward(s), later
впотьма́х in the dark
впра́вду *coll.* really, indeed
впра́ве: ***быть ~*** have a right
вправля́ть [28], ⟨**вправить**⟩ [14] *med.* set; *рубашку* tuck in; ***~ мозги́*** make s.o. behave more sensibly
впра́во (to the) right
впредь henceforth, in future; ***~ до*** until
впро́голодь half-starving
впрок 1. for future use; **2.** to a p.'s benefit; ***э́то ему́ ~ не пойдёт*** it will not profit him
впроса́к: ***попа́сть ~*** make a fool of o.s.
впро́чем however, but; or rather
впры́г|ивать [1], *once* ⟨**~нуть**⟩ [20] jump in(to) *or* on; (***в, на*** В)
впры́с|кивать [1], *once* ⟨**~нуть**⟩ [20] *mst. tech.* inject
впря|га́ть [1], ⟨**~чь**⟩ [26 г/ж; → ***напря́чь***] harness, put to (***в*** В)
впус|к *m* [1] admission; **~ка́ть** [1], ⟨**~ти́ть**⟩ [15] let in, admit
впусту́ю in vain, to no purpose
впу́т|ывать, ⟨**~ать**⟩ [1] entangle, involve (***в*** В in); **-ся** become entangled
впя́теро five times (→ ***вдво́е***); **~м** five (together)
враг *m* [1 *e.*] enemy
враж|да́ *f* [5] enmity; **~де́бность** *f* [8] animosity; **~де́бный** [14; -бен, -бна] hostile; **~дова́ть** [7] be at odds (***с*** Т with); **~еский** [16], **~ий** [18] (the) enemy('s)…
вразбро́д *coll.* separately; without co-ordination
вразре́з: ***идти́ ~*** be contrary (***с*** Т to)
вразум|и́тельный [14; -лен, -льна] intelligible, clear; **~ля́ть** [1], ⟨**~и́ть**⟩ [1… make understand, make listen to reas…
враньё *n coll.* [12] lies, fibs *pl.*, idle ta…
врас|пло́х unawares, by surprise; **~сы…ну́ю**: ***бро́ситься ~сыпну́ю*** scatter … all directions
враст|а́ть [1], ⟨**~и́**⟩ [24 -ст-: -сту́; вро… -ла́] grow in(to)
врата́рь *n* [4 *e.*] goalkeeper
врать *coll.* [вру, врёшь; врал, -а́, -… ⟨со-⟩ lie; (*ошибиться*) make a mi… take; *о часах и т. д.* be inaccurate
врач *m* [1 *e.*] doctor, physician; ***зубно́й*** … dentist; **~е́бный** [14] medical
вращ|а́ть [1] (В *or* Т) turn, revolve, r… tate; (*v/i.* **-ся** ***в*** П associate wit… **~а́ющийся** revolving; moving; **~е́ни…** *n* [12] rotation
вред *m* [1 *e.*] harm, damage; ***во ~*** (Д) … the detriment (of); **~и́тель** *m* [4] *agri…* pest; **~и́ть** [15 *e.*; -ежу́, -еди́шь], ⟨по… (do) harm, (cause) damage (Д t… **~ный** [14; -ден, -дна́, -о] harmful, inj… rious (Д *or* ***для*** Р to)
врез|а́ть [1], ⟨**~ать**⟩ [3] (***в*** В) cut in(t… set in; **-ся** run in(to); project into; *память* impress (on)
вре́менный [14] temporary, transie… provisional
вре́м|я *n* [13] time; *gr.* tense; ***~я го́да*** se… son; ***во ~я*** (Р) during; ***в настоя́щее ~…*** at (the) present (moment); ***в пе́рвое ~…*** at first; ***~я от ~ени, ~ена́ми*** from tim… to time, (every) now and then, som… times; ***в ско́ром ~ени*** soon; ***в т…*** (***же***) ***~я*** at that (the same) time; ***в т…*** ***~я как*** whereas; ***за после́днее ~я*** lat… ly, recently; ***на ~я*** for a (certain) tim… temporarily; ***со ~енем, с тече́ние…*** ***~ени*** in the course of time, in the lo… run; ***тем ~енем*** meanwhile; ***ско́льк…*** ***~ени?*** what's the time?; ***ско́льк…*** ***~ени э́то займёт?*** how long will … take?; ***хорошо́ провести́ ~я*** have … good time; **~яисчисле́ние** *n* [12] chr… nology; **~я(пре)провожде́ние** *n* [1…

pastime
ро́вень level with, abreast (with **с** T)
ро́де like, such as, kind of
рождённый [14 *sh.*] innate; *med.* congenital
роз(н)ь separately, apart
рун *coll. m* [1 *e.*], **ˆья** *coll. f* [6] liar
руч|а́ть [1], ⟨**~и́ть**⟩ [16] hand over; deliver; (*вверить*) entrust
ры|ва́ть [1], ⟨**~ть**⟩ [22; -ро́ю, -ро́ешь] dig in(to); **-ся**, ⟨ворваться⟩ [-ву́сь, -вёшься; -вался, -лась] rush in(to); enter (by force)
ряд: **~ ли** hardly, scarcely
са́дни|к *m* [1] horseman; **~ца** *f* [5] horsewoman
са́|живать [1], ⟨**~ди́ть**⟩ [15] thrust *or* plunge in(to); hit; **~сывать** [1], ⟨всоса́ть⟩ [-су́, -сёшь] suck in *or* up; absorb
сё, все → ***весь***
се|ве́дущий [17] omniscient; **~возмо́жный** [14] of all kinds *or* sorts, various
сегда́ always; **~шний** *coll.* [15] usual, habitual
сего́ (-vɔ) altogether, in all; sum, total; **~** (***то́лько, лишь, на́всего***) only, merely; ***пре́жде ~*** above all
сел|е́нная *f* [14] universe; **ˆя́ть** [28], ⟨**~и́ть**⟩ [13] settle, move in(to) (*v/i.* **-ся**); *fig.* inspire
се|ме́рный every (or all) … possible; **~ме́рно** in every possible way; **~ми́рный** [14] world…; universal; **~могу́щий** [17 *sh.*] → ***~си́льный***; **~наро́дный** [14; -ден, -дна] national, nationwide; *adv.*: **~наро́дно** in public; **ˆно́щная** *f* [14] vespers *pl.*; **~о́бщий** [17] universal, general; **~объе́млющий** [17 *sh.*] comprehensive, all-embracing; **~ору́жие** *n* [12]: ***во ~ору́жии*** fully prepared (for), in full possession of all the facts; **~росси́йский** [16] All-Russian
серьёз *coll.* in earnest, seriously
се|си́льный [14; -лен, -льна] all-powerful; **~сторо́нний** [15] all-round, thorough
сё-таки for all that, still
сеуслы́шанье: ***во ~*** publicly
сеце́ло entirely, wholly

вска́|кивать [1], ⟨вскочи́ть⟩ [16] jump *or* leap (***на*** B up/on); start (**с** P from); *о прыщике, шишке* come up, swell (up); **~пывать**, ⟨вскопа́ть⟩ [1] dig up
вскара́бк|иваться, ⟨**~аться**⟩ [1] (***на*** B) scramble, clamber (up, onto)
вска́рмливать [1], ⟨вскорми́ть⟩ [14] raise, rear *or* bring up
вскачь at full gallop
вскип|а́ть [1], ⟨**~е́ть**⟩ [10 *e.*; -плю́, -пи́шь] boil up; *fig.* fly into a rage
вскло́(ко́)|чивать [1], ⟨**~чить**⟩ [16] tousle; ***~ченные*** *or* ***~чившиеся во́лосы*** *m/pl.* dishevel(l)ed hair
всколыхну́ть [20] stir up, rouse
вскользь in passing, cursorily
вскопа́ть → ***вска́пывать***
вско́ре soon, before long
вскорми́ть → ***вска́рмливать***
вскочи́ть → ***вска́кивать***
вскри́|кивать [1], ⟨**~ча́ть**⟩ [4 *e.*; -чу́, -чи́шь], *once* ⟨**~кнуть**⟩ [20] cry out, exclaim
вскружи́ть [16; -жу́, -у́жи́шь] *pf.*; **~** (Д) ***го́лову*** turn a p.'s head
вскры|ва́ть [1], ⟨**~ть**⟩ **1.** open; (*обнаружить*) *fig.* reveal; **2.** *med.* dissect; **-ся 1.** open; be disclosed; **2.** *med.* burst, break; **ˆтие** *n* [12] *mst. med.* dissection, autopsy
всласть *coll.* to one's heart's content
вслед (***за*** T, Д) (right) after, behind, following; **ˆствие** (P) in consequence of, owing to; ***ˆствие э́того*** consequently
вслепу́ю *coll.* blindly, at random
вслух aloud
вслу́ш|иваться, ⟨**~аться**⟩ [1] (***в*** B) listen attentively (to)
всма́триваться [1], ⟨всмотре́ться⟩ [9; -отрю́сь, -о́тришься] (***в*** B) peer (at); observe closely, scrutinize
всмя́тку: ***яйцо́ ~*** soft-boiled egg
всо́|вывать [1], ⟨всу́нуть⟩ [20] put, slip (***в*** B into); **~са́ть** → ***вса́сывать***
вспа́|хивать [1], ⟨**~ха́ть**⟩ [3] plow (*Brt.* plough) *or* turn up; **~шка** *f* [5] tillage
всплес|к *m* [1] splash; **ˆкивать** [1], ⟨**~нуть**⟩ [20] splash; ***~нуть рука́ми*** throw up one's arms
всплы|ва́ть [1], ⟨**ˆть**⟩ [23] rise to the

В

surface, surface; *fig.* come to light, emerge

всполоши́ть [16 *e.*; -шу́, -ши́шь; -шённый] *pf.* alarm; (*v/i.* **-ся**)

вспом|ина́ть [1], ⟨**∠нить**⟩ [13] (В *or* **о** П) remember, recall; (Д + **-ся** = И + *vb.*); **~ога́тельный** [14] auxiliary

вспорхну́ть [20] *pf.* take wing

вспоте́ть [8] (break out in a) sweat

вспры́г|ивать [1], *once* ⟨**~нуть**⟩ [20] jump *or* spring (up/on **на** В)

вспры́с|кивать [1], ⟨**~нуть**⟩ [20] sprinkle; wet; *coll. покупку* celebrate

вспу́г|ивать [1], *once* ⟨**~ну́ть**⟩ [20] frighten away

вспух|а́ть [1], ⟨**∠нуть**⟩ [21] swell

вспыл|и́ть [13] *pf.* get angry, flare up; **∠ьчивость** *f* [8] irascibility; **∠ьчивый** [14 *sh.*] hot-tempered

вспы́|хивать [1], ⟨**~хнуть**⟩ [20] **1.** burst into flames; blaze up, flare up; *огонёк* flash; (*покраснеть*) blush; **2.** *от гнева* burst into a rage; *о войне* break out; **~шка** *f* [5; *g/pl.*: -шек] flare, flash; outburst; outbreak

вста|ва́ть [5], ⟨**~ть**⟩ [встáну, -нешь] stand up; get up, rise (from **с** Р); arise; **∠вка** *f* [5; *g/pl.*: -вок] insertion; insert; **~вля́ть** [28], ⟨**∠вить**⟩ [14] set *or* put in, insert; **~вно́й** [14] inserted; ***~вны́е зу́бы*** *m/pl.* false teeth

встрепену́ться [20] *pf.* start; (*оживиться*) become animated

встрёпк|а Р *f* [5] reprimand; ***зада́ть ~у*** (Д) bawl out, scold (a p.)

встре́|тить(ся) → ***~ча́ть(ся)***; **~ча** *f* [5] meeting, encounter; *приём* reception; ***тёплая ~ча*** warm welcome; **~ча́ть** [1], ⟨**~тить**⟩ [15 *st.*] **1.** meet (*v/t.*, with В) encounter; *случайно* come across; **2.** *прибывших* meet, receive, welcome ***~ча́ть Но́вый год*** see the New Year in; celebrate the New Year; *v/i.* **-ся 1.** meet (**с** Т o.a., with); **2.** (*impers.*) occur, happen; there are (were); **~чный** [14] counter…; contrary; head (*wind*); (coming from the) opposite (direction); *машина* oncoming; ***пе́рвый ~чный*** the first person one meets; anyone; ***пе́рвый ~чный и попере́чный*** every Tom, Dick and Harry

встря́|ска *f* [5; *g/pl.*: -сок] shock; **~хивать** [1], *once* ⟨**~хну́ть**⟩ [20] shak (up); *fig.* stir (up); **-ся** *v/i. coll.* cheer u

вступ|а́ть [1], ⟨**~и́ть**⟩ [14] *стат членом* (**в** В) enter, join; set foot i step (into); *в должность* assum ***~и́ть в брак*** marry; ***~и́ть в де́йстви*** come into force; ***~и́ть на трон*** ascen the throne; **-ся** (***за*** В) intercede (for project; take a p.'s side; **~и́тельны** [14] introductory; opening; *экзамен т. д.* entrance…; **~ле́ние** *n* [12] *на пр стол* accession; *в книге и т. д.* intr duction

всу́|нуть → ***всо́вывать***; **~чивать** *col* [1], ⟨**~чи́ть**⟩ [16] foist (В/Д s.th. on)

всхлип *m* [1], **∠ывание** *n* [12] sob(bing **∠ывать** [1], *once* ⟨**∠нуть**⟩ [20 *st.*] sob

всход|и́ть [15], ⟨**взойти́**⟩ [взойд -дёшь; взошёл; *g. pt.*: взойдя́] go c climb (**на** В [up] on), ascend, rise; *agri* come up, sprout; **~ы́** *m/pl.* [1] standir *or* young crops

всхо́жесть *f* [8] germinating capacity

всхрапну́ть [20] *coll. joc. pf.* have a na

всыпа́ть [1], ⟨**∠ать**⟩ [2 *st.*] pour *or* put (В into); Р upbraid; give s.b. a thrashin

всю́ду everywhere, all over

вся́|кий [16] **1.** any; every; anyone; every one; ***без ~кого сомне́ния*** beyond ar doubt; ***во ~ком слу́чае*** at any rate; **2.** **~ческий** [16] all kinds *or* sorts of, sur dry; every possible; **~чески** in ever way; ***~чески стара́ться*** try one's harc est, try all ways; **~чина** *coll. f* [5]: ***~ка ~чина*** odds and ends

вта́|йне in secret; **~лкивать** [1], ⟨втол кну́ть⟩ [20] push *or* shove in(to); **~пты вать** [1], ⟨втопта́ть⟩ [3] trample intc **~скивать** [1], ⟨**~щи́ть**⟩ [16] pull *or* dra in, into, up

вте|ка́ть [1], ⟨**~чь**⟩ [26] flow in(to)

вти|ра́ть [1], ⟨втере́ть⟩ [12; вотр -рёшь; втёр] rub in; ***~ра́ть очки́*** (Д throw dust in (p.'s) eyes; **-ся** *coll.* ***в дс ве́рие*** worm into; **∠скивать** [1], ‹ ⟨**∠снуть**⟩ [20] squeeze o.s. in(to)

втихомо́лку *coll.* on the sly

втолкну́ть → ***вта́лкивать***

топта́ть → **вта́птывать**
тор|га́ться [1], ⟨**~гнуться**⟩ [21] (**в** В) intrude, invade, penetrate; *в чужие дела* meddle (with); **~же́ние** *n* [12] invasion, incursion; **~ить** [13] *mus.* sing (*or* play) the second part; echo; repeat; **~и́чный** [14] second, repeated; *побочный* secondary; **~и́чно** once more, for the second time; **~ник** *m* [1] Tuesday (**в** В, *pl.*: **по** Д on); **~о́й** [14] second; **из ~ы́х рук** second-hand; → **пе́рвый & пя́тый**; **~оку́рсник** *m* [1] sophomore, *Brt.* secondyear student
торопя́х hurriedly, in haste
торостепе́нный [14; -е́нен, -е́нна] secondary, minor
-тре́тьих third(ly)
три́дорога: *coll.* triple the price; **плати́ть ~** pay through the nose
тро́|е three times (as …, *comp.*: → **вдво́е**); *vb.* **~е** *a.* treble; **~ём** three (of us *or* together); **~йне́** three times (as much *etc.*), treble
ту́лка *f* [5; *g/pl.*: -лок] *tech.* sleeve
тыка́ть [1], ⟨**воткну́ть**⟩ [20] put *or* stick in(to)
тя́|гивать [1], ⟨**~ну́ть**⟩ [19] draw *or* pull in(to), on; *вовлечь* involve, engage; **-ся** (**в** В) *fig. в работу* get used (to)
уа́ль *f* [8] veil
уз *m* [1] (**вы́сшее учёбное заведе́ние** *n*) institution of higher education
улка́н *m* [1] volcano; **~и́ческий** [16] volcanic
ульга́рный [14; -рен, -рна] vulgar
ундеркинд *m* [1] child prodigy
ход *m* [1] entrance; entry; **~а нет** no entry; **пла́та за ~** entrance *or* admission fee
ходи́ть [15], ⟨**войти́**⟩ [войду́, -дёшь; вошёл, -шла́; воше́дший *g. pt.*: войдя́] (**в** В) enter, go, come *or* get in(to); (*помещаться*) go in(to), have room for; hold; be a member of; be included in; **~ во вкус** (Р) take a fancy to; **~ в дове́рие к** (Д) gain a p.'s confidence; **~ в положе́ние** (Р) appreciate a p.'s position; **~ в привы́чку** (*в поговорку*) become a habit (proverbial); **~ в** (**соста́в** Р) form part (of), belo (to)
входно́й [14] entrance…, admission…
вхолосту́ю: **рабо́тать ~** run idle
вцеп|ля́ться [28], ⟨**~и́ться**⟩ [14] (**в** В) grasp, catch hold of
вчера́ yesterday; **~шний** [5] yesterday's, of yesterday
вчерне́ in rough; in draft form
вче́тверо four times (as …, *comp.*: → **вдво́е**); **~м** four (of us *etc.*)
вчи́тываться [1] (**в** В) *impf. only* try to grasp the meaning of
вше́стеро six times (→ **вдво́е**)
вши|ва́ть [1], ⟨**~ть**⟩ [вошью́, -шьёшь; → **шить**] sew in(to); **~вый** [14] *mst. coll. fig.* lousy
въе|да́ться [1], ⟨**~сться**⟩ [→ **есть**] eat (in[to]); **~дливый** [14 *sh.*] *coll.* corrosive, acid
въе|зд *m* [1] entrance, entry; **~здно́й** [14]: **~здна́я ви́за** entry visa; **~зжа́ть** [1], ⟨**~хать**⟩ [въе́ду, -дешь; въезжа́й(-те)!] enter, ride *or* drive in(to), up, on (**в, на** В); move in(to); **~сться** → **~да́ться**
вы [21] you (polite form *a.* ♀); **~ с ним** you and he; **у вас** (**был**) you have (had)
выб|а́лтывать *coll.* [1], ⟨**~олтать**⟩ blab *or* let out; **~ега́ть** [1], ⟨**~ежать**⟩ [4; вы́бегу, -ежишь] run out; **~ива́ть** [1], ⟨**~ить**⟩ [вы́бью, -бьешь, *etc.* → **бить**] beat *or* knock out; *стекло и т. д.* break; smash; (*изгнать*) drive out, *mil.* dislodge; **~ить из колеи́** unsettle; **-ся** break out *or* forth; **~ива́ться из сил** be(come) exhausted, fatigued; **~ива́ться из колеи́** go off the beaten track; **~ира́ть** [1], ⟨**~рать**⟩ [вы́беру, -решь; -бранный] choose, pick out; (*избирать*) elect; take out; *минутку* find; **-ся** get out; *на концерт и т. д.* find time to go; **~ить** → **~ива́ть**
вы́боина *f* [5] dent; *на дороге* pothole; rut
вы́бор *m* [1] choice, option; (*отбор*) selection; *pl.* election(s); **на ~** (*or* **по ~у**) at a p.'s discretion; random (*test*); **всео́бщие ~ы** *pl.* general election; **дополни́тельные ~ы** by-election; **~ка** *f* [5; *g/pl.*: -рок] selection; *pl.* excerpts; *statistics* sample; **~ный** [14] electoral; elected

выбр|áсывать [1], ⟨**∠осить**⟩ [15] throw (out *or* away); discard; (*исключить*) exclude, omit; **~áсывать (зря) де́ньги** waste money; **-ся** throw o.s. out; **∠ать → выбира́ть**; **∠ить** [-ею, -еешь; -итый] *pf.* shave clean; (*v/i.* **-ся**); **∠осить → ~áсывать**

выб|ыва́ть [1], ⟨**∠ыть**⟩ [-буду, -будешь] leave; *из игры* drop out

выв|áливать [1], ⟨**∠алить**⟩ [13] discharge, throw out; **-ся** fall out; **~áривать** [1], ⟨**∠арить**⟩ [13] (*экстрагировать*) extract; boil (down); **~éдывать**, ⟨**∠едать**⟩ [1] find out, (try to) elicit; **∠езти → ~ози́ть**

выв|ёртывать [1], ⟨**∠ернуть**⟩ [20] unscrew; *дерево* tear out; *руку и т. д.* dislocate; *наизнанку* turn (inside out); *v/i.* **-ся**; slip out; extricate o.s.

вы́вес|ить → выве́шивать; **~ка** *f* [5; *g/pl.*: -сок] sign(board); *fig.* screen, pretext; **~ти → выводи́ть**

выв|éтривать [1], ⟨**∠етрить**⟩ [13] (remove by) air(ing); **-ся** *geol.* weather; disappear **~éтриваться из па́мяти** be effaced from memory; **~éшивать** [1], ⟨**∠есить**⟩ [15] hang out *or* put out; **~и́нчивать** [1], ⟨**∠интить**⟩ [15] unscrew

вы́вих *m* [1] dislocation; **~нуть** [20] *pf.* dislocate, put out of joint

вы́вод *m* [1] **1.** *войск* withdrawal; conclusion; **сде́лать ~** draw a conclusion; **~и́ть** [15], ⟨**вы́вести**⟩ [25] **1.** take, lead *or* move (out, to); **2.** conclude; **3.** *птенцов* hatch; *сорт растения* cultivate; **4.** *пятно* remove, *насекомых* extirpate; **5.** *буквы* write *or* draw carefully; **6.** *образ* depict; **~и́ть** (В) **из себя́** make s.b. lose his temper; **-ся**, ⟨-сь⟩ disappear; **~ок** *m* [1; -дка] brood

вы́воз *m* [1] export; *мусора* removal; **~и́ть** [15], ⟨**вы́везти**⟩ [24] remove, take *or* bring out; export

выв|орáчивать *coll.* [1], ⟨**∠оротить**⟩ [15] **→ вывёртывать**

выг|áдывать, ⟨**∠адать**⟩ [1] gain *or* save (В/**на** П s.th. from)

вы́гиб *m* [1] bend, curve; **~áть** [1], ⟨**вы́гнуть**⟩ [20] *о кошке* arch; curve, bend

вы́гля|деть [11 *st.*] *impf.* look (s.th. T, like **как**); **как она́ ~дит?** what does she look like?; **он ~дит моло́же свои́х лет** he doesn't look his age; **∠дывать** [1], *once* ⟨**~нуть**⟩ [20 *st.*] look *or* peep out (of **в** В, **из** Р)

вы́гнать → выгоня́ть

вы́гнуть → выгиба́ть

выгов|áривать [1], ⟨**ˊ~орить**⟩ [13] **1.** pronounce; utter; **2.** *impf. coll.* (Д) tell off; **ˊ~ор** *m* [1] **1.** pronunciation; **2.** reproof, reprimand

вы́год|а *f* [5] (*прибыль*) profit; (*преимущество*) advantage; (*польза*) benefit; **~ный** [14; -ден, -дна] profitable; advantageous (Д, **для** Р to)

вы́гон *m* [1] pasture; **~я́ть** [28], ⟨**вы́гнать**⟩ [вы́гоню, -нишь] turn *or* drive out; *coll. с работы* fire

выгор|áживать [1], ⟨**ˊ~одить**⟩ [15] fence off; P shield, absolve from blame; **~áть** [1], ⟨**ˊ~еть**⟩ [9] **1.** burn down; **2.** (*выцвести*) fade; **3.** *coll.* (*получиться*) click, come off

выгр|ужа́ть [1], ⟨**∠узить**⟩ [15] unload, discharge; *с судна* disembark; (*v/i.* **-ся**); **∠узка** [5; *g/pl.*: -зок] unloading, disembarkation

выдава́ть [5], ⟨**вы́дать**⟩ [-дам, -дашь, *etc.* **→ дать**] **1.** give (out), pay (out); **2.** *пропуск* issue; **3.** *предать* betray; **4.** *другому государству* extradite; **~ (себя́) за** (В) pass (o.s. off) as; **~ (за́муж) за** (В) give (a girl) in marriage to; **-ся 1.** (*выступать*) stand out; **2.** *coll. день и т. д.* happen *or* turn out

выд|áвливать [1], ⟨**∠авить**⟩ [14] press *or* squeeze out (*a. fig.*); **∠авить улы́бку** force a smile; **~áлбливать** [1], ⟨**∠олбить**⟩ [14] hollow out, gouge out

вы́да|ть → ~ва́ть; **~ча** *f* [5] **1.** (*раздача*) distribution; *сдача* delivery; *денег* payment; **2.** issue; **3.** disclosure; **4.** extradition; **день ~чи зарпла́ты** payday; **~ю́щийся** [17; -щегося *etc.*] outstanding, prominent, distinguished

выдви|га́ть [1], ⟨**ˊ~нуть**⟩ [20] **1.** pull out; **2.** *предложение* put forward, propose; *на должность* promote; *кандидата* nominate; **-ся 1.** slide in and out; **2.** *esp. mil.* move forward; **3.** *по службе* advance; **4.** *impf.* → **~жно́й** [14] pull-out…, sliding; (*tech.*) telescopic

ыд|еле́ние *n* [12] discharge, secretion; **~елка** *f* [5; *g/pl.*: -лок] *о качестве* workmanship; *кожи* dressing; **~е́лывать**, ⟨**~елать**⟩ [1] work, make *кожу*; **~еля́ть** [28], ⟨**~елить**⟩ [13] **1.** mark out, single out; (*отметить*) emphasize; **2.** *землю и т. д.* allot; satisfy (*coheirs*); **3.** *med.* secrete; **4.** *chem.* isolate; **-ся** *v/i.* 1, 4; (*отличаться*) stand out, rise above; excel; **~ёргивать**, ⟨**~ернуть**⟩ [20] pull out

ыде́рж|ивать [1], ⟨**´~ать**⟩ [4] stand, bear, endure; *экзамен* pass; *размеры и т. д.* observe; **´~ать хара́ктер** be firm; **´~анный** self-possessed; (*последовательный*) consistent; *о вине* mature; **´~ка** *f* [5; *g/pl.*: -жек] **1.** self-control; **2.** (*отрывок*) excerpt, quotation; **3.** *phot.* exposure

ыд|ира́ть *coll.* [1], ⟨**~рать**⟩ [-деру, -ерешь] tear out; *зуб* pull; *pf.* thrash; **~олбить** → **~а́лбливать**; **~охнуть** → **~ыха́ть**; **~ра** *f* [5] otter; **~рать** → **~ира́ть**; **~умка** *f* [5; *g/pl.*: -мок] invention; made-up story, fabrication; **~у́мывать**, ⟨**~умать**⟩ [1] invent, contrive, devise

ыд|ыха́ть [1], ⟨**~охнуть**⟩ [20] breathe out; **-ся** become stale; *fig.* be played out

ыезд *m* [1] departure; *из города* town/city gate

ыезжа́ть [1], ⟨**вы́ехать**⟩ [вы́еду, -едешь; -езжа́й(те)!] *v/i.* (**из/с** Р) **1.** leave, depart; **2.** *на машине, лошади* drive *or* ride out, on(to); **3.** *из квартиры* leave *or* move (from)

ыемка *f* [5; *g/pl.*: -мок] excavation; *ямка* hollow

ыехать → ***выезжа́ть***

ыж|ать → **~има́ть**; **~дать** → ***выжида́ть***; **~ива́ние** *n* [12] survival; **~ива́ть** [1], ⟨**~ить**⟩ [-иву, -ивешь; -итый] survive; go through; stay; *coll. из дома и т. д.* oust, drive out; **~ить из ума́** be in one's dotage; *fig.* take leave of one's senses; **~ига́ть** [1], ⟨**~ечь**⟩ [26 г/ж: -жгу, -жжешь, -жгут; -жег, -жженный] burn out; burn down; scorch; **~ида́ть** [1], ⟨**~дать**⟩ [-жду, -ждешь; -жди(те)!] (Р *or* В) wait for *or* till (after); **~има́ть** [1], ⟨**~ать**⟩ [-жму, -жмешь; -жатый] squeeze, press *or о белье* wring out; *sport* lift (weights); **~ить** → **~ива́ть**

вы́звать → ***вызыва́ть***

выздор|а́вливать [1], ⟨**´~оветь**⟩ [10] recover; **~а́вливающий** [17] convalescent; **~овле́ние** *n* [12] recovery

вы́з|ов *m* [1] call, summons; (*приглашение*) invitation; *mst. fig.* challenge; **~у́бривать** [1] → ***зубри́ть*** *2*; **~ыва́ть** [1], ⟨**~вать**⟩ [-ову, -овешь] **1.** call (to; for *thea.*; up *tel.*); *врача* send for; **2.** summon (**к** Д to, **в суд** before a court); **3.** challenge (to **на** В); **4.** (*приводить*) rouse, cause; *воспоминания* evoke; **-ся** undertake *or* offer; **~ыва́ющий** [17] defiant, provoking

вы́игр|ывать, ⟨**´~ать**⟩ [1] win (from **у** Р); (*извлечь выгоду*) gain, benefit; **´~ыш** *m* [1] win(ning[s]), gain(s), prize; profit; ***быть в ´~ыше*** have won (profited); **´~ышный** [14] *положение* advantageous, effective

вы́йти → ***выходи́ть***

вык|а́лывать [1], ⟨**~олоть**⟩ [17] put out; prick out; **~а́пывать**, ⟨**~опать**⟩ [1] dig out *or* up; **~ара́бкиваться**, ⟨**~арабкаться**⟩ [1] scramble *or* get out; **~а́рмливать** [1], ⟨**~ормить**⟩ [14] bring up, rear; **~а́тывать** [1], ⟨**~атить**⟩ [15] push *or* wheel out; ***~атить глаза́*** P stare

выќи|дывать [1], *once* ⟨**´~нуть**⟩ [20] **1.** throw out *or* away; discard; (*опустить*) omit; **2.** *белый флаг* hoist (up); **3.** *coll. фокус* play (trick); **´~дыш** *m* [1] miscarriage

вы́кл|адка *f* [5; *g/pl.*: -док] *math.* computation, calculation; *mil.* pack *or* kit; **~а́дывать** [1], ⟨**вы́ложить**⟩ [16] **1.** *деньги* lay out; tell; **2.** (*отделать*) face with masonry

выключ|а́тель *m* [4] *el.* switch; **~а́ть** [1], ⟨**´~ить**⟩ [16] switch *or* turn off; *двигатель* stop; **~е́ние** *n* [12] switching off, stopping

вык|о́вывать [1], ⟨**~овать**⟩ [7] forge; *fig.* mo(u)ld; **~ола́чивать** [1], ⟨**~олотить**⟩ [15] *ковёр* beat *or* knock

В

out; *долги и т. д.* exact; **~́олоть** → **~а́лывать**; **~́опать** → **~а́пывать**; **~́ормить** → **~а́рмливать**; **~орчёвывать** [1], ⟨**~́орчевать**⟩ [7] root up *or* out

выкр|а́ивать [1], ⟨**~́оить**⟩ [13] *sew.* cut out; *coll. время* spare; *деньги* find; **~а́шивать** [1], ⟨**~́асить**⟩ [15] paint, dye; **~и́кивать** [1], *once* ⟨**~́икнуть**⟩ [20] cry *or* call (out); **~́оить** → **~а́ивать**; **~́ойка** *f* [5; *g/pl.*: -оек] pattern

выкр|ута́сы *coll. m/pl.* [1] *о поведении* vagaries, crotchets; **~у́чивать** [1], ⟨**~́утить**⟩ [15] twist; *бельё* wring (out); *coll.* unscrew; **-ся** *coll. лампочку и т. д.* slip out

вы́куп *m* [1] redemption; *заложника и т. д.* ransom; **~а́ть** [1], ⟨**~ить**⟩ [14] *вещь* redeem; ransom; **~ать** → **купа́ть**

выку́р|ивать [1], ⟨**´~ить**⟩ [13] smoke

выл|а́вливать [1], ⟨**~́овить**⟩ [14] fish out, draw out; **~́азка** *f* [5; *g/pl.*: -зок] *mil.* sally; **~а́мывать**, ⟨**~́омать**⟩ [1] break open

выл|еза́ть [1], ⟨**~́езть**⟩ [24] climb *or* get out; *о волосах* fall out; **~епля́ть** [28], ⟨**~́епить**⟩ [14] model, fashion

вы́лет *m* [1] *ae.* taking off, flight; **~а́ть** [1], ⟨**~еть**⟩ [11] fly out; *ae.* take off, (**в** В for); rush out *or* up; (*вывалиться*) fall out; slip (a *p.'s* memory **~еть из головы́**); **~еть в трубу́** go broke

выл|е́чивать [1], ⟨**~́ечить**⟩ [16] cure, heal (*v/i.* **-ся**); **~ива́ть** [1], ⟨**~́ить**⟩ [-лью, -льешь; → **лить**] pour out; **~́итый** [14] the image of, just like (И s.b.)

вы́л|овить → **~а́вливать**; **~ожить** → **выкла́дывать**; **~омать** → **~а́мывать**; **~упля́ться** [28], ⟨**~́иться**⟩ [14] hatch

вым|а́зывать [1], ⟨**~́азать**⟩ [3] smear, daub (**-ся** o.s.) (Т with); **~а́ливать** [1], ⟨**~́олить**⟩ [13] get *or* obtain by entreaties; **~а́ливать проще́ние** beg for forgiveness; **~а́нивать** [1], ⟨**~́анить**⟩ [13] lure (**из** Р out of); coax *or* cheat (**у** Р/В a p. out of s.th.); **~а́ривать** [1], ⟨**~́орить**⟩ [13] exterminate; **~а́чивать** [1], ⟨**~́очить**⟩ [16] *дождём* drench; *в жидкости* soak; **~а́щивать** [1], ⟨**~́остить**⟩ [15] pave **~е́нивать** [1], ⟨**~́енять**⟩ [28] exchange (for **на** В); **~́ереть** → **~ира́ть**; **~ета́ть** [1], ⟨**~́ести** [25; -т- *st.*: -ету, -етешь] sweep (out); **~еща́ть** [1], ⟨**~́естить**⟩ [15] avenge o. (on Д); *злобу* vent (**на** П on p.); **~ира́ть** [1], ⟨**~́ереть**⟩ [12] die out, become extinct

вымога́т|ельство *n* [9] blackmail, extortion; **~ь** [1] extort (В *or* Р/**у** Р s.th. from)

вым|ока́ть [1], ⟨**~́окнуть**⟩ [21] get wet through; **~́окнуть до ни́тки** get soaked to the skin; **~́олвить** [14] *pf.* utter, say; **~олить** → **~а́ливать**; **~́орить** → **~а́ривать**; **~́остить** → **~а́щивать**; **~́очить** → **~а́чивать**

вы́мпел *m* [1] pennant, pennon

вым|ыва́ть [1], ⟨**~́ыть**⟩ [22] wash (out, up); **~́ысел** *m* [1; -сла] invention; fantasy; *ложь* falsehood; **~́ыть** → **~ыва́ть**; **~ышля́ть** [28], ⟨**~́ыслить**⟩ [15] think up, invent; **~́ышленный** *a.* fictitious

вы́мя *n* [13] udder

вын|а́шивать [1]: **~а́шивать план** nurture a plan; **~́ести** → **~оси́ть**

вын|има́ть [1], ⟨**~́уть**⟩ [20] take *or* draw out, produce

вын|оси́ть [15], ⟨**~́ести**⟩ [24; -с-: -су, -сешь; -с, -сла, -сло] **1.** carry *or* take out (away), remove; **2.** (*терпеть*) endure, bear; **3.** *благодарность* express; pass (*a. law*); **~оси́ть сор из избы́** wash one's dirty linen in public; **~о́сливость** *f* [8] endurance; **~о́сливый** [14 *sh.*] sturdy, hardy, tough

вын|ужда́ть [1], ⟨**~́удить**⟩ [15] force, compel; extort (В/**у** *or* **от** Р s.th. from); **~́ужденный** [14 *sh.*] forced; of necessity; **~́ужденная поса́дка** emergency landing

вы́нырнуть [20] *pf.* come to the surface, emerge; *coll.* turn up (unexpectedly)

вы́пад *m* [1] *fencing* lunge; thrust; *fig.* attack

выпа|да́ть [1], ⟨**´~сть**⟩ [25] **1.** fall *or* drop (out); (*выскользнуть*) slip out; **2.** fall (Д to, *a.* **на до́лю** to *a p.'s* lot); devolve on

вып|а́ливать [1], ⟨**~́алить**⟩ [13] *coll*

blurt out; shoot (***из*** P with); **~алывать** [1], ⟨**~олоть**⟩ [17] weed (out); **~аривать** [1], ⟨**~арить**⟩ [13] steam; clean, disinfect; (*chem.*) evaporate

вып|екáть [1], ⟨**~ечь**⟩ [26] bake; **~ивáть** [1], ⟨**~ить**⟩ [-пью, -пьешь; → ***пить***] drink (up); *coll.* be fond of the bottle; **~ить (*лишнее*)** *coll.* have one too many; **~ить *чáшку чáю*** have a cup of tea; **~ивка** *coll. f* [5; *g/pl.*: -вок] booze

вып|иска *f* [5; *g/pl.*: -сок] **1.** writing out, copying; **2.** *из текста* extract; statement (of account *из счёта*); **3.** order; subscription; **4.** *из больницы* discharge; *с места жительства* notice of departure; **~úсывать** [1], ⟨**~исать**⟩ [3] **1.** write out (*or* down); copy; **2.** → ***выводи́ть 6.***; **3.** *журнал и т. д.* order; subscribe; **4.** discharge; **-ся** sign out; ***~úсываться из больни́цы*** leave hospital

выпла|вка *f* [5] smelting; **~кать** [3] *pf.* cry (one's eyes *глаза*) out; **~та** *f* [5] payment; **~чивать** [1], ⟨**~тить**⟩ [15] pay (out *or* off)

выпл|ёвывать [1], *once* ⟨**~юнуть**⟩ [20] spit out; **~ёскивать** [1], ⟨**~ескать**⟩ [3], *once* ⟨**~еснуть**⟩ [20] dash *or* splash (out); ***~еснуть с водóй ребёнка*** throw the baby out with the bathwater

выпл|ывáть [1], ⟨**~ыть**⟩ [23] swim out; surface; emerge, appear

выпол|áскивать [1], ⟨**´~оскать**⟩ [3] rinse; *горло* gargle; **~зáть** [1], ⟨**´~зти**⟩ [24] creep *or* crawl out; **~нéние** *n* [12] fulfil(l)ment, execution, realization; **~нять** [1], ⟨**´~нить**⟩ [13] carry out, fulfil(l); execute; **´~оть** → ***выпáлывать***

выпр|авка *f* [5; *g/pl.*: -вок]: ***воéнная ~авка*** soldierly bearing; **~авлять** [28], ⟨**~авить**⟩ [14] set right *or* straighten out; *рукопись и т. д.* correct; **~áшивать** [1], ⟨**~осить**⟩ [15] try to get *or* obtain, solicit; **~овáживать** *coll.* [1], ⟨**~оводить**⟩ [15] send s.o. packing, turn out; **~ыгивать** [1], ⟨**~ыгнуть**⟩ [20] jump out; **~ягáть** [1], ⟨**~ячь**⟩ [26 г/ж: -ягу, -яжешь; -яг] unharness; **~ямлять** [28], ⟨**~ямить**⟩ [14] straighten; **-ся** become straight; *спину* straighten

выпукл|ость *f* [8] protuberance; prominence, bulge; **~ый** [14] convex; prominent; *fig.* expressive; distinct

выпуск *m* [1] output; issue; publication; (*часть романа*) instal(l)ment; *о студентах* graduate class; **~áть** [1], ⟨**вы́пустить**⟩ [15] let out; *law* release; *товары* produce, issue, publish; (*исключить*) omit, leave out; graduate; ***~áть в продáжу*** put on sale; **~ни́к** *m* [1 *e.*] graduate; **~нóй** [14] graduate…, graduation…, final, leaving; *tech.* discharge…; exhaust…

вып|утывать, ⟨**~утать**⟩ [1] disentangle *or* extricate (**-ся** o.s.); **~у́чивать** [1], ⟨**~учить**⟩ [16] **1.** bulge; **2.** P → ***тарáщить***

вып|ытывать, ⟨**~ытать**⟩ [1] find out, (try to) elicit

выпя|ливать P [1], ⟨**~лить**⟩ [13] → ***тарáщить***; **~чивать** *coll.* [1], ⟨**´~тить**⟩ [15] stick *or* thrust out; *fig.* emphasize

выраб|áтывать, ⟨**´~отать**⟩ [1] manufacture, produce; *план и т. д.* elaborate, work out; develop; **´~отка** *f* [15; *g/pl.*: -ток] manufacture, production; output

выр|áвнивать [1], ⟨**~овнять**⟩ [28] **1.** level; smooth out; **2.** align; (*уравнивать*) equalize; **-ся** straighten; become even

выра|жáть [1], ⟨**´~зить**⟩ [15] express, show; ***~жáть словáми*** put into words; **~жáться** [1], ⟨**´~зиться**⟩ [15] **1.** express o.s.; **2.** manifest itself (***в*** П in); **~жéние** *n* [12] expression; **~зи́тельный** [14; -лен, -льна] expressive; *coll.* significant

выр|астáть [1], ⟨**~асти**⟩ [24 -ст-: -асту; → ***расти́***] **1.** grow (up); increase; (*превратиться*) develop into; **2.** (*появиться*) emerge, appear; **~áщивать** [1], ⟨**~астить**⟩ [15] *растение* grow; *животных* breed; *ребёнка* bring up; *fig. чемпиона* train; **~вать 1.** → ***~ывáть***; **2.** → ***рвать 3***

вырез *m* [1] notch; cut; ***плáтье с глубóким ~ом*** low-necked dress; **~áть** [1], ⟨**~ать**⟩ [15] **1.** cut out, clip; **2.** *из дерева* carve; (*гравировать*) engrave; **3.** slaughter; **~ка** *f* [5; *g/pl.*: -зок] cutting out, clipping; *cul.* tenderloin; **~нóй** [14] carved

выро|док *m* [1; -дка] *coll.* monster;

В

~ждáться [1], ⟨**~диться**⟩ [15] degenerate; **~ждéние** *n* [12] degeneration
вы́ронить [13] *pf.* drop
вы́росший [17] grown
выр|убáть [1], ⟨**~убить**⟩ [14] cut down *or* fell; **~учáть** [1], ⟨**~учить**⟩ [16] **1.** come to s.o.'s help *or* rescue; **2.** *за товар* make, net; **~учка** *f* [5] rescue; assistance, help; *comm.* proceeds; ***прийти́ на ~учку*** come to the aid (Д of)
выр|ывáть [1], ⟨**~вать**⟩ [-ву, -вешь] **1.** pull out; tear out; **2.** snatch (***из*** Р, ***у*** Р from); *fig.* extort (В/***у*** Р s.th. from a p.); **-ся** break away; tear o.s. away (***из*** Р from); break loose; escape; **~ывáть**, ⟨**~ыть**⟩ [22] dig out, up
вы́с|адка *f* [5; *g/pl.*: -док] disembarkation, landing; **~áживать** [1], ⟨**~адить**⟩ [15] **1.** land, disembark; **2.** help out; make *or* let a p. get off; **3.** *растения* transplant; **-ся** *v/i.*; *a.* get out, off
выс|áсывать [1], ⟨**~осать**⟩ [-осу, -осешь] suck out; **~вéрливать** [1], ⟨**~верлить**⟩ [13] bore, drill; **~вобождáть** [1], ⟨**~вободить**⟩ [15] free, disentangle
выс|евáть [1], ⟨**~еять**⟩ [27] sow; **~екáть** [1], ⟨**~ечь**⟩ [26] **1.** hew, carve; **2.** → **сечь**; **~елéние** *n* [12] eviction; **~елять** [28], ⟨**~елить**⟩ [13] evict; **~еять** → **~евáть**; **~иживать** [1], ⟨**~идеть**⟩ [11] sit out, stay; *яйцо* hatch
выск|áбливать [1], ⟨**~облить**⟩ [13] scrape clean; *удалить* erase; **~áзывать** [1], ⟨**~азать**⟩ [3] express, tell, state; ***~азать предположéние*** suggest; **-ся** express o.s.; express one's opinion, thoughts, *etc.* (**о** П about); speak (***за*** В for; ***прóтив*** Р against); **~áкивать** [1], ⟨**~очить**⟩ [16] jump, leap *or* rush out; **~áльзывать**, **~ользáть** [1], ⟨**~ользнуть**⟩ [20] slip out; **~облить** → **~áбливать**; **~очить** → **~áкивать**; **~очка** *m/f* [5; *g/pl.*: -чек] upstart; **~ребáть** [1], ⟨**~рести**⟩ [25 -б-: → ***скрести́***] scrape out (off); (*удалить*) scratch out
вы́сл|ать → ***высылáть***; **~éживать** [1], ⟨**~едить**⟩ [15] track down; **~ýживать** [1], ⟨**~ужить**⟩ [16] obtain by *or* for service; **-ся** curry favo(u)r (***пéред*** Т with s.b.); **~ýшивать**, ⟨**~ушать**⟩ [1] listen (to), hear (out); *med.* auscultate
высм|éивать [1], ⟨**~еять**⟩ [27] deride, ridicule
выс|óвывать [1], ⟨**~унуть**⟩ [20 *st.*] put out; **-ся** lean out
высóкий [16; высóк, -á, -óкó; *comp.* вы́ше] high; tall (*a.* ***~ рóстом***); *fig.* lofty
высоко|кáчественный [14] (of) high-quality; **~квалифици́рованный** [14] highly skilled; **~мéрие** *n* [12] haughtiness; **~мéрный** [14; -рен, -рна] haughty, arrogant; **~пáрный** [14; -рен, -рна] bombastic, high-flown; **~превосходи́тельство** [9] *hist.* Excellency; **~производи́тельный** [14; -лен, -льна] *работа* highly productive; *оборудование* high-efficiency
вы́сосать → ***высáсывать***
высо|тá *f* [5; *g/pl.*: -óты, *etc. st.*] height; *mus.* pitch; *geogr.* eminence; hill; altitude; *уровень* level; ***оказáться на ~тé*** be equal to (the occasion); ***высотóй в*** (В) … or …; ***в ~тý*** … high
вы́сох|нуть → ***высыхáть***; **~ший** [17] dried up, withered
выс|очáйший [17] highest; *достижение* supreme; **~óчество** *n* [9] *hist.* Highness; **~паться** → ***высыпáться***
вы́спренний [15] bombastic
вы́став|ить → **~лять**; **~ка** *f* [5; *g/pl.*: -вок] exhibition, show; **~лять** [28], ⟨**~ить**⟩ [14] **1.** (*вынуть*) put (take) out; **2.** *картину и т. д.* exhibit, display; represent (***себя*** o.s.); **3.** *оценку* give a mark; *mil.* post; *выгнать* turn out; ***~лять напокáз*** show, parade; **-ся** exhibit; **~очный** [14] (of the) exhibition, show…
выстр|áивать(ся) [1] → ***стрóить(ся)***; **~ел** *m* [1] shot; (noise) report; ***на*** (***расстоя́ние, -ии***) **~ел(а)** within gunshot; **~елить** → ***стреля́ть***
вы́ступ *m* [1] projection; **~áть** [1], ⟨**~ить**⟩ [14] **1.** step forth, forward; come *or* stand out; *слёзы и т. д.* appear; **2.** *в поход* set out; **3.** speak (sing, play) in public; ***~áть с рéчью*** (***в прéниях***) address an audience, deliver a speech; take the floor; **~лéние** *n* [12] setting out; *polit.* speech; appearance (in public); *theat.*

performance, turn
ысунуть(ся) → ***высо́вывать(ся)***
ысу́ш|ивать [1], ⟨ˈ~ить⟩ [16] dry up, *coll.* emaciate
ыс|чи́тывать [1], ⟨ˈ~читать⟩ calculate, compute; *coll.* deduct
ысш|ий [17] highest, supreme, higher (*a. educ.*), superior; ***~ая ме́ра наказа́ния*** capital punishment
ыс|ыла́ть [1], ⟨ˈ~лать⟩ [вышлю, -лешь] send, send out, *pol.* exile; *из страны* deport; **ˈ~ылка** *f* [15] dispatch; exile, expulsion; **~ыпа́ть** [1], ⟨ˈ~ыпать⟩ [2] pour out *or* in, on; *v/i. о людях* spill out; **~ыпа́ться** [1], ⟨вы́спаться⟩ [-сплюсь, -спишься] sleep one's fill, have a good night's rest; **~ыха́ть** [1], ⟨ˈ~охнуть⟩ [21] dry up, wither; **~ь** *f* [8] height, summit
ыт|а́лкивать, *coll.* ⟨ˈ~олкать⟩ [1], *once* ⟨ˈ~толкнуть⟩ [20 *st.*] throw out; **~а́пливать** [1], ⟨ˈ~опить⟩ [14] **1.** heat; **2.** *о жире* melt (down); **~а́скивать** [1], ⟨ˈ~ащить⟩ [16] drag off *or* out; *coll. украсть* pilfer
ыт|ека́ть [1], ⟨ˈ~ечь⟩ [26] flow out; *fig.* follow, result; **ˈ~ереть** → ***~ира́ть***; **ˈ~ерпеть** [14] *pf.* endure, bear; ***не ˈ~ерпел*** couldn't help; **~есня́ть** [28], ⟨ˈ~еснить⟩ [13] force, push out; *оппонента* oust, supplant; **ˈ~ечь** → ***~ека́ть***
ыт|ира́ть [1], ⟨ˈ~ереть⟩ [12] dry, wipe (**-ся** o.s.); wear out
ыточенный [14] chiseled; *tech.* turned
ытр|ебовать [7] *pf.* ask for, demand, order, summon; *добиться требованием* obtain on demand; **~яса́ть** [1], ⟨ˈ~ясти⟩ [24 -с-] shake out
ыть [22], ⟨вз-⟩ howl
ыт|я́гивать [1], ⟨ˈ~януть⟩ [20 *st.*] draw, pull *or* stretch (out); elicit; *сведения* endure, bear; **-ся** stretch, extend (o.s.); *вырасти* grow (up); **ˈ~яжка** *f chem.* extract
ыу́|живать [1], ⟨ˈ~дить⟩ [15] catch, dig out (*a. fig.*)
ыу́ч|ивать [1], ⟨ˈ~ить⟩ [16] learn, memorize (В + *inf. or* Д); teach (a p. to … *or* s.th.); **-ся** learn (Д/**у** Р s.th. from); ***~иваться на врача́*** become a doctor
ых|а́живать [1], ⟨ˈ~одить⟩ [15] *больного* nurse, restore to health; **~ва́тывать** [1], ⟨ˈ~ватить⟩ [15] snatch away, from, out; pull out, draw
вы́хлоп *m* [1] exhaust; **~но́й** [14] exhaust…
вы́ход *m* [1] **1.** exit; way out (*a. fig.*); *чувствам* outlet; **2.** departure; withdrawal, *на пенсию* retirement; **3.** *книги* appearance, publication; *thea.* entrance (on stage); **4.** *продукции* yield, output; ***~ за́муж*** marriage (of woman); ***~ в отста́вку*** retirement, resignation; **~ец** *m* [1; -дца] immigrant, native of; ***быть ~цем из*** come from
выходи́ть [15], ⟨вы́йти⟩ [вы́йду, -дешь; вы́шел] **1.** go *or* come out; leave; withdraw; retire; **2.** *о книге* appear, be published *or* issued; **3.** *получиться* come off; turn out, result; happen, arise, originate; ***вы́шло!*** it's worked!; ***вы́йти в отста́вку (на пе́нсию)*** retire, resign; ***~ за преде́лы*** (Р) transgress the bounds of; ***~ (за́муж) за*** (В) marry (*v/t.*; *of woman*); ***~ из себя́*** be beside o.s.; ***~ из терпе́ния*** lose one's temper (patience); ***окно́ выхо́дит на у́лицу*** window facing the street; ***~ из стро́я*** fail; be out of action; ***из него́ вы́шел …*** he has become …; ***из э́того ничего́ не вы́йдет*** nothing will come of it
вы́ход|ить → ***выха́живать***; **~ка** *f* [5; *g/pl.*: -док] trick, prank; excess; **~но́й** [14] exit…; outlet…; ***~но́й день*** *m* day off; (have a ***быть*** Т); ***~но́е посо́бие*** gratuity
вы́холенный [14] well-groomed
выцве|та́ть [1], ⟨ˈ~сти⟩ [25 -т-: -ету] fade
выч|ёркивать [1], ⟨ˈ~еркнуть⟩ [20] cross *or* strike out; *из памяти* erase, obliterate; **~е́рпывать**, ⟨ˈ~ерпать⟩ [1], *once* ⟨ˈ~ерпнуть⟩ [20 *st.*] bail, scoop (out); **ˈ~есть** → ***~ита́ть***; **ˈ~ет** *m* [1] deduction; ***за ˈ~ом*** (Р) less, minus
вычисл|е́ние *n* [12] calculation; **~я́ть** [1], ⟨ˈ~ить⟩ [13] calculate, compute
вычи|стить → ***~ща́ть***; **~та́емое** *n* [14] subtrahend; **~та́ние** *n* [12] subtraction; **~та́ть** [1], ⟨вы́честь⟩ [25 -т-: -чту; -чел, -чла; *g. pt.*: вы́чтя] deduct; subtract;

~щáть [1], 〈ʹ~стить〉 [15] clean, scrub, scour; brush
вы́чурный [14; -рен, -рна] ornate, flowery; fanciful
вы́швырнуть [20 *st.*] *pf.* throw out
вы́ше higher; above; *сил и т. д.* beyond; ***она́ ~ меня́*** she is taller than I (am); ***э́то ~ моего́ понима́ния*** that's beyond my comprehension
вы́ше... above...
выш|иба́ть [1], 〈˷ибить〉 [-бу, -бешь; -б, -бла; -бленный] *coll.* (*выбить*) knock out; (*выгнать*) kick out; **~ива́ние** *n* [12] embroidery; **~ива́ть** [1], 〈˷ить〉 [-шью, -шьешь] embroider; **˷ивка** *f* [5; *g/pl.*: -вок] embroidery
вышина́ *f* [5] height; → ***высота́***
вы́шка *f* [5; *g/pl.*: -шек] tower; ***бурова́я ~*** derrick; ***диспе́тчерская ~*** *ae.* control tower
выяв|ля́ть [28], 〈ʹ~ить〉 [14] display, make known; uncover, reveal
выясн|е́ние *n* [12] clarification; **~я́ть** [28], 〈ʹ~ить〉 [13] clear up, find out, ascertain; **-ся** turn out; come to light
вью́|га *f* [5] snowstorm; **~щиийся** [17] curly; ***~щееся расте́ние*** *n* creeper, climber
вя́жущий [17] astringent
вяз *m* [1] elm
вяза́льн|ый [14] knitting...; ***~ый крючо́к*** crochet hook; ***~ая спи́ца*** knitting needle
вя́зан|ка *f* [5; *g/pl.*: -нок] knitted garment; fag(g)ot; **ʹ~ный** [14] knitted; **~ье** *n* [10] (*a.* **~ие** *n* [12]) knitting; *крючком* crochet
вяз|а́ть [3], 〈с-〉 **1.** tie, bind (together); **2.** knit; *крючком* crochet; **-ся** *impf.* (*соответствовать*) agree, be in keeping; ***разгово́р не ˷а́лся*** the conversation flagged; **˷кий** [16; -зок, -зка́, -о] viscous; *о почве* swampy, marshy; **˷нуть** [21], 〈за-, у-〉 get stuck in; sink into
вя́лить [13], 〈про-〉 dry; dry-cure, jerk (*meat, fish*)
вя́|лый [14 *sh.*] *цветок* withered, faded; *физически* flabby; *fig.* sluggish; dull (*a. comm.*); **~нуть** [20], 〈за-, у-〉 wither, fade

Г

габари́т *m* [1] *tech.* clearance-related dimension, size
га́вань *f* [8] harbo(u)r
га́га *f* [5] *zo.* eider
гада́|лка *f* [5; *g/pl.*: -лок] fortuneteller; **~ние** *n* [12] fortune-telling; *догадка* guessing, conjecture; **~ть** [1] **1.** 〈по-〉 tell fortunes (with cards ***на ка́ртах***); **2.** *impf.* guess, conjecture
га́д|ина *f* [5] *coll.* loathsome person, cur; **~ить** [15] **1.** 〈на-, за-〉 soil; (Д) harm; **2.** 〈из-〉 P botch; **~кий** [16; -док, -дка́, -о; *comp.*: га́же] nasty, ugly, disgusting, repulsive; **~ли́вый** [14 *sh.*]: ***~ли́вое чу́вство*** feeling of disgust; **~ость** *f* [8] *coll.* filth; low *or* dirty trick; **~ю́ка** *f* [5] *zo.* viper (*a.* P *fig.*), adder
га́ечный ключ *m* [1; *g/pl.*: -е́й] spanner, wrench
газ *m* [1] **1.** gas; ***дать ~*** *mot.* step on the gas; ***на по́лном ~у́*** at full speed (throttle); *pl. med.* flatulence; **2.** *ткань* gauze
газе́ль *f* [8] gazelle
газе́т|а *f* [5] newspaper; **~ный** [14] news...; ***~ный кио́ск*** *m* newsstand, *Brt.* news stall; **~чик** *m* [1] *coll.* journalist
газиро́ван|ный [14]: ***~ная вода́*** soda water
га́з|овый [14] **1.** gas...; ***~овая коло́нка*** geyser; water heater; ***~овая плита́*** gas stove; **~ови́к** *m* [1] *coll.* gasman
газо́н *m* [1] lawn; **~океси́лка** *f* [5; *g/pl.*: -лок] lawnmower
газо|обра́зный [14; -зен, -зна] gaseous; **~прово́д** *m* [1] gas pipeline

айка *f* [5; *g/pl.*: гáек] *tech.* nut
галантер|éйный [14]: **~éйный магазин** notions store, haberdashery; **~éйные товáры** *m/pl.* = **~éя** *f* [6] notions *pl.*, haberdashery
галд|ёж *m* [1 *e.*] row, hubbub; **~éть** [11], ⟨за-⟩ clamo(u)r, din
гал|ерéя *f* [6] gallery; **~ёрка** *coll. f* [5] *thea.* gallery, "the gods" (*occupants of gallery seats*)
галиматья́ *f* [7] *coll.* balderdash, nonsense; **сплошнáя ~** sheer nonsense
галифé *pl.* [*indecl.*] riding breeches *pl.*
гáлка *f* [5; *g/pl.*: -лок] jackdaw
галóп *m* [1] gallop; **~ом** at a gallop; **~и́ровать** [7] gallop
гáлочк|а *f* [5] tick; **для ~и** for purely formal purposes
галóши *f/pl.* [5] galoshes, rubbers
гáлстук *m* [1] (neck)tie
галу́н *m* [1 *e.*] galloon, braid
гальван|изи́ровать [7] (*im*)*pf.* galvanize; **~и́ческий** [16] galvanic
гáлька *f* [5; *g/pl.*: -лек] pebble
гам *m* [1] *coll.* din, row, rumpus
гамáк *m* [1 *e.*] hammock
гáмма *f* [5] *mus.* scale; *красок* range; **'~-излучéние** gamma rays
гангрéна *f* [5] gangrene
гáнгстер *m* [1] gangster
гандбóл *m* [1] handball
гантéли (-'tɛ-) *f/pl.* [8] (*sport*) dumbbells
гарáж *m* [1 *e.*] garage
гарант|и́ровать [7] (*im*)*pf.*, **~ия** *f* [7] guarantee
гардерóб *m* [1] wardrobe, *a. collect.*; **~ная** *f* [14] check-, cloakroom; **~щик** *m* [1], **~щица** *f* [5] cloakroom attendant
гарди́на *f* [5] curtain
гармó|ника *f* [5] (*kind of*) accordion; **губнáя ~** mouth organ, harmonica; **~ни́ровать** [7] harmonize, be in harmony (**с** T with); **~ни́ст** *m* [1] accordionist; harmonist; **~ни́чный** [14; -чен, -чна] harmonious; **~ния** *f* [7] harmony; **~нь** *f* [8], **~шка** *f* [5; *g/pl.*: -шек] → **~ника**
гарни|зóн *m* [1] garrison; **~р** *m* [1], **~ровать** [7] (*im*)*pf.*, *cul.* garnish; **~ту́р** *m* [1] set; *мебели* suite
гарпу́н *m* [1 *e.*], **~ить** [13] harpoon
гарь *f* [8] (s.th.) burnt, chared; **пáхнет ~ю** there is a smell of smoke
гаси́ть [15], ⟨по-, за-⟩ extinguish, put *or* blow out; *известь* slake; **~ почтóвую мáрку** frank a postage stamp
гáснуть [21], ⟨по-, у-⟩ grow feeble, die away; *fig.* fade, wither
гастрол|ёр *m* [1] guest actor *or* artiste; *coll.* casual worker moving from town to town; **~и́ровать** [7] tour; perform on tour; **~и** *f/pl.* [8] tour
гастронóм *m* [1] *a.* = **~и́ческий магази́н** *m* grocery store *or* shop; **~и́ческий** [16] gastronomic(al); **~ия** *f* [7] provisions; delicacies *pl.*
гвалт *coll. m* [1] rumpus, uproar
гвард|éец *m* [1; -éйца] guardsman; **~ия** *f* [7] Guards *pl.*
гвóзд|ик *dim.* → **~ь**; **~и́ка** *f* [5] carnation, pink; (spice) clove; **~ь** *m* [4 *e.*; *pl.*: гвóзди, -дéй] tack, nail; *fig. программы* main feature
где where; *coll.* → **кудá**; **~-~** = **кóе-гдé**; → **ни**; **~** = **~-либо, ~-нибудь, ~-то** anywhere; somewhere; **~-то здесь** hereabout(s)
гей! *int.* hi!
гектáр *m* [1] hectare
гéлий *m* [3] helium
ген *m* [1] gene
генеалóгия *f* [7] genealogy
генерá|л *m* [1] general; **~литéт** *m* [1] *collect.* generals; *coll.* top brass; **~льный** [14] general; **~льная репети́ция** *f* dress rehearsal; **~тор** *m* [1] generator
генéти|ка *f* [5] genetics; **~ческий** [16] genetic, genic
ген|иáльный [14: -лен, -льна] of genius; ingenious; **~ий** *m* [3] genius
генитáлии *m/pl.* [3] genitals
геноци́д *m* [1] genocide
геó|граф *m* [1] geographer; **~графи́ческий** [16] geographic(al); **~грáфия** *f* [7] geography; **~лог** *m* [1] geologist; **~лóгия** *f* [7] geology; **~мéтрия** *f* [7] geometry
георги́н(а *f* [5]) *m* [1] dahlia
герáнь *f* [8] geranium
герб *m* [1 *e.*] (coat of) arms; emblem;

\~овый [14] heraldic; stamp(ed)
геркуле́с *m* [1] **1.** man of herculian strength; **2.** rolled oats; porridge
герма́нский [16] German, *ling.* Germanic
гермети́ческий [16] airtight
герои́зм *m* [1] heroism
герои́н *m* [1] heroin
геро|и́ня *f* [6] heroine; **\~и́ческий** [16] heroic; **\~й** *m* [3] hero; **\~йский** [16] heroic
гиаци́нт *m* [1] hyacinth
ги́бель *f* [8] death; *корабля и т. д.* loss; (*разрушение*) ruin, destruction; **\~ный** [14; -лен, -льна] disastrous, fatal
ги́бк|ий [16; -бок, -бка́, -о́; *comp.*: ги́бче] supple, pliant, flexible (*a. fig.*); **\~ость** *f* [8] flexibility
ги́б|лый [14]: ***\~лое де́ло*** hopeless case; ***\~лое ме́сто*** godforsaken place; **\~нуть** [21], ⟨по-⟩ perish
гига́нт *m* [1] giant; **\~ский** [16] gigantic, huge
гигие́н|а *f* [5] hygiene; **\~и́ческий** [16], **\~и́чный** [14; -чен, -чна] hygienic
гигроскопи́ческий [16; -чен, -чна] hygroscopic
гид *m* [1] guide
гидравли́ческий [16] hydraulic
гидро|пла́н *m* [1] seaplane, hydroplane; **\~(электро)ста́нция** *f* [7] hydroelectric (power) station
гие́на *f* [5] hyena
ги́льза *f* [5] (cartridge) case; (cylinder) sleeve
гимн *m* [1] hymn; *государственный* anthem
гимна|зи́ст *m* [1] pupil; **\~зия** *f* [7] high school, *Brt.* grammar school; **\~ст** *m* [1] gymnast; **\~стёрка** *f* [5; *g/pl.*: -рок] *mil.* blouse, *Brt.* tunic; **\~стика** *f* [5] gymnastics; **\~сти́ческий** [16] gymnastic; ***\~сти́ческий зал*** gymnasium
гипе́рбола[1] *f* [5] *math.* hyperbola
гипе́рбол|а[2] *f* [5] hyperbole; exaggeration; **\~и́ческий** [16] hyperbolic, exaggerated
гипертони́я *f* [7] high blood-pressure, hypertension
гипно́|з *m* [1] hypnosis; **\~тизи́ровать** [7], ⟨за-⟩ hypnotize
гипо́теза *f* [5] hypothesis
гипс *m* [1] *min.* gypsum; *tech.* plaster c Paris; **\~овый** [14] gypseous, plaster…
гирля́нда *f* [5] garland
ги́ря *f* [6] weight
гита́р|а *f* [5] guitar; **\~и́ст** *m* [1] guitaris
глава́[1] *f* [5; *pl. st.*] chapter
глав|а́[2] *f* [5; *pl. st.*] head; (***быть, стоя́ть во \~е́*** (be) at the head; lead (**с** T by; ***поста́вить во \~у́ угла́*** consider to b of the greatest importance; **\~а́рь** *m* [*e.*] (ring-) leader
главе́нство *n* [9] supremacy; domina tion; **\~вать** [7] command, hold swa (over)
главнокома́ндующий *m* [17] com mander in chief; ***Верхо́вный \~*** Com mander in Chief; Supreme Commanc er
гла́вн|ый [14] chief, main, principa central; head…; … in chief; ***\~ое*** (***де́лс*** the main thing; above all; ***\~ым о́бра: ом*** mainly, chiefly
глаго́л *m* [1] *gr.* verb; **\~ьный** [14] verba
глад|и́льный [14] ironing; ***\~и́льная дс ска́*** ironing board; **\~ить** [15] **1.** ⟨вы- iron, press; **2.** ⟨по-⟩ stroke, caress; *col* ***\~ить по голо́вке*** indulge; favo(u) ***\~ить про́тив ше́рсти*** rub the wron way; **\~кий** [16; -док, -дка́; *comp.*: гла же] smooth (*a. fig.*); *волосы* lank *ткань* plain; **\~ко** smoothly, success fully; ***всё прошло́ \~ко*** everything wer off smoothly; **\~ь** *f* [8] smoothness smooth surface; ***тишь да \~ь*** *coll.* peac and quiet
глаз *m* [1; в \~у́; *pl.*: -а́, глаз, -а́м] eye look; *зрение* (eye)sight; *coll.* *пр смотр* heed, care; **в \~а́** (Д) to s.b.' face; ***в мои́х \~а́х*** in my view *or* opinior ***за \~а́*** in s.b.'s absence, behind one back; more than enough; ***на \~*** approx imately, by eye; ***на \~а́х*** (*poss. or* **у** P) i s.b.'s presence; ***не в бровь, а в \~*** *col* hit the mark; ***с \~у на \~*** privately, tête-à -tête; ***невооружённым \~ом*** with th naked eye; ***темно́, хоть \~ вы́коли*** *col* it is pitch-dark; **\~а́стый** *coll.* [14 *sh* sharp-sighted; **\~е́ть** P [8] stare, gape **\~но́й** [14] eye…, optic; ***\~но́й врач*** *n*

Г

ophthalmologist; **~ное я́блоко** eyeball; **~óк** *m* [1; -зкá] **1.** [*pl. st.*: -зок] *dim.* → **глаз**; **анютины ~ки** *pl.* pansy; **2.** [*pl. e.*: -зки́, -зкóв] *bot.* bud; *в двери* peephole
глазомéр *m* [1]: **хорóший ~** good eye
глазу́нья *f* [6] fried eggs *pl.*
глазур|ова́ть [7] (*im*)*pf.* glaze; **~ь** *f* [8] glaze, icing
гла́нда *f* [5] tonsil
глас *m* [1]: **~ вопию́щего в пусты́не** voice of one crying in the wilderness
гла|си́ть [15 *e.*; *3. sg. only*] say, read, run; **~сность** *f* [8] public(ity), openness; **~сный** [14] open, public; (*a. su.*) vowel
гле́тчер *m* [1] glacier
гли́н|а *f* [5] clay; loam; **~истый** [14 *sh.*] clayey; loamy; **~озём** *m* [1] *min.* alumina; **~яный** [14] clay- *or* earthenware-related
глист *m* [1 *e.*], **~а́** *f* [5] (intestinal) worm; (**ле́нточный**) **~** tapeworm
глицери́н *m* [1] glycerin(e)
глоб|а́льный [14; -лен, -льна] global, worldwide; **~ус** *m* [1] globe
глода́ть [3], ⟨об-⟩ gnaw (at, round)
глот|а́ть [1], ⟨про~и́ть⟩ [15], *once* ⟨~ну́ть⟩ [20] swallow; *coll. жадно* devour; **~ка** *f* [5; *g/pl.*: -ток] throat; **во всю ~ку** → **го́лос**; **~óк** *m* [1; -ткá] mouthful, gulp (T of)
гло́хнуть [21] **1.** ⟨о-⟩ grow deaf; **2.** ⟨за-⟩ *о звуке* fade, die away; *о саде и т. д.* grow desolate, become wild
глуб|ина́ *f* [5] depth; *веков* antiquity *fig.* profundity; *леса* heart of the forest; T/**в** B …, *or* … **в** B … deep; **~и́нка** *f* [5] remote places; **~óкий** [16; -бóк, -бокá, -бóкó; *comp.*: глу́бже] deep; low; remote; *fig.* profound; complete; *старость* extreme old age; **~óкой зимóй** (**нóчью**) in the dead of winter (late at night)
глубоко|мы́сленный [14 *sh.*] thoughtful, profound; **~мы́слие** *n* [12] thoughtfulness, profundity; **~уважáемый** [14] highly-esteemed; *в письме* dear
глубь *f* [8] → **глубина́**
глум|и́ться [14 *e.*; -млю́сь, -ми́шься] sneer, mock, scoff (**над** T at); **~ле́ние** *n* [12] mockery
глуп|е́ть [8], ⟨по-⟩ become stupid; **~е́ц** *m* [1; -пцá] fool, blockhead; **~и́ть** [14 *e.*; -плю́, -пи́шь] fool; **~ость** *f* [8] stupidity, foolishness; nonsense; **~ый** [14; глуп, -á, -о] foolish, silly, stupid
глух|а́рь *m* [4 *e.*] wood grouse; **~óй** [14; глух, -á, -о; *comp.*: глу́ше] deaf (*a. fig.*; **к** Д to; → **слепóй**); *звук* dull, muffled; *место* desolate, wild; out-of-the-way; *arch.* solid, blind; **~óй нóчью** late at night, in the dead of night; **~онемóй** [14] deaf-mute; **~отá** *f* [5] deafness
глуш|и́тель *m* [4] *tech.* silencer, muffler; **~и́ть** [16 *e.*; -шу́, -ши́шь, -шённый] **1.** ⟨о-⟩ deafen, stun; **2.** ⟨за-⟩ *о звуке* muffler; *боль* mitigate; *подавить* smother, suppress (*a. bot.*); *tech.* switch off, throttle; **~и́ть мотóр** stop the engine; **~ь** *f* [8] out-of-the-way place
глы́ба *f* [5] lump, clod; block
глюкóза *f* [5] glucose
гля|де́ть [11; гля́дя], ⟨по-⟩, *once* ⟨~нуть⟩ [20] look, glance (**на** B at); peep (**из** P out of, from); **тогó и ~ди́ …** it looks as though; **идти кудá глазá ~дя́т** follow one's nose; **на ночь ~дя** late in the evening
гля́н|ец *m* [1; -нца] luster; polish; **~цев(и́т)ый** [14 (*sh.*)] glossy, lustrous; glazed paper; **~уть** → **гляде́ть**
гнать [гоню́, гóнишь; гони́мый; гнал, -á, -о, ⟨по-⟩ **1.** *v/t.* drive; urge on; *из дома* turn out; **2.** *hunting* pursue, chase; (*a.* **~ся за** T; *fig.* strive for); **3.** *coll. v/i.* speed along
гнев *m* [1] anger; **~аться** [1], ⟨раз-, про-⟩ be(come) angry (**на** B with); **~ный** [14; -вен, -внá, -о] angry
гнедóй [14] sorrel, bay
гнезд|и́ться [15] nest; **~ó** *n* [9; *pl.*: гнёзда, *etc. st.*] nest, aerie; *el.* socket
гнёт *m* [1] *fig.* oppression, yoke
гни|éние *n* [12] decay, rot, putrefaction; **~лóй** [14; гнил, -á, -о] rotten, putrid; **~ль** *f* [8] rottenness; **~ть** [гнию́, -ёшь; гнил, -á, -о], ⟨с-⟩ rot, decay, putrefy
гно|и́ть, (-ся) [13] let rot, fester; **~й** *m* [3] pus; **~йный** [14] purulent
гнуса́вить [14] snuffle; twang

Г

гну́сн|ость *f* [8] vileness; **~ый** [14; -сен, -сна́, -о] vile, foul
гнуть [20], ⟨со-⟩ bend, curve; bow; *coll. клонить* drive (**к** Д at)
гнуша́ться [1], ⟨по-⟩ (P *or* T) scorn, despise, disdain
гобеле́н *m* [1] tapestry
гобо́й *m* [3] oboe
го́вор *m* [1] talk; hum; murmur; accent; dialect; **~и́ть** [13], ⟨по-, сказа́ть⟩ [3] speak *or* talk (**о** П, **про** В about, of; **с** Т to *or* with p.); say, tell; **~я́т, ~и́тся** they say, it is said; **~и́ть по-ру́сски** speak Russian; **ина́че ~я́** in other words; **не ~я́ уже́ о** (П) let alone; **по пра́вде** (**со́вести**) **~я́** tell the truth; **что вы ~и́те!** you don't say!; **что** (**как**) **ни ~и́** whatever you (one) may say; **что и ~и́ть, и не ~и́**(**те**)**!** yes, of course!, sure!; **~ли́вый** [14 *sh.*] talkative
говя́|дина *f* [5], **~жий** [18] beef
го́голь-мо́голь *m* [4] eggflip
го́гот *m* [1], **~а́ть** [3], ⟨за-⟩ *гусей* cackle; P roar (with laughter)
год *m* [1; *pl.*: -ды, -да́, *from g/pl. e.* & лет, *etc. 9 e.*] year (**в ~** a year, per annum); **в ~а́х** elderly, old; **в ~ы** during; **в те ~ы** in those days; **в э́том** (**про́шлом**) **~у́** this (last) year; **из ~а в ~** year in year out; **~ от ~у** year by year; **кру́глый ~** all (the) year round; (**с**) **~а́ми** for years; as years went on; **спустя́ ~** a year later
годи́т|ься [15 *e.*; гожу́сь, годи́шься], ⟨при-⟩ be of use (**для** Р, **к** Д, **на** В for), do; fit; *pf.* come in handy; **э́то** (**никуда́**) **не ~ся** that's no good (for anything), that won't do, it's (very) bad
годи́чный [4] annual
го́дный [14; -ден, -дна́, -о, го́дны́] fit, suitable; *действующий* valid; *полезный* useful, good; **ни на что не ~** good-for-nothing
годов|а́лый [14] one-year-old, yearling; **~о́й** [14] annual, yearly; **~щи́на** *f* [5] anniversary
гол *m* [1] *sport* goal; **заби́ть ~** score (a goal)
гол|ени́ще *n* [11] bootleg; **~ень** *f* [8] shin, shank
голла́нд|ец *m* [1; -дца] Dutchman; **~ка** *f* [5; *g/pl.*: -док] Dutchwoman; **~ский** [1… Dutch
голов|а́ *f* [5; *ac/sg.*: ~у; *pl.*: го́ловы, го… ло́в, -ва́м] head; mind, brain; **как сне… на́ ~у** all of a sudden; **лома́ть ~у** rac… one's brains; **с ~ы́ до ног** from head t… toe; **на свою́ ~у** *coll.* to one's own de… riment; **пове́сить ~у** become discou… aged *or* despondent; **~а́ идёт кру́гом** (… P s.b.'s) thoughts are in a whirl; **~ка** *f* [… *g/pl.*: -вок] small head; *винта* head; *л… ка и т. д.* bulb, clove; **~но́й** [14] head… **~на́я боль** *f* headache; **~но́й плато́…** head-scarf; **~но́й убо́р** headgea… head-dress
голово|круже́ние *n* [12] giddnes… **~кружи́тельный** [14] dizzy, gidd… **~ло́мка** [5; *g/pl.*: -мок] puzzle; **~мо́йк…** [5; *g/pl.*: -мо́ек] *coll.* dressing-dow… **~ре́з** *coll. m* [1] daredevil; *бандит* cu… throat, thug; **~тя́п** *coll. m* [1] boob… bungler
го́лод *m* [1] hunger; starvation; famin… **~а́ть** [1] hunger, starve; go without foo… fast; **~ный** [14; го́лоден, -дна́, -о, го́лод… ны́] hungry, starving; **~о́вка** *f* [5; *g/pl…* -вок] hunger strike
гололе́дица *f* [5] ice-crusted ground
го́лос *m* [1; *pl.*: -са́, *etc. e.*] voice; *на вы… борах* vote; **пра́во ~а** suffrage; **во вес… ~** at the top of one's voice; **в оди́н …** unanimously; **~а́ за и про́тив** the ye… (ayes) & nays; **~ло́вный** [14; -вен, -вн… unfounded; **~ова́ние** *n* [12] votin… poll(ing); **та́йное ~ова́ние** secret vot… **~ова́ть** [7], ⟨про-⟩ vote; *coll.* thumb … lift (by raising one's hand); **~ово́…** [14] vocal (cords **свя́зки** *f/pl.*)
голуб|е́ц *m* [1; -бца́] cabbage-roll; **~о́…** [14] (sky) blue; **~ушка** *f* [5; *g/pl.*: -б… к(шек)], **~чик** *m* [1] *often iro.* (my) dea… **~ь** *m* [4] pigeon; **~я́тня** *f* [6; *g/pl.*: -те… dovecote
го́л|ый [14; гол, -а́, -о] naked, nude; ba… (*a. fig.*); **~ь** *f* [8]: **~ь на вы́думки хитр…** necessity is the mother of invention
гомеопа́тия *f* [7] homeopathy
го́мон *coll. m* [1] din, hubbub
гондо́ла *f* [5] gondola (*a. ae.*)
гон|е́ние *n* [12] persecution; **~ка** *f* […

g/pl.: -нок] rush; chase; *coll.* haste; *pl.* race(s); *naut.* regatta; **≈ка вооружéний** arms race

óнор *m* [1] *coll.* arrogance, airs *pl.*

онорáр *m* [1] honorarium, fee; *авторский* royalties

óночный [14] race…, racing

ончáр *m* [1 *e.*] potter; **~ный** [14] potter's; **~ные издéлия** *n/pl.* pottery

óнчая *f* [17] hound

онять(ся) [1] drive, *etc.*, → **гнать**

ор|á *f* [5; *ac/sg.*: гóру, *pl.*: гóры, гор, горáм] mountain; *куча* heap, pile; **катáться с ~ы́** toboggan; **в ≈у** *or* **нá ~у** uphill; *fig.* up(ward); **пóд ~у** *or* **с ~ы́** downhill; **под ~óй** at the foot of a hill (*or* mountain); **не за ~áми** not far off, soon; **пир ~óй** sumptuous feast; **стоя́ть ~óй** (**за** B) defend s.th. *or* s.b. with might & main; **как у меня́ ~á с плеч свали́лась** as if a load had been taken off my mind

орáздо *used with the comp.* much, far

орб *m* [1 *e.*; на ~ý] hump, hunch; **~áтый** [14 *sh.*] humpbacked; curved; *нос* aquiline; **≈ить** [14], ⟨с-⟩ stoop, bend, curve (*v/i.* **-ся**); **~ýн** *m* [1 *e.*] hunchback; **~ýша** *f* [5] humpback salmon; **~ýшка** *f* [5; *g/pl.*: -шек] crust (*of a loaf*)

орд|ели́вый [14 *sh.*] haughty, proud; **~éц** *m* [1 *e.*] proud man; **~и́ться** [15 *e.*; горжýсь, горди́шься], ⟨воз-⟩ be(-come) proud (T of); **≈ость** *f* [8] pride; **≈ый** [14; горд, -á, -о] proud (T of)

óр|е *n* [10] grief, sorrow; misfortune, disaster; **с ~я** out of grief; **емý и ~я мáло** *coll.* he doesn't care a bit; **с ~ем пополáм** *coll.* hardly, with difficulty; **~евáть** [6], ⟨по-⟩ grieve; (*сожалеть*) regret (**о** П s.th.)

орéл|ка *f* [5; *g/pl.*: -лок] burner; **~ый** [14] burnt

óрест|ный [14; -тен, -тна] sorrowful, mournful; **~ь** *f* [8] → **гóре**

ор|éть [9], ⟨с-⟩ burn (*a. fig.*), be alight, be on fire; (*светиться*) glow, gleam; **не ~и́т** *coll.* there's no hurry; **дéло ~и́т** *coll.* the matter is very urgent

óрец *m* [1; -рца] mountain-dweller; highlander

гóречь *f* [8] bitter taste; *fig.* bitterness; *утраты* grief

горизóнт *m* [1] horizon; skyline; **~áльный** [14; -лен, -льна] horizontal, level

гори́стый [14 *sh.*] mountainous; hilly

гóрка *f* [5; *g/pl.*: -рок] *dim.* → **горá** hillock

горлáнить P [13], ⟨за-, про-⟩ bawl

гóрл|о *n* [9] throat; gullet; *сосуда* neck (*a.* **~ышко** *n* [9; *g/pl.*: -шек]); **дел по ~о** *coll.* up to the eyes in work; **я сыт по ~о** *coll.* I've had my fill (*fig.* I'm fed up with [T]); **во всё ~о** → **гóлос**

горн *m* [1] horn, bugle; **~и́ст** *m* [1] bugler

гóрничная *f* [14] (house)maid

горнопромы́шленный [14] mining

горностáй *m* [3] ermine

гóрн|ый [14] mountain(ous), hilly; *min.* rock…; mining; **~ое дéло** *n* mining; **~я́к** *m* [1 *e.*] miner; mining engineer

гóрод *m* [1; *pl.*: -дá, *etc. e.*] town; city (large town; *coll.* downtown); **за ~(ом)** go (live) out of town; **~и́ть** P [15], ⟨на-⟩ *вздор etc.* talk nonsense; **~óк** *m* [1; -дкá] small town; **~скóй** [14] town…, city…, urban, municipal; → **горсовéт**

горожáн|ин *m* [1; *pl.*: -жáне, -жáн] townsman; *pl.* townspeople; **~ка** *f* [5; *g/pl.*: -нок] townswoman

горó|х *m* [1] *растение* pea; *collect.* peas *pl.*; **~ховый** [14] pea(s)…; **чýчело ~ховое** *n*, **шут ~ховый** *m coll. fig.* scarecrow; buffoon, merryandrew; **~шек** *m* [1; -шка] *collect.* green peas *pl.*; **~шин(-к)а** *f* [5 (*g/pl.*: -нок)] pea

горсовéт (**городскóй совéт**) *m* [1] city *or* town council

гóрст|очка *f* [5; *g/pl.*: -чек] very small group of people, *dim. of* **~ь** *f* [8; *from g/pl. e.*] *о ладони* hollow; *земли и т. д.* handful (*a. fig.*)

гортáн|ный [14] guttural; **~ь** *f* [8] larynx

горчи́|чник *m* [1] mustard poultice; **~ца** *f* [5] mustard

горшóк *m* [1; -шкá] pot, jug

гóрьк|ий [16; -рек, -рькá, -о; *comp.*: гóрьче, гóрше] bitter (*a. fig.*); **~ий пья́ница** *coll. m* inveterate drunkard

горю́ч|ее *n* [17] liquid fuel; gasoline, *Brt.*

petrol; **˷ий** [17 *sh.*] combustible; *old use* bitter (tears)

горя́ч|ий [17; горя́ч, -á] hot (*a. fig.*); (*вспыльчивый*) fiery, hot-tempered; *любовь, поклонник* ardent, passionate; *спор* heated; *след* warm; *приём* hearty; *время* busy; ***˷ая то́чка***; ***по ˷им следа́м*** hot on the trail; *fig.* without delay; **˷и́ть** [16 *e.*; -чу́, -чи́шь], ⟨раз-⟩ excite, irritate; (*a. fig.*); **-ся** get *or* be excited; **˷ка** *f* [5] fever (*a. fig.*); ***поро́ть ˷ку*** *coll.* act impetuosly; **˷ность** *f* [8] zeal, enthusiasm; impulsiveness

гос = госуда́рственный state…

госпитал|изи́ровать [7] hospitalize; **˷ь** *m* [4] *esp. mil.* hospital

господ|и́н *m* [1; *pl.*: -пода́, -по́д, -да́м] gentleman; Mr.; *pl.* (ladies &) gentlemen; ***уважа́емые ˷á*** *в письме* Dear Sirs; **˷ство** *n* [9] rule; (*превосходство*) supremacy; (*преобладание*) predominance; **˷ствовать** [7] rule, reign; (pre)dominate, prevail (**над** T over); (*возвышаться*) command; **2ь** *m* [Го́спода, -ду; *vocative*: -ди] Lord, God (*a. as int.*, → ***Бог***)

госпожа́ *f* [5] Mrs.; Miss

гостеприи́м|ный [14; -мен, -мна] hospitable; **˷ство** *n* [9] hospitality

гост|и́ная *f* [14] drawing room, living room; **˷и́нец** *m* [1; -нца] present, gift; **˷и́ница** *f* [5] hotel; inn; **˷и́ть** [15 *e.*; гощу́, гости́шь] be on a visit, stay with (**у** P); **˷ь** *m* [4; *from g/pl. e.*] guest; visitor (*f* **˷ья** [6]); ***идти́ (е́хать) в ˷и*** go to see (**к** Д s.b.); ***быть в ˷я́х*** (**у** P) → **˷и́ть**

госуда́рственн|ый [14] state…; public; *измена* high (*treason*); ***˷ый переворо́т*** *m* coup d'état; ***˷ый строй*** *m* political system, regime: ***˷ая слу́жба*** public *or* civil service

госуда́р|ство *n* [9] state; **˷ь** *m* [4] *hist.* sovereign

готова́льня *f* [6; *g/pl.*: -лен] (case of) drawing utensils *pl.*

гото́в|ить [14] **1.** ⟨при-⟩ cook; prepare (**-ся к** Д o.s. *or* get ready for); **2.** ⟨под-⟩ prepare, train; **3.** ⟨за-⟩ store up; lay in (stock); **˷ность** *f* [8] readiness; preparedness, willingness; **˷ый** [14 *sh.*] ready (**к** Д *or inf.* for), on the point of; finished; willing; *одежда* ready-made

гофриро́ванн|ый [14]: ***˷ое желе́зо*** corrugated iron

граб *m* [1] hornbeam

граб|ёж *m* [1 *e.*] robbery; **˷и́тель** *m* [4] robber; **˷и́тельский** [16] *цены* exorbitant; **˷ить** [14], ⟨о-⟩ rob, plunder

гра́бли *f/pl.* [6; *gen.*: -бель, -блей] rake

грав|ёр *m* [1] engraver; **˷ий** *m* [3] gravel; **˷ирова́ть** [7], ⟨вы-⟩ engrave; **˷иро́вка** *f* [5; *g/pl.*: -вок] engraving, etching; print, (*a.* **˷ю́ра** *f* [5])

град *m* [1] hail (*a. fig.* = shower); ***вопросы посы́пались ˷ом*** he was showered with questions; ***˷ идёт*** it is hailing; **˷ом** thick and fast, profusely

гра́дус *m* [1] degree (**в** B of); ***под ˷ом*** under the weather; **˷ник** *m* [1] thermometer

гражд|ани́н *m* [1; *pl.*: гра́ждане, -ан], **˷а́нка** *f* [5; *g/pl.*: -нок] citizen (*address mst. without name*); **˷а́нский** [16] civil (*a. war*); civic (*a. right*); **˷а́нство** *n* [9] citizenship; citizens *pl.*: ***дать*** (***получи́ть***) ***пра́во ˷а́нства*** give or (be given) civic rights; (*fig.*) gain general (public) recognition; ***приня́ть … ˷а́нство*** become a … citizen

грамм *m* [1] gram(me)

грамма́т|ика *f* [5] grammar; **˷и́ческий** [16] grammatical

гра́мот|а *f* [5] reading & writing; ***вери́тельная ˷а*** credentials; ***э́то для меня́ кита́йская ˷а*** *coll.* it's Greek to me; **˷ность** *f* [8] literacy; **˷ный** [14; -тен, -тна] literate; *специалист* competent expert

грана́т *m* [1] pomegranate; *min.* garnet; **˷а** *f* [5] shell; *ручная* grenade

грандио́зный [14; -зен, -зна] grandiose, mighty, vast

гранёный [14] facet(t)ed; cut

грани́т *m* [1] granite

грани́|ца *f* [5] border, frontier; boundary; *fig.* limit, verge; ***за ˷цу*** (***˷цей***) (go, be) abroad; ***из-за ˷цы*** from abroad; ***перейти́ все ˷цы*** pass all bounds; **˷чить** [16] border *or* verge (**с** T [up]on)

гра́н|ка *f* [5; *g/pl.*: -нок] *typ.* galley

(proof); **~ь** *f* [8] → **грани́ца**; *math.* plane; *драгоценного камня* facet; edge; *fig.* verge

раф *m* [1] earl (*Brt.*); count

раф|а́ *f* [5] column; **~ик** *m* [1] diagram, graph; *временной* schedule; **~ика** *f* [5] graphic arts; (*произведения*) drawings

рафи́н *m* [1] decanter, carafe

рафи́ня *f* [6] countess

рафи́|т *m* [1] graphite; **~ть** [14 *е.*; -флю́, -фи́шь; -флённый], ⟨раз-⟩ line *or* rule (paper); **~ческий** [16] graphic(al)

раци|о́зный [14; -зен, -зна] graceful; **~я** *f* [7] grace(fulness)

рач *m* [1 *е.*] *zo.* rook

реб|ёнка *f* [5; *g*/*pl.*: -нок] comb; ***стри́чь всех под одну́ ~ёнку*** reduce everyone to the same level; **~ень** *m* [4; -бня] comb; *волны, горы* crest; **~е́ц** *m* [1; -бца́] oarsman; **~ешо́к** *m* [1; -шка́] → **~ень**; **~ля** *f* [6] rowing; **~но́й** [14] row(-ing)…

рёза *f* [5] *rare* (day) dream

ре́зить [15] *impf.* dream (**о** П of)

ре́йдер *m* [1] *tech.* grader; *coll.* earth road

рейпфру́т *m* [1] grapefruit

рек *m* [1] Greek

ре́лка *f* [5; *g*/*pl.*: -лок] hot-water bottle; ***электри́ческая ~*** heating pad, electric blanket

рем|е́ть [10 *е.*; гремлю́, -ми́шь], ⟨про-, за-⟩ thunder, peal (*a. о голосе, колоколах, etc.*); *телега, ключи* rattle, clank, tinkle; *посудой* clatter; **~у́чий** [17]: ***~у́чая змея́*** *f* rattlesnake

ре́нки *m*/*pl.* [1 *е.*] toast (*sg.*: -нок)

рести́ [26 -б-: гребу́; грёб, гребла́], ⟨по-⟩ row; scull; *граблями* rake

реть [8; …гре́тый], ⟨со-, на-, разо-, обо-, подо-⟩ warm (**-ся** o.s.) (up); heat; ***-ся на со́лнце*** sun

рех *m* [1 *е.*] sin; (*недостаток*) fault; *coll.* → **грешно́**; ***с ~о́м попола́м*** just manage; → **го́ре**; ***есть тако́й ~*** *coll.* well, I own it; ***как на ~*** *coll.* unfortunately

ре́|цкий [16]: ***~цкий оре́х*** *m* walnut; **~ча́нка** *f* [5; *g*/*pl.*: -нок], **~ческий** [16] Greek

греч|и́ха, ~ка *f* [5] buckwheat; **~невый** [14] buckwheat…

греш|и́ть [16 *е.*; -шу́, -ши́шь], ⟨со-⟩ sin (***про́тив*** Р *a.* against); ***~и́ть про́тив и́стины*** distort the truth; **~ник** *m* [1], **~ница** *f* [5] sinner; **~но́** (it's a) shame (on Д); **~ный** [14; -шен, -шна́, -о́] sinful; F *sh.*: sorry

гриб *m* [1 *е.*] mushroom; **~о́к** *m* [1; -бка́] *dim.* → **гриб**; fungus

гри́ва *f* [5] mane

гри́венник *coll.* *m* [1] ten-kopeck coin

гриль *m* [4] grill

грим *m* [1] *thea.* makeup

грима́с|а *f* [5] grimace; **~ничать** [1] make faces *or* grimaces

гримирова́ть [7], ⟨за-, на-⟩ make up (*v*/*i.* **-ся**)

грипп *m* [1] influenza

гриф *m* [1]: ***~ секре́тности*** inscription designating the degree of confidentiality

гроб *m* [1; в -у́ *pl.*: -ы́, -а, *etc. е.*] coffin; **~ни́ца** *f* [5] tomb; **~ово́й** [14] coffin…; tomb…; ***~ово́е молча́ние*** deathly silence

гроза́ *f* [5; *pl. st.*] (thunder) storm (*a. fig.*); menace; terror

грозд|ь *m* [4; *pl.*: -ди, -дей, *etc. е.*, -дья, -дьев] *винограда* bunch; *ягод, цветов* cluster

грози́ть [15 *е.*; грожу́, -зи́шь], ⟨по-⟩ threaten (Д/Т a p. with) (*a.* **-ся**)

гро́з|ный [14; -зен, -зна́, -о] menacing, threatening; *человек* formidable; *coll.* *голос* stern, severe; **~ово́й** [14] stormy; ***~ова́я ту́ча*** thundercloud

гром *m* [1; *from g*/*pl. е.*] thunder (*a. fig.*); ***~ греми́т*** it thunders; ***как ~ среди́ я́сного не́ба*** like a bolt from the blue; ***как ~ом поражённый*** *fig.* thunderstruck

грома́д|а *f* [5] bulk, mass of; **~ный** [14; -ден, -дна] vast, huge; *успех и т. д.* tremendous

громи́|ть [14 *е.*; -млю́, -ми́шь; -млённый], ⟨раз-⟩ smash, crush; *врага* rout, smash

гро́мк|ий [16; -мок, -мка́, -о; *comp.*: гро́мче] loud; noisy; *fig.* famous, great,

Г

noted; *слова* pompous

громо|во́й [14] thunder…; *голос* thunderous; **~гла́сный** [14; -сен, -сна] loud; *mst. adv.* publicly, openly; **~зди́ть(ся)** [15 *e.*; -зжу́, -зди́шь] → ***взгроможда́ть*(ся)**; **~́здкий** [16; -док, -дка] bulky, cumbersome; **~отво́д** *m* [1] lightning rod *or* conductor

громыха́ть *coll.* [1] rumble; *посудой* clatter; *о пушках* boom

гроссме́йстер *m* [1] *chess* grand master

грот *m* [1] grotto

гроте́ск *m* [1], **~ный** [14] grotesque

гро́х|нуть *coll.* [20] *pf.* crash, bang down (*v/i.* **-ся** fall with a crash); **~от** *m* [1] din; **~ота́ть** [3], ⟨за-⟩ rumble; *пушек* roar

грош *m* [1 *e.*]: ***ни ~а́*** not a farthing; **~цена́** *or* ***~а́ ло́маного не сто́ит*** not worth a pin; ***ни в ~ не ста́вить*** not care a straw (B for); **~о́вый** [14] *fig.* (dirt-)cheap

груб|е́ть [8], ⟨за-, о-⟩ coarsen, become rude; **~и́ть** [14 *e.*; -блю́, -би́шь], ⟨на-⟩ be rude (Д to); **~ия́н** *coll. m* [1] rude fellow, boor; **~́ость** *f* [8] rudeness; **~́ый** [14; груб, -а́, -о] *материал* coarse; *игра, работа* rough; rude; *ошибка и т. д.* gross

гру́да *f* [5] pile, heap

груд|и́нка *f* [5; *g/pl.*: -нок] brisket; bacon; **~но́й** [14]: ***~на́я кле́тка*** *f* thorax; ***~но́й ребёнок*** infant in arms; **~ь** *f* [8; в, на -ди́; *from g/pl. e.*] breast; chest; ***стоя́ть ~́ью*** (***за*** В) champion, defend

груз *m* [1] load (*a. fig.*); *перевозимый* freight; *naut.* cargo

грузи́н *m* [1; *g/pl.*: грузи́н], **~ка** *f* [5; *g/pl.*: -нок] Georgian; **~ский** [16] Georgian

грузи́ть [15 *e.*; -ужу́, -у́зишь], ⟨на-, за-, по-⟩ load, freight

гру́з|ный [14; -зен, -зна́, -о] massive, heavy; **~ови́к** *m* [1 *e.*] truck, *Brt.* lorry; **~ово́й** [14] freight…, goods…; *naut.* cargo; ***~ово́й автомоби́ль*** *m* → **~ови́к**; **~оподъёмность** *f* [8] carrying capacity; *naut.* tonnage; **~получа́тель** *m* [4] consignee; **~чик** *m* [1] loader; *naut.* docker, stevedore

грунт *m* [1] soil, earth; ground (*a. paint.*); **~ово́й** [14] *о воде* subsoil; *дорога* dirt road

гру́пп|а *f* [5] group; **~ирова́ть(ся)** [7 ⟨с-⟩ (form a) group

груст|и́ть [15 *e.*; -ущу́, -сти́шь], ⟨взгрус нуть⟩ [20] be sad; long for (***по*** П); **~́н** [14; -тен, -тна́, -о] sad, sorrowful; *co* grievous, distressing; ***мне ~́о*** I fee sad; **~ь** *f* [8] sadness, grief, melanchol

гру́ша *f* [5] pear (*a.* tree)

гры́жа *f* [5] hernia, rupture

грыз|ня́ *f* [6] squabble; **~ть** [24; *pt. st* gnaw (*a. fig.*), nibble; bite; *орехи* crack **-ся** fight, squabble; **~у́н** *m* [1 *e.*] *zo.* rc dent

гряд|а́ *f* [5; *nom/pl. st.*] ridge, range *agric.* bed (*a.* **~́ка** *f* [5; *g/pl.*: -док])

гряду́щий [17] future, coming; ***на сон*** before going to bed

гряз|ево́й [14] mud…; **~езащи́тный** [1 antisplash; **~елече́бница** *f* [5] thera peutic mud baths; **~́и** *f/pl.* [8] (curative mud; **~ни́ть** [13], ⟨за-⟩ soil (*a. fig.*); **-c** get dirty; **~́нуть** [21], ⟨по-⟩ sink (muc *etc., fig.*); **~́ный** [14; -зен, -зна́, -c гря́зны́] dirty (*a. fig.*); muddy; **~ь** *f* [8 в -зи́] dirt, mud; ***в ~и́*** dirty; ***не уда́рит лицо́м в ~*** manage to do s.th. success fully; ***смеша́ть с ~́ью*** sling mud (B at

гря́нуть [19 *st.*] *pf. гром* burst out; *вы стрел* ring, roar; *война* break ou *песня* burst, start

губ|а́ *f* [5; *nom/pl. st.*] lip; *залив, усть* bay; ***у него́ ~а́ не ду́ра*** his taste isn' bad; he knows which side his bread buttered on

губерн|а́тор *m* [1] governor; **~́ия** *f* [7 *hist.* province

губи́т|ельный [14; -лен, -льна] ruinous pernicious; **~ь** [14], ⟨по-, с-⟩ destroy, ru in; *время* waste

гу́б|ка *f* [5; *g/pl.*: -бок] **1.** *dim.* → **~а́**; **2** sponge; **~но́й** [14] labial; ***~на́я пома́д*** *f* lipstick

гуд|е́ть [11], ⟨за-⟩ buzz; *о гудке* honk hoot, whistle; *coll. болеть* ache; **~о́** *m* [1; -дка́] honk, hoot, signal; horn; si ren; whistle

гул *m* [1] boom, rumble; *голосов* hum **~́кий** [16; -лок, -лка́, -о] *громки* booming, loud; resonant

гуля́|нье *n* [10] walk(ing); *массово*

open-air merrymaking, fête; ~ть [28], ⟨по-⟩ [20] go for a walk (*a.* **идти́ ~ть**), stroll; *fig. о ветре и т. д.* sweep; *coll.* carouse, go on a spree

уля́ш *m* [1; *g/pl.*: -е́й] goulash, stew

уманита́рны|й [14]: **~е нау́ки** the humanities

ума́нн|ость *f* [8] humanity; **~ый** [14; -а́нен, -а́нна] humane

урма́н *m* [1] gourmet

ур|т *m* [1 *e.*] herd, drove (cattle); **~ьба́** *f* [5] crowd (T in)

у́сеница *f* [5] caterpillar

гуси́ный [14] goose (*a.* gooseflesh *кожа*)

густ|е́ть [8], ⟨за-⟩ thicken; **~о́й** [14; густ, -á, -о; *comp.*: гу́ще] thick, dense; deep, rich (*colo(u)r, sound*)

гус|ь *m* [4; *from g/pl. e.*] goose; *fig.* **хоро́ш ~ь** *b.s.* fine fellow indeed!; **как с ~я вода́** like water off a duck's back, thick-skinned; **~ько́м** in single file

гу́ща *f* [5] grounds *pl.*; *осадок* sediment; *леса* thicket; *fig.* in the center (-tre) of things

Д

а 1. *part.* yes; oh (yes), indeed (*a. interr.*); (oh) but, now, well; *imperative* do(n't)…!; *tags*: aren't, don't, *etc.*; may, let; **2.** *cj.* (*a.* **~ и**) and; but; **~ и то́лько** nothing but; and that's all; **~ что вы!** you don't say!

а́бы *old use* (in order) that *or* to

а|ва́ть [5], ⟨**~ть**⟩ [дам, дашь, даст, дади́м, дади́те, даду́т (…-) дал, -á, -о; (…)да́нный (дан, -á)] give; (*позволить*) let; (*даровать*) bestow; *клятву* take, pledge; make (way); **~ва́й(те)!** come on!; *with vb.* (*a.* **~й[те]**) let us (me); **ни ~ть ни взять** exactly alike; **~ва́ть ход де́лу** set s.th. going; further s.th.; **-ся** let o.s. (**в** В *be caught, cheated*); *с трудом и т. д.* (turn out to) be (*e.g.* hard for Д); (can) master (И s.th.)

ави́ть [14] **1.** ⟨на-⟩ press; squeeze (⟨вы-⟩ out); **2.** ⟨за-, раз-⟩ crush; Р (*сбить машиной*) run over, knock down; **3.** ⟨по-⟩ oppress; suppress; **4.** ⟨при-, с-⟩ press (down *or* together), jam, compress; crush, trample; **5.** ⟨у-⟩ strangle; **-ся** choke; (*повеситься*) hang o.s.

а́в|ка *f* [5] throng, jam; **~ле́ние** *n* [12] pressure (*a. fig.*)

а́вн|(и́шн)ий [15] old; of long standing; **~о́** long ago; for a long time, long since; **~опроше́дший** [17] remote, long past; **~ость** *f* [8] antiquity; *law* prescription; **срок ~ости** term of limitation; **~ы́м-~о́** very long ago, ages ago

да́же (*a.* **~ и**) even; **~ не** not even

да́л|ее → **да́льше**; **и так ~ее** and so on (*or* forth); **~ёкий** [16; -лёк, -лека́, -леко́ -лёко; *comp.*: да́льше] far (away), distant (**от** P from); long (way); *fig.* wide (of); strange (to); **он не о́чень ~ёкий челове́к** he is not very clever; **~еко́, ~ёко** far (off, away); a long way (**до** P to); (Д) **~еко́ до** (P) far from, much inferior to; **~еко́ не** by no means; **~еко́ за** (B) long after; *о возрасте* well over; **~еко́ иду́щий** [17] farreaching; **~ь** *f* [8; в ~и́] distance; open space; **~ьне́йший** [17] further; **в ~ьне́йшем** in future, henceforth; **~ьний** [15] distant (*a. kin*); remote; → *a.* **~ёкий**; **~ьневосто́чный** [14] Far Eastern

дально|бо́йный [14] *mil.* long range; **~ви́дность** *f* [8] foresight; **~ви́дный** [14; -ден, -дна] *fig.* farsighted; **~зо́ркий** [16; -рок, -рка] far-, long-sighted; **~сть** *f* [8] distance; *mil., tech.* (long-)range

да́льше farther; further (more); then, next; (**чита́йте**) **~!** go on (reading)

да́м|а *f* [5] lady; (dance) partner; *cards* queen; **~ба** *f* [5] dam, dike; **~ка** *f* [5; *g/pl.*: -мок] king (*in draughts*); **~ский**

[16] ladies', women's
да́н|ный [14] given, present, in question; **~ные** *pl.* data, facts; statistics; ***обрабо́тка ~ных*** data processing
дань *f* [8] tribute (*a. fig.*); ***отдава́ть ~*** appreciate, recognize
дар *m* [1; *pl. e.*] gift (*a. fig.*); **~и́ть** [13], ⟨по-⟩ give (Д/В a p. s.th.), present (В/Т a p. with); **~моёд** *coll. m* [1] sponger; **~ова́ние** *n* [12] donation, giving; talent; **~ови́тый** [14 *sh.*] gifted, talented; **~ово́й** [14] gratis, free
да́ром *adv.* gratis, for nothing; (*напрасно*) in vain; ***пропа́сть ~*** be wasted; ***э́то ему́ ~ не пройдёт*** he will smart for this
да́т|а *f* [5] date; **~ельный** [14] *gr.* dative (*case*); **~и́ровать** [7] (*im*)*pf.* (*задним числом* ante)date
да́т|ский [16] Danish; **~ча́нин** *m* [1; *pl.*: -ча́не, -ча́н], **~ча́нка** *f* [5; *g*/*pl.*: -нок] Dane
да́тчик *m* [1] *tech.* sensor
да́ть(ся) → ***дава́ть*(ся)**
да́ч|а *f* [5] dacha, cottage, summer residence, villa; ***на ~е*** in a dacha; out of town; in the country; **~ник** *m* [1] summer resident; **~ный** [14] suburban; country…; garden (suburb *посёлок*)
два *m*, *n*, **две** *f* [34] two; → ***пять***, ***пя́тый***; ***в ~ счёта*** *coll.* in a jiffy
двадцат|иле́тний [15] twenty-year; twenty-year-old; **~ый** [14] twentieth; → ***пя́т*(*идеся́т*)*ый***; **´~ь** [35; -ти́] twenty; → ***пять***
два́жды twice; ***~ два*** *math.* two by two; ***я́сно как ~ два*** (***четы́ре***) plain as day
двена́дцат|и… (*in compds.*) twelve…; dodec(a)…; duodecimal, duodenary; **~ый** [14] twelfth; → ***пя́тый***; **~ь** [35] twelve; → ***пять***
двер|но́й [14] door…; ***~но́й проём*** doorway; **~ца** *f* [5; *g*/*pl.*: -рец] (*cupboard, etc.*) door; **~ь** *f* [8; в -ри́; *from g*/*pl. e.*; *instr. a.* -рьми́] door (*a. pl.* **~и**)
две́сти [36] two hundred
дви́|гатель *m* [4] engine, motor; **~гать** [13], ⟨**~нуть**⟩ [20] (В/Т) move, set in motion; stir; **-ся** move, advance; ***отправиться*** set out; start; **~же́ние** *n* [12] movement (*a. pol.*); stir; *phys.* motion; traffic; *fig.* emotion; ***приводи́ть*** (***прих́одить***) ***в ~же́ние*** set going (start [moving]); **~жимый** [14 *sh.*] prompted, moved; movable; **~жущий** [17]: ***~жущая си́ла*** driving force; **~нуть** → **~гать**
дво́е [37] two (in a group, together); ***нас бы́ло ~*** there were two of us; **~то́чие** *n* [12] *gr.* colon
двои́т|ься [13], ⟨раз-⟩ divide into two; ***у меня́ в глаза́х ~ся*** I see double
дво́й|ка *f* [5; *g*/*pl.*: дво́ек] two (*a.* boat, team; bus, *etc.*, *no.* 2; cards; *a.* deuce); pair; (mark) = ***пло́хо***; **~ни́к** *m* [1 *e*.] double; **~но́й** [14] double (*a. fig.*); **~ня** *f* [6; *g*/*pl.*: дво́ен] twins *pl.*; **~ственный** [14 *sh.*]; ***~ственное отноше́ние*** mixed feelings
двоичный [14; -чен, -чна] binary
двор *m* [1 *e.*] (court) yard; farm (-stead); *королевский* court; ***на ~е́*** outside, outdoors; **~е́ц** *m* [1; -рца́] palace; ***♀ бракосочета́ний*** Wedding Palace; ***♀ культу́ры*** Palace of Culture; **´~ник** *m* [1] janitor, (yard and) street cleaner; *mot.* windshield (*Brt.* windscreen) wiper; **~ня́га** *coll. f* [5], **~ня́жка** *coll. f* [5; *g*/*pl.*: -жек] mongrel; **~цо́вый** [14] court…, palace…; ***~цо́вый переворо́т*** palace revolution; **~яни́н** *m* [1; *pl.*: -я́не, -я́н] nobleman; **~я́нка** *f* [5; *g*/*pl.*: -нок] noblewoman; **~я́нский** [16] of the nobility; of noble birth; **~я́нство** *n* [9] nobility
двою́родн|ый [14]: ***~ый брат*** *m*, ***~ая сестра́*** *f* cousin
двоя́к|ий [16 *sh.*] double, twofold; **~о** in two ways
дву|бо́ртный [14] double-breasted; **~гла́вый** [14] double-headed; **~жи́льный** [14] sturdy, tough; *tech.* twin-core; **~кра́тный** [14] double; done twice; **~ли́чие** *n* [12] duplicity, double-dealing; **~ли́чный** [14; -чен, -чна] two-faced; **~смы́сленный** [14 *sh.*] ambiguous; **~ство́лка** *f* [5; *g*/*pl.*: -лок] double-barrel(l)ed gun; **~ство́льный** [14]: ***~ство́льное ружьё*** *n* → **~ство́лка**; **~ство́рчатый** [14]: ***~ство́рчатая дверь*** *f* folding doors; **~сторо́нни**

[15] bilateral; *движение* two-way; *ткань* reversible
вух|... (→ *a.* **дву...**): **~днéвный** [14] two days; **~колéйный** [14] double-track; **~колёсный** [14] two-wheel(ed); **~лéтний** [15] two-years-old; two-years'; **~мéстный** [14] two-seat(er); **~мéсячный** [14] two months' *or* two-months-old; **~мотóрный** [14] twin-engine(d); **~недéльный** [14] two weeks', *Brt. a.* a fortnight's; **~сóтый** [14] two hundredth; **~этáжный** [14] two-storied (*Brt.* -reyed)
вуязы́чный [14; -чен, -чна] bilingual
ебáты *m/pl.* [1] debate
éбет *m* [1] *comm.* debit; ***занести́ в ~*** = **~овáть** [7] *(im)pf.* debit (sum against *or* to a p. В/Д)
ебитóр *m* [1] debtor
ебóш *m* [1] shindy, riot
éбр|и *f/pl.* [8] thickets; the wilds; ***запу́таться в ~ях*** get bogged down (P in)
ебю́т *m* [1] debut; *chess* opening
éва *f* [5]: ♀ ***Мари́я*** the Virgin; ♀ Virgo; **(стáрая) ~** (old) maid
евальвáция *f* [7] devaluation
евáть [1], ⟨**деть**⟩ [**дéну, -нешь**] put, leave, mislay; ***кудá ~*** *a.* what to do with, how to spend; **-ся** go, get; *vb.* + И = put, leave + *obj.*; be (*pr.*); ***кудá мне ~ся?*** where shall I go *or* stay?; ***кудá он дéлся?*** what has become of him?
éверь *m* [4; *pl.*: **-рья́, -рéй, -рья́м**] brother-in-law (*husband's brother*)
еви́з *m* [1] motto
ев|и́ца *f* [5] *iro.* young lady, girl; **~и́чий** [18] maidenly; girlish; **~очка** *f* [5; *g/pl.*: **-чек**] (little) girl; **~ственный** [14 *sh.*] maiden, virgin...; *лес и т. д.* primeval; **~ушка** *f* [5; *g/pl.*: **-шек**] young lady, unmarried girl (*a. form of address*); **~чóнка** *f* [5; *g/pl.*: **-нок**] girl
евя|нóсто [35] ninety; **~нóстый** [14] ninetieth; → ***пят(идеся́т)ый***; **~тисóтый** [14] nine hundredth; **~тка** [5; *g/pl.*: **-ток**] nine (→ ***двóйка***); **~тнáдцатый** [14] ninetieth; → ***пять, пя́тый***; **~тнáдцать** [35] nineteen; → ***пять***; **~тый** [14] ninth; → ***пя́тый***; **´~ть** [35] nine; → ***пять***; **~тьсóт** [36] nine hundred; **´~тью** nine times
дегенерáт *m* [1] degenerate
деград|áция *f* [7] degradation; **~и́ровать** [7] *(im)pf.* degrade
дéд|(ушка *m* [5; *g/pl.*: **-шек**]) *m* [1] grandfather; old man; *pl.* **~ы** *a.* forefathers; **~-морóз** *m* Santa Claus, Father Christmas
деепричáстие *n* [12] *gr.* gerund
дежу́р|ить [13] be on duty; be on watch; **~ный** *m* [14] (*p.*) duty..., on duty; **~ство** *n* [9] duty, (night) watch
дезерти́р *m* [1] deserter; **~овать** [7] *(im)pf.* desert; **~ство** *n* [9] desertion
дезинф|éкция *f* [7] disinfection; **~ици́ровать** [7] *(im)pf.* disinfect
дезинформ|áция *f* [7] misinformation; **~и́ровать** [7] *(im)pf.* misinform
дезодорáнт *m* [1] deodorant; air freshener
дезорганизовáть [7] *(im)pf.* disorganize
дéйств|енный [14 *sh.*] effective; *средство* efficacious; **~ие** *n* [12] action; activity; *mil., tech., math.* operation; *thea.* act; *лекарства и т. д.* effect; (*влияние*) influence, impact; ***мéсто ~ия*** scene; ***свобóда ~ий*** free play; **~и́тельно** really, indeed; **~и́тельность** *f* [8] reality, (real) life; **~и́тельный** [14; **-лен, -льна**] real, actual; *билет и т. д.* valid; *mil., gr.* active (*service*; *voice*); **~овать** [7], ⟨**по-**⟩ act, work (**на** В on); operate, function; apply; have effect (**на** В on); get (on one's nerves); **~ующий** [17] active; acting; ***~ующее лицó*** character, personage
декáбрь *m* [4 *e.*] December
декáда *f* [5] decade
декáн *m* [1] *acad.* dean; **~áт** *m* [1] dean's office
декла|ми́ровать [7], ⟨**про-**⟩ recite, declaim; **~мáция** *f* [7] declaration
декольт|é (dɛ-'tɛ) *n* [*indecl.*] décolleté; **~и́рованный** [14 *sh.*] lowcut; *thea.*
декорá|тор *m* [1] (interior) decorator; *thea.* scene-painter; **~ция** *f* [7] decoration; *thea.* scenery
декрéт *m* [1] decree, edict; *coll.* maternity leave

Д

де́ла|нный [14 *sh.*] affected, forced; **~ть** [1], ⟨с-⟩ make, do; *coll.* ***~ть не́чего*** it can't be helped; **-ся** (T) become, grow, turn; happen (**с** T with, to), be going on; ***что с ним сде́лалось?*** what has become of him?

делега́|т *m* [1] delegate; **~ция** *f* [7] delegation

дел|ёж *coll. m* [1 *e.*] distribution, sharing; **~е́ние** *n* [12] division (*a. math.*); *на шкале* point, degree (*scale*)

деле́ц *m* [1; -льца́] *mst. pej.* smart operator; *pers.* on the make

деликате́с *m* [1] *cul.* delicatessen

делика́тн|ость *f* [8] tact(fulness), delicacy; **~ый** [14; -тен, -тна] delicate

дели́|мое *n* [14] *math.* dividend; **~тель** *m* [4] *math.* divisor; **~ть** [13; делю́, де́лишь] **1.** ⟨раз-, по-⟩ (**на** B) divide (in[-to]), *a.* by; **2.** ⟨по-⟩ share (*a.* **-ся** [T/**с** T s.th. with s.b.], exchange; confide [s.th. to], tell; *math.* be divisible)

де́л|о *n* [9; *pl. e.*] affair, matter, concern; affair(s), work, business (***по*** Д on); (*деяние*) deed, act(ion); *law* case, (*a. fig.*) cause; ***говори́ть ~о*** talk sense; ***де́лать ~о*** *fig.* do serious work; ***то и ~о*** continually, time and again; ***в чём ~о?*** what's the matter?; ***в том то и ~о*** that's just the point; ***како́е вам ~о?, э́то не ва́ше ~о*** that's no business of yours; ***ме́жду ~ом*** in between; ***на ~е*** in practice; ***на*** (*or* ***в***) ***са́мом ~е*** in reality, in fact; really, indeed; ***пусти́ть в ~о*** use; ***по ~а́м*** on business; ***как ~а́?*** how are you?; ***~о идёт → идти́***

делов|и́тый [14 *sh.*], **~о́й** [14] businesslike; efficient; *a.* business…; work(ing)

де́льный [14] businesslike; (*разумный*) sensible

де́льта *f* [5] delta

дельфи́н *m* [1] dolphin

демаго́г *m* [1] demagogue; **~ия** *f* [7] demagoguery

демаркацио́нный [14] (*adj. of*) demarcation

демилитаризова́ть [7] (*im*)*pf.* demilitarize

демобилизова́ть [7] (*im*)*pf.* demobilize

демокра́т *m* [1] democrat; **~и́чески**[й] [16] democratic; **~ия** *f* [7] democracy

демонстр|ати́вный [14; -вен, -вна] de-monstrative, done for effect; **~а́ция** *f* [… demonstration; **~и́ровать** [7] (*im*)*pf.*, … ⟨про-⟩ demonstrate; *фильм* show

демонта́ж *m* [1] dismantling

де́мпинг *m* [1] *econ.* dumping

де́нежный [14] money…, monetary, pe-cuniary; currency…; *coll.* moneyed

день *m* [4; дня] day; ***в ~*** a *or* per day; ***э́тот ~*** (on) that day; ***~ за днём*** day afte[r] day; ***изо дня́ в ~*** day by day; ***~ ото дн[я]*** with every passing day; ***весь ~*** all da[y] (long); ***на днях*** the other day; in th[e] next few days (*a.* ***со дня на́ ~***); ***три час[а] дня*** 3 p.m., 3 o'clock in the afternoo[n] ***→ днём***; ***~ рожде́ния*** birthday

де́ньги *f/pl.* [*gen.*: де́нег; *from. dat. e*…] money

департа́мент *m* [1] department

депози́т *m* [1] deposit

депута́т *m* [1] deputy, delegate

дёр|гать [1], *once* ⟨~нуть⟩ [20] pull, tu[g] (*a.* **за** B at), jerk; *о теле* twitch; *отры-вать от дела* worry, harrass; ***чёр[т] меня́ ~нул*** why the devil did I do it

дерев|ене́ть [8], ⟨за-, о-⟩ stiffen; gro[w] numb; **~е́нский** [16] village…, coun-try…, rural, rustic; ***~е́нский жи́тел[ь]*** *m* villager; **~ня** *f* [6; *g/pl.*: -ве́нь, *et*[c.] *e.*] village; *не город* country(side); **´~о** *n* [9; *pl.*: -е́вья, -е́вьев] tree; *s*[g.] wood; ***кра́сное ´~о*** mahogany; ***чёрно[е] ´~о*** ebony; ***резьба́ по ´~у*** wood carvin[g]; **~я́нный** [14] wooden (*a. fig.*)

держа́ва *f* [5] *pol.* power

держа́ть [4] hold; keep; support; have (*a.* *comm.* in stock); ***~ пари́*** bet; ***~ в ку́рс[е]*** keep posted; ***~ в неве́дении*** keep i[n] the dark; ***~ себя́ (кого́-либо) в рука́[х]*** (have) control (over) o.s. (*a p.*); ***~ себ[я́]*** conduct o.s., behave = **-ся 1.** ***~ся язы[к] за зуба́ми*** hold one's tongue; **2.** ⟨у~ся⟩ (**за** B, P) hold (on[to]); *fig.* stick (to…; keep; (*выдерживать*) hold out, stan[d]

дерз|а́ть [1], ⟨~ну́ть⟩ [20] dare, ventur[e]; **~кий** [16; -зок, -зка́, -о; *comp.* -зче] im-pudent, insolent; (*смелый*) bold, da[r]-ing, audacious; **~ость** *f* [8] impudenc[e] cheek; daring, audacity

ёрн *m* [1] turf

ёрнуть → *дёргать*

ес|áнт *m* [1] landing; troops *pl.* (landed) (***áвия…*** airborne); **~éрт** *m* [1] dessert; **~нá** *f* [5; *pl.*: дёсны, -сен, *etc. st.*] *anat.* gum; **~éртный** [14] (*adj. of*) dessert; *вино* sweet; **~пот** *m* [1] despot

есяти|днéвный [14] ten days; **~крáтный** [14] tenfold; **~лéтие** *n* [12] decade; *годовщина* tenth anniversary; **~лéтний** [15] ten-years; ten-year-old

есят|úчный [14] decimal; **~ка** *f* [5; *g/pl.*: -ток] ten (→ ***двóйка***); **~ок** *m* [1; -тка] ten; *pl.* dozens of, many; → ***идтú***; ***не рóбкого ~ка*** plucky, not a coward; **~ый** [14] tenth (*a.*, *f.*, part; 3, 2-read: ***три цéлых и две ~ых*** = *3. 2*); → ***пят(и-десят)ый***; ***с пятого на ~ое*** discursively, in a rambling manner; **~ь** [35 *e.*] ten; → ***пять & пятый***; **~ью** ten times

етáль *f* [8] detail; *tech.* part, component; **~но** in detail; **~ный** [14; -лен, -льна] detailed, minute

ет|ворá *f* [5] *coll.* → **~и**; **~ёныш** *m* [1] young one; cub, *etc.*; **~и** *n/pl.* [-éй, -ям, -ьмú, -ях] children, kids; ***двóе*** (***трóе, чéтверо***, *etc.*) **~éй** two (three, four) children; *sg.*: ***дитя*** (*a.* ***ребёнок***); **~ский** [16] child(ren)'s, infant(ile); childlike; childish; ***~ский дом*** children's home; ***~ский сад*** kindergarten; **~ская** *f* nursery; **~ство** *n* [9] childhood

éть(ся) → *девáть(ся)*

ефéкт *m* [1] defect; **~ный** [14] defective, faulty

ефицúт *m* [1] *econ.* deficit; *товаров* shortage; *товар* commodity in short supply; **~ный** [14; -тен, -тна] *econ.* showing a loss; in short supply, scarce

еш|евéть [8], ⟨по-⟩ fall in price; become cheaper; **~евúзна**, **~ёвка** *f* [5] cheapness, low price(s); ***купúть по ~ёвке*** buy cheap; **~ёвый** [14; дёшев, дешевá, дёшево; *comp.*: дешéвле] cheap (*a. fig.*)

éятель *m* [4]: ***государственный ~*** statesman; ***научный ~*** scientist; ***общественный ~*** public figure; ***политический ~*** politician; **~ность** *f* [8] activity, -ties *pl.*; work; **~ный** [14; -лен, -льна] active

джин *m* [1] gin

джúнсы [1] *pl.* jeans

джýнгли *f/pl.* [*gen.*: -лей] jungle

диабéт *m* [1] diabetes; **~ик** *m* [1] diabetic

диá|гноз *m* [1] diagnosis; **~гонáль** *f* [8] diagonal; **~лéкт** *m* [1] dialect; **~лéктный** [14] dialect…, dialectal; **~лóг** *m* [1] dialogue; **~метр** *m* [1] diameter; **~пазóн** *m* [1] range (*a. fig.*); **~позитúв** *m* [1] *phot.* slide; **~фрáгма** *f* [5] diaphragm; *phot.* aperture

дивáн *m* [1] divan, sofa

дивéрсия *f* [7] *mil.* diversion; sabotage

дивидéнд *m* [1] dividend

дивúзия *f* [7] *mil.* division

дúвный [14; -вен, -вна] wonderful; amazing

диéт|а (-'ɛta) *f* [5] diet; **~úческий** [16] dietetic

дúзель *m* [4] diesel engine; **~ный** [14] diesel…

дизентерúя *f* [7] dysentery

дик|áрь *m* [4 *e.*] savage (*a. fig.*); *coll.* shy, unsociable person; **~ий** [16; дик, -á, -о] wild; savage (*a. fig.*); *поведение и т. д.* odd, bizarre, absurd; **~ость** *f* [8] wildness; savagery; absurdity

дикт|áнт *m* [1] → **~óвка**; **~áтор** *m* [1] dictator; **~áторский** [16] dictatorial; **~атýра** *f* [5] dictatorship; **~овáть** [7], ⟨про-⟩ dictate; **~óвка** *f* [5; *g/pl.*: -вок] dictation; **~ор** *m* [1] (radio, TV) announcer

дúкция *f* [7] articulation, enunciation

дилéмм|а *f* [5] dilemma; ***стоять перед дилéммой*** face a dilemma

дилетáнт *m* [1] dilettante, dabbler; **~ский** [16] dilettantish

динам|úзм *m* [1] dynamism; **~ика** *f* [5] dynamics; **~úт** *m* [1] dynamite; **~úчный** [14; -чен, -чна] dynamic

динáстия *f* [7] dynasty

диплóм *m* [1] diploma; *univ.* degree; *coll.* degree work, research

дипломáт *m* [1] **1.** diplomat; **2.** *coll.* (attaché) case; **~úческий** [16] diplomatic; **~úчный** [14; -чен, -чна] *fig.* diplomatic, tactful; **~ия** *f* [7] diplomacy

дирéк|тор *m* [1; *pl.*: -á, *etc. e.*] manager,

director; (*школы*) principal, headmaster; **~ция** *f* [7] management, directorate

дириж|абль *m* [4] dirigible, airship; **~ёр** *m* [1] *mus.* conductor; **~и́ровать** [7] (T) conduct

дисгармо́ния *f* [7] *mus. and fig.* disharmony, discord

диск *m* [1] disk

диск|валифици́ровать [7] (*im*)*pf.* disqualify; **~редити́ровать** [7] (*im*)*pf.* discredit; **~римина́ция** *f* [7] discrimination

диску́ссия *f* [7] discussion

дисп|ансе́р (-'sɛr) *m* [1] health clinic; **~е́тчер** *m* [1] (traffic) controller; *ae.* flight control officer; **~у́т** *m* [1] dispute, disputation

дис|серта́ция *f* [7] dissertation, thesis; **~сона́нс** *m* [1] *mus. and fig.* dissonance, discord; **~та́нция** *f* [7] distance; ***сойти́ с ~та́нции*** withdraw; **~тилиро́ванный** [14 *sh.*] distilled; **~ципли́на** *f* [5] discipline

дитя́ *n* [-я́ти; *pl.* → ***де́ти***] child

диф|ира́мб *m* [1] dithyramb; (*fig.*) eulogy; ***петь ~ира́мбы*** sing praises (to Д); **~тери́т** *m* [1], **~тери́я** *f* [7] diphtheria

дифференц|иа́л *m* [1], **~иа́льный** [14] *math, tech.* differential; **~и́ровать** [7] (*im*)*pf.* differentiate

дич|а́ть [1], ⟨о-⟩ run wild, grow wild; *fig.* become unsociable; **~и́ться** [16 *e.*; -чу́сь, -чи́шься] be shy *or* unsociable; shun (a p. P); **~ь** *f* [8] game, wild fowl; *coll.* (*чушь*) nonsense, bosh

длин|а́ *f* [5] length; ***в ~у́*** (at) full length, lengthwise; ***~о́й в*** (В) ... *or* ... ***в ~у́*** long; **~но...** (*in compds.*) long-...; **~ный** [14; -и́нен, -и́нна, -и́нно] long, too long; *coll.* (*высокий*) tall

дли́т|ельный [14; -лен, -льна] long, protracted, lengthy; **~ься** [13], ⟨про-⟩ last

для (Р) for, to; because of; ***~ того́, что́бы*** (in order) to, that... may; ***~ чего́?*** what for; ***я́щик ~ пи́сем*** mail (*Brt.* letter) box

днев|а́ть [6]: ***~а́ть и ночева́ть где́-л.*** spend all one's time somewhere; **~ни́к** *m* [1 *e.*] journal, diary (*vb.*: ***вести́*** keep); **~но́й** [14] day('s), daily; day(light ***свет*** *m*)

днём by day, during the day

дн|о *n* [9; *pl.*: до́нья, -ньев] bottom; ***вверх ~ом*** upside down; ***золото́е ~*** *fig.* gold mine; ***вы́пить до ~а*** drain to the dregs; ***идти́ ко ~у*** *v/i.* (***пусти́ть на ~о*** *v/t.*) sink

до (Р) *place*: to, as far as, up (*or* down) to; *time*: till, until, to; before; *degree*: to, up to; *age*: under; *quantity*: up to, about; ***~ того́*** so (much); (Д) ***не ~ того́*** not be interested in, have no time, *etc.*, for, to

доба́в|ить → ***~ля́ть***; **~ле́ние** *n* [12] addition; supplement; **~ля́ть** [28] ⟨~ить⟩ [14] add; **~очный** [14] additional, extra; supplementary, accessory

добе|га́ть [1], ⟨~жа́ть⟩ [-егу́, -ежи́шь, -егу́т] run up to, reach (***до*** Р)

доб|ива́ть [1], ⟨~и́ть⟩ [-бью́, -бьёшь; -бе́й(те)!; -би́тый] deal the final blow, kill, finish off; completely smash; **~ся** (Р) (try to) get, obtain *or* reach; (*стремиться*) strive for; *правды и т. д.* find out (about); ***он ~и́лся своего́*** he gained his ends; **~ира́ться** [1] ⟨~ра́ться⟩ [-беру́сь, -рёшься] (***до*** Р) get to, reach

до́блест|ный [14; -тен, -тна] valiant, brave; **~ь** *f* [8] valo(u)r

добро́ *n* [9] good deed; *coll.* property; **~** kindly, amicably; ***~ бы*** it would be a different matter if; ***~ пожа́ловать!*** welcome!; ***жела́ть добра́*** wish *s.o.* well; **~во́лец** *m* [1; -льца] volunteer; **~во́льный** [14; -лен, -льна] voluntary; **~де́тель** *f* [8] virtue; **~ду́шие** *n* [12] good nature; **~ду́шный** [14; -шен, -шна] good-natured; **~жела́тельный** [14; -лен, -льна] benevolent; **~жела́тельство** *n* [9] benevolence; **~ка́чественный** [14 *sh.*] of good quality; *med.* benign; **~серде́чный** [14; -чен, -чна] good-hearted; **~со́вестный** [14; -тен, -тна] conscientious; **~сосе́дский** [16] friendly, neighbo(u)rly

добр|ота́ *f* [5] kindness; **~о́тный** [14; -тен, -тна] of good *or* high quality; **~ый** [14; добр, -а́, -о, добры́] kind, good; *coll.* solid; ***~ых два часа́*** two solid hours; ***~ое у́тро*** (***~ый день, ве́чер***)

good morning (afternoon, evening); **в ~ый час!, всего́ ~ого!** good luck!; **по ~ой во́ле** of one's own free will; **чего́ ~ого** after all; **бу́дь(те) ~(ы́)!** would you be so kind as to
обы|ва́ть [1], ⟨**~ть**⟩ [-бу́ду, -бу́дешь; добы́л, -а́, до́бытый (добы́т, добы́та, добы́то)] get, obtain, procure; extract, mine, quarry; **~ча** *f* [5] procurement; extraction, mining; (*награбленное*) booty, spoils; *животного* prey (*a. fig.*); *hunt.* bag, catch
овезти́ → довози́ть
ове́р|енность *f* [8] (**на** В) power of attorney; → **~ие**; **~енный** [14] person empowered to act for s.b.; proxy, agent; **~енное де́ло** work entrusted; **~ие** *n* [12] confidence, trust (**к** Д in); **~и́тельный** [14; -лен, -льна] confidential; **~ить** → **~я́ть**; **~чивый** [14 *sh.*] trusting, trustful; **~ша́ть** [1], ⟨**~ши́ть**⟩ [16 *e.*; -шу́, -ши́шь] finish, complete; **~ше́ние** *n* [12]: **в ~ше́ние всего́** to crown it all, to boot; **~я́ть** [28], ⟨**~ить**⟩ [13] trust (Д a p.); confide *or* entrust (В/Д s.th. to); entrust (Д/В a p. with); **-ся** (Д) *a.* trust, rely on
ов|ести́ → ~оди́ть; **~од** *m* [1] argument; **~оди́ть** [15], ⟨**~ести́**⟩ [25] (**до** Р) see (a p. to); lead (up [to]); *до конца* bring (to); *до отчаяния и т. д.* drive, make; **~ести́ до све́дения** inform, bring to the notice (Р of)
овое́нный [14] prewar
ов|ози́ть [15], ⟨**~езти́**⟩ [24] (**до** Р) take *or* bring ([right up] to)
ово́ль|но enough, sufficient; (*до некоторой степени*) rather, pretty, fairly; **~ный** [14; -лен, -льна] content(ed), satisfied (with Т); **~ствие** *n* [12] *mil.* ration, allowance; **~ствоваться** [7] content o.s. (Т with)
огад|а́ться → ~ываться; **~ка** *f* [5; *g/pl.*: -док] guess, conjecture **~ливый** [14 *sh.*] quick-witted; **~ываться**, ⟨**~а́ться**⟩ [1] (**о** П) guess, surmise
о́гма *f* [5], **~т** *m* [1] dogma
огна́ть → догоня́ть
огов|а́ривать [1], ⟨**~ори́ть**⟩ [13] finish saying *or* telling; **-ся** (**о** П) agree (upon), arrange; **~а́ривающиеся сто́роны** *f/pl.* contracting parties; **~о́р** *m* [1] contract; *pol.* treaty; **~ори́ть(ся)** → **~а́ривать(ся)**; **~о́рный** [14] contract(ual); *цена* agreed
дог|оня́ть [28], ⟨**~на́ть**⟩ [-гоню́, -го́нишь; **→ гнать**] catch up (with); **до како́го-л. ме́ста** drive *or* bring to; *impf. a.* pursue, try to catch up, be (on the point of) overtaking; **~ора́ть** [1], ⟨**~оре́ть**⟩ [9] burn down; *fig.* fade, die out
догд|е́лывать, ⟨**~е́лать**⟩ [1] finish, complete; **~у́мываться**, ⟨**~у́маться**⟩ [1] (**до** Р) find, reach; hit upon (*s.th.*, by thinking)
доезжа́|ть [1], ⟨**дое́хать**⟩ [-е́ду, -е́дешь] (**до** Р) reach; **не ~я** short of
дожд|а́ться → дожида́ться; **~еви́к** *m* [1 *e.*] raincoat; **~ево́й** [14] rain(y); **~ево́й червь** earthworm; **~ли́вый** [14 *sh.*] rainy; **~ь** *m* [4 *e.*] rain (**под** Т, **на** П in); **~ь идёт** it is raining
дож|ива́ть [1], ⟨**~и́ть**⟩ [-живу́, -вёшь; до́жил, -а́, -о́ (дожи́т, -а́, -о)] *impf.* live out (one's time, years, *etc.*); (**до** Р) *pf.* live (till *or* up to); *до события* (live to) see; (*докатиться*) come to; **~ида́ться** [1], ⟨**~да́ться**⟩ [-ду́сь, -дёшься; **→ ждать**] (Р) wait (for, till); *pf. a.* see
до́за *f* [5] dose
дозвони́ться [13] *pf.* ring s.b. (**до** *or* **к**) by means of telephone or doorbell until one gets an answer; get through to s.b. by telephone; gain access to s.b. by doorbell
доигр|ываться [1; -а́юсь, -а́ешься], ⟨**~а́ться**⟩ get o.s. into *or* land o.s. in trouble
доиск|иваться *coll.* [1], ⟨**~а́ться**⟩ [3] (Р) (try to) find (out)
дои́ть(ся) [13], ⟨**по-**⟩ (give) milk
дойти́ → доходи́ть
док *m* [1] *naut.* dock
доказ|а́тельство *n* [9] proof, evidence; **~ывать** [1], ⟨**~а́ть**⟩ [3] prove; argue
док|а́нчивать [1], ⟨**~о́нчить**⟩ [16] finish, complete
дока́|тываться [1], ⟨**~ти́ться**⟩ [15; -ачу́сь, -а́тишься] roll up to; *о звуке* reach; *о человеке* come to (Р)

Д

до́кер *m* [1] docker
докла́д *m* [1] report; lecture (**о** П on); paper; address, talk; **~на́я** [14] (*a.* **запи́ска** *f*) memorandum, report; **~чик** *m* [1] lecturer; speaker; **~ывать** [1], 〈доложи́ть〉 [16] report (В s.th. *or* **о** П on); announce (**о** П a p.)
доко́нчить → **дока́нчивать**
до́ктор *m* [1; *pl*.: -ра, *etc. e*.] doctor
доктри́на *f* [5] doctrine
докуме́нт *m* [1] document, paper
долби́ть [14 *e*.; -блю́, -би́шь, -блённый] **1.** 〈вы́-, про-〉 hollow (out); chisel; *о птице* peck (*bird*); **2.** Р 〈в-〉 *в голову* inculcate, cram
долг *m* [1; *pl. e*.] debt; *sg*. duty; (*последний*) (last) respects *pl*.; **в ~ → взаймы́**; **в ~у́** indebted (*a. fig*., **у** Р, **пе́ред** Т to); **~ий** [16; до́лог, долга́, -о; *comp*: до́льше] long; **~о** long, (for) a long time *or* while
долго|ве́чный [14; -чен, -чна] perennial, lasting; **~во́й** [14]: **~во́е обяза́тельство** *n* promissory note; **~вре́менный** [14 *sh*.] (very) long; **~вя́зый** [14] *coll*. lanky; **~жда́нный** [14] long-awaited; **~ле́тие** *n* [12] longevity; **~ле́тний** [15] longstanding; of several years; **~сро́чный** [14] long-term; **~та́** *f* [5; *pl*.: -го́ты, *etc. st*.] duration; *geogr*. longitude
дол|ета́ть [1], 〈~ете́ть〉 [11] (**до** Р) fly (to, as far as), reach; *a*. = **доноси́ться**
до́лж|ен *m*, **~на́** *f*, **~но́** *n* (→ **~но**), **~ны́** *pl*. **1.** must [*pt*.: ~ен был, ~на́ была́, *etc*. had to]; **2.** (Д) owe (a p.)
долж|ни́к *m* [1 *e*.] debtor; **~но́** one (it) should *or* ought to (be…); proper(ly); **~но́** = **~но́ быть** probably, apparently; **~ностно́й** [14] official; **~ность** *f* [8] post office; **~ный** [14] due (*a. su*. **~ное** *n*), proper; **~ным о́бразом** duly
доли|ва́ть [1], 〈~ть〉 [-лью́, -льёшь; → **лить**] fill (up), add
доли́на *f* [5] valley
до́ллар *m* [1] dollar
доложи́ть → **докла́дывать**
доло́й *coll*. off, down; **~ …** (В)! down *or* off with …!; **с глаз ~ из се́рдца вон** out of sight, out of mind
долото́ *n* [9; *pl. st*.: -ло́та] chisel

до́льше (*comp*. of **до́лгий**) longer
до́ля *f* [6; *from g/pl. e*.] **1.** lot, fate; **2.** part portion; share; *правды* grain; **льви́на ~** the lion's share
дом *m* [1; *pl*.: -á, *etc. e*.] house, building *очаг* home; (*домашние*) household **вы́йти из ~у** leave (one's home), go out; **на́ ~** = **~о́й**; **на ~у́** = **~а** at home **как ~а** at one's ease; (**у** Р) **не все ~** (be) a bit off (one's head), nutty; **~ о́тдыха** holiday home; **~а́шний** [15] home…, house(hold)…, private; *животное* domestic; *pl. su*. folks; **~а́шняя еда́** home cooking; **~енный** [14] **~енная печь** *f* → **~на**; **~ик** *m* [1] *dim* → **дом**
домини́ровать [7] (pre)dominate
домино́ *n* [*indecl*.] dominoes
домкра́т *m* [1] jack
до́мна *f* [5; *g/pl*.: -мен] blast furnace
домовладе́лец *m* [1; -льца] house owner
домога́ться [1] (Р) strive for, solicit
домо́|й home; **~ро́щенный** [14] homespun; crude, primitive; **~се́д** *m* [1] stay-at-home; **~хозя́йка** *f* [5; *g/pl*. -зя́ек] housewife
домрабо́тница *f* [5] domestic (servant) maid
до́мысел *m* [1; -сла] conjecture
донага́ *adv*.: **разде́ть ~** leave nothing on; *coll. fig*. fleece
доне|се́ние *n* [12] *mst. mil*. dispatch, report; **~сти́(сь)** → **доноси́ть(ся)**
донжуа́н *m* [1] Don Juan, philanderer
до́н|изу to the bottom; **~има́ть** [1] 〈~я́ть〉 [дойму́, -мёшь; → **заня́ть**] weary, exhaust (Т with)
до́нор *m* [1] donor (*mst. of blood*)
доно́с *m* [1] *law* denunciation, information (**на** В against); **~и́ть** [15], 〈донести́〉 [24; -су́, -сёшь] **1.** carry *or* bring ([up] to); **2.** report (**о** П *s.th*., about on); denounce, inform (against **на** В) *a*. **-ся** (**до** Р) waft (to); *о звуке* reach (re)sound; **~чик** *m* [1] informer
донско́й [16] (*adj. of river* **Дон**) Don..
доня́ть → **донима́ть**
допи|ва́ть [1], 〈~ть〉 [-пью́, -пьёшь; → **пить**] drink up

о́пинг *m* [1] stimulant; *fig*. boost, shot in the arm; *sport* use of illicit substances

опла́|та *f* [5] additional payment, extra (*or* sur)charge; **~чивать** [1], **~ти́ть** [15] pay in addition

опо́длинно for sure

ополн|е́ние *n* [12] addition; supplement; *gr.* object; **~и́тельный** [14] additional; supplementary; extra; *adv. a.* in addition; more; **~я́ть** [28], ⟨**~ить**⟩ [13] add to, complete, embellish; *издание* enlarge

опото́пный [14] *joc.* old-fashioned, antediluvian

опр|а́шивать [1], ⟨**~оси́ть**⟩ [15] *law* interrogate, examine; *impf.* question; **~о́с** *m* [1] *law* interrogation, examination; *coll.* questioning; **~оси́ть** → **~а́шивать**

о́пу|ск *m* [1] access, admittance; *tech.* tolerance; **~ска́ть** [1], ⟨**~сти́ть**⟩ [15] admit (*a.* of), concede; *разрешать* allow; (*терпеть*) tolerate; (*предполагать*) suppose; *ошибку* make; **~сти́мый** [14 *sh.*] admissible, permissible; **~ще́ние** *n* [12] assumption

опы́т|ываться, ⟨**~аться**⟩ [1] *coll.* (try to) find out

ораб|а́тывать, ⟨**~о́тать**⟩ [1] complete, finish off; **-ся** exhaust o.s. with work (**до изнеможе́ния**)

ореволюцио́нный [14] prerevolutionary, before the revolution

оро́г|а *f* [5] road, way (*a. fig.*); (*путешествие*) passage; trip, journey; **желе́зная ~а** railroad, *Brt.* railway; **по ~е** on the way; **туда́ ему́ и ~а** *coll.* it serves him right; → *a.* **путь**

орого|ви́зна *f* [5] dearness, expensiveness; **~о́й** [16; до́рог, -а́, -о; *comp.*: доро́же] dear (*a. fig.*), expensive

оро́дный [14; -ден, -дна] portly

орож|а́ть [1], ⟨вз-, по-⟩ become dearer, rise in price; **~и́ть** [16 *e.*; -жу́, -жи́шь] (Т) esteem (highly), (set a high) value (on)

оро́ж|ка *f* [5; *g/pl.*: -жек] path; *ковровая* runner; **бегова́я ~ка** race track; **~ный** [14] road…, travel…, traffic

оса́|да *f* [5] vexation; annoyance; **кака́я ~да!** how annoying!, what a pity!; **~ди́ть** → **~жда́ть**; **~дный** [14; -ден, -дна] annoying, vexatious; (*прискорбный*) deplorable; (**мне**) **~дно** it is annoying (annoys me); **~довать** [7] feel *or* be annoyed *or* vexed (**на** В at, with); **~жда́ть** [1], ⟨**~ди́ть**⟩ [15 *e.*; -ажу́, -ади́шь] vex, annoy (Д/Т a p. with)

доск|а́ *f* [5; *ac/sg*: до́ску; *pl.*: до́ски, до́сок, до́скам] board, plank; (*a.* **кла́ссная ~а́**) blackboard; *мемориальная* plate; **ша́хматная ~а́** chessboard; **поста́вить на одну́ ~у** put on the same level

доскона́льный [14; -лен, -льна] thorough

досло́вный [14] literal, verbatim

досм|а́тривать [1], ⟨**~отре́ть**⟩ [9; -отрю́, -о́тришь] see up to *or* to the end (**до** Р); *на таможне* examine; **~о́тр** *m* [1] (customs) examination; **~отре́ть** → **~а́тривать**

доспе́хи *m/pl.* [1] *hist.* armo(u)r

досро́чный [14] ahead of schedule, early

дост|ава́ть [5], ⟨**~а́ть**⟩ [-ста́ну, -ста́нешь] take (out, *etc.*); get; procure; ([**до**] Р) touch; reach (to); **-ся** (Д) fall to a *p.'s* lot; **~ава́ться по насле́дству** inherit; (*быть наказанным*) catch it; **~а́вить** → **~авля́ть**; **~а́вка** *f* [5; *g/pl.*: -вок] delivery; conveyance; **с ~а́вкой** (**на́ дом**) carriage paid; free to the door; **~авля́ть** [28], ⟨**~а́вить**⟩ [14] deliver, hand; bring; *fig.* cause, give; **~а́ток** *m* [1; -тка] prosperity; sufficiency; **жить в ~а́тке** be comfortably off; **~а́точно** sufficiently; (Р) (be) enough, sufficient; suffice; **~а́точный** [14; -чен, -чна] sufficient

дости|га́ть [1], ⟨**~гнуть**⟩, ⟨**~чь**⟩ [21; -г-: -сти́гну, -гнешь] (Р) reach, arrive at, attain (*a. fig.*); *о ценах* amount *or* run up (to); **~же́ние** *n* [12] attainment, achievement; **~жи́мый** [14 *sh.*] attainable

достове́рный [14; -рен, -рна] trustworthy, reliable

досто́|инство *n* [9] dignity; (*положительное качество*) merit, virtue;

(*ценность, стоимость*) worth, value; **~йный** [14; -óин, -óй-на] worthy (*a.* of P); well-deserved; **~примечáтельность** *f* [8] (*mst. pl.*) place of interest; ***осмóтр ~примечáтельностей*** sight-seeing; **~яние** *n* [12] property (*a. fig.*); ***стать ~янием общéственности*** become public property

дóступ *m* [1] access; **~ный** [14; -пен, -пна] accessible (*a. fig.*); approachable, affable; (*понятный*) comprehensible; *цена* moderate

досýг *m* [1] leisure; ***на ~е*** at leisure, during one's spare time

дóс|уха (quite) dry; **~ыта** to one's fill

дотáция *f* [7] state subsidy

дотлá: utterly; ***сгорéть ~*** burn to the ground

дотóшный [14; -шен, -шна] meticulous

дотр|áгиваться [1], ⟨**~óнуться**⟩ [20] (**до** P) touch

дóх|лый [14] *животное* dead; P *о человеке* puny; **~лятина** *f* [5] carrion; feeble person; **~нуть**[1] [21], ⟨из-, по-⟩ (*of animals*) die; P (*of human beings*) *coll.* croak, kick the bucket; **~нýть**[2] → **дышáть**

дохóд *m* [1] income, revenue; (*выручка*) proceeds *pl.*; **~ить** [15], ⟨дойти⟩ [дойдý, -дёшь; → **идти́**] (**до** P) go *or* come (to), arrive (at), reach: *hist.* come down to; *о ценах* rise *or* run up to; **~ный** [14; -ден, -дна] profitable

доцéнт *m* [1] senior lecturer, assistant professor, *Brt.* reader

дочéрн|ий [15] daughter's; ***~яя компáния*** affiliate

дóчиста (quite) clean; *coll.* completely

дочи́т|ывать, ⟨**~áть**⟩ finish reading *or* read up to (**до** P)

дóч|ка *f* [5; *g/pl.*: -чек] *coll.* = **~ь** *f* [дóчери, *etc.* = 8; *pl.*: дóчери, -рéй, *etc. e.*; *instr.*: -рьми́] daughter

дошкóльн|ик *m* [1] child under school age; **~ый** *m* [1] preschool

дощ|áтый [14] of boards, plank…; **~éчка** *f* [5; *g/pl.*: -чек] *dim.* → **доскá**

доя́рка *f* [5; *g/pl.*: -рок] milkmaid

драгоцéнн|ость *f* [8] jewel, gem (*a. fig.*); precious thing *or* possession; **~ый** [1… -цéнен, -цéнна] precious (*a.* stone… costly, valuable

дразни́ть [13; -ню́, дрáзнишь] **1.** ⟨по-… tease, mock; **2.** ⟨раз-⟩ excite, tantaliz…

дрáка *f* [5] scuffle, fight

дракóн *m* [1] dragon; **~овский** [16] dr… conian, extremely severe

дрáма *f* [5] drama; *fig.* traged… **~ти́ческий** [16] dramatic (*a. fig.*); **~тý́р…** *m* [1] playwright, dramatist

драп|ировáть [7], ⟨за-⟩ drape; **~овы…** [14] (of thick) woolen cloth (**драп**)

дра|ть [дерý, -рёшь; драл, -á, -о; …дрá…ный], ⟨со-⟩ (→ ***сдирáть***) pull (of… tweak (*p.'s* ear B/**за** B); *coll.* → ***выд…рáть & раздирáть***; **-ся**, ⟨по-⟩ scuffl… fight, struggle; **~чли́вый** [14 *sh.*] pu… nacious

дребе|дéнь *coll. f* [8] trash; **~зг** *coll.* … [1] tinkle, jingle, rattle; **~зжáть** [… -зжи́т], ⟨за-⟩ tinkle, jingle, rattle

древ|еси́на *f* [5] timber; **~éсный** [1… ***~éсный спирт*** methyl alcohol; ***~éсн… ýголь*** charcoal; **~ко** *n* [9; *pl.*: -ки, -ко… flagpole

дрéвн|ий [15; -вен, -вня] ancient (*a. su*… antique; aged, (very) old; **~ость** *f* [8] a… tiquity (*a. pl.* = -ties)

дрейф *m* [1] *naut.*, **~овáть** [7] drift

дрем|áть [2], ⟨за-⟩ doze (off), slumbe… **~óта** *f* [5] drowsiness, sleepiness; **~ýч…** [17] dense (*a. fig.*)

дрессировáть [7], ⟨вы́-⟩ train

дроб|и́ть [14 *e.*; -блю́, -би́шь; -блённый… ⟨раз-⟩ break in pieces, crush; (*делит*… divide *or* split up; **~ный** [14; -бен, -бн… *math.* fractional; **~ь** *f* [8] *coll.* (sma… shot; *барабанная math.* [*from g/p*… *e.*] fraction; ***десяти́чная ~ь*** decimal

дров|á *n pl.* [9] firewood; **~яни́к** *m* [… **~янóй** [14]: ***~ сарáй*** woodshed

дрó|гнуть **1.** [21] (*зябнуть*) shiver … shake (with cold); ⟨про-⟩ be chill… to the bone; **2.** [20 *st.*] *pf. голос* quave… (*заколебаться*) waver, falter; flinc… ***не ~гнув*** without flinching; **~жáть** … *e.*; -жý, -жи́шь], ⟨за-⟩ tremble, shak… shiver (**от** P with); *о пламени и т.*… flicker, glimmer; dread (s.th. **пéре…**

Т); be anxious (**за** В about); tremble (for s.o.); grudge (**над** Т); **~жжи** *f/pl.* [8; *from gen. e.*] yeast; **~жь** *f* [8] trembling, shiver; vibration

дрозд *m* [1 *e.*] thrush; **чёрный ~** blackbird

друг *m* [1; *pl.*: друзья́, -зе́й, -зья́м] friend (*a. address*); **~ ~а** each (one an)other; **~ за ~ом** one after another; **~ с ~ом** with each other; **~о́й** [16] (an)other, different; else, next, second; **(н)и тот (н)и ~о́й** both (neither); **на ~о́й день** the next day

дру́ж|ба *f* [5] friendship; **~елю́бный** [14; -бен, -бна] amicable, friendly; **~еский** [16], **~ественный** [14 *sh.*] friendly; *comput.* userfriendly; **~и́ть** [16; -жу́, -у́жишь] be friends, be on friendly terms (**с** Т with); **~и́ще** *m* [11] old chap *or* boy; **~ный** [14; -жен, -жна́, -о; дру́жны́] friendly, on friendly terms; (*совместный*) joint, concerted; *bot.*, *mil.*, *etc.* vigorous; *adv. a.* together; at once

дря́|блый [14; дрябл, -а́, -о] limp, flabby; **~зги** *coll. f/pl.* [5] squabbles; **~нно́й** Р [14] wretched, worthless, trashy; **~нь** *coll. f* [8] rubbish, trash (*a. fig.*); Р *вещь* rotten thing; *человек* rotter; **~хлый** [14; дряхл, -а́, -о] decrepit; *coll. дом и т. д.* dilapidated

дуб *m* [1; *pl. e.*] oak; **~и́на** *f* [5] club, cudgel; Р boor, dolt; **~и́нка** *f* [5; *g/pl.*: -нок] (policeman's) club; **~лёр** *m* [1], **~лика́т** *m* [1] duplicate; reserve; *thea.* understudy; **~ли́ровать** [7] *impf.* duplicate; *thea.* understudy a part; *cine.* dub; **~о́вый** [14] oak(en)

дуг|а́ *f* [5; *pl. st.*] arc (*a. el.*); **согну́ть в ~у́** bring under, compel; **~о́й** arched

ду́дк|а *f* [5; *g/pl.*: -док] pipe; *coll.* **~и!** not on your life!; **плясать под чью-л. ~у** dance to s.b.'s tune

ду́ло *n* [9] muzzle; barrel (gun)

ду́ма *f* [5] **1.** *old use* thought; meditation; **2.** *pol.* duma, parliament; (*in Russia*) duma = council; elective legislative assembly; **~ть** [1], ⟨по-⟩ think (**о** П about, of); reflect (**над** Т, **о** П on); (+ *inf.*) intend to, be going to; care (**о** П about); **как ты ~ешь?** what do you think?; **мно́го о себе́ ~ть** be conceited; **не до́лго ~я** without hesitation; **-ся** seem, appear; **~ется, он прав** I think he is right; **мне ~ется, что** I think that …

дун|ове́ние *n* [12] waft, breath; **~уть** → **дуть**

дупло́ *n* [9; *pl. st.*: ду́пла, -пел, -плам] *дерева* hollow; *в зубе* cavity (*in tooth*)

ду́р|а *f* [5] silly woman; **~а́к** *m* [1 *e.*] fool, simpleton; **~а́к ~ако́м** arrant fool; **сваля́ть ~ака́** do something foolish; **~а́цкий** [16] foolish, silly, idiotic; **~а́чество** *coll. n* [9] tomfoolery; **~а́чить** [16], ⟨о-⟩ fool, hoax; **-ся** play the fool; **~е́ть** *coll.* [8], ⟨о-⟩ become stupefied; **~и́ть** *coll.* [13]: **~и́ть го́лову** confuse, deceive; → **~а́читься**; be naughty *or* obstinate

дурма́н *m* [1] *fig.* narcotic; **~ить** [13], ⟨о-⟩ stupefy

дурн|е́ть [8], ⟨по-⟩ grow plain *or* ugly; **~о́й** [14; ду́рен, -рна́, -о] bad; *о внешности* plain, ugly; **мне ~о** I feel (am) sick *or* unwell; **~ота́** *coll. f* [5] giddiness; nausea

дурь *coll. f* [8] folly, caprice

ду́т|ый [14] *fig. авторитет* inflated; *цифры* distorted; **~ь** [18], ⟨по-⟩, *once* ⟨ду́нуть⟩ [20] blow; **ду́ет** there is a draught (draft); **-ся**, ⟨на-⟩ swell; *coll.* sulk; be angry with (**на** В)

дух *m* [1] *времени* spirit; *боевой* courage; (*привидение*) ghost; **здоро́вый ~ в здоро́вом те́ле** a sound mind in a sound body; **(не) в ~е** in a good (bad) temper *or* in high (low) spirits; **в моём ~е** to my taste; **па́дать ~ом** lose heart; **прису́тствие ~а** presence of mind; Р **~ом** in a jiffy *or* trice; old use **во весь ~, что есть ~у** at full speed; **~и́** *m/pl.* [1 *e.*] perfume

духов|е́нство *n* [9] *coll.* clergy; **~ка** *f* [5; *g/pl.*: -вок] oven; **~ный** [14] spiritual; *состояние* mental; ecclesiastical, clerical, religious; **~ный мир** inner world; **~о́й** [14] *mus.* wind (*instrument*); **~о́й орке́стр** *m* brass band

духота́ *f* [5] sultriness, stuffiness

душ *m* [1] shower; **приня́ть ~** take a shower

душ|á *f* [5; *ac/sg.*: дýшу; *pl. st.*] soul; *fig.* heart; *hist.* serf; ***в ~é*** at heart; ***~á в ~у*** at one; in harmony; ***в глубинé ~и́*** in one's heart of hearts; ***~и́ не чáять*** adore; ***~á óбщества*** life and soul of the party; ***не по ~é*** not to like (the idea of) *or* care; **от (всей) *~и́*** from (with all) one's heart; ***~á в пя́тки ушлá*** have one's heart in one's mouth

душ|евнобольнóй [14] mentally ill *or* deranged (person); **~éвный** [14] sincere, heartfelt, cordial; **~ераздирáющий** [17] heart-rending

душ|и́стый [14 *sh.*] fragrant; *горошек* sweet (*peas*); **~и́ть** [16] **1.** ⟨за-⟩ strangle; smother (*a. fig.*); **2.** ⟨на-⟩ perfume (**-ся** o.s.); **~ный** [14; -шен, -шнá, -о] stuffy, sultry

дуэ́|ль *f* [8] *hist.* duel (*a. fig.*); **~т** *m* [1] duet

ды́б|ом (*stand*) on end (*of hair*); **~ы́**: (***встать*** *etc.*) ***на ~ы́*** rear (*a.* up); *fig.* resist, revolt (against)

дым *m* [1] smoke; **~и́ть** [14 *e.*; -млю́, -ми́шь], ⟨на-⟩ *or* **~и́ться** smoke; **~ка** *f* [5] haze; **~ный** [14] smoky; **~овóй** [14]: ***~овáя трубá*** chimney; *naut.* funnel; **~óк** *m* [1; -мкá] small puff of smok

дымохóд *m* [1] flue

ды́ня *f* [6] (musk) melon

дыр|á *f* [5; *pl. st.*], **~ка** *f* [5; *g/pl.*: -рок] hole; **~я́вый** [14 *sh.*] having a hole, fu of holes; *coll. память* bad; ***~я́вая го лова́*** *coll.* forgetful person

дыхá|ние *n* [12] breath(ing); ***искýсст венное ~ние*** artificial respiratio **~тельный** [14] respiratory; ***~тельно гóрло*** windpipe

дышáть [4], ⟨по-⟩, *coll.* (*a.* once) ⟨дс хнýть⟩ [20] breathe (T s.th.); *a.* devot *o.s.* to; ***~ свéжим вóздухом*** take th air; ***éле ~*** *or* ***~ на лáдан*** have one foo in the grave; *о вещах* be completel worn out *or* very old

дья́вол *m* [1] devil; **~ьский** [16] devilis diabolical

дья́кон *m* [1] deacon

дю́жин|а *f* [5] dozen

дю́|йм *m* [1] inch; **~на** *f* [5] dune

дя́дя *m* [6; *g/pl.*: -дей] uncle (*a. coll. a mode of address by child to any adu male*)

дя́тел *m* [1; -тла] woodpecker

E

Евáнгелие *n* [12] *collect.* the Gospels

еврéй *m* [3] Jew; **~ка** *f* [5; *g/pl.*: -рéек] Jewess; **~ский** [16] Jewish

европ|éец *m* [1; -пéйца], **~éйка** *f* [5; *g/pl.*: -пéек], **~éйский** [16] European; **~éйский Союз** European Union

éгерь *m* [4; *pl.*: *a.* -ря́, *etc.*] hunter, huntsman; chasseur

еги́п|етский [16] Egyptian; **~тя́нин** *m* [1; *pl.*: -я́не, -я́н], **~тя́нка** *f* [5; *g/pl.*: -нок] Egyptian

егó (ji'vɔ) his; its; → ***он***

едá *f* [5] food, meal

едвá (*a.* ***~ ли***) hardly, scarcely; → *a.* ***éле***; no sooner; ***~ не*** almost, nearly; ***~ ли не*** perhaps

един|éние *n* [12] unity, union; **~и́ца** *f* [5] *math.* one; *часть, величина* unit; *col оценка* very bad; *pl.* (a) few; **~и́чны** [14; -чен, -чна] single, isolated

еди́но|... (→ *a.* ***однó***): **~бóрство** *n* [(single) combat; **~влáстие** *n* [12] autoc racy; **~врéменный** [14] once only; *нс собие* extraordinary; **~глáсие** *n* [12 unanimity; **~глáсный** [14; -сен, -сна unanimous; **~глáсно** unanimousl **~дýшие** *n* [12] unanimity; **~дýшны** [14; -шен, -шна] unanimous; **~ли́чны** [14] individual, personal; **~мы́шлен ник** *m* [1] like-minded p., associate confederate; **~обрáзный** [14; -зен -зна] uniform

еди́нствен|ный [14 *sh.*] only, single sole; ***~ный в своём рóде*** unique

~ое числó *gr.* singular
дин|ство *n* [9] unity; *взглядов и т. д.* unanimity; **~ый** [14 *sh.*] one, single, common; (*только один*) only (one, sole); (*объединённый*) one whole; united; **все до ~ого** all to a man
дкий [16; -док, -дкá, -о] caustic
дóк *m* [1 *e.*] (*coll.* big) eater; **на кáждо-го ~á** per head; **пять ~óв в семьé** five mouths to feed
ё her; its; → **онá**
ж *m* [1 *e.*] hedgehog
жевúка *f* [5] blackberry, -ries *pl.*
жe|гóдный [14] annual; **~днéвный** [14] daily, everyday; **~мéсячный** [14] monthly; **~минýтный** [14] (occurring) every minute; (*непрерывный*) continual; **~недéльник** *m* [1], **~недéльный** [14] weekly; **~чáсный** [14] hourly
житься [16], ⟨съ-⟩ shiver (from cold, fever); shrink (from fear); *от смущения* be shy, hem and haw
жóв|ый [14]: **держáть в ~ых рукавúцах** rule with a rod of iron
зд|á *f* [5] ride, drive; **~ить** [15], go (T by), ride, drive; (*посещать регулярно*) come, visit; travel
й: ~-бóгу *int./coll.* really, indeed
ле (*a.* **éле-éле**) hardly, scarcely, barely; *слегка* slightly; *с трудом* with (great) difficulty
лéйный [14] *fig.* unctuous
лка *f* [5; *g/pl.*: ёлок] fir; **рождéственская** (**новогóдняя**) **~** Christmas (New Year's) tree *or* (children's) party (**на** B to, for; **на** П at)
л|óвый [14] fir; **~ь** *f* [8] fir; **~ьник** *m* [1] fir-grove; *collect.* firwood
мк|ий [16; ёмок, ёмка] capacious; **~ость** *f* [8] capacity; **~ость запоминáющего устрóйства** storage capacity; *comput.* memory capacity
нóт *m* [1] raccoon

епúскоп *m* [1] bishop
ералáш *m* [1] *coll.* jumble, muddle
éре|сь *f* [8] heresy; *fig.* nonsense
ёрзать [1] *coll.* fidget
ерóшить [16] → **взъерóшивать**
ерундá *f* [5] *coll.* nonsense; trifle(s)
ёрш *m* [1 *e.*] **1.** *zo.* ruff; **2.** *coll.* mixture of vodka with beer *or* wine
éсли if; in case; once (*a.* **~ уж**[**é**]); **а** *or* **и ~** if ever; whereas; **~ и** *or* (**дá**)**же** even though; **ах** *or* **о, ~ б**(**ы**)... oh, could *or* would...; **~ бы не** but for; **~ тóлько** provided
естéств|енно naturally, of course; **~енный** [14 *sh.*] natural; **~енные наýки** natural sciences; **~ó** *n* [9] *человека* nature; essence; **~ознáние** *n old use* [12] natural science
есть[1] [ем, ешь, ест, едúм, едúте, едят; éшь(те)!; ел; ...éденный] **1.** ⟨съ-, по-⟩ eat (*pf. a.* up), have; **2.** ⟨разъ-⟩ eat away (*of rust*); *chem.* corrode
есть[2] → **быть** am, is, are; there is (are); **у меня́ ~...** I have ...; **так и ~** I thought as much
ефрéйтор *m* [1] *mil.* private first class, *Brt.* lance-corporal
éха|ть [éду, éдешь; поезжáй!], ⟨по-⟩ (be) go(ing, *etc.*) (by T), ride, drive (T *or* **в, на** П in, on); (**в, на** B) leave (for), go (to); (**за** T) go for, fetch; **по~-ли!** → **идтú**
ехúд|ный [14; -ден, -дна] caustic, spiteful; malicious; **~ство** *n* [9] spite, malice; innuendo
ещё (не) (not) yet; (**всё**) **~** still (*a.* with *comp.*); another, more (and more **~ и ~**); **~ раз** once more; again; **кто ~?** who else?; *о времени* as early (late, *etc.*); **~ бы!** (to be) sure! I should think so!, of course!; **покá ~** for the time being; **э́то ~ ничегó** it could have been worse; **он ~ мóлод** he is still young

Е

Ж

ж → **же**
жа́б|а *f* [5] toad; **~ра** *f* [5] gill
жа́воронок *m* [1; -нка] lark
жа́дн|ичать [1], ⟨по-⟩ be greedy *or* avaricious; **~ость** *f* [8] greed(iness), avarice; **~ый** [14; -ден, -дна́, -о] greedy (**на** В, **до** Р, **к** Д of), avaricious
жа́жда *f* [5] thirst (*a. fig.*, Р *or inf.* for); **~ть** [-ду, -дешь] thirst, crave (Р *or inf.* for)
жаке́т *m* [1] (lady's) jacket
жале́ть [8], ⟨по-⟩ **1.** pity, feel sorry for; (**о** П) regret; **2.** (Р *or* В) spare; (*скупиться*) grudge
жа́лить [13], ⟨у-⟩ sting, bite
жа́лк|ий [16; -лок, -лка́, -о; *comp.*: жа́льче] pitiable; (*несчастный*) pathetic, wretched; **~о** → **жаль**
жа́ло *n* [9] sting (*a. fig.*)
жа́лоб|а *f* [5] complaint; **~ный** [14; -бен, -бна] mournful, plaintive
жа́лова|нье *n* [10] *old use* pay, salary; **~ть** [7]: **не ~ть** not like; ⟨по-⟩ *mst. iro.* come (to visit, see a p. **к** Д); **-ся** (**на** В) complain (of, about)
жа́лост|ливый [14 *sh.*] *coll.* compassionate; **~ный** [14; -тен, -тна] mournful; (*соболезнующий*) compassionate; **~ь** *f* [8] pity, compassion
жаль it is a pity (**как ~** what a pity); (*as adv.*) unfortunately; (Д ~ В): **мне ~ его́** I am sorry for *or* I pity him; *a.* regret; grudge
жанр *m* [1] genre; **~овый** [14] genre…; **~овая жи́вопись** genrepainting
жар *m* [1; в ~у́] heat; *med.* fever; *fig.* ardo(u)r; **~а́** *f* [5] heat, hot weather; **~еный** [14] roast, broiled; fried, grilled; → *a.* **~ко́е**; **~ить** [13], ⟨за-, из-⟩ roast; fry; *coll. о солнце* burn; **~кий** [16; -рок, -рка́, -о; *comp.*: жа́рче] hot; *fig.* heated, ardent, vehement, intense; **мне ~ко** I am hot; **~ко́е** *n* [16] roast meat; **~опонижа́ющий** [17] *med.* febrifugal
жасми́н *m* [1] jasmin(e)
жа́т|ва *f* [5] harvest(ing); **~венный** [1… reaping
жать[1] [жну, жнёшь; …жа́тый], ⟨с… [сожну́], ⟨по-⟩ reap, cut, harvest
жать[2] [жму, жмёшь; …жа́тый], ⟨с- ⟨по-⟩ press, squeeze; **~ ру́ку** shak… hands (Д with); *об обуви и т. д.* pinc… **-ся** shrink (**от** Р with); crowd, hudd… up, snuggle; (*быть в нерешительно… сти*) hesitate, waver
жва́ч|ка *f* [5] chewing, rumination; *co…* chewing gum; **~ный** [14]: **~ные** (**живо́… ные**) *n/pl.* ruminants
жгут *m* [1 *e.*] *med.* tourniquet
жгу́чий [17 *sh.*] burning; smarting
ждать [жду, ждёшь; ждал, -а́, -о], ⟨п… до-⟩ wait (for Р); (*ожидать*) expec… await; **вре́мя не ждёт** time presses; **не дожда́ться** wait impatiently (Р fo…
же 1. *conj.* but, and; whereas, as to; **2.** … **ведь**; *a. do + vb.*; **э́то ~** the (this) ver… same *место, время и т. д.*; **э́тот … челове́к** this very man; **что ~ т… молча́л?** why on earth didn't you te… me about it?; **скажи́ ~ что́-нибуд…** for goodness' sake say something!; **к… гда́ ~ она́ уйдёт** whenever will sh… leave?
жева́|ть [7 *e.*; жую́, жуёшь] chew; **~тел… ный** [14] *движение мышцы* mastic… tory; *резинка* chewing
жезл *m* [1 *e.*] *маршальский* staff; ro…
жела́|ние *n* [12] wish, desire; **по** (**с… гла́сно**) **~нию** at, by (as) request(ed… **~нный** [14] desired; wished for; *гост… и т. д.* welcome; (*любимый*) belove… **~тельный** [14; -лен, -льна] desirabl… desired; **мне ~тельно** I am anxio… to; **~ть** [1], ⟨по-⟩ wish (Д/Р a p. s.th.), d… sire; **э́то оставля́ет ~ть лу́чшего** … leaves much to be desired; **~ющие** *p…* [17] those interested in, those wishir… to …
желе́ *n* [*indecl.*] jelly (*a. fish, meat*)
железа́ *f* [5; *pl.*: же́лезы, желёз, жел… за́м] *anat.* gland

железнодоро́жник *m* [1] railroad (*Brt.* railway-) man; **~нодоро́жный** [14] railroad…, *Brt.* railway…; **~ный** [14] iron; ***~ная доро́га*** railway; **~о** *n* [9] iron; ***кро́вельное ~о*** sheet iron; ***куй ~о, пока́ горячо́*** strike while the iron is hot; **~обето́н** *m* [1] reinforced concrete

жёлоб *m* [1; *pl.*: -ба́, *etc. e.*] gutter; chute

желт|е́ть [8], ⟨по-⟩ grow *or* turn yellow; *impf.* (*a.* **-ся**) appear yellow; **~изна́** *f* [5] yellow(ness); **~ова́тый** [14 *sh.*] yellowish; **~о́к** *m* [1; -тка́] yolk; **~у́ха** *f med.* [5] jaundice

жёлтый [14; жёлт, -а́, -о] yellow

желу́до|к *m* [1; -дка] stomach; **~чный** [14] gastric, stomach

жёлудь *m* [4; from *g/pl. e.*] acorn

жёлч|ный [14] gall…; ***~ный пузы́рь*** gall bladder; [жёлчен, -а́, -о] *fig.* irritable; **~ь** *f* [8] bile, gall (*a. fig.*)

жема́н|иться [13] *coll.* mince; be prim; behave affectedly; **~ный** [14; -а́нен, -а́нна] affected, mincing, prim; **~ство** *n* [9] primness, prudery, affectedness

жемч|уг *n* [1; *pl.*: -га́, *etc. e.*] *coll.* pearls *pl.*; **~у́жина** *f* [5] pearl; **~у́жный** [14] pearly

жен|а́ *f* [5; *pl. st.*: жёны] wife; **~а́тый** [14 *sh.*] married (*man*; **на** П to a p.); **~и́ть** [13; женю́, же́нишь] (*im*)*pf.* marry (*a man* **на** П to); **-ся** marry (*v/t.* **на** П; *of men*); **~и́тьба** *f* [5] marriage (**на** П to); **~и́х** *m* [1 *e.*] fiancé; bridegroom; **~оненави́стник** *m* [1] misogynist, woman hater; **~оподо́бный** [14; -бен, -бна] effeminate; **~ский** [16] female, lady's, woman's, women's, girl's; *gr.* feminine; **~ственный** [14 *sh.*] feminine, womanly; **~щина** *f* [5] woman

жердь *f* [8; *from g/pl. e.*] pole

жереб|ёнок *m* [2] foal, colt; **~е́ц** *m* [1; -бца́] stallion

жёрнов *m* [1; *pl. e.*: -ва́] millstone

же́ртв|а *f* [5] victim; sacrifice; (*a.* = ***приноси́ть в ~у***); **~овать** [7], ⟨по-⟩ (Т) sacrifice (*v/t.*: o.s. ***собо́й***); (В) give

жест *m* [1] gesture; **~икули́ровать** [7] gesticulate

жёсткий [16; -ток, -тка́, -о; *comp.*: -тче] hard; *слова, условия* harsh; *мясо* tough; *материал* stiff, rigid; *критика, меры* severe

жесто́к|ий [16; жесто́к, -а́, -о] cruel; (*ужасный*) terrible, dreadful; *мороз* fierce; *действительность* grim; **~осе́рдие** *n* [12] hard-heartedness; **~ость** *f* [8] cruelty, brutality

жест|ь *f* [8] tin (plate); **~яно́й** [14] tin…

жето́н *m* [1] counter; token

жечь, ⟨с-⟩ [26; г/ж: (со)жгу́, -жжёшь, -жгу́т; (с)жёг, (со)жгла́; сожжённый] burn (*a. fig.*); torment

живи́т|ельный [14; -лен, -льна] life-giving, vivifying; *воздух* crisp, bracing

жи́вность *f* [8] *coll.* small (domestic) animals, poultry and fowl

жив|о́й [14; жив, -а́, -о] living; alive (*pred.*); (*деятельный и т. д.*) lively, vivacious; *ум* quick; (*подвижный*) nimble; *воображение* lively, vivid; ***в ~ы́х*** alive; ***как ~о́й*** true to life; ***~ и здоро́в*** safe and sound; ***ни ~ ни мёртв*** more dead than alive; petrified with fear *or* astonishment; ***заде́ть за ~о́е*** cut to the quick; ***принима́ть ~о́е уча́стие*** take an active part; feel keen sympathy (with); **~опи́сец** *m* [1; -сца] painter; **~опи́сный** [14; -сен, -сна] picturesque; **~опись** *f* [8] painting; **~ость** *f* [8] liveliness, vivacity; animation

живо́т *m* [1 *e.*] abdomen, stomach, belly; **~во́рный** [14; -рен, -рна] vivifying; **~новодство** *n* [9] cattle breeding; **~ное** *n* [14] animal; **~ный** [14] animal; *fig.* bestial, brutal; ***~ный мир*** animal kingdom; ***~ный страх*** blind fear

жив|отрепе́щущий [17] actual, topical, of vital importance; *fig.* burning; **~у́чий** [17 *sh.*] (*выносливый*) hardy, tough; *традиция и т. д.* enduring; **~ьём** alive

жи́дк|ий [16; -док, -дка́, -о; *comp.*: жи́же] liquid, fluid; (*водянистый*) watery, weak; *каша и т. д.* thin; *волосы и т. д.* sparse, scanty; **~ость** *f* [8] liquid

жи́жа *f* [5] *coll.* liquid; (*грязь*) slush; (*бульон*) broth

жи́зне|нность *f* [8] viability; vitality; **~нный 1.** [14 *sh.*] (of) life('s), wordly; vivid; **2.** [14] (*жизненно важный*) vital;

~ра́достный [14; -тен, -тна] cheerful, joyful; **~спосо́бный** [14; -бен, -бна] viable

жизн|ь *f* [8] life; (**никогда́**) **в ~и не …** never (in one's life); **о́браз ~и** way of life; **провести́ в ~ь** put into practice; **при ~и** in *a p.'s* lifetime; alive; **вопро́сы ~и и сме́рти** vital question

жи́л|а *f* [5] *coll.* sinew, tendon; vein (*a. geol.*); **~е́т** *m* [1], **~е́тка** *f* [5; *g/pl.*: -ток] vest, *Brt.* waistcoat; **~е́ц** *m* [1; -льца́] lodger, roomer; tenant; **~истый** [14 *sh.*] sinewy, wiry; *мясо* stringy; **~и́ще** *n* [11] dwelling, lodging(s); **~и́щный** [14] housing; **~ка** *f* [5; *g/pl.*: -лок] *dim.* → **~а**; veinlet; *на листьях, мраморе* vein (*a. fig.*); **~о́й** [14]: **~о́й дом** dwelling, house; **~пло́щадь** *f* [8] living space; **~ьё** *n* [10] habitation; dwelling; lodging(s)

жир *m* [1; в -у́; *pl. e.*] fat; grease; **ры́бий ~** cod-liver oil; **~е́ть** [8], ⟨о-, раз-⟩ grow fat; **~ный** [14; -рен, -рна́, -о] fat; (of) grease, greasy; *земля* rich soil; *typ.* bold(faced); **~ово́й** [14] fat(ty)

жит|е́йский [16] wordly, (of) life('s); everyday; **~ель** *m* [4], **~ельница** *f* [5] inhabitant, resident; **~ельство** *n* [9] residence; **вид на ~ельство** residence permit; **~ие́** *n* [12] life, biography (*mst. of a saint*)

жи́тница *f* [5] *fig.* granary

жить [живу́, -вёшь; жил, -á, -о; не́ жил(и)] live (T, **на** B [up]on; T *a.* for); (*проживать*) reside, lodge; **как живёте?** how are you (getting on)?; **жи́л(и)-бы́л(и) …** once upon a time there wa(were) …; **~ся**: **ей хорошо́ живётс** she is well off; **~ё(-бытьё)** *coll. n* [1C life, living

жмот *m* [1] *coll.* skinflint, miser

жму́рить [13], ⟨за-⟩ screw up, tighten narrow (one's eyes **-ся**)

жрать P *coarse* [жру, жрёшь, жрал, -á -о], ⟨со-⟩ devour, gorge, gobble

жре́бий *m* [3] lot (*a. fig.* = destiny); **бро са́ть** (**тяну́ть**) **~** cast (draw) lots; **бро́шен** the die is cast

жрец *m* [1 *e.*] (pagan) priest (*a. fig.*)

жужжа́|ние *n* [12], **~ть** [4 *e.*; жужжу -и́шь] buzz, hum

жу|к *m* [1 *e.*] beetle; **ма́йский ~к** cockchafer; **~лик** *coll. m* [1] (*мошенник* swindler, cheat, trickster; (*вор*) filcher pilferer; **~льничать** [1], ⟨с-⟩ cheat, trick

жура́вль *m* [4 *e.*] (*zo., well*) crane

жури́ть *coll.* [13], ⟨по-⟩ scold mildly, reprove

журна́л *m* [1] magazine, periodical journal; diary; *naut.* log(book); **~и́с** *m* [1] news(paper)man, journalist; **~и́стика** *f* [5] journalism

журча́|ние *n* [12], **~ть** [-чи́т] purl, murmur

жу́т|кий [14; -ток, -тка́, -о] weird, uncanny, sinister; **мне ~ко** I am terrified; *col* **~ь** *f* [8] horror; (**меня́**) **пря́мо ~ь берё** I feel terrified

жюри́ *n* [*indecl.*] jury (prizes)

З

за 1. (B): (*direction*) behind; over, across, beyond; out of; (*distance*) at; (*time*) after; over, past; before (*a.* **~ … до** P); **ему́ ~ со́рок** he is over forty; (with) in, for, during; (*object*[*ive*], *favo*[*u*]*r*, *reason*, *value*, *substitute*) for; **~то́, ~ что** because; **~ что?** what for? why?; **2.** (T): (*position*) behind; across, beyond; at, over; after (*time & place*); because of; with; **~ мной …** *a.* I owe …; **ко́мнат ~ мной** I'll take (*or* reserve) the room

заба́в|а *f* [5] amusement, entertainment; **~ля́ть** [28], ⟨(по)~ить⟩ [13] amus (**-ся** o.s., be amused at T); **~ный** [14 -вен, -вна] amusing, funny

забасто́в|ка *f* [5; *g/pl.*: -вок] strike, walkout; **всео́бщая ~ка** general strike **~очный** [14] strike…; **~щик** *m* [1] strik

ɪ
ɜвéние *n* [12] oblivion
бé|г *m* [1] *sport* heat, race; ~**гáть** [1], ~жáть⟩ [4; забегу́, -ежи́шь, -егу́т; эги́!] run in(to), get; *далеко* run off; *oll.* drop in (**к** Д on); ~**гáть вперёд** an- icipate, forestall
беременеть [8] *pf.* become pregnant
б|ивáть [1], ⟨~и́ть⟩ [-бью́, -бьёшь; → **ить**] drive in; *гвоздями* nail up; *гол* core; (*засорить*) block (up); *фон- ıан* spout forth; *тревогу* sound; *coll. олову* stuff; **-ся** *coll.* (*спрятаться*) ide, get; *pf.* begin to beat; get clogged T with)
б|ирáть [1], ⟨~рáть⟩, [-беру́, -рёшь; → **рать**] take (*a.*, *coll.*, away); *в плен* cap- ure (*a. fig.*), seize; arrest; (*откло- иться*) turn, steer; **-ся** climb *or* creep n, up); *тайно* steal in, penetrate; *спрятаться*) hide; *далеко* get
би́|тый [14] browbeaten, cowed, owntrodden; ~**ть** → ~**вáть**; ~**я́ка** *m*/*f* 5] bully, squabbler
благо|врéменно in good time; in ad- ance; ~**врéменный** [14] done ahead of ime; timely; ~**рассу́диться** [15; *im- ers.* Д with] think fit
бл|уди́ться [15] *pf.* lose one's way, go stray; ~**у́дший** [17] *fig.* gone astray; ~**ужда́ться** [1] be mistaken, err; ~**уж- дéние** *n* [12] error, mistake; (*ложное инение*) delusion; **ввести́ в ~ужде́ние** nislead
бол|ева́ть [1], ⟨~е́ть⟩ [8] fall sick *or* ill of T), be taken ill with; *о боли* begin to ache; *su.*: ~**ева́ние** *n* [12] → **боле́знь**
ıбо́р *m* [1] fence
ıбо́т|а *f* [5] care (**о** П about, of), con- cern, anxiety, worry, trouble; **без** ~ *жизнь* carefree; ~**иться** [15], ⟨по-⟩ (**о** П) care (for), take care of, look after; worry, be anxious (about); ~**ливый** 14 *sh.*] *хозяин* careful, provident; *по отношению к кому-л.* attentive, houghtful, solicitous
ıбр|а́сывать [1] **1.** ⟨~оса́ть⟩ (T) (*за- полнить*) fill up; *вопросами и т. д.* shower (T with); *камнями* pelt; **2.** ⟨~о́с- ить⟩ [15] throw, fling (*a. fig.*), cast; *дело, ребёнка и т. д.* neglect; ~**а́ть** → **заби- ра́ть**; ~**еда́ть** [1], ⟨~ести́⟩ [25] wander *or* get (in[to], far); ~**оса́ть**, ~**о́сить** → ~**а́сывать**; ~**о́шенный** [14] neglected; deserted; *ребёнок* unkempt
забры́згать [1] *pf.* splash; *грязью* be- spatter
заб|ыва́ть [1], ⟨~ы́ть⟩ [-бу́ду, -бу́дешь] forget (o.s. **-ся** *перейти границу до- зволенного*; *a.* nap, doze); ~**ы́вчивый** [14 *sh.*] forgetful; absent-minded; ~**ытьё** *n* [10; в -тьи́] (*беспамятство*) unconsciousness, swoon; (*дремота*) drowsiness; (*лёгкий сон*) slumber
зава́л *m* [1] obstruction, blockage; ~**ивать** [1], ⟨~и́ть⟩ [13; -алю́, -а́лишь] fill *or* heap (up); cover; *дорогу* block, obstruct, close; *работой* overburden (with T); *экзамен coll.* fail; *дело* ruin; **-ся** fall; *стена* collapse
зава́р|ивать [1], ⟨~и́ть⟩ [13; -арю́, -а́ришь] brew, make (tea); pour boiling water (over); *coll. fig.* ~**и́ть ка́шу** stir up trouble
зав|еде́ние *n* [12] establishment, insti- tution; **вы́сшее уче́бное ~еде́ние** higher education(al) institution; ~**е́до- вать** [7] (T) be in charge *or* the head *or* chief of, manage; ~**е́домый** [14] un- doubted; ~**е́домо зна́я** being fully aware; **дава́ть ~е́домо ло́жные пока- за́ния** commit perjury; ~**е́дующий** *m* [17] (T) chief, head; director; ~**езти́** → ~**ози́ть**
зав|ере́ние *n* [12] assurance; ~**е́рить** → ~**еря́ть**; ~**ерну́ть** → ~**ёртывать**; ~**ер- те́ть** [11; -ерчу́, -е́ртишь] *pf.* start turn- ing (*v/i.* **-ся**); ~**ёртывать** [1], ⟨~ерну́ть⟩ [20] wrap up; *за угол* turn (*a.* up; *кран и т. д.* off); screw up; (*зайти*) drop in; ~**ерша́ть** [1], ⟨~ерши́ть⟩ [16 *e.*; -шу́, -ши́шь, -шённый] finish, complete; **-ся** *успехом* crown; ~**ерше́ние** *n* [12] conclusion, end; completion; ~**еря́ть** [28], ⟨~е́рить⟩ [13] assure (В/**в** П a p. of); attest, authenticate; *подпись* wit- ness a signature
заве́|са *f* [5] *секретности fig.* veil; **ды- мова́я ~са** smoke screen; ~**сить** → ~**шивать**; ~**сти́** → **заводи́ть**

3

заве́т *m* [1] *Bibl.* (**Ве́тхий** Old, **Но́вый** New) Testament; **~ный** [14]: **~ная мечта́** cherished ambition

заве́|шивать [1], ⟨**~сить**⟩ [15] cover, hang with, curtain

завеща́|ние *n* [12] testament, will; **~ть** [1] *im(pf.)* leave, bequeath

завзя́тый [14] *coll. курильщик* inveterate; incorrigible

зав|ива́ть [1], ⟨**~и́ть**⟩ [-вью́, -вьёшь; → **вить**] *волосы* wave, curl; wind round; **~и́вка** *f* [5; *g/pl.*: -вок] wave (*in hair*)

3 **зави́д|ный** [14; -ден, -дна] enviable; **~овать** [7], ⟨по-⟩ envy (Д/в П *a p.* a *th.*), be envious (of)

зави́н|чивать [1], ⟨**~ти́ть**⟩ [15 *e.*; -нчу́, -нти́шь] screw up, down *or* tight

зави́с|еть [11] depend (**от** Р on); **~имость** *f* [8] dependence; **в ~имости от** (Р) depending on; **~имый** [14 *sh.*] dependent

зави́ст|ливый [14 *sh.*] envious; **´~ь** *f* [8] envy (**к** Д of, at)

зави|то́й [14] curly; **~то́к** *m* [1; -тка́] curl, ringlet; **´~ть** → **~ва́ть**

завлад|ева́ть [1], ⟨**~е́ть**⟩ [8] (Т) take possesion *or* hold of, seize, capture (*a. fig.*)

завл|ека́тельный [14; -лен, -льна] enticing, tempting; **~ека́ть** [1], **~е́чь** [26] (al)lure, entice, tempt

заво́д[1] *m* [1] works, factory, plant, mill (**на** П/В at/to); **ко́нский ~** stud farm

заво́д[2] *m* [1] winding mechanism; **~и́ть** [15], ⟨**завести́**⟩ [25] **1.** (*приводить*) take, bring, lead; **2.** *дело* establish, set up, found; *привычку, дружбу и т. д.* form, contract; *машину и т. д.* get, procure, acquire; *разговор и т. д.* start (*a. мотор*), begin; *собаку и т. д.* keep; **3.** *часы* wind up; **-ся**, ⟨**завести́сь**⟩ appear; (*возбудиться*) become excited; get, have; **~но́й** [14] *tech.* starting; *игрушка* mechanical; *человек* full of beans; **~ский**, **~ско́й** [16] works…; factory…

заво|ева́ние *n* [12] conquest; *fig.* (*mst. pl.*) achievement(s); **~ева́тель** *m* [4] conqueror; **~ёвывать** [1], ⟨**~ева́ть**⟩ [6] conquer; (*добиться*) win, gain

зав|ози́ть [15], ⟨**~езти́**⟩ [24] take, bri drive; *coll.* deliver

завол|а́кивать [1], ⟨**~о́чь**⟩ [26] obscu *слезами* cloud; get cloudy

завор|а́чивать [1], ⟨**~оти́ть**⟩ [15] tu (up, down); roll up

завсегда́тай *m* [3] habitué, regular

за́втра tomorrow

за́втрак *m* [1] breakfast (**за** T at; **на** B Д for); **~ать** [1], ⟨по-⟩ (have *or* ta breakfast

за́втрашний [15] tomorrow's; **~ день** morrow; *fig.* (near) future

за́вуч *m* [1; *g/pl.*: -ей] (= **заве́дующ учебной ча́стью**) director of studi (*at school*)

завыва́ть [1], ⟨**завы́ть**⟩ [22] howl

зав|яза́ть [3], ⟨**~я́знуть**⟩ [21] sink stick; *coll. fig.* get involved in; **~яза́ → ~я́зывать**; **~я́зка** *f* [5; *g/pl.*: -зо string, tie; *начало* beginning, starti point; *романа и т. д.* opening; **~я́з вать** [1], ⟨**~яза́ть**⟩ [3] tie (up), bind, f ten; *fig. разговор и т. д.* begin, sta **´~язь** *bot. f* [8] ovary; **~я́нуть** → **вя́ну**

заг|ада́ть → **~а́дывать**; **~а́дить** **~а́живать**; **~а́дка** *f* [5; *g/pl.*: -док] ri dle, enigma; **~а́дочный** [14; -чен, -ч enigmatic; mysterious; **~а́дыва** ⟨**~ада́ть**⟩ [1] *загадку* propose; *coll.* з *мыслить* plan; **~а́живать** [⟨**~а́дить**⟩ [15] soil, befoul

зага́р *m* [1] sunburn, tan

загво́здка *f* [5; *g/pl.*: -док] hitch; sna

заги́б *m* [1] bend; *страницы* dogea **~а́ть** [1], ⟨**загну́ть**⟩ [20] bend, fo (over), turn up; *pf. coll.* exaggerate

загла́в|ие *n* [12] title; **~ный** [14] title. **~ная бу́ква** capital letter

загла́|живать [1], ⟨**~дить**⟩ [15] smoo *утюгом* press, iron; *fig.* make up (amends) for; expiate

загл|о́хнуть → **гло́хнуть 2.** **~о́хший** [1 *сад* overgrown; **~уша́ть** [1], ⟨**~уши́т** [16] → **глуши́ть 2.**

загля́|дывать [1], ⟨**~ну́ть**⟩ [19] glanc peep in; *в книгу* look (through, u look in; (*навестить*) drop in *or* c (**к** Д on); **~дываться** [1], ⟨**~де́ться** [11] (**на** B) gaze, gape *or* stare (at), fea

one's eyes *or* gloat (up[on])
г|нать → ~оня́ть; **~ну́ть → ~иба́ть**;
оваривать [1], ⟨**~оворить**⟩ [13] **1.** *v/i.* begin *or* start to talk *or* speak; **2.** *v/t.* tire with one's talk; **3. -ся** *слишком увлечься разговором* be carried away by a conversation; ramble, be confused;
говор *m* [1] conspiracy, plot; **~оворить → ~ова́ривать**; **~ово́рщик** *m* [1] conspirator, plotter
голо́вок *m* [1; -вка] heading, headline
го́н *m* [1] enclosure; **быть в ~е** *fig.* be kept down, suffer neglect
гоня́ть [28], ⟨загна́ть⟩ [-гоню́, -го́нишь; → **гнать**] drive (in, off); (*измучить*) exhaust, fatigue
гор|а́живать [1], ⟨**~оди́ть**⟩ [15, 15 *e.*; -рожу́, -ро́дишь] enclose, fence in; *дорогу* block (up); **-ся** *от ветра* protect;
~а́ть [1], ⟨**~е́ть**⟩ [9] sunbathe; become sunburnt; **-ся** catch fire; begin to burn; *свет* light up; *от гнева* blaze up; *щёки* blush; *спор* break out; **~е́лый** [14] sunburnt; **~оди́ть → ~а́живать**; **~о́дка** *coll. f* [5; *g/pl.*: -док] fence, enclosure; partition; **~одный** [14] *дом и т. д.* country; out-of-town
гот|а́вливать [1] & **~овля́ть** [28], ⟨**~о́вить**⟩ [14] prepare; *впрок* store up; lay in; **~о́вка** *f* [5; *g/pl.*: -вок] procurement, storage, laying in
гра|ди́тельный [14] *mil. огонь* barrage; **~жда́ть** [1], ⟨**~ди́ть**⟩ [15 *e.*; -ажу́, -ади́шь; -аждённый] block, obstruct; **~жде́ние** *n* [12] block(ing), obstruction; **про́волочное ~жде́ние** barbed-wire entanglement
грани́ц|а *f* [5] *collect.* foreign countries; **жить ~ей** live abroad
грани́чный [14] foreign, from abroad
гре|ба́ть [1], ⟨**~сти́**⟩ → **грести́**
гро́бн|ый [14] beyond the grave; *голос* sepulchral; **~ый мир** the other world; **~ая жизнь** the beyond
громо|жда́ть [1], ⟨**~зди́ть**⟩ [15 *e.*; -зжу́, -зди́шь; -можде́нный] block (up), (en)cumber, crowd; *fig.* cram, overload
грубе́лый [14] callous, coarse

загр|ужа́ть [1], ⟨**~узи́ть**⟩ [15 *e.*; -ужу́, -у́зи́шь] (Т) load; *coll. работой* keep busy, assign work to; be occupied with work; **~у́зка** *f* [5] loading; workload; **~ыза́ть** [1], ⟨**~ы́зть**⟩ [24; *pt. st.*; загры́зенный] bite (*fig.* worry) to death
загрязн|е́ние *n* [12] pollution, contamination; **~е́ние окружа́ющей среды́** environmental pollution; **~я́ть** [28], ⟨**~и́ть**⟩ [13] (**-ся** become) soil(ed); pollute(d), contaminate(d)
ЗАГС, **загс** *m* [1] (*abbr.* **отде́л за́писей а́ктов гражда́нского состоя́ния**) registry office
зад *m* [1; на -у́; *pl. e.*] back, rear *or* hind part; buttocks; *животного* rump; *pl.* things already known *or* learned; **~ом наперёд** back to front
зад|а́бривать [1], ⟨**~о́брить**⟩ [13] (В) cajole, coax, wheedle
зад|ава́ть [5], ⟨**~а́ть**⟩ [-да́м, -да́шь, *etc.*, → **дать**; зада́л, -а́, -о́; за́данный (за́дан, -а́, -о)] *задание* set, assign; *вопрос* ask; **~ава́ть тон** set the tone; *coll.* **я тебе́ ~а́м!** you'll catch it!; **-ся** [*pt.*: -да́лся, -ла́сь] **це́лью** (**мы́слью**) take it into one's head to do, set one's mind on doing
зада́в|ливать [1], ⟨**~и́ть**⟩ [14] crush; P *машиной* run over, knock down; (*задушить*) strangle
зада́ние *n* [12] assignment, task; *важное* mission; **дома́шнее ~** homework
зада́ток *m* [1; -тка] advance, deposit; *pl.* instincts, inclinations
зада́|ть → ~ва́ть; **~ча** *f* [5] problem (*a. math.*); task; (*цель*) object(ive), aim, end; **~чник** *m* [1] book of (mathematical) problems
задв|ига́ть [1], ⟨**~и́нуть**⟩ [20] push (into, *etc.*); *ящик* shut; *задвижку* slide; **~и́жка** *f* [5; *g/pl.*: -жек] bolt; **~ижно́й** [14] sliding (*door*)
зад|ева́ть [1], ⟨**~е́ть**⟩ [-е́ну, -е́нешь; -е́тый] **1.** be caught (**за** В on), brush against, touch; *fig.* hurt, wound; *med.* affect; **~е́ть за живо́е** cut to the quick; **2.** *coll.* (*подевать*) mislay; **~е́лывать**, ⟨**~е́лать**⟩ [1] block up, close (up); wall up

З

задёр|гать [1] *pf. coll.* worry, harrass; **~гивать** [1], ⟨**~нуть**⟩ [20] *занавеску* draw

задержáние *n* [12] arrest

задéрж|ивать [1], ⟨**~áть**⟩ [4] detain, delay; arrest; *выплату и т. д.* withhold, stop; (*замедлить*) slow down; **-ся** stay; be delayed; linger; stop; be late; **~ка** *f* [5; *g/pl.*: -жек] delay; (*a. tech.*) trouble, setback

задёрнуть → ***задёргивать***

задéть → ***задевáть***

зад|ирáть [1], ⟨**~рáть**⟩ [-дерý, -рёшь; → ***драть***] lift or pull (up); *impf.* provoke, pick a quarrel (with); ***~(и)рáть нос*** be haughty, turn up one's nose

зáдний [15] back, hind; *mot.* reverse (*gear*)

задóлго (**до** P) long before

зад|олжáть [1] *pf.* (*наделать долгов*) run into debt; (Д) owe; **~óлженность** *f* [8] debts *pl.*

зáдом backward(s); → ***зад***

задóр *m* [1] fervo(u)r; ***юношеский ~*** youthful enthusiasm; **~ный** [14; -рен, -рна] fervent, ardent

задрáть → ***задирáть***

зад|увáть [1], ⟨**~ýть**⟩ [18] blow out; *ветер* begin to blow; *impf.* blow (in)

задý|мать → ***~мывать***; **~мчивый** [14 *sh.*] thoughtful, pensive; **~мывать**, ⟨**~мать**⟩ [1] conceive; (*решить*) resolve, decide; (*намереваться*) plan, intend; **-ся** think (**о** П about, of); reflect, meditate (***над*** T on); ***глубокó ~маться*** be lost in thought; *coll.* (*колебаться*) hesitate; **~ть** → ***~вать***

задушéвный [14] sincere, intimate

зад|ыхáться [1], ⟨**~охнýться**⟩ [21] gasp, pant; choke (*a. fig.* **от** P with)

заéзд *m* [1] *sport* lap, round

заезжáть [1], ⟨заéхать⟩ [-éду, -éдешь; -езжáй!] call on (*on the way*), drive, go *or* come (***к*** Д to [see, *etc.*] *or* ***в*** B into); pick up, fetch (***за*** T)

заём *m* [1; зáйма] loan

за|éхать → ***~езжáть***; **~жáть** → ***~жимáть***; **~жéчь** → ***~жигáть***

заж|ивáть [1], ⟨**~ить**⟩ [-ивý; -вёшь; зáжил, -á, -о] **1.** heal, (*затягиваться*) close up; **2.** begin to live

зáживо alive

зажигá|лка *f* [5; *g/pl.*: -лок] (cigarett lighter; **~ние** *n* [12] ignition; ***~тельнь*** [14] incendiary; *fig.* stirring, rousin **~ть** [1], ⟨зажéчь⟩ [26 г/ж: -жı -жжёшь; → ***жечь***] light, kindle (*fig.*); *спичку* strike; *свет* turn on; -с light (up); catch fire; become enthusia tic (T about)

зажи́м *m* [1] clamp; *tech.* terminal; *fi* suppression; **~áть** [1], ⟨зажáть⟩ [-жм -жмёшь; -жáтый] press, squeez clutch; *fig. критику* suppress; *po* stop; *нос* hold; *уши* close

зажи́|точный [14; -чен, -чна] prospe ous; **~точность** *f* [8] prosperity; ~ → ***~вáть***

зазевáться [1] stand gaping at

зазем|лéние *n* [12], **~лять** [28], ⟨~лить [13] *el.* ground, *Brt.* earth

зазна|вáться [5], ⟨**~ться**⟩ [1] be(com conceited; put on airs

зазóр *m* [1] *tech.* clearance, gap

заз|óрный [14; -рен, -рна] shamefu scandalous; **~рéние** *n* [12]: ***без ~рéни*** (**сóвести**) without remorse *or* shame

зазýбр|ивать [1] → ***зубри́ть***; **~ина** *f* [notch

заи́грывать *coll.* [1] (**с** T) flirt, make ac vances (to); (*заискивать*) ingratia o.s. (with)

зáик|а *m/f* [5] stutterer; **~áние** *n* [12] stu tering, stammering; **~áться** [1], *onc* ⟨**~нýться**⟩ [20] stutter; stammer; *col* (give a) hint (**о** П at), suggest, mentio in passing

заи́мствова|ние *n* [12] borrowing; loa word (*a.* ***~нное слóво***); **~ть** [7] *impf.*, *c* ⟨по-⟩ borrow, adopt

заиндевéлый [14] frosty, covered wit hoar-frost

заинтересóв|ывать(ся) [1], ⟨**~áть(ся)** [7] (be[come]) interest(ed in T), rous a p.'s interest (**в** П in); ***я ~ан(а)*** I am in terested (**в** П in)

заи́скивать [1] ingratiate o.s. (**у** P with

зайти́ → ***заходи́ть***

закавкáзский [16] Transcaucasian

закады́чный [14] bosom (friend)

каз *m* [1] order; ***дать, сделать ~*** (**на** В/Д) place an order (for… with); ***на ~*** to order; *об одежде* (made) to measure; **~ать → ~ывать**; **~ной** [14]: ***~ное*** (***письмо***) registered (letter); **~чик** *m* [1] customer; **~ывать** [1], ⟨**~ать**⟩ [3] order (**себе** o.s.)

кал|ка *f* [5] tempering; *fig.* hardening; (*выносливость*) endurance, hardiness; **~ять** [28], ⟨**~ить**⟩ [13] temper; *fig.* harden; **~ённый** *металл* tempered (*metal*); *fig.* hardened

к|алывать [1], ⟨**~олоть**⟩ [17] kill, slaugter; *штыком и т. д.* stab; *булавкой* pin (up); ***у меня ~оло в боку*** I have a stitch in one's side; **~анчивать** [1], ⟨**~ончить**⟩ [16] finish, conclude; **~апывать** [1], ⟨**~опать**⟩ [1] bury; *яму* fill up

кат *m* [1] sunset; *fig.* decline; **~ывать** [1] **1.** ⟨**~ать**⟩ roll up; **2.** ⟨**~ить**⟩ [15] roll (**в, под** В into, under, *etc.*); *глаза* screw up; ***~ить истерику*** go into hysterics; **-ся** roll; *о солнце* set (*of sun etc.*); *fig.* end; *смехом, слезами* burst (out laughing *or* into tears)

кашлять [28] *pf.* start coughing; **-ся** have a fit of coughing

кваска *f* [5] ferment; leaven; *fig.* breed

кид|ывать [1] **1.** ⟨**~дать**⟩ [1] *coll. яму* fill up, cover; *fig. вопросами* ply; *камнями* pelt; **2.** ⟨**~нуть**⟩ [20] throw (**в, на, за** В in[to], on, over, behind, *etc.*); *сеть* throw out; *голову* throw back; fling, cast; ***~нуть удочку*** *fig.* put out feelers

к|ипать [1], ⟨**~ипеть**⟩ [10; -пит] begin to boil; → ***кипеть***; **~исать** [1], ⟨**~иснуть**⟩ [21] turn sour

клад|ка *f* [5; *g/pl.*: -док] bookmark; **~ывать** [1], ⟨**заложить**⟩ [16] put (*a.* in, *etc.*), lay (*a.* out [*сад*], the foundation [*фундамент*] of, found), place; (*задеть*) mislay; (*загромоздить*) heap, pile (T with); wall up; *в ломбард* pawn; *страницу* mark, put in; *impers. нос, уши* stuff

кл|ёвывать [1], ⟨**~евать**⟩ [6 *e.*; -клюю, -юёшь] *fig. coll.* bait, hector, torment; **~еивать** [1], ⟨**~еить**⟩ [13] glue *or* paste up (over); *конверт* seal; **~ёпка** *f* [5; *g/pl.*: -пок], **~ёпывать**, ⟨**~епать**⟩ [1] rivet

заклина|ние *n* [12] entreaty *mst. pl.*; **~ть** [1] entreat

заключ|ать [1], ⟨**~ить**⟩ [16 *e.*; -чу, -чишь; -чённый] enclose, put; *в тюрьму* confine, imprison; conclude (= finish, with T; = infer, from **из** P, **по** Д – **что**; *v/t.*: *договор* [= make] *мир и т. д.*); *impf.* (*a.* **в себе**) contain; **~аться** [1] consist (**в** П in); (*заканчиваться*) end (T with); **~ение** *n* [12] confinement, imprisonment (*a. тюремное*); (*вывод*) conclusion; **~ённый** [14] prisoner; **~ительный** [14] final, concluding

заклятый [14] sworn; ***~ враг*** enemy

закол|ачивать [1], ⟨**~отить**⟩ [15] drive in; *гвоздями* nail up; *досками* board up; **~довывать** [1], ⟨**~довать**⟩ bewitch, charm; ***~дованный круг*** vicious circle; **~отить → ~ачивать**; **~оть → *закалывать***

заколка *f* [5; *g/pl.*: -лок] hairpin

закон *m* [1] law; (*правило*) rule; ***нарушить ~*** break the law; ***по*** (***вопреки***) ***~у*** according (contrary) to law; **~ность** *f* [8] legality, lawfulness; **~ный** [14; -онен, -онна] legal, lawful, legitimate

законо|датель *m* [4] legislator; **~дательный** [14] legislative; **~дательство** *n* [9] legislation; **~мерность** *f* [8] regularity; **~мерный** [14; -рен, -рна] regular; normal; **~проект** *m* [1] bill, draft

зако|нчить → *заканчивать*; **~пать → *закапывать***; **~птелый** [14] sooty; **~ренелый** [14] deeprooted, inveterate, ingrained; **~рючка** *f* [5; *g/pl.*: -чек] *на письме* flourish; *fig.* hitch; **~улок** *m* [1; -лка] alleyway, (*Brt.*) (narrow) lane; *coll. уголок* nook; **~ченелый** [14] numb with cold

закра|дываться [1], ⟨**~сться**⟩ [25; *pt. st.*] creep in *mst. fig.*; **~шивать** [1], ⟨**~сить**⟩ [15] paint over

закреп|лять [28], ⟨**~ить**⟩ [14 *e.*; -плю, -пишь; -плённый] secure, fasten, (*a. phot.*) fix; *успехи* consolidate; assign (**за** T to)

З

закрепо|ща́ть [1], ⟨**~сти́ть**⟩ [15 *e.*; -ощу́, -ости́шь; -ощённый] enserf
закро́йщи|к *m* [1], **~ца** *f* [5] cutter
закругл|е́ние *n* [12] rounding (off); curve; **~я́ть** [28], ⟨**~и́ть**⟩ [13] round (off); **-ся** *coll. joc.* round off
закру́|чивать [1], ⟨**~ти́ть**⟩ [15] turn (round, off, up); twist
закр|ыва́ть [1], ⟨**~ы́ть**⟩ [22] shut, close; *на замок* lock (up); *крышкой и т. д.* cover, hide; *кран* turn off; **~ыва́ть глаза́** (**на** В) shut one's eyes (to); **~ы́тие** *n* [12] closing, shutting; **вре́мя ~ы́тия** closing time; **~ы́ть** → **~ыва́ть**; **~ы́тый** [14] closed; (*тайный*) secret; *платье* high-necked; **в ~ы́том помеще́нии** indoor(s)
закули́сный [14] occuring behind the scenes; secret
закуп|а́ть [1], ⟨**~и́ть**⟩ [14] buy (*a.* in), purchase; **~ка** *f* [5; *g/pl.*: -пок] purchase
закупо́р|ивать [1], ⟨**~ить**⟩ [13] *бутылку* cork (up); *бочку* bung (up); **´~ка** *f* [5; *g/pl.*: -рок] corking; *med.* embolism
заку́почн|ый [14]: **~ая цена́** purchase price
заку́пщик *m* [1] purchasing agent, buyer
заку́р|ивать [1], ⟨**~и́ть**⟩ [13; -урю́, -у́ришь] light a cigarette *etc.*; **~и́(те)!** have a cigar(ette)!
заку́с|ка *f* [5; *g/pl.*: -сок] hors d'œuvres; **на ~ку** *a.* for the last bit; *coll.* as a special treat; **~очная** *f* [14] snackbar; **~ывать** [1], ⟨**~и́ть**⟩ [15] bite (*a.* one's lip[s]); take *or* have a snack; eat (s.th. [*with, after a drink*] T); **~и́ть удила́** *fig.* get the bit between one's teeth
заку́т|ывать, ⟨**~ать**⟩ [1] wrap up
зал *m* [1] hall; room; **спорти́вный ~** gymnasium
зал|ега́ние *n* [12] *geol.* deposit(ion); **~ега́ть** [1], ⟨**~е́чь**⟩ [26; -ля́гу, -ля́жешь] *geol.* lie; *в засаду* hide; (*заболеть*) take to one's bed
заледене́лый [14] icy, ice cold; covered with ice
зал|ежа́лый [14] stale, spoiled (by long storage); **~ёживаться** [1], ⟨**~ежа́ться**⟩ [4 *e.*; -жу́сь, -жи́шься] lie (too) long (*a.* goods, & *spoil thus*); **~ежь** *f* [8] *geol.* d[eposit]
зал|еза́ть [1], ⟨**~е́зть**⟩ [24 *st.*] climb u[p] in(to) *etc.*; hide; (*проникнуть*) steal [in]; get in(to); **~е́зть в карма́н** pick s.o['s] pocket; **~е́зть в долги́** run into deb[t]; **~епля́ть** [28], ⟨**~епи́ть**⟩ [14] stop, clos[e]; (*заклеить*) glue *or* paste up; stick ove[r]; **~ета́ть** [1], ⟨**~ете́ть**⟩ [11] fly in(to), u[p], far, off, beyond; **~ете́ть высоко́** rise [in] the world
зале́|чивать [1], ⟨**~чи́ть**⟩ [16] heal; *co*[...] doctor to death; **~чь** → **~га́ть**
зал|и́в *m* [1] gulf, bay; **~ива́ть** [1], ⟨**~и́ть**⟩ [-лью́, -льёшь; за́ли́л, -а́, -о; за́ли́ты[й]] (T) flood, overflow; pour (all) over, co[v]er; (*вливать*) fill; *огонь* extinguis[h]; **-ся** break into *or* shed (tears **слеза́ми**), burst out (laughing **сме́хом**); *о пти*[це] trill, warble; **~ивно́е** *n* [14] *su.* fish *o*[r] meat in aspic; **~ивно́й** [14]: **~ивно́й луг** water-meadow; **~и́ть** → **~ива́ть**
зал|о́г *m* [1] pledge (*a. fig.*); security; *g*[r.] voice; *fig.* guarantee; **отда́ть в ~о́[г]** pawn; **под ~о́г** on the security; **~ожи́т[ь]** → **закла́дывать**, **~о́жник** *m* [1], **~о́жница** *f* [5] hostage
залп *m* [1] volley; salvo; **вы́пить ~ом** [at] one draught; *прочитать* at one si[t]ting; *произнести* without pausin[g] for breath
зама́|зка *f* [5] putty; **~зывать** [1], ⟨**~зать**⟩ [3] (*запачкать*) smear, soi[l]; *краской* paint over; *щели* putty; *co*[...] *fig.* veil, hush up; **~лчивать** [1], ⟨за[...] **молча́ть**⟩ [4 *e.*; -чу́, -чи́шь] concea[l], keep secret; **~нивать** [1], ⟨**~ни́ть**⟩ [1[3]; -маню́, -ма́нишь] lure, decoy, entic[e]; **~нчивый** [14 *sh.*] alluring, temptin[g]; **~хиваться** [1], *once* ⟨**~хну́ться**⟩ [20] li[ft] one's arm (*etc.* T/**на** B against), threate[n] (with); **~шка** *coll. f* [5; *g/pl.*: -шек] *ms pl.* habit, manner
замедл|е́ние *n* [12] slowing down, de[]lay; **~я́ть** [28], ⟨**~ить**⟩ [13] slow down, re[]duce; *скорость* decelerate; *развити*[е] retard
заме́|на *f* [5] substitution (T/P of/for) replacement (T by); *law* commutatio[n] substitute; **~ни́мый** [14 *sh.*] replacea[ble]

le, exchangeable; **~нитель** *m* [4] substitute; **~нять** [28], ⟨**~нить**⟩ [13; -меню́, ме́нишь; -менённый] replace (T by), substitute (T/B *p.*, *th.* for); *law* commute (for, into)

мере́ть → ***замира́ть***

мерза́|ние *n* [12] freezing; ***то́чка ~ния*** freezing point; ***на то́чке ~ния*** *fig.* at a standstill; **~ть** [1], ⟨замёрзнуть⟩ [21] freeze (up); be frozen (to death, *a. coll.* = feel very cold)

мертво (as, if) dead, unconscious

мести́ → ***замета́ть***

мести́|тель *m* [4] deputy; vice…; **~ть** → ***замеща́ть***

ме|та́ть [1], ⟨**~сти́**⟩ [25; -т-: -мету́] sweep (up); *снегом* drift, cover; *дорогу* block up; *следы* wipe out

ме́|тить → ***~ча́ть***; **~тка** *f* [5; *g/pl.*: -ток] mark; (*запись*) note; *в газете* paragraph, short article, item; ***взять на ~тку*** make a note (of); **~тный** [14; тен, -тна] noticeable, perceptible; marked, appreciable; *успех*, *человек* outstanding, remarkable; **~тно** *a.* one (it) can (be) see(n), notice(d); **~ча́ние** *n* [12] remark, observation; *pl.* criticism; *выговор* reproof, rebuke; **~ча́тельный** [14; -лен, -льна] remarkable, outstanding; wonderful; noted (T for); **~ча́ть** [1], ⟨**~тить**⟩ [15] notice, mark; (*сказать*) observe, remark

мешательств|о *n* [9] confusion, embarrassment; ***в ~е*** confused, disconcerted, embarrased; ***привести́ в ~о*** throw into confusion

м|е́шивать, ⟨**~еша́ть**⟩ [1] involve, entangle; ***~е́шан(а) в*** (П) *a.* mixed up with; **~е́шкаться** [1] *pf.* linger, tarry; **~еща́ть** [1], ⟨**~ести́ть**⟩ [15 *e.*; -ещу́, -ести́шь; -ещённый] replace; substitute; act for, deputize; *вакансию* fill; **~еще́ние** *n* [12] substitution (*a. math.*, *chem.*); replacement; deputizing; filling

м|ина́ть *coll.* [1], ⟨**~я́ть**⟩ [-мну́, -мнёшь; -мя́тый] put a stop to; ***~я́ть разгово́р*** change the subject; **-ся** falter, halt; be(come) confused; **~и́нка** *f* [5; *g/pl.*: -нок] hesitation (*in speech*); hitch; **~ира́ть** [1], ⟨**~ере́ть**⟩ [12; за́мер, -рла́, -о] be(come) or stand stockstill, transfixed (**от** P with); stop; *о звуках* fade, die away; ***у меня́ се́рдце ~ерло*** my heart stood still

за́мкнутый [14 *sh.*] exclusive; *жизнь* unsociable; *человек* reserved; → ***замыка́ть***

за́м|ок[1] *m* [1; -мка] castle; ***возду́шные ~ки*** castles in the air

зам|о́к[2] *m* [1; -мка́] lock; *на ожерелье* clasp; ***на ~ке́*** *or* ***под ~ко́м*** under lock and key

замо́л|вить [14] *pf.*: ***~вить сло́в(е́чк)о*** *coll.* put in a word (**за** B, **о** П for a *p.*); **~ка́ть** [1], ⟨**~кнуть**⟩ [21] fall silent, stop (speaking *etc.*), cease, break off; *шаги и т. д.* die away *or* off; **~ча́ть** [4 *e.*; -чу́, -чи́шь] *pf.* **1.** *v/i.* → ***~ка́ть***; **2.** *v/t.* → ***зама́лчивать***

замор|а́живать [1], ⟨**~о́зить**⟩ [15] freeze, ice; **~о́зки** *m/pl.* [1] (light morning *or* night) frost; **~ский** [16] oversea(s)

за́муж → ***выдава́ть & выходи́ть***; **~ем** married (**за** T to, *of women*); **~ество** *n* [9] marriage (*of women*); **~ний** [15]: ***~няя (же́нщина)*** married (woman)

замуро́в|ывать [1], ⟨**~а́ть**⟩ [7] immure; wall up

заму́ч|ивать [1], ⟨**~ить**⟩ [16] torment the life out of; bore to death; *измотать* fatigue, exhaust

за́мш|а *f* [5], **~евый** [14] chamois, suede

замыка́|ние *n* [12]: ***коро́ткое ~ние*** *el.* short circuit; **~ть** [1], ⟨замкну́ть⟩ [20] (en)close; **-ся** isolate o.s. (**в** B *or* T in); ***-ся в себе́*** become unsociable

за́м|ысел *m* [1; -сла] project, plan, design; scheme, idea; **~ы́слить** → ***~ышля́ть***; **~ыслова́тый** [14 *sh.*] intricate, ingenious; fanciful; **~ышля́ть** [28], ⟨**~ы́слить**⟩ [15] plan, intend; contemplate; *план и т. д.* conceive

замя́ть(ся) → ***замина́ть(ся)***

за́нав|ес *m* [1] curtain (*a. thea.*); **~е́сить** → ***~е́шивать***; **~е́ска** *f* [5; *g/pl.*: -сок] (*window*) curtain; **~е́шивать** [1], ⟨**~е́сить**⟩ [15] curtain

зан|а́шивать [1], ⟨**~оси́ть**⟩ [15] wear out; **~ести́** → ***~оси́ть***

занима́|тельный [14; -лен, -льна] inter-

3

esting, entertaining, amusing; *человек* engaging; **~ть** [1], ⟨заня́ть⟩ [займу́, -мёшь; за́нял, -а́, -о; заня́вший; за́нятый (за́нят, -а́, -о)] **1.** borrow (**у** P from); **2.** (T) occupy, (*a. time*) take; *место, пост* fill, take up; interest, engross, absorb; *развлекать* entertain; **-ся** [заня́лся́, -ла́сь] **1.** occupy *or* busy o.s. (with); (*a.* sport) engage in; *кемто* attend (to); *учиться* learn, study; set about, begin to; **2.** *v/i. огонь* blaze *or* flare up; *заря* break, dawn; → *a.* ***заря́***

З

за́ново anew, afresh

зано́|за *f* [5] splinter; **~зи́ть** [15 *e.*; -ожу́, -ози́шь] *pf.* get a splinter (in)

зано́с *m* [1] drift; **~и́ть** [15] **1.** ⟨занести́⟩ [24; -с-: -су́, -сёшь] bring, carry; *в протокол и т. д.* note down, enter, register; (*a. impers.*) (be) cast, get; *дороги* drift, cover, block up; *руку* lift, raise; ***куда́ её занесло́?*** where on earth has she got to?; **2.** *pf.*, → ***зана́шивать***; **~чивый** [14 *sh.*] arrogant, haughty

зану́д|а *coll. m/f* [5] bore; **~ливый** [14 *sh.*] boring, tiresome

заня́т|ие *n* [12] occupation, work, business; excercise (T of); *pl.* studies, lessons; **~ный** [14; -тен, -тна] → *coll.* ***занима́тельный***; **~ь(ся)** → ***занима́ть(ся)***; **~о́й** [14] busy; **~ый** [14; за́нят, -а́, -о] occupied, busy, engaged

заодно́ together; at one; (*попутно*) at the same time, besides, too

заостр|я́ть [28], ⟨~и́ть⟩ [13] sharpen; *fig.* stress; **-ся** become pointed *or* sharp

заo̗чн|ик [1] *univ.* student taking a correspondence course; **~ый** [14] in a *p.'s* absence; ***~ое обуче́ние*** instruction by correspondence; ***~ое реше́ние*** *n law* judg(e)ment by default

за́пад *m* [1] west; ♀ the West; → ***восто́к***; **~а́ть** [1], ⟨запа́сть⟩ [25; -па́л, -а] fall behind; *в память и т. д.* impress (*a.* **на** *or* **в** B on); **~ный** [14] west(ern, -erly)

западн|я́ *f* [6; *g/pl.*: -не́й] trap; ***попа́сть в ~ю́*** *mst. fig.* fall into a trap

запа́|здывать, ⟨запозда́ть⟩ [1] be late (**на** B for), be slow (**с** T with); **~ивать** [1], ⟨~я́ть⟩ [28] solder (up); **~ко́вывать** [1], ⟨~кова́ть⟩ [7] pack (up), wrap up

запа́л *m* [1] *mil., mining* touchhol[e] fuse; impulse; fit of passion; **~ьчивы[й]** [14 *sh.*] quick-tempered, irascible

запа́с *m* [1] stock (*a. fig.*, *слов и т. д.*) store, supply, (*a. mil.*) reserve); ***у н[ас] два часа́ в ~е*** we have two hours [in] hand; ***про ~*** in store *or* reserve; **~а́[ть]** [1], ⟨~ти́⟩ [24 -с-: -су́, -сёшь]; **-с[я]** ⟨~ти́сь⟩ provide o.s. (with T); **~ливы[й]** [14 *sh.*] provident; **~но́й**, **~ный** [1[4]] spare (*a. tech.*); reserve… (*a. mi[l.]*) ***~ный вы́ход*** emergency exit; **~ть** → ***з[а]-пада́ть***

за́п|ах *m* [1] smell, odo(u)r, scent; **~а́х[и]-вать** [1] **1.** ⟨~аха́ть⟩ [3] plow (*B[r.]* plough) *or* turn up; **2.** ⟨~ахну́ть⟩ [2[0]] wrap (**-ся** o.s.) (**в** B, T in); *дверь* sla[m]; **~ая́ть** → ***~а́ивать***

запе|ва́ла *m/f* [5] leader (of choir); *co[ll.]* initiator, leader; **~ва́ть** [1], ⟨~ть⟩ [-по[ю́], -поёшь; -пе́тый] start singing; *imp[f.]* lead a choir; **~ка́нка** *f* [5; *g/pl.*: -но[к]] baked pudding; **~ка́ть** [1], ⟨~чь⟩ [2[6]] bake; **-ся** *кровь* clot, coagulate; *губ[ы]* crack; **~ре́ть** → ***запира́ть***

запеча́т|ать → ***~ывать***; **~лева́ть** [1], ⟨~ле́ть⟩ [8] embody, render; *в памят[и]* imprint, impress (**в** П on), retai[n]; **~ывать**, ⟨~ать⟩ [1] seal (up)

запе́чь → ***запека́ть***

запи|ва́ть, ⟨~ть⟩ [1 -пью́, -пьёшь; **пить**] wash down (Twith), drink *or* tak[e] (with, after); *pf.* take to drink

зап|ина́ться [1], ⟨~ну́ться⟩ [20] *ra[re]* stumble (**за** *or* **о** B over, against); *речи* falter, pause, hesitate; **~и́нка** [5]: ***без ~и́нки*** fluently, smoothly

запира́|тельство *n* [9] disavowal, den[i]al; **~ть** [1], ⟨запере́ть⟩ [12; за́пер, -л[а́], -о; за́пертый (за́перт, -а́, -о)] loc[k] (up; *a.* ***~ть на ключ, замо́к***); **-ся** loc[k] o.s. in

запис|а́ть → ***~ывать***; **~ка** *f* [5; *g/p[l.]*: -сок] note, short letter; *докладна[я]* memorandum; *pl.* *воспоминани[я]* notes, memoirs; *труды* transaction[s], proceedings; **~но́й** [14]: ***~ная кни́жк[а]*** notebook; **~ывать** [1], ⟨~а́ть⟩ [3] wri[te] down, note (down); record (*тж. н[а] плёнку и т. д.*); *в члены и т. д.* ente[r] nrol(l), register; **-ся** enrol(l), register, nter one's name; make an appointment (***к врачу́*** with a doctor); **´~ь** *f* 3] entry; enrol(l)ment; registration; record(ing)

пи́ть → ***запива́ть***

пи́х|ивать *coll.* [1], ⟨**~а́ть**⟩ [1], *once* **~ну́ть**⟩ [20] cram, stuff

пла́ка|нный [14 *sh.*] tearful, in tears, ear-stained; **~ть** [3] *pf.* begin to cry

пла́та *f* [5] patch

плéсневелый [14] mo(u)ldy

пле|та́ть [1], ⟨**~сти́**⟩ [25 -т-: -плету́, тёшь] braid, plait; **-ся**: ***но́ги ~та́ются*** e unsteady on one's legs; ***язы́к та́ется*** slur, falter

плы́|в *m* [1] *water sports* round, heat; **ва́ть**[1] [1], ⟨**~ть**⟩ [23] swim far out

плы|ва́ть[2] [23], ⟨**~ть**⟩ *об отёке* well, puff up

пну́ться → ***запина́ться***

пове́д|ник *m* [1] reserve, preserve; ***осуда́рственный ~ник*** national ark; sanctuary; **~ный** [14] prohibited, eserved; *мечта и т. д.* secret, preious; **~ь** ('za-) *f* [8] *Bibl.* commandnent

под|а́зривать [1], ⟨**~о́зрить**⟩ [13] suspect (**в** П of)

позда́|лый [14] (be) late(d), tardy; **ть** → ***запа́здывать***

по́|й *m* [3] periodic hard drinking

полз|а́ть [1], ⟨**~ти́**⟩ [24] creep into, under

полн|я́ть [28], ⟨**~и́ть**⟩ [13] fill (up); *бланк* fill out (*Brt.* in)

поля́р|ный [14] polar, transpolar; **~ье** *n* [10; *g/pl.*: -ий] polar regions

пом|ина́ть [1], ⟨**~нить**⟩ [13] remember, keep in mind; *стихи и т. д.* memorize; **~ина́ющий** [17]: ***~ина́ющее устро́йство*** computer memory, storage; **-ся** (Д) remember, stick in one's mind

понка *f* [5; *g/pl.*: -нок] cuff link; collar button (*Brt.* stud)

по́р *m* [1] bar, bolt; lock; *med.* constipation; ***на ~е*** bolted, locked

порошить [16 *e.*; *3rd p. only*] powder or cover (with snow T)

поте́лый *coll.* [14] moist, sweaty; *о стекле* misted

запра́в|ила *m* [5] *coll.* boss, leader; **~ля́ть** [28], ⟨**~́ить**⟩ [14] put, tuck (in); *блюдо* (T) dress, season; *горючим* tank (up), refuel; **~́ка** *f* [5; *g/pl.*: -вок] refuel(l)ing; seasoning, condiment; **~́очный** [14]: ***~́очная ста́нция*** *f* filling (gas) station; **~́ский** [16] true, real

запр|а́шивать [1], ⟨**~оси́ть**⟩ [15] ask, inquire (**у** P/**о** П for/about); (*a.* P) request; *coll. цену* charge, ask (**с** P)

запре́|т *m* [1] → ***~ще́ние***; ***наложи́ть ~т*** place a ban (**на** B on); **~ти́тельный** [14] prohibitive; **~ти́ть** → ***~ща́ть***; **~тный** [14] forbidden; ***~тная зо́на*** *mil.* restricted area; **~ща́ть** [1], ⟨**~ти́ть**⟩ [15 *e.*; -ещу́, -ети́шь; -ещённый] forbid, prohibit, ban; **~ще́ние** *n* [12] prohibition; *law* injunction

заприхо́довать [7] *pf.* enter, book

запроки́|дывать [1], ⟨**~нуть**⟩ [20] throw back

запро́с *m* [1] inquiry (**о** П about); *pl. потребности* needs, interests; **~и́ть** → ***запра́шивать***; **´~то** without formality

запру́|да *f* [5] dam, weir; **~живать** [1], ⟨**~ди́ть**⟩ **1.** [15 & 15 *e.*; -ужу́, -у́ди́шь] dam up; **2.** [15 *e.*; -ужу́, -у́ди́шь] *coll.* block up, crowd

запр|яга́ть [1], ⟨**~я́чь**⟩ [26 г/ж: -ягу́, -я́жешь; → ***напря́чь***] harness; **~я́тывать** [1], ⟨**~я́тать**⟩ [3] hide, conceal; put (away); **~я́чь** → ***запряга́ть***

запу́г|ивать, ⟨**~а́ть**⟩ [1] intimidate; **~анный** (in)timid(ated)

за́пус|к *m* [1] start; *ракеты* launching; **~ка́ть** [1], ⟨**~ти́ть**⟩ [15] **1.** neglect; **2.** *tech.* start, set going; *змея* fly; *ракету* launch; *coll.* (*a.* T/**в** B) fling, hurl (s.th. at) put, thrust; **~те́лый** [14] desolate; **~ти́ть** → ***~ка́ть***

запу́|тывать, ⟨**~тать**⟩ [1] (**-ся** become, get) tangle(d, *etc.*); *fig.* confuse, perplex; complicate; *coll.* ***~таться в долга́х*** be deep in debt; **~танный** *тж.* intricate; ***~танный вопро́с*** knotty question; **~щенный** [14] deserted, desolate; neglected, uncared-for, unkempt

запыха́ться *coll.* [1] *pf.* pant, be out of breath

запя́стье *n* [10] wrist; *poet.* bracelet
запята́я *f* [14] comma; *coll.* snag
зараб|а́тывать, ‹**~о́тать**› [1] earn; **~а́тывать на жизнь** earn one's living; **-ся** *coll.* overwork; work late *or* long; **´~отный** [14]: **´~отная пла́та** wages *pl.*; *служащего* salary; pay; **´~оток** [1; -тка] earnings *pl.*
зара|жа́ть [1], ‹**~зи́ть**› [15 *e.*; -ражу́, -рази́шь; -ражённый] infect (*a. fig.*); **-ся** become infected (T with), catch; **~же́ние** *n* [12] infection; **~же́ние кро́ви** blood poisoning

зара́з *coll.* at once; at one sitting
зара́|за *f* [5] infection; contagion; **~зи́тельный** [14; -лен, -льна] *mst. fig.* infectious; **~зи́ть → ~жа́ть**; **~зный** [14; -зен, -зна] infectious, contagious
зара́нее beforehand, in advance; **~ ра́доваться** (Д) look forward to
зара|ста́ть [1], ‹**~сти́**› [24; -сту́, -стёшь; → **расти́**] be overgrown (with)
за́рево *n* [9] blaze, glow, gleam
заре́з *m* [1] *coll.* disaster; **до ~у, по ~** *coll.* (*need s.th.*) very badly
заре|ка́ться [1], ‹**~чься**› [26] forswear, promise to give up; **~комендова́ть** [7]: **~комендова́ть себя́** (T) show o.s., prove o.s. (to be)
заржа́вленный [14] rusty
зарисо́вка *f* [5; *g/pl.*: -вок] drawing, sketch
зарни́ца *f* [5] summer (heat) lightning
зар|оди́ть(ся) → ~ожда́ть(ся); **~о́дыш** *m* [1] embryo, f(o)etus, germ (*a. fig.*); **подави́ть в ~о́дыше** nip in the bud; **~ожда́ть** [1], ‹**~оди́ть**› [15 *e.*; -ожу́, -оди́шь; -ождённый] generate, engender; **-ся** arise; conception
заро́к *m* [1] vow, pledge, promise
зарони́ть [13; -роню́, -ро́нишь] *pf. fig.* rouse; infuse
за́росль *f* [8] underbrush; thicket
зар|пла́та *f* [5] *coll.* → **~або́тный**
заруб|а́ть [1], ‹**~и́ть**› [14] kill; **~и́(те) на носу́ (на лбу́, в па́мяти)!** mark it well!
зарубе́жный [14] foreign
зар|уби́ть → ~уба́ть; **~у́бка** *f* [5; *g/pl.*: -бок] incision, notch; **~убцева́ться** [7] *pf.* cicatrize

заруч|а́ться [1], ‹**~и́ться**› [16 *e.*; -учу́, -учи́шься] (T) secure; **~и́ться сог**...**сием** obtain consent
зар|ыва́ть [1], ‹**~ы́ть**› [22] bury; **~ы́**... **тала́нт в зе́млю** bury one's talent
зар|я́ *f* [6; *pl.*: зо́ри, зорь, заря́м, зо́р...] (**у́тренняя**) **~я́** (*a. fig.*) dawn; **вече́рн**... **~я́** evening glow; **на ~е́** at dawn *or* d... break (*a.* **с ~ёй**); *fig.* at the earliest st... *or* beginning; **от ~и́ до ~и́** from morn... to night, all day (night); **~я́ занима́ет**... dawn is breaking
заря́|д *m* [1] charge (*mil.*, *el.*); *fig.* (... *дрости* store; **~ди́ть → ~жа́ть**; **~д**... *f* [5] *el.* charge, charging; *sport*: gymn... tics *pl.*, exercises; **~жа́ть** [1], ‹**~ди́ть**› ... & 15 *e.*; -яжу́, -я́ди́шь; -я́женный ... -яжённый] *mil.*, *phot.* load; *el.* char... *pl. coll.* set in, go on & on
заса́|да *f* [5] ambush; **попа́сть в ~ду** ... ambushed; **~живать** [1], ‹**~ди́ть**› [... plant (T with); *coll. в тюрьму* confi... *за работу и т. д.* compel (*to do s.t*...; **-ся**, *coll.* ‹засе́сть› [25; -ся́ду, -де... -се́л] sit down; *в засаде* hide, lie in a... bush; (**за** B) begin to, bury *o.s.* in
заса́л|ивать [1], ‹засоли́ть› [13; -ол... -о́ли́шь, -о́ленный] salt; *мясо* corn
зас|а́ривать [1] & **засоря́ть** [2... ‹**~ори́ть**› [13] litter; *трубу и т. д.* cl... *сорняками* become weedy; **~ори́**... **глаз(а́)** have (get) s.th. in one's eye(...
зас|а́сывать [1], ‹**~оса́ть**› [-су́, -сё... -о́санный] suck in; *о болоте* engu... swallow up
заса́харенный [14] candied, cryst... lized
засвет|и́ть(ся) [13; -све́тится] *pf.* lig... (up); **´~ло** by daylight; before dark
засвиде́тельствовать [7] *pf.* testi... attest, authenticate
засе́|в *m* [1] sowing; **~ва́ть** [1], ‹**~я**... [27] sow
заседа́|ние *n* [12] *law, parl.* sessi... meeting; (*prp.*: in, at **на** П); **~тель** [4]: **наро́дный ~тель** *approx.* jurym... **~ть** [1] **1.** be in session; sit; meet; **2.** ‹з... се́сть› [-ся́ду, -дешь; -се́л] stick
засе|ка́ть [1], ‹**~чь**› [26] **1.** [-сёк, -... -сечённый] notch; *время* mark, no...

чь на ме́сте преступле́ния catch ed-handed
сел|е́ние *n* [12] settlement, colonization; **~я́ть** [28], ⟨**~и́ть**⟩ [13] people, populate; *дом* occupy, inhabit
се́|сть → **заса́живаться & ~да́ть 2.**; **чь** → **~ка́ть**; **~ять** → **~ва́ть**
си́|живать [11], ⟨**~де́ть**⟩ [11] **~женный** [**му́хами**] flyblow(n); **-ся** sit *or* tay (too) long; sit up late
скору́злый [14] hardened, calloused
сло́н|ка *f* [5; *g*/*pl*.: -нок] (stove) dampr; *tech*. slide valve; **~я́ть** [28], ⟨**~и́ть**⟩ 13] shield, screen; *свет* shut off; stand n s.o.'s light; *fig*. put into the background
слу́|га *f* [8] merit, desert; **он получи́л о ~гам** (it) serves him right; **~женный** 14] merited, (well-)deserved, just; *человек* worthy, hono(u)red (*a. in titles*); **~живать** [1], ⟨**~жи́ть**⟩ [16] merit, leserve (*impf. a.* P); *coll*. earn
слу́ш|ивать, ⟨**~ать**⟩ [1] hear; **-ся** listen T, P to) with delight
см|а́триваться [1], ⟨**~отре́ться**⟩ [9; отрю́сь, -о́тришься] (**на** B) feast one's eyes ([up]on), look (at) with delight
сме́|ивать [1; -ею, -ёшь], ⟨**~я́ть**⟩ [27 .] ridicule
сну́ть → **засыпа́ть** 2
с|о́в *m* [1] bar, bolt; **~о́вывать** [1], ⟨**~у́нуть**⟩ [20] put, slip, tuck; (*задеть куда-то*) mislay; **~оли́ть** → **~а́ливать**
сор|е́ние *n* [12] littering, obstruction, logging up; **~и́ть, ~я́ть** → **заса́ривать**
сосать → **заса́сывать**
со́х|ший [17] dry, dried up; *bot*. dead; **нуть** → **засыха́ть**
спанный *coll*. [14] looking sleepy
ста́|ва *f* [5]: **пограни́чная ~ва** frontier post; **~ва́ть** [5], ⟨**~ть**⟩ [-а́ну, -а́нешь] *дома и т. д.* find; *неожиданно* surprise; **~ть на ме́сте преступле́ния** catch red-handed; **~вля́ть** [28], ⟨**~вить**⟩ [14] **1.** compel, force, make; **~вить ждать** keep waiting; **~вить замолча́ть** silence; **2.** (T) block (up); fill; **~ре́лый** 14] inveterate; *med*. chronic; **~ть** → **~ва́ть**

заст|ёгивать [1], ⟨**~егну́ть**⟩ [20; -ёгнутый] button up (*a.* **-ся** o.s. up); *пряжкой, крючками* buckle, clasp, hook (up); **~ёжка** *f* [5; *g*/*pl*.: -жек] fastener; clasp, buckle
застекл|я́ть [28], ⟨**~и́ть**⟩ [13] glaze, fit with glass
засте́нчивый [14 *sh*.] shy, bashful
засти|га́ть [1], ⟨**~гнуть**⟩, ⟨**~чь**⟩ [21 -г-: -и́гну, -и́гнешь; -и́г, -и́гла; -и́гнутый] surprise, catch; **~гнуть врасплох** take unawares
заст|ила́ть [1], ⟨**~ла́ть**⟩ [-телю́, -те́лешь; за́стланный] cover; *глаза, небо* cloud
засто́|й *m* [3] stagnation; *econ*. depression; **~йный** [14] stagnant, chronic; **~льный** [14] table…; drinking; **~я́ться** [-ою́сь, -ои́шься] *pf. перед картиной и т. д.* stand *or* stay too long; *о воде и т. д.* be(come) stagnant *or* stale
застр|а́ивать [1], ⟨**~о́ить**⟩ [13] build on (up, over); **~ахо́вывать** [1], ⟨**~ахова́ть**⟩ [7] insure; *fig*. safeguard; **~ева́ть** [1], ⟨**~я́ть**⟩ [-я́ну, -я́нешь] stick; *coll*. (*задержаться*) be delayed; **~е́ливать** [1], ⟨**~ели́ть**⟩ [13; -елю́, -е́лишь; -е́ленный] shoot, kill; **~е́льщик** *m* [1] skirmisher; *fig*. instigator; initiator; **~о́ить** → **~а́ивать**; **~о́йка** *f* [5; *g*/*pl*.: -о́ек] building (on); **пра́во на ~о́йку** building permit; **~я́ть** → **~ева́ть**
за́ступ *m* [1] spade
заступ|а́ться [1], ⟨**~и́ться**⟩ [14] (**за** B) take s.b.'s side; protect; intercede for; **~ник** *m* [1], **~ница** *f* [5] defender, protector; **~ничество** *n* [9] intercession
засты|ва́ть [1], ⟨**~ть**⟩ [-ы́ну, -ы́нешь] cool down; *жир и т. д.* congeal; *на месте* stiffen, stand stockstill; **кровь ~ла у него в жи́лах** his blood ran cold
засу́нуть → **засо́вывать**
за́суха *f* [5] drought
засу́ч|ивать [1], ⟨**~и́ть**⟩ [16] turn *or* roll up
засу́ш|ивать [1], ⟨**~и́ть**⟩ [16] dry (up); **~ливый** [14 *sh*.] dry
засчи́т|ывать, ⟨**~а́ть**⟩ [1] take into account; include, reckon
зас|ыпа́ть [1] **1.** ⟨**~ы́пать**⟩ [2] (T) fill up; (*покрыть*) cover; *fig*. heap, ply, over-

3

whelm; *цветами и т. д.* strew; **2.** ⟨**∼нуть**⟩ [20] fall asleep; **∼ыха́ть** [1], ⟨**∼о́хнуть**⟩ [21] dry up; wither

зата́|ивать [1], ⟨**∼и́ть**⟩ [13] conceal, hide; *дыхание* hold; *обиду* bear; **∼ённый** *a.* secret

зат|а́пливать [1] **∼опля́ть** [28], ⟨**∼опи́ть**⟩ [14] **1.** *печь* light; **2.** flood; *судно* sink; **∼а́птывать** [1], ⟨**∼опта́ть**⟩ [3] trample, tread (down); **∼а́скивать** [1] **1.** ⟨**∼аска́ть**⟩ [1] wear out; **∼а́сканный** worn, shabby; *выражение* hackneyed; **2.** ⟨**∼ащи́ть**⟩ [16] drag, pull (off, away); (*задеть куда-л.*) mislay; *в гости* take s.o. to one's (*or* somebody's) place

затв|ердева́ть [1], ⟨**∼ерде́ть**⟩ [8] harden

затво́р *m* [1] *винтовки* lock, bolt; *phot.* shutter; **∼я́ть** [28], ⟨**∼и́ть**⟩ [13; -орю́, -о́ришь; -о́ренный] shut, close; **-ся** shut o.s. up

зат|ева́ть *coll.* [1], ⟨**∼е́ять**⟩ [27] start, undertake; ***что он ∼е́ял?*** what is he up to?; **∼е́йливый** [14 *sh.*] ingenious, intricate; **∼ека́ть** [1], ⟨**∼е́чь**⟩ [26] flow (in, *etc.*); (*распухнуть*) swell up; *ноги* be(-come) numb, be asleep

зате́м then; *по этой причине* for that reason, that is why; **∼ *что́бы*** in order to (*or* that)

затемн|е́ние *n* [12] darkening; *mil.* blackout; *med. в лёгких* dark patch; **∼я́ть** [28], ⟨**∼и́ть**⟩ [13] darken, overshadow, (*a. fig.*) obscure

затер|е́ть → ***затира́ть***; **∼я́ть** [28] *pf.* lose; **-ся** get *or* be lost; *о вещи* disappear; *селение и т. д.* lost *or* inconspicuous in the midst of

затеса́ться [3] (**в** В) worm o.s. into

зате́|чь → ***затека́ть***; **∼я** *f* [6] plan, undertaking; escapade; **∼ять** → ***∼ва́ть***

зат|ира́ть *coll.* [1], ⟨**∼ере́ть**⟩ [12] *mst. fig.* impede, give no chance to get on; **∼иха́ть** [1], ⟨**∼и́хнуть**⟩ [21] become silent *or* quiet, stop (speaking, *etc.*); *звук* die away, fade; (*успокоиться*) calm down, abate; **∼и́шье** *n* [10] lull, calm

заткну́ть → ***затыка́ть***

затм|ева́ть [1], ⟨**∼и́ть**⟩ [14 *e.*; *no* 1st *p. sg.*; -ми́шь], **∼е́ние** *n* [12] eclipse; ***на ***[…] ***го́ нашло́ ∼е́ние*** his mind went bla[…]

зато́ but (then, at the same time), but the other hand

затова́ривание *comm. n* [12] glut

затоп|и́ть, **∼ля́ть** → ***зата́плива***[…] **∼та́ть** → ***зата́птывать***

зато́р *m* [1] obstruction; **∼ *у́лично*[…] *движе́ния*** traffic jam

заточ|а́ть [1], ⟨**∼и́ть**⟩ [16 *e.*; -чу́, -чи́[…] -чённый] *old use* confine, impris[…] **∼е́ние** *n* [12] confinement, impris[…]ment

затра́|вливать [1], ⟨**∼ви́ть**⟩ [14] hunt chase down; *fig.* persecute; bait; **∼**[…]**вать** [1], ⟨**затро́нуть**⟩ [20] touch *fig.*, [up]on); affect; ***затро́нуть чьё***[…] ***самолю́бие*** wound s.o.'s pride

затра́|та *f* [5] expense, outlay; **∼чива**[…] [1], ⟨**∼тить**⟩ [15] spend

затро́нуть → ***затра́гивать***

затрудн|е́ние *n* [12] difficulty, troub[…] embarrassment; ***в ∼е́нии*** *a.* at a lo[…] **∼и́тельный** [14; -лен, -льна] difficu[…] hard; embarrassing; ***∼и́тельное пол***[…]***же́ние*** predicament; **∼я́ть** [28], ⟨**∼и́**[…] [13] embarrass, (cause) trouble; *что*[…] render (more) difficult; *кого-л.* inco[…]venience; *что-л.* aggravate, comp[…]cate; **-ся** *a.* be at a loss (**в** П, Т for)

зату|ма́нивать(ся) [1], ⟨**∼ма́нить(ся**[…] [13] fog, dim, cloud; **∼ха́ть** [1], ⟨**∼хну**[…] [21] die away, fade; *огонь* go o[…] **∼шёвывать** [1], ⟨**∼шева́ть**⟩ [6] shad[…] *fig. coll.* veil; gloss over; **∼ши́ть** [1[…] → ***туши́ть***

за́тхлый [14] musty, fusty

зат|ыка́ть [1], ⟨**∼кну́ть**⟩ [20] stop u[…] plug, (*пробкой*) cork; ***∼кну́ть кого́ за по́яс*** *coll.* outdo s.o.; **∼ы́лок** *m* […] -лка] back of the head

заты́чка *f* [5; *g/pl.*: -чек] stopper, plu[…]

затя́|гивать [1], ⟨**∼ну́ть**⟩ [19] tighte[…] draw tight; (*засосать*) draw in, *e*[…] (*покрыть*) cover; *рану* close; *вре*[…] protract, delay; ***∼гивать пе́сню*** *c*[…] strike up a song; **∼жка** *f* [5; *g/p*[…] -жек] protraction, delaying; ***сде́ла***[…] ***∼жку*** draw, inhale, take a whiff; **∼жн**[…] [14] long, lengthy, protracted

у|ны́вный [14; -вен, -вна] doleful, mournful; **~ря́дный** [14; -ден, -дна] commonplace), ordinary, mediocre; **~се́ница** *f* [5] hangnail
у́треня *f* [6] matins *pl.*
у́ч|ивать [1], ⟨**~и́ть**⟩ [16] memorize
хва́т *m* [1] seizure, capture; usurpation; **~ывать** [1], ⟨**~и́ть**⟩ [15] grasp; take along with one, *a.* **с собо́й**); (*завладеть*) seize, capture; usurp; *fig.* absorb, captivate, thrill; (*застигнуть*) catch; *дух* take (away [*breath*], by [*surprise*], *etc.*); **~нический** [16] aggressive; **~чик** *m* [1] invader, aggressor; **~ывать** → **~и́ть**
хвора́ть [1] *pf.* fall sick *or* ill
хл|ёбываться [1], ⟨**~ебну́ться**⟩ [20] choke, stifle (T, **от** P with); *fig. от гнева* be beside o.s.; **~ёстывать** [1], ⟨**~естну́ть**⟩ [20; -хлёснутый] swamp, overwhelm; flow over; **~о́пывать(ся)** [1], ⟨**~о́пнуть(ся)**⟩ [20] slam, bang
хо́д *m* [1] (**со́лнца** sun)set; *в порт* call; *ae.* approach; **~и́ть** [5], ⟨**зайти́**⟩ [зайду́, -дёшь; *g. pt.*: зайдя́; → **идти́**] go *or* come in *or* to (see, *etc.*), call *or* drop in (**к** Д, **в** В on, at); pick up, fetch (**за** T); *naut.* call, enter; *куда-то* get; *за угол* turn, *ширму и т. д.* go behind (**за** B); *astr.* set; **речь зашла́ о** (П) (we, *etc.*) began (came) to (*or* had a) talk (about)
холу́ст|ный [14] remote, provincial; **~ье** *n* [10] out-of-the-way place
худа́лый [14] *coll.* shabby, impoverished
цеп|ля́ть [28], ⟨**~и́ть**⟩ [14] (*a.* **за** B) catch, hook on, grapple; (*соединить*) fasten; **-ся** → **задева́ть**
чаро́в|ывать [1], ⟨**~а́ть**⟩ [7] charm, enchant
части́|ть [15; -щу́, -сти́шь; -и́вший] *pf.* take to doing; begin to visit often (**в го́сти и т. д.**); **~л дождь** it began to rain heavily
частую́ *coll.* often, frequently
ча́|тие *n* [12] conception; **~ток** *m* [1; -тка] embryo; rudiment; **~точный** [14] rudimentary; **~ть** [-чну́, -чнёшь; зача́л, -á, -о; зача́тый (зача́т, -á, -о)] *pf.* conceive

заче́м why, wherefore, what for; **~то** for some reason or other
зач|ёркивать [1], ⟨**~еркну́ть**⟩ [20; -чёркнутый] cross out, strike out; **~е́рпывать** [1], ⟨**~ерпну́ть**⟩ [20; -че́рпнутый] scoop, draw up; *суп* ladle; **~ерстве́лый** [14] stale; **~е́сть** → **~и́тывать**; **~ёсывать** [1], ⟨**~еса́ть**⟩ [3] comb (back); **~ёт** *m* [1] reckoning; *educ.* test; credit; *coll.* **э́то не в ~ёт** this does not count
зач|и́нщик *m* [1] instigator; **~исля́ть** [28], ⟨**~и́слить**⟩ [13] enrol(l), enlist; *в штат* take on the staff; *comm.* enter; **~и́тывать** [1], ⟨**~е́сть**⟩ [25 -т-: -чту́, -чтёшь; → **проче́сть**] reckon, charge, account; *educ.* credit; **~и́тывать**, ⟨**~ита́ть**⟩ [1] read (to, aloud); *coll.* *взятую книгу* not return; **-ся** (*увлечься*) be(come) absorbed (T in); go on reading for too long
заш|ива́ть [1], ⟨**~и́ть**⟩ [-шью́, -шьёшь; → **шить**] sew up; **~нуро́вывать** [1], ⟨**~нурова́ть**⟩ [7] lace (up); **~то́панный** [14] darned
защёлк|а *f* [5; *g/pl.*: -лок] latch; **~ивать** [1], ⟨**~нуть**⟩ [20] snap, latch
защем|ля́ть [28], ⟨**~и́ть**⟩ [14 *e.*; - емлю́, -еми́шь; -емлённый] pinch, jam; *impers. fig.* ache
защи́|та *f* [5] defense (*Brt.* -nce), protection, cover; *sport*, *law* the defense (-nce); **~ти́ть** → **~ща́ть**; **~тник** *m* [1] defender; protector; *law* advocate (*a. fig.*), counsel for the defense (-nce); *sport* (full)back; **~тный** [14] protective, safety…; *цвет* khaki…; *шлем* crash; **~ща́ть** [1], ⟨**~ти́ть**⟩ [15; -ищу́, -ити́шь; -ищённый] (**от** P) defend (from, against); *от дождя и т. д.* protect (from); uphold, back, stand up for; advocate; *диссертацию* maintain, support; *impf. law* defend, plead (for)
заяв|и́ть → **~ля́ть**; **~ка** *f* [5; *g/pl.*: -вок] application (for **на** B); claim; request; **~ле́ние** *n* [12] declaration, statement; (*просьба*) petition, application (for **о** П); **~ля́ть** [28], ⟨**~и́ть**⟩ [14] (*a.* о П) declare, announce, state; *права* claim; (*сообщить*) notify, inform

зая́длый *coll.* [14] → **завя́тый**
за́я|ц *m* [1; за́йца] hare; *coll.* stowaway; *в автобусе и т. д.* bilker; **~чий** [18] hare('s)...; **~чья губа́** harelip
зва́|ние *n* [12] *mil.* rank (*тж. академическое*); *чемпиона и т. д.* title; standing; **~ный** [14] invited; **~ть** [зову́, зовёшь; звал, -á, -o; (...) зва́нный (зван, -á, -o)] **1.** ⟨по-⟩ call; invite ([*a.* **~ть в го́сти**] **к** Д, **на** В to); **2.** ⟨на-⟩ (Т) (be) called; **как Вас зову́т?** what is your (first) name?; **меня́ зову́т Петро́м** or **Пётр** my name is Peter
3
звезда́ *f* [5; *pl.* звёзды, *etc. st.*] star (*a. fig.*); **морска́я ~** *zo.* starfish
звёзд|ный [14] star..., stellar; *небо* starry; *ночь* starlit; **~очка** *f* [5; *g/pl.*: -чек] starlet; asterisk
звен|е́ть [9], ⟨за-, про-⟩ ring, jingle, clink; **у меня́ ~и́т в уша́х** my ears are ringing
звено́ *n* [9; *pl.*: зве́нья, -ьев] link; *fig.* team, section, *производства* branch
звери́н|ец *m* [1; -нца] menagerie; **~ый** [14] animal; *fig.* savage, brutal; → **звéрский**
зверово́дство *n* [9] fur-farming
звéр|ский [16] → **звери́ный**; *fig.* brutal; *coll. mst. adv.* (*очень*) awful(ly), dog(-tired); **~ство** [9] brutality; *pl.* atrocities; **~ь** *m* [4; *from g/pl. e.*] (wild) animal, beast; *fig.* brute
звон *m* [1] ring, jingle, peal, chime; **~а́рь** *m* [4 *e.*] bell ringer; rumo(u)rmonger; **~и́ть** [13], ⟨по-⟩ ring (*v/t.* **в** В), chime, peal; (Д) telephone, call up; **вы не туда́ звони́те** you've got the wrong number; **~кий** [16; зво́нок, -нка́, -o; *comp.*: зво́нче] sonorous, clear; resonant; *gr.* voiced; **~о́к** *m* [1; -нка́] bell; (*звук*) ring
звук *m* [1] sound; **пусто́й ~** empty words; **~ово́й** [14] sound...; **~оза́пись** *f* [8] sound recording; **~онепроница́емый** [14] soundproof; **~оопера́тор** *m* [1] *cine.* sound producer
звуч|а́ние *n* [12] sounding; **~а́ть** [4 *e.*; 3rd *p. only*], ⟨про-⟩ (re)sound; *звонок* bell, ring; **~ный** [14; -чен, -чна́, -o] sonorous, clear; resonant
звя́к|ать [1], ⟨~нуть⟩ [20] jingle, tinkle
зги: (*only in phr.*) **ни зги не ви́дно** it pitch-dark
зда́ние *n* [12] building
зде|сь (*of place*) here; (*on mail*) loc **~сь нет ничего́ удиви́тельного** the is nothing surprising in this; **~шний** [1 local; **я не ~шний** I am a stranger he
здоро́в|аться [1], ⟨по-⟩ (**с** Т) greet *or* s lute (o.a.); wish good morning, *et* **~аться за́ руку** shake hands; **~o!**[1] h hello!; **~o**[2] awfully; well done; **~ь** [14 *sh.*] *com.* healthy (*a. su.*), sour (*a. fig.*); *пища* wholesome; *климат* s lubrious; P strong; in good healt **бу́дь(те) ~(ы)!** good-by(e)!, good luck (*ваше здоровье!*) your health!; **~ье** [10] health; **как ва́ше ~ье?** how a you?; **за ва́ше ~ье!** your health!, here to you!; **на ~ье!** good luck (health) **е́шь(те) на ~ье!** help yourself, please
здра́в|ница *f* [5] health resort, sanator um; **~омы́слящий** [17] sane, sensibl **~оохране́ние** *n* [12] public health se vice; **~ствовать** [7] be in good healt **~ствуй(те)!** hello!, hi!, good mornin (*etc.*); *при знакомстве* how do yo do?; **~ый** [14 *sh.*] → **здоро́вый**; *fi* sound, sane, sensible; **~ый смысл** com mon sense; **в ~ом уме́** in one's senses; **и невреди́м** safe and sound
зе́бра *f* [5] zebra
зев *m* [1] *anat.* pharynx; **~а́ка** *m/f* [5] gap er; **~а́ть** [1], *once* ⟨~ну́ть⟩ [20] yaw **~а́ть по сторона́м** stand about gapin **не ~а́й!** look out!; **~о́к** *m* [1; -вка́] yaw **~о́та** *f* [5] yawning
зелен|е́ть [8], ⟨за-, по-⟩ grow, turn *or* b green; *impf.* (*a.* **-ся**) appear *or* sho green; **~ова́тый** [14 *sh.*] greenish
зелён|ый [14; зе́лен, -á, -o] green (*a fig.*), verdant; **~ая у́лица** *fig.* gree light; **~ юне́ц** *coll.* greenhorn
зе́л|ень *f* [8] verdure; green; *cul.* po herbs, greens *pl.*; **~ье** *n* [10] *coll.* potior alcoholic drink
земе́льный [14] land...; **~ уча́сток** plo of land
землевладе́|лец *m* [1; -льца] landown er; **~ние** *n* [12] land ownership
земледе́л|ец *m* [1; -льца] farmer; **~ие**

12] agriculture, farming; **~ьческий** 16] agricultural
мле|мéр *m* [1] (land)surveyor; **~пó-льзование** *n* [12] land tenure; **~трясé-ние** *n* [12] earthquake; **~черпáлка** *f* [5; /*pl.*: -лок] dredger, excavator
млúстый [14 *sh.*] earthy; *цвет лица* shy, sallow
мл|я́ *f* [6; *ac/sg.*: зéмлю; *pl.*: зéмли, зе-мéль, зéмлям] earth (as planet **2я́**); and; (*поверхность, почва*) ground, oil; **на ~ю** to the ground; **~я́к** *m* [1 .] (fellow) countryman; **~янúка** *f* [5] wild) strawberry, -ries *pl.*; **~я́нка** *f* 5; *g/pl.*: -нок] *mil.* dugout; **~янóй** [14] arth(en); **~яны́е рабóты** excavations
мновóдный [14] amphibious
мнóй [14] (of the) earth, terrestrial; arthly; *fig.* earthy, mundane
нúт *m* [1] zenith (*a. fig.*); **~ный** [14] *mil.* nti-aircraft…
нúц|а *f* [5]: **берéчь как ~у óка** cherish
ркал|о *n* [9; *pl. e.*] looking glass, mir-or (*a. fig.*); **~ьный** [14] *fig.* (dead-)-mooth; **~ьное стеклó** plate glass
рн|úстый [14 *sh.*] grainy, granular; **~ó** [9; *pl.*: зёрна, зёрен, зёрнам] grain (*a. oll.*), corn (*a. fig.*), seed; **~ó úстины** grain of truth; **кóфе в зёрнах** coffee beans; **~овóй** [14] grain…; *su. pl.* cere-als
фúр *m* [1] sweetmeat (*of egg-white, ugar and gelatin(e)*)
гзáг *m* [1], **~ообрáзный** [14; -зен, -зна] zigzag
м|á *f* [5; *ac/sg.*: зúму; *pl. st.*] winter (T in the]; **на** B for the); **~ний** [15] winter…, wintry; **~овáть** [7], 〈за-, пере-〉 winter, hibernate
я́ть [28] gape
лак *m* [1] *pl.* gramineous plants; **хлéб-ные ~и** *pl.* cereals
лáто… *obs. or poet.* gold(en)
лить [13], 〈обо-, разо-〉 anger, make angry; (*раздражать*) vex, irritate; **~ся** be(come) *or* feel angry (**на** B with); be in a bad temper
ло *n* [9; *pl. gen.* зол *only*] evil; (**меня́**) **~ берёт** it annoys me
лóб|а *f* [5] malice, spite; rage; **~а дня** topic of the day; **~ный** [14; -бен, -бна] spiteful, malicious; **~однéвный** [14; -вен, -вна] topical, burning; **~ство-вать** [7] → **злúться**
злов|éщий [17 *sh.*] ominous; **~óние** *n* [12] stench; **~óнный** [14; -óнен, -óнна] stinking, fetid; **~рéдный** [14; -ден, -дна] pernicious, noxious
злодé|й *m* [3] villian; **~йский** [16] *пре-ступление* vile, outrageous; *замысел и т. д.* malicious; **~йство** *n* [9], **~я́ние** *n* [12] outrage, villainy, crime
злой [14; зол, зла, зло] wicked, evil; *язык, действие* malicious, spiteful; angry (with **на** B); *собака* fierce; *нрав* severe; **~ гéний** evil genius
зло|кáчественный [14 *sh.*] *med.* malig-nant; **~ключéние** *n* [12] misfortune; **~намéренный** [14 *sh.*] malevolent; **~пáмятный** [14; -тен, -тна] rancorous; **~полу́чный** [14; -чен, -чна] unfortu-nate, ill-fated; **~рáдный** [14; -ден, -дна] gloating
злословú|е *n* [12], **~ть** [14] malicious gossip, backbiting
злóст|ный [14; -тен, -тна] malicious, spiteful; malevolent; *закоренелый* in-veterate; **~ь** *f* [8] spite, rage
зло|счáстный [14; -тен, -тна] → **~по-лу́чный**
злоумы́шленник *m* [1] plotter; male-factor
злоупотреб|лéние *n* [12], **~ля́ть** [28], 〈**~úть**〉 [14 *e.*; -блю́, -бúшь] (T) *властью, доверием* abuse; *спирт-ным* drink too much
зме|úный [14] snake('s), serpent('s), ser-pentine; **~úться** [13] meander, wind (o.s.); **~й** *m* [3]: **возду́шный ~й** kite; **~я́** *f* [6; *pl. st.*: змéи, змей] snake, ser-pent (*a. fig.*)
знак *m* [1] sign, mark; *дружбы и т. д.* token; symbol; (*предзнаменование*) omen; (*значок*) badge; signal; **дорóж-ный ~** road sign; **~и** *pl.* **препинáния** punctuation marks; **в ~** (P) in token *or* as a sign of
знакóм|ить [14], 〈по-〉 introduce (B/**с** T a *p.* to); *a.* 〈о-〉 acquaint (**с** T with); **-ся** (**с** T) *p.*: meet, make the acquaintance

З

of, (*a. th.*) become acquainted with; *th.*: familiarize o.s. with, go into; **~ство** *n* [9] acquaintance (-ces *pl.*); **~ый** [14 *sh.*] familiar, acquainted (**с** T with); know; *su.* acquaintance; **~ьтесь, …**, meet…

знамена́тель *m* [4] denominator; **~ный** [14; -лен, -льна] memorable, remarkable; (*важный*) significant, important

знаме́н|ие *n* [12]: ***~ие вре́мени*** sign of the times; **~и́тость** *f* [8] fame, renown; *p.*: celebrity; **~и́тый** [14 *sh.*] famous, renowned, celebrated (T by, for); **~ова́ть** [7] *impf.* mark, signify

3

зна́мя *n* [13; *pl.*: -мёна, -мён] banner, flag; *mil.* standard; colo(u)rs

зна́ни|е *n* [12] (*a. pl.* ~я) knowledge; **со *~ем де́ла*** capable, competently

зна́т|ный [14; -тен, -тна́, -о] *род и т. д.* noble; **~о́к** *m* [1 *e.*] expert; *ценитель* connoisseur

знать[1] [1] know; ***дать ~*** (Д) let know; ***дать себя́*** (***о себе́***) ~ make itself felt (send news); ***кто его́ зна́ет*** goodness knows

знать[2] *f* [8] *hist.* nobility, notables *pl.*

знач|е́ние *n* [12] meaning, sense; *math.* value; significance, importance (*vb.*: ***име́ть*** be of); **~и́тельный** [14; -лен, -льна] considerable; large; (*важный*) important, significant; **~ить** [16] mean, signify; (*иметь значение*) matter; **~ит** consequently, so; well (then); **-ся** be mentioned, be registered; *impers.* (it) say(s); **~о́к** *m* [1; -чка́] badge; (*пометка*) sign

знобит|ь: ***меня́*** ~ I feel shivery

зной *m* [3] heat, sultriness; **~ный** [14; зно́ен, зно́йна] sultry, hot

зоб *m* [1] crop, craw (*of birds*); *med.* goiter (-tre)

зов *m* [1] call

зо́дчество *n* [9] architecture

зола́ *f* [5] ashes *pl.*

золо́вка *f* [5; *g/pl.*: -вок] sister-in-law (*husband's sister*)

золоти́|стый [14 *sh.*] golden; **~ть** [15 *e.*; -очу́, -оти́шь], ⟨по-, вы́-⟩ gild

зо́лот|о *n* [9] gold; ***на вес ~а*** worth its weight in gold; **~о́й** [14] gold(en) (*a. fig.*); ***~о́е дно*** gold mine; ***~о́й запа́с*** *econ.* gold reserves; ***~ы́е ру́ки*** gold hands; ***~а́я середи́на*** golden mean

золочёный [14] gilt, gilded

Зо́лушка *f* [5; *g/pl.*: -шек] Cinderella

зо́н|а *f* [5] zone; **~а́льный** [14] zonal, regional

зонд *m* [1] probe, sound; **~и́ровать** sound; ***~и́ровать по́чву*** *fig.* explore the ground

зонт, ~ик *m* [1] umbrella; sunshade; ***складно́й ~ик*** telescopic umbrella

зоо́|лог *m* [1] zoologist; **~логи́ческий** [16] zoological; **~ло́гия** *f* [7] zoology; **~па́рк** *m* [1] zoo(logical garden)

зо́ркий [16; зо́рок, -рка́, -о; *comp.* зо́рче] sharp-sighted (*a. fig.*); observant, watchful, vigilant

зрачо́к *m* [1; -чка́] *anat.* pupil

зре́л|ище *n* [11] sight; spectacle; show; **~ость** *f* [8] ripeness; *о человеке* maturity; **~ый** [14; зрел, -а́, -о] ripe, mature; ***по ~ому размышле́нию*** on reflection

зре́ни|е *n* [12] (eye)sight; ***по́ле ~я*** field of vision, eyeshot; *fig.* horizon; ***обма[н]*** ***~я*** optical illusion; ***то́чка ~я*** point of view; standpoint, angle (*prp.*: **с то́чки** ***~я = под угло́м ~я*** from …)

зреть [8], ⟨со-, вы́-⟩ ripen, mature

зри́тель *m* [4] spectator, onlooker, observer; **~ный** [14] visual, optic; ***~ный зал*** hall, auditorium; ***~ная па́мять*** visual memory

зря *coll.* in vain, to no purpose, (all) for nothing; ***~ ты э́то сде́лал*** you shouldn't have done it

зря́чий [17] sighted (*opp. blind*)

зуб *m* [1; *from g/pl. e.*; зу́бья, зу́бьев] tooth; *tech. a.* cog; ***до ~о́в*** to the teeth; ***не по ~а́м*** too tough (*a. fig.*); ***сквозь ~[ы]*** through clenched teeth; ***име́ть ~*** (***на*** В) have a grudge against; **~а́стый** [14 *sh.*] *fig.* sharptongued; **~е́ц** *m* [1; -бца́] *tech.* → **зуб**; **~и́ло** *n* [9] chisel; **~но́й** [14] tooth, dental; ***~но́й врач*** *m* dentist; ***~на́я боль*** toothache; ***~на́я щётка*** toothbrush; **~овраче́бный** [14]: ***~овраче́бный кабине́т*** dental surgery

зу́бр *m* [1] European bison; *fig.* diehard; *coll.* pundit

зубр|ёжка *f* [5] cramming; **~и́ть 1.** [1[3]

за-⟩ notch; ***зазу́бренный*** jagged; **2.** 13; зубрю́, зубри́шь], ⟨вы́-, за-⟩ [зазу́ренный] cram, learn by rote

бчатый [14] *tech.* cog (wheel)…, ear…; jagged

д *m* [1], **~е́ть** *coll.* [9] itch; urge; *fig.* omplain constantly, talk boringly

ммер *m* [1] buzzer

ıб|кий [16; зы́бок, -бка́, -o; *comp.*: зы́бче] unsteady, unstable (*a. fig.*) vague; **~ь** *f* [8] ripples *pl.*

зы́чный [14; -чен, -чна; *comp.*: -чнее] loud, shrill

зя́б|нуть [21], ⟨(пр)о-⟩ feel chilly; **~ь** *f* [8] winter tillage *or* cold

зять *m* [4; *pl. e.*: зятья́, -ьёв] son- *or* brother-in-law (*daughter's or sister's husband*)

И

. *cj.* and; and then, and so; but; (even) hough, much as; (that's) just (what… is tc.), (this) very *or* same; **2.** *part.* oh; too, n)either; even; ***и … и …*** both … and

o *c.j.* for

ıa *f* [5; *pl. st.*] willow; ***плаку́чая ~*** weeping willow

ıолга *f* [5] oriole

л|а́ *f* [5] needle (*a. tech.*); *bot.* thorn, rickle; *zo.* quill, spine, bristle; **~отерапи́я** *f* [7], **~ука́лывание** *n* [12] acupuncture

норировать [7] (*im*)*pf.* ignore

o *n* [9] *fig.* yoke

о́л|ка *f* [5; *g/pl.*: -лок] → **игла́**; ***как на ~ках*** on tenterhooks; ***с ~(оч)ки*** brand-new, spick-and-span; **~ьный** [14] needle('s)…; ***~ьное у́шко*** eye of a needle

о́рный [14] gambling; card…

ра́ *f* [5; *pl. st.*] play; game (**в** B of); sparkle; ***~ слов*** play on words, pun; ***~ не сто́ит свеч*** it isn't worth while; ***~ воображе́ния*** pure fantasy; **~льный** [14] *карта* playing; **~ть** [1], ⟨по-, сыгра́ть⟩ play (**в** B, **на** П); *в азартные игры* gamble; sparkle (wine, *etc.*); *thea.* act; ***~ть свое́й жи́знью*** risk one's ife; ***э́то не ~ет ро́ли*** it does not matter

ри́|вый [14 *sh.*] playful; **~стый** [14 *sh.*] parkling

ро́к *m* [1 *e.*] player; gambler

ру́шка *f* [5; *g/pl.*: -шек] toy; *fig.* plaything

деа́л *m* [1] ideal; **~изи́ровать** [7] (*im*)*pf.* idealize; **~и́зм** *m* [1] idealism; **~и́ст** *m* [1] idealist; **~исти́ческий** [16] idealistic; **~ьный** [14; -лен, -льна] ideal

идентифика́тор *m* [1] *comput.* name

идео́лог *m* [1] ideologist; **~и́ческий** [16] ideologic(al); **~́ия** *f* [7] ideology

иде́я *f* [6] idea

иди́лл|ия *f* [7] idyl(l); **~и́ческий** [16] idyllic

идио́ма *f* [5] idiom

идио́т *m* [1] idiot; **~и́зм** *m* [1] idiocy; **~ский** [16] idiotic

и́дол *m* [1] idol (*a. fig.*)

идти́ [иду́, идёшь; шёл, шла; ше́дший; идя́, *coll.* и́дучи], ⟨пойти́⟩ [пойду́, -дёшь; пошёл, -шла́] (be) go(ing, *etc.*; *a. fig.*), walk; come; (**за** T) follow, *a.* go for, fetch; leave; (*двигать*[*ся*]) move (*a.* chess, T), flow, drift (**в, на** B); *школу и т. д.* enter; *армию и т. д.* join, become; (*происходить*) proceed, be in progress, take place; *thea. фильм* be on; *дорога* lead (*о карте* **с** P); (**на** B) attack; *о товаре* sell; (**в, на, под** B) be used, spent (for); (**к** Д) suit; (**за** B) marry; ***~ в счёт*** count; ***~ на вёслах*** row; ***пойти́ в отца́*** take after one's father; ***идёт!*** all right!, done!; ***пошёл (пошли́)!*** (let's) go!; ***де́ло (речь) идёт о*** (П) the question *or* matter is (whether), it is a question *or* matter of; … is at stake; ***ему́ идёт*** *or* ***пошёл шесто́й год (деся́ток)*** he is over five (fifty)

иезу́ит *m* [1] Jesuit (*a. fig.*)

иера́рхия *f* [7] hierarchy

иеро́глиф *m* [1] hieroglyph(ic)
иждиве́н|ец *m* [1; -нца] dependent (-dant); **~ие** *n* [12]: ***быть на ~ии*** (P) be s.o.'s dependent (-dant)
из, ~о (P) from, out of; of; for, through; with; in; by; ***что ж ~ э́того?*** what does that matter?
изба́ *f* [5; *pl. st.*] (peasant's) house, cottage
избав|и́тель *m* [4] rescuer, deliverer; **~́ить → ~ля́ть**; **~ле́ние** *n* [12] deliverance, rescue; **~ля́ть** [28], ⟨**~́ить**⟩ [14] (**от** P from) (*освободить*) deliver, free; (*спасти*) save; *от боли* relieve; **-ся** (**от** P) get rid of
избало́ванный [14 *sh.*] spoilt
избе|га́ть [1], ⟨**~жа́ть**⟩ [4; -егу́, -ежи́шь, -егу́т], ⟨**~́гнуть**⟩ [21] (P) avoid, shun; *смерти* escape; (*уклониться*) evade; **~жа́ние** *n* [12]: ***во ~жа́ние*** (P) (in order) to avoid
изб|ива́ть [1], ⟨**~и́ть**⟩ [изобью́, -бьёшь; **→ бить**] beat unmercifully; **~ие́ние** *n* [12] beating; massacre
избира́тель *m* [4] voter, elector; *pl. a.* electorate; constituency; **~ный** [14] electoral; ballot…, election; ***~ный уча́сток*** polling station; ***~ный о́круг*** constituency
изб|ира́ть [1], ⟨**~ра́ть**⟩ [-беру́, -рёшь; **→ брать**] choose; elect (В/**в** И *pl. or*/Т); **~́ранный** *a.* select(ed); ***~́ранные сочине́ния*** selected works
изби́|тый [14 *sh.*] *fig.* hackneyed, trite; **~ть → ~ва́ть**
избра́|ние *n* [12] election; **~нник** *m* [1] (young) man of her choice; **~ть → избира́ть**
избы́т|ок *m* [1; -тка] surplus; abundance, plenty; ***в ~ке, с ~ком*** in plenty, plentiful(ly); ***в ~ке чу́вств*** *fig.* overcome by emotion; **~очный** [14; -чен, -чна] superfluous, surplus…
и́звер|г *m* [1] monster, cruel person; **~же́ние** *n* [12] eruption
изверну́ться → извора́чиваться
извести́ → изводи́ть
изве́ст|ие *n* [12] news *sg.*; information; *pl. a.* bulletin; ***после́дние ~ия*** *rad.* news(cast), the latest news; **извести́ть → извеща́ть**
извёстк|а *f* [5], **~о́вый** [14] lime
изве́стн|ость *f* [8] reputation, fame; **по́льзоваться (мирово́й) ~остью** (world-)renowned *or* famous *or* well-known; **ста́вить** (В) **в ~ость** bring s.th. to a p.'s notice (**о** П); **~ый** [-тен, -тна] known (for Т; as **как**, В), familiar; well-known, renowned, famous; notorious; (*некоторый*) certain; **наско́лько мне ~о** as far as I know; (**мне**) **~о** it is known (I know); **ему́ э́то хорошо́ ~о** he is well aware of this
извест|ня́к *m* [1 *e.*] limestone; **´~ь** *f* lime
изве|ща́ть [1], ⟨**~сти́ть**⟩ [15 *e.*; -ещу́, -ести́шь; -ещённый] inform (**о** П of), notify; *comm. a.* advise; **~ще́ние** *n* [12] notification, notice; *comm.* advice
изви|ва́ться [1] wind, meander, twist; *теле, змее и т. д.* wriggle; **~́лина** *f* bend, curve; turn; *мозга* convolution; **~́листый** [14 *sh.*] winding, tortuous
извин|е́ние *n* [12] apology, excuse; **~и́тельный** [14; -лен, -льна] pardonable; [*no sh.*] apologetic; **~я́ть** [28], ⟨**~и́ть**⟩ [13] excuse, pardon; forgive (Д/В a p. a th.); ***~и́(те)!*** excuse me!, I am sorry!; ***нет, уж ~и́(те)!*** oh no!, on no account!; **-ся** apologize (**пе́ред** Т **за** В to/for); **~я́юсь!** *coll.* **→ ~и́(те)!**
извле|ка́ть [1], ⟨**~́чь**⟩ [26] take *or* draw out; extract (*a. math.*); *выгоду* derive; **~че́ние** *n* [12] extract(ion)
извне́ from outside
изводи́ть *coll.* [15], ⟨**извести́**⟩ [25] (*израсходовать*) use up; (*измучить*) exhaust, torment
изво́л|ить [13] *iro.* please, deign; **~ь(те)** + *inf.* (would you) please + *vb*
извор|а́чиваться [1], ⟨**изверну́ться**⟩ [20] *coll.* dodge; (try to) wriggle out; **~о́тливый** [14 *sh.*] resourceful; shrewd
извра|ща́ть [1], ⟨**~ти́ть**⟩ [15 *e.*; -ащу́, -ати́шь; -ащённый] *факты* misconstrue, distort; *о человеке* pervert
изги́б *m* [1] bend, curve, turn; *fig.* shade; **~а́ть** [1], ⟨**изогну́ть**⟩ [20] bend, curve, crook (*v/i.* **-ся**)

гла́|живать [1], ⟨**~дить**⟩ [15] (**-ся** be[-ome]) efface(d), erase(d); **~дить из ·а́мяти** blot out of one's memory
гна́|ние *n* [12] *old use, lit.* banishment; xile; **~нник** *m* [1] exile; **~ть → из-оня́ть**
голо́вье *n* [10] *кровати* head
г|оня́ть [28], ⟨**~на́ть**⟩ [-гоню́, -го́нишь; гна́л, -ла́] drive out; oust; expel; exile, anish
городь *f* [8] fence; *зелёная* hedge(-ow)
гот|а́вливать [1], **~овля́ть** [28], **~о́вить**⟩ [14] make, produce, manufac-ure; **~овле́ние** *n* [12] manufacture; naking; *mil.* preparation
да|ва́ть [5], ⟨**~ть**⟩ [-да́м, -да́шь, *etc.*, → **ать**; и́зданный (и́здан, -а́, -о)] publish; *риказ* issue; *запах* exhale; *звук* utter, mit; *law* promulgate
да|вна for a long time; from time im-nemorial; **~лека́, ~лёка ~ли** from afar; rom a distance
да́|ние *n* [12] publication; edition; is-ue; **~тель** *m* [4] publisher; **~тельство** [9] publishing house, publishers *pl.*; **ть → издава́ть**
деват|ельство *n* [9] jeering, scoffing, neering (**над** T at); **~ься** [1] jeer, sneer, nock (**над** T at); bully
де́лие *n* [12] product, article; (nee-le)work; *pl. a.* goods
дёргать [1] harass, harry; **-ся** over-train one's nerves; worry one's head ff
держ|а́ться [4] *pf. coll.* spend a lot of *or* run short of) money; **~ки** *f/pl.* [5; *en*: -жек] expenses; *law* costs
дыха́ть [1] → **до́хнуть**
ж|ива́ть [1], ⟨**~и́ть**⟩ [-живу́, -вёшь; жи́тый, *coll.* -то́й (изжи́т, -а́, -о)] (grad-ally) overcome; **~и́ть себя́** be(come) utdated, have had one's day; **~о́га** *f* 5] heartburn
-за (P) from behind; from; because of; ver; for (the sake of); **~ чего́?** why?, for what reason?; **~ э́того** for that reason
лага́ть [1], ⟨изложить⟩ [16] state, set orth, expound, word
леч|е́ние *n* [12] cure, (medical) treat-ment; (*выздоровление*) recovery; **~ивать** [1], ⟨**~и́ть**⟩ [16] cure; **~и́мый** [14 *sh.*] curable
изл|ива́ть [1], ⟨**~и́ть**⟩ [изолью́, -льёшь; **→ лить**]: **~и́ть ду́шу** unbosom o.s.; *гнев* give vent (*to anger*)
изли́ш|ек *m* [1; -шка] surplus, *a.* **~ество** *n* [9] excess; **~не** unnecessarily; **~ний** [15; -шен, -шня, -не] superfluous, exces-sive; (*ненужный*) needless
изл|ия́ние *n* [12] outpouring, effusion; **~и́ть** [28] **→ ~ива́ть**
изловчи́ться *coll.* [16 *e.*; -чу́сь, -чи́шься] *pf.* contrive
излож|е́ние *n* [12] exposition, account; **~и́ть → излага́ть**
изло́манный [14] broken; warped; *жизнь, характер* spoilt, deformed
излуч|а́ть [1] radiate; **~е́ние** *n* [12] radi-ation
излу́чина *f* [5] *реки* **→ изги́б**
излю́бленный [14] favo(u)rite
изме́н|а *f* [5] treason (Д to); *супруже-ская* unfaithfulness; **~е́ние** *n* [12] change, alteration, modification; **~и́ть → ~я́ть**; **~ник** *m* [1] traitor; **~чивый** [14 *sh.*] changeable, variable; *о человеке, настроении* fickle; **~я́ть** [28], ⟨**~и́ть**⟩ [13; -еню́, -е́нишь] **1.** *v/i.* change (*v/i.* **-ся**) alter; modify; vary; **2.** *v/i.* (Д) betray; be(come) unfaithful (to); *клятве и т. д.* break, violate; *память* fail
измер|е́ние *n* [12] measurement; *math.* dimension; **~и́мый** [14 *sh.*] measurable; **~и́тельный** [14]: **~и́тельный прибо́р** measuring instrument, gauge; **~я́ть** [28], ⟨**~ить**⟩ [13 *st.*] measure; *темпера-туру* take; *глубину* fathom (*a. fig.*)
измождённый [14 *sh.*] *вид* emaciated; (*изнурённый*) exhausted
измо́р: **взять кого́-нибудь ~ом** *fig.* worry s.o. into doing s.th
и́зморозь *f* [8] rime, hoar-frost
и́зморось *f* [8] drizzle
изму́чи|вать [1], ⟨**~ть**⟩ [16] (**-ся** be[-come]) fatigue(d), exhaust(ed), wear (worn) out
измышле́ние *n* [12] fabrication, inven-tion

изна́нка *f* [5] back, inside; *ткани* wrong side; *fig.* seamy side

изнаси́лов|ание *n* [12], **~ать** [7] *pf.* rape, assault, violation

изна́шивать [1], ⟨износи́ть⟩ [15] wear out; *v/i.* **-ся**

изне́женный [14] coddled

изнем|ога́ть [1], ⟨**~о́чь**⟩ [26; г/ж: -огу́, -о́жешь, -о́гут] be(come) exhausted *or* enervated; **~ога́ть от уста́лости** feel dead tired; **~оже́ние** *n* [12] exhaustion, weariness

изно́с *m* [1] wear (and tear); ***рабо́тать на ~*** wear o.s. out with work; **~и́ть** → ***изна́шивать***

изно́шенный [14 *sh.*] worn (out); threadbare

изнур|е́ние *n* [12] exhaustion, fatigue; **~и́тельный** [14; -лен, -льна] *труд* hard, exhausting; *болезнь* wasting; **~я́ть** [28], ⟨**~и́ть**⟩ (**-ся** be[come]) fatigue(d), exhauste(d)

изнутри́ from within; on the inside

изны|ва́ть [1] *impf.* (**от** P); ***~ва́ть от жа́жды*** be dying of thirst; ***~ва́ть от ску́ки*** be bored to death

изоби́л|ие *n* [12] abundance, plenty (P *a.* **в** П of); **~овать** [7] abound (T in); **~ьный** [14; -лен, -льна] rich, abundant (T in)

изоблич|а́ть [1], ⟨**~и́ть**⟩ [16 *e.*; -чу́, -чи́шь; -чённый] unmask; *impf.* reveal, show

изобра|жа́ть [1], ⟨**~зи́ть**⟩ [15 *e.*; -ажу́, -ази́шь; -ажённый] represent, portray, depict; describe; express; ***~жа́ть из себя́*** (В) make o.s. out to be; **~же́ние** *n* [12] representation; description; *образ* image, picture; **~зи́тельный** [14]: ***~зи́тельное иску́сство*** fine arts

изобре|сти́ → ***~та́ть***; **~та́тель** *m* [4] inventor; **~та́тельный** [14; -лен, -льна] inventive, resourceful; **~та́ть** [1], ⟨**~сти́**⟩ [25 -т-: -брету́, -тёшь] invent; **~те́ние** *n* [12] invention

изо́гнут|ый [14 *sh.*] bent, curved; **~ь** → ***изгиба́ть***

изо́дранный [14] *coll.* → ***изо́рванный***

изол|и́ровать [7] *(im)pf.* isolate; *el. a.* insulate; **~я́тор** *m* [1] *el.* insulator; *med.* isolation ward; *в тюрьме* cell, j for imprisonment during investigati

~я́ция *f* [7] isolation; *el.* insulation

изо́рванный [14] torn, tattered

изощр|ённый [14] refine, subt **~я́ться** [28], ⟨**~и́ться**⟩ [13] exert o.s., cel (**в** П *or* T in); ***~я́ться в остроу́м*** sparkle with wit

из-под (P) from under; from; from vicinity of; ***буты́лка ~ молока́*** m bottle

изразе́ц *m* [1; -зца́] (Dutch) tile

и́зредка occasionally; *местами* h and there

изре́з|ывать [1], ⟨**~ать**⟩ [3] cut up

изре|ка́ть [1], ⟨**~́чь**⟩ *iro.* pronoun **~че́ние** *n* [12] aphorism, maxim

изруб|а́ть [1], ⟨**~и́ть**⟩ [14] chop, min cut (up)

изря́дный [14; -ден, -дна] *сумма* lar fair; *мороз* rather severe; *подлец* r scoundrel

изуве́ч|ивать, [1], ⟨**~ить**⟩ [16] mutila

изум|и́тельный [14; -лен, -льн amazing, wonderful; **~и́ть(ся)** **~ля́ть(ся)**; **~ле́ние** *n* [12] amazeme **~ля́ть** [28], ⟨**~и́ть**⟩ [14 *e.*; -млю́, -ми́ -млённый] (**-ся** Д be) amaze(d), ast ish(ed), surprise(d at)

изумру́д *m* [1] emerald

изуч|а́ть [1], ⟨**~и́ть**⟩ [16] study, lea (*ознакомиться*) familiarize o.s. wi (*овладеть*) master; *тщатель* scrutinize; **~е́ние** *n* [12] study

изъе́здить [15] *pf.* travel all over

изъяв|и́тельный [14] *gr.* indicati **~ля́ть** [28], ⟨**~и́ть**⟩ [14] express, sho *согласие* give

изъя́н *m* [1] defect, flaw

изыма́ть [1], ⟨изъя́ть⟩ [изыму́, из мешь] withdraw, confiscate

изыска́ние *n* [12] *mst. mining* prospe ing

изы́сканный [14 *sh.*] refined, elega *еда и т. д.* choice, exquisite

изыск|ивать [1], ⟨**~а́ть**⟩ [3] find

изю́м *m* [1] *coll.* raisins *pl.*; sultan **~инка** *f* [5]: **с ~инкой** piquant

изя́щн|ый [14; -щен, -щна] graceful, egant

…ать [1], ⟨**~нуть**⟩ [20] hiccup
…он|а *f* [5] icon; **´~опись** *f* [8] icon painting
…ота *f* [5] hiccup
…ра́¹ *f* [5] (hard) roe, spawn, caviar; ***зерни́стая ~*** soft caviar; ***па́юсная ~*** pressed caviar
…ра́² *f* [5] *mst. pl.* [*st.*] calf (*of leg*)
…л *m* [1] silt
…и or; or else; **~ … ~ …** either… or
…лю́|зия *f* [7] illusion; **~мина́ция** *f* [7] illumination; **~мини́ровать** [7] (*im*)*pf.* illuminate; **~стра́ция** *f* [7] illustration; **~стри́ровать** [7] (*im*)*pf.* illustrate
…би́рь *m* [4 *e.*] ginger
…е́ние *n* [12] estate, landed property
…ени́|ны *f/pl.* [5] name day; nameday party; **~тельный** [14] *gr.* nominative;
…тый [14 *sh.*] eminent, distinguished
…енно just, very (*adj.*), exactly, in particular; (*a.* **а ~, и ~**) namely, to wit, that is to say; (*a.* **вот ~**) *coll.* indeed
…еновать [7], ⟨на-⟩ call, name
…е́ть [8] have, possess; ***~ де́ло с*** (T) have to do with; ***~ ме́сто*** take place; ***~ в виду́*** have in mind, mean, intend; (*не забывать*) remember, bear in mind; **-ся** *под рукой* be at, in *or* on hand; (**у** P) have there is, are, *etc.*
…ита́ция *f* [7] imitation
…ммигра́нт *m* [1] immigrant
…ммуните́т *m* [1] immunity
…мпера́т|ор *m* [1] emperor; **~ри́ца** *f* [5] empress
…мпе́р|ия *f* [7] empire; **~ский** [16] imperial
…мпорт *m* [1], **~и́ровать** [7] (*im*)*pf.* import; **~ный** [14] imported
…мпоте́нция *f* [7] sexual impotence
…мпровизи́ровать [7] (*im*)*pf.* ⟨сымпровизи́ровать⟩ improvise
…мпульс *m* [1] impulse; *el.* pulse; **~и́вный** [14; -вен, -вна] impulsive
…му́щ|ество *n* [9] property; belongings *pl.*; ***недви́жимое ~ество*** real estate; **~ий** [17] well-to-do; ***власть ~ие*** the powers that be
…мя *n* [13] (*esp.* first, Christian) name (*a. fig. gr.*; parts of speech = *Lat.* nomen); ***и́мени: шко́ла им. Че́хова*** Chekhov school; ***во ~*** for the sake of; ***от и́мени*** in the name of (P); ***на ~*** addressed to, for; ***по и́мени*** named; in name (only); (know) by name; ***называ́ть ве́щи свои́ми имена́ми*** call a spade a spade
и́на́че differently; otherwise, (or) else; ***так и́ли ~*** one way *or* another, anyhow
инвали́д *m* [1] invalid; ***~ труда́*** (***войны́***) disabled worker (veteran, *Brt.* ex-serviceman)
инвент|ариза́ция *f* [7] stock-taking; **~а́рь** *m* [4 *e.*] *список* inventory; stock, equipment; implements
инд|е́ец *m* [1; -е́йца] (American) Indian; **~е́йка** *f* [5; *g/pl.*: -е́ек] turkey; **~е́йский** [16] (American) Indian; **~иа́нка** *f* [5; *g/pl.*: -нок] *fem.* of **~е́ец, ~и́ец**
индиви́д *m* [1] individual; **~уа́льность** *f* [8] individuality; **~уа́льный** [14; -лен, -льна] individual
инди́|ец *m* [1; -йца] Indian; **~йский** [16] Indian
инду́с *m* [1], **~ка** *f* [5; *g/pl.*: -сок], **~ский** [16] Hindu
инд|устриа́льный [14] industrial; **~у́стрия** *f* [7] industry
индю́к *m* [1 *e.*] turkey (cock)
и́ней *m* [3] hoar-frost
ине́р|тность *f* [8] inertness, inaction; **~тный** [14; -тен, -тна] inert; **~ция** *f* [7] inertia; *phys.* ***по ~ции*** under one's own momentum; *fig.* mechanically
инжене́р *m* [1] engineer; **~-строи́тель** *m* [1/4] civil engineer
инициа́|лы *m/pl.* [1] initials; **~ти́ва** *f* [5] initiative; **~ти́вный** [14; -вен, -вна] enterprising, full of initiative; **~тор** *m* [1] initiator, organizer
инкруста́ция *f* [7] inlay, incrustation
иногда́ sometimes, now and then
иногоро́дний [15] nonresident, person from another town
ино́|й [14] (an)other, different; (*некоторый и т. д.*) some, many a; ***~й раз*** sometimes; ***не кто ~й*** (***не что ~е***), ***как …*** none other than
иноро́дн|ый [14], heterogeneous; ***~ое те́ло*** *med.* foreign body
иносказа́тельный [14; -лен, -льна] allegorical

И

иностра́н|ец *m* [1; -нца], **~ка** *f* [5; *g/pl.*: -нок] foreigner; **~ный** [14] foreign; → *a.* ***министе́рство***
инсинуа́ция *f* [7] insinuation
инспе́к|тор *m* [1] inspector; **~ция** *f* [7] inspection
инста́нция *f* [7] *pl.* (official) channels; *pol.* level of authority; *law* instance
инсти́нкт *m* [1] instinct; **~и́вный** [14; -вен, -вна] instinctive
институ́т *m* [1] institute; *брака и т. д.* institution
инстру́кция *f* [7] instruction, direction; ***~ по эксплуата́ции*** manual
инструме́нт *m* [1] *mus. etc.* instrument; *рабочий* tool
инсу́льт *m* [1] *med.* stroke
инсцени́р|овать [7] *(im)pf.* adapt for the stage *or* screen; *fig.* feign; **~о́вка** *f* [5; *g/pl.*: -вок] dramatization
интегра́ция *f* [7] integration
интелле́кт *m* [1] intellect; **~уа́льный** [14; -лен, -льна] intellectual
интеллиге́н|т *m* [1] intellectual; **~тность** *f* [8] intelligence and good breeding; **~тный** [14; -тен, -тна] cultured, well-educated; **~ция** *f* [7] intelligentsia, intellectuals *pl.*
интенси́вный (-tɛn-) [14; -вен, -вна] intense, (*a. econ.*) intensive
интерва́л *m* [1] interval; *typ.* space
интервью́ (-tɛr-) *n* [*indecl.*], **брать, взять ~**, **~и́ровать** (-tɛr-) [7] *(im)pl.* interview
интере́с *m* [1] interest (**к** Д in; ***име́ть ~ для*** P be of/to; **в ~ах** P in the/of); use; **~ный** [14; -сен, -сна] interesting; *о внешности* handsome, attractive; ***~но, кто э́то сказа́л?*** I wonder who said this?; **~ова́ть** [7], ⟨за-⟩ (**-ся** be[-come]) interest(ed), take an interest (T in)
интерна́т *m* [1]: ***шко́ла-~*** boarding school
интернациона́льный [14; -лен, -льна] international
интерпрета́ция *f* [7] interpretation
интерфе́йс *m* [1] *comput.* interface
интерье́р *m* [1] *art* interior
инти́мн|ость *f* [8] intimacy; **~ый** [14; -мен, -мна] intimate
интона́ция *f* [7] intonation
интри́г|а *f* [5] intrigue; **~а́н** *m* [1] intriguer; **~а́нка** *f* [5; *g/pl.*: -нок] intrigant; **~ова́ть** [7], ⟨за-⟩ intrigue
интуи|ти́вный [14; -вен, -вна] intuitive; **~́ция** *f* [7] intuition
интури́ст *m* [1] foreign tourist
инфа́ркт *m* [1] infarction
инфе́кция *f* [7] infection
инфля́ция *f* [7] inflation
информ|а́ция *f* [7] information; **~и́р|овать** [7] *(im)pf.*, ⟨про-⟩ inform
инциде́нт *m* [1] *mst. mil., pol.* incident
ипподро́м *m* [1] racetrack (course)
и́рис[1] *m* [1] *bot.* iris
ири́с[2] *m* [1], **~ка** *f* [5; *g/pl.*: -сок] toffee
ирла́нд|ец *m* [1; -дца] Irishman; **~ка** *f* [5; *g/pl.*: -док] Irishwoman; **~ский** [16] Irish
ирон|изи́ровать [7] speak ironically (about **над** T); **~и́ческий** [16] ironic(al); **~́ия** *f* [7] irony
иск *m* [1] *law* suit, action
иска|жа́ть [1], ⟨**~зи́ть**⟩ [15 *e.*; -ажу́, -ази́шь; -ажённый] distort, twist; misrepresent; **~же́ние** *n* [12] distortion
иска́ть [3], ⟨по-⟩ (B) look for; (*mst.* P) seek
исключ|а́ть [1], ⟨**~и́ть**⟩ [16 *e.*; -чу́, -чи́шь; -чённый] exclude, leave out; *из школы* expel; **~а́я** (P) except(ing); **~ено́** ruled out; **~е́ние** *n* [12] exclusion; expulsion; exception (**за** T with the; ***в ви́де*** P as an); **~и́тельный** [14; -лен, -льна] exceptional; ***~и́тельная ме́ра наказа́ния*** capital punishment; *coll.* excellent; *adv. a.* solely, only; **~и́ть → ~а́ть**
иско́мый [14] sought-after, looked-for
иско́нный [14] primordial
ископа́ем|ый [14] (*a. fig. su. n*) fossilized; *pl. su.* minerals; ***поле́зные ~ые*** mineral resources
искорен|я́ть [28], ⟨**~и́ть**⟩ [13] eradicate, extirpate
и́скоса askance; sideways; ***взгляд ~*** sidelong glance
и́скра *f* [5] spark(le); flash; ***~ наде́жды*** glimmer of hope
и́скренн|ий [15; -ренен, -ренна, -е...

и/ы] sincere, frank, candid; **~е Ваш** ours sincerely; **~ость** *f* [8] sincerity, rankness
кр|истый [14 *sh.*] spark(l)ing; **~иться** 13] sparkle, scintillate
куп|а́ть [1], ⟨**~и́ть**⟩ (B) atone for; nake up for; **~ле́ние** *n* [12] atonement
кусить → искуша́ть
ку́с|ный [14; -сен, -сна] skil(l)ful; exert; skilled; **~ственный** [14 *sh.*] artificial; *зубы и т. д.* false; *жемчуг и т. д.* imitation; **~ство** *n* [9] fine arts; *мастерство* skill, trade, craft
ку|ша́ть [1], ⟨**~си́ть**⟩ [15 *e.*; -ушу́, усишь] tempt; **~ша́ть судьбу́** tempt ate; **~ше́ние** *n* [12] temptation; **поддаться ~ше́нию** yield to temptation; **~шённый** [14 *sh.*] experienced
ла́м *m* [1] Islam
па́н|ец *m* [1; -нца], **~ка** *f* [5; *g/pl.*: -нок] Spaniard; **~ский** [16] Spanish
пар|е́ние *n* [12] evaporation; *pl. a.* vapo(u)r(s); **~я́ть** [28], ⟨**~и́ть**⟩ [13] evaporate (*v/i.* **-ся**, *a. fig.*)
пе|пеля́ть [28], ⟨**~пели́ть**⟩ [13] *lit.* burn to ashes; **~пеля́ющий взгляд** annihilating look; **~щря́ть** [28], ⟨**~щри́ть**⟩ 13] mottle, spot (with), cover all over (with)
пи́с|ывать [1], ⟨**~а́ть**⟩ [3] write on, cover with writing; *тетрадь* fill (up); **~ан** full of notes, *etc.*
спове́доваться [7] (*im*)*pf.* confess (**пе́ред** Т to a p.; **в** П *s.th.*)
споведь *f* [8] confession (*eccl.* [*prp.*: **на** В/П to/at] *a. fig.*)
спод|воль *coll.* gradually; **~ло́бья** (*недоверчиво*) distrustfully; (*нахмурившись*) frowningly; **~тишка́** *coll.* in an underhand way
споко́н: **~ ве́ку (веко́в) → и́здавна**
споли́н *m* [1] giant; **~ский** [16] gigantic
сполн|е́ние *n* [12] execution; fulfil(l)ment, performance; *обязанности* discharge; **~и́мый** [14 *sh.*] realizable; practicable; **~и́тель** *m* [4] executor; *thea.*, *mus.* performer; *law* bailiff; **соста́в ~и́телей** *thea.* cast; **~и́тельный** [14] executive; [-лен, -льна] efficient and reliable; **~я́ть** [28], ⟨**~ить**⟩ [13] carry out, execute; *долг* fulfil(l), do; *обещание* keep; *thea.*, *mus.* perform; **-ся** come true; *лет* be: **ей ~илось пять лет** she is five; *прошло* pass (since [**с тех пор**] **как**)
испо́льзова|ние *n* [12] use, utilization; **~ть** [7] (*im*)*pf.* use, utilize
испо́р|тить → по́ртить; **~ченный** [14 *sh.*] spoilt; (*тж. ребёнок*) broken; *о человеке* depraved
исправ|и́тельно-трудово́й [1]: **~и́тельно-трудова́я коло́ния** *approx.* reformatory; **~ле́ние** *n* [12] correction; repair; *человека* reform; **~ля́ть** [28], ⟨**~ить**⟩ [14] correct; improve; reform; repair; **-ся** reform
испра́вн|ость *f* [8] good (working) order; **в ~ости** = **~ый** [14; -вен, -вна] intact, in good working order
испражн|е́ние *n* [12] *med.* defecation; *pl.* f(a)eces; **~я́ться** [28], ⟨**~и́ться**⟩ [13] defecate
испу́г *m* [1] fright; **~а́ть → пуга́ть**
испус|ка́ть [1], ⟨**~ти́ть**⟩ [15] *звуки* utter; *запах* emit; **~ти́ть дух** give up the ghost
испыт|а́ние *n* [12] test, trial; (*a. fig.*) ordeal; examination (**на** П at); **~анный** [14] tried; **~а́тельный** [14] test; *срок* probationary; **~у́ющий** [17] *взгляд* searching; **~ывать**, ⟨**~а́ть**⟩ [1] try (*a. fig.*), test; (*подвергнуться*) experience, undergo; *боль и т. д.* feel
иссле́дова|ние *n* [12] investigation, research; *geogr.* exploration; *med.* examination; *chem.* analysis; *научное* treatise, paper, essay (**по** Д on); **~тель** *m* [4] research worker, researcher; explorer; **~тельский** [16] research... (*a.* **нау́чно-~тельский**); **~ть** [7] (*im*)*pf.* investigate; explore; do research into; examine (*a. med.*); *chem.* analyze (*Brt.* -yse)
исступл|е́ние *n* [12] *о слушателях и т. д.* ecstasy, frenzy; (*ярость*) rage; **~ённый** [14] frantic
исс|яка́ть [1], ⟨**~я́кнуть**⟩ [21] *v/i.* dry (*v/i.* up); *fig. a.* exhaust, wear out (*v/i.* o.s. *or* become ...)
ист|ека́ть [1], ⟨**~е́чь**⟩ [26] *время* elapse; *срок* expire, become due; **~ека́ть кро́вью** bleed to death; **~е́кший** [17]

И

past, last
истéр|ика *f* [5] hysterics *pl.*; **~ический** [16], **~ичный** [14; -чен, -чна] hysterical; **~ия** *f* [7] hysteria
истéц *m* [1; -тцá] plaintiff; *в бракоразводном процессе* petitioner
истечéни|е *n* [12] *срока* expiration; *времени* lapse; **по ~и** (P) at the end of
истéчь → **истекáть**
ístин|а *f* [5] truth; **избитая ~а** truism; **~ный** [14; -инен, -инна] true, genuine; *правда* plain
истл|евáть [1], ⟨**~éть**⟩ [8] rot, decay; *об углях* die away
истóк *m* [1] source (*a. fig.*)
истолк|ования *n* [12] interpretation; commentary; **~óвывать** [1], ⟨**~овáть**⟩ [7] interpret, expound
истóм|а *m* [5] languor; **~иться** [14 *e.*; -млю́сь, -ми́шься] (be[come]) tire(d), weary (-ied)
истоптáть [3] *pf.* trample; *обувь* wear out
истóр|ик *m* [1] historian; **~ический** [16] historical; *событие и т. д.* historic; **~ия** *f* [7] history; *рассказ* story; *coll.* event, affair, thing; **вéчная ~ия!** the same old story!; **~ия болéзни** case history
источ|áть [1], ⟨**~и́ть**⟩ [16 *e.*; -чу́, -чи́шь] give off, impart; *запах* emit; **~ник** *m* [1] spring; (*a. fig.*) source
истощ|áть [1], ⟨**~и́ть**⟩ [16 *e.*; -щу́, -щи́шь; -щённый] (**-ся** be[come]) exhaust(ed); *запасы* use(d) up; *ресурсы* deplete; **~ённый** [14 *sh.*] *человек* emaciated
истрáчивать [1] → **трáтить**
истреб|и́тель *m* [4] destroyer; *ae.* fighter plane; **~и́тельный** [14] *война* destructive; fighter…; **~и́ть** → **~ля́ть**
~лéние *n* [12] destruction; *таракан и т. д.* extermination; **~ля́ть** [28], ⟨**~и́ть**⟩ [14 *e.*; -блю́, -би́шь; -блённый] destroy, annihilate; exterminate
и́стый [14] true, genuine
истязá|ние *n* [12], **~ть** [1] torture
исхóд *m* [1] end, outcome, result; *Bible* Exodus; **быть на ~е** be coming to an end; *о продуктах и т. д.* be running short of; **~и́ть** [15] (**из** P) come, emanate (from); (*происходить*) originate; (*основываться*) proceed (from); **~ный** [14] initial; **~ное положéние** (**~ная тóчка**) point of departure
исхудáлый [14] emaciated, thin
исцарáпать [1] *pf.* scratch (all over)
исцел|éние *n* [12] healing; (*выздоровление*) recovery; **~я́ть** [28], ⟨**~и́ть**⟩ [13] heal, cure; **-ся** recover
исчез|áть [1], ⟨**~нуть**⟩ [21] disappear, vanish; **~новéние** *n* [12] disappearance; **~нуть** → **~áть**
исчéрп|ывать, ⟨**~ать**⟩ [1] exhaust, use up; *вопрос и т. д.* settle; **~ывающий** exhaustive
исчисл|éние *n* [12] calculation; calculus; **~я́ть** [28], ⟨**~ить**⟩ [13] calculate
итáк thus, so; well, then, now
италья́н|ец *m* [1; -нца], **~ка** *f* [5; *g/pl.*: -нок], **~ский** [16] Italian
итóг *m* [1] sum, total; result; **в ~е** in the end; *подвести* sum up; **~ó** (-'vɔ) altogether; in all; total
их → **они́**, (*a. possessive adj.*) their(s)
ишь *int. coll.* P (just) look!; listen!
ищéйка *f* [5; *g/pl.*: -еек] bloodhound
ию́|ль *m* [4] July; **~нь** *m* [4] June

Й

йог *m* [1] yogi; **~а** yoga
йод *m* [1] iodine; **~ный** [14]; **~ный раствóр** tincture of iodine
йó|та *f* [5]: **ни на ~ту** not a jot

К

ко (Д) to, toward(s); *о времени тж.* ·y; for; **~ тому́ же** besides
а *coll.* (*after vb.*) just, will you
ба́к *m* [1 *e.*] *hist.* tavern *fig. coll.* hub-ub and disorder
бала́ *f* [5] *hist.* debt-slavery; *fig.* bond-ge
ба́н *m* [1 *e.*] (*a.* wild) boar
бачо́к *m* [1; *g/pl.*: -чков] vegetable narrow
бель *m* [4] cable
би́н|а *f* [5] cabin, booth; *ae.* cockpit; *одителя* cab; **~е́т** *m* [1] study, office; *ned.* (consulting) room; *pol.* cabinet
блу́к *m* [1 *e.*] heel (*of shoe*); **быть под ~о́м** *fig.* be under s.o.'s thumb
бота́ж *m* [1] coastal trade
вале́р *m* [1] bearer of an order; *old use* boyfriend; *в танце* partner
вале|ри́йский [16] cavalry…; **~ри́ст** *n* cavalryman; **~ри́я** *f* [7] cavalry
верзный *coll.* [14] tricky
вка́з|ец *m* [1; -зца] Caucasian; **~ский** 16] Caucasian
вы́чк|и *f/pl.* [5; *gen.*: -чек] quotation narks; **в ~ах** *fig. coll.* socalled
дка *f* [5; *g/pl.*: -док] tub, vat
дмий *m* [3] cadmium
др *m* [1] *cine.* frame, still; close-up
др|овый [14] *mil.* regular; *рабочий* killed; **~ы** *pl.* skilled workers; experi-enced personnel
ды́к *m* [1 *e.*] Adam's apple
ждодне́вный [14] daily
́ждый [14] every, each; *su.* everybody, everyone
́ж|ется, **~ущийся**, → **каза́ться**
за́к *m* [1 *e.*; *pl. a.* 1] Cossack
за́рма *f* [5] *mil.* barracks *pl.*
за́|ться [3], ⟨по-⟩ (Т) seem, appear, ook; **мне ка́жется (~лось), что …** it seems (seemed) to me that; **он, ка́-жется, прав** he seems to be right; *тж.* apparently; **ка́жущийся** seeming; **~лось бы** one would think; it would seem
каза́х *m* [1], **~ский** [16] Kazak(h)
каза́|цкий [16], **~чий** [18] Cossack('s)…
каза́шка *f* [5; *g/pl.*: -шек] Kazak(h) woman
каз|ённый [14] *подход и т. д.* formal; bureaucratic; *банальный* common-place; **на ~ённый счёт** at public ex-pense; **~на́** *f* [5] treasury, exchequer; **~наче́й** *m* [3] treasurer
казн|и́ть [13] (*im*)*pf.* execute, put to death; *impf. fig.* **~и́ть себя́, -ся** tor-ment o.s. with remorse; **~ь** *f* [8] execu-tion
каймá *f* [5; *g/pl.*: каём] border; hem
как how; as; like; what; since; *coll.* when, if; (+ *su.*, *adv.*) very (much), awfully; (+ *pf.*, *vb.*) suddenly; **я ви́дела, как он шёл …** I saw him going …; **~ бу́дто, ~ бы** as if, as it were; **~ бы мне** (+ *inf.*) how am I to …; **~ ни** however; **~ же!** sure!; **~ (же) так?** you don't say !; **~ …, так и …** both … and …; **~ когда́** *etc.* that depends; **~ не** (+ *inf.*) of course …; **~ мо́жно скоре́е (лу́чше)** as soon as (in the best way) possible
кака́о *n* [*indecl.*] cocoa
ка́к-нибудь somehow (or other); any-how; sometime
како́в [-ва́, -о́] how; what; what sort of; (such) as; **~!** just look (at him)!; **~о́?** what do you say?; **~о́й** [14] which
како́й [16] what, which; *тж.* how; such as; *coll.* any; that; **ещё ~!** and what … (*su.*)!; **како́е там!** not at all!; **~-либо, ~-нибудь** any, some; *coll.* no more than, (only) about **~-то** some, a
ка́к-то *adv.* somehow; somewhat; *coll.* (*тж.* **~ раз**) once, one day
каламбу́р *m* [1] pun
каланча́ *f* [5; *g/pl.*: -че́й] watchtower; *fig. coll. о человеке* beanpole
кала́ч *m* [1 *e.*] small (*padlock-shaped*)

white loaf; **тёртый ~** *fig. coll.* cunning, fellow
кале́ка *m/f* [5] cripple
календа́рь *m* [4 *e.*] calendar
калёный [14] red-hot; *орехи* roasted
кале́чить [16], ⟨ис-⟩ cripple, maim
кали́бр *m* [1] caliber (-bre); *tech.* gauge
ка́лий *m* [3] potassium
кали́на *f* [5] snowball tree
кали́тка *f* [5; *g/pl.*: -ток] wicket-gate
кали́ть [13] **1.** ⟨на-, рас-⟩ heat *орехи*; roast; **2.** ⟨за-⟩ *tech.* temper
кало́рия *f* [7] calorie
ка́лька *f* [5; *g/pl.*: -лек] tracing paper; *fig. ling.* loan translation, calque
калькул|я́тор *m* [1] calculator; **~я́ция** *f* [7] calculation
кальсо́ны *f/pl.* [5] long underpants
ка́льций *m* [3] calcium
ка́мбала *f* [5] flounder
камен|е́ть [8], ⟨о-⟩ turn (in)to stone, petrify; **~и́стый** [14 *sh.*] stony; **~ноу́гольный** [14]: **~ноу́гольный бассе́йн** coalfield; **´~ный** [14] stone...; *fig.* stony; *соль* rock; **´~ный у́голь** coal; **~оло́мня** *f* [6; *g/pl.*: -мен] quarry; **´~щик** *m* [1] bricklayer; **´~ь** *m* [4; -мня; *from g/pl. e.*] stone; rock; *fig.* weight; ка́мнем like a stone; **´~ь преткнове́ния** stumbling block
ка́мер|а *f* [5] *тюремная*; cell; *tech.* chamber; *phot.* camera; *mot.* inner tube; **~а хране́ния** left luggage office; **~ный** [14] *mus.* chamber...
ками́н *m* [1] fireplace
камо́рка *f* [5; *g/pl.*: -рок] closet, small room
кампа́ния *f* [7] *mil., pol.* campaign
камфара́ *f* [5] camphor
камы́ш *m* [1 *e.*], **~о́вый** [14] reed
кана́ва *f* [5] ditch; *сточная* gutter
кана́д|ец *m* [1; -ца], **~ка** [5; *g/pl.*: -ок], **~ский** [16] Canadian
кана́л *m* [1] canal; *radio, TV, fig.* channel; **~иза́ция** *f* [7] *городская* sewerage
канаре́йка *f* [5; *g/pl.*: -е́ек] canary
кана́т *m* [1], **~ный** [14] rope; cable
канва́ *f* [5] canvas; *fig.* basis; outline
кандида́т *m* [1] candidate; kandidat (*in former USSR, holder of postgraduate higher degree before doctorate*); **~у́**[...] *f* [5] candidature
кани́кулы *f/pl.* [5] vacation, *Brt. a.* h[ol]idays (**на** П, **в** В during)
кани́тель *coll. f* [8] tedious and draw[n]-out procedure
канона́да *f* [5] cannonade
кано́э *n* [*indecl.*] canoe
кант *m* [1] edging, piping
кану́н *m* [1] eve
ка́нуть [20] *pf.*: **как в во́ду ~** disapp[ear] without trace; **~ в ве́чность** (**в Ле́**[...]) sink into oblivion
канцеля́р|ия *f* [7] office; **~ский** [16] [of]fice...; **~ские това́ры** stationery
ка́нцлер *m* [1] chancellor
ка́п|ать [1 & 2], *once* ⟨**~**нуть⟩ [20] d[rip], drop, trickle; *дождь* fall; **~елька** [...] *g/pl.*: -лек] droplet; *sg. coll.* bit, gra[in]
капита́л *m* [1] *fin.* capital; *акцион[ер]ный* stock; *оборотный* working ca[pi]tal; **~и́зм** *m* [1] capitalism; **~и́ст** *m* capitalist; **~исти́ческий** [16] capital[is]t(ic); **~овложе́ние** *n* [12] investme[nt]; **~ьный** [14] fundamental, main; **~ьн**[ый] **ремо́нт** major repairs
капита́н *m* [1] *naut., mil., sport* capta[in]; *торгового судна* skipper
капитул|и́ровать *f* [7] (*im*)*pf.* capi[tu]late; **~я́ция** *f* [7] capitulation
капка́н *m* [1] trap (*a. fig.*)
ка́пл|я *f* [6; *g/pl.*: -пель] drop; *sg. coll.* [...] grain; **~ями** drops by; **как две ~и во**[...] as like as two peas
капо́т *m* [1] *mot.* hood, *Brt.* bonnet
капри́з *m* [1] whim, caprice; **~нича**[ть] *coll.* [1] be capricious; *о ребёнке* p[lay] up; **~ный** [14; -зен, -зна] capricio[us], whimsical; wil(l)ful
ка́псула *f* [5] capsule
капу́ста *f* [5] cabbage; **ки́слая ~** sau[er]kraut; **цветна́я ~** cauliflower
капюшо́н *m* [1] hood
ка́ра *f* [5] punishment
караби́н *m* [1] carbine
кара́бкаться [1], ⟨вс-⟩ climb
карава́й *m* [3] (big) loaf
карава́н *m* [1] caravan; *кораблей и д.* convoy
кара́емый [14 *sh.*] *law.* punishable

ра́куля *f* [6] *f* scribble
ра́кул|ь *m* [4], **~евый** [14] astrakhan
раме́ль *f* [8] caramel(s)
ран|да́ш *m* [1 *e.*] pencil; **~ти́н** *m* [1] uarantine
рапу́з *coll. m* [1] chubby tot
ра́сь *m* [4 *e.*] crucian
рате́ *n* [*indecl.*] karate
ра́|тельный [14] punitive; **~ть** [1], по-⟩ punish
рау́л *m* [1] sentry, guard; ***стоять на ~е*** ɔe on guard; *int.* **~!** help!; **~ить** [13], по-⟩ guard, watch (*coll.* …out, for); **ьный** [14] sentry… (*a. su.*); ***~ьное по-мещение*** guardroom
рбу́нкул *m* [1] carbuncle
рбюра́тор *m* [1] carburet(t)or
ре́л *m* [1] Karelian; **~ка** [5; *g/pl.*: -ок] Karelian
ре́та *f* [5] *hist.* carriage, coach
рий [15] (dark) brown
рикату́р|а *f* [5] caricature, cartoon; **ный** [14] caricature…; [-рен, -рна] omic(al), funny
ркас *m* [1] frame(work), skeleton
рк|ать [1], *once* ⟨-нуть⟩ [20] croak (*coll.*, *fig.*), caw
рлик *m* [1] dwarf; **~овый** [14] dwarf…; dwarfish
рма́н *m* [1] pocket; ***это мне не по ~у*** *coll.* I can't afford that; ***это бьёт по ~у*** that costs a pretty penny; ***держи́ ~ (ши́-ре)*** that's a vain hope; ***она́ за сло́вом в ~е ле́зет*** she has a ready tongue; **~ный** [14] pocket…; ***~ный вор*** pickpocket
рнава́л *m* [1] carnival
рни́з *m* [1] cornice; *для штор* curtain fixture
рт|а *f* [5] map; *naut.* chart; (playing) card; ***ста́вить (всё) на ~у*** stake (have all one's eggs in one basket); **~а́вить** [14] mispronounce *Russ. r or l* (*esp. as uvular* r *or* u, v); **~ёжник** *m* [1] gambler (*at cards*)
рти́н|а *f* [5] picture (**на** П in); *cine.* movie; *art* painting; scene (*a. thea.*); **~ка** [5; *g/pl.*: -нок] (small) picture, illustration; **~ный** [14] picture…
рто́н *m* [1] cardboard; **~ка** [5; *g/pl.*: -нок] (cardboard) box

картоте́ка *f* [5] card index
карто́фель *m* [4] *collect.* potatoes *pl.*
ка́рточ|ка *f* [5; *g/pl.*: -чек] card; *coll.* photo; season ticket; **~ный** [14] card(s)…; ***~ный до́мик*** house of cards
карто́шка *coll. f* [5; *g/pl.*: -шек] potato(es)
карусе́ль *f* [8] merry-go-round
ка́рцер *m* [1] cell, lockup
карье́р *m* [1] full gallop (at T); ***с ме́ста в ~*** at once; **~а** *f* [5] career; **~и́ст** *m* [1] careerist
каса́|тельная *f* [14] *math.* tangent; **~ться** [1], ⟨косну́ться⟩ [20] touch (*a. fig.*); concern; *coll.* be about, deal *or* be concerned with; ***де́ло ~ется = де́ло идёт о → идти́***; ***что ~ется …*** as regards, as to
ка́ска *f* [5; *g/pl.*: -сок] helmet
каска́д *m* [1] cascade
каспи́йский [16] Caspian
ка́сса *f* [5] pay desk *or* office; (*a.* ***биле́т-ная ~***) *rail.* ticket window, *Brt.* booking office; *thea.* box office; *деньги* cash; *в магазине* cash register; ***сберега́тель-ная ~*** savings bank
кассац|ио́нный [14] → ***апелляцио́н-ный***; **~ия** *law* [7] cassation
кассе́т|а *f* [5], **~ный** [14] cassette
касси́р *m* [1], **~ша** *f* [5] cashier
ка́ста *f* [5] caste (*a. fig.*)
касто́ровый [14] castor
кастри́ровать [7] (*im*)*pf.* castrate
кастрю́ля *f* [6] saucepan; pot
катакли́зм *m* [1] cataclysm
катализа́тор *m* [1] catalyst
катало́г *m* [1] catalogue
ката́ние *n* [10] driving, riding, skating, *etc.* (→ **ката́ть[ся]**)
катастро́ф|а *f* [5] catastrophe; **~и́ческий** [16] catastrophic
ката́ть [1] roll (*a. tech.*); ⟨по-⟩ (take for a) drive, ride, row, *etc.*; **-ся** (go for a) drive, ride (*a. верхом, etc.*), row (*на лодке*); skate (*на коньках*); sled(ge) (*на санях*), *etc.*; roll
катег|ори́ческий [16], **~ори́чный** [14; -чен, -чна] categorical; **~о́рия** *f* [7] category
ка́тер *m* [1; *pl.*, *etc. e.*] *naut.* cutter; **мо-**

К

то́рный ~ motor-launch
кати́ть [15], ⟨по-⟩ roll, wheel (*v/i* **-ся**; sweep; *слёзы* flow; *волны* roll; → ***ка-та́ться***)
като́к *m* [1; -тка] (skating) rink
като́л|ик *m* [1], **~и́чка** *f* [5; *g/pl*.: -чек], **~и́ческий** [16] (Roman) Catholic
ка́тор|га *f* [5] penal servitude, hard labo(u)r; *fig*. very hard work, drudgery, **~жный** [14] hard, arduous
кату́шка *f* [5; *g/pl*.: -шек] spool; *el*. coil
каучу́к *m* [1] caoutchouc, india rubber
кафе́ *n* [*indecl*.] café
ка́федра *f* [5] *в церкви* pulpit; department (*of English, etc*.); *univ*. chair
ка́фель *m* [4] (Dutch) tile
кача́|лка *f* [5; *g/pl*.: -лок] rocking chair; **~ние** *n* [12] rocking; swing(ing); *нефти, воды* pumping; **~ть** [1] **1.** ⟨по-⟩, *once* ⟨качну́ть⟩ [20] rock; swing; shake (*a*. one's head ***голово́й***), toss; *naut*. roll, pitch; (**-ся** *v/i*.; stagger, lurch); **2.** ⟨на-⟩ pump
каче́ли *f/pl*. [8] swing; seesaw
ка́честв|енный [14] qualitative; high-quality; **~о** *n* [9] quality; ***в ~е*** (P) in one's capacity as, in the capacity of
ка́ч|ка *f* [5] rolling *naut*. (***бортова́я*** *or* ***бокова́я ~ка***); pitching (***килева́я ~ка***); **~ну́ть(ся)** → ***~а́ть(ся)***
ка́ш|а *f* [5] ***гре́чневая ~а*** buckwheat gruel; ***ма́нная ~а*** semolina; ***овся́ная ~а*** porridge; ***ри́совая ~а*** boiled rice; *coll. fig*. mess, jumble; ***завари́ть ~у*** stir up trouble
кашало́т *m* [1] sperm whale
ка́ш|ель *m* [4; -шля], **~лять** [28], *once* ⟨~лянуть⟩ [20] cough
кашта́н *m* [1], **~овый** [14] chestnut
каю́та *f* [5] *naut*. cabin, stateroom
ка́яться [27], ⟨по-⟩ (**в** П) repent
квадра́т *m* [1], **~ный** [14] square
ква́к|ать [1], *once* ⟨~нуть⟩ [20] croak
квалифи|ка́ция *f* [7] qualification(s); **~ци́рованный** [14] qualified, competent; *рабочий* skilled, trained
кварта́л *m* [1] quarter (= 3 months); block, *coll*. building (*betw. 2 cross streets*); **~ьный** [14] quarter(ly)
кварти́р|а *f* [5] apartment, *Brt*. flat; ***двухко́мнатная ~а*** two-room apt./f[illegible]
~а́нт *m* [1], **~а́нтка** *f* [5; *g/pl*.: -ток] lo[illegible] er; **~ный** [14] housing, house-…; ***~н[illegible] пла́та*** = **квартпла́та** *f* [5] re[illegible] **~осъёмщик** *m* [1] tenant
квас *m* [1; -а, -у; *pl. e*.] kvass (*Ru[illegible] drink*); **~́ить** [15], ⟨за-⟩ sour
ква́шеный [14] sour, fermented
кве́рху up, upward(s)
квит|а́нция *f* [7] receipt; ***бага́жная ~ ция*** (luggage) ticket; **~́(ы)** *coll*. qu[illegible] even, square
кво́рум *m* [1] *parl*. quorum
кво́та *f* [5] quota, share
кедр *m* [1] cedar; ***сиби́рский ~*** Siber[illegible] pine; **~о́вый** [14]: ***~о́вый оре́х*** ce[illegible] nut
кекс *m* [1] cake
келе́йно privately; in camera
кельт *m* [1] Celt; **~́ский** [16] Celtic
ке́лья *f* [6] *eccl*. cell
кем T → ***кто***
ке́мпинг *m* [1] campsite
кенгуру́ *m* [*indecl*.] kangaroo
ке́пка *f* [5; *g/pl*.: -ок] (peaked) cap
кера́м|ика *f* [5] ceramics; **~и́ческий** [[illegible] ceramic
кероси́н *m* [1], **~овый** [14] kerosene
кета́ *f* [5] Siberian salmon
кефа́ль *f* [8] grey mullet
кефи́р *m* [1] kefir
киберне́тика *f* [5] cybernetics
кив|а́ть [1], *once* ⟨~нуть⟩ [20] nod; po[illegible] (to **на** B); **~о́к** [1; -вка́] nod
кида́|ть(ся) [1], *once* ⟨ки́нуть(ся)⟩ [20[illegible] ***броса́ть(ся)***; ***меня́ ~ет в жар и хо́л[illegible]*** I'm hot and cold all over
киев|ля́нин *m* [1; *pl*.: -я́не, -я́н], **~ля́н[illegible]** *f* [5; *g/pl*.: -но́к] person from Ki[illegible] **´~ский** [16] Kiev…
кий *m* [3; кия́; *pl*.: кии́, киёв] cue
кило́ *n* [*indecl*.] → ***~гра́мм***; **~ва́тт** (-ч[illegible] *m* [1; *g/pl*.] kilowatt(-hour); **~гра́мм** [1] kilogram(me); **~ме́тр** *m* [1] kilom[illegible] ter (*Brt*. -tre)
киль *m* [4] keel; **~ва́тер** (-tɛr) *m* [1] wa[illegible]
ки́лька *f* [5; *g/pl*.: -лек] sprat
кинемато́гр|аф *m* [1], **~а́фия** *f* [7] ci[illegible] matography
кинеско́п *m* [1] television tube

нжáл *m* [1] dagger
нó *n* [*indecl.*] movie, motion picture, *Brt.* the pictures, cinema (**в** В/П to/at); *coll.* screen, film; **~актёр** *m* [1] screen (*or* film) actor; **~актрúса** *f* [5] screen (*or* film) actress; **~журнáл** *m* [1] newsreel; **~звездá** *coll. f* [5; *pl.* -звёзды] filmstar; **~картúна** *f* [5] film; **~лéнта** *f* [5] reel, film (copy); **~оперáтор** *m* [1] cameraman; **~плёнка** *f* [5; *g/pl.*: -нок] film (strip); **~режиссёр** *m* [1] film director; **~сеáнс** *m* [1] show, performance; **~стýдия** *f* [7] film studio; **~сценáрий** *m* [3] scenario; **~съёмка** *f* [5; *g/pl.*: -мок] shooting (*of a film*), filming; **~театр** *m* [1] movie theater, cinema; **~хрóника** *f* [5] newsreel
нуть(ся) → ***кидáть(ся)***
óск *m* [1] kiosk, stand; ***газéтый ~*** newsstand
па *f* [5] pile, stack; *товаров* bale, pack
парúс *m* [1] cypress
пé|ние *n* [12] boiling; ***тóчка ~ния*** boiling point; **~ть** [10 *e.*; -плю́, -пúшь], ⟨за-, вс-⟩ boil; *от возмущения* seethe; be in full swing (*о работе и т. д.*)
пýч|ий [17 *sh.*] *жизнь* busy, lively, vigorous, exuberant, vehement, seething; *деятельность* tireless
пят|úльник *m* [1] boiler; **~úть** [15 *e.*; -ячý, -ятúшь], ⟨вс-⟩ boil (up; *v/i.* **-ся**); *coll.* be(come) excited; **~óк** *m* [1; -ткá] boiling (hot) water
ргúз *m* [1], **~ский** [16] Kirghiz
рúллица *f* [5] Cyrillic alphabet
ркá *f* [5; *g/pl.*: -рок] pick(ax[e])
рпúч *m* [1 *e.*], **~ный** [14] brick
сéль *m* [4 *e.*] (kind of) blancmange
сл|овáтый [14 *sh.*] sourish; **~орóд** *m* [1] oxygen; **~отá** [5; *pl. st.*: -óты] sourness, acidity; **~óтный** [14] acid; **~ый** [14; -сел, -слá, -о] sour, acid…
йснуть [21], ⟨с-, про-⟩ turn sour; *coll. fig.* mope
йст|очка *f* [5; *g/pl.*: -чек] brush; *dim. of* **~ь** *f* [8; *from g/pl. e.*] brush; *винограда* cluster, bunch; *руки* hand
ит *m* [1 *e.*] whale
итá|ец *m* [1; -тайца] Chinese; **~йский** [16] Chinese; **~янка** *f* [5; *g/pl.*: -нок] Chinese
кúтель *m* [4; *pl.* -ля, *etc. e.*] *mil.* jacket
кич|úться [16 *e*; -чýсь, -чúшься] put on airs; *хвастаться* boast (of T); **~лúвый** [14 *sh.*] haughty, conceited
кишéть [кишúт] teem, swarm (with T; *тж.* ***кишмя́ ~***)
киш|éчник [1] bowels, intestines *pl.*; **~éчный** [14] intestinal, enteric; **~кá** *f* [5; *g/pl.*: -óк] intestine (small ***тóнкая***, large ***тóлстая***), gut; *pl. coll.* bowels; *для воды* hose
клавиатýра *f* [5] keyboard (*тж. tech.*)
клáвиш *m* [1], **~а** *f* [5] *mus.*, *tech.* key
клад *m* [1] treasure (*a. fig.*); **~бище** *n* [11] cemetery; **~ка** *f* [5] laying, (*brick-*, *stone*)work; **~овáя** *f* [14] *в доме* pantry, larder; stock- *or* storeroom; **~овщúк** *m* [1 *e.*] storekeeper
клáня|ться [28], ⟨поклонúться⟩ [13; -онюсь, -óнишься] (Д) bow (to); *old use приветствовать* greet
клáпан *m* [1] *tech.* valve; *на одежде* flap
класс *m* [1] class; *школы* grade, *Brt.* form; classroom; **~ик** *m* [1] classic; **~ифицúровать** [7] (*im*)*pf.* class(ify); **~úческий** [16] classic(al); **~ный** [14] class; *coll.* classy; **~овый** [14] *pol. soc.* class
класть [кладý, -дёшь; клал] **1.** ⟨положúть⟩ [16] (**в, на**, *etc.*, В) put, lay (down, on, *etc.*); *в банк* deposit; ***в оснóву*** (**в** В take as basis); ***положúть конéц*** put an end (to Д); ***положúть под сукнó*** shelve; **2.** ⟨сложúть⟩ [16] *оружие* lay (down)
клевáть [6 *e.*; клюю, клюёшь], *once* ⟨клю́нуть⟩ [20] peck, pick; *о рыбе* bite; ***~ нóсом*** *coll.* nod
клéвер *m* [1] clover, trefoil
клевет|á *f* [5], **~áть** [3; -вещý, -вéщешь], ⟨о-⟩ *v/t.*, ⟨на-⟩ (***на*** В) slander; **~нúк** *m* [1 *e.*] slanderer; **~нúческий** 16] slanderous
клеёнка *f* [5] oilcloth
клé|ить [13], ⟨с-⟩ glue, paste; **-ся** stick; *coll.* work, get on *or* along; **~й** *m* [3; на клею] glue, paste; **~йкий** [16; клéек, клéйка] sticky, adhesive

клейм|и́ть [14 *e.*; -млю́, -ми́шь], ⟨за-⟩ brand; *fig. a.* stigmatize; **~о́** *n* [9; *pl. st.*] brand; *fig.* stigma, stain; **фабри́чное ~о́** trademark

клён *m* [1] maple

клепа́ть [1], ⟨за-⟩ rivet

клёпка *f* [5; *g/pl.*: -пок] riveting

кле́т|ка *f* [5; *g/pl.*: -ток] cage; square, check; *biol.* (*a.* **~очка**) cell; **в ~(оч)ку** check(er)ed; *Brt.* chequered; **грудна́я ~ка** thorax; **~ча́тка** *f* [5] cellulose; **~чатый** [14] checkered (*Brt.* chequered)

кле|шня́ *f* [6; *g/pl.*: -не́й] claw; **~щ** *m* [1; *g/pl.*: -ще́й] tick; **~щи** *f/pl.* [5; *gen.*: -ще́й, *etc. e.*] pincers

клие́нт *m* [1] client; **~у́ра** *f* [5] *collect.* clientele

кли́зма *f* [5] enema

кли́ка *f* [5] clique

кли́макс *m* [1] climacteric, menopause

кли́мат *m* [1] climate; **~и́ческий** [16] climatic

клин *m* [3; *pl.*: кли́нья, -ьев] wedge; gusset; **~ом** (*борода и т. д.*) pointed; **свет не ~ом сошёлся** the world is large; there is always a way out

кли́ника *f* [5] clinic

клино́к *m* [1; -нка] blade

кли́ренс *m* [1] *tech.* clearance

кли́ринг *m* [1] *fin.* clearing

клич *m* [1] call; cry; **~ка** *f* [5; *g/pl.*: -чек] *животного* name; (*прозвище*) nickname

клише́ *n* [*indecl.*] cliché (*a. fig.*)

клок *m* [1 *e. pl.*: -о́чья, -ьев; клоки́, -ко́в] *волос* tuft; shred, rag, tatter

клокота́ть [3] seethe (*тж. fig.*), bubble

клон|и́ть [13; -оню́, -о́нишь], ⟨на-, с-⟩ bend, bow; *fig.* incline; drive (*or* aim) at (**к** Д); **меня́ ~и́т ко сну** I am nodding off; (**-ся** *v/i.*; *a.* decline; approach)

клоп *m* [1 *e.*] bedbug

кло́ун *m* [1] clown

клочо́к *m* [1; -чка] *бумаги* scrap; *земли* patch

клуб[1] *m* [1; *pl. e.*] *дыма* cloud, puff; *a.* **~о́к**; **~**[2] *m* [1] club(house); **~ень** *m* [4; -бня] tuber, bulb; **~и́ться** [14 *e.*; 3rd *p. only*] *дым* wreathe, puff (up); *пыль* whirl

клубни́ка *f* [5] (*cultivated*) strawber -ries *pl.*

клубо́к *m* [1; -бка́] *шерсти* ball; *пр тиворечий* tangle

клу́мба *f* [5] (flower) bed

клык *m* [1 *e.*] *моржа* tusk; *человека* c nine (tooth); *животного* fang

клюв *m* [1] beak, bill

клю́ква *f* [5] cranberry, -ries *pl.*; **разв систая ~** *mythology* s.th. improbab nonsensical

клю́нуть → **клева́ть**

ключ *m* [1 *e.*] key (*a. fig.*, clue); *тех* [**га́ечный ~**] = wrench, spanner; *m* clef; (*родник*) spring; **~и́ца** *f* [5] cla cle, collarbone

клю́шка *f* [5; *g/pl.*: -шек] (golf) cl (hockey) stick

кля́нчить *coll.* [16] beg for

кляп *m* [1] gag

кля|сть [-яну́, -нёшь, -ял, -а́, -о] → **пр клина́ть**; **-ся** ⟨покля́сться⟩ swear (**в** s.th.; T by); **~тва** *f* [5] oath; **дать ~тв** (*or* **~твенное обеща́ние**) take an oa swear

кля́уза *f* [5] intrigue; cavil; slander

кля́ча *f* [5] *pej.* (*horse*) jade

кни́г|а *f* [5] book; **~опеча́тание** *n* [(book-)printing, typography; **~охран лище** *n* [11] book depository; librar

кни́ж|ка *f* [5; *g/pl.*: -жек] book(let); *з писная* notebook; *чековая* check (*B* cheque)book; **сберега́тельная ~** savings bank book; **~ный** [14] book. *о слове* bookish; **~о́нка** *f* [5; *g/pl.*: -нс trashy book

кни́зу down, downward(s)

кно́пк|а *f* [5; *g/pl.*: -пок] thumbtack, *B* drawing pin; *el.* (push) button; (sna fastener; **нажа́ть на все ~и** *fig.* p all wires

кнут *m* [1 *e.*] whip

кня|ги́ня *f* [6] princess (*prince's co sort*); **~жна́** *f* [5; *g/pl.*: -жо́н]) prince (*prince's unmarried daughter*); **~зь** [4; *pl.*: -зья́; -зе́й] prince; **вели́к ~зь** grand duke

коа|лицио́нный [14] coalition…; **~л ция** *f* [7] coalition

обе́ль *m* [4 *e.*] (male) dog
обура́ *f* [5] holster
былa *f* [5] mare; *sport* horse
ваный [14] wrought (*iron.*)
ва́р|ный [14; -рен, -рна] crafty, guileul, insidious; **~ство** *n* [9] crafiness, uile, wile
ва́ть [7 *e.*; кую́, куёшь] **1.** ⟨вы́-⟩ forge; **.** ⟨под-⟩ shoe (*horse*)
вёр *m* [1; -вра́] carpet, rug
ве́ркать [1], ⟨ис-⟩ distort; *слова* misronounce; *жизнь* spoil, ruin
ври́жка *f* [5; *g/pl.*: -жек] gingerbread
вчёг *m* [1]: ***Но́ев ~*** Noah's Ark
вш *m* [1 *e.*] scoop; *землечерпалки* ucket
вы́ль *m* [4 *e.*] feather grass
выля́ть [28] hobble; *о ребёнке* toddle
выря́ть [28], ⟨по-⟩ pick, poke
гда́ when; while, as; *coll.* if; ever; ometimes; → ***ни***; ***~ как*** it depends; **-либо**; **~-нибудь** (at) some time (or ther), one day; *interr.* ever; **~-то** once, ne day, sometime
|готь *m* [4; -гтя; *from g/pl. e.*] claw
д *m* [1], **~и́ровать** [7], ⟨за-⟩ code
е|-где́ here and there, in some places; **~-ка́к** anyhow, somehow; with (great) lifficulty; **´~-како́й** [16] some; any; **~-когда́** off and on; **´~-кто́** [23] some(-ody); **´~-куда́** here and there, (in)to ome place(s), somewhere; **´~-что́** [23] omething; a little
ж|а *f* [5] skin; *материал* leather; ***из ~и вон) лезть*** *coll.* do one's utmost; ***~а да ко́сти*** skin and bone; **~аный** [14] leathr…; **~ица** *f* [5] skin, peel; rind; (*a.* **~ура́** *f* 5]); cuticle
з|а́ *f* [5; *pl. st.*] (she-)goat; **~ёл** [1; -зла́] he-)goat; ***~ёл отпуще́ния*** scapegoat; ий [18] goat…; **~лёнок** *m* [2] kid; лы *f/pl.* [5; *gen.*: -зел] *для пилки* tresle
зни *f/pl.* [8] intrigues, plots
з|ырёк *m* [1; -рька́] peak (*of cap*); ырь *m* [4; *from g/pl. e.*] trump; ыря́ть *coll.* [28], *once* ⟨**~ырну́ть**⟩ 20] (*хвастаться*) boast
йка *f* [5; *g/pl.*: ко́ек] bed, bunkbed; *naut.* berth
коке́т|ка *f* [5; *g/pl.*: -ток] coquette; **~ливый** [14 *sh.*] coquettish; **~ничать** [1] flirt (with); **~ство** *n* [9] coquetry
коклю́ш *m* [1] whooping cough
ко́кон *m* [1] cocoon
кок|о́с *m* [1] coco; *плод* coconut; **~о́совый** [14] coco(nut)…
кокс *m* [1] coke
кол **1.** [1 *e.*; ко́лья, -ев] stake, picket; **2.** [*pl.* 1 *e.*] ***ни ~а́ ни двора́*** neither house nor home
колбаса́ *f* [5; *pl. st.*: -а́сы] sausage
колго́тки *f* [5; *g/pl.*: -ток] *pl.* panty hose, *Brt.* tights *pl.*
колдо́бина *f* [5] rut, pothole
колд|ова́ть [7] practice (-ise) witchcraft; conjure; **~овство́** *n* [9] magic, sorcery; **~у́н** *m* [1 *e.*] sorcerer, wizard; **~у́нья** *f* [6] sorceress, witch, enchantress
колеб|а́ние *n* [12] oscillation; vibration; *fig.* (*сомнение*) hesitation; (*a. comm.*) fluctuation; **~а́ть** [2 *st.*: -е́блю, *etc.*; -е́бли(те); -е́бля], ⟨по-⟩, *once* ⟨**~ну́ть**⟩ [20] shake (*a. fig.*); **-ся** shake; (*a. comm.*) fluctuate; waver, hesitate; oscillate, vibrate
коле́н|о *n* [*sg.*: 9; *pl.*: 4] knee; ***стать на ~и*** kneel; ***по ~и*** knee-deep; ***ему́ мо́ре по ~о*** he doesn't care a damn; [*pl.*: -нья, -ев; *pl. a.* 9] *tech.* bend, crank; **~чатый** [14] *tech. вал* crank (shaft)
колес|и́ть *coll.* [15 *e.*; -ешу́, -еси́шь] travel about, rove; **~ни́ца** *f* [5] chariot; **~о́** *n* [9; *pl. st.*: -лёса] wheel; ***кружи́ться, как бе́лка в ~е́*** run round in circles; ***вставля́ть кому́-нибудь па́лки в колёса*** put a spoke in a p.'s wheel
коле|я́ *f* [6; *g/pl.*: -ле́й] rut, (*a. rail*) track (*both a. fig.*); ***вы́битый из ~и́*** unsettled
коли́бри *m/f* [*indecl.*] hummingbird
ко́лики *f/pl.* [5] colic
коли́честв|енный [14] quantitative; *gr.* cardinal (*number*); **~о** *n* [9] quantity; number; amount
ко́лка *f* [5] splitting, chopping
ко́лк|ий [16; ко́лок, колка́, **~о**] prickly; *fig.* biting; **~ость** *f* [8] sharpness
колле́г|а *m/f* [5] colleague; **~ия** *f* [7] board, collegium; ***~ия адвока́тов*** the

Bar

коллекти́в *m* [1] group, body; **~иза́ция** *f* [7] *hist.* collectivization; **~ный** [14] collective, joint

коллек|ционе́р *m* [1] collector; **~́ция** [7] collection

коло́д|а *f* [5] block; *карт* pack, deck; **~ец** [1; -дца] well; **~ка** *f* [5; *g/pl.*: -док] last; *tech.* (*brake*) shoe

ко́локол *m* [1; *pl.*: -ла́, *etc. e.*] bell; **~́льня** *f* [6; *g/pl.*: -лен] bell tower, belfry; **~́льчик** *m* [1] (little) bell; *bot.* bluebell

коло́ния *f* [7] colony

коло́н|ка *f* [5; *g/pl.*: -нок] *typ.* column; (*apparatus*) water heater, *Brt.* geyser; *a. dim. of* **~на** *f* [5] column (*arch. a.* pillar)

K

колори́т *m* [1] colo(u)ring; colo(u)r; **~ный** [14; -тен, -тна] colo(u)rful, picturesque

ко́лос *m* [1; *pl.*: -ло́сья, -ьев], (*agric.*) ear, spike; **~и́ться** [15 *e.*; *3rd p. only*] form ears

колосса́льный [14; -лен, льна] colossal, fantastic

колоти́ть [15] knock (**в** В, **по** Д at, on)

коло́ть [17] **1.** ⟨рас-⟩ split, cleave; *орехи* crack; **2.** ⟨на-⟩ (Р) chop; **3.** ⟨у-⟩, *once* ⟨кольну́ть⟩ [20] prick; *fig. coll.* taunt; **4.** ⟨за-⟩ stab; *животное* kill, slaughter (*animals*); *impers.* have a stitch in one's side

колпа́к *m* [1 *e.*] cap; shade; bell glass

колхо́з *m* [1] collective farm, kolkhoz; **~ный** [14] kolkhoz…; **~ник** *m* [1], **~ница** *f* [5] collective farmer

колыбе́ль *f* [8] cradle; **~ный** [14]: **~ная (пе́сня)** *f* lullaby

колых|а́ть [3 *st.*: -ы́шу, *etc.*, *or* 1], ⟨вс-⟩, *once* ⟨**~**ну́ть⟩ [20] sway, swing; *листья* stir; *пламя* flicker; **-ся** *v/i.*

ко́лышек *m* [1; -шка] peg

кольну́ть → **коло́ть** *3. & impers.*

коль|цево́й [14] ring…; circular; **~цо́** *n* [9; *pl. st.*, *gen.*: коле́ц] ring; circle; **обруча́льное ~цо́** wedding ring; *hist.* **~чу́га** *f* [5] shirt of mail

колю́ч|ий [17 *sh.*] thorny, prickly; *проволока* barbed; *fig.* → **ко́лкий**; **~ка** *f* [5; *g/pl.*: -чек] thorn, prickle; barb

коля́ска *f* [5; *g/pl.*: -сок] *мотоцик* side-car; *детская* baby carriage, *B* pram; *инвалидная* wheelchair

ком *m* [1; *pl.*: ко́мья, -ьев] lump, clo

кома́нда *f* [5] command, order; *на* crew; *sport* team; **пожа́рная ~** fire b gade

команди́р *m* [1] commander; **~ова́ть** (*im*)*pf.*, *a.* ⟨от-⟩ send (on a missio **~о́вка** *f* [5; *g/pl.*: -вок] business tr **она́ в ~о́вке** she is away on busines

кома́нд|ный [14] command(ing); **~ов ние** *n* [12] command; **~овать** [7] (**[на** Т) command (*a.* [give] order[s], ⟨с- *coll.* order about **~ующий** [17] (Т) co mander

кома́р *m* [1 *e.*] mosquito, gnat

комба́йн *m* [1] *agric.* combine

комбин|а́т *m* [1] industrial comple group of complementary enterpris **~а́т бытово́го обслу́живания** mul ple (consumer-)services establishme **~а́ция** *f* [7] combination; *econ.* merg **~и́ровать** [7], ⟨с-⟩ combine

коме́дия *f* [7] comedy; farce

коменда́|нт *m* [1] *mil.* commandant; s perintendent; *общежития* warde **~нтский** [16]: **~нтский час** curfe **~ту́ра** *f* [5] commandant's office

коме́та *f* [5] comet

ком|и́зм *m* [1] comic side; **~́ик** *m* [1] c median, comic (actor)

комисса́р *m* [1] commissar; comm sioner; **~иа́т** *m* [1] commissariat

коми|ссио́нный [14] commission *comm.*; *pl. su.* = sum); **~́ссия** *f* [7] co mission (*a. comm.*), committee; **~те́т** [1] committee

коми́ч|еский [16], **~ный** [14; -чен, -ч comic(al), funny

ко́мкать [1], ⟨ис-, с-⟩ crumple

коммент|а́рий *m* [3] comment(ar **~а́тор** *m* [1] commentator; **~и́рова** [7] (*im*)*pf.* comment (on)

коммер|са́нт *m* [1] merchant; busine man; **~́ческий** [16] commercial

комму́н|а *f* [5] commune; **~а́льный** [communal; municipal; **~а́льная ква ти́ра** (*coll.* **~а́лка**) communal fl

~и́зм *m* [1] communism; **~ика́ция** *f* [7] communication (*pl. mil.*); **~и́ст** *m* [1], **~и́стка** *f* [5; *g/pl.*: -ток], **~исти́ческий** [14] communist

оммута́тор *m* [1] *el.* switchboard

о́мнат|а *f* [5] room; **~ный** [14] room…; *bot.* house…

омо́к *m* [1; -мка́] lump, clod

омпа́н|ия *f* [7] company (*a. comm*); **води́ть ~ию с** (T) associate with; **~ьо́н** *m* [1] *comm.* partner; companion

омпа́ртия *f* [7] Communist Party

о́мпас *m* [1] compass

омпенс|а́ция *f* [7] compensation; **~и́ровать** [7] (*im*)*pf.* compensate

омпете́н|тный [14; -тен, -тна] competent; **~ция** [7] competence; scope

о́мплек|с *m* [1], **~сный** [14] complex; **~т** *m* [1] (complete) set; **~тный** [14], **~това́ть** [7], ⟨у-⟩ complete

омплиме́нт *m* [1] compliment

омпози́тор *m* [1] *mus.* composer

омпости́ровать [7], ⟨про-⟩ punch

омпо́т *m* [1] compote, stewed fruit

омпре́сс *m* [1] compress

омпром|ети́ровать [7], ⟨с-⟩, **~и́сс** *m* [1] compromise (*v/i. a.* **идти́ на ~и́сс**)

омпью́тер *m* [1] computer

омсомо́л *m* [1] *hist.* Komsomol (Young Communist League); **~ец** *m* [1; -льца], **~ка** *f* [5; *g/pl.*: -лок], **~ьский** [16] Komsomol

омфо́рт *m* [1] comfort, convenience; **~а́бельный** [14; -лен, -льна] comfortable, convenient

онве́йер *m* [1] (belt) conveyor; assembly line

онве́нция *f* [7] convention, agreement

онве́рсия *f* [7] *econ.* conversion

онве́рт *m* [1] envelope

онв|ои́р *m* [1], **~ои́ровать** [7], **~о́й** *m* [3], **~о́йный** [14] convoy, escort

онгре́сс *m* [1] congress

онденс|а́тор (-dɛ-) *m* [1] *papa* condenser; *el.* capacitor; **~и́ровать** [7] (*im*)*pf.* condense; evaporate (*milk*)

онди́тер|ская *f* [16]: **~ский магази́н** confectioner's shop; **~ские изде́лия** *pl.* confectionery

ондиционе́р *m* [1] air conditioner

конево́дство *n* [9] horse-breeding

конёк *m* [1; -нька́] skate; *coll.* hobby

кон|е́ц *m* [1; -нца́] end; close; point; *naut.* rope; **без ~ца́** endless(ly); **в ~е́ц** (**до ~ца́**) completely; **в ~це́** (P) at the end of; **в ~це́ ~цо́в** at long last; **в оди́н ~е́ц** one way; **в о́ба ~ца́** there and back; **на худо́й ~е́ц** at (the) worst; **под ~е́ц** in the end; **тре́тий с ~ца́** last but two

коне́чно (-ʃnə-) of course, certainly

коне́чности *f/pl.* [8] extremities

коне́чн|ый [14; -чен, -чна] *philos.*, *math.* finite; final, terminal; *цель и т. д.* ultimate

конкре́тный [14; -тен, -тна] concrete, specific

конкур|е́нт *m* [1] competitor; rival; **~ентноспосо́бный** [14; -бен, -бна] competitive; **~е́нция** *coll.* *f* [7] competition; **~и́ровать** [7] compete; **´~с** *m* [1] competition

ко́нн|ица *f* [5] *hist.* cavalry; **~ый** [14] horse…; (of) cavalry

конопля́ *f* [6] hemp; **~ный** [14] hempen

коносаме́нт *m* [1] bill of lading

консерв|ати́вный [14; -вен, -вна] conservative; **~ато́рия** *f* [7] conservatory, *Brt.* school of music, conservatoire; **~и́ровать** [7] (*im*)*pf.*, *a.* ⟨за-⟩ conserve, preserve; can, *Brt.* tin; **´~ный** [14], **´~ы** *m/pl.* [1] canned (*Brt.* tinned) food

ко́нский [16] horse (*hair, etc.*)

консолида́ция *f* [7] consolidation

консп́ект *m* [1] summary, abstract; synopsis; notes made at a lecture; **~и́ровать** [7] make an abstract (of P); make notes at a lecture

конспир|ати́вный [14; -вен, -вна] secret; **~а́ция** *f* [7], conspiracy

конст|ати́ровать [7] (*im*)*pf.* establish, ascertain; **~иту́ция** *f* [7] constitution

констр|уи́ровать [7] (*im*)*pf.* *a.* ⟨с-⟩ design; **~укти́вный** [14; -вен, -вна] constructive; **~у́ктор** *m* [1] designer; constructor; **~у́кция** *f* [7] design; construction, structure

ко́нсул *m* [1] consul; **~ьский** [16] consular; **~ьство** *n* [9] consulate; **~ьта́ция** *f* [7] consultation; advice; **юриди́ческая консульта́ция** legal advice office;

~льти́ровать [7], ⟨про-⟩ advise; **-ся** consult (with **с** T)
конта́кт *m* [1] contact; **~ный** [14] *tech.* contact…; [-тен, -тна] *coll.* sociable
континге́нт *m* [1] quota, contingent
контине́нт *m* [1] continent
конто́ра *f* [5] office
контраба́нд|а *f* [5] contraband, smuggling; ***занима́ться ~ой*** smuggle; **~и́ст** *m* [1] smuggler
контр|аге́нт *m* [1] contractor; **~адмира́л** *m* [1] rear admiral
контра́кт *m* [1] contract
контра́льто *n* [9] contralto
контра́ст *m* [1], **~и́ровать** [7] contrast
контрата́ка *f* [5] counterattack
контрибу́ция *f* [7] contribution
контрол|ёр *m* [1] inspector (*rail. a.* ticket collector); **~и́ровать** [7], ⟨про-⟩ control, check; **≈ь** *m* [4] control, checking; **≈ьный** [14] control…, check…; ***≈ьная рабо́та*** test (*in school*, *etc.*)
контр|разве́дка *f* [5] counterespionage, counterintelligence; **~револю́ция** *f* [7] counterrevolution
конту́з|ить [15] *pf.*; **~ия** *f* [7] contusion; shell-shock
ко́нтур *m* [1] contour, outline
конура́ *f* [5] kennel
ко́нус *m* [1] cone; **~ообра́зный** [14; -зен, -зна] conic(al)
конфедера|ти́вный [14] confederative; **≈ция** *f* [7] confederation
конфере́нция *f* [7] conference (at ***на*** П)
конфе́та *f* [5] candy, *Brt.* sweet(s)
конфи|денциа́льный [14; -лен, -льна] confidential; **~скова́ть** [7] (*im*)*pf.* confiscate
конфли́кт *m* [1] conflict
конфу́з|ить [15], ⟨с-⟩ (**-ся** be[come]) embarrass(ed), confuse(d); **~ливый** *coll.* [14 *sh.*] bashful, shy
конц|ентрат *m* [1] concentrated product; **~ентрацио́нный** [14] *coll.*, → ***~ла́герь***; **~ентри́ровать** [7], ⟨с-⟩ concentrate (**-ся** *v/i.*); **~е́рт** *m* [1] concert (***на*** П at); *mus.* concerto; **~ла́герь** *m* [4] concentration camp
конч|а́ть [1], ⟨**≈ить**⟩ [16] finish, end, (**-ся** *v/i.*); *univ.*, *etc.* graduate from; **-ся** *срок* terminate, expire; **≈ено!** enough!; **≈и** *m* [1] tip; point; **~и́на** *f* [5] decease
коньюнкту́р|а *f* [5] *comm.* state of th market; **~щик** *m* [1] timeserver
конь *m* [4 *e.*; *nom/pl. st.*] horse; *po* steed; *chess* knight; **~ки́** *m/pl.* [1] (***рол ковые*** roller) skates; **~кобе́жец** *m* [-жца] skater; **~кобе́жный** [14] skatir
конья́к *m* [1 *e.*; *part.g.*: -у́] cognac
ко́н|юх *m* [1] groom; **~ю́шня** *f* [6; *g/p* -шен] stable
коопер|ати́в *m* [1] cooperative (stor society); **~а́ция** *f* [7] cooperation; ***п требительская ~а́ция*** consumers' s ciety
координа́ты *f/pl.* [5] *math.* coordinate *coll.* particulars for making contact (*a dress, telephone and fax numbers et*
координи́ровать [7] (*im*)*pf.* coord nate
копа́ть [1], ⟨вы́-⟩ dig (up); **-ся** *impf.* di root; *в вещах* rummage (about); *в са и т. д.* putter about; (*медленно д лать*) dawdle
копе́йка *f* [5; *g/pl.*: -е́ек] kopeck
копи́лка *f* [5; *g/pl.*: -лок] money box
копир|ова́льный [14]: ***~ова́льная б ма́га*** *f* (*coll.* **≈ка**) carbon pape **≈овать** [7], ⟨с-⟩ copy; **~о́вщик** *m* [copyist
копи́ть [14], ⟨на-⟩ accumulate, sav store up
ко́п|ия *f* [7] copy (*vb.* ***снять ~ию с*** I **~на́** *f* [5; *pl.*: ко́пны, -пён, -пна́м] stac *волос* shock
ко́поть *f* [8] lampblack; soot
копоши́ться [16 *e.*; -шу́сь, -ши́шься ⟨за-⟩ *coll.* *о людях* putter about, me around
копти́ть [15 *e.*; -пчу́, -пти́шь, -пчённый ⟨за-⟩ smoke
копы́то *n* [9] hoof
копьё *n* [10; *pl. st.*] spear; lance
кора́ *f* [5] bark; *земли и т. д.* crust
кораб|лекруше́ние *n* [12] shipwrec **~лестрое́ние** *n* [12] shipbuilding; **≈л** *m* [4 *e.*] ship
кора́лл *m* [1] coral; **~овый** [14] coral… coralline
Кора́н *m* [1] Koran

ре́|ец *m* [1; -е́йца], **~йский** [16] Korean

рен|а́стый [14 *sh.*] thickset, stocky; **~и́ться** [13] be rooted in; **~но́й** [14] native; (*основной*) fundamental; *зуб* molar; **_~ь** *m* [4; -рня; *from g/pl. e.*] root; ***в ко́рне*** radically; ***пусти́ть ко́рни*** take root; ***вы́рвать с ко́рнем*** pull up by the roots; **~ья** *n/pl.* [*gen.*: -ьев] roots

решо́к *m* [1; -шка́] rootlet; *книги* spine; *квитанции* stub, counterfoil

рея́нка *f* [5; (*g/pl.*: -нок)] Korean

рзи́н(к)а *f* [5 (*g/pl.*: -нок)] basket

ридо́р *m* [1] corridor, passage

ри́нка *f* [5; *no pl.*] currant(s)

рифе́й *m* [3] *fig.* luminary

ри́ца *f* [5] cinnamon

ри́чневый [14] brown

о́рка *f* [5; *g/pl.*: -рок] *хлеба и т. д.* crust; *кожура* rind, peel

рм *m* [1; *pl.*: -ма́ *etc. e.*] fodder

рма́ *f* [5] *naut.* stern

рм|и́лец *m* [1; льца] breadwinner; **~и́ть** [14], ⟨на-, по-⟩ feed; ***~и́ть гру́дью*** nurse; ⟨про-⟩ *fig.* maintain, support; **-ся** live on (T); **~ле́ние** *n* [12] feeding; nursing

орнеплo̍ды *m/pl.* [1] root crops

оро́б|ить [14], ⟨по-⟩ warp (*a. fig.*); jar upon, grate upon: **~ка** *f* [5; *g/pl.*: -бок] box, case

оро́в|а *f* [5] cow; ***до́йная ~а*** milch cow; **~ий** [18] cow…; **~ка** *f* [5; *g/pl.*: -вок]: ***бо́жья ~ка*** ladybird; **~ник** *m* [1] cowshed

ороле́в|а *f* [5] queen; **~ский** [16] royal, regal; **~ство** *n* [9] kingdom

оро́ль *m* [4 *e.*] king

оромы́сло *n* [9; *g/pl.*: -сел] yoke; (*a. scale*) beam

оро́н|а *f* [5] crown; **~а́ция** coronation; **~ка** *f* [5; *g/pl.*: -нок] (*of tooth*) crown; **~ова́ние** *n* [12] coronation; **~ова́ть** [7] (*im*)*pf.* crown

орот|а́ть *coll.* [1], ⟨с-⟩ while away; **~кий** [16; ко́роток, -тка́, ко́ротко́, ко́ротки́; *comp.*: коро́че] short, brief; ***на ~кой ноге́*** on close terms; ***коро́че (говоря́)*** in a word, in short, in brief; ***~ко и я́сно*** (quite) plainly; ***ру́ки ~ки́!*** just try!

ко́рпус *m* [1] body; [*pl.*: -са́, *etc. c.*] frame, case; building; (*a. mil.*, *dipl.*) corps; *судна* hull

коррект|и́ва *f* [5] correction; **~и́ровать** [7], ⟨про-⟩ correct; *typ.* proofread; **~ный** [14; -тен, -тна] correct, proper; **~ор** *m* [1] proofreader; **~у́ра** *f* [5] proof(-reading)

корреспонд|е́нт *m* [1] correspondent; **~е́нция** *f* [7] correspondence

корсе́т *m* [1] corset, *Brt. a.* stays *pl.*

корт *m* [1] (tennis) court

корте́ж *f* [5; *g/pl.*: -жей] cortège; motorcade

ко́ртик *m* [1] dagger

ко́рточк|и *f/pl.* [5; *gen.*: -чек]: ***сесть (сиде́ть) на ~и (~ах)*** squat

корчева́|ние *n* [12] rooting out; **~ть** [7], ⟨вы́-, рас-⟩ root out

ко́рчить [16], ⟨с-⟩ *impers.* (**-ся**) writhe (***от бо́ли*** with pain); convulse; (*no pf.*) *coll.* *рожи* make faces; (*a.* ***~ из себя́***) pose as

ко́ршун *m* [1] kite

коры́ст|ный [14; -тен, -тна] selfish, self-interested; *a.* = **~олюби́вый** [14 *sh.*] greedy, mercenary; **~олю́бие** *n* [12] self-interest, cupidity; **~ь** *f* [8] gain, profit; cupidity

коры́то *n* [9] trough

корь *f* [8] measles

ко́рюшка *f* [5; *g/pl.*: -шек] smelt

коря́вый [14 *sh.*] knotty, gnarled; rugged, rough; *почерк* crooked; *речь* clumsy

коса́ *f* [5; *ac/sg.*: ко́су; *pl. st.*] **1.** plait, braid; **2.** [*ac/sg. a.* косу́] scythe; spit (*of land*)

ко́свенный [14] oblique, indirect (*a. gr.*); *law.* circumstantial

коси́|лка *f* [5; *g/pl.*: -лок] mower machine; **~ть**, ⟨с-⟩ **1.** [15; кошу́, ко́сишь] mow; **2.** [15 *e.*; кошу́, коси́шь] squint; **-ся**, ⟨по-⟩ *v/i.*; *a.* look askance (***на*** B at); **~чка** *f* [5; *g/pl.*: -чек] *dim.* → **коса́** *1*

косма́тый [14 *sh.*] shaggy

косм|е́тика *f* [5] cosmetics *pl.*: **~ети́ческий** [16] cosmetic; **~и́ческий** [16] cosmic; *корабль* spaceship, space-

К

craft; **~она́вт** *m* [1] cosmonaut, astronaut
ко́сн|ость *f* [8] sluggishness, inertness, stagnation; **~уться** [14] → **каса́ться**; **~ый** [14; -сен, -сна] sluggish, inert, stagnant
косо|гла́зый [14 *sh.*] cross- *or* squint-eyed; **~й** [14; кос, -á, -о] slanting, oblique; sloping; *coll. улыбка* wry; **~ла́пый** [14 *sh.*] pigeon-toed; *coll.* неуклюжий clumsy
костёр *m* [1; -трá] (camp)fire, bonfire
кост|и́стый [14 *sh.*] bony; **~ля́вый** [14 *sh.*] scrawny, raw-boned; *рыба*; **~очка** *f* [5; *g/pl.*: -чек] bone; *bot.* pit, stone; **перемыва́ть ~очки** gossip (Д about)
косты́ль [4 *e.*] crutch
кост|ь *f* [8; в -ти́; *from g/pl. e.*] bone; **промо́кнуть до ~е́й** get soaked to the skin
костю́м *m* [1] suit; dress; costume
костя́|к *m* [1 *e.*] skeleton; *fig.* backbone; **~но́й** [14] bone…
косу́ля *f* [6] roe deer
косы́нка *f* [5; *g/pl.*: -нок] kerchief
кося́к *m* [1 *e.*] (door)post; *птиц* flock; *рыбы* school
кот *m* [1 *e.*] tomcat; → *a.* **ко́тик**; **купи́ть ~á в мешке́** buy a pig in a poke; **~ напла́кал** *coll.* very little
кот|ёл *m* [1; -тлá] boiler, cauldron; **~ело́к** *m* [1; -лкá] kettle, pot; *mil.* mess tin; *шляпа* bowler
котёнок *m* [2] kitten
ко́тик *m* [1] *dim.* → **кот**; fur seal; *мех* sealskin; *adj.*: **~овый** [14]
котле́та *f* [5] cutlet; burger; rissole chop
котлови́на *f* [5] *geogr.* hollow, basin
кото́р|ый [14] which; who; that; what; many a; one; **~ый раз** how many times; **~ый час?** what time is it?; **в ~ом часу́?** (at) what time?
котте́дж *n* [1; *g/pl.* -ей] small detached house
ко́фе *m* [*indecl.*] coffee; **раствори́мый ~** instant coffee; **~ва́рка** *f* [5; *g/pl.*: -рок] coffeemaker; **~йник** *m* [1] coffeepot; **~мо́лка** *f* [5; *g/pl.*: -лок] coffee mill; **~йный** [14] coffee…
ко́фт|а *f* [5] (woman's) jacket; (**вя́заная ~а**) jersey, cardigan; **~очка** *f* [5; *g/pl.*: -чек] blouse
кочáн *m* [1 *e.*] head (*of cabbage*)
кочев|а́ть [7] be a nomad; wander, roam; move from place to place; **~ник** *m* [1] nomad
кочене́ть [8], ⟨за-, о-⟩ grow numb (**от** with), stiffen
кочерга́ *f* [5; *g/pl.*: -рёг] poker
ко́чка *f* [5; *g/pl.*: -ек] hummock; tussock
коша́чий [18] cat('s); feline
кошелёк *m* [1; -лькá] purse
ко́шка *f* [5; *g/pl.*: -шек] cat
кошма́р *m* [1] nightmare; **~ный** [14; -рен, -рна] nightmarish; horrible, awful
кощу́нств|енный [14 *sh.*] blasphemous; **~о** *n* [9] blasphemy; **~овать** [7] blaspheme
коэффицие́нт *m* [1] *math., el.* coefficient; factor; **~ полéзного дéйствия** efficiency
краб *m* [1] *zo.* crab
кра́деный [14] stolen (goods *n su.*)
краеуго́льный [14] basic; *fig. камень* corner(stone)
кра́жа *f* [5] theft; **~ со взло́мом** burglary
край *m* [3; с кра́ю; в краю́: *pl.*: -ая́, -аёв *etc. e.*] edge; (b)rim; brink (*a. fig.* edge); end; fringe, border, outskirt; region, land, country; **~ний** [15] outermost, (*a. fig.*) utmost, extreme(ly, utterly, most, very, badly **~не**); **в ~нем слу́чае** as a last resort; in case of emergency; **~ность** *f* [8] extreme; (*о положении*) extremity; **до ~ности = ~не**; **впа́дать в** (**доходи́ть до**) **~ности** go to extremes
крамо́ла *f* [5] *obs.* sedition
кран *m* [1] *tech.* tap; (stop)cock; crane
кра́пать [1 *or* 2 *st.*] drip, trickle
крапи́в|а *f* [5] (stinging) nettle; **~ница** [5] nettle rash
кра́пинка *f* [5; *g/pl.*: -нок] speck, spot
крас|а́ *f* [5] → **~отá**; **~а́вец** *m* [1; -вца] handsome man; **~а́вица** *f* [5] beautiful woman; **~и́вый** [14 *sh.*] beautiful; handsome; *a. слова и т. д. iro.* pretty
крас|и́тель *m* [4] dye(stuff); **~ить** [15] ⟨(п)о-, вы́-, рас-⟩ paint, colo(u)r, dye; *coll.* ⟨на-⟩ paint, makeup; **~ка** *f* [5; *g/pl.*: -сок] colo(u)r, paint, dye

>аснéть [8], ⟨по-⟩ redden, grow *or* turn 'ed; *от стыда* blush; *impf.* be ashamed; (*a.* **-ся**) appear *or* show red

>асно|армéец *m* [1; -мéйца] *hist.* Red Army man; **~бáй** *m* [3] *coll.* phrasemaker; rhetorician; glib talker; **~вáтый** [14 *sh.*] reddish; **~речи́вый** [14 *sh.*] eloquent; **~рéчие** *n* [12] eloquence; **~тá** *f* [5] redness; **~щёкий** [16 *sh.*] ruddy

>аснýха *f* [5] German measles

>áс|ный [14; -сен, -снá, -о] red (*a. fig.*); ***~ная строкá*** *f typ.* (*first line of*) new paragraph, new line; ***~ная ценá*** *f coll.* outside price; ***~ное словцó*** *n coll.* witticism; ***проходи́ть ~ной ни́тью*** run through (*of motif, theme, etc.*)

>асовáться [7] stand out *or* impress because of beauty; *coll.* flaunt, show off

>асотá *f* [5; *pl. st.*: -сóты] beauty

>áсочный [14; -чен, -чна] colo(u)rful

>асть [25 *pt. st.*; крáденный], ⟨у-⟩ steal (**-ся** *v/i.*, *impf.*; *a.* prowl, slink)

>áтер *m* [1] crater

>áтк|ий [16; -ток, -ткá, -о; *comp.*: крáтче] short, brief, concise; ***й ~ое*** *the letter* й; → *a.* ***корóткий***; **~оврéменный** [14; -енен, -енна] of short duration; (*преходящий*) transitory; **~осрóчный** [14; -чен, -чна] short; *ссуда и т. д.* shortterm; **~ость** *f* [8] brevity

>áтный [14; -тен, -тна] divisible without remainder

>ах *m* [1] failure, crash, ruin

>ахмáл *m* [1], **~ить** [13], ⟨на-⟩ starch; **~ьный** [14] starch(ed)

>áшеный [14] painted; dyed

>евéтка *f* [5; *g/pl.*: -ток] *zo.* shrimp

>еди́т *m* [1] credit; **в ~** on credit; **~ный** [14], **~овáть** [7] (*im*)*pf.* credit; **~óр** *m* [1] creditor; **~оспосóбный** [14; -бен, -бна] creditworthy; solvent

>éйс|ер *m* [1] cruiser; **~и́ровать** [7] cruise; ply

>ем *m* [1] cream; ***~ для лицá*** face cream; ***~ для óбуви*** shoe polish

>ем|атóрий *m* [3] crematorium; **~áция** *f* [7] cremation; **~и́ровать** [7] cremate

>емл|ёвский [16], **♀ь** *m* [4 *e.*] Kremlin

>éмний [3] *chem.* silicon

крен *m* [1] *naut.* list, heel; *ae.* bank

крéндель *m* [4 *from g/pl. e.*] pretzel

крени́ть [13], ⟨на-⟩ list (**-ся** *v/i.*)

креп *m* [1] crepe, crape

креп|и́ть [14 *e.*; -плю, -пи́шь] fix, secure; *fig.* strengthen; **-ся** hold out, bear up; **ˊ~кий** [16; -пок, -пкá, -о; *comp.*: крéпче] strong; sturdy; *здоровье* sound, robust; ***ˊ~кий орéшек*** hard nut to crack; **ˊ~ко** *a.* strongly, firmly; **ˊ~нуть** [21], ⟨о-⟩ grow strong(er)

крепост|нóй [14] *hist. su.* serf; ***~нóе прáво*** serfdom; **ˊ~ь** *f* [8; *from g/pl. e.*] fortress; → ***крéпкий*** strength; firmness, *etc.*

крéсло *n* [9; *g/pl.*: -сел] armchair

крест *m* [1 *e.*] cross (*a. fig.*); ***~нá~*** crosswise; **~и́ны** *f/pl.* [5] baptism, christening; **~и́ть** [15; -щённый] (*im*)*pf.*, ⟨о-⟩ baptize, christen; ⟨пере-⟩ cross (**-ся** o.s.); **ˊ~ник** *m* [1] godson; **ˊ~ница** *f* [5] goddaughter; **ˊ~ный** [14] **1.** (of the) cross; **2.** ***ˊ~ный*** (***отéц***) godfather; ***ˊ~ная*** (***мать***) godmother

крестья́н|ин *m* [1; *pl.*: -я́не, -я́н] peasant; **~ка** *f* [5; *g/pl.*: -нок] peasant woman; **~ский** [16] farm(er['s]), peasant…; country…; **~ство** *n* [9] *collect.* peasants; peasantry

крети́н *m* [1] cretin; *fig. coll.* idiot

крещéние *n* [12] baptism, christening; ♀ Epiphany

крив|áя *f* [14] *math.* curve; **~изнá** *f* [5] crookedness, curvature; **~и́ть** [14 *e.*; -влю, -ви́шь, -влённый], ⟨по-, с-⟩ (**-ся** be[come]) crook(ed), (bent); ⟨с-⟩ (**-ся**) make a wry face; ***~и́ть душóй*** act against one's conscience *or* convictions; **~ля́нье** *n* [12] affectation; **~ля́ться** [18] (make) grimace(s); mince; **~óй** [14; крив, -á, -о] crooked (*a. fig.*), wry; curve(d); P one-eyed; **~онóгий** [16 *sh.*] bandy-legged, bowlegged; **~отóлки** *coll. m/pl.* [1] rumo(u)rs, gossip

кри́зис *m* [1] crisis

крик *m* [1] cry, shout; outcry; ***послéдний ~ мóды*** the latest word in fashion; **~ли́вый** [14 *sh.*] shrill; clamorous; loud; **ˊ~нуть** → ***кричáть***

кри|минáльный [14] criminal; **~стáлл**

К

m [1] crystal; **\~ста́льный** [14; -лен, -льна] crystalline; *fig.* crystal-clear
крите́рий *m* [3] criterion
кри́ти|к *m* [1] critic; **\~ка** *f* [5] criticism; *lit., art* critique, review; **\~кова́ть** [7] criticize; **\~́ческий** [16], **\~́чный** [14; -чен, -чна] critical
крича́ть [4 *e.*; -чу́, -чи́шь], ⟨за-⟩, *once* ⟨кри́кнуть⟩ [20] cry (out), shout (**на** В at); scream
кров *m* [1] roof; shelter
крова́|вый [14 *sh.*] bloody; **\~ть** *f* [8] bed
кро́вельщик *m* [1] roofer
кровено́сный [14] blood (*vessel*)
кро́вля *f* [6; *g/pl.*: -вель] roof(ing)
кро́вный [14] (*adv.* by) blood; (*жизненно важный*) vital

K

крово|жа́дный [14; -ден, -дна] bloodthirsty; **\~излия́ние** *n* [12] *med.* h(a)emorrhage; **\~обраще́ние** *n* [12] circulation of the blood; **\~пи́йца** *m/f* [5] bloodsucker; **\~подтёк** *m* [1] bruise; **\~проли́тие** *n* [12] bloodshed; **\~проли́тный** [14; -тен, -тна] → ***крова́вый***; **\~смеше́ние** *n* [12] incest; **\~тече́ние** *n* [12] bleeding; → ***\~излия́ние***; **\~точи́ть** [16 *e.*; -чи́т] bleed
кров|ь *f* [8; -ви] blood (*a. fig.*); **\~яно́й** [14] blood…
кро|и́ть [13; кро́енный], ⟨вы́-, с-⟩ cut (out); **\~́йка** *f* [5] cutting (out)
крокоди́л *m* [1] crocodile
кро́лик *m* [1] rabbit
кро́ме (Р) except, besides (*a.* \~ ***того́***), apart (*or* aside) from; but
кромса́ть [1], ⟨ис-⟩ hack
кро́на *f* [5] crown (*of tree*); (*unit of currency*) crown, krone, krona
кропи́ть [14 *e.*; -плю́, -пи́шь, -плённый], ⟨о-⟩ sprinkle
кропотли́вый [14 *sh.*] laborious, toilsome; painstaking, assiduous
кроссво́рд *m* [1] crossword puzzle
кроссо́вки *f* [5; *g/pl.*: -вок] running shoes; *Brt.* trainers
крот *m* [1 *e.*] *zo.* mole
кро́ткий [16; -ток, -тка́, -о; *comp.*: кро́тче] gentle, meek
кро́|ха *f* [5; *ac/sg.*: кро́ху; *from dat/pl. e.*] crumb; *о количестве* bit; **\~́хотный** *coll.* [14; -тен, -тна], **\~́шечный** *coll.* [14] tiny; **\~ши́ть** [16], ⟨на-, по-, из…⟩ crumb(le); (*мелко рубить*) cho… **\~́шка** *f* [5; *g/pl.*: -шек] crumb; *coll.* lit… one; ***ни \~́шки*** not a bit
круг *m* [1; в, на -у́; *pl. e.*] circle (*a. fig…* *интересов и т. д.* sphere, range; **\~л…ва́тый** [14 *sh.*] roundish; **\~лолиць…** [14 *sh.*] chubbyfaced; **\~́лый** [14; кру… -á, -o] round; *coll. дурак* perfect; **\~́л… су́мма** round sum; **\~́лые су́тки** day a… night; **\~ово́й** [14] circular; *порука* m…tual; **\~оворо́т** *m* [1] circulation; *собы…тий* succession; **\~озо́р** *m* [1] prospe… range of interests; **\~о́м** round; *вокр…* around, (round) about; **\~осве́тны…** [14] round-the-world
кру́ж|ево *n* [9; *pl. e.*; *g/pl.*: кру́жев] la… **\~и́ть** [16 & 16 *e.*; кружу́, кру́жишь], ⟨за… вс-⟩ turn (round), whirl; circle; spi… *плутать* stray about; (**-ся** *v/i.*); ***вскр… жи́ть го́лову*** (Д) turn s.o.'s head; ***г… лова́ \~ится*** (**у** Р) feel giddy; **\~ка** *f* [… *g/pl.*: -жек] mug; tankard; *пива* glas…
кру́жный *coll.* [14] traffic circle, *B…* roundabout
кружо́к *m* [1; -жка́] (small) circle; … *pol.* study group
круп *m* [1] *лошади* croup
круп|а́ *f* [5] groats *pl.*; *fig. снег* sleet; **\~и́… ка** *f* [5; *g/pl.*: -нок] grain (*a. fig.* = **\~и́ц…** [5])
кру́пный [14; -пен, -пна́, -o] big, large… scale), great; (*выдающийся*) ou… standing; (*важный*) important, se… ous; *cine.* close (up); *fig.* \~ ***разгово…*** high words
крутизна́ *f* [5] steep(ness)
крути́ть [15], ⟨за-, с-⟩ twist; twirl; r… (up); turn; whirl; Р *impf.* be insince… *or* evasive; trick; *любовь* have a lo… affair (with)
круто́|й [14; крут, -á, -o; *comp.*: кру́ч… steep, (*резкий*) sharp, abrupt; (*неож… данный*) sudden; *яйцо* hard (… -boiled); *мера и т. д.* harsh; **\~́сть…** [8] harshness
круше́ние *n* [12] wreck; *надежд* rui… collapse; *a. rail.* derailment
крыжо́вник *m* [1] gooseberry bush; *co… lect.* gooseberries

рыл|áтый [14 *sh.*] winged (*a. fig.*); **~ó** *n* [9; *pl.*: крылья; -льев] wing (*a. arch.*, *ae.*, *pol.*); **~ьцó** *n* [9; *pl.* крыльца, -лéц, -льцáм] steps *pl.*; porch
рымский [16] Crimean
рыса *f* [5] rat
рыть [22], ⟨по-⟩ cover, roof; *краской* coat; *в картах* trump; **-ся** *impf.* (**в** П) lie *or* be in; be concealed
рыш|а *f* [5] roof; **~ка** *f* [5; *g/pl.*: -шек] lid, cover; Р (Д p.'s) end
рюк *m* [1 *e.*; *pl. a.*; крючья, -ев] hook; *coll.* detour
рючк|овáтый [14 *sh.*] hooked; **~котвóрство** *n* [9] chicanery; pettifoggery; **~óк** *m* [1; -чкá] hook; ***~óк для вязáния*** crochet hook
ряж *m* [1] mountain range; chain of hills
рякать [1], *once* ⟨~нуть⟩ [20] quack
ряхтéть [11] groan, grunt
стáти to the point (*or* purpose); opportune(ly), in the nick of time; apropos; besides, too, as well; incidentally, by the way
то [23] who; **~ …, ~ …** some…, others …; ***~ бы ни*** whoever; ***~ бы то ни́ был*** who(so)ever it may be; **~** *coll.* = **~-либо**, **~-нибудь**, **~-то** [23] anyone; someone
уб *m* [1] *math.* cube
ýбарем *coll.* head over heels
ýб|ик *m* [1] (small) cube; *игрушка* brick, block (*toy*); **~и́ческий** [16] cubic
ýбок *m* [1; -бка] goblet; *приз* cup
убомéтр *m* [1] cubic meter (-tre)
увши́н *m* [1] jug; pitcher
увши́нка *f* [5; *g/pl.*: -нок] water lily
увырк|áться [1], *once* ⟨~нýться⟩ [20] somersault, tumble; **~óм** → ***кýбарем***
удá where (… to); what … for; *coll.* (*a.* **~ какóй**], *etc.*) very, awfully, how; at all; by far, much; (*a.* + Д [& *inf.*]) how can …; ***~ни*** wherever; (*a.* ***~тут, там***) (that's) impossible!, certainly not!, what an idea!, (*esp.* ***~ тебé!***) rats!; **~ …, ~ …** to some places …, to others …; ***~ вы*** (*i. e.* ***идёте***)***?***; where are you going?; ***хоть ~*** Р fine; couldn't be better; → ***ни ~*** = **~-либо**, **~-нибудь**, **~-то** any-, somewhere
кудáхтать [3] cackle, cluck
кудéсник *m* [1] magician, sorcerer
кýдр|и *f/pl.* [-éй, *etc. e.*] curls; **~я́вый** [14 *sh.*] curly(-headed); *дерево* bushy
кузн|éц *m* [1 *e.*] (black)smith; **~éчик** *m* [1] *zo.* grasshopper; **~и́ца** *f* [5] smithy
кýзов *m* [1; *pl.*: -вá, *etc. e.*] body (*of car, etc.*)
кукарéкать [1] crow
кýкиш Р *m* [1] *coll.* (*gesture of derision*) fig, fico
кýк|ла *f* [5; *g/pl.*: -кол] doll; **~олка** *f* [5; *g/pl.*: -лок] **1.** *dim.* → ***~ла***; **2.** *zo.* chrysalis; **~ольный** [14] doll('s); ***~ольный теáтр*** puppet show
кукурýз|а *f* [5] corn, *Brt.* maize; **~ный** [14] corn…; ***~ные хлóпья*** cornflakes
кукýшка *f* [5; *g/pl.*: -шек] cuckoo
кулáк *m* [1 *e.*] fist; *hist.* kulak (*prosperous farmer or peasant*)
кулёк *m* [1; -лькá] (paper) bag
кули́к *m* [1 *e.*] curlew; snipe
кулинáр|ия *f* [7] cookery; **~ный** [14] culinary
кули́са *f* [5] *thea.* wing, side; ***за ~ми*** behind the scenes
кули́ч *m* [1 *e.*] Easter cake
кулóн *m* [1] pendant
кулуáры *m/pl.* [1] *sg. not used* lobbies
куль *m* [4 *e.*] sack, bag
культ *m* [1] cult; **~иви́ровать** [7] cultivate; **~ýра** *f* [5] culture; standard (***земледелия*** of farming); ***зерновы́е ~ýры*** cereals; **~ýрный** [14; -рен, -рна] cultural; cultured, well-bred
культя́ *f* [7 *e.*] *med.* stump
кумáч *m* [1 *e.*] red calico
кумир *m* [1] idol
кумовствó *n* [9] *fig.* favo(u)ritism; nepotism
куни́ца *f* [5] marten
купá|льный [14] bathing; ***~льный костю́м*** bathing suit, *Brt.* bathing costume; **~льщик** *m* [1] bather; **~ть(ся)** [1], ⟨вы-, ис-⟩ (take a) bath; bathe
купé (-'pɛ) *n* [*indecl.*] *rail.* compartment
купé|ц *m* [1; -пцá] merchant; **~ческий** [16] merchant('s); **~чество** *n* [9] *collect.* merchants

К

купи́ть → покупа́ть
купле́т *m* [1] couplet, stanza; song
ку́пля *f* [6] purchase
ку́пол *m* [1; *pl*.: -ла] cupola, dome
ку́пчая *f* [14] *hist*. deed of purchase
купю́ра *f* [5] bill, banknote; *в тексте* cut, excision
курга́н *m* [1] burial mound, barrow
ку́р|ево *coll. n* [9] tobacco, cigarettes; **~е́ние** *n* [12] smoking; **~и́льщик** *m* [1] smoker
кури́ный [14] chicken…; hen's; *coll. память* short; *med*. night (*слепота* blindness)
кури́|тельный [14] smoking; **~ть** [13; курю́, ку́ришь], ⟨по-, вы-⟩ smoke (**-ся** *v/i*.)
ку́рица *f* [5; *pl*.: ку́ры, *etc. st*.] hen; *cul*. chicken
курно́сый [14 *sh*.] snub-nosed
куро́к *m* [1; -рка́] cock (*of weapon*)
куропа́тка *f* [5; *g/pl*.: -ток] partridge
куро́рт *m* [1] health resort
курс *m* [1] course (*naut., ae., med., educ*.; **держа́ть ~ на** (B) head for; *a. univ*. year); *fin*. rate of exchange; *fig*. line, policy; **держа́ть** (**быть**) **в ~е** (P) keep (be) (well) posted on; **~а́нт** *m* [1] *mil*. cadet; **~и́в** *m* [1] *typ*. italics; **~и́ровать** [7] ply; **~о́р** *m* [1] *computer* cursor
ку́ртка *f* [5; *g/pl*.: -ток] jacket
курча́вый [14 *sh*.] curly(-headed)
курь|ёз *m* [1] curious; amusing; **~е́р** *m* [1] messenger; courier
куря́щий *m* [17] smoker
кус|а́ть [1], ⟨укуси́ть⟩ [15] bite (**-ся** *v/i., impf*.), sting; **~о́к** *m* [1; -ска́] piece, bit, morsel; scrap; *мыла* cake; *пирога и т. д.* slice; **на ~ки́** to pieces; **зараба́тывать на ~о́к хле́ба** earn one's bread and butter; **~о́чек** *m* [1; -чка] *dim*. → **~о́к**
куст *m* [1 *e*.] bush, shrub; **~а́рник** *m* [1] *collect*. bush(es), shrub(s)
куста́р|ный [14] handicraft…; hand(-made); *fig*. primitive, crude; **~ь** *m* [4 *e*.] craftsman
ку́тать(ся) [1], ⟨за-⟩ muffle *or* wrap o. (up, in)
кут|ёж *m* [1 *e*.], **~и́ть** [15] carouse
ку́х|ня *f* [6; *g/pl*.: ку́хонь] kitchen; *русская и т. д.* cuisine, cookery; **~онный** [14] kitchen…
ку́цый [14 *sh*.] dock-tailed; short
ку́ч|а *f* [5] heap, pile; a lot of; **~ами** in heaps, in crowds; **вали́ть всё в одну́ ~у** lump everything together; **класть в ~у** pile up; **~ер** *m* [1; *pl*.: -ра, *etc. e*.] coachman; **~ка** *f* [5; *g/pl*.: -чек] *dim*. → **~а**; small group
куша́к *m* [1 *e*.] belt, girdle, sash
ку́ша|нье *n* [10] dish; food; **~ть** [1], ⟨по-⟩ eat (up ⟨с-⟩)
куше́тка *f* [5; *g/pl*.: -ток] couch
кюве́т *m* [1] drainage ditch

Л

лабири́нт *m* [1] labyrinth, maze
лабор|а́нт *m* [1], **~а́нтка** *f* [5; *g/pl*.: -ток] laboratory assistant; **~ато́рия** *f* [7] laboratory
ла́ва *f* [5] lava
лави́на *f* [5] avalanche
лави́ровать [7] *naut*. tack; (*fig*.) maneuver (-noeuvre)
лавр *m* [1] laurel; **~о́вый** [14] (of) laurel(s)
ла́гер|ь 1. [4; *pl*.: -ря́, *etc. e*.] camp (*a., pl*.: -ри, *etc. st., fig*.); **располага́ться** (**стоя́ть**) **~ем** camp (out), be encamped; **~ный** [14] camp…
лад *m* [1; в ~у́; *pl. e*.]: (**не**) **в ~у́** (**~а́х**) → (**не**) **~ить**; **идти на ~** work (well), get on *or* along; **~ан** *m* [1] incense; **дыша́ть на ~ан** have one foot in the grave; **~ить** *coll*. [15], ⟨по-, с-⟩ get along *or* on (well); *pf. a*. make it up; (*справиться*) manage; **не ~ить** *a*. be at odds *or* variance; **-ся** *coll. impf*. → **идти́ на ~**, **~ить**; **~н**

coll. all right, O.K.; ~ный [14; -ден, -дна́, -о] *coll.* fine, excellent
адо́|нь *f* [8], P *f* [5] palm; ***как на ~ни*** spread before the eyes; ***бить в ~ши*** clap (one's hands)
адья́ *f* [6] *obs.* boat; *chess*: rook
аз|е́йка *f* [5; *g/pl.*: -е́ек] loophole; ~ить [15] climb (*v/t.* ***на*** B); clamber
азу́р|ный [14; -рен, -рна], ~ь *f* [8] azure
ай *m* [3] bark(ing), yelp; ~ка *f* [5; *g/pl.*: -па́ек] **1.** Eskimo dog; **2.** *кожа* kid; ~ковый [14] kid…
ак *m* [1] varnish, lacquer; ~овый [14] varnish(ed), lacquer(ed); *кожа* patent leather…
ака́ть [1], ⟨вы-⟩ lap
аке́й *m* [3] *fig.* flunk(e)y; ~ский [16] *fig.* servile
акирова́ть [7], ⟨от-⟩ lacquer, varnish
а́ком|иться [14], ⟨по-⟩ (T) enjoy, relish (*a. fig.*), eat with delight; ~ка *coll. m/f* [5] lover of dainties; ***быть ~кой*** *a.* have a sweet tooth; ~ство *n* [9] dainty, delicacy; *pl.* sweetmeats; ~ый [14 *sh.*] dainty; ***~ый кусо́(че)к*** *m* tidbit, *Brt.* titbit
акони́ч|еский [16], ~ный [14; -чен, -чна] laconic(al)
а́мп|а *f* [5] lamp; ~а́да *f* [5 (*g/pl.*:] lamp (*for icon*); ~овый [14] lamp…; ~очка *f* [5; *g/pl.*: -чек] bulb
андша́фт *m* [1] landscape
а́ндыш *m* [1] lily of the valley
ань *f* [8] fallow deer; hind, doe
а́па *f* [5] paw; *fig.* clutch
апша́ *f* [5] noodles *pl.*; noodle soup
арёк *m* [1; -рька́] kiosk, stand
а́ск|а *f* [5] caress; ~а́тельный [14] endearing, pet; *a.* ***~овый***; ~а́ть [1], ⟨при-⟩ caress; pet, fondle; **-ся** endear o.s. (**к** Д to); *о собаке* fawn (*of dog*); ~овый [14 *sh.*] affectionate, tender; caressing; *ветер* soft
а́сточка *f* [5; *g/pl.*: -чек] swallow
ата́ть *coll.* [1], ⟨за-⟩ patch, mend
атви́йский [16] Latvian
ати́нский [16] Latin
ату́нь *f* [8] brass
а́ты *f/pl.* [5] *hist.* armo(u)r
аты́нь *f* [8] Latin
аты́ш *m* [1 *e.*], ~ка *f* [5; *g/pl.*: -шек] Lett; ~ский [16] Lettish
лауреа́т *m* [1] prizewinner
ла́цкан *m* [1] lapel
лачу́га *f* [5] hovel, shack
ла́ять [27], ⟨за-⟩ bark
лгать [лгу, лжёшь, лгут; лгал, -а́, -о], ⟨со-⟩ lie, tell lies
лгун *m* [1 *e.*], ~ья *f* [6] liar
лебёдка *f* [5; *g/pl.*: -док] winch
лебе|ди́ный [14] swan…; ´~дь *m* [4; *from g/pl.*: *e.*] (*poet. a. f*) swan; ~зи́ть *coll.* [15 *e.*; -бежу́, -бези́шь] fawn (***перед*** T upon)
лев *m* [1; льва́] lion; ♌ Leo
лев|ша́ *m/f* [5; *g/pl.*: -ше́й] left-hander; ~ый [14] left (*a. fig.*), left-hand; *ткани* wrong (*side*; on **с** P)
лега́льный [14; -лен, -льна] legal
леге́нд|а *f* [5] legend; ~а́рный [14; -рен, -рна] legendary
легио́н *m* [1] legion (*mst. fig = a great number of people*)
лёгкий (-xk-) [16; лёгок, легка́; *a.* лёгки; *comp.*: ле́гче] light (*a. fig.*); *нетрудный* easy; *прикосновение* slight; (Д) ***легко́*** + *inf.* it is very well for … + *inf.*; ***лёгок на поми́не*** *coll.* talk of the devil!
легкоатле́т *m* [1] track and field athlete
легко|ве́рный (-xk-) [14; -рен, -рна] credulous; ~ве́сный [14; -сен, -сна] lightweight; *fig.* shallow; ~во́й [14]: ***легково́й автомоби́ль*** *a.* ***~ва́я (а́вто)маши́на*** auto(mobile), car
лёгкое *n* [16] lung
легкомы́сл|енный (-xk-) [14 *sh.*] light-minded, frivolous; thoughtless; ~ие *n* [12] levity; frivolity; flippancy
лёгкость (-xk-) *f* [8] lightness; easiness; ease
лёд *m* [1; льда́, на льду́] ice
лед|ене́ть [8], ⟨за-, о-⟩ freeze, ice (up, over); grow numb (*with cold*); ~ене́ц *m* [1; -нца́] (sugar) candy; ~ени́ть [13], ⟨о(б)-⟩ freeze, ice; *сердце* chill; ~ни́к *m* [1 *e.*] glacier; ~нико́вый [14] glacial; ice…; ~око́л *m* [1] icebreaker; ~охо́д *m* [1] pack ice; ~яно́й [14] ice…; ice-cold; icy (*a. fig.*)
лежа́|ть [4 *e.*; лёжа] lie; (*быть располо-*

Л

ложенным) be (situated); rest, be incumbent; **~ть в осно́ве** (**в** П form the basis); **~чий** [17] lying; **~чий больно́й** (in)patient

ле́звие *n* [12] edge; razor blade

лезть [24 *st.*: ле́зу; лезь!; лез, -ла], ⟨по-⟩ (be) climb(ing, *etc.*; *v/t.*); creep; (*проникнуть*) penetrate; *coll.* reach into; (**к** Д [**с** Т]) importune, press; *о волосах* fall out; (**на** В) fit (*v/t*); P *не в своё дело* meddle

лейбори́ст *m* [1] *pol.* Labo(u)rite

ле́й|ка *f* [5; *g/pl.*: ле́ек] watering can; **~копла́стырь** *m* [4] adhesive plaster; **~тена́нт** *m* [1] (second) lieutenant; **~тмоти́в** *m* [1] leitmotif

лека́р|ственный [14] medicinal; **~ство** *n* [9] drug, medicine, remedy (**про́тив** P for)

Л

ле́ксика *f* [5] vocabulary

ле́к|тор *m* [1] lecturer; **~то́рий** *m* [3] lecture hall; **~ция** *f* [7] lecture (at **на** П; *vb.*: **слу́шать** [**чита́ть**] attend [give, deliver])

леле́ять [27] pamper; *fig.* cherish

лён *m* [1; льна́] flax

лени́в|ец *m* [1; -вца] → **лентя́й**; **~ица** *f* [5] → **лентя́йка**; **~ый** [14 *sh.*] lazy, idle; *вялый* sluggish

лени́ться [13; леню́сь, ле́нишься], be lazy

ле́нта *f* [5] ribbon; band; *tech.* tape

лентя́й *m* [3], **~ка** *f* [5; *g/pl.*: -я́ек] lazybones; sluggard; **~ничать** *coll.* [1] idle

лень *f* [8] laziness, idleness; *coll.* (**мне**) ~ I am too lazy to …

леопа́рд *m* [1] leopard

лепе|сто́к *m* [1; -тка́] petal; **~т** *m* [1], **~та́ть** [4], ⟨про-⟩ babble, prattle

лепёшка *f* [5; *g/pl.*: -шек] scone

леп|и́ть [14], ⟨вы́-, с-⟩ sculpture, model, mo(u)ld; *coll.* ⟨на-⟩ stick (**на** В to); **~ка** model(l)ing; **~но́й** [14] mo(u)lded; **~но́е украше́ние** stucco mo(u)lding

ле́пт|а *f* [5]: **внести́ свою́ ~у** make one's own contribution to s.th

лес *m* [1] [из лесу, из ле́са; в лесу́: *pl.*: леса́, *etc. e.*] wood, forest; *материал* lumber, *Brt.* timber; *pl.* scaffolding; **~ом** through a (the) wood

леса́ *f* [5; *pl.*: лёсы, *etc. st.*] (fishing) lin

леси́стый [14 *sh.*] woody, wooded

ле́ска *f* [5; *g/pl.*: -сок] → **леса́**

лес|ни́к *m* [1 *e.*] ranger, foreste **~ни́чество** *n* [9] forest district; **~ничи** *m* [17] forest warden; **~но́й** [14] forest… wood(y); lumber…; timber…

лесо|во́дство *n* [9] forestry; **~насажде ние** *n* [12] afforestation; wood; **~пи́ль ный** [14]: **~пи́льный заво́д** = **~пи́льн** *f* [6; *g/pl.*: -лен] sawmill; **~ру́б** *m* [1] lum berman, woodcutter

ле́стница (-sn-) *f* [5] (flight of) stairs *p* staircase; *приставная* ladder; **пожа́ ная ~** fire escape

ле́ст|ный [14; -тен, -тна] flattering; **~ь** [8] flattery

лёт *m* [1]: **хвата́ть на лету́** grasp quickl be quick on the uptake

лета́, **лет** → **ле́то**; → *a.* **год**

лета́тельный [14] flying

лета́ть [1] fly

лете́ть [1], ⟨по-⟩ (be) fly(ing)

ле́тний [15] summer…

лётный [14] *погода* flying; **~ соста́в** ai crew

ле́т|о *n* [9; *pl. e.*] summer (T in [the]; **на** for the); *pl.* years, age (**в** В at); **ско́льк вам ~?** how old are you? (→ **быть**); **~а́х** elderly, advanced in years; **~опись** [8] chronicle; **~осчисле́ние** *n* [12] chro nology; era

лету́ч|ий [17 *sh.*] *chem.* volatile; **~а мышь** *zo.* bat

лётчи|к *m* [1], **~ца** *f* [5] pilot, aviator, fl er, air(wo)man; **лётчик-испыта́тел** test pilot

лече́бн|ица *f* [5] clinic, hospital; **~ы** [14] medic(in)al

леч|е́ние *n* [12] *med.* treatment; **~и́т** [16] treat; **-ся** undergo treatment, b treated; treat (one's … **от** P)

лечь → **ложи́ться**; → *a.* **лежа́ть**

ле́ший *m* [17] *Russian mythology* woo goblin; P Old Nick

лещ *m* [1 *e.*] *zo.* bream

лж|е... false; pseudo…; **~ец** *m* [1 *e.* mock…; liar; **~и́вость** *f* [8] mendacit **~и́вый** [14 *sh.*] false, lying; mendaciou

ли, (*short, after vowels, a.*) **ль 1.** (*inter*

part.) **зна́ет ~ она́ …?** (= **она́ зна́ет …?**) does she know…?; **2.** (*cj.*) whether, if; **…, ~, … ~** whether …, or…
либера́л *m* [1], **~ьный** [14; -лен, -льна] liberal
ли́бо or; **~ …, ~ …** either … or …
либре́тто *n* [*indecl.*] libretto
ли́вень *m* [4; -вня] downpour, cloudburst
ливре́я *f* [6; *g/pl.*: -ре́й] livery
ли́га *f* [5] league
ли́дер *m* [1] *pol.*, *sport* leader
лиз|а́ть [3], *once* ⟨**~ну́ть**⟩ lick
лик *m* [1] face; countenance; *образ* image; *eccl.* assembly; ***причи́слить к ~у святы́х*** canonize
ликвиди́ровать [7] (*im*)*pf.* liquidate
ликёр *m* [1] liqueur
ликова́ть [7], ⟨воз-⟩ exult
ли́лия *f* [7] lily
лило́вый [14] lilac(-colo[u]red)
лими́т *m* [1] quota, limit; **~и́ровать** [7] (*im*)*pf.* limit
лимо́н *m* [1] lemon; **~а́д** *m* [1] lemonade; **~ный** [14] lemon; ***~ная кислота́*** citric acid
ли́мфа *f* [5] lymph
лингви́стика *f* [5] → ***языкозна́ние***
лине́й|ка *f* [5; *g/pl.*: -е́ек] line, ruler; **~ный** [14] linear
ли́н|за *f* [5] lens; ***конта́ктные ~зы*** contact lenses; **~ия** *f* [7] line (*a. fig.*; **по** Д in);
~ко́р *m* [1] battleship; **~ова́ть** [7], ⟨на-⟩ rule; **~о́леум** *m* [1] linoleum
линчева́ть [7] (*im*)*pf.* lynch
линь *m* [4 *e.*] *zo.* tench
ли́н|ька *f* [5] mo(u)lt(ing); **~я́лый** *coll.* [14] *о ткани* faded; mo(u)lted; **~я́ть** [28], ⟨вы́-, по-⟩ fade; mo(u)lt
ли́па *f* [5] linden, lime tree
ли́п|кий [16; -пок, -пка́, -о] sticky, adhesive; *пластырь* sticking; **~нуть** [21], ⟨при-⟩ stick
ли́р|а *f* [5] lyre; **~ик** *m* [1] lyric poet; **~ика** *f* [5] lyric poetry; **~и́ческий** [16], **~и́чный** [14; -чен, -чна] lyric(al)
лис|(иц)а́ *f* [5; *pl. st.*] fox (silver… ***черно-бу́рая***); **~ий** [18] fox…; foxy
лист *m* **1.** [1 *e.*] sheet; (*исполнительный*) writ; **2.** [1 *e.*; *pl. st.*: ли́стья, -ев] *bot.* leaf; *coll. a.* → **~ва́**; **~а́ть** *coll.* [1] leaf *or* thumb through; **~ва́** *f* [5] *collec.* foliage, leaves *pl.*; **~венница** *f* [5] larch; **~венный** [14] deciduous; **~ик** *m* [1] *dim.* → **~**; **~о́вка** *f* [5 *g/pl.*: -вок] leaflet; **~о́к** *m* [1; -тка́] *dim.* → **~**; slip; **~ово́й** [14] sheet…; *железо и т. д.*
лите́йный [14]: **~ цех** foundry
литер|а́тор *m* [1] man of letters; writer; **~ату́ра** *f* [5] literature; **~ату́рный** [14; -рен, -рна] literary
лито́в|ец *m* [1; -вца], **~ка** *f* [5; *g/pl.*: -вок], **~ский** [16] Lithuanian
лито́й [14] cast
литр *m* [1] liter (*Brt.* -tre)
лить [лью, льёшь; лил, -а́, -о; лей(те)! ли́тый (лит, -а́, -о)] pour; *слёзы* shed; *tech.* cast; ***дождь льёт как из ведра́*** it's raining cats and dogs; **-ся** flow, pour; *песня* sound; *слёзы и т. д.* stream; **~ё** *n* [10] founding, cast(ing)
лифт *m* [1] elevator, *Brt.* lift; **~ёр** *m* [1] lift operator
ли́фчик *m* [1] bra(ssière)
лих|о́й [14; лих, -а́, -о] *coll.* bold, daring; dashing; **~ора́дка** *f* [5] fever; **~ора́дочный** [14; -чен, -чна] feverish; **~ость** *f* [8] *coll.* swagger; spirit; dash
лицев|а́ть [7], ⟨пере-⟩ face; turn; **~о́й** [14] face…; front…; *сторона* right; ***~о́й счёт*** personal account
лицеме́р *m* [1] hypocrite; **~ие** *n* [12] hypocrisy; **~ный** [14; -рен, -рна] hypocritical; **~ить** [13] dissemble
лице́нзия *f* [7] license (*Brt.* -ce) (В for ***на***)
лиц|о́ *n* [9; *pl. st.*] face; countenance (*change v/t.* **в** П); front; person, individual(ity); ***в ~о́*** by sight; to s.b.'s face; ***от ~а́*** (Р) in the name of; ***~о́м к ~у́*** face to face; ***быть*** (Д) ***к ~у́*** suit *or* become a p.; ***нет ~а́*** be bewildered; ***должностно́е ~о́*** official
личи́нка *f* [5; *g/pl.*: -нок] larva; maggot
ли́чн|ость *f* [8] personality; person, individual; **~ый** [14] personal; private
лиша́й *m* [3 *e.*] *bot.* lichen (*a.* **~ник**); *med.* herpes
лиш|а́ть [1], ⟨**~и́ть**⟩ [16 *e.*; -шу́, -ши́шь, -шённый] deprive; strip (of Р); *на-*

Л

следства disinherit; **~áть себя́ жи́зни** commit (*suicide*); **~ённый** *a.* devoid of, lacking; **-ся** (P) lose; **~и́ться чу́вств** faint; **~éние** *n* [12] (de)privation; loss; *pl.* privations, hardships; **~éние прав** disfranchisement; **~éние свобо́ды** imprisonment; **~и́ть(ся)** → **~áть(ся)**

ли́шн|ий [15] superfluous, odd, excessive, over…; sur…; *запасной* spare; extra; *ненужный* needless, unnecessary; *su.* outsider; **~ее** undue (*things*, *etc.*); *выпить* (*a.* a glass) too much; **… с ~им** over …; **~ий раз** once again; **не ~е** + *inf.* (p.) had better

лишь (*a.* + **то́лько**) only; merely, just; as soon as, no sooner … than, hardly; **~ бы** if only, provided that

лоб *m* [1; лба; во, на лбу́] forehead

лови́ть [14], ⟨пойма́ть⟩ [1] catch; *в западню* (en)trap; *случай* seize; **~ на сло́ве** take at one's word; *по радио* pick up

ло́вк|ий [16; ло́вок, ловка́, -о; *comp.*: ло́вче] dexterous, adroit, deft; **~ость** *f* [8] adroitness, dexterity

ло́в|ля *f* [6] catching; *рыбы* fishing; **~у́шка** *f* [5; *g/pl.*: -шек] trap; (*силок*) snare

логари́фм *m* [1] *math.* logarithm

ло́г|ика *f* [5] logic; **~и́ческий** [16], **~и́чный** [11; -чен, -чна] logical

ло́гов|ище *n* [11], **~о** *n* [9] lair, den

ло́д|ка *f* [5; *g/pl.*: -док] boat; **подво́дная ~ка** submarine

лоды́жка *f* [5; *g/pl.*: -жек] ankle

ло́дырь *coll.* *m* [4] idler, loafer

ло́жа *f* [5] *thea.* box

ложби́на *f* [5] narrow, shallow gully; *fig. coll.* cleavage

ло́же *n* [11] channel, bed (*a. of. river*)

ложи́ться [16 *e.*; -жу́сь, -жи́шься], ⟨лечь⟩ [26] [г/ж: ля́гу, лгут; ля́г(те)!; лёг, легла́] lie down; **~ в** (B) go to (*bed*, *a.* **~** [**спать**]); **~ в больни́цу** go to hospital

ло́жка *f* [5; *g/pl.*: -жек] spoon; **ча́йная ~** teaspon; **столо́вая ~** tablespoon

ло́ж|ный [14; -жен, -жна] false; **~ный шаг** false step; **~ь** *f* [8; лжи; ло́жью] lie, falsehood

лоза́ *f* [5; *pl. st.*] *виноградная* vine

ло́зунг *m* [1] slogan

локализова́ть [7] (*im*)*pf.* localize

локо|моти́в *m* [1] locomotive, railw[ay] engine; **´~н** *m* [1] curl, lock; **´~ть** [4; -ктя; *from g/pl. e.*] elbow

лом *m* [1; *from g/pl.*: *e.*] crowbar; *м[еталлолом]* scrap (metal); **~аный** [1…] broken; **~áть** [1], ⟨по-, с-⟩ break (… up); *дом* pull down; **~áть себе́ голо[ву]** rack one's brains (**над** T over); **-[ся]** break; ⟨по-⟩ P clown, jest; put on ai[rs]

ломба́рд *m* [1] pawnshop

лом|и́ть [14] *coll.* → **~áть**; *impers.* ach[e], feel a pain in; **-ся** bend, burst; *в дверь* *и т. д.* force (*v/t.* **в** B), break (into); **~ка** [*f* …] [15] breaking (up); **~кий** [16; ло́мо[к], ломка́, -о] brittle, fragile; **~óта** *f* […] rheumatic pain, ache *pl.*; **~óть** *m* [… -мтя́] slice; **~тик** *m* [1] *dim.* → **~óть**

ло́н|о *n* [9] *семьи* bosom; **на ~е приро[-] ды** in the open air

ло́па|сть *f* [8; *from g/pl. e.*] blade; *a…* vane; **~та** *f* [8] shovel, spade; **~тка** [*f*] [5; *g/pl.*: -ток] **1.** *dim.* → **~та**; **2.** *ana[t.]* shoulder blade

ло́паться [1], ⟨-нуть⟩ [20] break, burs[t], split, crack; **чуть не ~ от сме́ха** sp[lit] one's sides with laughter

лопу́х *m* [1 *e.*] *bot.* burdock; *coll.* foo[l]

лоск *m* [1] luster (-tre), gloss, polish

лоску́т *m* [1 *e.*; pl. *a.*: -ку́тья, -ьев] ra[g], shred, scrap

лос|ни́ться [13] be glossy, shine; **~[о]си́на** *f* [5] *cul.* **~óсь** *m* [1] salmon

лось *m* [4; *from g/pl. e.*] elk

лотере́я *f* [6] lottery

лото́к *m* [1; -тка́] street vendor's tray *[or]* stall; **продава́ть с лотка́** sell in th[e] street

лохм|а́тый [14 *sh.*] shaggy, dishe[v]el(l)ed; **~óтья** *n/pl.* [*gen.*: -ьев] rags

ло́цман *m* [1] *naut.* pilot

лошад|и́ный [14] horse…; **~и́ная си́л[а]** horsepower; **´~ь** *f* [8; *from g/pl. e., instr.*] -дьми́ & -дя́ми] horse

лощи́на *f* [5] hollow, depression

лоя́льн|ость *f* [8] loyalty; **~ый** [14; -ле[н], -льна] loyal

лу|бо́к *m* [1; -бка́] cheap popular prin[t]

~г *m* [1; на -ý; *pl.* -á, *etc. e.*] meadow
ýж|а *f* [5] puddle, pool; ***сесть в ~у*** *coll.* get into a mess
ужáйка *f* [5; *g/pl.*: -áек] (small) glade
ук *m* [1] **1.** *collect.* onion(s); **2.** bow (*weapon*)
укáв|ить [14], ⟨с-⟩ dissemble, be cunning; **~ство** *n* [9] cunning, slyness, ruse; **~ый** [14 *sh.*] crafty, wily; (*игривый*) saucy, playful
ýковица *f* [5] onion; *bot.* bulb
ун|á *f* [5] moon; **~áтик** *m* [1] sleepwalker, somnambulist; **~́ный** [14] moon(lit); *astr.* lunar
ýпа *f* [5] magnifying glass
упи́ть [14] thrash, flog
упи́ться [14], ⟨об-⟩ peel, scale (off)
уч *m* [1 *e.*] ray, beam; **~евóй** [14] radial; radiation (***болéзнь*** sickness); **~езáрный** [14; -рен, -рна] resplendent; **~и́стый** [14 *sh.*] radiant
ýчш|е *adv.*, *comp.* → ***хорошó***; **~ий** [17] better; best (***в ~ем слýчае*** at …)
ущи́ть [16 *e.*; -щý, -щи́шь], ⟨вы́-⟩ shell, husk
ыж|а *f* [5] ski; snowshoe (*vb.*: ***ходи́ть***, *etc.*, ***на ~ах***); **~ник** *m* [1], **~ница** *f* [5] skier; **~ный** [14] ski…
ыс|ый [14 *sh.*] bald; **~ина** *f* [5] bald spot, bald patch
ь → ***ли***
ьви́|ный [14] lion's; ***~ный зев*** *bot.* snapdragon; **~ца** *f* [5] lioness
ьгóт|а *f* [5] privilege; **~ный** [14; -тен, -тна] privileged; (*сниженный*) reduced; preferential; favo(u)rable
ьди́на *f* [5] ice floe
ьнýть [20], ⟨при-⟩ cling, stick (to); *fig. coll.* have a weakness (for)
ьнянóй [14] flax(en); *ткань* linen…
ьст|éц *m* [1 *e.*] flatterer; **~и́вый** [14 *sh.*] flattering; **~и́ть** [15], ⟨по-⟩ flatter; delude (o.s. ***себя́*** with T)
юбéзн|ичать *coll.* [1] (**с** T) pay court (**с** T to), flirt, pay compliments (**с** T to); **~ость** *f* [8] courtesy; kindness; (*услуга*) favo(u)r; *pl.* compliments; **~ый** [14; -зен, -зна] polite, amiable, kind; obliging
люби́м|ец *m* [1; -мца], **~ица** *f* [5] favo(u)rite, pet; **~ый** [14] beloved, darling; favo(u)rite, pet
люби́тель *m* [4], **~ница** *f* [5] lover, fan; amateur; **~ский** [16] amateur
люби́ть [14] love; like, be (⟨по-⟩ grow) fond of; *pf.* fall in love with
любов|áться [7], ⟨по-⟩ (T *or* **на** B) admire, (be) delight(ed) (in); **~́ник** *m* [1] lover; **~́ница** *f* [5] mistress; **~́ный** [14] love…; *отношение* loving, affectionate; ***~́ная связь*** love affair; **~́ь** *f* [8; -бви́, -бóвью] love (***к*** Д of, for)
любо|знáтельный [14; -лен, -льна] inquisitive, curious; *ум* inquiring; **~́й** [14] either, any(one *su.*); **~пы́тный** [14; -тен, -тна] curious, inquisitive; interesting; ***мне ~пы́тно …*** I wonder …; **~пы́тство** *n* [9] curiosity; interest; ***прáздное ~пы́тство*** idle curiosity
лю́бящий [17] loving, affectionate
люд *m* [1] *collect. coll.*, **~́и** [-éй, -ям, -ьми́, -ях] people; ***вы́йти в ~́и*** get on in life; ***на ~́ях*** in the presence of others, in company; **~́ный** [14; -ден, -дна] crowded; **~оéд** *m* [1] cannibal; *в сказках* ogre
люк *m* [1] hatch(way); manhole
лю́стра *f* [5] chandelier, luster (*Brt.* -tre)
лютерáн|ин *m* [1; *nom./pl.* -рáне, g. -рáн], **~ка** *f* [5; *g/pl.*: -нок], **~ский** [16] Lutheran
лю́тик *m* [1] buttercup
лю́тый [14; лют, -á, -о; *comp.*: -тée] fierce, cruel
люцéрна *f* [5] alfalfa, lucerne
ляг|áть(ся) [1], ⟨~нýть⟩ [20] kick
лягуш|áтник *m* [1] wading pool for children; **~́ка** *f* [5; *g/pl.*: -шек] frog
ля́жка *f* [5; *g/pl.*: -жек] *coll.* thigh, haunch
лязг *m* [1], **~́ать** [1] clank, clang; *зубами* clack
ля́мк|а *f* [5; *g/pl.*: -мок] strap; ***тянýть ~у*** *fig. coll.* drudge, toil

Л

М

мавзоле́й *m* [3] mausoleum

магази́н *m* [1] store, shop

магистра́ль *f* [8] main; *rail.* main line; *водная* waterway; thoroughfare; trunk (line)

маги́ческий [16] magic(al)

ма́гний *m* [3] *chem.* magnesium

магни́т *m* [1] magnet; **~офо́н** *m* [1] tape recorder

магомета́н|ин *m* [1; *pl.*: -а́не, -а́н], **~ка** *f* [5; *g/pl.*: -нок] Mohammedan

ма́з|ать [3] **1.** ⟨по-, на-⟩ (*пачкать*) smear; *esp. eccl.* anoint; *маслом и т. д.* spread, butter; **2.** ⟨с-⟩ oil, lubricate; **3.** *coll.* ⟨за-⟩ soil; *impf.* daub; **~ня́** *coll. f* [6] daub(ing); **~о́к** *m* [1; -зка́] daub; stroke; *med.* smear; swab; **~у́т** *m* [1] heavy fuel oil; **~ь** *f* [8] ointment

май *m* [3] May

ма́й|ка *f* [5; *g/pl.*: ма́ек] undershirt, T-shirt; sports shirt; **~оне́з** *m* [1] mayonnaise; **~о́р** *m* [1] major; **~ский** [16] May(-Day)…

мак *m* [1] poppy

макаро́ны *m* [1] macaroni

мак|а́ть [1], *once* ⟨**~ну́ть**⟩ [20] dip

маке́т *m* [1] model; *mil.* dummy

ма́клер *m* [1] *comm.* broker

макну́ть → ***мака́ть***

максим|а́льный [14; -лен, -льна] maximum; **'~ум** *m* [1] maximum; at most

маку́шка *f* [5; *g/pl.*: -шек] top; *головы* crown

малева́ть [6], ⟨на-⟩ *coll.* paint, daub

мале́йший [17] least, slightest

ма́ленький [16] little, small; (*низкий*) short; trifling, petty

мали́н|а *f* [5] raspberry, -ries *pl.*; **~овка** *f* [5; *g/pl.*: -вок] robin (redbreast); **~овый** [14] raspberry-…; crimson

ма́ло little (*a.* **~ что**); few (*a.* **~ кто**); a little; not enough; less; **~ где** in few places; **~ *когда́*** seldom; *coll.* **~ *ли что*** much, many things, anything; (*a.*) yes, but …; that doesn't matter, even though; **~ *того́*** besides, and what is more; **~ *того́, что*** not only (that)

мало|ва́жный [14; -жен, -жна] insignificant, trifling; **~ва́то** *coll.* little, no (quite) enough; **~вероя́тный** [1 -тен, -тна] unlikely; **~габари́тны** [14; -тен, -тна] small; **~гра́мотны** [14; -тен, -тна] uneducated, ignoran *подход и т. д.* crude, faulty; **~доказа тельный** [14; -лен, -льна] unconvin ing; **~ду́шный** [14; -шен, -шна] pus lanimous; **~зна́чащий** [17 *sh.*] → **~ва́ж ный**; **~иму́щий** [17 *sh.*] poor; **~кро́ви** *n* [12] an(a)emia; **~ле́тний** [15] mino underage; little (one); **~литра́жка** [5; *g/pl.*: -жек] *coll.* compact (car); mi car; **~лю́дный** [14; -ден, -дна] poor populated (*or* attended); **~-ма́льск** *coll.* in the slightest degree; at a **~общи́тельный** [14; -лен, -льна] uns ciable; **~о́пытный** [14; -тен, -тна] ine perienced; **~-пома́лу** *coll.* graduall little by little; **~приго́дный** [14; -де -дна] of little use; **~ро́слый** [14 *sh.*] u dersized; **~содержа́тельный** [1 -лен, льна] uninteresting, shallo empty

ма́л|ость *f* [8] *coll.* trifle; a bit; **~оце́н ный** [14; -е́нен, -е́нна] of little value, i ferior; **~очи́сленный** [14 *sh.*] small (number), few; **~ый** [14; мал, -а́; *comp* ме́ньше] small, little; *ростом* short; **~енький**; *su.* fellow, guy; **без ~ого** a most, all but; **от ~а до вели́ка** youn and old; **с ~ых лет** from childhoo **~ы́ш** *coll. m* [1 *e.*] kid(dy), little boy

ма́льч|ик *m* [1] boy, lad; **~и́шеский** [1 boyish; mischievous; **~и́шка** *coll. m* [*g/pl.*: -шек] urchin; greenhorn; **~уга́** *coll. m* [1] → ***малы́ш***; *a.* → **~и́шка**

малю́тка *m/f* [5; *g/pl.*: -ток] baby, tot

маля́р *m* [1 *e.*] (house) painter

малярия́ *f* [7] *med.* malaria

ма́м|а *f* [5] mam(m)a, mother; **~а́ша** *col. f* [5], *coll. f* **~очка** *f* [5; *g/pl.*: -чек mommy, mummy

ма́нго *n* [*indecl.*] mango

андари́н *m* [1] mandarin(e), tangerine
анда́т *m* [1] mandate
ан|ёвр *m* [1], **~еври́ровать** [7] maneuver, *Brt.* manoeuvre; **~е́ж** *m* [1] riding school; *цирк* arena; **~еке́н** *m* [1] mannequin (*dummy*)
ане́р|а *f* [5] manner; **~ный** [14; -рен, -рна] affected
анже́т(к)а *f* [(5; *g/pl.*: -ток)] cuff
анипули́ровать [7] manipulate
ани́ть [13; маню́, ма́нишь], ⟨по-⟩ (T) beckon; *fig.* entice, tempt
а́н|ия *f* [7] (**вели́чия** megalo)mania; **~ки́ровать** [7] (*im*)*pf.* (T) neglect
а́нная [14]: **~ *крупа́*** semolina
ара́зм *m* [1] *med.* senility; *fig.* nonsense, absurdity
ара́ть *coll.* [1], ⟨за-⟩ soil, stain; ⟨на-⟩ scribble, daub; ⟨вы-⟩ delete
арганцо́вка *f* [5; -вок] *chem.* potassium manganate
аргари́н *m* [1] margarine
аргари́тка *f* [5; *g/pl.*: -ток] daisy
аринова́ть [7], ⟨за-⟩ pickle
а́рк|а *f* [5; *g/pl.*: -рок] (postage) stamp; make; grade, brand, trademark; **~е́тинг** *m* [1] marketing; **~си́стский** [16] Marxist
а́рля *f* [6] gauze
армела́д *m* [1] fruit jelly (*candied*)
а́рочный [14] *вино* vintage
арт *m* [1], **~овский** [16] March
арты́шка *f* [5; *g/pl.*: -шек] marmoset
арш *m* [1], **~ирова́ть** [7] march; **~ру́т** *m* [1] route, itinerary; **~ру́тный** [14]: ***~ру́тное такси́*** fixedroute taxi
а́ск|а *f* [5; *g/pl.*: -сок] mask; **~ара́д** *m* [1] (*a.* ***бал-~ара́д***) masked ball, masquerade; **~ирова́ть** [7], ⟨за-⟩, **~иро́вка** *f* [5; *g/pl.*: -вок] mask; disguise, camouflage
а́сл|еница *f* [5] Shrovetide; **~ёнка** *f* [5; *g/pl.*: -нок] butter dish; **~еный** [14] → **~яный**; **~и́на** *f* [5] olive; **~и́чный** [14] olive…; oil …; **~о** *n* [9; *pl.*: -сла́, -сел, -сла́м] (*a.* ***сли́вочное ~о***) butter; (*a.* ***расти́тельное ~о***) oil; ***как по ~у*** *fig.* swimmingly; **~озаво́д** creamery; **~яный** [14] oil(y); butter(y); greasy; *fig.* unctuous

ма́сс|а *f* [5] mass; bulk; *людей* multitude; *coll.* a lot; **~а́ж** *m* [1], **~и́ровать** [7] (*pt. a. pf.*) massage; **~и́в** *m* [1] *горный* massif; **~и́вный** [14; -вен, -вна] massive; **~овый** [14] mass…; popular…
ма́стер *m* [1; *pl.*: -ра́, *etc. e.*] master; (*бригадир*) foreman; (*умелец*) craftsman; (*знаток*) expert; ***~ на все ру́ки*** jack-of-all-trades; **~и́ть** *coll.* [13], ⟨с-⟩ work; make; **~ска́я** *f* [16] workshop; *художник и т. д.* atelier, studio; **~ско́й** [16] masterly (*adv.* ***~ски́***); **~ство́** *n* [9] trade, craft; skill, craftsmanship
масти́тый [14 *sh.*] venerable; eminent
масть *f* [8; *from g/pl. e.*] colo(u)r (*of animal's coat*); *карты* suit
масшта́б *m* [1] scale (on **в** П); *fig.* scope; caliber (-bre); repute
мат *m* [1] **1.** *sport* mat; **2.** *chess* checkmate; **3.** foul language
матема́ти|к *m* [1] mathematician; **~ка** *f* [5] mathematics; **~ческий** [16] mathematical
материа́л *m* [1] material; **~и́зм** *m* [1] materialism; **~и́ст** *m* [1] materialist; **~исти́ческий** [16] materialistic; **~ьный** [14; -лен, -льна] material; economic; financial
матери́к *m* [1 *e.*] continent
матери́|нский [16] mother('s), motherly, maternal; **~нство** *n* [9] maternity; **´~я** *f* [7] matter; *ткань* fabric, material
ма́тка *f* [5; *g/pl.*: -ток] *anat.* uterus
ма́товый [14] dull, dim, mat
матра́с *m* [1] mattress
ма́трица *f* [5] *typ.* matrix; die, mo(u)ld; *math.* array of elements
матро́с *m* [1] sailor, seaman
матч *m* [1] *sport* match
мать *f* [ма́тери, *etc.* = 8; *pl.*: ма́тери, -ре́й, *etc. e.*] mother
мах *m* [1] stroke, swing; **с** (***одного́***) ***~у*** at one stroke *or* stretch; at once; ***дать ~у*** miss one's mark, make a blunder; **~а́ть** [3, *coll.* 1], *once* ⟨**~ну́ть**⟩ [20] (T) wave; *хвостом* wag; *крыльями* flap; *pf. coll.* go; ***~ну́ть руко́й на*** (B) give up; **~ови́к** *m* [1 *e.*], **~ово́й** [14]: ***~ово́е колесо́*** flywheel
махо́рка *f* [5] coarse tobacco

махро́вый [14] *bot.* double; Turkish *or* terry-cloth (*полотенце* towel); *fig.* dyed-in-the-wool
ма́чеха *f* [5] stepmother
ма́чта *f* [5] mast
маши́н|а *f* [5] machine; engine; *coll.* car; ***стира́льная ~а*** washing machine; ***шве́йная ~а*** sewing-machine; **~а́льный** [14; -лен, -льна] mechanical, perfunctory; **~и́ст** *m* [1] *rail.* engineer, *Brt.* engine driver; **~и́стка** *f* [5; *g/pl.*: -ток] (girl) typist; **~ка** *f* [5; *g/pl.*: -нок] (*пишущая*) typewriter; **~ный** [14] machine…, engine…; **~о́пись** *f* [8] typewriting; **~острое́ние** *n* [12] mechanical engineering
мая́к *m* [1 *e.*] lighthouse; beacon; leading light
ма́я|тник *m* [1] pendulum; **~ться** P [27] drudge; *от боли* suffer; **~чить** *coll.* [16] loom

мгла *f* [5] gloom, darkness; heat mist
мгнове́н|ие *n* [12] moment; instant; ***в ~ие о́ка*** in the twinkling of an eye; **~ный** [14; -е́нен, -е́нна] momentary, instantaneous
ме́б|ель *f* [8] furniture; **~лиро́вка** *f* [5] furnishing(s)
мёд *m* [1; *part. g.*: мёду; в меду́; *pl. e.*] honey
меда́ль *f* [8] medal; **~о́н** *m* [1] locket, medallion
медве́|дица *f* [5] she-bear; *astr.* **&dица** Bear; **~дь** *m* [4] bear (*coll. a. fig.*); **~жий** [18] bear('s)…; *услуга* bad (*service*); **~жо́нок** *m* [2] bear cub
ме́ди|к *m* [1] physician, doctor; medical student; **~каме́нты** *m/pl.* [1] medication, medical supplies; **~ци́на** *f* [5] medicine; **~ци́нский** [16] medical
ме́дл|енный [14 *sh.*] slow; **~и́тельный** [14; -лен, -льна] sluggish, slow, tardy; **~ить** [14], ⟨про-⟩ delay, linger; be slow, tarry; hesitate
ме́дный [14] copper…
мед|осмо́тр *m* [1] medical examination; **~пу́нкт** *m* [1] first-aid station; **~сестра́** *f* [5; *pl. st.*: -сёстры, -сестёр, -сёстрам] (*medical*) nurse
меду́за *f* [5] jellyfish

медь *f* [8] copper; *coll.* copper (*coin*)
меж → **~ду**; **~а́** *f* [5; *pl.*: ме́жи, меж, м… жа́м] boundary; **~доме́тие** *n* [12] *gr.* i… terjection; **~континента́льный** inte… continental
ме́жду (T) between; among(st); ***~ те…*** meanwhile, (in the) meantime; ***~ те… как*** whereas, while; **~городный** [1… *tel.* long-distance…, *Brt.* trunk…; inte… urban; **~наро́дный** [14] international
межплане́тный [14] interplanetary
мексик|а́нец *m* [1; -нца], **~а́нка** *f* [… *g/pl.*: -нок], **~а́нский** [16] Mexican
мел *m* [1; в ~у́] chalk; *для побелк…* whitewash
меланхо́л|ик *m* [1] melancholi… **~и́ческий** [16], **~и́чный** [14; -че… -чна] melancholy, melancholic; **~ия** [7] melancholy
меле́ть [8], ⟨об-⟩ grow shallow
ме́лк|ий [16; -лок, -лка́, -о; *comp.* ме́льче] small, little; *интересы* pett… *песок* fine; *река* shallow; *тарелка* fla… **~ий дождь** drizzle; **~ота́** *f* [8] small f…
мелоди|́ческий [16] melodic; melod… ous; **~чный** [14; -чен, -чна] melodiou… **´~я** *f* [7] melody
ме́лоч|ность *f* [8] pettiness, smallmin… edness, paltriness; **~ный** [14; -че… -чна] petty, paltry; **~ь** *f* [8; *from g/p… e.*] trifle; trinket; *coll.* small fry; *день…* (small) change; *pl.* details, particular…
мел|ь *f* [8] shoal, sandbank; ***на ~…*** aground; *coll.* in a fix
мельк|а́ть [1], ⟨~ну́ть⟩ [20] flash; glea… flit; fly (past); pass by fleetingly; **~ом** f… a brief moment; ***взгляну́ть ~ом*** cast… cursory glance
ме́льни|к *m* [1] miller; **~ца** *f* [5] mill
мельхио́р *m* [1] cupronickel, Germa… silver
мельч|а́ть [1], ⟨из-⟩ become (**~и́ть** [1… *e.*; -чу́, -чи́шь] make) small(er) *or* sha… low(er); become petty
мелюзга́ *coll.* *f* [5] → ***ме́лочь*** *coll.*
мемориа́л *m* [1], **~ный** [14] memori… ***~ная доска́*** memorial plaque
мемуа́ры *m/pl.* [1] memoirs
ме́нее less; ***~ всего́*** least of all; ***тем не…*** nevertheless

е́ньш|е less; smaller; *a.* **ме́нее**; **~ий** [17] smaller, lesser; younger; least; **~инство́** *n* [9] minority
еню́ *n* [*indecl.*] menu, bill of fare
еня́ть [28], ⟨по-, об-⟩ exchange, barter (**на** B for); change (→ **пере~**); **-ся** *v/i.* (*T/***с** T s.th. with)
е́р|а *f* [5] measure; degree, way; **по ~е** (P) *or* **того́ как** according to (*a.* **в ~у** P); as far as; while the …, the … (+ *comp.*); **по кра́йней** (**ме́ньшей**) **~е** at least
ере́нга *f* [5] meringue
ере́щиться [16], ⟨по-⟩ (Д) seem (*to hear, etc.*); appear (to), imagine
ерз|а́вец *coll. m* [1; -вца] swine, scoundrel; **~кий** [16; -зок, -зка́, -о] vile, disgusting, loathsome, foul
ёрз|лый [14] frozen; **~нуть** [21], ⟨за-⟩ freeze; feel cold
е́рзость *f* [8] vileness, loathsomeness
е́рин *m* [1] gelding; **врать как си́вый ~** lie in one's teeth
е́р|ить [13], ⟨с-⟩ measure; ⟨при-, по-⟩ *coll.* try on; **~ка** *f* [5; *g/pl.*: -рок]: **снять ~ку** take s.o.'s measure
е́ркнуть [21], ⟨по-⟩ fade, darken
ерлу́шка *f* [5; *g/pl.*: -шек] lambskin
е́р|ный [14; -рен, -рна] measured; rhythmical; **~оприя́тие** *n* [12] measure; action
е́ртв|енный [14 *sh.*] deathly (pale); **~е́ть** [8], ⟨о-⟩ deaden; *med.* mortify; grow *or* turn numb (pale, desolate); **~е́ц** *m* [1 *e.*] corpse
ёртв|ый [14; мёртв, мертва́, мёртво; *fig.*: мертво́, мертвы́] dead; **~ая то́чка** dead point, dead center (-tre) *fig.*; **на ~ой то́чке** at a standstill
ерца́|ние *n* [12], **~ть** [1] twinkle
еси́ть [15], ⟨за-, с-⟩ knead
е́сса *f* [5] *mus.* mass
ести́ [25 -т-; мету́, метёшь; мётший], ⟨под-⟩ sweep, whirl
е́стн|ость *f* [8] region, district, locality, place; **~ый** [14] local; **~ый жи́тель** local inhabitant
е́ст|о *n* [9; *pl. e.*] place, site; *сидение* seat; *coll. old use* job, post; *в тексте* passage *pl. a.*; → **~ность**; **о́бщее** (*or* **из-би́тое**) **~о** platitude, commonplace; (**заде́ть за**) **больно́е ~о** tender spot (touch on the raw); (**не**) **к ~у** in (out of) place; **не на ~е** in the wrong place; **~а́ми** in (some) places, here and there; **спа́льное ~о** berth; **~ожи́тельство** *n* [9] residence; **~оиме́ние** *n* [12] *gr.* pronoun; **~онахожде́ние**, **~оположе́ние** *n* [12] location, position; **~опребыва́ние** *n* [12] whereabouts; residence; **~орожде́ние** *n* [12] deposit; *нефтяное* field
месть *f* [8] revenge
ме́ся|ц *m* [1] month; moon; **в ~ц** a month, per month; **медо́вый ~ц** honeymoon; **~чный** [14] month's; monthly
мета́лл *m* [1] metal; **~и́ст** *m* [1] metalworker; **~и́ческий** [16] metal(lic); **~урѓия** *f* [7] metallurgy
метаморфо́за *f* [5] metamorphosis; change in s.o.'s behavio(u)r, outlook, etc.
мет|а́ть [3] **1.** ⟨на-, с-⟩ baste, tack; **2.** [3], *once* ⟨**~ну́ть**⟩ [20] throw; **~а́ть икру́** spawn; **-ся** toss (*in bed*); rush about
мете́ль [8] snowstorm, blizzard
метеоро́лог *m* [1] meteorologist; **~и́ческий** [16] meteorological; **~ия** *f* [7] meteorology
ме́т|ить [15], ⟨по-⟩ mark; (**в, на** B) aim, drive at, mean; **~ка** [5; *g/pl.*: -ток] mark(ing); **~кий** [16; -ток, -тка́, -о] well-aimed; *стрелок* good; keen, accurate, steady; pointed; (*выражение*) apt, to the point
мет|ла́ *f* [5; *pl. st.*: мётлы, мётел; мётлам] broom; **~ну́ть** → **мета́ть**
ме́тод *m* [1] method; **~и́ческий** [16], **~и́чный** [14; -чен, -чна] methodic(al), systematic(al)
метр *m* [1] meter, *Brt.* metre
ме́трика *f* [5] *obs.* birth certificate
метри́ческ|ий [16]: **~ая систе́ма** metric system
метро́ *n* [*indecl.*], **~поли́тен** *m* [1] subway, *Brt.* tube, underground
мех *m* [1; *pl.*: -xá, *etc.*, *e.*] fur; **на ~у́** fur-lined
механ|и́зм *m* [1] mechanism, gear; **~ик** *m* [1] mechanic; *naut.* engineer; **~ика** *f* [5] mechanics; **~и́ческий** [16] mechan-

M

ical

мехов|óй [14] fur…; **~щи́к** *m* [1 *e.*] furrier

меч *m* [1 *e.*] sword; ***Дамо́клов ~*** sword of Damocles

мече́ть *f* [8] mosque

мечта́ *f* [5] dream, daydream, reverie; **~тель** *m* [4] (day)dreamer; **~тельный** [14; -лен, -льна] dreamy; **~ть** [1] dream (**о** П of)

меша́|ть [1], ⟨раз-⟩ stir; ⟨с-, пере-⟩ mix; *о чувствах* mingle; ⟨по-⟩ disturb; (*препятствовать*) hinder, impede, prevent; ***вам не ~ет*** (***~ло бы***) you'd better; **-ся** meddle, interfere (**в** В with); ***не ~йтесь не в своё дело!*** mind your own business!

ме́шк|ать *coll.* [1], ⟨про-⟩ → ***ме́длить***; **~ова́тый** [14 *sh.*] (*clothing*) baggy

мешо́к *m* [1; -шка́] sack, bag

мещан|и́н *m* [1; *pl.*: -а́не, -а́н], **~ский** [16] *hist.* (petty) bourgeois, Philistine; narrow-minded

мзда *f* [5] *archaic, now joc.* recompense, payment; *iro.* bribe

миг *m* [1] moment, instant; **~ом** *coll.* in a trice (*or* flash); **~а́ть** [1], *once* ⟨**~ну́ть**⟩ [20] blink, wink; *звёзды* twinkle; *огоньки* glimmer

мигре́нь *f* [8] migraine

ми́зерный [14; -рен, -рна] scanty, paltry

мизи́нец [1; -нца] little finger

микро́б *m* [1] microbe

микроско́п *m* [1] microscope

микрофо́н *m* [1] microphone

миксту́ра *f* [5] medicine (*liquid*), mixture

ми́ленький *coll.* [16] lovely; dear; (*as form of address*) darling

милици|оне́р *m* [1] policeman; militiaman; **´~я** *f* [7] police; militia

милли|а́рд *m* [1] billion; **~ме́тр** *m* [1] millimeter (*Brt.* -tre); **~о́н** *m* [1] million

мило|ви́дный [14; -ден, -дна] nice-looking; **~се́рдие** *n* [12] charity, mercy; **~се́рдный** [14; -ден, -дна] charitable, merciful; **´~стыня** *f* [6] alms; **´~сть** *f* [8] mercy; (*одолжение*) favo(u)r; ***´~сти про́сим!*** welcome!; *iro., coll.* ***по твое́й*** (***ва́шей***) ***ми́лости*** because of you

ми́лый [14; мил, -á, -o] nice, lovabl sweet; (my) dear, darling

ми́ля *f* [6] mile

ми́мо (Р) past, by; ***бить ~*** miss; **~лётны** [14; -тен, -тна] fleeting, transient; **~хо дом** in passing; incidentally

ми́на *f* [5] **1.** *mil.* mine; **2.** mien, expre sion

минда́|лина *f* [5] almond; *anat.* tons **~ль** *m* [4 *e.*] *collect.* almond(s **~льничать** *coll.* [1] be too soft (towar **с** Т)

миниатю́р|а *f* [5], **~ный** [14; -рен, -рн miniature…; *fig.* tiny, diminutive

ми́нимум *m* [1] minimum; ***прож точный ~*** living wage; *adv.* at the lea

минист|е́рство *n* [9] *pol.* ministr ***~е́рство иностра́нных*** (***вну́тренни дел*** Ministry of Foreign (Internal) A fairs; **~р** *m* [1] minister, secretary

мин|ова́ть [7] (*im*)*pf.*, ⟨**~у́ть**⟩ [20] pa (by); *pf.* be over; escape; (Д) ***~уло*** (*о во зрасте*) → ***испо́лниться***; **~у́вши ~у́вшее** *su.* past

мино́рный [14] *mus.* minor; *fig.* gloom depressed

ми́нус *m* [1] *math.* minus; *fig.* shortcon ing

мину́т|а *f* [5] minute; moment, instant (В at; **на** В for); ***сию́ ~у*** at once, imm diately; at this moment; ***с ~ы на ~у*** (a any moment; → ***пя́тый***, ***пять***; **~ны** [14] minute('s); moment('s), mome tary

ми́нуть → ***минова́ть***

мир *m* [1] **1.** peace; **2.** [*pl. e.*] world; *fi* universe, planet; ***не от ~а сего́*** othe worldly

мир|и́ть [13], ⟨по-, при-⟩ reconcile (to Т); **-ся** make it up, be(come) reco ciled; ⟨при-⟩ resign o.s. to; put up wit **~ный** [14; -рен, -рна] peace…; peacef

мировоззре́ние *n* [12] weltar schauung, world view; ideology

миров|о́й [14] world('s); worldwide, un versal; *coll.* first-class

миро|люби́вый [14 *sh.*] peaceabl peaceloving; **~тво́рческий** [16] peac making

М

иска *f* [5; *g*/*pl*.: -сок] dish, tureen; bowl
иссия *f* [7] mission; *dipl.* legation
истика *f* [5] mysticism
истификáция *f* [7] mystification; hoax
итинг *m* [1] *pol.* mass meeting; **~овáть** 7] *impf. coll.* hold (*or* take part in) a nass meeting
итрополи́т *m* [1] *eccl.* metropolitan
иф *m* [1] myth; **~и́ческий** [16] mythc(al); **~олóгия** *f* [7] mythology
ичман *m* [1] warrant officer
ишéнь *f* [8] target
ишка *coll. m* [5; *g*/*pl*.: -шек] (*pet name ised for*) bear; (**плю́шевый**) teddy bear
ишурá *f* [5] tinsel
ладéн|ец *m* [1; -нца] infant, baby; **~чество** *n* [9] infancy
лáдший [17] younger, youngest; junior
лекопитáющее *n* [17] *zo.* mammal
лéчный [14] milk…, milky (*a.* ♀, *ast.*); **~сок** latex
нéни|е *n* [12] opinion (**по** Д in); **общéственное ~е** public opinion; **по моему́ ~ю** to my mind
ни́|мый [14 *sh.*, *no m*] imaginary; (*ложный*) sham; **~тельный** [14; лен, -льна] (*подозрительный*) hypochondriac(al); suspicious
нóгие *pl.* [16] many (people, *su.*)
нóго (P) much, many; a lot (*or* plenty) of; **ни ~ ни мáло** *coll.* neither more nor less; **~вáто** *coll.* rather too much (many); **~вековóй** [14] centuries-old; **~грáнный** [14; -áнен, -áнна] many-sided; **~дéтный** [14; -тен, -тна] having many children; **~значи́тельный** [14; -лен, -льна] significant; **~крáтный** [14; -тен, -тна] repeated; *gr.* frequentative; **~лéтний** [15] longstanding, of many years; *план и т. д.* long-term…; *bot.* perennial **~лю́дный** [14; -ден, -дна] crowded, populous; *митинг* mass…; **~национáльный** [14; -лен, -льна] multinational; **~обещáющий** [17] (very) promising; **~обрáзный** [14; -зен; -зна] varied, manifold; **~слóвный** [14; -вен, -вна] wordy; **~сторóнний** [15; -óнен, -óння] many-sided; **~страдáльный**; [14; -лен, -льна] long-suffering; **~тóчие** *n* [12] ellipsis; **~уважáемый** [14] dear (*address*); **~цвéтный** [14; -тен, -тна] multicolo(u)red; **~чи́сленный** [14 *sh.*] numerous; **~этáжный** [14] manystoried (*Brt.* -reyed)
мнóж|ественный [14. *sh.*] *gr.* plural; **~ество** *n* [9] multitude; a great number; **~имое** *n* [14] *math.* multiplicand; **~итель** *m* [4] multiplier, factor; **~ить**, ⟨по-⟩ → **умножáть**
мобилизовáть [7] (*im*)*pf.* mobilize
моби́льный [14; -лен, -льна] mobile
моги́л|а *f* [5] grave; **~ьный** [14] tomb…
могу́|чий [17 *sh.*], **~щественный** [14 *sh.*] mighty, powerful; **~щество** *n* [9] might, power
мóд|а *f* [5] fashion, vogue; **~ели́рование** *n* [12] *tech.* simulation; **~éль** (-dɛl) *f* [8] model; **~ельéр** *m* [1] fashion designer; **~éм** (-dɛ-) *m* [1] *comput.* modem; **~ернизи́ровать** (-dɛr-) [7] (*im*)*pf.* modernize; **~ифици́ровать** [7] (*im*)*pf.* modify; **~ный** [14; -ден, -днá, -о] fashionable, stylish; *песня* popular
мóж|ет быть perhaps, maybe; **~но** (**мне**, *etc.*) one (I, *etc.*) can *or* may; it is possible; → **как**
можжевéльник *m* [1] juniper
мозáика *f* [5] mosaic
мозг *m* [1; -а (-у); в ~у́; *pl. e.*] brain; *костный* marrow; *спинной* cord; **шевели́ть ~áми** *coll.* use one's brains; **утéчка ~óв** brain drain; **~овóй** [14] cerebral
мозó|листый [14 *sh.*] horny, calloused; **~лить** [13]: **~лить глазá** Д *coll.* be an eyesore to; **~ль** *f* [8] callus; corn
мо|й *m*, **~я́** *f*, **~ё** *n*, **~и́** *pl.* [24] my; mine; *pl. su. coll.* my folks; → **ваш**
мóк|нуть [21], ⟨про-⟩ become wet; soak; **~рóта** *f* [5] *med.* phlegm; **~рый** [14; мокр, -á, -о] wet
мол *m* [1] jetty, pier, mole
молв|á *f* [5] rumo(u)r; talk; **~ить** [14] (*im*)*pf. obs.*, ⟨про-⟩ say, utter
молдавáн|ин *m* [1; *pl*.: -вáне, -áн], **~ка** *f* [5; *g*/*pl*.: -нок] Moldavian
молéбен *m* [1; -бна] *eccl.* service; public prayer
молéкул|а *f* [5] molecule; **~я́рный** [14]

М

molecular

моли́т|ва *f* [5] prayer; **~венник** *m* [1] prayer book; **~ь** [13; молю́, мо́лишь] (**о** П) implore, entreat, beseech (for); **~ься**, ⟨по-⟩ pray (Д to; **о** П for); *fig.* idolize (***на*** В)

молни|енóсный [14; -сен, сна] instantaneous; **´~я** *f* [7] lightning; (*застёжка*) zipper, zip fastener

молод|ёжь *f* [8] *collect.* youth, young people *pl.*; **~е́ть** [8], ⟨по-⟩ grow (look) younger; **~е́ц** *coll. m* [1; -дца́] fine fellow, brick; (*оценка*) *as int.* well done!; **~и́ть** [15 *e.*; -ложу́, -лоди́шь] make look younger; **~ня́к** *m* [1 *e.*] *о животных* offspring; *о лесе* undergrowth; **~ожёны** *m*/*pl.* [1] newly wedded couple; **~о́й** [14; мо́лод, -á, -о; *comp.*: моло́же] young; *картофель*, *месяц* new: *pl. a.* = ***~ожёны***; **´~ость** *f* [8] youth, adolescence; **~цева́тый** [14 *sh.*] smart; *шаг* sprightly

моложа́вый [14 *sh.*] youthful, young-looking

моло́к|и *f*/*pl.* [5] milt, soft roe; **~о́** *n* [9] milk; **сгущённое ~о́** condensed milk; **~осо́с** *coll. m* [1] greenhorn

мо́лот *m* [1] sledgehammer; **~о́к** *m* [1; -тка́] hammer; **с ~ка́** by auction; **~ь** [17; мелю́, ме́лешь, меля́], ⟨пере-, с-⟩ grind; *coll.* talk (*вздор* nonsense); **~ьба́** *f* [5] threshing (time)

моло́чн|ик *m* [1] milk jug; **~ый** [14] milk…; dairy…

мо́лча silently, tacitly; in silence; **~ли́вый** [14 *sh.*] taciturn; *согласие* tacit; **~ние** *n* [12] silence; **~ть** [4 *e.*; мо́лча] be (*or* keep) silent; **(за)*молчи́!*** shut up!

моль *f* [8] (clothes) moth

мольба́ *f* [5] entreaty; (*молитва*) prayer

моме́нт *m* [1] moment, instant (**в** В at); (*черта*, *сторона*) feature, aspect; **~а́льный** [14] momentary, instantaneous

мона́рхия *f* [7] monarchy

мона|сты́рь *m* [4 *e.*] monastery; *женский* convent; **~х** *m* [1] monk; **~хиня** *f* [6] nun (*a.*, *F*, **~шенка** *f* [5; *g*/*pl.*: -нок]); **~шеский** [16] monastic; monk's

монго́льский [16] Mongolian

моне́т|а *f* [5] coin; ***той же ~ой*** in a p… own coin; ***за чи́стую ~у*** in good fai… ***зво́нкая ~а*** hard cash; **~ный** [14] mo… etary; ***~ный двор*** mint

монито́р *m* [1] *tech.* monitor

моно|ло́г *m* [1] monologue; **~полиз…ровать** [7] (*im*)*pf.* monopolize; **~п…лия** *f* [7] monopoly; **~то́нный** [14; -т… нен, -то́нна] monotonous

монт|а́ж *m* [1] assembly, installatio… montage; **~ёр** *m* [1] fitter; electricia… **~и́ровать** [7], ⟨с-⟩ *tech.* assembl… mount, fit; *cine.* arrange

монуме́нт *m* [1] monument; **~а́льн…** [14; -лен, -льна] monumental (*a. fig.*…

мопе́д *m* [1] moped

мора́ль *f* [8] morals, ethics *pl.*; moralit… moral; **чита́ть ~** *coll.* lecture, moraliz… **~ный** [14; -лен, -льна] moral; ***~ное с… стоя́ние*** morale

морг *m* [1] morgue

морг|а́ть [1], ⟨**~ну́ть**⟩ [20] blink (Т); ***гла́зом не ~ну́в*** *coll.* without battir… an eyelid

мо́рда *f* [5] muzzle, snout

мо́ре *n* [10; *pl. e.*] sea; seaside (***на*** П a… **~м** by sea; **~пла́вание** *n* [12] navigatio… **~пла́ватель** *m* [4] navigator, seafare…

морж *m* [1 *e.*], **~о́вый** [14] walrus; *co…* out-of-doors winter bather

мори́ть [13], ⟨за-, у-⟩ exterminate; ***~ г… лодом*** starve; exhaust

морко́в|ь *f* [8], *coll.* **~ка** *f* [5; *g*/*pl.*: -во… carrot(s)

моро́женое *n* [14] ice cream

моро́з *m* [1] frost; **~и́льник** *m* [1] dee… freeze; **~ить** [15], ⟨за-⟩ freeze; **~н…** [14; -зен, -зна] frosty

мороси́ть [15; -си́т] drizzle

моро́чить *coll.* [16] fool, pull the wo… over the eyes of

морс *m* [1]: fruit drink; ***клю́квенный…*** cranberry juice

морско́й [14] sea…, maritime; nav… nautical; seaside…; ***~ волк*** sea do… old salt

мо́рфий *m* [3] morphine, morphia

морфоло́гия *f* [7] morphology

морщ|и́на *f* [5] wrinkle; **~нистый** [1…

h.] wrinkled; **´~ть** [16], ⟨на-, с-⟩ wrinkle, frown (*v/i.* **~ться**); *ткань* crease
оря́к *m* [1 *e.*] seaman, sailor
оск|ви́ч *m* [1 *e.*], **~ви́чка** *f* [5; *g/pl.*: -чек] Muscovite; **~о́вский** [16] Moscow…
оски́т *m* [1] mosquito
ост *m* [1 & 1 *e.*; на ~у́; *pl. e.*] bridge; **~и́ть** 15 *e.*; мощу́, мости́шь, мощённый], ⟨вы́-⟩ pave; **~ки́** *m/pl.* [1 *e.*] footbridge; **~ова́я** *f* [14] *old use* carriage way
от *m* [1] spendthrift, prodigal
от|а́ть [1], ⟨на-, с-⟩ reel, wind; *coll.* ⟨по-⟩, *once* ⟨~ну́ть⟩ shake, wag; *трясти*) jerk; *coll.* ⟨про-⟩ squander; **~а́й отсю́да!** scram!; **-ся** *impf.* dangle; P knock about
оти́в[1] *m* [1] *mus.* tune; motif
оти́в[2] *m* [1] motive, reason; **~и́ровать** 7] (*im*)*pf.* give a reason (for), justify
ото́к *m* [1; -тка] skein, hank
ото́р *m* [1] motor, engine
ото|ро́ллер *m* [1] motor scooter; **~цикл** [1], **-е́т** *m* [1] motorcycle; **~циклист** *m* [1] motorcyclist
отылёк *m* [1; -лька́] moth
ох *m* [1; мха & мо́ха, во (на) мху́: *pl.*: мхи, мхов] moss
охна́тый [14 *sh.*] shaggy, hairy
оч|а́ *f* [5] urine; **~а́лка** *f* [5; *g/pl.*: -лок] washing-up mop; loofah; bath sponge; **~ево́й** [14]: **~ево́й пузы́рь** *anat.* bladder; **~и́ть** [16], ⟨на-, за-⟩ wet, moisten; soak, steep (*v/i.* **-ся**; *a.* urinate); **~ка** *f* 5; -чек] lobe (*of the ear*)
очь[1] [26 г/ж: могу́, мо́жешь, мо́гут; мог, -ла́; могу́щий], ⟨с-⟩ can, be able; may; ***я не могу́ не*** + *inf.* I can't help …ing; ***мо́жет быть*** maybe, perhaps; ***не мо́жет быть!*** that's impossible!
оч|ь[2] P *f* [8]: ***во всю ~ь, изо всей ~и, что есть ~и*** with all one's might; ***~и нет*** it's unbearable
ошённи|к *m* [1] swindler, cheat; **~чать** [1], ⟨с-⟩ swindle; **~чество** *n* [9] swindling, cheating
о́шка *f* [5; *g/pl.*: -шек] midge
о́щи *f/pl.* [*gen.*: -щей, *etc. e.*] relics
о́щ|ность *f* [8] power; *tech.* capacity; *предприятия* output; **~ный** [14; мо́щен, -щна́, -о] powerful, mighty; **~ь** *f* [8] power, might; strength
мрак *m* [1] dark(ness); gloom
мра́мор *m* [1] marble
мрачн|е́ть [8], ⟨по-⟩ darken; become gloomy; **~ый** [14; -чен, -чна́, -о] dark; gloomy, somber (*Brt.* -bre)
мсти́|тель *m* [4] avenger; **~тельный** [14; -лен, -льна] revengeful; **~ть** [15], ⟨ото-⟩ revenge o.s., take revenge (Д on); (***за*** В) avenge a p.
мудр|ёный *coll.* [14; -ён, -ена́; -ене́е] difficult, hard, intricate; (*замысловатый*) fanciful; ***не ~ено́, что*** (it's) no wonder; **~е́ц** *m* [1 *e.*] sage; **~и́ть** *coll.* [13], ⟨на-⟩ complicate matters unnecessarily; **~ость** *f* [8] wisdom; ***зуб ~ости*** wisdom tooth; **~ствовать** *coll.* [7] → **~и́ть**; **~ый** [14; мудр, -а́, -о] wise
муж *m* **1.** [1; *pl.*: -жья́, -же́й, -жья́м] husband; **2.** *rare* [1; *pl.*: -жи́, -же́й, -жа́м] man; **~а́ть** [1], ⟨воз-⟩ mature, grow; **-ся** *impf.* take courage; **~ественный** [14 *sh.*] steadfast; manly; **~ество** *n* [9] courage, fortitude; **~и́к** *m* [1 *e.*] peasant; P man; **~ско́й** [16] male, masculine (*a. gr.*); (gentle)man('s); **~чи́на** *m* [5] man
музе́й *m* [3] museum
му́зык|а *f* [5] music; **~а́льный** [14; -лен, -льна] musical; **~а́нт** *m* [1] musician
му́ка[1] *f* [5] pain, torment, suffering, torture(s); *coll.* trouble
мука́[2] *f* [5] flour
мультфи́льм *m* [1] animated cartoon
му́мия *f* [7] mummy
мунди́р *m* [1] full-dress uniform; ***карто́фель в ~е*** *coll.* potatoes cooked in their jackets *or* skin
мундшту́к (-nʃ-) *m* [1 *e.*] cigarette holder; *mus.* mouthpiece
муниципалите́т *m* [1] municipality; town council
мурав|е́й *m* [3; -вья́; *pl.*: -вьи́, -вьёв] ant; **~е́йник** *m* [1] ant hill
мура́шки: **~** (***от*** Р) ***бе́гают по спине́*** (***у*** Р F) (s.th.) gives (a p.) the creeps
мурлы́кать [3 & 1] purr; *coll. песню* hum
муска́т *m* [1] nutmeg; *вино* muscat; **~ный** [14]: ***~ный оре́х*** nutmeg

М

му́скул *m* [1] muscle; **~ату́ра** *f* [5] *collect.* muscles; muscular system; **~и́стый** [14 *sh.*] muscular
му́сор *m* [1] rubbish, refuse; sweepings; **~ить** [13], ⟨за-, на-⟩ *coll.* litter; **~опро-во́д** *m* [1] refuse chute
муссо́н *m* [1] monsoon
мусульма́н|ин *m* [1; *pl.*: -а́не, -а́н], **~ка** *f* [5; *g/pl.*: -нок] Muslim
мут|и́ть [15; мучу́, му́тишь], ⟨вз-, по-⟩ make muddy; *fig.* trouble; fog; ***меня́ ~и́т*** *coll.* I feel sick; **-ся** = **~не́ть** [8], ⟨по-⟩ grow turbid; blur; **∠ный** [14; -тен, -тна́, -о] muddy (*a. fig.*); troubled (*waters*); dull; blurred; foggy; **~о́вка** *f* [5; *g/pl.*: -вок] whisk; **~ь** *f* [8] dregs *pl.*; murk
му́фта *f* [5] muff; *tech.* (~ *сцепления*) clutch sleeve, coupling sleeve
му́фтий *m* [3] *eccl.* Mufti
му́х|а *f* [5] fly; **~омо́р** *m* [1] fly agaric (*mushroom*); *coll.* decrepit old person
муч|е́ние *n* [12] → ***му́ка***; **∠еник** *m* [1] martyr; **~и́тель** *m* [4] tormentor; **~и́тельный** [14; -лен, -льна] painful, agonizing; **∠ить** [16], P **∠ать** [1], ⟨за-, из-⟩ torment, torture; *fig.* vex, worry; **-ся** suffer (*pain*); *fig.* suffer torments; *над задачей и т. д.* take great pains (over), toil
му́шк|а *f* [5; *g/pl.*: -шек] *ружья* (fore-)sight; ***взять на ~у*** take aim (at)
мча́ть(ся) [4], ⟨по-⟩ rush *or* speed (along)
мши́стый [14 *sh.*] mossy
мще́ние *n* [12] vengeance
мы [20] we; ***~ с ним*** he and I
мы́л|ить [13], ⟨на-⟩ soap; ***~ить го́лову*** (Д) *coll.* give s.o. a dressingdown, scold; **~о** *n* [9; *pl. e.*] soap; **~ьница** *f* [5] soap dish; **~ьный** [14] soap(y); ***~ьная пе́на*** lather, suds
мыс *m* [1] *geogr.* cape, promontory
мы́сл|енный [14] mental; **~имый** [14 *sh.*] conceivable; **~и́тель** *m* [4] thinker; **~ить** [13] think (**о** of, about); reaso (*представлять*) imagine; **~ь** *f* thought, idea (**о** П of); ***за́дняя ~ь*** ul rior motive
мыта́рство *n* [9] hardship, ordeal
мы́ть(ся) [22], ⟨по-, у-, вы́-⟩ wash (o.
мыча́ть [4 *e.*; -чу́, -чи́шь] moo, low; *co* mumble
мышело́вка *f* [5; *g/pl.*: -вок] mouse-tr
мы́шечный [14] muscular
мы́шк|а *f* [5; *g/pl.*: -шек]: ***под ~ой*** und one's arm
мышле́ние *n* [12] thinking, thought
мы́шца *f* [5] muscle
мышь *f* [8; *from g/pl. e.*] mouse
мышья́к *m* [1 *e.*] *chem.* arsenic
мэр *m* [1] mayor
мя́гк|ий (-xk-) [16; -гок, -гка́, -о; *com* мя́гче] soft; *движение* smooth; *мясо т. д.* tender; *fig.* mild, gentle; lenie ***~ое кре́сло*** easy chair; ***~ий ваго́н*** *ra* first-class coach *or* car(riage); **~осе де́чный** [14; -чен, -чна] soft-hearte **~ость** *f* [8] softness; *fig.* mildness **~от лый** [14] *fig.* flabby, spineless
мя́к|иш *m* [1] soft part (*of loaf*); **∠ну** [21], ⟨на-, раз-⟩ become soft; **∠оть** *f* flesh; *плода* pulp
мя́мл|ить P [13] mumble; **~я** *m & f* *coll.* mumbler; irresolute person; mi sop
мяс|и́стый [14 *sh.*] fleshy; pulpy; **~ни́к** [1 *e.*] butcher; **~но́й** [14] meat…; butc er's; **∠о** *n* [9] meat; flesh **~ору́бка** *f* *g/pl.*: -бок] mincer
мя́та *f* [8] mint
мяте́ж *m* [1 *e.*] rebellion, mutiny; **~ни** *m* [1] rebel, mutineer
мять [мну, мнёшь; мя́тый], ⟨с-, по-, из [сомну́; изомну́] (c)rumple, pre knead; *траву и т. д.* trample; **-ся** easily crumpled; *fig. coll.* waver, vac late
мя́ук|ать [1], *once* ⟨**~нуть**⟩ mew
мяч *m* [1 *e.*] ball; **∠ик** [1] *dim.* → **мяч**

Н

на[1] **1.** (В): (*направление*) on, onto; to, toward(s); into, in; (*длительность, назначение и т. д.*) for; till; *math.* by; **~ что?** what for?; **2.** (П): (*расположение*) on, upon; in, at; with; for; **~ ней** ... she has ... on

на[2] *int. coll.* there, here (you are); *a.* **вот тебé на!** well, I never!

набав|лять [28], ⟨**~ить**⟩ [14] raise, add to, increase

набáт *m* [1]: **бить в ~** *mst. fig.* sound the alarm

набé|г *m* [1] incursion, raid; **~гáть** [1], ⟨**~жáть**⟩ [4; -егý, -ежи́шь, -егýт; -еги́(-те)!] run (into **на** В); (*покрывать*) cover; **~гаться** [1] *pf. be* exhausted with running about

набекрéнь *coll.* aslant, cocked

нáбережная *f* [14] embankment, quay

наби|вáть [1], ⟨**~ть**⟩ [-бью, -бьёшь; → **бить**] stuff, fill; **~вка** *f* [5; *g/pl.*: -вок] stuffing, padding

набирáть [1], ⟨набрáть⟩ [-берý, -рёшь; → **брать**] gather; *на работу* recruit; *tel.* dial; *typ.* set; take (many, much); *высоту, скорость* gain; **-ся** (*набиться*) become crowded; P (*напиться*) get soused; **-ся смéлости** pluck up one's courage

наби́|тый [14 *sh.*] (Т) packed; P **~тый дурáк** arrant fool; **биткóм ~тый**; *coll.* crammed full; **~ть** → **~вáть**

наблюд|áтель *m* [4] observer; **~áтельный** [14; -лен, -льна] observant, alert; *пост* observation; **~áть** [1] (*v/t.* & **за** Т) observe; watch; (*a.* **про-**); see to (it that); **-ся** be observed *or* noted; **~éние** *n* [12] observation; supervison

набóйк|а *f* [5; *g/pl.*: -бóек] heel (*of shoe*); **набивáть** ⟨-би́ть⟩ **~у** put a heel on, heel

нáбок to *or* on one side, awry

наболéвший [16] sore, painful (*a. fig.*)

набóр *m* [1] *на курсы и т. д.* enrol(l)ment; (**комплéкт**) set, kit; typesetting

набр|áсывать [1] **1.** ⟨**~осáть**⟩ [1] sketch, design, draft; **2.** ⟨**~óсить**⟩ [15] throw over *or* on (**на** В); **-ся** fall (up)on

набрáть → **набирáть**

набрести́ [25] *pf. coll.* come across (**на** В); happen upon

набрóсок *m* [1; -ска] sketch, draft

набух|áть [1], ⟨**~нуть**⟩ [21] swell

навáл|ивать [1], ⟨**~и́ть**⟩ [13; -алю́, -áлишь, -áленный] heap; *работу* load (with); **-ся** fall (up)on

навáлом *adv.* in bulk; *coll.* loads of

навéд|ываться, ⟨**~аться**⟩ [1] *coll.* call on (**к** Д)

навéк, **~и** forever, for good

навéрн|о(е) probably; for certain, definitely; (*a., coll.* **~яка́**) for sure, without fail

навёрстывать, ⟨наверстáть⟩ [1] make up for

навéрх up(ward[s]); *по лестнице* upstairs; **~ý** above; upstairs

навéс *m* [1] awning; annex (*with sloping roof*); shed, carport

навеселé *coll.* tipsy, drunk

навести́ → **наводи́ть**

навести́ть → **навещáть**

навéтренный [14] windward

навéчно forever, for good

наве|щáть [1], ⟨**~сти́ть**⟩ [15 *e.*; -ещý, -ести́шь; -ещённый] call on

нáвзничь backwards, on one's back

навзры́д: **плáкать ~** sob

навигáция *f* [7] navigation

навис|áть [1], ⟨**~нуть**⟩ [21] hang (over); *опасность и т. д.* impend, threaten

навле|кáть [1], ⟨**~чь**⟩ [26] (**на** В) bring on, incur

наводи́ть [15], ⟨навести́⟩ [25] (**на** В) direct (at); point (at), turn (to); lead (to), bring on *or* about, cause, raise (→ **нагоня́ть**); make; construct; **~ на мысль** come up with an idea; **~ поря́док** put in order; **~ скýку** bore; **~ спрáвки** inquire (**о** П after)

наводн|éние *n* [12] flood, inundation; **~я́ть** [28], ⟨**~и́ть**⟩ [13] flood with (*a. fig.*), inundate with

наво́з *m* [1], **~ить** [15], ‹у-› dung, manure
на́волочка *f* [5; *g/pl.*: -чек] pillowcase
навостри́ть [13] *pf. уши* prick up
навря́д (**ли**) hardly, scarcely
навсегда́ forever; ***раз и ~*** once and for all
навстре́чу toward(s); ***идти́ ~*** (Д) go to meet; *fig.* meet halfway
навы́ворот P (*наизнанку*) inside out; ***де́лать ши́ворот-~*** put the cart before the horse
на́вык *m* [1] experience, skill (**в** П in)
навя́з|ывать [1], ‹~а́ть› [3] *мнение, волю* impose, foist ([up]on; Д *v/i.* **-ся**); **~чивый** [14 *sh.*] obtrusive; ***~чивая иде́я*** idée fixe
наг|иба́ть [1], ‹~ну́ть› [20] bend, bow, stoop (*v/i.* **-ся**)
нагишо́м *coll.* stark naked
нагл|е́ть [8], ‹об-› become impudent; **~е́ц** *m* [1 *e.*] impudent fellow; **́~ость** *f* [8] impudence, insolence; ***верх ́~ости*** the height of impudence; **́~ухо** tightly; **́~ый** [14; нагл, -á, -o] impudent, insolent, *coll.* cheeky
нагляд|е́ться [11]: ***не ~е́ться*** never get tired of looking (at); **́~ный** [14; -ден, -дна] clear, graphic; (*очевидный*) obvious; *пособие* visual; ***~ный уро́к*** object lesson
нагна́ть → ***нагоня́ть***
нагнета́ть [1]: ***~ стра́сти*** stir up passions
нагное́ние *n* [12] suppuration
нагну́ть → ***нагиба́ть***
нагов|а́ривать [1], ‹~ори́ть› [13] say, tell, talk ([too] much *or* a lot of …); *coll.* slander (a p. **на** В, **о** П); (*записать*) record; **~ори́ться** *pf.* talk o.s. out; ***не ~ори́ться*** never get tired of talking
наго́й [14; наг, -á, -o] nude, naked, bare
нагон|я́й *coll. m* [3] scolding, upbraiding; **~я́ть** [28], ‹нагна́ть› [-гоню́, -го́нишь; → ***гнать***] overtake, catch up (with); (*навёрстывать*) make up (for); ***~я́ть страх, ску́ку***, *etc.* ***на*** (В) frighten, bore, *etc.*
нагота́ *f* [5] nudity; nakedness
нагот|а́вливать [1], ‹~о́вить› [14] prepare; (*запастись*) lay in; **~о́ве** in readiness, on call
награ́бить [14] *pf.* amass by robbe[r]y, plunder (a lot of)
награ́|да *f* [5] reward (**в** В as a); (*зн[ак] отличия*) decoration; **~жда́ть** [...] ‹~ди́ть› [15 *e.*; -ажу́, -ади́шь; -ажд[ённый]] (T) reward; decorate; *fig.* end[ow] with
нагрева́т|ельный [14] heating; **~ь** [1] [...] ***греть***
нагромо|жда́ть [1], ‹~зди́ть› [15 ...; -зжу́, зди́шь; -ождённый] pile up, he[ap] up
нагру́дник *m* [1] bib, breastplate
нагру|жа́ть [1], ‹~зи́ть› [15 & 15 *e.*; -у[жу́], -у́зишь; -ужённый] load (with T); *co[...] работой a.* burden, assign; **́~зка** *f* [...; *g/pl.*: -зок] load(ing); *coll. a* burde[n]; job, assignment; *преподавате[льская]* teaching load
нагря́нуть [20] *pf. о гостях* appear u[n]expectedly, descend (on)
над, ~о (T) over, above; *смеяться* [...] about; *трудиться* at, on
нада́в|ливать [1], ‹~и́ть› [14] (*a.* ***на*** [...]) press; squeeze; *соку* press out
надба́в|ка *f* [5; *g/pl.*: -вок] addition; [ex]tra charge; *к зарплате* increment, ri[se]; **~ля́ть** [28], ‹~ить› [14] *coll.* → ***н[а]ба́вля́ть***
надви|га́ть [1], ‹́~нуть› [20] move, pu[sh], pull (up to, over); ***~га́ть ша́пку*** p[ull] one's hat over one's eyes; **-ся** approa[ch], draw near; (*закрыть*) cover
на́двое in two (parts *or* halves); amb[ig]uously; ***ба́бушка ~ сказа́ла*** it remai[ns] to be seen
надгро́бие *n* [12] tombstone
наде|ва́ть [1], ‹́~ть› [-е́ну, -е́не[шь]; -е́тый] put on (*clothes, etc.*)
наде́жд|а *f* [5] hope (**на** В of); ***подава́[ть] ~ы*** show promise
надёжный [14; -жен, -жна] reliable, d[e]pendable; (*прочный*) firm; (*безопа[с]ный*) safe
наде́л|ать [1] *pf.* make (a lot o[f]); (*причинять*) do, cause, inflict; **~я́[ть]** [28], ‹~и́ть› [13] *умом и т. д.* end[ow] with
наде́ть → ***надева́ть***
наде́яться [27] (**на** В) hope (for); (*п[олагаться]*...

лагаться) rely (on)
надзо́р *m* [1] supervision; *милиции и т.* *д.* surveillance
надл|а́мывать, ⟨**~ома́ть**⟩ [1] *coll.*, ⟨**~оми́ть**⟩ [14] crack; *fig.* overtax, break down
надлежа́|ть [4; *impers.* + *dat. and inf.*] it is necessary; **~щий** [17] appropriate, suitable; ***~щим о́бразом*** properly, duly
надлома́ть → ***надла́мывать***
надме́нный [14; -е́нен, -е́нна] haughty
на́до it is necessary (for Д); (Д) (one) must (*go, etc.*); need; want; ***так ему́ и ~*** it serves him right; **~бность** *f* [8] need (**в** П for), necessity; affair, matter (**по** Д *pl.*); ***по ме́ре ~бности*** when necessary
надо|еда́ть [1], ⟨**~е́сть**⟩ [-е́м, -е́шь, *etc.*, → ***есть***[1]] (Д, Т) tire; *вопросами и т. д.* bother, pester; ***мне ~е́л...*** I'm tired (of) fed up (with); **~е́дливый** [14 *sh.*] tiresome; *человек* troublesome, annoying
надо́лго for (a) long (time)
надорва́ть → ***надрыва́ть***
надпи́|сывать [1], ⟨**~са́ть**⟩ [3] inscribe; *конверт и т. д.* superscribe; **´~сь** *f* [8] inscription
надре́з *m* [1] cut, incision; **~а́ть** *and* **~ывать** [1], ⟨**~ать**⟩ [3] cut, incise
надруга́тельство *n* [9] outrage
надры́в *m* [1] rent, tear; *fig.* strain; **~а́ть** [1], ⟨**надорва́ть**⟩ [-ву́, -вёшь; надорва́л, -а́, -о; -о́рванный] tear; *здоровье* undermine; (over)strain (o.s. **себя́**, **-ся**; be[come] worn out *or* exhausted; let o.s. go; ***~а́ть живо́т от сме́ха, ~а́ться*** (***со́ смеху***) split one's sides (with laughter)
надстр|а́ивать [1], ⟨**~о́ить**⟩ [13] build on; raise the height of; **~о́йка** [5; *g/pl.*: -ро́ек] superstructure
наду|ва́ть [1], ⟨**´~ть**⟩ [18] inflate; (*обманывать*) dupe; ***´~ть гу́бы*** pout; **-ся** *v/i.* *coll.* (*обидеться*) be sulky (**на** В with); **~вно́й** [14] inflatable, air...; **´~ть** → ***~ва́ть***
наду́м|анный [14] far-fetched, strained; **~ать** *coll.* [1] *pf.* think (of), make up one's mind
наду́тый [1] (*обиженный*) sulky
наеда́ться [1], ⟨**нае́сться**⟩ [-е́мся, -е́шься, *etc.*, → ***есть***[1]] eat one's fill
наедине́ alone, in private
нае́зд *m* [1] (***~ом*** on) short *or* flying visit(s); **~ник** *m* [1] rider
нае|зжа́ть [1], ⟨**´~хать**⟩ [нае́ду, -е́дешь] (**на** В) run into *or* over; *coll.* come (occasionally), call on (**к** Д)
наём *m* [1; на́йма] *работника* hire; *квартиры* rent; **~ник** *m* [1] *солдат* mercenary; **~ный** [14] hired
нае́|сться → ***~да́ться***; **~хать** → ***~зжа́ть***
нажа́ть → ***нажима́ть***
нажда́|к *m* [1 *e.*], **~чный** [14] emery
нажи́|ва *f* [5] gain, profit; **~ва́ть** [1], ⟨**~ть**⟩ [-живу́, -вёшь; на́жил, -а́, -о; нажи́вший; на́житый (на́жит, -а́, -о)] earn, gain; *добро* amass; *состояние, врагов* make; *ревматизм* get; **~вка** *f* [5; *g/pl.*: -вок] bait
нажи́м *m* [1] pressure (*a. fig.*); **~а́ть** [1], ⟨**нажа́ть**⟩ [-жму́, -жмёшь; -жа́тый] (*a.* **на** В) press, push (*a. coll. fig.* = urge, impel; influence)
нажи́ть → ***нажива́ть***
наза́д back(ward[s]); ***~!*** get back!; ***тому́ ~*** ago
назва́|ние *n* [12] name; title; **~ть** → ***называ́ть***
назе́мный [14]: ***~ тра́нспорт*** overland transport
назида́|ние *n* [12] edification (for p.'s **в** В/Д); **~тельный** [14; -лен, -льна] edifying
на́зло́ Д out of spite, to spite (s.b.)
назнач|а́ть [1], ⟨**~ить**⟩ [16] appoint (p. s.th. В/Т), designate; *время и т. д.* fix, settle; *лекарство* prescribe; *день и т. д.* assign; **~е́ние** *n* [12] appointment; assignment; (*цель*) purpose; prescription; (*место ~ения*) destination
назо́йливый [14 *sh.*] importunate
назре|ва́ть [1], ⟨**´~ть**⟩ [8] ripen, mature; *fig.* be imminent *or* impending; ***´~ло вре́мя*** the time is ripe
назубо́к *coll.* by heart, thoroughly
называ́|ть [1], ⟨**назва́ть**⟩ [-зову́, -зовёшь; -зва́л, -а́, -о; на́званный (на́зван, -а́, -о)] call, name; (*упомянуть*) mention; ***~ть себя́*** introduce o.s.; ***~ть ве́щи свои́ми имена́ми*** call a spade a spade;

так ~емый so-called; **-ся** call o.s., be called; ***как ~ется …?*** what is (*or* do you call) …?

наи… *in compds.* of all, very; **~бо́лее** most, …est of all

наи́вн|ость *f* [8] naiveté; **~ый** [14; -вен, -вна] naive, ingenuous

наизна́нку inside out

наизу́сть by heart

наиме́нее least … of all

наименова́ние *n* [12] name; title

наискосо́к obliquely

найти|е *n* [12]: ***по ~ю*** by intuition

найти́ → *находи́ть*

наказ|а́ние *n* [12] punishment (**в** B as a); penalty; *coll.* nuisance; **~у́емый** [14 *sh.*] punishable; **~ывать** [1], ⟨**~а́ть**⟩ [3] punish

нака́л *m* [1] incandescence; **~ивать** [1], ⟨**~и́ть**⟩ [13] incandesce; ***стра́сти ~ились*** passions ran high; **~ённый** incandescent, red-hot; *атмосфера* tense

нак|а́лывать [1], ⟨**~оло́ть**⟩ [17] *дров* chop

накану́не the day before; **~** (P) on the eve (of)

нака́п|ливать [1] **& ~опля́ть** [28], ⟨**~опи́ть**⟩ [14] accumulate, amass; *деньги* save up

наки́|дка *f* [5; *g/pl.*: -док] cape, cloak; **~дывать** [1] **1.** ⟨**~да́ть**⟩ [1] throw about; **2.** ⟨**~нуть**⟩ [20] throw on; *coll.* (*набавить*) add; raise; **-ся** (**на** B) *coll.* fall (up)on

на́кипь *f* [8] *пена* scum (*a. fig.*); *осадок* scale

наклад|на́я *f* [14] invoice, waybill; **~но́й** [14]: ***~ны́е расхо́ды*** overhead, expenses, overheads; **~ывать** *and* **налага́ть** [1], ⟨**наложи́ть**⟩ [16] (**на** B) lay (on), apply (to); put (on), set (to); *взыскание, штраф* impose; *отпечаток* leave; (*наполнить*) fill, pack, load

накле́|ивать [1], ⟨**~ить**⟩ [13; -е́ю] glue *or* paste on; *марку* stick on; **~йка** *f* [5; *g/pl.*: -е́ек] label

накло́н *m* [1] incline; slope; **~е́ние** *n* [12] *gr.* inclination; mood; **~и́ть → ~я́ть**; **~ный** [14] inclined, slanting; **~я́ть** [28], ⟨**~и́ть**⟩ [13; -оню́, -о́нишь; -онён-ный] bend, tilt; bow, stoop; inclin… **-ся** *v/i.*

накова́льня *f* [6; *g/pl.*: -лен] anvil

наколо́ть → *нака́лывать*

наконе́|ц (***~ц-то*** oh) at last, finally; … length; **~чник** *m* [1] tip, point

накоп|ле́ние *n* [12] accumulatio… **~ля́ть, ~и́ть → *нака́пливать***

накрахма́ленный [14] starched

на́крепко fast, tight

накры|ва́ть [1], ⟨**~ть**⟩ [22] cover; *сто…* (*a.* B) lay (*the table*); P *преступник…* catch, trap

накуп|а́ть [1], ⟨**~и́ть**⟩ [14] (P) buy up … lot)

наку́р|ивать [1], ⟨**~и́ть**⟩ [13; -ур… -у́ришь; -у́ренный] fill with smoke … fumes

налага́ть → *накла́дывать*

нала́|живать [1], ⟨**~дить**⟩ [15] put rig… *or* in order, get straight, fix; *дела* g… things going; *отношения* establish

нале́во to *or* on the left of; **→ *напра́в…***

нале|га́ть [1], ⟨**~чь**⟩; [26; г/ж: -ля́г… -ля́жешь, -ля́гут; -лёг, -гла́; -ля́г(те)… (**на** B) lean (on); press (against, down… *fig. на работу и т. д.* apply o.s. (to…

налегке́ *coll.* with no baggage (*Brt.* lug… gage)

нал|ёт *m* [1] *mil., ae.* raid, attack; *ме…* fur; (*a. fig.*) touch; **~ета́ть** [1], ⟨**~ете́ть…** [11] (**на** B) fly (at, [*a.* knock, strike… against); swoop down; raid, attack; (*на… броситься*) fall ([up]on); *о ветре, бу… ре* spring up; **~ётчик** *m* [1] bandit

нале́чь → *налега́ть*

нали|ва́ть [1], ⟨**~ть**⟩ [-лью́, -льёш… -ле́й(те)!; на́ли́л, -а́, -о; -ли́вший; нали́… тый (на́ли́т, -а́, -о)] pour (out); fill; *p. p… p.* (*a.* ***~то́й***) ripe, jucy; *о теле* firm; (**-с…** *v/i.*; *a.* ripen); **~вка** *f* [5; *g/pl.*: -вок… (fruit) liqueur; **~м** *m* [1] burbot

налито́й, нали́ть → *налива́ть*

налицо́ present, on hand

нали́ч|ие *n* [12] presence; **~ность** *f* [8… cash-in-hand; *а* **→ ~ие**; **в ~ности → на… лицо́**; **~ный** [14] (*a. pl., su.*); *деньг…* ready cash (*a.* down T); (*имеющийся…* present, on hand; ***за ~ные*** for cash

нало́г *m* [1] tax; *на товары* duty…

оплатéльщик *m* [1] taxpayer
плóж|енный [14]: **~енным платежóм** ash (*or* collect) on delivery; **~и́ть → на-лáдывать**
пюбовáться [7] *pf.* (T) gaze to one's eart's content; **не ~** never get tired of dmiring (o.s. **собóй**)
мá|зывать [1] → *мазать*; **~тывать** 1] → **мотáть**
м|ёк *m* [1] (**на** B) allusion (to), hint at); **~екáть** [1], ⟨**~екнýть**⟩ [20] (**на** B) llude (to), hint (at)
мер|евáться [1] intend → (**я** I, *etc.*) **ен(а)**; **~́ение** *n* [12] intention, design; urpose (**с** T on); **~́енный** [14] intentional, deliberate
метáть → намётывать
мéтить → намечáть
м|ётка *f* [5; *g/pl.*: -ток], **~ётывать** [1], **~етáть**⟩ [3] *sew.* baste, tack
ме|чáть [1], ⟨**~́тить**⟩ [15] (*планиро-вать*) plan, have in view; (*отбирать*) ominate, select
мнóго much, (by) far
мок|áть [1], ⟨**~́нуть**⟩ [21] get wet
мóрдник *m* [1] muzzle
нести́ → наноси́ть
ни́з|ывать [1], ⟨**~áть**⟩ [3] string, hread
н|имáть [1], ⟨**~ять**⟩ [наймý, -мёшь; áнял, -á, -о; -я́вший; нáнятый (нáнят, á, -о)] rent, hire; *рабочего* take on, enage; **-ся** *coll.* take a job
ново anew, (over) again
носи́ть [15], ⟨нанести́⟩ [24 -с-: несý, сёшь; -нёс, -неслá] bring (much, nany); *водой* carry, waft, deposit, wash shore; *краску и т. д.* lay on, apply; *на карту и т. д.* plot, draw; *причинять*) inflict (on Д), cause; *ви-ит* pay; *удар* deal
ня́ть(ся) → нанимáть(ся)
оборóт the other way round, vice vera, conversely; on the contrary
обýм *coll.* at random, haphazardly; vithout thinking
отрéз bluntly, categorically
па|дáть [1], ⟨**~́сть**⟩ [25; *pt. st.*: -пáл, -а; пáвший] (**на** B) attack, fall (up)on; *случайно обнаружить*) come across *or* upon; hit on; *страх* come over, seize, grip; **~дáющий** *m* [17] assailant; *sport* forward; **~дéние** *n* [12] attack; assault; **~́дки** *f/pl.* [5; *gen.*: -док] accusations; (*придирки*) carping, faultfinding *sg.*
нап|áивать [1], ⟨**~ои́ть**⟩ [13] *водой и т. д.* give to drink; *спиртным* make drunk
напá|сть 1. *coll. f* [8] misfortune, bad luck; **2. → ~дáть**
напé|в *m* [1] melody, tune; **~вáть** [1] hum, croon
напере|бóй *coll.* vying with one another; **~гонки́** *coll.*: **бежáть ~гонки́** racing one another; **~кóр** (Д) in spite *or* defiance (of), counter (to); **~рéз** cutting (across s.b.'s way Д, Р); **~чёт** each and every; *as pred.* not many, very few
напёрсток *m* [1; -тка] thimble
напи|вáться [1], ⟨**~́ться**⟩ [-пью́сь, -пьёшься; -пи́лся, -пилáсь; пéйся, -пéйтесь!] drink, quench one's thirst; (*опьянеть*) get drunk
напи́льник *m* [1] (*tool*) file
напи́|ток *m* [1; -тка] drink, beverage; **прохлади́тельные** (**спиртны́е**) **~тки** soft (alcoholic) drinks; **~ться → ~вáться**
напи́х|ивать, ⟨**~áть**⟩ [1] cram into, stuff into
наплы́в *m* [1] *покупателей и т. д.* influx
наповáл outright, on the spot
наподóбие (Р) like, resembling
напои́ть → напáивать
напокáз for show; **→ выставля́ть**
наполн|я́ть [28], ⟨**~́ить**⟩ [13] (T) fill; crowd; *p. pt. p. a.* full
наполови́ну half; (*do*) by halves
напом|инáние *n* [12] reminding, reminder; **~инáть** [1], ⟨**~́нить**⟩ [13] remind (a. p. of Д/**о** П)
напóр *m* [1] pressure (*a. fig.*); **~истость** [8] push, vigo(u)r
напослéдок *coll.* in the end, finally
напрáв|ить(ся) → ~ля́ть(ся); **~лéние** *n* [12] direction (**в** П, **по** Д in); *fig.* trend, tendency; **~ля́ть** [28], ⟨**~ить**⟩ [14] direct, aim; send, refer to; assign, detach; **-ся**

head for; (*coll.*) get going, get under way; turn (**на** В to)

напра́во (**от** Р) to the right, on the right

напра́сн|ый [14; -сен, -сна] vain; (*необоснованный*) groundless, idle; **~о** in vain; (*незаслуженно*) wrongly

напр|а́шиваться [1], ⟨**~оси́ться**⟩ [15] (**на** В) (pr)offer (o.s. for), solicit; *на оскорбления* provoke; *на комплименты* fish (for); *impf. выводы и т. д.* suggest itself

наприме́р for example, for instance

напро|ка́т for hire; **взять** (**дать**) **~ка́т** hire (out); **~лёт** *coll.* (all)… through(-out); without a break; **~ло́м** *coll.*: **идти́ ~ло́м** force one's way; (*act*) regardless of obstacles

напроси́ться → **напра́шиваться**

напро́тив (Р) opposite; on the contrary; → *a.* **наперекóр** *and* **наоборóт**

напря|га́ть [1], ⟨**~ˊчь**⟩ [26; г/ж: -ягу́, -яжёшь; -пря́г] strain (*a. fig.*); exert; *мускулы* tense; **~же́ние** *n* [12] tension (*a. el.* voltage), strain, exertion, effort; close attention; **~жённый** [14 *sh.*] *отношения* strained; *труд и т. д.* (in)tense; *внимание* keen, close

напрями́к *coll.* straight out; outright

напря́чь → **напряга́ть**

напу́ганный [14] scared, frightened

напус|ка́ть [1], ⟨**~ти́ть**⟩ [15] let in, fill; set on (**на** В); *coll.* (**~ка́ть на себя́**) put on (*airs*); Р *страху* cause; **-ся** *coll.* fly at, go for (**на** В); **~кно́й** [14] affected, assumed, put-on

напу́тств|енный [14] farewell…, parting; **~ие** *n* [12] parting words

напы́щенный [14 *sh.*] pompous; *стиль* high-flown

наравне́ (**с** Т) on a level with; equally; together (*or* along) with

нараспа́шку *coll.* unbuttoned; (**душа́**) **~** frank, candid

нараспе́в with a singsong voice

нараст|а́ть [1], ⟨**~и́**⟩ [24; -стёт; → **расти́**] grow; *о процентах* accrue; increase; *о звуке* swell

нарасхва́т *coll.* like hot cakes

нарез|а́ть [1], ⟨**~ˊать**⟩ [3] cut; *мясо* carve; *ломтиками* slice; **~ˊывать** → **~а́ть**

нарека́ние *n* [12] reprimand, censure

наре́чие[1] *n* [12] dialect

наре́чие[2] *gr.* adverb

нарица́тельный [14] *econ.* nominal; *g* common

нарко́|з *m* [1] narcosis, an(a)esthesi **~ма́н** *m* [1] drug addict; **~тик** *m* [1] na cotic

наро́д *m* [1] people, nation; **~ность** *f* nationality; **~ный** [14] people's, pop lar, folk…; national; **~ное хозя́йств** national economy

наро́ст *m* [1] (out)growth

нароч|и́тый [14 *sh.*] deliberate, inte tional; *adv.* = **~ˊно** *a.* on purpose; *co* in fun; *coll. a.* → **на́зло́**; **ˊ~ный** [1 courier

на́рты *f/pl.* [5] sledge (*drawn by dogs reindeer*)

нару́ж|ность *f* [8] exterior; outward a pearance; **~ный** [14], external; *сп койствие и т. д.* outward(s); **~у** ou side, outward(s); **вы́йти ~у** *fig.* co to light

наруш|а́ть [1], ⟨**~ˊить**⟩ [16] disturb; *пр вило и т. д.* infringe, violate; *тиши и т. д.* break; **~е́ние** *n* [12] violatio transgression, breach; disturbanc **~и́тель** *m* [4] *границы* trespasser; *сп койствия* disturber; *закона* infringe **~ˊить** → **~а́ть**

нарци́сс *m* [1] daffodil

на́ры *f/pl.* [5] plank bed

нары́в *m* [1] abcess; → **гнои́ть**; **~а́ть** [⟨нарва́ть⟩ *med.* come to a head

наря́|д *m* [1] *одежда* attire, dress; **~ди́** → **~жа́ть**; **~дный** [14; -ден, -дна] we -dressed; elegant; smart

наряду́ (**с** Т) together (*or* along) wi side by side; at the same time; *a.* → **н равне́**

наря|жа́ть [1], ⟨**~ди́ть**⟩ [15 & 15 *e.*; -яж -я́дишь; -я́женный & -яжённый] dre up (as) (*v/i.* **-ся**)

наса|жда́ть [1], ⟨**~ди́ть**⟩ [15] (im)pla (*a. fig.*); → *a.* **~ˊживать**; **~жде́ние** [12] *mst. pl.* specially planted tree bushes; **~ˊживать** [1], ⟨**~жа́ть**⟩, ⟨**~ди́т** [15] plant (many); *на ручку* haft

насви́стывать [1] whistle

седа́ть [1] *impf.* press (*of crowds, etc.*)
секо́мое *n* [14] insect
сел|е́ние *n* [12] population; *города* nhabitants; **~ённый** [14; -лён, -лена́, лено́] populated; ***~ённый пункт*** (*official designation*) locality, built-up area; **ять** [28], ⟨**~и́ть**⟩ [13] people, settle; *mpf.* inhabit, live in
си́женный [14] snug; familiar, comortable
си́|лие *n* [12] violence, force; (*принуждение*) coercion; **~ловать** [7] vioate, force; rape; (*a.* **из-**); **~лу** *coll.* → ***ле***; **~льно** by force; forcibly; **льственный** [14] forcible; *смерть* violent
ск|а́кивать [1], ⟨**~очи́ть**⟩ [16] (**на** В) *ig. coll.* fly at, fall (up)on; *камень и т. д.* run *or* strike against; (*столкнуться*) collide (with)
сквозь throughout; *coll.* through and hrough
ско́лько as (far as); how (much); to vhat extent
скоро *coll.* hastily, in a hurry
скочи́ть → ***наска́кивать***
ску́чить *coll.* [16] *pf.*, → ***надоеда́ть***
сла|жда́ться [1], ⟨**~ди́ться**⟩ [15 *e.*; ажу́сь, -ади́шься] (Т) enjoy (o.s.), be) delight(ed); **~жде́ние** *n* [12] enjoyment; delight; pleasure
сле́д|ие *n* [12] heritage, legacy; → *a.* ***ство***; **~ник** *m* [1] heir; **~ница** *f* [5] heirss; **~ный** [14] *принц* crown…; **~овать** 7] (*im*)*pf.*, ⟨**у-**⟩ inherit; (Д) succeed to; **ственность** *f* [8] heredity; **~ственный** [14] hereditary; *имущество* inerited; **~ство** *n* [9] inheritance; → *a.* ***ие***; *vb.* + **в ~ство** (*or* **по ~ству**) inherit
слое́ние *n* [12] stratification
сл|у́шаться [1] *pf.* (P) listen to one's eart's content; ***не мочь ~у́шаться*** ever get tired of listening to; *a.* = **ы́шаться** [4] (P) hear a lot (of) *or* nuch; → ***понаслы́шке***
сма́рку: ***пойти́ ~*** come to nothing
смерть to death (*a. fig.*), mortally; ***тоя́ть ~*** fight to the last ditch
сме|ха́ться [1] mock, jeer; sneer (at **ад** Т); **~шка** *f* [5; *g/pl.*: -шек] mockery, ridicule; **~шливый** [14 *sh.*] derisive, mocking; **~шник** *m* [1], **~шница** *f* [5] scoffer, mocker
на́сморк *m* [1] cold (*in the head*); ***подхвати́ть ~*** catch a cold
насмотре́ться [9; -отрю́сь, -о́тришься] *pf.* → ***нагляде́ться***
насо́с *m* [1] pump
на́спех hastily, carelessly
наста|ва́ть [5], ⟨**~ть**⟩ [-ста́нет] come; **~вить** → ***~вля́ть***; **~вле́ние** *n* [12] (*поучение*) admonition, guidance; **~вля́ть** [28], ⟨**~вить**⟩ [14] **1.** put, place, set (many P); **2.** (*поучать*) instruct; teach (Д, **в** П s.th.) **~ивать** [1], ⟨**настоя́ть**⟩ [-стою́, -стои́шь] insist (**на** П on); *чай и т. д.* draw, extract; ***настоя́ть на своём*** insist on having it one's own way; **~ть** → ***~ва́ть***
на́стежь wide open
насти|га́ть [1], ⟨**~гнуть**⟩ & ⟨**~чь**⟩ [21; -г-: -и́гну] overtake; catch (up with)
наст|ила́ть [1], ⟨**~ла́ть**⟩ [-телю́, -те́лешь; на́стланный] lay, spread; *досками* plank; *пол* lay
насто́й *m* [3] infusion, extract; **~ка** *f* [5; *g/pl.*: -о́ек] liqueur; *a.* → **~**
насто́йчивый [14 *sh.*] persevering; *требование* urgent, insistent, persistent; (*упорный*) obstinate
насто́ль|ко so (*or* as [much]); **~ный** [14] table…
настор|а́живаться [1], ⟨**~ожи́ться**⟩ [16 *e.*; -жу́сь, -жи́шься] prick up one's ears; become suspicious; **~оже́** on the alert, on one's guard
настоя́|ние *n* [12] insistence, urgent request (**по** Д at); **~тельный** [14; -лен, -льна] urgent, pressing, insistent; **~ть** → ***наста́ивать***
настоя́щ|ий [17] present (*time*) (**в** В at); *a. gr.* ***~ее время*** present tense; true, real, genuine; ***по-~ему*** properly
настр|а́ивать [1], ⟨**~о́ить**⟩ [13] build (many P); *инструмент, оркестр, радио* tune (up, in); *против* set against; *a.* ***нала́живать*** adjust; **~ого** strictly; **~ое́ние** *n* [12] mood, spirits *pl.*, frame (of mind); **~о́ить** → ***~а́ивать***; **~о́йка** *f* [5; *g/pl.*: -о́ек] tuning

Н

наступ|áтельный [14] offensive; **~áть** [1], ⟨**~úть**⟩ [14] tread *or* step (**на** В on); (*начаться*) come, set in; *impf. mil.* attack, advance; (*приближаться*) approach; **~лéние** *n* [12] offensive, attack, advance; coming, approach; *дня* daybreak; *сумерек* nightfall (**с** T at)

настýрция [7] nasturtium

насýпить(ся) [14] *pf.* frown

нáсухо dry

насýщный [14; -щен, -щна] vital; **~ хлеб** daily bread

насчёт (P) *coll.* concerning, about

насчúт|ывать, ⟨**~áть**⟩ [1] number (= *to have or contain*); **-ся** *impf.* there is (are)

насып|áть [1], ⟨**∠ать**⟩ [2] pour; fill; **´~ь** *f* [8] embankment

насы|щáть [1], ⟨**∠тить**⟩ [15] satisfy; *влагой* saturate; **~щéние** *n* [12] satiation; saturation

нат|áлкивать [1], ⟨**~олкнýть**⟩ [20] (**на** В) push (against, on); *coll.* prompt, suggest; **-ся** strike against; (*случайно встретить*) run across

натворúть *coll.* [13] *pf.* do, get up to

нат|ирáть [1], ⟨**~ерéть**⟩ [12] (T) rub; *мозоль* get; *пол* wax, polish

нáтиск *m* [1] pressure; *mil.* onslaught, charge

наткнýться → ***натыкáться***

натолкнýть(ся) → ***натáлкиваться***

натощáк on an empty stomach

натрáв|ливать [1], ⟨**~úть**⟩ [14] set (**на** В on), incite

нáтрий *m* [3] *chem.* sodium

натý|га *coll. f* [5] strain, effort; **´~го** *coll.* tight(ly)

натýр|а *f* [5] (*характер*) nature; (artist's) model (= **~щик** *m* [1], **~щица** [5]): **с ~ы** from nature *or* life; **~áльный** [14; -лен, -льна] natural

нат|ыкáться [1], ⟨**~кнýться**⟩ [20] (**на** В) run *or* come across

натя́|гивать [1], ⟨**~нýть**⟩ [19] stretch, draw tight; pull (**на** В on); draw in (*reins*); **~жка** *f* [5; *g/pl.*: -жек] forced *or* strained interpretation; ***допустúть ~жку*** stretch a point; **с ~жкой** *a.* at a stretch; **~нутый** [14] tight; *отношения* strained; *улыбка* forced; **~нýть** → ***~г-вать***

наугáд at random, by guessing

наýка *f* [5] science; *coll.* lesson

наутёк: *coll.* **пустúться ~** take to one['s] heels

наýтро the next morning

научúть [16] teach (В/Д a p. s.th.); **-с[я]** learn (Д s.th.)

наýчный [14; -чен, -чна] scientific

наýшники *m/pl.* [1] ear- *or* headphone[s;] earmuffs

нахá|л *m* [1] impudent fellow; **~льн[ый]** [14; -лен, -льна] impudent, insole[nt;] **~льство** *n* [12] impudence, insolenc[e]

нахвáт|ывать ⟨**~áть**⟩ *coll.* [1] (P) pi[ck] up, come by, get hold of; hoard; *a.* **-[ся]**

нахлы́нуть [20] *pf.* flow; gush (over, i[n]to); *чувства* sweep over

нахмýривать [1] → ***хмýрить***

наход|úть [15], ⟨**найтú**⟩ [найдý, -дёш[ь;] нашёл, -шлá; -шéдший; нáйденны[й;] *g. pt.*: найдя́] **1.** find (*a. fig.* = think, co[n]sider).; *impf. удовольствие* take; [over]come (over **на** В); (*закрыть*) cov[er;] *тоска и т. д.*; be seized with; (**-с[я]** ⟨**найтúсь**⟩) be (found, there, [*impf.*] si[t]uated, located); (*иметься*) happen [to] have; (*не растеряться*) not be at [a] loss; **∠ка** *f* [5; *g/pl.*: -док] find; *coll.* di[s]covery; *coll. fig.* godsend; **стол ∠[ок]** lost-property office; **∠чивый** [14 *sh.*] r[e]sourceful; quick-witted, smart

нацéнка *f* [5; *g/pl.*: -нок] markup

национал|из(úр)овáть [7] (*im*)*pf.* n[a]tionalize; **~úзм** *m* [1] nationalis[m;] **∠ьность** *f* [8] nationality; **∠ьный** [1[4;] -лен, -льна] national

нáция *f* [7] nation

начá|ло *n* [9] beginning (at a П); (*и[с]точник*) source, origin; (*основа*) b[a]sis; principle; **~льник** *m* [1] head, chie[f,] superior; **~льный** [14] initial, fir[st;] *строки* opening; **~льство** *n* [9] (th[e]) authorities; command(er[s], chief[s,] superior[s]); (*администрация*) a[d]ministration, management; **~тк[и]** *m/pl.* [1] elements; **~ть(ся)** → ***н[а]чинáть(ся)***

начекý on the alert, on the qui vive

черно roughly, in draft form
чина́|ние *n* [12] undertaking; **~ть** [1], **начать**⟩ [-чну́, -чнёшь; на́чал, -á, -o; **ача́вший**; на́чатый (на́чат, -á, -o)] begin, start (**с** P *or* T with); **-ся** *v/i.*; **~ющий** 17] beginner
чиная *as prep.* (**с** P) as (from), beginning (with)
чи́н|ка [5; *g/pl.*: -нок] *mst. cul.* filling, tuffing; **~я́ть** [28] ⟨**~и́ть**⟩ [13] fill, stuff with T)
числе́ние *n* [12] additional sum, extra charge
чисто clean; → **на́бело**; (*полностью*) fully
чит|анный [14 *sh.*] well-read; **~а́ться** 1] (P) read (a lot of); *достаточно* read enough (of); **не мочь ~а́ться** never get tired of reading
ш *m*, **~а** *f*, **~е** *n*, **~и** *pl.* [25] our; ours; **по ему** to our way of thinking; **~а взяла́!** we've won!
шаты́р|ный [14]: **~ный спирт** *m* liquid ammonia; *coll. a.* **~ь** *m* [4 *e.*] *chem.* ammonium chloride
ше́ствие *n* [12] invasion, inroad
ши|ва́ть [1], ⟨**~ть**⟩ [-шью́, -шьёшь; → **шить**] sew on (**на** B *or* П) *or* many…; **вка** *f* [5; *g/pl.*: -вок] *mil.* stripe, chevron
щу́п|ывать, ⟨**~ать**⟩ [1] find by feeling or groping; *fig.* discover; detect
яву́ while awake, in reality
not; no; **~ то** *coll.* or else, otherwise
аккура́тный [14; -тен, -тна] (*небрежный*) careless; (*неряшливый*) untidy; *в работе* inaccurate; unpunctual
бе́сный [14] celestial, heavenly; *цвет* sky-blue; (*божественный*) divine; → **небосво́д**
благо|ви́дный [14; -ден, -дна] unseemly; **~да́рность** *f* [8] ingratitude; **~да́рный** [14; -рен, -рна] ungrateful; **~полу́чный** [14; -чен, чна] unfavorable, adverse, bad; *adv.* not successfully, not favo(u)rably; **~прия́тный** [14; -тен, тна] unfavo(u)rable, inauspicious; **~разу́мный** [14; -мен, -мна] imprudent; unreasonable; **~ро́дный** [14; ден, -дна] ignoble; **~скло́нный** [14; -о́нен, -о́нна] unkindly; ill-disposed; **судьба́ ко мне ~скло́нна** fate has not treated me too kindly
не́бо[1] *n* [9; *pl.*: небеса́, -éс] sky (in **на** П); heaven(s); **под откры́тым ~м** in the open air
нёбо[2] *n* [9] *anat.* palate
небога́тый [14 *sh.*] of modest means; poor
небольш|о́й [17] small; short; **... с ~и́м** ... odd
небо|сво́д *m* [1] firmament; *a.* **~скло́н** *m* [1] horizon; **~скрёб** *m* [1] skyscraper
небре́жный [14; -жен, -жна] careless, negligent; slipshod
небы|ва́лый [14] unheard-of, unprecedented; **~ли́ца** *f* [5] fable, invention
нева́жн|ый [14; -жен, -жна, -o] unimportant, trifling; *coll.* poor, bad; **э́то ~о** it does not matter
невдалеке́ not far off *or* from (**от** P)
невдомёк: **мне бы́ло ~** it never occurred to me
неве́|дение *n* [12] ignorance; **~домый** [14 *sh.*] unknown; **~жа** *m/f* [5] boor; **~жда** *m/f* [5] ignoramus; **~жество** *n* [9] ignorance; **~жливость** *f* [8] incivility; **~жливый** [14 *sh.*] impolite, rude
неве́р|ие *n* [12] *в свои силы* lack of self-confidence; **~ный** [14; -рен, -рна, -o] incorrect; *fig.* false; *друг* unfaithful; *походка и т. д.* unsteady; *su.* infidel; **~оя́тный** [14; -тен, -тна] improbable; incredible
невесо́мый [14 *sh.*] imponderable; weightless (*a. fig.*)
неве́ст|а *f* [5] fiancée, bride; *coll.* marriageable girl; **~ка** *f* [5; *g/pl.*: -ток] daughter-in-law; sister-in-law (*brother's wife*)
невз|го́да *f* [5] adversity, misfortune; **~ира́я** (**на** B) in spite of, despite; without respect (of p.'s); **~нача́й** *coll.* unexpectedly, by chance; **~ра́чный** [14; -чен, -чна] plain, unattractive; **~ыска́тельный** [14] unpretentious, undemanding
неви́д|анный [14] singular, unprecedented; **~имый** [14 *sh.*] invisible
неви́нный [14; -и́нен, -и́нна] innocent, virginal

Н

невку́сный [14; -сен, -сна] unpalatable
невме|ня́емый [14 *sh.*] *law* irresponsible; *coll.* beside o.s. **~ша́тельство** *n* [9] nonintervention
невнима́тельный [14; -лен, -льна] inattentive
невня́тный [14; -тен, -тна] indistinct, inarticulate
не́вод *m* [1] seine, sweep-net
невоз|врати́мый [14 *sh.*], **~вра́тный** [14; -тен, -тна] irretrievable, irreparable, irrevocable; **~мо́жный** [14; -жен, -жна] impossible; **~мути́мый** [14 *sh.*] imperturbable
нево́л|ить [13] force, compel; **~ьный** [14; -лен, -льна] involuntary; (*вынужденный*) forced; **~я** *f* [6] captivity; *coll. необходимость* need, necessity; ***охо́та пу́ще ~и*** where there's a will, there's a way
невоо|брази́мый [14 *sh.*] unimaginable; **~ружённый** [14] unarmed; ***~ружённым гла́зом*** with the naked eye
невоспи́танный [14 *sh.*] ill-bred
невосполни́мый [14 *sh.*] irreplaceable
невпопа́д *coll.* → ***неуста́ти***
невреди́мый [14 *sh.*] unharmed, sound
невы́|годный [14; -ден, -дна] unprofitable; *положение* disadvantageous; **~держанный** [14 *sh.*] inconsistent, uneven; *сыр и т. д.* unripe; **~носи́мый** [14 *sh.*] unbearable, intolerable; **~полне́ние** *n* [12] nonfulfil(l)ment; **~полни́мый** → ***неисполни́мый***; **~рази́мый** [14 *sh.*] inexpressible, ineffable; **~рази́тельный** [14; -лен, -льна] inexpressive; **~со́кий** [16; -со́к, -а́, -со́ко́] low, small; *человек* short; *качество* inferior
не́где there is nowhere (+ *inf.*); **~ сесть** there is nowhere to sit
негла́сный [14; -сен, -сна] secret; *расследование* private
него́д|ный [14; -ден, -дна, -о] unsuitable; unfit; *coll.* worthless; **~ова́ние** *n* [12] indignation; **~ова́ть** [7] be indignant (**на** В with); **~я́й** *m* [3] scoundrel, rascal
негр *m* [1] Negro

негра́мотн|ость → ***безгра́мотност***
~ый → ***безгра́мотный***
негритя́н|ка *f* [5; *g/pl.*: -нок] Negre
~ский [16] Negro…
неда́|вний [15] recent; **с ~вних** (**~вне** ***пор***(***ы́***)) of late; **~вно** recently; **~лёк** [16; -ёк, -ека́, -еко́ *and* -ёко] near(b close; short; not far (off); (*недавни* recent; (*глуповатый*) dull, stupi **~льнови́дный** [14] lacking foresig shortsighted; **~ром** not in vain, n without reason; justly
недви́жимость *f* [8] *law* real estate
неде|йстви́тельный [14; -лен, -льн invalid, void; **~ли́мый** [14] indivisibl
неде́л|ьный [14] a week's, weekly; **~я** [6] week; ***в ~ю*** a *or* per week; ***на э́то*** (***про́шлой, бу́дущей***) ***~е*** this (la next) week; ***че́рез ~ю*** in a week's tir
недобро|жела́тельный [14; -ле -льна] malevolent, ill-dispose **~ка́чественный** [14 *sh.*] inferic low-grade; **~со́вестный** [14; -те -тна] *конкуренция* unscrupulous, u fair; *работа* careless
недо́брый [14; -до́бр, -а́, -о] unkind(l hostile; *предзнаменование* evil, bad
недове́р|ие *n* [12] distrust; **~чивый** [*sh.*] distrustful (**к** Д of)
недово́ль|ный [14; -лен, -льна] (T) di satisfied, discontented; **~ство** *n* [9] di content, dissatisfaction
недога́дливый [14 *sh.*] slowwitted
недоеда́|ние *n* [12] malnutrition; **~ть** be underfed *or* undernourished
недо́лго not long, short; **~ и** (+ *inf.*) o can easily; ***~ ду́мая*** without hesitatic
недомога́ть [1] be unwell *or* sick
недомо́лвка *f* [5; *g/pl.*: -вок] reserv tion, innuendo
недооце́н|ивать [1], 〈**~и́ть**〉 [13] unde estimate, undervalue
недо|пусти́мый [14 *sh.*] inadmisible, i tolerable; **~ра́звитый** [14 *sh.*] underd veloped; **~разуме́ние** *n* [12] misunde standing (**по** Д through); **~рого́й** [1 -до́рог, -а́, -о] inexpensive
недослы́шать [1] *pf.* fail to hear all
недосмо́тр *m* [1] oversight, inadve ence (**по** Д through); **~е́ть** [9; -отр

отришь; -о́тренный] *pf.* overlook (*s.th.*)
дост|ава́ть [5], ⟨**~а́ть**⟩ [-ста́нет] *impers.*: (Д) (be) lack(ing), want(ing), be short *or* in need of (Р) *кого-л.*; miss; **того ещё ~ава́ло!**; and that too!; **~а́ток** *m* [1; -тка] lack, shortage (Р, **в** П of); deficiency; defect, shortcoming; **физический ~а́ток** deformity; **~а́точный** [14; -чен, -чна] insufficient, deficient, inadequate; *gr.* defective; **~а́ть → ~ава́ть**
до|стижи́мый [14 *sh.*] unattainable; **~сто́йный** [14; -о́ин, -о́йна] unworthy; **~сту́пный** [14; -пен, -пна] inaccessible
досу́г *coll. m* [1] lack of time (**за** Т, **по** Д for); **мне ~** I have no time
досяга́емый [14 *sh.*] unattainable
доум|ева́ть [1] be puzzled, be perplexed; **~е́ние** *n* [12] bewilderment; **в ~е́нии** in a quandary
дочёт *m* [1] deficit; *изъян* defect
дра *n/pl.* [9] *земли* bowels, depths (*a. fig.*)
друг *m* [1] enemy, foe
дружелю́бный [14; -бен, -бна] unfriendly
ду́г *m* [1] ailment
дурно́й [14; -ду́рен & -рён, -рна́, -о] not bad; *собой* not bad-looking
дю́жинный [14] out of the ordinary, uncommon
естéственный [14 *sh.*] unnatural; *смех* affected; *улыбка* forced
жела|ние *n* [12] unwillingness; **~тельный** [14; -лен, -льна] undesirable
жели *lit.* **→ чем** than
жена́тый [14] single, unmarried
жило́й [14] not fit for habitation
ж|ить [16] luxuriate; **~ничать** *coll.* [1] caress, spoon; **~ность** *f* [8] tenderness; *pl.* display of affection **~ный** [14; -жен, -жна́, -о] tender, affectionate; *о коже, вкусе* delicate
заб|ве́нный [14 *sh.*], **~ыва́емый** [14 *sh.*] unforgettable; **~у́дка** *f* [5; *g/pl.*: -док] *bot.* forget-me-not
зависим|ость *f* [8] independence; **~ый** [14 *sh.*] independent
задáчливый *coll.* [14 *sh.*] unlucky
задо́лго shortly (**до** Р before)
незако́нный [14; -о́нен, -о́нна] illegal, unlawful, illicit; *ребёнок и т. д.* illegitimate
незаме|ни́мый [14 *sh.*] irreplaceable; **~тный** [14; -тен, -тна] imperceptible, inconspicuous; *человек* plain, ordinary; **~ченный** [14] unnoticed
неза|мыслова́тый *coll.* [14 *sh.*] simple, uncomplicated; **~па́мятный** [14]: **с ~па́мятных времён** from time immemorial; **~те́йливый** [14 *sh.*] plain, simple; **~уря́дный** [14; -ден, -дна] outstanding, exceptional
не́зачем there is no need *or* point
незва́ный [14] uninvited
нездоро́в|иться [14]: **мне ~ится** I feel (am) unwell; **~ый** [14 *sh.*] sick; morbid (*a. fig.*); *климат и т. д.* unhealthy
незло́бивый [14 *sh.*] forgiving
незнако́м|ец *m* [1; -мца], **~ка** *f* [5; *g/pl.*: -мок] stranger; **~ый** [14] unknown, unfamiliar
незна́|ние *n* [12] ignorance; **~чи́тельный** [14; -лен, -льна] insignificant
незр|е́лый [14 *sh.*] unripe; *fig.* immature; **~и́мый** [14 *sh.*] invisible
незы́блемый [14 *sh.*] firm, stable, unshak(e)able
неиз|бе́жный [14; -жен, -жна] inevitable; **~ве́стный** [14; -тен, -тна] unknown; *su. a.* stranger; **~глади́мый** [14 *sh.*] indelible; **~лечи́мый** [14 *sh.*] incurable; **~ме́нный** [14; -е́нен, -е́нна] invariable; immutable; **~мери́мый** [14 *sh.*] immeasurable, immense; **~ъясни́мый** [14 *sh.*] inexplicable
неим|е́ние *n* [12]: **за ~е́нием** (Р) for want of; **~ове́рный** [14; -рен, -рна] incredible; **~у́щий** [17] poor
неис|кренний [15; -енен, -енна] insincere; **~кушённый** [14; -шён, -шена́] inexperienced, innocent; **~полне́ние** *n* [12] *закона* failure to observe (*the law*); **~полни́мый** [14 *sh.*] impracticable
неиспр|ави́мый [14 *sh.*] incorrigible; **~а́вность** *f* [8] disrepair; carelessness; **~а́вный** [14; -вен, -вна] out of order, broken, defective; *плательщик* un-

Н

punctual
неиссяка́емый [14 *sh.*] inexhaustible
неистов|ство *n* [9] rage, frenzy; **~ствовать** [7] rage; **~ый** [14 *sh.*] frantic, furious
неис|тощи́мый [14 *sh.*] inexhaustible; **~треби́мый** [14 *sh.*] ineradicable; **~цели́мый** [14 *sh.*] incurable; **~черпа́емый** [14 *sh.*] → **~тощи́мый**; **~числи́мый** [14 *sh.*] innumerable
нейло́н *m* [1], **~овый** [14] nylon (…)
нейтрал|ите́т *m* [1] neutrality; **~ьный** [14; -лен, -льна] neutral
неказúстый *coll.* [14 *sh.*] → **невзра́чный**
не́|кий [24 *st.*] a certain, some; **~когда** there is (**мне ~когда** I have) no time; once; **~кого** [23] there is (**мне ~кого** I have) nobody *or* no one (to *inf.*); **~компете́нтный** [14; -тен, -тна] incompetent; **~корре́ктный** [-тен, -тна] impolite, discourteous; **~который** [14] some (*pl.* **из** Р of); **~краси́вый** [14 *sh.*] plain, unattrative; *поведение* unseemly, indecorous
некроло́г *m* [1] obituary
некста́ти inopportunely; (*неуместно*) inappropriately
не́кто somebody, someone; a certain
не́куда there is nowhere (+ *inf.*); **мне ~ пойти́** I have nowhere to go; *coll.* **ху́же** *и т. д.* **~** could not be worse, *etc.*
некуря́щий [17] nonsmoker, nonsmoking
нел|а́дный *coll.* [14; -ден, -дна] wrong, bad; **будь он ~а́ден!** blast him!; **~ега́льный** [14; -лен, -льна] illegal; **~е́пый** [14 *sh.*] absurd
нело́вкий [16; -вок, -вка́, -о] awkward, clumsy; *ситуация* embarrassing
нело́вко *adv.* → **нело́вкий**; **чу́вствовать себя́ ~** feel ill at ease
нелоги́чный [14; -чен, -чна] illogical
нельзя́ (it is) impossible, one (**мне** I) cannot *or* must not; **~!** no!; **как ~ лу́чше** in the best way possible, excellently; **~ не** → **не** (**мочь**)
нелюди́мый [14 *sh.*] unsociable
нема́ло (Р) a lot, a great deal (of)
неме́дленный [14] immediate
неме́ть [8], ⟨о-⟩ grow dumb, numb
не́м|ец *m* [1; -мца], **~е́цкий** [16], **~ка** *f* [5; *g/pl.*: -мок] German
неми́лость *f* [8] disgrace, disfavour
немину́емый [14 *sh.*] inevitable
немно́|гие *pl.* [16] (a) few, some; **~го** a little; *слегка* slightly, somewhat; **~гое** *n* [16] few things, little; **~гим** a little; **~ж(еч)ко** *coll.* a (little) bit, a trifle
немо́й [14; нем, -á, -о] dumb, mute
немо|лодо́й [14; -мо́лод, -á, -о] elderly; **~та́** *f* [5] dumbness, muteness
не́мощный [14; -щен, -щна] infirm
немы́слимый [14 *sh.*] inconceivable, unthinkable
ненави́|деть [11], ⟨воз-⟩ hate; **~стный** [14; -тен, -тна] hateful, odious; **~сть** ('ne-) *f* [8] hatred (**к** Д of)
нена|гля́дный [14] *coll.* beloved; **~дёжный** [14; -жен, -жна] unreliable; (*непрочный*) unsafe, insecure; **~до́лго** for a short while; **~ме́ренный** [14 *sh.*] unintentional; **~паде́ние** *n* [12] nonaggression; **~стный** [14; -тен, -тна] rainy, foul; **~стье** *n* [10] foul weather; **~сы́тный** [14; -тен, -тна] insatiable
нен|орма́льный [14; -лен, -льна] abnormal; *coll.* crazy; **~у́жный** [14; -жен, -жна́, -о] unnecessary
необ|ду́манный [14 *sh.*] rash, hasty; **~ита́емый** [14 *sh.*] uninhabited; *остров* desert; **~озри́мый** [14 *sh.*] immense, boundless; **~осно́ванный** [14 *sh.*] unfounded; **~рабо́танный** [14] *земля* uncultivated; **~у́зданный** [14 *sh.*] unbridled, ungovernable
необходи́м|ость *f* [8] necessity (**по** of), need (Р, **в** П for); **~ый** [14 *sh.*] necessary (П; **для** Р for), essential; → **ну́жный**
необ|щи́тельный [14; -лен, -льна] unsociable, reserved; **~ъясни́мый** [14 *sh.*] inexplicable; **~ъя́тный** [14; -тен, -тна] immense, unbounded; **~ыкнове́нный** [14; -е́нен, -е́нна] unusual, uncommon; **~ыч(а́й)ный** [14; -ч(а)ен, -ч(а́й)на] extraordinary, exceptional; **~яза́тельный** [14; -лен, -льна] optional; *человек* unreliable
неограни́ченный [14 *sh.*] unrestricted

од|нокра́тный [14] repeated; **~обре́ние** *n* [12] disapproval; **~обри́тельный** [14; -лен, -льна] disapproving; **~оли́мый** → ***непреодоли́мый***; **~ушевлённый** [14] inanimate
ожи́данн|ость *f* [8] unexpectedness, surprise; **~ый** [14 *sh.*] unexpected, sudden
óн *m* [1] *chem.* neon; **~овый** [14] neon...
оп|ису́емый [14 *sh.*] indescribable; **~ла́ченный** [14 *sh.*] unpaid, unsettled; **~ра́вданный** [14] unjustified; **~ределённый** [14; -ёнен, -ённа] indefinite (*a. gr.*), uncertain, vague; **~роверж́имый** [14 *sh.*] irrefutable; **~ытный** [14; -тен, -тна] inexperienced
ос|ведомлённый [14; -лён, -лена́, -лены́] ill-informed; **~ла́бный** [14; -бен, -бна] unremitting, unabated; **~мотри́тельный** [14; -лен, -льна] imprudent; **~пори́мый** [14 *sh.*] undisputable; **~торо́жный** [14; -жен, -жна] careless, incautious; imprudent; **~уществи́мый** [14 *sh.*] impracticable; **~яза́емый** [14 *sh.*] intangible
от|врати́мый [14 *sh.*] inevitable; **~ёсанный** [14 *sh.*] unpolished; *coll.* *человек* uncouth; **´~куда** → ***не́где***; **~ло́жный** [14; -жен, -жна] pressing, urgent; **~лу́чный** ever-present → ***постоя́нный***; **~рази́мый** [14 *sh.*] irresistible; *довод* irrefutable; **~сту́пный** [14; -пен, -пна] persistent; importunate; **~чётливый** [14 *sh.*] indistinct, vague; **~ъе́млемый** [14 *sh.*] *часть* integral; *право* inalienable
охо́т|а *f* [5] reluctance; **(мне) ~а** *coll.* I (*etc.*) am not in the mood; **~но** unwillingly
|оцени́мый [14 *sh.*] inestimable; invaluable; **~перехо́дный** [14] *gr.* intransitive
еплатёжеспосо́бный [14; -бен, -бна] insolvent
епо|беди́мый [14 *sh.*] invincible; **~воро́тливый** [14 *sh.*] clumsy, slow; **~го́да** *f* [5] foul weather; **~греши́мый** [14 *sh.*] infallible; **~далёку** not far (away *or* off); **~да́тливый** [14 *sh.*] unyielding, intractable
непод|ви́жный [14; -жен, -жна] motionless, fixed, stationary; **~де́льный** [14; -лен, -льна] genuine, unfeigned; *искренний* sincere; **~ку́пный** [14; -пен, -пна] incorruptible; **~оба́ющий** [17] improper, unbecoming; **~ража́емый** [14 *sh.*] inimitable; **~ходя́щий** [17] unsuitable; **~чине́ние** *n* [12] insubordination
непо|зволи́тельный [14; -лен, -льна] not permissible; **~колеби́мый** [14 *sh.*] (*надёжный*) firm, steadfast; (*стойкий*) unflinching; **~ко́рный** [14; -рен, -рна] refractory; **~ла́дка** *coll.* *f* [5; *g/pl.*: -док] *tech.* defect, fault; **~лный** [14; -лон, -лна́, -о] incomplete; *рабочий день* short; **~ме́рный** [14; -рен, -рна] excessive, inordinate
непоня́т|ливый [14 *sh.*] slow-witted; **~ный** [14; -тен, -тна] unintelligible, incomprehensible; *явление* strange, odd
непо|прави́мый [14 *sh.*] irreparable, irremediable; **~ря́дочный** [14; -чен, -чна] dishono(u)rable; disreputable; **~се́дливый** [14 *sh.*] fidgety; **~си́льный** [14; -лен, -льна] beyond one's strength; **~сле́довательный** [14; -лен, -льна] inconsistent; **~слу́шный** [14; -шен, -шна] disobedient
непо|сре́дственный [14 *sh.*] immediate, direct; (*естественный*) spontaneous; **~стижи́мый** [14 *sh.*] inconceivable; **~стоя́нный** [14; -я́нен, -я́нна] inconstant, changeable, fickle; **~хо́жий** [17 *sh.*] unlike, different (**на** В from)
непра́в|да *f* [5] untruth, lie; (it is) not true; ***все́ми пра́вдами и ~дами*** by hook or by crook; **~доподо́бный** [14; -бен, -бна] improbable; implausible; **~ильный** [14; -лен, -льна] incorrect, wrong; irregular (*a. gr.*); improper (*a. math.*); **~ый** [14; непра́в, -а́, -о] mistaken; (*несправедливый*) unjust
непре|взойдённый [14 *sh.*] unsurpassed; **~дви́денный** [14] unforeseen; **~дубеждённый** [14] unbiased; **~кло́нный** [14; -о́нен, -о́нна] inflexible; obdurate, inexorable; **~ло́жный** [14; -жен, -жна] *истина* indisputable; **~ме́нный**

Н

[14; -е́нен, -е́нна] indispensable, necessary; **~ме́нно** → ***обяза́тельно***; **~одоли́мый** [14 *sh.*] insuperable; *стремление* irresistible; **~река́емый** [14 *sh.*] indisputable; **~ры́вный** [14; -вен, -вна] uninterrupted, continuous; **~ста́нный** [14; -а́нен, -а́нна] incessant

непри|вы́чный [14; -чен, -чна] unaccustomed; (*необычный*) unusual; **~гля́дный** [14; -ден, -дна] *внешность* homely; unattractive; ungainly; **~го́дный** [14; -ден, -дна] unfit; useless; **~е́млемый** [14 *sh.*] unacceptable; **~коснове́нный** [14; -е́нен, -е́нна] inviolable; *mil. запас* emergency; **~кра́шенный** [14] unvarnished; **~ли́чный** [14; -чен, -чна] indecent, unseemly; **~ме́тный** [14; -тен, -тна] imperceptible; *человек* unremarkable; **~мири́мый** [14 *sh.*] irreconcilable; **~нуждённый** [14 *sh.*] unconstrained; relaxed, laid-back; **~сто́йный** [14; -о́ен, -о́йна] obscene, indecent; **~сту́пный** [14; -пен, -пна] inaccessible; *крепость* impregnable; *человек* unapproachable, haughty; **~тво́рный** [14; -рен, -рна] genuine, unfeigned; **~тяза́тельный** [14; -лен, -льна] modest, unassuming

неприя́|зненный [14 *sh.*] inimical, unfriendly; **~знь** *f* [8] hostility

неприя́|тель *m* [4] enemy; **~тельский** [16] hostile, enemy('s); **~тность** *f* [8] unpleasantness; trouble; **~тный** [14; -тен, -тна] disagreeable, unpleasant

непро|гля́дный [14; -ден, -дна] *тьма* pitch-dark; **~должи́тельный** [14; -лен, -льна] short, brief; **~е́зжий** [17] impassable; **~зра́чный** [14; -чен, -чна] opaque; **~изводи́тельный** [14; -лен, -льна] unproductive; **~изво́льный** [14; -лен, -льна] involuntary; **~мока́емый** [14 *sh.*] waterproof; **~ница́емый** [14 *sh.*] impenetrable, impermeable; *улыбка и т. д.* inscrutable; **~сти́тельный** [14; -лен, -льна] unpardonable; **~ходи́мый** [14 *sh.*] impassable; *coll.* complete; **~́чный** [14; -чен, -чна, -о] flimsy; *мир* unstable

нерабо́чий [17] nonworking, free, off (*day*)

нера́в|енство *n* [9] inequality; **~номе́рный** [14; -рен, -рна] uneven; **~ный** [14; -вен, -вна́, -о] unequal

неради́вый [14 *sh.*] careless, neglige

нераз|бери́ха *coll. f* [5] muddle, confusion; **~бо́рчивый** [14 *sh.*] illegible; *f* undiscriminating; *в средствах* unscrupulous; **~вито́й** [14; -ра́звит, -о] undeveloped; *ребёнок* backwa **~личи́мый** [14 *sh.*] indistinguishab **~лу́чный** [14; -чен, -чна] inseparab **~реши́мый** [14 *sh.*] insoluable; **~р вный** [14; -вен, -вна] indissoluble; **~у́ ный** [14; -мен, -мна] injudicious

нерасположе́ние *n* [12] *к челове* dislike; disinclination (to, for)

нерациона́льный [14; -лен, -льна] u practical

нерв *m* [1] nerve; **~и́ровать** [7], **~ничат** [1] to get on one's nerves; become fid ety *or* irritated; **~́(о́з)ный** [14; -ве -вна́, -о (-зен, -зна)] nervous; hig -strung

нереа́льный [14; -лен, -льна] unre (*невыполнимый*) impracticable

нереши́тельн|ость *f* [8] indecision; **~ости** undecided; **~ый** [14; -лен, -льн indecisive, irresolute

нержаве́ющ|ий [15] rust-free; **~а сталь** stainless steel

неро́|бкий [16; -бок, -бка́, -о] not timi brave; **~вный** [14; -вен, -вна́, -о] un ven, rough; *пульс* irregular

неря́|ха *m/f* [5] sloven; **~шливый** [*sh.*] slovenly; *в работе* careless, sli shod

несамостоя́тельный [14; -лен, -льн not independent

несбы́точный [14; -чен, -чна] unreali able

не|своевре́менный [14; -енен, -енн inopportune, untimely; tard **~свя́зный** [14; зен, зна] incoheren **~сгора́емый** [14] fireproof; **~сде́ржа ный** [14 *sh.*] unrestrained; **~серьё ный** [14; -зен, -зна] not serious, friv lous; **~сказа́нный** *lit.* [14 *sh., no m*] i describable; **~скла́дный** [14; -де -дна] *человек* ungainly; *речь* incohe ent; **~склоня́емый** [14 *sh.*] *gr.* indeclin

.ble
сколько [32] a few; some, several; dv. somewhat
|скромный [14; -мен, -мна́, -о] immodest; ~слы́ханный [14 sh.] unheard-of; (*беспримерный*) unprecedented; ~сме́тный [14; -тен, -тна] innumerable, incalculable
смотря́ (*на* В) in spite of, despite, notwithstanding; (al)though
сно́сный [14; -сен, -сна] intolerable
со|блюде́ние *n* [12] nonobservance; вершеннолетие *n* [12] minority; верше́нный [14; -е́нен, -е́нна] *gr.* imperfective; ~верше́нство *n* [9] imperfection; ~вмести́мый [14 sh.] incompatible; ~гла́сие *n* [12] disagreement; измери́мый [14 sh.] incommensurable; ~круши́мый [14 sh.] indestructible; мне́нный [14; -е́нен, -е́нна] undoubted; ~мне́нно *a.* undoubtedly, without doubt; ~отве́тствие *n* [12] discrepancy; разме́рный [14; -е́рен, -е́рна] disproportionate; ~стоя́тельный [14; -лен, льна] *должник* insolvent; (*необоснованный*) groundless, unsupported
сп|око́йный [14; -о́ен, -о́йна] restless, uneasy; ~осо́бный [14; -бен, -бна] incapable (*к* Д, *на* В of); ~раведли́вость *f* [8] injustice, unfairness; ~раведли́вый [14 sh.] unjust, unfair; ~роста́ *coll.* → *неда́ром*
срав|не́нный [14; -е́нен, -е́нна] *and* ни́мый [14 sh.] incomparable, matchless
стерпи́мый [14 sh.] intolerable
сти́ [24; -с-: -су́], ⟨по-⟩ (be) carry(ing, *etc.*); bear; bring; *убытки и т. д.* suffer; *о запахе и т. д.* smell (of T); drift, waft; (-ся *v/i.*; *a.* be heard; spread); ⟨с-⟩ lay (eggs -сь); talk *чушь*; *несёт* (*сквозит*) there's a draft (*Brt.* draught)
|стро́йный [14; -о́ен, -о́йна, -о] *звуки* discordant; *ряды* disorderly; ~сура́зный *coll.* [14; -зен, -зна] senseless, absurd; ~сусве́тный [14] unimaginable; *чушь* sheer
сча́ст|ный [14; -тен, -тна] unhappy, unfortunate; *~ный слу́чай* accident; ~ье *n* [12] misfortune; disaster; accident; *к ~ью* unfortunately
несчётный [14; -тен, -тна] innumerable
нет 1. *part.*: no; *~ ещё* not yet; 2. *impers. vb.* [*pt.* не́ было, *ft.* не бу́дет] (Р) there is (are) no; *у меня́* (*etc.*) *~* I (*etc.*) have no(ne); *его́* (*её*) *~* (s)he is not (t)here *or* in; *на ~ и суда́ нет* well, it can't be helped
нетакти́чный [14; -чен, -чна] tactless
нетвёрдый [14; -вёрд, -верда́] unsteady; shaky (*a. fig.*)
нетерп|ели́вый [14 sh.] impatient; ~е́ние *n* [12] impatience; ~и́мый [14 sh.] intolerant; (*невыносимый*) intolerable
не|тле́нный [14; -е́нен, -е́нна] imperishable; ~тре́звый [14; трезв, -á, -о] drunk (*a.* *в ~тре́звом ви́де*); ~тро́нутый [14 sh.] untouched; *fig.* chaste, virgin; ~трудоспосо́бный [14; -бен, -бна] disabled
не́т|то [*indecl.*] *comm.* net; *~у coll.* → *нет 2*
неу|важе́ние *n* [12] disrespect (*к* Д for); ~ве́ренный [14 sh.] uncertain; ~вяда́емый [14 sh.] *rhet.* unfading; everlasting; ~вя́зка [5; *g/pl.*: -зок] *coll.* misunderstanding; (*несогласованность*) discrepancy, lack of coordination; ~гаси́мый [14 sh.] inextinguishable; ~гомо́нный [14; -о́нен, -о́нна] restless, untiring
неуда́ч|а *f* [5] misfortune; failure; *потерпе́ть ~у* fail; ~ливый [14 sh.] unlucky; ~ник *m* [1] unlucky person, failure; ~ный [14; -чен, -чна] unsuccessful, unfortunate
неуд|ержи́мый [14 sh.] irrepressible; ~иви́тельно (it is) no wonder
неудо́б|ный [14; -бен, -бна] uncomfortable; *время* inconvenient; *положение* awkward, embarrassing; ~ство *n* [9] inconvenience
неудов|летвори́тельный [14; -лен, -льна] unsatisfactory; ~летворённость *f* [8] dissatisfaction, discontent; ~о́льствие *n* [12] displeasure
неужéли *interr. part.* really?, is it possible?
неу|жи́вчивый [14 sh.] unsociable, unaccommodating; ~кло́нный [14;

Н

-óнен, -óнна] steady; **~клю́жий** [17 *sh.*] clumsy, awkward; **~кроти́мый** [14 *sh.*] indomitable; **~лови́мый** [14 *sh.*] elusive; (*еле заметный*) imperceptible; **~мéлый** [14 *sh.*] unskil(l)ful, awkward; **~мéние** *n* [12] inability; **~мéренный** [14 *sh.*] intemperate, immoderate; **~мéстный** [14; -тен, -тна] inappropriate; **~моли́мый** [14 *sh.*] inexorable; **~мы́шленный** [14 *sh.*] unintentional; **~потреби́тельный** [14; -лен, -льна] not in use, not current; **~рожáй** *m* [3] bad harvest; **~стáнный** [14; -áнен, -áнна] tireless, unwearying; *a.* → **~томи́мый**; **~стóйка** [5; *g/pl.*: -оек] forfeit; **~стóйчивый** [14 *sh.*] unstable; unsteady; *погода* changeable; **~страши́мый** [14 *sh.*] intrepid, dauntless; **~сту́пчивый** [14 *sh.*] unyielding, tenacious; **~толи́мый** [14 *sh.*] unquenchable; **~томи́мый** [14 *sh.*] tireless, indefatigable

нéуч *coll. m* [1] ignoramus

неу|чти́вый [14 *sh.*] uncivil; **~ю́тный**; [14; -тен, -тна] comfortless; **~язви́мый** [14 *sh.*] invulnerable

Н

нефт|епровóд *m* [1] pipeline; **~ь** *f* [8] (mineral) oil, petroleum; **~янóй** [14] oil…

не|хвáтка *f* [5; *g/pl.*: -ток] shortage; **~хорóший** [17; -рóш, -á] bad; **~хотя** unwillingly; **~цензу́рный** [14; -рен, -рна] unprintable; **~цензу́рное слóво** swearword; **~чáянный** [14] *встреча* unexpected; (*случайный*) accidental; (*неумышленный*) unintentional

нéчего [23]: (**мне**, *etc.*) + *inf.* (there is *or* one can), (I have) nothing to…; (one) need not, (there is) no need; (it is) no use; stop …ing

не|человéческий [16] inhuman; *усилия* superhuman; **~чéстный** [14; -тен, -тнá, -о] dishonest; **~чётный** [14] odd (*number*)

нечист|оплóтный [14; -тен, -тна] dirty; *fig.* unscrupulous; **~отá** *f* [5; *pl. st.*: -óты] dirtiness; *pl.* sewage; **~ый** [14; -чи́ст, -á, -о] unclean, dirty; impure; *помыслы и т. д.* evil, vile, bad, foul

нéчто something

не|чувстви́тельный [14; -лен, -льна] insensitive, insensible (**к** Д to); **~щáдный** [14; -ден, -дна] merciless; **~я́вка** *f* [5] nonappearance; **~я́ркий** [16; -я́рок, -яркá, -о] dull, dim; *fig.* mediocre; **~я́сный** [14; -сен, -снá, -о] not clear; *fig.* vague

ни not a (single **оди́н**); **~ ..., ~** neither … nor; … ever (*e. g.* **кто [бы] ~** whoever); **кто (что, когдá, где, кудá) бы то ни был(о)** whosoever (what-, when-, wheresoever); **как ~** + *vb. a.* in spite of *or* for all + *su.*; **как бы (то) ~ бы́ло** anyway, whatever happens; **~ за что про что**, for no apparent reason

нигдé nowhere

ни́ж|е below, beneath; *ростом* shorter; **~еподписáвшийся** *m* [17] (the) undersigned; **~ний** [15] lower; under…; *этаж* first, *Brt.* ground

низ *m* [1; *pl. e.*] bottom, lower part; **~áть** [3], ⟨на-⟩ string, thread

низи́на *f* [5] hollow, lowland

ни́зк|ий [16; -зок, -зкá, -о; *comp.*: ни́же] low; *fig.* mean, base; *рост* short; **~орóслый** [14 *sh.*] undersized, stunted; *кустарник* low; **~осóртный** [14; -тен, -тна] lowgrade; *товар* of inferior quality

ни́зменн|ость *f* [8] *geogr.* lowland, plain; **~ый** [14 *sh.*] low-lying

низó|вье *n* [10; *g/pl.*: -вьев] lower reaches (*of a river*); **~сть** *f* [8] meanness

никáк by no means, not at all; **~óй** [16] no … (at all *coll.*)

ни́кел|ь *m* [4] nickel; **~ирóванный** [14 *sh.*] nickel-plated

никогдá never

ни|кóй: *now only in* **~кóим óбразом** by no means *and* **ни в кóем слу́чае** on no account; **~ктó** [23] nobody, no one, none; **~кудá** nowhere; → *a.* **годи́ться, гóдный**; **~кчёмный** *coll.* [14] good-for-nothing; **~мáло** → **скóлько**; **~откýда** from nowhere; **~почём** *coll.* very cheap, easy, *etc.*; **~скóлько** not in the least, not at all

нисходя́щий [17] descending

ни́т|ка *f* [5; *g/pl.*: -ток], **~ь** [8] thread; *жемчуга* string; *хлопчатобумажная* cotton; **~ь** *a.* filament; **до ~ки** *coll.*

ie skin; ***шито белыми ~ками*** be ransparent; ***на живую ~ку*** carelessly, uperficially

чего nothing; not bad; so-so; no(t) natter; **~!** never mind!, that's all right!; **себе!** well (I never)!

ч|éй *m*, **~ья́** *f*, **~ьё** *n*, **~ьи́** *pl.* [26] noody's; *su. f в игре* draw

чкóм prone

чтó [23] nothing → ***ничегó***; **~жество** [9] nonentity; **~жный** [14; -жен, -жна] isignificant, tiny; *причина* paltry

ч|ýть *coll.* → ***нискóлько***; **~ья́** → ***~éй***

ша *f* [5] niche

щ|ая *f* [17], **~енка** *coll.* [5; *g/pl.*: -нок] eggar woman; **~енский** [16] beggarly;

ета́ *f* [5] poverty, destitution; **~ий 1.** [17; ищ, -á, -е] beggarly; **2.** *m* [17] beggar

but, yet, still, nevertheless

вáтор *m* [1] innovator

вéлла *f* [5] short story

в|енький [16; -нек] (brand-) new;

изна́ *f* [5], **~и́нка** [5; *g/pl.*: -нок] novely; **~ичóк** *m* [1; -чкá] novice, tyro

во|бра́чный [14] newly married;

введéние *n* [12] innovation; **~гóдний** 15] New Year's (Eve ***~гóдний вéчер***);

лýние *n* [12] new moon; **~рождён-ный** [14] newborn (child); **~сéлье** *n* 10] house-warming; ***справля́ть*** ⟨***спрá-вить***⟩ ***~сéлье*** give a house-warming party

в|ость *f* [8] (piece of) news; novelty;

шество *n* [9] innovation, novelty;

ый [14; нов, -á, -о] new; novel; (*последний*) fresh; ***2ый год*** *m* New Year's Day; ***с 2ым гóдом!*** Happy New Year!; ***то ~ого?*** what's (the) new(s)?

г|á *f* [5; *ac/sg.*: нóгу; *pl.*: нóги, ног, ногáм, *etc. e.*] foot, leg; ***идти́ в ~у со врéменем*** keep abreast of the times; ***со всех ~*** as fast as one's legs will carry one; ***стать нá ~и*** *выздороветь* recover; become independent; ***положи́ть ~у нá ~у*** cross one's legs; ***ни ~óй (к Д)*** never set foot (*in s.o.'s house*); ***~и унести́*** (have a narrow) escape; ***под ~áми*** underfoot

готь *m* [4; -гтя; *from g/pl.*: *e.*] (finger-, oe-) nail

нож *m* [1 *e.*] knife; ***на ~áх*** at daggers drawn; **~ик** *m* [1] *coll.* → **нож**; **~ка** *f* [5; *g/pl.*: -жек] *dim.* → ***ногá***; *стула и т. д.* leg; **~ницы** *f/pl.* [5] (pair of) scissors; *econ.* discrepancy; **~нóй** [14] foot…; **~ны** *f/pl.* [5; *gen.*: -жен] sheath

ноздря́ [6; *pl.*: нóздри, ноздрéй, *etc. e.*] nostril

ноль *m.* = **нуль** *m* [4] naught; zero

нóмер *m* [1; *pl.*: -рá, *etc. e.*] number ([with] **за** T); (*размер*) size; *в отеле* room; *программы* item, turn; trick; ***вы́кинуть ~*** do an odd *or* unexpected thing; (*a.*, *dim.*, **~óк** *m* [1; -ркá]) cloakroom ticket

номинáльный [14; -лен, -льна] nominal

норá *f* [5; *ac/sg.*: -рý; *pl. st.*] hole, burrow, lair

норвé|жец *m* [1; -жца], **~жка** *f* [5; *g/pl.*: -жек], **~жский** [16] Norwegian

нóрка *f* [5; *g/pl.*: -рок] *zo.* mink

нóрм|а *f* [5] norm, standard; *выработки и т. д.* rate; **~ализовáть** [7] (*im*)*pf.* standardize; **~áльный** [14; -лен, -льна] normal

нос *m* [1; в, на носý; *pl. e.*] nose; *птицы* beak; *лодки*, bow, prow; ***води́ть за ~*** lead by the nose; (*вскоре*) ***на ~ý*** at hand; ***у меня́ идёт кровь ~ом*** my nose is bleeding; **~ик** *m* [1] *dim.* → **нос**; spout

носи́|лки *f/pl.* [5; -лок] stretcher; **~льщик** *m* [1] porter; **~тель** *m med.* [4] carrier; **~ть** [15] carry, bear, *etc.*; → ***нести́***; wear (*v/i.* **-ся**); *coll.* **-ся** run about; (**с** T) *a.* have one's mind occupied with

носовóй [14] *звук* nasal; *naut.* bow; ***~ платóк*** handkerchief

носóк *m* [1; -скá] sock; *ботинка* toe

носорóг *m* [1] rhinoceros

нóт|а *f* [5] note; *pl. a.* music; ***как по ~ам*** without a hitch

нотáриус *m* [1] notary (public)

нотáция *f* [7] reprimand, lecture

ноч|евáть [7], ⟨пере-⟩ pass (*or* spend) the night; **~ёвка** *f* [5; *g/pl.*: -вок] overnight stop (*or* stay *or* rest); *a.* → ***~лéг***; **~лéг** *m* [1] night's lodging, night quarters; *a.* → ***~ёвка***; **~нóй** [14] night(ly), (*a. bot.*, *zo.*) nocturnal; **~ь** *f* [8; в ночи́;

from g/pl. e.] night; **∴ью** at (*or* by) night (= *a.* **в ∼ь, по ∼áм**); **∼ь под ...** (В) ... night

нóша *f* [5] load, burden

ноя́брь *m* [4 *e.*] November

нрав *m* [1] disposition, temper; *pl.* ways, customs; **(не) по ∴у** (Д) (not) to one's liking; **∴иться** [14], ⟨по-⟩ please (a p. Д); **онá мне ∴ится** I like her; **∼оучéние** *n* [12] moral admonition; **∴ственность** *f* [8] morals *pl.*, morality; **∴ственный** [14 *sh.*] moral

ну (*a.* **∴-ка**) well *or* now (then **же**)**!** come (on)!, why!, what!; the deuce (take him *or* it **∼ егó**)**!**; (*a.* **да ∼?**) indeed?, really?, you don't say!; ha?; **∼ да** of course, sure; **∼ так чтó же?** what about it?

нýдный [14; нýден, -á, -о] tedious, boring

нужд|á *f* [5; *pl. st.*] need, want (**в** П of); **в слýчае ∼ы́** if necessary; **в э́том нет ∼ы́** there is no need for this; **∼áться** [1] П) (be in) need (of); *в деньгах* be ha up, needy

нýжн|ый [14; нýжен, -жнá, -о, нýжн necessary (Д for); (Д) **∼о** + *inf.* m (→ **нáдо**)

нуль → **ноль**

нумер|áция *f* [7] numeration; numb ing; **∼овáть** [7], ⟨за-, про-⟩ number

нýтрия *f* [7] *zo.* coypu; *мех* nutria

ны́н|е *obs.* now(adays), today; **∼ешн** *coll.* [15] present *coll.* today's; **∼че** *cc* → **∼е**

ныр|я́ть [28], *once* ⟨**∼нýть**⟩ [20] dive

ныть [22] ache; *coll.* whine, make a fu

нюх [1], **∴ать** [1], ⟨по-⟩ *о животнс* smell, scent

ня́н|чить [16] nurse, tend; **-ся** *coll.* fu over, busy o.s. (**с** T with); **∼я** *f* [6] (**∼ь** [5; -нек]) nurse, *Brt. a.* nanny

О

о, об, обо 1. (П) about, of; on; **2.** (В) against, (up)on; **бок ó бок** side by side; **рукá óб руку** hand in hand

о! *int.* oh!, o!

óб|а *m & n*, **∼е** *f* [37] both

обагр|я́ть [28], ⟨**∼и́ть**⟩ [13]: **∼и́ть рýки в крови́** steep one's hands in blood

обанкрóтиться → **банкрóтиться**

обая́|ние *n* [12] spell, charm; **∼тельный** [14; -лен, -льна] charming

обвáл *m* [1] collapse; landslide; *снежный* avalanche; **∼иваться** [1], ⟨**∼и́ться**⟩ [13; обвáлится] fall in *or* off; **∼я́ть** [1] *pf.* roll

обвари́ть [13; -арю́, -áришь] scald; pour boiling water over

обвé|сить [15] *coll.* → **∼шивать**

обвести́ → **обводи́ть**

обвéтренный [14 *sh.*] weatherbeaten; *губы* chapped

обветшáлый [14] decayed

обвéш|ивать, ⟨**∼ать**⟩ [1] **1.** hang, cover (T with); **2.** *pf.* ⟨обвéсить⟩ [1] give short weight to; cheat

обви|вáть [1], ⟨**∴ть**⟩ [обовью́, -вьёшь; **вить**] wind round; **∴ть шéю рукáм** throw one's arms round s.o.'s neck

обвин|éние *n* [12] accusation, charg *law* indictment; the prosecutic **∼и́тель** *m* [4] accuser; *law* prosecutc **∼и́тельный** [14] accusatory; *заключ ние* of 'guilty'; **∼я́ть** [28] ⟨**∼и́ть**⟩ [13] П) accuse (of), charge (with); **∼я́емы** accused; (*ответчик*) defendant

обви́слый *coll.* [14] flabby

обви́|ть → **∼вáть**

обводи́ть [13], ⟨обвести́⟩ [25] lead, s *or* look (round, about); enclose, enc cle *or* border (T with); **∼ вокрýг пáльц** twist round one's little finger

обвор|áживать [1], ⟨**∼ожи́ть**⟩ [16 -жý, -жи́шь, -жённый] charm, fascinat **∼ожи́тельный** [14; -лен, -льна] charr ing, fascinating; **∼ожи́ть** → **∼áжива**

обвя́з|ывать [1], ⟨**∼áть**⟩ [3] *верёвкс* tie up *or* round

гоня́ть [28], ⟨обогна́ть⟩ [обгоню́, ́нишь; обо́гнанный] (out) distance, utstrip (*a. fig.*); pass, leave behind
грыз|а́ть [1], ⟨**ˏ**ть⟩ [24; *pt. st.*] gnaw ıt, round, away)
д|ава́ть [5], ⟨**~**а́ть⟩ [-а́м, -а́шь; → **ать**; о́бдал, -а́, -о; о́бданный (о́бдан, а́, -о)] pour over; **~а́ть кипятко́м** scald; **а́ть гря́зью** bespatter with mud
дел|я́ть [28], ⟨**~**и́ть⟩ [13; -елю́, е́лишь] deprive of one's due share of T)
дира́ть [1], ⟨ободра́ть⟩ [обдеру́, оёшь; ободра́л, -а́, -о; обо́дранный] *:ору* bark, *обои и т. д.* tear (off); *ушу* skin; *колено* scrape; *fig. coll.* leece
ду́м|ать → ~ывать; **~анный** [14 *sh.*] well considered; **~ывать**, ⟨**~**ать⟩ [1] onsider, think over
е́д *m* [1] dinner (**за** T at, **на** B, **к** Д for), unch; **до (по́сле) ~а** in the morning (afernoon); **~ать** [1], ⟨по-⟩ have dinner lunch), dine; **~енный** [14] dinner…, unch…
едне́вший [17] impoverished
ез|бо́ливание *n* [12] an(a)esthetization; **~вре́живать** [1], ⟨**~**вре́дить⟩ 15] render harmless; neutralize; **~до́ленный** [14] unfortunate, hapless; **~зара́живание** *n* [12] disinfection; **~лю́деть** [8] *pf.* become depopulated, deserted; **~обра́живать** [1], ⟨**~**обра́зить⟩ [15] disfigure; **~опа́сить** [15] *pf.* secure (**от** P against); **~ору́живать** [1], ⟨**~**ору́жить⟩ [16] disarm (*a. fig.*); **~у́меть** 8] *pf.* lose one's mind, go mad
езья́н|а *f* [5] monkey; ape; **~ий** [18] monkey('s); apish, apelike; **~ичать** *coll.* 1] ape
ели́ск *m* [1] obelisk
ер|ега́ть [1], ⟨**~**е́чь⟩ [26; г/ж: -гу, жёшь] guard, *v/i.* **-ся**, protect o.s.; against, from **от** P)
ерну́ть(ся) → **обёртывать(ся)**
ёрт|ка *f* [5; *g/pl.*: -ток] *книги* cover; **~очный** [14] wrapping (*or* brown) paper; **~ывать** [1], ⟨оберну́ть⟩ [20] wrap up); wind; **~ывать лицо́** turn one's face toward(s); **-ся** turn (round, *coll.* back)
обескура́ж|ивать [1], ⟨**~**ить⟩ [16] discourage, dishearten
обеспе́ч|ение *n* [12] securing; *о займе* (**под** B on) security, guarantee; *порядка* maintenance; *социальное* security; **~енность** *f* [8] (adequate) provision; *зажиточность* prosperity; **~енный** [14] well-to-do; well provided for; **~ивать** [1], ⟨**~**ить⟩ [16] (*снабжать*) provide (for; with T); *мир и т. д.* secure, guarantee; ensure
обесси́л|еть [8] *pf.* become enervated, exhausted; **~ивать** [1], ⟨**~**ить⟩ [13] enervate, weaken
обесцве́|чивать [1], ⟨**~**тить⟩ [15] discolo(u)r, make colo(u)rless
обесце́н|ивать [1], ⟨**~**ить⟩ [13] depreciate
обесче́стить [15] *pf.* dishono(u)r; *себя* disgrace o.s
обе́т *m* [1] vow, promise; **~ова́нный** [14]: **~ова́нная земля́** the Promised Land
обеща́|ние *n* [12], **~ть** [1] (*im*)*pf.*, *coll. a.* ⟨по-⟩ promise
обжа́лование *n* [12] *law* appeal
обж|ига́ть [1], ⟨**~**е́чь⟩ [26; г/ж: обожгу́, -жжёшь, обжёг, обожгла́; обожжённый] burn; scorch; *глину* bake; **-ся** burn o.s. (*coll.* one's fingers)
обжо́р|а *coll. m/f* [5] glutton; **~ливый** *coll.* [14 *sh.*] gluttonous; **~ство** *coll. n* [9] gluttony
обзав|оди́ться [15], ⟨**~**ести́сь⟩ [25] provide o.s. (T with), acquire, set up
обзо́р *m* [1] survey; review
обзыва́ть [1], ⟨обозва́ть⟩ [обзову́, -ёшь; обозва́л, -а́, -о; обо́званный] call (*names* T)
оби|ва́ть [1], ⟨**ˏ**ть⟩ [обобью́, обобьёшь; → **бить**] upholster; **ˏвка** *f* [5] upholstery
оби́|да *f* [5] insult; **не в ~ду будь ска́зано** no offense (-nce) meant; **не дать в ~ду** let not be offended; **~деть(ся)** → **~жа́ть(ся)**; **~дный** [14; -ден, -дна] offensive, insulting; **мне ~дно** it is a shame *or* vexing; it offends *or* vexes me; I am sorry (for **за** B); **~дчивый** [14 *sh.*] touchy; **~дчик** *coll. m* [1] of-

О

fender; **~жа́ть** [1], ⟨~деть⟩ [11] (**-ся** be), offend(ed), (*a.* be angry with *or* at **на** B); wrong; overreach (→ *a.* **обделя́ть**); **~женный** [14 *sh.*] offended (*a.* → **~жа́ть(ся)**)
оби́лие *n* [12] abundance, plenty
оби́льный [14; -лен, -льна] abundant (T in), plentiful, rich (in)
обиня́к *m* [1 *e.*] *only in phrr.* **говори́ть ~а́ми** beat about the bush; **говори́ть без ~о́в** speak plainly
обира́ть *coll.* [1], ⟨обобра́ть⟩ [оберу́, -ёшь; обобра́л, -а́, -о; обо́бранный] rob
обита́|емый [14 *sh.*] inhabited; **~тель** *m* [4] inhabitant; **~ть** [1] live, dwell, reside
оби́ть → **обива́ть**
обихо́д *m* [1] use, custom, practice; **предме́ты дома́шнего ~а** household articles; **~ный** [14; -ден, -дна] everyday; *язык* colloquial
обкла́дывать [1], ⟨обложи́ть⟩ [16] *подушками* lay round; *тучами* cover; *med.* fur; → **облага́ть**
обкра́дывать [1], ⟨обокра́сть⟩ [25; обкраду́, -дёшь; *pt. st.*: обкра́денный] rob
обла́ва *f* [5] *на охоте* battue; *полиции* raid; roundup
облага́|емый [14 *sh.*] taxable; **~ть** [1], ⟨обложи́ть⟩ [16] *налогом* impose (*tax* T)
облагор|а́живать [1], ⟨~о́дить⟩ [15] ennoble, refine
облада́|ние *n* [12] possession (of T); **~тель** *m* [4] possessor; **~ть** [1] (T) possess, have; be in (**хоро́шим здоро́вьем**) good health
о́блак|о *n* [9; *pl.*: -ка́, -ко́в] cloud; **вита́ть в ~а́х** be up in the clouds
обл|а́мывать [1], ⟨~ома́ть⟩ [1] & ⟨~оми́ть⟩ [14] break off
обласка́ть [1] *pf.* treat kindly
област|но́й [14] regional; **´~ь** *f* [8; *from g/pl. e.*] region; *fig.* province, sphere, field
облач|а́ться [1], ⟨~и́ться⟩ [16] *eccl.* put on one's robes; *coll. joc.* array oneself
облачи́ться → **облача́ться**
о́блачный [14; -чен, -чна] cloudy
обле|га́ть [1], ⟨´~чь⟩ [26; г/ж: → **лечь**] fit closely
облегч|а́ть [1], ⟨~и́ть⟩ [16 *e.*; -чу́, -чи́шь; -чённый] lighten; (*упростить*) facilitate; *боль* ease, relieve
обледене́лый [14] ice-covered
облéзлый *coll.* [14] mangy, shabby
обле|ка́ть [1], ⟨´~чь⟩ [26] *полномочиями* invest (T with); (*выразить*) put, express
облеп|ля́ть [28], ⟨~и́ть⟩ [14] stick all over (*or* round); (*окружить*) surround; *о мухах и т. д.* cover
облет|а́ть [1], ⟨~е́ть⟩ [11] fly round (*or* all over, past, in); *листья* fall; *о слухах и т. д.* spread
обле́чь [1] → **облега́ть & облека́ть**
обли|ва́ть [1], ⟨´~ть⟩ [оболью́, -льёшь; обле́й!; о́бли́л, -а́, -о; о́бли́тый (обли́т, -а́, -о)] pour (s.th. T) over; **´~ть гря́зью** *coll.* fling mud (at); **-ся** [*pf.*: -и́лся, -ила́сь, -и́лось] (T) pour over o.s.; *слезами* shed; *потом* be dripping; *кровью* covered; *сердце* bleed
облига́ция *f* [7] *fin.* bond, debenture
обли́з|ывать [1], ⟨~а́ть⟩ [3] lick (off); **-ся** lick one's lips (*or* o.s.)
о́блик *m* [1] aspect, look; appearance
обли́|ть(ся) → **~ва́ть(ся)**; **~цо́вывать** [1], ⟨~цева́ть⟩ [7] face (with), revet
облич|а́ть [1], ⟨~и́ть⟩ [16 *e.*; -чу́, -чи́шь; -чённый] unmask; (*раскрывать*) reveal; (*обвинять*) accuse (**в** П of); **~и́тельный** [14; -лен, -льна] accusatory, incriminating; **~и́ть** → **~а́ть**
облож|е́ние *n* [12] taxation; **~и́ть** → **обкла́дывать** *and* **облага́ть**; **´~ка** [5; *g/pl.*: -жек] cover; (*супер´~ка*) dust cover, folder
облок|а́чиваться [1], ⟨~оти́ться⟩ [15 *e.*; -кочу́сь, -ко́тишься] lean one's elbow (**на** B on)
облом|а́ть, **~и́ть** → **обла́мывать**; **´~ок** *m* [1; -мка] fragment; *pl.* debris, wreckage
облуч|а́ть [1], ⟨~и́ть⟩ [16 *e.*; -чу́, -чи́шь; -чённый] irradiate
облюбова́ть [7] *pf.* take a fancy to, choose
обма́з|ывать [1], ⟨~ать⟩ [3] besmear; plaster, putty, coat, cement
обма́к|ивать [1], ⟨~нуть⟩ [20] dip

ма́н *m* [1] deception; deceit, *mst. law* raud; **~ зре́ния** optical illusion; **~ный** 14] deceitful, fraudulent; **~у́ть(ся)** → **ывать(ся)**; **~чивый** [14 *sh.*] deceptive; **~щик** *m* [1], **~щица** *f* [5] cheat, deceiver; **~ывать** [1], ⟨**~у́ть**⟩ [20] (**-ся** be) leceive(d), cheat; be mistaken (in **в** П)
м|а́тывать, ⟨**~ота́ть**⟩ [1] wind round); **~а́хивать** [1], ⟨**~ахну́ть**⟩ [20] *ыль* wipe, dust; *веером* fan
ме́н *m* [1] exchange (in/for **в/на** В); interchange (T, P of); **~ивать** [1], ⟨**~я́ть**⟩ 28] exchange (**на** В for; **-ся** T s.th.)
м|е́ривать → **ме́рить**; **~ета́ть** [1], **~ести́**⟩ [25 -т-: обмету́] sweep (off), lust; **~озго́вывать** [1], ⟨**~озгова́ть**⟩ 7] *coll.* think over
мо́лв|иться [14] *pf.* make a slip of the ongue; (*упомянуть*) mention, say; **ка** *f* [5; *g/pl.*: -вок] slip of the tongue
моро́зить [15] *pf.* frostbite
морок *m* [1] fainting spell, swoon
мот|а́ть → **обма́тывать**; **~ка** *f* [5; *g/pl.*: -ток] *el.* winding
мундирова́|ние *n* [12], **~ть** [7] *pf.* fit out with uniform
мы|ва́ть [1], ⟨**~ть**⟩ [22] bathe, wash off); *coll. покупку и т. д.* celebrate
надёж|ивать [1], ⟨**~ить**⟩ [16] (re)assure, encourage, give hope to
наж|а́ть [1], ⟨**~и́ть**⟩ [16 *e.*; -жу́, -жи́шь; жённый] *голову* bare, uncover; *fig.* lay bare; *шпагу* draw, unsheathe; **~ённый** 14; -жён, -жена́] naked, bare; nude (*a.* *u*)
наро́довать [7] *pf.* promulgate
нару́ж|ивать [1], ⟨**~ить**⟩ [16] (*выявить*) disclose, show, reveal; (*найти*) discover, detect; **-ся** appear, show; come to light; be found, discovered
нести́ → **обноси́ть**
н|има́ть [1], ⟨**~я́ть**⟩ [обниму́, обни́мешь; о́бнял, -а́, -о; о́бнятый (о́бнят, а́, -о)] embrace, hug, clasp in one's arms
но́в|(к)а *f* [5; (*g/pl.*: -вок)] *coll.* new; article of clothing; **~и́ть** → **~ля́ть**; **~ле́ние** *n* [12] *репертуара и т. д.* renewal; *ремонт и т. д.*) renovation; **~ля́ть** 28], ⟨**~и́ть**⟩ [14 *e.*; -влю́, -ви́шь; -влённый] renew; renovate; update; repair
обн|оси́ть [15], ⟨**~ести́**⟩ [24; -с-: -су́] pass (round); *coll.* serve; (T) fence in, enclose; **-ся** *coll. impf.* wear out one's clothes
обню́х|ивать, ⟨**~ать**⟩ [1] sniff around
обня́ть → **обнима́ть**
обобра́ть → **обира́ть**
обобщ|а́ть [1], ⟨**~и́ть**⟩ [16 *e.*; -щу́, -щи́шь; -щённый] generalize; **~и́ть** → **~а́ть**
обога|ща́ть [1], ⟨**~ти́ть**⟩ [15 *e.*; -ащу́, -ти́шь; -ащённый] enrich; *руду* concentrate
обогна́ть → **обгоня́ть**
обогну́ть → **огиба́ть**
обоготворя́ть [28] → **боготвори́ть**
обогрева́ть [1] → **греть**
о́бод *m* [1; *pl.*: обо́дья, -дьев] rim, felloe; **~о́к** *m* [1; -дка́] rim
обо́др|анный [14 *sh.*] *coll.* ragged, shabby; **~а́ть** → **обдира́ть**; **~е́ние** *n* [12] encouragement; **~я́ть** [28], ⟨**~и́ть**⟩ [13] cheer up, reassure; **-ся** take heart, cheer up
обожа́ть [1] adore, worship
обожеств|ля́ть [28], ⟨**~и́ть**⟩ [14 *e.*; -влю́, -ви́шь; -влённый] deify
обожжённый [14; -ён, -ена́] burnt
обозва́ть → **обзыва́ть**
обознач|а́ть [1], ⟨**~ить**⟩ [16] denote, designate, mark; **-ся** appear; **~е́ние** *n* [12] designation; *знак* sign, symbol
обозр|ева́ть [1], ⟨**~е́ть**⟩ [9], **~е́ние** *n* [12] survey; *mst. lit.* review
обо́|и *m/pl.* [3] wallpaper; **~йти́(сь)** → **обходи́ть(ся)**; **~кра́сть** → **обкра́дывать**
оболо́чка *f* [5; *g/pl.*: -чек] cover(ing), envelope; *anat. слизистая и т. д.* membrane; **ра́дужная (рогова́я) ~** iris (cornea)
оболь|сти́тель *m* [4] seducer; **~сти́тельный** [14; -лен, -льна] seductive; **~ща́ть** [1], ⟨**~сти́ть**⟩ [15 *e.*; -льщу́, льсти́шь; -льщённый] seduce; (**-ся** be) delude(d; flatter o.s.)
обомле́ть [8] *pf. coll.* be stupefied
обоня́ние *n* [12] (sense of) smell
обора́чивать(ся) → **обёртывать(ся)**

О

оборв|áнец *coll. m* [1; -нца] ragamuffin; **ˆанный** [14 *sh.*] ragged; **~áть** → **обрывáть**

обóрка *f* [5; *g/pl.*: -рок] frill, ruffle

оборóн|а *f* [5] defense (*Brt.* defence); **~úтельный** [14] defensive; **~ный** [14] defense…, armament…; **~ная промышленность** defense industry; **~оспосóбность** *f* [8] defensive capability; **~я́ть** [28] defend

оборóт *m* [1] turn; *tech.* revolution, rotation; *fin.* circulation; *comm.* turnover; *сторона* back, reverse; (**см.**) **на ~е** please turn over (PTO); **ввестú в ~** put into circulation; **взять когó-нибудь в ~** *fig. coll.* get at s.o.; take s.o. to task; **~úть(ся)** P [15] *pf.* → **обернýть(ся)**; **~ливый** [14 *sh.*] *coll.* resourceful; **~ный** [14] *сторона* back, reverse; *fig.* seamy (*side*); **~ный капитáл** working capital

оборýдова|ние *n* [12] equipment; **вспомогáтельное ~ние** *comput.* peripherals, add-ons; **~ть** [7] (*im*)*pf.* equip, fit out

обосн|овáние *n* [12] substantiation; ground(s); **~óвывать** [1], ⟨**~овáть**⟩ [7] prove, substantiate; **-ся** settle down

обос|облять [28], ⟨**~óбить**⟩ [14] isolate; **-ся** keep aloof, stand apart

обостр|я́ть [28], ⟨**~úть**⟩ [13] (**-ся** become); (*ухудшить*) aggravate(d), strain(ed); *о чувствах* become keener; *med.* become acute

обою́дный [14; -ден, -дна] mutual, reciprocal

обраб|áтывать, ⟨**~óтать**⟩ [1] work, process; *agr.* till; *текст и т. д.* elaborate, finish, polish; *chem. etc.* treat; (*адаптировать*) adapt; *coll.* work upon, win round **когó-л.**; *p. pr. a.* *промышленность* manufacturing; **~óтка** *f* [5; *g/pl.*: -ток] processing; *agric.* cultivation; elaboration; adaptation

óбраз *m* [1] manner, way (T in), mode; shape, form; *lit.* figure, character; image; [*pl.*: -á, *etc. e.*] icon; **какúм** (**такúм**) **~ом** how (thus); **никóим ~ом** by no means; **~ жúзни** way of life; **~éц** *m* [1; -зцá] specimen, sample; (*пример*) model, example; *материала* patte… **~ный** [14; -зен, -зна] graphic, pictu… esque, vivid; **~овáние** *n* [12] *слова* *т. д.* formation; education **~óванны…** [14 *sh.*] educated; **~овáтельный** [1… -лен, -льна] educational (*qualific… tion*); **~óвывать** [1], ⟨**~овáть**⟩ [7] for… **-ся** (*v/i.*) arise; constitute; **~ýмить(с…** [14] *pf. coll.* bring (come) to on… senses; **~цóвый** [14] exemplary, mo… el…; **ˆчик** *m* [1] → **~éц**

обрам|ля́ть [28], ⟨**ˆить**⟩ [14 *st.*], *f…* ⟨**~úть**⟩ [14 *e.*; -млю, -мúшь; -млённы…] frame

обраст|áть [1], ⟨**~ú**⟩ [24; -ст-: -стý; о… рóс, -лá] *мхом и т. д.* become ove… grown with, covered with

обра|тúть → **~щáть**; **ˆтный** [14] ba… return…; reverse, (*a. math.* invers… *law* retroactive; **ˆтная связь** *tec…* feedback (*a. fig.*); **ˆтно** back; **~щá…** [1], ⟨**~тúть**⟩ [15 *e.*; -щý, -тúшь; -щё… ный] turn; *взор* direct; *eccl.* conve… draw *or* pay *or* (**на себя́**) attract (*atte… tion*; to **на** B); **не ~щáть внимáния** (**н…** B) disregard; **-ся** turn (**в** B to); addre… o.s. (**к** Д to); apply (to; for **за** T); appe… **~щáться в бéгство** take to flight; *im…* (**с** T) treat, handle; *двигаться* circ… late; **~щéние** *n* [12] address, appe… *оборот* circulation; (**с** T) treatme… (of), management; manners

обрéз *m* [1] edge; **дéнег в ~** just enou… money; **~áть** [1], ⟨**~ать**⟩ [3] cut (off); c… short; *ногти и т. д.* pare; *ветк…* prune; *coll.* (*прервать*) snub, c… short; **~ок** *m* [1; -зка] scrap; *pl.* cli… pings **~ывать** [1] → **ˆать**

обре|кáть [1], ⟨**ˆчь**⟩ [26] condem… doom (to **на** B, Д)

обремен|úтельный [14; -лен, -льн…] burdensome; **~я́ть** [28], ⟨**~úть**⟩ [13] bu… den

обре|чённый [14] doomed (to **на** B… **ˆчь** → **~кáть**

обрисóв|ывать [1], ⟨**~áть**⟩ [7] outlin… sketch; **-ся** loom, appear

обрóсший [17] covered with

обруб|áть [1], ⟨**~úть**⟩ [14] chop (off… lop; **ˆок** *m* [1; -бка] stump, block

О

·руч *m* [1; *from g/pl.*: *e.*] hoop; **~áль-ный** [14] wedding…; **~áться** [1], **~и́ться**⟩ [16 *e.*; -чу́сь, -чи́шься] be(-come) engaged (to **с** T); **~éние** *n* [12] betrothal
·ру́ш|ивать [1], ⟨**~ить**⟩ [16] bring down; **-ся** fall in, collapse; fall (up)on **на** B)
·ры́в *m* [1] precipice; *tech.* break; **~áть** 1], ⟨оборва́ть⟩ [-ву́, -вёшь; -ва́л, -вала́, о; обо́рванный] tear *or* pluck (off); break off, cut short; **-ся** *a.* fall (from P); **~истый** [14 *sh.*] steep; abrupt; **~ок** *m* [1; -вка] scrap, shred; **~очный** 14; -чен, -чна] scrappy
·ры́зг|ивать, ⟨**~ать**⟩ [1] sprinkle
·рю́зглый [14] flabby, bloated
·ря́д *m* [1] ceremony, rite
·са́живать [1], ⟨обсади́ть⟩ [15] plant round (T with)
·серватóрия *f* [7] observatory
·слéдова|ние *n* [12] (P) inspection of), inquiry (into), investigation (of); medical examination; **~ть** [7] *(im)pf.* inspect, examine, investigate
·слу́ж|ивание *n* [12] service; *tech.* servicing, maintenance; operation; **~ивать** [1], ⟨**~и́ть**⟩ [16] serve, attend; *ech.* service
·со́хнуть → ***обсыха́ть***
·ста|вля́ть [28], ⟨**~вить**⟩ [14] surround with); furnish (T with); *coll.* outwit, deceive **~но́вка** *f* [5; *g/pl.*: -вок] furniture; *обстоятельства*) situation, conditions *pl.*
·стоя́тель|ный [14; -лен, -льна] detailed, circumstantial; *coll. человек и т. д.* thorough; **~ство** *n* [9] circumstance (***при*** П, **в** П under, in); ***по ~ствам*** depending on circumstances
·стоя́ть [-ои́т] be, get on; stand; ***как обстои́т де́ло с*** (T)? how are things going?
·стре́л *m* [1] bombardment, firing; **~ивать** [1], ⟨**~я́ть**⟩ [28] fire at, on; shell
·стру́кция *f* [7] *pol.* obstruction, filibustering
·ступ|а́ть [1], ⟨**~и́ть**⟩ [14] surround
·|сужда́ть [1], ⟨**~суди́ть**⟩ [15; ·ждённый] discuss; **~сужде́ние** *n* [12] discussion; **~суши́ться** [16] *pf.* dry o.s.; **~счита́ть** [1] *pf.* cheat; **-ся** miscalculate
обсып|а́ть [1], ⟨**~ать**⟩ [2] strew, sprinkle
обс|ыха́ть [1], ⟨**~о́хнуть**⟩ [21] dry
обт|а́чивать [1], ⟨**~очи́ть**⟩ [16] turn; **~екáемый** [14] streamlined; *ответ* vague; **~ерéть** → ***~ира́ть***; **~ёсывать** [1], ⟨**~еса́ть**⟩ [3] hew; **~ира́ть** [1], ⟨**~ере́ть**⟩ [12; оботру́; обтёр; *g. pt. a.*: -тёрши & -терéв] rub off *or* down, wipe (off), dry; *coll.* wear thin
обточи́ть → ***обта́чивать***
обтрёпанный [14] shabby, *обшлага* frayed
обтя́|гивать [1], ⟨**~ну́ть**⟩ [19] *мебель* cover (T with); *impf.* be closefitting; **~жка** *f* [5]: ***в ~жку*** closefitting dress
обу|ва́ть [1], ⟨**~ть**⟩ [18] put (**-ся** one's) shoes on; **'~вь** *f* [8] footwear, shoes *pl.*
обу́гл|иваться [1], ⟨**~иться**⟩ [13] char; carbonize
обу́за *f* [5] *fig.* burden
обу́зд|ывать [1], ⟨**~а́ть**⟩ [1] bridle, curb
обусло́в|ливать [1], ⟨**~ить**⟩ [14] make conditional (T on); cause
обу́ть(ся) → ***обува́ть(ся)***
о́бух *m* [1] *топора* head; ***его́ как ~ом по голове́*** he was thunderstruck
обуч|а́ть [1], ⟨**~и́ть**⟩ [16] teach (Д s.th.), train; **-ся** (Д) learn, be taught; **~е́ние** *n* [12] instruction, training; education
обхва́т *m* [1] arm's span; circumference; **~ывать** [1], ⟨**~и́ть**⟩ [15] clasp (T in), embrace, enfold
обхо́д *m* [1] round; *полицейского* beat; ***де́лать ~*** make one's round(s); ***пойти́ в ~*** make a detour; **~и́тельный** [14; -лен, -льна] affable, amiable; **~и́ть** [15], ⟨обойти́⟩ [обойду́, -дёшь; → ***идти́***] go round; visit (all [one's]); (*вопрос*) avoid, evade; *закон* circumvent; pass over (T in); (**-ся**, ⟨-сь⟩) cost (***мне*** me); (*справиться*) manage, make, do with(out) (***без*** P); there is (*no … without*); treat (**с** T s.b.); **~ный** [14] roundabout
обш|а́ривать [1], ⟨**~а́рить**⟩ [13] rummage (around); **~ива́ть** [1], ⟨**~и́ть**⟩ [обошью́, -шьёшь; → ***шить***] sew round,

border (T with); *досками и т. д.* plank, face, *coll.* clothe; **~ивка** *f* [5] trimming, *etc.* (*vb.*)

обши|рный [14; -рен, -рна] vast, extensive; (*многочисленный*) numerous; **~ть** → **~ва́ть**

обща́ться [1] associate (**с** T with)

обще|досту́пный [14; -пен, -пна] popular; *a.* → **досту́пный**; **~жи́тие** *n* [12] hostel; society, community; communal life; **~изве́стный** [14; -тен, -тна] well-known

обще́ние *n* [12] intercourse; relations

общепри́нятый [14 *sh.*] generally accepted, common

обще́ств|енность *f* [8] community, public; **~енный** [14] social, public; **~енное мне́ние** public opinion; **´~о** *n* [9] society; company (*a. econ*); association; community; **акционе́рное ´~о** joint-stock company; **~ове́дение** *n* [12] social science

общеупотреби́тельный [14; -лен, -льна] current, in general use

о́бщ|ий [17; о́бщ, -á, -e] general; common (in **~его**); public; total, (**в ~ем** on the) whole; **~ина** *f* [5] *eccl. pol., etc.* group, community; **~и́тельный** [14; -лен, -льна] sociable, affable; **~ность** *f* [8] community

объе|да́ть [1], ⟨**~́сть**⟩ [-е́м, -е́шь, *etc.* → **есть**] eat *or* gnaw round, away; **-ся** overeat

объедин|е́ние *n* [12] association, union; *действие* unification; **~я́ть** [28], ⟨**~и́ть**⟩ [13] unite, join; **-ся** (*v/i.*) join, unite (with)

объе́дки *coll. m/pl.* [1] leftovers

объе́|зд *m* [1] detour, by-pass; *vb.* + **в ~зд** = **~зжа́ть** [1] **1.** ⟨**~хать**⟩ [-е́ду, -е́дешь] go, drive round; travel through *or* over; visit (all [one's]); **2.** ⟨**~здить**⟩ [15] break in (*horses*); **~кт** *m* [1] object; **~кти́вный** [14; -вен, -вна] objective

объём *m* [1] volume; (*величина*) size; *знаний и т. д.* extent, range; **~истый** [14 *sh.*] *coll.* voluminous, bulky

объе́сть(ся) → **объеда́ть(ся)**

объе́хать → **объезжа́ть** *1*

объяв|и́ть → **~ля́ть**; **~ле́ние** *n* [12] announcement, notice; *реклама* advertisement; *войны* declaration; **~ля́ть** [28], ⟨**~и́ть**⟩ [14] declare (s.th. *a.* **о** s.b. [to be] s.th. B/T), tell, anounce, proclaim; *благодарность* express

объясн|е́ние *n* [12] explanation; declaration (of love **в любви́**); **~и́мый** [*sh.*] explicable, accountable; **~и́тельный** [14] explanatory; **~я́ть** [28] ⟨**~и́ть**⟩ [13] explain, illustrate; account for; **-ся** explain o.s.; be accounted for; have it out (**с** T with); *impf.* make o.s. understood (T by)

объя́тия *n/pl.* [12] embrace (*vb.*: заключи́ть в **~**); **с распростёртыми ~ми** with open arms

обыва́тель *m* [4] philistine; **~ский** [16] narrow-minded; philistine…

обы́гр|ывать, ⟨**~а́ть**⟩ [1] beat (*at a game*); win

обы́денный [14] everyday, ordinary

обыкнове́н|ие *n* [12] habit; **по ~ию** as usual; **~ный** [14; -е́нен, -е́нна] ordinary; *действия* usual, habitual

о́быск *m* [1], **~́ивать** [1], ⟨**~а́ть**⟩ [3] search

обы́ч|ай *m* [3] custom; *coll.* habit; **~ный** [14; -чен, -чна] customary, usual, habitual

обя́занн|ость *f* [8] duty; **во́инская ~ость** military service; **исполня́ющий ~ости** (P) acting; **~ый** [14 *sh.*] obliged; indebted; **он вам обя́зан жи́знью** he owes you his life

обяза́тель|ный [14; -лен, -льна] obligatory, compulsory; **~но** without fail, certainly; **~ство** *n* [9] obligation; *law* liability; engagement; **вы́полнить свои́ ~ства** meet one's obligations

обя́з|ывать [1], ⟨**~а́ть**⟩ [3] oblige; bind, commit; **-ся** engage, undertake, pledge o. s

овдове́вший [17] widowed

овёс *m* [1; овса́] oats *pl*

ове́чий [18] sheep('s)

овлад|ева́ть [1], ⟨**~е́ть**⟩ [8] (T) seize, take possession of; get control over; *знаниями* master; **~е́ть собо́й** regain one's self-control

о́вощ|и *m/pl.* [1; *gen.*: -ще́й, *etc. e.*] ve

:ables; **~ной** [14]: ***~ной магазин*** place
elling fresh fruits and vegetables; *chiefly Brt.*) greengrocer's
раг *m* [1] ravine
сянка *f* [5; *g/pl.*: -нок] oatmeal
ц|á *f* [5; *pl. st.*; *g/pl.*: овéц] sheep;
евóдство *n* [9] sheepbreeding
чáрка *f* [5; *g/pl.*: -рок] sheepdog; ***не-éцкая ~*** Alsation (dog)
чина *f* [5] sheepskin
ибáть [1], ⟨обогнýть⟩ [20] turn *or* end (round)
павлéние *n* [12] table of contents
лá|ска *f* [5] publicity; **~шáть** [1], **~сить**⟩ [15 *e.*; -ашý, -асишь, -ашённый] nnounce, make public; **-ся** *криками и т. д.* fill; resound; ring; **~шéние** *n* [12] roclamation; publication
пуш|áть [1], ⟨**~ить**⟩ [16 *e.*; -шý, -шишь, шённый] deafen; stun; **~ительный** 14; -лен, -льна] deafening; stunning
ля|дка *coll. f* [5] looking back; ***без дки*** without turning one's head; ***с дкой*** carefully; **~дывать** [1], ⟨**~дéть**⟩ 11] examine, look around; **-ся 1.** look ound; *fig.* to adapt o.s.; **2.** *pf.*: **~нýться**⟩ [20] look back (***на*** B at)
не|нный [14] fiery; **~опáсный** [14; ;ен, -сна] inflammable; **~стóйкий** 16; -óек, -óйка] → ***~упóрный***; **стрéльный** [14] fire (*arm*); **~туши-ель** *m* [4] fire extinguisher; **~упóрный** 14; -рен, -рна] fireproof
ов|áривать [1], ⟨**~орить**⟩ [13] (*окле-ветать*) slander; *условия* stipulate; **ся** make a slip of the tongue; → ***об-мóлвиться***; **~óрка** *f* [5; *g/pl.*: -рок] slip f the tongue; reservation, proviso
ол|ять [28], ⟨**~ить**⟩ [13] bare
онёк *m* [1; -нькá] (small) light; *fig.* est, spirit
óнь *m* [4; огня] fire (*a. fig.*); light; ***из гня да в пóлымя*** out of the frying an into the fire; ***пойти в ~ и вóду*** hrough thick and thin; ***такóго днём огнём не найдёшь*** impossible to find nother like it
ор|áживать [1], ⟨**~одить**⟩ [15 & 15 *e.*; ожý, -óдишь; -óженный] enclose, ence (in); **~óд** *m* [1] kitchen garden; **~óдник** *m* [1] market *or* kitchen gardener; **~óдничество** *n* [9] market gardening
огорч|áть [1], ⟨**~ить**⟩ [16 *e.*; -чý, -чишь; -чённый] grieve (**-ся** *v/i.*), (be) vex(ed), distress(ed T); **~éние** *n* [9] grief, affliction; **~ительный** [14; -лен, -льна] grievous; distressing
огра|блéние *n* [12] burglary, robbery; **∠да** *f* [5] fence; *каменная* wall; **~ждáть** [1], ⟨**~дить**⟩ [15 *e.*; -ажý, -адишь; -аждённый] *обречь* guard, protect; **~ждéние** *n* [12] barrier; railing
огранич|éние *n* [12] limitation; restriction; **∠енный** [14 *sh.*] confined; *средства* limited; *человек* narrow(-minded); **∠ивать** [1], ⟨**∠ить**⟩ [16] confine, limit, restrict (o.s. **-ся**; to T); content o.s. with; not go beyond; **~ительный** [14; -лен, -льна] restrictive, limiting
огрóмный [14; -мен, -мна] huge, vast; *интерес и т. д.* enormous, tremendous
огрубéлый [14] coarse, hardened
огрыз|áться *coll.* [1], *once* ⟨**~нýться**⟩ [20] snap (at); **∠ок** *m* [1; -зка] bit, end; *карандаша* stump, stub
огýльный *coll.* [14; -лен, -льна] wholesale, indiscriminate; (*необоснованный*) unfounded
огурéц *m* [1; -рцá] cucumber
одáлживать [1], ⟨одолжить⟩ [16 *e.*; -жý, -жишь] lend (Д/В a. p. s.th.); *coll. взять* borrow
одар|ённый [14 *sh.*] gifted; talented; **∠ивать** [1], ⟨**~ить**⟩ [13] give (presents) to (T); *fig.* (*impf.* **~ять** [28]) endow (T with)
оде|вáть [1], ⟨**∠ть**⟩ [-éну, -éнешь; -éтый] dress in; clothe in (**-ся** *v/i.* dress o.s., clothe o.s.); **∠жда** *f* [5] clothes *pl.*, clothing
одеколóн *m* [1] eau de cologne
одеревенéлый [14] numb
одéрж|ивать [1], ⟨**~áть**⟩ [4] gain, win; ***~áть верх над*** (T) gain the upper hand (over); **~имый** [14 *sh.*] (T) obsessed (by); *страхом* ridden (by)
одéть(ся) → ***одевáть(ся)***

O

одея́ло *n* [9] blanket, cover(let); *стёганое* quilt

оди́н *m*, **одна́** *f*, **одно́** *n*, **одни́** *pl*. [33] one; alone; only; a, a certain; some; **~ мой друг** a friend of mine; **одно́** *su*. one thing, thought, *etc*.; **~ на ~** tête-à-tête; **все до одного́** (*or* **все как ~**) all to a (*or* the last) man

один|а́ковый [14 *sh*.] identical (with), the same (as); **~надцатый** [14] eleventh; → **пя́тый**; **~надцать** [35] eleven; → **пять**; **~о́кий** [16 *sh*.] lonely, lonesome; (*незамужняя и т. д.*) single; **~о́чество** *n* [9] solitude, loneliness; **~о́чка** *m/f* [5; *g/pl*.: -чек] lone person; one-man boat (*or coll*. cell); **~о́чкой, в ~о́чку** alone; **~о́чный** [14] single; *заключение* solitary; individual; one-man…

одио́зный [14; -зен, -зна] odious, offensive

одича́лый [14] (having gone) wild

одна́жды once, one day

одна́ко, (*a*. **~ж[е]**) however; yet, still; but, though

одно|...: **~бо́кий** [16 *sh*.] *mst. fig*. one-sided; **~бо́ртный** [14] singlebreasted; **~вре́ме́нный** [14] simultaneous; **~зву́чный** [14; -чен, -чна] monotonous; **~зна́чный** [14; -чен, -чна] synonymous; *math*. simple; **~имённый** [14; -ёнен, -ённа] of the same name; **~кла́ссник** *m* [1] classmate; **~коле́йный** [14] single-track; **~кра́тный** [14; -тен, -тна] occurring once, single; **~ле́тний** [15] one-year(-old); *bot*. annual; **~лéток** *m* [1; -тка] of the same age (as); **~ме́стный** [14] singleseater; **~обра́зный** [14; -зен, -зна] monotonous; **~ро́дный** [14; -ден, -дна] homogeneous; **~сло́жный** [14; -жен, -жна] monosyllabic; *fig*. terse, abrupt; **~сторо́нний** [15; -о́нен, -о́ння] one-sided (*a. fig*.); unilateral; *движение* oneway; **~фами́лец** *m* [1; -льца́] namesake; **~цве́тный** [14; -тен, -тна] monochromatic; **~эта́жный** [14] one-storied (*Brt*. -reyed)

одобр|е́ние *n* [12] approval; **~и́тельный** [14; -лен, -льна] approving; **~я́ть** [28], ⟨**~ить**⟩ [13] approve (of)

одол|ева́ть [1], ⟨**~е́ть**⟩ [8] overcom[e], defeat; *fig*. master; cope with; *стр*[...] *и т. д*. (be) overcome (by)

одолж|е́ние *n* [12] favo(u)r, servi[ce]; **~и́ть** → **ода́лживать**

одува́нчик *m* [1] dandelion

оду́м|ываться, ⟨**~аться**⟩ [1] chan[ge] one's mind

одура́чивать → **дура́чить**

одур|ма́нивать [1], ⟨**~ма́нить**⟩ [13] st[u]pefy

одутлова́тый [14 *sh*.] puffy

одухотворённый [14 *sh*.] inspired

одушев|лённый [14] *gr*. anima[te]; **~ля́ть** [28], ⟨**~и́ть**⟩ [14 *e*.; -влю́, -ви́ш[ь]; -влённый] animate; (*воодушевит*[ь]) inspire

оды́шка *f* [5] short breath

ожере́лье *n* [10] necklace

ожесточ|а́ть [1], ⟨**~и́ть**⟩ [16 *e*.; -[чу́], -чи́шь; -чённый] harden; embitt[er]; **~е́ние** [12] bitterness; **~ённый** [14 *s*[h.]; *a*. hardened, fierce, bitter

ожи|ва́ть [1], ⟨**~ть**⟩ [-иву́, -ивёшь; о́жи[л], -á, -о] revive; **~ви́ть(ся)** → **~вля́ть(с**[я]); **~вле́ние** *n* [12] animation; **~влённ**[ый] [14 *sh*.] animated, lively; **~вля́ть** [2[8]], ⟨**~ви́ть**⟩ [14 *e*.; -влю́, -ви́шь, -влённ[ый]] revive; enliven, animate; **-ся** quicke[n], revive; brighten

ожида́|ние *n* [12] expectation; **зал ~н**[ия] waiting room; **обману́ть ~ния** disa[p]point; **~ть** [1] wait (for P); expect; **к**[ак] **мы и ~ли** just as we expected

ожи́ть → **ожива́ть**

ожо́г *m* [1] burn; *кипятком* scald

озабо́|чивать [1], ⟨**~тить**⟩ [15] disquie[t], alarm; **~ченный** [14 *sh*.] anxious, wo[r]ried (↑about); (*поглощённый*) preo[c]cupied

озагла́в|ливать [1], ⟨**~ить**⟩ [14] give [a] title to; head (*a chapter*)

озада́ч|ивать [1], ⟨**~ить**⟩ [16] puzzl[e], perplex

озар|я́ть [28], ⟨**~и́ть**⟩ [13] (**-ся** be[come]) illuminate(d), light (lit) u[p]; brighten, lighten

озвере́ть [8] *pf*. become furious

оздоров|ля́ть [1], ⟨**~и́ть**⟩ [14] *обст*[...]

овку и т. д. improve
еро *n* [9; *pl.*: озёра, -ёр] lake
имый [14] winter (*crops*)
ираться [1] look round
лоб|лять [28], ⟨**~ить**⟩ [14] (**-ся** become) embitter(ed); **~ление** *n* [12] bitterness, animosity
нак|омлять [28], ⟨**~омить**⟩ [14] familiarize (**-ся** o.s., **с** T with)
намен|ование *n* [12] marking, commemoration (**в** B in); **~овывать** [1], ⟨**~овать**⟩ [7] mark, commemorate, celebrate
начать [1] signify, mean
ноб *m* [1] chill; shivering; **чувствовать ~** feel shivery
ор|ник *m* [1 *e.*], **~ница** *f* [5] *coll.* → **ша-ун(ья)**; *coll.* **~ничать** [1] → **шалить**; **ной** *coll.* [14] mischievous, naughty; **ство** *coll. n* [9] mischief, naughtiness
int. oh! o dear!
аз|ывать [1], ⟨**~ать**⟩ [3] show; render, o; *влияние* exert; *предпочтение* ive; **-ся** (T) turn out (to be), be found; nd o.s
аим|лять [28], ⟨**~ить**⟩ [14 *e.*; -млю, -мишь, -млённый] border
аменелый [14] petrified
анчивать [1], ⟨**окончить**⟩ [16] finish, nd (**-ся** *v/i.*)
апывать [1], ⟨**окопать**⟩ [1] dig round; ntrench (**-ся** o.s.)
еан *m* [1], **~ский** [16] ocean
и|дывать [1], ⟨**~нуть**⟩ [20] **взглядом**) take in at a glance
ис|лять [28], ⟨**~лить**⟩ [13] oxidize; **~ь** [8] *chem.* oxide
куп|ационный [14] occupation…; **ировать** [7] (*im*)*pf.* occupy
лад *m* [1] salary; salary scale
ладистый [14 *sh.*] (*of a beard*) full
леи|вать [1], ⟨**~ть**⟩ [13] paste over with); *обоями* paper
лик *m* [1], **~ать** [1], ⟨**~нуть**⟩ [20] call, ail
но *n* [9; *pl. st*: окна, окон, окнам] window (*look* through **в** B); *school sl.* free eriod
о *n* [9; *pl.*: очи, очей, *etc. e.*] *mst. poet.* ye

оковы *f/pl.*: [5] fetters (*mst. fig.*)
околдовать [7] *pf.* bewitch
окол|евать [1], ⟨**~еть**⟩ [8] die (*of animals*)
окол|о (P) (*приблизительно*) about, around, nearly; (*рядом*) by, at, near; nearby
оконный [14] window…
оконч|ание *n* [12] end(ing *gr.*) close, termination; *работы* completion ([up]on **по** П); *univ.* graduation; **~ательный** [14; -лен; -льна] final, definitive; **~ить** → **оканчивать**
окоп *m* [1] *mil.* trench; **~ать(ся)** → **окапывать(ся)**
окорок *m* [1; *pl.*: -ка, *etc. e.*] ham
око|стенелый [14] ossified (*a. fig.*); **~ченелый** [14] numb (with cold)
окош|ечко *n* [9; *g/pl.*: -чек], **~ко** [9; *g/pl.*: -шек] *dim.* → **окно**
окраина *f* [5] outskirts *pl.*
окра|ска *f* [5] painting; dyeing; colo(u)ring; *fig.* tinge; **~шивать** [1], ⟨**~сить**⟩ [15] paint; dye; stain; tint
окрестн|ость (*often pl.*) *f* [8] environs *pl.*, neighbo(u)rhood; **~ый** [14] surrounding; in the vicinity
окровавленный [14] bloodstained, bloody
округ *m* [1; *pl.*: -га, *etc. e.*] region, district; circuit
округл|ять [28], ⟨**~ить**⟩ [13] round (off); **~ый** [14 *sh.*] rounded
окруж|ать [1], ⟨**~ить**⟩ [16 *e.*; -жу, -жишь; -жённый] surround; **~ающий** [17] surrounding; **~ение** *n* [12] *среда* environment; *mil.* encirclement; *люди* milieu, circle, company; **~ить** → **~ать**; **~ной** [14] district…; circular; **~ность** *f* [8] circumference
окрыл|ять [28], ⟨**~ить**⟩ [13] *fig.* encourage, lend wings, inspire
октябрь *m* [4 *e.*], **~ский** [16] October; *fig.* Russian revolution of October 1917
окун|ать [1], ⟨**~уть**⟩ [20] dip, plunge (*v/i.* **-ся**; dive, *a. fig.*)
окунь *m* [4; *from g/pl. e.*] perch (*fish*)
окуп|ать [1], ⟨**~ить**⟩ [14], (**-ся** be) offset, recompense(d), compensate(d)
окурок *m* [1; -рка] cigarette end, stub,

О

butt
окýт|ывать, ⟨**~ать**⟩ [1] wrap (up); *fig.* shroud, cloak
олáдья *f* [6; *g/pl.*: -дий] *cul.* fritter
оледенéлый [14] frozen, iced
олéнь *m* [4] deer; ***сéверный ~*** reindeer
олúв|а *f* [5], **~ка** *f* [5; *g/pl.*: -вок], olive (tree); **~ковый** [14] olive…
олимп|иáда *f* [5] Olympiad, Olympics; **~úйский** [16] Olympic; ***~úйские úгры*** Olympic Games
олицетвор|éние *n* [12] personification, embodiment; **~ять** [28], ⟨**~úть**⟩ [13] personify, embody
óлов|о *n* [9], tin; **~я́нный** [14] tin, tin-bearing, stannic
óлух *m* [1] *coll.* blockhead, dolt
ольх|á *f* [5], **~óвый** [14] alder (tree)
омáр *m* [1] lobster
омéла *f* [5] mistletoe
омерз|éние *n* [12] loathing; **~úтельный** [14; -лен, -льна] sickening, loathsome
омертвéлый [14] stiff, numb; *med.* necrotic
омлéт *m* [1] omelet(te)
омоложéние *n* [12] rejuvenation
омóним *m* [1] *ling.* homonym
омрач|áть [1], ⟨**~úть**⟩ [16 *e.*; -чý, -чúшь; -чённый] darken, sadden (*v/i.* **-ся**)
óмут *m* [1] whirlpool; deep place (*in river or lake*); ***в тúхом ~е чéрти вóдятся*** still waters run deep
омы|вáть [1], ⟨**~ть**⟩ [22] wash (*of seas*)
он *m*, **~á** *f*, **~ó** *n*, **~ú** *pl.* [22] he, she, it, they
ондáтра [5] muskrat; *мех* musquash
онемéлый [14] dump; numb
опа|дáть [1], ⟨**~сть**⟩ [25; *pt. st.*] fall (off); (*уменьшаться*) diminish, subside
опáздывать, ⟨**опоздáть**⟩ [1] be late (**на** В, **к** Д for); ***на пять минýт*** arrive 5 min. late; *на поезд* miss; *impf. only* be slow (*of timepieces*)
опал|я́ть [28], ⟨**~úть**⟩ [13] singe
опас|áться [1] (Р) fear, apprehend; beware (of); **~éние** *n* [12] fear, apprehension, anxiety; **~ка** *f* [5; *g/pl.*: -сок]: **с *~кой*** cautiously, warily; **~ливый** [14 *sh.*] wary; anxious; **~ность** [8] danger, peril; risk (**с** Т/ ***для*** Р at/of); **с *~ностью для себя́*** at a risk to himself; **~ный** [14; -сен, -сна] dangerous (***дл***… to); **~ть** → ***опадáть***
опéк|а *f* [5] guardianship, (*a. fig.*) tu… lage; *над имуществом* trusteesh… **~áть** [1] be guardian (trustee) of; … tronize; **~áемый** [14] ward; **~ýн** *m* … *e.*], **~ýнша** *f* [5] guardian; trustee
óпера *f* [5] opera
опер|атúвный [14] *руководство* e… cient; *med.* surgical; **~áтор** *m* [1] op… ator; **~ациóнный** [14] operati… ***~ациóнная*** *su.* operating room; **~á**… *f* [7] operation; ***перенестú ~áцию*** … operated on
опер|ежáть [1], ⟨**~дúть**⟩ [15] outstrip… *fig.* = outdo, surpass); **~ние** *n* [12] plu… age; **~ться** → ***опирáться***
оперúровать [7] (*im*)*pf.* operate
óперный [14] opera(tic); **~ *теáтр*** op… house
опер|я́ться [28], ⟨**~úться**⟩ [13] fledg…
опечáт|ка *f* [5; *g/pl.*: -ток] misprint, er… tum; **~ывать**, ⟨**~ать**⟩ [1] seal (up)
опéшить *coll.* [16] *pf.* be taken aba…
опúлки *f/pl.* [5; *gen.*: -лок] sawdust
опирáться [1], ⟨**оперéться**⟩ [12; о… прýсь, -рёшься, опёрся, оперлá… lean (**на** В against, on), *a. fig.* = rest, r… ([up]on)
опис|áние *n* [12] description; **~áте**… **ный** [14] descriptive; **~áть** → **~ыва**… **~ка** *f* [5; *g/pl.*: -сок] slip of the p… **~ывать** [1], ⟨**~áть**⟩ [3] describe … *math.*); list, make an inventory (… *имущество* distrain; **-ся** make a slip… the pen; **~ь** *f* [8] list, inventory; distra…
оплáк|ивать [1], ⟨**~ать**⟩ [3] bew… mourn (over)
оплá|та *f* [5] pay(ment); (*вознаграж*… *ние*) remuneration, settleme… **~чивать** [1], ⟨**~тúть**⟩ [15] pay (f… *счёт* settle; ***~тúть убы́тки*** pay da… ages
оплеýха *coll.* *f* [5] slap in the face
оплодотвор|éние *n* [12] impregnati… fertilization; **~я́ть** [28], ⟨**~úть**⟩ [13] … pregnate; fertilize, fecundate
оплóт *m* [1] bulwark, stronghold
оплóшность *f* [8] blunder
опове|щáть [1], ⟨**~стúть**⟩ [15 *e.*; -ет…

естишь; -ещённый] notify; inform
оздá|ние *n* [12] lateness; delay; *vb.* + **с нием = ~ть → опáздывать**
озн|авáтельный [14] distinguishing;
авáть [5], ⟨~áть⟩ [1] identify
олзень *m* [4; -зня] landslide
олч|áться [1], ⟨~йться⟩ [16 *e.*; -чýсь, чишься] take up arms (against); *fig.* urn (against)
óмниться [13] *pf.* come to *or* recover ne's senses
óр *m* [1]: **во весь ~** at full speed, at a allop
óр|а *f* [5] support, prop, rest; **~ный** [14] ech. bearing, supporting
оро́|жнить [13] *pf.* empty; **~чивать**], ⟨~чить⟩ [16] defile
ошл|я́ть [28], ⟨~ить⟩ [13] vulgarize
оя́с|ывать [1], ⟨~ать⟩ [3] gird
позици|óнный [14], **´~я** *f* [7] opposi-ion…
пон|éнт *m* [1] opponent; **~йровать** [7] Д) oppose; *univ.* act as opponent at de-ense of dissertation, *etc.*
рáва *f* [5] *камня* setting; *очков и т.* . rim, frame
равд|áние *n* [12] justification, excuse; *w* acquittal; **~áтельный** [14] justifica-ory; *приговор* 'not guilty'; **~ывать** [1], ~áть⟩ [1] justify, excuse; *law* acquit; **áть довéрие** come up to expecta-ions; **-ся** *a.* prove (*or* come) true
рав|ля́ть [28], ⟨~ить⟩ [14] **кáмень** et; **-ся** recover (*a.* o.s.)
рáшивать [1], ⟨опроси́ть⟩ [15] inter-ogate, cross-examine
редел|éние *n* [12] determination; *ng., etc.* definition; decision; *gr.* attrib-te; **~ённый** [14; -ёнен, -ённа] definite; ertain; **в ~ённых слу́чаях** in certain ases; **~я́ть** [28], ⟨~и́ть⟩ [13] determine; efine; **-ся** take shape; (*проясниться*) ecome clearer
ров|ергáть [1], ⟨~éргнуть⟩ [21] re-ute; disprove; **~ержéние** *n* [12] refuta-ion; denial
роки́|дывать [1], ⟨~нуть⟩ [20] over-urn, upset, *о лодке* capsize (**-ся** *v/i.*); *планы* upset
ро|мéтчивый [14 *sh.*] rash, precipi-tate; **~мéтью**: **вы́бежать ~мéтью** rush out headlong
опрóс *m* [1]: interrogation; cross-exam-ination; referendum; **~ общéственно-го мнéния** opinion poll; **~и́ть → опрáшивать**; **~ный** [14] *adj. of* ~; **~ный лист** questionnaire
опры́с|кивать, ⟨~ать⟩ [1] sprinkle, spray
опря́тный [14; -тен, -тна] tidy
óптика *f* [5] optics
оптó|вый [14], **´~м** *adv.* wholesale
опубликов|áние *n* [12] publication; **~ывать** [1] → **публиковáть**
опус|кáть [1], ⟨~ти́ть⟩ [15] lower; let down; *голову* hang; *глаза* look down; (*исключить*) omit; **~ти́ть рýки** lose heart; **-ся** sink; *о температуре* fall; *о солнце, температуре* go down; *fig.* come down (in the world); *p. pt. a.* down and out
опуст|éлый [14] deserted; **~и́ть(ся) → опускáть(ся)**; **~ошáть** [1], ⟨~оши́ть⟩ [16 *e.*; -шý, -ши́шь; -шённый] devastate; **~ошéние** *n* [12] devastation; **~оши́-тельный** [14; -лен, -льна] devastating
опу́т|ывать, ⟨~ать⟩ [1] entangle (*a. fig.*); ensnare
опух|áть [1], ⟨~нуть⟩ [21] swell; **´~оль** *f* [8] swelling; tumo(u)r
опу́шка *f* [5; *g/pl.*: -шек] edge (*of a forest*)
опыл|я́ть [28], ⟨~и́ть⟩ [13] pollinate
óпыт *m* [1] *жизненный и т. д.* experi-ence; experiment; **~ный** [14] [-тен, -тна] experienced; experiment(al); empirical
опьянéние *n* [12] intoxication
опя́ть again; *a. coll.*, **~-таки** (and) what is more; but again; however
орáва *coll. f* [5] gang, horde, mob
орáкул *m* [1] oracle
орáнже|вый [14] orange…; **~рéя** *f* [6] greenhouse
орáть *coll.* [орý, орёшь] yell, bawl
орби́т|а *f* [5] orbit; **вы́вести на ~у** put into orbit
óрган¹ *m* [1] *biol., pol.* organ
оргáн² *m* [1] *mus.* organ
организ|áтор *m* [1] organizer; **~м** *m* [1] organism; **~овáть** [7] (*im*)*pf.* (*impf. a.* **~óвывать** [1]) arrange, organize (*v/i.*

О

-ся)

органи́ч|еский [16] organic; **~ный** [14; -чен, -чна]: ***~ное це́лое*** integral whole

о́ргия *f* [7] orgy

орда́ *f* [5; *pl. st.*] horde

о́рден *m* [1; *pl.*: -на́, *etc. e.*] order, decoration

о́рдер *m* [1; *pl.*: -ра́, *etc. e.*] *law* warrant, writ

орёл *m* [1; орла́] eagle; ***~ или ре́шка?*** heads or tails?

орео́л *m* [1] halo, aureole

оре́х *m* [1] nut; ***гре́цкий ~*** walnut; ***лесно́й ~*** hazelnut; ***муска́тный ~*** nutmeg; **~овый** [14] nut…; (*wood*) walnut

оригина́льный [14; -лен, -льна] original

ориенти́р|оваться [7] (*im*)*pf.* orient o.s. (***на*** B by), take one's bearings; **~о́вка** *f* [5; *g/pl.*: -вок] orientation, bearings *pl.*; **~о́вочный** [14; -чен, -чна] approximate

орке́стр *m* [1] orchestra; band

орли́ный [14] aquiline

орна́мент *m* [1] ornament, ornamental design

оро|ша́ть [1], ⟨**~си́ть**⟩ [15; -ошу́, -оси́шь; -ошённый] irrigate; **~ше́ние** *n* [12] irrigation

ору́д|ие *n* [12] tool (*a. fig.*); instrument, implement; *mil.* gun; **~ийный** [14] gun…; **~овать** *coll.* [7] (T) handle, operate

оруж|е́йный [14] arms…; **~ие** *n* [12] weapon(s), arm(s); *холодное* (*cold*) steel

орфогра́ф|ия *f* [7] spelling; **~и́ческий** [16] orthographic(al)

орхиде́я *f* [6] *bot.* orchid

оса́ *f* [5; *pl. st.*] wasp

оса́|да *f* [5] siege; **~ди́ть** → ***~жда́ть*** *and* ***~живать***; **~док** *m* [1; -дка] precipitation, sediment; *fig.* aftertaste; **~жда́ть** [1], ⟨**~ди́ть**⟩ [15 & 15 *e.*; -ажу́, -а́дишь; -аждённый] besiege; ***~жда́ть вопро́сами*** ply with questions; **~живать** [1], ⟨**~ди́ть**⟩ [15] check, snub

оса́н|истый [14 *sh.*] dignified, stately; **~ка** *f* [5] carriage, bearing

осв|а́ивать [1], ⟨**~о́ить**⟩ [13] (*овладевать*) assimilate, master; *новые мли и т. д.* open up; **-ся** accust o.s. (**в** П to); familiarize o.s. (**с** T wi

осведом|ля́ть [28], ⟨**~ить**⟩ [14] info (**о** П of); **-ся** inquire (**о** П after, f about); **~лённый** [14] informed; vers (in)

освеж|а́ть [1], ⟨**~и́ть**⟩ [16 *e.*; -жу́, -жи -жённый] refresh; freshen *or* touch *fig.* brush up; **~а́ющий** [17 *sh.*] refreshing

осве|ща́ть [1], ⟨**~ти́ть**⟩ [15 *e.*; -е -ети́шь; -ещённый] light (up), illu nate; *fig.* elucidate, cast light on; cov report on (*in the press*)

освиде́тельствова|ние *n* [12] exar nation; **~ть** [7] *pf.* examine

осви́ст|ывать [1], ⟨**~а́ть**⟩ [3] hiss (of

освобо|ди́тель *m* [4] liberator; **~ тельный** [14] emancipatory, liberati **~жда́ть** [1], ⟨**~ди́ть**⟩ [15 *e.*; -о -оди́шь; -ождённый] (set) free, relea liberate, *рабов и т. д.* emancipate; *уплаты* exempt; *место* clear; ***~ди от до́лжности*** relieve of one's pc **~жде́ние** *n* [12] liberation; relea emancipation; exemption

осво|е́ние *n* [12] assimilation; mast ing; *земель* opening up; **~ить(ся)** → ***ва́ивать(ся)***

освя|ща́ть [1], ⟨**~ти́ть**⟩ [15 *e.*; -яц -яти́шь; -ящённый] *eccl.* consecrate

осе|да́ть [1], ⟨**~сть**⟩ [25; ося́дет; осе́л; **сесть**] subside, settle; **~длый** [14] s tled

осёл *m* [1; осла́] donkey, ass (*a. fig.*)

осени́ть → ***осеня́ть***

осе́н|ний [15] autumnal, fall…; **~ь** *f* fall, autumn (in [the] T)

осен|я́ть [28], ⟨**~и́ть**⟩ [13] overshado ***~и́ть кресто́м*** make the sign of t cross; ***меня́ ~и́ла мысль*** it dawn on me, it occurred to me

осе́сть → ***оседа́ть***

осётр *m* [1 *e.*] sturgeon

осетри́на *f* [5] *cul.* sturgeon

осе́чка *f* [5; *g/pl.*: -чек] misfire

осили|вать [1], ⟨**~ть**⟩ [13] → ***одолева́***

оси́н|а *f* [5] asp; **~овый** [14] asp

оси́пнуть [21] *pf.* grow hoarse

ироте́лый [14] orphan(ed); *fig.* deserted
ка́ли|вать [1], ⟨**~ть**⟩ [13]: ***~ть зу́бы*** are one's teeth
канда́ли|ваться [1], ⟨**-иться**⟩ [13] *oll.* disgrace o.s.; make a mess of s. th.
квер|ня́ть [28], ⟨**~и́ть**⟩ [13] profane, lesecrate, defile
ко́лок *m* [1; -лка] splinter, fragment
корб|и́тельный [14; -лен, -льна] offensive, insulting; **~ле́ние** *n* [12] insult, ffence; **~ля́ть** [28], ⟨**~и́ть**⟩ [14 *e.*; -блю́, би́шь; -блённый] (**-ся** feel) offend(ed), nsult(ed)
куд|ева́ть [1], ⟨**~е́ть**⟩ [8] grow scarce
лаб|ева́ть [1], ⟨**~е́ть**⟩ [8] grow weak r feeble; *натяжение* slacken; *ветер т. д.* abate; **~ить → ~ля́ть**; **~ле́ние** *n* 12] weakening; slackening; relaxation; **ля́ть** [28], ⟨**~ить**⟩ [14] weaken, slacken; *нимание и т. д.* relax, loosen
леп|и́тельный [14; -лен, -льна] dazling; **~ля́ть** [28], ⟨**~и́ть**⟩ [14 *e.*; -плю́, пи́шь; -плённый] blind; dazzle; **~нуть** 21] *pf.* go blind
ложн|е́ние *n* [12 complication; **~я́ть** 28], ⟨**~и́ть**⟩ [13] (**-ся** be[come]) complicate(d)
лу́ш|иваться, ⟨**~аться**⟩ [1] disobey
лы́шаться [4] *pf.* mishear
м|а́тривать [1], ⟨**~отре́ть**⟩ [9; -отрю́, о́тришь; -о́треный] view, look around; xamine, inspect; see; **-ся** look round; *ig.* take one's bearings; see how the and lies
ме́|ивать [1], ⟨**~я́ть**⟩ [27 *e.*; -ею́, еёшь; -е́янный] mock, ridicule, deride
ме́ли|ваться [1], ⟨**~ться**⟩ [13] dare, ake the liberty (of), venture
мея́|ние *n* [12] ridicule, derision; **~ть → *осме́ивать***
мо́тр *m* [1] examination, inspection; *достопримечательностей* sightseeing; **~е́ть(ся) → *осма́тривать(ся)***; **~и́тельность** *f* [8] circumspection; **~и́тельный** [14; -лен, -льна] circumpect
мысл|енный [14 *sh.*] sensible; intelligent; **~ивать** [1] *and* **~я́ть** [28], ⟨**~ить**⟩ 13] comprehend, grasp, make sense of

осна́|стка *f* [5] *naut.* rigging (out, up); **~ща́ть** [1], ⟨**~сти́ть**⟩ [15 *e.*; -ащу́, -асти́шь; -ащённый] rig; equip; **~ще́ние** *n* [12] rigging, fitting out; equipment
осно́в|а *f* [5] basis, foundation, fundamentals; *gr.* stem; **~а́ние** *n* [12] foundation, basis; *math., chem.* base; (*причина*) ground(s), reason; argument; **~а́тель** *m* [4] founder; **~а́тельный** [14; -лен, -льна] wellfounded, sound, solid; (*тщательный*) thorough; **~а́ть → ~ывать**; **~но́й** [14] fundamental, basic, principal, primary; ***в ~но́м*** on the whole; **~оположник** *m* [1] founder; **~ывать**, ⟨**~а́ть**⟩ [7] found; establish; **-ся** be based, rest (on)
осо́ба *f* [5] person; personage; ***ва́жная ~*** bigwig
осо́бенн|ость *f* [8] peculiarity; feature; **~ый** [14] (e)special, particular, peculiar
особня́к *m* [1 *e.*] private residence, detached house
особняко́м by o.s., separate(ly); ***держа́ться ~*** keep aloof
осо́б|ый [14] → **~енный**
осозн|ава́ть [5], ⟨**~а́ть**⟩ [1] realize
осо́ка *f* [5] *bot.* sedge
о́сп|а *f* [5] smallpox; ***ветряна́я ~а*** chickenpox
осп|а́ривать [1], ⟨**~о́рить**⟩ [13] contest, dispute; *звание чемпиона и т. д.* contend (for)
остава́ться [5], ⟨**оста́ться**⟩ [-а́нусь, -а́нешься] (T) remain, stay; be left; keep, stick (to); be(come); have to; go, get off; (**за** T) get, win; *право и т. д.* reserve; *долг* owe; **~ без** (P) lose, have no (left); **~ с но́сом** *coll.* get nothing
остав|ля́ть [28], ⟨**~ить**⟩ [14] leave; abandon; (*отказаться*) give up; drop, stop; *в покое* leave (*alone*); keep; ***~ля́ть за собо́й*** reserve
остально́|й [14] remaining; *pl. a.* the others; *n & pl. a. su.* the rest (**в ~м** in other respects; as for the rest)
остан|а́вливать [1], ⟨**~ови́ть**⟩ [14] stop, bring to a stop; *взгляд* rest, fix; **-ся** stop; *в отеле и т. д.* put up (**в** П at); *в речи* dwell (**на** П on); **~ки**

O

m/pl. [1] remains; **~ови́ть(ся)** → **~а́вливать(ся)**; **~о́вка** *f* [5; *g/p.*: -вок] stop(-page); *автобусная* bus stop; **~о́вка за …** (T) (*only*) … is holding up
оста́|ток *m* [1; -тка] remainder (*a. math*), rest; *ткани* remnant; *pl.* remains; **~ться** → **~ва́ться**
остекл|я́ть [28], ⟨**~и́ть**⟩ [13] glaze
остервене́лый [14] frenzied
остер|ега́ться [1], ⟨**~е́чься**⟩ [26 г/ж: -егу́сь, -ежёшься, -егу́тся] (P) beware of, be careful of
о́стов *m* [1] frame, framework; *anat.* skeleton
остолбене́лый *coll.* [14] dumbfounded
осторо́жн|ость *f* [8] care; caution; ***обраща́ться с ~остью!*** handle with care!; **~ый** [14; -жен, -жна] cautious, careful; (*благоразумный*) prudent; ***~о!*** look out!
остри|га́ть [1], ⟨**~́чь**⟩ [26; г/ж: -игу́, -ижёшь, -игу́т] cut; *овец* shear; *ногти* pare; **~ё**; *n* [12; *g/pl.*: -иёв] point; spike; **~́ть** [13], ⟨за-⟩ sharpen; ⟨с-⟩ joke; be witty; **~́чь** → **~га́ть**
о́стров *m* [1; *pl.*: -ва́, *etc. e.*] island; isle; **~итя́нин** *m* [1; -я́не, -я́н] islander; **~о́к** *m* [1; -вка́] islet
остро|гла́зый *coll.* [14 *sh.*] sharp-sighted; **~коне́чный** [14; -чен, -чна] pointed; **~та́¹** *f* [5; *pl. st*; -о́ты] sharpness, keenness, acuteness; **~́та²** *f* [5] witticism; joke; **~у́мие** *n* [12] wit; **~у́мный** [14; -мен, -мна] witty; *решение* ingenious
о́стр|ый [14; остр, (*coll. a.* остёр), -á, -o] sharp, pointed; *интерес* keen; *угол и т. д.* acute; critical; **~я́к** *m* [1 *e.*] wit(ty fellow)
оступ|а́ться [1], ⟨**~и́ться**⟩ [14] stumble
остыва́ть [1] → **сты́нуть**
осу|жда́ть [1], ⟨**~ди́ть**⟩ [15; -уждённый] censure, condemn; *law* convict; **~жде́ние** *n* [12] condemnation; *law* conviction
осу́нуться [20] *pf.* grow thin
осуш|а́ть [1], ⟨**~и́ть**⟩ [16] drain; dry (up); (*опорожнить*) empty
осуществ|и́мый [14 *sh.*] feasible; practicable; **~ля́ть** [28], ⟨**~и́ть**⟩ [14 *e.*; -влю́, -ви́шь; -влённый] bring about, reali[ze]; **-ся** be realized, fulfilled, implement[ed]; *мечта* come true; **~ле́ние** *n* [12] re[al]ization
осчастли́вить [14] *pf.* make happy
осып|а́ть [1], ⟨**~́ать**⟩ [2] strew (wit[h]); shower (on); *звёздами* stud (wit[h]); *fig.* heap (on); **-ся** crumble; fall
ось *f* [8; *from g/pl. e.*] axis; axle
осяза́|емый [14 *sh.*] tangible; **~ние** *n* [...] sense of touch; **~тельный** [14] tacti[le]; [-лен, -льна] palpable; **~ть** [1] tou[ch], feel
от, ото (P) from; of; off; against; for, wi[th]; in; *имени* on behalf of
ота́пливать [1], ⟨отопи́ть⟩ [14] heat
отбав|ля́ть [28], ⟨**~́ить**⟩ [14]: *coll.* **хо[ть] ~ля́й** more than enough, in plenty
отбе|га́ть [1], ⟨**~жа́ть**⟩ [4; -бегу́, -б[е]жи́шь, -бегу́т] run off
отби|ва́ть [1], ⟨**~́ть**⟩ [отобью́, -бьёшь; [→] **бить**] beat, strike (*or* kick) off; *mil.* [re]pel; *coll. девушку* take away (**у** P fro[m]); *край* break away; *охоту* discoura[ge] s.o. from sth.; **-ся** ward off (**от** P); [*от*] *группы* get lost; drop behind; bre[ak] off; *coll.*; (*избавиться*) get rid of
отбивна́я *f* [14]: *cul.* **~ котле́та** *su.* ch[op]
отбира́ть [1], ⟨отобра́ть⟩ [отбе[ру́], -рёшь; отобра́л, -á, -o; ото́бранн[ый]] (*забрать*) take (away); seize; (*в[ы]брать*) select, pick out; *билеты* c[ol]lect
отби́ть(ся) → **отбива́ть(ся)**
о́тблеск *m* [1] reflection, gleam
отбо́й *m* [3]: **нет отбо́ю от** (P) have ve[ry] many
отбо́р *m* [1] selection, choice; **~ный** [1[4]] select, choice; **~очный** [14]: ***~очное с[о]ревнова́ние*** *sport* knock-out compe[ti]tion
отбр|а́сывать [1], ⟨**~о́сить**⟩ [15] thr[ow] off *or* away; *mil.* throw back; *идею* r[e]ject; *тень* cast; **~о́сы** *m/pl.* [1] refus[e], waste
отбы|ва́ть [1], ⟨**~́ть**⟩ [-бу́ду, -бу́дешь; [о́тбыл], -á, -o] **1.** *v/i.* leave, depart (**в** B fo[r]) **2.** *v/t. срок и т. д.* serve, do (time); **~т[ие]** *n* [12] departure
отва́|га *f* [5] bravery, courage; **~ж**[...]

О

аться [1], ⟨**~житься**⟩ [16] have the ourage to, venture to, dare to; **~жный** 14; -жен, -жна] valiant, brave
вáл: **до ~а** *coll.* one's fill; **~иваться**], ⟨**~и́ться**⟩ [13; -али́тся] fall off; slip
варнóй [14] *cul.* boiled
везти́ → отвози́ть
вéрг|áть [1], ⟨**~нуть**⟩ [21] reject, turn own; repudiate, spurn
вердевáть [1] **→ твердéть**
вернýть(ся) → отвёртывать *and* **отoрáчивать(ся)**
вёрт|ка [5; *g/pl.*: -ток] screwdriver; **ывать** [1], ⟨отвернýть⟩ [20; отвёрнуый], ⟨отвертéть⟩ *coll.* [11] unscrew
вéс|ный [14; -сен, -сна] precipitous, teep, sheer; **~ти́ → отводи́ть**
вéт *m* [1] answer, reply (**в ~ на** В in eply to); **быть в ~е** be answerable **за** for)
ветвл|éние *n* [12] branch, offshoot; **я́ться** [28] branch off
вé|тить → ~чáть; **~тственность** *f* [8] esponsibility; **~тственный** [14 *sh.*] reponsible (to **пéред** Т); **~тчик** *m* [1] deendant; **~чáть** [1], ⟨**~тить**⟩ [15] (**на** В) nswer, reply (to); (**за** В) answer, acount (for); (*соответствовать*) Д) answer, suit, meet
вин|чивать [1], ⟨**~ти́ть**⟩ [15 *e.*; -нчý, нти́шь; -и́нченный] unscrew
вис|áть [1], ⟨**~нуть**⟩ [21] hang down, lop, sag; **~лый** [14] loose, flopping, agging
вле|кáть [1], ⟨**~чь**⟩ [26] divert, disract; **~чённый** [14 *sh.*] abstract
вод|и́ть [15], ⟨отвести́⟩ [25] lead, ake; *глаза* avert; *удар* parry; *кандиатуру* reject; *землю* allot; **~и́ть дýшу** *oll.* unburden one's heart
во|ёвывать [1], ⟨**~евáть**⟩ [6] (re)conuer, win back; **~зи́ть** [15], ⟨отвезти́⟩ 24] take, drive away
ворáчивать [1], ⟨отвернýть⟩ [20] urn off; **-ся** turn away
вори́ть(ся) → отворя́ть(ся)
ворóт *m* [1] lapel
вор|я́ть [28], ⟨**~и́ть**⟩ [13; -орю́, óришь; -óренный] open (*v/i.* **-ся**)
вра|ти́тельный [14; -лен, -льна] disgusting, abominable; **~щáть** [1], ⟨**~ти́ть**⟩ [15 *e.*; -ащý, -ати́шь; -ащённый] avert; **~щéние** *n* [12] aversion, disgust (**к** Д for, at)
отвык|áть [1], ⟨**~нуть**⟩ [21] (**от** Р) get out of the habit of, grow out of, give up
отвя́з|ывать [1], ⟨**~áть**⟩ [3] (**-ся** [be]-come) untie(d), undo(ne); *coll.* (*отделываться*) get rid of (**от** Р); **отвяжи́сь!** leave me alone!
отгáд|ывать [1], ⟨**~áть**⟩ guess; **~ка** *f* [5; *g/pl.*: -док] solution (to a riddle)
отгибáть [1], ⟨отогнýть⟩ [20] unbend; turn up (*or* back)
отгов|áривать [1], ⟨**~ори́ть**⟩ [13] dissuade (**от** Р from); **~óрка** *f* [5; *g/pl.*: -рок] excuse, pretext
отголóсок *m* [1; -ска] **→ óтзвук**
отгоня́ть [28], ⟨отогнáть⟩ [отгоню́, -óнишь; отóгнанный; **→ гнать**] drive (*or* frighten) away; *fig. мысль* banish, suppress
отгор|áживать [1], ⟨**~оди́ть**⟩ [15 & 15 *e.*; -ожý, -óди́шь; -óженный] fence in; *в доме* partition off
отгру|жáть [1], ⟨**~зи́ть**⟩ [15 & 15; *e.*; -ужý, -ýзишь; -ýженный & -ужённый] ship, dispatch
отгрыз|áть [1], ⟨**~ть**⟩ [24; *pt. st.*] bite off, gnaw off
отда|вáть [5], ⟨**~ть**⟩ [-дáм, -дáшь, *etc.*, **→ дать**; óтдал, -á, -о] give back, return; give (away); *в школу* send (**в** В to); *долг* pay; **~вáть честь** (Д) *mil.* salute; *coll.* sell; **~вáть дóлжное** give s.o. his due; **~вáть прикáз** give an order; *impf.* smell or taste (Т of); **-ся** devote o.s. to; *чувство* surrender, give o.s. to; *о звуке* resound
отдáв|ливать [1], ⟨**~и́ть**⟩ [14] crush; (*наступить*) tread on
отдал|éние *n* [12]: **в ~éнии** in the distance; **~ённый** [14 *sh.*] remote; **~я́ть** [28], ⟨**~и́ть**⟩ [13] move away; *встречу* put off, postpone; *fig.* alienate; **-ся** move away (**от** Р from); *fig.* become estranged; digress
отдá|ть(ся) → отдавáть(ся); **~ча** *f* [5] return; *mil.* recoil; *tech.* output, efficiency
отдéл *m* [1] department; *в газете* sec-

О

tion; ~ **кáдров** personnel department; ~**ать(ся)** → ~**ывать(ся)**; ~**éние** *n* [12] separation; department, division; branch (office); *mil.* squad; *в столе и т. д.* compartment; *в больнице* ward; *концерта* part; *coll.* (police) station; ~**éние свя́зи** post office; ~**и́мый** [14 *sh.*] separable; ~**и́ть(ся)** → ~**я́ть(ся)**; ~**ка** *f* [5; *g/pl.*: -лок] finishing; *одежды* trimming; ~**ывать**, ⟨~**ать**⟩ [1] finish, put the final touches to; decorate; **-ся** get rid of (**от** Р); get off, escape (Т with); ~**ьность** *f* [8]: **в** ~**ьности** individually; ~**ьный** [14] separate; individual; ~**я́ть** [28], ⟨~**и́ть**⟩ [13; -елю́, -éлишь] separate (*v/i.* **-ся от** Р from; come off)

отдёр|гивать [1], ⟨~**нуть**⟩ [20] draw back; pull aside

отдирáть [1], ⟨**отодрáть**⟩ [отдеру́, -рёшь; отодрáл, -á, -о; отóдранный] tear *or* rip (off); *pf. coll.* thrash

отдохну́ть → **отдыхáть**

отду́шина *f* [5] (air) vent (*a. fig.*)

óтдых *m* [1] rest, relaxation; holiday; ~**áть** [1], ⟨**отдохну́ть**⟩ [20] rest, relax

отдышáться [4] *pf.* get one's breath back

отёк *m* [1] swelling, edema

оте|кáть [1], ⟨~**чь**⟩ [26] swell

отéль *m* [4] hotel

отéц *m* [1; отцá] father

отéче|ский [16] fatherly; paternal; ~**ственный** [14] native, home…; *война* patriotic; ~**ство** *n* [9] motherland, fatherland, one's (native) country

отéчь → **отекáть**

отжи|вáть [1], ⟨~**ть**⟩ [-живу́; -вёшь; óтжил, -á, -о; óтжи́тый (óтжи́т, -á, -о)] (have) live(d, had) (one's time *or* day); *о традиции и т. д.* become obsolete, outmoded; die out

óтзвук *m* [1] echo, repercussion; *чувство* response

óтзыв *m* [1] opinion, judg(e)ment (**по** Д on *or* about), reference; comment, review; *дипломата* recall; ~**áть** [1], ⟨**отозвáть**⟩ [отзову́, -вёшь; отóзванный] take aside; recall; **-ся** respond, answer; speak (**о** П of *or* to); (re)sound; (*вызвать*) call forth (T s.th.); (*влиять*) affect (**на** В s.th.); ~**чивый** [14 *sh.*] responsive

откáз *m* [1] refusal, denial, rejection (в П, Р of); renunciation (**от** Р of); *tech.* failure; **без** ~**а** smoothly; **пóлный** ~**а** cram-full; **получи́ть** ~ be refused; ~**ывать** [1], ⟨~**áть**⟩ [3] refuse, deny (p. s.th. Д/в П); *tech.* fail; **-ся** (**от** Р) refuse, decline, reject; renounce, give up; (**я**) **не откажу́сь** *coll.* I wouldn't mind

откá|лывать [1], ⟨**отколóть**⟩ [17] break *or* chop off; *булавку* unpin, unfasten; **-ся** break off; come undone; *fig.* break away; ~**пывать**, ⟨**откопáть**⟩ [1] dig up, unearth; ~**рмливать** [1], ⟨**откорми́ть**⟩ [14] fatten up; ~**тывать** [1], ⟨~**ти́ть**⟩ [15] roll, haul (away) (**-ся** *v/i.*); ~**чивать**, ⟨~**чáть**⟩ [1] pump out; resuscitate; ~**шливаться** [1], ⟨~**шляться**⟩ [28] clear one's throat

отки|днóй [14] *сидение* tip-up; ~**дывать** [1], ⟨~**нуть**⟩ [20] throw away; turn back, fold back; **-ся** lean back, recline

отклáдывать [1], ⟨**отложи́ть**⟩ [16] lay aside; *деньги* save; (*отсрочить*) put off, defer, postpone

отклé|ивать [1], ⟨~**ить**⟩ [13] unstick; **-ся** come unstuck

óтклик *m* [1] response; comment; → **óтзвук**; ~**áться** [1], ⟨~**нуться**⟩ [20] (**на** В) respond (to), answer; comment (on)

отклон|éние *n* [12] deviation; *от темы* digression; *предложения* rejection; ~**я́ть** [28], ⟨~**и́ть**⟩ [13; -оню́, -óнишь] decline, reject; **-ся** deviate; digress

отклю|чáть [4], ⟨~**чи́ть**⟩ [16] *el.* cut off, disconnect; *p. p. p.* dead

отк|олóть → ~**áлывать**; ~**опáть** → ~**áпывать**; ~**орми́ть** → ~**áрмливать**

откóс *m* [1] slope, slant, escarp

откровéн|ие *n* [12] revelation; ~**ный** [14; -éнен, -éнна] frank, candid, blunt; outspoken

откры|вáть [1], ⟨~**ть**⟩ [22] open; *кран* turn on; *новую планету* discover; *тайну* disclose, reveal; *памятник* unveil; *учреждение* inaugurate; **-ся** open; *кому-л.* unbosom o.s.; ~**тие** *n* [1

pening; discovery; revelation; inaugu- tion; unveiling; **∼тка** *f* [5; *g/pl.*: -ток] (*с идом* picture) post card; **∼тый** [14] pen; *слушания и т. д.* public; **ть(ся)** → ***∼ва́ться***
∼у́да where from?; whence; **∼ *вы?*** here do you come from? **∼ *вы зна́- те?*** how do you know ...?; **∼-нибудь, -то** (from) somewhere or other
куп|а́ться [1], ⟨**∼и́ться**⟩ [14] pay off
купо́ри|вать [1], ⟨**∼ть**⟩ [13] uncork; pen
ку́с|ывать [1], ⟨**∼и́ть**⟩ [15] bite off
лага́тельств|о *n* [9]: ***де́ло не те́рпит а*** the matter is urgent
лага́ться [1], ⟨отложи́ться⟩ [16] *geol.* e deposited
ла́мывать, ⟨отлома́ть⟩ [1], ⟨отло- и́ть⟩ [14] break off (*v/i.* **-ся**)
л|ёт *m* [1] *птиц* flying away; **∼ета́ть**], ⟨**∼ете́ть**⟩ [11] fly away *or* off; *coll.* ome off
ли́в[1] *m* [1] ebb (tide)
ли́в[2] *m* [1] play of colo(u)rs, shimmer
ли|ва́ть[1] [1], ⟨**∼ть**⟩ [отолью́, -льёшь; тли́л, -а́, -о; → ***лить***] pour off, in, ut (some… Р); *tech.* found, cast
лива́ть[2] *impf.* (Т) shimmer, play
лич|а́ть [1], ⟨**∼и́ть**⟩ [16 *e.*; -чу́, -чи́шь; чённый] distinguish (**от** Р from); **-ся** *impf.* differ; be noted (Т for); **∼ие** [12] distinction, difference; ***в ∼ие от*** Р) as against; ***зна́ки ∼ия*** decorations;
и́тельный [14] distinctive; **∼ник** *m* [1], **ница** *f* [5] excellent pupil, *etc.*; **∼ный** 4; -чен, -чна] excellent, perfect; *от его-л.* different; *adv. a.* very good *s su. a mark* → **пятёрка**)
ло́гий [16 *sh.*] sloping
лож|е́ние *n* [12] deposit; **∼и́ть(ся)** → ***ткла́дывать & отлага́ться***; **∼но́й** [14] *оротник* turndown
лом|а́ть ⟨**∼и́ть**⟩ → ***отла́мывать***
луч|а́ться [1], ⟨**∼и́ться**⟩ [16 *e.*; -чу́сь, чи́шься] (***из*** Р) leave, absent o.s. from); **∼ка** *f* [5] absence
ма́лчиваться [1] keep silent
ма́|тывать [1], ⟨отмота́ть⟩ [1] wind *or* eel off, unwind; **∼хиваться** [1], **∼хну́ться**⟩ [20] disregard, brush aside

о́тмель *f* [8] shoal, sandbank
отме́н|а *f* [5] *закона* abolition; *спектакля* cancellation; *приказа* countermand; **∼ный** [14; -е́нен, -е́нна] → ***отли́чный***; **∼я́ть** [28], ⟨**∼и́ть**⟩ [14; -еню́, -е́нишь] abolish; cancel; countermand
отмер|е́ть → ***отмира́ть***; **∼за́ть** [1], ⟨отмёрзнуть⟩ [21] be frostbitten
отме́р|ивать [1] & **∼я́ть** [28], ⟨**∼ить**⟩ [13] measure (off)
отме́стк|а *coll. f* [5]: ***в ∼у*** in revenge
отме́|тка *f* [5; *g/pl.*: -ток] mark, *школьная тж.* grade; **∼ча́ть** [1], ⟨**∼тить**⟩ [15] mark, note
отмира́ть [1], ⟨отмере́ть⟩ [12; отомрёт; о́тмер, -рла́, -о; отме́рший] *об обычае* die away *or* out
отмор|а́живать [1], ⟨**∼о́зить**⟩ [15] frostbite
отмота́ть → ***отма́тывать***
отмы|ва́ть [1], ⟨**∼ть**⟩ [22] clean; wash (off); **∼ка́ть** [1], ⟨отомкну́ть⟩ [20] unlock, open; **∼чка** *f* [5; *g/pl.*: -чек] master key; picklock
отне́киваться *coll.* [1] deny, disavow
отнести́(сь) → ***относи́ть(ся)***
отнима́ть [1], ⟨отня́ть⟩ [-ниму́, -ни́мешь; о́тнял, -а́, -о; о́тнятый (о́тнят, -а́, -о)] take away (**у** Р from); *время* take; amputate; **∼ *от груди́*** wean; **-ся** *coll.* be paralyzed
относи́тельн|ый [14; -лен, -льна] relative; **∼о** (Р) concerning, about
отно|си́ть [15], ⟨отнести́⟩ [24; -с-, -есу́; -ёс, -есла́] take (Д, **в** В, **к** Д to); *ветром и т. д.* carry (off, away); *на место* put; *fig.* refer to; ascribe; **-ся**, ⟨отнести́сь⟩ (**к** Д) treat, be; *impf.* concern; refer; belong; date from; be relevant; ***э́то к де́лу не ∼сится*** that's irrelevant; **∼ше́ние** *n* [12] attitude (toward[s] **к** Д); treatment; relation; *math.* ratio; respect (**в** П, **по** Д in, with); ***по ∼ше́нию*** (**к** Д) as regards, to(ward[s]); ***име́ть ∼ше́ние*** (**к** Д) concern, bear a relation to
отны́не *old use* henceforth
отню́дь: **∼ *не*** by no means
отня́ть(ся) → ***отнима́ть(ся)***
отобра|жа́ть [1], ⟨**∼зи́ть**⟩ [15 *e.*; -ажу́, -ази́шь; -ажённый] represent; reflect

О

ото|бра́ть → ***отбира́ть***; **~всю́ду** from everywhere; **~гна́ть** → ***отгоня́ть***; **~гну́ть** → ***отгиба́ть***; **~грева́ть** [1], ⟨**~гре́ть**⟩ [8; -гре́тый] warm (up); **~двига́ть** [1], ⟨**~дви́нуть**⟩ [20 *st.*] move aside, away (*v/i.* **-ся**)

отодра́ть → ***отдира́ть***

отож(д)еств|ля́ть [28], ⟨**~и́ть**⟩ [14; -влю́, -ви́шь; -влённый] identify

ото|зва́ть(ся) → ***отзыва́ть(ся)***; **~йти́** → ***отходи́ть***; **~мкну́ть** → ***отмыка́ть***; **~мсти́ть** → ***мстить***

отоп|и́ть [28] → ***ота́пливать***; **~ле́ние** *n* [12] heating

оторва́ть(ся) → ***отрыва́ть(ся)***

оторопе́ть [8] *pf. coll.* be struck dumb

отосла́ть → ***отсыла́ть***

отпа|да́ть [1], ⟨**~сть**⟩ [25; *pt. st.*] (**от** P) fall off *or* away; *fig.* (*миновать*) pass

отпе|ва́ние *n* [12] funeral service; **~тый** [14] *coll.* inveterate, out-and-out; **~ре́ть(ся)** → ***отпира́ть(ся)***

отпеча́т|ок *m* [1; -тка] (im)print; impress; *a. fig.* **~ок па́льца** fingerprint; **~ывать**, ⟨**~ать**⟩ [1] print; type; **-ся** imprint, impress

отпи|ва́ть [1], ⟨**~ть**⟩ [отопью́, -пьёшь; о́тпил, -а́, -о; -пе́й(те)!] drink (some… P); **~ливать** [1], ⟨**~ли́ть**⟩ [13] saw off

отпира́ть [1], ⟨отпере́ть⟩ [12; отопру́, -прёшь; о́тпер, -рла́, -о; отперший; о́тпертый (-ерт, -а́, -о)] unlock, unbar, open; **-ся**[1] open

отпира́ться[2] deny; disown

отпи́ть → ***отпива́ть***

отпи́х|ивать *coll.* [1], *once* ⟨**~нуть**⟩ [20] push off; shove aside

отпла́|та *f* [5] repayment, requital; **~чивать** [1], ⟨**~ти́ть**⟩ [15] (re)pay, requite

отплы|ва́ть [1], ⟨**~ть**⟩ [23] sail, leave; swim (off); **~тие** *n* [12] sailing off, departure

о́тповедь *f* [8] rebuff, rebuke

отпо́р *m* [1] repulse, rebuff

отпоро́ть [17] *pf.* rip (off)

отправ|и́тель *m* [4] sender; **~ить(ся)** → ***~ля́ть(ся)***; **~ка** *coll. f* [5] sending off, dispatch; **~ле́ние** *n* [12] dispatch; departure; **~ля́ть** [28], ⟨**~ить**⟩ [14] send, dispatch, forward; mail; *impf. only* exercise, perform (*duties, functions, e*…); **-ся** set out; go; leave, depart (**в, на**… for); **~но́й** [14] starting…

отпра́шиваться [1], ⟨отпроси́ться⟩… ask for leave; *pf.* ask for and obt… leave

отпры́г|ивать [1], *once* ⟨**~нуть**⟩ [… jump, spring back (*or* aside)

о́тпрыск *m* [1] *bot. and fig.* offsho… scion

отпря́нуть [20 *st.*] *pf.* recoil

отпу́г|ивать [1], ⟨**~ну́ть**⟩ [20] scare aw…

о́тпуск *m* [**1**; *pl.* -ка́, *etc. e.*] holiday… leave (*a. mil.*), vacation (on: *go* **в**… *be* **в** П); **~ по боле́зни** sick lea… **~а́ть** [1], ⟨отпусти́ть⟩ [15] **1.** let go; … lease, set free; dismiss; slacken; *боро*… grow; *coll. шутку* crack; **2.** *то*… serve; **~ни́к** *m* [1 *e.*] vacationer, holi… maker; **~но́й** [14] **1.** vacation…, h… day…; **2.** *econ. цена* selling

отпуще́н|ие *n* [12] **козёл ~ия** scapeg…

отраб|а́тывать, ⟨**~о́тать**⟩ [1] *долг и д.* work off; finish work; *p. pt. p. a.* te… waste, exhaust

отра́в|а *f* [5] poison; *fig.* bane; **~ле́ни**… [12] poisoning; **~ля́ть** [28], ⟨**~и́ть**⟩ [… poison; *fig.* spoil

отра́д|а *f* [5] comfort, joy, pleasu… **~ный** [14; -ден, -дна] pleasant, grati… ing, comforting

отра|жа́ть [1], ⟨**~зи́ть**⟩ [15 *e.*; -а… -ази́шь; -ажённый] repel, ward off… *зеркале, образе* reflect, mirror; -… (*v/i.*) (**на** П) affect; show

о́трасль *f* [8] branch

отра|ста́ть [1], ⟨**~сти́**⟩ [24; -ст-: -сту́; ***расти́***] grow; **~щивать** [1], ⟨**~сти́**… [15 *e.*; -ащу́, -асти́шь; -ащённый] (… grow

отре́бье *n* [10] *obs.* waste; *fig.* rabbl…

отре́з *m* [1] length (*of cloth*); **~а́**… **~ывать** [1], ⟨**~ать**⟩ [3] cut off; *coll.* gi… a curt answer

отрезв|ля́ть [28], ⟨**~и́ть**⟩ [14 *e.*; -вл… -ви́шь; -влённый] sober

отре́з|ок *m* [1; -зка] piece; *доро*… stretch; *времени* space; *math.* segme…

~ывать → ***~а́ть***

рекáться [1], ⟨**∠чься**⟩ [26] (**от** P) disown, disavow; *от убеждений и т. д.* renounce; **∠чься от престóла** abdicate
речéние *n* [12] renunciation; abdication; **∠чься** → **~кáться**; **~шённый** [14] estranged, aloof
рицá|ние *n* [12] negation, denial; **тельный** [14; -лен, -льна] negative; **ть** [1] deny; (*law*) **~ть винóвность** plead not guilty
рó|г *m* [1] *geogr.* spur; **˙~ду** *coll.* in age; from birth; in one's life; **~дье** *n* [10] *coll. pej.* spawn; **~сток** *m* [1; -тка] *bot.* shoot; *anat.* appendix; **∠чество** *n* [9] boyhood; adolescence
рубáть [1], ⟨**~ить**⟩ [14] chop off
руби *f/pl.* [8; *from g/pl. e.*] bran
рыв *m* [1]: **в ~е** (**от** P) out of touch with); **~áть** [1] **1.** ⟨**оторвáть**⟩ [-рвý, -вёшь; -вáл, -á, -о; отóрванный] tear off; *от работы* tear away; separate; **ся** (**от** P) come off; tear o.s. away; *от друзей* lose contact (with); **не ~áясь** without rest; **2.** ⟨**отрыть**⟩ [22] dig up, out; **~истый** [14 *sh.*] abrupt; **~нóй** [14] perforated; tearoff (*sheet, block, calendar etc.*); **~ок** *m* [1; -вка] fragment; extract, passage; **~очный** [14; -чен, -чна] fragmentary, scrappy
рыжка *f* [5; *g/pl.*: -жек] belch(ing), eructation
рыть → **отрывáть**
ря|д *m* [1] detachment; *biol.* class;
хивать [1], *once* ⟨**~хнýть**⟩ [20] shake off
свéчивать [1] be reflected; shine (with T)
сéивать [1], ⟨**~ять**⟩ [27] sift, screen; *fig.* eliminate; **~кáть** [1], ⟨**~чь**⟩ [26; *pt.*: -сéк, -секлá; -сечённый] sever; cut off; **~чéние** *n* [12]: **давáть гóлову на ~чéние** *coll.* stake one's life
сиживать [1], ⟨**~дéть**⟩ [11; -жý, -дишь] sit out; *в тюрьме* serve; *ногу* have pins and needles (in one's leg)
скáкивать [1], ⟨**~очить**⟩ [16] jump aside, away; *мяч* rebound; *coll.* break off, come off
слýживать [1], ⟨**~ить**⟩ [16] *в армии* serve (one's time); *одежда и т. д.* be worn out
отсовéтовать [7] *pf.* dissuade (from)
отсóхнуть → **отсыхáть**
отсрóч|ивать [1], ⟨**~ить**⟩ [16] postpone; **~ка** *f* [5; *g/pl.*: -чек] postponement, delay; *law* adjournment
отста|вáть [5], ⟨**∠ть**⟩ [-áну, -áнешь] (**от** P) lag *or* fall behind; be slow (**на пять минýт** 5 min.); *обои и т. д.* come off; *coll. pf.* leave alone
отстáв|ка *f* [5] resignation; retirement; (*увольнение*) dimissal; **в ~ке** = **~нóй**; **~лять** [28], ⟨**~ить**⟩ [14] remove, set aside; **~нóй** [14] *mil.* retired
отст|áивать¹ [1], ⟨**~ояѓть**⟩ [-ою́, -ойшь] defend; *права и т. д.* uphold, maintain; stand up for
отст|áивать² [1], ⟨**~ояѓть**⟩ stand (through), remain standing
отстá|лость *f* [8] backwardness; **~лый** [14] backward; **~ть** → **~вáть**
отстёгивать [1], ⟨**отстегнýть**⟩ [20; -ёгнутый] unbutton, unfasten
отстоя́ть [1] *pf.* be at a distance (of P)
отстоя́ть(ся) → **отстáивать(ся)**
отстр|áивать [1], ⟨**~óить**⟩ [13] finish building; build (up); **~аня́ть** [28], ⟨**~анить**⟩ [13] push aside, remove; *от должности* dismiss; **-ся** (**от** P) dodge; shirk; keep aloof; **~óить** → **~áивать**
отступ|áть [1], ⟨**~ить**⟩ [14] step back; *mil.* retreat, fall back; *в ужасе* recoil; *fig.* back down; go back on; *от правила* deviate; **~лéние** *n* [12] retreat; deviation; *в изложении* digression
отсýтств|ие *n* [12] absence; **в её ~ие** in her absence; **за ~ием** for lack of; **находиться в ~ии** be absent; **~овать** [7] be absent; be lacking
отсчи́т|ывать, ⟨**~áть**⟩ [1] count (out); count (off)
отсыл|áть [1], ⟨**отослáть**⟩ [-ошлю́, -шлёшь; отóсланный] send (off, back); refer (**к** Д to); **∠ка** *f* [5; *g/pl.*: -лок] → **ссылка**
отсып|áть [1], ⟨**∠ать**⟩ [2] pour (out); measure (out)
отсы|рéлый [14] damp; **~хáть** [1], ⟨**отсóхнуть**⟩ [21] dry up; wither
отсю́да from here; (*следовательно*)

O

hence; (*fig.*) from this
отта́|ивать [1], ⟨**~ять**⟩ [27] thaw out; **~лкивать** [1], ⟨оттолкну́ть⟩ [20] push away, aside; *fig.* antagonize; *друзей* alienate; **~лкивающий** [17] repulsive, repellent; **~скивать** [1], ⟨**~щи́ть**⟩ [16] drag away, aside; **~чивать** [1], ⟨отточи́ть⟩ [16] whet, sharpen; *стиль и т. д.* perfect; **~ять** → **~ивать**
отте́н|ок *m* [1; -нка] shade, nuance (*a. fig.*); tinge; **~я́ть** [28], ⟨**~и́ть**⟩ [13] shade; (*подчеркнуть*) set off, emphasize
о́ттепель *f* [8] thaw
оттесн|я́ть [28], ⟨**~и́ть**⟩ [13] push back, aside; *mil.* drive back
о́ттиск *m* [1] impression, offprint
отто|го́ therefore, (*a.* **~го́ и**) that's why; **~го́ что** because; **~лкну́ть** → **отта́лкивать**; **~пы́рить** *coll.* [13] *pf.* bulge, protrude, stick out (*v/i.* **-ся**); **~чи́ть** → **отта́чивать**
отту́да from there
оття́|гивать [1], ⟨**~ну́ть**⟩ [20; -я́нутый] draw out, pull away (*mil.*) draw off (back); *coll. решение* delay; **он хо́чет ~ну́ть вре́мя** he wants to gain time
отуч|а́ть [1], ⟨**~и́ть**⟩ [16] break (**от** Р of), cure (of); wean; **-ся** break o.s. (of)
отхлы́нуть [20] *pf.* flood back, rush back
отхо́д *m* [1] departure; withdrawal; *fig.* deviation; **~и́ть** [15], ⟨отойти́⟩ [-ойду́, -дёшь; отошёл, -шла́; отойдя́] move (away, off); leave, depart; deviate; *mil.* withdraw; (*успокоиться*) recover; **~ы** *m/pl.* [1] waste
отцве|та́ть [1], ⟨**~сти́**⟩ [25; -т-: -ету́] finish blooming, fade (*a. fig.*)
отцеп|ля́ть [28], ⟨**~и́ть**⟩ [14] unhook; uncouple; *coll.* **~и́сь!** leave me alone!
отцо́в|ский [16] paternal; fatherly; **~ство** *n* [9] paternity
отча́|иваться [1], ⟨**~яться**⟩ [27] despair (of **в** П); be despondent
отча́ли|вать [1], ⟨**~ть**⟩ [13] cast off, push off; *coll.* **~вай!** beat it!; scram!
отча́сти partly, in part
отча́я|ние *n* [12] despair; **~нный** [14 *sh.*] desperate; **~ться** → **отча́иваться**
о́тче: **♀ наш** Our Father; Lord's Prayer
отчего́ why; **~-то** that's why
отчека́н|ивать [1], ⟨**~ить**⟩ [13] mi[nt], coin; say distinctly
о́тчество *n* [9] patronymic
отчёт *m* [1] account (**о, в** П of), rep[ort] (on); (**от)дава́ть себе́ ~ в** (П) reali[ze] *v/t.*; **~ливый** [14 *sh.*] distinct, cle[ar]; **~ность** *f* [8] accounting
отчи́|зна *f* [5] fatherland; **´~й** [17]: **´~й дом** family home; **´~м** *m* [1] stepfath[er]
отчисл|е́ние *n* [12] (*вычет денег*) [de]duction; *студента* expulsion; **~я́[ть]** [28], ⟨**~ить**⟩ [13] deduct; dismiss
отчи́т|ывать *coll.*, ⟨**~а́ть**⟩ [1] *coll.* rea[d a] lecture to; tell off; **-ся** give *or* render [an] account (to **пе́ред** Т)
от|чужда́ть [1] *law.* alienate; estrang[e]; **~шатну́ться** [20] *pf.* start *or* shri[nk] back; recoil; **~швырну́ть** *coll.* [20] *[pf.]* fling (away); throw off; **~ше́льник** [*m*] [1] hermit; *fig.* recluse
отъе́|зд *m* [1] departure; **~зжа́ть** [1], ⟨**~хать**⟩ [-е́ду, -е́дешь] drive (off), depa[rt]
отъя́вленный [14] inveterate, th[or]ough, out-and-out
оты́гр|ывать, ⟨**~а́ть**⟩ [1] win back, [re]gain; **-ся** regain one's lost money
оты́ск|ивать [1], ⟨**~а́ть**⟩ [3] find; tra[ck] down; **-ся** turn up; appear
отяго|ща́ть [1], ⟨**~ти́ть**⟩ [15 *e.*; -щу́, -ти́шь; -ощённый] burden
отягч|а́ть [4], ⟨**~и́ть**⟩ [16] make wors[e], aggravate
офиц|е́р *m* [1] officer; **~е́рский** [16] [of]fice(r's, -s'); **~иа́льный** [14; -ле[н], -льна] official; **~иа́нт** *m* [1] waite[r]; **~иа́нтка** *f* [5] waitress
оформ|ля́ть [28], ⟨**~ить**⟩ [14] *книгу* d[e]sign; *документы* draw up; *витри[ну]* dress; *брак* register; **~ить на рабо́[ту]** take on the staff
офо́рт *m* [1] etching
ох *int.* oh!, ah!; **~анье** *n* [10] *col.* moa[n]ing, groaning
оха́пка *f* [5; *g/pl.*: -пок] armful
о́х|ать [1], *once* ⟨**~нуть**⟩ [20] groan
охва́т|ывать [1], ⟨**~и́ть**⟩ [15] enclose; *чувстве* seize, grip; *вопросы* em[brace]; *пламенем* envelop; *fig.* compr[e]hend

ла|девáть, ⟨**~дéть**⟩ [8] grow cold (toward); *a. fig.* lose interest in; **~ждáть** [1], ⟨**~дúть**⟩ [15 *e.*; -ажý, -адúшь; ждённый] cool; **~ждéние** *n* [12] cooling

мелéть [8] *coll.* get tipsy

нуть → ***óхать***

óта[1] *f* [5] *coll.* desire (for), mind (to)

óт|а[2] *f* [5] (**на** В, **за** Т) hunt(ing) (of, or); chase (after); **~иться** [15] (**на** В, **з** Т) hunt; chase (after); **~ник**[1] *m* [1] unter

óтник[2] *m* [1] volunteer; lover (of **до**)

óтничий [18] hunting, shooting; hunter's

óтн|о willingly, gladly, with pleasure; **нее** rather; ***~нее всегó*** best of all

рáн|а *f* [5] guard(s); *прав* protection; **íчная ~а** bodyguard; **~ять** [28], **~ить**⟩ [13] guard, protect (**от** P from, gainst)

рúп|лый *coll.* [14], **~ший** [17] hoarse

éн|ивать [1], ⟨**~úть**⟩ [13; -еню́, éнишь] value (**в** B at); estimate; *ситуацию* appraise; (*по достоинству*) ppreciate; **~ка** *f* [5; *g/pl.*: -нок] evaluation, estimation; appraisal; appreciation; *школьная* mark

епенé|лый [14] torpid, benumbed; *fig.* petrified, stupefied; **~ние** *n* [12]: **в нии** petrified

еп|лять [28], ⟨**~úть**⟩ [14] encircle, cordon off

áг *m* [1 *e.*] hearth (*a. fig.*); *fig.* center -tre), seat

аров|áние *n* [12] charm, fascination; **áтельный** [14; -лен, -льна] charming; **ывать** [1], ⟨**~áть**⟩ [7] charm, fascinate, nchant

евúд|ец *m* [1; -дца] eyewitness; **~ный** 14; -ден, -дна] evident, obvious

ень very; (very) much

ереднóй [14] next (in turn); yet another; latest

óчеред|ь *f* [8; *from g/pl. e.*] turn (***по ~и*** in turns); order, succession; line (*Brt.* queue); *mil.* volley; ***вáша ~ь*** *or* ***~ь за вáми*** it is your turn; ***на ~и*** next; ***в своЮ ~ь*** in (for) my, *etc.*, turn (part)

óчерк *m* [1] sketch; essay

очернять [28] → ***чернúть***

очерствéлый [14] hardened, callous

очер|тáние *n* [12] outline, contour; **´~чивать** [1], ⟨**~тúть**⟩ [15] outline, sketch; ***~тя́ гóлову*** *coll.* headlong

очú|стка *f* [5; *g/pl.*: -ток] clean(s)ing; *tech.* refinement; *pl.* peelings; ***для ~стки сóвести*** clear one's conscience; **~щáть** [1], ⟨**~стить**⟩ [15] clean(se); clear; peel; purify; *tech.* refine

очк|ú *n/pl.* [1] spectacles, eyeglasses; ***защúтные ~ú*** protective goggles; **~ó** *n* [9; *pl.*: -кú, -кóв] *sport*: point; *cards*: spot, *Brt.* pip; **~овтирáтельство** *coll.* *n* [9] eyewash, deception

очнýться [20] *pf.* → ***опóмниться***

очутúться [15; *1 st. p. sg. not used*] find o.s.; come to be

ошалéлый *coll.* [14] crazy, mad

ошéйник *m* [1] collar (*on a dog only*)

ошелом|лять [28], ⟨**~úть**⟩ [14 *e.*; -млю́, -мúшь; -млённый] stun, stupefy

ошиб|áться [1], ⟨**~úться**⟩ [-бýсь, -бёшься; -úбся, -úблась] be mistaken, make a mistake, err; be wrong *or* at fault; **´~ка** *f* [5; *g/pl.*: -бок] mistake (**по** Д by), error, fault; **´~очный** [14; -чен, -чна] erroneous, mistaken

ошпáр|ивать [1], ⟨**~ить**⟩ [13] scald

ощýп|ывать, ⟨**~ать**⟩ [1] feel, grope about; touch; **´~ь** *f* [8]: ***на ´~ь*** to the touch; ***двúгаться на ´~ь*** grope one's way; **´~ью** *adv.* gropingly; *fig.* blindly

ощу|тúмый [14 *sh.*], **~тúтельный** [14; -лен, -льна] palpable, tangible; felt; (*заметный*) appreciable; **~щáть** [1], ⟨**~тúть**⟩ [15 *e.*; -ущý, -утúшь; -ущённый] feel, sense; experience; **-ся** be felt; **~щéние** *n* [12] sensation; feeling

O

П

павиа́н *m* [1] baboon
павильо́н *m* [1] pavilion; exhibition hall
павли́н *m* [1], **~ий** [18] peacock
па́водок *m* [1; -дка] flood, freshet
па́|губный [14; -бен, -бна] ruinous, pernicious; **~даль** *f* [8] carrion
па́да|ть [1] **1.** ⟨упа́сть⟩ [25; *pt. st.*] fall; *цена* drop; **2.** ⟨пасть⟩ [15] *fig.* fall; **~ть ду́хом** lose heart
пад|е́ж¹ *m* [1 *e.*] *gr.* case; **~ёж²** *m* [1 *e.*] *скота* murrain; epizootic; **~е́ние** *n* [12] fall; *fig.* downfall; **~кий** [16; -док, -дка] (**на** В) greedy (for), having a weakness (for)
па́дчерица *f* [5] stepdaughter
паёк *m* [1; пайка́] ration
па́зух|а *f* [5] bosom (**за** В, **за** Т in); *anat.* sinus; ***держа́ть ка́мень за ~ой*** harbo(u)r a grudge (against)
пай *m* [3; *pl. e.*: пай, паёв] share; **~щик** *m* [1] shareholder
паке́т *m* [1] parcel, package, packet; paper bag
па́кля *f* [6] (*material*) tow, oakum
пакова́ть [7], ⟨у-, за-⟩ pack
па́кость *f* [8] filth, smut; dirty trick; **пакт** *m* [1] pact, treaty
пала́т|а *f* [5] chamber (*often used in names of state institutions*); *parl.* house; *больничная* ward; ***оруже́йная ~а*** armo(u)ry; **~ка** *f* [5; *g/pl.*: -ток] tent; ***в ~ках*** under canvas
пала́ч *m* [1 *e.*] hangman, executioner; *fig.* butcher
па́л|ец *m* [1; -льца] finger; *ноги* toe; ***смотре́ть сквозь па́льцы*** connive (**на** В at); ***знать как свой пять ~ьцев*** have at one's fingertips; **~иса́дник** *m* [1] (small) front garden
пали́тра *f* [5] palette
пали́ть [13] **1.** ⟨с-⟩ burn, scorch; **2.** ⟨о-⟩ singe; **3.** ⟨вы́-⟩ fire, shoot
па́л|ка *f* [5; *g/pl.*: -лок] stick; *трость* cane; ***из-под ~ки*** *coll.* under constraint; ***э́то ~ка о двух конца́х*** it cuts both ways; **~очка** *f* [5; *g/pl.*: -чек] (small) stick; *mus.* baton; *волшебн…* wand; *med.* bacillus
пало́мни|к *m* [1] pilgrim; **~чество** *n* … pilgrimage
па́лтус *m* [1] halibut
па́луба *f* [5] deck
пальба́ *f* [5] firing; fire
па́льма *f* [5] palm (tree)
пальто́ *n* [*indecl.*] (over)coat
па́мят|ник *m* [1] monument, memori… **~ный** [14; -тен, -тна] memorable, u… forgettable; **~ь** *f* [8] memory (**на, о** … in/of); remembrance; recollection … П of); **на ~ь** *a.* by heart; **быть б…** **~и** *coll.* be crazy (**от** Р about s.o.)
пане́ль *f* [8] panel; panel(l)ing
па́ника *f* [5] panic
панихи́да *f* [5] funeral service; ***гра… да́нская ~*** civil funeral
пансиона́т *m* [1] boardinghouse
панте́ра *f* [5] panther
па́нты *f/pl.* [5] antlers of young Siberi… stag
па́нцирь *m* [4] coat of mail
па́па¹ *coll. m* [5] papa, dad(dy)
па́па² *m* [5] pope
па́перть *f* [8] porch (*of a church*)
папиро́са *f* [5] *Russian cigarette*
па́пка *f* [5; *g/pl.*: -пок] folder; file
па́поротник *m* [1] fern
пар [1; в -у; *pl. e.*] **1.** steam; **2.** fallow
па́ра *f* [5] pair, couple
пара́граф *m* [1] *текста* section; *до… вора и т. д.* article
пара́д *m* [1] parade; **~ный** [14] *фор…* full; *дверь* front
парадо́кс *m* [1] paradox; **~а́льный** [… -лен, -льна] paradoxical
парали|зова́ть [7] (*im*)*pf.* paralyze … *fig.*); **~ч** *m* [1] paralysis
паралле́ль *f* [8] parallel; ***провести…*** draw a parallel; (*между*) between
парашю́т (-'ʃut) *m* [1] parachute; **~и́…** [1] parachutist
паре́ние *n* [12] soar(ing), hover(ing)
па́рень *m* [4; -рня; *from g/pl. e.*] lad, b…

oll. chap
ой *n* [*indecl.*] bet, wager (*vb.*: ***дер-ќать ~***)
риж|áнин *m* [1; *pl.*: -áне, -áн], **~áнка** *f* [5; *g*/*pl.*: -нок] Parisian
рик *m* [1 *e.*] wig; **~мáхер** *m* [1] hairdresser, barber; **~мáхерская** *f* [16] hairdressing salon, barber's (shop)
ой|ровать [7] (*im*)*pf.*, *a.* ⟨от-⟩ parry;
ть[1] [13] soar, hover
рить[2] [13] steam (*in a bath*: **-ся**)
ркéт *m* [1], **~ный** [14] parquet
рлáмент *m* [1] parliament; **~áрий** *m* [3] parliamentarian; **~ский** [16] parliamentary
рник *m* [1 *e.*], **~óвый** [14] hotbed; ***óвый эффéкт*** greenhouse effect
рнишка *m* [5; *g*/*pl.*: -шек] *coll.* boy, lad, youngster
рный [14] paired; twin…
ро|вóз *m* [1] steam locomotive; **~вóй** [14] steam…; **~дúровать** [7] (*im*)*pf.*,
дия *f* [7] parody
рóль *m* [4] password, parole
рóм *m* [1] ferry(boat); ***переправлять на ~е*** ferry; **~щик** *m* [1] ferryman
рохóд *m* [1] steamer; **~ный** [14] steamship…; **~ство** *n* [9] steamship line
рт|а *f* [5] school desk; **~éр** (-'tɛr) *m* [1] *thea.* stalls; **~изáн** *m* [1] guerilla, partisan; **~итýра** *f* [5] *mus.* score; **~ия** *f* [7] party; *comm.* lot, consignment, batch; *sport* game; set; match; *mus.* part;
нёр *m* [1], **~нёрша** *f* [5] partner
рус *m* [1; *pl.*: -cá, *etc. e.*] sail; ***на всех áх*** under full sail; **~úна** *f* [5] sailcloth, canvas, duck; **~úновый** [14] canvas…;
ник *m* [1] = ***~ное сýдно*** *n* [14/9] sailing ship
рфюмéрия *f* [7] perfumery
рч|á *f* [5], **~óвый** brocade
ршúвый [14 *sh.*] mangy; *coll.* *настроение* bad
с *m* [1] pass (*sport*, *cards*); **я ~** count me out
сека *f* [5] apiary
сквиль *m* [4] lampoon
смурный [14; -рен, -рна] dull, cloudy; *вид* gloomy
совáть [7] pass (*sport*; *cards*, ⟨с-⟩; *coll.* give in, yield (***пéред*** T to)
пáспорт *m* [1; *pl.*: -тá, *etc. e.*], **~ный** [14] passport
пассажúр *m* [1], **~ка** *f* [5; *g*/*pl.*: -рок], **~ский** [16] passenger
пассúв *m* [1] *comm.* liabilities *pl.*; **~ный** [14; -вен, -вна] passive
пáста *f* [5] paste; ***зубнáя ~*** toothpaste
пáст|бище *n* [11] pasture; **~ва** *f* [5] *eccl.* flock; **~ú** [24 -c-] graze (*v*/*i.* **-сь**), pasture; **~ýх** *m* [1 *e.*] herdsman, shepherd; **~ь 1.** → ***пáдать***; **2.** *f* [8] jaws *pl.*, mouth
Пáсха *f* [5] Easter (**на** B for); Easter pudding (*sweet dish of cottage cheese*); **~льный** [14] Easter…
пáсынок *m* [1; -нка] stepson
патéнт *m* [1], **~овáть** [7] (*im*)*pf.*, *a.* ⟨за-⟩ patent
пáтока *f* [5] molasses, *Brt. a.* treacle
патр|иóт *m* [1] patriot; **~иотúческий** [16] patriotic; **~óн** *m* [1] cartridge, shell; (lamp) socket; **~онтáш** *m* [1] cartridge belt, pouch; **~улúровать** [7], **~ýль** *m* [4 *e.*] *mil.* patrol
пáуза *f* [5] pause
паýк *m* [1 *e.*] spider
паутúна *f* [5] cobweb
пáфос *m* [1] pathos; enthusiasm, zeal (for)
пах *m* [1; в -ý] *anat.* groin
пахáть [3], ⟨вс-⟩ plow (*Brt.* plough), till
пáхн|уть[1] [20] smell (T of); **~ýть**[2] [20] *pf.* *coll.* puff, blow
пáхот|а *f* [5] tillage; **~ный** [14] arable
пахýчий [17 *sh.*] odorous, strongsmelling
пациéнт *m* [1], **~ка** *f* [5; *g*/*pl.*: -ток] patient
пáчка *f* [5; *g*/*pl.*: -чек] pack(et), package; *писем* batch
пáчкать [1], ⟨за-, ис-, вы-⟩ soil
пáшня *f* [6; *g*/*pl.*: -шен] tillage, field
паштéт *m* [1] pâté
паяльник *m* [1] soldering iron
паять [28], ⟨за-⟩ solder
пев|éц *m* [1; -вца], **~úца** *f* [5] singer; **~ýчий** [17 *sh.*] melodious; **~чий** [17] singing; ***~чая птúца*** songbird; *su. eccl.* choirboy
педагóг *m* [1] pedagogue, teacher; **~ика**

П

f [5] pedagogics; **~и́ческий** [16]: **~и́ческий институ́т** teachers' training college; **~и́чный** [14; -чен, -чна] sensible

педа́ль *f* [8] treadle, pedal

педа́нт *m* [1] pedant; **~и́чный** [14; -чен, -чна] pedantic

педиа́тр *m* [1] p(a)ediatrician

пейза́ж *m* [1] landscape

пека́р|ня *f* [6; *g/pl.*: -рен] bakery; **~ь** *m* [4; *a.* -ря́, *etc. e.*] baker

пелен|а́ *f* [5] shroud; **~а́ть** [1], ⟨за-, с-⟩ swaddle

пелён|ка *f* [5; *g/pl.*: -нок] diaper, *Brt. a.* nappy; **с ~ок** *fig.* from the cradle

пельме́ни *m/pl.* [-ней] *cul.* kind of ravioli

пе́на *f* [5] foam, froth; *мыльная* lather, soapsuds

пе́ние *n* [12] singing; *петуха* crow

пе́н|истый [14 *sh.*] foamy, frothy; **~иться** [13], ⟨вс-⟩ foam, froth; **~ка** *f* [5; *g/pl.*: -нок] *на молоке и т. д.* skin; **снять ~ки** skim (**с** P); *fig.* take the pickings (of)

пенси|оне́р *m* [1] pensioner; **~о́нный** [14], **´~я** *f* [7] pension

пень *m* [4; пня] stump

пеньк|а́ *f* [5] hemp; **~о́вый** [14] hemp(en)

пе́ня *f* [6; *g/pl.*: -ней] fine (*penalty*)

пеня́|ть *coll.* [28]: blame; **~й на себя́!** it's your own fault!

пе́пел [1; -пла] ashes *pl.*; **~и́ще** *n* [11] site of a fire; **~ьница** *f* [5] ashtray; **~ьный** [14] ashy; *цвет* ashgrey

пе́рвен|ец *m* [1; -нца] first-born; **~ство** *n* [9] first place; *sport* championship

перви́чный [14; -чен, -чна] primary

перво|бы́тный [14; -тен, -тна] primitive, primeval; **~исто́чник** *m* [1] primary source; origin; **~кла́ссный** [14] first-rate *or* -class; **~ку́рсник** *m* [1] freshman; **´~на́перво** P *coll.* first of all; **~нача́льный** [14; -лен, -льна] original; primary; **~очередно́й** [14] first and foremost; immediate; **~со́ртный** → **~кла́ссный**; **~степе́нный** [14; -е́нен, -е́нна] paramount, of the first order

пе́рв|ый [14] first; former; earliest; **~ый эта́ж** first (*Brt.* ground) floor; **~ое вре́мя** at first; **~ая по́мощь** first a **~ый рейс** maiden voyage; **из ~ рук** firsthand; **на ~ый взгляд** at fi sight; **~ое** *n* first course (*meal*; **на** for); **~ым де́лом** (**до́лгом**) *or* **в ~ о́чередь** first of all, first thing; **с ~е́йший** the very first; → **пя́тый**

перга́мент *m* [1] parchment

переб|ега́ть [1], ⟨**~ежа́ть**⟩ [4; -е -ежи́шь, -егу́т] run over (*or* acros **~е́жчик** *m* [1] traitor, turncoat; **~ива** [1], ⟨**~и́ть**⟩ [-бью́, -бьёшь, → **би́ть**] int rupt

переб|ива́ться ⟨**~и́ться**⟩ *coll.* ma ends meet

переб|ира́ть [1], ⟨**~ра́ть**⟩ [-беру́, -рёш -бра́л, -а́, -о; -е́бранный] look throu sort out (*a. fig.*); turn over, think ov *impf. mus.* finger; **-ся** move (**на, в** B to); cross (*v/t.* **че́рез** B)

переб|и́ть 1. → **~ива́ть**; **2.** *pf.* kill, sl *посуду* break; **~о́й** *m* [3] interrupti intermission; **~оро́ть** [17] *pf.* overcom master

пребр|а́нка F *f* [5; *g/pl.*: -нок] wrang **~а́сывать** [1], ⟨**~о́сить**⟩ [15] throw ov *mil., comm.* transfer, shift; **-ся**; *сло ми* exchange (*v/t.* T); **~а́ть(ся)** → **пер бира́ть(ся)**; **~о́ска** *f* [5; *g/pl.*: -н transfer

перева́л *m* [1] pass; **~ивать** [1], ⟨**~и́т** [13; -алю́, -а́лишь, -а́ленный] transf shift (*v/i.* **-ся**; *impf.* waddle); *coll.* cro pass; *impers.* **ему́ ~и́ло за 40** he is p 40

перева́р|ивать [1], ⟨**~и́ть**⟩ [13; -ар -а́ришь; -а́ренный] digest; *coll.* **она́ его́ не ~ивает** she can't stand h

пере|везти́ → **~вози́ть**; **~вёртыва** [1], ⟨**~верну́ть**⟩ [20; -вёрнутый] tu over (*v/i.* **-ся**); **~ве́с** *m* [1] prepond ance; **~вести́(сь)** → **переводи́ть(с** **~ве́шивать** [1], ⟨**~ве́сить**⟩ [15] ha (elsewhere); reweigh; *fig.* outweig **-ся** lean over; **~вира́ть** [1], ⟨**~вра́т** [-вру́, -врёшь; -е́вранный] *coll.* garb misquote; misinterpret

перево́д *m* [1] transfer; translation P/**на** B from/into); *денег* remittan *почтовый* (money *or* postal) ord

~и́ть [15], ⟨перевести́⟩ [25] lead; transfer; translate (с/**на** В from/into) interpret; remit; set (*watch*, *clock*; *usu.* **стре́лку**); **~и́ть дух** take a breath; **-ся**, ⟨-сь⟩ be transferred, move; **~ный** [14] translated; (*a. comm.*) transfer…; **~чик** *m* [1], **~чица** *f* [5] translator; interpreter

ревоз|и́ть [15], ⟨перевезти́⟩ [24] transport, convey; *мебель* remove; *через реку и т. д.* ferry (over); **~ка** *f* [5; *g/pl.*: -зок] transportation, conveyance, ferrying, *etc.*

ре|вооруже́ние *n* [12] rearmament; **~вора́чивать** [1] → **~вёртывать**; **~воро́т** *m* [1] revolution; *государственный* coup d'état; **~воспита́ние** *n* [12] reeducation; **~вра́ть** → **~вира́ть**; **~вы́боры** *m/pl.* [1] reelection

ревя́з|ка *f* [5; *g/pl.*: -зок] dressing, bandage; **~очный** [14] dressing…; **~ывать** [1], ⟨**~а́ть**⟩ [3] tie up; *рану и т. д.* dress, bandage

региб *m* [1] bend, fold; *fig.* exaggeration; **~а́ть** [1], ⟨перегну́ть⟩ [20] bend; **~а́ть па́лку** go too far; **-ся** lean over

регля́|дываться [1], *once* ⟨**~ну́ться**⟩ [19] exchange glances

ре|гна́ть → **~гоня́ть**; **~гно́й** *m* [3] humus; **~гну́ть(ся)** → **~гиба́ть(ся)**

регов|а́ривать [1], ⟨**~ори́ть**⟩ [13] talk (s. th) over (**о** П), discuss; **~о́ры** *m/pl.* [1] negotiations; **вести́ ~о́ры** (**с** T) negotiate (with)

рег|о́нка *f* [5] distillation; **~оня́ть** [28], ⟨**~на́ть**⟩ [-гоню́, -го́нишь; -гна́л, -а́, -ой; -е́гнанный] **1.** outdistance, leave behind; *fig.* overtake, outstrip, surpass, outdo; **2.** *chem.* distil

ерегор|а́живать [1], ⟨**~оди́ть**⟩ [15 & 15 *e.*; -рожу́, -роди́шь] partition (off); **~а́ть** [1], ⟨**~е́ть**⟩ [9] *лампочка, пробка* burn out; **~о́дка** *f* [5; *g/pl.*: -док] partition

ерегр|ева́ть [1], ⟨**~е́ть**⟩ [8; -е́тый] overheat; **~ужа́ть** [1], ⟨**~узи́ть**⟩ [15 & 15 *e.*; -ужу́, -у́зишь], overload; **~у́зка** *f* [5; *g/pl.*: -зок] *двигателя* overload; *о работе* overwork; **~уппирова́ть** [7] *pf.* regroup; **~уппиро́вка** *f* [5; -вок] regrouping; **~ыза́ть** [1], ⟨**~ы́зть**⟩ [24; *pt. st.*: -ы́зенный] gnaw through

пе́ред[1], **~о** (T) before; in front of; **извини́ться ~ кем-л.** apologize to s.o.

перёд[2] *m* [1; пе́реда; *pl.*: -да́, *etc. e.*] front

перед|ава́ть [5], ⟨**~а́ть**⟩ [-да́м, -да́шь, *etc.* → **да́ть**; *pt.* пе́редал, -а́, -о] pass, hand (over), deliver; give (*a. привет*); *radio, TV* broadcast, transmit; *содержание* render; tell; *по телефону* take a message (for Д, *on the phone*); **-ся** *med.* be transmitted, communicated; **~а́тчик** *m* [1] transmitter; **~а́ть(ся)** → **~ава́ть(ся)**; **~а́ча** *f* [5] delivery, handing over; transfer; broadcast, (*a. tech.*) transmission; *mot.* gear

передв|ига́ть [1], ⟨**~и́нуть**⟩ [20] move, shift; **~иже́ние** *n* [12] movement; *грузов* transportation; **~ижно́й** [14] travel(l)ing, mobile

переде́л|ка [5; *g/pl.*: -лок] alteration; *coll.* **попа́сть в ~ку** get into a pretty mess; **~ывать**, ⟨**~ать**⟩ [1] do again; alter; **~ать мно́го дел** do a lot

пере́дн|ий [15] front…, fore…; **~ик** *m* [1] apron; **~яя** *f* [15] (entrance) hall, lobby

передов|и́ца *f* [5] leading article, editorial; **~о́й** [14] foremost; *mil.* frontline; **~а́я статья́ → передови́ца**

пере|дохну́ть [20] *pf.* pause for breath *or* a rest; **~дра́знивать** [1], ⟨дразни́ть⟩ [13; -азню́, -а́знишь] mimic; **~дря́га** *coll. f* [5] fix, scrape; **~ду́мывать**, ⟨**~ду́мать**⟩ [1] change one's mind; *coll.* → **обду́мать**; **~ды́шка** *f* [5; *g/pl.*: -шек] breathing space, respite

пере|е́зд *m* [1] *rail., etc.* crossing; *в другое место* move (**в, на** В [in]to); **~езжа́ть** [1], ⟨**~е́хать**⟩ [-е́ду, -е́дешь; -е́зжай!] **1.** *v/i.* cross (*v/t.* **че́рез** В); move (В, **на** В [in]to); **2.** *v/t. машиной* run over

переж|да́ть → **~ида́ть**; **~ёвывать** [1], ⟨**~ева́ть**⟩ [7 *e.*; -жую́, -жуёшь] masticate, chew; *fig.* repeat over and over again; **~ива́ние** *n* [12] emotional experience; worry *etc.*; **~ива́ть**, ⟨**~и́ть**⟩ [-живу́, -вёшь; пе́режи́л, -а́, -о; пе́режи́тый (пе́режи́т, -а́, -о)] experience; live

through, endure; *жить дольше* survive, outlive; **~идáть** [1], ⟨**~дáть**⟩ [-жду́, -ждёшь; -ждáл, -á, -о] wait (till s.th. is over); **~и́ток** *m* [1; -тка] survival
перезаклю|чáть [1], ⟨**~чи́ть**⟩ [16 *e.*; -чу́, -чи́шь; -чённый]: ***~чи́ть договóр*** (***контрáкт***) renew a contract
перезрéлый [14] overripe; *fig.* past one's prime
переиз|бирáть [1], ⟨**~брáть**⟩ [-беру́, -рёшь; -брáл, -á, -о; -и́збранный] reelect; **~брáние** *n* [12] reelection; **~давáть** [5], ⟨**~дáть**⟩ [-дáм, -дáшь, *etc.* → ***дать***; -дáл, -á, -о] reprint, republish; **~дáние** *n* [12] republication; new edition, reprint; **~дáть** → ***~давáть***
переименовáть [7] *pf.* rename
переинáчи|вать *coll.* [1], ⟨**~ть**⟩ [16] alter, modify; (*исказить*) distort
перейти́ → ***переходи́ть***
переки́|дывать [1], ⟨**~нуть**⟩ [20] throw over (чéрез В); **-ся** exchange (*v/t.* Т); *огонь* spread
переки|пáть [1], ⟨**~пéть**⟩ [10 *e.*; 3rd *p. only*] boil over
пéрекись *f* [8] *chem.* peroxide; ***~ водорóда*** hydrogen peroxide
переклáд|ина *f* [5] crossbar, crossbeam; **~ывать** [1], ⟨переложи́ть⟩ [16] put, lay (elsewhere); move, shift; interlay (Т with); → ***перелагáть***
перекл|икáться [1], ⟨**~и́кнуться**⟩ [20] call to o.a.; have s.th. in common (**с** Т with); reecho (*v/t.* **с** Т)
переключ|áтель *m* [4] switch; **~áть** [1], ⟨**~и́ть**⟩ [16; -чу́, -чи́шь; -чённый] switch over (*v/i.* **-ся**); *внимание* switch; **~éние** *n* [12] switching over; **~и́ть** → ***~áть***
перекóшенный [14] twisted, distorted; *дверь и т. д.* warped; wry
перекрёст|ный [14] cross...; ***~ный огóнь*** cross-fire; ***~ный допрóс*** cross-examination; **~ок** *m* [1; -тка] crossroads, crossing
перекр|ывáть [1], ⟨**~ы́ть**⟩ [22] cover again; *рекорд и т. д.* exceed, surpass; *закрыть* close; *реку* dam; **~ы́тие** *n* [12] *arch.* ceiling; floor
перекýс|ывать [1], ⟨**~и́ть**⟩ [15] bite through; *coll.* have a bite *or* snack
перел|агáть [1], ⟨**~ожи́ть**⟩ [16]: ***~ожи на му́зыку*** set to music
перел|áмывать [1] **1.** ⟨**~оми́ть**⟩ [1 break in two; *fig.* overcome; chang **2.** ⟨**~омáть**⟩ [1] break
перел|езáть [1], ⟨**~éзть**⟩ [24 *st.*; -лé climb over, get over (***чéрез*** В)
перел|ёт *m* [1] *птиц* passage; *ae.* fligl **~етáть** [1], ⟨**~етéть**⟩ [11] fly ov (across); migrate; overshoot; **~ётны** [14]: ***~ётная пти́ца*** bird of passage *fig.*, migratory bird
перели́|в *m* [1] *голоса* modulation; *цв та* play; **~вáние** *n* [12] *med.* transf sion; **~вáть** [1], ⟨**~ть**⟩ [-пью́, -пьёш *etc.*, → ***лить***] decant, pour from o vessel into another; *med.* transfus ***~вáть из пустóго в порóжнее*** m the wind; **-ся** overflow; *impf. о цвет* play, shimmer
перели́ст|ывать, ⟨**~áть**⟩ [1] *страниц* turn over; *книгу* look *or* leaf throug
перели́ть → ***переливáть***
перелицевáть [7] *pf.* turn, make ove
перелож|éние *n* [12] transposition; a rangement; *на музыку* setting to m sic; **~и́ть** → ***переклáдывать***, ***перел гáть***
перелóм *m* [1] break, fracture; *fig.* cr sis, turning point; **~áть**, **~и́ть** → ***пер лáмывать***
перем|áлывать [1], ⟨**~олóть**⟩ [1 -мелю́, -мéлешь; -мелá] grind, m **~ежáть(ся)** [1] alternate
перемéн|а *f* [5] change; *в школе* brea **~и́ть(ся)** → ***~я́ть(ся)***; **~ный** [14] vari ble; *el.* alternating; **~чивый** *coll.* [1 changeable; **~я́ть** [28], ⟨**~и́ть**⟩ [1 -еню́, -éнишь] change (*v/i.* **-ся**)
переме|сти́ть(ся) → ***~щáть(ся***) **~шивать**, ⟨**~шáть**⟩ [1] intermingle, i termix; *coll.* mix (up); **-ся**: ***у меня́ в г ловé всё ~шáлось*** I feel confuse **~щáть** [1], ⟨**~сти́ть**⟩ [15 *e.*; -ещ -ести́шь; -ещённый] move, shift (*v* **-ся**)
переми́рие *n* [12] armistice, truce
перемолóть → ***перемáлывать***
перенаселéние *n* [12] overpopulatic
перенести́ → ***переноси́ть***

рен|има́ть [1], ⟨**~я́ть**⟩ [-ейму́, -мёшь; ереня́л, -á, -о; пе́ренятый (пе́ренят, á, -о)] adopt; *манеру и т. д.* imitate

ренóс *m* [1] *typ.* word division; ***знак ~а*** hyphen; **~и́ть**, ⟨перенести́⟩ [24 -с-] transfer, carry over; (*испытать*) bear, endure, stand; (*отложить*) postpone, put off (till ***на*** B); **~и́ца** *f* [5] bridge (*of nose*)

ренóс|ка *f* [5; *g/pl.*: -сок] carrying over; **~ный** [14] portable; figurative

реня́ть → ***перенима́ть***

реоборýдова|ть [7] (*im*)*pf*; refit, reequip; **~ние** *n* [12] reequipment

реод|ева́ться [1], ⟨**~е́ться**⟩ [-е́нусь, нешься] change (one's clothes); **~е́тый** [14 *sh.*] *a.* disguised

реоце́н|ивать [1], ⟨**~и́ть**⟩ [13; -еню́, е́нишь] overestimate, overrate; (*оценить заново*) revalue; **~ка** *f* [5; *g/pl.*: нок] overestimation; revaluation

репел *m* [1; *pl.*: -ла́, *etc. e.*] *zo.* quail

репеча́т|ка *f* [5; *g/pl.*: -ток] reprint; **~ывать**, ⟨**~ать**⟩ [1] reprint; *на машинке* type

репи́с|ка *f* [5; *g/pl.*: -сок] correspondence; **~ывать** [1], ⟨**~а́ть**⟩ [3] rewrite, copy; ***~а́ть на́бело*** make a fair copy; **-ся** *impf.* correspond (**с** T with); **~ь** ('pe-) *f* [8] census

репла́|чивать [1], ⟨**~ти́ть**⟩ [15] overpay

репл|ета́ть [1], ⟨**~ести́**⟩ [25 -т-] *книгу* bind; interlace, intertwine (*v/i.* **-ся** ⟨-сь⟩); **~ёт** *m* [1] binding, book cover; **~ётчик** *m* [1] bookbinder; **~ыва́ть** [1], ⟨**~ы́ть**⟩ [23] swim *or* sail (***че́рез*** B across)

реполз|а́ть [1], ⟨**~ти́**⟩ [24] creep, crawl

репо́лн|енный [14 *sh.*] overcrowded; *жидкостью* overflowing; overfull; **~я́ть** [28], ⟨**~ить**⟩ [13] overfill; **-ся** (*v/i.*) be overcrowded

реполо́|х *m* [1] commotion, alarm, flurry; **~ши́ть** *coll.* [16 *e.*; -шу́, -ши́шь; -шённый] *pf.* (**-ся** get) alarm(ed)

репо́нка [5; *g/pl.* -нок] membrane; *птицы* web; ***бараба́нная ~*** eardrum

репра́в|а *f* [5] crossing, passage; *брод* ford; temporary bridge; **~ля́ть** [28], ⟨**~ить**⟩ [14] carry (over), convey, take across; transport (to); *mail* forward; **-ся** cross, get across

перепрод|ава́ть [5], ⟨**~а́ть**⟩ [-да́м, -да́шь, *etc.* → ***дать***; *pt.*: -о́да́л, -да́, -о] resell; **~а́жа** *f* [5] resale

перепры́г|ивать [1], ⟨**~нуть**⟩ [20] jump (over)

перепу́г *coll. m* [1] fright (of **с ~у**); **~а́ть** [1] *pf.* (**-ся** get) frighten(ed)

перепу́тывать [1] → ***пу́тать***

перепу́тье *n* [10] *fig.* crossroad(s)

перераб|а́тывать, ⟨**~о́тать**⟩ [1] work into; remake; *книгу* revise; **~о́тка** *f* [5; *g/pl.*: -ток] processing; remaking; revision; ***~о́тка втори́чного сырья́*** recycling

перерас|та́ть [1], ⟨**~ти́**⟩ [24; -ст-; -ро́с, -сла́] (*видоизмениться*) grow, develop; *о росте* outstrip; **~хо́д** *m* [1] excess expenditure

перерез|а́ть *and* **~ывать** [1], ⟨**~а́ть**⟩ [3] cut (through); cut off, intercept; kill (all *or* many of)

переро|жда́ться [1], ⟨**~ди́ться**⟩ [15 *e.*; -ожу́сь, -оди́шься; -ождённый] *coll.* be reborn; *fig.* regenerate; *biol.* degenerate

переруб|а́ть [1], ⟨**~и́ть**⟩ [14] hew *or* cut through

переры́в *m* [1] interruption; break; interval; ***~ на обе́д*** lunch time

переса́|дка *f* [5; *g/pl.*: -док] *bot., med.* transplanting; *med.* grafting; *rail.* change; **~живать** [1], ⟨**~ди́ть**⟩ [15] transplant; graft; make change seats; **-ся**, ⟨пересе́сть⟩ [25; -ся́ду, -ся́дешь, -се́л] take another seat, change seats; *rail.* change (*trains*)

пересд|ава́ть [5], ⟨**~а́ть**⟩ [-да́м, -да́шь, *etc.*, → ***дать***] repeat (*exam.*)

пересе|ка́ть [1], ⟨**~чь**⟩ [26; *pt.* -се́к, -секла́] traverse; intersect, cross (*v/i.* **-ся**)

пересел|е́нец *m* [1; -нца] migrant; (re)settler; **~е́ние** *n* [12] (e)migration; **~я́ть** [28], ⟨**~и́ть**⟩ [13] (re)move (*v/i.* **-ся**; [e]migrate)

пересе́сть → ***переса́живаться***

пересе|че́ние *n* [12] crossing; intersec-

П

tion; ̴̴́чь → **̴ка́ть**

переси́ли|вать [1], ⟨̴ть⟩ [13] overpower; *fig.* master, subdue

переска́з *m* [1] retelling; **̴ывать** [1], ⟨̴а́ть⟩ [3] retell

переск|а́кивать [1], ⟨̴очи́ть⟩ [16] jump (over **че́рез** В); *при чтении* skip over

пересла́ть → ***пересыла́ть***

пересм|а́тривать [1], ⟨̴отре́ть⟩ [9; -отрю́, -о́тришь; -о́тренный] reconsider, *планы* revise; *law* review; **̴о́тр** *m* [1] reconsideration, revision; *law* review

пересо|ли́ть [13; -солю́, -о́ли́шь] *pf.* put too much salt (**в** В in); *coll. fig.* go too far; ̴́хнуть → ***пересыха́ть***

переспа́ть → ***спать***; oversleep; *coll.* spend the night; sleep with s.o.

переспр|а́шивать [1], ⟨̴оси́ть⟩ [15] repeat one's question

пересс́ориться [13] *pf.* quarrel (*mst. with everybody*)

перест|ава́ть [5], ⟨̴а́ть⟩ [-а́ну, -а́нешь] stop, cease, quit; **̴авля́ть** [28], ⟨̴а́вить⟩ [14] put (elsewhere), (*тж. часы*) set, move; *мебель* rearrange; **̴ано́вка** *f* [5; *g/pl.*: -вок] transposition; rearrangement; *math.* permutation; **̴а́ть** → ***̴ава́ть***

перестр|а́ивать [1], ⟨̴о́ить⟩ [13] rebuild, reconstruct; *работу* reorganize; *силы* regroup; **-ся** (*v/i.*) adapt, change one's views; **̴е́ливаться** [1], **̴е́лка** *f* [5; *g/pl.*: -лок] firing; skirmish; **̴о́ить** → ***̴а́ивать***; **̴о́йка** *f* [5; *g/pl.*: -о́ек] rebuilding, reconstruction; reorganization; perestroika

переступ|а́ть [1], ⟨̴и́ть⟩ [14] step over, cross; *fig.* transgress

пересчи́т|ывать, ⟨̴а́ть⟩ [1] (re)count; count up

перес|ыла́ть [1], ⟨̴ла́ть⟩ [-ешлю́, -шлёшь; -е́сланный] send (over), *деньги* remit; *письмо* forward; **̴ы́лка** *f* [5; *g/pl.*: -лок] remittance; **сто́имость ̴ы́лки** postage; carriage; **̴ыха́ть** [1], ⟨̴о́хнуть⟩ [21] dry up; *горло* be parched

перета́|скивать [1], ⟨̴щи́ть⟩ [16] drag *or* carry (**че́рез** В over, across)

перет|я́гивать [1], ⟨̴яну́ть⟩ [19] draw (*fig. на свою сторону* win) ove *верёвкой* cord

переубе|жда́ть [1], ⟨̴ди́ть⟩ [15 *e.*; *1st. p. sg.*; -ди́шь, -еждённый] ma s.o. change his mind

переу́лок *m* [1; -лка] lane, alleyw side street

переутомл|е́ние *n* [12] overstrain; ove work; **̴ённый** [14 *sh.*] overtired

переучёт *m* [1] stock-taking

перехва́т|ывать [1], ⟨̴и́ть⟩ [15] inte cept, catch; *coll. денег* borrow; *перек сить* have a quick snack

перехитри́ть [13] *pf.* outwit

перехо́д *m* [1] passage; crossing; *f* transition; **̴и́ть** [15], ⟨перейти́⟩ [-йд -дёшь; -шёл, -шла́; → ***идти́***] cross, over; pass (on), proceed; (**к** Д to); tu (**в** В [in]to); *границы* exceed, tran gress; **̴ный** [14] transitional; *gr.* tran tive; intermittent; **̴я́щий** [17] *spo* challenge (*cup, etc.*)

пе́рец *m* [1; -рца] pepper; **стручко́вы ̴** paprika

пе́речень *m* [4; -чня] list; enumeratio

пере|чёркивать [1], ⟨̴черкну́ть⟩ [2 cross out; **̴че́сть** → ***̴счи́тывать ̴чи́тывать***; **̴числя́ть** [28 ⟨̴чи́слить⟩ [13] enumerate; *день* transfer; **̴чи́тывать**, ⟨̴чита́ть⟩ [1] ⟨̴че́сть⟩ [-чту́, -чтёшь, -чёл, -чла́] read; read (many, all …); ̴́чить *co* [16] contradict; oppose; ′̴чница *f* [pepper-pot; **̴шагну́ть** [20] *pf.* ste over; cross; **̴ше́ек** *m* [1; -ше́йка] ist mus; **̴шёптываться** [1] whisper (one another); **̴шива́ть** [1], ⟨̴ши́т [-шью́, -шьёшь, *etc.* → ***шить***] *sew* alte **̴щеголя́ть** *coll.* [28] *pf.* outdo

пери́ла *n/pl.* [9] railing; banisters

пери́на *f* [5] feather bed

пери́од *m* [1] period; *geol.* age; ̴́ика *f*[*collect.* periodicals; **̴и́ческий** [16] pe odic(al); *math.* recurring

перифери́я *f* [7] periphery; outskirts *p* (**на** П in); the provinces

перламу́тр *m* [1] mother-of-pearl

перло́вый [14] pearl (*крупа* barley)

перна́тые *pl.* [14] *su.* feathered, feat ery (*birds*)

П

ero *n* [9; *pl.*: пéрья, -ьев] feather, plume; pen; ***ни пýха ни перá!*** good-luck!; **~чúнный** [14]: ***~чúнный нó-ж(ик)*** penknife
ррóн *m* [1] *rail.* platform
рс|úдский [16] Persian; **~ик** *m* [1] peach; **~óна** *f* [5] person; **~онáл** *m* [1] personnel; staff; **~пектúва** *f* [5] perspective; *fig.* prospect, outlook; **~пек-тúвный** [14; -вен, -вна] with prospects; forward-looking, promising
рстень *m* [4; -тня] ring (*with a precious stone, etc.*)
рхоть *f* [8] dandruff
рчáтка *f* [5; *g/pl.*: -ток] glove
ёс *m* [1; пса] dog
есенка *f* [5; *g/pl.*: -нок] song
есéц *m* [1; песцá] Arctic fox; ***бéлый*** (***голубóй***) **~** white (blue) fox (fur)
ёсн|ь *f* [8] (*poet.*, *eccl.*), **~я** *f* [6; *g/pl.*: -сен] song; *coll.* ***дóлгая ~я*** long story; ***стáрая ~я*** it's the same old story
есó|к *m* [1; -скá] sand; *сахарный* granulated sugar; **~чный** [14] sand(y); ***~чное печéнье*** shortbread
ессимистúч|еский [16], **~ный** [14; -чен, -чна] pessimistic
естр|éть [8] *ошибками* be full (of); **~úть** [13], **пёстрый** [14; пёстр, пестрá, пёстро & пестрó] variegated, parti-colo(u)red, motley (*a. fig.*); gay
есч|áный [14] sand(y); **~úнка** *f* [5; *g/pl.*: -нок] grain (of sand)
етлúца *f* [5] buttonhole; tab
ётля *f* [6; *g/pl.*: -тель] loop (*a.*, *ae.*, ***мёртвая ~***); *для крючка* eye; stitch; *дверная* hinge; ***спустúть пéтлю*** drop a stitch
етрýшка *f* [5] parsley
етý|х *m* [1 *e.*] rooster, cock; **~шúный** [14] cock(s)…
еть [пою, поёшь; пéтый] **1.** ⟨с-, про-⟩ sing; **2.** ⟨про-⟩ *петух* crow
ехóт|а *f* [5], **~ный** [14] infantry; **~úнец** *m* [1; -нца] infantryman
ечáл|ить [13], ⟨о-⟩ grieve (*v/i.* **-ся**); **~ь** *f* [8] grief, sorrow; **~ьный** [14; -лен, -льна] sad, mournful, sorrowful
ечáт|ать [1], ⟨на-⟩ print; *на машинке* type; **-ся** *impf.* be in the press; appear in (**в** П); **~ник** *m* [1] printer; **~ный** [14] printed; printing; **~ь** *f* [8] seal, stamp (*a. fig.*); *пресса* press; *мелкая, чёткая* print, type; ***вы́йти из ~и*** be published
печён|ка *f* [5; *g/pl.*: -нок] *cul.* liver; **~ый** [14] baked
пéчень *f* [8] *anat.* liver
печéнье *n* [10] cookie, biscuit
пéчка *f* [5; *g/pl.*: -чек] → **печь**[1]
печь[1] *f* [8; в -чú; *from g/pl. e.*] stove; oven; *tech.* furnace; kiln
печь[2] [26], ⟨ис-⟩ bake; *солнце* scorch
пеш|ехóд *m* [1], **~ехóдный** [14] pedestrian; **~ка** *f* [5; *g/pl.*: -шек] *in chess* pawn (*a. fig.*); **~кóм** on foot
пещéра *f* [5] cave
пиан|úно *n* [*indecl.*] upright (piano); **~úст** *m* [1] pianist
пивнáя *f* [14] pub, saloon
пúво *n* [9] beer; ***свéтлое ~*** pale ale; **~вáр** *m* [1] brewer; **~вáренный** [14]: ***~вáренный завóд*** brewery
пигмéнт *m* [1] pigment
пиджáк *m* [1 *e.*] coat, jacket
пижáма *f* [5] pajamas (*Brt.* py-) *pl.*
пик *m* [1] peak; ***часы́ ~*** rush hour
пикáнтный [14; -тен, -тна] piquant, spicy (*a. fig.*)
пикáп *m* [1] pickup (van)
пикéт *m* [1], **~úровать** [7] (*im*)*pf.* picket
пúки *f/pl.* [5] spades (*cards*)
пикúровать *ae.* [7] (*im*)*pf.* dive
пúкнуть [20] *pf.* peep; ***он и ~ не успéл*** before he could say knife; ***тóлько пú-кни!*** (*threat implied*) just one peep out of you!
пил|á *f* [5; *pl. st.*], **~úть** [13; пилю́, пú-лишь] saw; **~óт** *m* [1] pilot
пилю́ля *f* [6] pill
пингвúн *m* [1] penguin
пинóк *m* [1; -нкá] *coll.* kick
пинцéт *m* [1] pincers, tweezers *pl.*
пиóн *m* [1] peony
пионéр *m* [1] pioneer
пипéтка [5; *g/pl.*: -ток] *med.* dropper
пир [1; в ~ý; *pl. e.*] feast
пирамúда *f* [5] pyramid
пирáт *m* [1] pirate
пирó|г *m* [1 *e.*] pie; **~жное** *n* [14] pastry; (fancy) cake; **~жóк** *m* [1; -жкá] pastry;

П

patty
пир|ушка *f* [5; *g/pl.*: -шек] carousal, binge, revelry; **~шество** *n* [9] feast, banquet
писа́|ние *n* [12] writing; (*священное*) Holy Scripture; **~тель** *m* [4] writer, author; **~тельница** *f* [5] authoress; **~ть** [3], ⟨на-⟩ write; *картину* paint
писк *m* [1] chirp, squeak; **~ли́вый** [14 *sh.*] squeaky; **~нуть** → ***пища́ть***
пистоле́т *m* [1] pistol
пи́счий [17]: ***~ая бума́га*** writing paper, note paper
пи́сьмен|ность *f* [8] *collect.* literary texts; written language; **~ный** [14] written; in writing; *стол и т. д.* writing
письмо́ *n* [9; *pl. st., gen.*: пи́сем] letter; writing (**на** П in); ***делово́е ~*** business letter; ***заказно́е ~*** registered letter
пита́|ние *n* [12] nutrition; nourishment; feeding; **~тельный** [14; -лен, -льна] nutritious, nourishing; **~ть** [1] nourish (*a. fig.*), feed (*a. tech.*); *надежду и т. д.* cherish; *ненависть* bear against (**к** Д); **-ся** feed *or* live (T on)
пито́м|ец *m* [1; -мца], **~ица** *f* [5] foster child; charge; pupil; alumnus; **~ник** *m* [1] nursery
пить [пью, пьёшь; пил, -á, -o; пе́й(те)!; пи́тый; пит, пита́, пи́то], ⟨вы-⟩ drink (*pf. a.* up; **за** В to); have, take; ***мне хо́чется ~*** I feel thirsty; **~ё** *n* [10] drink(-ing); **~ево́й** [14] *вода* drinking
пи́хта *f* [5] fir tree
пи́цц|а *f* [5] pizza; **~ери́я** *f* [7] pizzeria
пи́чкать *coll.* [1], ⟨на-⟩ *coll.* stuff, cram (with T)
пи́шущ|ий [17]: ***~ая маши́нка*** typewriter
пи́ща *f* [5] food (*a. fig.*)
пища́ть [4 *e.*; -щу́, -щи́шь], ⟨за-⟩, *once* ⟨пи́скнуть⟩ [20] peep, squeak, cheep
пище|варе́ние *n* [12] digestion; **~во́д** *m* [1] *anat.* (o)esophagus, gullet; **~во́й** [14]: ***~вы́е проду́кты*** foodstuffs
пия́вка *f* [5; *g/pl.*: -вок] leech
пла́ва|ние *n* [12] swimming; *naut.* navigation; (*путешествие*) voyage, trip; **~ть** [1] swim; float; sail, navigate
пла́в|ить [14], ⟨рас-⟩ smelt; **~ки** *pl.* [5; *g/pl.*: -вок] swimming trunks; **~к**
[16]: ***~кий предохрани́тель*** fu
~ни́к *m* [1 *e.*] fin, flipper
пла́вный [14; -вен, -вна] *речь и т.* fluent; *движение и т. д.* smooth
плаву́ч|есть *f* [8] buoyancy; **~ий** [17] *д*
floating
плагиа́т *m* [1] plagiarism
плака́т *m* [1] poster
пла́к|ать [3] weep, cry (**от** P for; **о** Г
-ся *coll.* complain (**на** B of); **~са** *co*
m/f [5] crybaby; **~си́вый** *coll.* [14 *s*
голос whining
плам|ене́ть [8] blaze, flame; **~енн**
[14] flaming, fiery; *fig.* a. ardent; **~я**
[13] flame; blaze
план [1] plan; scheme; plane; ***уче́бный***
curriculum; ***пере́дний ~*** foregroun
за́дний ~ background
планёр, пла́нер *ae. m* [1] *ae.* glider
плане́та *f* [5] planet
плани́ров|ать [7] **1.** ⟨за-⟩ plan; **2.** ⟨c
ae. glide; **~ка** *f* [5; *g/pl.*: -вок] plannin
парка и т. д. lay(ing)-out
пла́нка *f* [5; *g/pl.*: -нок] plank; *spo*
(cross)bar
пла́но|вый [14] planned; plan(ning
~ме́рный [14; -рен, -рна] systemat
planned
планта́ция *f* [7] plantation
пласт *m* [1 *e.*] layer, stratum
пла́ст|ика *f* [5] plastic arts *pl.*; eurhyt
mics; **~и́нка** *f* [5; *g/pl.*: -нок] plate; r
cord, disc; **~и́ческий** [16]: ***~и́ческая х***
ругия plastic surgery; **~ма́сса** *f*
plastic; **~ырь** *m* [4] plaster
пла́т|а *f* [5] pay(ment); fee; wages *pl.*;
проезд fare; *за квартиру* rent; **~ёж**
[1 *e.*] payment; **~ёжеспосо́бный** [1
-бен, -бна] solvent; **~ёжный** [14] of pa
ment; **~ина** *f* [5] platinum; **~и́ть** [1
⟨за-, у-⟩ pay (T in; **за** B for); settle (*a*
count **по** Д); **-ся**, ⟨по-⟩ *fig.* pay (T wit
за B for); **~ный** [14] paid; be paid fo
плато́к *m* [1; -тка́] handkerchief
платфо́рма *f* [5] platform (*a. fig.*)
пла́т|ье *n* [10; *g/pl.*: -ьев] dress, gow
~яно́й [14] clothes…; ***~яно́й шка***
wardrobe
пла́ха *f* [5] (*hist.* executioner's) block

ац|да́рм *m* [1] base; *mil.* bridgehead; .ка́рта *f* [5] ticket for a reserved seat *or* erth
а|ч *m* [1] weeping; ~че́вный [14; -вен, вна] deplorable, pitiable, lamentable; шмя́ flat, prone
ащ *m* [1 *e.*] raincoat; cloak
ебисци́т *m* [1] plebiscite
ева́ть [6 *e.*; плюю́, плюёшь], *once* плю́нуть〉 [20] spit (out); not care **на** B for)
ево́к [1; -вка] spit(tle)
еври́т *m* [1] pleurisy
ед *m* [1] plaid, blanket
.ем|енно́й [14] tribal; *скот* brood…, *юшадь* stud…; ∠я *n* [13] tribe; breed; *oll.* brood; **на ∠я** for breeding
емя́нни|к *m* [1] nephew; ~ца *f* [5] iece
ен *m* [1; в ~у́] captivity; **взять (по-** **па́сть) в ~** (be) take(n) prisoner
ен|а́рный [14] plenary; ~и́тельный 14; -лен, -льна] captivating, fascinat-ng; ~и́ть(ся) → ~я́ть(ся)
ёнка *f* [5; *g/pl.*: -нок] film; *для записи* ape
е́н|ник *m* [1], ~ный *m* [14] captive, risoner; ~я́ть [28], 〈~и́ть〉 [13] (-ся e) captivate(d)
е́нум *m* [1] plenary session
е́сень *f* [8] mo(u)ld
еск *m* [1], ~а́ть [3], *once* 〈плесну́ть〉 20], -а́ться *impf.* splash
е́сневеть [8], 〈за-〉 grow mo(u)ldy, nusty
е|сти́ [25 -т-: плету́], 〈с-, за-〉 braind, lait; weave; *coll.* **~сти́ небыли́цы** spin arns; **~сти́ интри́ги** intrigue (against); *oll.* **что ты ~тёшь?** what on earth are ou talking about?; -сь drag, lag; .тёный [14] wattled; wicker…; ~тéнь *n* [4; -тня́] wattle fence
ётка *f* [5; *g/pl.*: -ток], плеть *f* [8; *from* */pl. e.*] lash
еч|о́ *n* [9; *pl.*: пле́чи, плеч, -ча́м] houlder; *tech.* arm; **с(о всего́) ~а́** with ll one's might; (И) **не по ~у́** (Д) not be qual to a th.; → *a.* **гора́** *coll.*
ешь *f* [8] bald patch
ит|а́ *f* [5; *pl. st.*] slab, (flag-, grave-) stone; *металлическая* plate; (*kitchen*) range; (*gas*) cooker, stove; ∠ка *f* [5; *g/pl.*: -ток] tile; *шоколада* bar; cooker, stove; electric hotplate
плов|е́ц *m* [1; -вца́] swimmer
плод *m* [1 *e.*] fruit; ~и́ть [15 *e.*; пложу́, -ди́шь], 〈рас-〉 propagate, multiply (*v/i.* -ся); ~ови́тый [14 *sh.*] fruitful, prolific (*a. fig.*); ~ово́дство *n* [9] fruit growing; ~о́вый [14] fruit…; **~о́вый сад** orchard; ~оно́сный [14; -сен, -сна] fruit-bearing; ~оро́дие *n* [12] fertility; ~оро́дный [14; -ден, -дна] fertile; ~отво́рный [14; -рен, -рна] fruitful, productive; *влияние* good, positive
пло́мб|а *f* [5] (lead) seal; *зубная* filling; ~и́ровать [7], 〈о-〉 seal; 〈за-〉 fill, stop
пло́ск|ий [16; -сок, -ска́, -о; *comp.*: пло́ще] flat (*a. fig.* = stale, trite), level; ~ого́рье *n* [10] plateau, tableland; ~огу́бцы *pl.* [1; *g/pl.*: -цев] pliers; ~ость *f* [8; *from g/pl. e.*] flatness; plane (*a. math.*); platitude
плот *m* [1 *e.*] raft; ~и́на *f* [5] dam, dike; ∠ник *m* [1] carpenter
пло́тн|ость *f* [8] density (*a. fig.*); solidity; ~ый [14; -тен, -тна́, -о] compact, solid; *ткань* dense, close, thick; *о сложении* thickset
плот|оя́дный [14; -ден, -дна] carnivorous; *взгляд* lascivious; ∠ский [16] carnal; ~ь *f* [8] flesh
плох|о́й [16; плох, -а́, -о; *comp.*: ху́же] bad; ∠о bad(ly); *coll.* bad mark; → **дво́йка & едини́ца**
площа́д|ка *f* [5; *g/pl.*: -док] ground, area; *детская* playground; *sport* court; platform; *лестничная* landing; **пускова́я ~ка** launching pad; **строи́тельная ~ка** building site; ′~ь *f* [8; *from g/pl. e.*] square; area (*a. math.*); space; **жила́я ′~ь** → **жилпло́щадь**
плуг *m* [1; *pl. e.*] plow, *Brt.* plough
плут *m* [1 *e.*] rogue; trickster, cheat; ~а́ть [1] *coll.* stray; ~ова́ть [7], 〈с-〉 trick, cheat; ~овство́ *n* [9] trickery, cheating
плыть [23] (be) swim(ming); float(ing); *на корабле* sail(ing); **~ по тече́нию** *fig.* swim with the tide; → **пла́вать**
плю́нуть → **плева́ть**

П

плюс (*su. m* [1]) plus; *coll.* advantage
плюш *m* [1] plush
плющ *m* [1 *e.*] ivy
пляж *m* [1] beach
пляс|áть [3], ⟨с-⟩ dance; **∠ка** *f* [5; *g/pl.*: -сок] (folk) dance; dancing
пневматúческий [16] pneumatic
пневмонúя *f* [7] pneumonia
по 1. (Д); on, along; through; all over; in; by; according to, after; through; owing to; for; over; across; upon; each, at a time (*2, 3, 4, with* В; **по два**); **2.** (В) to, up to; till, through; for; **3.** (П) (up)-on; **~ мне** for all I care; **~ чáсу в день** an hour a day
по- (in *compds.*); → **рýсский**, **ваш**
побáиваться [1] be a little afraid of (Р)
побéг *m* [1] escape, flight; *bot.* shoot, sprout
побег|ýшки: **быть на ~ýшках** *coll.* run errands (**у** Р for)
побé|да *f* [5] victory; **~дúтель** *m* [4] victor; winner; **~дúть** → **~ждáть**; **~дный** [14], **~донóсный** [14; -сен, -сна] victorious; **~ждáть** [1], ⟨**~дúть**⟩ [15 *e.*; *1st p. sg. not used*; -дúшь, -еждённый] be victorious (В over), win (*a.* victory), conquer, defeat; beat; *страх, сомнения* overcome
поберéжье *n* [10] coast, seaboard, littoral
поблáжка *coll. f* [5; *g/pl.*: -жек] indulgence
поблúзости close by; (**от** Р) near
побóи *m/pl.* [3] beating; **~ще** *n* [11] bloody battle
побóр|ник *m* [1] advocate; **~óть** [17] *pf.* conquer; overcome; beat
побóчный [14] *эффект* side; *продукт* by-(*product*); *old use сын, дочь* illegitimate
побу|дúтельный [14]: **~дúтельная причúна** motive; **~ждáть** [1], ⟨**~дúть**⟩ [15 *e.*; -ужý, -удúшь; -уждённый] induce, prompt, impel; **~ждéние** *n* [12] motive, impulse, incentive
повáд|иться *coll.* [15] *pf.* fall into the habit (of [visiting] *inf.*); **~ка** [5; *g/pl.*: -док] *coll.* habit
повáльный [14] indiscriminate; *ув-лечение* general
пóвар *m* [1; *pl.*: -pá, *etc. e.*] culina cook; **∠енный** [14] *книга* cook (*boo Brt.* cookery book); *соль* (*salt*) tabl
пове|дéние *n* [12] behavio(u)r, condu **~лúтельный** [14; -лен, -льна] *тон* p emptory; *gr.* imperative
поверг|áть [1], ⟨**∠нуть**⟩ [21] *в отча ние* plunge into (**в** В)
повéр|енный [14]: **~енный в дел** chargé d'affaires; **~ить** → **вéрит** **~нýть(ся)** → **поворáчивать(ся)**
повéрх (Р) over, above; **~ностный** [-тен, -тна] *fig.* superficial; surface. **~ность** *f* [8] superficiality
повéрье *n* [10] popular belief, supers tion
повéсить(ся) → **вéшать(ся)**
повествовá|ние *n* [12] narration, na rative; **~тельный** [14] *стиль* narrativ **~тельное предложéние** *gr.* senten **~ть** [7] narrate (*v/t.* **о** П)
повéст|ка *f* [5; *g/pl.*: -ток] *law* summor (*уведомление*) notice; **~ка дня** age da; **´~ь** *f* [8; *from g/pl. e.*] story, tale
по-вúдимому apparently
повúдло *n* [9] jam
повúн|ность *f* [8] duty; **~ный** [14; -úне -úнна] guilty; **~овáться** [7] (*pt. a.* p (Д) obey; comply with; **~овéние** [12] obedience
пóвод *m* **1.** [1] ground, cause; occasi (on **по** Д); **по ~у** (Р) as regards, co cerning; **2.** [1; в -дý: *pl.*: -óдья, -óдье rein; **на ~ý** (**у** Р) be under s.b.'s thum **~óк** *m* [1; -дкá и т. д.; *pl.* -дкú и т. д (dog's) lead
повóзка *f* [5; *g/pl.*: -зок] vehicle, conve ance; (*not equipped with springs*) ca riage; cart
повор|áчивать [1], ⟨повернýть⟩ [2 turn (*v/i.* **-ся**; **∠áчивайся!** come on **~óт** *m* [1] turn; **~óтливый** [14 *sh.*] nir ble, agile; **~óтный** [14] turning (*a. fi*
повре|ждáть [1], ⟨**~дúть**⟩ [15 *e.*; -еж -едúшь; -еждённый] damage; *ногу т. д.* injure, hurt; **~ждéние** *n* [12] dar age; injury
повреме|нúть [13] *pf.* wait a little; **~é ный** [14] *оплата* payment on time b

П

sis (*by the hour, etc.*)
овсе|днéвный [14; -вен, -вна] everyday, daily; **~мéстный** [14; -тен, -тна] general, universal; **~мéстно** everywhere
овстáн|ец *m* [1; -нца] rebel, insurgent; **~ческий** [16] rebel(lious)
овсюду everywhere
овтор|éние *n* [12] repetition; *материала* review; *событий* recurrence; **~ный** [14] repeated, recurring; **~я́ть** [28], ⟨**~и́ть**⟩ [13] repeat (**-ся** o.s.); review
овыш|áть [1], ⟨**~сить**⟩ [15] raise, increase; *по службе* promote; **-ся** rise; *в звании* advance; **~шéние** *n* [12] rise; promotion; **~шенный** [14] increased, higher; *температура* high
овя́з|ка *f* [5; *g/pl.*: -зок] *med.* bandage; band, armlet
ога|шáть [1], ⟨**~си́ть**⟩ [15] put out, extinguish; *долг* pay; *марку* cancel
огиб|áть [1], ⟨**~нуть**⟩ [21] perish; be killed, fall; **~ший** [17] lost, killed
огло|щáть [1], ⟨**~ти́ть**⟩ [15; -ощу́; -ощённый] swallow up, devour; (*впитывать*) absorb (*a. fig.*)
огля́дывать [1] cast looks (**на** В at)
огов|áривать [1]: **~áривают** there is talk (**о** П of); **~óрка** [5; *g/pl.*: -рок] saying, proverb
огó|да *f* [5] weather (**в** В, **при** П in); **э́то ~ды не дéлает** this does not change anything; **~ди́ть** *coll.* [15 *e.*; -гожу́, -годи́шь] *pf.* wait a little; **~дя́** later; **~лóвный** [14] general, universal; **~лóвно** without exception; **~лóвье** *n* [10] livestock
огóн *m* [1] *mil.* shoulder strap
огóн|я *f* [6] pursuit (**за** T of); pursuers *pl.*; **~я́ть** [28] drive *or* urge (on); drive (*for a certain time*)
ограни́чн|ый [14] border…; **~ик** *m* [1] border guard
огре|б [1; *pl.*: -бá, *etc. e.*] cellar; **~бáльный** [14] funeral; **~бéние** *n* [12] burial; funeral; **~мýшка** *f* [5; *g/pl.*: -шек] rattle; **~шность** *f* [8] error, mistake
огру|жáть [1], ⟨**~зи́ть**⟩ [15 & 15 *e.*; -ужу́, -у́зишь; -у́женный & -ужённый] immerse; sink, plunge, submerge (*v/i.* **-ся**); **~жённый** *a.* absorbed, lost (**в** В in); load, ship; **~жéние** *n* [12] *подлодки* diving; *аппарата* submersion; **~зка** [5; *g/pl.*: -зок] loading, shipment
погряз|áть [1], ⟨**~нуть**⟩ [21] get stuck (**в** T in)
под, ~о 1. (В) (*направление*) under; toward(s), to; (*возраст, время*) about; on the eve of; à la, in imitation of; for, suitable as; **2.** (T) (*расположение*) under, below, beneath; near, by; *сражение* of; *для* (used) for; **пóле ~ рóжью** rye field
пода|вáть [5], ⟨**~ть**⟩ [-дáм, -дáшь, *etc.*, → **дать**] give; serve (*a. sport*); *заявление* hand (*or* send) in; *жалобу* lodge; *пример* set; *руку помощи* render; **~ть в суд** (**на** В) bring an action against; **не ~вáть ви́ду** give no sign; **-ся** move; yield
подав|и́ть → **~ля́ть**; **~и́ться** *pf.* [14] choke; **~лéние** *n* [12] suppression; **~ля́ть** [28], ⟨**~и́ть**⟩ [14] suppress; repress; depress; crush; **~ля́ющий** *a.* overwhelming
подáвно *coll.* so much *or* all the more
подáгра *f* [5] gout; podagra
подáльше *coll.* a little farther
подá|рок *m* [1; -рка] present, gift; **~тливый** [14 *sh.*] (com)pliant; **~ть(ся)** → **~вáть(ся)**; **~ча** *f* [5] serve; *sport* service; *материала* presentation; *воды, газа* supply; *tech.* feed(ing); **~чка** *f* [5; *g/pl.*: -чек] sop; *fig.* tip
подбе|гáть [1], ⟨**~жáть**⟩ [4; -бегу́, -бежи́шь, -бегу́т] run up (**к** Д to)
подби|вáть [1], ⟨**~ть**⟩ [подобью́, -бьёшь, *etc.*, → **бить**] line (T with); *подмётку* (re)sole; hit, injure; *coll.* instigate, incite; **~тый** *coll.* *глаз* black
под|бирáть [1], ⟨**~обрáть**⟩ [подберу́, -рёшь; подобрáл, -á, -о; подóбранный] pick up; *юбку* tuck up; *живот* draw in; (*отбирать*) pick out, select; **-ся** sneak up (**к** Д to); **~би́ть** → **~бивáть**; **~бóр** *m* [1] selection; assortment; **на ~бóр** choice, well-matched, select
подборóдок *m* [1; -дка] chin
подбр|áсывать [1], ⟨**~óсить**⟩ [15] throw *or* toss (up); jolt; *в огонь* add; (*подвез-*

ти) give a lift
подва́л *m* [1] basement; cellar
подвезти́ → ***подвози́ть***
подвер|га́ть [1], ⟨**∠гнуть**⟩ [21] subject, expose; ***∠гнуть испыта́нию*** put to the test; ***∠гнуть сомне́нию*** call into question; **-ся** undergo; **∠женный** [14 *sh.*] subject to
подве́с|ить → ***подве́шивать***; **~но́й** [14] hanging, pendant; *мост* suspension; *мотор* outboard
подвести́ → ***подводи́ть***
подве́тренный [14] *naut.* leeward; sheltered side
подве́|шивать [1], ⟨**~сить**⟩ [15] hang (under; on); suspend (from)
по́двиг *m* [1] feat, exploit, deed
подви|га́ть [1], ⟨**∠нуть**⟩ [20] move little (*v/i.* **-ся**); **~жно́й** [14] *mil.* mobile; *rail.* rolling; **∠жность** *f* [8] mobility; *человека* agility; **∠нуть(ся)** → ***~га́ть*(ся)**
подвла́стный [14; -тен, -тна] subject to, dependent on
подводи́ть [15], ⟨подвести́⟩ [25] lead ([up] to); *фундамент* lay; build; *coll.* let a p. down (*обмануть и т. д.*); ***~ито́ги*** sum up
подво́дн|ый [14] underwater; submarine; ***~ая ло́дка*** submarine; ***~ый ка́мень*** reef; *fig.* unexpected obstacle
подво́з *m* [1] supply; **~и́ть** [15], ⟨подвезти́⟩ [24] bring, transport; *кого-л.* give a p. a lift
подвы́пивший *coll.* [17] tipsy, slightly drunk
подвя́з|ывать [1], ⟨**~а́ть**⟩ [3] tie (up)
под|гиба́ть [1], ⟨**~огну́ть**⟩ [20] tuck (under); bend (*a.* **-ся**); ***но́ги ~гиба́ются от уста́лости*** I am barely able to stand (*with tiredness*)
подгля́д|ывать [1], ⟨**~е́ть**⟩ [11] peep at, spy on
подгов|а́ривать [1], ⟨**~ори́ть**⟩ [13] instigate, put a p. up to
под|гоня́ть [28], ⟨**~огна́ть**⟩ [подгоню́, -го́нишь, → ***гнать***] drive to *or* urge on, hurry; *к фигуре и т. д.* fit, adapt (to)
подгор|а́ть [1], ⟨**~е́ть**⟩ [9] burn slightly
подготов|и́тельный [14] preparator[y]; *работа* spadework; **∠ка** *f* [5; *g/p*[*l*.:] -вок] preparation, training (***к*** Д fo[r]); **~ля́ть** [28], ⟨**∠ить**⟩ [14] prepare; ***∠и[ть] по́чву*** *fig.* pave the way
подда|ва́ться [5], ⟨**∠ться**⟩ [-да́мс[я], -да́шься, *etc.*, → ***дать***] yield; ***[не] ~ва́ться описа́нию*** defy *or* beggar d[e]scription
подда́к|ивать [1], ⟨**~нуть**⟩ [20] say y[es] (to everything), consent
по́дда|нный *m* [14] subject; **~нство** *n* [...] nationality, citizenship; **∠ться** → ***~ва́ться***
подде́л|ка [5; *g/pl.*: -лок] *бумаг, подп[и]си, денег и т. д.* forgery, counterfe[it]; **~ывать**, ⟨**~ать**⟩ [1] forge; **~ьный** [1[4]] counterfeit…; sham…
подде́рж|ивать [1], ⟨**~а́ть**⟩ [4] suppo[rt]; back (up); *порядок* maintain; *разг[о]вор и т. д.* keep up; **~ка** *f* [5; *g/p*[*l*.:] -жек] support; backing
поде́л|ать *coll.* [1] *pf.* do; ***ничего́ [не] ~аешь*** there's nothing to be done; *a.* ***де́лать***; *coll.* **~о́м**: ***~о́м ему́*** it serv[es] him right
поде́ржанный [14] secondhand; wor[n], used
поджа́р|ивать [1], ⟨**~ить**⟩ [13] fry, roa[st], grill slightly; brown; *хлеб* toast
поджа́рый [14 *sh.*] lean
поджа́ть → ***поджима́ть***
под|же́чь → ***~жига́ть***; **~жига́ть** [1], ⟨**~же́чь**⟩ [26; подожгу́; -ожжё[шь]; поджёг, подожгла́; подожжённы[й]] set on fire (*or* fire to)
под|жида́ть [1], ⟨**~ожда́ть**⟩ [-ду́, -дё[шь]; -а́л, -а́, -о] wait (for Р, В)
под|жима́ть [1], ⟨**~жа́ть**⟩ [подожм[у́], -мёшь; поджа́тый] draw in; *ноги* cro[ss] (one's legs); *губы* purse (one's lip[s]); ***~жа́ть хвост*** have one's tail betwe[en] one's legs; ***вре́мя ~жима́ет*** time [is] pressing
поджо́г *m* [1] arson
подзаголо́вок *m* [1; -вка] subtitle
подзадо́р|ивать *coll.* [1], ⟨**~ить**⟩ [1[3]] egg on, incite (***на*** В, ***к*** Д to)
подза|ты́льник *m* [1] cuff on the ba[ck] of the head; **~щи́тный** *m* [14] *law* clie[nt]

одзéмный [14] underground, subterranean; **~ толчóк** tremor
од|зывáть [1], ⟨**~озвáть**⟩ [подзовý, ёшь; подозвáл, -á, -о; подóзванный] call, beckon
од|карáуливать *coll.* [1], ⟨**~карáулить**⟩ [13] → ***подстерегáть***; **~кáрмливать** [1], ⟨**~кормúть**⟩ [14] *скот* feed up, fatten; *растения* give extra fertilizer; **~кáтывать** [1], ⟨**~катúть**⟩ [15] roll *or* drive up; **~кáшиваться** [1], ⟨**~косúться**⟩ [15] give way
одкú|дывать [1], ⟨**~нуть**⟩ [20] → ***подбрáсывать***; **~дыш** *m* [1] foundling
одклáд|ка [5; *g/pl.*: -док] lining; **~ывать** [1], ⟨подложúть⟩ [16] lay (under); (*добавить*) add; ***подложúть свинью́*** *approx.* play a dirty trick on s.o
одклé|ивать [1], ⟨**~ить**⟩ [13] glue, paste
одключ|áть [4], ⟨**~úть**⟩ [16] *tech.* connect, link up; *fig.* include, attach
одкóв|а *f* [5] horseshoe; **~ывать** [1], ⟨**~áть**⟩ [7 *e.*; -кую́, -куёшь] shoe; give a grounding in; **~анный** [14] *a.* versed in
одкóжный [14] hypodermic
одкосúть|ся → ***подкáшиваться***
одкрá|дываться [1], ⟨**~сться**⟩ [25] steal *or* sneak up (**к** Д to); **~шивать** [1], ⟨**~сить**⟩ [15] touch up one's make-up (*a.* **-ся**)
одкреп|лять [28], ⟨**~úть**⟩ [14 *e.*; -плю́, -пúшь, -плённый] reinforce, support; *fig.* corroborate; **-ся** fortify o.s.; **~лéние** *n* [12] *mil.* reinforcement
óдкуп *m* [1], **~áть** [1], ⟨**~úть**⟩ [14] suborn; bribe; *улыбкой и т. д.* win over, charm
одлá|живаться [1], ⟨**~диться**⟩ [15] adapt o.s. to, fit in with; humo(u)r, make up to
óдле (Р) beside, by (the side of); nearby
одлеж|áть [4 *e.*; -жý, -жúшь] be subject to; be liable to; (И) ***не ~úт сомнéнию*** there can be no doubt (about); **~áщий** [17] subject (Д to); liable to; **~áщее** *n* *gr.* subject
одле|зáть [1], ⟨**~́зть**⟩ [24 *st.*] creep (under; up); **~́сок** *m* [1; -ска и т. д.] undergrowth; **~тáть** [1], ⟨**~тéть**⟩ [11] fly up (to)
подлéц *m* [1 *e.*] scoundrel, rascal
подли|вáть [1], ⟨**~́ть**⟩ [подолью́, -льёшь; подлéй! подлúл, -а, -о; подлúтый (-лúт, -á, -о)] add to, pour on; **~́вка** *f* [5; *g/pl.*: -вок] gravy; sauce
подлúз|а *coll.* *m/f* [5] toady; **~ываться** *coll.* [1], ⟨**~áться**⟩ [3] flatter, insinuate o.s. (**к** Д with), toady (to)
пóдлинн|ик *m* [1] original; **~ый** [14; -инен, -инна] original; authentic, genuine; true, real
подлúть → ***подливáть***
подлó|г *m* [1] forgery; **~жúть** → ***подклáдывать***; **~жный** [14; -жен, -жна] spurious, false
пóдл|ость *f* [8] meanness; baseness; low-down trick; **~ый** [14; подл, -á, -о] mean, base, contemptible
подмáз|ывать [1], ⟨**~ать**⟩ [3] grease (*a.*, *coll. fig.*); **-ся** *coll.* insinuate o.s., curry favo(u)r (**к** Д with)
подмáн|ивать [1], ⟨**~úть**⟩ [13; -аню́, -áнишь] beckon, call to
подмéн|а *f* [5] substitution (*of s.th. false for s.th. real*), exchange; **~ивать** [1], ⟨**~úть**⟩ [13; -еню́, -éнишь] substitute (Т/В s.th./for), (ex)change
подме|тáть [1], ⟨**~стú**⟩ [25; -т-: -метý] sweep; **~́тить** → ***подмечáть***
подмётка *f* [5; *g/pl.*: -ток] sole
подме|чáть [1], ⟨**~́тить**⟩ [15] notice, observe, perceive
подмéш|ивать, ⟨**~áть**⟩ [1] mix *or* stir (into), add
подмúг|ивать [1], ⟨**~нýть**⟩ [20] wink (Д at)
подмóга *coll.* *f* [5] help, assistance
подмок|áть [1], ⟨**~́нуть**⟩ get slightly wet
подмóстки *m/pl.* [1] *thea.* stage
подмóченный [14] slightly wet; *coll. fig.* tarnished
подмы|вáть [1], ⟨**~́ть**⟩ [22] wash (*a.* out, away); undermine; *impf. coll.* (*impers.*) ***меня́ так и ~вáет…*** I can hardly keep myself from…
поднестú → ***подносúть***
поднимáть [1], ⟨поднять⟩ [-нимý, -ни́мешь; пóднятый (-нят, -á, -о)] lift; pick

П

up (**с** P from); hoist; *тревогу, плату* raise; *оружие* take up; *флаг* hoist; *якорь* weigh; *паруса* set; *шум* make; **~ нос** put on airs; **~ *нá ноги*** rouse; **~ *нá смех*** ridicule; **-ся** [*pt.*: -нялся́, -ла́сь] (**с** P from) rise; go up (stairs ***по ле́стнице***); *coll.* climb (hill ***на холм***); *спор и т. д.* arise; develop

подного́тная *coll. f* [14] all there is to know; the ins and outs *pl.*

подно́ж|ие *n* [12] foot, bottom (*of a hill, etc.*) (at **у** P); pedestal; **~ка** *f* [5; *g/pl.*: -жек] footboard; *mot.* running board; (*wrestling*) tripping up one's opponent

подно́|с *m* [1] tray; **~си́ть** [15], ⟨поднести́⟩ [24 -с-] bring, carry, take; present (Д); **~ше́ние** *n* [12] gift, present

поднят|ие *n* [12] lifting; raising, hoisting, *etc.*, →; ***поднима́ть(ся)***; **~ь(ся)** → ***поднима́ть(ся)***

подоб|а́ть: *impf.* (*impers.*) ***~а́ет*** it becomes; befits; **~ие** *n* 12] resemblance; image (*a. eccl.*); *math.* similarity; **~ный** [14; -бен, -бна] similar (Д to); such; ***и тому́ ~ное*** and the like; ***ничего́ ~ного*** nothing of the kind; ***~но тому́ как*** just as; **~остра́стный** [14; -тен, -тна] servile

подо|бра́ть(ся) → ***подбира́ть(ся)***; **~гна́ть** → ***подгоня́ть***; **~гну́ть(ся)** → ***подгиба́ть(ся)***; **~грева́ть** [1], ⟨-греть⟩ [8; -етый] warm up, heat up; rouse; **~двига́ть** [1], ⟨-дви́нуть⟩ [20] move (**к** Д [up] to) (*v/i.* **-ся**); **~жда́ть** → ***поджида́ть & ждать***; **~зва́ть** → ***подзыва́ть***

подозр|ева́ть [1], ⟨заподо́зрить⟩ [13] suspect (**в** П of); **~е́ние** *n* [12] suspicion; **~и́тельный** [14; -лен, -льна] suspicious

подойти́ → ***подходи́ть***

подоко́нник *m* [1] window sill

подо́л *m* [1] hem (*of skirt*)

подо́лгу (for a) long (time)

подо́нки *pl.* [*sg.* 1; -нка] dregs; *fig.* scum, riffraff

подо́пытный [14; -тен, -тна] experimental; **~ *кро́лик*** *fig.* guineapig

подорва́ть → ***подрыва́ть***

подоро́жник *m* [1] *bot.* plantain

подо|сла́ть → ***подсыла́ть***; **~спе́ть** [8] *pf.* come (in time); **~стла́ть** → ***подстила́ть***

подотчётный [14; -тен, -тна] accountable to

подохо́дный [14]; **~ *нало́г*** income ta[x]

подо́шва *f* [5] sole (*of foot or boot*); *хо[лма и т. д.]* foot, bottom

подпа|да́ть [1], ⟨**~сть**⟩ [25; *pt. st.*] f[all] (under); **~ли́ть** [13] *pf. coll.* → ***по[д]жéчь***; singe; *coll.* **~сть** → **~да́ть**

подпира́ть [1], ⟨подпере́ть⟩ [12; под[опру́], -прёшь] support, prop up

подпис|а́ть(ся) → **~ывать(ся)**; **~ка** *f* [5; *g/pl.*: -сок] subscription (***на*** B to; fo[r]); signed statement; **~но́й** [14] subscription…; **~чик** *m* [1] subscribe[r]; **~ывать(ся)** [1], ⟨**~а́ть(ся)**⟩ [3] sign; su[b]scribe (***на*** B to; for); **´~ь** *f* [8] signatu[re] (for ***на*** B); ***за ´~ью*** (P) signed by

подплы|ва́ть [1], ⟨**~ть**⟩ [23] swim up [or] sail up to [**к** Д]

подпо|лза́ть [1], ⟨**~лзти́**⟩ [24] creep [or] crawl (***под*** B under; **к** Д up to); **~лко́вник** *m* [1] lieutenant colonel; **~лье** [1[0]; *g/pl.*: -ьев] cellar; (*fig.*) undergrou[nd] work *or* organization; **~льный** [14] u[n]derground…; **~р(к)а** *f* [5 (*g/pl.*: -ро[к])] prop; **~чва** *f* [5] subsoil; **~я́сывать** [1], ⟨**~я́сать**⟩ [3] belt; gird

подпр|ы́гивать [1], *once* ⟨**~ы́гнуть**⟩ [2[0]] jump up

подпус|ка́ть [1], ⟨**~ти́ть**⟩ [15] allow [to] approach

подра|ба́тывать [1], ⟨**~бо́тать**⟩ [1] ea[rn] additionally; put the finishing touch[es] to

подр|а́внивать [1], ⟨**~овня́ть**⟩ [2[8]] straighten; level; *изгородь* clip; *во[ло]сы* trim

подража́|ние *n* [12] imitation (in/of B/Д); **~тель** *m* [4] imitator (of Д); **~**[ть] [1] imitate, copy (*v/t.* Д)

подраздел|е́ние *n* [12] subdivisi[on], subunit; **~я́ть** [28], ⟨**~и́ть**⟩ [13] (-[ся] be) subdivide(d) (into ***на*** B)

подра|зумева́ть [1] mean (***под*** T b[y]), imply; **-ся** be implied; be meant, understood; **~ста́ть** [1], ⟨**~сти́**⟩ [24 -ст-; -ро́с, -ла́] grow (up); grow a lit[tle] older; ***~ста́ющее поколе́ние*** the risi[ng] generation

ідрез|áть &; ~ывать [1], ⟨**~áть**⟩ [3] cut; :lip, trim
ідрóбн|ость *f* [8] detail; ***вдавáться в ~ости*** go into details; **~ый** [14; -бен, бна] detailed, minute; **~о** in detail, in :ull
ідровня́ть → *подрáвнивать*
ідрóсток *m* [1; -стка] juvenile, teen-ıger; youth; young girl
ідруб|áть [1], ⟨**~и́ть**⟩ [14] **1.** cut; **2.** *sew.* ıem
ідрýга [5] (girl) friend
ɔ-дрýжески (in a) friendly (way)
ідружи́ться [16 *e.*; -жýсь, -жи́шься] *ɔf.* make friends (**с** T with)
ідрумя́ниться [13] *pf.* rouge; *cul.* ɔrown
ідрýчный [14] improvised; *su.* assist-ınt; mate
ідры́|в *m* [1] undermining; blowing ıp; **~вáть** [1] **1.** ⟨**~ть**⟩ [22] *здоровье и n. д.* sap, undermine; **2.** ⟨**подорвáть**⟩ [-рвý, -рвёшь; -рвáл, -á, -о; подóрван-ный] blow up, blast, *fig.* undermine; **~внóй** [14] *деятельность* subversive; ***~внóй заря́д*** charge
ɔдря́д 1. *adv.* successive(ly), running; ɔne after another; **2.** *m* [1] contract; **~чик** *m* [1], contractor
ɔдс|áживать [1], ⟨**~ади́ть**⟩ [15] help sit down; *растения* plant additionally; **-ся**, ⟨**~éсть**⟩ [25; -ся́ду, -ся́дешь; -сел] sit down (**к** Д near, next to)
ɔдсвéчник *m* [1] candlestick
ɔдсéсть → *подсáживаться*
ɔдскáз|ывать [1], ⟨**~áть**⟩ [3] prompt; **~ка** *coll. f* [5] prompting
ɔдскак|áть [3] *pf.* gallop (**к** Д up to); **~ивать** [1], ⟨**подскочи́ть**⟩ [16] run (**к** Д [up] to); jump up
ɔд|слáщивать [1], ⟨**~сласти́ть**⟩ [15 *e.*; -ащý, -асти́шь; -ащённый] sweeten; **~слéдственный** *m* [14] law under in-vestigation; **~слеповáтый** [14 *sh.*] weak-sighted; **~слýшивать**, ⟨**~слýшать**⟩ [1] eavesdrop, overhear; **~смáтривать** [1], ⟨**~смотрéть**⟩ [9; -отрю́, -óтришь] spy, peep; **~смéи-ваться** [1] laugh (**над** T at); **~смотрéть → *смáтривать***

подснéжник *m* [1] *bot.* snowdrop
подсó|бный [14] subsidiary, by-…, side…; *рабочий* auxiliary; **~вывать** [1], ⟨**подсýнуть**⟩ [20] shove under; *coll.* palm (Д [off] on); **~знáтельный** [14; -лен, -льна] subconscious; **~лнечник** *m* [1] sunflower; **~хнуть → *подсыхáть***
подспóрье *coll. n* [10] help, support; ***быть хорóшим ~м*** be a great help
подстáв|ить → *~ля́ть*; **~ка** *f* [5; *g/pl.*: -вок] support, prop, stand; **~ля́ть** [28], ⟨**~ить**⟩ [14] put, place, set (**под** B under); *math.* substitute; (*подвести*) *coll.* let down; ***~ля́ть нóгу*** *or* (***нóжку***) (Д) trip (a p.) up; **~нóй** [14] false; substi-tute; ***~нóе лицó*** figurehead
подстан|óвка *f* [5; *g/pl.*: -вок] *math.* substitution; **~ция** *f* [7] *el.* substation
подстер|егáть [1], ⟨**~éчь**⟩ [26 г/ж: -регý, -режёшь; -рёг, -реглá] lie in wait for, be on the watch for; ***егó ~егáла опáс-ность*** he was in danger
подстил|áть [1], ⟨**подостлáть**⟩ [под-стелю́, -éлешь; подóстланный & под-стеленный] spread (**под** B under)
подстр|áивать [1], ⟨**~óить**⟩ [13] build on to; *coll. fig.* bring about by secret plotting; connive against
подстрек|áтель *m* [4] instigator; **~áте-льство** *n* [9] instigation; **~áть** [1], ⟨**~нýть**⟩ [20] incite (**на** B to); stir up, provoke
подстр|éливать [1], ⟨**~ели́ть**⟩ [13; -елю́, -éлишь] hit, wound; **~игáть** [1], ⟨**~и́чь**⟩ [26 г/ж: -игý, -ижёшь; -и́г, -и́гла; -и́женный] cut, crop, clip; trim, lop; **~óить → *подстрáивать***; **~óчный** [14] interlinear; foot(*note*)
пóдступ *m* [1] approach (*a. mil.*); **~áть** [1], ⟨**~и́ть**⟩ [14] approach (*v/t.* **к** Д); rise; press
подсуд|и́мый *m* [14] defendant; **~ность** *f* [8] jurisdiction
подсýнуть → *подсóвывать*
подсч|ёт *m* [1] calculation, computa-tion, cast; **~и́тывать**, ⟨**~итáть**⟩ [1] count (up), compute
подсы|лáть [1], ⟨**подослáть**⟩ [-шлю́, -шлёшь; -óсланный] send (secretly); **~пáть** [1], ⟨**~пать**⟩ [2] add, pour; **~хáть**

П

[1], ⟨подсо́хнуть⟩ [21] dry (up)
подта́|лкивать [1], ⟨подтолкну́ть⟩ [20] push; nudge; **~со́вывать** [1], ⟨**~сова́ть**⟩ [7] shuffle garble; **~чивать** [1], ⟨подточи́ть⟩ [16] eat (away); wash (out); sharpen; *fig.* undermine
подтвер|жда́ть [1], ⟨**~ди́ть**⟩ [15 *e.*; -ржу́, -рди́шь; -рждённый] confirm, corroborate; acknowledge; **-ся** prove (to be) true; **~жде́ние** [12] confirmation; acknowledg(e)ment
под|тере́ть → **~*тира́ть***; **~тёк** *m* [1] bloodshot spot; **~тира́ть** [1], ⟨**~тере́ть**⟩ [12; подотру́; подтёр] wipe (*up*); **~толкну́ть** → **~*та́лкивать***; **~точи́ть** → **~*та́чивать***
подтру́н|ивать [1], ⟨**~ить**⟩ [13] tease, banter, chaff (*v/t.* **над** Т)
подтя́|гивать [1], ⟨**~ну́ть**⟩ [19] pull (up); draw (in *reins*); tighten; raise (*wages*); wind *or* key up; egg on; join in (*song*); **-ся** chin; brace up; improve, pick up; **~жки** *f/pl.* [5; *gen.*: -жек] suspenders, *Brt.* braces
поду́мывать [1] think (о П about)
подуч|а́ть [1], ⟨**~и́ть**⟩ [16] → ***учи́ть***
поду́шка *f* [5; *g/pl.*: -шек] pillow; cushion, pad
подхали́м *m* [1] toady, lickspittle
подхва́т|ывать [1], ⟨**~и́ть**⟩ [15] catch; pick up; take up; join in
подхо́д *m* [1] approach (*a. fig.*); **~и́ть** [15], ⟨подойти́⟩ [-ойду́, -дёшь; -ошёл; -шла́; *g. pt.* -ойдя́] (**к** Д) approach, go (up to); arrive, come; (Д) suit, fit; **~я́щий** [17] suitable, fit(ting), appropriate; convenient
подцеп|ля́ть [28], ⟨**~и́ть**⟩ [14] hook on; couple; *fig.* pick up; *насморк* catch (a cold)
подча́с at times, sometimes
подч|ёркивать [1], ⟨**~еркну́ть**⟩ [20; -ёркнутый] underline; stress
подчин|е́ние *n* [12] subordination (*a. gr.*); submission; subjection; **~ённый** [14] subordinate; **~я́ть** [28], ⟨**~и́ть**⟩ [13] subject, subordinate; put under (Д s.b.'s) command; **-ся** (Д) submit (to); прика́зу obey
под|шива́ть [1], ⟨**~ши́ть**⟩ [подошью́, -шьёшь; → ***шить***] sew on (**к** Д t[o]) hem; file (*papers*); **~ши́пник** *m* [1] *tec*[h.] bearing; **~ши́ть** → **~*шива́т*[ь]**
~шу́чивать [1], ⟨**~шути́ть**⟩ [15] play [a] trick (**над** Тон); chaff, mock (**над** Т[…])
подъе́|зд *m* [1] entrance, porch; *доро*[…] drive; approach; **~зжа́ть** [1], ⟨**~хат**[ь]⟩ [-е́ду, -е́дешь] (**к** Д) drive or ride [up] (to); approach; *coll.* drop in (on); *f*[ig.] get round s.o., make up to s.o.
подъём *m* [1] lift(ing); ascent, rise [(a.] *fig.*); enthusiasm; *ноги* instep; **лёг**[**ок**] (**тяжёл**) **на ~** nimble (slow); **~ник** [*m*] [1] elevator, lift, hoist; **~ный** [1…] **~ный мост** drawbridge
подъе́|хать → **~*зжа́ть***
под|ыма́ть(ся) → **~*нима́ть*(*ся*)**
поды́ск|ивать [1], ⟨**~а́ть**⟩ [3] *impf.* see[k,] look for; *pf.* seek out, find; (*выбрат*[ь]) choose
подыто́ж|ывать [1], ⟨**~ить**⟩ [16] sum […]
поеда́ть [1], ⟨пое́сть⟩ → **есть**[1]
поеди́нок *m* [1; -нка] duel (with wea[p]ons **на** П) (*mst. fig.*)
по́езд *m* [1; *pl.*: -да́, *etc. e.*] train; **~ка** *f* [5; *g/pl.*: -док] trip, journey; tour
пожа́луй maybe, perhaps; I suppos[e;] **~ста** please; certainly, by all means; *ответ на благодарность* don't men[tion] it; → *a.* (**не́ за**) **что**
пожа́р *m* [1] fire (**на** В/П to/at); confl[a]gration; **~ище** *n* [11] scene of a fire; *co*[…] big fire; **~ник** *m* [1] fireman; **~ный** [1…] fire…; *su.* → **~*ник***; → ***кома́нда***
пожа́ть → ***пожима́ть*** & ***пожина́ть***
пожела́ни|е *n* [12] wish, desire; ***на*** ***лу́чшие ~я*** best wishes
пожелте́лый [14] yellowed
поже́ртвование *n* [12] donation
пожи|ва́ть [1]: ***как*** (***вы***) ***~ва́ете?*** h[ow] are you (getting on)?; **~ви́ться** [14…] -влю́сь, -ви́шься] *pf. coll.* get s.th. at a[n]other's expense; live off; **~зненный** [1…] life…; **~ло́й** [14] elderly
пожи|ма́ть [1], ⟨пожа́ть⟩ [-жм[у́,] -жмёшь; -жа́тый] → ***жать***[1]; pre[ss,] squeeze; ***~ма́ть ру́ку*** shake han[ds;] ***~ма́ть плеча́ми*** shrug one's shoulde[rs;] **~на́ть** [1], ⟨пожа́ть⟩ [-жну́, -жнёш[ь;] -жа́тый] → ***жать***[2]; **~ра́ть** P [1], ⟨[…]

крáть〉 [-жрý, -рёшь; -áл, -á, -о] eat up, devour; **~тки** *coll. m/pl.* [1] belongings, (one's) things
за *f* [5] pose, posture, attitude
за|вчерá the day before yesterday; **~дú** (P) behind; past; **~прóшлый** [14] the … before last
звол|éние *n* [12] permission (с P with), leave (by); **~úтельный** [14; -лен, -льна] permissible; **~ять** [28], **~ить**〉 [13] allow (*a.* of), permit (Д); **~ять себé** allow o.s.; venture; *расходы* afford; **~ь(те)** may I? let me
звонó|к *m* [1; -нкá] *anat.* vertebra; **~чник** *m* [1] spinal (*or* vertebral) column, spine, backbone; **~чный** [14] vertebral; vertebrate
здн|ий [15] (-zn-) (**~о** *a.* it is) late
здорóвит|ься *coll. pf.*: **емý не ~ся** it won't do him much good
здрав|úтель *m* [4] congratulator; **~úтельный** [14] congratulatory; **~ить** → **~лять**; **~лéние** *n* [12] congratulation; *pl.* compliments of … (**с** T); **~лять** [28], **~ить**〉 [14] (**с** T) congratulate (on), wish many happy returns of … (*the day, occasion, event, etc.*); send (*or* give) one's compliments (of the season)
зже later; **не ~** (P) … at the latest
зитúвный [14; -вен, -вна] positive
зúци|я *f* [7] *fig.* stand, position, attitude (**по** Д on); **занять твёрдую ~ю** take a firm stand
зна|вáть [5], 〈**~ть**〉 [1] perceive; (come to) know; **~ние** *n* [12] perception; *pl.* knowledge; *philos.* cognition
золóта *f* [5] gilding
зóр *m* [1] shame, disgrace, infamy; **~ить** [13], 〈о-〉 dishono(u)r, disgrace; **~ный** [14; -рен, -рна] shameful, disgraceful, infamous, ignominious
имённый [14] of names; nominal; by (roll) call
иск|и *m/pl.* [1] search (**в** П in), quest; **~тине** truly, really
|úть [13], 〈на-〉 *скот* water; give to drink (s.th. T)
й|мáть → **ловúть**; **~тú** → **идтú**
кá for the time being (*a.* **~ что**); meanwhile; *cj.* while; **~ (не)** until; **~!** *coll.* so long!, (I'll) see you later!
покáз *m* [1] demonstration; showing; **~áние** (*usu. pl.*) *n* [12] evidence; *law* deposition; *techn.* reading (*on a meter, etc.*); **~áтель** *m* [4] *math.* exponent; index; *выпуска продукции и т. д.* figure; **~áтельный** [14; -лен, -льна] significant; revealing; **~áть(ся)** → **~ывать(ся)**; **~нóй** [14] ostentatious; for show; **~ывать** [1], 〈**~áть**〉 [3] *фильм и т. д.* show; demonstrate; point; (**на** В at); *tech.* indicate, read; **~áть себя́** (T) prove o.s. *or* one's worth; **и вúду не ~ывать** seem to know nothing; look unconcerned; **-ся** appear, seem (T); come in sight; **~ываться врачý** see a doctor
покáт|ость *f* [8] declivity; slope, incline; **~ый** [14 *sh.*] slanting, sloping; *лоб* retreating
покаяние *n* [12] confession; repentance
поки|дáть [1], 〈**~нуть**〉 [20] leave, quit; (*бросить*) abandon, desert
покла|дáя: **не ~дáя рук** indefatigably; **~дистый** [14 *sh.*] complaisant; accommodating; **~жа** *f* [5] load; luggage
поклóн *m* [1] bow (*in greeting*); *fig.* **послáть ~ы** send regards *pl.*; **~éние** *n* [12] (Д) worship; **~úться** → **клáняться**; **~ник** *m* [1] admirer; **~яться** [28] (Д) worship
покóиться [13] rest, lie on; (основываться) be based on
покó|й *m* [3] rest, peace; calm; **остáвить в ~е** leave alone; **приёмный ~й**; casualty ward; **~йник** *m* [1], **~йница** *f* [5] the deceased; **~йный** [14; -óен, -óйна] the late; *su.* → **~йник**, **~йница**
поколéние [12] generation
покóнчить [16] *pf.* ([с] T) finish; (**с** T) do away with; *дурной привычкой* give up; **~ с собóй** commit suicide
покор|éние *n* [12] *природы* subjugation; **~úтель** *m* [4] subjugator; **~úть (ся)** → **~ять(ся)**; **~ность** *f* [8] submissiveness, obedience; **~ный** [14; -рен, -рна] obedient, submissive; **~ять** [28], 〈**~úть**〉 [13] subjugate; subdue; *сердце* win; **-ся** submit; *необходимости и т. д.* resign o.s.

П

поко́с *m* [1] (hay)mowing; meadow (-land)
покри́кивать *coll.* [1] shout (**на** В at)
покро́в *m* [1] cover
покрови́тель *m* [4] patron, protector; **~ница** *f* [5] patroness, protectress; **~ственный** [14] protective; patronizing; *тон* condescending; **~ство** *n* [9] protection (of Д); patronage; **~ствовать** [7] (Д) protect; patronize
покро́й *m* [3] оде́жды cut
покры|ва́ло *n* [9] coverlet; **~ва́ть** [1], ⟨**~́ть**⟩ [22] (T) cover (*a.* = defray); *краской* coat; *cards* beat, trump; **-ся** cover o.s.; *сыпью* be(come) covered; **~́тие** *n* [12] cover(ing); coat(ing); defrayal; **~́шка** *f* [5; -шек] *mot.* tire (*Brt.* tyre)
покуп|а́тель *m* [4], **~а́тельница** *f* [5] buyer; customer; **~а́тельный** [14] purchasing; **~а́ть** [1], ⟨купи́ть⟩ [14] buy, purchase (from **у** P); **~́ка** *f* [5; *g*/*pl*.: -пок] purchase; ***идти́ за ~́ками*** go shopping; **~но́й** [14] bought, purchased
поку|ша́ться [1], ⟨**~си́ться**⟩ [15 *e.*; -ушу́сь, -уси́шься] attempt (*v*/*t*. **на** В); *на чьи-л. права* encroach ([up]on); **~ше́ние** *n* [12] attempt (**на** В [up]on)
пол¹ *m* [1; на́ ~; на ~у́; *pl. e.*] floor
пол² *m* [1; *from g*/*pl. e.*] sex
пол³(...) [*g*/*sg*., *etc*.: ~(у)...] half (...)
полага́|ть [1], ⟨положи́ть⟩ [16] think, suppose, guess; ***на́до ~ть*** probably; ***поло́жим, что ...*** suppose, let's assume that; **-ся** rely (on **на** В); (Д) ***~ется*** must; be due *or* proper; ***как ~ется*** properly
по́л|день *m* [*gen*.: -(у́)дня: *g*/*pl*.: -дён] noon (**в** В at); → ***обе́д***; ***по́сле ~у́дня*** in the afternoon; **~доро́ги** → **~пути́**; **~дю́жины** [gen.: -удю́жины] half (a) dozen
по́ле *n* [10; *pl. e.*] field (a. *fig.*; **на, в** П in, **по** Д, T across); ground; (*край листа*) *mst. pl.* margin; **~во́й** [14] field...; *цветы* wild
поле́зный [14; -зен, -зна] useful, of use; *совет и т. д.* helpful; *для здоровья* wholesome, healthy
полем|изи́ровать [7] engage in polemics; **~́ика** *f* [5], **~и́ческий** [16] polemic
поле́но *n* [9; *pl*.: -нья, -ньев] log

полёт *m* [1] flight; ***бре́ющий ~*** lowlev[el] flight
по́лз|ать [1], **~ти́** [24] creep, crawl; **~к[о́м]** on all fours; **~у́чий** [17]: ***~у́чее раст[е́]ние*** creeper, climber
поли|ва́ть [1], ⟨**~́ть**⟩ [-лью́, -льёшь, [...]**лить**] water; *pf.* start raining (*or* po[ur]ing); **~́вка** *f* [5] watering
полиго́н *m* [1] *mil.* firing range
поликли́ника *f* [5] polyclinic; *бол[ь]ничная* outpatient's department
полиня́лый [14] faded
поли|рова́ть [7], ⟨от-⟩ polish; **~ро́вк[а]** [5; *g*/*pl*.: -вок] polish(ing)
по́лис *m* [1]: ***страхово́й ~*** insurance p[ol]icy
политехни́ческий [16]: ***~ институ́т*** p[ol]ytechnic
политзаключённый *m* [14] politic[al] prisoner
поли́т|ик *m* [1] politician; **~ика** *f* [5] p[ol]icy; politics *pl.*; **~и́ческий** [16] politic[al]
поли́ть → ***полива́ть***
полиц|е́йский [16] police(man *su.*); **~́[ия]** *f* [7] police
поли́чн|ое *n* [14]: ***пойма́ть с ~ым*** cat[ch] red-handed
полиэтиле́н *m* [1], **~овый** [14] polyeth[y]lene (*Brt.* polythene)
полк *m* [1 *e.*: в ~у́] regiment
по́лка *f* [5; *g*/*pl*.: -лок] shelf
полко́в|ник *m* [1] colonel; **~о́дец** *m* [...] -дца] (*not a designation of milita[ry] rank*) commander, military leader, wa[r]lord; one who leads and supervises; **~[о́й]** [14] regimental
полне́йший [17] utter, sheer
полне́ть [8], ⟨по-⟩ grow stout
полно|ве́сный [14; -сен, -сна] of f[ull] weight; weighty; **~вла́стный** [1[4;] -тен, -тна] sovereign; **~во́дный** [1[4;] -ден, -дна] deep; **~кро́вный** [1[4;] -вен, -вна] fullblooded; **~лу́ние** *n* [1[2]] full moon; **~мо́чие** *n* [12] authori[ty], (full) power; **~мо́чный** [14; -че[н], -чна] plenipotentiary; → ***полпре́[д]***; **~пра́вный** [14; -вен, -вна]: ***~пра́вн[ый] член*** full member; **´~стью** complete[ly], entirely; **~та́** *f* [5] fullness; *информац[ии]* completness; (*тучность*) corpulenc[e]

для ~ты́ карти́ны to complete the picture; **~це́нный** [14; -е́нен, -е́нна] full (value)…; *fig. специалист* fullfledged

о́лночь *f* [8; -(у́)ночи] midnight

о́лн|ый [14; по́лон, полна́, по́лно́; полне́е] full (of P *or* T); (*набитый*) packed; complete, absolute; perfect (*a. right*); (*тучный*) stout; **~ое собра́ние сочине́ний** complete works; **~ы́м-~о́** *coll.* chock-full, packed (with P); lots of

оловик *m* [1 *e.*] mat

олови́н|а *f* [5] half (**на** В by); **~а (в ~е) пя́того** (at) half past four; **два с ~ой** two and a half; **~ка** *f* [5; *g/pl.*: -нок] half; **~чатый** [14] *fig.* indeterminate

олови́ца *f* [5] floor; board

олово́дье *n* [10] high tide (*in spring*)

олов|о́й¹ [14] floor…; **~а́я тря́пка** floor cloth; **~о́й**² [14] sexual; **~а́я зре́лость** puberty; **~ы́е о́рганы** *m/pl.* genitals

оло́гий [16; *comp.*: поло́же] gently sloping

олож|е́ние *n* [12] position, location; situation; (*состояние*) state, condition; *социальное* standing; (*правила*) regulations *pl.*; thesis; **семе́йное ~е́ние** marital status; **~и́тельный** [14; -лен, -льна] positive; *ответ* affirmative; **~и́ть(ся)** → **класть 1. & полага́ть(ся)**

оло́мка *f* [5; *g/pl.*: -мок] breakage; breakdown

олоса́ [5; *ac/sg.*: по́лосу́; *pl.*: по́лосы, поло́с, -са́м] stripe, streak; strip; belt, zone; field; period; **~ неуда́ч** a run of bad luck; **~тый** [14 *sh.*] striped

олоска́ть [3], ⟨про-⟩ rinse; gargle; **-ся** paddle; *о флаге* flap

о́лость *f* [8; *from g/pl. e.*] *anat.* cavity; **брюшна́я ~** abdominal cavity

олоте́нце *n* [11; *g/pl.*: -нец] towel (T on); **ку́хонное ~** dish towel; **махро́вое ~** Turkish towel

оло́тн|ище *n* [11] width; **~о́** *n* [9; *pl.*: -о́тна, -о́тен, -о́тнам], **~я́ный** [14] linen(…)

оло́ть [17], ⟨вы-, про-⟩ weed

ол|пре́д *m* [1] plenipotentiary; **~пути́** halfway (*a.* **на ~пути́**); **~сло́ва** [9; *gen.*: -(у)сло́ва] **ни ~сло́ва** not a word; (a few) word(s); **останови́ться на ~(у)сло́ве** stop short; **~со́тни** [6; *g/sg.*: -(у)со́тни; *g/pl.*: -лусотен] fifty

полтор|а́ *m & n*, **~ы́** *f* [*gen.*: -у́тора, -ры (*f*)] one and a half; **~а́ста** [*obl. cases*; -у́тораста] a hundred and fifty

полу|боти́нки *old use m/pl.* [1; *g/pl.*: -нок] (low) shoes; **~го́дие** *n* [12] half year, six months; **~годи́чный**, **~годово́й** [14] half-yearly; **~гра́мотный** [14; -тен, -тна] semiliterate; **~денный** [14] midday…; **~живо́й** [14; -жи́в, -а́, -о] half dead; **~защи́тник** *m* [1] *sport* halfback; **~кру́г** *m* [1] semicircle; **~ме́сяц** *m* [1] half moon, crescent; **~мра́к** *m* [1] twilight, semidarkness; **~ночный** [14] midnight…; **~оборо́т** *m* [1] half-turn; **~о́стров** *m* [1; *pl.*: -ва́, *etc. e.*] peninsula; **~проводни́к** *m* [1] semiconductor, transistor; **~стано́к** *m* [1; -нка] *rail.* stop; **~тьма́** *f* [5] → **~мра́к**; **~фабрика́т** *m* [1] semifinished product *or* foodstuff

получ|а́тель *m* [4] addressee, recipient; **~а́ть** [1], ⟨**~и́ть**⟩ [16] receive, get; *разрешение и т. д.* obtain; *удовольствие* derive; **-ся**; (*оказаться*) result; prove, turn out; **~е́ние** *n* [12] receipt; **~ка** *coll. f* [5; *g/pl.*: -чек] pay(day)

полу|ша́рие *n* [12] hemisphere; **~шу́бок** *m* [1; -бка] knee-length sheepskin coat

пол|цены́: **за ~цены́** at half price; **~часа́** *m* [1; *g/sg.*: -уча́са] half (an) hour

по́лчище *n* [11] horde; *fig.* mass

по́лый [14] hollow

полы́нь *f* [8] wormwood

полынья́ *f* [6] polnya, patch of open water in sea ice

по́льз|а *f* [5] use; benefit (**на, в** В, **для** Р for), profit, advantage; **в ~у** (Р) in favo(u)r of; **~ователь** *m* [4] user; **~оваться** [7], ⟨**вос~оваться**⟩ (Т) use, make use of; avail o.s. of; *репутацией и т. д.* enjoy, have; *случаем* take

по́ль|ка *f* [5; *g/pl.*: -лек] **1.** Pole, Polish woman; **2.** polka; **~ский** [16] Polish

полюбо́вный [14] amicable

по́люс *m* [1] pole (*a. el*)

поля́|к *m* [1] Pole; **~на** *f* [5] *лесная* glade; clearing; **~рный** [14] polar

пома́да *f* [5] pomade; **губна́я ~** lipstick

П

помале́ньку *coll.* so-so; in a small way; (постепе́нно) little by little
пома́лкивать *coll.* [1] keep silent *or* mum
пома́|рка [5; *g/pl.*: -рок] blot; correction
помести́ть(ся) → ***помеща́ть*(ся)**
поме́стье *n* [10] *hist.* estate
по́месь *f* [8] crossbreed, mongrel
помёт *m* [1] dung; (*приплод*) litter, brood
поме́|тить → **~ча́ть**; **~тка** *f* [5; *g/pl.*: -ток] mark, note; **~ха** *f* [5] hindrance; obstacle; *pl. only radio* interference; **~ча́ть** [1], 〈**~тить**〉 [15] mark, note
поме́ш|анный *coll.* [14 *sh.*] crazy; mad (about ***на*** П); **~а́тельство** *n* [9] insanity; **~а́ть** → ***меша́ть***; **-ся** *pf.* go mad; be mad (***на*** П about)
поме|ща́ть [1], 〈**~сти́ть**〉 [15 *e.*; -ещу́, -ести́шь; -ещённый] place; (*поселить*) lodge, accommodate; *капитал* invest; insert, publish; **-ся** locate; lodge; find room; (*вмещать*) hold; be placed *or* invested; *impf.* be (located); **~ще́ние** *n* [12] premise(s), room; investment; **~́щик** *m* [1] *hist.* landowner, landlord
помидо́р *m* [1] tomato
поми́л|ование *n* [12], **~овать** [7] *pf. law* pardon; forgiveness; ***~уй бог!*** God forbid!
поми́мо (Р) besides, apart from
поми́н *m* [1]: ***лёгок на ~е*** talk of the devil; **~а́ть** [1], 〈**помяну́ть**〉 [19] speak about, mention; commemorate; ***не ~а́ть ли́хом*** bear no ill will (toward[s] a p. B); **~ки** *f/pl.* [5; *gen.*: -нок] commemoration (for the dead); **~у́тно** every minute; constantly
по́мнит|ь [13], 〈вс-〉 remember (о П); ***мне ~ся*** (as far as) I remember; ***не ~ь себя́ от ра́дости*** be beside o.s. with joy
помо|га́ть [1], 〈**~́чь**〉 [26; г/ж: -огу́, -о́жешь, -о́гут, -о́г, -огла́] (Д) help; aid, assist; *о лекарстве* relieve, bring relief
помо́|и *m/pl.* [3] slops; *coll.* **~йка** *f* [5; *g/pl.*: -о́ек] rubbish heap
помо́л *m* [1] grind(ing)
помо́лвка *f* [5; *g/pl.*: -вок] betrothal, engagement
помо́ст *m* [1] dais; rostrum; scaffold
помо́чь → ***помога́ть***
помо́щ|ник *m* [1], **~ница** *f* [5] assistant, helper, aide; **~́ь** *f* [8] help, aid, assistance (**с** Т, ***при*** П with, ***на*** В/Д to one's relief; ***маши́на ско́рой ~́и*** ambulance; ***пе́рвая ~́ь*** first aid
по́мпа *f* [5] pomp
помутне́ние *n* [12] dimness; turbidity
по́мы|сел *m* [1; -сла] thought; (*намерение*) design; **~шля́ть** [28], 〈**~́слить**〉 [13] think (**о** П of), contemplate
помяну́ть → ***помина́ть***
помя́тый [14] (c)rumpled; *трава* trodden
пона́|добиться [14] *pf.* (Д) be, become necessary; **~слы́шке** *coll.* by hearsay
поне|во́ле *coll.* willy-nilly; against one's will; **~де́льник** *m* [1] Monday (**в** В, *pl.* **по** Д on)
понемно́|гу, *coll.* **~жку** (a) little; little by little, gradually; *coll. a.* (*так себе*) so-so
пони|жа́ть [1], 〈**~́зить**〉 [15] lower; (*ослабить, уменьшить*) reduce (*v/i.* **-ся**; fall, sink); **~же́ние** *n* [12] fall; reduction; drop
поник|а́ть [1], 〈**~́нуть**〉 [21] droop, hang (one's head голово́й); *цветы* wilt
понима́|ние *n* [12] comprehension, understanding; conception; ***в моём ~нии*** as I see it; **~ть** [1], 〈**поня́ть**〉 [пойму́, ~мёшь; по́нял, -á, -о; по́нятый (по́нят, -á, -о)] understand, comprehend; realize; (*ценить*) appreciate; **~ю** (**~ешь**, **~ете** [***ли***]) I (you) see
поно́с *m* [1] diarrh(o)ea
поноси́ть [15] revile, abuse
поно́шенный [14 *sh.*] worn, shabby
понто́н [1], **~ный** [14] pontoon
пону|жда́ть [1], 〈**~ди́ть**〉 [15; -у... -ждённый] force, compel
понука́ть [1] *coll.* urge on, spur
пону́р|ить [13] hang; **~ый** [14 *sh.*] downcast
по́нчик *m* [1] doughnut
поны́не *obs.* until now
поня́т|ие *n* [12] idea, notion; concept(ion); (**я**) ***не име́ю ни мале́йшего ~ия*** I haven't the faintest idea; **~ливый**

14 *sh.*] quick-witted; **~ный** [14; -тен, тна] understandable; intelligible; lear, plain; **~ь → понимать**
ó|даль at some distance; **~диночке** ne by one; **~черёдный** [14] taken in urns
ощр|éние *n* [12] encouragement; ***материальное ~éние*** bonus; **~ять** [28], ⟨**~ить**⟩ [13] encourage
па|дáние *n* [12] hit; **~дáть** [1], ⟨**~сть**⟩ 25; *pt. st.*] (**в, на** В) (*оказаться*) get; all; find o.s.; *в цель* hit; *на поезд* catch; *oll.* (Д *impers.*) catch it; ***не ~сть*** miss; ***как ~ло*** anyhow, at random, haphazard; ***комý ~ло*** to the first comer (= ***пéрвому ~вшемуся***); **-ся** (**в** В) be caught; all (into a trap ***на ýдочку***); *coll.* (Д + *b.* + И) *статья и т. д.* come across, hance (up)on, meet; (бывáть) occur, here is (are); strike (Д ***на глазá*** a p.'s ye); ***вам не ~дáлась моя́ кни́га?*** lid you happen to see my book?
пáрно in pairs, two by two
пáсть → попадáть(ся)
пер|ёк (Р) across, crosswise; *дороги* n (*a p. 's way*); **~емéнно** in turns; **~éчный** [14] transverse; diametrical
печ|éние *n* [12] care, charge (in ***на*** П); **~и́тель** *m* [4] guardian, trustee
пирáть [1] trample (on); (*fig.*) flout
плавóк *m* [1; -вкá] float (*a. tech*)
пóйка *coll. f* [5; *g/pl.*: -óек] booze
пол|áм in half; half-and-half; fifty-fifty; **~зновéние** *n* [12]: ***у меня́ бы́ло ~зновéние*** I had half a mind to ...; **~ня́ть** [28], ⟨**~нить**⟩ [13] replenish, supplement; знáния enrich
полýдни in the afternoon, p. m.
прáв|ить(ся) → ~ля́ть(ся); **~ка** *f* [5; *g/pl.*: -вок] correction; *parl.* amendment; (*улучшение*) improvement; recovery; **~ля́ть** [28], ⟨**~ить**⟩ [14] adjust; correct, (a)mend; improve; *здоровье* recover (*v/i.* **-ся**); put on weight
-прéжнему as before
прек|áть [1], ⟨**~нýть**⟩ [20] reproach (with T)
óприще *n* [11] field (***на*** П in); walk of ife, profession
óпро|сту plainly, unceremoniously; ***~сту говоря́*** to put it plainly; **~шáйка** *coll. m/f* [5; *g/pl.*: -áек] beggar; cadger
попугáй *m* [3] parrot
популя́рн|ость *f* [8] popularity; **~ый** [14; -рен, -рна] popular
попус|ти́тельство *n* [9] tolerance; connivance; **′~ту** *coll.* in vain, to no avail
попýт|ный [14] accompanying; *ветер* fair, favo(u)rable; (**~но** in) passing, incidental(ly); **~чик** *m* [1] travel(l)ing companion; *fig. pol.* fellow-travel(l)er
попы́т|áть *coll.* [1] *pf.* try (one's luck **счáстья**); **~ка** [5; *g/pl.*: -ток] attempt
пор|á[1] *f* [5; *ac/sg.*: пóру; *pl. st.*] time; season; ***в зи́мнюю ~у*** in winter (time); (**давнó**) ***~á*** it's (high) time (for Д); ***до ~ы́, до врéмени*** for the time being; not forever; ***до*** (**с**) ***каки́х ~?*** how long (since when)?; ***до сих ~*** so far, up to now (here); ***до тех ~*** (, ***покá***) so (*or* as) long (as); ***с тех ~*** (***как***) since then (since); ***на пéрвых ~áх*** at first, in the beginning; ***~óй*** at times; ***вечéрней ~óй → вéчером***
пóра[2] *f* [5] pore
пора|бощáть [1], ⟨**~ти́ть**⟩ [15 *e.*; -щý, -ти́шь; -щённый] enslave, enthrall
поравня́ться [28] *pf.* draw level (**с** T with), come up (to), come alongside (of)
пора|жáть [1], ⟨**~зи́ть**⟩ [15 *e.*; -ажý, -ази́шь; -ажённый] strike (*a. fig.* = amaze; *med.* affect); defeat; **~жéние** *n* [12] defeat; *law* disenfranchisement; **~зи́тельный** [14; -лен, -льна] striking; **~зи́ть → ~жáть**; **~нить** [13] *pf.* wound, injure
порвáть(ся) → порывáть(ся)
порéз [1], **~ать** [3] *pf.* cut
порéй *m* [3] leek
пóристый [14 *sh.*] porous
порицá|ние [12], **~ть** [1] blame, censure
пóровну in equal parts, equally
порóг *m* [1] threshold; *pl.* rapids
порó|да *f* [5] breed, species, race; о *человеке* stock; *geol.* rock; **~дистый** [14 *sh.*] thoroughbred; **~ждáть** [1], ⟨**~ди́ть**⟩ [15 *e.*; -ожý, -оди́шь; -ождённый] engender, give rise to, entail
порóжний *coll.* [15] empty; idling

П

по́рознь *coll.* separately; one by one
поро́к *m* [1] vice; *речи* defect; *сердца* disease
поролон *m* [1] foam rubber
поросёнок *m* [2] piglet
поро́|ть [17] **1.** ⟨рас-⟩ undo, unpick; *impf. coll.* talk (***вздор*** nonsense); **2.** *coll.* ⟨вы-⟩ whip, flog; ´**~х** *m* [1] gunpowder; **~хово́й** [14] gunpowder …
поро́ч|ить [16], ⟨о-⟩ discredit; *репутацию* blacken, defame; **~ный** [14; -чен, -чна] *круг* vicious; *идея и т. д.* faulty; *человек* depraved
порошо́к *m* [1; -шка́] powder
порт *m* [1; в ~у́; *from g/pl. e.*] port; harbo(u)r
порт|ати́вный [14; -вен, -вна] portable; ´**~ить** [15], ⟨ис-⟩ spoil; **-ся** (*v/i.*) break down
порт|ни́ха *f* [5] dressmaker; **~но́й** *m* [14] tailor
порто́в|ый [14] port…, dock…; ***~ый го́род*** seaport
портре́т *m* [1] portrait; (похо́жесть) likeness
портсига́р *m* [1] cigar(ette) case
португа́л|ец *m* [1; -льца] Portuguese; **~ка** *f* [5; *g/pl.*: -лок], **~ьский** [16] Portuguese
порт|упе́я *f* [6] *mil.* sword belt; shoulder belt; **~фе́ль** *m* [4] brief case; *министра* (*functions and office*) portfolio
пору́|ка *f* [5] bail (***на*** В *pl.* on), security; guarantee; ***кругова́я ~ка*** collective guarantee; **~ча́ть** [1], ⟨~чи́ть⟩ [16] charge (Д/В a p. with); commission, bid, instruct (+ *inf*); entrust; **~че́ние** *n* [12] commission; instruction; *dipl.* mission; (*a. comm.*) order (***по*** Д by, on behalf of); **~чик** *m* [1] *obs.* (first) lieutenant; **~чи́тель** *m* [4] guarantor; **~чи́тельство** *n* [9] (*залог*) bail, surety, guarantee; **~чи́ть** → ***~ча́ть***
порх|а́ть [1], *once* ⟨~ну́ть⟩ [20] flit
по́рция *f* [7] (*of food*) portion, helping
по́р|ча *f* [5] spoiling; damage; **~шень** *m* [4; -шня] (*tech.*) piston
поры́в *m* [1] gust, squall; *гнева и т. д.* fit, outburst; *благородный* impulse; **~а́ть** [1], ⟨порва́ть⟩ [-ву́, -вёшь; -а́л, -а́, -о; по́рванный] tear; break off (***с*** with); **-ся** *v/i.*; *impf.* strive; *a.* ***рва́ть(ся)***; **~истый** [14 *sh.*] gusty; *fi*… impetuous, fitful
поря́дко|вый [14] *gr.* ordinal; **~м** *co*… rather
поря́д|ок *m* [1; -дка] order; (*последовательность*) sequence; *pl.* cond…tions; ***~ок дня*** agenda; ***в ~ке и***…***ключе́ния*** by way of an exceptio…; ***это в ~ке веще́й*** it's quite natur…; ***по ~ку*** one after another; **~очны**… [14; -чен, -чна] *человек* decent; fair(… large *or* great)
посад|и́ть → ***сажа́ть & сади́ть***; ´**~ка** *f* [… *g/pl.*: -док] planting; *naut.* embark…tion, (*a. rail.*) boarding; *ae.* landing; ***вы***…***нужденная ´~ка*** forced landin…; ´**~очный** [14] landing…
по-сво́ему in one's own way
посвя|ща́ть [1], ⟨~ти́ть⟩ [15 *e.*; -ящ…, -яти́шь; -ящённый] devote ([o.s.] … [***себя́***] Д); *кому-л.* dedicate; *в тай*… let, initiate (***в*** В into); **~ще́ние** *n* [12] i… itiation; dedication
посе́в *m* [1] sowing; crop; **~но́й** [14] so…ing; ***~на́я пло́щадь*** area under crop…
поседе́вший [14] (turned) gray, *B*… grey
поселе́нец [1; -нца] settler
пос|ёлок *m* [1; -лка] urban settlemen… **~еля́ть** [28], ⟨~ели́ть⟩ [13] settle; -… (*v/i.*) put up (***в*** П at)
посереди́не in the middle *or* midst …
посе|ти́тель [4], **~ти́тельница** *f* [5] vi…itor, caller; **~ти́ть** → ***~ща́ть***; **~ща́**…**мость** *f* [8] attendance; **~ща́ть** [… ⟨~ти́ть⟩ [15 *e.*; -ещу́, -ети́шь; -ещённы… visit, call on; *impf. занятия и т. д.* a…tend; **~ще́ние** *n* [12] visit (P to), call
поси́льный [14; -лен, -льна] one… strength *or* possibilities; feasible
поскользну́ться [20] *pf.* slip
поско́льку so far as, as far as
посла́|ние *n* [12] message; *lit.* epist… ²**ния** *Bibl.* the Epistles; **~нник** *m* … *dipl.* envoy; **~ть** → ***посыла́ть***
по́сле 1. (P) after (*a.* ***~ того́ как*** + *vb.*) ***чего́*** whereupon; **2.** *adv.* after(ward[s… later (on); **~вое́нный** [14] postwar

…слéдний [15] last; *известия, мода* latest; (*окончательный*) last, final; *…з двух* latter; worst

…слéд|ователь *m* [4] follower; **~ова-…ельный** [14; -лен, -льна] consistent; …uccessive; **~ствие** *n* [12] consequence; **~ующий** [17] subsequent, succeeding, …ollowing

…сле|зáвтра the day after tomorrow;

…слóвие *n* [12] epilogue

…слóвица *f* [5] proverb

…слуш|áние *n* [12] obedience; **~ник** *m* …1] novice; **~ный** [14; -шен, -шна] obe-…dient

…см|áтривать [1] look (at) from time …o time; **~éиваться** [1] chuckle; laugh **над** T at); **~éртный** [14] posthumous; **~éшище** *n* [11] laughingstock, butt; **~еяние** *n* [12] ridicule

…сóб|ие *n* [12] relief, benefit; textbook, …nanual; ***наглядные ~ия*** visual aids; ***~ие по безрабóтице*** unemployment …enefit

…сóл *m* [1; -слá] ambassador; **~ьство** *n* …9] embassy

…спáть [-сплю, -спишь; -спáл, -á, -о] *pf.* …have a) nap

…спе|вáть [1], ⟨**~ть**⟩ [8] (*созревать*) …ipen; (*of food being cooked or pre-…pared*) be done; *coll.* → **успевáть**

…спéшн|ость *f* [8] haste; **~ый** [14; -шен, …шна] hasty, hurried; (*необдуманный*) …ash

…сред|и(не) (P) amid(st), in the mid-…dle (of); **~ник** *m* [1] mediator, interme-…diary, *comm.* middleman; **~ничество** *n* …9] mediation; **~ственность** *f* [8] medi-…ocrity; **~ственный** [14 *sh.*] middling; …nediocre; ***~ственно*** *a.* fair, so-so, sat-…sfactory, C (mark; → ***трóйка***); **~ством** (P) by means of

…ст[1] *m* [1 *e.*] post; ***~ управлéния*** *tech.* …control station

…ст[2] *m* [1 *e.*] fasting; *eccl.* ***Великий ~*** …Lent

…стáв|ить → ***~лять & стáвить***; **~ка** *f* …5; *g/pl.*: -вок] delivery (on при); supply; **~лять** [28], ⟨**~ить**⟩ [14] deliver (*v/t.*; Д …o.); supply, furnish; **~щик** *m* [1 *e.*] sup-…plier

постан|овить → ***~овлять***; **~óвка** *f* [5; *g/pl.*: -вок] *thea.* staging, production; *дела* organization; ***~óвка вопрóса*** the way a question is put; **~овлéние** *n* [12] resolution, decision; *parl., etc.* decree; **~овлять** [28], ⟨**~овить**⟩ [14] decide; decree; **~óвщик** *m* [1] stage manager; director (of film); producer (of play)

посте|лить → ***стлать***; **~ль** *f* [8] bed; **~пéнный** [14; -éнен, -éнна] gradual

пости|гáть [1], ⟨**~гнуть**⟩ & ⟨**~чь**⟩ [21] comprehend, grasp; *несчастье* befall; **~жимый** [14 *sh.*] understandable; conceivable

пост|илáть [1] → ***стлать***; **~иться** [15 *e.*; пощусь, постишься] fast; **~ичь** → ***~игáть***; **~ный** [14; -тен, -тнá, -о] *coll. мясо* lean; *fig.* sour; (*ханжеский*) sanctimonious

постóльку: ***~ поскóльку*** to that extent, insofar as

посторóнни|й [15] strange(r *su.*), outside(r), foreign (*тж. предмет*); unauthorized; ***~м вход воспрещён*** unauthorized persons not admitted

постоян|ный [14; -янен, -янна] constant, permanent; (*непрерывный*) continual, continuous; *работа* steady; *el.* direct; **~ство** *n* [9] constancy

пострадáвший [17] victim; *при аварии* injured

пострéл *coll. m* [1] little imp, rascal

постри|гáть [1], ⟨**~чь**⟩ [26 г/ж: -игу, -ижёшь, -игут] (**-ся** have one's hair) cut; become a monk *or* nun

пострóйка *f* [5; *g/pl.*: -óек] construction; *здание* building; building site

поступ|áтельный [14] forward, progressive; **~áть** [1], ⟨**~ить**⟩ [14] act; (**с** T) treat, deal (with), handle; (**в, на** B) enter, join; *univ.* matriculate; *заявление* come in, be received (**на** B for); ***~ить в продáжу*** be on sale; **-ся** (T) waive; **~лéние** *n* [12] entry; matriculation; receipt; ***~лéние дохóдов*** revenue return; **~ок** *m* [1; -пка] act; (*поведение*) behavio(u)r, conduct; **´~ь** [8] gait, step

посты|дный [14; -ден, -дна] shameful;

~лый [14 *sh.*] *coll.* hateful; repellent

посу́да *f* [5] crockery; plates and dishes; ***фая́нсовая*** (*фарфоровая*) ~ earthenware (china)

посчастли́ви|ться [14; *impers.*] *pf.*: ***ей ~лось*** she succeeded (in *inf.*) *or* was lucky enough (to)

посыл|а́ть [1], ⟨посла́ть⟩ [пошлю́, -шлёшь; по́сланный] send (for ***за*** T); dispatch; **~ка**[1] *f* [5; *g/pl.*: -лок] package, parcel

посы́лка[2] *f* [5; *g/pl.*: -лок] *philos.* premise

посып|а́ть [1], ⟨**~ать**⟩ [2] (be-) strew (T over; with); sprinkle (with); **~аться** *pf.* begin to fall; *fig.* rain; *coll. о вопросах* shower (with)

посяг|а́тельство *n* [9] encroachment; infringement; **~а́ть** [1], ⟨**~ну́ть**⟩ [20] encroach, infringe (***на*** B on); attempt

пот *m* [1] sweat; ***весь в ~у́*** sweating all over

пота|йно́й [14] secret; **~ка́ть** *coll.* [1] indulge; **~со́вка** *coll. f* [5; *g/pl.*: -вок] scuffle

по-тво́ему in your opinion; as you wish; ***пусть бу́дет ~*** have it your own way

потво́рство *n* [9] indulgence, connivance; **~вать** [7] indulge, connive (Д at)

потёмки *f/pl.* [5; *gen.*: -мок] darkness

потенциа́л *m* [1] potential

потерпе́вший [17] victim

потёртый [14 *sh.*] shabby, threadbare, worn

поте́ря *f* [6] loss; *времени, денег* waste

потесни́ть → ***тесни́ть***; **-ся** squeeze up (*to make room for others*)

поте́ть [8], ⟨вс-⟩ sweat, *coll.* toil; *стекло* ⟨*за-*⟩ mist over

поте́|ха *f* [5] fun, *coll.* lark; **~шный** [14; -шен, -шна] funny, amusing

поти|ра́ть *coll.* [1] rub; **~хо́ньку** *coll.* slowly; silently; secretly, on the sly

по́тный [14; -тен, -тна; -о] sweaty

пото́к *m* [1] stream; torrent; flow

пото|ло́к *m* [1; -лка́] ceiling; ***взять что́-л. с ~лка́*** spin s.th. out of thin air

пото́м afterward(s); then; **~ок** *m* [1; -мка] descendant, offspring; **~ственный** [14] hereditary; **~ство** *n* [9] posterity, descendants *pl.*

потому́ that is why; ***~ что*** because

пото́п *m* [1] flood, deluge

потреб|и́тель *m* [4] consumer; **~ить** **~ля́ть**; **~ле́ние** *n* [12] consumption; us **~ля́ть** [28], ⟨**~и́ть**⟩ [14 *e.*; -блю́, -би́ц -блённый] consume; use; **~ность** *f* need, want (***в*** П of), requirement

потрёпанный *coll.* [14] shabby, ta tered, worn

потро|ха́ *m/pl.* [1 *e.*] pluck; gible **~ши́ть** [16 *e.*; -шу́, -ши́шь; -шённый ⟨вы-⟩ draw, disembowel

потряс|а́ть [1], ⟨**~ти́**⟩ [24; -с-] shake (*fig.*); **~а́ющий** [17] tremendous; **~е́ни** *n* [12] shock; **~ти́** → **~а́ть**

поту́|ги *f/pl.* [5] *fig.* (vain) attem **~пля́ть** [28], ⟨**~пи́ть**⟩ [14] *взгляд* ca down; *голову* hang; **~ха́ть** [1] → ***ту нуть***

потя́гивать(ся) → ***тяну́ть(ся)***

поуч|а́ть [1] *coll.* preach at, lectu **~и́тельный** [14; -лен, -льна] instru tive

поха́бный P [14; -бен, -бна] *coll.* o scene, smutty

похвал|а́ *f* [5] praise; commendatio **~ьный** [14; -лен, -льна] commendab praiseworthy

похи|ща́ть [1], ⟨**~тить**⟩ [15; -и́щу; -и́ще ный] purloin; *человека* kidnap; **~ш ние** *n* [12] theft; kidnap(p)ing, abdu tion

похлёбка *f* [5; *g/pl.*: -бок] soup

похме́лье *n* [10] hangover

похо́д *m* [1] march; *mil. fig.*, campaig *туристский* hike; ***кресто́вый ~*** cr sade

походи́ть [15] (***на*** B) be like, resemb

похо́д|ка *f* [5] gait; **~ный** [14] *песн* marching

похожде́ние *n* [12] adventure

похо́ж|ий [17 *sh.*] (***на*** B) like, rese bling; similar (to); ***быть ~им*** look li ***ни на что не ~е*** *coll.* like nothing els unheard of

по-хозя́йски thriftily; wisely

похо|ро́нный [14] funeral…; *мар* dead; ***~ро́нное бюро́*** undertaker's c fice; **~ро́ны** *f/pl.* [5; -о́н, -она́м] funer

urial (**на** П at); **~тли́вый** [14 *sh.*] lustul, lewd; **´~ть** *f* [8] lust
целу́й *m* [3] kiss (**в** В on)
чва *f* [5] soil, (*a. fig.*) ground
чём *coll.* how much (is/are)…; (*only sed with parts of verb знать*) **~ я на́ю, что …** how should I know that
чему́ why; **~-то** for some reason
черк *m* [1] handwriting
че́рпнуть [20; -е́рпнутый] get, obtain
честь *f* [8] hono(u)r
чёт *m* [1] hono(u)r, esteem; hono(u)rble; (*караул* guard) of hono(u)r
чи́н *m* [1] initiative; **по со́бственно-му ~у** on his own initiative
чи́н|ка *f* [5; *g/pl.*: -нок] repair; **отда-ва́ть в ~ку** have s.th. repaired; **~я́ть** 28] → **чини́ть** *1a*
ч|ита́ть[1] [1], 〈**~ти́ть**〉 [-чту́, -ти́шь; чтённый] esteem, respect, hono(u)r; **~ти́ть па́мять встава́нием** stand in .o.'s memory; **~ита́ть**[2] [1] *pf.* read (a vhile)
чка *f* [5; *g/pl.*: -чек] **1.** *bot.* bud; **2.** *anat.* idney
чт|а *f* [5] mail, *Brt.* post (**по** Д by); **~а-льо́н** *m* [1] mailman, *Brt.* postman; **~а́мт** *m* [1] main post office (**на** П at)
чте́н|ие *n* [12] respect (**к** Д for), eseem; **~ный** [14; -е́нен, -е́нна] respectble; *возраст* venerable
чти́ almost, nearly, all but; **~тель-ность** *f* [8] respect; **~тельный** [14; лен, -льна] respectful; *coll. о расстоянии и т. д.* considerable; **~ть** → **почита́ть**
что́в|ый [14] post(al), mail…; post-ofice; **~ый я́щик** mail (*Brt.* letter) box; **~ый и́ндекс** zip (*Brt.* post) code; **~ое отделе́ние** post office
шл|ина *f* [5] customs, duty; **~ость** [8] ulgarity; **~ый** [14; -пошл, -á, -о] vulgar
шту́чный [14] by the piece
ща́да *f* [5] mercy
э́|зия *f* [7] poetry; **~т** *m* [1] poet; **~ти́ческий** [16] poetic(al)
э́тому therefore; and so
яв|и́ться → **~ля́ться**; **~ле́ние** *n* [12] appearance; **~ля́ться** [28], 〈**~и́ться**〉 14] appear; emerge

по́яс *m* [1; *pl.*: -cá, *etc. e.*] belt; zone
поясн|е́ние *n* [12] explanation; **~и́тель-ный** [14] explanatory; **~и́ть** → **~я́ть**; **~и́ца** *f* [5] small of the back; **~о́й** [14] waist…; zonal; *портрет* half-length; **~я́ть** [28], 〈**~и́ть**〉 [13] explain
праба́бушка *f* [5; *g/pl.*: -шек] great-grandmother
пра́вд|а *f* [5] truth; (**э́то**) **~а** it is true; **ва́ша ~а** you are right; **не ~а ли?** isn't it, (s)he?, aren't you, they?, do(es)n't … (*etc.*)〉?; **~и́вый** [14 *sh.*] true, truthful; **~оподо́бный** [14; -бен, -бна] (*вероятный*) likely, probable; (*похожий на правду*) probable, likely
пра́ведн|ик *m* [1] righteous person; **~ый** [14; -ден, -дна] just, righteous, upright
пра́вил|о *n* [9] rule; principle; *pl.* regulations; **как ~о** as a rule; **~а у́личного движе́ния** traffic regulations; **~ьный** [14; -лен, -льна] correct, right; *черты лица и т. д.* regular
прави́тель *m* [4] ruler; **~ственный** [14] governmental; **~ство** *n* [9] government
пра́в|ить [14] (Т) govern, rule; *mot.* drive; *гранки* (proof) read; **~ка** *f* [5] proofreading; **~ле́ние** *n* [12] governing; board of directors; managing *or* governing body
пра́внук *m* [1] great-grandson
пра́во[1] *n* [9; *pl. e.*] right (**на** В to; **по** Д of, by); law; **води́тельские права́** driving license (*Brt.* licence); **~**[2] *adv. coll.* indeed, really; **~во́й** [14] legal; **~мо́чный** [14; -чен, -чна] competent; authorized; (*оправданный*) justifiable; **~наруши́тель** *m* [1] offender; **~писа́ние** *n* [12] orthography, spelling; **~сла́вие** *n* [12] Orthodoxy; **~сла́вный** [14] Orthodox; **~су́дие** *n* [12] administration of the law; **~та́** *f* [5] rightness
пра́вый [14; *fig.* прав, -á, -о] right, correct (*a. fig.*; *a. side*, on *a.* **с** Р), right-hand
пра́вящий [17] ruling
пра́дед *m* [1] great-grandfather
пра́здн|ик *m* [1] (public) holiday; (religious) feast; festival; **с ~иком!** compliments *pl.* (of the season)!; **~ичный** [14] festive, holiday…; **~ование** *n* [12] cele-

bration; **~овать** [7], ⟨от⟩ celebrate; **~ость** *f* [8] idleness; **~ый** [14; -ден, -дна] idle, inactive

пра́кти|к *m* [1] practical worker *or* person; **~ка** *f* [5] practice (**на** П in); ***войти́ в ~ку*** become customary; **~кова́ть** [7] practice (-ise); **-ся** (*v/i.*); be in use *or* used; **~́ческий** [16], **~́чный** [14; чен, -чна] practical

пра́порщик *m* [1] (*in tsarist army*) ensign; (*in Russian army*) warrant officer

прах *m* [1; *no pl.*] *obs. rhet.* dust; ashes *pl.* (*fig.*); ***всё пошло́ ~́ом*** our efforts were in vain

пра́чечная *f* [14] laundry

пребыва́|ние *n* [12], **~ть** [1] stay

превзойти́ → ***превосходи́ть***

превоз|мога́ть [1], ⟨**~мо́чь**⟩ [26; г/ж: -огу́, -о́жешь, -о́гут; -о́г, -гла́] overcome, surmount; **~носи́ть** [15], ⟨**~нести́**⟩ [24 -с-] extol, exalt

превосх|оди́тельство *n* [9] *hist.* Excellency; **~оди́ть** [15], ⟨превзойти́⟩ [-йду́, -йдёшь, *etc.*, → **идти́**; -йдённый] excel (in), surpass (in); **~о́дный** [14; -ден, -дна] superb, outstanding; *качество* superior; superlative *a. gr.*; **~о́дство** *n* [9] superiority

превра|ти́ть(ся) → ***~ща́ть(ся)***; **~́тность** *f* [8] vicissitude; *судьбы* reverses; **~́тный** [14; -тен, тна] *неверный* wrong, mis-…; **~ща́ть** [1], ⟨**~ти́ть**⟩ [15 *e.*; -ащу́, -ати́шь; -ащённый] change, convert, turn, transform (**в** В into) (*v/i.* **-ся**); **~ще́ние** *n* [12] change; transformation

превы|ша́ть [1], ⟨**~́сить**⟩ [15] exceed; **~ше́ние** *n* [12] excess, exceeding

прегра́|да *f* [5] barrier; obstacle; **~жда́ть** [1], ⟨**~ди́ть**⟩ [15 *e.*; -ажу́, -ади́шь; -аждённый] bar, block, obstruct

пред → ***пе́ред***

преда|ва́ть [5], ⟨**~́ть**⟩ [-да́м, -да́шь, *etc.*, → ***да́ть***; пре́дал, -а́, -о; -да́й(те)!; пре́данный (-ан, -а́, -о)] betray; ***~́ть гла́сности*** make public; ***~́ть забве́нию*** consign to oblivion; ***~́ть суду́*** bring to trial; **-ся** (Д) indulge (in); devote o.s., give o.s. up (to); *отчаянию* give way to (*despair*); **~́ние** *n* [12] legend; tradition; **′~нный** [14 *sh.*] devoted, faithful, true; → ***и́скренний***; **~́тель** *m* [4] traitor; **~́тельский** [16] treacherous; **~́тельство** *n* [9] *pol.* betrayal, perfidy, treachery; **~́ть(ся)** → ***~ва́ть(ся)***

предвар|и́тельно as a preliminary, before(hand); **~и́тельный** [14] preliminary; **~я́ть** [28], ⟨**~и́ть**⟩ [13] (В) forestall, anticipate; *выступление и т. д.* preface

предве́|стие → ***предзнаменова́ние***; **~стник** *m* [1] precursor, herald; **~ща́ть** [1] portend, presage

предвзя́тый [14 *sh.*] preconceived

предви́деть [11] foresee

предвку|ша́ть [1], ⟨**~си́ть**⟩ [15] look forward (to); **~ше́ние** *n* [12] (pleasurable) anticipation

предводи́тель *m* [4] leader; *hist.* marshal of the nobility; ringleader, **~ство** *n* [9] leadership

предвосх|ища́ть [1], ⟨**~и́тить**⟩ [15; -ищу́] anticipate, forestall

предвы́борный [14] (pre)election…

преде́л *m* [1] limit, bound(ary) (**в** П within); *страны* border; *pl.* precincts; ***положи́ть ~*** put an end (to); **~ьный** [14] maximum…, utmost, extreme

предзнаменова́|ние *n* [12] omen, augury, portent; **~ть** [7] *pf.* portend, augur, bode

предисло́вие *n* [12] preface

предл|ага́ть [1], ⟨**~ожи́ть**⟩ [16] offer (р. s.th. Д/В); *идею и т. д.* propose, suggest; (*велеть*) order

предло́|г *m* [1] pretext (on, under **под** Т), pretense (under); *gr.* preposition; **~же́ние** *n* [12] offer; proposal, proposition, suggestion; *parl.* motion; *comm.* supply; *gr.* sentence, clause; **~жи́ть** → ***предлага́ть***; **~жный** [14] *gr.* prepositional (*case*)

предме́стье *n* [10] suburb

предме́т *m* [1] object; subject (matter); *comm.* article; **на ~** (Р) with the object of; **~ный** [14]: ***~ный указа́тель*** index

предназн|ача́ть [1], ⟨**~а́чить**⟩ [16] (-ся be) intend(ed) for, destine(d) for

преднаме́ренный [14 *sh.*] premeditated, deliberate

пре́док *m* [1; -дка] ancestor

ꞏедопредел|éние *n* [12] predestination; ~я́ть [28], ⟨~и́ть⟩ [13] predetermine

ꞏедост|авля́ть [28], ⟨~а́вить⟩ [14] (Д) ꞏet (a p.) leave (to); give; *кредит, пра-ꞏо* grant; *в распоряжение* place (at a ꞏ.'s disposal)

ꞏедостер|ега́ть [1], ⟨~е́чь⟩ [26; г/ж] ꞏvarn (**от** P of, against); ~еже́ние *n* ꞏ12] warning, caution

ꞏедосторо́жност|ь *f* [8] precaution(-ꞏry measure **ме́ра ~и**)

ꞏедосуди́тельный [14; -лен, льна] ꞏeprehensible, blameworthy

ꞏедотвра|ща́ть [1], ⟨~ти́ть⟩ [15 *e.*; ꞏащу́; -ати́шь; -ащённый] avert, preꞏent; ~ще́ние *n* [12] prevention

ꞏедохран|е́ние *n* [12] protection (**от** P ꞏrom, against); ~и́тельный [14] precauꞏionary; *med.* preventive; *tech.* safeꞏy...; ~я́ть [28], ⟨~и́ть⟩ [13] guard, preꞏerve (**от** P from, against)

ꞏедпис|а́ние *n* [12] order, injunction; ꞏnstructions, directions; ~ывать [1], ꞏ~а́ть⟩ [3] order, prescribe

ꞏедпол|ага́ть [1], ⟨~ожи́ть⟩ [16] supꞏose, assume; *impf.* (*намереваться*) ꞏntend, plan; (*быть условием*) preꞏuppose; ~ожи́тельный [14; -лен, ꞏльна] conjectural; hypothetical; *дата* ꞏestimated; ~ожи́ть → ***~ага́ть***

ꞏедпо|сла́ть → ***~сыла́ть***; ~сле́дний ꞏ15] penultimate, last but one; ~сыла́ть ꞏ1], ⟨~сла́ть⟩ [-шлю́, -шлёшь; → **сла́ть**] ꞏreface (with); ~сы́лка *f* [5; *g/pl.*: -лок] ꞏpre)condition, prerequiste

ꞏедпоч|ита́ть [1], ⟨~е́сть⟩ [25; -т-: -чту́, ꞏчтёшь; -чёл, -чла́; -чтённый] prefer; *pt.* ꞏ+ **бы** would rather; ~те́ние *n* [12] prefꞏerence; predilection; **отда́ть ~те́ние** ꞏД) show a preference for; give preferꞏence to; ~ти́тельный [14; -лен, -льна] ꞏpreferable

ꞏедпри|и́мчивость *f* [8] enterprise; ꞏи́мчивый [14 *sh.*] enterprising; ~ниꞏма́тель *m* [4] entrepreneur; employer; ꞏ~нима́ть [1], ⟨~ня́ть⟩ [-иму́, -и́мешь; ꞏи́нял, -а́, -о; -и́нятый (-и́нят, -а́, -о)] unꞏdertake; ~я́тие *n* [12] undertaking, enꞏterprise; *завод и т. д.* plant, works, factory (**на** П at); ***риско́ванное ~я́тие*** risky undertaking

предраспол|ага́ть [1], ⟨~ожи́ть⟩ [16] predispose; ~оже́ние *n* [12] predisposition (to)

предрассу́док *m* [1; -дка] prejudice

предрешённый [14; -шён, -шена́] predetermined, already decided

председа́тель *m* [4] chairman; president; ~ство *n* [9] chairmanship; presidency; ~ствовать [7] preside (**на** П over), be in the chair

предсказ|а́ние *n* [12] prediction; *погоды* forecast; (*прорицание*) prophecy; ~ывать [1], ⟨~а́ть⟩ [3] foretell, predict; forecast; prophesy

предсме́ртный [14] occurring before death

представи́тель *m* [4] representative; → *a.* **полпре́д**; ~ный [14; -лен, -льна] representative; *о внешности* stately, imposing; ~ство *n* [9] representation; → *a.* ***полпре́дство***

предста́в|ить(ся) → **~ля́ть(ся)**; ~ле́ние *n* [12] *книги и т. д.* presentation; *thea.* performance; *при знакомстве* introduction; idea, notion; ~ля́ть [28], ⟨~ить⟩ [14] present; **-ся** present o.s., occur, offer; (*предъявлять*) produce; introduce (o.s.); (*a.* **собо́й**) represent, be; act (*a.* = feign **~ля́ться** [T]); (*esp.* **~ля́ть себе́**) imagine; (*к званию*) propose (**к** Д for); *refl. a.* appear; seem

предст|ава́ть [5], ⟨~а́ть⟩ [-а́ну, -а́нешь] appear (before); ~оя́ть, [-ои́т] be in store (Д for), lie ahead; (will) have to; ~оя́щий [17] (forth)coming

преду|бежде́ние *n* [12] prejudice, bias; ~га́дывать, ⟨~гада́ть⟩ [1] guess; foresee; ~мы́шленный [14] → ***преднаме́ренный***

предупре|ди́тельный [14; -лен, -льна] preventive; *человек* obliging; ~жда́ть [1], ⟨~ди́ть⟩ [15 *e.*; -ежу́, -еди́шь; -еждённый] forestall; anticipate (*p.*); (*предотвращать*) prevent (*th.*); *об опасности и т. д* warn (**о** П of); *об уходе* give notice (of); ~жде́ние *n* [12] warning; notice; notification; prevention

П

предусм|а́тривать [1], ⟨**~отре́ть**⟩ [9; -отрю́, -о́тришь] foresee; (*обеспечивать*) provide (for), stipulate; **~отри́тельный** [14; -лен, -льна] prudent, far-sighted

предчу́вств|ие *n* [12] presentiment; foreboding; **~овать** [7] have a presentiment (of)

предше́ств|енник *m* [1] predecessor; **~овать** [7] (Д) precede

предъяв|и́тель *m* [4] bearer; **~ля́ть** [28], ⟨**~и́ть**⟩ [14] present, produce, show; *law* **~ля́ть иск** bring a suit *or* an action (***про́тив*** Д against); **~ля́ть пра́во на** (В) raise a claim to

пре|дыду́щий [17] preceding, previous; **~е́мник** *m* [1] successor

пре́ж|де formerly; (at) first; (Р) before (*a.* **~де чем**); **~девре́менный** [14; -енен, -енна] premature, early; **~ний** [15] former, previous

презид|е́нт *m* [1] president; **~иум** *m* [1] presidium

през|ира́ть [1] despise; ⟨**~ре́ть**⟩ [9] scorn, disdain; **~ре́ние** *n* [12] contempt (**к** Д for); **~ре́ть → ~ира́ть**; **~ри́тельный** [14; -лен, -льна] contemptuous, scornful, disdainful

преиму́ществ|енно chiefly, principally, mainly; **~о** *n* [9] advantage; preference; privilege; **по ~у → ~енно**

прейскура́нт *m* [1] price list

преклон|е́ние *n* [12] admiration (***пе́ред*** Т of); **~и́ться → ~я́ться**; **~ный** [14] old; advanced; **~я́ться** [28], ⟨**~и́ться**⟩ [13] revere, worship

прекосло́вить [14] contradict

прекра́сный [14; -сен, -сна] beautiful; fine; splendid, excellent; **~ пол** the fair sex; *adv. a.* perfectly well

прекра|ща́ть [1], ⟨**~ти́ть**⟩ [15 *e.*; -ащу́, -ати́шь; -ащённый] stop, cease, end (*v/i.* **-ся**); (*прерывать*) break off; **~ще́ние** *n* [12] cessation, discontinuance

преле́ст|ный [14; -тен, -тна] lovely, charming, delightful; **~ь** *f* [8] charm; *coll.* → **~ный**

прелом|ле́ние *n* [12] *phys.* refraction; *fig.* interpretation; **~ля́ть** [28], ⟨**~и́ть**⟩ [14; -млённый] (**-ся** be) refract(ed)

пре́лый [14 *sh.*] rotten; musty

прель|ща́ть [1], ⟨**~сти́ть**⟩ [15 *e.*; -льщ -льсти́шь; -льщённый] (**-ся** b charm(ed), tempt(ed), attract(ed)

прелю́дия *f* [7] prelude

преми́нуть [19] *pf.* fail (*used only wi* **не** + *inf.*:) not fail to

пре́мия *f* [7] prize; bonus; *страхов* premium

премье́р *m* [1] premier, (*us* **~-мини́стр**) prime minister; **~а** *f* [*thea.* première, first night

пренебр|ега́ть [1], ⟨**~е́чь**⟩ [26 г/ж **~еже́ние** *n* [12] (Т) (*невнимание*) neglect, disregard; (*презрение*) disdai scorn, slight; **~ежи́тельный** [14; -ле -льна] slighting; scornful, disdainfu **~е́чь → ~ега́ть**

пре́ния *n/pl.* [12] debate, discussion

преоблада́|ние *n* [12] predominanc **~ть** [1] prevail; *численно* predomina

преобра|жа́ть [1], ⟨**~зи́ть**⟩ [15 *e.*; -аж -ази́шь, -ажённый] change, (*vi.* **-ся** **~же́ние** *n* [12] transformation; **2~же́н** *eccl.* Transfiguration; **~зи́ть(ся)** **~жа́ть(ся)**; **~зова́ние** *n* [12] transfo mation; reorganization; reform; **~з вывать** [1], ⟨**~зова́ть**⟩ [7] reform, reo ganize; transform

преодол|ева́ть [1], ⟨**~е́ть**⟩ [8] ove come, surmount

препара́т *m* [1] *chem., pharm.* prepar tion

препира́тельство *n* [9] altercatio wrangling

преподава́|ние *n* [12] teaching, instru tion; **~тель** *m* [4], **~тельница** *f* [teacher; lecturer; instructor; **~ть** [teach

преподн|оси́ть [15], ⟨**~ести́**⟩ [24 - present with, make a present of; **~ес** ***сюрпри́з*** give s.o. a surprise

препрово|жда́ть [1], ⟨**~ди́ть**⟩ [15 -ожу́, -оди́шь; -ождённый] *докуме ты* forward, send, dispatch

препя́тств|ие *n* [12] obstacle, hi drance; ***ска́чки с ~иями*** steeplechas ***бег с ~иями*** hurdles (race); **~овать** [⟨вос-⟩ hinder, prevent (Д/**в** П a p. fro

ер|ва́ть(ся) → **~ыва́ть(ся)**; **~ека́ние** [12] squabble, argument; **~ыва́ть** [1], **~ва́ть**⟩ [-ву́, -вёшь; -а́л, -а́, -о; пре́рва-ный (-ан, -а́, -о)] interrupt; break (off), /i. **-ся**; **~ы́вистый** [14 *sh.*] broken, faltering

ресе|ка́ть [1], ⟨**~́чь**⟩ [26] cut short; *по-ытки* suppress; **~́чь в ко́рне** nip in he bud; **-ся** break; stop

есле́дов|ание *n* [12] pursuit; (*при-еснение*) persecution; *law* prosecuion; **~ать** [7] pursue; persecute; *law* rosecute

еслову́тый [14] notorious

есмыка́|ться [1] creep, crawl; *fig.* grovel, cringe (**пе́ред** T to); **~ющиеся** /pl. [17] reptiles

е́сный [14; -сен, -сна́, -о] *вода* fresh, ig. insipid, stale

есс *m* [1] the press; **~́а** *f* [5] the press; **-конфере́нция** *f* [7] press conference

естаре́лый [14] aged, advanced in ears

есто́л *m* [1] throne; *eccl.* altar

еступ|а́ть [1], ⟨**~и́ть**⟩ [14] break, infringe; **~ле́ние** *n* [12] crime; **на ме́сте ~ле́ния** red-handed; **~́ник** *m* [1] criminal, offender; **~́ность** *f* [8] criminality; rime

есы|ща́ться [1], ⟨**~́титься**⟩ [15], **~ще́ние** *n* [12] satiety

етвор|я́ть [28], ⟨**~и́ть**⟩ [13]: **~я́ть в жизнь** put into practice, realize

етен|де́нт *m* [1] claimant (to); candidate (for); *на престол* pretender; **~до-а́ть** [7] (**на** B) (lay) claim (to); **~́зия** *f* 7] claim, pretension (**на** B, **к** Д to); **ыть в ~́зии** (**на** B [**за** B]) have a grudge against s.o.

етерп|ева́ть [1], ⟨**~е́ть**⟩ [10] suffer, ndure; (*подвергнуться*) undergo

еувел|иче́ние *n* [12] exaggeration; **и́чивать** [1], ⟨**~и́чить**⟩ [16] exaggerate

еусп|ева́ть [1], ⟨**~е́ть**⟩ [8] succeed; *процветать*) thrive, prosper

и (П) by, at, near; (*битва*) of; under, n the time of; in a p.'s possession: by, vith, on; about (one **~ себе́**), with; in *погоде и т. д.*); for (all that **~ всём ом**); when, on (-ing); **~ э́том** at that; **быть ни ~ чём** *coll.* have nothing to do with (it **тут**), not be a p.'s fault

приба́в|ить(ся) → **~ля́ть(ся)**; **~ка** [5; *g/pl.*: -вок], **~ле́ние** *n* [12] augmentation, supplement; *семейства* addition; **~ля́ть** [28], ⟨**~ить**⟩ [14] (B *or* P) add; augment; put on (*weight* **в** П); **~ля́ть ша́гу** quicken one's steps; **-ся** increase; be added; (a)rise; grow longer; **~очный** [14] additional; *стоимость* surplus…

прибалти́йский [16] Baltic

прибе|га́ть [1] **1.** ⟨**~жа́ть**⟩ [4; -егу́, -ежи́шь, -егу́т] come running; **2.** ⟨**-~́гнуть**⟩ [20] resort, have recourse (**к** Д to); **~рега́ть** [1], ⟨**~ре́чь**⟩ [26 г/ж] save up, reserve

приби|ва́ть [1], ⟨**~́ть**⟩ [-бью́, -бьёшь, *etc.*, → **бить**] nail; *пыль и т. д.* lay, flatten; *к берегу* throw *or* wash ashore (*mst. impers.*); **~ра́ть** [1], ⟨прибра́ть⟩ [-беру́, -рёшь; -бра́л -а́, -о; при́бранный] tidy *or* clean (up); **прибра́ть к рука́м** lay one's hands on s.th.; take s.o. in hand; **~́ть** → **~ва́ть**

прибли|жа́ть [1], ⟨**~́зить**⟩ [15] approach, draw near (**к** Д; *v/i.* **-ся**); *событие* hasten; *о величинах* approximate; **~же́ние** *n* [12] approach(ing); approximation; **~зи́тельный** [14; -лен, -льна] approximate; **~́зить(ся)** → **~жа́ть(-ся)**

прибо́й *m* [3] surf

прибо́р *m* [1] apparatus; instrument

прибра́ть → **прибира́ть**

прибре́жный [14] coastal, littoral

прибы|ва́ть [1], ⟨**~́ть**⟩ [-бу́ду, -дешь; при́был, -а́, -о] arrive (**в** B in, at); *о воде* rise; **ʼ~ль** *f* [8] profit, gains *pl.*; **ʼ~льный** [14; -лен, -льна] profitable; **~́тие** *n* [12] arrival (**в** B in, at; **по** Д upon); **~́ть** → **~ва́ть**

прива́л *m* [1] halt, rest

привезти́ → **привози́ть**

привере́дливый [14 *sh.*] fastidious; squeamish

приве́ржен|ец *m* [1; -нца] adherent; **~ность** *f* [8] devotion; **~ный** [14 *sh.*] devoted

привести́ → **приводи́ть**

приве́т *m* [1] greeting(s); regards, compliments *pl.*; *coll.* hello!, hi!; **~ливый**

П

[14 *sh.*] affable; **~ственный** [14] salutatory, welcoming; **~ствие** *n* [12] greeting, welcome; **~ствовать** [7; *pt. a. pf.*] greet, salute; (*одобрять*) welcome

приви|ва́ть [1], ⟨**~́ть**⟩ [-вью́, -вьёшь, *etc.*, → **вить**] inoculate, vaccinate; *bot.* graft; *привычки и т. д. fig.* cultivate, inculcate; **-ся** take; **~́вка** *f* [5; *g/pl.*: -вок] inoculation, vaccination; grafting; **~де́ние** *n* [12] ghost; **~легиро́ванный** [14] privileged; *акции* preferred; **~ле́гия** *f* [7] privilege; **~́нчивать** [1], ⟨**~нти́ть**⟩ [15 *e.*; -нчу́, -нти́шь] screw on; **~́ть(ся)** → **~ва́ть(ся)**

при́вкус *m* [1] aftertaste; smack (of) (*a. fig.*)

привле|ка́тельный [14; -лен, -льна] attractive; **~ка́ть** [1], ⟨**~́чь**⟩ [26] draw, attract; *к работе* recruit (**к** Д in); call (*к ответственности* to account); bring (*к суду* to trial)

при́вод *m* [1] *tech.* drive, driving gear; **~и́ть** [15], ⟨**привести́**⟩ [25] bring; lead; result (**к** Д in); (*цитировать*) adduce, cite; *math.* reduce; *в порядок* put, set; *в отчаяние* drive; **~но́й** [14] driving (*ремень и т. д. belt, etc.*)

привоз|и́ть [15], ⟨**привезти́**⟩ [24] bring (*other than on foot*); import; **~но́й** [14] imported

приво́лье *n* [10] open space, vast expanse; freedom

привы|ка́ть [1], ⟨**~́кнуть**⟩ [21] get *or* be(come) accustomed *or* used (**к** Д to); **~́чка** *f* [5; *g/pl.*: -чен] habit; custom; **~́чный** [14; -чен, -чна] habitual, usual

привя́з|анность *f* [8] attachment (to); **~а́ть(ся)** → **~ывать(ся)**; **~чивый** [14 *sh.*] *coll.* affectionate; (*надоедливый*) obtrusive; **~ывать** [1], ⟨**~а́ть**⟩ [3] (**к** Д) tie, attach (to); **-ся** become attached; *coll.* pester; **ˊ~ь** [8] leash, tether

пригла|си́тельный [14] invitation…; **~ша́ть** [1], ⟨**~си́ть**⟩ [15 *e.*; -ашу́, -аси́шь; -ашённый] invite (to *mst* **на** В), ask; *врача* call; **~ше́ние** *n* [12] invitation

пригна́ть → **пригоня́ть**

пригов|а́ривать [1], ⟨**~ори́ть**⟩ [13] sentence; condemn; *impf. coll.* keep saying; **~о́р** *m* [1] sentence; verdict (*a. fig.*); **~ори́ть** → **~́аривать**

приго́дный [14; -ден, -дна] → **го́дный**

пригоня́ть [28], ⟨**пригна́ть**⟩ [-гоню́, -гонишь; -гна́л, -а́, -о; при́гнанный] fit, adjust

пригор|а́ть [1], ⟨**~е́ть**⟩ [9] be burnt; **ˊ~од** *m* [1] suburb; **ˊ~одный** [14] suburban; *поезд и т. д.* local; **ˊ~шня** *f* [6; *g/pl.*: -ней & -шен] hand(ful)

пригот|а́вливать(ся) [1] **~овля́ть(ся)**; **~о́вить(ся)** **~овля́ть(ся)**; **~овле́ние** *n* [12] preparation (**к** Д for); **~овля́ть** [28], ⟨**~о́вить**⟩ [14] prepare; **-ся** (*v/i.*) prepare o.s. (**к** Д for)

прида|ва́ть [5], ⟨**~́ть**⟩ [-да́м, -да́шь, *etc.*, → **дать**; при́дал, -а́, -о; при́данный (-ан, -а́, -о)] add; give; *значение* attach; **~́ное** *n* [14] dowry; **~́точный** [14] supplementary; *gr.* subordinate (*clause*); **~́ть** → **~ва́ть**; **~́ча** *f* [5]: **в ~́чу** in addition

придви|га́ть [1], ⟨**~́нуть**⟩ [20] move up (*v/i.* **-ся**; draw near)

придво́рный [14] court (*of a sovereign or similar dignitary*); courtier (*su. m*)

приде́л|ывать, ⟨**~ать**⟩ [1] fasten, fix (**к** Д to)

приде́рж|ивать [1], ⟨**~а́ть**⟩ [4] hold (back); **-ся** *impf.* (Р) hold, adhere (to)

придир|а́ться [1], ⟨**придра́ться**⟩ [-деру́сь, -рёшься; -дра́лся, -ала́сь, -а́лось] (**к** Д) find fault (with), carp *or* cavil (at); **~́ка** *f* [5; *g/pl.*: -рок] faultfinding, carping; **~́чивый** [14 *sh.*] captious, faultfinding

придира́ться → **придра́ться**

приду́м|ывать, ⟨**~ать**⟩ [1] think up, devise, invent

прие́з|д *m* [1] arrival (**в** В in); **по ~е** on arrival (in, at); **~жа́ть** [1], ⟨**прие́хать**⟩ [-е́ду, -е́дешь] arrive (*other than on foot* **в** В in, at); **~жий** [17] newly arrived; guest…

при|ём *m* [1] reception; *в университет и т. д.* admission; *лекарства* taking; (*способ действия*) way, mode; device; trick; method; **в оди́н ~ём** at one go; **~е́млемый** [14 *sh.*] acceptable; *допустимый* admissible; **~ёмная** *f* [14] *su.* reception room; waiting room

…ёмник *m* [1] *tech.* receiver; *для детей* …eception center, *Brt.* -tre; → **радио-приёмник**; **~ёмный** *часы* office; *экза-мен* entrance; *отец, сын* foster
…и|ехать → **~езжа́ть**; **~жа́ть(ся)** → **~жима́ть(ся)**; **~жига́ть** [1], 〈**~же́чь**〉 [26 г/ж: -жгу́, -жжёшь, → **жечь**] cauterize; **~жима́ть** [1], 〈**~жа́ть**〉 [-жму́, -жмёшь; -а́тый] press, clasp (**к** Д to, on); **-ся** press o.s. (to, against); nestle, cuddle up (to); **~жи́мистый** [14 *sh.*] tightfisted, stingy; **~з** *m* [1] prize
…изва́|ние *n* [12] vocation, calling; **~ть** → **призыва́ть**
…иземл|я́ться [28], 〈**~и́ться**〉 [13] *ae.* land; **~е́ние** *n* [12] landing, touchdown
…изёр *m* [1] prizewinner
…и́зма *f* [5] prism
…изна|ва́ть [5], 〈**~́ть**〉 [1] (Т; *a.* **за** В) recognize, acknowledge (as); (*созна-вать*) see, admit, own; (*считать*) find, consider; **-ся** confess (**в** П s.th.), admit; **~́ться** *or* **~ю́сь** tell the truth, frankly speaking; **~к** *m* [1] sign; indication; **~́ние** *n* [12] acknowledg(e)ment, recognition; **~́ние в преступле́нии** confession; declaration (**в любви́** of love); **~́тельность** *f* [8] gratitude; **~́тельный** [14; -лен, -льна] grateful, thankful (for **за** В); **~́ть(ся)** → **~ва́ть(ся)**
…и́зра|к *m* [1] phantom, specter (*Brt.* -tre); **~чный** [14; -чен, -чна] spectral, ghostly; *надежда* illusory
…изы́в *m* [1] appeal, call (**на** В for); *mil.* draft, conscription; **~а́ть** [1], 〈при-зва́ть〉 [-зову́, -вёшь; -зва́л, -а́, -о; при́-званный] call, move dawn appeal (**на** В for); *mil.* draft, call up (**на** В for); **~ни́к** *m* [1 *e.*] draftee, conscript; **~но́й** [14]: **~но́й во́зраст** call-up age
…и́иск *m* [1] mine (*for precious metals*); **золото́й ~** gold field
…ийти́(сь) → **приходи́ть(ся)**
…ика́з *m* [1] order, command; **~а́ть** → **~ывать**; **~ывать** [1], 〈**~а́ть**〉 [3] order, command; give orders
…и|ка́лывать [1], 〈коло́ть〉 [17] pin, fasten; **~каса́ться** [1], 〈косну́ться〉 [20] (**к** Д) touch (lightly); **~ки́дывать**, 〈**~ки́нуть**〉 [20] weigh; estimate (approximately); **~ки́нуть в уме́** *fig.* ponder, weigh up; **-ся** pretend *or* feign to be, act (the Т)

прикла́д *m* [1] *винтовки* butt

приклад|но́й [14] applied; **~́ывать** [1], 〈приложи́ть〉 [16] (**к** Д) apply (to), put (on); *к письму и т. д.* enclose (with); *печать* affix a seal

прикле́и|вать [1], 〈**~ть**〉 [13] paste

приключ|а́ться *coll.* [1], 〈**~и́ться**〉 [16 *e.*; 3rd *p. only*] happen, occur; **~е́ние** *n* [12] (**~е́нческий** [16] of) adventure(…)

прико́|вывать [1], 〈**~ва́ть**〉 [7 *e.*; -кую́, -куёшь] chain; *внимание и т. д.* arrest; **~ла́чивать** [1], 〈**~лоти́ть**〉 [15] nail (on, to **к**), fasten with nails; **~ло́ть** → **прика́лывать**; **~мандирова́ть** [7] *pf.* attach; **~снове́ние** *n* [12] touch, contact; **~сну́ться** → **прикаса́ться**

прикра́с|а *f* [5] *coll.* embellishment; **без ~** unvarnished

прикреп|и́ть(ся) → **~ля́ть(ся)**; **~ля́ть** [28], 〈**~и́ть**〉 [14 *e.*; -плю́, пи́шь; -плённый] fasten; attach; **-ся** register (at, with **к** Д)

прикри́к|ивать [1], 〈**~нуть**〉 [20] shout (at **на** В)

прикры|ва́ть [1], 〈**~́ть**〉 [22] cover; (*за-щищать*) protect; **~́тие** *n* [12] cover, escort (*a. mil*); *fig.* cloak

прила́вок *m* [1; -вка] (*shop*) counter

прилага́|тельное *n* [14] *gr.* adjective (*a.* **и́мя ~тельное**); **~ть** [1], 〈приложи́ть〉 [16] (**к** Д) enclose; apply (to); *усилия* take, make (*efforts*); **~емый** enclosed

прила́|живать [1], 〈**~дить**〉 [15] fit to, adjust to

приле|га́ть [1] **1.** (**к** Д) (ad)join, border; **2.** 〈**~́чь**〉 [26 г/ж: -ля́гу, -ля́жешь, -ля́гут; -лёг, легла́, -ля́г(те)!] lie down (for a while); **3.** *об одежде* fit (closely); **~жа́ние** *n* [12] diligence; **~́жный** [14; -жен, -жна] industrious; **~пля́ть** [28], 〈**~пи́ть**〉 [14] stick to; **~та́ть** [1], 〈**~те́ть**〉 [11] arrive by air, fly in; **~́чь** → **~га́ть** *2*

прили́|в *m* [1] flood, flow; *fig. крови* rush; **~в эне́ргии** surge of energy; **~ва́ть** [1], 〈**~ть**〉 [-лью́, -льёшь; → **лить**] flow to; rush to; **~пать** [1], ⟨**~пнуть**⟩ [21] stick; **~ть** → ***~вать***

прили́ч|ие *n* [12] decency, decorum; **~ный** [14; -чен, -чна] decent, proper; *coll. сумма и т. д.* decent, fair

прилож|е́ние *n* [12] enclosure (*document with a letter etc.*); *журнальное* supplement; *сил и т. д.* application (putting to use); *в книге* appendix, addendum; *gr.* apposition; **~и́ть** → ***прикла́дывать*** & ***прилага́ть***

прима́нка *f* [5; *g/pl.*: -нок] bait, lure; (*fig.*) enticement

примен|е́ние *n* [12] application; use; **~и́мый** [14 *sh.*] applicable; **~и́тельно** in conformity with; **~я́ть** [28], ⟨**~и́ть**⟩ [13; -еню́, -е́нишь; -енённый] apply (**к** Д to); use, employ

приме́р *m* [1] example; ***привести́ в ~*** cite as an example; ***не в ~*** *coll.* unlike; ***к ~у*** *coll.* → ***наприме́р***; **~ивать** [1], ⟨**~ить**⟩ [13] try on; fit; **~ка** *f* [5; *g/pl.*: -рок] trying on; fitting; **~ный** [14; -рен, -рна] exemplary; (*приблизительный*) approximate; **~я́ть** [28] → ***~ивать***

при́месь *f* [8] admixture; *fig.* touch

приме́|та *f* [5] mark, sign; *дурная* omen; ***на ~те*** in view; **~тный** → ***заме́тный***; **~ча́ние** *n* [12] (foot)note; **~ча́тельный** [14; -лен, -льна] notable, remarkable

примир|е́ние *n* [12] reconciliation; **~и́тельный** [14; -лен, -льна] conciliatory; **~я́ть(ся)** [28] → ***мири́ть(ся)***

примити́вный [14; -вен, -вна] primitive, crude

прим|кну́ть → ***~ыка́ть***; **~о́рский** [16] coastal, seaside…; **~о́чка** *f* [5; *g/pl.*: -чек] lotion; **~у́ла** *f* [5] primrose; **~ус** *m* [1] *trademark* Primus (stove); **~ча́ться** [4 *e.*; ~мчу́сь, -чи́шься] *pf.* come in a great hurry; **~ыка́ть** [1], ⟨**~кну́ть**⟩ [20] join (*v/t.* **к** Д); *о здании и т. д. impf.* adjoin

принадл|ежа́ть [4 *e.*; -жу́, -жи́шь] belong ([**к**] Д to); **~е́жность** *f* [8] belonging (**к** Р to); *pl.* accessories

принести́ → ***приноси́ть***

принима́ть [1], ⟨**приня́ть**⟩ [приму́, -и́мешь; при́нял, -á, -о; при́нятый (-ят, á, -о)] take (*a.* over; ***за*** В for; *measure*; *предложение* accept; *гостей* receive; *в школу и т. д.* admit (**в, на** В [in] to); *закон и т. д.* pass, adopt; *обязанности* assume; ***~ на себя́*** take (up)on o.s., undertake; ***~ на свой счёт*** take as referring to o.s.; **-ся** [-ня́лся́, -ла́сь] (***за*** В) start, begin; set to, get down to; *coll.* take in hand; *bot., med.* take effect (injections)

принорови́ться [14 *e.*; -влю́сь, -ви́шься] *pf. coll.* adapt o.s. to

прин|оси́ть [15], ⟨**~ести́**⟩ [24 -с-: -есу́, -ёс, -есла́] bring (*a.* forth, in), *плоды* yield; make (sacrifice **в** В); ***~оси́ть по́льзу*** be of use *or* of benefit

прину|ди́тельный [14; -лен, -льна] forced, compulsory, coercive; **~жда́ть** [1], ⟨**~ди́ть**⟩ [15] force, compel, constrain; **~жде́ние** *n* [12] compulsion, coercion, constraint (***по*** Д under)

при́нцип *m* [1] principle; ***в ~е*** in principle; ***из ~а*** on principle; **~иа́льный** [14; -лен, -льна] of principle; guided by principle

приня́|тие *n* [12] taking, taking up; acceptance; admission (**в, на** В to); *закона и т. д.* passing, adoption; **´~тый** [14] customary; **~ть(ся)** → ***принима́ть(ся)***

приобре|та́ть [1], ⟨**~сти́**⟩ [25 -т-] acquire, obtain, get; buy; **~те́ние** *n* [12] acquisition

приоб|ща́ть [1], ⟨**~щи́ть**⟩ [16 *e.*; -щу́, -щи́шь; -щённый] (**к** Д) *документ* file; introduce (to); **-ся** join (in); consort with

приостан|а́вливать [1], ⟨**~ови́ть**⟩ [14] call a halt to (*v/i.* **-ся**); *law* suspend

припа́док *m* [1; -дка] fit, attack

припа́сы *m/pl.* [1] supplies, stores; ***съестны́е ~*** provisions

припая́ть [28] *pf.* solder (**к** Д to)

припе́|в *m* [1] refrain; **~ка́ть** [1], ⟨**~чь**⟩ [26] *coll.* (*of the sun*) burn, be hot

припи́с|ка *f* [5; *g/pl.*: -сок] postscript; addition; **~ывать** [1], ⟨**~а́ть**⟩ [3] ascribe, attribute (**к** Д to)

припла́та *f* [5] extra payment

припло́д *m* [1] increase (*in number of animals*)

иплы|вáть [1], ⟨ˏть⟩ [23] swim; sail (**к** Д up to)
иплю́снутый [14] flat (*nose*)
иподн|имáть [1], ⟨~я́ть⟩ [-ниму́, -ни́мешь; -по́днял, -á, -о; -по́днятый (-ят, á, -о)] lift *or* raise (**-ся** rise) (a little); ~я́тый [14] *настроение* elated; animated
иполз|áть [1], ⟨~ти́⟩ [24] creep up, in
ипом|инáть [1], ⟨ˏнить⟩ [13] remember, recollect; **он тебé это ˏнит** he'll get even with you for this
иправ|а *f* [5] seasoning; dressing; ~ля́ть [28], ⟨~ить⟩ [14] season; dress
ипух|áть [1], ⟨ˏнуть⟩ [21] swell (a little)
ира|бáтывать [1], ⟨~бо́тать⟩ [1] earn in addition
ира́вн|ивать [1], ⟨~я́ть⟩ [28] equate (with); place on the same footing (as)
ира|стáть [1], ⟨~сти́⟩ [24 -ст-: -стёт; -ро́с, -слá] take; grow (**к** Д to); increase (**на** B by); ~щéние *n* [12] increment
иро́|да *f* [5] nature; **от ~ды** by nature, congenitally; **по ~де** by nature, naturally; ~дный [14] natural; *a.* = **~ждённый** [14] (in)born, innate; **~ст** *m* [1] increase, growth
иру́ч|áть [1], ⟨~и́ть⟩ [16 *e.*; -чу́, -чи́шь; -чённый] tame
и|сáживаться [1], ⟨~сéсть⟩ [25; -ся́ду; -сéл] sit down (for a while), take a seat
исв|áивать [1], ⟨~о́ить⟩ [13] appropriate; *степень и т. д.* confer ([up] on Д); **~о́ить звáние** promote to the rank (of); **~о́ить и́мя** name; ~оéние *n* [12] appropriation
исе|дáть [1], ⟨ˏсть⟩ [25; -ся́ду, -сéл] sit down; squat; ˏст *m* [1]: **в один ˏст** at one sitting; ˏсть → **~дáть & присáживаться**
иско́рб|ие *n* [12] sorrow; regret; ~ный [14; -бен, -бна] regrettable, deplorable
исла́ть → **присылáть**
ислон|я́ть [28], ⟨~и́ть⟩ [13] lean (*v/i.* -ся; **к** Д against)
ислу́|га [5] maid; servant; **~живать** [1] wait (up)on (Д), serve; **~шиваться**, ⟨~шаться⟩ [1] listen, pay attention (**к** Д to)

присм|áтривать [1], ⟨~отрéть⟩ [9; -отрю́, -о́тришь; -о́тренный] look after (**за** T); *coll. новый дом и т. д.* find; **-ся** (**к** Д) peer, look narrowly (at); examine (closely); *к кому-л.* size s.o. up; *к работе и т. д.* familiarize o.s., get acquainted (with); **~о́тр** *m* [1] care, supervision; surveillance; **~отрéть(ся)** → **~áтривать(ся)**
присоедин|éние *n* [12] addition; *pol.* annexation; **~я́ть** [28], ⟨~и́ть⟩ [13] (**к** Д) join (*a.* **-ся**); connect, attach (to); annex, incorporate
приспосо́б|ить(ся) → **~ля́ть(ся)**; **~лéние** *n* [12] adaptation; (*устройство*) device; **~ля́ть** [28], ⟨~ить⟩ [14] fit, adapt (**-ся** o.s.; **к** Д, **под** B to, for)
приста|вáть [5], ⟨ˏть⟩ [-áну, -áнешь] (**к** Д) stick (to); *к кому-л.* bother, pester; *о лодке* put in; *о судне* tie up; **ˏвить** → **~вля́ть**; **ˏвка** *f* [5; *g/pl.*: -вок] *gr.* prefix; **~вля́ть** [28], ⟨ˏвить⟩ [14] (**к** Д) set, put (to), lean (against); (*приделать*) add on; **ʼ~льный** [14; -лен, -льна] steadfast, intent; **ˏнь** *f* [8; *from g/pl. e.*] landing stage; quay, wharf, pier; **ˏть** → **~вáть**
пристёгивать [1], ⟨пристегну́ть⟩ [20] button (up), fasten
пристр|áивать [1], ⟨~о́ить⟩ [13] (**к** Д) add *or* attach (to); settle; place; provide; **-ся** *coll.* → **устрáиваться**; join
пристрáст|ие *n* [12] predilection, weakness (**к** Д for); bias; **~ный** [14; -тен, -тна] bias(s)ed, partial (**к** Д to)
пристрéли|вать [1], ⟨ˏть⟩ [13; -стрелю́, -éлишь] shoot (down)
пристр|о́ить(ся) → **~áивать(ся)**; **~о́йка** *f* [5; *g/pl.*: -о́ек] annex(e); out-house
при́ступ *m* [1] *mil.* assault, onslaught, storm (by T); *med. fig.* fit, attack; *боли* pang; *болезни* bout; **~áть** [1], ⟨~и́ть⟩ [14] set about, start, begin
прису|ждáть [1], ⟨~ди́ть⟩ [15; -уждённый] (**к** Д) *law* sentence to; condemn to; *приз и т. д.* award; **~ждéние** *n* [12] awarding; adjudication
прису́тств|ие *n* [12] presence (in **в** П; of mind **ду́ха**); **~овать** [7] be present (**на**,

в, при П at); **~ующий** [17] present
прису́щий [17 *sh.*] inherent (in Д)
прис|ыла́ть [1], ⟨**~ла́ть**⟩ [-шлю́, -шлёшь; при́сланный] send (**за** Т for)
прися́|га *f* [5] oath (**под** T on); **~га́ть** [1], ⟨**~гну́ть**⟩ [20] swear (to); **~жный** [14] juror; **суд ~жных** jury; *coll.* born, inveterate
прита|и́ться [13] *pf.* hide; keep quiet; **́~скивать** [1], ⟨**~щи́ть**⟩ [16] drag, haul (**-ся** *coll.* o.s.; **к** Д [up] to); *coll.* bring (come)
притвор|и́ть(ся) → **~я́ть(ся)**; **́~ный** [14; -рен, -рна] feigned, pretended, sham; **́~ство** *n* [9] pretense, -nce; **~я́ть** [28], ⟨**~и́ть**⟩ [13; -орю́, -о́ришь; -о́ренный] leave ajar; **-ся** [13] feign, pretend (to be T); be ajar
притесн|е́ние *n* [12] oppression; **~и́тель** *m* [4] oppressor; **~я́ть** [28], ⟨**~и́ть**⟩ [13] oppress
притих|а́ть [1], ⟨**́~нуть**⟩ [21] become silent, grow quiet; *ветер* abate
прито́к *m* [1] tributary; influx (*a. fig.*)
прито́м (and) besides
прито́н *m* [1] den
при́торный [14; -рен, -рна] too sweet, cloying (*a. fig.*)

П

притр|а́гиваться [1], ⟨**~о́нуться**⟩ [20] touch (*v/t.* **к** Д)
притуп|ля́ть [28], ⟨**~и́ть**⟩ [14] (**-ся** become) blunt; *fig.* dull
при́тча *f* [5] parable
притя́|гивать [1], ⟨**~ну́ть**⟩ [19] drag, pull; *о магните* attract; *coll.* → **привлека́ть**; **~жа́тельный** [14] *gr.* possessive; **~же́ние** *n* [12] (*phys.*) attraction; **~за́ние** *n* [12] claim, pretension (**на** В to); **~ну́ть** → **~гивать**
приу|ро́чить [16] *pf.* time, date (for *or* to coincide with **к** Д); **~са́дебный** [14]: **~са́дебный уча́сток** plot adjoining the (farm)house; **~ча́ть** [1], ⟨**~чи́ть**⟩ [16] accustom; train
при|хва́рывать *coll.* [1], ⟨**~хворну́ть**⟩ [20] be(come *pf.*) unwell
прихо́д *m* [1] **1.** arrival, coming; **2.** *comm.* receipt(s); **3.** *eccl.* parish; **~и́ть** [15], ⟨прийти́⟩ [приду́, -дёшь; пришёл, -шла́, -ше́дший; *g. pt.*: придя́] come (to), arrive (**в, на** В in, at, **за** Т fo[r] ...; **~и́ть в упа́док** fall into decay; **~и́ть** [в] **я́рость** fly into a rage; **~и́ть в голо**[ву] / **на ум**, *etc.* think of, cross one's mi[nd] ...; take into one's head; **~и́ть в себя́** (... **чу́вство**) come to (o.s.); **-ся** *родстве*[нником] ... *ником* be; *праздник* fall (**в** В on, **на** ...) to); **мне ~и́тся** I have to, must; **~ск**[ой] [16] parish...
прихож|а́нин *m* [1; *pl.* -а́не, -а́н] paris[h]ioner; **́~ая** *f* [17] → **пере́дняя**
прихот|ли́вый [14 *sh.*] *узор* fancif[ul]; **́~ь** *f* [8] whim
прихра́мывать [1] limp slightly
прице́л *m* [1] sight; **~иваться** [...] ⟨**~иться**⟩ [13] (take) aim (at **в** В)
прице́п *m* [1] trailer; **~ля́ть** [28], ⟨**~и́т**[ь]⟩ [14] hook on (**к** Д to); couple; **-ся** stic[k], cling; → *a.* **приста́(ва́)ть**
прича́л *m* [1] mooring; **~ивать** [...] ⟨**~ить**⟩ [13] moor
прича́|стие *n* [12] *gr.* participle; *ec*[cl.] Communion; the Eucharist; **~стны**[й] [14; -тен, -тна] participating *or* involv[ed] (**к** Д in); **~ща́ть** [1], ⟨**~сти́ть**⟩ [15 ...] -ащу́, -асти́шь; -ащённый] administ[er] (**-ся** receive) Communion; **~ще́ние** [12] receiving Communion
причём moreover; in spite of the fa[ct] that; while
причёс|ка *f* [5; *g/pl.*: -сок] haircut; ha[ir]do, coiffure; **~ывать** [1], ⟨причеса́т[ь]⟩ [3] do, brush, comb (**-ся** one's hair)
причи́н|а *f* [5] cause; reason (**по** Д fo[r]); **по ~е** because of; **по той и́ли ино́й** [...] for some reason or other; **~я́ть** [2...] ⟨**~и́ть**⟩ [13] cause, do
причи|сля́ть [28], ⟨**́~слить**⟩ [13] ran[k], number (**к** Д among); **~та́ние** *n* [1...] (ritual) lamentation; **~та́ть** [1] lame[nt]; **~та́ться** [1] be due, (p.: **с** Р) have to p[ay]
причу́д|а *f* [5] whim, caprice; *характ*[е]*ра* oddity; **~ливый** [14 *sh.*] odd; quai[nt]; *coll.* whimsical, fanciful
при|ше́лец *m* [1; -льца] newcome[r], stranger; a being from space; **~ши́бле**[н]**ный** *coll.* [14] dejected; **~шива́ть** [...] ⟨**~ши́ть**⟩ [-шью́, -шьёшь, *etc.* → **шит**[ь]] (**к** Д) sew ([on] to); **~щемля́ть** [2...] ⟨**~щеми́ть**⟩ [14 *e.*; -млю́, миш[ь] ...]

млённый] pinch, squeeze; **~щепка** *f* [5; *g/pl.*: -пок] clothes-peg; **~щуривать** [1], ‹**~щурить**› [13] → ***жмурить***
приют *m* [1] refuge, shelter; **~ить** [15 *e*.; -ючу, -ютишь] *pf.* give shelter (*v/i*. **-ся**)
прия́|тель *m* [4], **~тельница** *f* [5] friend; **~тельский** [16] friendly; **~тный** [14; -тен, -тна] pleasant, pleasing, agreeable
про *coll.* (В) about, for, of; **~ себя́** to o.s., (*read*) silently
про́ба *f* [5] *для анализа* sample; *о золоте* standard; *на изделии* hallmark
пробе́|г *m* [1] *sport* run, race; **~гать** [1], ‹**~жать**› [4 *e*.; -егу́, -ежи́шь, -гу́т] run through, over), pass (by); *расстояние* over; *глазами* skim
пробе́л *m* [1] blank, gap (*a. fig.*)
проби|ва́ть [1], ‹**~ть**› [-бью́, -бьёшь; -бе́й(те)!; проби́л, -а, -о] break through; pierce, punch; **-ся** fight (*or* make) one's way (**сквозь** В through); *bot* come up; *солнце* shine through; **~ра́ть** [1], ‹про-бра́ть› [-беру́, -рёшь, → ***брать***] *coll.* cold; *до костей* chill (*to the bone*); **-ся** [-бра́лся, -ла́сь, -ло́сь] force one's way (**сквозь** В through); steal, slip; **~рка** *f* [5; *g/pl.*: -рок] test tube; **~ть(ся)** → **~ва́ть(ся)**
про́бк|а *f* [5; *g/pl.*: -бок] cork (*material of bottle*); stopper, plug; *el.* fuse; *fig.* traffic jam; **~овый** [14] cork…
пробле́ма [5] problem; **~ти́чный** [14; -чен, -чна] problematic(al)
про́блеск *m* [1] gleam; flash; **~ *наде́жды*** ray of hope
про́б|ный [14] trial…, test…; ***экземпля́р*** specimen…, sample…; **~*ный ка́мень*** touchstone (a. *fig*.); **~овать** [7], ‹по-› try; *на вкус* taste
пробо́ина *f* [5] hole; *naut*. leak
пробо́р *m* [1] parting (*of the hair*)
пробра́ться → ***пробира́ть(ся)***
пробу|жда́ть [1], ‹**~ди́ть**› [15; -ужде́нный] waken, rouse; **-ся** awake, wake up; **~жде́ние** *n* [12] awakening
пробы́ть [-бу́ду, -бу́дешь; про́бы́л, -а́, -о] *pf.* stay
прова́л *m* [1] collapse; *fig.* failure; **~ивать** [1], ‹**~и́ть**› [13; -алю́, -а́лишь; -а́ленный] *на экзамене* fail; **~ивай(те)!** *coll.* beat it!; **-ся**; collapse, fall in; fail, flunk; (*исчезнуть*) *coll.* disappear, vanish
прове́|дать *coll.* [1] *pf.* visit; (*узнать*) find out; **~де́ние** *n* [12] carrying out, implementation; **~зти́** → ***провози́ть***; **~рить** → **~ря́ть**; **~рка** [5; *g/pl.*: -рок] inspection, check(up), examination, control; **~ря́ть** [28], ‹**~рить**› [13] inspect, examine, check (up on), control; **~сти́** → ***проводи́ть***; **~тривать** [1], ‹**~трить**› [13] air, ventilate
прови|ни́ться [13] *pf.* commit an offense (-nce), be guilty (**в** П of), offend (**пе́ред** Т p.; **в** П with); **~нциа́льный** [14; -лен, -льна] *mst. fig.* provincial; **~нция** *f* [7] province(s)
про́во|д *m* [1; *pl.*: -да́, *etc. e.*] wire, line; *el.* lead; **~ди́мость** *f* [8] conductivity; **~ди́ть** [15] **1.** ‹провести́› [25] lead, *a. el. impf.* conduct, guide; (*осуществлять*) carry out (*or* through), realize, put (*into practice*); put *or* get through; pass; spend (*время*; **за** Т at); *линию и т. д.* draw; *водопровод и т. д.* lay; *политику* pursue; *собрание* hold; *coll.* trick, cheat; **2.** → **~жа́ть**; **~дка** *f* [5; *g/pl.*: -док] installation; *el.* wiring; *tel.* line, wire(s); **~дни́к** *m* [1 *e*.] guide; *rail., el.* conductor (*Brt. rail.* guard); **~жа́ть** [1], ‹**~ди́ть**› [15] see (off), accompany; *глазами* follow with one's eyes; **~з** *m* [1] conveyance; transport(ation)
провозгла|ша́ть [1] ‹**~си́ть**› [15 *e*.; -ашу́, -аси́шь; -ашённый] proclaim; *тост* propose
провози́ть [15], ‹провезти́› [24] convey, transport, bring (with one)
провока́|тор *m* [1] agent provocateur; instigator; **~ция** *f* [7] provocation
про́волок|а *f* [5] wire; **~о́чка** *coll. f* [5; *g/pl.*: -чек] delay (**с** Т in), protraction
прово́р|ный [14; -рен, -рна] quick, nimble, deft; **~ство** *n* [9] quickness, nimbleness, deftness
провоци́ровать [7] (*im*)*pf.*, *a.* ‹с-› provoke (**на** В to)
прогада́ть [1] *pf. coll.* miscalculate (**на** П by)

П

прога́лина *f* [5] glade

прогл|а́тывать [1], 〈**~оти́ть**〉 [15] swallow, gulp; *coll.* **~а́тывать язы́к** lose one's tongue; **~я́дывать** [1] **1.** 〈**~яде́ть**〉 [11] overlook; (*просматривать*) look over (*or* through); **2.** 〈**~яну́ть**〉 [19] peep out, appear

прогн|а́ть → **прогоня́ть**; **~о́з** *m* [1] (**пого́ды**) (weather) forecast; *med.* prognosis

прого|ва́ривать [1], 〈**~вори́ть**〉 [13] say; talk; **-ся** blab (out) (*v/t.* **о** П); **~лода́ться** [1] *pf.* get *or* feel hungry; **~ня́ть** [28], 〈**прогна́ть**〉 [-гоню́, -го́нишь; -гна́л, -а́, -о; про́гнанный] drive (away); *coll.* *работы* fire; **~ра́ть** [1], 〈**~ре́ть**〉 [9] burn through; *coll.* (*обанкротиться*) go bust

прого́рклый [14] rancid

програ́мм|а *f* [5] program(me *Brt.*); **~и́ровать** [1] program(me); **~и́ст** *m* [1] (computer) program(m)er

прогре́сс *m* [1] progress; **~и́вный** [14; -вен, -вна] progressive; **~и́ровать** [1] (make) progress; *о болезни* get progressively worse

прогрыз|а́ть [1], 〈**~́ть**〉 [24; *pt. st.*] gnaw *or* bite through

прогу́л *m* [1] truancy; absence from work; **~ивать** [1], 〈**~я́ть**〉 [28] shirk (work); play truant; **-ся** take (*or* go for a) walk; **~ка** *f* [5; *g/pl.*: -лок] walk (**на** В for), stroll, *верхом* ride; **~ьщик** *m* [1] shirker; truant; **~я́ть(ся)** → **~ивать(ся)**

прода|ва́ть [5], 〈**~́ть**〉 [-да́м, -да́шь, *etc.*, → **дать**; про́дал, -а́, -о; про́данный (про́дан, -а́, -о)] sell; **-ся** (*v/i.*); *a.* be for *or* on sale; **~ве́ц** *m* [1; -вца́], **~вщи́ца** *f* [5] seller, sales(wo)man, (store) clerk, *Brt.* shop assistant; **~́жа** *f* [5] sale (**в** П on; **в** В for); **~́жный** [14] for sale; *цена* sale; [-жен, -жна] venal, corrupt; **~́ть(ся)** → **~ва́ть(ся)**

продви|га́ть [1], 〈**~́нуть**〉 [20] move, push (ahead); **-ся** advance; **~же́ние** *n* [12] advance(ment)

проде́л|ать → **~ывать**; **~ка** *f* [5; *g/pl.*: -лок] trick, prank; **~ывать**, 〈**~ать**〉 [1] *отверстие* break through, make; *работу и т. д.* carry through *or* out, …

проде́ть [-де́ну, -де́нешь; -де́нь (-те…) -де́тый] *pf.* pass, run through; *нит…* thread

продл|ева́ть [1], 〈**~и́ть**〉 [13] exten… prolong; **~е́ние** *n* [12] extension, pr… longation

продово́льств|енный [14] food…; gr… cery…; **~ие** *n* [12] food(stuffs), pro… sions *pl.*

продол|гова́тый [14 *sh.*] oblong; **~жи…тель** *m* [4] continuer; **~жа́ть** [1], 〈**~́жить**〉 [16] continue, go on; lengthe… prolong; **-ся** last; **~же́ние** *n* [12] conti… uation; *романа* sequel; **~же́ние сл… дует** to be continued; **~жи́тельнос…** *f* [8] duration; **~жи́тельный** [14; -ле… -льна] long; protracted; **~́жить(ся)** → **~жа́ть(ся)**; **~́ьный** [14] longitudinal

продро́гнуть [21] *pf.* be chilled to th… marrow

проду́к|т *m* [1] product; *pl. a.* foodstuf… **~ти́вный** [14; -вен, -вна] productiv… fruitful; **~то́вый** [14] grocery (*store…*); **~ция** *f* [7] production, output

продум|ывать, 〈**~ать**〉 [1] think ove… think out

про|еда́ть [1], 〈**~е́сть**〉 [-е́м, -е́шь, *etc.*, → **есть**[1]] eat through, corrode; *coll.* spen… on food

прое́з|д *m* [1] passage, thoroughfar… **~да нет!** "no thoroughfare!"; **~до…** on the way, en route; **пла́та за ~д** far…; **~дить** → **~жа́ть**; **~дно́й** [14]: **~дно́й би… ле́т** season ticket; **~жа́ть** [1], 〈**пр… е́хать**〉 [-е́ду, -е́дешь; -езжа́й(те)!] pas… drive *or* ride through (*or* past, by); tra… el; **-ся** *coll.* take a drive *or* ride; **~жи…** [17] (through) travel(l)er; passerb… transient; **~жая доро́га** thoroughfar…

прое́к|т *m* [1] project, plan, scheme; *до… кумента* draft; **~ти́ровать** [7], 〈**с…**〉 project, plan; design; **~ция** *f* [7] *math…* projection; view

прое́|сть → **~да́ть**; **~хать** → **~зжа́ть**

проже́ктор *m* [1] searchlight

прожи|ва́ть [1], 〈**~́ть**〉 [-иву́, -ивёш… про́жил, -а́, -о; про́житый (про́жит, -а́, -о)] live; *pf.* spend; **~га́ть** [1], 〈**проже́чь**〉 [26 г/ж: -жгу́, -жжёшь] burn (through…

гáть жизнь *coll.* live fast; **∠точный** [14]: **∠точный ми́нимум** *m* living *or* subsistence wage; **∠ть → ∼ва́ть**
прожо́рлив|ость *f* [8] gluttony, voracity; **∼ый** [14 *sh.*] gluttonous
про́за *f* [5] prose; **∠ик** *m* [1] prose writer; **∼и́ческий** [16] prosaic; prose…
про́|звище *n* [11] nickname; **по ∼звищу** nicknamed; **∼зва́ть → ∼зыва́ть**; **∼зева́ть** *coll.* [1] *pf.* miss; let slip; **∼зорли́вый** [14 *sh.*] perspicacious; **∼зра́чный** [14; -чен, -чна] transparent; *a. fig.* limpid; **∼зре́ть** [9] *pf.* recover one's sight; begin to see clearly; perceive; **∼зыва́ть** [1], ⟨**∼зва́ть**⟩ [-зову́, -вёшь; -зва́л, -а́, -о; про́званный] (Т) nickname; **∼зяба́ть** [1] vegetate; **∼зя́бнуть** [21] *coll.* **→ продро́гнуть**
проигр|ывать [1], ⟨**∠а́ть**⟩ [1] lose (at play); *coll.* play; **-ся** lose all one's money; **´∼ыш** *m* [1] loss (**в** П)
произв|еде́ние *n* [12] work, production; **∼вести́ → ∼оди́ть**; **∼оди́тель** *m* [4] producer; (*animal*) male parent, sire; **∼оди́тельность** *f* [8] productivity; *завода* output; **∼оди́тельный** [14; -лен, -льна] productive; **∼оди́ть** [15], ⟨**∼ести́**⟩ [25] (**-ся** *impf.* be) make (made), carry (-ried) out, execute(d), effect(ed); (*tech. usu. impf.*) produce(d); *на свет* bring forth; *impf.* derive (d; **от** Р from); **∼о́дный** [14] *слово* derivative (*a. su. f math.*); **∼о́дственный** [14] production…; manufacturing; works…; **∼о́дство** *n* [9] production, manufacture; *coll.* plant, works, factory (**на** П at)
произ|во́л *m* [1] arbitrariness; *судьбы* mercy; tyranny; **∼во́льный** [14; -лен, -льна] arbitrary; **∼носи́ть** [15], ⟨**∼нести́**⟩ [24 -с-] pronounce; *речь* deliver, make; utter; **∼ноше́ние** *n* [12] pronunciation; **∼ойти́ → происходи́ть**
происки *m/pl.* [1] intrigues; **∼ходи́ть** [15], ⟨произойти́⟩ [-зойдёт; -зошёл, -шла; *g. pt.*: произойдя́] take place, happen; (*возникать*) arise, result (**от** Р from); *о человеке* descend (**от, из** Р from); **∼хожде́ние** *n* [12] origin (by [= birth] **по** Д), descent; **∼ше́ствие** *n* [12] incident, occurrence, event
про|йти́(сь) → ∼ходи́ть & ∼ха́живаться
прок *coll. m* [1] **→ по́льза**
прока́з|а *f* [5] **1.** prank, mischief; **2.** *med.* leprosy; **∼ник** *m* [1], **∼ница** *f* [5] **→** *coll.* **шалу́н(ья)**; **∼ничать** [1] *coll.* **→ шали́ть**
прока́|лывать [1], ⟨проколо́ть⟩ [17] pierce; perforate; *шину* puncture; **∼пывать** [1], ⟨прокопа́ть⟩ [1] dig (through); **∼рмливать** [1], ⟨прокорми́ть⟩ [14] support, nourish; feed
прока́т *m* [1] hire (**на** В for); *фильма* distribution; **∼и́ть(ся)** [15] *pf.* give (take) a drive *or* ride; **∼ывать** ⟨**∼ать**⟩ [1] mangle; ride; **-ся → *coll.* ∼и́ться**
прокла́д|ка *f* [5; *g/pl.*: -док] *трубопровода* laying; *дороги* construction; *tech.* gasket, packing; **∼ывать** [1], ⟨проложи́ть⟩ [16] lay (*a.* = build); *fig.* pave; force (one's *way* себе́); *между* interlay
прокл|ина́ть [1], ⟨**∼я́сть**⟩ [-яну́, -янёшь; про́клял, -а́, -о; про́клятый (про́клят, -а́, -о)] curse, damn; **∼я́тие** *n* [12] damnation; **∼я́тый** [14] cursed, damned
проко́|л *m* [1] perforation; *mot.* puncture; **∼ло́ть → прока́лывать**; **∼па́ть → прока́пывать**; **∼рми́ть → прока́рмливать**
прокра́|дываться [1], ⟨**∼сться**⟩ [25; *pt. st.*] steal, go stealthily
прокуро́р *m* [1] public prosecutor; *на суде* counsel for the prosecution
про|лага́ть → ∼кла́дывать; **∼ла́мывать**, ⟨**∼лома́ть**⟩ [1] & ⟨**∼ломи́ть**⟩ [14] break (through; *v/i.* **-ся**); fracture; **∼лега́ть** [1] lie; run; **∼леза́ть** [1], ⟨**∼ле́зть**⟩ [24 *st.*] climb *or* get (in[to], through); **∼лёт** *m* [1] flight; *моста* span; *лестницы* well; **∼летариа́т** *m* [1] proletariat; **∼лета́рий** *m* [3], **∼лета́рский** [16] proletarian; **∼лета́ть** [1], ⟨**∼лете́ть**⟩ [11] fly (covering a certain distance); fly (past, by, over); *fig.* flash, flit
проли́|в *m* [1] strait (*e.g.* **∼в Па-де-Кале́** Strait of Dover [the Pas de Calais]); **∼ва́ть** [1], ⟨**∼ть**⟩ [-лью́, -льёшь; ле́й(те)!; про́ли́ло; про́ли́тый (про́ли́т, -а́, -о)] spill; (*v/i.* **-ся**); *слёзы, свет* shed;

П

~**вно́й** [14]: ~***вно́й дождь*** pouring rain, pelting rain; ~**ть** → ***~ва́ть***
проло́|г *m* [1] prologue; ~**жи́ть** → ***прокла́дывать***; ~**м** *m* [1] breach; ~**ма́ть**, ~**ми́ть** → ***прола́мывать***
про́мах *m* [1] miss; blunder (make ***дать*** *or* ***сде́лать*** *a.* slip, fail); *coll.* ***он па́рень не ~*** he is no fool; ~**иваться** [1], ⟨~**ну́ться**⟩ [20] miss
промедле́ние *n* [12] delay; procrastination
промежу́то|к *m* [1; -тка] interval (***в*** П at; ***в*** В of); period; ~**чный** [14] intermediate
проме|лькну́ть → ***мелькну́ть***; ~**нивать** [1], ⟨~**ня́ть**⟩ [28] exchange (***на*** В for); ~**рза́ть** [1], ⟨**промёрзнуть**⟩ [21] freeze (through); *coll.* → ***продро́гнуть***
промо|ка́ть [1], ⟨~**кнуть**⟩ [21] get soaked *or* drenched; *impf. only* let water through; not be water proof; ~**лча́ть** [4 *e.*; -чу́, -чи́шь] *pf.* keep silent; ~**чи́ть** [16] *pf.* get soaked *or* drenched
промтова́ры *m/pl.* [1] manufactured goods (*other than food stuffs*)
промча́ться [4] *pf.* dart, tear *or* fly (past, by)
промы|ва́ть [1], ⟨~**ть**⟩ [22] wash (out, away); *med.* bathe, irrigate
про́мы|сел *m* [1; -сла]: ***наро́дные ~слы*** folk crafts; ~**сло́вый** [14]: ***~сло́вый сезо́н*** fishing (hunting, *etc.*) season; ~**ть** → ***~ва́ть***
промы́шлен|ник *m* [1] manufacturer, industrialist; ~**ность** *f* [8] industry; ~**ный** [14] industrial
пронести́(сь) → ***проноси́ть(ся)***
прон|за́ть [1], ⟨~**зи́ть**⟩ [15 *e.*; -нжу́, -нзи́шь; -нзённый] pierce, stab; ~**зи́тельный** [14; -лен, -льна] shrill, piercing; *взгляд* penetrating; ~**и́зывать** [1], ⟨~**иза́ть**⟩ [3] penetrate, pierce
прони|ка́ть [1], ⟨~**кнуть**⟩ [21] penetrate; permeate (***че́рез*** through); get (in); **-ся** be imbued (T with); ~**кнове́ние** *n* [12] penetration; *fig.* fervo(u)r; ~**кнове́нный** [14; -е́нен, -е́нна] heartfelt; ~**ца́емый** [14 *sh.*] permeable; ~**ца́тельный** [14; -лен, -льна] penetrating, searching; *человек* acute, shrewd
про|носи́ть [15] **1.** ⟨~**нести́**⟩ [24 -с-: -е[сý], -ёс, -есла́] carry (through, by, awa[y]); **-ся**, ⟨**-сь**⟩ *о пуле, камне* fly (past, b[y]), pass *or слухи* spread (swiftly); **2.** [...] *coll.* wear out; ~**ны́рливый** [14 *s[h.]*] crafty; pushy; ~**ню́хать** [1] *coll.* get wi[nd] of
прообраз *m* [1] prototype
пропага́нда *f* [5] propaganda
пропа|да́ть [1], ⟨~**сть**⟩ [25; *pt. st.*] get [lost], be lost; *даром* go to waste; be (missin[g] *a.* ***~сть без вести***); *интерес* lose, va[n]ish; ~**жа** *f* [5] loss; ~**сть**[1] → ***~да́[ть]***; **´~сть**[2] *f* [8] precipice, abyss; ***на кра[ю] ´~сти*** on the verge of disaster; *co[ll.]* *много* lots *or* a lot (of)
пропи|ва́ть [1], ⟨~**ть**⟩ [-пью́, -пьёш[ь]; -пе́й(те)!; про́пи́л, -а́, -о; про́пи́ть[ый] (про́пи́т, -а́, -о)] spend on drink
пропис|а́ть(ся) → ***~ывать(ся)***; ~**ка** [*f*] [5; *g/pl.*: -сок] registration; ~**но́й** [14] capital, → ***бу́ква***; ***~на́я и́стина*** truis[m]; ~**ывать** [1], ⟨~**а́ть**⟩ [3] *med.* prescribe [(Д] for); register (*v/i.* **-ся**); **´~ью** (*write*) [in] full
пропи́|тывать, ⟨~**та́ть**⟩ [1] (**-ся** be[come]) steeped in, saturate(d; T with[)]; ~**ть** → ***~ва́ть***
проплы|ва́ть [1], ⟨~**ть**⟩ [23] swim *or* sa[il] (by); float, drift (by, past); *fig. joc.* sa[il] (by, past)
пропове́д|ник *m* [1] preacher; ~**ова́[ть]** [1] preach; *fig.* advocate; **´~ь** ('pro-) [*f*] [8] *eccl.* sermon
пропол|за́ть [1], ⟨~**зти́**⟩ [24] cree[p], crawl (by, through, under); ~**ка** *f* [5] weeding
пропорциона́льный [14; -лен, -льн[а]] proportional, proportionate
про́пус|к *m* [1] **1.** [*pl.*: -ки] omissio[n], blank; (*отсутствие*) absence; [**2.**] [*pl.*: -ка́, *etc. e.*] pass, permit; admissio[n]; ~**ка́ть** [1], ⟨~**ти́ть**⟩ [15] let pass (*o[r]* through), admit; (*опустить*) omit; *з[а]нятие и т. д.* miss; let slip; *imp[f.]* (*течь*) leak
прора|ба́тывать, ⟨~**бо́тать**⟩ *coll.* [1] study; ~**ста́ть** [1], ⟨~**сти́**⟩ [24 -ст-: -стёт; -ро́с, -росла́] germinate; sprou[t]

ıoot (*of plant*)
орвáть(ся) → ***прорывáть(ся)***
орéз|ать [1], ⟨**~áть**⟩ [3] cut through; **ся** *о зубах* cut (*teeth*)
орéха *f* [5] slit, tear
оро́|к *m* [1] prophet; **~нить** [13; -оню́, óнишь; -óненный] *pf.* utter; **~ческий** 16] prophetic; **~чество** *n* [9] prophecy; **чить** [16] prophesy
оруб|ать [1], ⟨**~и́ть**⟩ [14] cut through); **´~ь** *f* [8] hole cut in ice
ор|ы́в *m* [1] break; breach; **~ывáть** [1] . ⟨**~вáть**⟩ [-вý, -вёшь; -вáл, -á, -о; прó-ванный (-ан, -á, -о)] break through; **ся** (*v/i.*) break through; burst open; orce one's way; **2.** ⟨**~ы́ть**⟩ [22] dig through)
о|сáчиваться [1], ⟨**~сочи́ться**⟩ [16 *e*.; rd *p. only*] ooze (out), percolate; **сверли́ть** [13] *pf.* drill, bore (through)
освé|т *m* [1] *в облаках* gap; (*щель*) hink; *fig.* ray of hope; **~ти́ть** → ***~щáть*** ***& ~чивать* 2.**; **~тлéть** [8] *pf.* clear up, righten up; **~чивать** [1] **1.** shine hrough, be seen; **2.** ⟨**~ти́ть**⟩ [15] *med.* X-ray; **~щáть** [1], ⟨**~ти́ть**⟩ [15 *e*.; -ещý, ети́шь; -ещённый] enlighten, educate, nstruct; **~щéние** *n* [12] education; **ºщé-ние** Enlightenment
о́|седь *f* [8] streaks of gray (*Brt.* grey), grizzly hair; **~сéивать** [1], ⟨**~сéять**⟩ [27] ift; **~сека** *f* [5] cutting, opening (*in a orest*); **~сёлочный** [14]: ***~сёлочная дорóга*** country road, cart track, unmetalled road; **~сéять** → ***~сéивать***
оси́|живать [1], ⟨**~дéть**⟩ [11] sit (up); tay, remain (*for a certain time*); *над ем-л.* spend; **~ть** [15], ⟨**по-**⟩ ask (В/**о** П; **у** Р/Р p. for), beg, request; (*пригла-сить*) invite; intercede (***за*** В for); ***про-шý, прóсят*** *a.* please; ***прошý!*** please come in!; **-ся** (**в, на** В) ask (for; leave to enter, go]); **~я́ть** [28] *pf.* begin to shine; light up with
оск|ользнýть [20] *pf.* slip, creep (**в** В n); **~очи́ть** [16] *pf.* rush by, tear by; slip hrough; fall between *or* through
осл|авля́ть [28], ⟨**~áвить**⟩ [14] glorify, make (**-ся** become) famous; **~еди́ть** 15 *e*.; -ежý, -еди́шь; -ежённый] *pf.* track down; trace; **~ези́ться** [15 *e*.; -ежýсь, -ези́шься] *pf.* shed (a few) tears
прослóйка *f* [5; *g/pl.*: -оек] layer
про|слýшать [1] *pf.* hear; (through); *med.* auscultate; *coll.* miss, not catch (*what is said e.g.*); **~смáтривать** [1], ⟨**~смотрéть**⟩ [9; -отрю́, -óтришь; -óтренный] survey; view; look through *or* over; (*не заметить*) overlook; **~смóтр** *m* [1] *документов* examination, survey; review (*о фильме тж.* preview); **~снýться** → ***~сыпáться***; **~́со** *n* [9] millet; **~сóвывать** [1], ⟨**~сý-нуть**⟩ [20] pass or push (through); **~сóх-нуть** → ***~сыхáть***; **~сочи́ться** → ***~сáчиваться***; **~спáть** → ***~сыпáть***
проспéкт¹ *m* [1] avenue
проспéкт² *m* [1] prospectus
просрóч|ивать [1], ⟨**~ить**⟩ [16] let lapse *or* expire; exceed the time limit; **~ка** *f* [5; *g/pl.*: -чек] expiration; (*превыше-ние срока*) exceeding
прост|áивать [1], ⟨**~оя́ть**⟩ [-ою́, -ои́шь] stand stay (*for a certain time*); *tech.* stand idle; **~áк** *m* [1 *e*.] simpleton
прост|ирáть [1], ⟨**~ерéть**⟩ [12] stretch (*v/i.* **-ся**), extend
прости́тельный [14; -лен, -льна] pardonable, excusable
проститýтка *f* [5; *g/pl.*: -ток] prostitute
прости́ть(ся) → ***прощáть(ся)***
простодýш|ие *n* [12] naiveté; **~ный** [14; -шен, -шна] ingenuous, artless; simple-minded
простó|й¹ [14; прост, -á, -о; *comp.*: прó-ще] simple, plain; easy; *манеры и т. д.* unaffected, unpretentious; *о людях* ordinary, common; *math.* prime
простóй² *m* [3] stoppage, standstill
простоквáша *f* [5] sour milk, yog(h)urt
простó|р *m* [1] open (space); freedom (**на** П in); *fig.* scope; **~рéчие** *n* [12] popular speech; common parlance; **~рный** [14; -рен, -рна] spacious, roomy; **~тá** *f* [5] simplicity; naiveté; **~я́ть** → ***про-стáивать***
прострáн|ный [14; -áнен, -áнна] vast; *о речи, письме* long-winded, verbose; **~ство** *n* [9] space; expanse
прострáция *f* [7] prostration, complete

П

physical *or* mental exhaustion
прострéл *m* [1] *coll.* lumbago; **~ивать** [1], 〈**~и́ть**〉 [13; -елю́, -éлишь; -елённый] shoot (through)
просту́|да *f* [5] common cold; **~жа́ть** [1], 〈**~ди́ть**〉 [15] chill; **-ся** catch a cold
просту́пок *m* [1; -пка] misdeed; offense (-ce); *law* misdemeano(u)r
простыня́ *f* [6; *pl.*: про́стыни, -ы́нь, *etc. e.*] (bed) sheet
просу́|нуть → ***просо́вывать***; **~шивать** [1], 〈**~ши́ть**〉 [16] dry thoroughly
просчита́ться [1] *pf.* miscalculate
просыпа́ть [1], 〈**~проспа́ть**〉 [-плю́, -пи́шь; -спа́л, -á, о] oversleep; sleep; *coll.* miss (by sleeping); **~ся**, 〈**просну́ться**〉 [20] awake, wake up
прос|ыха́ть [1], 〈**~о́хнуть**〉 [21] get dry, dry out
про́сьба *f* [5] request (***по*** П at; ***о*** П for); please (don't ***не*** + *inf.*) ***у меня́ к вам ~*** I have a favo(u)r to ask you
про|та́лкивать [1], *once* 〈**~толкну́ть**〉 [20], *coll.* 〈**~толка́ть**〉 [1] push (through); **-ся** force one's way (through); **~та́птывать** [1], 〈**~топта́ть**〉 [3] *дорожку* tread; **~та́скивать** [1], 〈**~тащи́ть**〉 [16] carry *or* drag (past, by); *coll.* smuggle in
проте́з ('tes) *m* [1] prosthetic appliance; artificial limb; ***зубно́й ~*** false teeth, dentures
проте|ка́ть [1], 〈**~́чь**〉 [26] *impf. only* (*of a river or stream*) flow, run (by); *лодка* leak; *pf. время* pass, elapse; take its course; **~́кция** *f* [7] patronage; **~ре́ть** → ***протира́ть***; **~́ст** *m* [1], **~стова́ть** [7], *v/t.* (*im*)*pf.* & 〈о-〉 protest; **~́чь** → ***~ка́ть***
про́тив (Р) against; opposite; ***быть*** *or* ***име́ть ~*** (have) object(ion; to), mind; **~́иться** [14], 〈вос-〉 (Д) oppose, object; **~́ник** *m* [1] opponent, adversary; enemy; **~́ный**[1] [14; -вен, -вна] repugnant, disgusting, offensive, nasty; **~́ный**[2] opposite, contrary; opposing, opposed; ***мне ~́но*** *a.* I hate; ***в ~́ном слу́чае*** otherwise
противо|ве́с *m* [1] counterbalance; **~возду́шный** [14] antiaircraft…; ***~возду́шная оборо́на*** air defense (-c…; **~де́йствие** *n* [12] counteraction; (*c…противление*) resistance; **~де́йствовать** [7] counteract; resist; **~есте́ственный** [14 *sh.*] unnatural; **~зако́нн…** [14; -о́нен, -о́нна] unlawful, illegal; **~за́чаточный** [14] contraceptive; **~пока́зание** *n* [12] *med.* contra-indicati… **~поло́жность** *f* [8] contrast, oppositi… (**в** В in); antithesis; **~поло́жный** […; -жен, -жна] opposite; contrary, o…posed; **~поставля́ть** [28], 〈-поста́вит…〉 [14] oppose; **~поставле́ние** *n* [12] o…position; **~раке́тный** [14] antimissi…; **~речи́вый** [14 *sh.*] contradicto…; **~ре́чие** *n* [12] contradiction; **~речи…** [16] (Д) contradict; **~стоя́ть** [-о…, -о́ишь] (Д) withstand; stand again…; **~я́дие** *n* [12] antidote
про|тира́ть [1], 〈**~тере́ть**〉 [12] we… (through); *стекло* wipe; **~ткну́ть** … ***~тыка́ть***; **~токо́л** *m* [1] (**~токоли́р…вать** [7] [*im*]*pf.*, *a.*, 〈за-〉 take dow… the) minutes *pl.*, record; *su. a.* protoc… **~толка́ть**, **~толкну́ть** → ***~та́лкиват…*** **~топта́ть** → ***~та́птывать***; **~торённ…** [14] *дорога* beaten well-trodden; **~т…ти́п** *m* [1] prototype; **~то́чный** [14] flo…ing, running; **~трезвля́ться** [2… 〈**~трезви́ться**〉 [14 *e.*; -влю́сь, -ви́шьс… -влённый] sober up; **~тыка́ть** [1], *on…* 〈**~ткну́ть**〉 [20] pierce, skewer; transf…
протя́|гивать [1], 〈**~ну́ть**〉 [19] stret… (out), extend, hold out; (*передат…*) pass; **~же́ние** *n* [12] extent, stret… (**на** П over, along); (*of time*) spa… (**на** П for, during); **~жный** [14; -же… -жна] *звук* drawn-out; **~ну́ть** … ***~́гивать***
проучи́ть *coll.* [16] *pf.* teach a lesson
професс|иона́льный [14] professiona… trade… (*e.g.* trade union → ***проф…союз***); **~́ия** *f* [7] profession, trade (**п…** Д by); **~́ор** *m* [1; *pl.*; -pá, *etc. e.*] profe…sor; **~у́ра** *f* [5] professorship; *collect.* t… professors
про́филь *m* [4] **1.** profile; **2. *~ учи́лищ…*** type of school or college
профо́рма *coll. f* [5] form, formality
профсою́з *m* [1], **~ный** [14] trade unio…

о|хáживаться [1], ⟨~йтúсь⟩ [-йдýсь, йдёшься; -шёлся, -шлáсь] (go for a) 'alk, stroll; *coll.* have a go at s.o. (**на** **éй-либо счёт**); **~хвóст** *coll. m* [1] :oundrel
охлáд|а *f* [5] coolness; **~úтельный** 4; -лен, льна]: **~úтельные напúтки** ›ft drinks; **~ный** [14; -ден, -днá] cool *ı. fig.*), fresh
охó|д *m* [1] passage, pass; *anat.* duct **зáдний ~д** anus); **~дúмец** *m* [1; ıцa] rogue, scoundrel; **~дúмость** *f* 3] *дороги* passability; *anat.* permeabil-:y; **~дúть** [15], ⟨пройтú⟩ [пройдý, дёшь; прошёл; шéдший; прóйденный; . *pt.*: пройдя́] pass, go (by, through, ›ver, along); take a … course, be; **днóй** [14] *двор* (with a) through pas-age; **~ждéние** *n* [12] passage, passing; **жий** *m* [17] passerby
оцветáть [1] prosper, thrive
оце|дýра *f* [5] procedure; **~живать**], ⟨~дúть⟩ [15] filter, strain; **~нт** *m*] percent(age) (**на** В by); (*usu. pl.*) in-:erest; **стáвка ~нта** rate of interest; **~сс** *n* [1] process; *law* trial (**на** П at); **~ссия** 7] procession
очéсть → прочúтывать
óч|ий [17] other; *n & pl. a. su.* the rest; **~ее** and so on *or* forth, *etc.*; **мéжду им** by the way, incidentally; **помúмо сегó ~его** in addition
очú|стить → ~щáть; ~тывать, ~тáть⟩ [1] & ⟨прочéсть⟩ [25 -т-: -чтý, тёшь; -чёл, -члá; *g. pt.*: -чтя́, -чтённый] ead (through); **~ть** [16] intend (for), ave s.o. in mind (**в** В as); *успех* destine for); **~щáть** [1], ⟨~стить⟩ [15] clean
óчн|ость *f* [8] durability, firmness; **ый** [14; -чен, -чнá; -о] firm, solid, trong; *мир* lasting; *знания* sound
очтéние *n* [12] reading; perusal; *fig.* nterpretation
очь away → **долóй**; **я не ~** + *inf. coll.* I vouldn't mind …ing
ош|éдший [17] past, last (*a. su. n* **éдшее** the past); *gr.* past (tense); **~éст-вие** *n* [12] → **истечéние**; **~логóдний** 15] last year's; **~лый** [14] past (*a. su.* **~лое**), bygone; **~мыгнýть** *coll.* [20] *pf.* slip, whisk (by, past)
прощ|áй(те)! farewell!, goodby(e)!, adieu!; **~áльный** [14] farewell…; *слова* parting; **~áние** *n* [12] parting (**при** П, **на** В when, at), leavetaking, farewell; **~áть** [1], ⟨простúть⟩ [15 *e.*; -щý, -остúшь; -щённый] forgive (p. Д), excuse, pardon; **-ся** (**с** Т) take leave (of), say goodby (to); **~éние** *n* [12] forgiveness, pardon
прояв|úтель *m* [4] *phot.* developer; **~úть(ся) → ~ля́ть(ся)**; **~лéние** *n* [12] manifestation, display, demonstration; *phot.* development; **~ля́ть** [28], ⟨~úть⟩ [14] show, display, manifest; *phot.* develop
проясн|я́ться [28], ⟨~úться⟩ [13] (*of weather*) clear up (*a. fig.*); brighten
пруд *m* [1 *e.*; в ~ý] pond
пружúна *f* [5] spring; **скры́тая ~** motive
прут *m* [1; *a. e.*; *pl.*: -ья, -ьев] twig; *железный* rod
пры́|гать [1], *once* ⟨~гнуть⟩ [20] jump, spring, leap; **~гýн** *m* [1 *e.*] (*sport*) jumper; **~жóк** *m* [1; -жкá] jump, leap, bound; *в воду* dive; **~ткий** [16; -ток, -ткá, -о] nimble, quick; **~ть** *coll. f* [8] agility; speed (**во всю** at full); **~щ** *m* [1 *e.*], **~щик** *m* [1] pimple
прядúльный [14] spinning
пря|дь *f* [8] lock, tress, strand; **~жа** *f* [5] yarn; **~жка** *f* [5; *g/pl.*: -жек] buckle
прям|изнá *f* [5] straightness; **~óй** [14; прям, -á, -о] straight (*a.* = bee) line (**~áя** *su. f*); direct (*a. gr.*); *rail* through…; *угол* right; *fig.* straight (-forward), downright, outspoken, frank; **~áя кишкá** rectum; **~олинéйный** [14; -éен, -éйна] rectilinear; *fig.*; → **~óй** *fig.*; **~отá** *f* [5] straightforwardness, frankness; **~оугóльник** *m* [1] rectangle; **~оугóльный** [14] rectangular
пря́н|ик *m* [1] *имбирный* gingerbread; **медóвый ~ик** honeycake; **~ость** *f* [8] spice; **~ый** [14 *sh.*] spicy, *fig.* piquant
прясть [25; -ял, -á, -о], ⟨с-⟩ spin
пря́т|ать [3], ⟨с-⟩ hide (*v/i.* **-ся**), conceal; **~ки** *f/pl.* [5; *gen.*: -ток] hide-and-seek
псал|óм *m* [1; -лмá] psalm; **~ты́рь** *f* [8] Psalter

П

псевдони́м *m* [1] pseudonym
псих|иа́тр *m* [1] psychiatrist; **ˌика** *f* [5] state of mind; psyche; mentality; **~и́ческий** [16] mental, psychic(al); **~и́ческое заболева́ние** mental illness; **~о́лог** *m* [1] psychologist; **~оло́гия** *f* [7] psychology
птене́ц [1; -нца́] nestling, fledgling
пти́|ца *f* [5] bird; **дома́шняя ~ца** *collect.* poultry; **~циево́дство** *n* [9] poultry farming; **~чий** [18] bird('s); poultry…; **вид с ~чьего полёта** bird's-eye view; **~чка** *f* [5; *g/pl.*: -чек] (*галочка*) tick
пу́бли|ка *f* [5] audience; public; **~ка́ция** *f* [7] publication; **~кова́ть** [7], ⟨о-⟩ publish; **~ци́ст** *m* [1] publicist; **ˌчный** [14] public; **ˌчный дом** brothel
пу́г|ало *n* [9] scarecrow; **~а́ть** [1], ⟨ис-, на-⟩, *once* ⟨**~ну́ть**⟩ [20] (**-ся** be) frighten(ed; of P), scare(d); **~ли́вый** [14 *sh.*] timid, fearful
пу́говица *f* [5] button
пу́дель *m* [4; *pl. a. etc. e.*] poodle
пу́др|а *f* [5] powder; **са́харная ~а** powdered (*Brt.* caster) sugar; **~еница** *f* [5] powder compact; **~ить** [13], ⟨на-⟩ powder
пуз|а́тый P [14 *sh.*] paunchy; **ˌо** P *n* [9] paunch, potbelly
пузыр|ёк *m* [1; -рька́] vial; *a. dim.* → **ˌь** *m* [4 *e.*] bubble; *anat.* bladder; *coll.* *на коже* blister
пулемёт *m* [1] machine gun
пуль|вериза́тор *m* [1] spray(er); **~с** *m* [1] pulse; *coll.* **щу́пать ~с** feel the pulse; **~си́ровать** [7] puls(at)e; **~т** *m* [1] conductor's stand; *tech.* control panel *or* desk
пу́ля *f* [6] bullet
пункт *m* [1] point, station; place, spot; *документа* item, clause, article; **по ˌам** point by point; **~и́р** *m* [1] dotted line; **~уа́льность** *f* [8] punctuality; accuracy; **~уа́льный** [14; -лен, -льна] punctual; accurate; **~уа́ция** *f* [7] punctuation
пунцо́вый [1] crimson
пунш *m* [1] punch (*drink*)
пуп|о́к *m* [1; -пка́], *coll.* **~** *m* [1 *e.*] navel
пурга́ *f* [5] blizzard, snowstorm

пу́рпур *m* [1], **ˌный**, **ˌовый** [14] pur
пуск *m* [1] (*a.* **~ в ход**) start(ing), sett in operation; **~а́й** → *coll.* **пусть**; **~а** [1], ⟨пусти́ть⟩ [15] let (go; in[to]), set ing, in motion *or* operation [*a.* **~а́ть ход**]; start; (*бросить*) throw; *кор* take root; *fig.* begin; *в продажу* of (*for sale*); **~а́ть под отко́с** derail; (+ *inf.*) *в путь* start (…ing; *v/ct.* B), set out (**в** B on); begin, underta enter upon
пуст|е́ть [8], ⟨о-, за-⟩ become empty deserted; **~и́ть** → **пуска́ть**
пуст|о́й [14; пуст, -о́, -о] empty; *наде да, разговор* vain, idle (talk **~о́е**; *n* → *a.* **~я́к**); *место* vacant; *взгл* blank; *geol.* *порода* barren rock; (*п лый*) hollow; **~ота́** *f* [5; *pl. st.*: -от emptiness; void; *phys.* vacuum
пусты́|нный [14; -ынен, -ынна] un habited, deserted; **~ня** *f* [6] desert, w derness; **~рь** *m* [4 *e.*] waste land; **~шк** [5; *g/pl.*: -шек] *coll.* baby's dummy; *f* hollow man
пусть let (him, *etc.* + *vb.*; **~ [он] +** *vb.* *p.*); even (if)
пустя́|к *coll.* *m* [1 *e.*] trifle; *pl* (it's) no ing; **па́ра ~ко́в** child's play; **~ко́вь ~чный** *coll.* [14] trifling, trivial
пу́та|ница *f* [5] confusion, mudd mess; **~ть** [1], ⟨за-, с-, пере-⟩ (**-ся** g confuse(d), muddle(d), mix(ed) up, e tangled, **-ся под нога́ми** get in the w
путёвка *f* [5; *g/pl.*: -вок] pass, authoriz tion (*for a place on a tour, in a holid home, etc.*)
путе|води́тель *m* [4] guide(book) (**по** to); **~во́дный** [14] *звезда* lodest **~во́й** [14] travel(l)ing; **~вы́е заме́т** travel notes
путеше́ств|енник *m* [1] travel(l)er; **~** *n* [12] journey, trip; voyage, *мор* cruise; **~овать** [7] travel (**по** Д throug
пу́т|ник *m* [1] travel(l)er, wayfar **~ный** *coll.* [14] → **де́льный**
путч *m* [1] *pol.* coup, putsch
пут|ь *m* [8 *e.*; *instr/sg.*: -тём] way (*a. fi* [in] *that* way **~ём**, *a.* by means of road, path; *rail* track, line; (*спосо* means; (*поездка*) trip, journey (**в**

r П on); route; **в** *or* **по ~й** on the way; in
assing; **нам по ~й** I (we) am (are) going
he same way (**с** T as); **быть на ло́жном**
й be on the wrong track
х *m* [1; в -ху́] down, fluff; **в ~ (и прах)**
defeat) utterly, totally; **~ленький** *coll.*
16], **~лый** [14; пухл, -á, -о] chubby,
lump; **~нуть** [21], ⟨рас-⟩ swell; **~о́вый**
14] downy
чи́на *f* [5] gulf, abyss (*a. fig.*)
чо́к *m* [1; -чка] bunch; *coll.* bun (hair-
lo)
ш|ечный [14] gun…, cannon…; **~и́н-**
ка *f* [5; *g/pl.*: -нок] down, fluff; **~и́стый**
14 *sh.*] downy, fluffy; **~ка** *f* [5; *g/pl.*:
шек] gun, cannon; **~ни́на** *f* [5] *collect.*
urs, pelts *pl.*; **~но́й** [14] fur…; **~о́к** *coll.*
n [1; -шка́] fluff
ел|á *f* [5; *pl. st.*: пчёлы] bee; **~ово́д** *m*
1] beekeeper; **~ово́дство** *n* [9] bee-
keeping
ен|и́ца *f* [5] wheat; **~и́чный** [14]
wheaten; **пшённый** (ˈpʃo-) [14] mil-
et…; **~о́** *n* [9] millet
ыл *m* [1] *fig.* ardo(u)r, zeal; **в ~у́ сра-**
же́ния in the heat of the battle; **~áть**
1], ⟨за-⟩ blaze, flame, *о лице* glow,
burn; rage; (T) *гневом*; **~есо́с** *m* [1] vacuum cleaner; **~и́нка** *f* [5; *g/pl.*: -нок]
mote, speck of dust; **~и́ть** [13], ⟨за-⟩
get dusty; **-ся** be(come) dusty; **~кий**
16; -лок, -лка́, -о] ardent, passionate
ыль *f* [8; в пыли́] dust; **~ный** [14; -лен,
льна́, -о] dusty (*a.* = **в -ли́**); **~ца́** *f* [5] pol-
en
ыт|áть [1] torture; **~áться** [1], ⟨по-⟩
try, attempt; **~ка** *f* [5; *g/pl.*: -ток] tor-
ure; **~ли́вый** [14 *sh.*] inquisitive,
searching
ыхте́ть [11] puff, pant; *coll.* **~ над**
че́м-либо sweat over something
ышн|ость *f* [8] splendo(u)r, pomp;
~ый [14; -шен, -шна́, -о] magnificent,
splendid, sumptuous; *волосы, расти-*
тельность luxuriant, rich

пьедеста́л *m* [1] pedestal

пье́са *f* [5] *thea.* play; *mus.* piece

пьян|е́ть [8], ⟨о-⟩ get drunk (*a. fig.*; from, on **от** P); **~и́ца** *m/f* [5] drunkard; **~ство** *n* [9] drunkenness; **~ствовать** [7] drink heavily; *coll.* booze; **~ый** [14; пьян, -á, -о] drunk(en), *a. fig.* (**от** P with)

пюре́ (-ˈre) *n* [*indecl.*] purée; **карто́фельное ~** mashed potatoes *pl.*

пята́ *f* [5; *nom/pl. st.*] heel; **ходи́ть за ке́м-л. по ~м** follow on s.o.'s heels

пят|áк *coll. m* [1 *e.*], **~ачо́к** *coll. m* [1; -чкá] five-kopeck (*Brt.* -copeck) coin; **~ёрка** *f* [5; *g/pl.*: -рок] five (→ **дво́йка**); *coll.* → **отли́чно**; five-ruble (*Brt.* -rouble) note; **~еро** [37] five (→ **дво́е**)

пяти|деся́тый [14] fiftieth; **~деся́тые го́ды** *pl.* the fifties; → **пя́тый**; **~ле́тний** [15] five-year (old), of five; **~со́тый** [14] five hundredth

пя́титься [15], ⟨по-⟩ (move) back

пя́тк|а *f* [5; *g/pl.*: -ток] heel (take to one's heels **показа́ть ~и**)

пятна́дцат|ый [14] fifteenth; → **пя́тый**; **~ь** [35] fifteen; → **пять**

пятни́стый [14 *sh.*] spotted, dappled

пя́тн|ица *f* [5] Friday (on: **в** B; *pl.*: **по** Д); **~о́** *n* [9; *pl. st.*; *g/pl.*: -тен] spot, stain (*a. fig.*), blot(ch) (*pl.* **в** B with); **роди́мое ~о́** birthmark

пя́т|ый [14] fifth; (*page, chapter, etc.*) five; **~ая** *f su. math.* a fifth (*part*); **~ое** *n su.* the fifth (*date*; on P: **~ого**; → **число́**); **~ь мину́т ~ого** five (minutes) past four; **~ь** [35] five; **без ~и́ (мину́т) час** (**два**, *etc.*, [часá], five (minutes) to one (two, *etc.* [o'clock]); **~ь**, *etc.* (**часо́в**) five, etc. (o'clock); **~ьдеся́т** [35] fifty; **~ьсо́т** [36] five hundred; **~ью** five times

П

Р

раб *m* [1 *e.*], **~á** *f* [5] slave

рабóт|а *f* [5] work (**за** Т; **на** П at); job; labo(u)r, toil; *качество* workmanship; **~ать** [1] work (**над** T on; **на** B for; T as); labo(u)r, toil; *tech.* run, operate; *магазин и т. д.* be open; **~ник** *m* [1], **~ница** *f* [5] worker, working (wo)man; day labo(u)rer, (farm)hand; official; functionary; employee; *научный* scientist; **~одáтель** *m* [4] employer, *coll.* boss; **~оспосóбный** [14; -бен, -бна] able-bodied; hard-working; **~ящий** [17 *sh.*] industrious

рабóч|ий *m* [17] (*esp. industrial*) worker; *adj.*: working, work (*a. day*); workers', labo(u)r…; **~ая сúла** manpower; work force; labo(u)r

рáб|ский [16] slave…; slavish, servile; **~ство** *n* [9] slavery, servitude; **~ыня** *f* [6] → **~á**

рáв|енство *n* [9] equality; **~нúна** *f* [5] *geog.* plain; **~нó** alike; as well as; **всё ~нó** it's all the same, it doesn't matter; anyway, in any case; **не всё ли ~нó?** what's the difference?

равно|вéсие *n* [12] balance (*a. fig.*), equilibrium; **~дýшие** *n* [12] indifference (**к** Д to); **~дýшный** [14; -шен, -шна] indifferent (**к** Д to); **~мéрный** [14; -рен, -рна] uniform, even; **~прáвие** *n* [12] equality (of rights); **~прáвный** [14; -вен, -вна] (enjoying) equal (rights); **~сúльный** [14; -лен, -льна] of equal strength; tantamount to; equivalent; **~цéнный** [14; -éнен, -éнна] equal (in value)

рáвн|ый [14; рáвен, -вá] equal (*a. su.*); **~ым óбразом** → **~ó**; **емý нет ~ого** he is unrivalled; **~ять** [28], ⟨с-⟩ equalize; *coll.* compare with, treat as equal to; (*v/i.* **-ся**; *a.* be [equal to Д])

рад [14; рáда] (be) glad (Д at, of; *a.* to see *p.*), pleased, delighted; **не ~** (be) sorry; regret

радáр *m* [1] radar

рáди (Р) for the sake of; for (…'s) sake; for

радиáтор *m* [1] radiator

радикáл [1], **~ьный** [14; -лен, -льн radical

рáдио *n* [*indecl.*] radio (**по** Д on); **~а тúвность** *f* [8] radioactivity; **~актú ный** [14; -вен, -вна] radioactive; **~а тúвное загрязнéние** (**осáдки**) radi active contamination (fallout); **~вещ ние** *n* [12] broadcasting (syster **~любúтель** *m* [4] radio amateur; **~г редáча** *f* [5] (radio) broadcast, tra mission; **~приёмник** *m* [1] radio set; ceiver; **~слýшатель** *m* [4] listen **~стáнция** *f* [7] radio station; **~телеф** *m* [1] radiotelephone

радúст *m* [1] radio operator

рáдиус *m* [1] radius

рáдо|вать [7], ⟨об-, по-⟩ (В) gladde please; **-ся** (Д) rejoice (at), be glad pleased (of, at); **~стный** [14; -те -тна] joyful, glad; merry; **~сть** *f* joy, gladness; pleasure

рáду|га *f* [5] rainbow; **~жный** [14] irid cent, rainbow…; *fig.* rosy; **~жная об лóчка** *anat.* iris

радýш|ие *n* [12] cordiality; kindne (*гостеприимство*) hospitali **~ный** [14; -шен, -шна] kindly, hear hospitable

раз *m* [1; *pl. e., gen.* раз] time ([**в**] В th *etc.*); one; **одúн ~** once; **два ~а** twice; **~у** not once, never; **не ~** repeatedly; **к ~** just (in time *coll.* **в сáмый** → *a.* **вп ру**), the very; **вот тебé ~** → **на²**

разба|вля́ть [28], ⟨**~вить**⟩ [14] dilu **~лтывать** *coll.*, ⟨разболтáть⟩ [1] bl out, give away

разбé|г *m* [1] running start, run (with, **с** Р); **~гáться** [1], ⟨**~жáться**⟩ [4; -егý -ежúшься, -егýтся] take a run; *в ра ные стороны* scatter; **у меня́ гла ~жáлись** I was dazzled

разби|вáть [1], ⟨**~ть**⟩ [разобью́, -бьёц разбéй(те)!; -úтый] break (to piece crash, crush; defeat (*a. mil.*); (*разд

ить) divide up (into **на** В); *парк* lay ut; *палатку* pitch; *колено и т. д.* urt badly; *доводы и т. д.* smash; **ся** break; get broken; *на группы* break p, divide; hurt o.s. badly; **~рательство** *n* [9] examination, investigation; **рать** [1], ⟨разобрать⟩ [разберу, рёшь; разобрал, -á, -о; -óбранный] ake to pieces, dismantle; *дом* pull own; *дело* investigate, inquire into; *различать*) make out, decipher, unerstand; *вещи* sort out; (*раскупать*) uy up; **-ся** (**в** П) grasp, understand; **тый** [14 *sh.*] broken; *coll.* (*усталый*) aded; **~ть(ся)** → **~вать(ся)**
збой *m* [3] robbery; **~ник** *m* [1] robber; *oc.* (little) rogue; scamp
зболтать → **разбалтывать**
збор *m* [1] analysis; *произведения* eview, critique; *дела* investigation, inuiry (into); **без ~а, ~у** *coll.* indiscrimnately; **~ка** *f* [5] taking to pieces, dismantling; (*сортировка*) sorting out); **~ный** [14] collapsible; **~чивость** [8] *почерка* legibility; *о человеке* crupulousness; **~чивый** [14 *sh.*] scrupulous, fastidious; legible
збр|асывать, ⟨**~осать**⟩ [1] scatter, hrow about, strew; **~едаться** [1], **~естись**⟩ [25] disperse; **~од** [1] disorder; **~осанный** [14] sparse; scattered; **осать** → **~асывать**
збух|ать [1], ⟨**~нуть**⟩ [21] swell
звал *m* [1] collapse, breakdown; disntegration; **~ивать** [1], ⟨**~ить**⟩ [13; алю, -áлишь] pull (*or* break) down; disorganize; **-ся** fall to pieces, collapse; *coll. в кресле* collapse, sprawl; **~ины** *f pl.* [5] ruins (*coll. a. sg. = p.*)
зве really; perhaps; only; except that
звеваться [1] fly, flutter, flap
звед|ать → **~ывать**; **~ение** *n* [12] breeding; *растений* cultivation; **~енный** [14] divorced; divorcé(e) *su.*; **~ка** *f* [5; *g/pl.*: -док] *mil.* reconnaissance; intelligence service; *geol.* prospecting; **~чик** *m* [1] scout; intelligence officer; reconnaissance aircraft; **~ывательный** [14] reconnaissance…; **~ывать**, ⟨**~ать**⟩ [1] reconnoiter (*Brt.* -tre); *geol.* prospect; *coll.* find out
разве|зти → **развозить**; **~нчать** [1] *pf. fig.* debunk
развёр|нутый [14] (*широкомасштабный*) large-scale; detailed; **~тывать** [1], ⟨развернуть⟩ [20] unfold, unroll, unwrap; *mil.* deploy; *fig.* develop; (**-ся** *v/i.*; *a.* turn)
разве|сной [14] sold by weight; **~сить** → **~шивать**; **~сти(сь)** → **разводить(ся)**; **~твление** *n* [12] ramification, branching; **~твляться** [28], ⟨**~твиться**⟩ [14 *e.*; 3rd *p. only*] ramify, branch; **~шивать** [1], ⟨**~сить**⟩ [15] weigh (out); *бельё* hang (out); **~ять** [27] *pf.* disperse; *сомнения* dispel
разви|вать [1], ⟨**~ть**⟩ [разовью, -вьёшь; развей(те)!; развил, -á, -о; -витый (развит, -á, -о)] develop (*v/i.* **-ся**); evolve; **~нчивать** [1], ⟨**~нтить**⟩ [15 *e.*; -нчу, -нтишь; -инченный] unscrew; **~тие** *n* [12] development, evolution; **~той** [14; развит, -á, -о] developed; *ребёнок* advanced, well-developed; **~ть(ся)** → **~вать(ся)**
развле|кать [1], ⟨**~чь**⟩ [26] entertain, amuse (**-ся** o.s.); (*развлечь отвлекая*) divert; **~чение** *n* [12] entertainment, amusement; diversion
развод *m* [1] divorce; **быть в ~е** be divorced; **~ить** [15], ⟨развести⟩ [25] take (along), bring; divorce (**с** T from); (*растворить*) dilute; *животных* rear, breed; *agric.* plant, cultivate; *огонь* light, make; *мост* raise; **-ся**, ⟨-сь⟩ get *or* be divorced (**с** T from); *coll.* multiply, grow *or* increase in number
раз|возить [15], ⟨**~везти**⟩ [24] *товары* deliver; *гостей* drive; **~ворачивать** *coll.* → **~вёртывать**
развра|т *m* [1] debauchery; depravity; **~тить(ся)** → **~щать(ся)**; **~тник** *m* [1] profligate; debauchee, rake; **~тный** [14; -тен, -тна] depraved, corrupt; **~щать** [1], ⟨**~тить**⟩ [15 *e.*; -ащу, -атишь; -ащённый] (**-ся** become) deprave(d), debauch(ed), corrupt; **~щённость** *f* [8] depravity
развяз|ать → **~ывать**; **~ка** *f* [5; *g/pl.*: -зок] *lit.* denouement; outcome; up-

Р

shot; ***дéло идёт к ∠ке*** things are coming to a head; **∠ный** [14; -зен, -зна] forward, (overly) familiar; **∠ывать** [1], ⟨**~áть**⟩ [3] untie, undo; *fig. войну* unleash; *coll. язык* loosen; **-ся** come untied; *coll.* (*освободиться*) be through (**с** T with)

разгад|áть → ***∠ывать***; **∠ка** [5; *g/pl.*: -док] solution; **∠ывать**, ⟨**~áть**⟩ [1] guess; *загадку* solve

разгáр *m* [1] (**в** П *or* B) ***в ~е*** *спора* in the heat of; ***в ~е*** *лета* at the height of; ***в пóлном ~е*** in full swing

раз|гибáть [1], ⟨**~огнýть**⟩ [20] unbend, straighten (**-ся** o.s.)

разглá|живать [1], ⟨**~дить**⟩ [15] smooth out; *швы и т. д.* iron, press; **~шáть** [1], ⟨**~сить**⟩ [15 *e.*; -ашý, -асúшь; -ашённый] divulge, give away, let out

разгляд|éть [11] *pf.* make out; discern; **∠ывать** [1] examine, scrutinize

разгнéванный [14] angry

разгов|áривать [1] talk (**с** T to, with; **о** П about, of), converse, speak; **~óр** *m* [1] talk, conversation; → ***речь***; ***переменúть тéму ~óра*** change the subject; **~óрный** [14] colloquial; **~óрчивый** [14 *sh.*] talkative, loquacious

разгóн *m* [1] dispersal; *a.* → ***разбéг***; **~ять** [28], ⟨разогнáть⟩ [разгоню, -óнишь; разгнáл, -á, -о; разóгнанный] drive away, disperse; *тоску и т. д.* dispel; *coll.* drive at high speed; **-ся** gather speed; gather momentum

разгор|áться [1], ⟨**~éться**⟩ [9] flare up; *щёки* flush

разгра|блять [28], ⟨**∠бить**⟩ [14], **~блéние** *n* [12] plunder, pillage, loot; **~ничéние** *n* [12] delimitation, differentiation; **~нúчивать** [1], ⟨**~нúчить**⟩ [16] demarcate, delimit; *обязанности* divide

разгрóм *m* [1] *mil., etc.* crushing defeat, rout; *coll.* (*полный беспорядок*) havoc, devastation, chaos

разгру|жáть [1], ⟨**~зить**⟩ [15 & 15 *e.*; -ужý, -ýзишь; -ýженный & -ужённый] (**-ся** be) unload(ed); **∠зка** *f* [5; *g/pl.*: -зок] unloading

разгýл *m* [1] (*кутёж*) revelry, carousal; *шовинизма* outburst of; **~ивать** F [1] stroll, saunter; **-ся**, ⟨**~яться**⟩ [28] *о п*… *годе* clear up; **~ьный** *coll.* [14; -л… -льна]: ***~ьный óбраз жúзни*** life of d… sipation

разда|вáть [5], ⟨**∠ть**⟩ [-дáм, -дáшь, … → ***дать***; рóздал, раздалá, рóзда… рóзданный, (-ан, разданá, рóздан… distribute; dispense; give (*cards*: de… out; **-ся** (re)sound, ring out, be hea… **∠вливать** [1] → ***давúть 2.***; **∠ть(ся)** **~вáть(ся)**; **∠ча** *f* [5] distribution

раздвáиваться → ***двоúться***

раздви|гáть [1], ⟨**∠нуть**⟩ [20] part, mo… apart; *занавески* draw back; **~жн**… [14] *стол* expanding; *дверь* sliding

раздвоéние *n* [12] division into two, … furcation; ***~ лúчности*** *med.* split p… sonality

раздевá|лка *coll. f* [5; *g/pl.*: -лок] che… room, cloakroom; **~ть** [1], ⟨раздé… [-дéну, -дéнешь; -дéтый] undress (… **-ся**) strip (of)

раздéл *m* [1] division; *книги* secti… **~аться** *coll.* [1] *pf.* get rid *or* be q… (**с** T o); **~éние** *n* [12] division (**на** B int… **~úтельный** [14] dividing; *gr.* disju… tive; **~úть(ся)** → ***~ять(ся)*** & ***д… лúть(ся)***; **~ьный** [14] separate; (*о… чётливый*) distinct; **~ять** [2… ⟨**~úть**⟩ [13; -елю, -éлишь; -елённый] … vide (**на** B into; *a.* [-ed] by); separa… *горе и т. д.* share; **-ся** (be) divide(…

раздéть(ся) → ***раздевáть(ся)***

раз|дирáть *coll.* [1], ⟨**~одрáть**⟩ [разд… рý, -рёшь; разодрал, -á, -о; -óдранн… *impf.* rend; *pf. coll.* tear up; **~добы**… *coll.* [-бýду, -бýдешь] *pf.* get, procu… come by

раздóлье *n* [10] → ***привóлье***

раздóр *m* [1] discord, contention; ***ябл… ко ~а*** bone of contention

раздосáдованный *coll.* [14] angry

раздраж|áть [1], ⟨**~úть**⟩ [16 *e.*; -ж… -жишь; -жённый] irritate, provok… vex, annoy; **-ся** become irritate… **~éние** *n* [12] irritation; **~úтельн**… [14; -лен, -льна] irritable, short-te… pered; **~úть(ся)** → ***~áть(ся)***

раздробл|éние *n* [12] breaking, smas… ing to pieces; **~ять** [28] → ***дробúть***

зду|ва́ть [1], 〈**∠ть**〉 [18] fan; blow, blow out; (*распухнуть*) swell; (*преувеличивать*) inflate; exaggerate; **-ся** swell
здýм|ывать, 〈**∼ать**〉 [1] (*передумать*) change one's mind; *impf.* deliberate, consider; **не ∼ывая** without a moment's thought; **∼ье** *n* [10] thought(s), meditation; (*сомнение*) doubt(s)
здýть(ся) → **раздува́ть(ся)**
з|ева́ть *coll.* [1], 〈**∼и́нуть**〉 [20] open wide; **∼ева́ть рот** gape; **∼жа́лобить** [14] *pf.* move to pity; **∼жа́ть** → **∼жимáть**; **∼жёвывать** [1], 〈**∼жева́ть**〉 [7 *e.*; -жую́, -жуёшь] chew; **∼жига́ть** [1], 〈**∼же́чь**〉 [г/ж: -зожгу́, -жжёшь; -жгут; разжёг, -зожгла́; разожжённый] kindle (*a. fig.*); *страсти* rouse; *вражду* stir up; **∼жима́ть** [1], 〈**∼жа́ть**〉 [разожму́, -мёшь; разжа́тый] unclasp, undo; **∼и́нуть** → **∼ева́ть**; **∼и́ня** *coll. m/f* [6] scatterbrain; **∼и́тельный** [14; -лен, -льна] striking; **∼и́ть** [13] reek (T of)
з|лага́ть [1], 〈**∼ложи́ть**〉 [16] break down, decompose; (*v/i.* **-ся**); (become) demoralize(d), corrupt(ed); go to pieces; **∼ла́д** *m* [1] discord; **∼ла́живаться** [1], 〈**∼ла́диться**〉 [1] get out of order; *coll.* go wrong; **∼ла́мывать** [1], 〈**∼лома́ть**〉 [1], 〈**∼ломи́ть**〉 [14] break (in pieces); **∼лета́ться** [1], 〈**∼лете́ться**〉 [11] fly (away, asunder); *coll.* shatter (to pieces); *надежды* come to naught; *о новостях и т. д.* spread quickly
зли́|в *m* [1] flood; **∼ва́ть** [1], 〈**∼ть**〉 [разолью́, -льёшь; → **лить**; -ле́й(те); -и́л, -á, -о; -и́тый (-и́т, -á, -о)] spill; pour out; bottle; *суп и т. д.* ladle; **-ся** (*v/i.*) flood, overflow
злич|а́ть [1], 〈**∼и́ть**〉 [16 *e.*; -чу́, -чи́шь; -чённый] (*отличать*) distinguish; (*разглядеть*) discern; **-ся** *impf.* differ (T, **по** Д in); **∠ие** *n* [12] distinction, difference; **∼и́тельный** [14] distinctive; **∼и́ть** → **∼а́ть**; **∠ный** [14; -чен, -чна] different, various, diverse
злож|е́ние *n* [12] decomposition, decay; *fig.* corruption; **∼и́ть(ся)** → **разлага́ть (-ся)** & **раскла́дывать**
злом|а́ть, **∼и́ть** → **разла́мывать**

разлу́|ка *f* [5] separation (**с** T from), parting; **∼ча́ть** [1], 〈**∼чи́ть**〉 [16 *e.*; -чу́, -чи́шь; -чённый] separate (*v/i.* **-ся**; **с** T from), part
разма́|зывать [1], 〈**∼зать**〉 [3] smear, spread; **∼тывать** [1], 〈размота́ть〉 unwind, uncoil; **∼х** *m* [1] swing; span (*ae.* & *fig.*); sweep; *маятника* amplitude; *fig.* scope; **∼хивать** [1], *once* 〈**∼хну́ть**〉 [20] (T) swing, sway; *саблей и т. д.* brandish; gesticulate; **-ся** lift (one's hand T); *fig.* do things in a big way; **∼шистый** *coll.* [14 *sh.*] *шаг, жест* wide; *почерк* bold
разме|жева́ть [7] *pf.* delimit, demarcate; **∼льча́ть** [1], 〈**∼льчи́ть**〉 [16 *e.*; -чу́, -чи́шь; -чённый] pulverize
разме́н [1], **∼ивать** [1], 〈**∼я́ть**〉 [28] (ex)change (**на** B for); **∼ный** [14]: **∼ная моне́та** small change
разме́р *m* [1] size, dimension(s); rate (**в** П at), amount; scale; extent; **в широ́ких ∼ах** on a large scale; **доска́ ∼ом 0.2 х 2 ме́тра** board measuring 0.2 x 2 meters, *Brt.* -tres; **∼енный** [14 *sh.*] measured; **∼я́ть** [28], 〈**∼ить**〉 [13] measure (off)
разме|сти́ть → **∼ща́ть**; **∼ча́ть** [1], 〈**∠тить**〉 [15] mark (out); **∠шивать** [1], 〈**∼ша́ть**〉 [1] stir (up); **∼ща́ть** [1], 〈**∼сти́ть**〉 [15 *e.*; -ещу́, -ести́шь; -ещённый] place; lodge, accommodate (**в** П, **по** Д in, at, with); (*распределить*) distribute; stow; **∼ще́ние** *n* [12] distribution; accommodation; arrangement, order; *груза* stowage; *mil.* stationing, quartering; *fin.* placing, investment
разми|на́ть [1], 〈размя́ть〉 [разомну́, -нёшь; размя́тый] knead; *coll. ноги* stretch (*one's legs*); **∼ну́ться** *coll. pf.* [20] *о письмах* cross; miss o.a.
размнож|а́ть [1], 〈**∠ить**〉 [16] multiply; duplicate; (*v/i.* **-ся**); reproduce; breed; **∼е́ние** *n* [12] multiplication; mimeographing; *biol.* propagation, reproduction; **∠ить(ся)** → **∼а́ть(ся)**
размо|зжи́ть [16 *e.*; -жу́, -жи́шь; -жённый] *pf.* smash; **∼ка́ть** [1], 〈**∠кнуть**〉 [21] get soaked; **∠лвка** *f* [5; *g/pl.*: -вок] tiff, quarrel; **∼ло́ть** [17;

-мелю́, -ме́лешь] grind; **~та́ть** → ***раз-ма́тывать***; **~чи́ть** [16] *pf.* soak; steep

размы|ва́ть [1], ⟨**~ть**⟩ [22] *geol.* wash away; erode; **~ка́ть** [1], ⟨разомкну́ть⟩ [20] open (*mil.* order, ranks); disconnect, break (*el.* circuit); **~́ть** → ***~ва́ть***

размышл|е́ние *n* [12] reflection (**о** П on), thought; ***по зре́лому ~е́нию*** on second thoughts; **~я́ть** [28] reflect, meditate (**о** П on)

размягч|а́ть [1], ⟨**~и́ть**⟩ [16 *e.*; -чу́, -чи́шь; -чённый] soften; *fig.* mollify

раз|мя́ть → ***~мина́ть***; **~на́шивать**, ⟨~носи́ть⟩ [15] *туфли* wear in; **~нести́** → ***~носи́ть 1.***; **~нима́ть** [1], ⟨~ня́ть⟩ [-ниму́, -нимешь; -ня́л & ро́знял, -а́, -о; -ня́тый (-ня́т, -а́, -о)] *дерущихся* separate, part

ра́зница *f* [5; *sg. only*; -цей] difference

разнобо́й *m* [3] disagreement; *в действиях* lack of coordination

разно|ви́дность *f* [8] variety; **~гла́сие** *n* [12] discord, disagreement; difference; (*расхождение*) discrepancy; **~кали́берный** *coll.* [14], **~ма́стный** [14; -тен, -тна] → ***~шёрстный***; **~обра́зие** *n* [12] variety, diversity, multiplicity; **~обра́зный** [14; -зен, -зна] varied, various; **~реч…** → ***противореч…***; **~ро́дный** [14; -ден, -дна] heterogeneous

разно́с *m* [1] *почты* delivery; *coll.* ***устро́ить ~*** give s.o. a dressingdown; **~и́ть** [15] **1.** ⟨разнести́⟩ [25 -с-] deliver (***по*** Д to, at), carry; *слухи и т. д.* spread; (*разбить*) smash, destroy; *ветром* scatter; *coll.* (*распухнуть*) swell; **2.** → ***раз-на́шивать***

разно|сторо́нний [15; -о́нен, -о́нна] many-sided; *fig.* versatile; *math.* scalene; **´~сть** *f* [8] difference; **~́счик** *m* [1] peddler (*Brt.* pedlar); *газет* delivery boy; ***~́счик телегра́мм*** one delivering telegrams; **~цве́тный** [14; -тен, -тна] of different colo(u)rs; multicolo(u)red; **~шёрстный** [14; -тен, -тна] *coll.* *публика* motley, mixed

разну́зданный [14 *sh.*] unbridled

ра́зн|ый [14] various, different, diverse; **~я́ть** → ***~има́ть***

разо|блача́ть [1], ⟨~блачи́ть⟩ [16 *e.*; -чу́, -чи́шь; -чённый] *eccl.* disrobe, div *fig.* expose, unmask; **~блаче́ние** [12] exposure, unmasking; **~бра́ть(** → ***разбира́ть(ся)***; **~гна́ть(ся)** → ***р гоня́ть(ся)***; **~гну́ть(ся)** → ***раз ба́ть(ся)***; **~грева́ть** [1], ⟨~гре́ть⟩ -етый] warm (up); **~де́тый** *coll. sh.*] dressed up; **~дра́ть** → ***раздира́ ~йти́сь*** → ***расходи́ться***; **~мкну́ть** ***размыка́ть***; **~рва́ть(ся)** → ***разр ва́ть(ся)***

разор|е́ние *n* [12] *fig.* ruin; *в результ те войны* devastation; **~и́тельн** [14; -лен, -льна] ruinous; **~и́ть(ся)** ***~я́ть(ся)***; **~ужа́ть** [1], ⟨~ужи́ть⟩ [16 -жу́, -жи́шь; -жённый] disarm (**-ся**); **~уже́ние** *n* [12] disarmame **~я́ть** [28], ⟨**~и́ть**⟩ [13] ruin; devasta (**-ся** be ruined, bankrupt)

разосла́ть → ***рассыла́ть***

разостла́ть → ***расстила́ть***

разочар|ова́ние *n* [12] disappointme **~о́вывать** [1], ⟨~ова́ть⟩ [7] (**-ся** be) c appoint(ed) (**в** П in)

разра|ба́тывать, ⟨~бо́тать⟩ [1] *ag* cultivate; work out, develop, elabora *mining* exploit; **~бо́тка** *f* [5; *g/pl.*: -т *agric.* cultivation; working (out), elab ration; exploitation; **~жа́ться** ⟨~зи́ться⟩ [15 *e.*; -ажу́сь, -ази́шься *шторме, войне* break out; *смех* burst out laughing; **~ста́ться** ⟨~сти́сь⟩ [24; *3rd p. only*: -тётся; -ро́с -сла́сь] grow (*a. fig.*); *растения* spre

разрежённый [14] *phys.* rarefied; ra

разре́з *m* [1] cut; (*сечение*) section; s *глаз* shape of the eyes; **~а́ть** [1], ⟨~а [3] cut (up), slit; **~ывать** [1] → ***~а́ть***

разреш|а́ть [1], ⟨**~и́ть**⟩ [16 *e.*; - -ши́шь; -шённый] permit, allow; *пр блему* (re)solve; (*улаживать*) sett **-ся** be (re)solved; **~е́ние** *n* [12] perm sion (**с** Р with); permit; authorizati (***на*** В for); *проблемы* (re)solutio *конфликтов и т. д.* settleme **~и́ть(ся)** → ***~а́ть(ся)***

раз|рисова́ть [7] *pf.* cover with dra ings; ornament; **~ро́зненный** [14] b ken up (as, e.g., a set); left over *or* ap (from, e.g., a set); odd; **~руба́ть** [

рубить⟩ [14] chop; **~рубить гордиев** **ел** cut the Gordian knot
рӯ|ха *f* [5] ruin; **экономическая ~ха** slocation; **~шать** [1], ⟨**~шить**⟩ [16] de-roy, demolish; *здоровье* ruin; (*рас-проить*) frustrate; **-ся** fall to ruin;
шение *n* [12] destruction, devastation;
шить(ся) → **~шать(ся)**
зры|в *m* [1] breach, break, rupture; взрыв) explosion; (*промежуток*) ap; **~вать** [1] **1.** ⟨разорвать⟩ [-ву, вёшь; -вал, -а, -о; -орванный] tear o *pieces* **на** В); break (off); (**-ся** *v/i.*, explode); **2.** ⟨**~ть**⟩ [22] dig up;
даться [1] *pf.* break into sobs; **~ть** **~вать 2.**; **~хлять** [28] → **рыхлить**
зря|д *m* [1] **1.** category, class; *sport* rat-ng; **2.** *el.* discharge; **~дить** → **~жать**;
дка *f* [5; *g/pl.*: -док] **1.** *typ.* letterspac-ng; **2.** discharging; unloading; *pol.* dé-ente; **~жать** [1], ⟨**~дить**⟩ [15 *e.* & 15; яжу, -ядишь; -яжённый & -яженный] ischarge; *typ.* space out; **~дить атмо-сферу** relieve tension
зу|беждать [1], ⟨**~бедить**⟩ [15 *e.*; ежу, -едишь; -еждённый] (**в** П) dis-uade (from); **-ся** change one's mind bout; **~ваться** [1], ⟨**~ться**⟩ [18] take ff one's shoes; **~веряться** [28], ⟨**~ве-риться**⟩ [13] (**в** П) lose faith (in); **~зна-вать** *coll.* [5], ⟨**~знать**⟩ [1] find out (**о** П, about); *impf.* make inquiries about;
крашивать [1], ⟨**~красить**⟩ decorate, mbellish; **~крупнять** [28], ⟨**~круп-ить**⟩ [14] break up into smaller units
зум *m* [1] reason; intellect; **~еть** [8] un-erstand; know; mean, imply (**под** Т y); **~еться** [8]: **само собой ~еется** goes without saying; **разумеется** of ourse; **~ный** [14; -мен, -мна] rational; easonable, sensible; wise
зу|ться → **~ваться**; **~чивать** [1], **~чить**⟩ [16] learn, study, *стихи и т.* . learn; **-ся** forget
зъе|дать [1] → **есть**[1] **2.**; **~динять** [28], **~динить**⟩ [13] separate; *el.* disconnect;
зжать [1] drive, ride, go about; be on a ourney *or* trip; **-ся** ⟨**~хаться**⟩ [-едусь, едешься; -езжайтесь!] leave (**по** Д or); *о супругах* separate; *о машинах* pass o.a. (**с** Т)
разъярённый [14] enraged, furious
разъясн|ение *n* [12] explanation; clarification; **~ять** [28], ⟨**~ить**⟩ [13] explain, elucidate
разы|грывать, ⟨**~грать**⟩ [1] play; *в ло-терее* raffle; (*подшутить*) play a trick (on); **-ся** *о буре* break out; *о страстях* run high; happen; **~ски-вать** [1], ⟨**~скать**⟩ [3] seek, search (for; *pf.* out = find)
рай *m* [3; в раю] paradise
рай|он *m* [1] district; region, area; **~он-ный** [14] district...; regional; **~совет** *m* [1] (**районный совет**) district soviet (*or* council)
рак *m* [1] crayfish; *med.* cancer; *astron.* Cancer; **красный как ~** red as a lobster
ракет|а *f* [5] rocket; missile; **~ка** *f* [5; *g/pl.*: -ток] *sport* racket; **~ный** [14] rocket-powered; missile...; **~чик** *m* [1] missile specialist
раковина *f* [5] shell; *на кухне* sink; **уш-ная ~** helix
рам|(к)а *f* [5; (*g/pl.*: -мок)] frame (-work, *a. fig.* = limits; **в** П within); **~па** *f* [5] foot-lights
ран|а *f* [5] wound; **~г** *m* [1] rank; **~ение** *n* [12] wound(ing); **~еный** [14] wounded (*a. su.*); **~ец** *m* [1; -нца] *школьный* schoolbag, satchel; **~ить** [13] (*im*)*pf.* wound, injure (**в** В in)
ран|ний [15] early (*adv.* **~о**); **~о или поздно** sooner *or* late; **~овато** *coll.* rather early; **~ьше** earlier; formerly; (*сперва*) first; (Р) before; **как можно ~ьше** as soon as possible
рап|ира *f* [5] foil; **~орт** [1], **~ортовать** [7] (*im*)*pf.* report; **~содия** *f* [7] *mus.* rhapsody
раса *f* [5] race
раска|иваться [1], ⟨**~яться**⟩ [27] repent (*v/t.*; **в** П of); **~лённый** [14], **~лить(ся)** → **~лять(ся)**; **~лывать** [1], ⟨**раско-лоть**⟩ [17] split, cleave; crack; (*v/i.* **-ся**); **~лять** [28], ⟨**~лить**⟩ [13] make (**-ся** become) red-hot, white-hot; **~пы-вать** [1], ⟨**раскопать**⟩ [1] dig out *or* up; **~т** *m* [1] roll, peal; **~тистый** [14 *sh.*] rolling; **~тывать**, ⟨**~тать**⟩ [1] (un)roll; *v/i.*

Р

-ся; **~чивать**, ⟨**~ча́ть**⟩ [1] swing; shake; **-ся** *coll.* bestir o.s.; **~яние** *n* [12] repentance (**в** П of); **~яться** → **~иваться**
раски́дистый [14 *sh.*] spreading
раски́|дывать [1], ⟨**~нуть**⟩ [20] spread (out); stretch (out); *шатёр* pitch, set up
раскла|дно́й [14] folding, collapsible; **~ду́шка** *coll. f* [5; *g/pl.*: -шек] folding *or* folding bed; **~́дывать** [1], ⟨**разложи́ть**⟩ [16] lay *or* spread out, distribute; *костёр* make, light; (*распределить*) apportion
раско́|л *m* [1] *hist.* schism, dissent; *pol.* division, split; **~ло́ть(ся)** → **раска́лывать(ся)**; **~па́ть** → **раска́пывать**; **~пка** *f* [5; *g/pl.*: -пок] excavation
раскр|а́шивать [1], → **кра́сить**; **~епоща́ть** [1], ⟨**~епости́ть**⟩ [15 *e.*; -ощу́, -ости́шь; -ощённый] emancipate, liberate; **~епоще́ние** *n* [12] emancipation, liberation; **~итикова́ть** [7] *pf.* severely criticize; **~ича́ться** [4 *e.*; -чу́сь, -чи́шься] *pf.* shout, bellow (**на** В at); **~ыва́ть** [1], ⟨**~ы́ть**⟩ [22] open wide (*v/i.* **-ся**); uncover, disclose, reveal; **~ы́ть свои́ ка́рты** show one's cards *or* one's hand
раску|па́ть [1], ⟨**~пи́ть**⟩ [14] buy up; **~по́ривать** [1], ⟨**~́порить**⟩ [13] uncork; open; **~́сывать** [1], ⟨**~си́ть**⟩ [15] bite through; *pf. only* get to the heart of; *coll. кого-л.* see through; *что-л.* understand; **~́тывать**, ⟨**~́тать**⟩ [1] unwrap
ра́совый [14] racial
распа́д *m* [1] disintegration; *радиоактивный* decay
распа|да́ться [1], ⟨**~́сться**⟩ [25; -па́лся, -лась; -па́вшийся] fall to pieces; disintegrate; break up (**на** В into); collapse; *chem.* decompose; **~ко́вывать** [1], ⟨**~кова́ть**⟩ [7] unpack; **~́рывать** [1] → **поро́ть**; **~́сться** → **~да́ться**; **~́хивать** [1] **1.** ⟨**~ха́ть**⟩ [3] plow (*Brt.* plough) up; **2.** ⟨**~хну́ть**⟩ [20] throw *or* fling open (*v/i.* **-ся**); **~шо́нка** *f* [5; *g/pl.*: -нок] baby's undershirt (*Brt.* vest)
распе|ва́ть [1] sing for a time; **~ка́ть** *coll.* [1], ⟨**~́чь**⟩ [26] scold; **~ча́тка** *f* [5; *g/pl.*: -ток] *tech.* hard copy; *comput.* printout; **~ча́тывать**, ⟨**~ча́тать**⟩ [1] **1.** unseal; open; **2.** print out
распи́|ливать [1], ⟨**~ли́ть**⟩ [13; -и́лю, -и́лишь; -и́ленный] saw up; **~на́ть** ⟨**распя́ть**⟩ [-пну́, -пнёшь; -пя́тый] crucify
распис|а́ние *n* [12] timetable (*r*… **~а́ние поездо́в**; **~а́ние уро́ков** sch… ule (**по** Д of, for); **~а́ть(ся)** **~́ывать(ся)**; **~́ка** *f* [5; *g/pl.*: -сок] rece… (**под** В against); **~́ывать** [1], ⟨**~а́ть**⟩ write, enter; *art* paint; ornament; … sign (one's name); (acknowledge) … ceipt (**в** П); *coll.* register one's marri…
распл|авля́ть [28] → **пла́ви…** **~а́каться** [3] *pf.* burst into tears; **~**… *f* [5] payment; (*возмездие*) reckoni… **~а́чиваться** [1], ⟨**~ати́ться**⟩ [15] (**с** … pay off, settle accounts (with); … (**за** В for); **~еска́ть** [3] *pf.* spill
распле|та́ть [1], ⟨**~сти́**⟩ [25 -т-] (-… ⟨-сь⟩ come) unbraid(ed); untwist(e… undo(ne)
расплы|ва́ться [1], ⟨**~́ться**⟩ [23] spre… *чернила и т. д.* run; *на воде* sw… about; *очертания* blur; **~́ться в улы́б…ке** break into a smile; **~́вчатый** [14 *s*… blurred, vague
расплю́щить [16] *pf.* flatten out, ha… mer out
распозн|ава́ть [5], ⟨**~а́ть**⟩ [1] recogni… identify; *болезнь* diagnose
распол|ага́ть [1], ⟨**~ожи́ть**⟩ [16] … range; *войск* dispose; *impf.* (Т) disp… (of), have (at one's disposal); **-ся** set… encamp; *pf.* be situated; **~ага́ющий** [… prepossessing; **~за́ться** [1], ⟨**~зти́**… [24] creep *or* crawl away; *слухи* spre… **~оже́ние** *n* [12] arrangement; (dis)po… tion (**к** Д toward[s]); location, situati… (*влечение, доброе отношение*) in… nation, propensity; **~оже́ние ду…** mood; **~о́женный** [14 *sh.*] *a.* situat… (well-)disposed (**к** Д toward[s]); … clined; **~ожи́ть(ся)** → **~ага́ть(ся)**
распор|яди́тельность *f* [8] good ma… agement; **~яди́тельный** [14; -л… -льна] capable; efficient; **~яди́ть…** → **~яжа́ться**; **~я́док** [1; -дка] ord… *в больнице и т. д.* regulations … **~яжа́ться** [1], ⟨**~яди́ться**⟩ [15

яжу́сь, -яди́шься] order; (T) dispose of); see to, take care of; *impf.* *управлять*) be the boss; manage; **яже́ние** *n* [12] order(s), instruction(s); disposal (**в** В; **в** П at); ***име́ть в своём яже́нии*** have at one's disposal

испра́в|а *f* [5] violence; reprisal; *крова-ая* massacre; **~ля́ть** [28], ⟨**~ить**⟩ [14] traighten; smooth; *крылья* spread; *оги* stretch; **-ся** (**с** T) deal with; make hort work of

спредел|е́ние *n* [12] distribution; **и́тельный** [14] distributing; *el.* *щит* witch…; **~я́ть** [28], ⟨**~и́ть**⟩ [13] distribute; *задания и т. д.* allot; (*напра-ить*) assign (**по** Д to)

испрод|ава́ть [5], ⟨**~а́ть**⟩ [-да́м, -да́шь; *tc.*, → ***дать***; -про́дал, -а́, -о; -про́данный] sell out (*or* off); **~а́жа** *f* [5] (clearnce) sale

испрост|ира́ть [1], ⟨**~ере́ть**⟩ [12] tretch out; *влияние* extend (*v/i.* **ся**); **~ёртый** *a.* open (arms *объятия* *l.*); outstretched; prostrate, prone; **и́ться** [15 *e.*; -ощу́сь, -ости́шься] (**с** T) bid farewell (to); (*отказаться*) give up, abandon

аспростран|е́ние *n* [12] *слухов и т.* . spread(ing); *знаний* dissemination, propagation; ***получи́ть широ́кое е́ние*** become popular; be widely practiced; **~ённый** [14] widespread; **~я́ть** 28], ⟨**~и́ть**⟩ [13] spread, diffuse (*v/i.* **ся**); propagate, disseminate; extend; *запах* give off; **~я́ться** *coll.* enlarge upon

аспро|ща́ться [1] *coll.* → ***~сти́ться***

а́спря *f* [6; *g/pl.*: -рей] strife, conflict; **~гáть** [1], ⟨**~чь**⟩ [26 г/ж: -ягу́, -яжёшь] unharness

аспу|ска́ть [1], ⟨**~сти́ть**⟩ [15] dismiss, disband; *parl.* dissolve; *на каникулы* dismiss for; *знамя* unfurl; *вязание* undo; *волосы* loosen; *слухи* spread; *масло* melt; *fig.* spoil; **-ся** *цветок* open; (*раствориться*) dissolve; *coll.* become intractable; let o.s. go; **~стать** → ***~стывать***; **~стица** *f* [5] season of bad roads; **~стывать**, ⟨**~стать**⟩ [1] untangle; **~стье** *n* [10] crossroad(s); **~ха́ть** [1], ⟨**~хнуть**⟩ [21] swell; **~хший** [17] swollen; **~щенный** [14 *sh.*] spoiled, undisciplined; dissolute

распыл|и́тель *m* [4] spray(er), atomizer; **~я́ть** [28], ⟨**~и́ть**⟩ [13] spray, atomize; *fig.* dissipate

распя́|тие *n* [12] crucifixion; crucifix; **~ть** → ***распина́ть***

расса́|да *f* [5] seedlings; **~ди́ть** → ***~живать***; **~дник** *m* [1] seedbed; *a. fig.* hotbed; **~живать** [1], ⟨**~ди́ть**⟩ [15] transplant; *людей* seat; **-ся**, ⟨**рассе́сться**⟩ [**расся́дусь, -дешься; -се́лся, -се́лась**] sit down, take one's seat; *fig.* sprawl

рассве́|т *m* [1] dawn (**на** П at), daybreak; **~та́ть** [1], ⟨**~сти́**⟩ [25 -т-: -светёт; -свело́] dawn

рассе|дла́ть [1] *pf.* unsaddle; **~ивать** [1], ⟨**~ять**⟩ [27] sow; *толпу* scatter, *тучи* disperse (*v/i.* **-ся**); *сомнения* dispel; **~ка́ть** [1], ⟨**~чь**⟩ [26] cut through, cleave; (*of a cane, etc.*) swish; **~ля́ть** [28], ⟨**~ли́ть**⟩ [13] settle in a new location (*v/i.* **-ся**); **~сться** → ***расса́живаться***; **~янность** *f* [8] absent-mindedness; **~янный** [14 *sh.*] absent-minded; scattered; *phys.* diffused; **~ять(ся)** → ***~ивать*(ся)**

расска́з *m* [1] account, narrative; tale, story; **~а́ть** → ***~ывать***; **~чик** *m* [1] narrator; storyteller; **~ывать** [1], ⟨**~а́ть**⟩ [3] tell; recount, narrate

расслаб|ля́ть [28], ⟨**~ить**⟩ [14] weaken, enervate (*v/i.* **~е́ть** [8] *pf.*)

рассл|е́дование *n* [12] investigation, inquiry; **~е́довать** [7] (*im*)*pf.* investigate, inquire into; **~ое́ние** *n* [12] stratification; **~ы́шать** [16] *pf.* catch (*what a p. is saying*); ***не ~ы́шать*** not (quite) catch

рассм|а́тривать [1], ⟨**~отре́ть**⟩ [-отрю́, -о́тришь; -о́тренный] examine, view; consider; (*различить*) discern, distinguish; **~ея́ться** [27 *e.*; -ею́сь; -еёшься] *pf.* burst out laughing; **~отре́ние** *n* [12] examination (**при** П at); consideration; **~отре́ть** → ***~а́тривать***

рассо́л *m* [1] brine

расспр|а́шивать [1], ⟨**~оси́ть**⟩ [15] inquire, ask; **~о́сы** *pl.* [1] inquiries

Р

рассро́чка *f* [5] (payment by) instal(l)-ments (**в** В *sg*. by)
расста|ва́ние → ***проща́ние***; **~ва́ться** [5], ⟨**~́ться**⟩ [-а́нусь, -а́нешься] part (**с** Т with); leave; *с мечтой и т. д.* give up; **~вля́ть** [28], ⟨**~́вить**⟩ [14] place; arrange; set up; (*раздвигать*) move apart; **~но́вка** *f* [5; *g/pl*.: -вок] arrangement; punctuation; *персонал* placing; ***~но́вка полити́ческих сил*** political scene; **~́ться** → ***~ва́ться***
расст|ёгивать [1], ⟨**~егну́ть**⟩ [20] unbutton; unfasten (*v/i*. **-ся**); **~ила́ть** [1], ⟨разостла́ть⟩ [расстелю́, -е́лешь; разо́стланный] spread out; lay (*v/i*. **-ся**); **~оя́ние** *n* [12] distance (at a ***на*** П); ***держа́ться на ~оя́нии*** keep aloof
расстр|а́ивать [1], ⟨**~о́ить**⟩ [13] upset; disorganize; disturb, spoil; shatter; *планы* frustrate; *mus*. put out of tune; **-ся** be(come) upset, illhumo(u)red, *etc*.
расстре́л *m* [1] execution by shooting; **~ивать** [1], ⟨**~я́ть**⟩ [28] shoot
расстро́|ить(ся) → ***расстра́ивать(ся)***; **~йство** *n* [9] disorder, confusion; derangement; frustration; *желудка* stomach disorder; *coll*. diarrh(o)ea
расступ|а́ться [1], ⟨**~и́ться**⟩ [14] make way; *о толпе* part
рассу|ди́тельность *f* [8] judiciousness; **~ди́тельный** [14; -лен, -льна] judicious, reasonable; **~ди́ть** [15] *pf*. judge; arbitrate; think, consider; decide; **~́док** *m* [1; -дка] reason; common sense; **~́дочный** [14; -чен, -чна] rational; **~жда́ть** [1] argue, reason; discourse (on); argue (about); discuss; **~жде́ние** *n* [12] reasoning, argument, debate, discussion
рассчи́т|ывать, ⟨**~а́ть**⟩ [1] calculate, estimate; *с работы* dismiss, sack; *impf*. count *or* reckon (**на** В on); (*ожидать*) expect; (*намереваться*) intend; **-ся** settle accounts, *fig*. get even (**с** Т with); (*расплатиться*) pay off
рассыл|а́ть [1], ⟨разосла́ть⟩ [-ошлю́, -ошлёшь; -о́сланный] send out (*or* round); **~́ка** *f* [5] distribution; dispatch
рассып|а́ть [1], ⟨**~́ать**⟩ [2] scatter, spill; *v/i*. **-ся** crumble, fall to pieces; break up; ***~а́ться в комплиме́нтах*** shower co[mpliments] (on Д)
раста́|лкивать, ⟨растолка́ть⟩ [1] pu[sh] asunder, apart; (*будить*) shake; **~пл[ивать]** [1], ⟨растопи́ть⟩ [14] light, kind[le]; *жир* melt; (*v/i*. **-ся**); **~птывать** ⟨растопта́ть⟩ [3] trample, stamp (c[rush]); crush; **~скивать** [1], ⟨**~щи́ть**⟩ [16], c[oll]. ⟨**~ска́ть**⟩ [1] (*раскрасть*) pilfer; *части* take away, remove little by lit[tle]; *дерущихся* separate
раство́р *m* [1] *chem*. solution; *цемен[тный]* mortar; **~и́мый** [14 *sh*.] soluble; **~я́[ть]** [28], ⟨**~и́ть**⟩ **1.** [13] dissolve; **2.** [...] -орю́, -о́ришь; -о́ренный] open
расте́|ние *n* [12] plant; **~ре́ть** → ***рас[те]ра́ть***; **~рза́ть** [1] *pf*. tear to piec[es]; **~рянный** [14 *sh*.] confused, perplex[ed], bewildered; **~ря́ть** [28] *pf*. lose (little [by] little); (**-ся** get lost, lose one's head; b[e]come] perplexed *or* puzzled)
расти́ [24 -ст-: -сту́, -стёшь; рос, -сл[а]; ро́сший] ⟨вы́-⟩ grow; grow up; (*ув[е]личиваться*) increase
раст|ира́ть [1], ⟨**~ере́ть**⟩ [12; разот[ру], -трёшь] grind, pulverize; rub in; ru[b], massage
расти́тельн|ость *f* [8] vegetation; v[er]dure; *на лице* hair; **~ый** [14] vegetab[le]; ***вести́ ~ый о́браз жи́зни*** vegetate
расти́ть [15 *e*.; ращу́, расти́шь] re[ar], grow, cultivate
расто|лка́ть → ***раста́лкивать***; **~лк[о]ва́ть** [7] *pf*. expound, explain; **~пи́[ть]** → ***раста́пливать***; **~пта́ть** → ***раста́[п]тывать***; **~пы́рить** [13] *pf*. spread wi[de]; **~рга́ть** [1], ⟨**~́ргнуть**⟩ [21] *договор* ca[ncel], annul; *брак* dissolve; **~рже́ние** [*n*] [12] cancellation; annulment; dissol[u]tion; **~ро́пный** [14; -пен, -пна] *co[ll]*. smart, deft, quick; **~ча́ть** [1], ⟨**~чи́[ть]**⟩ [16 *e*.; -чу́, -чи́шь; -чённый] squand[er], waste, dissipate; *похвалы* lavish [(upon)]; **~чи́тель** *m* [4], squanderer, spen[d]thrift; **~чи́тельный** [14; -лен, -ль[на]] wasteful, extravagant
растра|вля́ть [28], ⟨**~ви́ть**⟩ [14] irrita[te]; *душу* aggravate; ***~ви́ть ра́ну*** *fig*. r[ub] salt in the wound; **~́та** *f* [5] squanderin[g]; embezzlement; **~́тчик** *m* [1] embezzle[r]

ᴎивать [1], ⟨~тить⟩ [15] spend, waste; mbezzle
стр|епать [2] *pf.* (**-ся** be[come]) usle(d, **~ёпанный** [14]), dishev-([l]ed); **в ~ёпанных чувствах** con-ised, mixed up
строгать [1] *pf.* move, touch
стя|гивать [1], ⟨~нуть⟩ [19] stretch /i. **-ся**; *coll.* fall flat); *med.* sprain, rain; *слова* drawl; *во времени* drag ut, prolong; **~жение** *n* [12] stretching; rain(ing); **~жимый** [14 *sh.*] extensi-le, elastic; *fig.* vague; **~нутый** [14] ng-winded, prolix; **~нуться** → **~ги-аться**
с|формировать [8] *pf.* disband; **~ха-живать** [1] walk about, pace up and own; **~хваливать** [1], ⟨~хвалить⟩ 13; -алю, -алишь; -аленный] shower raise on; **~хватывать**, *coll.* ⟨~хва-ать⟩ [1] snatch away; (*раскупить*) uy up (quickly)
схи|щать [1], ⟨~тить⟩ [15] plunder; iisappropriate; **~щение** *n* [12] theft; iisappropriation
схо|д *m* [1] expenditure (**на** В for), ex-ense(s); *топлива и т. д.* consump-ion; **~диться** [15], ⟨разойтись⟩ [-ой-усь, -ойдёшься; -ошедшийся; *g. pt.*: ойдясь] go away; disperse; break up; *о мнениях* differ (**с** Т from); *т. ж. линиях* diverge; (*расстаться*) part, eparate; pass (*without meeting*); (*let-ers*) cross; *товар* be sold out, sell; *еньги* be spent, (**у** Р) run out of; **~до-ать** [7], ⟨из-⟩ spend, expend; *pf. a.* use p; **~ждение** *n* [12] divergence, differ-nce (**в** П of)
сцарап|ывать, ⟨~ать⟩ [1] scratch (all ver)
сцве|т *m* [1] bloom, blossoming; *fig.* lowering; heyday, prime; *искусства т. д.* flourishing; **в ~те лет** in his rime; **~тать** [1], ⟨~сти⟩ [25; -т] blo(s-)om; flourish, thrive; **~тка** *f* [5; *g/pl.*: ток] colo(u)ring, colo(u)rs
сце|нивать [1], ⟨~нить⟩ [13; -еню, енишь; -енённый] estimate, value, ate; (*считать*) consider, think; нка *f* [5; *g/pl.*: -нок] valuation; *цена* price; *об оплате* rate; **~плять** [28], ⟨~пить⟩ [14] uncouple, unhook; disen-gage
рас|чесать → **~чёсывать**; **~чёска** *f* [5; *g/pl.*: -сок] comb; **~честь** → **рас-считать**; **~чёсывать** [1], ⟨~чесать⟩ [3] comb (one's hair **-ся** *coll.*)
расчёт *m* [1] calculation; estimate; set-tlement (of accounts); payment; (*увольнение*) dismissal, sack; account, consideration; **принимать в ~** take into account; **из ~а** on the basis (of); **в ~е** quits with; **безналичный ~** payment by written order; by check (*Brt.* cheque); **~ наличными** cash payment; **~ливый** [14 *sh.*] provident, thrifty; cir-cumspect
рас|чищать [1], ⟨~чистить⟩ [15] clear; **~членять** [28], ⟨~членить⟩ [13] dis-member; divide; **~шатывать**, ⟨~ша-тать⟩ [1] loosen (*v/i.* **-ся** become lose); *о нервах, здоровье* (be[come]) im-pair(ed); shatter(ed); **~шевелить** *coll.* [13] *pf.* stir (up)
расши|бать → **ушибать**; **~вать** [1], ⟨~ть⟩ [разошью, -шьёшь; → **шить**] em-broider; **~рение** *n* [12] widening, en-largement; expansion; **~рять** [28], ⟨~рить⟩ [13] widen, enlarge; extend, ex-pand; *med.* dilate; **~рить кругозор** broaden one's mind; **~ть** → **~вать**; **~фровывать** [1], ⟨~фровать⟩ [7] deci-pher, decode
рас|шнуровывать [7] *pf.* unlace; **~ще-лина** *f* [5] crevice, cleft, crack; **~щепле-ние** *n* [12] splitting; *phys.* fission; **~щеплять** [28], ⟨~щепить⟩ [14 *e.*; -плю, -пишь; -плённый] split
ратифи|кация *f* [7] ratification; **~циро-вать** [7] (*im*)*pf.* ratify
ратовать [7] *за что-л.* fight for, stand up for; *против* inveigh against, de-claim against
рахит *m* [1] rickets
рацион|ализировать [7] (*im*)*pf.* ra-tionalize, improve; **~альный** [14; -лен, -льна] rational (*a. math.*, *no sh.*); efficient
рвануть [20] *pf.* jerk; tug (**за** В at); **-ся** dart

Р

рвать [рву, рвёшь; рвал, -á, -o] **1.** ⟨разо-, изо-⟩ [-óрванный] tear (**на, в** B to *pieces*), *v/i.* **-ся**; **2.** ⟨co-⟩ pluck; **3.** ⟨вы-⟩ pull out; *impers.* (B) vomit, spew; **4.** ⟨пре-⟩ break off; **5.** ⟨взо-⟩ blow up; **~ и метáть** *coll.* be in a rage; **-ся** break; (*стремиться*) be spoiling for
рвéние *n* [12] zeal; eagerness
рвóт|а *f* [5] vomit(ing); **~ный** [14] emetic (*a. n, su.*)
реа|билити́ровать [7] (*im*)*pf.* rehabilitate; **~ги́ровать** [7] (**на** B) react (to); respond (to); **~кти́вный** [14] *chem.* reactive; *tech. ae.* jet-propelled; **~ктор** *m* [1] *tech.* reactor, pile; **~кционéр** *m* [1], **~кциóнный** [14] reactionary; **~кция** *f* [7] reaction
реал|и́зм *m* [1] realism; **~изовáть** [7] realize; *comm. a.* sell; **~исти́ческий** [16] realistic; **~ьность** *f* [8] reality; **~ьный** [14; -лен, -льна] real; (*осуществимый*) realizable
ребёнок *m* [2; *pl. a.* дéти] child, *coll.* kid; baby; **груднóй ~** suckling
ребрó *n* [9; *pl.*: рёбра, рёбер, рёбрам] rib; edge (on **~м**); **постáвить вопрóс ~м** *fig.* put a question point-blank
ребя́|та *pl. of* **ребёнок**; *coll.* children; (*of adults*) boys and lads; **~ческий** [16], **~чий** *coll.* [18] childish; **~чество** *n* [9] *coll.* childishness; **~читься** *coll.* [16] behave childishly
рёв *m* [1] roar; bellow; howl
рев|áнш *m* [1] revenge; *sport* return match; **~éнь** *m* [4 *e.*] rhubarb; **~éть** [-вý, -вёшь] roar; bellow; howl; *coll.* cry
реви́з|ия *f* [7] inspection; *fin.* audit; *наличия товаров и т. д.* revision; **~óр** *m* [1] inspector; auditor
ревмати́|зм *m* [1] rheumatism; **~ческий** [16] rheumatic
ревн|и́вый [14 *sh.*] jealous; **~овáть** [7], ⟨при-⟩ be jealous (**к** Д [B] of [p.'s]); **~ость** *f* [8] jealousy; **~остный** [14; -тен, -тна] zealous, fervent
револ|ьвéр *m* [1] revolver; **~юционéр** *m* [1], **~юциóнный** [14] revolutionary; **~юция** *f* [7] revolution
реги́стр *m* [1], **~и́ровать** [7], *pf. and impf.*, *pf. also* ⟨за-⟩ register, record; (*v/i.* **~и́роваться**); register (o.s.); re
ter one's marriage
регл|áмент *m* [1] order, regulation
~рéсс *m* [1] regression
регул|и́ровать [7], ⟨y-⟩ regulate; adj (*esp. pf.*) settle; **~иро́вщик** *m* [1] tra controller; **~я́рный** [14; -рен, -рна] r ular; **~я́тор** *m* [1] regulator
редак|ти́ровать [7], ⟨от-⟩ edit; **~тор** [1] editor; **~ция** *f* [7] editorial staff; itorial office; wording; **под ~цией** ited by
ред|éть [8], ⟨по-⟩ thin, thin out; **~иск** [5; *g/pl.*: -сок] (*red*) radish
рéдк|ий [16; -док, -дкá, -o; *comp.*: ре uncommon; *волосы* thin, sparse; *к га и т. д.* rare; *adv. a.* seldom; **~ост** [8] rarity, curiosity; uncommon (thin **на ~ость** *coll.* exceptionally
рéдька *f* [5; *g/pl.*: -дек] radish
режи́м *m* [1] regime(n); routine; (*ус вия работы*) conditions
режисс|ёр *m* [1] *cine.* director; *th* producer
рéзать [3] **1.** ⟨раз-⟩ cut (up, open); sli *мясо* carve; **2.** ⟨за-⟩ slaughter, kill; ⟨вы-⟩ carve, cut (**по** B, **на** П in *woo* **4.** ⟨c-⟩ *coll. на экзамене* fail; **5. -ся** c cut (one's teeth)
резв|и́ться [14 *e.*; -влю́сь, -ви́шься] fr ic, frisk, gambol; **~ый** [14; -резв, -á, frisky, sportive, frolicsome; qui *ребёнок* lively
резéрв *m* [1] *mil.*, *etc.* reserve(s); **~ист** [1] reservist; **~ный** [14] reserve
резéц *m* [1; -зцá] *зуб* incisor; *tech.* cutt cutting tool
рези́н|а *f* [5] rubber; **~овый** [14] ru ber…; **~ка** *f* [5; *g/pl.*: -нок] eraser; ru ber band, (*piece of*) elastic
рéз|кий [16; -зок, -зкá, -o; *comp.*: рéз sharp, keen; *ветер* biting, pierci *боль* acute; *звук* harsh; shrill; *све* glaring; *манера* rough, abrupt; **~кос** *f* [8] sharpness, *etc.*, → **~кий**; ha word; **~нóй** [14] carved; **~ня́** *f* [6] slaug ter; **~олю́ция** *f* [7] resolution; instr tion; **~óн** *m* [1] reason; **~онáнс** *m* [1] r onance; (*отклик*) response; **~óнн** *coll.* [14; -óнен, -óнна] reasonab

Р

ультáт *m* [1] result (as a **в** П); **~ьбá** *f* [5] arving, fretwork

зюм|é *n* [*indecl.*] summary; **~úро-ать** [7] (*im*)*pf.* summarize

йд[1] *m* [1] *naut.* road(stead)

йд[2] *m* [1] *mil.* raid

йс *m* [1] trip; voyage; flight

кá *f* [5; *ac/sg a. st.; pl. st.; from dat/pl. a.* .] river

квием *m* [1] requiem

клáм|а *f* [5] advertising; advertise-ient; publicity; **~úровать** [7] (*im*)*pf.* dvertise; publicize; boost; **~ный** [14] ublicity

ко|мендáтельный [14] of recom-iendation; **~мендáция** *f* [7] (*совет*) dvice, recommendation; (*документ*) eference; **~мендовáть** [7] (*im*)*pf.*, *a.*, по-⟩ recommend, advise; **~нструúро-ать** [7] (*im*)*pf.* reconstruct; **~рд** *m* [1] ecord; ***установúть ~рд*** set a record; рдный [14] record…; record-break-ig; **~рдсмéн** *m* [1], **~рдсмéнка** *f* [5; */pl.*: -нок] record-holder

ктор *m* [1] president, (*Brt.* vice-) hancellor of a university

ли|гиóзный [14; -зен, -зна] religious; гия *f* [7] religion; **~квия** [7] relic

льс [1], **~овый** [14] rail; track

мéнь *m* [4; -мня́] strap, belt

мéсл|енник *m* [1] craftsman, artisan; *g.* bungler; **~енный** [14] trade…; andicraft…; **~ó** *n* [9; -мёсла, -мёсел, мёслам] trade; (handi)craft; occupa-on

мóнт *m* [1] repair(s); maintenance; *ка-питальный* overhaul; **~úровать** [7] *im*)*pf.*, **~ный** [14] repair…

нтáбельный [14; -лен, -льна] profit-ble, cost effective

нтгéновск|ий [16]: ***~ий снúмок*** -ray photograph

организовáть [7] (*im*)*pf.* reorganize

п|а *f* [5] turnip; ***прóще пáреной ~ы*** as) easy as ABC

па|рáция *f* [7] reparation; **~триúро-ать** [7] (*im*)*pf.* repatriate

пéйник *m* [1] burdock

пертуáр *m* [1] repertoire, repertory

петú|ровать [7], ⟨про-⟩ rehearse; **~тор** *m* [1] coach (*teacher*); **~ция** *f* [7] rehearsal

рéплика *f* [5] rejoinder, retort; *thea.* cue

репортáж *m* [1] report(ing)

репортёр *m* [1] reporter

репресс|úрованный *m* [14] *su.* one subjected to repression; **~ия** *f* [7] *mst. pl.* repressions *pl.*

ресни́ца *f* [5] eyelash

респýблик|а *f* [5] republic; **~áнец** *m* [1; -нца], **~áнский** [16] republican

рессóра *f* [5] *tech.* spring

ресторáн *m* [1] restaurant (**в** П at)

ресýрсы *m/pl.* [5] resources

реферáт *m* [1] synopsis; essay

реферéндум *m* [1] referendum

реф́орм|а *f* [5], **~úровать** [7] (*im*)*pf.* re-form; **~áтор** *m* [1] reformer

рефрижерáтор *m* [1] *tech.* refrigerator; *rail.* refrigerator car, *Brt.* van

реценз|éнт *m* [1] reviewer; **~úровать** [7], ⟨про-⟩, **~ия** *f* [7] review

рецéпт *m* [1] *cul.* recipe; *med.* prescrip-tion

рецидúв *m* [1] *med.* relapse; recurrence; *law* repeat offence

рéч|ка *f* [5; *g/pl.*: -чек] (small) river; **~нóй** [14] river…

реч|ь *f* [8; *from g/pl. e.*] speech; (*высту-пление*) address, speech; ***об э́том не мóжет быть и ~и*** that is out of the question; → ***идтú***

реш|áть [1], ⟨**~úть**⟩ [16 *e.*; -шý, -шúшь; -шённый] *проблему* solve; (*принять решение*) decide, resolve (*a.* **-ся** [***на*** В on, to], make up one's mind); (*осме-литься*) dare, risk; ***не ~áться*** hesitate; **~áющий** [17] decisive; **~éние** *n* [12] de-cision; (re)solution; **~ёткa** *f* [5; -ток] grating; lattice; trellis; fender; **~етó** *n* [9; *pl. st.*: -шёта] sieve; **~úмость** *f* [8] res-oluteness; determination; **~úтельный** [14; -лен, -льна] *человек* resolute, firm; decisive; definite; **~úть(ся)** → **~áть(ся)**

ржа|вéть [8], ⟨за-⟩, **~вчина** *f* [5] rust; **~вый** [14] rusty; **~нóй** [14] rye…; **~ть** [ржёт], ⟨за-⟩ neigh

рúм|ский [14] Roman; ***~ская цúфра*** Roman numeral

ри́нуться [20] *pf.* dash; rush; dart

рис *m* [1] rice

риск *m* [1] risk; ***на свой*** (***страх и***) **~** at one's own risk; **с ~ом** at the risk (**для** P of); **~о́ванный** [14 *sh.*] risky; **~ова́ть** [7], ⟨**~ну́ть**⟩ [20] (*usu.* T) risk, venture

рисова́|ние *n* [12] drawing; **~ть** [7], ⟨на-⟩ draw; *fig.* depict, paint; **-ся** act, pose

ри́совый [14] rice…

рису́нок *m* [1; -нка] drawing; design; picture, illustration; figure

ритм *m* [1] rhythm; **~и́чный** [14; -чен, -чна] rhythmical

ритуа́л *m* [1], **~ьный** [14; -лен, -льна] ritual

риф *m* [1] reef

ри́фма *f* [5] rhyme

роб|е́ть [8], ⟨о-⟩ be timid, quail; ***не ~е́й!*** don't be afraid!; **~кий** [16; -бок, -бка́, -о; *comp*.: ро́бче] shy, timid; **~ость** *f* [8] shyness, timidity

ро́бот *m* [1] robot

ров *m* [1; рва; во рву] ditch

рове́сник *m* [1] of the same age

ро́вн|ый [14; -вен, -вна́, -о] even, level, flat; straight; equal; *характер* equable; **~о** precisely, exactly; *о времени тж.* sharp; *coll.* absolutely; **~я** *f* [5] equal, match

рог *m* [1; *pl. e.*: -га́] horn; antler; **~ *изоби́лия*** horn of plenty; **~а́тый** [14 *sh.*] horned; ***кру́пный ~а́тый скот*** cattle; **~ови́ца** *f* [5] cornea; **~ово́й** [14] horn…

род *m* [1; в, на -у́; *pl. e.*] *biol.* genus; *человеческий* human race; (*поколение*) generation; family; (*сорт*) kind; *gr.* gender; (*происхождение*) birth (T by); **в своём ~е** in one's own way; **~ом из, с** P come *or* be from; **о́т ~у** (Д) *be* … old; **с ~у** in one's life

роди́|льный [14] maternity (hospital **дом** *m*); **~мый** [14] → **´~нка**; **´~на** *f* [5] native land, home(land) (**на** П in); **´~нка** *f* [5; *g/pl.*: -нок] birthmark; mole; **~тели** *m/pl.* [4] parents; **~тельный** [14] *gr.* genitive; **~тельский** [16] parental, parent's

роди́ть [15 *e.*; рожу́, роди́шь; -ил, -а (*pf.*: -а́), -о; рождённый] (*im*)*pf.* (*impf. a.* ***рожда́ть***, *coll.* ***рожа́ть*** [1]) bear, gi… birth to; *fig.* give rise to; **-ся** [*pf.* -ил… be born; come into being

родн|и́к *m* [1 *e.*] (*source of water*) spri… **~о́й** [14] own (*by blood relationshi*… *город и т. д.* native; (my) dear; *pl*… **~я́** *f* [6] relative(s), relation(s)

родо|нача́льник *m* [1] ancestor, (*a. f*… father; **~сло́вный** [14] genealogic… ***~сло́вная*** *f* family tree

ро́дствен|ник *m* [1], **~ница** *f* [5] relati… relation; **~ный** [14 *sh.*] related, kindr… *языки* cognate; of blood

родств|о́ *n* [9] relationship; ***в ~е́*** relat… (**с** T to)

ро́ды *pl.* [1] (child)birth

ро́жа *f* [5] **1.** *med.* erysipelas; **2.** P m…

рожд|а́емость *f* [8] birthrate; **~а́ть**(с… → ***роди́ть***(**ся**); **~е́ние** *n* [12] birth (… P by); ***день ~е́ния*** birthday (***в*** B o… **~е́ственский** [16] Christmas…; **~е…** **во́** *n* [9] (*a.* ***~ество́*** [**христо́во**]) Chri… mas (**на** B at); ***поздра́вить с ~еств…*** ***христо́вым*** wish a Merry Christm… **до** (**по́сле**) **Р.хр.** B.C. (A.D.)

рож|о́к *m* [1; -жка́] feeding bottle; *д… обуви* shoehorn; **~ь** *f* [8; ржи; *instr./s…* ро́жью] rye

ро́за *f* [5] rose

розе́тка *f* [5; *g/pl.*: -ток] **1.** jam-dish; **2.** socket, wall plug

ро́зн|ица *f* [5]: ***в ~ицу*** retail; **~ичный** [… retail…

ро́зовый [14 *sh.*] pink, rosy

ро́зыгрыш *m* [1] (*жеребьёвка*) dra… drawing in a lottery; (*шутка*) (prac… cal) joke; **~ *ку́бка*** play-off

ро́зыск *m* [1] search; *law* inquiry; ***уг… ло́вный ~*** criminal investigation d… partment

ро|и́ться [13] swarm (*of bees*); crowd … *thoughts*); **~й** [3; в рою́; *pl. e.*: рой, рое… swarm

рок *m* [1] **1.** fate; **2.** *mus.* rock; **~ер** *m*… rocker; **~ово́й** [14] fatal; **~от** *m* [1], **~… та́ть** [3] roar, rumble

роль *f* [8; *from g/pl. e.*] *thea.* part, ro… ***э́то не игра́ет ро́ли*** it is of no imp… tance

ром *m* [1] rum

ма́н *m* [1] novel; *coll.* (love) affair; **и́ст** *m* [1] novelist; **~с** *m* [1] *mus.* ro-ance; **~ти́зм** *m* [1] romanticism; **~ти-а** *f* [5] romance; **~ти́ческий** [16], **ти́чный** [14; -чен, -чна] romantic
м|а́шка *f* [5; *g/pl.*: -шек] *bot.* camo-ile; **~б** *m* [1] *math.* rhombus
ня́ть [28], ⟨урони́ть⟩ [13; -оню́, онишь; -о́ненный] drop; *листья* shed; g. disparage, discredit
п|о́т *m* [1], **~та́ть** [3; -пщу́, ро́пщешь] urmur, grumble, complain (about а В)
са́ *f* [5; *pl. st.*] dew
ско́ш|ный [14; -шен, -шна] luxurious; umptuous, luxuriant; **´~ь** *f* [8] luxury; xuriance
слый [14] big, tall
спись *f* [8] *art* fresco, mural
спуск *m* [1] *parl.* dissolution; *на ка-икулы* breaking up
ст *m* [1] growth; *цен и т. д.* increase, se; *человека* stature, height; **высо́-ого ~а** tall
с|то́к *m* [1; -тка́] sprout, shoot; **~черк** [1] flourish; ***одни́м ~черком пера́*** ith a stroke of the pen
т *m* [1; рта, во рту́] mouth
та *f* [5] *mil.* company
ща *f* [5] grove
я́ль *m* [4] (grand) piano
уть *f* [8] mercury, quicksilver
ба́|нок *m* [1; -нка] plane; **~шка** *f* [5; *pl.*: -шек] shirt; ***ни́жняя ~шка*** under-hirt (*Brt.* vest); ***ночна́я ~шка*** night-hirt; *женская* nightgown
бе́ж *m* [1 *e.*] boundary; border(line), rontier; ***за ~о́м*** abroad
беро́ид *m* [1] ruberoid
бе́ц *m* [1; -бца́] *шов* hem; *на теле* car
би́н *m* [1] ruby
би́ть [14] **1.** ⟨на-⟩ chop, cut, hew, hack; . ⟨с-⟩ fell
бка[1] *f* [5] *леса* felling
бка[2] *f* [5] *naut.* wheelhouse
бленый [14] minced, chopped
бль *m* [4 *e.*] ruble (*Brt.* rouble)
брика *f* [5] heading
га|нь *f* [8] abuse; **~тельный** [14] abusive; **~тельство** *n* [9] swearword, oath; **~ть** [1], ⟨вы́-⟩ abuse, swear at; attack verbally; **-ся** swear, curse; abuse o.a.
руд|а́ *f* [5; *pl. st.*] ore; **~ни́к** *m* [1 *e.*] mine, pit; **~око́п** *m* [1] miner
руж|е́йный [14] gun…; **~ьё** *n* [10; *pl. st.*; *g/pl.*: -жей] (hand)gun, rifle
руи́на *f* [5] ruin (*mst. pl.*)
рук|а́ *f* [5; *ac/sg.*: ру́ку; *pl.*: ру́ки, рук, -ка́м] hand; arm; ***~а́ об ~у*** hand in hand (arm in arm); ***по́д ~у*** arm in arm; with s.o. on one's arm; ***из ~ вон (пло́хо)*** *coll.* wretchedly; ***быть на́ ~у*** (Д) suit (well); ***махну́ть ~о́й*** give up as a bad job; ***на́ ~у нечи́ст*** light-fingered; ***от ~и́*** handwritten; ***пожа́ть ~у*** shake hands (Д with); ***по ~а́м!*** it's a bargain!; ***под ~о́й*** at hand, within reach; ***~о́й пода́ть*** it's no distance (a stone's throw); (***у*** Р) ***~и коро́т-ки́*** Р not in one's power; ***из пе́рвых ~*** at first hand; ***приложи́ть ~у*** take part in s.th. bad
рука́в *m* [1 *e.*; *pl.*: -ва́, -во́в] sleeve; *реки* branch; *tech.* hose; **~и́ца** *f* [5] mitten; gauntlet
руковод|и́тель *m* [4] leader; head, manager; ***нау́чный ~и́тель*** supervisor (of studies); **~и́ть** [15] (Т) lead; direct, manage; **~ство** *n* [9] leadership; guidance; *mst. tech.* instruction(s); handbook, guide, manual; **~ствовать(ся)** [7] manual; follow; be guided (by T); **~я́щий** [17] leading
руко|де́лие *n* [12] needlework; **~мо́й-ник** *m* [1] washstand; **~па́шный** [14] hand-to-hand; **´~пись** *f* [8] manuscript; **~плеска́ние** *n* [12] (*mst. pl.*) applause; **~пожа́тие** *n* [12] handshake; **~я́тка** *f* [5; *g/pl.*: -ток] handle, grip; hilt
рул|ево́й [14] steering; *su. naut.* helmsman; **~о́н** *m* [1] roll; **~ь** *m* [4 *e.*] *судна* rudder, helm; *mot.* steering wheel; *ве-лосипеда* handlebars
румы́н *m* [1], **~ка** *f* [5; *g/pl.*: -нок], **~ский** [16] Romanian
румя́н|ец *m* [1; -нца] ruddiness; blush; **~ить** [13] **1.** ⟨за-⟩ redden; **2.** ⟨на-⟩ rouge; **~ый** [14 *sh.*] ruddy, rosy; *яблоко* red
ру́пор *m* [1] megaphone; *fig.* mouthpiece

Р

руса́лка *f* [5; *g/pl.*: -лок] mermaid
ру́сло *n* [9] (river)bed, (*a. fig.*) channel
ру́сский [16] Russian (*a. su.*); *adv.* ***по-ру́сски*** (in) Russian
ру́сый [14 *sh.*] light brown
рути́н|а *f* [5], **~ный** [14] routine
ру́хлядь *coll. f* [8] lumber, junk
ру́хнуть [20] *pf.* crash down; *fig.* fail
руча́ться [1], ⟨поручи́ться⟩ [16] (***за*** В) warrant, guarantee, vouch for
руче́й *m* [3; -чья́] brook, stream
ру́чка *f* [5; -чек] *dim.* → ***рука́***; *двери* handle, knob; *кресла* arm; ***ша́рико-вая ~*** ballpoint pen
ручно́й [14] hand…; *труд* manual; ***~ ра-бо́ты*** handmade; small; *животное* tame
ру́шить [16] (*im*)*pf.* pull down; **-ся** collapse
ры́б|а *f* [5] fish; **~а́к** *m* [1 *e.*] fisherman; **~ий** [18] fish…; *жир* cod-liver oil; **~ный** [14] fish(y); ***~ная ло́вля*** fishing
рыболо́в *m* [1] fisherman; angler; **~ный** [14] fishing; fish…; ***~ные принадле́ж-ности*** fishing tackle; **~ство** *n* [9] fishery
рыво́к *m* [1; -вка́] jerk; *sport* spurt, dash
рыг|а́ть [1], ⟨**~ну́ть**⟩ [20] belch
рыда́|ние *n* [12] sob(bing); **~ть** [1] sob
ры́жий [17; рыж, -á, -o] red (haired), ginger
ры́ло *n* [9] snout; P mug
ры́но|к *m* [1; -нка] market (***на*** П in); **~чный** [14] market…
рыс|а́к *m* [1 *e.*] trotter; **~ка́ть** [3] ro… run about; **~ь** *f* [8] **1.** trot (at T); **2.** … lynx
ры́твина *f* [5] rut, groove; hole
рыть [22], ⟨вы-⟩ dig; burrow; **~ся** ru… mage
рыхл|и́ть [13], ⟨вз-, раз-⟩ loosen (*so*… **~ый** [14; рыхл, -á, -o] friable, loose; *n*… *ло* flabby; podgy
ры́цар|ский [16] knightly, chivalro… knight's; **~ь** *m* [4] knight
рыча́г *m* [1 *e.*] lever
рыча́ть [4; -чу́, -чи́шь] growl, snarl
рья́ный [14 *sh.*] zealous
рюкза́к *m* [1] rucksack, knapsack
рю́мка *f* [5; *g/pl.*: -мок] (wine)glass
ряби́на *f* [5] mountain ash
ряби́ть [14; -и́т] *воду* ripple; *impe*… flicker (***в глаза́х у*** P before one's ey…
ря́б|чик *m* [1] *zo.* hazelhen; **~ь** *f* ripp… *pl.*; *в глазах* dazzle
ря́вк|ать *coll.* [1], *once* ⟨**~нуть**⟩ [20] b… low, roar (***на*** В at)
ряд *m* [1; в -у́; *pl. e.*; *after 2, 3, 4*, ря… row; line; series; ***в ~е слу́чаев*** in a nu… ber of cases; *pl.* ranks; *thea.* tier; ***~а́ми*** rows; ***из ~а вон выходя́щий*** remar… ble, extraordinary; **~ово́й** [14] ordina… *su. mil.* private; **~ом** side by side; (**с** … beside, next to; next door; close … ***сплошь и ~ом*** more often than no…
ря́са *f* [5] cassock

С

с, **со 1.** (P) from; since; with; for; **2.** (В) about; **3.** (T) with; of; to; ***мы ~ ва́ми*** you and I; ***ско́лько ~ меня́?*** how much do I owe you?
са́бля *f* [6; *g/pl.*: -бель] saber (*Brt.* -bre)
сабот|а́ж *m* [1], **~и́ровать** [7] (*im*)*pf.* sabotage
сад *m* [1; в ~у́; *pl. e.*] garden; ***фрукто́-вый ~*** orchard
сади́ть [15], ⟨по-⟩ → ***сажа́ть***; **~ся**, ⟨сесть⟩ [25; ся́ду, -дешь; сел, -а; се́в-ший] (***на, в*** В) sit down; *в машину* … *т. д.* get in(to) *or* on, board *a. ra*… *naut.* embark; *на лошадь* mount; *птице* alight; *ae.* land; *солнце* set, sir… *ткань* shrink; set (***за*** В to *work*); r… (around ***на мель***)
садо́в|ник *m* [1] gardener; **~о́дство** *n* … gardening, horticulture
са́ж|а *f* [5] soot; ***в ~е*** sooty
сажа́ть [1] (*iter. of* ***сади́ть***) seat; … *тюрьму* put into; *растения* plant

…женец *m* [1; -нца и т. д.] seedling; sapling
…йра *f* [5] saury
…ла́т *m* [1] salad; *bot.* lettuce
…ло *n* [9] fat, lard
…ло́н *m* [1] lounge; showroom; saloon; *…e.* passenger cabin; ***косметический ~*** beauty salon
…лфе́тка *f* [5; *g/pl.*: -ток] (table) napkin
…льдо *n* [*indecl.*] *comm.* balance
…льный [14; -лен, -льна] greasy; *анекдот* bawdy
…лю́т *m* [1], **~ова́ть** [7] *(im)pf.* salute
…м *m*, **~а́** *f*, **~о́** *n*, **~и** *pl.* [30] -self: ***я ~(а́)*** I … myself; ***мы ~и*** we … ourselves; ***~о́ собо́й разуме́ется*** it goes without saying; **~е́ц** *m* [1; -мца́] *zo.* male; **~ка** *f* [5; *g/pl.*: -мок] *zo.* female
…мо|бы́тный [14; -тен, -тна] original; **~ва́р** *m* [1] samovar; **~во́льный** [14; -лен, -льна] unauthorrized; **~го́н** *m* [1] home-brew, moonshine; **~де́льный** [14] homemade
…модержа́вие *n* [12] autocracy
…мо|де́ятельность *f* [8] independent action *or* activity; *художественная* amateur performances (*theatricals, musicals, etc.*); **~дово́льный** [14; -лен, -льна] self-satisfied, self-complacent; **~защи́та** *f* [5] self-defense (-nce); **~кри́тика** *f* [5] self-criticism
…молёт *m* [1] airplane (*Brt.* aeroplane), aircraft; ***пассажи́рский ~*** airliner
…мо|люби́вый [14 *sh.*] proud, touchy; **~лю́бие** *n* [12] pride, self-esteem; **~мне́ние** *n* [12] conceit; **~наде́янный** [14 *sh.*] self-confident, presumptuous; **~облада́ние** *n* [12] self-control; **~обма́н** *m* [1] self-deception; **~оборо́на** *f* [5] self-defense (-nce); **~обслу́живание** *n* [12] self-service; **~определе́ние** *n* [12] self-determination; **~отве́рженный** [14 *sh.*] selfless; **~отво́д** *m* [1] *кандидатуры* withdrawal; **~поже́ртвование** *n* [12] self-sacrifice; **~сва́л** *m* [1] dump truck; **~сохране́ние** *n* [12] self-preservation
…мостоя́тельн|ость *f* [8] independence; **~ый** [14; -лен, -льна] independent

само|су́д *m* [1] lynch *or* mob law; **~уби́йство** *n* [9], **~уби́йца** *m/f* [5] suicide; **~уве́ренный** [14 *sh.*] self-confident; **~управле́ние** *n* [12] self-government; **~у́чка** *m/f* [5; *g/pl.*: -чек] self-taught pers.; **~хо́дный** [14] self-propelled; **~цве́ты** *m/pl.* [1] semiprecious stones; **~це́ль** *f* [8] end in itself; **~чу́вствие** *n* [12] (state of) health
са́м|ый [14] the most, …est; the very; the (self)same; just, right; early or late; ***~ое большо́е (ма́лое)*** *coll.* at (the) most (least)
сан *m* [1] dignity, office
санато́рий *m* [3] sanatorium
санда́лии *f/pl.* [7] sandals
са́ни *f/pl.* [8; *from gen. e.*] sled(ge), sleigh
санита́р *m* [1], **~ка** *f* [5; *g/pl.*: -рок] hospital attendant, orderly; **~ный** [14] sanitary
сан|кциони́ровать [7] *(im)pf.* sanction; **~те́хник** *m* [1] plumber
сантиме́тр *m* [1] centimeter (*Brt.* -tre)
сану́зел *m* [1] lavatory
сапёр *m* [1] engineer
сапо́г *m* [1 *e.*; *g/pl.*: сапо́г] boot
сапо́жник *m* [1] shoemaker
сапфи́р *m* [1] sapphire
сара́й *m* [3] shed
саранча́ *f* [5; *g/pl.*: -че́й] locust
сарафа́н *m* [1] sarafan (*Russian peasant women's dress*)
сард|е́лька *f* [5; *g/pl.*: -лек] (*sausage*) saveloy, polony.; **~и́на** *f* [5] sardine
сарка́зм *m* [1] sarcasm
сатана́ *m* [5] Satan
сати́н *m* [1] sateen, glazed cotton
сати́р|а *f* [5] satire; **~ик** *m* [1] satirist; **~и́ческий** [16] satirical
са́хар *m* [1; *part.g.*: -у] sugar; **~истый** [14 *sh.*] sugary; **~ница** *f* [5] sugar bowl; **~ный** [14] sugar…; ***~ная болéзнь*** diabetes
сачо́к *m* [1; -чка́] butterfly net
сбав|ля́ть [28], ⟨**~ить**⟩ [14] reduce
сбе|га́ть¹ [1], ⟨**~жа́ть**⟩ [4; -егу́, -ежи́шь, -егу́т] run down (from); *pf.* run away, escape, flee; **-ся** come running; **~гать²** [1] *pf.* run for, run to fetch (**за** T)
сбере|га́тельный [14] savings

C

(bank)…; **~га́ть** [1], ⟨**~́чь**⟩ [26 г/ж: -регу́, -режёшь, -регу́т] save; preserve; **~же́ние** *n* [12] economy; savings *pl.*
сберка́сса *f* [5] savings bank
сби|ва́ть [1], ⟨**~ть**⟩ [собью́, -бьёшь; сбей!; сби́тый] knock down (*or* off, *a.* **с ног**); *ae.* shoot down; *сливки* whip; *яйца* beat up; *масло* churn; (*сколотить*) knock together; lead (astray **с пути́**; **-ся** lose one's way); **~ть с то́лку** confuse; *refl. a.* run o.s. off (one's legs **с ноги́**); flock, huddle (together **в ку́чу**); **~́вчивый** [14 *sh.*] confused; inconsistent; **~́ть(ся)** → **~ва́ть(ся)**
сбли|жа́ть [1], ⟨**~́зить**⟩ [15] bring *or* draw together; **-ся** become friends (**с** T with) *or* lovers; **~же́ние** *n* [12] (*a. pol.*) rapprochement; approach(es)
сбо́ку from one side; on one side; (*рядом*) next to
сбор *m* [1] collection; gathering; **~ урожа́я** harvest; **~ нало́гов** tax collection; **порто́вый ~** harbo(u)r dues; **тамо́женный ~** customs duty; *pl.* preparations; **в ~́е** assembled; **~́ище** *n* [11] mob, crowd; **~́ка** *f* [5; *g/pl.*: -рок] *sew.* gather; *tech.* assembly, assembling; **~́ник** *m* [1] collection; **~́ный** [14] *sport* combined team; **~́очный** [14] assembly
сбр|а́сывать [1], ⟨**~о́сить**⟩ [15] throw down; drop; *одежду и т. д.* shed; **~од** *m* [1] rabble, riff-raff; **~о́сить** → **~а́сывать**; **~у́я** *f* [6] harness
сбы|ва́ть [1], ⟨**~ть**⟩ [сбу́ду, -дешь; сбыл, -а́, -о] sell, market; get rid of (*a.* **с рук**); **-ся** come true; **~т** *m* [1] sale; **~ть(ся)** → **~ва́ть(ся)**
сва́д|ебный [14], **~ьба** *f* [5; *g/pl.*: -деб] wedding
сва́л|ивать [1], ⟨**~и́ть**⟩ [13; -алю́, -а́лишь] bring down; *дерево* fell; *в кучу* dump; heap up; *вину* shift (**на** B to); **-ся** fall down; **~ка** *f* [5; *g/pl.*: -лок] dump; (*драка*) brawl
сва́р|ивать [1], ⟨**~и́ть**⟩ [13; сварю́, сва́ришь, сва́ренный] weld; **~ка** *f* [5], **~очный** [14] welding
сварли́вый [14 *sh.*] quarrelsome
сва́я *f* [6; *g/pl.*: свай] pile
све́д|ение *n* [12] information; **приня́ть к ~е́нию** note; **~у́щий** [17 *sh.*] well-formed, knowledgable
све́ж|есть *f* [8] freshness; coolness; **~é**[…] [8], ⟨по-⟩ freshen, become cooler; *pf* […] look healthy; **~ий** [15; свеж, -а́, -о́, с[…] жи́] fresh; cool; *новости* latest; *х*[…] new
свезти́ → **свози́ть**
свёкла *f* [5; *g/pl.*: -кол] red beet
свёк|ор *m* [1; -кра] father-in-law (*h*[…] *band's father*); **~ро́вь** *f* [8] mother-[in]-law (*husband' mother*)
свер|га́ть [1], ⟨**~́гнуть**⟩ [21] overthr[ow]; dethrone (*с престола*); **~же́ние** [12] overthrow; **~́ить** → **~я́ть**
сверк|а́ть [1], *once* ⟨**~ну́ть**⟩ [20] spark[le]; glitter; *молнии* flash
сверл|е́ние *n* [12], **~и́льный** [14] dr[ill]ing; **~и́ть** [13], ⟨про-⟩, **~о́** *n* [9; *pl.* свёрла] drill
свер|ну́ть(ся) → **свёртывать(ся)** **свора́чивать**; **~́стник** → **рове́сни**[к]
свёрт|ок *m* [1; -тка] roll; parcel; bun[dle]; **~ывать** [1], ⟨сверну́ть⟩ [20] roll (up); *угол* turn; (*сократить*) curt[ail]; *строительство* stop; twist; **-ся** c[url] up; *молоко* curdle; *кровь* coagulat[e]
сверх (P) above, beyond; over; besid[es]; **~ вся́ких ожида́ний** beyond (all) [ex]pectations; **~ того́** moreover; **~звук[о]во́й** [14] supersonic; **~при́быль** *f* [8] [ex]cess profit; **~́у** from above; **~уро́чн[ый]** [14] overtime; **~ъесте́ственный** [… *sh.*] supernatural
сверчо́к *m* [1; -чка́] *zo.* cricket
свер|я́ть [28], ⟨**~́ить**⟩ [13] compare, c[ol]late
све́сить → **све́шивать**
свести́(сь) → **своди́ть(ся)**
свет *m* [1] light; world (**на** П in); **вы́[пу]стить в ~** publish; **чуть ~** at dawn; **~а́**[…] [1] dawn; **~и́ло** *n* [9] *poet.* the sun; lu[mi]nary (*a. fig.*); **~и́ть(ся)** [15] shine
светл|е́ть [8], ⟨по-⟩ brighten; gr[ow] light(er); **~о…** light…; **~́ый** [14; -те[л], -тла́, -о] light, bright; lucid; **~ая голо[ва́]** good head; **~я́к** *m* [1 *e.*; -чка́] glowwo[rm]
свето|во́й [14] light…; **~фо́р** *m* [1] traf[fic] light
све́тский [16] worldly

этящийся [17] luminous
ечá *f* [5; *pl.*: свéчи, -éй, -áм] candle; *el.* park(ing) plug; candlepower
é|шивать [1], ⟨**~сить**⟩ [15] let down; angle; **-ся** hang over; *pf.* lean over
и|вáть [1], ⟨**~ть**⟩ [совью, -вьёшь; → **ить**] wind, twist; *гнездо* build
идáни|е *n* [12] appointment, meeting, ate; **до ~я** good-by(e)
идéтель *m* [4], **~ница** *f* [5] witness; **ство** *n* [9] evidence; testimony; certificate; **~ство о рождéнии** birth certificate; **~ствовать** [7], ⟨за-⟩ testify; attest *пж. подпись*; *impf.* (**о** П) show
инéц *m* [1; -нцá] *metal* lead
ин|йна *f* [5] pork; **~ка** *f* [5; *g/pl.*: -нок] *ned.* mumps; **морскáя ~ка** guinea pig; **óй** [14] pig…, pork…; **~ство** *n* [9] dirty *r* rotten act
йн|чивать [1], ⟨**~тить**⟩ [15 *e.*; -нчу, нтишь; свинченный] screw together, asten with screws; unscrew
инь|я *f* [6; *pl. st.*, *gen.*: -нéй; *a.* -ньям] ig, sow; *fig.* swine; **подложить ~ю ко-ну-л.** play a mean trick (on)
ирéп|ствовать [7] rage; **~ый** [14 *sh.*] ierce, ferocious
истáть [1] hang down, droop
ист *m* [1] whistle; hiss; **~áть** [13] & **~éть** 11], *once* ⟨**~нуть**⟩ [20] whistle; *pf.* P *стянуть*) pilfer; **~óк** *m* [1; -ткá] whistle
истопля́ска *f* [5; *g/pl.*: -сок] turmoil nd confusion
йт|а *f* [5] retinue, suite; **~ер** (-tɛr) *m* [1] weater; **~ок** *m* [1; -тка] scroll; **~ь** → **вивáть**
ихнýть *coll.* [20] *pf.* sprain; **-ся** go nad
ищ *m* [1 *e.*] *med.* fistula
ободá|а *f* [5] freedom, liberty; **выпу-стить на ~у** set free; **~ный** [14; -ден, дна] free (**от** P from, of); *место и т. д.* vacant; *время и т. д.* spare; *до-ступ* easy; *одежда* loose; *владение* luent; exempt (**от** P from); **~омы́сля-щий** [17] freethinking; *su.* freethinker, iberal
од *m* [1] *arch.* arch, vault
одить [15], ⟨свести⟩ [25] lead; take down (from, off); bring (together); reduce (**к** Д to); *счёты* square; *ногу* cramp; drive (mad **с умá**); **~ на нет** bring to nought; **-ся**, ⟨-сь⟩ (**к** Д) come *or* amount (to), result (in)
свóд|ка *f* [5; *g/pl.*: -док] report, communiqué; **~ный** [14] *таблица* summary; *брат* step…; **~чатый** [14] vaulted
свое|вóльный [14; -лен, -льна] self-willed, wil(l)ful; **~врéменный** [14; -менен, -менна] timely; **~нрáвный** [14; -вен, -вна] capricious; **~обрáзный** [14; -зен, -зна] original; peculiar, distinctive
свозить [15], ⟨свезти⟩ [24] take, convey
сво|й *m*, **~я** *f*, **~ё** *n*, **~и** *pl.* [24] my, his, her, its, our, your, their (*refl.*); one's own; peculiar; **в ~ё врéмя** at one time; in due course; *su. pl.* one's people, folks, relations; **не ~й** frantic (*voice* in T); **~йственный** [14 *sh.*] peculiar (Д to); (Д p.'s) usual; **~йство** *n* [9] property, quality, characteristic
свó|лочь *f* [8] scum, swine; **~ра** *f* [5] pack; **~рáчивать** [1], ⟨свернýть⟩ [20] turn (**с** P off); roll (up); **~я́ченица** *f* [5] sister-in-law (*wife's sister*)
свы|кáться [1], ⟨**~кнуться**⟩ [21] get used (**с** T to); **~сокá** haughtily; **~ше** from above; (P) over, more than
связ|áть(ся) → **~ывать(ся)**; **~и́ст** *m* [1] signalman; **~ка** *f* [5; *g/pl.*: -зок] bunch; *anat.* ligament; *anat.* (*vocal*) cord; *gr.* copula; **~ный** [14; -зен, -зна] coherent; **~ывать** [1], ⟨**~áть**⟩ [3] tie (together), bind; connect, join; unite; associate; *teleph.* put through, connect; **-ся** get in touch (with), contact; get involved with (**с** T); **~ь** *f* [8; в -зи́] tie, bond; connection; relation; contact; *половая* liaison; communication (radio, telephone, post, *etc.*)
свят|и́ть [15 *e.*; -ячý, -яти́шь], ⟨о-⟩ consecrate, hallow; **~ки** *f/pl.* [5; *gen.*: -ток] Christmas (**на** П at); **~óй** [14; свят, -á, -о] holy; sacred (*a. fig.*); *su.* saint; **~ость** *f* [8] holiness, sanctity; **~отáтство** *n* [9] sacrilege; **~ы́ня** *f* [6] *eccl.* sacred place; (*fig.*) sacred object
свящéнн|ик *m* [1] priest; **~ый** [14 *sh.*]

С

holy; sacred

сгиб *m* [1], **~а́ть** [1], ⟨**согну́ть**⟩ [20] bend, fold; *v/i.* **-а́тся**

сгла́|живать [1], ⟨**~дить**⟩ [15] smooth out; **-ся** become smooth

сгнива́ть → ***гнить***

сго́вор *m* [1] *usu. pej* agreement; collusion; **~и́ться** [13] *pf.* agree; come to terms; **~чивый** [14 *sh.*] compliant, amenable

сго|ня́ть [28], ⟨**согна́ть**⟩ [сгоню́, сго́нишь; со́гнанный] drive (off); **~ра́ние** *n* [12] combustion; **~ра́ть** [1], ⟨**~ре́ть**⟩ [9] burn down; ***~ра́ть от стыда́*** burn with shame; **~ряча́** in a fit of temper

сгр|еба́ть [1], ⟨**~ести́**⟩ [24 -б-: сгребу́; сгрёб, сгребла́] rake up; shovel off, from; **~ужа́ть** [1], ⟨**~узи́ть**⟩ [15 & 15 *e.*; -ужу́, -у́зишь; -у́женный & -ужённый] unload

сгу|сти́ть → ***~ща́ть***; **~сток** *m* [1; -тка] clot; **~ща́ть** [1], ⟨**~сти́ть**⟩ [15 *e.*; -ущу́, -усти́шь; -ущённый] thicken; condense; ***~ща́ть кра́ски*** lay it on thick, exaggerate; **~щёнка** *f* [5; *g/pl.*: -нок] condensed milk

сда|ва́ть [5], ⟨**~ть**⟩ [сдам, сдашь *etc.* → ***дать***] deliver, hand in (*or* over); *багаж* check, register; *дом и т. д.* rent, let (out); *карты* deal; *экзамен* pass; *mil.* surrender; **-ся** surrender; ***~ётся...*** for rent (*Brt.* to let); **~вливать** [1], ⟨**~ви́ть**⟩ [14] squeeze; **~ть(ся)** → ***~ва́ть(ся)***; **~ча** *f* [5] *mil.* surrender; (*передача*) handing over; *деньги* change

сдвиг *m* [1] shift; *geol.* fault; *fig.* change (for the better), improvement; **~а́ть** [1], ⟨**сдви́нуть**⟩ [20] move, shift (*v/i.* **-ся**); *брови* knit; push together

сде́л|ка *f* [5; *g/pl.*: -лок] bargain, transaction, deal; **~ьный** [14] piecework

сде́рж|анный [14 *sh.*] reserved, (self-)restrained; **~ивать** [1], ⟨**~а́ть**⟩ [4] check, restrain; *гнев и т. д.* suppress; *слово и т. д.* keep; **-ся** control o.s.

сдира́ть [1], ⟨**содра́ть**⟩ [сдеру́, -рёшь; содра́л, -а́, -о; со́дранный] tear off (*or* down), strip; *шкуру* flay (*a. fig.*)

сдо́бн|ый [14] *cul.* rich, short; ***~ая бу́л(оч)ка*** bun

сдружи́ться → ***подружи́ться***

сду|ва́ть [1], ⟨**~ть**⟩ [16], *once* ⟨**~ну**⟩ [20] blow off (*or* away); **~ру** *coll.* fo ishly

сеа́нс *m* [1] sitting; *cine.* show

себесто́имость *f* [8] cost; cost price

себ|я́ [21] myself, yourself, himself, h self, itself, ourselves, yourselves, the selves (*refl.*); oneself; ***к ~е́*** home; i one's room; ***мне не по ~е́*** I don't f quite myself, I don't feel too well; ***т ~е́*** so-so

сев *m* [1] sowing

се́вер *m* [1] north; → ***восто́к***; **~ный** [north(ern); northerly; arctic; **~о-в сто́к** *m* [1] northeast; **~о-восто́чн** [14] northeast…; **~о-за́пад** *m* [1] nor west; **~о-за́падный** [14] northwest **~я́нин** *m* [1; *pl.* -я́не, -я́н *и т. д.*] nor erner

севрю́га *f* [5] stellate sturgeon

сего́дня (şıv'ɔ-) today; **~ *у́тром*** t morning; **~шний** [15] today's

сед|е́ть [8], ⟨по-⟩ turn gray (*Brt.* gre **~ина́** *f* [5] gray hair

седл|а́ть [1], **~о́** *n* [9; *pl. st.*: сёд сёдел, сёдлам] saddle

седо|воло́сый [14 *sh.*], **~й** [14; сед, -о] gray-haired (*Brt.* grey)

седо́к *m* [1 *e.*] horseman, rider; f (*passenger*)

седьмо́й [14] seventh; → ***пя́тый***

сезо́н *m* [1] season; **~ный** [14] seaso

сей *m*, **сия́** *f*, **сие́** *n*, **сии́** *pl. obs.* [29] t ***по ~ день*** till now; ***на ~ раз*** this tir ***сию́ мину́ту*** at once; right now; ***се го́да*** (***ме́сяца***) of this year (month)

сейф *m* [1] safe

сейча́с now, at present; (*очень скор* presently, (*a.* **~ *же***) immediately, once; (*только что*) just (now)

сека́тор *m* [1] secateurs, pruning she

секре́т *m* [1] secret (***по*** Д, ***под*** Т **~ариа́т** *m* [1] secretariat; **~а́рь** *m e.*] secretary; **~ничать** *coll.* [1] be sec tive; **~ный** [14; -тен, -тна] secret; co dential

сек|суа́льный [14; -лен, -льна] sexu **~та** *f* [5] sect; **~тор** *m* [1] sector

секу́нд|а *f* [5] (*of time*) second; **~н**

4] second…; **~ная стре́лка** (*of timepiece*) second hand; **~оме́р** *m* [1] stopwatch
лёдка *f* [5; *g/pl.*: -док] herring
лез|ёнка *f* [5; *g/pl.*: -нок] *anat.* spleen;
~ень *m* [4; -зня] drake
ле́кция *f* [7] *agric.* selection, breeding
ли́ть(ся) [13] → ***поселя́ть(ся)***
л|о́ *n* [9; *pl. st.*: сёла] village (**в** *or* **на** П ı); ***ни к ~у́ ни к го́роду*** *coll.* for no reason at all; neither here nor there
льд|ере́й *m* [3] celery; **~ь** *f* [8; *from pl. e.*] herring
ль|ский [16] rural, country…, village…; ***~ское хозя́йство*** agriculture;
скохозя́йственный [14] agricultural;
сове́т *m* [1] village soviet
мга *f* [5] salmon
ме́й|ный [14] family…; having a family; **~ство** *n* [9] family
мена́ → ***се́мя***
мен|и́ть *coll.* [13] (*when walking*) mince; **~но́й** [14] seed…; *biol.* seminal
мёрка [5; *g/pl.*: -рок] seven; → ***дво́йка***
меро [37] seven; → ***дво́е***
ме́стр *m* [1] term, semester
мечко *n* [9; *pl.*: -чки, -чек, -чкам] *dim.*
f **се́мя**; (*pl.*) sunflower seeds
ми|деся́тый [14] seventieth; → ***пя́(тиеся́)тый***; **~ле́тний** [15] seventy-year-old; of seventy
мина́р *m* [1] seminar; **~ия** *f* [7] seminary; ***духо́вная ~ия*** theological college
мисо́тый [14] seven hundredth
мна́дцат|ый [14] seventeenth; → ***пя́тый***; **~ь** [35] seventeen; → ***пять***
мь [35] seven; → ***пять & пя́тый***;
десят [35] seventy; **~со́т** [36] seven hundred; **~ю** seven times
мья́ [6; *pl.*: семьи, семе́й, се́мьям] family; **~ни́н** *m* [1] family man
мя *n* [13; *pl.*: -мена́, -мя́н, -мена́м] seed (*a. fig.*); *biol.* semen
на́т *m* [1] senate; **~ор** *m* [1] senator
ни *f/pl.* [8; *from gen. e.*] entryway (*in a Russian village house*)
но *n* [9] hay; **~ва́л** *m* [1] hayloft; **~ко́с** *m* [1] haymaking; → ***коси́лка***
н|сацио́нный [14; -о́нен, -о́нна] sensational; **~тимента́льный** [14; -лен, -льна] sentimental
сентя́брь *m* [4 *e.*] September
сень *f* [8; в -ни́] *obs. or poet.* canopy, shade; *fig.* protection
сепарат|и́ст *m* [1] separatist; **~ный** [14] separate
се́п|сис *m* [1] *med.* sepsis
се́ра *f* [5] sulfur; *coll.* earwax
серб *m* [1], **~(ия́н)ка** *f* [5; *g/pl.*: -б(ия́н)ок] Serb(ian); **~ский** [16] Serbian
серви́|з *m* [1] service, set; **~рова́ть** [7] (*im*)*pf.* serve
се́рвис *m* [1] (*consumer*) service
серде́чный [14; -чен, -чна] of the heart; *приём* hearty, cordial; *человек* warm-hearted; *благодарность* heartfelt; ***~ при́ступ*** heart attack
серди́|тый [14 *sh.*] angry, mad (**на** В with, at); **~ть** [15], ⟨рас-⟩ annoy, vex, anger; **-ся** be(come) angry, cross (**на** В with)
се́рдц|е *n* [11; *pl. e.*: -дца́, -де́ц, -дца́м] heart; ***в ~а́х*** in a fit of temper; ***принима́ть бли́зко к ~у*** take to heart; ***от всего́ ~а*** wholeheartedly; ***по́ ~у*** (Д) to one's liking; ***положа́ ру́ку на́ сердце*** *coll.* (quite) frankly; **~еби́ение** *n* [12] palpitation; **~еви́на** *f* [5] core, pith, heart
серебр|и́стый [14 *sh.*] silvery; **~и́ть** [13], ⟨по-, вы-⟩ silver; **-ся** become silvery; **~о́** *n* [9] silver; **~я́ный** [14] silver(y)
середи́на *f* [5] middle; midst; mean
серёжка *f* [5; *g/pl.*: -жек] earring; *bot.* catkin
сере́ть [8], ⟨по-⟩ turn (*impf.* show) gray (*Brt.* grey)
сержа́нт *m* [1] sergeant
сери́|йный [14] serial; **´~я** *f* [7] series
се́рна *f* [5] *zo.* chamois
се́р|ный [14] sulfuric; sulfur…; **~ова́тый** [14 *sh.*] grayish, *Brt.* greyish
серп *m* [1 *e.*] sickle; *луны* crescent
серпанти́н *m* [1] paper streamer; road with sharp, U-shaped curves
сертифика́т *m* [1] *качества и т. д.* certificate
се́рфинг *m* [1] surfing
се́рый [14; сер, -á, -о] gray, *Brt.* grey;

С

dull, dim

се́рьги *f/pl.* [5; серёг, серьга́м; *sg. e.*] earrings

серьёзн|ый [14; -зен, -зна] serious, grave; earnest; **~о** *a.* indeed, really

се́ссия *f* [7] session (**на** П in)

сестра *f* [5; *pl.*: сёстры, сестёр, сёстрам] sister; (first) cousin; nurse

сесть → ***сади́ться***

се́т|ка *f* [5; *g/pl.*: -ток] net; *тарифов и т. д.*; **~овать** [1] complain (**на** В about); **~ча́тка** *f* [5; *g/pl.*: -ток] *anat.* retina; **~ь** *f* [8; в се́ти́; *from g/pl. e.*] net; (*система*) network

сече́ние *n* [12] section; cutting; ***ке́сарево ~*** cesarean birth

сечь¹ [26; *pt. e.*; сек, секла́] cut (up); **-ся** split; **~²** [26; *pt. st.*; сек, се́кла], ⟨вы́-⟩ whip

се́ялка *f* [5; *g/pl.*: -лок] drill

се́ять [27], ⟨по-⟩ sow (*a. fig.*)

сжа́литься [13] *pf.* (**над** Т) have *or* take pity (on)

сжа́т|ие *n* [12] pressure; compression; **~ый** [14] (*воздух и т. д.*) compressed; *fig.* compact, concise, terse; **~ь(ся)** → ***сжима́ть(ся)*** & ***жать¹***, ***жать²***

сжига́ть [1], ⟨сжечь⟩ → ***жечь***

сжима́ть [1], ⟨сжать⟩ [сожму́, -мёшь; сжа́тый] (com)press, squeeze; (*кулаки*) clench; **-ся** contract; shrink; become clenched

сза́ди (from) behind (*as prp.*: Р)

сзыва́ть → ***созыва́ть***

сиби́р|ский [16], **~я́к** *m* [1 *e.*], **~я́чка** *f* [5; *g/pl.*: -чек] Siberian

сига́р(ет)а *f* [5] cigar(ette)

сигна́л [1], **~изи́ровать** [7] (*im*)*pf.*, **~ьный** [14] signal, alarm

сиде́лка *f* [5; *g/pl.*: -лок] nurse

сиде́|нье *n* [10] seat; **~ть** [11; си́дя] sit (**за** Т at, over); *дома* be, stay; *об одежде* fit (**на** П a p.); *на корточках* squat; **-ся**: ***ему́ не сиди́тся на ме́сте*** he can't sit still

сидр *m* [1] cider

сидя́чий [17] *образ жизни* sedentary; sitting

си́зый [14; сиз, -а́, -о] blue-gray, *Brt.* -grey; dove-colo(u)red

си́л|а *f* [5] strength; force (*тж. приві*[...] *ки*); power, might; vigo(u)r; intens[...] energy; *звука* volume; ***свои́ми ~а***[...] unaided, by o.s.; ***в ~у*** (Р) by virtue [...] ***не в ~ах*** unable; ***не по ~ам, свы***[...] ***чьих-л. сил*** beyond one's power; [...] ***всех сил*** *coll.* with all one's mig[...] **~а́ч** *m* [1 *e.*] strong man; **~иться** [...] try, endeavo(u)r; **~ово́й** [14] power [...]

силуэ́т *m* [1] silhouette

си́льн|ый [14; си́лен & силён, -льна́, си́льны́] strong; powerful, mighty; [...] tense; *дождь* heavy; *насморк* b[...] **~о** *a.* very much; strongly; badly

си́мвол *m* [1] symbol; **~и́ческий** [...] **~и́чный** [14; -чен, -чна] symbolic

симметри́|чный [14; -чен, -чна] sy[...]metrical; **~я** *f* [7] symmetry

симпат|изи́ровать [7] sympath[...] (with Д); **~и́чный** [14; -чен, -чна] n[...] attractive; ***он мне ~и́чен*** I like him; [...] *f* [7] liking (**к** Д for)

симпто́м *m* [1] symptom

симул|и́ровать [7] (*im*)*pf.* feign, sha[...] simulate; **~я́нт** *m* [1], **~я́нтка** *m* [5; *g/*[...] -ток] simulator; malingerer

симфони́|ческий [16] symphonic, sy[...]phony…; **~я** *f* [7] symphony

син|ева́ *f* [5] blue; **~ева́тый** [14 *sh.*] b[...]ish; **~е́ть** [8], ⟨по-⟩ turn (*impf.* sho[...] blue; **~ий** [15; синь, синя́, си́не] bl[...] **~и́ть** [13], ⟨под-⟩ blue; apply blue[...] to; **~и́ца** *f* [5] titmouse

син|о́д *m* [1] *eccl.* synod; **~о́ним** *m* [...] synonym; **~та́ксис** *m* [1] syntax; **~т**[...] *m* [1] synthesis; **~те́тика** *f* [5] synthe[...] material; **~тети́ческий** [16] synthe[...] **~хронизи́ровать** [7] (*im*)*pf.* synch[...]nize; **~хро́нный** [14] synchrono[...] ***~хро́нный перево́д*** interpretation

синь *f* [8] blue colo(u)r; **~ка** *f* [5; *g/*[...] -нек] blue; blueing; blueprint

синя́к *m* [1 *e.*] bruise

си́плый [14; сипл, -а́, -о] hoarse

сире́на *f* [5] siren

сире́н|евый [14], **~ь** *f* [8] lilac (colo[u...]

сиро́п *m* [1] syrup

сирота́ *m/f* [5; *pl. st.*: сиро́ты] orpha[...]

систе́ма *f* [5] system; ***~ управле́н***[...] control system; **~ти́ческий** [...]

тичный [14; -чен, -чна] systematic
тец *m* [1; -тца] chintz, cotton
то *n* [9] sieve
туация *f* [7] situation
я|ние *n* [12] radiance; (*нимб*) halo; **северное ~ние** northern lights; **~ть** [28] hine; *от радости* beam; *от счастья* radiate
аз|ание *n* [12] legend; story; tale; **~ать** → **говорить**; **~ка** *f* [5; *g/pl*.: -зок] fairy ale; *coll*. tall tale, fib; **~очный** [14; чен, -чна] fabulous; fantastic; fairy ale)…
азуемое *n* [14] *gr*. predicate
ак|ать [3] skip, hop, jump; gallop; ace; **~овой** [14] race…; racing
ал|а [5; *pl. st*.] rock face, crag; cliff; eef; **~истый** [14 *sh*.] rocky, craggy; **ить** [13], ⟨о-⟩ show, bare; *coll*. **~ить зубы** *impf*. grin; jeer; **~ка** *f* [5; *g/pl*.: -лок] olling pin; **~ывать** [1], ⟨сколоть⟩ [17] in together; (*откалывать*) break off)
ам|еечка *f* [5; -чек] footstool; *a. dim*. *f* **~ейка** *f* [5; *g/pl*.: -еек], **~ья** *f* [6; *nom/ l. a. st*.] bench; **~ья подсудимых** *law* lock
андал *m* [1] scandal; disgrace; *coll*. hame; **~ить** [13], ⟨на-⟩ row, brawl; **ьный** [14; -лен, -льна] scandalous
андинавский [16] Scandinavian
апливать(ся) [1] → **скоплять(ся)**
ар|б *coll*. [1] belongings; goods and hattels; **~латина** *f* [5] scarlet fever
ат *m* [1] slope, pitch
ат|ать → **скатывать** 2; **~ерть** *f* [8; *rom g/pl. e*.] tablecloth; **~ертью дорога** good riddance!
ат|ывать [1] **1.** ⟨~ить⟩ [15] roll (*or* lide) down (*v/i*. **-ся**); **2.** ⟨~ать⟩ [1] roll up)
ач|ка *f* [5; *g/pl*.: -чек] galloping; *pl*. orse race(s); **~ок** → **прыжок**
ашивать [1], ⟨скосить⟩ [15] mow
важина *f* [5] slit, hole; **замочная ~** eyhole; **нефтяная ~** oil well
вер *m* [1] public garden; **~нословить** 14] use foul language; **~ный** [14; -рен, она, -о] *качество* bad, poor; *человек*, *поступок* nasty, foul

сквоз|ить [15 *e*.; -ит] *о свете* shine through; **~ит** there is a draft, *Brt*. draught; **~ной** [14] through…; **~няк** *m* [1 *e*.] draft, *Brt*. draught; **~ь** (В) *prp*. through
скворе|ц *m* [1; -рца] starling; **~чница** *f* (-ʃn-) [5] nesting box
скелет *m* [1] skeleton
скептический [16] skeptical (*Brt*. sceptical)
ски|дка *f* [5; *g/pl*.: -док] discount, rebate; **делать ~дку** make allowances (**на** for); **~дывать** [1], ⟨~нуть⟩ [20] throw off *or* down; *одежду* take *or* throw off; *coll*. *цену* knock off (from); **~петр** *m* [1] scepter, *Brt*. -tre; **~пидар** *m* [1] turpentine; **~рда** *f* [5] stack, rick
скис|ать [1], ⟨~нуть⟩ [21] turn sour
скитаться [1] wander, rove
склад *m* [1] **1.** warehouse, storehouse (**на** П in); *mil*. depot; **2.** (*нрав*) disposition, turn of mind; **~ка** *f* [5; *g/pl*.: -док] pleat, fold; *на брюках и т. д.* crease; *на лбу* wrinkle; **~ной** [14] fold(-ing), collapsible; camp…; **~ный** [14; -ден, -дна] *речь* coherent, smooth; P well-made (*or* -built); **~чина** *f* [5]: **в ~чину** by clubbing together; **~ывать** [1], ⟨сложить⟩ [16] lay *or* put (together); pile up; pack (up); fold; *числа* add up; *песню* compose; *оружие*, *жизнь* lay down; *сложа руки* idle; **-ся** (be) form(ed), develop; *coll*. club together
склеи|вать [1], ⟨~ть⟩ [13; -ею] stick together, glue together (*v/i*. **-ся**)
склеп *m* [1] crypt, vault
склока *f* [5] squabble
склон *m* [1] slope; **~ение** *n* [12] *gr*. declension; *astr*. declination; **~ить(ся)** → **~ять(ся)**; **~ность** *f* [8] inclination (*fig*.; **к** Д to, for), disposition; **~ный** [14; -онен, -онна, -о] inclined (**к** Д to), disposed; **~ять** [28] **1.** ⟨~ить⟩ [13; -оню, -онишь, -онённый] bend, incline (*a. fig*.; *v/i*. **-ся**; *о солнце* sink); (*убедить*) persuade; **2.** ⟨просклонять⟩ *gr*. (**-ся** be) decline(d)
скоб|а *f* [5; *pl*.: скобы, скоб, скобам] cramp (iron), clamp; **~ка** *f* [5; *g/pl*.: -бок] cramp; *gr*., *typ*. bracket, parenthe-

С

sis; **~ли́ть** [13; -облю́, -о́бли́шь, -о́бленный] scrape; plane
скова́ть → **ско́вывать**
сковорода́ *f* [5; *pl.*: ско́вороды, -ро́д, -да́м] frying pan
ско́в|ывать [1], ⟨**~а́ть**⟩ [7 *e.*; скую́, скуёшь] forge (together); weld; *fig.* fetter; bind; arrest
сколо́ть → **ска́лывать**
скольз|и́ть [15 *e.*; -льжу́, -льзи́шь], *once* ⟨**~ну́ть**⟩ [20] slide, glide, slip; **∠кий** [16; -зок, -зка́, -о] slippery
ско́лько [32] how (*or* as) much, many; *coll.* **~ лет, ~ зим** → **ве́чность** *coll.*
сконча́ться [1] *pf.* die, expire
скоп|ля́ть [28], ⟨**~и́ть**⟩ [14] accumulate, gather (*v/i.* **-ся**), amass; save; **~ле́ние** *n* [12] accumulation; *людей* gathering, crowd
скорб|е́ть [10 *e.*; -блю́, -би́шь] grieve (**о** П over); **∠ный** [14; -бен, -бна] mournful, sorrowful; **∠ь** *f* [8] grief, sorrow
скорлупа́ *f* [5; *pl. st.* -лу́пы] shell
скорня́к *m* [1 *e.*] furrier
скоро|гово́рка *f* [5; *g/pl.*: -рок] tongue twister; *речь* patter; **~пали́тельный** [14 *sh.*] hasty, rash; **~пости́жный** [14; -жен, -жна] sudden; **~спе́лый** [14 *sh.*] early; *fig.* hasty; **~стно́й** [14] (high-) speed…; **´~сть** *f* [8; *from g/pl. e.*] speed; *света и т. д.* velocity; *mot.* gear; **со ´~стью** at the rate of; **груз ма́лой ´~стью** slow freight
ско́р|ый [14; скор, -а́, -о] quick, fast, rapid, swift; *помощь* first (*aid*); *будущем* near; **~о** *a.* soon; **~е́е всего́** *coll.* most probably; **на ~ую ру́ку** *coll.* in haste, anyhow
скоси́ть → **ска́шивать**
скот *m* [1 *e.*] cattle, livestock; **~и́на** *f* [5] *coll.* cattle; P beast, brute; **∠ный** [14]: **∠ный двор** cattle yard; **~обо́йня** *f* [6; *g/pl.*: -о́ен] slaughterhouse; **~ово́дство** *n* [9] cattle breeding; **∠ский** [16] brutish, bestial
скра́|шивать [1], ⟨**~сить**⟩ [15] *fig.* relieve, lighten, smooth over
скребо́к *m* [1; -бка́] scraper
скре́жет [1], **~а́ть** [3] (T) gnash
скреп|и́ть → **~ля́ть**; **∠ка** *f* [5; *g/pl.*: -пок] (paper) clip; **~ле́ние** *n* [12] fasteni… **~ля́ть** [28], ⟨**~и́ть**⟩ [14 *e.*; -плю́, -пи́… -плённый] fasten together; clar… make fast; *подписью* countersign; **се́рдце** reluctantly
скрести́ [24 -б-: скребу́; скрёб] scra… scratch
скре́щива|ть [1], ⟨скрести́ть⟩ [15 -ещу́, -ести́шь; -ещённый] cross; cl… (*v/i.* **-ся**); **~ние** *n* [12] crossing; in… section
скрип *m* [1] creak, squeak; **сн…** crunch; **~а́ч** *m* [1 *e.*] violinist; **~…** [10 *e.*; -плю́, -пи́шь], ⟨про-⟩, *once* **∠нуть**⟩ [20] creak, squeak; crunch; *…бами* grit, gnash; **∠ка** *f* [5; *g/pl.*: -п… violin
скро́мн|ость *f* [8] modesty; **~ый** [… -мен, -мна́, -о] modest; *обед* frugal
скру́|чивать [1], ⟨**~ти́ть**⟩ [15] twist; r… bind
скры|ва́ть [1], ⟨**∠ть**⟩ [22] hide, conc… (**от** P from); **-ся** disapp… (*прятаться*) hide; **∠тность** *f* [8] … serve; **∠тный** [14; -тен, -тна] reserv… reticent; **∠тый** [14] concealed; lat… (*a. phys.*); secret; *смысл* hidd… **∠ть(ся)** → **~ва́ть(ся)**
скря́га *m/f* [5] miser, skinflint
ску́дный [14; -ден, -дна] scanty, po…
ску́ка *f* [5] boredom, ennui
скула́ *f* [5; *pl. st.*] cheekbone; **~стый** [… *sh.*] with high *or* prominent che…-bones
скули́ть [13] whimper
ску́льпт|ор *m* [1] sculptor; **~у́ра** *f* sculpture
ску́мбрия *f* [7] mackerel
скуп|а́ть [1], ⟨**~и́ть**⟩ [14] buy up, cor…
скуп|и́ться [14], ⟨по-⟩ be stingy (*or* sp…ing), stint (**на** B in, of); **~о́й** [14; скуп, -о] stingy; sparing (**на** B in); inadequa… taciturn (*на слова*); *su.* miser; **∠ост…** [8] stinginess, miserliness
скуч|а́ть [1] be bored (**о** П, **по** Д) l… (for), miss; **∠ный** (-ʃn-) [14; -ч… -чна́, -о] boring, tedious, dull; … **∠но** feel bored
слаб|е́ть [8], ⟨о-⟩ weaken; *о ветре и д.* slacken; **~и́тельный** [14] laxative

С

. su.); **~ово́льный** [14; -лен, -льна] weak-willed; **~́ость** *f* [8] weakness, *a. fig.* = foible (**к** Д for); infirmity; **~оу́мный** [14; -мен, -мна] feeble-minded; **~охара́ктерный** [14; -рен, -рна] characterless; of weak character; **~́ый** [14; слаб, -á, -o] weak (*a. el.*); feeble; *звук, сходство* faint; *здоровье* delicate; *характер* flabby; *зрение* poor

сла́в|а *f* [5] glory; fame, renown; reputation, repute; **~а бо́гу!** thank goodness!; **на ~у** *coll.* first-rate, wonderful, right-on; **~ить** [14], ⟨про-⟩ glorify; praise, extol; **-ся** be famous (T for); **~ный** [14; вен, -вна, -o] famous, glorious; *coll.* nice; splendid

славян|и́н *m* [1; *pl.*: -я́не, -я́н], **~́ка** *f* [5; *g/pl.*: -нок] Slav; **~́ский** [16] Slavic, Slavonic

слага́ть [1], ⟨сложи́ть⟩ [16] *песню* compose; *оружие* lay down; *полномочия* resign (from); *обязанности* relieve o.s. (of); → **скла́дывать(ся)**

сла́д|кий [16; -док, -дка́, -o; *comp.*: сла́ще] sweet; sugary; **~кое** *su.* dessert (**на** B for); **~остный** [14; -тен, -тна] sweet, delightful; **~остра́стие** *n* [12] voluptuousness; **~остра́стный** [14] voluptuous; **~ость** *f* [8] sweetness, delight; → **сла́сти**

сла́женный [14 *sh.*] harmonious; *действия* coordinated

слайд *m* [1] slide, transparency

сла́нец *m* [1; -нца] shale, slate

сла́сти *f/pl.* [8; *from gen. e.*] candy *sg.*, *Brt. a.* sweets

слать [шлю, шлёшь], ⟨по-⟩ send

слаща́вый [14 *sh.*] sugary, sickly sweet

сле́ва on, to (*or* from) the left

слегка́ slightly; somewhat; *прикоснуться* lightly, gently

след *m* [1; *g/sg. e.* & -ду; на -ду́; *pl. e.*] trace (*a. fig.*); track; footprint; (*запах*) scent; **~́ом** (right) behind; **его́ и ~ просты́л** *coll.* he vanished into thin air; **~и́ть** [15 *e.*; -ежу́, -еди́шь] (**за** T) watch, follow; (*присматривать*) look after; *тайно* shadow; *за событиями* keep up (**за** T with)

сле́доват|ель *m* [4] investigator; **~ельно** consequently, therefore; so; **~ь** [7] (**за** T; Д) follow; result (**из** P from); be bound for; (Д) *impers.* should, ought to; **как сле́дует** properly, as it should be; **кому́** *or* **куда́ сле́дует** to the proper person *or* quarter

сле́дствие *n* [12] **1.** consequence; **2.** investigation

сле́дующий [17] following, next

сле́жка *f* [5; *g/pl.*: -жек] shadowing

слез|á *f* [5; *pl.*: слёзы, слёз, слеза́м] tear; **~а́ть** [1], ⟨**~́ть**⟩ [24 *st.*] come or get down (from); *с лошади* dismount; *coll. о коже, краске* come off; **~и́ться** [15; -и́тся] water; **~ли́вый** [14 *sh.*] given to crying; tearful, lachrymose; **~оточи́вый** [14] *глаза* running; *газ* tear; **~ть** → **~а́ть**

слеп|е́нь *m* [4; -пня́] gadfly; **~е́ц** *m* [1; -пца́] blind man; *fig.* one who fails to notice the obvious; **~и́ть 1.** [14 *e.*; -плю́, -пи́шь], ⟨о-⟩ [ослеплённый] blind; *ярким светом* dazzle; **2.** [14] *pf.*; *impf.*: **~ля́ть** [28] stick together (*v/i.* **-ся**) → *a.* **лепи́ть**; **~́нуть** [21], ⟨о-⟩ go (*or* become) blind; **~о́й** [14; слеп, -á, -o] blind (*a. fig.*); *текст* indistinct; *su.* blind man; **~́ок** *m* [1; -пка] mo(u)ld, cast; **~ота́** *f* [5] blindness

сле́сар|ь *m* [4; *pl.*: -ря́, *etc. e.*, & -ри] metalworker; fitter; locksmith

слет|а́ть [1], ⟨**~е́ть**⟩ [11] fly down, (from); *coll.* fall (down, off); **-ся** fly together

слечь *coll.* [26 г/ж: сля́гу, сля́жешь; сля́г(те)!] *pf.* fall ill; take to one's bed

сли́ва *f* [5] plum

сли|ва́ть [1], ⟨**~ть**⟩ [солью́, -льёшь; → **лить**] pour (off, out, together); *о фирмах и т. д.* merge, amalgamate (*v/i.* **-ся**)

сли́в|ки *f/pl.* [5; *gen.*: -вок] cream (*a. fig.* = elite); **~очный** [14] creamy; **~очное ма́сло** butter; **~очное моро́женое** ice cream

сли́з|истый [14 *sh.*] mucous; slimy; **~истая оболо́чка** mucous membrane; **~ь** *f* [8] slime; mucus, phlegm

слипа́ться [1] stick together; *о глазах* close

С

сли́т|ный [14] joined; united; **~ное написа́ние слов** omission of hyphen from words; **~но** *a.* together; **~ок** *m* [1; -тка] ingot; **~ь(ся)** → **слива́ться**

слич|а́ть [1], ⟨**~и́ть**⟩ [16 *e.*; -чу́, -чи́шь; -чённый] compare, collate

сли́шком too; too much; ***э́то* (*уж*) ~** *coll.* that beats everything

слия́ние *n* [12] *рек* confluence; *фирм* amalgamation, merger

слова́к *m* [1] Slovak

слова́р|ный [14]: **~ный соста́в** stock of words; **~ь** *m* [4 *e.*] dictionary; vocabulary, glossary; lexicon

слов|а́цкий [16], **~а́чка** *f* [5; *g/pl.*: -чек] Slovak; **~е́нец** *m* [1; -нца], **~е́нка** *f* [5; *g/pl.*: -нок], **~е́нский** [16] Slovene

слове́сн|ость *f* [8] literature; *obs.* philology; **~ый** [14] verbal, oral

сло́вно as if; like; *coll.* as it were

сло́в|о *n* [9; *pl. e.*] word; **~ом** in a word; **~о за ~о** word for word; speech; **к ~у сказа́ть** by the way; **по слова́м** according to; **проси́ть** (**предоста́вить** Д) **~** ask (give p.) permission to speak; **~оизмене́ние** *n* [12] inflection (*Brt.* -xion); **~оохо́тливый** [14 *sh.*] talkative

слог *m* [1; *from g/pl. e.*] syllable; style

слоёный [14] *тесто* puff pastry

слож|е́ние *n* [12] *math.* addition; *человека* constitution, build; *полномочий* laying down; **~и́ть(ся)** → **скла́дывать(ся), слага́ть(ся)** & **класть 2.**; **~ность** *f* [8] complexity; **в о́бщей ~ности** all in all; **~ный** [14; -жен, -жна́, -о] complicated, complex, intricate; *слово* compound

сло|и́стый [14 *sh.*] stratiform; flaky; **~й** *m* [3; *pl. e.*: слои́, слоёв] layer, stratum (in T *pl.*); *краски* coat(ing)

слом *m* [1] demolition, pulling down; **~и́ть** [14] *pf.* break, smash; *fig.* overcome; **~я́ го́лову** *coll.* headlong, at breakneck speed

слон *m* [1 *e.*] elephant; bishop (*chess*); **~о́вый** [14]: **~о́вая кость** ivory

слоня́ться *coll.* [28] loiter about

слу|га́ *m* [5; *pl. st.*] servant; **~жащий** [17] employee; **~жба** *f* [5] service; work; employment; **~же́бный** [14] office…; official; **~же́ние** *n* [12] service; **~жи́ть** [1… ⟨по-⟩ serve (a p./th. Д); be in use

слух *m* [1] hearing; ear (**на** В by; **по** Д… rumo(u)r, hearsay; **~ово́й** [14] of hea… ing; acoustic; ear…

слу́ча|й *m* [3] case; occurrence, ever… occasion (**по** Д on; **при** П), opportu… ty, chance; (*a.* **несча́стный ~й**) acc… dent; **во вся́ком ~е** in any case; **в пр… ти́вном ~е** otherwise; **на вся́кий ~й** … be on the safe side; **по ~ю** on the occ… sion (of P); **~йность** *f* [8] chan… **~йный** [14; -а́ен, -а́йна] accidental, fo… tuitous; casual, chance (**~йно** … chance); **~ться** [1], ⟨случи́ться⟩ [16 … 3rd *p. or impers.*] happen (**с** T to); co… about; take place; **что бы** … **случи́лось** come what may

слу́ша|тель *m* [4] listener, hearer; st… dent; *pl. collect.* audience; **~ть** [… ⟨по-⟩ listen (B to); *лекции* atten… **~ю!** (*on telephone*) hello!; **-ся** ob… (P p.); *совета* take

слыть [23], ⟨про-⟩ (T) have a reputati… for

слы́|шать [4], ⟨у-⟩ hear (of, about **о** П… **~шаться** [4] be heard; **~шимость** *f* [… audibility; **~шно** one can hear; **м… ~шно** I can hear; **что ~шно?** wha… new?; **~шный** [14; -шен, -шна, -о] aud… ble

слюда́ *f* [5] mica

слюн|а́ *f* [5], **~и** *coll. pl.* [8; *from gen.* … saliva, spittle; **~ки** *coll. f/pl.*: (**у** P) … **э́того ~ки теку́т** makes one's mou… water

сля́коть *f* [8] slush

сма́з|ать → **~ывать**; **~ка** *f* [5; *g/pl.*: -зо… greasing, oiling, lubrication; lubrican… **~очный** [14] lubricating; **~ывать** [1… ⟨**~ать**⟩ [3] grease, oil, lubricate; *co… очертания* slur; blur

сма́|нивать [1], ⟨**~ни́ть**⟩ [13; смани… -а́нишь; -а́ненный & -анённый] lure, e… tice; **~тывать**, ⟨смота́ть⟩ [1] wind, ree… **~хивать** [1], ⟨**~хну́ть**⟩ [20] brush off (… aside); *impf. coll.* (*походить*) have … likeness (**на** В to); **~чивать** [1… ⟨смочи́ть⟩ [16] moisten

сме́жный [14; -жен, -жна́] adjacent

ме́л|ость *f* [8] boldness; courage; **~ый** [14; смел, -á, -o] courageous; bold; **~o** *a. coll.* easily; **могу́ ~о сказа́ть** I can safely say

ме́н|а *f* [5] shift (**в** B in); change; changing; replacement; successors *pl.*; **прийти́ на ~у** → **~и́ться**; **~я́ть** [28], ⟨**~и́ть**⟩ [13; -еню́, -е́нишь; -енённый] (**-ся** be) supersede(d; o.a.), relieve(d), replace(d by T), substitut(ed; for); give way to

мерк|а́ться [1], ⟨**~нуться**⟩ [20] grow dusky *or* dark

мерт|е́льный [14; -лен, -льна] mortal; *исход* fatal; *яд* deadly; **~ность** *f* [8] mortality, death rate; **~ный** [14; -тен, -тна] mortal (*a. su.*); *грех* deadly; *law* death…; *казнь* capital; **~ь** *f* [8; *from g/pl. e.*] death; *coll.* **надое́сть до́ ~и** bore to death; **при́ ~и** at death's door

мерч *m* [1] waterspout; tornado

мести́ → **смета́ть**; **~ть** → **смеща́ть**

ме|сь *f* [8] mixture; blend, compound; **~та** *f* [5] *fin.* estimate

мета́на *f* [5] sour cream

мета́ть [1], ⟨**~сти́**⟩ [25 -т-] sweep off *or* away; sweep into; **~ с лица́ земли́** wipe off the face of the earth

ме́тливый [14 *sh.*] sharp, quick on the uptake

меть [8], ⟨по-⟩ dare, venture

мех *m* [1] laughter; **со́ ~у** with laughter; **~а ра́ди** for a joke, for fun, in jest; **подня́ть на́ ~** ridicule; → **шу́тка**

ме́ш|анный [14] mixed; **~а́ть(ся)** → **~ивать(ся)**; **~ивать**, ⟨**~а́ть**⟩ [1] mix with, blend with (*v/i.* **-ся**; get *or* be[-come]) confuse(d); *с толпой* mingle with

меш|и́ть [16 *e.*; -шу́, -ши́шь], ⟨рас-⟩ [-шённый] make laugh; **~но́й** [14; -шо́н, -шна́] laughable, ludicrous; ridiculous; funny; **мне не ~но́** I don't see anything funny in it

ме|ща́ть [1], ⟨**~сти́ть**⟩ [15 *e.*; -ещу́, -ести́шь; -ещённый] displace, shift, remove; **~ще́ние** *n* [12] displacement, removal

мея́ться [27 *e.*; -ею́сь, -еёшься], ⟨за-⟩ laugh (*impf.* **над** T at); mock (at); deride; *coll. шутить* joke

смир|е́ние *n* [12], **~е́нность** *f* [8] humility; meekness; **~и́ть(ся)** → **~я́ть(ся)**; **~ный** [14; -рен (*coll.* -рён), -рна́, -o] meek, gentle; (*покорный*) submissive; **~я́ть** [28], ⟨**~и́ть**⟩ [13] subdue; restrain, check; **-ся** resign o.s. (**с** T to)

смо́кинг *m* [1] tuxedo, dinner jacket

смол|а́ *f* [5; *pl. st.*] resin; pitch; tar; **~и́стый** [14 *sh.*] resinous; **~и́ть** [13], ⟨вы-, за-⟩ pitch, tar; **~ка́ть** [1], ⟨**~кнуть**⟩ [21] grow silent; *звук* cease; **~оду** *coll.* from *or* in one's youth; **~яно́й** [14] pitch…, tar…

сморка́ться [1], ⟨вы-⟩ blow one's nose

сморо́дина *f* [5] currant(s *pl.*)

смота́ть → **сма́тывать**

смотр|е́ть [9; -отрю́, -о́тришь; -о́тренный], ⟨по-⟩ look (**на** B at), gaze; view, see, watch; *больного и т. д.* examine, inspect; **~я́** depending (**по** Д on), according (to); **~е́ть в о́ба** keep one's eyes open, be on guard; **~и́ не опозда́й!** mind you are not late!; **~и́тель** *m* [4] supervisor; *музея* custodian, keeper

смочи́ть → **сма́чивать**

смрад *m* [1] stench; **~ный** [14; -ден, -дна] stinking

сму́глый [14; смугл, -á, -o] swarthy

смут|и́ть(ся) → **смуща́ть(ся)**; **~ный** [14; -тен, -тна] vague, dim; *на душе* restless, uneasy

смущ|а́ть [1], ⟨смути́ть⟩ [15 *e.*; -ущу́, -ути́шь; -ущённый] (**-ся** be[come]) embarrass(ed), confuse(d), perplex(ed); **~е́ние** *n* [12] embarrassment, confusion; **~ённый** [14] embarrassed, confused

смы|ва́ть [1], ⟨**~ть**⟩ [22] wash off (*or* away); **~ка́ть** [1], ⟨сомкну́ть⟩ [20] close (*v/i.* **-ся**); **~сл** *m* [1] sense, meaning; **в э́том ~сле** in this respect; *coll.* **како́й ~сл?** what's the point?; **~слить** *coll.* [13] understand; **~ть** → **~ва́ть**; **~чко́вый** [14] *mus.* stringed; **~чо́к** *m* [1; -чка́] *mus.* bow; **~шлёный** *coll.* [14 *sh.*] clever, bright

смягч|а́ть (-xtʃ-) [1], ⟨**~и́ть**⟩ [16 *e.*; -чу́, -чи́шь; -чённый] soften (*v/i.* **-ся**); *наказание, боль* mitigate, alleviate; **-ся** *a.*

С

relent; **~а́ющий** *law* extenuating; **~е́ние** *n* [12] mitigation; **~и́ть(ся)** → **~а́ть(ся)**

смяте́ние *n* [12] confusion

снаб|жа́ть [1], ⟨**~ди́ть**⟩ [15 *e*.; -бжу́, -бди́шь; -бжённый] supply, furnish, provide (with P); **~же́ние** *n* [12] supply, provision

сна́йпер *m* [1] sharpshooter, sniper

снару́жи on the outside; from (the) outside

снаря́|д projectile, missile, shell; *гимнастический* apparatus; **~жа́ть** [1], ⟨**~ди́ть**⟩ [15 *e*.; -яжу́, -ядишь; -яжённый] equip, fit out (T with); **~же́ние** *n* [12] equipment; outfit; *mil*. munitions *pl*.

снасть *f* [8; *from g/pl. e*.] tackle; *usu. pl*. rigging

снача́ла at first; first; (*снова*) all over again

снег *m* [1; в -у́; *pl. e*.: -а́] snow; **~ идёт** it is snowing; **~и́рь** *m* [4 *e*.] bullfinch; **~опа́д** *m* [1] snowfall

снеж|и́нка *f* [5; *g/pl*.: -нок] snowflake; **~ный** [14; -жен, -жна] snow(y); **~о́к** *m* [1; -жка́] *dim*. → **снег**; light snow; snowball

сни|жа́ть [1], ⟨**~зить**⟩ [15] lower; (*уменьшить*) reduce, decrease; (**-ся** *v/i*.; *a*. fall) (*себестоимости*) cut production costs; **~же́ние** *n* [12] lowering; reduction, decrease; fall; **~зойти́** → **~сходи́ть**; **~зу** from below

сним|а́ть [1], ⟨снять⟩ [сниму́, сни́мешь; снял, -а́, -о; сня́тый (снят, -а́, -о)] take (off *or* down); remove, discard; *с работы* sack, dismiss; *кандидатуру* withdraw; *фильм* shoot; *комнату* rent; (take a) photograph (of); *урожай* reap, gather; *осаду* raise; *копию* make; **~а́ть сли́вки** skim; **-ся** weigh (**с я́коря** anchor); have a picture of o.s. taken; *с учёта* be struck off; **~ок** *m* [1; -мка] photograph, photo, print (**на** П in)

сниска́ть [3] get, win

снисхо|ди́тельный [14; -лен, -льна] condescending; indulgent; **~ди́ть** [15], ⟨снизойти́⟩ [-ойду́, -ойдёшь; → **идти́**] condescend; **~жде́ние** *n* [12] indulgence, leniency; condescension

сни́ться [13], ⟨при-⟩ *impers*. (Д) dream (of И)

сно́ва (over) again, anew

сно|ва́ть [7 *e*.] scurry about, dash about; **~виде́ние** *n* [12] dream

сноп *m* [1 *e*.] sheaf

сноро́вка *f* [5] knack, skill

снос|и́ть [15], ⟨снести́⟩ [24 -с-: снес... снёс] carry (down, away *or* off); take...; *здание* pull down, demolish; (*те...* *петь*) endure, bear, tolerate; → *а*. **н... сти́**; **~ка** *f* [5; *g/pl*.: -сок] footnote; **~ны...** [14; -сен, -сна] tolerable

снотво́рное *n* [14] *su*. soporific

сноха́ *f* [5; *pl. st*.] daughter-in-law

снят|о́й [14]: **~о́е молоко́** skimmed milk; **~ь(ся)** → **снима́ть(ся)**

соба́|ка *f* [5] dog; hound; **~чий** [1... dog('s), canine

собесе́дник *m* [1] interlocutor

собира́т|ель *m* [4] collector; **~ельны...** [14] *gr*. collective; **~ь** [1], ⟨собра́ть⟩ [-б... ру́, -рёшь; -а́л, -а́, -о; со́бранный (-ан, -... -о)] gather, collect; *tech*. assemble; pr... pare; **-ся** gather, assemble; prepare fo... make o.s. (*or* be) ready to start (*or* s... out *or* go; **в путь** on a journey); (*нам... реваться*) be going to, intend to; co... lect (**с мы́слями** one's thoughts); (*с с... лами*) brace up

собла́зн *m* [1] temptation; **~и́тель** *m* [... tempter; seducer; **~и́тельный** [1... -лен, -льна] tempting, seductive; **~я́т...** [28], ⟨**~и́ть**⟩ [13] (**-ся** be) tempt(ed); a... lured, enticed

соблю|да́ть [1], ⟨**~сти́**⟩ [25] observ... obey, adhere (to); *порядок* maintai... **~де́ние** *n* [12] observance; maint... nance; **~сти́** → **~да́ть**

соболе́знова|ние *n* [12] sympathy, co... dolences; **~ть** [7] sympathize (Д with...

со́бо|ль *m* [4; *pl. a*. -ля́, *etc. e*.] sable; **~**... *m* [1] cathedral

собра́|ние *n* [12] meeting (**на** В at, in... assembly; collection; **~ть(ся)** → **соб... ра́ть(ся)**

со́бственн|ик *m* [1] owner, proprieto... **~ость** *f* [8] property; possession, owne... ship; **~ый** [14] own; *имя* proper; perso...

ıl
›бытие *n* [12] event, occurrence
вá *f* [5; *pl. st.*] owl
›вáть [7 *e.*; сую, суёшь], ⟨сýнуть⟩ [20] shove, thrust; *coll.* slip; butt in, poke one's nose into
›верш|áть [1], ⟨**~и́ть**⟩ [16 *e.*; -шý, -ши́шь; -шённый] accomplish; *преступление и т. д.* commit; *поездку и т. д.* make; *сделку* strike; **-ся** happen, take place; **~еннолéтие** *n* [12] majority, full age; **~еннолéтний** [15] (***стать*** Т come) of age; **~éнный** [14; -éнен, -éнна] perfect(ive *gr.*); *coll.* absolute, complete; *adv. a.* quite; **~éнство** *n* [9] perfection; ***в ~éнстве*** *a.* perfectly; **~éнствовать** [7], ⟨у-⟩ perfect (**-ся** o.s.), improve, develop; **~и́ть(ся)** → ***совершáть*(ся)**
›вест|ливый [14 *sh.*] conscientious; **~но** (р. Д) ashamed; **~ь** *f* [8] conscience; ***по ~и*** honestly, to be honest
›вéт *m* [1] advice; *law* opinion; board; soviet; ♀ ***Безопáсности*** Security Council; **~ник** *m* [1] adviser; (*as title of office or post*) councillor; **~овать** [7], ⟨по-⟩ advise (Д р.); **-ся** ask advice, consult (**о** П on); **~ский** [16] soviet (of local bodies); **~чик** *m* [1] adviser
›вещá|ние *n* [12] conference (at **на** П), meeting (*a.* in); (*обсуждение*) deliberation; **~тельный** [14] deliberative, consultative; **~ться** [1] confer, consult, deliberate
›вме|сти́мый [14 *sh.*] compatible; **~сти́ть** → **~щáть**; **~стный** [14] joint, combined; **~стно** common; **~щáть** [1], ⟨**~сти́ть**⟩ [15 *e.*; -ещý, -ести́шь; -ещённый] combine; *tech.* match
›вóк *m* [1; -вкá] shovel; scoop; *для мусора* dustpan
›вокýпн|ость *f* [8] total(ity), aggregate, whole; **~ый** [14] joint
›впа|дáть [1], ⟨**~сть**⟩ [25; *pt. st.*] coincide with; agree with; **~дéние** *n* [12] coincidence, *etc.* → *vb.*
›временн|ик *m* [1] contemporary; **~ый** [14; -éнен, -éнна] contemporaneous; of the time (of); present-day; up-to-date; → *a.* **~ик** contemporary

совсéм quite, entirely; at all; ***я егó ~ не знáю*** I don't know him at all
совхóз *m* [1] (***совéтское хозя́йство***) state farm; → ***колхóз***
соглá|сие *n* [12] consent (***на*** В to; **с** Р with); agreement (***по*** Д by); harmony, concord; **~си́ться** → ***~шáться***; **~сно** (Д) according to, in accordance with; **~сный** [14; -сен, -сна] agreeable; harmonious; ***я ~сен*** (*f* ***~сна***) I agree (**с** T with; ***на*** В to); (*a. su.*) consonant; **~совáние** *n* [12] coordination; *gr.* agreement; **~совáть** → ***~сóвывать***; **~совáться** [7] (*im*)*pf.* (**с** Т) conform (to); agree (with); **~сóвывать** [1], ⟨**~совáть**⟩ [7] coordinate; come to an agreement (**с** Т with); (*a. gr.*) make agree; **~шáться** [1], ⟨**~си́ться**⟩ [15 *e.*; -ашýсь, -аси́шься] agree (**с** Т with; ***на*** В to), consent (to); *coll.* (*признавать*) admit; **~шéние** *n* [12] agreement, understanding; covenant
согнáть → ***сгоня́ть***
согнýть(ся) → ***сгибáть*(ся)**
согре|вáть [1], ⟨**~ть**⟩ [28] warm, heat
содéйств|ие *n* [12] assistance, help; **~овать** [7] (*im*)*pf.*, *a.* ⟨по-⟩ (Д) assist, help; *успеху, согласию* contribute (to), further, promote
содерж|áние *n* [12] content(s); *семьи и т. д.* maintenance, support, upkeep; **~áтельный** [14; -лен, -льна] pithy, having substance and point; **~áть** [4] contain, hold; maintain, support; keep; **-ся** be contained, *etc.*; **~и́мое** [14] contents *pl.*
содрáть → ***сдирáть***
содрог|áние *n* [12], **~áться** [1], *once* ⟨**~нýться**⟩ [20] shudder
содрýжеств|о *n* [9] community; concord; ***Бритáнское ~о нáций*** the British Commonwealth; ***в тéсном ~е*** in close cooperation (**с** T with)
соедин|éние *n* [12] joining; conjunction, (at *a.* **на** П), connection; combination; *chem.* compound; *tech.* joint; **~и́тельный** [14] connective; *a. gr.* copulative; **~я́ть** [28], ⟨**~и́ть**⟩ [13] unite, join; connect; link (*by telephone, etc.*); (*v/i.* **-ся**); → ***США***

С

сожал|éние *n* [12] regret (**о** П for); ***к ~éнию*** unfortunately, to (p.'s) regret; **~éть** [8] (**о** П) regret

сожжéние *n* [12] burning; cremation

сожи́тельство *n* [9] cohabitation

созв|áть → ***созывáть***; **~éздие** *n* [12] constellation; **~они́ться** *coll.* [13] *pf.* (**с** Т) speak on the phone; arrange s.th. on the phone; phone; **~ýчный** [14; -чен, -чна] in keeping with, consonant with

созда|вáть [5], 〈**~ть**〉 [-дáм, -дáшь *etc.*, → ***дать***; сóздал, -á, -о; сóзданный (-ан, -á, -о)] create; produce; found; establish; **-ся** arise, form; ***у меня́ ~лóсь впечатлéние*** I have gained the impression that …; **~ние** *n* [12] creation; (*существо*) creature; **~тель** *m* [4] creator; founder; **~ть(ся)** → ***~вáть(ся)***

созерцáт|ельный [14; -лен, -льна] contemplative; **~ь** [1] contemplate

созидáтельный [14; -лен, -льна] creative

созна|вáть [5], 〈**~ть**〉 [1] realize, be conscious of, see; **-ся** (**в** П) confess; **~ние** *n* [12] consciousness; ***без ~ния*** unconscious; **~тельный** [14; -лен, -льна] conscious; *отношение и т. д.* conscientious; **~ть(ся)** → ***~вáть(ся)***

созы́в *m* [1] convocation; **~áть** [1], 〈созвáть〉 [созовý, -вёшь; -звáл, -á, -о; сóзванный] *гостей* invite; *собрание* call, convene; *parl.* convoke

соизмери́мый [14 *sh.*] commensurable

сойти́(сь) → ***сходи́ть(ся)***

сок *m* [1; в -ý] juice; *берёзовый и т. д.* sap; **~овыжимáлка** *f* [5; -лок] juice extractor

сóкол *m* [1] falcon

сокра|щáть [1], 〈**~ти́ть**〉 [15 *e.*; -щý, -ати́шь; -щённый] shorten; abbreviate; abridge; *расходы* reduce, curtail; *p. pt. p. a.* short, brief; **-ся** grow shorter; decrease; *о мышцах и т. д.* contract; **~щéние** *n* [12] shortening, abbreviation, reduction, curtailment; *текста* abridgement; contraction

сокров|éнный [14 *sh.*] innermost; secret; concealed; **~ище** *n* [11] treasure; **~ищница** *f* [5] treasury

сокруш|áть [1], 〈**~и́ть**〉 [16 *e.*; -ш-, -ши́шь; -шённый] shatter, smash; ***~и́ врагá*** rout the enemy; **-ся** *impf.* griev be distressed; **~и́тельный** [14; -ле -льна] shattering; **~и́ть** → ***~áть***

солдáт *m* [1; *g/pl.*: солдáт] soldi **~ский** [16] soldier's

сол|éние *n* [12] salting; **~ёный** [14; с лон, -á, -о] salt(y); corned; pickle *fig.* spicy; (*short forms only*) hot

солидáрн|ость *f* [8] solidarity; **~ый** [1 -рен, -рна] in sympathy with, at o with; *law* jointly liable

соли́дн|ость *f* [8] solidity; **~ый** [1 -ден, -дна] solid, strong, sound; *фир* reputable, respectable; *coll.* sizable

соли́ст *m* [1], **~ка** *f* [5; *g/pl.*: -ток] soloi

соли́ть [13; солю́, сóлишь; сóленный] 〈по-〉 salt; **2.** 〈за-〉 corn; pickle; 〈на *coll.* spite; cause annoyance; do s.o. bad turn

сóлн|ечный [14; -чен, -чна] sun(ny); s lar; **~це** ('son-) *n* [11] sun (***на*** П *lie* i **~цепёк** *m* [1]: ***на ~цепёке*** in the blazi sun

соловéй *m* [3; -вья́] nightingale

сóлод *m* [1], **~овый** [14] malt

солóм|а *f* [5] straw; thatch; **~енный** [1 straw…; thatched; grass (*widow*); **~и ка** *f* [5; *g/pl.*: -нок] straw; ***хватáться з ~инку*** clutch at straws

солóнка *f* [5; *g/pl.*: -нок] saltcellar

сол|ь *f* [8; *from g/pl. e.*] salt (*a. fig.*); ***co вот в чём вся ~ь*** that's the whole poi **~янóй** [14] salt…; saline

сом *m* [1 *e.*] catfish

сомкнýть(ся) → ***смыкáть(ся)***

сомн|евáться [1], 〈усомни́ться〉 [13] (П) doubt; **~éние** *n* [12] doubt (***в*** about); question (***под*** Т in); **~ител ный** [14; -лен, -льна] doubtful; que tionable, dubious

сон *m* [1; сна] sleep; dream (in ***в*** П **~ли́вый** [14 *sh.*] sleepy; **~ный** [1 sleeping (*a. med.*); sleepy, drowsy; ~ *coll. m/f* [6; *g/pl.*: -ней] sleepyhead

сообра|жáть [1], 〈**~зи́ть**〉 [15 *e.*; -аж -ази́шь; -ажённый] consider, weig think (over); (*понять*) grasp, unde stand; **~жéние** *n* [12] consideratio

причина) reason; **~зи́тельный** [14; -пен, -льна] sharp, quick-witted; **~зи́ть** → **~жа́ть**; **⁓зный** [14; -зен, -зна] conformable (**с** T to); *adv. a.* in conformity (with); **~зова́ть** [7] *(im)pf.* (make) comform, adapt (to) (**с** T); **-ся** conform, adapt (**с** T to)
общá together, jointly
общ|а́ть [1], ⟨**~и́ть**⟩ [16 *e.*; -щу́, -щи́шь; щённый] communicate (*v/i.* **-ся** *impf.*), report; inform (Д/**о** П p. of); impart; **~е́ние** *n* [12] communication, report; statement; announcement; information; **⁓ество** *n* [9] association, fellowship; community; **~и́ть** → **~а́ть**; **⁓ник** *m* [1], **⁓ница** *f* [5] accomplice
ору|жа́ть [1], ⟨**~ди́ть**⟩ [15 *e.*; -ужу́, удишь; -ужённый] build, construct, erect, raise; **~же́ние** *n* [12] construction, building, structure
отве́тств|енный [14 *sh.*] corresponding; *adv. a.* according(ly) (Д to), in accordance (with); **~ие** *n* [12] conformity, accordance; **~овать** [7] (Д) correspond, conform (to), agree; **~ующий** [17] corresponding, appropriate; suitable
оте́чественни|к *m* [1], **~ца** *f* [5] compatriot, fellow country (wo)man
отноше́ние *n* [12] correlation
пе́рни|к *m* [1] rival; **~чать** [1] compete, vie (with); rival; be a match (for с T); **~чество** *n* [9] rivalry
п|е́ть [10 *e.*; соплю́, сопи́шь] breathe heavily through the nose; wheeze; **⁓ка** *f* [5; *g/pl.*: -пок] hill; volcano; **⁓ли** *pl.* [6; *gen.*: -лей, *etc. e.*] snot
постав|ле́ние *n* [12] comparison; confrontation; **~ля́ть** [28], ⟨**⁓вить**⟩ [14] compare
при|каса́ться [1], ⟨**~косну́ться**⟩ [20] (**с** T) (*примыкать*) adjoin; (*касаться*) touch; *с людьми* deal with; **~косновéние** *n* [12] contact
прово|ди́тельный [14] covering (*letter*); **~жда́ть** [1] **1.** accompany; escort; **2.** ⟨**~ди́ть**⟩ [15 *e.*; -ожу́, -оди́шь; -ождённый] *примечанием и т. д.* provide (T with); **-ся** *impf.* be accompanied (T by); entail; **~жде́ние** *n* [12] accompaniment; **в ~жде́нии** (P) accompanied (by)

сопротивл|е́ние *n* [12] resistance; opposition; **~я́ться** [28] (Д) resist; oppose
сопряжённый [14; -жён, -жена́] connected with; entailing
сопу́тствовать [14] (Д) accompany
сор *m* [1] dust; litter
соразме́рно in proportion (Д to)
сорв|ане́ц *coll. m* [1; -нца́] madcap; (*of a child*) a terror; **~а́ть(ся)** → **срыва́ть(ся)**; **~иголова́** *coll. m/f* [5; *ac/sg.*: сорвиголову́; *pl.* → **голова́**] daredevil
соревнова́|ние *n* [12] competition; contest; **отбо́рочные ~ния** heats, qualifying rounds; **~ться** [7] (**с** T) compete (with)
сор|и́ть [13], ⟨на-⟩ litter; *fig. деньгами* squander; **⁓ный** [14]: **⁓ная трава́** = **~ня́к** *m* [1 *e.*] weed
со́рок [35] forty; **⁓а** *f* [5] magpie
сороко|во́й [14] fortieth; → **пя́т(идеся́т)ый**; **~но́жка** *f* [5; *g/pl.*: -жек] centipede
соро́чка *f* [5; -чек] shirt; undershirt; chemise
сорт *m* [1; *pl.*: -та́, *etc. e.*] sort, brand; variety, quality; **~ирова́ть** [7], ⟨рас-⟩ sort out; *по размеру* grade; **~иро́вка** *f* [5] sorting
соса́ть [-су́, -сёшь; со́санный] suck
сосе́д *m* [*sg.*: 1; *pl.*: 4], **~ка** *f* [5; *g/pl.*: -док] neighbo(u)r; **~ний** [15] neighbo(u)ring, adjoining; **~ский** [16] neighbo(u)r's; **~ство** *n* [9] neighbo(u)rhood
соси́ска *f* [5; *g/pl.*: -сок] sausage; frankfurter
со́ска *f* [5; *g/pl.*: -сок] (*baby's*) dummy, pacifier
соск|а́кивать [1], ⟨**~очи́ть**⟩ [16] jump *or* spring (off, down); come off; **⁓а́льзывать** [1], ⟨**~ользну́ть**⟩ [20] slide (down, off); slip (off); **~у́читься** [16] *pf.* become bored; miss (**по** Д); → **скуча́ть**
сосл|ага́тельный [14] *gr.* subjunctive; **~а́ть(ся)** → **ссыла́ться**; **~ужи́вец** *m* [1; -вца] colleague
сосна́ *f* [5; *pl. st.*: со́сны, со́сен, со́снам] pine tree
сосо́к *m* [1; -ска́] nipple, teat

сосредото́ч|ение *n* [12] concentration; **~ивать** [1], 〈**~ить**〉 [16] concentrate (*v/i.* **-ся**); *p. pt. p. a.* intent

соста́в *m* [1] composition (*a. chem.*); structure; *студентов и т. д.* body; *thea.* cast; *rail.* train; ***подвижно́й ~*** rolling stock; ***в ~е*** (P) *a.* consisting of; **~и́тель** *m* [4] compiler; author; **~ить** → **~ля́ть**; **~ле́ние** *n* [12] *словаря и т. д.* compilation; *документа и т. д.* drawing up; **~ля́ть** [28], 〈**~ить**〉 [14] compose, make (up); put together; *план и т. д.* draw up, work out; compile; (*образовывать*) form, constitute; (*равняться*) amount (*or* come) to; **~но́й** [14]: composite; ***~на́я часть*** constituent part; component

состоя́|ние *n* [12] state, condition; position; (*богатство*) fortune; ***быть в ~нии …*** *a.* be able to …; ***я не в ~нии*** I am not in a position …; **~тельный** [14; -лен, -льна] well-to-do, well-off; (*обоснованный*) sound, well-founded; **~ть** [-ою́, -ои́шь] consist (***из*** P of; ***в*** П in); *членом и т. д.* be (*a.* T); **-ся** *pf.* take place

сострада́ние *n* [12] compassion, sympathy

состяза́|ние *n* [12] contest, competition; match; **~ться** [1] compete, vie, contend (with)

сосу́д *m* [1] vessel

сосу́лька *f* [5; *g/pl.*: -лек] icicle

сосуществова́|ние *n* [12] coexistence; **~ть** [7] coexist

сотворе́ние *n* [12] creation

со́тня *f* [6; *g/pl.*: -тен] a hundred

сотру́дни|к *m* [1] employee; *pl.* staff; *газеты* contributor; colleague; **~чать** [1] collaborate with; contribute to; **~чество** *n* [9] collaboration, cooperation

сотрясе́ние *n* [12] shaking; *мозга* concussion

со́ты *m/pl.* [1] honeycomb(s); **~й** [14] hundredth; → ***пя́тый***; ***две це́лых и два́дцать пять ~х*** 2.25

со́ус *m* [1] sauce; gravy

соуча́ст|ие *n* [12] complicity; **~ник** *m* [1] accomplice

со́хнуть [21] **1.** 〈вы-〉 dry; **2.** 〈за-〉 *c*
wither; **3.** *coll. impf.* pine away

сохран|е́ние *n* [12] preservation; c
servation; **~и́ть(ся)** → **~я́ть(с**
~́ность *f* [8] safety; undamaged sta
в ~́ности *a.* safe; **~я́ть** [28], 〈**~и́т**
[13] keep; preserve; retain; maintain;
serve (for o.s. ***за собо́й***); ***Бо́же сохр***
ни́! God forbid!; **-ся** be preserved;
памяти и т. д. remain

социа́л|-демокра́т *m* [1] social dem
crat; **~́-демократи́ческий** [16] soc
democrat(ic); **~и́зм** *m* [1] socialis
~и́ст *m* [1] socialist; **~исти́ческий** [
socialist(ic); **~ьный** [14] social

соцстра́х *m* [1] social insurance

соче́льник *m* [1] Christmas Eve

сочета́|ние *n* [12] combination; **~ть**
combine (*v/i.* **-ся**)

сочин|е́ние *n* [12] composition; writi
work; *научное* thesis; *gr.* coordinatic
~я́ть [28], 〈**~и́ть**〉 [13] compose (*a lit.*
mus. work); write; (*выдумать*) inve
make up

соч|и́ться [16 *e.*; 3rd *p. only*] exude; oo
(out); *о крови* bleed; **~** [14; -чен, -чн
juicy; *fig.* succulent; rich

сочу́вств|енный [14 *sh.*] sympathet
sympathizing; **~ие** *n* [12] sympathy
Д with, for); **~овать** [7] (Д) sympathi
with, feel for; **~ующий** [17] sympathi

сою́з *m* [1] union; alliance; confede
tion; league; *gr.* conjunction; **~ник**
[1] ally; **~ный** [14] allied

со́я *f* [6] soya bean

спа|д *m* [1] *econ.* recession, slum
~да́ть [1], 〈**~сть**〉 [25; *pt. st.*] fa
~́ивать **1.** 〈**~я́ть**〉 [28] solder; **2.** *c*
〈споить〉 [13] accustom to drinki
~́йка *f* [5] *fig.* union

спа́льн|ый [14] sleeping; bed…; ***~ое м***
сто bunk, berth; **~я** *f* [6; *g/pl.*: -лен] be
room

спа́ржа *f* [5] asparagus

спас|а́тель *m* [4] one of a rescue tea
(*at seaside*) lifeguard; **~а́тельный** [
rescue…; life-saving; **~а́ть** [1], 〈**~т**
[24 -с-] save, rescue; ***~ти́ положе́н***
save the situation; **-ся**, 〈-сь〉 save o.
a. escape (*v/i.* ***от*** P); **~е́ние** *n* [12] rescu

›scape; salvation
асибо (**вам**) thank you (very much **большо́е ~**), thanks (**за** В, **на** П for)
аси́тель *m* [4], ♀ the Savio(u)r; rescu-›r; **~ный** [14] saving
ас|ти́ → **~а́ть**; **~ть** → ***спада́ть***
ать [сплю, спишь; спал, -á, -о] sleep; ›e asleep; (*a.* ***идти́, ложи́ться ~***) go to ›ed; *coll.* ***мне не спи́тся*** I can't (get to) ›leep
ая́ть → ***спа́ивать*** *1*
ека́ться [1] *coll.* → ***запека́ться***
екта́кль *m* [4] *thea.* performance; ›how
екул|и́ровать [7] speculate (Т in); **~я́нт** *m* [1] speculator, profiteer; **~я́ция** › [7] speculation (in); profiteering; *›hilos.* speculation
е́лый [14; спел, -á, -о] ripe
ерва́ *coll.* (at) first
е́реди in front (of); at the front, from ›he front (*as prp.*: Р)
ёртый *coll.* [14 *sh.*] stuffy, close
еть [8], ⟨по-⟩ ripen; → *a.* ***петь***
ех *coll. m* [1]: ***не к ~у*** there is no hurry
еци|ализи́роваться [7] (*im*)*pf.* spe-›ialize (**в** П, ***по*** Д in); **~али́ст** *m* [1] spe-›ialist, expert (***по*** Д in); **~а́льность** *f* [8] ›peciality, special interest, profession ***по*** Д by); **~а́льный** [14; -лен, -льна] ›pecial; **~фи́ческий** [16] specific
е́ция *f* [7] *mst.pl.* spice
ецоде́жда *f* [5] working clothes; over-›lls *pl.*
еш|и́ть [16 *e.*; -шу́, -ши́шь] hurry (up), ›asten; of *clock* be fast (***на пять мину́т*** › min.); **~ка** *coll. f* [5] haste, hurry; **~ный** [14; -шен, -шна] urgent, pressing; ***в ~ном поря́дке*** quickly
ин|á *f* [5; *ac. sg.*: спи́ну; *pl. st.*] back; **~ка** *f* [5; *g/pl.*: -нок] *of piece of clothing* ›r *furniture* back; **~но́й** [14] spinal ***мозг*** cord); vertebral (***хребе́т*** col-›mn), back (*bone*)
и́ннинг *m* [1] (*method of fishing*) ›pinning
ира́ль *f* [8], **~ный** [14] spiral
ирт *m* [1; *a.* в -ý; *pl. e.*] alcohol, spirit(s ›l.); **~но́й** [14] alcoholic; *напиток тж.* ›trong

спис|а́ть → **~ывать**; **~ок** *m* [1; -ска] list, register; **~ывать** [1], ⟨**~а́ть**⟩ [3] copy; *долг и т. д.* write (off); plagiarize, crib; *naut.* transfer, post (out of)
спи́х|ивать [1], *once* ⟨**~ну́ть**⟩ *coll.* [20] push (down, aside)
спи́ца *f* [5] spoke; knitting needle
спи́чка *f* [5; *g/pl.*: -чек] match
сплав *m* [1] **1.** alloy; **2.** *леса* float(ing); **~ля́ть** [28], ⟨**~ить**⟩ [14] **1.** alloy; **2.** float
спла́чивать [1], ⟨сплоти́ть⟩ [15 *e.*; -очу́, -оти́шь; -очённый] rally (*v/i.* **-ся**)
сплет|а́ть [1], ⟨сплести́⟩ [25 -т-] plait, braid; (inter)lace; **~е́ние** *n* [12] interlacing; ***со́лнечное ~е́ние*** solar plexus; **~ник** *m* [1], **~ница** *f* [5] scandalmonger; **~ничать** [1], ⟨на-⟩ gossip; **~ня** *f* [6; *g/pl.*: -тен] gossip
сплo|ти́ть(ся) → ***спла́чивать(ся)***; **~хова́ть** *coll.* [7] *pf.* blunder; **~че́ние** *n* [12] rallying; **~шно́й** [14] *масса и т. д.* solid, compact; (*непрерывный*) continuous; *coll.* sheer, utter; **~шь** throughout, entirely, all over; ***~шь и ря́дом*** quite often
сплю́щить [16] *pf.* flatten, laminate
спои́ть → ***спа́ивать*** *2*
споко́й|ный [14; -óен, -óйна] calm, quiet, tranquil; (*сдержанный*) composed; ***~но*** *coll.* → ***сме́ло*** *coll.*; ***~ной но́чи!*** good night!; ***бу́дьте ~ны!*** don't worry!; **~ствие** *n* [12] calm(ness), tranquillity; composure; *в обществе и т. д.* peace, order
сполз|а́ть [1], ⟨**~ти́**⟩ [24] climb down (from); *fig. coll.* slip (into)
сполна́... wholly, in full
сполосну́ть [20] *pf.* rinse (out)
спо́нсор *m* [1] sponsor
спор *m* [1] dispute, controversy, argument; ***~у нет*** undoubtedly; **~ить** [13], ⟨по-⟩ dispute, argue, debate; *coll. держать пари* bet (on); **~иться** *coll.* [13] *работа* go well; **~ный** [14; -рен, -рна] disputable, questionable
спорт *m* [1] sport; ***лы́жный ~*** skiing; **~и́вный** [14] sporting, athletic; sport(s)...; ***~и́вный зал*** gymnasium; **~сме́н** *m* [1] sportsman; **~сме́нка** *f* [5; *g/pl.*: -нок] sportswoman
спо́соб *m* [1] method, means; way, mode

С

(T in); *употребления* directions *pl.* (for *use* P); **~ность** *f* [8] (cap)ability (**к** Д for), talent; *к языкам и т. д.* faculty, capacity; power; ***покупа́тельная ~ность*** purchasing power; **~ный** [14; -бен, -бна] (**к** Д) able, talented, clever (at); capable (of; *a.* ***на*** В); **~ствовать** [7], ⟨по-⟩ (Д) promote, further, contribute to

спот|ыка́ться [1], ⟨**~кну́ться**⟩ [20] stumble (**о** В against, over)

спохва́т|ываться [1], ⟨**~и́ться**⟩ [15] suddenly remember

спра́ва to the right (of)

справедли́в|ость *f* [8] justice, fairness; **~ый** [14 *sh.*] just, fair; (*пра́вильный*) true, right

спра́в|иться → ***~ля́ться***; **~ка** *f* [5; *g/pl.*: -вок] inquiry (make ***наводи́ть***); information; certificate; **~ля́ться** inquiry (**о** П about); consult (*v/t.* **в** П); (**с** Т) manage, cope with; **~очник** *m* [1] reference book; *телефонный* directory; *путеводитель* guide; **~очный** [14] (of) *бюро* inquiries…; *книга* reference…

спра́шива|ть [1], ⟨спроси́ть⟩ [15] ask (p. *a.* **у** Р; for s.th. *a.* Р), inquire; (**с** Р) make answer for, call to account; ***~ется*** one may ask

спрос *m* [1] *econ.* demand (***на*** В for); ***без ~а*** *or* ***~у*** *coll.* without permission; ***~ и предложе́ние*** supply and demand

спросо́нок *coll.* half asleep

спроста́: *coll.* **не ~** it's not by chance

спры́|гивать [1], *once* ⟨**~гнуть**⟩ [20] jump down (from); **~скивать** [1], ⟨**~снуть**⟩ [20] sprinkle

спря|га́ть [1], ⟨про-⟩ *gr.* (**-ся** *impf.* be) conjugate(d); **~же́ние** *n* [12] *gr.* conjugation

спу́г|ивать [1], ⟨**~ну́ть**⟩ [20; -ну́, -нёшь] frighten off

спус|к *m* [1] lowering; descent; *склон* slope; *корабля* launch(ing); *воды* drain(ing); ***не дава́ть ~ку*** (Д) *coll.* give no quarter; **~ка́ть** [1], ⟨**~ти́ть**⟩ [15] lower, let down; launch; drain; *собаку* unchain, set free; *курок* pull; *о шине* go down; **-ся** go (*or* come) down (*stairs по лестнице*), descend; **~тя́** (В) later, after

спу́тни|к *m* [1], **~ца** *f* [5] travelling companion; *жизни* companion; **~к** *astr.* satellite; *искусственный тж.* sputnik

спя́чка *f* [5] hibernation

сравн|е́ние *n* [12] comparison (***по*** Д/**с** in/with); *lit.* simile; **~ивать** [1] **1.** ⟨**~и́т**…⟩ [13] compare (**с** Т; *v/i.* **-ся** to, with); ⟨**~я́ть**⟩ [28] level, equalize; **~и́тельн**… [14] comparative; **~и́ть(ся)** ***~ивать(ся)***; **~я́ть** → ***~ивать*** *2*

сра|жа́ть [1], ⟨**~зи́ть**⟩ [15 *e.*; -аж…, -ази́шь; -ажённый] smite; overwhel…; **-ся** fight, battle; *coll.* contend, pl…; **~же́ние** *n* [12] battle; **~зи́ть(ся)** ***~жа́ть(ся)***

сра́зу at once, straight away

срам *m* [1] shame, disgrace; **~и́ть** [14 …; -млю́, -ми́шь], ⟨о-⟩ [осрамлённый] di…grace, shame, compromise; **-ся** bri… shame upon o.s

сраст|а́ться [1], ⟨**~и́сь**⟩ [24 -ст-; сро́сс…, срасла́сь] *med.* grow together, knit

сред|а́ *f* **1.** [5; *ac/sg.*: сре́ду; *nom/pl. s…*] Wednesday (on: **в** В, *pl.*: ***по*** Д); **2.** [5; *a…* *sg.*: -*ду*; *pl. st.*] environment, surroun…ings *pl.*, milieu; *phys.* medium; midst; ***на́шей ~е́*** in our midst; **~и́** (Р) amon… in the middle (of), amid(st); **~изе́мн**… [14], **~иземномо́рский** [16] Mediterr…nean; **~невеко́вый** [14] medieva…; **~ний** [15] middle; medium…; centr… (*посредственный*) middling; ave…age… (**в** П on); *math.* mean; *gr.* neute… *школа* secondary

средото́чие *n* [12] focus, center (*Bi…* -tre)

сре́дство *n* [9] means ([**не**] ***по*** Д *pl.* wit… in [beyond] one's); (*лекарство*) re… edy; *pl. a.* facilities

сре́з|ать, ~ывать [1], ⟨**~ать**⟩ [3] cut o… *coll. на экзамене* fail (*v/i.* **~аться**)

сровня́ть → ***сра́внивать*** *2*

сро|к *m* [1] term (Т/***на*** В for/of), dat… deadline; time (**в** В; **к** Д in, on), perio… ***продли́ть ~к ви́зы*** extend a vis… **~чный** [14; -чен, -чна́, -о] urgent, pres…ing; at a fixed date

сруб|а́ть [1], ⟨**~и́ть**⟩ [14] cut down, fe… *дом* build of logs

ы|в *m* [1] frustration; derangement; *переговоров* breakdown; **~вать** [1], ‹сорвать› [-ву, -вёшь; сорвал, -á, -о; о́рванный] tear off; *цветы и т. д.* pluck, pick; *планы и т. д.* disrupt, frustrate; *злость* vent; **-ся** (**с** P) come off; break away (*or* loose); fall down; *coll. с места* dart off; *о планах* fail, miscarry
а́ди|на *f* [5] scratch, abrasion; **~ть** [15] *pf.* graze
а́живать [1], ‹ссадить› [15; -жу́, дишь] help down; help alight; make get off (*public transport*)
о́р|а *f* [5] quarrel; **~иться** [13], ‹по-› quarrel, falling-out
у́д|а *f* [5] loan; **~ить** [15] *pf.* lend, loan
ыл|а́ть [1], ‹сосла́ть› [сошлю́, -лёшь; о́сланный] exile, deport, banish; **-ся** **на** B) refer to, cite; **~ка** *f* [5; *g/pl.*: лок] **1.** exile; **2.** reference (**на** B to)
ыпа́|ть [1], ‹**~ть**› [2] pour
абил|из(и́р)овать [7] (*im*)*pf.* stabilize; **~ьный** [14; -лен, -льна] stable, firm
а́вень *m* [4; -вня] shutter (*for window*)
а́в|ить [14], ‹по-› put, place, set, stand; *часы и т. д.* set; *памятник и т. д.* put (*or* set) up; *на лошадь* stake, **на** B) back; *thea.* stage; *условия* make; *в известность* inform, bring to the notice of; **~ить в тупи́к** nonplus; **~ка** [5; *g/pl.*: -вок] (*учётная и т. д.*) rate; *зарплата*) wage, salary; **сде́лать ~ку** gamble (on **на** B); **~ленник** *m* [1] protegé; **~ня** *f* [6; *g/pl.*: -вен] → **~ень**
адио́н *m* [1] stadium (**на** П in)
а́дия *f* [7] stage
а́до *n* [9; *pl. e.*] herd, flock
аж *m* [1] length of service
ажёр *m* [1] probationer; student in special course not leading to degree
ака́н *m* [1] glass
а́лкивать [1], ‹столкну́ть› [20] push (off, away); **-ся** (**с** T) come into collision with; *a. fig.* conflict with; *с кем-л.* come across; run into
аль *f* [8] steel; **нержаве́ющая ~** stainless steel; **~но́й** [14] steel…
аме́ска *f* [5; *g/pl.*: -сок] chisel

станда́рт *m* [1] standard; **~ный** [14; -тен, -тна] standard…
стани́ца *f* [5] Cossack village
станови́ться [14], ‹стать› [ста́ну, -нешь] *impf.* (T) become, grow, get; stand; stop; **~ в о́чередь** get in line, *Brt.* queue up; *pf.* begin to; start; *лучше* feel; **во что бы то ни ста́ло** at all costs, at any cost
стано́к *m* [1; -нка] machine; *токарный* lathe; *печатный* press; **тка́цкий ~** loom
ста́нция *f* [7] station (**на** П at); *tel.* exchange
ста́птывать [1], ‹стопта́ть› [3] trample; (*сносить*) wear out
стара́|ние *n* [12] pains *pl.*, care; endeavo(u)r; **~тельный** [14; -лен, -льна] assiduous, diligent; painstaking; **~ться** [1], ‹по-› endeavo(u)r, try (hard)
стар|е́ть [21] **1.** ‹по-› grow old, age; **2.** ‹у-› grow obsolete; **~и́к** *m* [1 *e.*] old man; **~ина́** *f* [5] olden times, days of yore (**в** B in); *coll.* old man *or* chap; **~и́нный** [14] ancient, antique; old; *обычай* time-hono(u)red; **~ить** [13], ‹со-› make (**-ся** grow) old
старо|мо́дный [14; -ден, -дна] old-fashioned, out-of-date; **´~ста** *m класса* prefect, monitor; **´~сть** *f* [8] old age (in one's **на** П **лет**)
стартова́ть [7] (*im*)*pf. sport* start; *ae.* take off
стар|у́ха *f* [5] old woman; **~ческий** [16] old man's; senile; **~ший** [17] elder, older, senior; eldest, oldest; *по должности* senior, superior; head, chief; *лейтенант* first; **~шина́** *m* [5] *mil.* first sergeant (*naut.* mate); **~шинство́** *n* [9] seniority
ста́р|ый [14; стар, -á, -о; *comp.*: ста́рше *or* -ре́е] old; *времена* olden; **~ьё** *n* [10] *coll.* old clothes *pl.*; junk, *Brt.* lumber
ста́|скивать [1], ‹**~щи́ть**› [16] drag off, pull off; drag down; take, bring; *coll.* filch
стати́ст *m* [1], **~ка** *f* [5; *g/pl.*: -ток] *thea.* supernumerary; *film* extra; **~ика** *f* [5] statistics; **~и́ческий** [16] statistical
ста́т|ный [14; -тен, -тна, -о] wellbuilt;

С

~уя *f* [6; *g/pl.*: -уй] statue; **~ь**[1] *f* [8]: ***с какóй ~и?*** *coll.* why (should I, *etc.*)?
стать[2] → ***становиться***; **~ся** *coll.* (*impers.*) happen (to **с** T); ***мóжет ~ся*** it may be, perhaps
статья́ *f* [6; *g/pl.*: -тéй] article; *договора и т. д.* clause, item, entry; *coll.* matter (another *особая*)
стационáр *m* [1] permanent establishment; ***лечéбный ~*** hospital; **~ный** [14] permanent, fixed; ***~ный больнóй*** in-patient
стáчка *f* [5; *g/pl.*: -чек] strike
стащи́ть → ***стáскивать***
стáя *f* [6; *g/pl.*: стай] flight, flock; *волков* pack
стáять [27] *pf.* thaw, melt
ствол *m* [1 *e.*] trunk; *ружья* barrel
стéбель *m* [4; -бля; *from g/pl. e.*] stalk, stem
стёганый [14] quilted
сте|кáть [1], ⟨~чь⟩ [26] flow (down); **-ся** flow together; (*собираться*) gather, throng
стек|лó [9; *pl.*: стёкла, стёкол, стёклам] glass; *оконное* pane; ***переднее ~лó*** windshield (*Brt.* windscreen); **~ля́нный** [14] glass…; glassy; **~óльщик** *m* [1] glazier
стел|и́ть(ся) *coll.* → **стлáть(ся)**; **~лáж** *m* [1 *e.*] shelf; **~ька** *f* [5; *g/pl.*: -лек] inner sole
стен|á *f* [5; *as/sg.*: стéну; *pl.*: стéны, стен, стенáм] wall; **~газéта** *f* [5] (***стеннáя газéта***) wall newspaper; **~д** *m* [1] stand; **~ка** *f* [5; *g/pl.*: -нок] wall; ***как об ~ку горóх*** like talking to a brick wall; **~нóй** [14] wall…
стеногрá|мма *f* [5] shorthand (verbatim) report *or* notes *pl.*; **~фи́стка** *f* [5; *g/pl.*: -ток] stenographer; **~фия** *f* [7] shorthand
стéпень *f* [8; *from g/pl. e.*] degree (to **до** P), extent; *math.* power
степ|нóй [14] steppe…; **~ь** *f* [8; в -пи́; *from g/pl. e.*] steppe
стéрва P *f* [5] (*as term of abuse*) bitch
стéрео- *combining* form stereo-; **стереоти́п** *m* [1], **стереоти́пный** [14; -пен, -пна] stereotype
стерéть → ***стирáть***
стерéчь [26 г/ж: -егу́, -ежёшь; -ёг, -егл…] guard, watch (over)
стéржень *m* [4; -жня] *tech.* rod, pivo…
стерил|изовáть [7] (*im*)*pf.* sterili…; **~ьный** [14; -лен, -льна] sterile, fr… of germs
стерпéть [10] *pf.* endure, bear
стесн|éние *n* [12] constraint; **~и́тел|ьный** [14; -лен, -льна] shy; **~я́ть** [2…] ⟨~и́ть⟩ [13] constrain, restra… (*смущать*) embarrass; (*мешат…*) hamper; **~я́ться**, ⟨по-⟩ feel (*or* b…) shy, self-conscious *or* embarrass… (P) be ashamed of; (*колебаться*) he…itate
стеч|éние *n* [12] confluence; *обсто…тельств* coincidence; *народа* co… course; **~ь(ся)** → **стекáть(ся)**
стиль *m* [4] style; ***нóвый ~*** New St… (*according to the Gregorian calenda…*); ***стáрый ~*** Old Style (*according to t… Julian calendar*)
сти́мул *m* [1] stimulus, incentive
стипéндия *f* [7] scholarship, grant
стир|áльный [14] washing; **~áть** [1] ⟨стерéть⟩ [12; сотру́, -трёшь; стёр(л…), стёрши & стерéв] wipe *or* rub o… erase, efface, blot out; *ногу* rub so… **2.** ⟨вы-⟩ wash, launder; **~ка** *f* [5] wash…ing), laundering; ***отдáть в ~ку*** send … the wash
сти́с|кивать [1], ⟨~нуть⟩ [20] squeez… clench; *в объятиях* hug
стих (*a.* -и́ *pl.*) *m* [1 *e.*] verse; *pl. a.* p…em(s); **~áть** [1], ⟨~нуть⟩ [21] *ве-тер… т. д.* abate; subside; (*успокоитьс…*) calm down, become quiet; **~и́йн…** [14; -и́ен, -и́йна] elemental; *fig.* spon…neous; *бедствие* natural; **~и́я** *f* [7] e…ment(s); **~нуть** → ***~áть***
стихотворéние *n* [12] poem
стлать & *coll.* **стели́ть** [стелю́, ст…лешь], ⟨по-⟩ [пóстланный] sprea… lay; *постель* make; **-ся** *impf.* (… spread; drift; *bot.* creep
сто [35] hundred
стог *m* [1; в стóге & в стогу́; *pl.*: -á, *etc.*…] *agric.* stack, rick
стóи|мость *f* [8] cost; value, worth (…

С

Т/в В); **~ть** [13] cost; be worth; (*заслуживать*) deserve; **не ~т** *coll.* → **нé за что**
ой! stop!, halt!
óй|ка *f* [5; *g/pl.*: стóек] stand; *tech.* support; *в банке* counter; *в ресторане* bar; **~кий** [16; стóек, стойкá, -о; *comp.*: стóйче] firm, stable, steady; (*in compounds*) … proof; **~кость** *f* [8] firmness; steadfastness
ок *m* [1] flowing (off); drainage, drain
ол *m* [1 *e.*] table (**за** Т at); (*питание*) board, fare; diet; **~ нахóдок** lost property office
олб *m* [1 *e*] post, pole; *дыма* pillar; **éц** *m* [1; -бцá], **~ик** *m* [1] column (*in newspaper, etc.*); **~няк** *m* [1 *e.*] *med.* tetanus
олéтие *n* [12] century; (*годовщина*) centenary
óлик *m* [1] *dim.* → **стол**; small table
олú|ца *f* [5] capital; **~чный** [14] capital…; metropolitan
олкн|овéние *n* [12] collision; *fig. mil.* clash; **~ýть(ся)** → **стáлкивать(ся)**
олóв|ая *f* [14] dining room; café, restaurant; *на предприятии* canteen; **ый** [14]: **~ая лóжка** table spoon; **~ый сервúз** dinner service
олп *m* [1 *e.*] *arch.* pillar, column
оль so; **~ко** [32] so much, so many; **~ко же** as much *or* many
олярр *m* [1 *e.*] joiner, cabinetmaker; **~ный** [14] joiner's
он *m* [1], **~áть** [-нý, стóнешь; стонáя], 〈про-〉 groan, moan
оп|! stop!; **~ сигнáл** *mot.* stoplight; **~á** [5 *e.*] foot; **идтú по чьúм-л. стопáм** follow in s.o.'s footsteps; **~ка** *f* [5; *g/pl.*: -пок] pile, heap; **~орить** [13], 〈за-〉 stop; bring to a standstill; **~тáть** → **стáптывать**
óрож *m* [1; *pl.*: -á; *etc. e.*] guard, watchman; **~евóй** [14] watch…; on duty; *naut.* escort…; patrol…; **~úть** [16 *e.*; -жý, -жúшь] guard, watch (over)
орон|á *f* [5; *ac/sg.*: стóрону; *pl.*: стóроны, сторóн, -нáм] side (on *a.* **по** Д; **с** Р); (*направление*) direction; part (**с** Р on); (*местность*) place, region, country; *в суде и т. д.* party; distance (**в** П at; **с** Р from); **в ´~у** aside, apart (*a.* joking **шýтки**); **в ~é от** at some distance (from); **с однóй ~ы** on the one hand; **… с вáшей ~ы** *a.* … of you; **со своéй ~ы** on my part; **~úться** [13; -онюсь, -óнишься], 〈по-〉 make way, step aside; (*избегать*) (Р) avoid, shun; **~ник** *m* [1] adherent, follower, supporter

стóчный [14] waste…; *воды* sewage

стоя́нка *f* [5; *g/pl.*: -нок] stop (**на** П at); **автомобúльная ~** parking place *or* lot; *naut.* anchorage; **~ таксú** taxi stand (*Brt.* rank)

стоя́|ть [стою, стоúшь; стóя] stand; be; stop; stand up (**за** В for), defend, insist (**на** П on); **стóйте!** stop!; *coll.* wait!; **~чий** [17] *положение* upright; *вода* stagnant; *воротник* stand-up

стóящий [17] worthwhile; *человек* worthy, deserving

страдá|лец *m* [1; -льца] sufferer; *iro.* martyr; **~ние** *n* [12] suffering; **~тельный** [14] *gr.* passive; **~ть** [1], 〈по-〉 suffer (**от** Р, Т from); **он ~ет забы́вчивостью** he has a poor memory

стрáжа *f* [5] guard, watch; **~ поря́дка** *mst. pl.* the militia

стран|á *f* [5; *pl. st.*] country; **~úца** *f* [5] page (→ **пя́тый**); **~ность** *f* [8] strangeness, oddity; **~ный** [14; -áнен, -áнна, -о] strange, odd; **~ствовать** [7] wander, travel

страст|нóй [14] *неделя* Holy; *пятница* Good; **~ный** (-sn-) [14; -тен, -тнá, -о] passionate, fervent; **он ~ный любúтель джáза** he's mad about jazz; **~ь** *f* [8; *from g/pl. e.*] passion (**к** Д for)

стратег|úческий [16] strategic; **~ия** *f* [7] strategy

стрáус *m* [1] ostrich

страх *m* [1] fear (**от, со** Р for); risk, terror (**на** В at); **~овáние** *n* [12] insurance (*fire*… **от** Р); **~овáть** [7], 〈за-〉 insure (**от** Р against); *fig.* safeguard o.s. (against); **~óвка** *f* [5; *g/pl.*: -вок] insurance (rate); **~овóй** [14] insurance…

страш|úть [16 *e.*; -шý, -шúшь], 〈у-〉 [-шённый] (**-ся** be) frighten(ed; at Р; fear, dread, be afraid of); **~ный** [14;

С

-шен, -шна́, -о] terrible, frightful, dreadful; *coll.* awful; **2ный суд** the Day of Judg(e)ment; **мне ∼но** I'm afraid, I fear

стрекоза́ *f* [5; *pl. st.*: -о́зы, -о́з, -о́зам] dragonfly

стрел|а́ *f* [5; *pl. st.*] arrow; *a. fig.* shaft, dart; **∼ка** *f* [5; *g/pl.*: -лок] (*of a clock or watch*) hand; *компаса и т. д.* needle; *на рисунке* arrow; **∼ко́вый** [14] shooting…; (of) rifles *pl.*; **∼о́к** *m* [1; -лка́] marksman, shot; **∼ьба́** *f* [5; *pl. st.*] shooting, fire; **∼я́ть** [28], ⟨вы́стрелить⟩ [13] shoot, fire (**в** В, **по** Д at; *gun* **из** Р)

стрем|гла́в headlong; **∼и́тельный** [14; -лен, -льна] impetuous, headlong, swift; **∼и́ться** [14 *e.*; -млю́сь, -ми́шься] (**к** Д) aspire (to), strive (for); **∼ле́ние** *n* [12] aspiration (to), striving (for), urge, desire (to)

стремя́нка *f* [5; *g/pl.*: -нок] stepladder

стресс *m* [1] *psych.* stress

стриж *m* [1 *e.*] sand martin

стри́|жка *f* [5] haircut(ting); *овец* shearing; *ногтей* clipping; **∼чь** [26; -игу́, -ижёшь; *pl. st.*], ⟨по-, о-(об-)⟩ cut; shear; clip, (*подровнять*) level, trim; **-ся** have one's hair cut

строга́ть [1], ⟨вы́-⟩ plane

стро́г|ий [16; строг, -а́, -о; *comp.*: стро́же] severe; strict; *стиль и т. д.* austere; *взгляд* stern; **∼о говоря́** strictly speaking; **∼ость** *f* [8] severity; austerity; strictness

строе|во́й [14] building…; **∼во́й лес** timber; **∼ние** *n* [12] construction, building; structure

строи́тель *m* [4] builder, constructor; **∼ный** [14] building…; **∼ная площа́дка** building *or* construction site; **∼ство** *n* [9] construction

стро́ить [13], ⟨по-⟩ build (up), construct; *планы и т. д.* make, scheme; play *fig.* (**из** Р); **-ся** ⟨вы́-, по-⟩ be built; build (*a house, etc.*); *в очередь* form

строй *m* **1.** [3; в строю́; *pl. e.*: строй, строёв] order, array; line; **2.** [3] system, order, regime; **ввести́ в ∼** put into operation; **∼ка** *f* [5; *g/pl.*: -о́ек] construction; building site; **∼ность** *f* [8] proportion; *mus.* harmony; *о сложении* slenderness; **∼ный** [14; -о́ен, -ойна́, -о] slender, slim; well-shaped; *mus., etc.* harmonious, well-balanced

строка́ [5; *ac/sg.*: стро́ку́; *pl.* стро́ки, строк, стро́кам] line; **кра́сная ∼** *typ.* indent

стропи́ло *n* [9] rafter, beam

стропти́вый [14 *sh.*] obstinate, refractory

строфа́ *f* [5; *nom/pl. st.*] stanza

строч|и́ть [16 & 16 *e.*; -очу́, -о́чишь; -о́ченный & -очёный] stitch, sew; *coll.* (*писать*) scribble, dash off; **∼ка** *f* [5; *g/pl.*: -чек] line; *sew.* stitch

стру́|жка *f* [5; *g/pl.*: -жек] shavings *pl.*; **∼и́ться** [13] stream, flow; **∼йка** *f* [5; *g/pl.*: -у́ек] *dim.* → **∼я́**

структу́ра *f* [5] structure

струн|а́ *f* [5; *pl. st.*] *mus.*, **∼ный** [14] string

стрюч|ко́вый → **бобо́вый**; **∼о́к** *m* [1; -чка́] pod

струя́ *f* [6; *pl. st.*: -у́и] stream (T in); jet; *воздуха* current; **бить струёй** spurt

стря́|пать *coll.* [1], ⟨со-⟩ cook; concoct; **∼хивать** [1], ⟨∼хну́ть⟩ [20] shake off

студе́н|т *m* [1], **∼тка** *f* [5; *g/pl.*: -ток] student, undergraduate; **∼ческий** [16] students'…

сту́день *m* [4; -дня] aspic

сту́дия *f* [7] studio, atelier

сту́жа *f* [7] hard frost

стук *m* [1] *в дверь* knock; rattle, clatter, noise; **∼нуть** → **стуча́ть**

стул *m* [1; *pl.*: сту́лья, -льев] chair; seat; *med.* stool

ступ|а́ть [1], ⟨∼и́ть⟩ [14] step, tread, go; **∼е́нь** *f* **1.** [8; *pl.*: ступе́ни, ступе́ней] step (*of stairs*); rung (*of* ladder); **2.** [8; *pl.*: ступе́ни, -не́й, *etc. e.*] stage, grade; *ракеты* rocket stage; **∼е́нька** *f* [5; *g/pl.*: -нек] = 2.; **∼и́ть** → **∼а́ть**; **∼ка** *f* [5; *g/pl.*: -пок] (small) mortar; **∼ня́** *f* [6; *g/pl.*: -не́й] foot, sole (*of foot*)

сту|ча́ть [4 *e.*; -чу́, -чи́шь], ⟨по-⟩, *once* ⟨∼кнуть⟩ [20] knock (*door* **в** В at; *a.* **-ся**); rap, tap; *о сердце и т. д.* throb; (*зубами*) chatter; clatter, rattle; **∼ча́т** there's a knock at the door; **∼кнуть** → **испо́л-**

иться
ыд *m* [1 *e.*] shame; **~и́ть** [15 *e.*; -ыжу́, ыди́шь], ⟨при-⟩ [пристыжённый] hame, make ashamed; **-ся**, ⟨по-⟩ be shamed (P of); **~ли́вый** [14 *sh.*] shy, bashful; **~но!** (for) shame!; **мне ~но** I m ashamed (**за** B of p.)
ык *m* [1] joint, juncture (**на** П at); **~о́вка** *f* [5; *g/pl.*: -вок] docking (*of space vehicles*), rendezvous
ы(ну)ть [21], ⟨о-⟩ (become) cool
ы́чка *f* [5; *g/pl.*: -чек] skirmish; scuffle
юарде́сса *f* [5] stewardess, air hostess
я́|гивать [1], ⟨**~ну́ть**⟩ [19] tighten; pull together; *mil.* gather, assemble; pull off; *coll.* pilfer
б|бо́та *f* [5] Saturday (on: **в** B *pl.*: **по** Д); **~си́дия** *f* [7] subsidy
бтропи́ческий [16] subtropical
бъе́кт *m* [1] subject; *coll.* fellow; **~и́вный** [14; -вен, -вна] subjective
вени́р *m* [1] souvenir
верен|ите́т *m* [1] sovereignty; **~ный** 14; -е́нен, -е́нна] sovereign
г|ро́б *m* [1] snowdrift; **~у́бо** *adv.* especially; **э́то ~у́бо ча́стный вопро́с** this s a purely private matter
д *m* [1 *e.*] (*суждение*) judg(e)ment; court (of law); trial (**отда́ть под ~** put on trial; **преда́ть ~у́** bring to trial, prosecute; (*правосудие*) justice
да́к *m* [1 *e.*] pike perch
да́р|ыня *f* [6] *obs.* (*mode of address*) madam; **~ь** *m* [4] *obs.* (*mode of address*) sir
д|е́бный [14] judicial, legal; forensic; law…; (of the) court; **~и́ть** [15; суждённый] **1.** ⟨по-⟩ judge (**по** Д by); *fig.* form an opinion (**о** П of); **2.** (*im*)*pf.* try, judge; **~я по** (Д) judging by
д|но *n* [9; *pl.*: суда́, -о́в] *naut.* ship, vessel; **~но на возду́шной поду́шке** hovercraft; **~но на возду́шных кры́льях** hydrofoil
допроизво́дство *n* [9] legal proceedings
доро|га *f* [5] cramp, convulsion, spasm; **~жный** [14; -жен, -жна] convulsive, spasmodic
до|строе́ние *n* [12] shipbuilding; **~строи́тельный** [14] shipbuilding…; ship(yard); **~хо́дный** [14; -ден, -дна] navigable; **~хо́дство** *n* [9] navigation
судьб|а́ *f* [5; *pl.*: су́дьбы, су́деб, су́дьбам] destiny, fate; **благодари́ть ~у́** thank one's lucky stars
судья́ *m* [6; *pl.*: су́дьи, судей, су́дьям] judge; *sport* referee, umpire
суеве́р|ие *n* [12] superstition; **~ный** [14; -рен, -рна] superstitious
сует|а́ *f* [5], **~и́ться** [15 *e.*; суечу́сь, суети́шься] bustle, fuss; **~ли́вый** [14 *sh.*] bustling, fussy
суж|де́ние *n* [12] opinion, judg(e)ment; **~е́ние** *n* [12] narrowing; **~ивать** [1], ⟨су́зить⟩ [15] narrow (*v/i.*: **-ся**; taper); *платье* take in
сук *n* [1 *e.*; на ~у́; *pl.*: су́чья, -ьев & -и́, -о́в] bough; *в древесине* knot
су́к|а *f* [5] bitch (*also as term of abuse*); **~ин** [19]: **~ин сын** son of a bitch
сукно́ *n* [9; *pl. st.*; су́кна, су́кон, су́кнам] broadcloth; heavy, coarse cloth; **положи́ть под ~** *fig.* shelve
сули́ть [13], ⟨по-⟩ promise
султа́н *m* [1] sultan
сумасбро́д|ный [14; -ден, -дна] wild, extravagant; **~ство** *n* [9] madcap *or* extravagant behavio(u)r
сумасше́|дший [17] mad, insane; *su.* madman; **~дший дом** *fig.* madhouse; **~ствие** *n* [12] madness, lunacy
сумато́ха *f* [5] turmoil, confusion, hurly-burly
сум|бу́р *m* [1] → **пу́таница**; **~ерки** *f/pl.* [5; *gen.*: -рек] dusk, twilight; **~ка** *f* [5; *g/pl.*: -мок] (hand)bag; *biol.* pouch; **~ма** *f* [5] sum (**на** B/**в** B for/of), amount; **~ма́рный** [14; -рен, -рна] total; **~ми́ровать** [7] (*im*)*pf.* sum up
су́мочка *f* [5; *g/pl.*: -чек] handbag
су́мра|к *m* [1] twilight, dusk; gloom; **~чный** [14; -чен, -чна] gloomy
сунду́к *m* [1 *e.*] trunk, chest
су́нуть(ся) → **сова́ть(ся)**
суп *m* [1; *pl. e.*], **~ово́й** [14] soup(…)
супероблóжка *f* [5; *g/pl.*: -жек] dust jacket
супру́|г *m* [1] husband; **~га** *f* [5] wife; **~жеский** [16] matrimonial, conjugal;

С

жизнь married; **~жество** *n* [9] matrimony, wedlock
сургу́ч *m* [1 *e.*] sealing wax
суро́в|ость *f* [8] severity; **~ый** [14 *sh.*] harsh, rough; *климат и т. д.* severe; stern; *дисциплина* rigorous
суррога́т *m* [1] substitute
суста́в *m* [1] *anat.* joint
су́тки *f/pl.* [5; *gen.*: -ток] twentyfour-hour period; ***кру́глые ~*** round the clock
су́точный [14] day's, daily; twentyfour-hour, round-the-clock; *pl. su.* daily allowance
суту́лый [14 *sh.*] round-shouldered
сут|ь *f* [8] essence, crux, heart; ***по ~и де́ла*** as a matter of fact
суфле́ *n* [*indecl.*] soufflé
сух|а́рь *m* [4 *e.*] *сдобный* rusk, zwieback; dried piece of bread; **~ожи́лие** *n* [12] sinew; **~о́й** [14; сух, -á, -о; *comp.*: су́ше] dry; *климат* arid; *дерево* dead; *fig.* cool, cold; *доклад* boring, dull; ***~о́е молоко́*** dried milk; **~опу́тный** [14] land…; **~ость** *f* [8] dryness, *etc.* → ***~о́й***; **~оща́вый** [14 *sh.*] lean; skinny; **~офру́кты** *pl.* [1] dried fruit
сучо́к *m* [1; -чкá] *dim.* → **сук**
су́ш|а *f* [5] (dry) land; **~ёный** [14] dried; **~и́лка** *m* [5; *g/pl.*: -лок] *coll.* dish drainer; **~и́ть** [16], ⟨вы́-⟩ dry; **~ка** *f* [5; *g/pl.*: -шек] drying; dry, ring-shaped cracker
суще́ств|енный [14 *sh.*] essential, substantial; **~и́тельное** [14] noun, substantive (*a.* **и́мя ~и́тельное**); **~о́** *n* [9] creature, being; *суть* essence; ***по ~у́*** at bottom; to the point; **~ова́ние** *n* [12] existence, being; ***сре́дства к ~ова́нию*** livelihood; **~ова́ть** [7] exist, be; live, subsist
су́щ|ий [17] *coll. правда* plain; *вздор* absolute, sheer, downright; **~ность** *f* [8] essence, substance; ***в ~ности*** in fact; really and truly
сфе́ра *f* [5] sphere; field, realm
схват|и́ть(ся) → ***~ывать(ся)***; **~ка** *f* [5; *g/pl.*: -ток] skirmish, fight, combat; scuffle; *a. pl.* contractions, labo(u)r, birth pangs; **~ывать** [1], ⟨**~и́ть**⟩ [15] seize (***за*** В by), grasp (*a. fig.*), grab; snatch; (*поймать*) catch (*a cold*, *etc.*); **-ся** seize; *coll.* grapple (with)
схе́ма *f* [5] diagram, chart (in ***на*** П plan, outline; **~ти́ческий** [16] schematic; *fig.* sketchy
сход|и́ть [15], ⟨сойти⟩ [сойду́, -дёш сошёл, -шлá, *g. pt.*: сойдя́] go (*or* com down, descend (from **с** P); *о коже и т. д.* come off; *о снеге* melt; *coll.* pass (В for); P do; pass off; ***ей всё ~ит с р*** she can get away with anything; **~и́ть** go (& get *or* fetch ***за*** T); → ***ум***; **-ся**, ⟨-с meet; gather; become friends; agree П upon); (*совпасть*) coincide; *co* click; **~ни** *f/pl.* [6; *gen.*: -ней] gangplan gangway; **~ный** [14; -ден, -днá, -о] si ilar (**с** T to), like; *coll. цена* reasonab **~ство** *n* [9] similarity (**с** T to), likene
сцеди́ть [15] *pf.* pour off; draw off
сце́н|а *f* [5] stage; scene (*a. fig.*); **~а́рий** [3] scenario, script; **~и́ческий** [1 stage…, scenic
сцеп|и́ть(ся) → ***~ля́ть(ся)***; **~ка** [5; *g/p* -пок] coupling; **~ле́ние** *n* [12] *phys.* a hesion; cohesion; *tech.* clutch, couplin **~ля́ть** [28], ⟨**~и́ть**⟩ [14] link; couple (*v* **-ся**: *coll.* quarrel, grapple)
счаст|ли́вец *m* [1; -вца] lucky ma **~ли́вый** [14; сча́стли́в, -а, -о] happ fortunate; lucky; ***~ли́вого пути́!*** bo voyage!; ***~ли́во*** *coll.* good luck!; ***~ли́в отде́латься*** have a narrow escape; **~ь** *n* [10] happiness; luck; good fortune; **~ью** fortunately
сче́сть(ся) → ***счита́ть(ся)***
счёт *m* [1; на ~е & счету́; *pl.*: счета́, *e* *e.*] count, calculation; *в банке* accou (**в** В; **на** В on); *счёт к оплате* bi *sport* score; ***в два ~а*** in a jiffy, in a tric ***в коне́чном ~е*** ultimately; ***за ~*** (P) the expense (of); ***на э́тот ~*** on this sco in this respect; ***ска́зано на мой ~*** aim at me; ***быть на хоро́шем счету́*** (***у*** be in good repute
счёт|чик *m* [1] meter; counter; **~ы** *pl.* abacus *sg.*; ***свести́ ~ы*** square accoun settle a score (with)
счита́|ть [1], ⟨со-⟩ & ⟨счесть⟩ [25; сочт -тёшь; счёл, сочлá; сочтённый; *g. p* сочтя́] count; (*pf.* счесть) (T, ***за*** consider, regard (*a.* as), hold, thin

я *a.* including; **~нные** *pl.* very few; **ться** (T) be considered (*or* reputed) o be; (**с** T) consider, respect
ши|вáть [1], ⟨**~ть**⟩ [сошью, -шьёшь; шéй(те)!; сшúтый] sew (together)
ед|áть [1], ⟨съесть⟩ → ***есть** 1*; **~óбный** [14; -бен, -бна] edible
ез|д *m* [1] congress (**на** П at); **~дить** 15] *pf.* go; (**за** T) fetch; (**к** Д) visit;
жáть [1], ⟨съéхать⟩ [съéду, -дешь] go *or* drive (*or* slide) down; **-ся** meet; gather
ёмка *m* [5; *g/pl.*: -мок] survey; *фильма* shooting
ёмный [14] detachable
естнóй [14] food…
éхать(ся) → ***съезжáть(ся)***
|воротка *f* [5; *g/pl.*: -ток] whey; *med.* erum; **~грáть** → ***игрáть***
изнова *coll.* anew, (once) again
ын *m* [1; *pl.*: сыновья́, -вéй, -вья́м; *fig.* *l.* сыны́] son; *fig. a.* child; **~óвний** [15] ilial; **~óк** *coll. m* [1; -нкá] (*as mode of address*) sonny

сып|ать [2], ⟨по-⟩ strew, scatter; pour; **-ся** pour; *удары, град* hail; *дождь, град* pelt; **~нóй** [14]: ***~нóй тиф*** typhus; spotted fever; **~ýчий** [17 *sh.*] *тело* dry; **~ь** *f* [8] rash
сыр *m* [1; *pl. e.*] cheese; ***катáться как ~ в мáсле*** live off the fat of the land; **~éть** [8], ⟨от-⟩ become damp; **~éц** *m* [1; -рцá]: ***шёлк-~éц*** raw silk; **~ник** *m* [1] curd fritter; **~ный** [14] cheese…; **~овáтый** [14 *sh.*] dampish; rare, undercooked; **~óй** [14; сыр, -á, -о] damp; moist; (*не варёный*) raw; *нефть* crude; *хлеб* sodden; **~ость** *f* [8] dampness; humidity; **~ьё** *n* [10] *collect.* raw material
сыт|ный [14; сы́тен, -тнá, -о] substantial, copious; **~ый** [14; сыт, -á, -о] satisfied, full
сыч *m* [1 *e.*] little owl
сы́щик *m* [1] detective
сюдá here; hither
сюжéт *m* [1] subject; plot
сюúта *f* [5] *mus.* suite
сюрпри́з *m* [1] surprise

Т

→ ***тот***
бá|к *m* [1 *e.*; *part.g.*: -ý] tobacco; **~чный** [14] tobacco…
б|ель *m* [1] table; time-keeping *or* attendance record (*in a factory, school, etc.*); **~лéтка** *f* [5; *g/pl.*: -ток] pill, tablet; **~ли́ца** *f* [5] table; ***~ли́ца умножéния*** multiplication table; ***электрóнная ~ли́ца*** *comput.* spreadsheet; **~лó** *n* [*indecl.*] indicator *or* score board; **~óр** *m* [1 *e.*] camp; Gypsy encampment
бýн *m* [1 *e.*] herd, drove
бурéтка *f* [5; *g/pl.*: -ток] stool
джи́к *m* [1], **~ский** [16] Tajik
з *m* [1; в -ý; *pl. e.*] basin; *anat.* pelvis
и́нств|енный [14 *sh.*] mysterious; secret(ive); **~о** *n* [9] sacrament
и́ть [13] hide, conceal; **-ся** be in hiding; *fig.* lurk
йгá *f* [5] *geog.* taiga

тай|кóм secretly; behind (one's) back (**от** P); **~м** *m* [1] *sport* half, period; **~мер** *m* [1] timer; **~на** *f* [5] secret; mystery; **~ни́к** *m* [1 *e.*] hiding (place); **~ный** [14] secret; stealthy
так so, thus; like that; (**~ же** just) as; so much; just so; then; well; yes; one way…; → *a.* ***прáвда***; *coll.* properly; **не ~** wrong(ly); **~ и** (*both*…) and; **~ как** as, since; **и ~** even so; without that; **~же** also, too; ***~же не*** neither, nor; **а *~же*** as well as; **~и** *coll.* all the same; indeed; ***~ назывáемый*** socalled; alleged; **~овóй** [14; -кóв, -ковá] such; (a)like; same; ***был(á) ~óв(á)*** disappeared, vanished; **~óй** [16] such; so; ***~óе*** *su.* such things; ***~óй же*** the same; as…; ***~óй-то*** such-and-such; so-and-so; **что** (**э́то**) ***~óе?*** *coll.* what's that?; what did you say?, what's on?; ***кто вы ~óй (~áя)?***

Т

= кто вы?
та́кса[1] *f* [5] statutory price; tariff
та́кса[2] *f* [5] dachshund
такси́ *n* [*indecl.*] taxi(cab); **~ст** *m* [1] taxi driver
такт *m* [1] *mus.* time, measure, bar; *fig.* tact; **~ика** *f* [5] tactics *pl.* & *sg.*; **~и́ческий** [16] tactical; **~и́чность** *f* [8] tactfulness; **~и́чный** [14; -чен, -чна] tactful
тала́нт *m* [1] talent, gift (**к** Д for); man of talent; gifted person; **~ливый** [14 *sh.*] talented, gifted
та́лия *f* [7] waist
тало́н *m* [1] coupon
та́лый [14] thawed; melted
там there; when; **~ же** in the same place; ibid; **~ ви́дно бу́дет** we shall see; **~ и сям** here, there, and everywhere; **как бы ~ ни́ было** at any rate
та́мбур *m* [1] *rail.* vestibule
тамо́ж|енный [14] customs…; **~ня** [6; *g*/*pl*.: -жен] customs house
та́мошний [15] *coll.* of that place
та́н|ец *m* [1; -нца] dance (*go* dancing **на** В; *pl.*); **~к** *m* [1] tank; **~кер** *m* [1] tanker; **~ковый** [14] tank…
танц|ева́льный [14] dancing…; **~ева́ть** [7], ⟨с-⟩ dance; **~о́вщик** *m* [1], **~о́вщица** *f* [5] (ballet) dancer; **~о́р** *m* [1] dancer
та́почка *f* [5; *g*/*pl*.: -чек] *coll.* slipper; *sport* sneaker, *Brt.* trainer
та́ра *f* [5] packing, packaging
тарака́н *m* [1] cockroach
тарахте́ть *coll.* [11] rumble, rattle
тара́щить [16], ⟨вы́-⟩: **~ глаза́** goggle (at **на** В; with *suprise* **от** Р)
таре́л|ка *f* [5; *g*/*pl*.: -лок] plate; *глубо́кая* soup plate; **лета́ющая ~ка** flying saucer; **чу́вствовать себя́ не в свое́й ~ке** feel out of place; feel ill at ease
тари́ф *m* [1] tariff; **~ный** [14] tariff…; standard (*wages*)
таска́ть [1] carry; drag, pull; *coll.* steal; Р wear; **-ся** wander, gad about
тасова́ть [7], ⟨с-⟩ shuffle (cards)
тата́р|ин *m* [1; *pl.*: -ры, -р, -рам], **~ка** *f* [5; *g*/*pl*.: -рок], **~ский** [16] Ta(r)tar
тахта́ *f* [5] ottoman
та́чка *f* [5] wheelbarrow

тащи́ть [16] **1.** ⟨по-⟩ drag, pull, car… ⟨при-⟩ bring; **2.** *coll.* ⟨с-⟩ steal, pilf… **-ся** *coll.* trudge, drag o.s. along
та́ять [27], ⟨рас-⟩ thaw, melt; *fig.* fa… wane, languish (**от** Р with)
тварь *f* [8] creature; *collect.* creatures; … *pej.* miscreant)
тверде́ть [8], ⟨за-⟩ harden
твёрд|ость *f* [8] firmness, hardne… **~ый** [14; твёрд, тверда, -о] hard; soli… firm; (*a. fig.*) stable, steadfast; *знан…* sound, good; *цены* fixed, *coll.* su… **~о** *a.* well, for sure; **~о обеща́ть** ma… a firm promise
тво|й *m*, **~я́** *f*, **~ё** *n*, **~и́** *pl.* [24] your; you… *pl. su. coll.* your folks; → **ваш**
твор|е́ние *n* [12] creation; wo… (*существо*) creature; being; **~е́ц** [1; -рца́] creator, author; **~и́тельн…** [14] *gr.* instrumental (case); **~и́ть** [1… ⟨со-⟩ create, do; **-ся** *coll.* be (goin… on; **~о́г** *m* [1 *e.*] curd(s); **~о́жник** cu… pancake
тво́рче|ский [16] creative; **~ство** *n* … creation; creative work(s)
теа́тр *m* [1] theater (*Brt.* -tre; **в** П at); t… stage; **~а́льный** [14; -лен, -льна] thea… rical; theater…, drama…
тёзка *f* [5; *g*/*pl*.: -зок] namesake
текст *m* [1] text; words, libretto
тексти́ль *m* [4] *collect.* textiles *pl.*; **~н…** [14] textile; *комбинат* weaving
теку́|щий [17] current; *месяц* the p… sent; *ремонт* routine; **~щие собы́т…** current affairs
телеви́|дение *n* [12] television, TV; … **~дению** on TV; **~зио́нный** [14] T… **~зор** *m* [1] TV set
теле́га *f* [5] cart
телегра́мма *f* [5] telegram
телегра́ф *m* [1] telegraph (offic… **~и́ровать** [7] (*im*)*pf.* (Д) telegra… wire, cable; **~ный** [14] telegraph(ic); t… egram…; by wire
теле́жка *f* [5; *g*/*pl*.: -жек] handcart
те́лекс *m* [1] telex
телёнок *m* [2] calf
телепереда́ча *f* [5] telecast
телеско́п *m* [1] telescope
теле́сный [14] *наказание* corporal; *n*

Т

реждения physical; fleshcolo(u)red
пефон *m* [1] telephone (**по** Д by); **вонить по ~у** call, phone, ring up; **-автомат** *m* [1] telephone booth, *Brt.* telephone box; **~ист** *m* [1], **~истка** [5; *g/pl.*: -ток] telephone operator; **ный** [14] tele(phone)…
лéц *m* [1] *astr.* Taurus
по *n* [9; *pl. e.*] body; **инорóдное ~** foreign body; **всем ~м** all over; **~сложéние** *n* [12] build; **~хранúтель** *m* [4] bodyguard
пя́|тина *f* [5], **~чий** [18] veal
м → **тот**
м(áтик)а *f* [5] subject, topic, theme(s)
мбр ('tɛ-) *m* [1] timbre
мн|éть [8] **1.** ⟨по-⟩ darken; **2.** ⟨с-⟩ grow *r* get dark; **3.** (*a.* **-ся**) appear dark; oom
мно… (*in compds.*) dark…
мнотá *f* [5] darkness; dark
мный [14; тёмен, темнá] dark; *fig.* obscure; gloomy; (*подозрительный*) shady, dubious; (*силы*) evil; (*невежественный*) ignorant
мп ('tɛ-) *m* [1] tempo; rate, pace, speed
мперáмент *m* [1] temperament; spirit; **~ный** [14; -тен, -тна] energetic; vigorous; spirited
мператýра *f* [5] temperature
мя *n* [13] crown, top of the head
нденци|óзный (-tɛndɛ-) [-зен, -зна] biased; **´~я** (tɛn'de-) *f* [7] tendency
ндер *fin.* ('tɛndɛr) *m* [1] *naut. rail.* tender
нúстый [14 *sh.*] shady
ннис *m* [1] tennis; **настóльный ~** table tennis; **~úст** *m* [1] tennis player
нор *m* [1; *pl.*: -рá, *etc. e.*] *mus.* tenor
нь *f* [8; в тенú; *pl.*: тéни, тенéй; *etc. e.*] shade; shadow; **ни тéни сомнéния** not a shadow of doubt
ор|éтик *m* [1] theorist; **~етúческий** [16] theoretical; **∠ия** *f* [7] theory
пéр|ешний [1] *coll.* present; **~ь** now, nowadays, today
пл|éть [8; 3rd *p. only*], ⟨по-⟩ grow warm; **~úться** [13] *mst. fig.* gleam, flicker, glimmer; **~úца** *f* [5], **~úчный** [14] greenhouse, hothouse; **~ó** **1.** *n* [9] warmth; *phys.* heat; warm weather; **2.** *adv.* → **тёплый**; **~овóз** *m* [1] diesel locomotive; **~овóй** [14] (of) heat, thermal; **~отá** *f* [5] warmth; *phys.* heat; **~охóд** *m* [1] motor ship
тёплый [14; тёпел, теплá, -ó & тёпло] warm (*a. fig.*); (**мне**) **теплó** it is (I am) warm
терапúя *f* [7] therapy
тере|бúть [14 *e.*; -блю, -бúшь] pull (at); pick (at); tousle; *coll.* (*надоедать*) pester; **∠ть** [12] rub; *на тёрке* grate
терзá|ние *n* [12] *lit.* torment, agony; **~ть** [1] **1.** ⟨ис-⟩ torment, torture; **2.** ⟨рас-⟩ tear to pieces
тёрка *f* [5; *g/pl.*: -рок] grater
тéрмин *m* [1] term
термó|метр *m* [1] thermometer; **´~с** ('te-) *m* [1] vacuum flask; **~я́дерный** [14] thermonuclear
тёрн *m* [1] *bot.* blackthorn, sloe
тернúстый [14 *sh.*] thorny
терп|елúвый [14 *sh.*] patient; **~éние** *n* [12] patience; **~éть** [10], ⟨по-⟩ suffer, endure; (*мириться*) tolerate, bear, stand; **врéмя не ∠ит** there is no time to be lost; (Д) **не -ся** *impf.* be impatient *or* eager; **~úмость** *f* [8] tolerance (**к** Д toward[s]); **~úмый** [14 *sh.*] tolerant; *условия и т. д.* tolerable, bearable
тéрпкий [16; -пок, -пкá, -о; *comp.*: тéрпче] tart, astringent
террáса *f* [5] terrace
террит|oриáльный [14] territorial; **~óрия** *f* [7] territory
террóр *m* [1] terror; **~изúровать** &; **~изовáть** [7] *im(pf.)* terrorize
тёртый [14] ground, grated
терять [28], ⟨по-⟩ lose; *время* waste; *листву* shed; *надежду* give up; **не ~ из вúду** keep in sight; *fig.* bear in mind; **-ся** get lost; disappear, vanish; (*смущаться*) become flustered, be at a loss
тесáть [3], ⟨об-⟩ hew, cut
тесн|úть [13], ⟨с-⟩ press, crowd; **-ся** crowd, throng; jostle; **~отá** *f* [5] crowded state; narrowness; crush; **∠ый** [14; тéсен, теснá, -о] crowded; cramped; narrow; *fig.* tight; close; *отношения* inti-

Т

mate; ***мир тéсен*** it's a small world

тéст|о *n* [9] dough, pastry; **~ь** *m* [4] father-in-law (*wife's father*)

тесьмá *f* [5; *g/pl.*: -сём] tape; ribbon

тéтерев *m* [1; *pl.*: -á, *etc. e.*] *zo.* black grouse, blackcock

тетивá *f* [5] bowstring

тётка *f* [5; *g/pl.*: -ток] aunt; (*as term of address to any older woman*) ma'am, lady

тетрáд|ь *f* [8], **~ка** *f* [5; *g/pl.*: -док] exercise book, notebook, copybook

тётя *coll. f* [6; *g/pl.*: -тей] aunt

тéхн|ик *m* [1] technician; **~ика** *f* [5] engineering; *исполнения и т. д.* technique; equipment; **~икум** *m* [1] technical college; **~úческий** [16] technical; engineering…; ***~úческое обслýживание*** maintenance; ***~úческие услóвия*** specifications; **~ологúческий** [16] technological; **~олóгия** *f* [7] technology

теч|éние *n* [12] current; stream (***вверх*** [***вниз***] ***по*** Д up[down]); course (**в** В in; **с** Т/P in/of *time*) *fig.* trend; tendency; **~ь** [26] **1.** flow, run; stream; *время* pass; (*протекать*) leak; **2.** *f* [8] leak (spring ***дать***)

тёща *f* [5] mother-in-law (*wife's mother*)

тибéтец *m* [1; -тца] Tibetan

тигр *m* [1] tiger; **~úца** *f* [5] tigress

тúка|нье [10], **~ть** [1] *of clock* tick

тúна *f* [5] slime, mud, ooze

тип *m* [1] type; *coll.* character; **~úчный** [14; -чен, -чна] typical; **~огрáфия** *f* [7] printing office

тир *m* [1] shooting gallery

тирáда *f* [5] tirade

тирáж *m* [1 *e.*] circulation; edition; *лотереи* drawing; ***~óм в 2000*** edition of 2,000 copies

тирáн *m* [1] tyrant; **~ить** [13] tyranize; **~úя** *f* [7], **~ство** *n* [9] tyranny

тирé *n* [*indecl.*] dash

тúс|кать [1], 〈**~нуть**〉 [20] squeeze, press; **~кú** *m/pl.* [1 *e.*] vise, *Brt.* vice; grip; **в ~кáх** in the grip of (P); **~нёный** [14] printed

титр *m* [1] *cine.* caption, subtitle, credit

тúтул *m* [1] title; **~ьный лист** [14] title page

тиф *m* [1] typhus

тú|хий [16; тих, -á, -о; *comp.*: тúше] qu
et, still; calm; soft, gentle; *ход* slo
~ше! be quiet!, silence!; **~шинá** *f* [5]
lence, stillness, calm; **~шь** [8; в тиш
quiet, silence

ткa|нь *f* [8] fabric, cloth; *anat.* tissue; **~**
[тку, ткёшь; ткал, ткáлá, -о], 〈со-〉 [с
тканный] weave; **~цкий** [16] weave
weaving; **~ч** *m* [1 *e.*], **~чúха** *f* [5] weav

ткнýть(ся) → ***тыкать(ся)***

тлé|ние *n* [12] decay, putrefaction; *угл*
smo(u)ldering; **~ть** [8], 〈ис-〉 smo(u
der; decay, rot, putrefy; *о надеж*
glimmer

то 1. [28] that; ***~ же*** the same; ***к ~мý*** (*ж*
in addition (to that), moreover; add
this; ***ни ~ ни сё*** *coll.* neither fish n
flesh; ***ни с ~гó ни с сегó*** *coll.* all o
sudden, without any visible reas
до ~гó so; ***онá до ~гó разозлúла***
she was so angry; ***до ~гó врéмени*** b
fore (that); **2.** (*cj.*) then; **~ … ~** now
now; ***не ~ … не ~ …*** *or* ***~ ли … ~***
… either … or …, half … half …;
~, чтóбы not that; ***а не ~*** (or) else;
~-~ just, exactly; ***в тóм-~ и дéло*** tha
just it

товáр *m* [1] commodity, article;
goods, wares; ***~ы ширóкого потр
блéния*** consumer goods

товáрищ *m* [1] comrade, friend; ma
companion (***по*** Д in *arms*); colleag
~ по шкóле schoolmate; ***~ по униве
ситéту*** fellow student; **~еский** [
friendly; **~ество** *n* [9] comradeship, f
lowship; *comm.* association, compa

товáр|ный [14] goods…; ***~ный скл***
warehouse; *rail.* freight…; **~ообм**
m [1] barter; **~оборóт** *m* [1] comm
ity circulation

тогдá then, at that time; ***~ как*** where
while; **~шний** [15] of that (*or* the) tim
then

тó есть that is (to say), i.e

тождéств|енный [14 *sh.*] identical;
n [9] identity

тóже also, too, as well; → ***тáкже***

ток *m* [1] current

токáр|ный [14] turner's; *станок* tu

ng; ˊ~ь *m* [4] turner, lathe operator
ксичный [14; -чен, -чна] toxic
лк *m* [1; бéз ~у] sense; use; understanding; **знать ~** (**в** П) know what one is talking about; **бéз ~у** senselessly; **сбить с ~у** muddle; **~áть** [1], *once* ⟨~нýть⟩ [20] push, shove, jog; *fig.* induce, prompt; *coll.* urge on, spur; **-ся** push (o.a.); **~овáть** [7] **1.** ⟨ис-⟩ interpret, expound, explain; comment; **2.** ⟨по-⟩ talk (**с** T to); **~óвый** [14] explanatory; *sh.*] smart, sensible; **~ом** plainly; ***я ~ом не знáю …*** I don't really know …; **~отня́** *coll.* *f* [6] crush, crowding
ло|кнó *n* [9] oat meal; **~чь** [26; -лкý, лчёшь, -лкýт; -лóк, -лклá; -лчённый], рас-, ис-⟩ pound, crush
лп|á *f* [5; *pl. st.*], **~и́ться** [14 *e.*; *no 1st.* & *2nd p. sg.*], ⟨с-⟩ crowd, throng
лст|éть [8], ⟨по-, рас-⟩ grow fat; grow stout; **~окóжий** [17 *sh.*] thick-skinned; **~ый** [14; толст, -á, -о; *comp.*: -тóлще] thick; heavy; (*тучный*) stout; fat; **~я́к** *coll.* *m* [1 *e.*] fat man
лч|ёный [14] pounded; **~ея́** *coll.* *f* [6] crush, crowd; **~óк** *m* [1; -чкá] push; shove; jolt; *при землетрясении* shock, tremor; *fig.* impulse, spur
лщин|á *f* [5] fatness; corpulence; thickness; **~óй в** (В), **… в ~ý** …thick
ль *m* [4] roofing felt
лько only, but; ***как ~*** as soon as; ***лишь*** (*or* **едвá**) **~** no sooner … than; **~ *бы*** if only; **~ что** just now; **~-~** *coll.* barely
м *m* [1; *pl.*: -á; *etc. e.*] volume
мáт *m* [1], **~ный** [14] tomato; ***~ный сок*** tomato juice
м|и́тельный [14; -лен, -льна] wearisome; trying; *ожидание* tedious; *жара* oppressive; **~ность** *f* [8] languor; **~ный** 14; -мен, -мнá, -о] languid, languorous
н *m* [1; *pl.*: -á; *etc. e.*] *mus. and fig.* tone
нк|ий [16; -нок, -нкá, -о; *comp.*: тóньше] thin; *талия и т. д.* slim, slender; *шёлк и т. д.* fine; *вопрос и т. д.* delicate, subtle; *слух* keen; *голос* high; *политик* clever, cunning; **~ость** *f* [8] thinness, *etc.* → **~ий**; delicacy, subtlety; *pl.* details (go into **вдавáться в** В; *coll.* split hairs)

тóнна *f* [5] ton; **~ж** *m* [1] (*metric*) ton
туннéль (-ˈnɛã-) *m* [4] tunnel
тóнус *m* [1] *med.* tone
тонýть [19] *v/i.* **1.** ⟨по-, за-⟩ sink; **2.** ⟨у-⟩ drown
тóп|ать [1], *once* ⟨~нуть⟩ [20] stamp; **~и́ть** [14] *v/t.* **1.** ⟨за-, по-⟩ sink; *водой* flood; **2.** ⟨за-, ис-, на-⟩ stoke (*a stove*, *etc.*); heat up; **3.** ⟨рас-⟩ melt; **4.** ⟨у-⟩ drown; **~кий** [16; -пок, -пкá, -о] boggy, marshy; **~лёный** [14] melted; *молоко* baked; **~ливо** *n* [9] fuel; ***жи́дкое ~ливо*** fuel oil; **~нуть** → **~ать**
топогрá|фия *f* [7] topography
тóполь *m* [4; *pl.*: -ля́; *etc. e.*] poplar
топóр *m* [1 *e.*] ax(e); **~ный** [14; -рен, -рна] clumsy; coarse, uncouth
тóпот *m* [1] stamp(ing), tramp(ing)
топтáть [3], ⟨по-, за-⟩ trample, tread; ⟨вы́-⟩ trample down; ⟨с-⟩ wear out; **-ся** tramp(le); *coll.* hang about; mark time (*на месте*)
топь *f* [8] marsh, bog, swamp
торг *m* [1; на -ý; *pl.*: -и́; *etc. e.*] trading; bargaining, haggling; *pl.* auction (**с** P by; **на** П at); **~áш** *m* [1 *e.*] *pej.* (petty) tradesman; mercenaryminded person; **~овáть** [8] trade, deal (in T); sell; **-ся**, ⟨с-⟩ (strike a) bargain (**о** П for); **~óвец** *m* [1; -вца] dealer, trader, merchant; **~óвка** *f* [5; *g/pl.*: -вок] market woman; **~óвля** *f* [6] trade, commerce; *наркотиками* traffic; **~óвый** [14] trade…, trading, commercial, of commerce; *naut.* merchant…; **~пре́д** *m* [1] trade representative; **~пре́дство** *n* [9] trade delegation
торжéств|енность *f* [8] solemnity; **~енный** [14 *sh.*] solemn; festive; **~о** *n* [9] triumph; (*празднество*) festivity, celebration; **~овáть** [7], ⟨вос-⟩ triumph (**над** T over); *impf.* celebrate
тóрмо|з *m* **1.** [1; *pl.*: -á, *etc. e.*] brake; **2.** [1] *fig.* drag; **~зи́ть** [15 *e.*; -ожý, -ози́шь; -ожённый], ⟨за-⟩ (put the) brake(s on); *fig.* hamper; *psych.* inhibit; **~ши́ть** *coll.* [16; -шý, -ши́шь] → ***теребить***
тороп|и́ть [14], ⟨по-⟩ hasten, hurry up (*v/i.* **-ся**; *a.* be in hurry); **~ли́вый** [14 *sh.*] hasty, hurried

торпе́д|а *f* [5], **~и́ровать** [7] (*im*)*pf*. torpedo (*a. fig*.); **~ный** [14] torpedo..
торт *m* [1] cake
торф *m* [1] peat; **~яно́й** [14] peat…
торча́ть [4 *e*.; -чу́, -чи́шь] stick up, stick out; *coll*. hang about
торше́р *m* [1] standard lamp
тоск|а́ *f* [5] melancholy; (*томление*) yearning; (*скука*) boredom, ennui; **~а́ по ро́дине** homesickness; **~ли́вый** [14] melancholy; *погода* dull, dreary; **~ова́ть** [7] grieve, feel sad (*or* lonely); feel bored; yearn *or* long (for **по** П *or* Д); be homesick (*по родине*)
тост *m* [1] toast; **предложи́ть ~** propose a toast (**за** В to)
тот *m*, **та** *f*, **то** *n*, **те** *pl*. [28] that, *pl*. those; the one; the other; **не ~** wrong; **(н)и тот (н)и друго́й** both (neither); **тот же (са́мый)** the same; **тем бо́лее** the more so; **тем лу́чше** so much the better; **тем са́мым** thereby; → *a*. **то**
тоталитар|и́зм *m* [1] totalitarianism; **~ный** [14] totalitarian
то́тчас (же) immediately, at once
точёный [14] sharpened; *черты лица* chisel(l)ed; *фигура* shapely
точи́|льный [14]: **~льный брусо́к** whetstone; **~ть 1.** ⟨на-⟩ whet, grind; sharpen; **2.** ⟨вы-⟩ turn; **3.** ⟨ис-⟩ eat (*or* gnaw) away
то́чк|а *f* [5; *g/pl*.: -чек] point; dot; *gr*. period, full stop; **вы́сшая ~а** zenith, climax (**на** П at); **~а с запято́й** *gr*. semicolon; **~а зре́ния** point of view; **попа́сть в са́мую ~у** hit the nail on the head; **дойти́ до ~и** *coll*. come to the end of one's tether
то́чн|о *adv*. → **~ый**; *a*. → **сло́вно**; indeed; **~ость** *f* [8] accuracy, exactness, precision; **в ~ости** → **~о**; **~ый** [14; -чен, -чна́, -о] exact, precise, accurate; punctual; *прибор* (of) precision
точь: **~ в ~** *coll*. exactly
тошн|и́ть [13]: **меня́ ~и́т** I feel sick; I loathe; **~ота́** *f* [5] nausea
то́щий [17; тощ, -á, -o] lean, lank, gaunt; *coll*. empty; *растительность* scanty, poor
трава́ *f* [5; *pl*. *st*.] grass; *med*. *pl*. herbs; *сорная* weed
трав|и́ть [14 *sh*.] **1.** ⟨за-⟩ *fig*. persecut… **2.** ⟨вы-⟩ exterminate; **~ля** *f* [6; *g/p*… -лей] persecution
травян|и́стый [14 *sh*.], **~о́й** [14] grass(…
траг|е́дия *f* [7] tragedy; **~ик** *m* [1] trag… actor, tragedian; **~и́ческий** [1… **~и́чный** [14; -чен, -чна] tragic
традици|о́нный [14; -óнен, -óнна] trad…tional; **~я** *f* [7] tradition, custom
тракт *m* [1]: high road, highway; *an*… **желу́дочно-кише́чный ~** alimenta… canal; **~ова́ть** [7] treat; discuss; inte… pret; **~о́вка** [5; *g/pl*.: -вок] treatmen… interpretation; **~ори́ст** *m* [1] tract… driver; **~орный** [14] tractor…
тра́льщик *m* [1] trawler; *mil*. mi… sweeper
трамбова́ть [7], ⟨у-⟩ ram
трамва́й *m* [3] streetcar, *Brt*. tram(ca… (Т, **на** П by)
трампли́н *m* [1] *sport* springboard (… *fig*.); **лы́жный ~** ski-jump
транзи́стор *m* [1] *el*. (*component*) tra… sistor
транзи́т *m* [1], **~ный** [14] transit
транс|криби́ровать [7] (*im*)*pf*. tra… scribe; **~ли́ровать** [7] (*im*)*pf*. broa… cast, transmit (*by radio*); relay; **~ляци…** *f* [7] transmission; **~пара́нт** *m* [1] tran… parency; banner
тра́нспорт *m* [1] transport; transport(… tion; *a*. system [of]); **~и́ровать** [… (*im*)*pf*. transport, convey; **~ный** [1… (of) transport(ation)…
трансформа́тор *m* [1] *el*. transforme…
транше́я *f* [6; *g/pl*.: -е́й] trench
трап *m* [1] *naut*. ladder; *ae*. gangway
тра́сса *f* [5] route, line
тра́т|а *f* [5] expenditure; waste; **пуста́… ~а вре́мени** a waste of time; **~ит…** [15], ⟨ис-, по-⟩ spend, expend; use u… waste
тра́ур *m* [1] mourning; **~ный** [14 mour… ing…; *марш и т. д*. funeral…
трафаре́т *m* [1] stencil; stereotype; c… ché (*a. fig*.)
трах *int*. bang!
тре́бова|ние *n* [12] demand (**по** Д o… request, requirement; (*претензи…*

laim; *судьи* order; **~тельный** [14; ›ен, -льна] exacting; (*разборчивый*) ›articular; **~ть** [7], ⟨по-⟩ (P) demand; ›equire; claim; summon, call for; **-ся** ›e required (*or* wanted); be necessary

ево́|га *f* [5] alarm, anxiety; *mil. etc.* ›varning, alert; **~жить** [16] **1.** ⟨вс-, ›ас-⟩ alarm, disquiet; **2.** ⟨по-⟩ disturb, ›rouble; **-ся** be anxious; worry; **~жный** ›14; -жен, -жна] worried, anxious, un›asy; *известия и т. д.* alarm(ing), dis›urbing

е́зв|ость *f* [8] sobriety; **~ый** [14; трезв, ›á, -o] sober (*a. fig.*)

е́нер *m* [1] trainer, coach

е́ние *n* [12] friction (*a. fig.*)

енир|ова́ть [12], ⟨на-⟩ train, coach; ›*i.* **-ся**; **~о́вка** *f* [7] training, coaching

епа́ть [2], ⟨по-⟩ *ветром* tousle; di›hevel; blow about; **~ кому́-л. не́рвы** ›et on s.o.'s nerves

е́пет *m* [1] trembling, quivering; **~а́ть** ›3], ⟨за-⟩ tremble (**от** P with); quiver, ›hiver; *о пламени* flicker; *от ужаса* ›alpitate; **~ный** [14; -тен, -тна] quiver›ng; flickering

еск *m* [1] crack, crackle

еска́ *f* [5] cod

е́ск|аться [1], ⟨по-, тре́снуть⟩ [20] ›rack, split; *о коже и т. д.* chap; **~отня́** [6] *о речи* chatter, prattle; **~у́чий** [17 ›*h.*] *мороз* hard, ringing; *fig.* bombastic

е́снуть → тре́скаться & треща́ть

ест *m* [1] *econ.* trust

е́т|ий [18] third; **~и́ровать** [7] slight; **~ь** [8; *from g/pl. e.*] (one) third

еуго́льн|ик *m* [1] triangle; **~ый** [14] ›riangular

е́фы *f/pl.* [5] clubs (*cards*)

ёх|годи́чный [14] three-year; **~днев›ый** [14] three-day; **~колёсный** [14] ›hree-wheeled; **~ле́тний** [15] three›year; threeyear-old; **~со́тый** [14] three ›undredth; **~цве́тный** [14] tricolo(u)r; **~эта́жный** [14] threestoried (*Brt.* ›reyed)

ещ|а́ть [4 *e.*; -щу́, -щи́шь] **1.** ⟨за-⟩ crack; ›rackle; *о мебели* creak; *coll.* prattle; **олова́ ~и́т** have a splitting headache; **.** ⟨тре́снуть⟩ [20] burst; **~ина** *f* [5] split (*a. fig.*), crack, cleft, crevice, fissure; *на коже* chap

три [34] three; **→ пять**

трибу́н|а *f* [5] platform; rostrum; tribune; (*at sports stadium*) stand; **~а́л** *m* [1] tribunal

тривиа́льный [14; -лен, -льна] trivial; trite

тригономе́трия *f* [7] trigonometry

тридца́|тый [14] thirtieth; **→ пятидеся́тый**; **´~ть** [35 *e.*] thirty

три́жды three times

трикота́ж *m* [1] knitted fabric; *collect.* knitwear

трило́гия *f* [7] trilogy

трина́дца|тый [14] thirteenth; **→ пя́тый**; **~ть** [35] thirteen; **→ пять**

три́ста [36] three hundred

триу́мф *m* [1] triumph; **~а́льный** [14] *арка* triumphal; triumphant

тро́га|тельный [14; -лен, -льна] touching, moving; **~ть** [1], *once* ⟨тро́нуть⟩ [20] touch (*a. fig.* = affect, move); *coll.* pester; **не тронь её!** leave her alone!; **-ся** start; set out (**в путь** on a journey)

тро́е [37] three (**→ дво́е**); **~кра́тный** [14; -тен, -тна] thrice-repeated

Тро́ица *f* [5] Trinity; Whitsun(day); ♀ *coll.* trio

тро́й|ка *f* [5; *g/pl.*: тро́ек] three (**→ дво́йка**); troika (*team of three horses abreast* [+ *vehicle*]); *coll.* (*of school mark* =) **посре́дственно**; **~но́й** [14] threefold, triple, treble; **~ня** *f* [6; *g/pl.*: тро́ен] triplets *pl.*

тролле́йбус *m* [1] trolley bus

трон *m* [1] throne; **~ный** [14] *речь* King's, Queen's

тро́нуть(ся) → тро́гать(ся)

троп|а́ *f* [5; *pl.*: тро́пы, троп, -па́м] path, track; **~и́нка** [5; *g/pl.*: -нок] (small) path

тропи́ческий [16] tropical

трос *m* [1] *naut.* line; cable, hawser

трост|ни́к *m* [1 *e.*] reed; *сахарный* cane; **~нико́вый** [14] reed…; cane…; **~ь** *f* [8; *from g/pl. e.*] cane, walking stick

тротуа́р *m* [1] sidewalk, *Brt.* pavement

трофе́й *m* [3] trophy (*a. fig.*); *pl.* spoils of war; booty; **~ный** [14] *mil.* captured

тро|ю́родный [14] second (cousin **брат**

m, **сестра́** *f*); **~я́кий** [16 *sh.*] threefold, triple

труб|а́ *f* [5; *pl. st.*] pipe; *печная* chimney; *naut.* funnel; *mus.* trumpet; **вы́лететь в ~у́** go bust; **~а́ч** *m* [1 *e.*] trumpeter; **~и́ть** [14; -блю́, -би́шь], ⟨про-⟩ blow (the **в** B); **~ка** [5; *g/pl.*: -бок] tube; *для курения* pipe; *teleph.* receiver; **~опрово́д** *m* [1] pipeline; **~очный** [14] *табак* pipe

труд *m* [1 *e.*] labo(u)r, work; pains *pl.*, trouble; difficulty (**с** T with; *a.* hard[ly]); scholarly work; *pl.* (*in published records of scholarly meetings, etc.*) transactions; *coll.* (*услуга*) service; **взять на себя́ ~** take the trouble (to); **~и́ться** [15], ⟨по-⟩ work; toil; **~ность** *f* [8] difficulty; **~ный** [14; -ден, -дна́, -о] difficult, hard; *coll.* heavy; **де́ло оказа́лось ~ным** it was heavy going; **~ово́й** [14] labo(u)r…; *день* working; *доход* earned; *стаж* service…; **~олюби́вый** [14 *sh.*] industrious; **~оспосо́бный** [14; -бен, -бна] able-bodied, capable of working; **~я́щийся** [17] working; *su. mst. pl.* working people

тру́женик *m* [1] toiler, worker

труп *m* [1] corpse, dead body

тру́ппа *f* [5] company, troupe

трус *m* [1] coward

тру́сики *no sg.* [1] shorts, swimming trunks, undershorts

тру́с|ить [15], be a coward; ⟨с-⟩ be afraid (of P); **~и́ха** *coll.*/*f* [5] *f* → **трус**; **~ли́вый** [14 *sh.*] cowardly; **~ость** *f* [8] cowardice

трусы́ *no sg.* = **тру́сики**

трущо́ба *f* [5] thicket; *fig.* out-of-the-way place; slum

трюк *m* [1] feat, stunt; *fig.* gimmick; *pej.* trick

трюм *m* [1] *naut.* hold

трюмо́ *n* [*indecl.*] pier glass

тря́п|ка *f* [5; *g/pl.*: -пок] rag; *для пыли* duster; *pl. coll.* finery; *о человеке* milksop; **~ьё** *n* [10] rag(s)

тря́с|ка *f* [5] jolting; **~ти́** [24; -с-], *once* ⟨тряхну́ть⟩ [20] shake (a *p.'s* Д *hand, head, etc.* T; *a. fig.*); (*impers.*) jolt; **~ти́сь** shake; shiver (with **от** P)

тряхну́ть → **трясти́**

тсс! *int.* hush!; ssh!

туале́т *m* [1] toilet, lavatory; dre[ss]; dressing

туберкулёз *m* [1] tuberculosis; **~ны[й]** [14] *больной* tubercular

туго́|й [14; туг, -а́, -о *comp.*: ту́же] tig[ht]; taut; *замок* stiff; (*туго набиты[й]*) crammed; hard (*a.* of hearing [*на*] *ухо*); *adv. a. открываться* hard; wi[th] difficulty; **у него́ ~ с деньга́ми** he [is] short of money

туда́ there, thither; that way

туз *m* [1 *e.*] *cards* ace

тузе́м|ец *m* [1; -мца] native; **~ный** [1[4]] native

ту́ловище *n* [11] trunk, torso

тулу́п *m* [1] sheepskin coat

тума́н *m* [1] fog, mist; *дымка* haze ([*a.*] *fig.*); **~ный** [14; -а́нен, -а́нна] fogg[y], misty; *fig.* hazy, vague

ту́мбочка *f* [5; *g/pl.*: -чек] bedside tab[le]

ту́ндра *f* [5] *geog.* tundra

туне́ц *m* [1; -нца́ и т. д.] tuna *or* tunny fi[sh]

тунне́ль → **тонне́ль**

туп|е́ть [8], ⟨(п)о-⟩ *fig.* grow blunt; **~и́к** [1 *e.*] blind alley, cul-de-sac; *fig.* dea[d]lock, impasse; **ста́вить в ~и́к** reach deadlock; **стать в ~и́к** be at a loss, [be] nonplussed; **~о́й** [14; туп, -а́, -о] blu[nt]; *math.* obtuse; *fig.* dull, stupid; **~ость** [8] bluntness; dullness; **~оу́мный** [1[4]; -мен, -мна] dull, obtuse

тур *m* [1] *переговоров* round; tour; tu[rn] (*at a dance*); *zo.* aurochs

турба́за *f* [5] hostel

турби́на *f* [5] turbine

туре́цкий [16] Turkish

тури́|зм *m* [1] tourism; **~ст** *m* [1] touri[st]

туркме́н *m* [1] Turkmen; **~ский** [1[6]] Turkmen

турне́ (-'nɛ) *n* [*indecl.*] tour (*esp. of pe[r]formers or sports competitors*)

турни́к *m* [1 *e.*] *sport* horizontal bar

турнике́т [1] turnstile; *med.* tourniqu[et]

турни́р *m* [1] tournament (**на** П in)

ту́р|ок *m* [1; -рка; *g/pl.*: ту́рок], **~ча́н[ка]** [5; *g/pl.*: -нок] Turk

ту́ск|лый [14; тускл, -а́, -о] *свет* di[m]; dull; **~не́ть** [8], ⟨по-⟩ & **~нуть** [20] gro[w] dim *or* dull; lose luster (-tre); pale (**п**[еред])

ед T before)
т here; there; then; **~**! present!, here!; **~**
ке there and then, on the spot; **~ как ~**
oll. there he is; there they are; that's
hat
тов|ый [14]: **~ое дерево** mulberry
ree
фля *f* [6; *g/pl.*: -фель] shoe; *до-*
ашняя slipper
х|лый [14; тухл, -á, -o] *яйцо* bad, rot-
en; **~нуть** [21] **1.** ⟨по-⟩ *о свете* go out; *о*
остре go *or* die out; **2.** ⟨про-⟩ go bad
ч|а *f* [5] cloud; rain *or* storm cloud *на-*
ода crowd; *мух* swarm; *dim.* **~ка** *f* [5;
/pl.: -чек], **~ный** [14; -чен, -чнá, -o] cor-
ulent, stout
ш *m* [1] *mus.* flourish
ша *f* [5] carcass
ш|ёнка *f* [5] *coll.* corned beef *or* pork;
ёный [14] stewed; **~и́ть** [16], ⟨по-⟩ **1.**
witch off, put out, extinguish; *скандал*
uell; **2.** *impf.* stew
шь *f* [8] Indian ink; mascara
áтельн|ость *f* [8] thoroughness;
are(fulness); **~ый** [14; -лен, -льна]
ainstaking; careful
е|ду́шный [14; -шен, -шна] sickly;
слáвие *n* [12] vanity; **~слáвный** [14;
вен, -вна] vain (-glorious); **~тный**
14; -тен, -тна] vain, futile; **~тно** in vain
[21] you; *obs.* thou; **быть на ~** (**с** T) be
n familiar terms with s.o.
кать [3], ⟨ткнуть⟩ [20] poke, jab,
hrust; (*v/i.* **-ся**) knock (**в** B against, in-
o)
ква *f* [5] pumpkin
л *m* [1; в -ý; *pl. e.*] rear, back
сяч|а *f* [5] thousand; **~елéтие** *n* [12]
nillenium; **~ный** [14] thousandth; of
housand(s)
ма *f* [5] dark(ness); *coll.* a host of, a
nultitude of
фу! *coll.* fie!, for shame!
бик *m* [1] tube (*of toothpaste, etc.*)
к *m* [1 *e.*] bale, pack

тюлéнь *m* [4] *zo.* seal
тюль *m* [4] tulle
тюльпáн *m* [1] tulip
тюр|éмный [14] prison…; **~éмный контролёр** jailer, *Brt.* gaoler, warder; **~ьмá** *f* [5; *pl.*: тю́рьмы, -рем, -рьмам] prison, jail, *Brt.* gaol
тюфя́к *m* [1 *e.*] mattress (*filled with straw, etc.*)
тя́вкать *coll.* [1] yap, yelp
тя́г|а *f* [5] *в печи* draft, *Brt.* draught; *сила* traction; *fig.* bent (**к** Д for); craving (for); **~áться** *coll.* [1] (**с** T) be a match (for), vie (with); **~остный** [14; -тен, -тна] (*обременительный*) burdensome; (*неприятный*) painful; **~ость** *f* [8] burden (*be… to* **в** В/Д); **~отéние** *n* [12] *земное* gravitation; *a.* → **~а** *fig.*; **~отéть** [8] gravitate (toward[s] **к** Д); weigh (upon **над** T); **~оти́ть** [15 *e.*; -ощý, -оти́шь] weigh upon, be a burden to; **-ся** feel a burden (T of); **~ýчий** [17 *sh.*] *жидкость* viscous; *речь* drawling
тяж|еловéс *m* [1] *sport* heavyweight; **~еловéсный** [14; -сен, -сна] heavy, ponderous; **~ёлый** [14; -жел, -желá] heavy, difficult, hard; *стиль* laborious; *ранение и т. д.* serious; *удар, положение* severe, grave; *обстоятельства и т. д.* grievous, sad, oppressive, painful; *воздух* close; (Д) **~еló** feel miserable; **~есть** *f* [8] heaviness; weight; load; burden; gravity; seriousness; **~кий** [16; тя́жек, тяжкá, -o] heavy (*fig.*), *etc.*, → **~ёлый**
тян|ýть [19] pull, draw; *naut.* tow; *медлить* protract; *слова* drawl (out); (*влечь*) attract; long; have a mind to; would like; *о запахе* waft; **~ет** there is a draft (*Brt.* draught) (T of); *coll.* *красть* steal; take (**с** P from); **-ся** stretch (*a.* = extend); last; drag; draw on; reach out (**к** Д for)

T

У

у (Р) at, by, near; with; (at) …'s; at …'s place; ***у меня*** (***был, -á …***) I have (had); my; *взять, узнать и т. д.* from, of; *берега и т. д.* off; in; ***у себя*** in (at) one's home *or* room *or* office

убав|ля́ть [28], ⟨**~ить**⟩ [14] reduce, diminish, decrease; ***~ить в ве́се*** lose weight; *v/i.* **-ся**

убе|га́ть [1], ⟨**~жа́ть**⟩ [4; -егу́, -жи́шь, -гу́т] run away; *тайком* escape

убе|ди́тельный [14; -лен, -льна] convincing; *просьба* urgent; **~жда́ть** [1], ⟨**~ди́ть**⟩ [15 *e.*; *no 1st p. sg.*; -еди́шь, -еждённый] convince (**в** П of); (*уговорить*) persuade (*impf. a.* try to…); **~жде́ние** *n* [12] persuasion; conviction, belief

убеж|а́ть → ***убега́ть***; **~ище** *n* [11] shelter, refuge; *политическое* asylum

убер|ега́ть [1], ⟨**~е́чь**⟩ [26 г/ж] keep safe, safeguard

уби|ва́ть [1], ⟨**~ть**⟩ [убью́, -ьёшь; уби́тый] kill, murder; assassinate; *fig.* drive to despair; ***~ва́ть вре́мя*** kill *or* waste time

уби́й|ственный [14 *sh.*] killing; *взгляд* murderous; **~ство** *n* [9] murder; *политическое* assassination; ***покуше́ние на ~ство*** murderous assault; **~ца** *m/f* [5] murderer; assassin

убира́|ть [1], ⟨**убра́ть**⟩ [уберу́, -рёшь; убра́л, -á, -o; у́бранный] take (*or* put, clear) away (in); gather, harvest; tidy up; (*украшать*) decorate, adorn, trim; **-ся** *coll.* clear off; ***~йся*** (***вон***)***!*** get out of here!, beat it!

убить → ***убива́ть***

убо́|гий [16 *sh.*] (*бедный*) needy, poor; *жилище* miserable; **~жество** *n* [9] poverty; mediocrity

убо́й *m* [3] slaughter (*of livestock*) (for **на** В)

убо́р *m* [1]: ***головно́й ~*** headgear; **~истый** [14 *sh.*] close; **~ка** *f* [5; *g/pl.*: -рок] harvest, gathering; *комнаты и т. д.* tidying up; **~ная** *f* [14] lavatory, toilet; *thea.* dressing room; **~очный** [14] ha… vest(ing); **~щица** *f* [5] cleaner (*in offic…* *etc.*); charwoman

убра́|нство *n* [9] furniture, appoi… ments; interior decor; **~ть(ся)** → ***уб… ра́ть(ся)***

убы|ва́ть [1], ⟨**~ть**⟩ [убу́ду, -бу́дец… у́был, -á, -o] *о воде* subside, fa… (*уменьшаться*) decrease; **´~ль** *f* … diminution, fall; **~ток** *m* [1; -тка] lo… damage; **~точный** [14; -чен, -чна] u… profitable; **~ть** → ***~ва́ть***

уваж|а́емый [14] respected; dear (*as sa… utation in letter*); **~а́ть** [1], **~е́ние** *n* [1… respect, esteem (*su.* **к** Д for); **~ител… ный** [14; -лен, -льна] *причина* vali… *отношение* respectful

уведом|ля́ть [28], ⟨**´~ить**⟩ [14] infor… notify, advise (**о** П of); **~ле́ние** *n* [1… notification, information

увезти́ → ***увози́ть***

увекове́чи|вать [1], ⟨**~ть**⟩ [16] imm… talize, perpetuate

увелич|е́ние *n* [12] increase; *phot.* e… largement; **~ивать** [1], ⟨**~ить**⟩ [16] i… crease; enlarge; extend; *v/i.* **-с…** **~и́тельный** [14] magnifying

увенча́ться [1] *pf.* (Т) be crowned

увер|е́ние *n* [12] assurance (of **в** П… **~енность** *f* [8] assurance; certaint… confidence (**в** П in); **~енный** [14 *s…* confident, sure, certain (**в** П of); ***бу́д… те ~ены*** you may be sure, you may d… pend on it; **~ить** → ***~я́ть***

увёрт|ка *coll. f* [5; *g/pl.*: -ток] subterfug… dodge, evasion; **~ливый** [14 *sh.*] ev… sive, shifty

увертю́ра *f* [5] overture

увер|я́ть [28], ⟨**~ить**⟩ [13] assure (**в** … of); *убедить(ся)* make believe (su… **-ся**), persuade

уве́систый [14 *sh.*] rather heavy; *co…* weighty

увести́ → ***уводи́ть***

уве́ч|ить [16], ⟨из-⟩ maim, mutila… **~ный** [14] maimed, mutilated, cripple…

ье *n* [10] mutilation
эщ(ев)á|ние *n* [12] admonition; **~ть**
|] admonish
úл|ивать [1], ⟨**~ьнýть**⟩ [20] shirk
лажн|я́ть [28], ⟨**~и́ть**⟩ [13] wet, dampn, moisten
пе|кáтельный [14; -лен, -льна] fascinating, absorbing; **~кáть** [1], ⟨**~чь**⟩ [26] arry (away; *a. fig.* = transport, captiate); **-ся** (T) be carried away (by), be(ome) enthusiastic (about); (*погруиться*) be(come) absorbed (in); *злюбиться*) fall (*or* be) in love (with);
чéние *n* [12] enthusiasm, passion (for)
о|ди́ть [15], ⟨увести́⟩ [25] take, lead away, off); *coll.* (*украсть*) steal;
зи́ть [15], ⟨увезти́⟩ [24] take, carry, rive (away, off); abduct, kidnap
óл|ить → **~ьня́ть**; **~ьнéние** *n* [12] disnissal (**с** P from); **~ьня́ть** [28], ⟨**~ить**⟩ 3] dismiss (**с** P from)
ы! *int.* alas!
я|дáние *n* [12] withering; *о человеке* gns of aging; **~дáть** [21], ⟨**~нуть**⟩ [20] ither, fade; **~дший** [17] withered
яз|áть [1] **1.** ⟨**~нуть**⟩ [21] get stuck (in); *g.* get bogged down (in); **2.** → **ывать(ся)**; **~ка** *f* [5] coordination;
ывать [1], ⟨**~áть**⟩ [3] tie up; (*согласоывать*) coordinate (*v/i.* **-ся**)
д|ывать [1], ⟨**~áть**⟩ [1] guess
р *m* [1] charcoal fumes; *fig.* ecstasy, ntoxication
с|áть [1], ⟨**~нуть**⟩ [21] *об огне* die own; *о звуке* die (*or* fade) away; *наежда* die; *силы* fail; *о человеке* fade way
е|кúслый [14] *chem.* carbonate (of); **~кúслый газ** carbon dioxide); **~рóд** *m* 1] carbon
ловóй [14] *дом* corner…; angle…; anular
луб|и́ть(ся) → **~ля́ть(ся)**; **~лéние** *n* 2] deepening; (*впадина*) hollow, cavy, hole; *знаний* extension; **~лённый** 14 *sh.*] profound; *a. p. pt. p. of* **и́ть(ся)**; **~ля́ть** [28], ⟨**~и́ть**⟩ [14 *e.*; блю, -би́шь; -блённый] deepen (*v/i.* **ся**); make (become) more profound, extend; **-ся** *a.* go deep (**в** В into), be(-come) absorbed (in)
угнáть → **угоня́ть**
угнет|áтель *m* [4] oppressor; **~áть** [1] oppress; (*мучить*) depress; **~éние** *n* [12] oppression; (*a.* **~ённость** *f* [8]) depression; **~ённый** [14; -тён, -тенá] oppressed; depressed
угов|áривать [1], ⟨**~ори́ть**⟩ [13] (B) (*impf.* try to) persuade; **-ся** arrange, agree; **~óр** *m* [1] agreement; *pl.* persuasion; **~ори́ть(ся)** → **~áривать(ся)**
угóд|а *f* [5]: **в ~у** (Д) for the benefit of, to please; **~и́ть** → **угождáть**; **~ливый** [14 *sh.*] fawning, ingratiating, toadyish; **~ник** *m* [1]: **святóй ~ник** saint; **~но** please; **как (что) вам ~но** just as (whatever) you like; **(что) вам ~но?** what can I do for you?; **скóлько (душé) ~но** → **вдóволь & вслáсть**
уго|ждáть [1], ⟨**~ди́ть**⟩ [15 *e.*; -ожý, -оди́шь] (Д, **на** В) please; *pf. coll.* *в яму* fall (into); *в беду* get; *в глаз и т. д.* hit
ýгол *m* [1; углá; в, на углý] corner (**на** П at); *math.* angle
уголóвный [14] criminal; **~ кóдекс** criminal law
уголóк *m* [1; -лкá] nook, corner
ýголь *m* [4; ýгля] coal; **как на ~ях** *coll.* on tenterhooks; **~ный** [14] coal…; carbonic
угомони́ть(ся) [13] *pf. coll.* calm (down)
угоня́ть [28], ⟨угнáть⟩ [угоню́, угóнишь; угнáл] drive (away, off); *машину* steal; *самолёт* hijack; **-ся** *coll.* catch up (**за** T with)
угор|áть [1], ⟨**~éть**⟩ [9] be poisoned by carbon monoxide fumes
ýгорь[1] *m* [4 *e.*; угря́] eel
ýгорь[2] *m* [4 *e.*; угря́] *med.* blackhead
уго|щáть [1], ⟨**~сти́ть**⟩ [15 *e.*; -ощý, -ости́шь; -ощённый] treat (T), entertain; **~щéние** *n* [12] entertaining; treating (to); refreshments; food, drinks *pl.*
угро|жáть [1] threaten (p. with Д/T); **~за** *f* [5] threat, menace
угрызéни|е *n* [12]: **~я** *pl.* **сóвести** pangs of conscience; remorse
угрю́мый [14 *sh.*] morose, gloomy

У

уда́в *m* [1] boa, boa constrictor
уда|ва́ться [5], ⟨**∠ться**⟩ [уда́стся, -аду́тся; уда́лся, -ала́сь] succeed; **мне ~ётся** (**~ло́сь**) (+ *inf.*) I succeed(ed) (in …ing)
удал|е́ние *n* [12] removal; *зуба* extraction; sending away (*sport* off); **на ~е́нии** at a distance; **~и́ть(ся) → ~я́ть(ся)**; **~о́й**, **∠ый** [14; уда́л, -а́, -о] bold, daring; **∠ь** *f* [8], *coll.* **~ьство́** *n* [9] boldness, daring; **~я́ть** [28], ⟨**~и́ть**⟩ [13] remove; *зуб* extract; **-ся** retire, withdraw; move away
уда́р *m* [1] blow (*a. fig.*); (*a. med.*) stroke; *el.* shock (*a. fig.*); (*столкновение*) impact; *ножом* slash; *грома* clap; *coll.* form; **он в ~е** he's in good form; **~е́ние** *n* [12] stress, accent; **~иться → ~я́ться**; **~ный** [14]: **~ные инструме́нты** percussion instruments; **~я́ть** [28], ⟨**~ить**⟩ [13] strike (**по** Д on), hit; knock; beat; sound (*тревогу*); punch (*кулаком*); butt (*головой*); kick (*ногой*); *морозы* set in; **-ся** strike *or* knock (Т/**о** В with/against); hit (**в** В); **~я́ться в кра́йности** go to extremes
уда́ться → удава́ться
уда́ч|а *f* [5] success, (good) luck; **~ник** *coll. m* [1] lucky person; **~ный** [14; -чен, -чна] successful; good
удв|а́ивать [1], ⟨**~о́ить**⟩ [13] double (*v/i.* **-ся**)
уде́л *m* [1] lot, destiny; **~и́ть → ~я́ть**; **~ьный** [14] *phys.* specific; **~я́ть** [28], ⟨**~и́ть**⟩ [13] devote, spare; allot
уде́рж|ивать [1], ⟨**~а́ть**⟩ [4] withhold, restrain; *в памяти* keep, retain; *деньги* deduct; **-ся** hold (**за** В on; to; *a.* out); refrain (from **от** Р)
удешев|ля́ть [28], ⟨**~и́ть**⟩ [14 *e.*; -влю́, -ви́шь, -влённый] reduce the price of
удив|и́тельный [14; -лен, -льна] astonishing, surprising; (*необычный*) amazing, strange; (**не**) **~и́тельно** it is a (no) wonder; **~и́ть(ся) → ~ля́ть(ся)**; **~ле́ние** *n* [12] astonishment, surprise; **~ля́ть** [28], ⟨**~и́ть**⟩ [14 *e.*; -влю́, -ви́шь, -влённый] (**-ся** be) astonish(ed at Д), surprise(d, wonder)
удила́ *n/pl.* [9; -и́л, -ила́м]: **закуси́ть ~** get (*or* take) the bit between one's teeth

удира́ть *coll.* [1], ⟨удра́ть⟩ [уде[…] -рёшь; удра́л, -а́, -о] make off; run aw[…]
уди́ть [15] angle (for *v/t.*), fish
удлин|е́ние *n* [12] lengthening; **~я́**[…] [28], ⟨**~и́ть**⟩ [13] lengthen, prolong
удо́б|ный [14; -бен, -бна] (*подход*[…] *щий*) convenient; *мебель и т. д.* co[…] fortable; **воспо́льзоваться ~ны**[…] **слу́чаем** take an opportunity; **~**[…] easily…; **~ре́ние** *n* [12] fertilizer; ferti[…] zation; **~ря́ть** [28], ⟨**~рить**⟩ [13] fertili[…] manure; **~ство** *n* [9] convenience; co[…] fort
удовлетвор|е́ние *n* [12] satisfacti[…] **~и́тельный** [14; -лен, -льна] satisfac[…] ry; *adv. a.* "fair" (*as school mark*); **~я́**[…] [28], ⟨**~и́ть**⟩ [13] satisfy; *просьбу* gra[…] (Д) meet; **-ся** content o.s. (T with)
удо|во́льствие *n* [12] pleasure; **~р**[…] **жа́ть** [1], ⟨**~рожи́ть**⟩ [16] raise the pri[…] of
удост|а́ивать [1], ⟨**~о́ить**⟩ [13] (**-ся** […] award(ed); deign (*взгляда*, *-ом* В […] look at p.); **~овере́ние** *n* [12] certifica[…] certification; **~овере́ние ли́чнос**[…] identity card; **~оверя́ть** [28], ⟨**~ов**[…] **рить**⟩ [13] certify, attest; *личнос*[…] prove; *подпись* witness; convince […] П of; **-ся** o.s.; *a.* make sure); **~о́ить(с**[…] **→ ~а́ивать(ся)**
удосу́житься *coll.* [16] find time
у́дочк|а *f* [5; *g/pl.*: -чек] fishing rod; […] **ки́нуть ~у** *fig.* cast a line, put a line o[…] **попа́сться на ~у** swallow the bait
удра́ть → удира́ть
удружи́ть [16 *e.*; -жу́, -жи́шь] *coll.* d[…] service *or* good turn; *iro.* unwittingly […] a disservice
удруч|а́ть [1], ⟨**~и́ть**⟩ [16 *e.*; -чу́, -чи[…] -чённый] deject, depress
удуш|е́ние *n* [12] suffocation; **∠ливы**[…] [14 *sh.*] stifling, suffocating; **∠ье** *n* […] asthma; asphyxia
уедин|е́ние *n* [12] solitude; **~ённый** […] *sh.*] secluded, lonely, solitary; **~я́ть**[…] [28], ⟨**~и́ть(ся)**⟩ [13] withdraw, go […] (by o.s.); seclude o.s.
уе́зд *m* [1] *hist.*, **~ный** [14] district
уезжа́ть [1], ⟨уе́хать⟩ [уе́ду, -де́шь] […] В) leave (for), go (away; to)

: **1.** *m* [1 *e.*] grass snake; **2.** → **уже́**; indeed, well; *do*, *be* (+ *vb.*)
:ас *m* [1] horror; terror, fright; *coll.* → **ный**, **∴но**; **~а́ть** [1], 〈**~ну́ть**〉 [20] horrify; **-ся** be horrified *or* terrified (Р, Д at);
а́ющий [17] horrifying; **∴ный** [14; сен, -сна] terrible, horrible, dreadful; wful
:е́ already; by this time; by now; **~ не** ot… any more; **(вот) ~** for; **~ пора́** 's time (to + *inf.*)
:е́ние *n* [12] angling, fishing
:и|ва́ться [1], 〈**∴ться**〉 [14; -иву́сь, вёшься; -и́лся, -ила́сь] get accustomed **в** П to); get along (**с** T with); **∴вчивый** 14 *sh.*] easy to get on with
:ин *m* [1] supper (**за** T at; **на** B, **к** Д for); **ать** [1], 〈по-〉 have supper
:и́ться → **ужива́ться**
ако́н|ивать [1], 〈**~ить**〉 [13] legalize
бе́к *m* [1], **~ский** [16] Uzbek
д|а́ *f* [5; *pl. st.*], **~е́чка** *f* [5; *g/pl.*: -чек] ridle
ел *m* [1; узла́] knot; *rail.* junction; *tech.* ssembly; *вещей* bundle; **~о́к** *m* [1; лка́] knot; small bundle
к|ий [16; у́зок, узка́, -о; *comp.*: у́же] arrow (*a. fig.*); (*тесный*) tight; **~ое** ме́сто bottleneck; weak point; **~око-** ле́йный [14] narrowgauge
лов|а́тый [14 *sh.*] knotty; **~о́й** [14] (*основной*) central, chief
на|ва́ть [5], 〈**∴ть**〉 [1] recognize (by **по** Д); learn (**от** Р from: p.; **из** Р th.), find out, (get to) know
ник *m* [1] prisoner
о́р *m* [1] pattern, design; **с ~ами** = **чатый** [14 *sh.*] figured; decorated with pattern
ость *f* [8] narrow(-minded)ness
ы *f/pl.* [5] bonds, ties
ма *coll. f* [5] lots of, heaps of
ти́ → **уходи́ть**
а́з *m* [1] decree, edict; **~а́ние** *n* [12] instruction (**по** Д by), direction; indication (Р, **на** В of); **~а́тель** *m* [4] *в книге* index; indicator (*a. mot.*); **~а́тельный** [14] indicating; (*палец*) index finger; *gr.* demonstrative; **~а́ть** → **~ывать**; **~ка** *f* [5] pointer; *coll.* orders *pl.*, bidding (*of s.o. else*) (**по** Д by); **~ывать** [1], 〈**~а́ть**〉 [3] point out; point (**на** В to); *путь и т. д.* show; indicate
ука́ч|ивать, 〈**~а́ть**〉 [1] rock to sleep, lull; *impers.* make (sea)sick
укла́д *m* [1] structure; mode, way (*жизни*); **~ка** *f* [5] packing; *рельсов и т. д.* laying; *волос* set(ting); **~ывать** [1], 〈**уложи́ть**〉 [16] put (to bed); lay; stack, pack (up *coll.* **-ся**); place; cover; **-ся** *a.* go into; fit; *coll.* manage; **~ываться в голове́** sink in
укло́н *m* [1] slope, incline; slant (*a. fig.* = bias, bent, tendency); *pol.* deviation; **~е́ние** *n* [12] evasion; **~и́ться** → **~я́ться**; **~чивый** [14 *sh.*] evasive; **~я́ться** [28], 〈**~и́ться**〉 [13; -оню́сь, -о́нишься] *от темы и т. д.* digress, deviate; evade (*v/t.* **от** Р)
уклю́чина *f* [5] oarlock (*Brt.* row-)
уко́л *m* [1] prick; jab; *med.* injection
укомплекто́в|ывать [1], 〈**~а́ть**〉 [7] complete, bring up to (full) strength; supply (fully; with T)
уко́р *m* [1] reproach
укор|а́чивать [1], 〈**~оти́ть**〉 [15 *e.*; -очу́, -оти́шь; -о́ченный] shorten; **~еня́ться** [28], 〈**~ени́ться**〉 [13] take root; **~и́зна** *f* [5] → **~**; **~и́зненный** [14] reproachful; **~и́ть** → **~я́ть**; **~оти́ть** → **~а́чивать**; **~я́ть** [28], 〈**~и́ть**〉 [13] reproach (with), blame (for) (**в** П, **за** В)
укра́дкой furtively
украи́н|ец *m* [1; -нца], **~ка** *f* [5; *g/pl.*: -нок], **~ский** [16] Ukranian
укра|ша́ть [1], 〈**∴сить**〉 [15] adorn; (**-ся** be) decorat(ed); trim; embellish; **~ше́ние** *n* [12] adornment; decoration; ornament; embellishment
укреп|и́ть(ся) → **~ля́ть(ся)**; **~ле́ние** *n* [12] strengthening; (*положения*) reinforcing; *mil.* fortification; **~ля́ть** [28], 〈**~и́ть**〉 [14 *e.*; -плю́, -пи́шь; -плённый] strengthen; make fast; consolidate; *mil.* fortify; **-ся** strengthen, become stronger
укро́|мный [14; -мен, -мна] secluded; **~п** *m* [1] dill fennel
укро|ти́тель *m* [4], **~ти́тельница** *f* [5] (animal) tamer; **~ща́ть** [1], 〈**~ти́ть**〉

У

[15 *e.*; -ощу́, -оти́шь; -ощённый] tame; (*умерить*) subdue, restrain; **\~ще́ние** *n* [12] taming

укрупн|я́ть [28], ‹**\~и́ть**› [13] enlarge, extend; amalgamate

укры|ва́ть [1], ‹**\~ть**› [22] cover; give shelter; (*прятать*) conceal, harbo(u)r; **-ся** cover o.s.; hide; take shelter *or* cover; **\~тие** *n* [12] cover, shelter

у́ксус *m* [1] vinegar

уку́с *m* [1] bite; **\~и́ть** → ***куса́ть***

уку́т|ывать, ‹**\~ать**› [1] wrap up (in)

ула́|вливать [1], ‹**улови́ть**› [14] catch; perceive, detect; *coll.* seize (*an opportunity, etc.*); (*понять*) grasp; **\~живать** [1], ‹**\~дить**› [15] settle, arrange, resolve

у́лей *m* [3; у́лья] beehive

улет|а́ть [1], ‹**\~е́ть**› [11] fly (away)

улету́чи|ваться [1], ‹**\~ться**› [16] evaporate, volatilize; *coll.* disappear, vanish

уле́чься [26 г/ж: уля́гусь, уля́жешься, уля́гутся; улётся *pf.*] lie down, go (to bed); *о пыли и т. д.* settle; (*утихнуть*) calm down, abate

ули́ка *f* [5] evidence

ули́тка *f* [5; *g/pl.*: -ток] snail

у́лиц|а *f* [5] street (in, on **на** П); ***на \~е*** *a.* outside, outdoors

улич|а́ть [1], ‹**\~и́ть**› [16 *e.*: -чу́, -чи́шь, -чённый] (**в** П) catch out in lying; establish the guilt (of); ***\~и́ть во лжи*** give s.o. the lie

у́личн|ый [14] street…; ***\~ое движе́ние*** road traffic

уло́в *m* [1] catch; **\~и́мый** [14 *sh.*] perceptible; **\~и́ть** → ***ула́вливать***; **\~ка** *f* [5; *g/pl.*: -вок] trick, ruse

уложи́ть(ся) → ***укла́дывать(ся)***

улуч|а́ть *coll.* [1], ‹**\~и́ть**› [16 *e.*; -чу́, -чи́шь; -чённый] find, seize, catch

улучш|а́ть [1], ‹**\~ить**› [16] improve; *v/i.* **-ся**; **\~е́ние** *n* [12] improvement; **\~ить(ся)** → ***\~а́ть(ся)***

улыб|а́ться [1], ‹**\~ну́ться**› [20], **\~ка** *f* [5; *g/pl.*: -бок] smile (at Д)

ультимат|и́вный [14; -вен, -вна] categorical, express; **\~ум** *m* [1] ultimatum

ультра|звуково́й [14] ultrasonic; **\~коро́ткий** [16] ultra-short (frequency)

ум *m* [1 *e.*] intellect; mind; sense(s); ***без \~а́*** mad (about **от** Р); ***за́дним \~о́м кр[...] пок*** wise after the event; ***быть на \~е́*** [...] Р) be on one's mind; ***э́то не его́ \~а́ д[е]ло*** it's not his business; ***сойти́ с \~а́*** [...] mad; ***сходи́ть с \~а́*** *coll. a.* be ma[d] (about **по** П); *coll.* ***\~ за ра́зум захо́д[ит]*** I'm at my wits end

умал|е́ние *n* [12] belittling; **\~и́ть** [...] **\~я́ть**; **\~чивать** [1], ‹**умолча́ть**› [4 [...] -чу́, -чи́шь] (**о** П) pass over in silenc[e]; **\~я́ть** [28], ‹**\~и́ть**› [13] belittle, derogat[e], disparage

уме́|лый [14] able, capable, skille[d]; **\~ние** *n* [12] skill, ability, know-how

уменьш|а́ть [1], ‹**\~ить**› [16 & 16 *e.*; -ен[ь]шу́, -е́ньши́шь; -е́ньшенный & -шённы[й]] reduce, diminish, decrease (*v/i.* **-ся**); ***\~ить расхо́ды*** cut down expenditur[e]; **\~е́ние** *n* [12] decrease, reductio[n]; **\~и́тельный** [14] diminishing; *gr.* dimi[n]utive; **\~ить(ся)** → ***\~а́ть(ся)***

уме́ренн|ость *f* [8] moderation; **\~ый** [...] *sh.*] moderate, (*a. geogr.* [*no sh.*]) tem[perate]

умер|е́ть → ***умира́ть***; **\~ить** → ***\~я́т[ь]***; **\~тви́ть** → ***\~щвля́ть***; **\~ший** [17] dea[d]; **\~щвля́ть** [28], ‹**\~тви́ть**› [14; -рщвлю́, -ртвишь; -рщвлённый] kill; **\~я́ть** [28], ‹**\~ить**› [13] become moderate

уме|сти́ть(ся) → ***\~ща́ть(ся)***; **\~стны[й]** (-'mesn) [14; -тен, -тна] appropriat[e]; **\~ть** [8], ‹с-› be able to; know how t[o]; **\~ща́ть** [1], ‹**\~сти́ть**› [15 *e.*; -ещ[у́], -ести́шь; -ещённый] fit, get (into В); **-ся** find room

умил|е́ние *n* [12] emotion, tendernes[s]; **\~ённый** [14] touched, moved; **\~я́т[ь]** [28], ‹**\~и́ть**› [13] (**-ся** be) move(d), touch(ed)

умира́ть [1], ‹**умере́ть**› [12; *pt.*: у́ме[р], умерла́, -о; уме́рший] die (of, fro[m] **от**); ***\~ от ску́ки*** be bored to death

умиротворённый [14; -ена, -ён] tra[n]quil; contented

умн|е́ть [8], ‹по-› grow wiser; **\~ик** *coll.* [...] [1], **\~ица** *m/f* [5] clever person; **\~ича[ть]** *coll.* [1] → ***мудри́ть***

умнож|а́ть [1], ‹**\~ить**› [16] multiply (b[y] **на** В); (*увеличивать*) increase; *v[/i.]* **-ся**; **\~е́ние** *n* [12] multiplication

ный [14; умён, умна́, у́мно́] clever, mart, wise, intelligent; **~озаключе́ние** *n* [12] conclusion; **~озри́тельный** 14; -лен, -льна] speculative

ол|и́ть → **~я́ть**; **´~к**: **без ´~ку** incesantly; **~ка́ть** [1], ⟨**~́кнуть**⟩ [21] *шум* :op; lapse into silence, become silent; **ча́ть** → **ума́лчивать**; **~я́ть** [28], **~и́ть**⟩ [13; -олю́, -о́лишь] implore *v/t.*), beseech, entreat (for **о** П)

опомрачи́тельный [14; -лен, -льна] *oll.* fantastic

о́р|а *coll. f* [5], **~и́тельный** *coll.* [14; лен, -льна] side-splitting, hilarious; **и́ть** *coll.* [13] *pf.* kill; exhaust, fatigue *.* with laughing **со́ смеху**)

ственный [14] intellectual, mental; *абота* brainwork

удр|я́ть [28], ⟨**~и́ть**⟩ [13] teach; make *v*iser; **-ся** *coll.* contrive, manage

ыва́|льник *m* [1] washbowl, *Brt.* vash-basin; **~ние** *n* [12] washing; wash; **ть** [1], ⟨умы́ть⟩ [22] **(-ся)** wash (*a.* o.s.)

ы|сел *m* [1; -сла] design, intent(ion); **с** **слом** (**без ~сла**) (un-) intentionally; **ть(ся)** → **~ва́ть** (**-ся**); **~́шленный** 4] deliberate; intentional

ести́(сь) → **уноси́ть(ся)**

ивер|ма́г *m* [1] (**~са́льный магази́н**) epartment store; **~са́льный** [14; -лен, льна] universal; **~са́м** *m* [1] supermaret; **~ситет** *m* [1] university (at, in **в** П)

и|жа́ть [1], ⟨**~́зить**⟩ [15] humiliate; **же́ние** *n* [12] humiliation; **~жённый** 14 *sh.*] humble; **~зи́тельный** [14; лен, -льна] humiliating; **~́зить** → **жа́ть**

има́ть [1], ⟨уня́ть⟩ [уйму́, уймёшь; нял, -а́, -о; -я́тый (-я́т, -а́, -о)] appease, oothe; *боль* still; **-ся** calm *or* quiet own; *ветер и т. д.* subside

ичт|ожа́ть [1], ⟨**~о́жить**⟩ [16] annihiate, destroy; **~оже́ние** *n* [12] annihilaion; **~о́жить** → **~ожа́ть**

оси́ть [15], ⟨унести́⟩ [24 -с-] carry, ake (away, off); **-ся** ⟨сь-⟩ speed away

ы|ва́ть [1] be depressed, be dejected; **лый** [14 *sh.*] depressed; dejected; **ние** *n* [12] despondency; depression; ejection

уня́ть(ся) → **унима́ть(ся)**

упа́до|к *m* [1; -дка] decay, decline; **~к ду́ха** depression; **~к сил** breakdown

упаков|а́ть → **~́ывать**; **~́ка** *f* [5; *g/pl.*: -вок] packing; wrapping; **~́щик** *m* [1] packer; **~́ывать** [1] ⟨**~а́ть**⟩ [7] pack (up), wrap up

упа́сть → **па́дать**

упира́ть [1], ⟨упере́ть⟩ [12] rest, prop (against **в** В); **-ся** lean, prop (s.th. T; against **в** В); *в стенку и т. д.* knock *or* run against; (*настаивать*) insist on; be obstinate

упи́танный [14 *sh.*] well-fed, fattened

упла́|та *f* [5] payment (in **в** В); **~чивать** [1], ⟨**~ти́ть**⟩ [15] pay; *по счёту* pay, settle

уплотн|е́ние *n* [12] compression; packing; **~я́ть** [28], ⟨**~и́ть**⟩ [13] condense, make compact; fill up (with work); *tech.* seal

уплы|ва́ть [1], ⟨**~́ть**⟩ [23] swim or sail (away, off); pass (away), vanish

упова́ть [1] (**на** В) trust (in), hope (for)

упод|обля́ть [28], ⟨**~о́бить**⟩ [14] liken, become like (*v/i.* **-ся**)

упо|е́ние *n* [12] rapture, ecstasy; **~ённый** [14; -ён, -ена] enraptured; **~и́тельный** [14; -лен, -льна] rapturous, intoxicating

уползти́ [24] *pf.* creep away

уполномо́ч|енный [14 *sh.*] authorized; **~ивать** [1], ⟨**~ить**⟩ [16] authorize, empower (to **на** В)

упомина́|ние *n* [12] mention (of **о** П); **~ть** [1], ⟨упомяну́ть⟩ [19] mention (*v/t.* В, **о** П)

упо́р *m* [1] rest; support, prop; stop; **де́лать ~** lay stress *or* emphasis (on **на** В); **в ~** point-blank, straightforward; **смотре́ть в ~ на кого́-л.** look full in the face of s.o.; **~ный** [14; -рен, -рна] persistent, persevering; (*упрямый*) stubborn, obstinate; **~ство** *n* [9] persistence, perseverance; obstinacy; **~ствовать** [7] be stubborn; persevere, persist (in **в** П)

употреб|и́тельный [14; -лен, -льна] common, customary; *слово* in current use; **~и́ть** → **~ля́ть**; **~ле́ние** *n* [12] use; usage; **~ля́ть** [28], ⟨**~и́ть**⟩ [14 *e.*; -блю́,

У

-бишь; -блённый] (*impf.* **-ся** be) use(d), employ(ed); **~и́ть все сре́дства** make every effort; **~и́ть во зло** abuse

упра́в|иться → ~ля́ться; **~ле́ние** *n* [12] administration (of P; T), management; *tech.* control; *gr.* government; *маши́ной* driving; **орке́стр под ~ле́нием** orchestra conducted by (P); **~ля́ть** (T) manage, operate; rule; govern (*a. gr.*); drive; *naut.* steer; *tech.* control; *mus.* conduct; **-ся**, ⟨**~иться**⟩ *coll.* [14] (**с** T) manage; finish; **~ля́ющий** [17] manager

упражн|е́ние *n* [12] exercise; practice; **~я́ть** [28] exercise (*v/i., v/refl.* **-ся в** П: practice (-ise) s.th.)

упраздн|е́ние *n* [12] abolition; liquidation; **~я́ть** [28], ⟨**~и́ть**⟩ [13] abolish; liquidate

упра́шивать [1], ⟨**упроси́ть**⟩ [15] (*impf.*) beg, entreat; (*pf.*) prevail upon

упрёк *m* [1] reproach

упрек|а́ть [1], ⟨**~ну́ть**⟩ [20] reproach (with **в** П)

упро|си́ть → упра́шивать; **~сти́ть → ~ща́ть**; **~че́ние** *n* [12] consolidation; **~чивать** [1], ⟨**~чить**⟩ [16] consolidate (*v/i.* **-ся**), stabilize; **~ща́ть** [1], ⟨**~сти́ть**⟩ [15 *e.*; -ощу́, -ости́шь; -ощённый] simplify; **~ще́ние** *n* [12] simplification

упру́г|ий [16 *sh.*] elastic, resilient; **~ость** *f* [8] elasticity

упря́м|иться [14] be obstinate; persist in; **~ство** *n* [9] obstinacy, stubbornness; **~ый** [14 *sh.*] obstinate, stubborn

упря́т|ывать [1], ⟨**~ать**⟩ [3] hide

упу|ска́ть [1], ⟨**~сти́ть**⟩ [15] let go; let slip; let fall; *возмо́жность* miss; **~ще́ние** *n* [12] neglect, ommission

У

ура́! *int.* hurrah!

уравн|е́ние *n* [12] equalization; *math.* equation; **~ивать** [1] **1.** ⟨**уровня́ть**⟩ [28] level; **2.** ⟨**~я́ть**⟩ [28] level, equalize *fig.*; **~и́ловка** *f* [5; *g/pl.*: -вок] *pej.* egalitarianism (*esp.* with respect to economic rights and wage level[l]ing); **~ове́шивать** [1], ⟨**~ове́сить**⟩ [15] balance; *p. pt. p. a.* well-balanced, composed, calm; **~я́ть → ~ивать** *2*

урага́н *m* [1] hurricane

ура́льский [16] Ural(s)

ура́н *m* [1], **~овый** [14] uranium

урегули́рование *n* [12] settlement; re[gulation]; *vb.* → **регули́ровать**

урез|а́ть &; **~ывать** *coll.* [1], ⟨**~ать**⟩ cut down, curtail; axe; **~о́нить** *c*[*oll.*] [13] *pf.* bring to reason

у́рна *f* [5] ballot box; refuse bin

у́ров|ень *m* [4; -вня] level (at, on **на** П, В); standard; *tech.* gauge; (*пока*[*за́*]*тель*) rate; **жи́зненный ~ень** standa[rd] of living; **~ня́ть → ура́внивать** *1*

уро́д *m* [1] monster; *coll.* ugly creatu[re]; **~ливый** [14 *sh.*] deformed; ugly; abn[or]mal; **~овать** [7], ⟨**из-**⟩ deform, disf[ig]ure; (*кале́чить*) mutilate; mai[m]; **~ство** *n* [9] deformity; ugliness; *fig.* a[b]normality

урож|а́й *m* [3] harvest, (abundant) cro[p]; **~а́йность** *f* [8] yield (heavy **высо́ка**[**я**]) productivity; **~а́йный** [14] producti[ve]; *год* good year for crops; **~е́нец** *m* [... -нца], **~е́нка** *f* [5; *g/pl.*: -нок] native (...)

уро́|к *m* [1] lesson; **~н** *m* [1] (*уще́рб*) l[os]s(es); *репута́ции* injury; **~ни́ть** [...] **роня́ть**

урча́ть [4 *e.*; -чу́, -чи́шь] *в желу́дке* ru[m]ble; *пёс* growl

уры́вками *coll.* by fits and starts; [by] snatches; at odd moments

ус *m* [1; *pl. e.*] (*mst. pl.*) m(o)ustache

уса|ди́ть → ~живать; **~дьба** *f* [5; *g/p*[*l.*]: -деб] farmstead, farm center (-tre); *h*[*ist.*] country estate, country seat; **~жива**[**ть**] [1], ⟨**~ди́ть**⟩ [15] seat; set; *дере́вьями* [*и т. д.*] plant (with T); **-ся**, ⟨**усе́сться**⟩ [25; уся́дусь, -дешься; уся́дьс[я]; усе́лся, -лась] sit down, take a seat; s[et]tle down (to **за** В)

уса́тый [14] with a m(o)ustache; (*of a*[*n*]*imals*) with whiskers

усв|а́ивать [1], ⟨**~о́ить**⟩ [13] *привы́ч*[*ки*] adopt; *зна́ния* acquire, assimila[te]; *язы́к и т. д.* master, learn; **~ое́ние** [*n*] [12] adoption; acquirement, assimi[la]tion; mastering, learning

усе́|ивать [1], ⟨**~ять**⟩ [27] sow, cover [...] ter, strew (with); *звёздами* stud

усе́рд|ие *n* [12] zeal; (*прилежа́ние*) d[il]igence, assiduity; **~ный** [14; -ден, -дн...] zealous; diligent, assiduous

ёсться → ***усаживаться***
ёять → ***усеивать***
ид|éть [11] *pf.* remain sitting; keep ne's place; sit still; *coll.* (*выдержать*) old out, keep a job; **∼́чивый** [14 *sh.*] ssiduous, persevering
ил|éние *n* [12] strengthening, *звука* ıtensification; *el.* amplification; **енный** [14] intensified; *питание* igh-caloric; **∼́ивать** [1], ⟨**∼́ить**⟩ [13] trengthen, reinforce; intensify; *звук* mplify; *боль и т. д.* aggravate; **-ся** in-rease; **∼́ие** *n* [12] effort, exertion; ***при-ожить все ∼́ия*** make every effort; **йтель** *m* [4] *el.* amplifier; *tech.* boost-r; **∼́ить(ся)** → ***∼́ивать(ся)***
кольз|áть [1], ⟨**∼нýть**⟩ [20] slip (off, way), escape (from **от** P)
кор|éние *n* [12] acceleration; **∼я́ть** 28], ⟨**∼́ить**⟩ [13] quicken; speed up, ac-elerate; *v/i.* **-ся**
пá|вливаться [1], ⟨**услóвиться**⟩ [14] rrange; settle, agree (up on **о** П); **ть** → ***усылáть***
лóв|ие *n* [12] condition (on **с** T, **при** I; under **на** П), term; stipulation; pro-iso; *pl.* circumstances; **∼иться** → ***ус-áвливаться***; **∼ленный** [14 *sh.*] greed, fixed; **∼ность** *f* [8] conditional-y; convention; **∼ный** [14; -вен, -вна] *ефлекс* conditional; (*относитель-ый*) relative; ***∼ный приговóр*** sus-ended, sentence; ***∼ный знак*** conven-ional sign
пожн|я́ть [28], ⟨**∼и́ть**⟩ [13] (**-ся** be-ome) complicate(d)
пý|га *f* [5] service (at **к** Д *pl.*), favo(u)r; **живать** [1], ⟨**∼жить**⟩ [16] do (p. Д) a ervice or favo(u)r; → *iro.* ***удружи́ть***; **жливый** [14 *sh.*] obliging
м|áтривать [1], ⟨**∼отрéть**⟩ [9; -отрю́, óтришь; -óтренный] see (in **в** П); **ехáться** [1], ⟨**∼ехнýться**⟩ [20], **∼éшка** [5; *g/pl.*: -шек] smile, grin; **∼ирéние** *n* 12] suppression; **∼иря́ть** [28], ⟨**∼ири́ть**⟩ 13] pacify; *силой* suppress; **∼отрéние** *n* 12] discretion (at **по** Д; to **на** В), udg(e)ment; **∼отрéть** → ***∼áтривать***
нýть [20] *pf.* go to sleep, fall asleep
овершéнствован|ие *n* [12] improvement, refinement; **∼ный** [14] improved, perfected
усомни́ться → ***сомневáться***
усóпший [17] *lit.* deceased
успе|вáемость *f* [8] progress (*in studies*); **∼вáть** [1], ⟨**∼́ть**⟩ [8] have (*or* find) time, manage, succeed; arrive, be in time (for **к** Д, **на** В); catch (*train* **на пó-езд**); *impf.* get on, make progress, learn; ***не ∼́л(а)*** (+ *inf.*), ***как*** no sooner + *pt.* than; **∼́ется** *pf. impers.* there is no hurry; **∼́х** *m* [1] success; *pl. a.* progress; ***с тем же ∼́хом*** with the same result; **∼́шный** [14; -шен, -шна] successful; ***∼́шно*** *a.* with success
успок|áивать [1], ⟨**∼óить**⟩ [13] calm, soothe; reassure; **-ся** calm down; *ветер, боль* subside; become quiet; content o.s. (with **на** П); **∼оéние** *n* [12] peace; calm; **∼ои́тельный** [14; -лен, -льна] soothing, reassuring; **∼óить(ся)** → ***∼áивать(ся)***
уст|á *n/pl.* [9] *obs. or poet.* mouth, lips *pl.*; ***узнáть из пéрвых ∼*** learn at first hand; ***у всех на ∼áх*** everybody is talking about it
устáв *m* [1] statute(s); regulations *pl.*; **∼** *ООН и т. д.* charter
уста|вáть [5], ⟨**∼́ть**⟩ [-áну, -áнешь] get tired; **∼вля́ть** [28], ⟨**∼́вить**⟩ [14] place; cover (with T), fill; *взгляд* direct, fix (*eyes* on **на** В); **-ся** stare (at **на** *or* **в** В); **∼́лость** *f* [8] weariness, fatigue; **∼́лый** [14] tired, weary; **∼нáвливать** [1], ⟨**∼нови́ть**⟩ [14] set *or* put up; *tech.* mount; arrange; fix; *порядок* establish; (*узнать*) find out, ascertain; adjust (to **на** В); **-ся** be established; form; *погода* set in; **∼нóвка** *f* [5; *g/pl.*: -вок] *tech.* mounting, installation; *силовая* plant; *fig.* orientation (toward[s] **на** В); **∼нов-лéние** *n* [12] establishment; **∼рéлый** [14] obsolete, out-of-date; **∼́ть** → ***∼вáть***
устилáть [1], ⟨**устлáть**⟩ [-телю́, -тé-лешь; ýстланный] cover, pave (with T)
ýстный [14] oral, verbal
устó|и *m/pl.* [3] foundation; **∼йчивость** *f* [8] stability; **∼йчивый** [14 *sh.*] stable; **∼я́ть** [-ою́, -ои́шь] keep one's balance; stand one's ground; resist (*v/t.* ***прóтив***

У

P; **пéред** T)

устр|áивать [1], ⟨**~óить**⟩ [13] arrange, organize; (*создавать*) set up, establish; *сцену* make; provide (*job* **на** B; *place* in **в** B); *coll. impers.* (*подходить*) suit; **-ся** be settled; settle; get a job (*a.* **на рабóту**); **~анéние** *n* [12] removal; elimination; **~анять** [28], ⟨**~анить**⟩ [13] remove; eliminate, clear; **~ашáть** [1] (**-ся**) → **страшиться**; **~емлять** [28], ⟨**~емить**⟩ [14 *e.*; -млю, -мишь; -млённый] (**на** B) direct (to, at), fix (on); **-ся** rush; be directed; **~ица** *f* [5] oyster; **~óить(ся)** → **~áивать(ся)**; **~óйство** *n* [9] arrangement; organization; *общественное* structure, system; device; mechanism

устýп *m* [1] *скалы* ledge; projection; terrace; **~áть** [1], ⟨**~ить**⟩ [14] cede, let (p. Д) have; *в споре* yield; (*быть хуже*) be inferior to (Д); (*продать*) sell; **~áть дорóгу** (Д) let pass, give way; **~áть мéсто** give up one's place; **~ка** *f* [5; *g/pl.*: -пок] concession; cession; **~чивый** [14 *sh.*] compliant, pliant

устыдить [15 *e.*; -ыжý, -ыдишь; -ыжённый] (**-ся** be) ashame(d; of P)

ýстье *n* [10; *g/pl.*: -ьев] (*of a river*) mouth, estuary (at **в** П)

усугуб|лять [28], ⟨**~ить**⟩ [14 & 14 *e.*; -гýблю, -гýбишь; -гýбленный & -гублённый] increase, intensify; aggravate

усы → **ус**; **~лáть** [1], ⟨услáть⟩ [ушлю, ушлёшь; ýсланный] send (away); **~новлять** [28], ⟨**~новить**⟩ [14 *e.*; -влю, -вишь; -влённый] adopt; **~пать** [1], ⟨**~пáть**⟩ [2] (be)strew (with P); **~плять** [28], ⟨**~пить**⟩ [14 *e.*; -плю, -пишь; -плённый] put to sleep (*by means of narcotics, etc.*) lull to sleep; *животное* put to sleep; *fig.* lull, weaken, neutralize

утá|ивать [1], ⟨**~ить**⟩ [13] conceal, keep to o.s.; appropriate; **~йка** *coll.*: **без ~йки** frankly; **~птывать** [1], ⟨утоптáть⟩ [3] tread *or* trample (down); **~скивать** [1], ⟨**~щить**⟩ [16] carry, drag *or* take (off, away); *coll.* walk off with, pilfer

ýтварь *f* [8] *collect.* equipment; utensils *pl.*; **церкóвная ~** church plate

утвер|дительный [14; -лен, -льна] affirmative; **~дительно** in the affirmative; **~ждáть** [1], ⟨**~дить**⟩ [15 *e.*; -ржу, -рдишь; -рждённый] confirm; (*укреплять*) consolidate (*v/i.* **-ся**); *impf.* affirm, assert, maintain; **~ждéние** *n* [12] confirmation; affirmation; assertion; consolidation

уте|кáть [1], ⟨**~чь**⟩ [26] flow (away); leak (*of gas, etc.*) escape; *coll.* run away; **~рéть** → **утирáть**; **~рпéть** [10] *pf.* restrain o.s.; **не ~рпéл, чтóбы не** (*inf. pf.*) could not help …ing

утёс *m* [1] cliff, crag

утé|чка *f* [5] leakage (*a. fig.*); *газа* escape; **~чка мозгóв** brain drain; **~чь** → **~кáть**; **~шáть** [1], ⟨**~шить**⟩ [16] console, comfort; **-ся** *a.* take comfort (T); **~шéние** *n* [12] comfort, consolation; **~шительный** [14; -лен, -льна] comforting, consoling

ути|ль *m* [4] *collect.* salvage, waste, scrap; **~рáть** [1], ⟨утерéть⟩ [12] wipe; **~хáть** [1], ⟨**~хнуть**⟩ [21] subside, abate; *звуки* cease; (*успокоиться*) calm down

ýтка *f* [5; *g/pl.*: ýток] duck; *газетная* canard; false *or esp.* fabricated report

уткнýть(ся) *coll.* [20] *pf. лицом* bury, hide; *в книгу* be(come) engrossed; (*наткнуться*) run up against

утол|ить → **~ять**; **~щáть** [1], ⟨**~стить**⟩ [15 *e.*; -лщý, -лстишь; -лщённый] become thicker; **~щéние** *n* [12] thickening; **~ять** [28], ⟨**~ить**⟩ [13] *жажду* slake, quench; *голод* appease; *желание* satisfy

утом|ительный [14; -лен, -льна] wearisome, tiring; tedious, tiresome; **~ить(ся)** → **~лять(ся)**; **~лéние** *n* [12] fatigue, exhaustion; **~лённый** [14; -лён, -ена] tired, weary; **~лять** [28], ⟨**~ить**⟩ [14 *e.*; -млю, -мишь; -млённый] tire, weary (*v/i.* **-ся**; *a.* get tired)

утонч|áть [1], ⟨**~ить**⟩ [16 *e.*; -чý, -чишь; -чённый] make thinner; *p. pt. p.* thin; *fig.* refine; make refined (*v/i.* **-ся**)

утоп|áть [1] **1.** ⟨утонýть⟩ → **тонýть 2.**; drown; **~ленник** *m* [1] drowned man

ıенница *f* [5] drowned woman; **~та́ть** **→ *ута́птывать***
ıчн|е́ние *n* [12] expressing *or* defining
ıore precisely; amplification; elabora-
on; **~я́ть** [28], ⟨**~и́ть**⟩ [13] amplify;
aborate
ıа́|ивать [1], ⟨утро́ить⟩ [13] treble; *v/i.*
ıя; **~мбова́ть** [7] *pf.* ram, tamp; **~та** *f*
] loss; **~чивать** [1], ⟨~тить⟩ [15] lose
ıенний [15] morning
ıи́ровать [7] exaggerate
ı|о *n* [9; с, до -а́; к -у́] morning (in the
ıом; ***по ~а́м***); **...*~а́*** *a*... A.M. → ***день***;
ıба *f* [5] womb; **~о́ить(ся)** → ***~а́и-
ıать(ся)***; **~ужда́ть** [1], ⟨~уди́ть⟩ [15
; -ужу́, -уди́шь; -ужде́нный] trouble,
ıther
ıя|са́ть [3; -сти́, -су́, -сёшь], ⟨**~сти́**⟩
5] *fig.* settle
ı|г *m* [1] (flat)iron; **~жить** [16], ⟨вы-,
г-⟩ iron
ı *f* [5] fish soup; **~б** *m* [1] pothole; **~би-
ıый** [14 *sh.*] bumpy
ıживать [1] (***за*** Т) nurse, look after;
ı женщиной court, woo
ıа́т|ывать [1], ⟨**~и́ть**⟩ [15] (***за*** В)
ıize, grasp; **-ся** snatch; cling to; *fig.*
ıize, jump at
ı|тря́ться [28], ⟨**~три́ться**⟩ [13] con-
ıve, manage; **~щре́ние** *n* [12] contriv-
ıce; **~щря́ться** [28] contrive
ıыл|я́ться *coll.* [28], ⟨**~ьну́ться**⟩ [20]
ıin, smirk
ı *n* [9; *pl.*: у́ши, уше́й, *etc. e.*] ear (in ***на***
); ***влюби́ться по́ уши*** be head over
ıels in love; ***пропуска́ть ми́мо уше́й***
ırn a deaf ear (to В); ***держа́ть ~ во-
ıро́*** → ***насто́роже***
ıд *m* [1] going away, leaving, depar-
ıre; (***за*** Т) care, tending, nursing;
ıть [15], ⟨уйти́⟩ [уйду́, уйдёшь;
ıшёл, ушла́; уше́дший; *g. pl.*: уйдя́]
ıave (*v/t.* ***из, от*** Р) go away; (*мино-
ıть*) pass; *от наказания* escape;
ıт ответа evade, *в отставку* re-
ıgn; *на пенсию* retire; *coll.* be worn
ıt, spent (for ***на*** В); ***уйти́ в себя́***
ırink into o.s.
ıудш|а́ть [1], ⟨**~ить**⟩ [16] deteriorate
ı.i. **-ся**); **~е́ние** *n* [12] deterioration;
worsening

уцеле́ть [8] *pf.* come through alive; survive; escape

уцепи́ться [14] *coll.* → ***ухвати́ться***

уча́ст|вовать [7] participate, take part (in ***в*** П); **~вующий** [17] → ***~ник***; **~ие** *n* [12] (***в*** П) participation (in); (*сочувствие*) interest (in), sympathy (with); **~и́ть(ся)** → ***учаща́ть(ся)***; **~ли-вый** [14 *sh.*] sympathizing, sympathetic; **~ник** *m* [1], **~ница** *f* [5] participant, participator; competitor (*sports*); *член* member; **~ок** *m* [1; -тка] *земли* plot; (*часть*) part, section; ***избира́тель-ный ~ок*** electoral district; polling station; **´~ь** [8] fate, lot

уча|ща́ть [1], ⟨**~сти́ть**⟩ [15 *e.*; -ащу́, -асти́шь; -аще́нный] make (**-ся** become) more frequent

уч|а́щийся *m* [17] schoolchild, pupil, student; **~ёба** *f* [5] studies *pl.*, study; (*подготовка*) training; **~е́бник** *m* [1] textbook; **~е́бный** [14] school...; educational; (*пособие*) text (*book*), exercise...; ***~е́бный план*** curriculum

уче́н|ие *n* [12] learning; instruction apprenticeship; *mil.* training, practice; teaching, doctrine; **~и́к** *m* [1 *e.*] *and* **~и́ца** *f* [5] pupil; student; *слесаря и т. д.* apprentice; (*последовать*) disciple; **~и́ческий** [16] crude, immature

учён|ость *f* [8] learning; erudition; **~ый** [14 *sh.*] learned; ***~ая сте́пень*** (university) degree; *su.* scholar, scientist

уч|е́сть → ***учи́тывать***; **~ёт** *m* [1] calculation; registration; *товаров* stock-taking; **с *~ётом*** taking into consideration

учи́лище *n* [11] school, college (at ***в*** П)

учиня́ть [28] → ***чини́ть*** *2*

учи́тель *m* [4; *pl.*: -ля, *etc. e.*; *fig. st.*], **~ница** *f* [5] teacher, instructor; **~ский** [16] (of) teachers('); **~ская** *as. su.* teachers' common room

учи́тывать [1], ⟨уче́сть⟩ [25; учту́, -тёшь; учёл, учла́; *g. pt.*: учтя́; учтённый] take into account, consider; register; *вексель* discount

учи́ть [16] **1.** ⟨на-, об-, вы-⟩ teach (p. s.th. В/Д), instruct; train; (*a.* **-ся** Д); **2.** ⟨вы-⟩ learn, study

учреди́тель *m* [4] founder; **~ный** [14] constituent

учре|жда́ть [1], ⟨**~ди́ть**⟩ [15 *e.*; -ежу́, -еди́шь; -еждённый] found, establish, set up; **~жде́ние** *n* [12] founding, setting up, establishment; (*заведение*) institution

учти́вый [14 *sh.*] polite, courteous

уша́нка *f* [5; *g/pl.*: -нок] cap with earflaps

ушйб *m* [1] bruise; injury; **~а́ть** [1], ⟨**~и́ть**⟩ [-бу́, -бёшь; -и́б(ла); уши́бленный] hurt, bruise (o.s. **-ся**)

ушко́ *n* [9; *pl.*: -ки́, -ко́в] *tech.* eye, lug; (*of a needle*) eye

ушно́й [14] ear…; aural

уще́лье *n* [10] gorge, ravine

ущем|ля́ть [28], ⟨**~и́ть**⟩ [14 *e.*; -мл… -ми́шь; -млённый] *права* infringe

уще́рб *m* [1] damage; loss; **в ~** to the d… riment

ущипну́ть → ***щипа́ть***

ую́т *m* [1] coziness (*Brt.* cosiness); **~н…** [14; -тен, -тна] snug, cozy (*Brt.* cos… comfortable

уязв|и́мый [14 *sh.*] vulnerable; **~ля́…** [28], ⟨**~и́ть**⟩ [14 *e.*; -влю́, -ви́… -влённый] *fig.* hurt

уясн|я́ть [28], ⟨**~и́ть**⟩ [13] *себе* und… stand

Ф

фа́бри|ка *f* [5] factory (in **на** П); mill; **~кова́ть** [7], *pf.* ⟨с-⟩ *fig. coll.* fabricate

фа́була *f* [5] plot, story

фа́за *f* [5] phase

фаза́н *m* [1] pheasant

файл *m* [1] *comput.* file

фа́кел *m* [1] torch

факс *m* [1] fax

факт *m* [1] fact; **~ *тот, что*** the fact is that; **~и́ческий** [16] (f)actual, real; *adv. a.* in fact; **~у́ра** *f* [5] *lit.* style, texture

факульте́т *m* [1] faculty (in **на** П); department

фаль|сифици́ровать [7] (*im*)*pf.* falsify; forge; **~ши́вить** [14], ⟨с-⟩ sing out of tune, play falsely; *coll.* act incincerely, be false; **~ши́вка** *f* [5; *g/pl.*: -вок] forged document; false information; **~ши́вый** [14 *sh.*] false, forged, counterfeit; *монета* base; **~шь** *f* [8] falseness; *лицемерие* hypocrisy, insincerity

фами́л|ия *f* [7] surname; ***как ва́ша ~ия?*** what is your name?; **~ья́рный** [14; -рен, -рна] familiar

фанати́|зм *m* [1] fanaticism; **~чный** [14; -чен, -чна] fanatical

фане́ра *f* [5] plywood; veneer

фанта|зёр *m* [1] dreamer, visionary; **~зи́ровать** [7] *impf. only* indulge in fancies, dream; ⟨с-⟩ invent; **~́зия** *f* … imagination; fancy; (*выдумка*) inve… tion, fib; *mus.* fantasia; *coll.* (*пр… хоть*) whim; **~́стика** *f* [5] *lit.* fanta… fiction; ***нау́чная ~́стика*** science f… tion; *collect.* the fantastic, the unbeli… able; **~сти́ческий** [16], **~сти́чный** [… -чен, -чна] fantastic

фа́р|а *f* [5] headlight; **~ва́тер** *m* [1] *na…* fairway; **~маце́вт** *m* [1] pharmac… **~тук** *m* [1] apron; **~фо́р** [1], **~фо́ров…** [14] china, porcelain; **~ш** *m* [1] stuffi… minced meat; **~широва́ть** [7] *cul.* st…

фаса́д *m* [1] facade, front

фасов|а́ть [7] *impf.*; **~́ка** *f* [5; *g/pl.*: -во… prepackage

фасо́|ль *f* [8] string (*Brt.* runn… bean(s); **~н** *m* [1] cut, style

фата́льный [14; -лен, -льна] fatal

фаши́|зм *m* [1] fascism; **~ст** *m* [1] fasci… **~стский** [16] fascist…

фая́нс *m* [1], **~овый** [14] faience

февра́ль *m* [4 *e.*] February

федера́|льный [14] federal; **~ти́вн…** [14] federative, federal; **~́ция** *f* [7] fed… ation

фейерве́рк *m* [1] firework(s)

фельд|ма́ршал *m* [1] *hist.* field m… shal; **~́шер** *m* [1] doctor's assista…

edical attendant
льетóн *m* [1] satirical article
н *m* [1] hairdryer
нóмен *m* [1] phenomenon
одáльный [14] feudal
рзь *m* [4 *e.*] queen (*chess*)
ом|а *f* [5] farm; ~ер *m* [1] farmer
стивáль *m* [4] festival
тр *m* [1] felt; ~овый [14] felt…
хтовá|льщик *m* [1] fencer; ~ние *n* 2] fencing; ~ть [7] fence
áлка *f* [5; *g/pl.*: -лок] violet
г|а *f* [5], ~овый [14] fig
гýр|а *f* [5] figure; chess piece (*excluding pawns*); ~áльный [14; -лен, -льна] gurative; ~ировать [7] figure, appear; ный [14] figured; ~ное катáние figure kating
зи|к *m* [1] physicist; ~ка *f* [5] physics; олóгия *f* [7] physiology; ~онóмия [7] hysiognomy; ~ческий [14] physical; *труд* manual
зкультýр|а *f* [5] physical training; ymnastics; ~ник *m* [1] sportsman; ~ница *f* [5] sportswoman
к|сировать [7], ⟨за-⟩ record in writing; fix; ~тивный [14; -вен, -вна] fictious; ~ция *f* [7] fiction; invention, unuth
ла|нтрóп *m* [1] philantropist; ~рмонический [16] philharmonic; ~рмóния [7] philharmonic society, the philharmonic
лé *n* [*indecl.*] tenderloin, fil(l)et
лиáл *m* [1] branch (*of an institution*)
лин *m* [1] eagle owl
лóл|ог *m* [1] philologist; ~огический 6] philological; ~óгия *f* [7] philology
лóс|оф *m* [1] philosopher; ~óфия *f* 7] philosophy; ~óфский [16] philoophical; ~óфствовать [7] philosohize
льм *m* [1] film (*vb.* снимáть ~); доументáльный ~ documentary (film); ультипликациóнный ~ cartoon; хуóжественный ~ feature film
льтр *m* [1], ~овáть [7] filter
нáл *m* [1] final; *mus.* finale
инанс|ировать [7] (*im*)*pf.* finance; овый [14] financial; ~ы *m/pl.* [1] finance(s)
фи́ник *m* [1] date (*fruit*)
фини́фть *f* [8] *art* enamel
фи́ниш *m* [1] *sport* finish; ~ный [14]: ~ная прямáя last lap
финн *m* [1], ~ка *f* [5; *g/pl.*: -ок], ~ский [16] Finnish
фиолéтовый [14] violet
фи́рма *f* [5] firm
фискáльный [14] fiscal
фити́ль *m* [4 *e.*] wick; (*igniting device*) fuse; (*detonating device*) *usu.* fuze
флаг *m* [1] flag, colo(u)rs *pl.*
фланг *m* [1], ~овый [14] *mil.* flank
фланéл|евый [14], ~ь *f* [8] flannel
флегмати́чный [14; -чен, -чна] phlegmatic
флéйта *f* [5] flute
фли|гель *arch. m* [4; *pl.*: -ля, *etc. e.*] wing; outbuilding; ~рт *m* [1] flirtation; ~ртовáть [7] flirt
фломáстер *m* [1] felt-tip pen
флот *m* [1] fleet; **вóенно-морскóй** ~ navy; **вóенно-воздýшный** ~ (air) force; ~ский [16] naval
флю|гер *m* [1] weather vane; weathercock; ~с *m* [1] gumboil
фля|га *f* [5], ~жка *f* [5; *g/pl.*: -жек] flask; *mil.* canteen
фойé *n* [*indecl.*] lobby, foyer
фóкус *m* [1] (juggler's *or* conjurer's) trick, sleight of hand; *coll.* caprice; whim; ~ник *m* [1] juggler, conjurer; ~ничать *coll.* [1] play tricks; *о ребёнке* play up; behave capriciously
фольгá *f* [5] foil
фольклóр *m* [1], ~ный [14] folklore
фон *m* [1] background (against **на** П)
фонáр|ик *m* [1] flashlight, *Brt.* torch; ~ь *m* [4 *e.*] lantern; (street) lamp; *coll.* black eye
фонд *m* [1] fund; *pl.* reserves, stock(s); ~овый [14] stock…
фонéт|ика *f* [5] phonetics; ~и́ческий [16] phonetic(al)
фонтáн *m* [1] fountain
форéль *f* [8] trout
фóрм|а *f* [5] form, shape; *tech.* mo(u)ld; cast; *mil.* uniform; dress (*sports*); ~áльность *f* [8] formality; ~áльный [14;

-лен, -льна] formal; **~áт** *m* [1] size, format (*a. tech.*); **~енный** [14] uniform; *coll.* proper; regular; ***~енная одéжда*** uniform; **~ировáть** [7], ⟨c-⟩ (**-ся** be) form(ed); **~улúровать** [7] (*im*)*pf.* & ⟨c-⟩ formulate; **~улирóвка** [5; *g/pl.*: -вок] formulation
форпóст *m* [1] *mil.* advanced post; outpost (*a. fig.*)
форсúровать [7] (*im*)*pf.* force
фó|рточка *f* [5; *g/pl.*: -чек] window leaf; **~рум** *m* [1] forum; **~сфор** *m* [1] phosphorus
фото|аппарáт *m* [1] camera; **~граф** *m* [1] photographer; **~графúровать** [7], ⟨c-⟩ photograph; **~графúческий** [16] photographic; → ***~аппарáт***; **~грáфия** *f* [7] photograph; photography; photographer's studio
фрагментáрный [14; -рен, -рна] fragmentary
фрáза *f* [5] phrase
фрак *m* [1] tailcoat, full-dress coat
фрáкция *f* [7] *pol.* faction; (*chem.*) fraction
франт *m* [1] dandy, fop
франц|ýженка *f* [5; *g/pl.*: -нок] Frenchwoman; **~ýз** *m* [1] Frenchman; **~ýзский** [16] French
фрахт *m* [1], **~овáть** [7] freight
фрéска *f* [5] fresco
фронт *m* [1] *mil.* front; **~овóй** [14] front…; front-line
фрукт *m* [1] (*mst. pl.*) fruit; **~óвый** [14] fruit…; ***~óвый сад*** orchad
фу! *int.* (*expressing revulsion*) ugh!; (*expressing surprise*) oh!; ooh!
фундáмент *m* [1] foundation; *основа* basis; **~áльный** [14; -лен, -льна] fundamental
функционúровать [7] function
фунт *m* [1] pound
фур|áж *m* [1 *e.*] fodder; **~áжка** *f* [5; *g/pl.*: -жек] *mil.* service cap; **~гóн** *m* [1] van; **~óр** *m* [1] furor(e); **~ýнкул** *m* [1] furuncle, boil
футбóл *m* [1] football, soccer (*Brt. a.* association football); **~úст** *m* [1] soccer player; **~ьный** [14] soccer…, football…
футлáр *m* [1] case, container
фы́рк|ать [1], ⟨**~нуть**⟩ [20] snort; *coll.* grouse

Х

хáки [*indecl.*] khaki
халáт *m* [1] dressing gown, bathrobe; *врача* smock; **~ный** *coll.* [14; -тен, -тна] careless, negligent
халтýра *coll. f* [5] potboiler; hackwork; extra work (*usu.* inferior) chiefly for profit
хам *m* [1] cad, boor, lout
хандр|á *f* [5] depression, blues *pl.*; **~úть** [13] be depressed *or* in the dumps
ханж|á *coll. m/f* [5; *g/pl.*: -жéй] hypocrite; **~ествó** *n* [9] hypocrisy
хаó|с *m* [1] chaos; **~тúческий** [16], **~тúчный** [14; -чен, -чна] chaotic
харáктер *m* [1] character, nature; *человека* temper, disposition; **~изовáть** [7] (*im*)*pf.* & ⟨o-⟩ characterize; (*описывать*) describe; **~úстика** *f* [5] character(istic); characterization; (*документ*) reference; **~ный** [14; -рен, -рна] characteristic (**для** P of)
хáриус *m* [1] *zo.* grayling
хáря *coll. f* [6] mug (= *face*)
хáта *f* [5] peasant house
хвал|á *f* [5] praise; **~éбный** [14; -бен, -бна] laudatory; **~ёный** [14] *iro.* much-vaunted; **~úть** [13; хвалю, хвалишь] praise; **-ся** boast (T of)
хвáст|аться & *coll.* **~ать** [1], ⟨по-⟩ boast, brag (T of); **~лúвый** [14 *sh.*] boastful; **~овствó** *n* [9] boasting; **~ýн** *m* [1 *e.*] *coll.* boaster, braggart
хват|áть [1] **1.** ⟨(c)хватúть⟩ [15] (**за** B) snatch (at); grasp, seize (by); *a.*, *coll.* (**-ся за** B; lay hold of); **2.** ⟨**~úть**⟩ (*impers.*) (P) suffice, be sufficient; (p.

?) have enough; last (*v/t.* **на** B); (**э́того** **не**) **~ит** (that's) enough (for me)
йный [14] coniferous
ра́ть *coll.* [1] be sick *or* ill
рост *m* [1] brushwood
ст *m* [1 *e.*] tail; *coll.* (*очередь*) line, *rt.* queue; **в ~é** get behind, lag behind;
оджа́ть ~ *coll.* become more cautious
я *f* [6] (pine) needle(s *or* branches *pl.*)
ес *m* [1] sherry
кина *f* [5] hut, cabin
ый [14; хил, -á, -о] weak, sickly, puny
и|к *m* [1] chemist; **~ческий** [16] emical; **~я** *f* [7] chemistry
чи́стка *f* [5; *g/pl.*: -ток] dry cleaning; y cleaner's
ин *m* [1] quinine
е́ть [8] weaken, grow sickly; *растение* wither; *fig.* decay
ург *m* [1] surgeon; **~и́ческий** [16] surcal; **~и́я** *f* [7] surgery
р|е́ц *m* [1 *e.*] cunning person; **~и́ть** 3], ⟨с-⟩ use guile; → **мудри́ть**;
сть *f* [8] craft(iness), cunning; *приём*) artifice, ruse, trick; stratagem;
ий [14; -тёр, -тра́, хи́тро] cunning, afty, sly, wily; *coll.* artful; (*изобретательный*) ingenious
икать [1] giggle, titter
е́ние *n* [12] theft; embezzlement
н|ик *m* [1] beast (*or* bird) of prey;
ический [14] predatory; *fig.* injurious *nature*); **~ый** [16; -щен, -щна] rapaous, predatory; of prey
днокро́в|ие *n* [12] composure;
ый [14; -вен, -вна] cool(headed), lm
м *m* [1] trash, rubbish
б *m* [1] **1.** bread; **2.** [1; *pl.*: -ба́, *etc. e.*] ain, *Brt.* corn; (*пропитание*) livelind; *pl.* cereals; **~ный** [14] grain…, rn…, cereal…; bread…; **~опека́рня** [6; *g/pl.*: -рен] bakery; **~осо́льный** 4; -лен, -льна] hospitable
в *m* [1; в -е & -у́; *pl.*: -а́, *etc. e.*] cattle ed; *fig.* pigsty
ст|а́ть [3] *once*, ⟨**~ну́ть**⟩ [20] lash, nip, beat; *о воде* gush, spurt; *о дожде* our
оп|! *int.* bang! crack!, plop!; → *a.* **~ать** [1], ⟨по-⟩, *once* ⟨**~нуть**⟩ [20] *по спине* slap; *в ладоши* clap; *дверью и т. д.* bang, slam (*v/t.* Т)
хло́пок *m* [1; -пка] cotton
хлопо́к *m* [1; -ка́ *и т. д.*] clap; bang
хлопот|а́ть [3], ⟨по-⟩ (**о** П) busy *or* exert o.s. (**о** П, **за** В on behalf of); *impf. по хозяйству* toil, bustle (about); **~ли́вый** [14 *sh.*] *о человеке* busy, fussy; **~ный** [14] troublesome; exacting; **'~ы** *f/pl.* [5; *g/pl.*: -по́т] trouble(s), efforts (on behalf of, for); cares
хлопчатобума́жный [14] cotton…
хло́пья *n/pl.* [10; *gen.*: -ьев] flakes; **кукуру́зные ~** corn flakes
хлор *m* [1] chlorine; **~истый** [14] chlorine…; chloride…
хлы́нуть [20] *pf.* gush (forth); rush; *дождь* (begin to) pour in torrents
хлыст *m* [1 *e.*] whip; switch
хлю́пать *coll.* [1] squelch
хмель[1] *m* [4] hop(s)
хмель[2] *m* [4] intoxication
хму́р|ить [13], ⟨на-⟩ frown, knit one's brows; **-ся** frown, scowl; *погода* be(-come) overcast; **~ый** [14; хмур, -á, -о] gloomy, sullen; *день* cloudy
хны́кать *coll.* [3] whimper, snivel; *fig.* whine
хо́бби *n* [*indecl.*] hobby
хо́бот *m* [1] *zo.* trunk
ход *m* [1; в (на) -у́ & -е; *pl.*: хо́ды́] motion; (*скорость*) speed (**на** П at), pace; *истории и т. д.* course; *подземный* passage; *поршня* stroke; *чёрный* entrance; lead (*cards*); move (*chess, etc.*); **на ~у́** in transit; *a.* while walking, *etc.*; **пусти́ть в ~** start; motion; *оружие* use; **знать все ~ы и вы́ходы** know all the ins and outs; **по́лным ~ом** in full swing; **~ мы́слей** train of thought
хода́тай|ство *n* [9] intercession; petition; **~ствовать** [7], ⟨по-⟩ intercede (**у** Р, **за** В with/for); petition (**о** П for)
ход|и́ть [15] go (**в, на** В to); walk; *под парусом* sail; *поезд и т. д.* run, ply; *в шашках и т. д.* move; visit, attend (*v/t.* **в, на** В; р. **к** Д); *о слухах* circulate; (*носить*) (**в** П) wear; **~кий** [16; хо́док, -дка́, -о; *comp.*: хо́дче] *coll.* fast; *товар*

marketable, saleable; in great demand; **~ýльный** [14; -лен, -льна] stilted; **~ьбá** *f* [5] walking; walk; **~я́чий** [17] popular; current; *coll. больной* ambulant

хождéние *n* [12] going, walking; (*распространение*) circulation

хозя́|ин *m* [1; *pl.*: хозя́ева, хозя́ев] owner; boss, master; *домовладелец* landlord; *принимающий гостей* host; **~ева** → **~ин & ~йка**; **~йка** *f* [5; *g/pl.*: -я́ек] mistress; landlady; hostess; housewife; **~йничать** [1] keep house; manage (at will); make o.s. at home; **~йственный** [14 *sh.*] economic(al), thrifty; **~йственные товáры** household goods; **~йство** *n* [9] economy; household; farm

хоккéй *m* [3] hockey; **~ с шáйбой** ice hockey

холéра *f* [5] cholera

хóлить [13] tend, care for

холл *m* [1] vestibule, foyer

хол|м *m* [1 *e.*] hill; **~ми́стый** [14 *sh.*] hilly

хóлод *m* [1] cold (**на** П in); chill (*a. fig.*); *pl.* [-á, *etc. e.*] cold (weather) (**в** В in); **~éть** [8], ⟨по-⟩ grow cold, chill; **~и́льник** *m* [1] refrigerator; **~ность** *f* [8] coldness; **~́ный** [14; хóлоден, -днá, -o] cold (*a. fig.*); *geogr. & fig.* frigid; **(мне) ~но** it is (I am) cold

холост|óй [14; хóлост] single, unmarried; bachelor('s); *патрон* blank; *tech. ход* idle; **~я́к** *m* [1 *e.*] bachelor

холст *m* [1 *e.*] canvas

хомя́к *m* [1 *e.*] hamster

хор *m* [1] choir; **~́ом** all together

хорвáт *m* [1], **~ка** *f* [5; *g/pl.*: -ток] Croat; **~ский** [16] Croatian

хорёк *m* [1; -рькá] polecat, ferret

хореогрáфия *f* [7] choreography

хоровóд *m* [1] round dance

хорони́ть [13; -оню́, -óнишь], ⟨по-⟩ bury

хорóш|енький [16] pretty; **~éнько** *coll.* properly, throughly; **~éть** [8], ⟨по-⟩ grow prettier; **~ий** [17; хорóш, -á; *comp.*: лу́чше] good; fine, nice; (*a.* **собóй**) pretty, goodlooking, handsome; **~ó** well; *отметка* good, B (→ **четвёрка**); all right!, OK!, good!; **~ó, что вы** it's a good thing you…; **~ó вам** (+ *inf.*) it is all very well for you t…

хотé|ть [хочу́, хóчешь, хóчет, хоти́м, хоти́те, хотя́т], ⟨за-⟩ (P) want, desire; **~л(а) бы** I would (*Brt.* should) like; **хочу́, чтóбы вы** + *pt.* I want … to…; **хóчешь не хóчешь** willy-ni…; **-ся** (*impers.*): **мне хóчется** I'd like; → **~ть**

хоть (*a.* **~ бы**) at least; even; even (if, though); if only; **~ … ~** whether … whether, (either) or; *coll.* **~ бы и т…** even if it be so; **~ убéй** for the life… me; *a.* **хотя́**

хотя́ although, though (*a.* **~ и**); **~ бы** e… though; if; → *a.* **хоть**

хóхот *m* [1] guffaw; loud laugh; **~áть** ⟨за-⟩ roar (with laughter)

храбр|éц *m* [1 *e.*] brave person; **~́ос…** [8] valo(u)r, bravery; **~́ый** [14; храбр, -o] brave, valiant

храм *m* [1] *eccl.* temple, church

хран|éние *n* [12] keeping; *товаров* st… age; **кáмера ~éния** *rail.*, *ae.*, *etc.*; clo… room, *Brt.* left-luggage office; *автом…тическая* left-luggage locker; **~и́ли…** *n* [11] storehouse; depository; **~и́тель** [4] keeper, custodian; *музея* cura…; **~и́ть** [13], ⟨со-⟩ keep; maintain; st… *tech. a. of computer*; *памяти* preser…; (*соблюдать*) observe

храп *m* [1], **~éть** [10 *e.*; -плю́, -пи́…] snore; snorting

хребéт *m* [1; -бтá] *anat.* spine; spinal c…umn; (mountain) range

хрен *m* [1] horseradish

хрип *m* [1], **~éние** *n* [12] wheeze; whe…ing; **~éть** [10; -плю́, -пи́шь] wheeze; hoarse; *coll.* speak hoarsely; **~́лый** [… хрипл, -á, -o] hoarse, husky; **~́нуть** [… ⟨о-⟩ become hoarse; **~отá** [5] hoar…ness; husky voice

христ|иани́н *m* [1; *pl.*: -áне, -áн], **~и…ка** *f* [5; *g/pl.*: -нок], **~иáнский** [… Christian; **~иáнство** *n* [9] Christian…; **Ꭺóс** *m* [Христá] Christ

хром *m* [1] chromium; chrome

хром|áть [1] limp; be lame; **~óй** [… хром, -á, -o] lame

хрóн|ика *f* [5] chronicle; current eve… newsreel; **~и́ческий** [16] chronic(…

Х

ɔлогический [16] chronological; ология *f* [7] chronology
ý|пкий [16; -пок, -пка́, -о; *comp*.: ɔýпче] brittle, fragile, frail, infirm; ста́ль *m* [4 *e*.] crystal; ~сте́ть [11] runch; ~щ *m* [1 *e*.] cockchafer
ɥóж|ественный [14 *sh*.] artistic; :t(s)…; of art; belles(-*lettres*); applied (*arts*); ~ество *n* [9] (applied) art; ~ник *m* [1] artist; painter
худ|о́й [14; худ, -á, -о; *comp*.: худе́е] thin, lean, scrawny; [*comp*.: ху́же] bad, evil; ~ший [16] worse, worst; → ***лу́чший***
ху́же worse; → ***лу́чше & тот***
хулига́н *m* [1] rowdy, hooligan

Ц

п|ать *coll*. [1], *once* ⟨~нуть⟩ [20] ıatch, grab; scratch
пля *f* [6; *g*/*pl*.: -пель] heron
ра́п|ать [1], ⟨(п)о-⟩, *once* ⟨~нуть⟩ [20], ина *f* [5] scratch
р|е́вич *m* [1] czarevitch; prince; ~е́вна [5; *g*/*pl*.: -вен] princess; ~и́ть [13] *fig*. :ign; ~и́ца *f* [5] czarina, (Russian) empress; *fig*. queen; ~ский [16] of the zar(s), czarist; royal; ~ство *n* [9] realm; ingdom (*a*. *fig*.); rule; *a*. → ствование *n* [12] reign (**в** В in); ствовать [7] reign, rule; ~ь *m* [4 *e*.] zar, (Russian) emperor; *fig*. king; ***без я́ в голове́*** stupid
ести́ [25 -т-] bloom, blossom
ет *m* [1] **1.** [*pl*.: -á, *etc*. *e*.] colo(u)r; *fig*. ream, pick; *лица* complexion; ***защи́т-ого ~а*** khaki; **2.** [*only pl*.: -ы́, *etc*. *e*.] owers; **3.** [*no pl*.: **в -у́** in bloom] blosom, bloom; ~е́ние *n* [12] flowering; и́стый [14 *sh*.] multicolo(u)red, flor-l; ~ни́к [1 *e*.] flower bed, garden; но́й [14] colo(u)red; colo(u)r; *металлы* nonferrous; ***~на́я капу́ста*** cauliower; ~о́к *m* [1; -тка́; *pl*. *usu*. = 2] flowr; ~о́чный [14] flower…; ***~о́чный магази́н*** florist's; ~у́щий [17 *sh*.] flowerıg; *fig*. flourishing; *возраст* prime of life)
ле́|бный [14; -бен, -бна] curative, meicinal; ~во́й [14] special, having a speial purpose; ~сообра́зный [14; -зен, зна] expedient; ~устремлённый [14 h.] purposeful
ли|ко́м entirely, wholly; ~на́ *f* [5] virgin lands; virgin soil; ~тельный [14; -лен, -льна] salutary, curative; ~ть(ся) [13], ⟨при-⟩ aim (**в** В at)
целлюло́за *f* [5] cellulose
целова́ть(ся) [7], ⟨по-⟩ kiss
це́л|ое [14] whole (**в** П on the); ~ому́дренный [14 *sh*.] chaste; ~omу́дрие *n* [12] chastity; ~остность *f* [8] integrity; ~ость *f* [8]: safety; ***в ~ости*** intact; ~ый [14; цел, -á, -о] whole, entire, intact; ***~ый и невреди́мый*** safe and sound; ***~ое число́*** whole number, integer; → ***деся́тый & со́тый***
цель *f* [8] aim, end, goal, object; (*мишень*) target; purpose (**с** Т, **в** П *pl*. for); ***име́ть ~ю*** aim at; ~ность *f* [8] integrity; ~ный [14; це́лен, -льна́, -о] of one piece; entire, whole; *человек* self-contained; *молоко* [*no sh*.] unskimmed
цеме́нт *m* [1] cement; ~и́ровать [7] *tech*. cement, case-harden
цен|á *f* [5; *ac*/*sg*.: це́ну; *pl*. *st*.] price (Р of; **по** Д/**в** В at/of), cost; value (Д of *or* one's); ***знать себе́ ~у*** know one's worth; ***~ы́ нет*** (Д) be invaluable; ***любо́й ~о́й*** at any price; ~зу́ра *f* [5] censorship
цен|и́тель *m* [4] judge, connoisseur; ~и́ть [13; ценю́, це́нишь], ⟨о-⟩ estimate; value, appreciate; ~ность *f* [8] value; *pl*. valuables; ~ный [14; -е́нен, -е́нна] valuable; *fig*. precious, important; ***~ные бума́ги*** *pl*. securities
це́нтнер *m* [1] centner
центр *m* [1] center, *Brt*. centre; ~ализо-

Ц

ва́ть [7] (*im*)*pf.* centralize; **~а́льный** [14] central; ***~а́льная газе́та*** national newspaper; **~обе́жный** [14] centrifugal

цеп|ене́ть [8], ⟨о-⟩ become rigid, freeze; be rooted to the spot; *fig.* be transfixed; **~кий** [16; -пок, -пка́, -о] tenacious (*a. fig.*); **~ля́ться** [28] cling (to ***за*** B); **~но́й** [14] chain(ed); **~о́чка** *f* [5; *g/pl.*: -чек] chain; **~ь** *f* [8; в, на -и́; *from g/pl. e.*] chain (*a. fig.*); *mil.* line; *el.* circuit

церемо́н|иться [13], ⟨по-⟩ stand on ceremony; **~ия** *f* [7] ceremony; **~ный** [14] ceremonious

церко́в|ный [14] church…; ecclesiastical; **´~ь** *f* [8; -кви; *instr./sg.*: -ковью; *pl.*: -кви, -ве́й, -ва́м] church (*building and organization*)

цех *m* [1] shop (*section of factory*)

цивилиз|а́ция *f* [7] civilization; **~о́ванный** [14] civilized

цикл *m* [1] cycle; *лекций* course; **~о́н** *m* [1] cyclone

цико́рий *m* [3] chicory

цили́ндр *m* [1] cylinder; **~и́ческий** [16] cylindrical

цинга́ *f* [5] *med.* scurvy

цини́|зм *m* [1] cynicism; **´~к** *m* [1] cyn…; **~чный** [14; -чен, -чна] cynical

цинк *m* [1] zinc; **~овый** [14] zinc…

цино́вка *f* [5; *g/pl.*: -вок] mat

цирк *m* [1], **~ово́й** [14] circus

циркул|и́ровать [7] circulate; **´~ь** *m* (a pair of) compasses *pl.*; **~я́р** *m* [1] (…ficial) instruction

цисте́рна *f* [5] cistern, tank

цитаде́ль (-'dɛ-) *f* [8] citadel; *fig.* b…wark; stronghold

цита́та *f* [5] quotation

цити́ровать [7], ⟨про-⟩ quote

ци́трусовые [14] citrus (trees)

циф|ербла́т *m* [1] dial; *часов* face; **~р**… [5] figure; number

цо́коль *m* [4] *arch.* socle; *el.* screw ba… (*of light bulb*)

цыга́н *m* [1; *nom./pl.*: -е & -ы; *gen.*: ц…га́н], **~ка** *f* [5; *g/pl.*: -нок], **~ский** [… Gypsy, *Brt.* Gipsy

цыплёнок *m* [2] chicken

цы́почк|и: ***на ~ах*** (***~и***) on tiptoe

Ч

чад *m* [1; в -у́] fume(s); *fig.* daze; intoxication; **~и́ть** [15 *e.*; чажу́, чади́шь], ⟨на-⟩ smoke

ча́до *n* [9] *obs. or joc.* child

чаевы́е *pl.* [14] tip, gratuity

чай *m* [3; *part. g.*: -ю; в -е & -ю́; *pl. e.*: чаи́, чаёв] tea; ***дать на ~*** tip

ча́йка [5; *g/pl.*: ча́ек] (sea) gull

ча́й|ник *m* [1] *для заварки* teapot; teakettle; **~ный** [14] *ложка и т. д.* tea

чалма́ *f* [5] turban

чан *m* [1; *pl. e.*] tub, vat

ча́р|ка *f* [5; *g/pl.*: -рок] *old use* cup, goblet; **~ова́ть** [20] charm; **~оде́й** *m* [3] magician, wizard (*a. fig.*)

час *m* [1; в -е & -у́; *after* 2, 3, 4: -а́; *pl. e.*] hour (for *pl.* ***~а́ми***); (one) o'clock (at ***в*** B); time, moment (at ***в*** B); an hour's…; ***второ́й ~*** (it is) past one; ***в пя́том ~у́*** between four and five; (→ ***пять***, ***пя́тый***); ***кото́рый ~?*** what's the tim…; ***с ~у на ~*** soon; ***~ от ~у не ле́гче*** thin… are getting worse and worse; **~о́вня** *f* [… *g/pl.*: -вен] chapel; **~ово́й** [14] hour…, watch…, clock…; *su.* sentry, gua…; ***~ово́й по́яс*** time zone; ***~ово́й ма́ст…*** = **~овщи́к** *m* [1 *e.*] watchmaker

част|и́ца *f* [5] particle; **~и́чный** [14; -че…, -чна] partial; **~ник** *coll.* private trad…, owner of a small business; **~ное** *n* [… *math.* quotient; **~ность** *f* [8] det…; **~ный** [14] private; particular, individ…al; ***~ная со́бственность*** private pro…erty; **~ота́** *f* [5; *pl. st.*: -о́ты] frequen…; **~у́шка** *f* [5; *g/pl.*: -шек] humorous… topical two- or four-lined verse; **~ь…** [14; част, -а́, -о; *comp.*: ча́ще] freque… (*adv. a.* often); *густой* thick, dens…

лежки *и т. д.* close; *пульс и т. д.* ick, rapid; **~ь** *f* [8; *from g/pl. e.*] part Т; *pl. a.* **по** Д); (*доля*) share; piece; ction; *mil.* unit; ***бóльшей ~ью, по*** ***льшей ~и*** for the most part, mostly; ***зобрáть на ~и*** take to pieces
ы *no sg.* [1] *ручные* watch; clock; ***по*** ***йм ~áм*** by my watch
лый [14 *sh.*] sickly; *раститель-* *сть* stunted; **~нуть** [21], ⟨за-⟩ wither ay; *о человеке* become weak, waste ay
|а *f* [5] cup, bowl; *eccl.* chalice; **~ечка** 5] *dim.* → ***чáшка: колéнная ~ечка*** eecap; **~ка** *f* [5; *g/pl.*: -шек] cup; *ве-* *в* pan
а *f* [5] thicket
е more (***~ всегó*** most) often
ние *n* [12] expectation, aspiration
m, **чья** *f*, **чьё** *n*, **чьи** *pl.* [26] whose; ***~ о дом?*** whose house is this?
m [1] check, *Brt.* cheque; *для опла-* *ы* chit, bill; *оплаченный* receipt;
нить [13], ⟨вы́-⟩ mint, coin; *узор* ase; **~áнка** *f* [5; *g/pl.*: -нок] minting, inage; chasing; **~и́ст** *m* [1] (state) se- rity officer; *hist.* member of the che- ; **~овый** [14] check…
нó|к *m* [1 *e.*], **~чный** [14] shuttle
ó *n* [9; *pl. st.*] *obs.* brow
овé|к *m* [1; *pl.*: люди; 5, 6, *etc.* -éк] an, human being; person, individual; ***сский ~к*** Russian; **~колю́бие** *n* [12] ilanthropy; **~ческий** [16] human(e);
ество *n* [9] mankind, humanity;
ный [14; -чен; -чна] humane
юсть *f* [8] jaw; (full) denture
than; rather than, instead of; ***~ …, м …*** the more … the more …; ***~ ско-*** ***е, тем лу́чше*** the sooner, the better;
дáн *m* [1] suitcase
пиóн *m* [1] champion; **~áт** *m* [1] ampionship
ухá *f* [5] *coll.* nonsense; (*мелочь*) tri-
чик *m* [1] baby's bonnet
в|и *f/pl.* [4; *from gen. e.*] **& ~ы** *f/pl.* [5] arts (*cards*)
ви́вый [14 *sh.*] worm-eaten
вóнец *m* [1; -нца] *hist.* (*gold coin*) chervonets; (*ten-r(o)uble bank note in circulation 1922-47*)
черв|ь [4; *e.*; *nom/pl. st.*: чéрви, червéй], **~я́к** *m* [1 *e.*] worm
чердáк *m* [1 *e.*] garret, attic, loft
черёд *coll. m* [1 *e.*] (*очередь*) turn; (*по-рядок*) course
чередовá|ние *n* [12] alternation; **~ть(ся)** [7] alternate (with)
чéрез (В) through; *улицу* across, over; *время* in, after; *ехать* via; ***~ день*** *a.* every other day
черёмуха *f* [5] bird cherry
чéреп *m* [1; *pl.*: -á, *etc. e.*] skull
черепá|ха *f* [5] tortoise; *морская* turtle; **~ховый** [14] tortoise(shell)…; **~ший** [18] tortoise's, snail's
череп|и́ца *f* [5] tile (*of roof*); **~и́чный** [14] tiled; **~óк** [1; -пкá] fragment, piece
чере|счу́р too, too much; **~шня** *f* [6; *g/pl.*: -шен] (sweet) cherry, cherry tree
черкну́ть *coll.* [20] *pf.*: scribble; dash off; ***~ пáру*** (*or* ***нéсколько***) ***слов*** drop a line
черн|éть [8], ⟨по-⟩ blacken, grow black; *impf.* show up black; **~и́ка** *f* [5] bilberry, -ries *pl.*; **~и́ла** *n/pl.* [9] ink; **~и́ть** [13], ⟨о-⟩ *fig.* blacken, denigrate, slander
черно|ви́к *m* [1 *e.*] rough copy; draft; **~вóй** [14] draft…; rough; **~волóсый** [14 *sh.*] black-haired; **~глáзый** [14 *sh.*] black-eyed; **~зём** *m* [1] chernozem, black earth; **~кóжий** [17 *sh.*] black; *as su.* [-его] *m* black (man), negro; **~мóрский** [16] Black Sea…; **~сли́в** *m* [1] prune(s); **~тá** *f* [5] blackness
чёрн|ый [14; чёрен, чернá] black (*a. fig.*); *хлеб* brown; *металл* ferrous; *ра-бота* rough; *ход* back; ***на ~ый день*** for a rainy day; ***~ым по бéлому*** in black and white
чернь *f* [8] *art* niello
чéрп|ать [1], ⟨**~ну́ть**⟩ [20] scoop, ladle; *знания, силы* derive, draw (from **из** Р, **в** П)
черствéть [8], ⟨за-, по-⟩ grow stale; *fig.* harden
чёрствый [14; чёрств, -á, -о] stale, hard; *fig.* callous
чёрт *m* [1; *pl.* 4: чéрти, -тéй, *etc. e.*] devil;

coll. **~побери́** the devil take it; **на кой ~** *coll.* what the deuce; **ни черта́** *coll.* nothing at all; **~а с два!** like hell!

черт|á *f* [5] line; trait, feature (*a.* **~ы́ лица́**); **в ~é го́рода** within the city boundary

чертёж *m* [1 *e.*] drawing, draft (*Brt.* draught), design; **~ник** *m* [1] draftsman, *Brt.* draughtsman; **~ный** [14] *доска и т. д.* drawing (*board, etc.*)

черт|и́ть [15], ⟨на-⟩ draw, design; **~о́вский** [16] *coll.* devilish

чёрточка *f* [5; *g/pl.*: -чек] hyphen

черче́ние *n* [12] drawing

чеса́ть [3] **1.** ⟨по-⟩ scratch; **2.** ⟨при-⟩ *coll.* comb; **-ся** itch

чесно́к *m* [1 *e.*] garlic

чесо́тка *f* [5] scab, rash, mange

че́ст|вование *n* [12] celebration; **~вовать** [7] celebrate, hono(u)r; **~ность** *f* [8] honesty; **~ный** [14; че́стен, -тна́, -о] honest, upright; (*справедливый*) fair; **~олюби́вый** [14 *sh.*] ambitious; **~олю́бие** *n* [12] ambition; **~ь** *f* [8] hono(u)r (in **в** В); credit; **э́то де́лает вам ~ь** it does you credit; *coll.* **~ь ~ью** properly, well

чета́ *f* [5] couple, pair; match; **она́ ему́ не ~** she is no match for him

четве́р|г *m* [1 *e.*] Thursday (on **в** В, *pl.*: **по** Д); **~е́ньки** *coll. f/pl.* [5] all fours (on **на** В, П); **четвёрка** *f* [5; *g/pl.*: -рок] four (→ **тро́йка**); *coll.* (*mark*) → **хорошо́**; **ʹ~о** [37] four (→ **дво́е**); **четвёртый** (-ˈvɔr-) [14] fourth → **пя́тый**; **ʹ~ть** *f* [8; *from g/pl. e.*] (one) fourth; *школьная* (school-)term; quarter (to **без** Р; past one **второ́го**)

чёткий [16; чёток, четка́, -о] precise; clear; *почерк* legible; (*точный*) exact, accurate

чётный [14] even (*of numbers*)

четы́ре [34] four; → **пять**; **~жды** four times; **~ста** [36] four hundred

четырёх|ле́тний [15] of four years; four-year; **~ме́стный** [14] fourseater; **~со́тый** [14] four hundredth; **~уго́льник** *m* [1] quadrangle; **~уго́льный** [14] quadrangular

четы́рнадца|тый [14] fourteenth; → **пя́тый**; **~ть** [35] fourteen; → **пять**

чех *m* [1] Czech

чехарда́ *f* [5] leapfrog; **министе́рска[я]** frequent changes in personnel (*esp* government appointments)

чехо́л *m* [1; -хла́] case, cover

чечеви́ца *f* [5] lentil(s)

че́ш|ка *f* [5; *g/pl.*: -шек] Czech (woma[n]); **~ский** [16] Czech

чешуя́ *f* [6] *zo.* scales *pl.*

чи́бис *m* [1] *zo.* lapwing

чиж *m* [1 *e.*], *coll.* **ʹ~ик** *m* [1] *zo.* sisk[in]

чин *m* [1; *pl. e.*] *mil.* rank

чин|и́ть [13; чиню́, чи́нишь] a) ⟨п[о-]⟩ mend, repair; b) ⟨о-⟩ *карандаш* sha[rp]en, point; **~и́ть препя́тствие** (Д) [ob]struct, impede; **ʹ~ный** [14; чи́нен, чин[на́,] чи́нно] proper; sedate; **~о́вник** *m* [1] [of]ficial, functionary

чири́к|ать [1], ⟨**~нуть**⟩ [20] chirp

чи́рк|ать [1], ⟨**~нуть**⟩ [20] strike

чи́сл|енность *f* [8] number; **~енный** [14] numerical; **~и́тель** *m* [4] *math.* num[er]ator; **~и́тельное** *n* [14] *gr.* numeral [(a. **и́мя ~и́тельное**)]; **~и́ться** [13] be [...]; be reckoned (**в** П *or* **по** Д/Р); **~о́** [...] [9; *pl. st.*: чи́сла, чи́сел, чи́слам] nu[m]ber; date, day; **како́е сего́дня ~[о́]** what is the date today? (→ **пя́тый**)[; **в**] **~é** (Р) among, **в том ~é** including

чи́ст|ить [15] **1.** ⟨по-, вы-⟩ clean(s[e]); brush; *обувь* polish; **2.** ⟨о-⟩ peel; **~[ка]** [5; *g/pl.*: -ток] clean(s)ing; *pol.* pu[rge]; **~окро́вный** [14; -вен, -вна] thorou[gh]bred; **~опло́тный** [14; -тен, -тна] cle[an]ly; *fig.* clean, decent; **~осерде́чн[ый]** [14; -чен, -чна] openhearted, frank, s[in]cere; **~ота́** *f* [5] clean(li)ness; pur[ity]; **~ый** [14; чист, -á, -о; *comp.*: чи́[ще]] clean; *золото и т. д.* pure; *спи[рт]* neat; *небо* clear; *вес* net; *лист* bla[nk]; *работа* fine, faultless; *правда* pla[in]; *случайность* mere

чита́|льный [14]: **~льный зал** read[ing] room; **~тель** *m* [4] reader; **~ть** [1], ⟨про-⟩ & *coll.* ⟨проче́сть⟩ [25; -ч[ту,] -чтёшь; чёл, -чла́; -чтённый] read, [re]cite; give (*lecture* on **о** П), deliv[er]; **~ть мора́ль** lecture

чи́тка *f* [5; *g/pl.*: -ток] reading (*usu.* b[y ...])

Ч

ɔup)
ать [1], *once* ⟨~нýть⟩ [20] sneeze
н *m* [1] member; (*конечность*)
nb; part; **~оразде́льный** [14; -лен, ьна] articulate; **~ский** [16] member(-ip)…; **~ство** *n* [9] membership
к|ать *coll.* [1], *once* ⟨~нуть⟩ [20] nack; (*поцеловать*) give s.o. a nacking kiss
|аться [1], *once* ⟨~нуться⟩ [20] clink asses T) (with **с** T)
торный [14; -рен, -рна] prim, stiff;
т → чёрт
в|атый [14 *sh.*] fraught (with T); **~о** womb
з → че́рез
з|выча́йный [14; -áен, -áйна] extraordinary; extreme; special; **вычáйное положéние** state of emergency; **~мéрный** [14; -рен, -рна] excessive
ние *n* [12] reading; *художественное* recital; **~ц** *m* [1 *e.*] reader
ть → почитáть¹
[23] **1.** *pron.* what (*a.* **~ за**); that, hich; how; (*a.* **а ~?**) why (so?); (*a.* **а** what about; what's the matter; *coll.* **~?** well?; **вот ~** the following; listen; at's it; **~ до меня́** as for me; **~ вы ы)!** you don't say!, what next!; **нé ~** (you are) welcome, *Brt.* don't mention it; **ни за ~** not for the world; **ну и ~?** hat of that; **(уж) на ~** *coll.* however; **с гó бы э́то?** *coll.* why? why …?; **~ и ворить** *coll.* sure; **→ ни**; *coll.* **→ нибудь, ~-то**; **2.** *cj.* that; like, as if; **(ни) …, то …** every … (a) …
б(ы) (in order) that *or* to (*a.* **с тем, ~**); **не** lest, for fear that; **вмéсто тогó ~** + *f.* instead of …ing; **скажи́ емý, ~ он** + tell him to *inf.*
-либо, ~-нибудь, ~-то [23] something; anything; **~-то** *a. coll.* somewhat; mehow, for some reason or other
ств|енный [14 *sh.*] sensuous; (*плотский*) sensual; **~и́тельность** *f* [8] sensibility; **~и́тельный** [14; -лен, -льна] sensitive; sentimental; sensible (*a.* = considerable, great, strong); **~о** *n* [9] sense; feeling; sensation; *coll.* love; **óрганы ~** organs of sense; **~овать** [7], ⟨по-⟩ feel (*a.* **себя́** [T *s.th.*]); **-ся** be felt
чугýн *m* [1 *e.*] cast iron; **~ный** [14] cast--iron…
чуд|áк *m* [1 *e.*] crank, eccentric; **~áчество** *n* [9] eccentricity; **~éсный** [14; -сен, -сна] wonderful, marvel(-l)ous; *спасение* miraculous; **~и́ть** [15 *e.*] *coll.* **→ дури́ть**; **~иться** [15] *coll.* **→ мерéщиться**; **~ный** [14; -ден, -дна] wonderful, marvel(l)ous; **~о** *n* [9; *pl.*: чудесá, -éс, -есáм] miracle, marvel; wonder; *a.* **→ ~но**; **~óвище** *n* [11] monster; **~óвищный** [14; -щен, -щна] monstrous; *потери и т. д.* enormous
чуж|би́на *f* [5] foreign country (in **на** П; *a.* abroad); **~дáться** [1] (P) shun, avoid; **~дый** [14; чужд, -á, -о] foreign; alien; free (from P); **~óй** [14] someone else's, others'; alien; strange, foreign; *su. a.* stranger, outsider
чул|áн *m* [1] storeroom, larder; **~óк** *m* [1; -лкá; *g/pl.*: -лóк] stocking
чумá *f* [5] plague
чурбáн *m* [1] block; *fig.* blockhead
чýтк|ий [16; -ток, -ткá, -о; *comp.*: чýтче] sensitive (to **на** B), keen; *сон* light; *слух* quick (of hearing); *человек* sympathetic; **~ость** *f* [8] keenness; delicacy (of feeling)
чýточку *coll.* a wee bit
чуть hardly, scarcely; a little; **~ не** nearly, almost; **~ ли не** *coll.* almost, all but; **~ что** *coll.* on the slightest pretext; **чуть-чуть → чуть**
чутьё *n* [10] instinct (for **на** B); flair
чýчело *n* [9] stuffed animal; **~ горóховое** scarecrow; *coll.* dolt
чушь *coll.* *f* [8] bosh, twaddle
чýять [27], ⟨по-⟩ scent, *fig.* feel

Ш

шаба́шник *m* [1] *coll. pej.* moonlighter
шабло́н *m* [1] stencil, pattern, cliché; **~ный** [14] trite, hackneyed
шаг *m* [1; *after 2, 3, 4*: -á; в -ý; *pl. e.*] step (by step **~ за** T) (*a. fig.*); *большой* stride; *звук* footsteps; *tech.* pitch; **приба́вить ~у** quicken one's pace; **ни ~у** (**да́льше**) not a step futher; **на ка́ждом ~ý** everywhere, at every turn, continually; **~а́ть** [1], *once* ⟨**~нýть**⟩ [20] step, stride; walk; pace; (*через*) cross; *pf.* take a step; **далеко́ ~нýть** *fig.* make great progress; **~а́ть взад и вперёд** pace back and forth
ша́йба *f* [5] *tech.* washer; *sport* puck
ша́йка *f* [5; *g/pl.*: ша́ек] gang
шака́л *m* [1] jackal
шала́ш *m* [1] hut
шал|и́ть [13] be naughty, frolic, romp; fool (about), play (pranks); **~и́шь!** *coll.* (*rebuke*) don't try that on me!; none of your tricks!; **~овли́вый** [14 *sh.*] mischievous, playful; **~опа́й** *coll. m* [3] loafer; **~ость** *f* [8] prank; **~у́н** *m* [1 *e.*] naughty boy; **~у́нья** *f* [6; *g/pl.*: -ний] naughty girl
шалфе́й *m* [3] *bot.* sage
шаль *f* [8] shawl
шальн|о́й [14] mad, crazy; *пуля* stray…; **~ы́е де́ньги** easy money
ша́мкать [1] mumble
шампа́нское *n* [16] champagne
шампиньо́н *m* [1] field mushroom
шампу́нь *m* [4] shampoo
шанс *m* [1] chance, prospect (of **на** B)
шанта́ж *m* [1], **~и́ровать** [7] blackmail
ша́пка *f* [5; *g/pl.*: -пок] cap; *typ.* banner headlines
шар *m* [1; *after 2, 3, 4*: -á; *pl. e.*] sphere; ball; **возду́шный ~** balloon; **земно́й ~** globe
шара́х|аться *coll.* [1], ⟨**~нуться**⟩ [20] dash, jump (aside), recoil; *о лошади* shy
шарж *m* [1] cartoon, caricature; **дру́жеский ~** harmless, wellmeant caricature

ша́рик *m* [1] *dim.* → **шар**; **~овый** [14] **ру́чка**; **~оподши́пник** *m* [1] ball bearing
ша́рить [13], ⟨по-⟩ *в чём-л.* rummage, grope about, feel
ша́р|кать [1], *once* ⟨**~кнуть**⟩ [20] shuffle
шарни́р *m* [1] *tech.* hinge, joint
шаро|ва́ры *f/pl.* [5] baggy trousers; **~ви́дный** [14; -ден, -дна] **~обра́зный** [14; -зен, -зна] spherical, globe-shaped
шарф *m* [1] scarf, neckerchief
шасси́ *n* [*indecl.*] chassis; *ae.* undercarriage
шат|а́ть [1], *once* ⟨(по)шатнýть⟩ [20] shake; rock; **-ся** *о зубе и т. д.* be loose; *о человеке* stagger, reel, totter; *coll. без дела* lounge *or* loaf, gad about
шатёр *m* [1; -тра́] tent, marquee
ша́т|кий [16; -ток, -тка] shaky, unsteady (*a. fig.*); *мебель* rickety; *fig. friend,* unreliable; fickle; **~нýть(ся)** → **~а́ть(ся)**
шах *m* [1] shah; check (*chess*)
шахмат|и́ст *m* [1] chess player; **~ный** [14] chess…; **´~ы** *f/pl.* [5] chess; **игра́ть в ´~ы** play chess; chessmen
ша́хт|а *f* [5] mine, pit; *tech.* shaft; **~ёр** *m* [1] miner; **~ёрский** [16] miner's
ша́шка[1] *f* [5; *g/pl.*: -шек] saber, *Brt.* sabre
ша́шка[2] *f* [5; *g/pl.*: -шек] checker, draughtsman; *pl.* checkers, *Brt.* draughts
шашлы́к *m* [1] shashlik, kebab
швартова́ться [7], ⟨при-⟩ *naut.* moor, make fast
швед *m* [1], **~ка** *f* [5; *g/pl.*: -док] Swede; **~ский** [16] Swedish
шве́йн|ый [14] sewing; **~ая маши́на** sewing machine
швейца́р *m* [1] doorman, doorkeeper, porter
швейца́р|ец *m* [1; -рца], **~ка** *f* [5; *g/pl.*: -рок] Swiss; **Ꙩия** [7] Switzerland; **~ский** [16] Swiss
швыр|я́ть [28], *once* ⟨**~нýть**⟩ [20] hurl, fling (*a.* T)

…е|ли́ть [13; -елю́, -е́ли́шь], ⟨по-⟩, *…ce* ⟨(по)**~льну́ть**⟩ [20] stir, move *…i.* **-ся**); ***~ли́ть мозга́ми*** *coll.* use …e's wits

…елю́ра *f* [5] (head of) hair

…е́вр (-'dɛvr) *m* [1] masterpiece, chef …œuvre

…ка *f* [5; *g/pl.*: ше́ек] neck

…ест *m* [1], **~е́ть** [11] rustle

…к *m* [1; *g/sg. a.* -у; в шелку́; *pl.*: шел- *etc. e.*] silk

…кови́|стый [14 *sh.*] silky; **~ца** *f* [5] …ulberry (tree)

…ковый [14] silk(en); ***как*** ~ meek as a …nb

…|охну́ться [20] *pf.* stir; **~уха́** *f* [5], **…ши́ть** [16 *e.*; -шу́, -ши́шь] peel, husk; **…ши́ться** *о коже* peel

…ьмова́ть [7], ⟨о-⟩ *hist.* punish pub…ly; *coll.* defame, charge falsely

…еля́в|ить [14] lisp; **~ый** [14 *sh.*] lisp…g

…от *m* [1] whisper (in a T)

…|та́ть [3], ⟨про-⟩, *once* ⟨**~ну́ть**⟩ [20] …isper (*v/i. a.* **-ся**)

…е́нга *f* [5] file, rank

…охова́тый [14 *sh.*] rough, *fig.* une…n, rugged

…ст|ь *f* [8; *from g/pl. e.*] wool; *живот…го* coat; *овцы* fleece; **~яно́й** [14] …ol([l]en)

…ша́вый [14 *sh.*] rough

…т *m* [1 *e.*] pole

…тв|ие *n* [12] procession; **~овать** [7] …ide, walk (*as in a procession*)

…т|ёрка *f* [5; *g/pl.*: -рок] six (→ ***тро́й…***); six-oar boat; **~ерня́** *f* [6; *g/pl.*: -рён] …*h.* pinion; cogwheel; **~еро** [37] six (→ ***…о́е***); **~идеся́тый** [14] sixtieth; → ***…т(идеся́т)ый***; **~име́сячный** [14] of … months; six-month; **~исо́тый** [14] … hundredth; **~иуго́льник** *m* [1] hex…on; **~на́дцатый** [14] sixteenth; → ***…тый***; **~на́дцать** [35] sixteen; → ***пять***; **…й** [14] sixth; → ***пя́тый***; **~ь** [35 *e.*] six; ***пять***; **~ьдеся́т** [35] sixty; **~ьсо́т** [36] … hundred; **~ью** six times

… *m* [1] chief, head; *coll.* boss

… *f* [6; *g/pl.*: -шей] neck

…ворот: ***взять за*** ~ seize by the collar

шик|а́рный [14; -рен, -рна] chic, smart; **~ать** *coll.* [1], *once* ⟨**~нуть**⟩ [20] shush, hush, urge to be quiet

ши́ло *n* [1; *pl.*: -лья, -льев] awl

ши́на *f* [5] tire, *Brt.* tyre; *med.* splint

шине́ль *f* [8] greatcoat

шинкова́ть [7] chop, shred

шип *m* [1 *e.*] thorn; *на обуви* spike

шипе́|ние *n* [12] hiss(ing); **~ть** [10], ⟨про-⟩ hiss; *о кошке* spit; *на сковороде* sizzle

шипо́вник *m* [1] *bot.* dogrose

шип|у́чий [17 *sh.*] sparkling, fizzy; **~у́чка** *f* [5; *g/pl.*: -чек] *coll.* fizzy drink; **~я́щий** [17] sibilant

шири|на́ *f* [5] width, breadth; ***~но́й в*** (B) *or* ***… в ~ну́ …*** wide; **´~ть** [13] (**-ся**) widen, expand

шири́нка *f* [5; *g/pl.*: -нок] fly (of trousers)

ши́рма *f* [5] (*mst. pl.*) screen

широ́к|ий [16; широ́к, -ока́, -о́ко́; *comp.*: ши́ре] broad; wide; vast; great; mass…; *наступление и т. д.* large-scale; ***на ~ую но́гу*** in grand style; **~омасшта́бный** [14; -бен, -бна] large-scale; **~опле́чий** [17 *sh.*] broad-shouldered

шир|ота́ *f* [5; *pl. st.*: -о́ты] breadth; *geogr.* latitude; **~потре́б** *coll. m* [1] consumer goods; **~ь** *f* [8] expanse width; extent

шить [шью, шьёшь; ше́й(те)!; ши́тый], ⟨с-⟩ [сошью, -ьёшь, сши́тый] sew (*pf. a.* together); (*вышить*) embroider; себе́ have made; **~ё** *n* [10] sewing; needlework; embroidery

ши́фер *m* [1] (roofing) slate

шифр *m* [1] cipher, code; *библиотечный* pressmark (*chiefly Brt.*); **~ова́ть** [7], ⟨за-⟩ encipher, encode

шиш *coll. m* [1 *e.*]: ***ни ~а́*** damn all

ши́шка *f* [5; *g/pl.*: -шек] *на голове* bump, lump; *bot.* cone; *coll.* bigwig

шка|ла́ *f* [5; *pl. st.*] scale; **~ту́лка** *f* [5; *g/pl.*: -лок] casket; **~ф** *m* [1; в -у́; *pl. e.*] cupboard; *платяной* wardrobe; ***книжный ~ф*** bookcase

шквал *m* [1] squall, gust

шкив *m* [1] *tech.* pulley

шко́л|а *f* [5] school (*go* to **в** B; *be* at, in **в** П); ***вы́сшая ~а*** higher education establishment(s); ***~а-интерна́т*** boarding

school; **~ьник** *m* [1] schoolboy; **~ьница** *f* [5] schoolgirl; **~ьный** [14] school…
шку́р|а *f* [5] skin (*a*. **~ка** *f* [5; *g/pl*.: -рок]), hide
шлагба́ум *m* [1] barrier (*at road or rail crossing*)
шлак *m* [1] slag
шланг *m* [1] hose
шлем *m* [1] helmet
шлёпать [1], *once* ⟨~нуть⟩ [20] slap, spank (*v/i. coll*. **-ся** fall with a plop); plump down
шлифова́ть [7], ⟨от-⟩ grind; (*полировать*) polish
шлю|з *m* [1] sluice, lock; **~пка** *f* [5; *g/pl*.: -пок] launch, boat; *спасательная* lifeboat
шля́п|а *f* [5] hat; **~ка** *f* [5; *g/pl*.: -пок] *dim*. → **~а** hat; *гвоздя* head
шля́ться *coll*. [1] → **шата́ться**
шмель *m* [4 *e*.] bumblebee
шмы́г|ать *coll*. [1], *once* ⟨~ну́ть⟩ [20] whisk, scurry, dart; *носом* sniff
шни́цель *m* [4] cutlet, schnitzel
шнур *m* [1 *e*.] cord; **~ова́ть** [7], ⟨за-⟩ lace up; **~о́к** *m* [1; -рка́] shoestring, (shoe) lace
шныря́ть *coll*. [28] dart about
шов *m* [1; шва] seam; *tech*. joint; *в вышивке* stitch (*a. med*.)
шок *m* [1], **~и́ровать** [7] shock
шокола́д *m* [1] chocolate
шо́рох *m* [1] rustle
шо́рты *no sg*. [1] shorts
шоссе́ *n* [*indecl*.] highway
шотла́нд|ец *m* [1; -дца] Scotsman, *pl*. the Scots; **~ка** *f* [5; *g/pl*.: -док] Scotswoman; **~ский** [16] Scottish
шофёр *m* [1] driver, chauffeur
шпа́га *f* [5] *sport* épée; sword
шпага́т *m* [1] cord, string; *gymnastics* split(s)
шпа́л|а *rail*. *f* [5] cross tie, *Brt*. sleeper; **~е́ра** *f* [5] *для винограда и т. д.* trellis
шпарга́лка *coll*. *f* [5; *g/pl*.: -лок] pony, *Brt*. crib (*in school*)
шпигова́ть [7], ⟨на-⟩ lard
шпик *m* [1] lard; fatback; *coll*. secret agent
шпиль *m* [4] spire, steeple
шпи́|лька *f* [5; *g/pl*.: -лек] hairpin; pin; tack; *fig*. taunt, caustic rema (*v/b*.: **подпусти́ть** B); **~на́т** *m* [1] sp ach
шпио́н *m* [1], **~ка** *f* [5; *g/pl*.: -нок] s **~а́ж** *m* [1] espionage; **~ить** [13] spy
шприц *m* [1] syringe
шпро́ты *m* [1] sprats
шпу́лька *f* [5; *g/pl*.: -лек] spool, bob
шрам *m* [1] scar
шрифт *m* [1] type, typeface; script
штаб *m* [1] *mil*. staff; headquarters
шта́бель *m* [4; *pl*.: -ля́, *etc*. *e*.] pile
штамп *m* [1], **~ова́ть** [7], ⟨от-⟩ stamp, press
шта́нга *f* [5] *sport*: weight; (*перекла на*) crossbar
штаны́ *coll*. *m/pl*. [1 *e*.] trousers
штат¹ *m* [1] state (*administrative ur*
штат² *m* [1] staff; **~ный** [14] (on the) st **~ский** [16] civilian; *одежда* plain
штемпел|ева́ть ('ʃtɛ-) [6], **'~ь** *m* [4; -ля́, *etc*. *e*.] stamp; postmark
ште́псель ('ʃtɛ-) *m* [4; *pl*.: -ля́, *etc*. plug; **~ный** [14]: **~ная розе́тка** soc
штиль *m* [4] *naut*. calm
штифт *m* [1 *e*.] *tech*. joining pin, do
што́п|ать [1], ⟨за-⟩ darn, mend; **~ка** darning, mending
што́пор *m* [1] corkscrew; *ae*. spin
што́ра *f* [5] blind; curtain
шторм *m* [1] *naut*. gale; storm
штраф *m* [1] fine; **наложи́ть ~** impo fine; **~но́й** [14] *sport* penalty…; **~ов** [7], ⟨о-⟩ fine
штрейкбре́хер *m* [1] strikebreaker
штрих *m* [1 *e*.] stroke (*in drawing*), chure; *fig*. trait; **доба́вить не́сколь ~ов** add a few touches; **~ова́ть** [7], ⟨ shade, hatch
штуди́ровать [7], ⟨про-⟩ study
шту́ка *f* [5] item; piece; *coll*. thing; (*ходка*) trick
штукату́р|ить [13], ⟨о-⟩, **~ка** *f* [5] pla
штурва́л *m* [1] *naut*. steering whee
штурм *m* [1] storm, onslaught
шту́рм|ан *m* [1] navigator; **~ова́ть** storm, assail; **~ови́к** *m* [1 *e*.] combat craft
шту́чный [14] (by the) piece (*not*

Ш

eight)
ык *m* [1 *e.*] bayonet
ба *f* [5] fur (coat)
м *m* [1] noise; din; *воды* rush; *листь-з* rustle; *машины, в ушах* buzz; *coll.* ubbub, row, ado; **~ и гам** hullabaloo; **аде́лать ~у** cause a sensation; **~е́ть** 0 *e.*; шумлю́, шуми́шь] make a noise; ıstle; rush; roar; buzz; **~и́ха** *coll. f* [5] ensation, clamo(u)r; **~ный** [14; -мен, мна́, -о] noisy, loud; sensational; **~о́вка** [5; *g/pl.*: -вок] skimmer; **~о́к** [1; -мка́]: **од ~о́к** *coll.* on the sly
р|ин *m* [1] brother-in-law (*wife's rother*); **~ша́ть** [4 *e.*; -шу́, -ши́шь], за-⟩ rustle
шу́стрый *coll.* [14; -тёр, -тра́, -о] nimble
шут *m* [1 *e.*] fool, jester; *гороховый* clown, buffoon; *coll.* **~ его́ зна́ет** deuce knews; **~и́ть** [15], ⟨по-⟩ joke, jest; make fun (of **над** T); **~ка** *f* [5; *g/pl.*: -ток] joke, jest (in **в** B); fun (for **ра́ди** P); *coll.* trifle (it's no **~ка ли**); **кро́ме ~ок** joking apart; are you in earnest?; **не на ~ку** serious(ly); (Д) **не до ~ок** be in no laughing mood; **~ли́вый** *coll.* [14 *sh.*] jocose, playful; **~ни́к** *m* [1 *e.*] joker, wag; **~очный** [14] joking, sportive, comic; *дело* laughing; **~я́** jokingly (**не** in earnest)
шушу́кать(ся) *coll.* [1] whisper
шху́на *f* [5] schooner
ш-ш shush!

Щ

ве́ль *m* [4 *e.*] *bot.* sorrel
ди́ть [15 *e.*; щажу́, щади́шь], ⟨по-⟩ щаженный] spare; have mercy (on)
бень *m* [4; -бня] broken stone or cinders; road metal
бета́ть [3] chirp, twitter
го́л *m* [1; -гла́] goldfinch
гол|ева́тый [14 *sh.*] foppish, dandied; **´~ь** *m* [4] dandy, fop; **~я́ть** [28] verdress; give exaggerated attention fashion; *coll.* flaunt, parade, show ff
др|ость *f* [8] generosity; **~ый** [14; едр, -а́, -о] liberal, generous
ка́ [5; *ac/sg.*: щёку; *pl.*: щёки, щёк, щека́м, *etc. e.*] cheek
ко́лда *f* [5] latch
кот|а́ть [3], ⟨по-⟩, **~ка** *f* [5] tickle; **~ли́вый** [14 *sh.*] ticklish, delicate
лк|ать [1], *once* ⟨~нуть⟩ [20] **1.** *языком и т. д. v/i.* click (T), *пальцами* ıap; *кнутом* crack; *зубами* chatter; *птица* warble, sing; **2.** *v/t.* flick, fillip on **по́ лбу**); *орехи* crack
ло|чь *f* [8; *from g/pl. e.*] alkali; **~чно́й** 4] alkaline
лчо́к *m* [1; -чка́] flick, fillip; crack
ль *f* [8; *from g/pl. e.*] chink, crack, crevice; slit
щеми́ть [14 *e.*; 3rd *p. only, a. impers.*] *о сердце* ache
щено́к *m* [1; -нка́; *pl.*: -нки́ & (2) -ня́та] puppy; *дикого животного* whelp
щеп|ети́льный [14; -лен, -льна] scrupulous, punctilious; fussy, finicky; **~ка** *f* [5; *g/pl.*: -пок] chip; **худо́й как ~ка** thin as a rake
щепо́тка *f* [5; *g/pl.*: -ток] pinch (*of salt, ect.*)
щети́н|а *f* [5] bristle(s); *coll.* stubble; **~иться** [13], ⟨о-⟩ bristle
щётка *f* [5; *g/pl.*: -ток] brush
щи *f/pl.* [5; *gen.*: -щей] shchi (cabbage soup)
щи́колотка *f* [5; *g/pl.*: -ток] ankle
щип|а́ть [2], *once* ⟨(у)~ну́ть⟩ [20], pinch, tweak (*v/t.* **за** B), (*тж. от мороза*) nip, bite; ⟨об-⟩ pluck; *траву* browse; **~цы́** *m/pl.* [1 *e.*] tongs, pliers, pincers, nippers; *med.* forceps; (nut)crackers; **~чики** *m/pl.* [1] tweezers
щит *m* [1 *e.*] shield; **распредели́тельный ~** switchboard
щитови́дный [14] *железа* thyroid
щу́ка *f* [5] *zo.* pike (fish)
щу́п|альце *n* [11; *g/pl.*: -лец] feeler, ten-

tacle; **~ать** [1], ⟨по-⟩ feel; probe; touch; ⟨про-⟩ *fig.* sound; **~лый** *coll.* [14; щупл, -á, -о] puny, frail

щýрить [13] screw up (one's eyes **-ся**

Э

эваку|áция *f* [7] evacuation; **~íровать** [7] *(im)pf.* evacuate

эволюциóнный [14] evolutionary

эгíд|а *f* [5]: ***под ~ой*** under the aegis (of P)

эгои|зм [1] ego(t)ism, selfishness; **~ст** *m* [1], **~стка** *f* [5; *g/pl.*: -ток] egoist; **~стíческий** [16], **~стíчный** [14; -чен, -чна] selfish

эй! *int.* hi!, hey!

эквивалéнт [1], **~ный** [14; -тен, -тна] equivalent

экзáм|ен *m* [1] examination (in ***по*** Д); **~енáтор** *m* [1] examiner; **~еновáть** [7], ⟨про-⟩ examine; **-ся** be examined (by ***у*** Р), have one's examination (with); *p. pr. p.* examine

экземпля́р *m* [1] copy; *(образец)* specimen

экзотíческий [16] exotic

экип|áж *m* [1] *naut., ae.* crew; **~ировáть** [7] *(im)pf.* fit out, equip; **~ирóвка** *f* [5; *g/pl.*: -вок] equipping; equipment

эколóги|я *f* [7] ecology; **~ческий** [16] ecologic(al)

эконóм|ика *f* [5] economy; *наука* economics; **~ить** [14], ⟨с-⟩ save; economize; **~íческий** [16] economic; **~ия** *f* [7] economy; saving (of Р, ***в*** П); **~ный** [14; -мен, -мна] economical, thrifty

экрáн *m* [1] *cine.* screen; *fig.* film industry; shield, shade

экскавáтор *m* [1] excavator

экскурс|áнт *m* [1] tourist, excursionist; **~ия** *f* [7] excursion, outing, trip; **~овóд** *m* [1] guide

экспедí|тор *m* [1] forwarding agent; **~ция** *f* [7] dispatch, forwarding; expedition

экспер|иментáльный [14] experimental; **~т** *m* [1] expert (in ***по*** Д); **~тíза** *f* [5] examination; (expert) opinion

эксплуа|тáтор *m* [1] exploiter; **~тáци** [7] exploitation; *tech.* operation; ***сда в ~тáцию*** comission, put into ope tion; **~тíровать** [7] exploit; *tech.* op ate, run

экспон|áт *m* [1] exhibit; **~íровать** *(im)pf.* exhibit; *phot.* expose

э́кспорт *m* [1], **~íровать** [7] *(im)pf.* port; **~ный** [14] export…

экс|прóмт *m* [1] impromptu, improvi tion; ***~прóмтом*** *a.* extempore; **~тáз** [1] ecstasy; **~тракт** *m* [1] extra **~тренный** [14 *sh.*] *выпуск* special; gent; ***в ~тренных слýчаях*** in case emergency; **~центрíчный** [14; -ч -чна] eccentric

эластíчн|ость *f* [8] elasticity; **~ый** [-чен, -чна] elastic

элегáнтн|ость *f* [8] elegance; **~ый** [-тен, -тна] elegant, stylish

элéктр|ик *m* [1] electrician; **~íческ** [16] electric(al); **~íчество** *n* [9] electr ity; **~íчка** *f* [5; *g/pl.*: -чек] *coll.* sub ban electric train; **~овóз** *m* [1] elec locomotive; **~омонтёр** → ***~ик***; **~óн** [1] electron; **~óника** *f* [5] electron **~опровóдка** *f* [5; *g/pl.*: -док] elec wiring; **~остáнция** *f* [7] electric pov station; **~отéхник** *m* [1] → ***элéктр*** **~отéхника** *f* [5] electrical engineer

элемéнт *m* [1] element; *comput.* pix *el.* cell, battery; *coll.* type, charact **~áрный** [14; -рен, -рна] elementary

эмáл|евый [14], **~ировáть** [7], **~ь** *f* [8] amel

эмбáрго *n* [*indecl.*] embargo; ***на жить ~*** place an embargo (on ***на*** В

эмблéма *f* [5] emblem; *mil.* insignia

эмигр|áнт *m* [1], **~áнтка** *f* [5; *g/pl.*: -тс **~áнтский** [16] emigrant; émigré; **~и вать** [7] *(im)pf.* emigrate

эмíссия *f* [7] *денег* emission

оциона́льный [14; -лен, -льна] emo-
onal
ергéтика *f* [5] power engineering
ерг|и́чный [14; -чен, -чна] energetic; rceful, drastic; **~ия** *f* [7] energy; *fig.* vigo(u)r; **~оёмкий** [16; -мок, -мка] ower-consuming
тузиáзм *m* [1] enthusiasm
циклопе́д|ия *f* [7] (*a.* **~и́ческий сло-ápь** *m*) encyclop(a)edia
и|грáмма *f* [5] epigram; **~де-и́ческий** [16], **~дéмия** *f* [7] epidemic; **зóд** *m* [1] episode; **~лéпсия** *f* [7] epi-psy; **~лóг** *m* [1] epilogue; **~тет** *m* [1] pithet; **~цéнтр** *m* [1] epicenter, *Brt.* re
о|с *m* [1] epic (literature), epos; **~ха** *f*] epoch, era, period (in **в** B)
оти́ческий [16] erotic
уди́ция *f* [5] erudition
кáдр|а *f* [5] *naut.* squadron; **~и́лья** *f* ; *g/pl.*: -лий] *ae.* squadron
калáтор *m* [1] escalator; **~ки́з** *m* [1] ketch; **~кимóс** *m* [1] Eskimo, Inuit; **кортировать** [7] escort; **~ми́нец** *m* ; -нца] *naut.* destroyer; **~сéнция** *f*] essence; **~тафéта** *f* [5] relay race;
~тети́ческий [16] aesthetic
эстóн|ец *m* [1; -нца], **~ка** *f* [5; *g/pl.*: -нок], **~ский** [16] Estonian
эстрáда *f* [5] stage, platform; → ***варьетé***
этáж *m* [1 *e.*] floor, stor(e)y; ***дом в три ~á*** three-storied (*Brt.* -reyed) house
э́так(ий) *coll.* → ***так(óй)***
этáп *m* [1] stage, phase; *sport* lap
э́тика *f* [5] ethics (*a. pl.*)
этикéтка *f* [5; *g/pl.*: -ток] label
этимолóгия *f* [7] etymology
этногрáфия *f* [7] ethnography
э́т|от *m*, **~а** *f*, **~о** *n*, **~и** *pl.* [27] this, *pl.* these; *su.* this one; the latter; that; it; there
этю́д *m* [1] *mus.* étude, exercise; *art lit.* study, sketch; *chess* problem
эф|éс *m* [1] (*sword*) hilt; **~и́р** *m* [1] ether; *fig.* air; ***передáть в ~и́р*** broadcast; **~и́рный** [14; -рен, -рна] ethereal
эффект|и́вность *f* [8] effectiveness, efficacy; **~и́вный** [14; -вен, -вна] efficacious; **~ный** [14; -тен, -тна] effective, striking
эх! *int.* eh!; oh!; ah!
эшелóн *m* [1] echelon; train

Ю

ил|éй *m* [3] jubilee, anniversary; **~éй-ый** [14] jubilee…; **~я́р** *m* [1] pers. (*or* stitution) whose anniversary is being arked
ка *f* [5; *g/pl.*: ю́бок] culotte, split skirt
елир *m* [1] jewel(l)er; **~ный** [14]) jew-(l)er's
m [1] south; ***éхать на ~*** travel south; → **остóк**; **~о-востóк** *m* [1] southeast; **о-востóчный** [14] southeast…; **о-зáпад** *m* [1] southwest; **о-зáпадный** [14] southwest
кный [14] south(ern); southerly
ом *adv.* skidding
ор *m* [1] humo(u)r; **~исти́ческий** 6] humorous; comic
га *m* [5] sea cadet
ю́ность *f* [8] youth (*age*)
ю́нош|а *m* [5; *g/pl.*: -шей] youth (*person*); **~ество** *n* [9] youth
ю́ный [14; юн, -á, -о] young, youthful
юри|ди́ческий [16] juridical, legal; of the law; ***~ди́ческая консультáция*** legal advice office; **~скóнсульт** *m* [1] legal adviser
юри́ст *m* [1] lawyer; legal expert
ю́рк|ий [16; ю́рок, юркá, -о] nimble, quick; **~нуть** [20] *pf.* scamper, dart (away)
ю́рта *f* [5] yurt, nomad's tent
юсти́ция *f* [7] justice
юти́ться [15 *e.*; ючу́сь, юти́шься] huddle together; take shelter

Я

я [20] I; ***это я*** it's me
я́бед|а *coll. f* [5] tell-tale; **~ничать** [1] tell tales; inform on
я́бло|ко *m* [9; *pl.*: -ки, -к] apple; *глазное* eyeball; **~ня** *f* [6] apple tree
яв|и́ть(ся) → ***~ля́ть(ся)***; **~ка** *f* [5] appearance; attendance; rendezvous; *место* place of (secret) meeting; **~ле́ние** *n* [12] phenomenon; occurrence, event; *thea.* scene; **~ля́ть** [28], ⟨**~и́ть**⟩ [14] present; display, show; **-ся** appear, turn up; come; (T) be; **~ный** [14; я́вен, я́вна] obvious, evident; *вздор* sheer; **~ствовать** [7] follow (*logically*); be clear
ягнёнок *m* [2] lamb
я́год|а *f* [5], **~ный** [14] berry
я́годица *f* [5] buttock
яд *m* [1] poison; *fig. a.* venom
я́дерный [14] nuclear
ядови́тый [14 *sh.*] poisonous; *fig.* venomous
ядр|ёный *coll.* [14 *sh.*] *здоровый* strong, stalwart, *мороз* severe; **~о́** *n* [9; *pl. st.*; *g/pl.*: я́дер] kernel; *phys.*, nucleus; *fig.* core, pith
я́зв|а *f* [5] ulcer, sore; *fig.* plague; **~и́тельный** [14; -лен, -льна] sarcastic, caustic
язы́к *m* [1 *e.*] tongue; language (in **на** П); speech; ***на ру́сском ~е́*** (*speak*, *write*, *etc.*) in Russian; ***держа́ть ~ за зуба́ми*** hold one's tongue; **~ово́й** [14] language…; linguistic; **~озна́ние** *n* [12] linguistics
язы́ч|еский [16] pagan; **~ество** *n* [9] paganism; **~ник** *m* [1] pagan
язычо́к *m* [1; -чка́] *anat.* uvula
яи́чн|ица *f* [5] (*a.* **~ица-глазу́нья**) fried eggs *pl.*; **~ый** [14] egg…
яйцо́ *n* [9; *pl.*: я́йца, яи́ц, я́йцам] egg; ***~ вкруту́ю*** (***всмя́тку***) hard-boiled (soft-boiled) egg
я́кобы allegedly; as it were
я́кор|ь *m* [4; *pl.*: -ря́, *etc. e.*] anchor (at П); ***стоя́ть на ~е*** ride at anchor
я́м|а *f* [5] hole, pit; **~(оч)ка** [5; *g/*… я́мо(че)к] dimple
ямщи́к *m* [1 *e.*] *hist.* coachman
янва́рь *m* [4 *e.*] January
янта́рь *m* [4 *e.*] amber
япо́н|ец *m* [1; -нца], **~ка** *f* [5; *g/pl.*: -нс… **~ский** [16] Japanese
я́ркий [16; я́рок, ярка́, -о; *comp.*: яр… *свет* bright; *цвет* vivid, rich; *пла…* blazing; *fig.* striking, outstanding
яр|лы́к *m* [1 *e.*] label; **~марка** *f* [5; *g/…* -рок] fair (at **на** П)
яров|о́й [14] *agric.* spring; *as su.* ~… spring crop
я́рост|ный [14; -тен, -тна] furio… fierce; **~ь** *f* [8] fury, rage
я́рус *m* [1] *thea.* circle; *geol.* layer
я́рый [14 *sh.*] ardent; vehement
я́сень *m* [4] ash tree
я́сли *m/pl.* [4; *gen.*: я́слей] day nurse… *Brt.* crèche
ясн|ови́дец *m* [1; -дца] clairvoya… **~ость** *f* [8] clarity; **~ый** [14; я́сен, яс… -о] clear; bright; *погода* fine; (*о… чётливый*) distinct; (*очевидный*) … ident; *ответ* plain
я́стреб *m* [1; *pl.*: -ба́ & -бы] hawk
я́хта *f* [5] yacht
яче́|йка *f* [5; *g/pl.*: -е́ек] *biol. pol.* c… ***~йка па́мяти*** *computer* storage c… **~я́** *f* [6; *g/pl.*: яче́й] mesh
ячме́нь *m* [4 *e.*] barley; *med.* sty
я́щерица *f* [5] lizard
я́щик *m* [1] box, case, chest; *выд…* *гающийся* drawer; ***почто́вый ~*** m… box (*Brt.* letter-box); ***откла́дыват…*** ***до́лгий ~*** shelve, put off
я́щур *m* [1] foot-and-mouth disease

English – Russian

English – Russian

A

[eɪ, ə] *неопределённый артикль; как правило, не переводится*; ~ **ta-ble** стол; **ten r(o)ubles a dozen** десять рублей дюжина
[eɪ] *su.*: **from ~ to Z** от "А" до "Я"
ack [ə'bæk] *adv.*: **taken ~** поражён, задачен
andon [ə'bændən] **1.** (*give up*) отказываться [-заться] от (Р); (*desert*) оставлять [-авить], покидать [-инуть]; **o.s.** преда(ва)ться (**to** Д); **2.** непринуждённость *f*; **~ed** покинутый
ase [ə'beɪs] унижать [унизить]; **ment** [-mənt] унижение
ash [ə'bæʃ] смущать [смутить]
ate [əb'eɪt] *v/t.* уменьшать [-еньшить]; *of wind, etc. v/i.* утихать [утихнуть]
b|ess ['æbɪs] настоятельница монастыря; **~ey** ['æbɪ] монастырь *m*;
ot ['æbət] аббат, настоятель *m*
breviat|e [ə'briːvɪeɪt] сокращать [сократить]; **~ion** [əbriːvɪ'eɪʃn] сокращение
C [eiːbiː'siː] азбука, алфавит; (**as**) **easy as ~** легче лёгкого
dicat|e ['æbdɪkeɪt] отрекаться от престола; *of rights, office* отказываться [-заться] от (Р); **~ion** [æbdɪ'keɪʃn] отречение от престола
domen ['æbdəmən] брюшная полость *f*, *coll.* живот
erration [æbə'reɪʃn] *judg(e)ment or conduct* заблуждение; *mental* помрачение ума; *deviation* отклонение от нормы; *astr.* аберрация
eyance [ə'beɪəns] состояние неизвестности; **in ~** *law* временно отменённый
hor [əb'hɔː] ненавидеть; (*feel disgust*) питать отвращение (к Д);
rence [əb'hɔrəns] отвращение; **~rent** [-ənt] □ отвратительный
abide [ə'baɪd] [*irr.*]: **~ by** придерживаться (Р); *v/t.* **not ~** не терпеть
ability [ə'bɪlətɪ] способность *f*
abject ['æbdʒekt] □ жалкий; **~ poverty** крайняя нищета
ablaze [ə'bleɪz]: **be ~** пылать; **~ with anger** *of eyes, cheeks* пылать гневом; **~ with light** ярко освещён(ный)
able ['eɪbl] □ способный; **be ~** мочь, быть в состоянии; **~-bodied** [-bɔdɪd] здоровый; годный
abnormal [æb'nɔːməl] ненормальный; аномальный; *med.* **~ psychology** психопатология
aboard [ə'bɔːd] *naut.* на судне, на борту; **go ~** садиться на судно (в самолёт; в автобус, на поезд)
abolish [ə'bɒlɪʃ] отменять [-нить]; *of custom, etc.* упразднять [-нить]
A-bomb ['eɪbɒm] атомная бомба
abomina|ble [ə'bɒmɪnəbl] □ отвратительный; **~ snowman** снежный человек; **~tion** [əbɒmɪ'neɪʃn] отвращение; *coll.* какой-то *or* просто ужас
aboriginal [æbə'rɪdʒənl] = **aborigine** [-'rɪdʒɪnɪ] *as su.* коренной житель, туземец *m*, -мка *f*, абориген; *as adj.* коренной, туземный
abortion [ə'bɔːʃn] аборт
abound [ə'baʊnd] быть в изобилии; изобиловать (**in** Т)
about [ə'baʊt] **1.** *prp.* вокруг (Р); около (Р); о (П), об (П), обо (П) насчёт (Р); у (Р); про (В); **2.** *adv.* вокруг, везде; приблизительно; **be ~ to** собираться
above [ə'bʌv] **1.** *prp.* над (Т); выше (Р); свыше (Р); **~ all** прежде всего; **2.** *adv.* наверху, наверх; выше; **3.** *adj.* вышесказанный; **~-board**

[-'bɔːd] *adv. & adj.* честный, открытый; **~-mentioned** [-'menʃənd] вышеупомя́нутый
abrasion [ə'breɪʒn] *of skin* ссáдина
abreast [ə'brest] в ряд; ***keep ~ of*** *fig.* быть в кýрсе; ***keep ~ of the times*** идти́ в нóгу со врéменем
abridg|e [ə'brɪdʒ] сокращáть [-рати́ть]; **~(e)ment** [-mənt] сокращéние
abroad [ə'brɔːd] за грани́цей, за грани́цу; ***there is a rumo(u)r ~*** хóдит слух
abrogate [ə'brəgeɪt] *v/t.* отменя́ть [-ни́ть]; аннули́ровать *(im)pf.*
abrupt [ə'brʌpt] (*steep*) крутóй; (*sudden*) внезáпный; (*blunt*) рéзкий
abscess ['æbsɪs] нары́в, абсцéсс
abscond [əb'skɒnd] *v/i.* скры(вá)ться, укры́(вá)ться
absence ['æbsəns] отсýтствие; ***~ of mind*** рассéянность *f*
absent **1.** ['æbsənt] □ отсýтствующий (*a. fig.*); **2.** [æb'sent] ***~ o.s.*** отлучáться [-чи́ться]; **~-minded** рассéянный
absolute ['æbsəluːt] □ абсолю́тный; *coll.* пóлный, совершéнный
absorb [æb'sɔːb] впи́тывать [впитáть], поглощáть [-лоти́ть] (*a. fig.*); *of gas, etc.* абсорби́ровать *(im)pf.*; **~ing** [-ɪŋ] *fig.* увлекáтельный
abstain [əb'steɪn] воздéрживаться [-жáться] (***from*** от P)
abstention [æb'stenʃən] воздержáние
abstinence ['æbstɪnəns] умéренность *f*; *from drink* трéзвость *f*
abstract **1.** ['æbstrækt] отвлечённый, абстрáктный (*a. gr.*); **2.** резюмé, крáткий обзóр; ***in the ~*** теорети́чески; **3.** [æb'strækt] (*take out*) извлекáть [-лéчь]; (*purloin*) похищáть [-хи́тить]; резюми́ровать *(im)pf.*; **~ed** [-ɪd] *of person* погружённый в свои́ мы́сли; **~ion** [-kʃn] абстрáкция
abstruse [æb'struːs] □ *fig.* непоня́тный, тёмный, мудрёный
abundan|ce [ə'bʌndəns] изоби́лие; **~t** [-dənt] □ оби́льный, богáтый
abus|e [ə'bjuːs] **1.** (*misuse*) злоупотреблéние; (*insult*) оскорблéние; (*curse*) брань *f*; **2.** [ə'bjuːz] злоупотребля́ть [-би́ть] (T); [вы́]ругать; **~ive** [ə'bjuːsɪv] □ оскорби́тельный
abyss [ə'bɪs] бéздна
acacia [ə'keɪʃə] акáция
academic|(al □) [ækə'demɪk(əl)] академи́ческий; **~ian** [əkædə'mɪʃn] академик
accede [æk'siːd]: ***~ to*** (*assent*) соглашáться [-аси́ться] (с T); *of off*... вступáть [-пи́ть] в (B)
accelerat|e [ək'seləreɪt] ускоря́ть [-óрить]; **~or** [ək'seləreɪtə] *mot.* педáль гáза
accent ['æksənt] (*stress*) ударéние; (*mode of utterance*) произношéние, акцéнт; **~uate** [æk'sentjʊeɪt] дéлать или стáвить ударéние на (П); *fig.* подчёркивать [-черкнýть]
accept [ək'sept] принимáть [-ня́ть]; соглашáться [-гласи́ться] с (T); **~able** [ək'septəbl] □ приéмлемый; *of a gift* прия́тный; **~ance** [ək'septəns] приня́тие; (*approval*) одобрéние; *comm.* акцéпт
access ['ækses] дóступ; (*way*) прохóд, проéзд; ***easy of ~*** достýпный; ***access code*** *comput.* код дóступа; **~ory** [ək'sesərɪ] соучáстник (-ица); **~ible** [ək'sesəbl] □ достýпный, достижи́мый; **~ion** [æk'seʃn]: ***~ to the throne*** вступлéние на престóл
accessory [æk'sesərɪ] □ **1.** дополни́тельный, второстепéнный; **2.** принадлéжности *f/pl.*; *gloves, etc.* аксессуáры
accident ['æksɪdənt] (*chance*) случáйность *f*; (*mishap*) несчáстный слýчай; *mot., tech.* авáрия; *rail.* крушéние; **~al** [æksɪ'dentl] □ случáйный
acclaim [ə'kleɪm] **1.** аплоди́ровать; приветствовать; **2.** привéтствие; овáция
acclimatize [ə'klaɪmətaɪz] акклимати́зировать(ся) *(im)pf.*
accommodat|e [ə'kɒmədeɪt] (*adapt*) приспосабливать [-пособить]; предоставить жильё (Д); (*hold*) вмещáть [вмести́ть]; *comm.* вы́да(вá)ть ссýду; **~ion** [əkɒmə'deɪʃn] жильё, помещéние

compan|iment [ə'kʌmpənımənt] опровожде́ние; аккомпанеме́нт; **y** [~pənı] *v/t.* (*escort*) сопровожда́ть -води́ть]; *mus.* аккомпани́ровать (Д)
complice [ə'kʌmplıs] соуча́стник -ица) (*in crime*)
complish [ə'kʌmplıʃ] (*fulfill*) вы- олня́ть [вы́полнить]; (*achieve*) до- тига́ть [-и́гнуть] (Р); (*complete*) за- ерша́ть [-и́ть]; **~ment** [~mənt] вы- олне́ние; достиже́ние
cord [ə'kɔ:d] **1.** (*agreement*) сола́сие; оглаше́ние; ***of one's own ~*** по со́бст- енному жела́нию; ***with one ~*** едино- у́шно; **2.** *v/i.* согласо́вываться [-со- а́ться] (с Т), гармони́ровать (с Т); /*t.* предоставля́ть [-ста́вить]; **~ance** -əns] согла́сие; ***in ~ with*** в соотве́тст- ии с (Т); **~ing** [~ıŋ]: ***~ to*** согла́сно (Д); **ingly** [~ıŋlı] *adv.* соотве́тственно; та- и́м о́бразом
cost [ə'kɒst] загова́ривать [-во- и́ть] с (Т)
count [ə'kaʊnt] **1.** *comm.* счёт; (*re- ort*) отчёт; (*description*) сообще́ние, писа́ние; ***by all ~s*** су́дя по всему́; ***on o ~*** ни в ко́ем слу́чае; ***on ~ of*** из-за Р); ***take into ~, take ~ of*** принима́ть о внима́ние; ***turn to*** (***good***) ***~*** испо́ль- овать (*im*)*pf.* (с вы́годой); ***call to ~*** ризыва́ть к отве́ту; ***~ number*** но́мер чёта; **2.** *v/i.* ***~ for*** отвеча́ть [-е́тить] за В); (*explain*) объясня́ть [-ни́ть]; *v/t.* *consider*) счита́ть [счесть] (В/Т); **able** [ə'kauntəbl] □ (*responsible*) от- е́тственный (***to*** пе́ред Т, ***for*** за В); **ant** [-ənt] квалифици́рованный бух- а́лтер
credit [ə'kredıt] *of ambassador, etc.* аккредитова́ть (*im*)*pf.*; (*attribute*) рипи́сывать [-са́ть]; *credit* выдава́ть -дать] креди́т
crue [ə'kru:]: ***~d interest*** наро́сшие роце́нты
cumulat|e [ə'kju:mjʊleıt] нака́пли- ать(ся) [-копи́ть(ся)]; скопля́ть(ся) -пи́ть(ся)]; **~ion** [əkju:mju:'leıʃn] на- опле́ние; скопле́ние
cura|cy ['ækjʊrəsı] то́чность *f*; *in hooting* ме́ткость *f*; **~te** [~rıt] то́чный; *of aim or shot* ме́ткий
accurs|ed [ə'kɜ:sıd], **~t** [-st] про- кля́тый
accus|ation [ækju:'zeıʃn] обвине́ние; **~e** [ə'kju:z] *v/t.* обвиня́ть [-ни́ть]; **~er** [~ə] обвини́тель *m*, -ни́ца *f*
accustom [ə'kʌstəm] приуча́ть [-чи́ть] (***to*** к Д); ***get ~ed*** привыка́ть [-вы́кнуть] (***to*** к Д); **~ed** [~d] при- вы́чный; (*inured*) приу́ченный; (*usu- al*) обы́чный
ace [eıs] туз; *fig.* первокла́ссный лётчик, ас; ***be within an ~ of*** быть на волосо́к от (Р)
acerbity [ə'sɜ:bətı] те́рпкость *f*
acet|ic [ə'si:tık] у́ксусный
ache [eik] **1.** боль *f*; **2.** *v/i.* боле́ть
achieve [ə'tʃi:v] достига́ть [-и́гнуть] (Р); **~ment** [~mənt] достиже́ние
acid ['æsid] **1.** кислота́; **2.** ки́слый; *fig.* е́дкий; ***~ rain*** кисло́тный дождь
acknowledg|e [ək'nɒlıdʒ] *v/t.* под- твержда́ть [-ерди́ть]; *confess* при- зна́(ва́)ть; **~(e)ment** [~mənt] призна́- ние; подтвержде́ние
acorn ['eıkɔ:n] *bot.* жёлудь *m*
acoustics [ə'kaustıks] аку́стика
acquaint [ə'kweınt] *v/t.* [по]знако́- мить; ***~ o.s. with*** ознако́миться с (Т); ***be ~ed with*** быть знако́мым с (Т); **~ance** [~əns] знако́мство; *pers.* знако́мый; ***make s.o.'s ~*** познако́- миться с ке́м-л.
acquire [ə' kwaıə] *v/t.* приобрета́ть [-ести́]
acquisition [ækwı'zıʃn] приобрете́- ние
acquit [ə'kwıt] *law v/t.* опра́вдывать [-да́ть]; ***~ o.s. well*** хорошо́ прояви́ть себя́; **~tal** [~l] оправда́ние
acrid ['ækrıd] о́стрый, е́дкий (*a. fig.*)
across [ə'krɒs] **1.** *adv.* поперёк; на ту сто́рону; ***two miles ~*** ширино́й в две ми́ли; **2.** *prp.* че́рез (В)
act [ækt] **1.** *v/i.* де́йствовать; посту- па́ть [-пи́ть]; *v/t. thea.* игра́ть [сы- гра́ть]; **2.** посту́пок; постановле́ние, зако́н; *thea.* де́йствие, акт; **~ing** [~ıŋ] **1.** исполня́ющий обя́занности; **2.** *thea.* игра́

action ['ækʃn] (*conduct*) посту́пок; (*acting*) де́йствие; (*activity*) де́ятельность *f*; *mil.* бой; *law* иск; ***take* ~** принима́ть ме́ры

activ|e ['æktɪv] □ акти́вный; энерги́чный; де́ятельный; **~ity** [æk'tɪvətɪ] де́ятельность *f*, рабо́та; акти́вность *f*; эне́ргия

act|or ['æktə] актёр; **~ress** [-trɪs] актри́са

actual ['æktʃʊəl] □ действи́тельный; факти́ческий; **~ly** факти́чески, на са́мом де́ле

acute [ə'kju:t] □ си́льный, о́стрый; (*penetrating*) проница́тельный

adamant ['ædəmənt] *fig.* непрекло́нный

adapt [ə'dæpt] приспособля́ть [-посо́бить] (***to, for*** к Д); *text* адапти́ровать; **~ *o.s.*** адапти́роваться; **~ation** [ædæp'teɪʃn] приспособле́ние; *of text* обрабо́тка; *of organism* адапта́ция

add [æd] *v/t.* прибавля́ть [-а́вить]; *math.* скла́дывать [сложи́ть]; *v/i.* увели́чи(ва)ть (***to*** В)

addict ['ædɪkt]: ***drug* ~** наркома́н; **~ed** [ə'dɪktɪd] скло́нный (***to*** к Д)

addition [ə'dɪʃn] *math.* сложе́ние; прибавле́ние; ***in* ~** кро́ме того́, к тому́ же; ***in* ~ *to*** вдоба́вок к (Д); **~al** [-əl] доба́вочный, дополни́тельный

address [ə'dres] *v/t.* **1.** *a letter* адресова́ть (*im*)*pf.*; (*speak to*) обраща́ться [обрати́ться] к (Д); **2.** а́дрес; обраще́ние; речь *f*; **~ee** [ædre'si:] адреса́т

adept ['ædept] иску́сный; уме́лый

adequa|cy ['ædɪkwəsɪ] соотве́тствие; доста́точность *f*; адеква́тность; **~te** [-kwɪt] (*sufficient*) доста́точный; (*suitable*) соотве́тствующий, адеква́тный

adhere [əd'hɪə] прилипа́ть [-ли́пнуть] (***to*** к Д); *fig.* приде́рживаться (***to*** Р); **~nce** [-rəns] приве́рженность *f*; **~nt** [-rənt] приве́рженец (-нка)

adhesive [əd'hi:sɪv] □ ли́пкий, клейки́й; **~ *plaster*** лейкопла́стырь *m*; **~ *tape*** ли́пкая ле́нта

adjacent [ə'dʒeɪsənt] □ сме́жный (***to*** с Т), сосе́дний

adjoin [ə'dʒɔɪn] примыка́ть [-мкну́ть] к (Д); прилега́ть *pf.* к (Д)

adjourn [ə'dʒɜ:n] *v/t.* (*suspend proceedings*) закрыва́ть [-ы́ть]; (*carry over*) переноси́ть [-нести́]; (*postpone*) отсро́чи(ва)ть; *parl.* де́лать переры́в; **~ment** [-mənt] отсро́чка; переры́в

administ|er [əd'mɪnɪstə] руководи́ть, управля́ть (Т); **~ *justice*** отправля́ть правосу́дие; **~ration** [ədmɪnɪ'streɪʃn] администра́ция; **~rative** [əd'mɪnɪstrətɪv] администрати́вный; исполни́тельный; **~rator** [əd'mɪnɪstreɪtə] администра́тор

admir|able ['ædmərəbl] превосхо́дный; замеча́тельный; **~ation** [ædmɪ'reɪʃən] восхище́ние; **~e** [əd'maiə] восхища́ться [-и́ться] (Т); [по]любова́ться (Т *or* на В)

admiss|ible [əd'mɪsəbl] □ допусти́мый, прие́млемый; **~ion** [əd'mɪʃən] (*access*) вход; (*confession*) призна́ние; **~ *fee*** пла́та за вход

admit [əd'mɪt] *v/t.* (*let in*) впуска́ть [-сти́ть]; (*allow*) допуска́ть [-сти́ть]; (*confess*) призна́(ва́)ть(ся); **~tance** [-əns] до́ступ, вход

admixture [əd'mɪkstʃə] при́месь *f*

admon|ish [əd'mɒnɪʃ] (*exhort*) увещ(ев)а́ть *impf.*; (*warn*) предостерега́ть [-ре́чь] (***of*** от Р); **~ition** [ædmə'nɪʃn] увеща́ние; предостереже́ние

ado [ə'du:] суета́; хло́поты *f/pl.*; ***without much* ~** без вся́ких церемо́ний

adolescen|ce [ædə'lesəns] отро́чество; **~t** [-snt] **1.** подростко́вый; **2.** *person* подро́сток

adopt [ə'dɒpt] *v/t.* усыновля́ть [-ви́ть]; *girl* удочеря́ть [-ри́ть]; *resolution, etc.* принима́ть [-ня́ть]; **~ion** [ə'dɒpʃn] усыновле́ние; удочере́ние; приня́тие

ador|able [ə'dɔ:rəbl] обожа́емый; преле́стный; **~ation** [ædə'reɪʃn] обожа́ние; **~e** [ə'dɔ:] *v/t.* обожа́ть

adorn [ə'dɔ:n] украша́ть [укра́сить]; **~ment** [-mənt] украше́ние

adroit [ə'drɔɪt] □ ло́вкий, иску́сный

ult ['ædʌlt] взрóслый, совершенно-
летний

ulter|ate [ə'dʌltəreɪt] (*debase*) [ис]-
óртить; (*dilute*) разбавлять
-áвить]; фальсифицировать (*im*)*pf*.;
~y [-rɪ] нарушéние супрýжеской вéр-
ности, адюльтéр

lvance [əd'vɑːns] **1.** *v/i. mil.* насту-
áть; (*move forward*) продвигáться
продвинуться]; (*a. fig.*) дéлать успé-
и; *v/t.* продвигáть [-инуть]; *idea,*
tc. выдвигáть [вы́двинуть]; платить
вáнсом; **2.** *mil.* наступлéние; *in stud-*
es успéх; прогрéсс; *of salary* авáнс; **~d**
əd'vaːnst] передовóй; *in years* пре-
тарéлый, пожилóй; **~ment** [-mənt]
спéх; продвижéние

lvantage [əd'vɑːntɪdʒ] пре-
мýщество; (*benefit*) вы́года; ***take ~***
of [вос]пóльзоваться (Т); **~ous**
ædvən'teɪdʒəs, ædvæn-] вы́годный,
олéзный, благоприя́тный

lventur|e [əd'ventʃə] приключéние;
~er [-rə] искáтель приключéний;
авантюри́ст; **~ous** [-rəs] пред-
приимчивый; авантю́рный

lvers|ary ['ædvəsərɪ] (*antagonist*)
проти́вник (-ица); (*opponent*) сопéр-
ник (-ица); **~e** ['ædvɜːs] неблагопри-
ятный; **~ity** [əd'vɜːsɪtɪ] несчáстье, бедá

lvertis|e ['ædvətaɪz] реклами́ровать
(*im*)*pf*.; *in newspaper* помещáть [-ес-
ти́ть] объявлéние; **~ement**
əd'vɜːtɪsmənt] объявлéние; реклáма; **~ing** ['ædvətaɪzɪŋ] реклáмный

lvice [əd'vaɪs] совéт

lvis|able [əd'vaɪzəbl] □ желáтель-
ный, целесообрáзный; **~e** [əd'vaɪz]
v/t. [по]совéтовать (Д), [по]реко-
мендовáть; (*inform*) сообщáть
[-щи́ть]; **~er** [-ə] *official* совéтник,
professional консультáнт

lvocate **1.** ['ædvəkət] сторóнник
(-ица); *law* адвокáт, защи́тник; **2.**
[-keɪt] поддéрживать, *speak in fa-*
vo(u)r of выступáть [вы́ступить] (за
В)

rial ['eərɪəl] антéнна; ***outdoor ~*** на-
ру́жная антéнна

aero... [eərə] áэро...; **~bics** [-bɪks] аэ-
рóбика; **~drome** ['eərədrəum] аэро-
дрóм; **~naut** [-nɔːt] аэронáвт; **~nau-**
tics [-nɔːtɪks] аэронáвтика; **~plane**
[-pleɪn] самолёт; **~sol** [-sɔl] аэрозóль
m; **~stat** [-stæt] аэростáт

aesthetic [iːs'θetɪk] эстети́ческий; **~s**
[-s] эстéтика

afar [ə'fɑː] *adv*.: вдалекé; ***from ~*** изда-
лекá

affable ['æfəbl] привéтливый

affair [ə'feə] *business* дéло; *love*
любóвная связь *f*, ромáн

affect [ə'fekt] *v/t.* [по]влия́ть на (В);
задé(вá)ть; *med.* поражáть [-рази́ть];
(*pretend*) притворя́ться [-ри́ться];
~ation [æfek'teɪʃən] жемáнство; **~ed**
[ə'fektɪd] □ притвóрный; манéрный;
~ion [ə'fekʃn] привя́занность *f*,
любóвь *f*; **~ionate** [ə'fekʃnət] □ нé-
жный, лáсковый, лю́бящий

affiliate [ə'fɪlɪeɪt] **1.** *v/t. join, attach*
присоединя́ть [-ни́ть] (как филиáл);
2. дочéрняя компáния; компáния-
-филиáл

affinity [ə'fɪnətɪ] *closeness* бли́зость *f*,
relationship родствó; *attraction*
влечéние

affirm [ə'fɜːm] утверждáть [-рди́ть];
~ation [æfə'meɪʃn] утверждéние;
~ative [ə'fɜːmətɪv] □ утверди́тель-
ный

affix [ə'fɪks] прикрепля́ть [-пи́ть] (***to*** к
Д)

afflict [ə'flɪkt]: ***be ~ed*** страдáть (***with***
Т, от Р); постигáть [-и́чь *or* -и́гнуть];
~ion [ə'flɪkʃn] гóре; недýг

affluen|ce ['æfluəns] изоби́лие, бо-
гáтство; **~t** [-ənt] □ оби́льный, богáтый

afford [ə'fɔːd] позволя́ть [-вóлить] себé; ***I can ~ it*** я могý себé э́то позвó-
лить; *yield, give* (пре-)доставля́ть
[-áвить]

affront [ə'frʌnt] **1.** оскорбля́ть [-би́ть];
2. оскорблéние

afield [ə'fiːld] *adv.* вдалекé; ***far ~*** далé-
кó

afloat [ə'fləut] на водé, на плавý (*a.*
fig.)

afraid [ə'freɪd] испу́ганный; ***be ~ of*** боя́ться (Р)
afresh [ə'freʃ] *adv.* сно́ва, сы́знова
African ['æfrɪkən] **1.** африка́нец (-нка); **2.** африка́нский
after ['ɑːftə] **1.** *adv.* пото́м, по́сле, зате́м; позади́; ***shortly ~*** вско́ре; **2.** *prp.* за (Т), позади́ (Р); че́рез (В); по́сле (Р); ***time ~ time*** ско́лько раз; ***~ all*** в конце́ концо́в; всё же; **3.** *cj.* с тех пор, как; по́сле того́, как; **4.** *adj.* после́дующий; **~math** ['ɑːftəmæθ] ота́ва; *fig.* после́дствия *n/pl.*; **~noon** [~'nuːn] вре́мя по́сле полу́дня; **~taste** (остаю́щийся) при́вкус; **~thought** мысль, прише́дшая по́здно; **~wards** [~wədz] *adv.* впосле́дствии, пото́м
again [ə'gen] *adv.* сно́ва, опя́ть; ***~ and ~, time and ~*** неоднокра́тно; сно́ва и сно́ва; ***as much ~*** ещё сто́лько же
against [ə'genst] *prp.* про́тив (Р); о, об (В); на (В); ***as ~*** по сравне́нию с (Т); ***~ the wall*** у стены́, к стене́
age [eɪdʒ] **1.** век, во́зраст; года́ *m/pl.*; век, эпо́ха; ***of ~*** совершенноле́тний; ***under ~*** несовершенноле́тний; **2.** *v/t.* [со]ста́рить; *v/i.* [по]ста́рить; **~d** ['eɪdʒɪd] престаре́лый
agency ['eɪdʒənsɪ] аге́нтство
agenda [ə'dʒendə] пове́стка дня
agent ['eɪdʒənt] аге́нт; дове́ренное лицо́; *chem.* сре́дство
aggravate ['ægrəveɪt] (*make worse*) усугубля́ть [-би́ть]; ухудша́ть [уху́дшить]; (*irritate*) раздража́ть [-жи́ть]
aggregate ['ægrɪgət] совоку́пность; о́бщее число́; ***in the ~*** в це́лом
aggress|ion [ə'greʃn] агре́ссия; **~or** [ə'gresə] агре́ссор
aghast [ə'gɑːst] ошеломлённый, поражённый у́жасом
agil|e ['ædʒaɪl] □ прово́рный, подви́жный, живо́й; ***~ mind*** живо́й ум; **~ity** [ə'dʒɪlɪtɪ] прово́рство; жи́вость *f*
agitat|e ['ædʒɪteɪt] *v/t.* [вз]волнова́ть, возбужда́ть [-уди́ть]; *v/i.* агити́ровать (***for*** за В); **~ion** [ædʒɪ'teɪʃn] волне́ние; агита́ция
agnail ['ægneɪl] заусе́ница
ago [ə'gəu]: ***a year ~*** год тому́ наза́д; ***long ~*** давно́; ***not long ~*** неда́вно
agonizing ['ægənaɪzɪŋ] мучи́тельны
agony ['ægənɪ] аго́ния; муче́ние
agree [ə'griː] *v/i.* (*consent, accept*) с глаша́ться [-ласи́ться] (***to*** с Т, В); ***~ [up]on*** (*settle, arrange*) усла́вл ваться [усло́виться] о (П); (*reach common decision*) догова́риват [-вори́ться]; **~able** [~əbl] (*pleasin* прия́тный; (*consenting*) согла́сн (***to*** с Т, на В); **~ment** [~mənt] согла́с (*contract, etc.*) соглаше́ние, догово́
agricultur|al [ægrɪ'kʌltʃərəl] сельск хозя́йственный; **~e** ['ægrɪkʌltʃ се́льское хозя́йство; земледе́ли **~ist** [ægrɪ'kʌltʃərɪst] агроно́м
ahead [ə'hed] вперёд, вперед ***straight ~*** пря́мо, вперёд
aid [eɪd] **1.** по́мощь *f*; помо́щн (-ица); *pl.* (*financial, etc.*) посо́бия; помога́ть [помо́чь] (Д)
AIDS [eɪdz] *med.* СПИД (синдр приобретённого иммунодефици́т **~-infected** инфици́рованн СПИ́Дом
ail|ing ['eɪlɪŋ] больно́й, нездоро́вы **~ment** ['eɪlmənt] недомога́ние, б ле́знь *f*
aim [eɪm] **1.** *v/i.* прице́ли(ва)ться (***a*** В); *fig.* ***~ at*** име́ть в виду́; *v/t.* н правля́ть [-ра́вить] (***at*** на В); **2.** це *f*, наме́рение; **~less** [eɪmlɪs] □ бе це́льный
air[1] [eə] **1.** во́здух; ***by ~*** самолёто авиапо́чтой; ***go on the ~*** *of person* в ступа́ть [вы́ступить] по ра́дио; ***in t ~*** (*uncertain*) висе́ть в во́здухе; *of r mour, etc.* носи́ться в во́здухе; ***cle the ~*** разряжа́ть [-яди́ть] атмосфе́р **2.** (*ventilate*) прове́три(ва)ть(ся) (*fig.*)
air[2] [~] вид; ***give o.s. ~s*** ва́жничать
air[3] [~] *mus.* мело́дия; пе́сня
air|bag поду́шка безопа́сности; **~bas** авиаба́за; **~-conditioned** с кондици ни́рованным во́здухом; **~craft** с молёт; **~field** аэродро́м; **~force** вое́ но-возду́шные си́лы; ***~ hostes*** стюарде́сса; **~lift** возду́шная перево ка; **~line** авиали́ния; **~liner** (авиа)ла́

ιer; **~mail** авиапо́чта; **~man** лётчик, виа́тор; **~plane** *Am.* самолёт; **~port** эропо́рт; **~ raid** возду́шный налёт; **shelter** бомбоубе́жище; **~strip** злётнопоса́дочная полоса́; **~tight** ерметический

y ['eəri] □ по́лный во́здуха; *of lans, etc.* беспе́чный, легкомы́слен-ый

sle [aıl] *thea.* прохо́д (ме́жду ряда́-и)

ar [ə'dʒɑː] приоткры́тый

in [ə'kın] ро́дственный, сро́дный (*to*)

acrity [ə'lækrıtı] гото́вность *f*; рве́ие

rm [ə'lɑːm] **1.** трево́га; (*fear*) страх; *ech.* трево́жно-предупреди́тельная игнализа́ция; **2.** [вс]трево́жить, вз]волнова́ть; **~ clock** буди́льник; **ing** [-ıŋ] *adj.*: **~ news** трево́жные из-е́стия *n/pl.*

oum ['ælbəm] альбо́м

cohol ['ælkəhɒl] алкого́ль *m*; спирт; **ic** [ælkə'hɒlık] **1.** алкого́льный; **2.** ал-ого́лик; **~ism** ['ælkəhɒlızəm] алкого-и́зм

cove ['ælkəʊv] алько́в, ни́ша

der ['ɔːldə] ольха́

e [eıl] пи́во, эль *m*

ert [ə'lɜːt] **1.** □ (*lively*) живо́й, про-о́рный; (*watchful*) бди́тельный; на-торо́женный; **2.** сигна́л трево́ги; **on he ~** настороже́

gorithm ['ælgərıðəm] алгори́тм

en ['eılıən] **1.** иностра́нный; у́ждый; **2.** иностра́нец *m*, -ка *f*; **ate** [~eıt] *law* отчужда́ть; (*estrange*) отдаля́ть [-ли́ть]; (*turn away*) отта́л-ивать [-толкну́ть]

ght[1] [ə'laıt] сходи́ть [сойти́] (с Р)

ght[2] [-] *pred. adj.* (*on fire*) заж-ённый; в огне́; (*lit up*) освещён-ый

gn [ə'laın] выра́внивать(ся) [вы́-овнять(ся)]; **~ment** [-mənt] выра́в-ивание; (*arrangement*) расстано́вка

ke [ə'laık] **1.** *pred. adj.* (*similar*) по-о́бный, похо́жий; (*as one*) одина́ко-ый; **2.** *adv.* то́чно так же; подо́бно

alimentary [ælı'mentərı]: **~ canal** пищевари́тельный тракт

alimony ['ælımənı] алиме́нты *m/pl.*

alive [ə'laıv] (*living*) живо́й; (*alert, keen*) чу́ткий (**to** к Д); (*infested*) кища́щий (**with** Т); **be ~ to** я́сно пони-ма́ть

all [ɔːl] **1.** *adj.* весь *m*, вся *f*, всё *n*, все *pl*; вся́кий; всевозмо́жный; **for ~ that** не-смотря́ на то; **2.** всё, все; **at ~** вообще́; **not at ~** во́все не; **not at ~!** не́ за что!; **for ~ (that) I care** мне безразли́чно; **for ~ I know** наско́лько я зна́ю; **3.** *adv.* вполне́, всеце́ло, соверше́нно; **~ at once** сра́зу; **~ the better** тем лу́чше; **~ but** почти́; **~ right** хорошо́, ла́дно

allay [ə'leı] успока́ивать [-ко́ить]

allegation [ælı'geıʃn] голосло́вное ут-вержде́ние

allege [ə'ledʒ] утвержда́ть (без осно-ва́ния)

allegiance [ə'liːdʒəns] ве́рность *f*, пре́данность *f*

allerg|ic [ə'lɜːdʒık] аллерги́ческий; **~y** ['ælədʒı] аллерги́я

alleviate [ə'liːvıeıt] облегча́ть [-чи́ть]

alley ['ælı] переу́лок; **blind ~** тупи́к

alliance [ə'laıəns] сою́з

allocat|e ['æləkeıt] *money* ассигнова́ть; *land, money* выделя́ть [вы́делить] (*distribute*); распределя́ть [-ли́ть]; **~ion** [ælə'keıʃn] распределе́ние

allot [ə'lɒt] *v/t.* распределя́ть [-ли́ть]; разда́(ва́)ть; **~ment** [-mənt] распре-деле́ние; до́ля, часть *f*, *Brt.* (*plot of land*) земе́льный уча́сток

allow [ə'laʊ] позволя́ть [-о́лить]; допу-ска́ть [-сти́ть]; *Am.* утвержда́ть; **~able** [~əbl] □ позволи́тельный; **~ance** [~əns] посо́бие, пе́нсия; *fin.* ски́дка; **make ~ for** принима́ть во вни-ма́ние

alloy ['ælɔı] сплав

all-purpose многоцелево́й, универ-са́льный

all-round всесторо́нний

allude [ə'luːd] ссыла́ться [сосла́ться] (**to** на В); (*hint at*) намека́ть [-кну́ть] (**to** на В)

allur|e [ə'ljʊə] (*charm*) привлека́ть

[-ле́чь]; (*lure*) завлека́ть [-ле́чь]; **~ing** привлека́тельный, зама́нчивый

allusion [ə'luːʒn] намёк, ссы́лка

ally [ə'laɪ] **1.** соединя́ть [-ни́ть] (***to, with*** с Т); **2.** сою́зник

almighty [ɔːl'maɪtɪ] всемогу́щий

almond [ɑːmənd] минда́ль *m*

almost ['ɔːlməʊst] почти́, едва́ не

alone [ə'ləun] оди́н *m*, одна́ *f*, одно́ *n*, одни́ *pl.*; одино́кий (-кая); ***let*** (*или* ***leave***) **~** оста́вить *pf.* в поко́е; ***let ~*** **...** не говоря́ уже́ о ... (П)

along [ə'lɒŋ] **1.** *adv.* вперёд; ***all ~*** всё вре́мя; ***~ with*** вме́сте с (Т); *coll.* ***get ~ with you!*** убира́йтесь; **2.** *prp.* вдоль (Р), по (Д); **~side** [~said] бок о́ бок, ря́дом

aloof [ə'luːf]: ***stand ~*** держа́ться в стороне́ *or* особняко́м

aloud [ə'laʊd] гро́мко, вслух

alpha|bet ['ælfəbet] алфави́т; **~betic** [ˌ~'etɪk] а́збучный, алфави́тный; **~numeric** *comput.* алфави́тно- *or* бу́квенно-цифрово́й

already [ɔːl'redɪ] уже́

also ['ɔːlsəʊ] та́кже, то́же

altar ['ɔːltə] алта́рь *m*

alter ['ɔːltə] *v/t.* & *v/i.* меня́т(ся) (*impf.*); изменя́ть(ся) [-ни́ть(ся)]; **~ation** [ɔːltə'reɪʃn] измене́ние, переде́лка (***to*** Р)

alternat|e **1.** ['ɔːltəneɪt] чередова́ть(ся); **2.** [ɔːl'tɜːnɪt] □ переме́нный; ***alternating current*** переме́нный ток; **~ion** [ɔːltə'neɪʃn] чередова́ние; **~ive** [ɔːl'tɜːnətɪv] **1.** альтернати́вный; переме́нно де́йствующий; **2.** альтернати́ва; вы́бор

although [ɔːl'ðəʊ] хотя́

altitude ['æltɪtjuːd] высота́

altogether [ɔːltə'geðə] (*entirely*) вполне́, соверше́нно; (*in general*; *as a whole*) в це́лом, в о́бщем

alumin(i)um [æljʊ'mɪnɪəm, *Am*: ə'luːmɪnəm] алюми́ний

always ['ɔːlweɪz] всегда́

Alzheimer's disease ['æltshɑɪməz] боле́знь Альцге́ймера

am [æm; *в предложении*: əm] [*irr.*] *1st pers. sg. pr. от* ***be***

A.M. (*abbr. of* ***ante meridiem***) ут у́тром

amalgamate [ə'mælgəmeɪt] *v/t.* об единя́ть [-ни́ть]; *v/i.* объединят [-ни́ться] (***with*** с Т)

amass [ə'mæs] соб(и)ра́ть; (*accum late*) накопля́ть [-пи́ть]

amateur ['æmətə] люби́тель *m*, -ни *f*; дилета́нт *m*, -ка *f*, *attr.* люби́те ский

amaz|e [ə'meɪz] изумля́ть [-ми́ть], ража́ть [порази́ть]; **~ement** [~mə изумле́ние; **~ing** [ə'meɪzɪŋ] уди тельный, порази́тельный

ambassador [æm'bæsədə] посо́л

amber ['æmbə] янта́рь *m*

ambigu|ity [æmbɪ'gjuːətɪ] двусмы ленность *f*; **~ous** [æm'bɪgjʊəs] двусмы́сленный

ambitio|n [æm'bɪʃn] честолю́б (*aim*) мечта́, стремле́ние; **~us** [~ʃ честолюби́вый

amble ['æmbl] идти́ лёгкой похо́дк прогу́ливаться

ambulance ['æmbjʊləns] маши ско́рой по́мощи

ambush ['æmbʊʃ] заса́да

amenable [ə'miːnəbl] (*tractable*) □ да́тливый; (*obedient*) послу́шн (*complaisant*) сгово́рчивый

amend [ə'mend] исправля́ть([-а́вить(ся)]; вноси́ть [внести́] пра́вки в (В); **~ment** [~mənt] испр ле́ние; попра́вка; **~s** [ə'mendz]: ***ma ~ for*** компенси́ровать (В)

amenity [ə'miːnətɪ] *mst. pl.* удо́бст *in town* места́ о́тдыха и развле ний; *of family life* пре́лести

American [ə'merɪkən] **1.** америка́н *m*, -нка *f*; **2.** америка́нский

amiable ['eɪmjəbl] □ доброду́шн (*sweet*) ми́лый

amicable ['æmɪkəbl] □ дружелю ный, дру́жественный

amid(st) [ə'mɪd(st)] среди́ (Р), поср ди́ (Р), ме́жду (Т)

amiss [ə'mɪs] *adv.* непра́вильно; ***ta ~*** обижа́ться [оби́деться]

amity ['æmɪtɪ] дру́жба

ammonia [ə'məʊnɪə] аммиа́к; ***liqui***

ашатырный спирт
nmunition [æmjʊ'nɪʃn] боеприпа́сы *n/pl.*
nnesty ['æmnəstɪ] **1.** амни́стия; **2.** амнисти́ровать *(im)pf.*
nong(st) [ə'mʌŋ(st)] среди́ (Р), ме́жду (Т *sometimes* Р)
noral [eɪ'morəl] □ амора́льный
norous ['æmərəs] □ *(in love)* влюблённый (***of*** в В); *(inclined to love)* влю́бчивый
nount [ə'maʊnt] **1.** ~ ***to*** равня́ться Д); *fig.* быть равноси́льным; ***it ~s to this*** де́ло сво́дится к сле́дующему; **2.** су́мма, коли́чество
nple ['æmpl] *(sufficient)* доста́точный, *(abundant)* оби́льный; *(spacious)* просто́рный
npli|fier ['æmplɪfaɪə] *el.* усили́тель *n*; **~fy** [~faɪ] уси́ли(ва)ть; *(expand)* расширя́ть [-и́рить]; **~tude** [~tju:d] широта́, разма́х; амплиту́да
npoule ['æmpu:l] а́мпула
nputate ['æmpjʊteɪt] ампути́ровать *(im)pf.*
nuse [ə'mju:z] забавля́ть, позаба́вить *pf.*, развлека́ть [-е́чь]; **~ment** [~mənt] развлече́ние, заба́ва; ~ ***park*** площа́дка с аттракцио́нами
1 [æn, ən] *неопределённый артикль*
(a)emi|a [ə'ni:mɪə] анеми́я; **~c** [~mɪk] анеми́чный
(a)esthetic [ænɪs'θetɪk] обезбо́ливающее сре́дство; ***general*** ~ о́бщий нарко́з; ***local*** ~ ме́стный нарко́з
nalog|ous [ə'næləgəs] □ аналоги́чный, схо́дный; **~y** [ə'nælədʒɪ] анало́гия, схо́дство
nalysis [ə'næləsɪs] ана́лиз
nalyze, *Brit.* **-yse** ['ænəlaɪz] анализи́ровать *(im)pf.*, *pf. a.* [про-]
narchy ['ænəkɪ] ана́рхия
natomy [ə'nætəmɪ] *(science)* анато́мия; *(dissection)* анатоми́рование; *(analysis)* разбо́р; *(human body)* те́ло
ncest|or ['ænsɪstə] пре́док; **~ral** [æn'sestrəl] родово́й; **~ry** ['ænsestrɪ] *(lineage)* происхожде́ние; *(ancestors)* пре́дки *m/pl.*
nchor ['æŋkə] **1.** я́корь *m*; ***at*** ~ на я́коре; **2.** ***come to*** ~ станови́ться [стать] на я́корь
anchovy ['æntʃəvɪ] анчо́ус
ancient [eɪnʃənt] дре́вний; анти́чный
and [ənd, ən, ænd] и; а
anew [ə'nju:] *(again)* сно́ва; *(in a different way)* по-но́вому, за́ново
angel ['əɪndʒəl] а́нгел; **~ic(al** □) [æn'dʒelɪk(l)] а́нгельский
anger ['æŋgə] **1.** гнев; **2.** [рас]серди́ть
angle[1] ['æŋgl] у́гол; *(viewpoint)* то́чка зре́ния
angle[2] [~] уди́ть ры́бу; *fig.* напра́шиваться (***for*** на В); **~r** [~ə] рыболо́в
Anglican ['æŋglɪkən] **1.** член англика́нской це́ркви; **2.** англика́нский
angry ['æŋgrɪ] серди́тый (***with*** на В)
anguish ['æŋgwɪʃ] страда́ние, му́ка
angular ['æŋgjʊlə] *mst. fig.* углова́тый; *(awkward)* нело́вкий
animal ['ænɪml] **1.** живо́тное; ***pack*** ~ вью́чное живо́тное; **2.** живо́тный; ~ ***kingdom*** живо́тное ца́рство
animat|e ['ænɪmeɪt] оживля́ть [-ви́ть]; **~ion** [ænɪ'meɪʃn] жи́вость *f*, оживле́ние
animosity [ænɪ'mɒsətɪ] вражде́бность *f*
ankle ['æŋkl] лоды́жка
annals ['ænlz] *pl.* ле́топись *f*
annex [ə'neks] аннекси́ровать *(im)pf.*; присоединя́ть [-ни́ть]; **~ation** [ænek'seɪʃn] анне́ксия
annex(e) ['ænəks] *(to a building)* пристро́йка; крыло́; *(to document, etc.)* приложе́ние
annihilate [ə'naɪəleɪt] уничтожа́ть [-о́жить], истребля́ть [-би́ть]
anniversary [ænɪ'vɜ:sərɪ] годовщи́на
annotat|e ['ænəteɪt] аннотúровать *(im)pf.*; снабжа́ть примеча́ниями; **~ion** [ænə'teɪʃn] аннота́ция; примеча́ние
announce [ə'naʊns] объявля́ть [-ви́ть]; заявля́ть [-ви́ть]; **~ment** [~mənt] объявле́ние, заявле́ние; *on the radio, etc.* сообще́ние; **~r** [~ə] *radio* ди́ктор
annoy [ə'nɔɪ] надоеда́ть [-е́сть] (Д); досажда́ть [досади́ть] (Д); раздра-

жать; **~ance** [-əns] доса́да; раздраже́ние; неприя́тность *f*

annual ['ænjuəl] **1.** *publication* □ ежего́дный; годово́й; **2.** *plant* ежего́дник; однолéтнее расте́ние

annul [ə'nʌl] аннули́ровать *(im)pf.*; отменя́ть [-ни́ть]; *contract* растор-га́ть [-о́ргнуть]; **~ment** [-mənt] отме́на, аннули́рование

anodyne ['ænədaɪn] болеутоля́ющее сре́дство; успока́ивающее сре́дство

anomalous [ə'nɒmələs] □ *adj.* анома́льный

anonymous [ə'nɒnɪməs] □ анони́мный

another [ə'nʌðə] друго́й, ещё; ***one after*** ~ оди́н за други́м; ***quite*** ~ ***thing*** совсе́м друго́е де́ло

answer ['ɑːnsə] **1.** *v/t.* отвеча́ть [-е́тить] (Д); *(fulfil)* удовлетворя́ть [-ри́ть]; ~ ***back*** дерзи́ть; ~ ***the bell*** *or* ***door*** открыва́ть дверь на звоно́к; ~ ***the telephone*** взять *or* снять тру́бку; *v/i.* отвеча́ть [-е́тить] (***to a p.*** Д, ***to a question*** на вопро́с); ~ ***for*** отвеча́ть [-е́тить] за (В); **2.** отве́т (***to*** на В); реше́ние *a. math.*; **~able** ['ɑːnsərəbl] □ отве́тственный; **~ing machine** автоотве́тчик

ant [ænt] мураве́й

antagonism [æn'tægənɪzəm] антагони́зм, вражда́

antagonize [æn'tægənaɪz] настра́ивать [-ро́ить] (***against*** про́тив Р)

antenatal [æntɪ'neɪtl]: ~ ***clinic*** *approx.* же́нская консульта́ция

antenna [æn'tenə] *Am.* → ***aerial***

anterior [æn'tɪərɪə] *of time* предше́ствующий (***to*** Д); *of place* пере́дний

anthem ['ænθəm] хора́л, гимн; ***national*** ~ госуда́рственный гимн

anti... [æntɪ...] противо..., анти...

antiaircraft [æntɪ'ɛəkrɑːft] противовозду́шный; ~ ***defence*** противовозду́шная оборо́на (ПВО)

antibiotic [-baɪ'ɒtɪk] антибио́тик

anticipat|e [æn'tɪsɪpeɪt] *(foresee)* предви́деть, предчу́вствовать; *(expect)* ожида́ть; предвкуша́ть [-уси́ть]; *(forestall)* предупрежда́ть [-реди́ть]; **~ion** [æntɪsɪ'peɪʃn] ожида́ние; пре[дчу́вствие]; ***in*** ~ в ожида́нии, в пред[видении]

antics ['æntɪks] ша́лости *f/pl.*, прок[азы] *f/pl.*, проде́лки *f/pl.*

antidote ['æntɪdəʊt] противоя́дие

antipathy [æn'tɪpəθɪ] антипа́тия

antiqua|ry ['æntɪkwərɪ] антиква[р]; **~ted** [-kweɪtɪd] устаре́лый; *(old-fashioned)* старомо́дный

antiqu|e [æn'tiːk] **1.** анти́чный; ст[ари́нный]; **2.** ***the*** ~ *(art)* анти́чное и[ску́сство]; **~ity** [æn'tɪkwətɪ] дре́внос[ть] *f*; старина́; анти́чность *f*

antiseptic [æntɪ'septɪk] антисе[п]ти́ческое сре́дство

antlers ['æntləz] *pl.* оле́ньи рога́ *m/[pl.]*

anvil ['ænvɪl] нако́ва́льня

anxiety [æŋ'zaɪətɪ] *(worry)* бесп[о]ко́йство, *(alarm)* трево́га; *(keen desire)* стра́стное жела́ние; *(apprehension)* опасе́ние

anxious ['æŋkʃəs] озабо́ченный; бе[с]поко́ящийся (***about, for*** о П); *of news, warning signals, etc.* трево́жный

any ['enɪ] **1.** *pron. & adj.* како́йнибу[дь]; вся́кий, любо́й; ***at*** ~ ***rate*** во вся́ко[м] слу́чае; ***not*** ~ никако́й; **2.** *adv.* ско́л[ь]ко-нибудь, ниско́лько; **~body, ~o[ne]** кто́-нибудь; вся́кий; **~how** ка́к-н[и]будь; так и́ли ина́че, всё же; **~thi[ng]** что́-нибудь; ~ ***but*** то́лько не...; **~where** где́-нибудь, куда́-нибудь

apart [ə'pɑːt] отде́льно; по́рознь; ***from*** кро́ме (Р); **~ment** [-mənt] → ***f[lat]*** *Brt.*; *mst. pl.* апартаме́нты *m/pl.*; *A[m.]* кварти́ра; **~ house** многокварти́рн[ый] дом

ape [eɪp] **1.** обезья́на; **2.** подража́[ть] (Д), [с]обезья́нничать

aperient [ə'pɪərɪənt] слаби́тельное

aperitif [ə'perɪtɪf] аперити́в

aperture ['æpətʃə] отве́рстие; *ph[ot.]* диафра́гма

apex ['eɪpeks] верши́на

apiece [ə'piːs] за шту́ку; за ка́ждого челове́ка

apolog|etic [əpɒlə'dʒetɪk] (**~ally**): ***be*** извиня́ться [-ни́ться] (***about, for*** ... В); ~ ***air*** винова́тый вид; **~i...**

ə'pɒlədʒaɪz] извиня́ться [-ни́ться] **for** за В; **to** пе́ред Т); **~y** [-dʒɪ] извие́ние
oplectic [æpə'plektɪk]: **~ stroke** да́р, инсу́льт
ostle [ə'pɒsl] апо́стол
ostrophe [ə'pɒstrəfɪ] *gr.* апостро́ф
pall *or Brt.* **appal** [ə'pɔːl] ужаса́ть -сну́ть]
paratus [æpə'reɪtəs] прибо́р; аппаату́ра, аппара́т; *sport* снаря́ды *m/pl.*
par|ent [ə'pærənt] (*obvious*) чеви́дный; (*visible, evident*) види́ый; **for no ~ reason** без ви́димой рична́ы; **~ently** по-ви́димому; **~ition** æpə'rɪʃən] при́зрак
peal [ə'piːl] **1.** апелли́ровать (*im*)*pf.*; бращáться [обрати́ться] (**to** к Д); *attract*) привлека́ть [-е́чь] (**to** В); *aw* обжа́ловать; **2.** воззва́ние, приы́в; привлека́тельность *f*; обжа́лоание; **~ing** [-ɪŋ] (*moving*) тро́гательый; (*attractive*) привлека́тельный
pear [ə'pɪə] появля́ться [-ви́ться]; *seem*) пока́зываться [-за́ться]; *on tage etc.* выступа́ть [вы́ступить]; **it s to me** мне ка́жется; **~ance** ə'pɪərəns] появле́ние; вне́шний вид; *erson's* вне́шность *f*; **~ances** *pl.* приич́ия *n/pl.*; **keep up ~** соблюда́ть приичия
pease [ə'piːz] умиротворя́ть -ри́ть]; успока́ивать [-ко́ить]
pend [ə'pend] прилага́ть [-ложи́ть] к Д); **~icitis** [əpendɪ'saɪtɪs] аппендиц́ит; **~ix** [ə'pendɪks] *of a book, etc.* прииоже́ние; *anat.* аппе́ндикс
petite ['æpɪtaɪt] аппети́т (**for** на В); *ig.* влече́ние, скло́нность *f* (**for** к Д)
petizing ['æpɪtaɪzɪŋ] аппети́тный
plaud [ə'plɔːd] *v/t.* аплоди́ровать Д); (*approve*) одобря́ть [одо́брить]
plause [ə'plɔːz] аплодисме́нты *n/pl*; *fig.* (*approval*) одобре́ние
ple [æpl] я́блоко; **~ of discord** я́блоо раздо́ра; **~ tree** я́блоня
pliance [ə'plaɪəns] устро́йство, риспособле́ние, прибо́р
plica|ble ['æplɪkəbl] примени́мый, *appropriate*) подходя́щий (**to** к Д); **delete where ~** зачеркни́те, где необходи́мо; **~nt** [-kənt] кандида́т (**for** на В); **not ~** не отно́сится (**to** к Д); **~tion** [æplɪ'keɪʃn] примене́ние; заявле́ние; про́сьба (**for** о П); **send in an ~** пода́ть заявле́ние, зая́вку
apply [ə'plaɪ] *v/t.* (*bring into action*) прилага́ть [-ложи́ть] (**to** к Д); (*lay or spread on*) прикла́дывать [приложи́ть]; (*use*) применя́ть [-ни́ть] (**to** к Д); **~ o.s. to** занима́ться [заня́ться] (Т); *v/i.* (*approach, request*) обраща́ться [обрати́ться] (**for** за Т; **to** к Д); (*concern, relate to*) относи́ться
appoint [ə'pɔɪnt] назнача́ть [-на́чить]; **~ment** [-mənt] назначе́ние; (*meeting*) встре́ча; (*agreement*) договорённость *f*; **by ~** по предвари́тельной договорённости, по за́писи
apportion [ə'pɔːʃn] разделя́ть [-ли́ть]
apprais|al [ə'preɪzl] оце́нка; **~e** [ə'preɪz] оце́нивать [-ни́ть], расце́нивать [-ни́ть]
apprecia|ble [ə'priːʃəbl] □ заме́тный, ощути́мый; **~te** [-ɪeɪt] *v/t.* оце́нивать [-ни́ть]; [о]цени́ть; (*understand*) понима́ть [-ня́ть]; *v/i.* повыша́ться [-вы́ситься] в цене́; **~tion** [əpriːʃɪ'eɪʃn] (*gratitude*) призна́тельность *f*, оце́нка, понима́ние
apprehen|d [æprɪ'hend] (*foresee*) предчу́вствовать; (*fear*) опаса́ться; (*seize, arrest*) заде́рживать [-жа́ть], аресто́вывать [-ова́ть]; **~sion** [-'henʃn] опасе́ние, предчу́вствие; аре́ст; **~sive** [-'hensɪv] □ озабо́ченный, по́лный трево́ги
apprentice [ə'prentɪs] учени́к; **~ship** [-ʃɪp] уче́ние, учени́чество
approach [ə'prəʊtʃ] **1.** приближа́ться [-бли́зиться] к (Д); (*speak to*) обраща́ться [обрати́ться] к (Д); **2.** приближе́ние; по́дступ; *fig.* подхо́д; **~ing** [-ɪŋ] приближа́ющийся; **~ traffic** встре́чное движе́ние
approbation [æprə'beɪʃn] одобре́ние; са́нкция, согла́сие
appropriate **1.** [ə'prəʊprɪeɪt] (*take possession of*) присва́ивать [-сво́ить]; **2.** [-ət] (*suitable*) подходя́щий, соот-

ве́тствующий
approv|al [əˈpruːvl] одобре́ние; утвержде́ние; **~e** [əˈpruːv] одобря́ть [одо́брить]; утвержда́ть [-ди́ть]; санкциони́ровать *(im)pf.*
approximate **1.** [əˈprɒksɪmeɪt] приближа́ть(ся) [-бли́зить(ся)] к (Д); **2.** [-mət] приблизи́тельный
apricot [ˈeɪprɪkɒt] абрико́с
April [ˈeɪprəl] апре́ль *m*
apron [ˈeɪprən] пере́дник, фа́ртук
apt [æpt] □ (*suitable*) подходя́щий, (*pertinent*) уме́стный; (*gifted*) спосо́бный; **~ to** скло́нный к (Д); **~itude** [ˈæptɪtjuːd], **~ness** [-nɪs] спосо́бность *f*, скло́нность *f* (**for, to** к Д); уме́стность *f*
aqualung [ˈækwəlʌŋ] аквала́нг
aquarium [əˈkweərɪəm] аква́риум
Aquarius [əˈkweərɪəs] Водоле́й
aquatic [əˈkwætɪk] **1.** водяно́й, во́дный; **2. ~s** *pl.* во́дный спорт
aqueduct [ˈækwɪdʌkt] акведу́к
Arab [ˈærəb] ара́б *m*, -ка *f*; **~ic** [ˈærəbɪk] **1.** ара́бский язы́к; **2.** ара́бский
arable [ˈærəbl] па́хотный
arbit|er [ˈɑːbɪtə] (*judge*) арби́тр; (*third party*) трете́йский судья́; **~rariness** [ˈɑːbɪtrərɪnɪs] произво́л; **~rary** [ɪ_trərɪ] произво́льный; **~rate** [ˈɑːbɪtreɪt] выступа́ть в ка́честве арби́тра; **~ration** [ɑːbɪˈtreɪʃn] арбитра́ж; **~rator** [ˈɑːbɪtreɪtə] трете́йский судья́, арби́тр
arbo(u)r [ˈɑːbə] бесе́дка
arc [ɑːk] дуга́; **~ade** [ɑːˈkeɪd] (*covered passageway*) арка́да; *with shops* пасса́ж
arch¹ [ɑːtʃ] **1.** а́рка; свод; дуга́; **2.** придава́ть фо́рму а́рки; выгиба́ться
arch² [~] **1.** хи́трый, лука́вый; **2.** *pref.* архи…; гла́вный
archaic [ɑːˈkeɪɪk] (**~ally**) устаре́лый, устаре́вший; дре́вний
archbishop [ɑːtʃˈbɪʃəp] архиепи́скоп
archery [ˈɑːtʃərɪ] стрельба́ из лу́ка
architect [ˈɑːkɪtekt] архите́ктор; **~ural** [ɑːkɪˈtektʃərəl] архитекту́рный; **~ure** [ˈɑːkɪtektʃə] архитекту́ра
archway [ˈɑːtʃweɪ] сводча́тый прохо́д
arctic [ˈɑːktɪk] аркти́ческий; ***the Arctic*** А́рктика
ardent [ˈɑːdənt] □ *mst. fig.* горя́ч пы́лкий; я́рый
ardo(u)r [ˈɑːdə] рве́ние, пыл
arduous [ˈɑːdjʊəs] □ тру́дный
are [ɑː; *в предложении*: ə] → **be**
area [ˈeərɪə] (*measurement*) пло́щад **~ *of a triangle*** пло́щадь треуго́льн ка; (*region*) райо́н, край, зо́на; (*sphe* о́бласть
Argentine [ˈɑːdʒəntaɪn] **1.** аргент ский; **2.** аргенти́нец *m*, -нка *f*
argue [ˈɑːgjuː] *v/t.* обсужда [-уди́ть]; дока́зывать [-за́ть]; **~ *a p. to*** убежда́ть [убеди́ть] в (П); *v/i.* [п спо́рить (с Т); **~ *against*** приводи́ть воды про́тив (Р)
argument [ˈɑːgjʊmənt] до́вод, ар ме́нт; (*discussion, debate*) сп **~ation** [ɑːgjʊmenˈteɪʃn] аргумен ция
arid [ˈærɪd] сухо́й (*a. fig.*); засу́шлив
Aries [ˈeəriːz] Ове́н
arise [əˈraɪz] (*get up, stand up*) вс ва́ть [встать]; (*fig., come into bei* возника́ть [-ни́кнуть] (**from** из явля́ться [яви́ться] результа́т (**from** из Р); **~n** [əˈrɪzn] *p. pt. от* **ar**
aristocra|cy [ærɪˈstɒkrəsɪ] аристок тия; **~t** [ˈærɪstəkræt] аристокра́т; ~ [ærɪstəˈkrætɪk] аристократи́чески
arithmetic [əˈrɪθmətɪk] арифме́тик
ark [ɑːk]: ***Noah's ~*** Но́ев ковче́г
arm¹ [ɑːm] рука́; (*sleeve*) рука́в
arm² [~] вооружа́ть(ся) [-жи́ть(ся **~ed forces*** вооружённые си́лы
armament [ˈɑːməmənt] вооруже́ни
armchair кре́сло
armful [ˈɑːmfʊl] оха́пка
armistice [ˈɑːmɪstɪs] переми́рие
armo(u)r [ˈɑːmə] *hist.* доспе́хи *m/* броня́; **~y** [~rɪ] арсена́л; оруже́йн пала́та
armpit [ˈɑːmpɪt] подмы́шка
arms [ɑːmz] ору́жие
army [ˈɑːmɪ] а́рмия; *fig.* мно́жеств
arose [əˈrəʊz] *pt. от* **arise**
around [əˈraʊnd] **1.** *adv.* всю́ду, к го́м; **2.** *prp.* вокру́г (Р)
arouse [əˈraʊz] [раз]буди́ть (*a. fi*

ig. возбуждать [-удить]; *interest, en-y etc.* вызывать [вызвать]
range [əˈreɪndʒ] приводить в порядок; *a party etc.* устраивать -роить]; (*agree in advance*) условливаться [условиться]; *mus.* аранжировать (*im*)*pf*.; **~ment** [~mənt] устройство; расположение; соглашение, мероприятие; *mus.* аранжировка
ray [əˈreɪ] *fig. assemblage* множество, *display* коллекция; целый ряд
rear(s) [əˈrɪə] *mst. pl.* отставание; задолженность *f*
rest [əˈrest] **1.** арест, задержание; **2.** арестовывать [-овать], задерживать -жать]
riv|al [əˈraɪvl] прибытие, приезд; **~als** *pl.* прибывшие *pl.*; **~e** [əˈraɪv] прибы(ва)ть; приезжать [-ехать] (*at* в, на В)
roga|nce [ˈærəgəns] надменность *f*, высокомерие; **~nt** [~nt] надменный, высокомерный
row [ˈærəʊ] стрела; *as symbol on road sign, etc.* стрелка
senal [ˈɑːsənl] арсенал
senic [ˈɑːsnɪk] мышьяк
son [ˈɑːsn] *law* поджог
t [ɑːt] искусство; ***fine~s*** изящные *or* изобразительные искусства
ter|ial [ɑˈtɪərɪəl]: ***~ road*** магистраль *f*; **~y** [ˈɑːtərɪ] *anat.* артерия
tful [ˈɑːtfəl] ловкий; хитрый
ticle [ˈɑːtɪkl] (*object*) предмет, вещь *f*; (*piece of writing*) статья; (*clause*) пункт, параграф; артикль *m*
ticulat|e [ɑːˈtɪkjʊleɪt] **1.** отчётливо, ясно произносить; **2.** [~lət] отчётливый; членораздельный; **~ion** [ɑːtɪkjʊˈleɪʃn] артикуляция
tificial [ɑːtɪˈfɪʃl] искусственный
tillery [ɑːˈtɪlərɪ] артиллерия; **~man** [~mən] артиллерист
tisan [ɑːtɪˈzæn] ремесленник
tist [ˈɑːtɪst] художник (-ица); (*actor*) актёр, актриса; **~e** [ɑːˈtiːst] артист(-ка); **~ic(al** □) [ɑːˈtɪstɪk(l)] артистический, художественный
tless [ˈɑːtlɪs] естественный; (*ingenuous*) простодушный; (*unskilled*) неискусный
as [əz, æz] *cj. a. adv.* когда; в то время как; так как; хотя; ***~ far ~ I know*** насколько мне известно; ***~ it were*** так сказать; как бы; ***~ well*** также; в такой же мере; ***such~*** такой как; как например; ***~ well ~*** и … и …; *prp.* ***~ for, ~ to*** что касается (Р); ***~ from*** с (Р)
ascend [əˈsend] подниматься [-няться]; восходить [взойти]
ascension [əˈsenʃn]: ♀ (***Day***) Вознесение
ascent [əˈsent] восхождение; (*upward slope*) подъём
ascertain [æsəˈteɪn] удостоверяться [-вериться] в (П); устанавливать [-новить]
ascribe [əˈskraɪb] приписывать [-сать] (Д/В)
aseptic [eɪˈseptɪk] *med.* асептический, стерильный
ash[1] [æʃ] *bot.* ясень *m*; ***mountain ~*** рябина
ash[2] [~] *mst. pl.* **~es** [ˈæʃɪz] зола, пепел
ashamed [əˈʃeɪmd] пристыжённый; ***I'm ~ of you*** мне стыдно за тебя; ***feel ~ of o.s.*** стыдиться
ash can *Am.* ведро для мусора
ashen [ˈæʃən] пепельного цвета; (*pale*) бледный
ashore [əˈʃɔː] на берег, на берегу
ashtray пепельница
ashy [ˈæʃɪ] *of or relating to ashes* пепельный
Asian [ˈeɪʃn] **1.** азиатский; **2.** азиат *m*, -ка *f*
aside [əˈsaɪd] в сторону, в стороне
ask [ɑːsk] *v/t.* (*request*) [по]просить (***a th. of, from a p.*** что-нибудь у кого-нибудь); ***~ that*** просить, чтобы …; (*inquire*) спрашивать [спросить]; ***~ (a p.) a question*** задавать вопрос (Д); *v/i.* ***~ for*** [по]просить (В *or* Р *or* о П)
askance [əˈskæns]: ***look ~*** косо посмотреть (***at*** на В)
askew [əˈskjuː] криво
asleep [əˈsliːp] спящий; ***be ~*** спать
asparagus [əˈspærəgəs] спаржа
aspect [ˈæspekt] вид (*a. gr.*); аспект, сторона

aspen ['æspən] оси́на
asperity [æ'sperətɪ] (*sharpness*) ре́зкость *f*; ***with ~*** ре́зко; (*severity*) суро́вость *f*
asphalt ['æsfælt] **1.** асфа́льт; **2.** покрыва́ть асфа́льтом
aspir|ation [æspə'reɪʃn] стремле́ние; **~e** [ə'spaɪə] стреми́ться (***to, after, at*** к Д)
aspirin ['æsprɪn] аспири́н
ass [æs] осёл (*a. fig.*); ***make an ~ of o.s.*** поста́вить себя́ в глу́пое положе́ние; *coll.* сваля́ть дурака́
assail [ə'seɪl] (*attack*) напада́ть [-па́сть] на (В); *fig.* энерги́чно бра́ться за; *with questions* засыпа́ть [засы́пать] вопро́сами; **~ant** [-ənt] напада́ющий
assassin [ə'sæsɪn] уби́йца *m/f*; **~ate** [-ɪneɪt] уби́(ва́)ть; **~ation** [əsæsɪ'neɪʃn] уби́йство
assault [ə'sɔːlt] **1.** нападе́ние; *mil.* ата́ка, штурм; **2.** напада́ть [напа́сть], набра́сываться [-ро́ситься] на (В)
assembl|e [ə'sembl] (*gather*) собира́ть(ся) [-бра́ть(ся)]; *tech.* [с]монти́ровать, собира́ть [-бра́ть]; **~y** [-ɪ] собра́ние; ассамбле́я; *tech.* сбо́рка
assent [ə'sent] **1.** согла́сие; **2.** соглаша́ться [-ласи́ться] (***to*** на В; с Т)
assert [ə'sɜːt] утвержда́ть [-рди́ть]; **~ion** [ə'sɜːʃn] утвержде́ние
assess [ə'ses] оце́нивать [-ни́ть] (*a. fig.*); *taxes etc.* определя́ть [-ли́ть], устана́вливать [-нови́ть]; **~ment** [-mənt] *for taxation* обложе́ние; *valuation* оце́нка
asset ['æset] це́нное ка́чество; *fin.* статья́ дохо́да; **~s** *pl. fin.* акти́в(ы); ***~ and liabilities*** акти́в и пасси́в
assiduous [ə'sɪdjʊəs] приле́жный
assign [ə'saɪn] (*appoint*) назнача́ть [-на́чить]; (*allot*) ассигно́вывать, ассигнова́ть (*im*)*pf.*; (*charge*) поруча́ть [-чи́ть]; *room, etc.* отводи́ть [-вести́]; **~ment** [-mənt] назначе́ние; зада́ние, поруче́ние
assimilat|e [ə'sɪmɪleɪt] ассимили́ровать(ся) (*im*)*pf.*; (*absorb*) усва́ивать [-во́ить]; **~ion** [əsɪmɪ'leɪʃn] ассимиля́ция; усвое́ние
assist [ə'sɪst] помога́ть [-мо́чь] (Д), [по]соде́йствовать (*im*)*pf.* (Д); **~ance** [-əns] по́мощь *f*; **~ant** [-ənt] ассисте́нт(ка); помо́щник (-ица); ***~ professor*** *univ. Am.* ассисте́нт; ***shop ~*** *Brt.* продаве́ц
associa|te [ə'səʊʃɪeɪt] **1.** обща́ться (***with*** с Т); (*connect*) ассоции́ровать(ся) (*im*)*pf.*; **2.** [-ʃɪət] колле́га *m*; соуча́стник; *comm.* компаньо́н; **~tion** [əsəʊsɪ'eɪʃn] ассоциа́ция; объедине́ние, о́бщество
assort|ed [ə'sɔːtɪd] разнообра́зный; ***~ chocolates*** шокола́д ассорти́ *indecl.*; **~ment** [-mənt] ассортиме́нт
assum|e [ə'sjuːm] (*suppose*) предполага́ть [-ложи́ть]; (*take up*) вступа́ть [-пи́ть]; **~ption** [ə'sʌmpʃn] предположе́ние; *eccl.* **2ption** Успе́ние
assur|ance [ə'ʃʊərəns] (*promise*) увере́ние; (*confidence*) уве́ренность *f*; (*insurance*) страхо́вка; **~e** [ə'ʃʊə] уверя́ть [уве́рить]; **~edly** [-rɪdlɪ] *adv.* коне́чно, несомне́нно
aster ['æstə] *bot.* а́стра
astir [əs'tɜː] в движе́нии; на нога́х
astonish [ə'stɒnɪʃ] удивля́ть [-ви́ть]; изумля́ть [-ми́ть]; ***be ~ed*** удивля́ться [-ви́ться] (***at*** Д); **~ing** [-ɪʃɪŋ] удиви́тельный, порази́тельный; **~ment** [-mənt] удивле́ние, изумле́ние
astound [ə'staʊnd] поража́ть [порази́ть]
astrakhan [æstrə'kæn] (*lambskin*) кара́куль *m*
astray [ə'streɪ]: ***go ~*** заблуди́ться, сби́ться с пути́ (*a. fig.*); ***lead s.o. ~*** сбить с пути́ (и́стинного)
astride [ə'straɪd] верхо́м (***of*** на П)
astringent [ə'strɪndʒənt] *med.* вя́жущее сре́дство
astro|logy [ə'strɒlədʒɪ] астроло́гия; **~nomer** [ə'strɒnəmə] астроно́м; **~nomy** [ə'strɒnəmɪ] астроно́мия
astute [ə'stjuːt] □ (*cunning*) хи́трый; (*shrewd*) проница́тельный; **~ness** [-nɪs] хи́трость *f*; проница́тельность *f*
asylum [ə'saɪləm] (*place of refuge*) убе́жище; (*shelter*) прию́т; (*mental i...*

titution) сумасше́дший дом
[æt, ət] *prp*. в (П, В); у (Р); при (П);
а (П, В); о́коло (Р); за (Т); ~ ***school*** в
шко́ле; ~ ***the age of*** в во́зрасте (Р); ~
rst снача́ла; ~ ***first sight*** с пе́рвого
взгля́да; на пе́рвый взгляд; ~ ***last*** на-
коне́ц
e [et, eit] *pt. om* **eat**
heism ['eɪθɪɪzəm] атеи́зм
hlet|e ['æθli:t] спортсме́н, атле́т;
ic(al □) [æθ'letɪk(əl)] атлети́ческий;
ics [æθ'letɪks] *pl*. (лёгкая) атле́тика
mospher|e ['ætməsfɪə] атмосфе́ра
a. fig.); **~ic(al** □) [ætməs'ferɪk(əl)] ат-
мосфе́рный
om ['ætəm] а́том; ***not an ~ of truth***
нет и до́ли и́стины; **~ic** [ə'tɒmɪk]
а́томный; ~ ***pile*** а́томный реа́ктор; ~
power plant а́томная электроста́н-
ция; ~ ***waste*** отхо́ды а́томной про-
мы́шленности
one [ə'təʊn]: ~ ***for*** загла́живать [-ла́-
дить], искупа́ть [-пи́ть]
roci|ous [ə'trəʊʃəs] □ зве́рский,
coll. ужа́сный; **~ty** [ə'trɒsətɪ] зве́рст-
во
ach [ə'tætʃ] *v/t. com*. прикрепля́ть
[-пи́ть]; *document* прилага́ть [-ло-
жи́ть]; *importance, etc*. прид(ав)а́ть;
law налага́ть аре́ст на (В); ~ ***o.s. to***
привя́зываться [-за́ться] к (Д); **~ment**
[-mənt] (*affection*) привя́занность *f*,
(*devotion*) пре́данность *f*
ack [ə'tæk] **1.** *mil*. ата́ка; нападе́ние
(*a. mil*.); *in press, etc*. ре́зкая кри́тика;
med. при́ступ; **2.** *v/t*. атакова́ть (*im*)*pf*.;
напада́ть [напа́сть] на (В), набра́сы-
ваться [-ро́ситься] на (В); подверга́ть
[-ве́ргнуть] ре́зкой кри́тике
ain [ə'teɪn] *v/t*. достига́ть [-и́гнуть]
(Р), доби́(ва́)ться; (Р); **~ment** [-mənt]
достиже́ние
tempt [ə'tempt] **1.** попы́тка; *on s.o.'s
life* покуше́ние; **2.** [по]пыта́ться, [по]-
про́бовать
tend [ə'tend] (*wait, serve*) обслу́жи-
вать [-жи́ть]; (*go to*) посеща́ть
[-ети́ть]; *med*. уха́живать за (Т); *be
present* прису́тствовать (***at*** на П); (*accompany*) сопровожда́ть *mst. impf*.;
(*give care*) быть внима́тельным;
~ance [ə'tendəns] прису́тствие (***at***
на П); наплы́в пу́блики; посеща́е-
мость *f*; *med*. ухо́д (за Т); **~ant**
[-ənt] **1.**: ~ ***nurse*** дежу́рная медсестра́;
2. *in elevator* (*Brt. lift*) лифтёр
attent|ion [ə'tenʃn] внима́ние; **~ive**
[-tɪv] внима́тельный
attest [ə'test] (*certify*) удостоверя́ть
[-ве́рить]; (*bear witness to*) [за]свиде́-
тельствовать
attic ['ætɪk] черда́к; манса́рда
attire [ə'taɪə] наря́д
attitude ['ætɪtju:d] отноше́ние, пози́-
ция; (*pose*) по́за
attorney [ə'tɜ:nɪ] уполномо́ченный,
дове́ренный; *at law* пове́ренный в
суде́, адвока́т; ***power of*** ~ дове́рен-
ность *f*; ***attorney general*** *Am*. мини́стр
юсти́ции
attract [ə'trækt] *v/t*. привлека́ть
[-вле́чь] (*a. fig*.); *magnet* притя́гивать
[-яну́ть]; *fig*. прельща́ть [-льсти́ть];
~ion [ə'trækʃn] притяже́ние; *fig*. при-
влека́тельность *f*; ***the town has many
~s*** в го́роде мно́го достопри-
меча́тельностей; **~ive** [-tɪv] привле-
ка́тельный, зама́нчивый; **~ivness**
[-tɪvnɪs] привлека́тельность *f*
attribute 1. [ə'trɪbju:t] припи́сывать
[-са́ть] (Д/В); (*explain*) объясня́ть
[-сни́ть]; **2.** ['ætrɪbju:t] сво́йство, при́-
знак; *gr*. определе́ние
aubergine ['əʊbəʒi:n] баклажа́н
auction ['ɔ:kʃn] **1.** аукцио́н, торги́
m/*pl*.; ***sell by ~, put up for ~*** продава́ть
с аукцио́на; **2.** продава́ть с аукцио́на
(*mst*. ~ ***off***); **~eer** [ɔ:kʃə'niə] аукцио-
ни́ст
audaci|ous [ɔ:'deɪʃəs] (*daring*) от-
ва́жный, де́рзкий; (*impudent*) на́-
глый; **~ty** [ɔ:'dæsətɪ] отва́га; де́рзость
f; на́глость *f*
audible ['ɔ:dəbl] вня́тный, слы́шный
audience ['ɔ:dɪəns] слу́шатели *m*/*pl*.,
зри́тели *m*/*pl*., пу́блика; (*interview*)
аудие́нция (***of, with*** у Р)
audiovisual [ɔ:dɪəʊ'vɪʃʊəl] аудиови-
зуа́льный
audit ['ɔ:dɪt] **1.** прове́рка фина́нсовой

отчётности, аудит; **2.** проверять [-ерить] отчётность *f*; **~or** ['ɔːdɪtə] бухгалтер-ревизор, контролёр
auditorium [ɔːdɪ'tɔːrɪəm] аудитория; зрительный зал
augment [ɔːg'ment] увеличи(ва)ть
August ['ɔːgəst] август
aunt [ɑːnt] тётя, тётка
auspices ['ɔːspɪsɪz] *pl.*: ***under the ~*** под эгидой
auster|e [ɒ'stɪə] □ строгий, суровый; **~ity** [ɒ'sterətɪ] строгость *f*, суровость *f*
Australian [ɒ'streɪlɪən] **1.** австралиец *m*, -йка *f*; **2.** австралийский
Austrian ['ɒstrɪən] **1.** австриец *m*, -ййка *f*; **2.** австрийский
authentic [ɔː'θentɪk] (***~ally***) подлинный, достоверный
author ['ɔːθə] автор; **~itative** [ɔː'θɒrɪtətɪv] □ авторитетный; **~ity** [ɔː'θɒrɪtɪ] авторитет; (*right*) полномочие; власть *f* (***over*** над Т); ***on the ~ of*** на основании (Р); по утверждению (Р); **~ize** ['ɔːθəraiz] уполномочи(ва)ть; (*sanction*) санкционировать (*im*)*pf*.; **~ship** [-ʃɪp] авторство
autobiography [ɔːtəbaɪ'ɒgrəfɪ] автобиография
autogenic [ɔːtə'dʒenɪk]: ***~ training*** аутогенная тренировка
autograph ['ɔːtəgrɑːf] автограф
automatic [ɔːtə'mætɪk] (***~ally***) автоматический; *fig.* машинальный; ***~ machine*** автомат
automobile ['ɔːtəməbiːl] автомашина, автомобиль *m*.; *attr.* автомобильный
autonomy [ɔː'tɒnəmɪ] автономия
autumn ['ɔːtəm] осень *f*; **~al** [ɔː'tʌmnəl] осенний
auxiliary [ɔːg'zɪlɪərɪ] вспомогательный; (*additional*) дополнительный
avail [ə'veɪl] **1.** помогать [помочь] (Д); ***~ o.s. of*** [вос]пользоваться (Т); **2.** польза, выгода; ***of no ~*** бесполезный; ***to no ~*** напрасно; **~able** [ə'veɪləbl] (*accessible*) доступный; (*on hand*) имеющийся (в наличии)
avalanche ['ævəlɑːnʃ] лавина

avaric|e ['ævərɪs] скупость *f*; (*gre*… жадность *f*; **~ious** [ævə'rɪʃəs] скуп… жадный
aveng|e [ə'vendʒ] [ото]мстить (Д… В); **~er** [-ə] мститель *m*, -ница *f*
avenue ['ævənjuː] аллея; *Am.* ши… кая улица, проспект; *fig.* (*approa*… *way*) путь *m*
aver [ə'vɜː] утверждать [-дить]
average ['ævərɪdʒ] **1.**: ***on an*** (***the***)… среднем; **2.** средний; **3.** (в средне… составлять [-авить]
avers|e [ə'vɜːs] □ нерасположенн… (***to, from*** к Д); ***I'm not ~ to*** я не про… я люблю; **~ion** [ə'vɜːʃn] отвращен… антипатия
avert [ə'vɜːt] отвращать [-рати… *eyes* отводить [-вести] (*a. fig.*); *he*… отворачивать [-вернуть]
aviation [eɪvɪ'eɪʃn] авиация
avocado [ævə'kɑːdəʊ], **~ pear** авока… *indecl.*
avoid [ə'vɔɪd] избегать [-ежать]
await [ə'weɪt] ожидать (Р)
awake [ə'weɪk] **1.** бодрствующий; ***b***… ***to*** ясно понимать; **2.** [*irr.*]. *v/t.* (*mst.*… [ə'weɪkən]) [раз]будить; *interest*, … пробуждать [-удить] (к Д); *v/i.* прос… паться [проснуться]; ***~ to a th.*** осозн… в)ать (В)
award [ə'wɔːd] **1.** награда; *univ.* с… пендия; **2.** присуждать [-удить]
aware [ə'weə]: ***be ~ of*** знать (В *or* о… сознавать (В); ***become ~ of***… чувствовать
away [ə'weɪ] прочь; далеко
awe [ɔː] благоговение, трепет (***of***… ред Т)
awful [ɔːful] □ страшный, ужасн… (*a. coll.*)
awhile [ə'waɪl] на некоторое вре… ***wait ~*** подожди немного
awkward ['ɔːkwəd] (*clumsy*) н… клюжий, неловкий (*a. fig.*); (*inc*… *venient, uncomfortable*) неудобн…
awl [ɔːl] шило
awning ['ɔːnɪŋ] навес, тент
awoke [ə'wəʊk] *pt.* и *pt. p. от* ***awa***…
awry [ə'raɪ] косо, набок; ***everythi***… ***went ~*** всё пошло скверно

e) [æks] топо́р, колу́н
s ['æksɪs], *pl.* **axes** [~siːz] ось *f*
e ['æksl] *tech.* ось *f*

ay(e) [aɪ] *affirmative vote* го́лос "за"
azure ['æʒə] **1.** лазу́рь *f*; **2.** лазу́рный

B

bble ['bæbl] **1.** ле́пет; болтовня́; **2.** ɪо]болта́тъ; [за]лепета́ть
boon [bə'buːn] *zo.* бабуи́н
by ['beɪbɪ] **1.** младе́нец, ребёнок, итя́ *n*; **2.** небольшо́й; ма́лый; **~ carage** де́тская коля́ска; **~ grand** каби-е́тный роя́ль; **~hood** ['beɪbɪhud] ладе́нчество
chelor ['bætʃələ] холостя́к; *univ.* акала́вр
ck [bæk] **1.** спина́; *of chair, dress, etc.* ии́нка; *of cloth* изна́нка; *sport* **full~** ащи́тник; *of head* заты́лок; *of coin*, *'c.* обра́тная сторона́; **2.** *adj.* за́дний; бра́тный; отдалённый; **3.** *adv.* наза́д, бра́тно; тому́ наза́д; **4.** *v/t.* подде́ржи-ать [-жа́ть]; подкрепля́ть [-пи́ть]; *'n.* субсиди́ровать, финанси́роватъ; арантирова́ть; *v/i.* отступа́ть [-пи́ть]; ɪо]пя́титься; **~bone** позвоно́чник, линно́й хребе́т; *fig.* опо́ра; **~er** bækə] *fin.* субсиди́рующий; гара́нт; **ground** за́дний план, фон; **~ing** под-е́ржка; **~side** (*coll. buttocks*) зад; за́-ница; **~stairs** та́йный, закули́сный; **stroke** пла́вание на спине́; **~ talk** *m.* де́рзкий отве́т; **~up** **1.** подде́рж-а, *comput.* резе́рвная ко́пия; **2.** соз-ава́ть [созда́ть] резе́рвную ко́пию; **ward** ['bækwəd] **1.** *adj.* обра́тный; от-ста́лый; **2.** *adv.* (*a.* **~ward[s]** [-z]) наза́д; а́дом; наоборо́т; обра́тно
con ['beɪkən] бекóн
cteri|ologist [bæktɪərɪ'ɒlədʒɪst] актерио́лог; **~um** [bæk'tɪərɪəm], *pl.* **a** [~rɪə] бакте́рия
d [bæd] □ плохо́й, дурно́й, скве́р-ый; (*harmful*) вре́дный; **~ cold** си́ль-ый на́сморк; **~ mistake** серьёзная гру́бая оши́бка); **he is ~ly off** он в не-ы́годном положе́нии; **~ly wounded** тяжелора́неный; *coll.* **want ~ly** о́чень хоте́ть
bade [beɪd, bæd] *pt. от* **bid**
badge [bædʒ] значо́к
badger ['bædʒə] **1.** *zo.* барсу́к; **2.** изво-ди́ть [извести́]
baffle ['bæfl] (*confuse*) сбива́ть с то́л-ку
bag [bæg] **1.** *large* мешо́к; су́мка, *small, hand~* су́мочка; **2.** класть [положи́ть] в мешо́к
baggage ['bægɪdʒ] бага́ж; **~ check** *Am.* бага́жная квита́нция
bagpipe ['bægpaɪp] волы́нка
bail [beɪl] **1.** зало́г; (*guarantee*) по-ручи́тельство; **2.** поруча́ться [-чи́ться]
bait [beɪt] **1.** нажи́вка, прима́нка (*a. fig.*); *fig.* искуше́ние; **2.** прима́нивать [-ни́ть]; *fig.* пресле́довать, изводи́ть [-вести́]
bak|e [beɪk] [ис]пе́чь(ся); **~er** ['beɪkə] пе́карь *m*; **~'s (shop)** бу́лочная; **~ery** [~rɪ] пека́рня; **~ing soda** со́да (питье-ва́я)
balance ['bæləns] **1.** (*scales*) весы́ *m/pl.*; (*equilibrium*) равнове́сие; *fin.* бала́нс; са́льдо *n indecl.*; *coll.* (*remainder*) оста́ток; **~ of power** поли-ти́ческое равнове́сие; **~ of trade** тор-го́вый бала́нс; **2.** [с]баланси́ровать (В); сохраня́ть равнове́сие; *fin.* под-води́ть бала́нс; *mentally* взве́шивать [-е́сить]; быть в равнове́сии
balcony ['bælkənɪ] балко́н
bald [bɔːld] лы́сый, плеши́вый; *fig.* (*unadorned*) неприкра́шенный; **~ly**: **to put it ~** говоря́ пря́мо
bale [beɪl] ки́па, тюк
balk [bɔːk] *v/t.* (*hinder*) [вос]препя́тст-вовать (Д), [по]меша́ть (Д)

ball[1] [bɔːl] мяч; шар; *of wool* клубо́к; ***keep the ~ rolling*** *of a conversation* подде́рживать разгово́р
ball[2] [~] бал, танцева́льный ве́чер
ballad ['bæləd] балла́да
ballast ['bæləst] балла́ст
ballbearing(s *pl.*) шарикоподши́пник
ballet ['bæleɪ] бале́т
balloon [bə'luːn] возду́шный шар, аэроста́т
ballot ['bælət] **1.** голосова́ние; **2.** [про-] голосова́ть; **~ box** избира́тельная у́рна; **~ paper** избира́тельный бюллете́нь *m*
ballpoint → ***pen***
ballroom танцева́льный зал
ballyhoo [bælɪ'huː] шуми́ха
balm [bɑːm] бальза́м; *fig.* утеше́ние
balmy ['bɑːmɪ] □ арома́тный; успоко́ительный; *air* благоуха́нный
baloney [bə'ləʊnɪ] *Am. sl.* вздор
balsam ['bɔːlsəm] бальза́м; *bot.* бальза́мин
balustrade [bælə'streɪd] балюстра́да
bamboo [bæm'buː] бамбу́к
bamboozle *coll.* [bæm'buːzl] наду́(ва́)ть, обма́нывать [-ну́ть]
ban [bæn] **1.** запре́т; ***be under a ~*** быть под запре́том; ***raise the ~*** снять запре́т; **2.** налага́ть запре́т на (В)
banana [bə'nɑːnə] бана́н
band [bænd] **1.** ле́нта; *of robbers, etc.* ша́йка, ба́нда; гру́ппа, отря́д; *mus.* орке́стр; **2.**: **~ *together*** объединя́ться [-ни́ться] (***against*** про́тив Р)
bandage ['bændɪdʒ] **1.** бинт, повя́зка; **2.** [за]бинтова́ть, перевя́зывать [-за́ть]
bandit ['bændɪt] банди́т
bandmaster ['bændmɑːstə] капельме́йстер
bandy ['bændɪ] обме́ниваться [-ня́ться] (*слова́ми, мячо́м и т.п.*) *coll.* перебра́ниваться
bane [beɪn] *fig.* поги́бель, беда́; прокля́тие
bang [bæŋ] **1.** уда́р, стук; **2.** (*hit*) ударя́ть(ся) [уда́рить(ся)]; стуча́ть; *once* [сту́кнуть(ся)]; *door* хло́пать, *once* [-пнуть]

banish ['bænɪʃ] *from country* вы[...] ла́ть [вы́слать]; *from one's m*[...] гнать
banisters ['bænɪstəz] *pl.* пери́ла *n*
bank[1] [bæŋk] бе́рег
bank[2] [~] **1.** банк; **~ *of issue*** эмисси[...] ный банк; **2.** *fin.* класть (де́ньги[...] банк; *v/i.* **~ *on*** полага́ться [-ложи́ть[...] на (В); **~ *account*** счёт в ба́нке; [...] ['bæŋkə] банки́р; **~ing** ['bæŋ-kɪŋ] б[...] ковое де́ло; **~ *rate*** учётная ста́[...] **~rupt** ['bæŋkrʌpt] **1.** банкро́т; [...] обанкро́тившийся; неплатёжес[...] со́бный; **3.** де́лать банкро́т[...] **~ruptcy** ['bæŋkrʌptsɪ] банкро́тств[...]
banner ['bænə] зна́мя *n*, *poet.* с[...] флаг
banquet ['bæŋkwɪt] пир; *formal* б[...] ке́т
banter ['bæntə] подшу́чив[...] [-ути́ть], поддра́знивать [-ни́ть]
baptism ['bæptɪzəm] креще́ние
Baptist ['bæptɪst] бапти́ст
baptize [bæp'taɪz] [о]крести́ть
bar [bɑː] **1.** бру́со́к, *of chocolate* пл[...] ка; *across door* засо́в; (*bank*) о́тме[...] *in pub* бар; *mus.* такт; *fig.* прегра[...] препя́тствие; *law* адвокату́ра; **2.** за[...] ра́ть на засо́в; (*obstruct*) прегражд[...] [-ради́ть]; (*exclude*) исключ[...] [-чи́ть]
barbed [bɑːbd]: **~ *wire*** колю́чая п[...] волока
barbar|ian [bɑː'beərɪən] **1.** ва́рвар[...] ва́рварский; **~ous** ['bɑːbərəs] □ [...] кий; (*cruel*) жесто́кий
barbecue ['bɑːbɪkjuː] гриль для ж[...] ки мя́са на откры́том во́здухе
barber ['bɑːbə] (мужско́й) парик[...] хер; **~shop** парикма́херская
bare [beə] **1.** го́лый, обнажённ[...] (*empty*) пусто́й; ***the ~ thought*** д[...] мысль (о П); **2.** обнажа́ть [-жи́ть], кры́(ва́)ть; **~faced** ['beəfeɪst] б[...] сты́дный; **~foot** босико́м; **~footed** [...] со́й; **~headed** с непокры́той голов[...] **~ly** ['beəlɪ] едва́, е́ле-е́ле
bargain ['bɑːgɪn] **1.** сде́лка; ([...] *bought*) вы́годная поку́пка; ***into ~*** в прида́чу; **2.** [по]торгова́ться

I, c T)
rge [bɑːdʒ] **1.** ба́ржа; **2.**: (~ ***into***) *coll.* ата́лкиваться [-толкну́ться]; вле-а́ть [влезть]; ~ ***in*** вва́ливаться -и́ться]
rk¹ [bɑːk] **1.** кора́; **2.** *strip* сдира́ть :ору́ с (Р)
rk² [~] **1.** *of dog* лай; **2.** [за]ла́ять
rley ['bɑːlɪ] ячме́нь *m*
r|maid ['bɑːmeɪd] официа́нтка в ба́-е; ~**man** [-mən] ба́рмен
rn [bɑːn] амба́р, сара́й
ron ['bærən] баро́н; ~**ess** [-ɪs] баро-е́сса
roque [bə'rɒk, bə'rəʊk] **1.** ба-о́чный; **2.** баро́кко *n indecl.*
rrack(s *pl.*) ['bærək(s)] бара́к; каза́р-ıа
rrel ['bærəl] (*cask*) бо́чка, (*keg*) очо́нок; *of gun* ствол
rren ['bærən] □ неплодоро́дный, есплóдный
rricade [bærɪ'keɪd] **1.** баррика́да; **2.** за]баррикади́ровать
rrier ['bærɪə] барье́р; *rail.* шлаг-а́ум; *fig.* препя́тствие, поме́ха
rring ['bɑːrɪŋ] *prp.* кро́ме; за ис-лю́че́нием
rrister ['bærɪstə] адвока́т
rrow ['bærəʊ] та́чка; ручна́я теле́ж-:а
rter ['bɑːtə] **1.** ба́ртер, обме́н; ба́р-терная сде́лка; **2.** [по]меня́ть, обме́-ивать [-ня́ть] (***for*** на В)
se¹ [beɪs] □ по́длый, ни́зкий
se² [~] **1.** осно́ва, ба́зис, фунда́мент; :. осно́вывать [-ова́ть] (В на П), ба-и́ровать
se|ball ['beɪsbɔːl] бейсбо́л; ~**less** -lɪs] необосно́ванный; ~**ment** -mənt] подва́л, подва́льный эта́ж
shful ['bæʃfəl] □ засте́нчивый, о́бкий
sic ['beɪsɪk] основно́й; ~***ally*** в ос-овно́м
sin [beɪsn] таз, ми́ска; (*sink*) ра́ко-ина; *geogr.* бассе́йн
s|is ['beɪsɪs], *pl.* ~**es** [~iːz] основа́-ие, осно́ва
sk [bɑːsk]: ~ ***in the sun*** гре́ться на со́лнце
basket ['bɑːskɪt] корзи́на; ~**ball** ба-скетбо́л
bass [beɪs] *mus.* **1.** бас; **2.** басо́вый
bassoon [bə'suːn] фаго́т
bastard ['bæstəd] внедра́чный ребё-нок
baste [beɪst] *sew.* смётывать [сме-та́ть]
bat¹ [bæt] *zo.* летýчая мышь
bat² [~] **1.** *at games* бита́ (в крике́те); **2.** бить, ударя́ть в мяч
bat³ [~]: ***without ~ting an eyelid*** и гла́-зом не моргнýв
batch [bætʃ] па́ртия; *of letters, etc.* па́чка
bath [bɑːθ] **1.** ва́нна; **2.** [вы́-, по]мы́ть, [вы́]купа́ть
bathe [beɪð] [вы́]купа́ться
bathing ['beɪðɪŋ] купа́ние
bath|robe ['bɑːθrəʊb] (купа́льный) хала́т; ~**room** ва́нная (ко́мната); ~ **towel** купа́льное полоте́нце
batiste [bæ'tiːst] бати́ст
baton ['bætən] *mus.* дирижёрская па́-лочка
battalion [bə'tæljən] батальо́н
batter ['bætə] **1.** взби́тое те́сто; **2.** си́льно бить, [по]колоти́ть, изби́ть *pf.*; ~ ***down*** взла́мывать [взлома́ть]; ~**y** [~rɪ] батаре́я; *mot.* аккумуля́тор; *for clock, etc.* батаре́йка
battle ['bætl] **1.** би́тва, сраже́ние (***of*** под T); **2.** сража́ться [срази́ться]; бо-ро́ться
battle|field поле сраже́ния; ~**ship** ли-не́йный кора́бль, линко́р
bawdy ['bɔːdɪ] непристо́йный
bawl [bɔːl] крича́ть [кри́кнуть], [за]-ора́ть; ~ ***out*** выкри́кивать [вы́кри-кнуть]
bay¹ [beɪ] зали́в, бýхта
bay² [~] лавро́вое де́рево
bay³ [~] **1.** (*bark*) лай; **2.** [за]ла́ять; ***bring to ~*** *fig.* припере́ть *pf.* к стене́; ***keep at ~*** не подпуска́ть [-сти́ть]
bayonet ['beɪənɪt] *mil.* штык
bay window [beɪ'wɪndəʊ] *arch.* э́ркер
bazaar [bə'zɑː] база́р
be [biː, bɪ] [*irr.*]: **a**) быть, быва́ть; (*be*

situated) находи́ться; *of position* лежа́ть, стоя́ть; ***there is, are*** есть; **~ *about to*** соб(и)ра́ться (+ *inf.*); **~ *away*** отсу́тствовать; **~ *at s.th.*** де́лать, быть за́нятым (Т); **~ *off*** уходи́ть [уйти́], отправля́ться [-а́виться]; **~ *on*** идти́ *of a film, etc.*; **~ *going on*** происходи́ть; ***how are you?*** как вы пожива́ете?, как вы себя́ чу́вствуете? **b)** *v/aux.* (*для образования длительной формы*) **~ *reading*** чита́ть; **c)** *v/aux.* (*для образования пассива*): **~ *read*** чита́ться, быть чи́танным (чита́емым)

beach [biːtʃ] **1.** пляж, взмо́рье; **2.** (*pull ashore*) вы́тащить *pf.* на бе́рег

beacon ['biːkən] сигна́льный ого́нь; мая́к; ба́кен

bead [biːd] бу́сина, би́серина; *of sweat* ка́пля

beads [biːdz] *pl.* бу́сы *f/pl.*

beak [biːk] клюв

beam [biːm] **1.** ба́лка, брус; (*ray*) луч; **2.** сия́ть; излуча́ть [-чи́ть]

bean [biːn] боб; ***full of ~s*** экспанси́вный, живо́й; ***spill the ~s*** проболта́ться *pf.*

bear[1] [beə] медве́дь *m* (-ве́дица *f*)

bear[2] [~] [*irr.*] *v/t.* носи́ть, нести́; (*endure*) [вы́]терпе́ть, выде́рживать [вы́держать]; (*give birth*) рожда́ть [роди́ть]; **~ *down*** преодоле́(ва́)ть; **~ *out*** подтвержда́ть [-рди́ть]; **~ *o.s.*** держа́ться, вести́ себя́; **~ *up*** подде́рживать [-жа́ть]; **~ (*up*)*on*** каса́ться [косну́ться] (Р); име́ть отноше́ние (к Д); ***bring to ~*** употребля́ть [-би́ть]

beard [bɪəd] борода́; **~ed** [~ɪd] борода́тый

bearer ['beərə] челове́к, несу́щий груз; *in expedition, etc.*носи́льщик; *of letter* предъяви́тель(ница *f*) *m*

bearing ['beərɪŋ] (*way of behaving*) мане́ра держа́ть себя́; (*relation*) отноше́ние; ***beyond*** (***all***) **~** невыноси́мо; ***find one's ~s*** [с]ориенти́роваться (*a. fig.*); ***lose one's ~s*** заблуди́ться, *fig.* растеря́ться

beast [biːst] зверь *m*; скоти́на; **~ly** [~lɪ] *coll.* ужа́сный

beat [biːt] **1.** [*irr.*] *v/t.* [по]би́ть; (*c blow*) ударя́ть [уда́рить]; **~ *a retr*** отступа́ть [-пи́ть]; **~ *up*** изби́(ва́) *eggs, etc.* взби(ва́)ть; **~ *about the bu*** ходи́ть вокру́г да о́коло; *v/i. dru* бить; *heart* би́ться; *on door* колоти́ **2.** уда́р; бой; бие́ние; ритм; **~en** ['biː **1.** *p. pt.* от **beat**; **2.** би́тый, побежд ный; *track* проторённый

beautician [bjuː'tɪʃn] космето́лог

beautiful ['bjuːtɪfl] □ краси́вый, пр кра́сный, *day, etc.* чу́дный

beautify ['bjuːtɪfaɪ] украша́ть [укр сить]

beauty ['bjuːtɪ] красота́, краса́вица ***parlo*(*u*)*r***, *Brt.* **~ *salon*** космети́ческ кабине́т

beaver ['biːvə] бобр

became [bɪ'keɪm] *pt. om* ***become***

because [bɪ'kɒz] потому́ что, так к **~ *of*** из-за (Р)

beckon ['bekən] [по]мани́ть

becom|e [bɪ'kʌm] [*irr.* (***come***)] [с]де́латься; станови́ться [стать]; *clothes v/t.* быть к лицу́, идти́ (Д); подоба́ть (Д); **~ing** [~ɪŋ] □ подоба́ющ *of dress, etc.* (иду́щий) к лицу́

bed [bed] **1.** посте́ль *f*; крова́ть *f*; *ag* гря́дка, клу́мба; *of river* ру́сло; (*plant*) выса́живать [вы́садить]

bedclothes *pl.* посте́льное бельё

bedding ['bedɪŋ] посте́льные прин ле́жности *f/pl.*

bed|ridden ['bedrɪdn] прико́ванны посте́ли; **~room** спа́льня; **~spread** крыва́ло; **~time** вре́мя ложит спать

bee [biː] пчела́; ***have a ~ in one's b net*** *coll.* быть поме́шанным чём-л.

beech [biːtʃ] бук, бу́ковое де́рево

beef [biːf] говя́дина; **~steak** биф те́кс; **~ tea** кре́пкий бульо́н; **~y** [bi му́скулистый

bee|hive у́лей; **~keepi** пчелово́дство; **~line**: ***make a ~*** по напрями́к, стрело́й помча́ться

been [biːn, bɪn] *pt. p. om* ***be***

beer [bɪə] пи́во; ***small ~*** сла́бое пи *fig.* ме́лкая со́шка

et [bi:t] свёкла (*chiefly Brt.*: *beetroot*)
etle [bi:tl] жук
fore [bɪ'fɔ:] **1.** *adv.* впереди́, вперёд; ра́ньше; **~ long** вско́ре; **long ~** задо́лго; **2.** *cj.* пре́жде чем; пока не; перед тем как; скоре́е чем; **3.** *prp.* пе́ред (Т); впереди́ (Р); до (Р); **~hand** зара́нее, заблаговре́менно
friend [bɪ'frend] относи́ться подру́жески к (Д)
g [beg] *v.t.* [по]проси́ть (Р); умоля́ть [-ли́ть] (**for** о П); выпра́шивать [вы́просить] (*of* у Р); *v/i.* ни́щенствовать
gan [bɪ'gæn] *pt. om* **begin**
ggar ['begə] **1.** ни́щий, ни́щенка; **lucky ~** счастли́вчик; **poor ~** бедня́га; **2.** разоря́ть [-ри́ть], доводи́ть [-вести́] до нищеты́; **it ~s all description** не поддаётся описа́нию
gin [bɪ'gɪn] [*irr.*] нач(ин)а́ть (**with** с Р); **to ~ with** во-пе́рвых; снача́ла, для нача́ла; **~ner** [-ə] начина́ющий, нови́чо́к; **~ning** [-ɪŋ] нача́ло; **in or at the ~** внача́ле
grudge [bɪ'grʌdʒ] (*envy*) [по]зави́довать (Д в П); жале́ть, скупи́ться
gun [bɪ'gʌn] *p. pt. om* **begin**
half [bɪ'hɑ:f]: **on or in ~ of** для (Р), ра́ди (Р); от и́мени (Р)
hav|e [bɪ'heɪv] вести́ себя́; держа́ться; поступа́ть [-пи́ть]; **~iour** [-jə] поведе́ние
hind [bɪ'haɪnd] **1.** *adv.* позади́, сза́ди; **look ~** огляну́ться *pf.*; **be ~ s.o.** отстава́ть [-ста́ть] от кого́-л. (**in** в П); **2.** *prp.* за (Т); позади́ (Р), сза́ди (Р); по́сле (Р)
ige [beɪʒ] бе́жевый
ing ['bi:ɪŋ] бытие́, существова́ние; (*creature*) живо́е существо́; **for the time ~** в настоя́щее вре́мя; на не́которое вре́мя, пока́
lated [bɪ'leɪtɪd] запозда́лый
lch [beltʃ] **1.** отры́жка; **2.** рыга́ть [рыгну́ть]
lfry ['belfrɪ] колоко́льня
lgian ['beldʒən] **1.** бельги́ец *m*, -и́йка *f*; **2.** бельги́йский
lief [bɪ'li:f] ве́ра (**in** в В); убежде́ние; **beyond ~** (про́сто) невероя́тно; **to the best of my ~** по моему́ убежде́нию; наско́лько мне изве́стно
believe [bɪ'li:v] [по]ве́рить (**in** в В); **~r** [-ə] ве́рующий
belittle [bɪ'lɪtl] *fig.* умаля́ть [-ли́ть]; принижа́ть [-ни́зить]
bell [bel] ко́локол; звоно́к
belles-lettres [bel'letrə] *pl.* худо́жественная литерату́ра, беллетри́стика
bellicose ['belɪkəʊs] □ во́инственный, агресси́вный
belligerent [bɪ'lɪdʒərənt] **1.** вою́ющая сторона́; **2.** вою́ющий
bellow ['beləʊ] **1.** *of animal* мыча́ние; *of wind, storm* рёв; **2.** реве́ть; ора́ть
belly ['belɪ] **1.** живо́т, *coll.* брю́хо; **2.** наду́(ва́)ть(ся); **~ful** [-fʊl]: **have had a ~** *coll., fig.* быть сы́тым по го́рло (**of** Т)
belong [bɪ'lɒŋ] принадлежа́ть (Д); относи́ться (к Д); **~ings** [-ɪŋz] *pl.* ве́щи *f/pl.*, пожи́тки
beloved [bɪ'lʌvɪd, *pred.* bɪ'lʌvd] возлю́бленный, люби́мый
below [bɪ'ləʊ] **1.** *adv.* внизу́; ни́же; **2.** *prp.* ни́же (Р); под (В, Т)
belt [belt] **1.** по́яс, *of leather* реме́нь; зо́на; *tech.* приводно́й реме́нь; *mil.* портупе́я; **safety ~** *mot.* реме́нь безопа́сности; *ae.* привязно́й реме́нь; **2.** подпоя́с(ыв)ать; (*thrash*) поро́ть ремнём
bemoan [bɪ'məʊn] опла́к(ив)ать
bench [bentʃ] скамья́; (*work~*) верста́к
bend [bend] **1.** сгиб, изги́б; *of road* поворо́т, изги́б; *of river* излу́чина; **2.** [*irr.*] *v/t.* [по-, со]гну́ть; *head, etc.* наклоня́ть [-ни́ть]; *v/i.* наклоня́ться [-ни́ться]; сгиба́ться [согну́ться]
beneath [bɪ'ni:θ] → **below**
benediction [benɪ'dɪkʃn] благослове́ние
benefactor ['benɪfæktə] благоде́тель; (*donor*) благотвори́тель
beneficial [benɪ'fɪʃl] □ благотво́рный, поле́зный
benefit ['benɪfɪt] **1.** вы́года, по́льза; (*allowance*) посо́бие; *thea.* бенефи́с; **2.** приноси́ть по́льзу; извлека́ть по́льзу

benevolen|ce [bɪ'nevələns] благожелáтельность *f*; **~t** [-ənt] □ благожелáтельный
benign [bɪ'naɪn] □ добросердéчный; *climate* благотвóрный; *med.* доброкáчественный
bent [bent] **1.** *pt. u p. pt. om* ***bend***; ***~ on*** помéшанный на (П); **2.** склóнность *f*, спосóбность *f*; ***follow one's ~*** слéдовать своим наклóнностям
bequeath [bɪ'kwiːð] завещáть *(im)pf.*
bequest [bɪ'kwest] наслéдство
bereave [bɪ'riːv] *[irr.]* лишáть [-шить] (Р); отнимáть [-нять]
beret ['bereɪ] берéт
berry ['beri] ягода
berth [bɜːθ] *naut.* якорная стоянка; (*cabin*) каюта; (*sleeping place*) кóйка; *rail.* спáльное мéсто, пóлка; *fig.* (выгодная) дóлжность
beseech [bɪ'siːtʃ] *[irr.]* умолять [-лить], упрáшивать [упросить] (+ *inf.*)
beset [bɪ'set] [*irr.* (***set***)] окружáть [-жить]; *with questions, etc.* осаждáть [осадить]; ***I was ~ by doubts*** меня одолевáли сомнéния
beside [bɪ'saɪd] *prp.* рядом с (Т), óколо (Р), близ (Р); мимо ***~ o.s.*** вне себя (***with*** от Р); ***~ the point*** не по существу; не отнóсится к делу; **~s** [-z] **1.** *adv.* крóме тогó, сверх тогó; **2.** *prp.* крóме (Р)
besiege [bɪ'siːdʒ] осаждáть [осадить]
besought [bɪ'sɔːt] *pt. om* ***beseech***
bespatter [bɪ'spætə] забрызг(ив)ать
best [best] **1.** *adj.* лучший; ***~ man*** *at a wedding* шáфер; ***the ~ part*** бóльшая часть; **2.** *adv.* лучше всегó, всех; **3.** сáмое лучшее; ***to the ~ of ...*** наскóлько ...; ***make the ~ of*** испóльзовать наилучшим óбразом; ***at ~*** в лучшем случае; ***all the ~!*** всегó сáмого лучшего!
bestial ['bestɪəl, 'bestʃəl] □ (*behaviour*) скóтский; *cruelty, etc.* звéрский
bestow [bɪ'stəʊ] одáривать [-рить]; награждáть [-радить] (В/Т); *title* присвáивать [-вóить]
bet [bet] **1.** пари *n indecl.*; **2.** *[irr.]* держáть пари; биться об заклáд; ***~ horses*** игрáть на скáчках
betray [bɪ'treɪ] предá(вá)ть; (*sho* выдá(вá)ть; **~al** [-əl] предáтельст **~er** [-ə] предáтель *m*, -ница *f*
betrothal [bɪ'trəʊðl] помóлвка
better ['betə] **1.** *adj.* лучший; ***he i*** емý лучше; **2.**: ***change for the ~*** пе мéна к лучшему; ***get the ~ of*** вз верх над (Т); [пре]одолéть; **3.** *a* лучше; бóльше; ***so much the ~*** т лучше; ***you had ~ go*** вам бы луч уйти; ***think ~ of it*** передýмать *pf.*; *v/t.* улучшáть [улучшить]
between [bɪ'twiːn] **1.** *adv.* мéжду; *prp.* мéжду (Т); ***~ you and me*** мéж нáми (говоря)
beverage ['bevərɪdʒ] напиток
beware [bɪ'weə] беречься, остер гáться (Р) *impf.*; ***~ of the dog!*** ос рóжно, злая собáка!
bewilder [bɪ'wɪldə] смущáть [с тить]; стáвить в тупик; (*confuse*) с вáть с тóлку; **~ment** [-mənt] смущ ние, замешáтельство; путаница
bewitch [bɪ'wɪtʃ] околдóвывать [- вáть], очарóвывать [-ровáть]
beyond [bɪ'jɒnd] **1.** *adv.* вдали, на р стоянии; ***this is ~ me*** это выше мое понимáния; **2.** *prp.* за (В, Т); вне (сверх (Р); по ту стóрону (Р)
bias ['baɪəs] **1.** (*prejudice*) предубе дéние (прóтив Р); (*tendency of mi* склóнность *f*; **2.** склонять [-нить]; ~ ***opinion*** предвзятое мнéние
bib [bɪb] дéтский нагрудник
Bible [baɪbl] Библия
biblical ['bɪblɪkəl] □ библéйский
bicarbonate [baɪ'kɑːbənət]: ***~ of so*** питьевáя сóда
bicker ['bɪkə] пререкáться (с Т)
bicycle ['baɪsɪkl] **1.** велосипéд; **2.** дить на велосипéде
bid [bɪd] **1.** *[irr.] price* предлагáть [- жить]; **2.** предложéние, (*at sale*) явка; ***final ~*** окончáтельная це **~den** [bɪdn] *p. pt. om* ***bid***
biennial [baɪ'enɪəl] двухлéтний
bifocal [baɪ'fəʊkl] бифокáльный
big [big] большóй, крупный; (*tall*) в

óкий; *of clothes* велúк; *coll. fig.* вáжный; *coll. fig.* **~ shot** шúшка; **talk ~**
по]хвáстаться
gamy ['bigəmı] двоебрáчие
got ['bıgət] слепóй привéрженец,
фанáтик
gwig ['bıgwıg] *coll.* шúшка
ke [baık] *coll.* велосипéд
ateral [baı'lætərəl] двусторóнний
berry ['bılbəri] чернúка
e [baıl] жёлчь *f*; *fig.* жёлчность *f*
ious ['bılıəs]: **~ attack** прúступ тош-
оты́; рвóта
l[1] [bıl] *of a bird* клюв
l[2] [~] законопроéкт, билль *m*; счёт;
poster) афúша; *fin.* вéксель *m*; **~ of**
redit аккредитúв; **~ of fare** меню́;
hat will fill the ~ э́то подойдёт; **foot**
he ~ оплатúть счёт *pf.*
liards ['bıljədz] *pl.* билья́рд
lion ['bıljən] биллиóн; *Am.* мил-
лиáрд
low ['bıləʊ] **1.** вал, большáя волнá;
. of sea вздымáться; *sails* надувáть
-дýть]
n [bın]: **rubbish ~** мýсорное ведрó
nd [baınd] *v/t.* [с]вязáть; свя́зывать
-зáть]; (*oblige*) обя́зывать [-зáть];
ook переплетáть [-плестú]; **~er**
baındə] переплётчик; **~ing** [~ıŋ]
book cover) переплёт
noculars [bı'nɒkjʊləz] бинóкль *m*
ography [baı'ɒgrəfı] биогрáфия
ology [baı'ɒlədʒı] биолóгия
osphere ['bɑıəsfıə] биосфéра
rch [bɜːtʃ] (**~ tree**) берёза
rd [bɜːd] птúца; **early ~** рáняя птá-
шка (*о человеке*); **~'s-eye** ['bɜːdzaı]:
. view вид с птúчьего полёта
ro ['baıərəʊ] *Brt. trademark* шáриковая ру́чка
rth [bɜːθ] рождéние; (*origin*) проис-
хождéние; **give ~** рождáть [родúть];
day день рождéния; **~place** мéсто
рождéния; **~rate** рождáемость *f*
scuit ['bıskıt] печéнье
shop ['bıʃəp] *eccl.* епúскоп; *chess*
слон; **~ric** [~rık] епáрхия
son ['baısn] *zo.* бизóн, зубр
t[1] [bıt] кусóчек, частúца; немнóго

bit[2] [~] *comput.* бит, двóичная цúфра
bit[3] [~] *pt. от* **~e**
bitch [bıtʃ] сýка
bit|e [baıt] **1.** укýс; *of fish* клёв; кусóк;
have a ~ перекусúть *pf.*; **2.** [*irr.*] кусáть
[укусúть]; клевáть [клю́нуть]; *of pepper, etc.* жечь; *of frost* щипáть; **~ing**
wind пронúзывающий; *remark, etc.*
язвúтельный
bitten ['bıtn] *p. pt. от* **bite**
bitter ['bıtə] □ гóрький, рéзкий; *fig.*
гóрький, мучúтельный; *struggle, person* ожесточённый
blab [blæb] *coll.* разбáлтывать [-болтáть]
black [blæk] **1.** чёрный; тёмный,
мрáчный; **~ eye** синя́к под глáзом;
in ~ and white чёрным по бéлому;
give s.o. a ~ look мрáчно посмотрéть
на (В); **2.** *fig.* очернúть; **~ out** по-
теря́ть сознáние; **3.** чёрный цвет;
(*Negro*) чернокóжий; **~berry** ежевú-
ка; **~bird** чёрный дрозд; **~board** клáсс-
ная доскá; **~en** ['blækn] *v/t.* [за]-
чернúть; *fig.* [о]чернúть; *v/i.* [по]-
чернéть; **~guard** ['blægɑːd] негодя́й,
подлéц; **~head** *med.* угрú *m/pl.*; **~letter day** несчастлúвый день; **~mail 1.**
вымогáтельство, шантáж; **2.** вымо-
гáть (*pf.*) дéньги у (Р); **~out** затемнé-
ние; *med.* потéря сознáния; **~smith**
кузнéц
bladder ['blædə] *anat.* пузы́рь *m*
blade [bleıd] лóпасть *f*; *of knife* лéз-
вие; **~ of grass** травúнка
blame [bleım] **1.** винá; **2.** винúть, об-
виня́ть [-нúть]; **he has only himself**
to ~ он сам во всём виновáт; **~less**
['bleımləs] безупрéчный
blanch [blɑːntʃ] (*grow pale*) поблед-
нéть *pf.*; *cul.* бланшúровать
blank [blæŋk] **1.** □ (*empty*) пустóй; (*expressionless*) невыразúтельный; *of form, etc.* незапóлненный; **~ cartridge**
холостóй патрóн; **2.** (*empty space*)
пробéл; **my mind was a ~** у меня́ в го-
ловé нé было ни однóй мы́сли
blanket [blæŋkıt] шерстянóе одея́ло;
fig. покрóв
blare [bleə] *radio* трубúть, ревéть

blasphemy ['blæsfəmɪ] богоху́льство
blast [blɑːst] **1.** си́льный поры́в ве́тра; *of explosion* взрыв; ***at full ~*** на по́лную мо́щность; **2.** взрыва́ть [взорва́ть]; *mus.* труби́ть; **~ed** [-ɪd] *coll.* прокля́тый; **~ furnace** до́менная печь *f*
blatant ['bleɪtənt] на́глый, вопию́щий
blaze [bleɪz] **1.** пла́мя *n*; *of flame, passion* вспы́шка; **2.** *v/i.* горе́ть; пыла́ть (*a. fig.*); сверка́ть [-кну́ть]; **~r** ['bleɪzə] спорти́вная ку́ртка
bleach [bliːtʃ] бели́ть
bleak [bliːk] уны́лый, безра́достный; *prospects etc.* мра́чный
bleary ['blɪərɪ] затума́ненный, нея́сный; **~-eyed** ['blɪərɪaɪd] с му́тными глаза́ми
bleat [bliːt] **1.** бле́яние; **2.** [за]бле́ять
bled [bled] *pt. и pt. p. от* ***bleed***
bleed [bliːd] [*irr.*] *v/i.* кровото́чить; истека́ть [-те́чь] кро́вью; **~ing** ['bliːdɪŋ] кровотече́ние
blemish ['blemɪʃ] недоста́ток; пятно́ (*a. fig.*)
blend [blend] **1.** сме́шивать(ся) [-ша́ть(ся)]; (*harmonize*) сочета́ть(ся) (*im*)*pf.*; **2.** смесь *f*
bless [bles] благословля́ть [-ви́ть]; одаря́ть [-ри́ть]; **~ed** ['blesɪd] *adj.* счастли́вый, блаже́нный; **~ing** ['blesɪŋ] *eccl.* благослове́ние; бла́го, сча́стье
blew [bluː] *pt. от* ***blow***
blight [blaɪt] **1.** *disease* головня́; ржа́вчина; мучни́стая роса́ *и т.д.*; то, что разруша́ет (*пла́ны*), отравля́ет (*жизнь и т.д.*); **2.** *hopes, etc.* разби́(ва́)ть
blind [blaɪnd] **1.** □ слепо́й (*fig.* ***~ to*** к Д); *handwriting* нечёткий, нея́сный; ***~ alley*** тупи́к; ***turn a ~ eye*** закрыва́ть [закры́ть] глаза́ (***to*** на В); **~ly** *fig.* нау́гад, наобу́м; **2.** што́ра; жалюзи́ *n indecl.*; **3.** ослепля́ть [-пи́ть]; **~fold** ['blaɪndfəʊld] завя́зывать глаза́ (Д); **~ness** слепота́
blink [blɪŋk] **1.** (*of eye*) morга́ние, *of light* мерца́ние; **2.** *v/i.* морга́ть [-гну́ть]; мига́ть [мигну́ть]
bliss [blɪs] блаже́нство
blister ['blɪstə] **1.** волды́рь *m*; **2.** [покрываться] ... крыва́ться волдыря́ми
blizzard ['blɪzəd] бура́н, си́льная [ме]те́ль *f*
bloat [bləʊt] распуха́ть [-пу́хнуть]; разду́(ва́)ться
block [blɒk] **1.** *of wood* коло́[да], чурба́н; *of stone, etc.* глы́ба; *betw[een] streets* кварта́л; ***~ of apartments*** (*[Brt.]* ***flats***) многоэта́жный дом; **2.** (*[ob]struct*) прегражда́ть [-ади́ть]; ***~ in*** [на]бра́сывать вчерне́; (*mst.* ***~ up***) бло[ки]ровать (*im*)*pf*; *of pipe* засоря́т[ься] [-ри́ться]
blockade [blɒ'keɪd] **1.** блока́да; **2.** б[ло]ки́ровать (*im*)*pf.*
blockhead ['blɒkhed] болва́н
blond(**e**) [blɒnd] блонди́н *m*, -ка *f*; [бе]локу́рый
blood [blʌd] кровь *f*; ***in cold ~*** хладн[окро́]вно; **~shed** кровопроли́т[ие]; **~thirsty** кровожа́дный; ***~ vessel*** кр[овено́сный]... вено́сный сосу́д; **~y** ['blʌdɪ] окров[ав]ленный, крова́вый
bloom [bluːm] **1.** цвето́к, цвете́н[ие]; *fig.* расцве́т; ***in ~*** в цвету́; **2.** цвес[ти], быть в цвету́
blossom ['blɒsəm] **1.** цвето́к (фрук[то]вого де́рева); **2.** цвести́, расцвета́[ть] [-ести́]
blot [blɒt, blɑːt] **1.** пятно́ (*a. fig.*); **2.** [за]пятна́ть *pf.*
blotch [blɒtʃ] кля́кса, пятно́
blouse [blaʊz] блу́за, блу́зка
blow[1] [bləʊ] уда́р (*a. fig.*)
blow[2] [~] [*irr.*] **1.** [по]ду́ть; ***~ up*** взр[ыва́ть(ся)] [взорва́ть(ся)]; ***~ one's n[ose]*** [вы́]сморка́ться; **2.** дунове́ние; **~n** [...] *pt. p. от* ***blow***
blue [bluː] **1.** голубо́й; лазу́рный; (*d[ark] ~*) си́ний; *coll.* (*be sad, depressed*) ун[ы́]лый, пода́вленный; **2.** голубо́й цв[ет]; си́ний цвет; **3.** окра́шивать в си́н[ий], голубо́й цвет; *of washing* [под]...ни́ть; **~bell** колоко́льчик
blues [bluːz] *pl.* меланхо́лия, ханд[ра]
bluff[1] [blʌf] (*abrupt*) ре́зкий; (*rou[gh]*) грубова́тый; *of headlands, etc.* обр[ы]вистый

ıff2 [~] **1.** обма́н, блеф; **2.** *v/t.* обма́-
ıывать[-ну́ть]; *v/i.* блефова́ть
under ['blʌndə] **1.** гру́бая оши́бка; **2.**
е́лать гру́бую оши́бку
unt [blʌnt] **1.** □ тупо́й; *remark, etc.*
е́зкий; **2.** [за]тупи́ть; *fig.* притупля́ть
-пи́ть]
ur [blɜː] **1.** (*indistinct outline*) не-
сное очерта́ние; пятно́; **2.** *v/t.* сде́-
ать нея́сным *pf.*; сма́зывать [-зать];
ears, etc. затума́нить *pf.*
ush [blʌʃ] **1.** кра́ска от смуще́ния
ли стыда́; **2.** [по]красне́ть
ar [bɔː] бо́ров, *hunt.* каба́н
ard [bɔːd] **1.** доска́; (*food*) стол; *of*
hip борт; *thea.* сце́на, подмо́стки
n/pl.; *council* правле́ние; ***~ of direc-***
ors правле́ние директоро́в; **2.** *v/t.* на-
т(и)ла́ть; *v/i.* столова́ться; *train,*
lane, etc. сади́ться [сесть] на, в (В);
er ['bɔːdər] жиле́ц, опла́чивающий
о́мнату и пита́ние; **~ing house** пан-
ио́н; **~ing school** шко́ла-интерна́т
ast [bəʊst] **1.** хвастовство́; **2.** гор-
и́ться (Т); (*of, about*) [по]хва́статься
Т); **~ful** ['bəʊstfəl] хвастли́вый
at [bəʊt] *small* ло́дка, *vessel* су́дно;
ing ['bəʊtɪŋ] ката́ние на ло́дке под-
ры́гивать [-гнуть]
bbin ['bɒbɪn] кату́шка; шпу́лька
de [bəʊd]: (*portend*) ***~ well*** быть хо-
о́шим знако́м
dice ['bɒdɪs] лиф
dily ['bɒdɪlɪ] теле́сный, фи-
и́ческий
dy ['bɒdɪ, 'bɑːdɪ] те́ло; (*corpse*)
руп; *mot.* ку́зов; **~ building** бо́дибил-
инг, культури́зм
g [bɒg] **1.** боло́то, тряси́на; **2.** ***get***
ged down увяза́ть [увя́знуть]
ggle ['bɒgl] отша́тываться
-тну́ться] отпря́нуть (*out of surprise,*
ear, or doubt); ***the mind ~s*** уму́ непо-
тижи́мо
gus ['bəʊgəs] подде́льный
il1 [bɔɪl] *med.* фуру́нкул
il2 [~] **1.** кипе́ние; **2.** [с]вари́ть(ся);
вс]кипяти́ть(ся); кипе́ть; **~er** ['bɔɪlə]
ech. котёл
isterous ['bɔɪstərəs] □ бу́рный,
шу́мный; *child* ре́звый
bold [bəʊld] □ (*daring*) сме́лый; *b.s.*
на́глый; *typ.* жи́рный; **~ness** ['bəʊld-
nɪs] сме́лость *f*; на́глость *f*
bolster ['bəʊlstə] **1.** ва́лик; опо́ра; **2.**
(*prop*) подде́рживать [-жа́ть]; подпи-
ра́ть [-пере́ть]
bolt [bəʊlt] **1.** болт; *on door* засо́в, за-
дви́жка; (*thunder~*) уда́р гро́ма; ***a ~***
from the blue гром среди́ я́сного не́ба;
2. *v/t.* запира́ть на засо́в; *v/i.* нести́сь
стрело́й; (*run away*) убега́ть [убе-
жа́ть]
bomb [bɒm] **1.** бо́мба; **2.** бомби́ть
bombard [bɒm'bɑːd]: ***~ with questions***
бомбардирова́ть, забра́сывать [-ро-
са́ть] вопро́сами
bombastic [bɒm'bæstɪk] напы́щен-
ный
bond [bɒnd] *pl. fig.*: **~s** у́зы *f/pl.*; *fin.* об-
лига́ции *f/pl.*
bone [bəʊn] **1.** кость *f*; ***~ of contention***
я́блоко раздо́ра; ***make no ~s about***
coll. не [по]стесня́ться; не церемо́-
ниться с (Т); **2.** вынима́ть, выреза́ть
ко́сти
bonfire ['bɒnfaɪə] костёр
bonnet ['bɒnɪt] *baby's* че́пчик; *mot.*
капо́т
bonus ['bəʊnəs] *fin.* пре́мия, возна-
гражде́ние
bony ['bəʊnɪ] костля́вый
book [bʊk] **1.** кни́га; **2.** (*tickets*) зака́-
зывать, заброни́ровать (*a. room in*
a hotel); **~case** кни́жный шкаф;
~ing clerk ['bʊkɪŋklɑːk] *rail.* касси́р;
~ing office биле́тная ка́сса; **~keeping**
бухгалте́рия; **~let** брошю́ра, букле́т;
~seller продаве́ц книг; ***second-hand***
~ букини́ст
boom1 [buːm] **1.** *econ.* бум; **2.** *of busi-*
ness процвета́ть *impf.*
boom2 [~] **1.** *of gun, thunder, etc.* гул;
ро́кот; **2.** бу́хать, рокота́ть
boon [buːn] бла́го
boor [bʊə] гру́бый, невоспи́танный
челове́к; **~ish** ['bʊərɪʃ] гру́бый, не-
воспи́танный
boost [buːst] *trade* стимули́ровать
(разви́тие); *tech.* уси́ливать [-лить];

it ~ed his morale это его подбодрило; (*advertise*) рекламировать

boot[1] [buːt]: ***to ~*** в придачу, вдобавок *adv.*

boot[2] [~] сапог, ботинок; *mot.* багажник; **~lace** ['~leɪs] шнурок для ботинок

booth [buːð] киоск; ***telephone ~*** телефонная будка; ***polling ~*** кабина для голосования

booty ['buːtɪ] добыча

border ['bɔːdə] **1.** граница; (*edge*) край; *on tablecloth, etc.* кайма; **2.** граничить (***upon*** с Т)

bore[1] [bɔː] **1.** расточенное отверстие; *of gun* калибр; *fig.* зануда; **2.** [про]сверлить; *fig.* надоедать [-есть] (Д); наводить скуку на (В)

bore[2] [~] *pt. от* ***bear***[2]

boredom ['bɔːdəm] скука

born [bɔːn] рождённый; *fig.* прирождённый; **~e** [~] *pt. p. от* ***bear***[2]

borough ['bʌrə] (*town*) город; (*section of a town*) район

borrow ['bɒrəʊ] *money* брать [взять] взаймы; занимать [-нять] (***from*** у Р); *book* взять почитать

Bosnian ['bɒznɪən] **1.** босниец *m*, -ийка *f*; **2.** боснийский

bosom ['bʊzəm] грудь *f*; *fig.* лоно; ***~ friend*** закадычный друг

boss [bɒs] *coll.* **1.** шеф, босс, начальник; **2.** командовать (Т); **~y** ['bɒsɪ] любящий командовать

botany ['bɒtənɪ] ботаника

botch [bɒtʃ] портить; сделать *pf.* плохо или кое-как

both [bəʊθ] оба, обе; и тот и другой; ***~ … and …*** как … так и …; и … и …

bother ['bɒðə] *coll.* **1.** беспокойство; ***oh ~!*** какая досада!; **2.** возиться; надоедать [-есть] (Д); [по]беспокоить

bottle ['bɒtl] **1.** бутылка; *for scent* флакон; ***baby's ~*** рожок; ***hotwater ~*** грелка; **2.** разливать по бутылкам; **~ opener** ключ, открывалка

bottom ['bɒtəm] **1.** дно; *of boat* днище; нижняя часть *f*, *of hill* подножье; *coll.* зад; *fig.* основа, суть *f*, ***at the ~*** внизу; ***be at the ~ of sth.*** быть причиной или зачинщиком (Р); ***get to the ~ of s…*** добраться до сути (Р); **2.** самый ни… ний

bough [baʊ] сук; ветка, ветвь *f*

bought [bɔːt] *pt.* и *pt. p. от* ***buy***

boulder ['bəʊldə] валун

bounce [baʊns] **1.** прыжок, скач… ***full of ~*** полный энергии; **2.** подпр… гивать [-гнуть]; *of ball* отскакива… [отскочить]

bound[1] [baʊnd] **1.** граница; предел … *fig.*); ограничение; **2.** (*limit*) ог… ничивать; (*be the boundary of*) г… ничить (с Т)

bound[2] [~]: ***be ~*** направляться (***for*** в…

bound[3] [~] **1.** прыжок, скачок; **2.** пр… гать [-гнуть], [по]скакать; (*run*) … жать скачками

bound[4] [~] **1.** *pt.* и *pt. p. от* ***bind*** … связанный; (*obliged*) обязанный; … *book* переплетённый

boundary ['baʊndərɪ] граница; … *tween fields* межа; *fig.* предел

boundless ['baʊndlɪs] безграничн…

bouquet [bʊ'keɪ] букет (*a. of wine*…

bout [baʊt] *of illness* приступ; *in spo…* встреча

bow[1] [baʊ] **1.** поклон; **2.** *v/i.* [с… нуться; кланяться [поклонитьс… (*submit*) подчиняться [-ниться] (… *v/t.* [со]гнуть

bow[2] [bəʊ] лук; (*curve*) дуга; (*kn…* бант; *mus.* смычок

bow[3] [baʊ] *naut.* нос

bowels ['baʊəlz] *pl.* кишки *f/pl.*; *of … earth* недра *n/pl.*

bowl[1] [bəʊl] миска; ваза

bowl[2] [~] **1.** шар; *pl.* игра в шары; **2.** … [по]катить; *v/i.* играть в шары; ***be~ over*** быть покорённым или о… ломлённым (***by*** Т)

box[1] [bɒks] **1.** коробка; ящик; *thea.* … жа; **2.** укладывать в ящик

box[2] [~] *sport* **1.** боксировать; **2.** ***~ … the ear*** пощёчина; **~er** ['~ə] *spo… man, dog* боксёр; **~ing** ['~ɪŋ] *sport* б…

box office театральная касса

boy [bɔɪ] мальчик; юноша; **~frie…** ['~frend] друг (*девушки*); **~ho…** ['~hʊd] отрочество; **~ish** ['bɔɪɪʃ]

альчи́шеский
ace [breɪs] 1. *tech.* коловоро́т, скоба́; *and bit* дрель; 2. (*support*) подпи- а́ть [-пере́ть]; ~ *up* подбодря́ть [-бо- ри́ть]; ~ *o.s.* собра́ться с ду́хом
acelet ['breɪslɪt] брасле́т
aces [breɪsɪz] *pl. suspenders* под- я́жки *f/pl.*
acket ['brækɪt] 1. *tech.* кронште́йн; *income* ~) катего́рия, гру́ппа; *typ.* ко́бка; 2. заключа́ть [-чи́ть] в ско́б- и; *fig.* ста́вить на одну́ до́ску с (Т)
ag [bræg] [по]хва́статься
aggart ['brægət] хвасту́н
aid [breɪd] 1. *of hair* коса́; (*band*) есьма́; *on uniform* галу́н; 2. запле- а́ть [-ести́]; обшива́ть тесьмо́й
ain [breɪn] мозг; (*fig. mst.* ~s) рассу́- ок, ум; у́мственные спосо́бности */pl.* ***rack one's ~s*** лома́ть себе́ го́лову над Т); ***use your ~s!*** шевели́ мозга́- и!; ~wave блестя́щая иде́я; ~y ['~ɪ] *oll.* башкови́тый
ake [breɪk] 1. *mot.* то́рмоз; 2. [за]- ормози́ть
anch [brɑːntʃ] 1. ветвь *f*, ве́тка (*a. ail*), сук (*pl.*: су́чья); *of science* о́т- асль; *of bank, etc.* отделе́ние, фи- иа́л; 2. разветвля́ть(ся) [-ет- и́ть(ся)]; расширя́ться [-ши́риться]
and [brænd] 1. клеймо́; сорт; торго́- ая ма́рка; 2. *fig.* (*stigmatize*) [за]клей- и́ть, [о]позо́рить
andish ['brændɪʃ] разма́хивать -хну́ть] (Т)
and-new [brænd'njuː] *coll.* совер- е́нно но́вый, с иго́лочки
andy ['brændɪ] конья́к
ass [brɑːs] лату́нь; *coll.* (*impudence*) а́глость *f*, наха́льство; ~ ***band*** духо- о́й орке́стр
assière ['bræsɪə] ли́фчик, юстга́льтер
ave [breɪv] 1. хра́брый, сме́лый; 2. ра́бро встреча́ть; ~ry ['breɪvərɪ] хра́- рость *f*, сме́лость *f*
awl [brɔːl] 1. шу́мная ссо́ра, пота- о́вка; 2. [по]сканда́лить, [по]- ра́ться
awny ['brɔːnɪ] си́льный; му́скули- стый
brazen ['breɪzn] ме́дный, бронзо́вый; бессты́дный, на́глый (*a.* ~***faced***)
Brazilian [brə'zɪlɪən] 1. брази́льский; 2. брази́лец *m*, бразилья́нка *f*
breach [briːtʃ] 1. проло́м; *fig.* (*breaking*) разры́в; *of rule, etc.* наруше́ние; (*gap*) брешь *f*; 2. пробива́ть брешь в (П)
bread [bred] хлеб
breadth [bredθ] ширина́; *fig.* широта́ (кругозо́ра); широ́кий разма́х
break [breɪk] 1. (*interval*) переры́в; па́уза; (*crack*) тре́щина; разры́в; *coll.* шанс; ***a bad ~*** неуда́ча; 2. [*irr.*] *v/t.* [с]лома́ть; разби́(ва́)ть; разруша́ть [-ру́шить]; (*interrupt*) прер(ы)ва́ть; (*a lock, etc.*) взла́мывать [взлома́ть]; ~ ***up*** разла́мывать [-лома́ть]; разби́(- ва́)ть; *v/i.* пор(ы)ва́ть (с Т); [по]ло- ма́ться, разби́(ва́)ться; ~ ***away*** от- деля́ться [-ли́ться] (от Р); ~ ***down*** *tech.* потерпе́ть *pf.* ава́рию, вы́йти *pf.* из стро́я; ~ ***out*** вспы́хивать [-хнуть]; ~able ['breɪkəbl] ло́мкий, хру́пкий; ~age ['breɪkɪdʒ] поло́мка; ~down *of talks, etc.* прекраще́ние; *tech.* поло́м- ка; ***nervous ~*** не́рвное расстро́йство
breakfast ['brekfəst] 1. за́втрак; 2. [по]за́втракать
breakup распа́д, разва́л
breast [brest] грудь *f*; ***make a clean ~ of sth.*** чистосерде́чно сознава́ться в чём-л.; ~stroke *sport* брасс
breath [breθ] дыха́ние; вздох; ***take a ~*** перевести́ *pf.* дух; ***with bated ~*** затаи́в дыха́ние; ~e [briːð] *v/i.* дыша́ть [до- хну́ть]; ~er [briːðə] *pause* передышка; ~less ['breθlɪs] запыха́вшийся; *of a day* безве́тренный
bred [bred] *pt. и pt. p. от* ***breed***
breeches ['brɪtʃɪz] *pl.* бри́джи *pl.*
breed [briːd] 1. поро́да; 2. [*irr.*] *v/t.* вы- води́ть [вы́вести]; разводи́ть *v/i.* [-вести́], размножа́ться [-о́житься]; [рас]плоди́ться; ~er ['briːdə] *of animal* производи́тель *m*; скотово́д; ~ing [-dɪŋ] разведе́ние (живо́тных); *of person* воспита́ние; ***good ~*** воспи́тан- ность *f*

breez|e [bri:z] лёгкий ветеро́к, бриз; **~y** ['bri:zɪ] ве́тренный; *person* живо́й, весёлый
brevity ['brevətɪ] кра́ткость *f*
brew [bru:] *v/t. beer* [с]вари́ть; *tea* зава́ривать [-ри́ть]; *fig.* затева́ть [затéять]; **~ery** ['bru:ərɪ] пивова́ренный заво́д
brib|e [braɪb] **1.** взя́тка; по́дкуп; **2.** подкупа́ть [-пи́ть]; дава́ть взятку (Д); **~ery** ['braɪbərɪ] взя́точничество
brick [brɪk] кирпи́ч; *fig.* молодчи́на; сла́вный па́рень *m*; ***drop a ~*** сморо́зить *pf.* глу́пость; (*say*) ля́пнуть *pf.*; **~layer** ка́менщик
bridal ['braɪdl] □ сва́дебный
bride [braɪd] невéста; *just married* новобра́чная; **~groom** жени́х; *just married* новобра́чный; **~smaid** подру́жка невéсты
bridge [brɪdʒ] **1.** мост; ***~ of the nose*** перено́сица; **2.** соединя́ть мо́стом; стро́ить мост чéрез (В); (*overcome*) *fig.* преодолé(ва́)ть
bridle ['braɪdl] **1.** узда́; **2.** *v/t.* взну́здывать [-да́ть]
brief [bri:f] **1.** коро́ткий, кра́ткий, сжа́тый; **2.** [про]инструкти́ровать; **~case** портфéль *m*
brigade [brɪ'geɪd] *mil.* брига́да
bright [braɪt] □ я́ркий; свéтлый, я́сный; (*intelligent*) смышлёный; **~en** ['braɪtn] *v/t.* оживля́ть [-ви́ть]; *v/i. weather* проясня́ться [-ни́ться]; *person*: оживля́ться [-ви́ться]; **~ness** ['~nɪs] я́ркость *f*, блеск
brillian|ce, ~cy ['brɪljəns, ~sɪ] я́ркость *f*, блеск; (*splendo[u]r*) великолéпие; (*intelligence*) блестя́щий ум; **~t** [~jənt] **1.** □ блестя́щий (*a. fig.*); сверка́ющий; **2.** бриллиа́нт
brim [brɪm] **1.** край; *of hat* поля́ *n/pl.*; **2.** наполня́ть(ся) до краёв; ***~ over*** *fig.* перелива́ться [-ли́ться] чéрез край
brine [braɪn] *cul.* рассо́л
bring [brɪŋ] [*irr.*] приноси́ть [-нести́]; доставля́ть [-а́вить]; *in car, etc.* привози́ть [-везти́]; (*lead*) приводи́ть [-вести́]; ***~ about*** осуществля́ть [-ви́ть]; ***~ down*** *prices* снижа́ть [сни́зить]; ***~ down the house*** вы́звать бу́рю аплодисмéнтов; ***~ home to*** [доводить] вести́ что́-нибудь до чьего́-нибу[дь] созна́ния; ***~ round*** приводи́ть [-вес[ти́]] в созна́ние; ***~ up*** воспи́тывать [-та́[ть]]
brink [brɪŋk] (*edge*) край (*a. fig.*); (к[ру-]то́й) бéрег; ***on the ~ of war*** на гра́[ни] войны́
brisk [brɪsk] ско́рый, оживлённый
bristl|e ['brɪsl] **1.** щети́на; **2.** [о]щет[и-]ниться; ***~ with anger*** [рас]серди́ть[ся]; ***~ with*** изоби́ловать (Т); **~y** [~ɪ] щет[и-]нистый, колю́чий
British ['brɪtɪʃ] брита́нский; ***the ~*** бр[и-]та́нцы *m/pl.*
brittle ['brɪtl] хру́пкий, ло́мкий
broach [brəʊtʃ] *question* поднима[ть] [-ня́ть]; (*begin*) нач(ин)а́ть
broad [brɔ:d] □ широ́кий, обши́рн[ый]; *of humour* грубова́тый; ***in ~ dayli[ght]*** средь бéла дня; **~cast** [*irr.* (*cast*)] **1.** [*hu-*] *mour, etc.* распространя́ть [-ни́ть]; [пе-]редава́ть по ра́дио, трансли́ровать; [2.] радиопереда́ча, трансля́ция; ради[о-]веща́ние
brocade [brə'keɪd] парча́
broil [brɔɪl] жа́рить(ся) на огнé; *c[oll.]* жа́риться на со́лнце
broke [brəʊk] *pt. от* **break**; ***be ~*** бы[ть] без гроша́; ***go ~*** обанкро́титься *p[f.]*
broken ['brəʊkən] **1.** *pt. p. от* **break** [2.] разби́тый, раско́лотый; ***~ health*** н[ад-]ло́мленное здоро́вье
broker ['brəʊkə] бро́кер, ма́клер
bronchitis [brɒŋ'kaɪtɪs] бронхи́т
bronze [brɒnz] **1.** бро́нза; **2.** бро́н[зо-]вый; **3.** загора́ть [-рéть]
brooch [brəʊtʃ] брошь, бро́шка
brood [bru:d] **1.** вы́водок; *fig.* ора́ва[; 2.] *fig.* гру́стно размышля́ть
brook [brʊk] ручéй
broom [bru:m] метла́, вéник
broth [brɒθ] бульо́н
brothel ['brɒθl] публи́чный дом
brother ['brʌðə] брат; собра́т; **~ho[od]** [~hʊd] бра́тство; **~-in-law** [~rɪn[lɔ:]] (*wife's brother*) шу́рин; (*sister's h[us-]band*) зять *m*; (*husband's brother*) [де-]верь *m*; **~ly** [~lɪ] бра́тский
brought [brɔ:t] *pt. и pt. p. от* **brin[g]**

ow [braʊ] лоб; (*eye*~) бровь *f*; *of hill* ершина; ~**beat** ['braʊbiːt] [*irr.* (**beat**)] апугивать [-гать]
own [braʊn] **1.** коричневый цвет; **2.** оричневый; смуглый; загорелый; **3.** агорать [-реть]
owse [braʊz] пастись; *fig.* читать еспорядочно, просматривать
uise [bruːz] **1.** синяк, кровоподтёк; .. ушибать [-бить]; поставить *pf.* (се-е́) синяки
unt [brʌnt]: ***bear the ~ of sth.*** *fig.* вы-осить всю тяжесть чего-л.
ush [brʌʃ] **1.** *for sweeping, brushing, tc.* щётка; *for painting* кисть *f*; **2.** *v/t.* истить щёткой; причёсывать щёт-ой; ~ ***aside*** отмахиваться [-хнуться] от Р); ~ ***up*** приводить в порядок; *fig.* свежать в памяти; *v/i.* ~ ***by*** прошмы-ивать [-гнуть]; ~ ***against s.o.*** слегка адеть кого-либо; ~**wood** ['brʌʃwʊd] вópoст, валежник
usque [brʊsk] □ грубый; (*abrupt*) езкий
ussels sprouts [brʌsəls'spraʊts] рюссельская капуста
ut|al ['bruːtl] □ грубый; (*cruel*) же-токий; ~**ality** [bruː'tælətɪ] грубость *f*; кестокость *f*; ~**e** [bruːt] **1.** жестокий; ***y ~ force*** грубой силой; **2.** *animal* жи-отное; *pers.* скотина
ıbble ['bʌbl] **1.** пузырь *m*, *dim.* пу-ырёк; **2.** пузыриться; (*boil*) кипеть; *f spring* бить ключом (*a. fig.*)
ıck [bʌk] **1.** *zo.* самец (*оленя, зайца и р.*); **2.** становиться на дыбы; ~ ***up*** *oll.* встряхнуться *pf.*; оживляться -виться]
ıcket ['bʌkɪt] ведро; *of dredging ma-hine* ковш
ıckle ['bʌkl] **1.** пряжка; **2.** *v/t.* за-тёгивать [-тегнуть]; *v/i. of metal, tc.* [по]коробиться; ~ ***down to*** прини-аться за дело
ıckwheat ['bʌkwiːt] гречиха; *cul.* речневая крупа
d [bʌd] **1.** почка, бутон; *fig.* заро-ыш; ***nip in the ~*** подавить *pf.* в заро-ыше; **2.** *v/i. bot.* давать почки; *fig.* азви(ва)ться

budge ['bʌdʒ] *mst. v/i.* сдвигаться [-инуться]; шевелить(ся) [-льнуть(ся)]; *fig.* уступать [-пить]
budget ['bʌdʒɪt] **1.** бюджет; финансовая смета; **2.**: ~ ***for*** ассигновать определённую сумму на что-то; предусматривать [-смотреть]
buff [bʌf] тёмно-жёлтый
buffalo ['bʌfələʊ] *zo.* буйвол
buffer ['bʌfə] *rail.* буфер
buffet[1] ['bʌfɪt] ударять [-арить]; ~ ***about*** бросать из стороны в сторону
buffet[2] **1.** [~] буфет; **2.** ['bʊfeɪ] буфетная стойка; ~ ***supper*** ужин "аля-фуршет"
buffoon [bə'fuːn] шут
bug [bʌg] клоп; *Am.* насекомое; *hidden microphone* подслушивающее устройство
build [bɪld] **1.** [*irr.*] [по]строить; сооружать [-рудить]; *nest* [с]вить; ~ ***on*** полагаться [положиться], возлагать надежды на (B); **2.** (тело)сложение; ~**er** ['bɪldə] строитель *m*; ~**ing** ['~ɪŋ] здание; строительство
built [bɪlt] *pt. и pt. p. om* ***build***
bulb [bʌlb] *bot.* луковица; *el.* лампочка
bulge [bʌldʒ] **1.** выпуклость *f*; **2.** выпячиваться [выпятиться], выдаваться [выдаться]
bulk [bʌlk] объём; основная часть *f*; ***in ~*** навалом; ~**y** ['bʌlkɪ] громоздкий; *person* тучный
bull [bʊl] бык; ***take the ~ by the horns*** взять *pf.* быка за рога; ~ ***in a china shop*** слон в посудной лавке
bulldog ['bʊldɒg] бульдог
bulldozer ['bʊldəʊzə] бульдозер
bullet ['bʊlɪt] пуля
bulletin ['bʊlətɪn] бюллетень *m*
bull's-eye ['bʊlzaɪ] яблочко мишени; ***hit the ~*** попасть *pf.* в цель (*a. fig.*)
bully ['bʊlɪ] **1.** задира *m*; **2.** задирать, запугивать [-гать]
bum [bʌm] *coll.* зад(ница); *Am. sl.* лодырь *m*; бродяга *m*
bumblebee ['bʌmblbiː] шмель *m*
bump [bʌmp] **1.** глухой удар; (*swelling*) шишка; **2.** ударять(ся) [уда-

рить(ся)]; **~ *into*** наталкиваться [-толкнуться] (*a. fig.*); *of cars, etc.* сталкиваться [столкнуться]; **~ *against*** стукаться [-кнуться]
bumper ['bʌmpə] *mot.* буфер
bumpy ['bʌmpɪ] ухабистый, неровный
bun [bʌn] булочка
bunch [bʌntʃ] *of grapes* гроздь, кисть; *of keys* связка; *of flowers* букет; *of people* группа
bundle ['bʌndl] **1.** узел; **2.** *v/t.* (*put together*) собирать вместе, связывать в узел (*a.* **~ *up***)
bungalow ['bʌŋgələʊ] одноэтажный коттедж
bungle ['bʌŋgl] неумело, небрежно работать; [на] портить; *coll.* завалить
bunk¹ [bʌŋk] вздор
bunk² [~] койка (*a. naut.*); *rail.* спальное место, полка
buoy [bɔɪ] *naut.* бакен, буй; **~ant** ['bɔɪənt] □ плавучий; (*cheerful*) жизнерадостный; бодрый
burden ['bɜːdn] **1.** ноша; *fig.* бремя *n*, груз; **2.** нагружать [-рузить]; обременять [-нить]; **~some** [~səm] обременительный
bureau ['bjʊərəʊ] контора; бюро *n indecl.*; ***information* ~** справочное бюро; **~cracy** [bjʊə'rɒkrəsɪ] бюрократия
burglar ['bɜːglər] взломщик; **~y** [~rɪ] кража со взломом
burial ['berɪəl] похороны *f/pl.*; **~ *service*** заупокойная служба
burly ['bɜːlɪ] здоровенный, дюжий
burn [bɜːn] **1.** ожог; **2.** [*irr.*] *v/i.* гореть; *of food* подгорать [-реть]; *sting* жечь; *v/t.* [с]жечь; сжигать [сжечь]; **~er** ['bɜːnə] горелка
burnt [bɜːnt] *pt. и pt. p. от* **burn**
burrow ['bʌrəʊ] **1.** нора; **2.** [вы]рыть нору
burst [bɜːst] **1.** (*explosion*) взрыв *a. fig.*; *of anger, etc.* вспышка; **2.** [*irr.*] *v/i.* взрываться [взорваться]; *dam* прор(ы)ваться; *pipe, etc.* лопаться [лопнуть]; **~ *into the room*** врываться [ворваться] в комнату; **~ *into tears*** разрыдаться; *v/t.* взрывать [взо-
вать]
bury ['berɪ] [по]хоронить; *a bone, e*
in earth зары(ва)ть
bus [bʌs] автобус
bush [bʊʃ] куст, кустарник; ***be***
***about* or *around the* ~** ходить вокр
да около
business ['bɪznɪs] дело; бизнес; то
говое предприятие; ***have no* ~ *to***
не иметь права (+ *inf.*); **~like** [~la
деловой; практичный; **~man** бизн
мен, предприниматель; **~ trip** делов
поездка
bus|station автовокзал; **~ stop** ав
бусная остановка
bust [bʌst] бюст; женская грудь *f*
bustle ['bʌsl] **1.** суматоха; суета; **2.**
[по]торопиться, [за]суетиться;
[по]торопить
busy ['bɪzɪ] **1.** □ занятой (***at*** T);
нятый (*a. tel.*); **2.** (*mst.* **~ *o.s.***) за
маться [заняться] (***with*** T)
but [bʌt, bət] **1.** *cj.* но, а; однако; тем
менее; если бы не; **2.** *prp.* кроме (
за исключением (P); ***the last* ~ o**
предпоследний; **~ *for*** без (P); **3.** *a*
только, лишь; **~ *now*** только что;
~ едва не …; ***nothing* ~** ничего кро
только; ***I cannot help* ~** *inf.* не могу
(+ *inf.*)
butcher ['bʊtʃə] **1.** мясник; *fig.* убий
m; **2.** *cattle* забивать; *people* уби(ва)
~y [~rɪ] бойня, резня
butler ['bʌtlə] дворецкий
butt [bʌt] **1.** (*blow*) удар; *of rifle* п
клад; (*of cigarette*) окурок; *fig. of p*
son мишень для насмешек; **2.** ударя
головой; (*run into*) натыкаться [
ткнуться]; **~ *in*** перебивать [-бить]
butter ['bʌtə] **1.** (сливочное) масло
намазывать маслом; **~cup** *b*
лютик; **~fly** бабочка
buttocks ['bʌtəks] *pl.* ягодицы *f/pl*
button ['bʌtn] **1.** пуговица; *of bell, e*
(*knob*) кнопка; **2.** застёгивать [-т
нуть]; **~hole** петля
buxom ['bʌksəm] пышная, полног
дая
buy [baɪ] [*irr.*] *v/t.* покупать [купи

from у Р); **~er** ['baɪə] покупа́тель *m*, ·ница *f*

zz [bʌz] **1.** жужжа́ние; *of crowd* гул; **2.** *v/i.* [за]жужжа́ть

[baɪ] **1.** *prp.* у (Р), при (П), о́коло (Р); к (Д); вдоль (Р); **~ *the dozen*** дю́жинами; **~ *o.s.*** оди́н *m*, одна́ *f*; **~ *land*** назе́мным тра́нспортом; **~ *rail*** по желе́зной доро́ге; ***day ~ day*** день за днём; **2.** *adv.* бли́зко, ря́дом; ми́мо; **~ *and* ~** вско́ре; **~ *the way*** ме́жду про́чим; **~ *and large*** в це́лом; **~-election** ['baɪɪlekʃn] дополни́тельные вы́боры *m/pl.*; **~gone** про́шлый; **~pass** объе́зд, объездна́я доро́га; **~-product** побо́чный проду́кт; **~stander** ['~stændə] очеви́дец (-дица); **~street** у́лочка

byte [baɪt] *comput.* байт

by|way глуха́я доро́га; **~word** при́тча во язы́цех

C

ab [kæb] такси́ *n indecl.*; *mot.*, *rail.* каби́на

abbage ['kæbɪdʒ] капу́ста

abin ['kæbɪn] (*hut*) хи́жина; *ae.* каби́на; *naut.* каю́та

abinet ['kæbɪnɪt] *pol.* кабине́т; *of TV*, *radio*, *etc.* ко́рпус

able ['keɪbl] **1.** ка́бель *m*; (*rope*) кана́т; телегра́мма; **~ *television*** ка́бельное телеви́дение; **2.** *tel.* телеграфи́ровать (*im*)*pf.*

ackle ['kækl] **1.** куда́хтанье; гогота́нье; **2.** [за]куда́хтать; *of geese and man* [за]гогота́ть

ad [kæd] негодя́й

adaverous [kə'dævərəs] исхуда́вший как скеле́т

addish ['kædɪʃ] по́длый

adet [kə'det] каде́т, курса́нт

adge [kædʒ] *v/t.* кля́нчить; *v/i.* попроша́йничать; **~r** ['kædʒə] попроша́йка

afé ['kæfeɪ] кафе́ *n indecl.*

afeteria [kæfɪ'tɪərɪə] кафете́рий; *at factory*, *univ.* столо́вая

age [keɪdʒ] *for animals* кле́тка; (*of elevator*) каби́на ли́фта

ajole [kə'dʒəʊl] угова́ривать [-вори́ть]; *coll.* обха́живать; доби́ться *pf.* чего-л. ле́стью и́ли обма́ном

ake [keɪk] кекс, торт; *fancy* пиро́жное; *of soap* кусо́к

alamity [kə'læmətɪ] бе́дствие

calcium ['kælsɪəm] ка́льций

calculat|e ['kælkjʊleɪt] *v/t.* вычисля́ть [вы́числить]; *cost*, *etc.* подсчи́тывать [-ита́ть]; *v/i.* рассчи́тывать (***on*** на В); **~ion** [kælkjʊ'leɪʃn] вычисле́ние; расчёт; **~or** ['kælkjʊleɪtə] калькуля́тор

calendar ['kælɪndə] календа́рь

calf[1] [kɑːf], *pl.* **calves** [kɑːvz] телёнок (*pl.*: теля́та); (*a.* **~skin**) теля́чья ко́жа, опо́ек

calf[2] [~], *pl.* **calves** *of the leg*(*s*) [~] икра́

caliber *or* **calibre** ['kælɪbə] кали́бр (*a. fig.*)

calico ['kælɪkəʊ] си́тец

call [kɔːl] **1.** крик, зов, о́клик; *tel.* звоно́к; (*summon*) вы́зов; (*appeal*) призы́в; визи́т, посеще́ние; ***on* ~** *of nurse*, *doctor* дежу́рство на дому́; **2.** *v/t.* [по]зва́ть; оклика́ть [-и́кнуть]; (*summon*) соз(ы)ва́ть; вызыва́ть [вы́звать]; [раз]буди́ть; призыва́ть; **~ *off*** отменя́ть [-ни́ть] (Р); **~ *up*** призыва́ть на вое́нную слу́жбу; **~ *s.o.'s attention to*** привле́чь *pf.* чьё-л. внима́ние (к Д); *v/i.* крича́ть [кри́кнуть]; *tel.* [по]звони́ть; (*visit*) заходи́ть [зайти́] (***at*** в В; ***on a p.*** к Д); **~ *for*** [по]тре́бовать; **~ *for a p.*** заходи́ть [зайти́] за (Т); **~ *in*** *coll.* забега́ть [-ежа́ть] (к Д); **~ *on*** навеща́ть [-ести́ть] (В); приз(ы)ва́ть (***to do*** *etc.* сде́лать *и т.д.*); **~box** ['kɔːlbɒks] *Am.* телефо́н-автома́т, телефо́нная бу́дка; **~er** ['kɔːlə] го́сть(я

C

f) *m*

calling ['kɔːlɪŋ] (*vocation*) призва́ние; профе́ссия

call|ous ['kæləs] □ огрубе́лый; мозо́листый; *fig.* бессерде́чный; **~us** ['kæləs] мозо́ль

calm [kɑːm] **1.** □ споко́йный; безве́тренный; **2.** тишина́; *of sea* штиль *m.*; споко́йствие; **3. ~ down** успока́ивать(ся) [-ко́ить(ся)]; *of wind, etc.* стиха́ть [-и́хнуть]

calorie ['kælərɪ] *phys.* кало́рия

calve [kɑːv] [о]тели́ться; **~s** *pl. от* ***calf***

cambric ['keɪmbrɪk] бати́ст

came [keɪm] *pt. от* ***come***

camera ['kæmərə] фотоаппара́т; *cine.* киноаппара́т; ***in ~*** при закры́тых дверя́х

camomile ['kæməmaɪl] рома́шка

camouflage ['kæməflɑːʒ] **1.** камуфля́ж, маскиро́вка (*a. mil.*); **2.** [за]маскирова́ть(ся)

camp [kæmp] **1.** ла́герь *m*; ***~ bed*** похо́дная крова́ть; **2.** стать ла́герем; ***~ out*** расположи́ться *pf.* и́ли ночева́ть на откры́том во́здухе

campaign [kæm'peɪn] **1.** *pol., etc.* кампа́ния; **2.** проводи́ть кампа́нию; агити́ровать (***for*** за В, ***against*** про́тив Р)

camphor ['kæmfə] камфара́

camping ['kæmpɪŋ] ке́мпинг (= *a.* **~ site**)

campus ['kæmpəs] *Am. university grounds and buildings* университе́тский городо́к

can[1] [kæn] *v/aux.* [с]мочь, быть в состоя́нии; [с]уме́ть

can[2] [~] **1.** *for milk* бидо́н; (*tin*) ба́нка; *for petrol* кани́стра; **2.** консерви́ровать (*im*)*pf., pf. a.* [за-]; ***~ opener*** консе́рвный нож

canal [kə'næl] кана́л

canary [kə'neərɪ] канаре́йка

cancel ['kænsl] (*call off*) отменя́ть [-ни́ть]; (*cross out*) вычёркивать [вы́черкнуть]; *agreement, etc.* аннули́ровать (*im*)*pf.*; *stamp* погаша́ть [погаси́ть]; *math.* (*a.* ***~ out***) сокраща́ть [-рати́ть]

cancer ['kænsə] *astr.* созве́здие Ра́ка; *med.* рак; **~ous** [~rəs] ра́ковый

candid ['kændɪd] □ и́скренн[ий]; прямо́й; ***~ camera*** скры́тая ка́мер[а]

candidate ['kændɪdət] кандида́т ([на В)

candied ['kændɪd] заса́харенный

candle ['kændl] свеча́; ***the game (not) worth the ~*** игра́ (не) сто́[ит] свеч; **~stick** [~stɪk] подсве́чник

cando(u)r ['kændə] открове́нность[,] и́скренность *f*

candy ['kændɪ] леденец; *Am.* конф[е]ты *f/pl.*, сла́сти *f/pl.*

cane [keɪn] *bot.* тростни́к; *for walki[ng]* трость *f*

canned [kænd] консерви́рованный

cannon ['kænən] пу́шка; ору́дие

cannot ['kænɒt] не в состоя́нии, [→] ***can***[1]

canoe [kə'nuː] кано́э

canon ['kænən] *eccl.* кано́н; пра́вил[о]

cant [kænt] пусты́е слова́; ханжест[во]

can't [kɑːnt] = ***cannot***

canteen [kæn'tiːn] *eating place* буф[ет;] столо́вая

canvas ['kænvəs] *cloth* холст; *for e[m]broidery* канва́; *fig.* карти́на; пару[си]на

canvass [~] *v/t.*: ***~ opinions*** иссле́[до]вать обще́ственное мне́ние; со[би]ра́ть голоса́ перед вы́борами

caoutchouc ['kaʊtʃʊk] каучу́к

cap [kæp] **1.** *with peak* ке́пка, *mil.* ф[у]ра́жка; *without peak* ша́пка; *tech.* к[ол]пачо́к; *of mushroom* шля́пка; ***~ [in] hand*** в ро́ли проси́теля; **2.** накрыва́[ть] [-ры́ть] кры́шкой; *coll.* переш[е]голя́ть *pf.*; ***to ~ it all*** в доверше́ние в[се]го́

capab|ility [keɪpə'bɪlətɪ] спосо́бнос[ть] *f*; **~le** ['keɪpəbl] □ спосо́бный (***of*** В); (*gifted*) одарённый

capaci|ous [kə'peɪʃəs] □ вмести́тел[ь]ный; **~ty** [kə'pæsətɪ] объём, вмест[и]мость *f*; (*ability*) спосо́бность *f*; *te[ch.]* производи́тельность *f*; *of eng[ine]* мо́щность *f*; *el.* ёмкость *f*; ***in the ~*** в ка́честве (Р)

cape[1] [keɪp] плащ

cape[2] [~] *geogr.* мыс

per ['keɪpə] прыжо́к, ша́лость; ***cut*** **s** выде́лывать антраша́; ду-ра́читься
pital ['kæpɪtl] **1.** □ (*crime*) кара́е-мый сме́ртью; (*sentence, punishment*) сме́ртный; **2.** столи́ца; (*wealth*) капита́л; (*a.* ~ ***letter***) загла́вная бу́ква; **ism** ['kæpɪtəlɪzəm] капитали́зм; **~ize** 'kæpɪtəlaɪz]: ~ ***on*** обраща́ть в свою́ по́льзу
pitulate [kə'pɪtʃʊleɪt] капитули́ро-вать, сд(ав)а́ться (***to*** Д) (*a. fig.*)
pric|e [kə'priːs] капри́з, прихо́ть; **ious** [kə'prɪʃəs] □ капри́зный
psize [kæp'saɪz] *v/i. naut.* опроки́-дываться [-ки́нуться]; *v/t.* опроки́-дывать [-ки́нуть]
psule ['kæpsjuːl] *med.* ка́псула
ptain ['kæptɪn] *mil., naut., sport* ка-пита́н
ption ['kæpʃn] *title, words accompanying picture* по́дпись к карти́нке; за-голо́вок; *cine.* ти́тры *m/pl.*
ptiv|ate ['kæptɪveɪt] плени́ть -ни́ть], очаро́вывать [-ова́ть]; **~e** 'kæptɪv] пле́нный; *fig.* пле́нник; **ity** [kæp'tɪvətɪ] плен; нево́ля
pture ['kæptʃə] **1.** пойма́ть; захва́-тывать [-ти́ть]; брать в плен; **2.** пойм-ка; захва́т
r [kɑː] *rail vehicle* ваго́н; *motor vehicle* автомоби́ль, маши́на; ***by*** ~ маши́-ной
ramel ['kærəmel] караме́ль *f*
ravan ['kærəvæn] карава́н; дома́в-топрице́п
raway ['kærəweɪ] тмин
rbohydrate [ˌkɑːbəʊ'haɪdreɪt] угле-во́д
rbon ['kɑːbən] углеро́д; ~ ***paper*** ко-пи́рка
rburet(t)or [kɑːbjʊ'retə] *mot.* кар-бюра́тор
rcase ['kɑːkəs] ту́ша
rd [kɑːd] ка́рта, ка́рточка; **~board** 'kɑːdbɔːd] карто́н
rdigan ['kɑːdɪgən] кардига́н
rdinal ['kɑːdənəl] **1.** □ (*chief*) гла́в-ный, основно́й; (*most important*) кардина́льный; ~ ***number*** ко-ли́чественное числи́тельное; **2.** *eccl.* кардина́л
card|index ['kɑːdɪndeks] картоте́ка; ~ **phone** ка́рточный телефо́н
care [keə] **1.** забо́та; (*charge*) попече́-ние; (*attention*) внима́ние; (*tending*) присмо́тр (за Т); (*nursing*) ухо́д (за Т); ~ ***of*** (*abbr.* ***c/o***) по а́дресу (Р); ***take*** ~ ***of*** [с]бере́чь (В); присмотре́ть за (Т); ***handle with*** ~***!*** осторо́жно!; **2.** име́ть жела́ние, [за]хоте́ть (***to*** + *inf.*); ~ ***for*** **a**) [по]забо́титься о (П); **b**) люби́ть (В); *coll.* ***I don't*** ~***!*** мне всё равно́!; ***well*** ~***d for*** ухо́женный
career [kə'rɪə] **1.** *fig.* карье́ра; **2.** не-сти́сь, мча́ться
carefree ['keəfriː] беззабо́тный
careful ['keəfl] □ (*cautious*) осторо́ж-ный; (*done with care*) аккура́тный, тща́тельный; внима́тельный (к Д); ***be*** ~ (***of, about, with***) забо́титься (о П); стара́ться (+ *inf.*); **~ness** [-nɪs] ос-торо́жность *f*; тща́тельность *f*
careless ['keəlɪs] □ *work, etc.* небре́ж-ный; *driving, etc.* неосторо́жный; **~ness** [-nɪs] небре́жность *f*
caress [kə'res] **1.** ла́ска; **2.** ласка́ть
caretaker ['keəteɪkə] сто́рож
carfare ['kɑːfeə] *Am.* пла́та за прое́зд
cargo ['kɑːgəʊ] *naut., ae.* груз
caricature ['kærɪkətʃʊə] **1.** карикату́-ра; **2.** изобража́ть в карикату́рном ви́де
car jack ['kɑːdʒæk] *lifting device* дом-кра́т
carnal ['kɑːnl] □ *sensual* чу́вственный, пло́тский; *sexual* по-лово́й
carnation [kɑː'neɪʃn] гвозди́ка
carnival ['kɑːnɪvl] карнава́л
carol ['kærəl] рожде́ственский гимн
carp[1] [kɑːp] *zo.* карп
carp[2] [-] придира́ться
carpent|er ['kɑːpəntə] пло́тник; **~ry** [-trɪ] пло́тничество
carpet ['kɑːpɪt] **1.** ковёр; **2.** устила́ть ковро́м
carriage ['kærɪdʒ] *rail.* ваго́н; пере-во́зка, транспортиро́вка; *of body* оса́нка; ~ ***free***, ~ ***paid*** опла́ченная до-

C

ста́вка
carrier ['kærɪə] (*porter*) носи́льщик; *med.* носи́тель инфе́кции; **~s** тра́нспортное аге́нтство; **~ bag** су́мка
carrot ['kærət] морко́вка; *collect.* морко́вь *f*
carry ['kærɪ] **1.** *v/t.* носи́ть, [по]нести́; *in train, etc.* вози́ть, [по]везти́; ***~ o.s.*** держа́ться, вести́ себя́; *of law, etc.* ***be carried*** быть при́нятым; ***~ s.th. too far*** заходи́ть сли́шком далеко́; ***~ on*** продолжа́ть [-до́лжить]; ***~ out*** *или* ***through*** доводи́ть до конца́; выполня́ть [вы́полнить]; *v/i. of sound* доноси́ться [донести́сь]
cart [kɑːt] теле́га, пово́зка
cartilage ['kɑːtɪlɪdʒ] хрящ
carton ['kɑːtn] *container* карто́нка; *for milk, etc.* паке́т
cartoon [kɑː'tuːn] карикату́ра, шарж; *animated* мультфи́льм, *coll.* му́льтик
cartridge ['kɑːtrɪdʒ] патро́н
carve [kɑːv] *on wood* ре́зать; *meat* наре́зать [наре́зать]
carving ['kɑːvɪŋ] *object* резьба́
case[1] [keɪs] я́щик; *for spectacles, etc.* футля́р; (*suit~*) чемода́н; (*attaché ~*) (портфе́ль-)диплома́т
case[2] [~] слу́чай; (*state of affairs*) положе́ние; (*circumstances*) обстоя́тельство; *law* суде́бное де́ло; ***in any ~*** в любо́м слу́чае; ***in ~ of need*** в слу́чае необходи́мости; ***in no ~*** ни в ко́ем слу́чае
cash [kæʃ] **1.** де́ньги, нали́чные де́ньги *f/pl.*; ***on a ~ basis*** за нали́чный расчёт; ***~ on delivery*** нало́женным платежо́м; **2.** получа́ть де́ньги по (Д); ***~ in on*** воспо́льзоваться; **~ier** [kæ'ʃɪə] касси́р(ша)
cask [kɑːsk] бо́чка, бочо́нок
casket ['kɑːskɪt] шкату́лка; *Am. a.* = *coffin* гроб
casserole ['kæsərəʊl] гли́няная кастрю́ля; запека́нка
cassette [kə'set] кассе́та
cassock ['kæsək] ря́са, сута́на
cast [kɑːst] **1.** (*act of throwing*) бросо́к, мета́ние; *thea.* (*actors*) соста́в исполни́телей; **2.** [*irr.*] *v/t.* броса́ть [бро́сить] (*a. fig.*); *shadow* отбра́сыва[ть]; *tech. metals* отли́(ва́)ть; *thea. roles* р[аспределя́ть] [-ли́ть]; ***~ light on*** прол[ива́ть] [-ли́ть] свет на (В); ***~ lots*** броса́[ть] жре́бий; ***be ~ down*** быть в уны́ни[и]; *v/i.* ***~ about for*** разы́скивать
caste [kɑːst] ка́ста
castigate ['kæstɪgeɪt] нака́зыва[ть] [-за́ть]; *fig.* жесто́ко критикова́ть
cast iron чугу́н; *attr.* чугу́нный
castle ['kɑːsl] за́мок; *chess* ладья́
castor ['kɑːstə]: ***~ oil*** касто́ровое ма[сло]
castrate [kæ'streɪt] кастри́рова[ть] (*im*)*pf.*
casual ['kæʒʊl] □ (*chan*[*ce*]) случа́йный; (*careless*) небре́жн[ый]; **~ty** [~tɪ] несча́стный слу́чай; *pers*[*on*] пострада́вший, же́ртва; *pl. mil.* пот[е]ри
cat [kæt] ко́шка; (*male*) кот
catalog(ue) ['kætəlɒg] **1.** катало́г; [**2.**] составля́ть [-вить] катало́г, вноси́[ть] в катало́г
cataract ['kætərækt] (*waterfall*) вод[опа]па́д; *med.* катара́кта
catarrh [kə'tɑː] ката́р
catastrophe [kə'tæstrəfɪ] катастр[о]фа; *natural* стихи́йное бе́дствие
catch [kætʃ] **1.** *of fish* уло́в; (*trick*) по[д]во́х; *on door* задви́жка; **2.** [*irr.*] *v/t.* л[о]ви́ть [пойма́ть]; (*take hold of*) схва́т[ы]вать [схвати́ть]; *disease* заража́ть[ся] [зарази́ться] (Т); *train, etc.* поспе́[(ва́)ть] к (Д); ***~ cold*** простужива́ть[ся] [-уди́ться]; ***~ s.o.'s eye*** пойма́ть взгл[яд] (Р); ***~ up*** догоня́ть [догна́ть]; **3.** *v/i.* з[а]цепля́ться [-пи́ться]; *coll.* ***~ on*** стан[о]ви́ться мо́дным; ***~ up with*** догоня́[ть] [догна́ть] (В); **~ing** ['kætʃɪŋ] *fig.* зар[а]зи́тельный; *med.* зара́зный; **~wo**[**rd**] (*popular phrase*) мо́дное слове́чко
categor|ical [kætɪ'gɒrɪkl] □ катег[о]ри́ческий; **~y** ['kætɪgərɪ] катего́ри[я], разря́д
cater ['keɪtə]: ***~ for*** обслу́живать (В[)]
caterpillar *zo.* ['kætəpɪlə] гу́сеница
catgut ['kætgʌt] струна́; *med.* ке́тгу[т]
cathedral [kə'θiːdrəl] собо́р
Catholic ['kæθəlɪk] **1.** като́лик; **2.** к[атоли́ческий]

толический
atkin ['kætkɪn] *bot.* серёжка
attle ['kætl] кру́пный рога́тый скот; **~ breeding** скотово́дство
aught [kɔːt] *pt.* и *pt. p.* от **catch**
auliflower ['kɒlɪflaʊə] цветна́я капу́ста
ause ['kɔːz] **1.** причи́на, основа́ние; (*motive*) по́вод; **2.** причиня́ть [-ни́ть]; (*make happen*) вызыва́ть [вы́звать]; **~less** ['kɔːzlɪs] □ беспричи́нный, необосно́ванный
aution ['kɔːʃn] **1.** (*prudence*) осторо́жность *f*; (*warning*) предостереже́ние; **2.** предостерега́ть [-ре́чь] (**against** от Р)
autious ['kɔːʃəs] □ осторо́жный, осмотри́тельный; **~ness** [-nɪs] осторо́жность *f*, осмотри́тельность *f*
avalry ['kævlrɪ] кавале́рия
ave [keɪv] **1.** пеще́ра; **2. ~ in**: *v/i.* оседа́ть [осе́сть]; *fig.*, *coll.* сда́ться *pf.*
aviar(e) ['kævɪɑː] икра́
avil ['kævəl] **1.** приди́рка; **2.** придира́ться (**at, about** к Д, за В)
avity ['kævɪtɪ] впа́дина; по́лость *f*; *in tooth, tree* дупло́
ease [siːs] *v/i.* перест(ав)а́ть; *v/t.* прекраща́ть [-крати́ть]; остана́вливать [-нови́ть]; **~-fire** прекраще́ние огня́; переми́рие; **~less** ['siːsləs] □ непреры́вный, непреста́нный
edar ['siːdə] кедр
ede [siːd] уступа́ть [-пи́ть] (В)
eiling ['siːlɪŋ] потоло́к; *attr.* максима́льный; **price ~** преде́льная цена́
elebrat|e ['selɪbreɪt] [от]пра́здновать; **~ed** [-ɪd] знамени́тый; **~ion** [selɪ'breɪʃn] торжества́ *n/pl.*; пра́зднование
elebrity [sɪ'lebrɪtɪ] *pers. and state of being* знамени́тость *f*
elery ['selərɪ] сельдере́й
elestial [sɪ'lestɪəl] □ небе́сный
ell [sel] *pol.* яче́йка; *in prison* ка́мера; *eccl.* ке́лья; *biol.* кле́тка; *el.* элеме́нт
ellar ['selə] подва́л; **wine ~** ви́нный по́греб
ello ['tʃeləʊ] виолонче́ль
ellophane® ['seləfeɪn] целлофа́н
cement [sɪ'ment] **1.** цеме́нт; **2.** цементи́ровать (*im*)*pf.*; *fig.* **~ relations** укрепля́ть [-пи́ть] свя́зи
cemetery ['semɪtrɪ] кла́дбище
censor ['sensə] **1.** це́нзор; **2.** подверга́ть цензу́ре; **~ship** ['sensəʃɪp] цензу́ра
censure ['senʃə] **1.** осужде́ние, порица́ние; **2.** осужда́ть [осуди́ть], порица́ть
census ['sensəs] пе́репись *f*
cent [sent] *Am. coin* цент
centenary [sen'tiːnərɪ] столе́тняя годовщи́на, столе́тие
center (*Brt.* **-tre**) ['sentə] **1.** центр; (*focus*) средото́чие; **in the ~** в середи́не; **2.** [с]концентри́ровать(ся); сосредото́чи(ва)ть(ся)
centi|grade ['sentɪgreɪd]: **... degrees ~** ... гра́дусов по Це́льсию; **~meter** (*Brt. -tre*) [-miːtə] сантиме́тр; **~pede** [-piːd] *zo.* сороконо́жка
central ['sentrəl] □ центра́льный; гла́вный; **~ office** управле́ние; **~ize** [-laɪz] централизова́ть (*im*)*pf.*
centre → **center**
century ['sentʃərɪ] столе́тие, век
ceramics [sɪ'ræmɪks] кера́мика
cereal ['sɪərɪəl] хле́бный злак
cerebral ['serɪbrəl] мозгово́й, церебра́льный
ceremon|ial [serɪ'məʊnɪəl] □ торже́ственный; **~ious** [-nɪəs] церемо́нный; **~y** ['serɪmənɪ] церемо́ния
certain ['sɜːtn] □ (*definite*) определённый; (*confident*) уве́ренный; (*undoubted*) несомне́нный; не́кий; не́который; **a ~ Mr. Jones** не́кий г-н Джо́унз; **to a ~ extent** до не́которой сте́пени; **~ty** [-tɪ] уве́ренность *f*; определённость *f*
certi|ficate 1. [sə'tɪfɪkət] свиде́тельство; спра́вка; **birth ~** свиде́тельство о рожде́нии; **2.** [-keɪt] вы́дать удостовере́ние (Д); **~fy** ['sɜːtɪfaɪ] удостоверя́ть [-е́рить]; **~tude** [-tjuːd] уве́ренность *f*
cessation [se'seɪʃn] прекраще́ние
CFC **chlorofluorocarbon** фрео́н
chafe [tʃeɪf] *v/t. make sore* натира́ть

C

[натере́ть]; *v/i.* раздража́ться [-жи́ться]

chaff [tʃɑːf] подшу́чивать [-шути́ть] над (Т), подтру́нивать [-ни́ть]

chagrin [ˈʃægrɪn] **1.** доса́да, огорче́ние; **2.** досажда́ть [досади́ть] (Д); огорча́ть [-чи́ть]

chain [tʃeɪn] **1.** цепь *f* (*a. fig.*); *dim.* цепо́чка; **~s** *pl. fig.* око́вы *f/pl.*; у́зы *f/pl.*; **~ reaction** цепна́я реа́кция; **2.** *dog.* держа́ть на цепи́

chair [tʃeə] стул; **be in the ~** председа́тельствовать; **~man** [ˈtʃeəmən] председа́тель *m*; **~woman** [-wʊmən] (же́нщина-)председа́тель, председа́тельница

chalk [tʃɔːk] **1.** мел; **2.** писа́ть, рисова́ть ме́лом; **~ up** (*register*) отмеча́ть [е́тить]

challenge [ˈtʃælɪndʒ] **1.** вы́зов; **2.** вызыва́ть [вы́звать]; *s.o.'s right, etc.* оспа́ривать [оспо́рить]

chamber [ˈtʃeɪmbə] (*room*) ко́мната; (*official body*) **~ of commerce** торго́вая пала́та; **~maid** го́рничная; **~ music** ка́мерная му́зыка

chamois [ˈʃæmwaː] за́мша

champagne [ʃæmˈpeɪn] шампа́нское

champion [ˈtʃæmpɪən] **1.** чемпио́н *m*, -ка *f*; защи́тник *m*, -ница *f*; **2.** защища́ть [-ити́ть]; боро́ться за (В); **~ship** пе́рвенство, чемпиона́т

chance [tʃɑːns] **1.** случа́йность *f*; риск; (*opportunity*) удо́бный слу́чай; шанс (**of** на В); **by ~** случа́йно; **take a ~** рискова́ть [-кну́ть]; **2.** случа́йный; **3.** *v/i.* случа́ться [-чи́ться]

chancellor [ˈtʃɑːnsələ] ка́нцлер

chancy [ˈtʃɑːnsɪ] *coll.* риско́ванный

chandelier [ʃændəˈlɪə] лю́стра

change [tʃeɪndʒ] **1.** переме́на, измене́ние; *of linen* сме́на; **small ~** *money* сда́ча; **for a ~** для разнообра́зия; **2.** *v/t.* [по]меня́ть; изменя́ть [-ни́ть]; *money* разме́нивать [-ня́ть]; *v/i.* [по]меня́ться; изменя́ться [-ни́ться]; *into different clothes* переоде́(ва́)ться; обме́ниваться [-ня́ть]; *rail.* переса́живаться [-се́сть]; **~able** [ˈtʃeɪndʒəbl] □ непостоя́нный, изме́нчивый

channel [ˈtʃænl] *river* ру́сло; (*na… fairway*) фарва́тер; *geogr.* проли… *fig.* (*source*) исто́чник; **through offic… ~s** по официа́льным кана́лам

chaos [ˈkeɪɒs] ха́ос, беспоря́док

chap¹ [tʃæp] **1.** (*split, crack of sk…*) тре́щина; **2.** [по]тре́скаться

chap² [-] *coll.* па́рень *m*

chapel [ˈtʃæpl] часо́вня

chapter [ˈtʃæptə] глава́

char [tʃɑː] (*burn*) обу́гли(ва)ть(ся)

character [ˈkærəktə] хара́ктер; (*in… vidual*) ли́чность *f*; *thea.* де́йс…вующее лицо́; *lit.* геро́й, персона́… (*letter*) бу́ква; **~istic** [kærəktəˈrɪst… **1.** (**~ally**) характе́рный; типи́чны… (**of** для Р); **2.** характе́рная черт… сво́йство; **~ize** [ˈkærəktəraɪz] хара… теризова́ть (*im*)*pf*.

charcoal [ˈtʃɑːkəʊl] древе́сный у́го… *m*

charge [tʃɑːdʒ] **1.** пла́та; *el.* заря́д; (*o… der*) поруче́ние; *law* обвине́ние; *m…* ата́ка; *fig.* попече́ние, забо́та; **~s** … *comm.* расхо́ды *m/pl.*; изде́рж… *f/pl.*; **be in ~ of** руководи́ть (Т); бы… отве́тственным (за В); **2.** *v/t. batte…* заряжа́ть [-яди́ть]; поруча́ть [-чи́т… (Д); обвиня́ть [-ни́ть] (**with** в П); *pri…* проси́ть (**for** за В); (*rush*) броса́ть… ['-ситься]

charisma [kəˈrɪzmə] ли́чное обая́н…

charitable [ˈtʃærətəbl] □ благотвор…тельный; (*kind*) милосе́рдный

charity [ˈtʃærətɪ] милосе́рдие; благ…твори́тельность *f*

charm [tʃɑːm] **1.** (*trinket*) амуле́т; *f…* ча́ры *f/pl.*; обая́ние, очарова́ние; … заколдо́вывать [-дова́ть]; *f…* очаро́вывать [-ова́ть]; **~ing** [ˈtʃɑːm… □ очарова́тельный, обая́тельный

chart [tʃɑːt] *naut.* морска́я ка́рта; ди…гра́мма; *pl.* спи́сок шля́геров, бес…се́ллеров

charter [ˈtʃɑːtə] **1.** *hist.* ха́ртия; **~ of th… UN** Уста́в ООН; **2.** *naut.* [за]фрахт…ва́ть (*судно*)

charwoman [ˈtʃɑːwʊmən] убо́рщи… приходя́щая домрабо́тница

chase [tʃeɪs] **1.** пого́ня *f*; *hunt.* охо́та;

C

охо́титься за (T); пресле́довать; ~ **away** прогоня́ть [-гна́ть]
chasm [kæzəm] бе́здна, про́пасть *f*
chaste [tʃeɪst] □ целому́дренный
chastity ['tʃæstətɪ] целому́дрие; де́вственность *f*
chat [tʃæt] **1.** бесе́да; **2.** [по]болта́ть, [по]бесе́довать
chattels ['tʃætlz] *pl.* (*mst.* ***goods and*** **~**) иму́щество, ве́щи *f/pl.*
chatter ['tʃætə] **1.** болтовня́ *f*; щебета́ние; **2.** [по]болта́ть; **~box**, **~er** [-rə] болту́н *m*, -нья *f*
chatty ['tʃætɪ] разгово́рчивый
chauffeur ['ʃəʊfə] води́тель *m*; шофёр
cheap [tʃiːp] □ дешёвый; *fig.* плохо́й; **~en** ['tʃiːpən] [по]дешеве́ть; *fig.* унижа́ть [уни́зить]
cheat [tʃiːt] **1.** *pers.* обма́нщик, плут; (*fraud*) обма́н; **2.** обма́нывать [-ну́ть]
check [tʃek] **1.** *chess* шах; (*restraint*) препя́тствие; остано́вка; (*verification, examination*) контро́ль *m* (***on*** над Т), прове́рка (***on*** P); *luggage/baggage ticket* бага́жная квита́нция; *bank draft* (*Brt.* **cheque**), *receipt or bill in restaurant, etc.* чек; **2.** проверя́ть [-ве́рить]; [про]контроли́ровать; приостана́вливать [-нови́ть]; препя́тствовать; **~book** че́ковая кни́жка; **~er** ['tʃekə] контролёр; **~ers** ['tʃekəz] *pl. Am.* ша́шки *f/pl.*; **~mate 1.** шах и мат; **2.** де́лать мат; **~-up** прове́рка; *med.* осмо́тр
cheek [tʃiːk] щека́ (*pl.*: щёки); *coll.* на́глость *f*, де́рзость *f*
cheer [tʃɪə] **1.** весе́лье; одобри́тельные во́згласы *m/pl.*; **2.** *v/t.* подба́дривать [-бodри́ть]; приве́тствовать во́згласами; *v/i.* **~ *up*** приободри́ться; **~ful** ['tʃɪəfl] □ бо́дрый, весёлый; **~less** [-ləs] □ уны́лый, мра́чный; **~y** [-rɪ] □ живо́й, весёлый, ра́достный
cheese [tʃiːz] сыр
chemical ['kemɪkl] **1.** □ хими́ческий; **2. ~s** [-s] *pl.* хими́ческие препара́ты *m/pl.*, химика́лии *f/pl.*
chemist ['kemɪst] *scientist* хи́мик; *pharmacist* апте́карь *m*; **~ry** ['kemɪstrɪ] хи́мия; **~'s** *Brt.* апте́ка
cherish ['tʃerɪʃ] *hope* леле́ять; *in memory* храни́ть; (*love*) не́жно люби́ть
cherry ['tʃerɪ] ви́шня
chess [tʃes] ша́хматы *f/pl.*; **~board** ша́хматная доска́; **~man** ша́хматная фигу́ра
chest [tʃest] я́щик, сунду́к; *anat.* грудна́я кле́тка; **~ *of drawers*** комо́д; ***get s.th. off one's* ~** облегчи́ть ду́шу
chestnut ['tʃesnʌt] **1.** кашта́н; **2.** кашта́новый
chew [tʃuː] жева́ть; **~ *over*** (*think about*) размышля́ть; **~ing gum** ['tʃuːɪŋgʌm] жева́тельная рези́нка, *coll.* жва́чка
chic [ʃiːk] элега́нтный
chick [tʃɪk] цыплёнок; **~en** ['tʃɪkɪn] ку́рица; *cul.* куря́тина; **~enpox** ветряна́я о́спа
chief [tʃiːf] **1.** □ гла́вный; **2.** глава́, руководи́тель, нача́льник, *coll.* шеф; **~ly** гла́вным о́бразом
child [tʃaɪld] ребёнок, дитя́ *n* (*pl.*: де́ти); **~ *prodigy*** ['prɒdɪdʒɪ] вундерки́нд; **~birth** ро́ды *m/pl.*; **~hood** ['-hʊd] де́тство; ***from* ~** с де́тства; **~ish** ['tʃaɪldɪʃ] □ ребя́ческий; **~like** [-laɪk] как ребёнок; **~ren** ['tʃɪldrən] *pl. om* ***child***
chill [tʃɪl] **1.** хо́лод; *fig.* хо́лодность *f*; *med.* просту́да; **2.** холо́дный; *fig.* расхола́живающий; **3.** *v/t.* охлажда́ть [-лади́ть]; [о]студи́ть; *v/i.* охлажда́ться [-лади́ться]; **~y** ['tʃɪlɪ] холо́дный, прохла́дный (*both a. fig.*)
chime [tʃaɪm] **1.** звон колоколо́в; бой часо́в; **2.** [за]звони́ть; *of clock* проби́ть *pf.*; **~ *in*** вме́шиваться [-ша́ться]; *fig.* **~ (*in*) *with*** гармонизи́ровать; соотве́тствовать
chimney ['tʃɪmnɪ] дымова́я труба́
chin [tʃɪn] подборо́док
china ['tʃaɪnə] фарфо́р
Chinese [tʃaɪ'niːz] **1.** кита́ец *m*, -ая́нка *f*; **2.** кита́йский
chink [tʃɪŋk] *crevice* щель *f*, тре́щина
chip [tʃɪp] **1.** *of wood* ще́пка; *of glass* оско́лок; *on plate, etc.* щерби́нка; **~s** *Brt.* карто́фель-чи́псы; **2.** *v/t.* отби́ть

pf. край; *v/i.* отла́мываться [отлома́ться]

chirp [tʃɜːp] **1.** чири́канье; щебета́ние; **2.** чири́кать [-кнуть]; [за]щебета́ть

chisel ['tʃɪzl] **1.** долото́, стаме́ска; *sculptor's* резе́ц; **2.** рабо́тать долото́м, резцо́м; **~led features** точёные черты́ лица́

chitchat ['tʃɪt tʃæt] болтовня́

chivalrous ['ʃɪvəlrəs] □ *mst. fig.* ры́царский

chlor|inate ['klɔːrɪneɪt] хлори́ровать; **~oform** ['klɒrəfɔːm] хлорофо́рм

chocolate ['tʃɒklɪt] шокола́д; *pl.* шокола́дные конфе́ты *f/pl.*

choice ['tʃɔɪs] **1.** вы́бор; альтернати́ва; **2.** □ отбо́рный

choir ['kwaɪə] хор

choke [tʃəʊk] *v/t.* [за]души́ть; (*mst.* **~ down**) глота́ть с трудо́м; *laughter* дави́ться (**with** от Р); *v/i.* (*suffocate*) задыха́ться [-дохну́ться]; [по]дави́ться (**on** Т)

choose [tʃuːz] [*irr.*] выбира́ть [вы́брать]; (*decide*) предпочита́ть [-че́сть]; **~ to** *inf.* хоте́ть (+ *inf.*)

chop [tʃɒp] **1.** отбивна́я (котле́та); **2.** *v/t. wood, etc.* [на]руби́ть; *parsley, etc.* [на]кроши́ть; **~ down** сруба́ть [-би́ть]; **~ and change** бесконе́чно меня́ть свои́ взгля́ды, пла́ны *и т.д.*; **~per** ['tʃɒpə] *tool* топо́р; *sl. helicopter* вертолёт; **~py** ['tʃɒpɪ] *sea* неспоко́йный

choral ['kɔːrəl] □ хорово́й; **~(e)** [kɒ'rɑːl] хора́л

chord [kɔːd] струна́; *mus.* акко́рд

chore [tʃɔː] ну́дная рабо́та; повседне́вные дела́

chorus ['kɔːrəs] хор; му́зыка для хо́ра; *of song* припе́в, рефре́н; **in ~** хо́ром

chose [tʃəʊz] *pt. от* **choose**; **~n** [-n] **1.** *pt. p. от* **choose**; **2.** и́збранный

Christ [kraɪst] Христо́с

christen ['krɪsn] [о]крести́ть; **~ing** [-ɪŋ] крести́ны *f/pl.*; креще́ние

Christian ['krɪstʃən] **1.** христиа́нский; **~ name** и́мя (*в отличие от фамилии*); **2.** христиа́нин *m*, -а́нка *f*; **~ity** [krɪstɪ'ænətɪ] христиа́нство

Christmas ['krɪsməs] Рождество́

chromium ['krəʊmɪəm] хром; **~-plat**[ed] хроми́рованный

chronic ['krɒnɪk] (**~ally**) хрони́ческ[ий] (*a. med.*); **~le** [-l] хро́ника, ле́топис[ь]

chronolog|ical [ˌkrɒnə'lɒdʒɪkl] □ хр[оно]логи́ческий; **~y** [krə'nɒlədʒɪ] хр[оно]ло́гия

chubby ['tʃʌbɪ] *coll.* по́лный; *ch*[...] пу́хленький

chuck [tʃʌk] броса́ть [бро́сить]; *co*[...] швыря́ть [-рну́ть]; **~ out** выбра́с[ы]вать [вы́бросить]; *from work* вышв[ы]ривать [вы́швырнуть]

chuckle ['tʃʌkl] посме́иваться

chum [tʃʌm] *coll.* **1.** прия́тель; **2.** бы[ть] в дру́жбе

chump [tʃʌmp] коло́да, чурба́н; (*fool*) болва́н

chunk [tʃʌnk] *coll. of bread* ло́моть[;] *of meat, etc.* то́лстый кусо́к

church [tʃɜːtʃ] це́рковь *f*; **~ service** б[о]гослуже́ние; **~yard** пого́ст, кла́дби[ще]

churlish ['tʃɜːlɪʃ] □ (*ill-bred*) гру́бы[й]; (*bad-tempered*) раздражи́тельный

churn [tʃɜːn]: маслобо́йка; бидо́н

chute [ʃuːt] *slide, slope* спуск; (*rubbi*[sh] **~**) мусоропрово́д; *for children* го́рк[а]

cider ['saɪdə] сидр

cigar [sɪ'gɑː] сига́ра

cigarette [sɪgə'ret] сигаре́та; (*of Ru*[s]*sian type*) папиро́са; **~ holder** мун[д]шту́к

cinch [sɪntʃ] *coll.* не́что надёжно[е,] ве́рное

cinder ['sɪndə]: **~s** *pl.* у́гли; **~ track** *sp*[...] га́ревая доро́жка

cinema ['sɪnɪmə] кинематогра́фи[я;] кино́ *n indecl.*

cinnamon ['sɪnəmən] кори́ца

cipher ['saɪfə] **1.** шифр; (*zero*) нуль *or* ноль *m*; **2.** зашифро́выва[ть] [-ова́ть]

circle ['sɜːkl] **1.** круг (*a. fig.*); (*rin*[g]) кольцо́; *thea.* я́рус; **business ~s** дел[о]вы́е круги́; **2.** враща́ться вокру́г (Р); соверша́ть круги́, кружи́ть(ся)

circuit ['sɜːkɪt] (*route*) маршру́т; об[ъ]е́зд; *el.* цепь *f*, схе́ма

circular ['sɜːkjʊlə] **1.** □ кру́глый; *ro*[...]

C

:руговóй; ~ ***letter*** циркуля́рное пись-ıó; **2.** циркуля́р; (*advertisement*) про-:пéкт
'culat|e ['sɜːkjʊleɪt] *v/i. rumo(u)r* •аспространя́ться [-ни́ться]; цирку-:и́ровать (*a. fig.*); **~ing** [-ɪŋ]: **~ library** ›иблиотéка с вы́дачей книг нá дом; **.ion** [sɜːkjʊ'leɪʃn] кровообращéние; ɪиркуля́ция; *of newspapers etc.* ти-›áж; *fig.* распространéние
'cum... ['sɜːkəm] *pref.* (*в сложных :ловах*) вокрýг, кругóм
'cum|ference [sə'kʌmfərəns] ок-•ýжность *f*; перифери́я; **~spect** 'sɜːkəmspekt] □ осмотри́тельный, ›сторóжный; **~stance** ['sɜːkəmstəns] ›бстоя́тельство; **~stantial** sɜːkəm'stænʃl] □ обстоя́тельный, ıодрóбный; **~vent** [-'vent] (*law, etc.*) ›бходи́ть [обойти́]
'cus ['sɜːkəs] цирк; *attr.* цирковóй
stern ['sɪstən] бак; *in toilet* бачóк
t|ation [saɪ'teɪʃn] цитáта, ссы́лка, ɪити́рование; **~e** [saɪt] ссылáться сослáться] на (B)
tizen ['sɪtɪzn] граждани́н *m*, -дáнка ; **~ship** [-ʃɪp] граждáнство
rus ['sɪtrəs]: **~ fruit** ци́трусовые
ty ['sɪtɪ] гóрод; *attr.* городскóй; ***the*** ♀ Си́ти (*деловой центр в Лондоне*)
vic ['sɪvɪk] граждáнский; *of town* го-›одскóй
vil ['sɪvl] □ *of a community* граждáн-:кий (*a. law*); штáтский; (*polite*) вéж-ıивый; **~ *servant*** госудáрственный :лýжащий, *contp.* чинóвник; **~ *service*** 'осудáрственная слýжба; **~ian** [sɪ-vɪljən] штáтский; **~ity** [sɪ'vɪlətɪ] вé-жливость *f*; **~ization** [sɪvəlaɪ'zeɪʃn] цивилизáция
ad [klæd] *pt. и pt. p. от* ***clothe***
aim [kleɪm] **1.** претендовáть, (*de-mand*) на (B); [по]трéбовать; (*assert*) утверждáть [-рди́ть]; предъявля́ть ıравá на (B); **2.** трéбование; претéн-ɜия; *law* иск; **~ *for damages*** иск за ıричинённый ущéрб; **~ *to be*** выда-вáть себя́ за (B); **~ant** ['kleɪmənt] пре-тендéнт; *law* истéц
airvoyant [kleə'vɔɪənt] ясновидец

clamber ['klæmbə] [вс]карáбкаться
clammy ['klæmɪ] □ (*sticky*) ли́пкий; *hands* холóдный и влáжный; *weather* сырóй и холóдный
clamo(u)r ['klæmə] **1.** шум, кри́ки *m/pl.*; шýмные протéсты *m/pl.*; **2.** шýмно трéбовать (P)
clamp [klæmp] **1.** *tech.* скобá; зажи́м; **2.** скрепля́ть [-пи́ть]; заж(им)áть
clandestine [klæn'destɪn] □ тáйный
clang [klæŋ] **1.** лязг; *of bell* звон; **2.** ля́згать [-гнуть]
clank [klæŋk] **1.** звон, лязг, бря́цание; **2.** бря́цать, [за]гремéть
clap [klæp] **1.** хлопóк; хлóпанье; *of thunder* удáр; **2.** хлóпать, аплоди́ро-вать; **~trap** пустáя болтовня́; (*non-sense*) чепухá
clarify ['klærɪfaɪ] *v/t. liquid, etc.* очищáть [очи́стить]; (*make transpar-ent*) дéлать прозрáчным; *fig.* выясня́ть [вы́яснить]; *v/i.* дéлаться прозрáчным, я́сным
clarity ['klærətɪ] я́сность *f*
clash [klæʃ] **1.** столкновéние; (*contra-diction*) противорéчие; конфли́кт; **2.** стáлкиваться [столкнýться]; *of opin-ions, etc.* расходи́ться [разойти́сь]
clasp [klɑːsp] **1.** пря́жка, застёжка; *fig.* (*embrace*) объя́тия *n/pl.*; **2.** *v/t.* (*fasten*) застёгивать [застегнýть]; (*hold tightly*) сж(им)áть; *fig.* за-ключáть в объя́тия; *hand* пож(им)áть
class [klɑːs] **1.** *school* класс; *social* общéственный класс; (***evening***) **~*es*** (вечéрние) кýрсы; **2.** классифици́ро-вать (*im*)*pf*.
classic ['klæsɪk] **1.** клáссик; **2.** **~(al** □) [-(əl)] класси́ческий
classi|fication [klæsɪfɪ'keɪʃn] класси-фикáция; **~fy** ['klæsɪfaɪ] классифи-ци́ровать (*im*)*pf*.
clatter ['klætə] **1.** *of dishes* звон; *of met-al* грóхот (маши́н); (*talk*) болтовня́; *of hoofs, etc.* тóпот; **2.** [за]гремéть; [за]тóпать; *fig.* [по]болтáть
clause [klɔːz] *of agreement, etc.* пункт, статья́; *gr.* ***principal/subordinate ~*** глáвное/придáточное предложéние
claw [klɔː] **1.** *of animal* кóготь *m*; *of*

crustacean клешня́; **2.** разрыва́ть, терза́ть когтя́ми
clay [kleɪ] гли́на
clean [kliːn] **1.** *adj.* □ чи́стый; (*tidy*) опря́тный; **2.** *adv.* на́чисто; соверше́нно, по́лностью; **3.** [по]чи́стить; **~ up** уб(и)ра́ть; приводи́ть в поря́док; **~er** ['kliːnə] убо́рщик *m*, -ица *f*; **~er's** химчи́стка; **~ing** ['kliːnɪŋ] чи́стка; *of room* убо́рка; **~liness** ['klenlɪnɪs] чистопло́тность *f*; **~ly 1.** *adv.* ['kliːnlɪ] чи́сто; **2.** *adj.* ['klenlɪ] чистопло́тный; **~se** [klenz] очища́ть [очи́стить]
clear [klɪər] **1.** □ све́тлый, я́сный (*a. fig.*); (*transparent*) прозра́чный; *fig.* свобо́дный (***from, of*** от Р); *profit, etc.* чи́стый; (*distinct*) отчётливый; (*plain*) я́сный, поня́тный; **2.** *v/t.* убира́ть [-бра́ть]; очища́ть [очи́стить] (***from, of*** от Р); расчища́ть [-и́стить]; (*free from blame*) опра́вдывать [-да́ть]; **~ *the air*** разряди́ть атмосфе́ру; *v/i.* (*a.* **~ *up***) *of mist* рассе́иваться [-е́яться]; *of sky* проясня́ться [-ни́ться]; **~ance** ['klɪərəns] *comm.* разреше́ние (на прово́з, на вы́воз, *naut.* на вы́ход); **~ing** ['klɪərɪŋ] *tech.* зазо́р; *mot.* кли́ренс; *in forest* про́сека, поля́на; *fin.* кли́ринг; **~ly** я́сно; (*obviously*) очеви́дно
cleave [kliːv] [*irr.*] *split* раска́лывать(ся) [-коло́ть(ся)]; рассека́ть [-е́чь]; *adhere* прилипа́ть [-ли́пнуть]
clef [klef] *mus.* ключ
cleft [kleft] рассе́лина
clemen|cy ['klemənsɪ] милосе́рдие; снисхожде́ние; **~t** ['klemənt] милосе́рдный; *weather* мя́гкий
clench [klentʃ] заж(им)а́ть; *fists* сж(им)а́ть; *teeth* сти́скивать [сти́снуть]; → ***clinch***
clergy ['klɜːdʒɪ] духове́нство; **~man** [-mən] свяще́нник
clerical ['klerɪkl] □ *eccl.* духо́вный; *of clerks* канцеля́рский
clerk [klɑːk] клерк, конто́рский слу́жащий; *Am.* ***sales*** **~** продаве́ц
clever ['klevə] □ у́мный; (*skilled*) уме́лый; *mst. b.s.* ло́вкий
click [klɪk] **1.** щёлканье; **2.** *lock* щёлкать [-кнуть]; *tongue* прищёлкива[ть] [-кнуть]; *fig.* идти́ гла́дко; **~ *on co***[mputer] *put.* щёлкнуть мы́шью
client ['klaɪənt] клие́нт; покупа́те[ль] *m*; **~èle** [kliːən'tel] клиенту́ра
cliff [klɪf] утёс, скала́
climate ['klaɪmɪt] кли́мат
climax ['klaɪmæks] **1.** кульмина́ция; [2.] достига́ть [-и́гнуть] кульмина́ции
climb [klaɪm] [*irr.*] влез(а́)ть на (В); *mountain* поднима́ться [-ня́ть[ся]] (на В); **~er** ['klaɪmə] альпини́ст; [*fig.*] карьери́ст; *bot.* вью́щееся расте́н[ие]
clinch [klɪntʃ] *fig.* оконча́тельно до[го]вори́ться *pf.*, реши́ть *pf.*; ***that ~ed*** [***the***] ***matter*** э́тим вопро́с был оконча́те[ль]но решён
cling [klɪŋ] [*irr.*] (***to***) [при]льну́ть к (Д); **~ *together*** держа́ться вме́сте
clinic ['klɪnɪk] кли́ника; поликли́ни[ка]; **~al** [-ɪkəl] клини́ческий
clink [klɪŋk] **1.** звон; **2.** [за]звене́ть; ***glasses*** чо́каться [-кнуться]
clip[1] [klɪp] **1.** *newspaper* вы́резка; [*TV*] клип; **2.** выреза́ть [вы́резать]; (*c*[ut]) [о-, под]стри́чь
clip[2] [~] **1.** скре́пка; **2.**: **~ *togeth***[***er***] скрепля́ть [-пи́ть]
clipp|er ['klɪpə]: (*a pair of*) (*nail-*) **~**[**s**] *pl.* маникю́рные но́жницы *f/pl.*; *h*[*edge*] сека́тор; **~ings** [-ɪŋz] *pl.* газе́тные в[ы]резки *f/pl.*; обре́зки *m/pl.*
cloak [kləʊk] **1.** плащ; *of darkness* [по]кро́в; *fig.* (*pretext*) предло́г; **2.** [по]кры́(ва́)ть; *fig.* прикры́(ва́)ть; **~ro**[**om**] гардеро́б, *coll.* раздева́лка; *eu*[*ph.*] *mst. Brt.* туале́т; **~room attendant** г[ар]деро́бщик *m*, -щица *f*
clock [klɒk] часы́ *m/pl.* (*стенные* *т.д.*); **~wise** по часово́й стре́лке
clod [klɒd] ком; (*fool*) ду́рень *m*, о́л[ух]
clog [klɒg] засоря́ть(ся) [-ри́ть(ся)]; забива́ться [-би́ться]
cloister ['klɔɪstə] монасты́рь *m*; *ar*[*ch.*] кры́тая арка́да
close 1. [kləʊs] □ (*restricted*) закр[ы]тый; (*near*) бли́зкий; (*tight*) те́сн[ый]; *air* ду́шный, спёртый; (*stingy*) скуп[о́й]; *study, etc.* внима́тельный, тща́те[ль]ный; **~ by** *adv.* ря́дом, побли́зости

o около (P); **2.** [kləʊz] конéц; (*conclu-ion*) завершéние; ***come to a ~*** за-óнчиться, завершúться; **3.** [kləʊz] */t.* закры́(вá)ть; закáнчивать -кóнчить]; кончáть [кóнчить]; за-лючáть [-чи́ть] (речь); *v/i.* закры́(-á)ться; кончáться [кóнчиться]; ***~ in*** риближáться [-ли́зиться]; насту-áть [-пи́ть]; **~ness** ['kləʊsnɪs] бли́-ость *f*; скýпость *f*

oset ['klɒzɪt] *Am.* чулáн; стеннóй шкаф

ose-up: ***take a ~*** снимáть [снять] крýпным плáном

osure ['kləʊʒə] закры́тие

ot [klɒt] **1.** *of blood* сгýсток; комóк; **2.** *mst. of blood* свёртываться [свер-нýться]

oth [klɒθ], *pl.* **~s** [klɒθs] ткань *f*, ма-териáл; ***length of ~*** отрéз

othe [kləʊð] [*a. irr.*] одé(вá)ть; *fig.* облекáть [облéчь]

othes [kləʊðz] *pl.* одéжда; ***change one's ~*** переодéться; **~line** верёвка для сýшки бельá; **~ peg** прищéпка

othing ['kləʊðɪŋ] одéжда; ***ready-made ~*** готóвая одéжда

oud [klaʊd] **1.** óблако, тýча; ***have one's head in the ~s*** витáть в обла-кáх; **2.** покрывáть(ся) тýчами, обла-кáми; *fig.* омрачáть(ся) [-чи́ть(ся)]; **~burst** ли́вень *m*; **~less** ['klaʊdləs] □ безóблачный; **~y** [-ɪ] □ óблачный; *liquid* мýтный; *ideas* тумáнный

ove[1] [kləʊv] гвозди́ка (прянóсть)

ove[2] [~] *pt. от* ***cleave***

over ['kləʊvə] клéвер; ***in ~*** жить припевáючи

own [klaʊn] клóун

ub [klʌb] **1.** *society* клуб; (*heavy stick*) дуби́на; *Am.* дуби́нка (поли-цéйского); **~s** *pl. at cards* трéфы *f/pl.*; **2.** *v/t.* [по]би́ть; *v/i.* собирáться вмéсте; ***~ together*** сложи́ться [склá-дываться]; (*share expense*) устрáивать склáдчину

ue [kluː] ключ к разгáдке; ***I haven't a ~*** понятия не имéю

ump [klʌmp] **1.** *of bushes* кустáрник; *of trees* кýпа, грýппа; **2.** *tread heavily* тяжелó ступáть

clumsy ['klʌmzɪ] □ неуклю́жий; не-лóвкий (*a. fig.*); (*tactless*) бестáктный

clung [klʌŋ] *pt. и pt. p. от* ***cling***

cluster ['klʌstə] **1.** кисть *f*; гроздь *f*; **2.** расти́ грóздьями; ***~ round*** окружáть [-жи́ть]

clutch [klʌtʃ] **1.** *of car* сцеплéние; ***fall into s.o.'s ~es*** попáсть *pf.* в чьи-л. лá-пы; **2.** (*seize*) схвáтывать [-ти́ть]; ух-вати́ться *pf.* (***at*** за В)

clutter ['klʌtə] **1.** беспоря́док; **2.** зава-ли́ть, загромозди́ть

coach [kəʊtʃ] **1.** *Brt.* междугорóдный автóбус; (*trainer*) трéнер; (*tutor*) ре-пети́тор; *rail.* пассажи́рский вагóн; **2.** [на]тренировáть; натáскивать к эк-зáмену

coagulate [kəʊ'ægjʊleɪt] свёрты-ваться, коагули́роваться

coal [kəʊl] (кáменный) ýголь *m*

coalition [kəʊə'lɪʃn] коали́ция

coal|mine, **~ pit** ýгольная шáхта

coarse [kɔːs] □ *material* грýбый; *sug-ar, etc.* крýпный; *fig.* неотёсанный; *joke* непристóйный

coast [kəʊst] морскóй бéрег, побе-рéжье; **~al**: ***~ waters*** прибрéжные вó-ды; **~er** ['kəʊstə] *naut.* сýдно каботáж-ного плáвания

coat [kəʊt] **1.** (*man's jacket*) пиджáк; (*over~*) пальтó *n indecl.*; (*fur*) мех, шерсть *f*; (*layer of paint, etc.*) слой; ***~ of arms*** герб; **2.** (*cover*) покры́(вá)ть; **~hanger** вéшалка; **~ing** ['kəʊtɪŋ] слой

coax [kəʊks] уговáривать [уговори́ть]

cob [kɒb] *of maize* початóк

cobbler ['kɒblə] сапóжник

cobblestone ['kɒblstəʊn] булы́жник; *attr.* булы́жный

cobweb ['kɒbweb] паути́на

cock [kɒk] **1.** (*rooster*) петýх; (*tap*) кран; *in gun* курóк; **2.** *ears* насторáжи-вать [-рожи́ть]

cockatoo [kɒkə'tuː] какадý *m indecl.*

cockchafer ['kɒktʃeɪfər] мáйский жук

cock-eyed ['kɒkaɪd] *sl.* косоглáзый; косóй; *Am.* пья́ный

cockpit ['kɒkpɪt] *ae.* каби́на

cockroach ['kɒkrəʊtʃ] *zo.* таракáн

cock|sure [kɒk'ʃʊə] *coll.* самоуве́ренный; **~tail** ['~teɪl] кокте́йль *m*; **~y** ['kɒkɪ] □ *coll.* наха́льный, де́рзкий
cocoa ['kəʊkəʊ] *powder or drink* кака́о *n indecl.*
coconut ['kəʊkənʌt] коко́с, коко́совый оре́х
cocoon [kə'ku:n] ко́кон
cod [kɒd] треска́
coddle ['kɒdl] [из]ба́ловать, [из]не́жить
code [kəʊd] **1.** *of conduct, laws* ко́декс; *of symbols, ciphers* код; **2.** коди́ровать (*im*)*pf.*
cod-liver: *~ oil* ры́бий жир
coerc|e [kəʊ'ɜ:s] принужда́ть [-ну́дить]; **~ion** [~ʃn] принужде́ние
coexist [kəʊɪg'zɪst] сосуществова́ть (с Т)
coffee ['kɒfɪ] ко́фе *m indecl.*; ***instant ~*** растворимый ко́фе; ***~ grinder*** кофемо́лка; ***~ set*** кофе́йный серви́з; **~pot** кофе́йник
coffin ['kɒfɪn] гроб
cog [kɒg] зубе́ц
cogent ['kəʊdʒənt] □ (*convincing*) убеди́тельный
cognac ['kɒnjæk] конья́к
cohabit [kəʊ'hæbɪt] сожи́тельствовать, жить вме́сте
coheren|ce [kəʊ'hɪərəns] связь *f*, свя́зность *f*, согласо́ванность *f*; **~t** [~rənt] □ *story, etc.* свя́зный; поня́тный; согласо́ванный
cohesion [kəʊ'hi:ʒn] сцепле́ние; сплочённость *f*
coiffure [kwɑ:'fjʊə] причёска
coil [kɔɪl] **1.** кольцо́; *el.* кату́шка; **2.** (*a.* ***~ up***) свёртываться кольцо́м (спира́лью)
coin [kɔɪn] **1.** моне́та; ***pay s.o. back in his own ~*** отплати́ть *pf.* кому́-л. той же моне́той; **2.** (*mint*) чека́нить; **~age** ['kɔɪnɪdʒ] чека́нка
coincide [kəʊɪn'saɪd] совпада́ть [-па́сть]; **~nce** [kəʊ'ɪnsɪdəns] совпаде́ние; *fig.* случа́йное стече́ние обстоя́тельств; ***by sheer ~*** по чи́стой случа́йности
coke[1] [kəʊk] кокс
coke[2] [~] *coll.* ко́ка-ко́ла
colander ['kʌləndə] дуршла́г
cold [kəʊld] **1.** □ холо́дный; *fig.* неп[...] ве́тливый; **2.** хо́лод; просту́да; ***ca[...]*** (***a***) ***~*** простуди́ться; **~ness** ['kəʊldr[...] *of temperature* хо́лод; *of charac[...] etc.* холо́дность *f*
colic ['kɒlɪk] *med.* ко́лики *f/pl.*
collaborat|e [kə'læbəreɪt] сотр[...]ничать; **~ion** [kəlæbə'reɪʃn] сотр[...]ничество; ***in ~ with*** в сотру́дничест[...] (с Т)
collapse [kə'læps] **1.** (*caving in*) обв[...] разруше́ние; *of plans, etc.* круше́н[...] *med.* по́лный упа́док сил, колла́пс[...] *of a structure* обру́ши(ва)ться, р[...]нуть; *of person* упа́сть без созна́н[...]
collar ['kɒlər] **1.** воротни́к; *dc[...]* оше́йник; **2.** схвати́ть *pf.* за шиво[...] *sl. a criminal* схвати́ть *pf.*; **~bone** *ar[...]* ключи́ца
collateral [kə'lætərəl] побо́чный; *e[...] dence* ко́свенный
colleague ['kɒli:g] колле́га *f/m*, [...] служи́вец *m*, -вица *f*
collect [kə'lekt] *v/t.* (*get together*) [...] б(ир)а́ть; *stamps etc.* коллекцио[...]ровать; (*call for*) заходи́ть [зай[...] за (Т); *o.s.* (*control o.s.*) овладева́ть [...]бо́й; *v/i.* (*gather*) соб(и)ра́ться (*a. fi[...]* ***~ on delivery*** *Am.* нало́женным п[...]тежо́м; **~ed** [kə'lektɪd] □ *fig.* споко[...]ный; ***~ works*** собра́ние сочине́н[...] **~ion** [kə'lekʃn] колле́кция, собра́н[...] **~ive** [~tɪv] □ коллекти́вный; сово[...]ный; **~or** [~tə] коллекционе́р; *of ti[...]ets, etc.* контролёр
college ['kɒlɪdʒ] колле́дж; инсти[...] университе́т
collide [kə'laɪd] ста́лкиваться [ст[...]кну́ться]
collie ['kɒlɪ] ко́лли *m/f indecl.*
collier ['kɒlɪər] углеко́п, шахтёр; ['kɒljərɪ] каменноуго́льная ша́хта
collision ['kəlɪʒn] столкнове́ние
colloquial [kə'ləʊkwɪəl] □ разгово[...]ный
colon ['kəʊlən] *typ.* двоето́чие
colonel ['kɜ:nl] полко́вник
colonial [kə'ləʊnɪəl] колониа́льный

C

olony ['kɒlənɪ] колóния
olo(u)r ['kʌlə] **1.** цвет; (*paint*) крáска; *on face* румя́нец; *fig.* колори́т; **~s** *pl.* госудáрственный флаг; ***be off ~*** невáжно себя́ чу́вствовать; **2.** *v/t.* [по]крáсить; окрáшивать [окрáсить]; *fig.* приукрáшивать [-крáсить]; *v/i.* [по]краснéть; **~-blind**: ***be ~*** быть дальтóником; **~ed** [-d] окрáшенный; цветнóй; **~ful** [-fʊl] я́ркий; **~ing** [-rɪŋ] окрáска, раскрáска; *fig.* приукрáшивание; **~less** [-ləs] □ бесцвéтный (*a. fig.*)
olt [kəʊlt] жеребёнок (*pl.*: жеребя́та); *fig.* птенéц
olumn ['kɒləm] *arch.*, *mil.* колóнна; *of smoke*, *etc.* столб; *of figures* столбéц
omb [kəʊm] **1.** грéбень *m*, гребёнка; **2.** *v/t.* расчёсывать [-чесáть], причёсывать [-чесáть]
ombat ['kɒmbæt] **1.** бой, сражéние; **2.** сражáться [срази́ться]; борóться (*a. fig.*); **~ant** ['kɒmbətənt] боéц
ombin|ation [kɒmbɪ'neɪʃn] сочетáние; **~e** [kəm'baɪn] объединя́ть(ся) [объедини́ть(ся)]; сочетáть(ся) (*im*)*pf.*; ***~ business with pleasure*** сочетáть прия́тное с полéзным
ombusti|ble [kəm'bʌstəbl] горю́чий, воспламеня́емый; **~on** [-tʃən] горéние, сгорáние; ***internal ~ engine*** двигáтель вну́треннего сгорáния
ome [kʌm] [*irr.*] приходи́ть [прийти́]; *by car*, *etc.* приезжáть [приéхать]; ***to~*** бу́дущий; ***~ about*** случáться [-чи́ться], происходи́ть [произойти́]; ***~ across*** встречáться [-рéтиться] с (Т), натáлкиваться [наткну́ться] на (В); ***~ back*** возвращáться [-ти́ться]; ***~ by*** дост(ав)áть (случáйно); ***~ from*** быть рóдом из (Р); ***~ off***, (*be successful*) удáсться *pf.*; *of skin*, *etc.* сходи́ть [сойти́]; ***~ round*** приходи́ть в себя́; *coll.* заходи́ть [зайти́] к (Д); *fig.* идти на усту́пки; ***~ to*** доходи́ть [дойти́] до (Р); (*equal*) равня́ться (Д), стóить (В *or* Р); ***~ up to*** соответствовать (Д); ***~ to know s.o.*** (***sth.***) познакóмиться *pf.* (с Т) (узнавáть [-нáть] В); ***~ what may*** что бы ни случи́лось

comedian [kə'miːdɪən] кóмик
comedy ['kɒmədɪ] комéдия
comeliness ['kʌmlɪnɪs] милови́дность *f*
comfort ['kʌmfət] **1.** комфóрт, удóбство; *fig.* (*consolation*) утешéние; (*support*) поддéржка; **2.** утешáть [утéшить]; успокáивать [-кóить]; **~able** [-əbl] удóбный, комфортáбельный; *income*, *life* вполнé прили́чный; **~less** [-lɪs] □ неую́тный
comic ['kɒmɪk] **1.** коми́ческий, смешнóй; юмористи́ческий; **2.** кóмик; ***the ~s*** кóмиксы
coming ['kʌmɪŋ] **1.** приéзд, прибы́тие; **2.** бу́дущий; наступáющий
comma ['kɒmə] запятáя
command [kə'mɑːnd] **1.** комáнда, прикáз; (*authority*) комáндование; ***have at one's ~*** имéть в своём распоряжéнии; **2.** прикáзывать [-зáть] (Д); владéть (Т); *mil.* комáндовать; **~er** [kə'mɑːndə] *mil.* команди́р; *navy* капитáн; **2er-in-chief** [-rɪn'tʃiːf] главнокомáндующий; **~ment** [-mənt] *eccl.* зáповедь *f*
commemora|te [kə'meməreɪt] *anniversary* ознаменовáть; *event* отмечáть [отмéтить]; **~tion** [kəmemə'reɪʃn] ознаменовáние
commence [kə'mens] начинáть(-ся) [нач(ин)áть(-ся)]; **~ment** [-mənt] начáло, торжéственное вручéние дипломóв
commend [kə'mend] отмечáть [-éтить], [по]хвали́ть (***for*** за В); рекомендовáть (*im*)*pf.*
comment ['kɒment] **1.** (*remark*) замечáние; *on text*, *etc.* комментáрий; ***no ~!*** комментáрии изли́шни!; **2.** (***on***) комменти́ровать (*im*)*pf.*; отзывáться [отозвáться]; [с]дéлать замечáние; **~ary** ['kɒməntrɪ] комментáрий; **~ator** ['kɒmənteɪtə] комментáтор
commerc|e ['kɒmɜːs] торгóвля, коммéрция; **~ial** [kə'mɜːʃl] □ торгóвый, коммéрческий; *su. radio*, *TV* реклáма
commiseration [kəmɪzə'reɪʃn] сочу́вствие, соболéзнование
commission [kə'mɪʃn] **1.** (*body of per-*

C

sons) коми́ссия; (*authority*) полномо́чие; (*errand*) поруче́ние; (*order*) зака́з; *comm.* комиссио́нные; **2.** зака́зывать [-за́ть]; поруча́ть [-чи́ть]; **~er** [-ʃənə] уполномо́ченный; член коми́ссии
commit [kə'mɪt] (*entrust*) поруча́ть [-чи́ть]; вверя́ть [вве́рить]; *for trial, etc.* преда́(ва́)ть; *crime* соверша́ть [-ши́ть]; **~ (*o.s.*)** обя́зывать(ся) [-за́ть(ся)]; **~ (*to prison*)** заключа́ть [-чи́ть] (в тюрму́); **~ment** [-mənt] (*promise*) обяза́тельство; **~tee** [-ɪ] коми́ссия; комите́т; ***be on a ~*** быть чле́ном коми́ссии
commodity [kə'mɒdətɪ] това́р, предме́т потребле́ния
common ['kɒmən] □ о́бщий; (*ordinary*) просто́й, обыкнове́нный; (*mediocre*) зауря́дный; (*widespread*) распространённый; ***it is ~ knowledge that …*** общеизве́стно, что …; ***out of the ~*** незауря́дный; ***~ sense*** здра́вый смысл; ***we have nothing in ~*** у нас нет ничего́ о́бщего; **~place 1.** бана́льность *f*; **2.** бана́льный, *coll.* изби́тый; **~s** [-z] *pl.* простонаро́дье; (*mst.* ***House of***) ♀ Пала́та общи́н; **~wealth** [-welθ] госуда́рство, содру́жество; ***the British ♀ of Nations*** Брита́нское Содру́жество На́ций
commotion [kə'məʊʃn] волне́ние, смяте́ние, возня́
communal ['kɒmjʊnl] (*pertaining to community*) обще́ственный, коммуна́льный; ***~ apartment*** *or* ***flat*** коммуна́льная кварти́ра
communicat|e [kə'mjuːnɪkeɪt] *v.t.* сообща́ть [-щи́ть]; перед(ав)а́ть; *v/i.* сообща́ться; **~ion** [kəmjuːnɪ'keɪʃn] сообще́ние; коммуника́ция; связь *f*; ***~ satellite*** спу́тник свя́зи; **~ive** [kə'mjuːnɪkətɪv] □ общи́тельный, разгово́рчивый
communion [kə'mjuːnjən] обще́ние; *sacrament* прича́стие
communiqué [kə'mjuːnɪkeɪ] коммюнике́ *n indecl.*
communis|m ['kɒmjʊnɪzəm] коммуни́зм; **~t 1.** коммуни́ст *m*, -ка *f*; **2.** коммунисти́ческий
community [kə'mjuːnətɪ] обществ
local ~ ме́стные жи́тели
commute [kə'mjuːt] *law* смягчи́ть н казание; *travel back and forth regularly* е́здить на рабо́ту (*напр. из пр города в город*)
compact [kəm'pækt] *adj.* компа́к ный; (*closely packed*) пло́тный; *sty* сжа́тый; *v/t.* сж(им)а́ть; уплотня́ [-ни́ть]; ***~ disc*** компа́ктдиск
companion [kəm'pænjən] това́ри подру́га; (*travel[l]ing ~*) спу́тни **~ship** [-ʃɪp] компа́ния; дру́жеские о ноше́ния *n/pl.*
company ['kʌmpənɪ] обществ *comm.* компа́ния; акционе́рное о́ щество, фи́рма; (*guests*) го́сти *p* *thea.* тру́ппа; ***have ~*** принима́ть г сте́й
compar|able ['kɒmpərəbl] □ сравн мый; **~ative** [kəm'pærətɪv] □ сравн тельный; **~e** [kəm'peər] **1. *beyond*** вне вся́кого сравне́ния; **2.** *v/t.* сра́вн вать [-ни́ть], слича́ть [-чи́ть], (***to*** с Т *v/i.* сра́вниваться [-ни́ться]; ***~ favo(u ably with*** вы́годно отлича́ться от **~ison** [kəm'pærɪsn] сравне́ние; ***by*** по сравне́нию (с Т)
compartment [kəm'pɑːtmənt] отд ле́ние; *rail.* купе́ *n indecl.*
compass ['kʌmpəs] ко́мпас; (*exter* преде́л; (***a pair of***) **~es** *pl.* ци́ркуль
compassion [kəm'pæʃn] сострад ние, жа́лость *f*; **~ate** [-ʃənət] □ с страда́тельный, сочу́вствующий
compatible [kəm'pætəbl] □ совм сти́мый (*a. comput.*)
compatriot [kəm'pætrɪət] соот чественник *m*, -ница *f*
compel [kəm'pel] заставля́ть [-а́вит принужда́ть [-нуди́ть]
compensat|e ['kɒmpənseɪt] *v/t.* ко пенси́ровать; *losses* возмеща́ть [-е ти́ть]; **~ion** [kɒmpən'seɪʃn] возмещ ние, компенса́ция
compete [kəm'piːt] соревнова́тьс состяза́ться; конкури́ровать (***with*** Т, ***for*** за В)
competen|ce, **~cy** ['kɒmpɪtəns, -

способность *f*; компетентность *f*; **~t** [-tənt] □ компетентный

[co]mpetit|ion [kɒmpə'tɪʃn] состязание, соревнование; *comm.* конкуренция; *of pianists, etc.* конкурс; **~ive** [kəm'petətɪv] конкурентоспособный; **~or** [kəm'petɪtə] конкурент *m*, -ка *f*; (*rival*) соперник *m*, -ица *f*; участник конкурса

[co]mpile [kəm'paɪl] составлять [-авить]

[co]mplacen|ce, ~cy [kəm'pleɪsəns, -ɪ] самодовольство

[co]mplain [kəm'pleɪn] [по]жаловаться (**of** на В); *law* обжаловать *pf.*; **~t** [-t] жалоба; *med.* болезнь *f*; *comm.* рекламация

[co]mplement ['kɒmplɪmənt] **1.** дополнение; комплект; **2.** дополнять [дополнить]; [у]комплектовать

[co]mplet|e [kəm'pliːt] **1.** □ (*whole*) полный; (*finished*) законченный; *coll.* *fool* круглый; **~ stranger** совершенно незнакомый человек; **2.** заканчивать [закончить]; **~ion** [-'pliʃn] окончание

[co]mplex ['kɒmpleks] **1.** □ (*intricate*) сложный; (*composed of parts*) комплексный, составной; *fig.* сложный, запутанный; **2.** комплекс; **~ion** [kəm'plekʃn] цвет лица; **~ity** [-sɪtɪ] сложность *f*

[co]mpliance [kəm'plaɪəns] уступчивость *f*; согласие; **in ~ with** в соответствии с (Т)

[co]mplicat|e ['kɒmplɪkeɪt] усложнять(ся) [-нить(ся)]; **~ion** [-'keɪʃn] сложность *f*, трудность *f*; *pl.* осложнения *n/pl.*, *a. med.*

[co]mpliment 1. ['kɒmplɪmənt] комплимент; (*greeting*) привет; **2.** [~ment] *v/t.* говорить комплименты (Д); поздравлять [-авить] (**on** с Т)

[co]mply [kəm'plaɪ] уступать [-ить], соглашаться [-ласиться] (**with** с Т); (*yield*) подчиняться [-ниться] (**with** Д)

[co]mponent [kəm'pəʊnənt] **1.** компонент; составная часть *f*; **2.** составной

[co]mpos|e [kəm'pəʊz] (*put together*) составлять [-авить]; (*create*) сочинять [-нить]; *compose o.s.* успокаиваться [-коиться]; **~ed** [-d] □ спокойный, сдержанный; **~er** [-ə] композитор; **~ition** [kɒmpə'zɪʃn] *art* композиция; (*structure*) состав; *lit.*, *mus.* сочинение; **~ure** [kəm'pəʊʒə] самообладание, спокойствие

compound 1. ['kɒmpaʊnd] *chem.* состав, соединение; *gr.* сложное слово; **2.** сложный; **~ interest** сложные проценты *m/pl.*

comprehend [kɒmprɪ'hend] постигать [постигнуть], понимать [-нять]; (*include*) охватывать [охватить]

comprehen|sible [kɒmprɪ'hensəbl] понятный, постижимый; **~sion** [-ʃn] понимание; понятливость *f*; **~sive** [-sɪv] □ (*inclusive*) (все)объемлющий; исчерпывающий; *study* всесторонний

compress [kəm'pres] сж(им)ать; **~ed air** сжатый воздух

comprise [kəm'praɪz] состоять; заключать в себе

compromise ['kɒmprəmaɪz] **1.** компромисс; **2.** *v/t.* [с]компрометировать; *v/i.* пойти *pf.* на компромисс

compuls|ion [kəm'pʌlʃn] принуждение; **~ory** [-'pʌlsərɪ] *education*, *etc.* обязательный; принудительный

comput|e [kəm'pjuːt] вычислять [вычислить]; **~er** [-ə] компьютер

comrade ['kɒmreɪd] товарищ

con [kɒn] = **contra** против; **the pros and ~s** (голоса) за и против

conceal [kən'siːl] скры(ва)ть; утаивать [-ить], умалчивать [умолчать]

concede [kən'siːd] уступать [-пить]; (*allow*) допускать [-стить]

conceit [kən'siːt] самонадеянность, самомнение; **~ed** [-ɪd] самонадеянный

conceiv|able [kən'siːvəbl] мыслимый; постижимый; **it's hardly ~** вряд ли; **~e** [kən'siːv] *v/i.* представлять себе; *v/t.* задум(ыв)ать

concentrate ['kɒnsəntreɪt] сосредоточи(ва)ть(ся)

conception [kən'sepʃn] концепция; замысел; *biol.* зачатие

concern [kən'sɜːn] **1.** дело; (*anxiety*)

беспоко́йство; интере́с; *comm.* предприя́тие; ***what ~ is it of yours?*** како́е вам до э́того де́ло?; **2.** каса́ться [косну́ться] (Р); име́ть отноше́ние к (Д); ***~ o.s. about, with*** [за]интересова́ться, занима́ться [заня́ться] (Т); **~ed** [-d] □ заинтересо́ванный; име́ющий отноше́ние; озабо́ченный; **~ing** [-ɪŋ] *prp.* относи́тельно (Р)

concert ['kɒnsət] конце́рт; ***act in ~*** де́йствовать согласо́ванно

concerto [kən'tʃeətəʊ] конце́рт

concession [kən'seʃn] усту́пка; *econ.* конце́ссия; *in price* ски́дка

conciliat|e [kən'sɪlɪeɪt] примиря́ть [-ри́ть]; **~or** [~ə] посре́дник

concise [kən'saɪs] □ сжа́тый, кра́ткий; **~ness** [~nɪs] сжа́тость *f*, кра́ткость *f*

conclude [kən'klu:d] *agreement, etc.* заключа́ть [-чи́ть]; (*finish*) зака́нчивать [зако́нчить]; ***to be ~d*** оконча́ние сле́дует

conclusi|on [kən'klu:ʒn] оконча́ние; (*inference*) заключе́ние; вы́вод; ***draw a ~*** сде́лать *pf.* вы́вод; **~ve** [~sɪv] □ (*final*) заключи́тельный; (*convincing*) убеди́тельный

concoct [kən'kɒkt] [со]стря́пать (*a. fig.*); *fig.* приду́м(ыв)ать

concord ['kɒŋkɔ:d] (*agreement*) согла́сие

concrete ['kɒŋkri:t] **1.** конкре́тный; **2.** бето́н; **3.** [за]бетони́ровать

concur [kən'kɜ:] (*agree*) соглаша́ться [-ласи́ться]; (*coincide*) совпада́ть [-па́сть]

concussion [kən'kʌʃn]: сотрясе́ние мо́зга

condemn [kən'dem] осужда́ть [осуди́ть]; (*blame*) порица́ть; пригова́ривать [-вори́ть] (к Д); [за]бракова́ть; **~ation** [kɒndəm'neɪʃn] осужде́ние

condens|ation [kɒnden'seɪʃn] конденса́ция, сгуще́ние; **~e** [kən'dens] сгуща́ть(ся); *fig.* сокраща́ть [-рати́ть]

condescen|d [kɒndɪ'send] снисходи́ть [снизойти́]; **~sion** [~'senʃn] снисхожде́ние; снисходи́тельность *f*

condiment ['kɒndɪmənt] припра́ва

condition [kən'dɪʃn] **1.** усло́вие; (*sta*… состоя́ние; **~s** *pl.* (*circumstances*) с… стоя́тельства *n/pl.*; усло́вия *n/pl.*; … ***~ that*** при усло́вии, что; **2.** ста́вить у… ло́вия; обусло́вливать [-о́вить]; … [~əl] □ усло́вный

condol|e [kən'dəʊl] соболе́знова… (***with*** Д); **~ence** [~əns] соболе́знов… ние

condom ['kɒndəm] презервати́в, ко… до́м

condone [kən'dəʊn] проща́ть; (*ov*… *look*) смотре́ть сквозь па́льцы

conduct 1. ['kɒndʌkt] поведе́ние; … [kən'dʌkt] вести́ себя́; *affairs* руков… ди́ть; *mus.* дирижи́ровать; **~**… [kən'dʌktə] *mus.* дириже́р; *el.* прово… ни́к

cone [kəʊn] ко́нус; *bot.* ши́шка

confectionery [kən'fekʃənərɪ] конд… терские изде́лия *n/pl.*

confedera|te 1. [kən'fedərət] федер… ти́вный; **2.** [~] член конфедера́ци… сою́зник; (*accomplice*) соуча́стни… soо́бщник; **3.** [~reɪt] объединя́ться… сою́з; **~tion** [kənfedə'reɪʃn] конф… дера́ция

confer [kənfɜ:] *v/t.* (*award*) прису… да́ть [-уди́ть]; *v/i.* (*consult*) с… веща́ться; **~ence** ['kɒnfərəns] конф… ре́нция; совеща́ние

confess [kən'fes] призн(ав)а́ться, со… н(ав)а́ться в (П); **~ion** [~'feʃn] пр… зна́ние; *to a priest* и́споведь *f*; *cre*… *denomination* вероисповеда́ние

confide [kən'faɪd] доверя́ть (***in*** Д); (*e*… *trust*) вверя́ть [вве́рить]; (*trust*) пол… га́ться [положи́ться] (***in*** на В); **~n**… [kɒnfɪdəns] дове́рие; (*firm belie*… уве́ренность *f*; **~nt** ['kɒnfɪdənt] □ ув… ренный; **~ntial** [kɒnfɪ'denʃəl] конф… денциа́льный; секре́тный

configure [kən'fɪgə] *comput.* конф… гури́ровать

confine [kən'faɪn] ограни́чи(ва)ть; … *prison* заключа́ть [-чи́ть]; ***be ~d*** … *pregnant woman* рожа́ть [роди́т… **~ment** [~mənt] ограниче́ние; за… -люче́ние; ро́ды *m/pl.*

confirm [kən'fɜ:m] подтвержда́…

-рдить]; **~ed bachelor** убеждённый холостяк; **~ation** [kɒnfə'meɪʃn] подтверждение
nfiscat|e ['kɒnfɪskeɪt] конфисковать (*im*)*pf*.; **~ion** [ˌkɒnfɪ'skeɪʃn] конфискация
nflagration [kɒnflə'greɪʃn] бушующий пожар
nflict 1. ['kɒnflɪkt] конфликт, столкновение; **2.** [kən'flɪkt] быть в конфликте; *v/i*. противоречить
nfluence ['kɒnfluəns] *of rivers* слияние
nform [kən'fɔːm] согласовывать [-совать] (**to** с Т); (*obey*) подчиняться [-ниться] (**to** Д); *to standards etc.* удовлетворять [-рить], соответствовать; **~ity** [-ɪtɪ] соответствие; подчинение; **in ~ with** в соответствии с (Т)
nfound [kən'faʊnd] (*amaze*) поражать [поразить]; (*stump*) [по]ставить в тупик; (*confuse*) [с]путать; **~ it!** чёрт побери!
nfront [kən'frʌnt] стоять лицом к лицу с (Т)
nfus|e [kən'fjuːz] [с]путать; (*embarrass*) смущать [-утить]; **~ion** [kən'fjuːʒən] смущение; (*disorder*) беспорядок; **throw into ~** привести в замешательство
ngeal [kən'dʒiːl] засты́(ва́)ть
ngenial [kən'dʒiːnɪəl] □ близкий по духу, приятный; *climate* благоприятный
ngenital [kən'dʒenɪtl] врождённый
ngestion [kən'dʒestʃən] *traffic* перегруженность *f*; перенаселённость
nglomeration [kənglɒmə'reɪʃn] скопление, конгломерат
ngratulat|e [kən'grætʃʊleɪt] поздравлять [-авить] (**on** с Т); **~ion** [kəngrætʃʊ'leɪʃn] поздравление
ngregat|e ['kɒŋgrɪgeɪt] соб(и)рать(ся); **~ion** [kɒŋgrɪ'geɪʃn] *in Bitte church* собрание прихожан
ngress ['kɒŋgres] конгресс; съезд; **~man** *Am.* конгрессмен
ngruous ['kɒŋgrʊəs] □ (*fitting*) соответствующий; гармонирующий (**to** с Т)
conifer ['kɒnɪfə] дерево хвойной породы
conjecture [kən'dʒektʃə] **1.** догадка, предположение; **2.** предполагать [-ложить]
conjugal ['kɒndʒʊgl] супружеский
conjunction [kən'dʒʌŋkʃn] соединение; *gr.* союз; связь *f*; **in ~ with** совместно (с Т)
conjunctivitis [kəndʒʌŋktɪ'vaɪtɪs] конъюнктивит
conjur|e ['kʌndʒə] **~ up** *fig.* вызывать в воображении; *v/i.* показывать фокусы; **~er**, **~or** [-rə] фокусник
connect [kə'nekt] соединять(ся) [-нить(ся)]; (*link*) связывать(ся) [-зать(ся)]; *tel.* соединять [-нить]; **~ed** [-ɪd] □ связанный; **be ~ with** иметь связи (с Т); **~ion** [kə'nekʃn] связь *f*; соединение; **~s** связи; (*family*) родственники
connive [kə'naɪv]: **~ at** потворствовать (Д), попустительствовать
connoisseur [kɒnə'sɜː] знаток
conquer ['kɒŋkə] *country* завоёвывать [-оевать]; (*defeat*) побеждать [победить]; **~or** [-rə] победитель(-ница *f*) *m*; завоеватель *m*, -ница *f*
conquest ['kɒŋkwest] завоевание; победа
conscience ['kɒnʃəns] совесть *f*; **have a guilty ~** чувствовать угрызения совести
conscientious [kɒnʃɪ'enʃəs] □ добросовестный
conscious ['kɒnʃəs] □ *effort, etc.* сознательный; (*aware*) сознающий; **~ness** [-nɪs] сознание
conscript [kən'skrɪpt] призывник; **~ion** [kən'skrɪpʃn] воинская повинность *f*
consecrate ['kɒnsɪkreɪt] *a church, etc.* освящать [-ятить]
consecutive [kən'sekjʊtɪv] □ последовательный
consent [kən'sent] **1.** согласие; **2.** соглашаться [-ласиться]
consequen|ce ['kɒnsɪkwens] (по)следствие; (*importance*) важность *f*;

C

~t [-kwənt] обусло́вленный; (*subsequent*) после́дующий; ~tly [-kwəntlɪ] сле́довательно; поэ́тому
conserv|ation [kɒnsə'veɪʃn] сохране́ние; ***nature*** ~ охра́на приро́ды; ~**ative** [kən'sɜːvətɪv] **1.** □ консервати́вный; **2.** *pol.* консерва́тор; ~**atory** [-trɪ] оранжере́я; *mus.* консервато́рия; ~**e** [kən'sɜːv] сохраня́ть [-ни́ть]
consider [kən'sɪdə] *v/t.* обсужда́ть [-уди́ть]; (*think over*) обду́м(ыв)ать; (*regard*) полага́ть, счита́ть; (*take into account*) счита́ться с (Т); ~**able** [-rəbl] □ значи́тельный; большо́й; ~**ate** [-rət] внима́тельный (к Д); ~**ation** [kənsɪdə'reɪʃn] обсужде́ние; факт; соображе́ние; внима́ние; ***take into*** ~ принима́ть во внима́ние, учи́тывать; ~**ing** [kən'sɪdərɪŋ] *prp.* учи́тывая (В), принима́я во внима́ние (В)
consign [kən'saɪn] перед(ав)а́ть; поруча́ть [-чи́ть]; *comm.* пос(ы)ла́ть (груз) по а́дресу; ~**ee** [kɒnsaɪ'niː] грузополуча́тель, адреса́т гру́за; ~**ment** [-mənt] груз, па́ртия това́ров
consist [kən'sɪst] состоя́ть (***of*** из Р); заключа́ться (***in*** в П); ~**ence**, ~**ency** [-əns, -ənsɪ] логи́чность *f*, конси́сте́нция *f*; ~**ent** [-ənt] □ после́довательный; согласу́ющийся (***with*** с Т)
consol|ation [kɒnsə'leɪʃn] утеше́ние; ~**e** [kən'səʊl] утеша́ть [уте́шить]
consolidate [kən'sɒlɪdeɪt] *position, etc.* укрепля́ть [-пи́ть]; (*unite*) объединя́ть(ся) [-ни́ть(ся)]; *comm.* слива́ться [-и́ться]
consonant ['kɒnsənənt] □ (*in accord*) согла́сный, созву́чный
conspicuous [kən'spɪkjʊəs] □ заме́тный, броса́ющийся в глаза́
conspir|acy [kən'spɪrəsɪ] за́говор; ~**ator** [-tə] загово́рщик *m*, -ица *f*; ~**e** [kən'spaɪə] устра́ивать за́говор; сгова́риваться [сговори́ться]
constable ['kʌnstəbl] *hist.* консте́бль *m*; (*policeman*) полице́йский
constan|cy ['kɒnstənsɪ] постоя́нство; (*faithfulness*) ве́рность *f*; ~**t** [-stənt] □ постоя́нный; ве́рный
consternation [kɒnstə'neɪʃn] смяте́ние; замеша́тельство (*от стра́ха*
constipation [kɒnstɪ'peɪʃn] запо́р
constituen|cy [kən'stɪtjʊənsɪ] изб рательный о́круг; (*voters*) избира ли *m/pl.*; ~**t** [-ənt] **1.** (*part*) составн *pol.* учреди́тельный; **2.** избира́те *m*; составна́я часть *f*
constitut|e ['kɒnstɪtjuːt] (*make u* составля́ть [-а́вить]; (*establish*) осн вывать [-нова́ть]; ~**ion** [kɒnstɪ'tjuː (*makeup*) строе́ние; конститу́ц учрежде́ние; физи́ческое *or* душе ное здоро́вье; ~**ional** [-ʃənl] □ конст туцио́нный; *of body* органи́ческий
constrain [kən'streɪn] принужда́ [-нуди́ть]; вынужда́ть [вы́нудит (*limit*) сде́рживать [-жа́ть]; ~**t** [-t] пр нужде́ние; вы́нужденность *f*; *of fe ings* ско́ванность *f*
constrict [kən'strɪkt] стя́гива [стяну́ть]; сж(им)а́ть; ~**ion** [-k сжа́тие; стя́гивание
construct [kən'strʌkt] [по]стро́и сооружа́ть [-уди́ть]; *fig.* созд(ав)а́ ~**ion** [-kʃn] строи́тельство, стро́й (*building, etc.*) строе́ние; ~ ***site*** стро ка; ~**ive** [-tɪv] конструкти́вный
construe [kən'struː] истолко́выва [-кова́ть]
consul ['kɒnsl] ко́нсул; ~ ***general*** ген ра́льный ко́нсул; ~**ate** ['kɒnsjʊl ко́нсульство
consult [kən'sʌlt] *v/t.* спра́шивать с ве́та у (Р); *v/i.* [про]консульти́р ваться, совеща́ться; ~ ***a doctor*** пой на консульта́цию к врачу́; ~**ant** [-ə консульта́нт; ~**ation** [kɒnsl'teɪʃn] *sp cialist advice and advice bureau* ко сульта́ция, конси́лиум (враче́й)
consum|e [kən'sjuːm] *v/t.* съеда́ [съесть]; (*use*) потребля́ть [-би́т [из]расхо́довать; ~**er** [-ə] потреб тель *m*; ~ ***goods*** потреби́тельские т ва́ры
consummate [kən'sʌmɪt] □ сове ше́нный, зако́нченный
consumption [kən'sʌmpʃn] потр бле́ние, расхо́д; *med.* туберкул лёгких
contact ['kɒntækt] конта́кт (*a. fig*

business ~s деловы́е свя́зи
ntagious [kən'teɪdʒəs] □ зара́зный, инфекцио́нный
ntain [kən'teɪn] содержа́ть (в себе́), змеща́ть [-ести́ть]; ~ *o.s.* сде́рживаться [-жа́ться]; ~er [~ə] конте́йнер
ntaminat|e [kən'tæmɪneɪt] *water, etc.* загрязня́ть [-ни́ть]; заража́ть заразить]; *fig.* ока́зывать [-за́ть] па́губное влия́ние; ~ion [kəntæmɪneɪʃn]: **radioactive ~** радиоакти́вное загрязне́ние
ntemplat|e ['kɒntəmpleɪt] обду́м(ыв)ать; ~ion [kɒntem'pleɪʃn] созерца́ние; размышле́ние
ntempora|neous [kəntempə'reɪnɪəs] □ совпада́ющий по вре́мени, одновреме́нный; ~ry [kən'tempərərɪ] 1. совреме́нный; 2. совреме́нник *m*, ица *f*
ntempt [kən'tempt] презре́ние (**for** к Д); ~ible [~əbl] □ презре́нный; ~uous [~ʃuəs] □ презри́тельный
ntend [kən'tend] *v/i.* боро́ться; сопе́рничать; *v/t.* утвержда́ть
ntent [kən'tent] 1. дово́льный; 2. удовлетворя́ть [-ри́ть]; 3. удовлетворе́ние; **to one's heart's ~** вво́лю; 4. 'kɒntent] содержа́ние; **table of ~s** оглавле́ние; ~ed [kən'tentɪd] □ дово́льный, удовлетворённый
ntention [kən'tenʃn] *dissension* спор, ссо́ра; *assertion* утвержде́ние
ntentment [kən'tentmənt] удовлетворённость *f*
ntest 1. ['kɒntest] ко́нкурс; *sport* соревнова́ние; 2. [kən'test] оспа́ривать оспо́рить]; *one's rights, etc.* отста́ивать [отстоя́ть]; (*struggle*) боро́ться за В); ~ant уча́стник (-ица) состяза́ния
ntext ['kɒntekst] конте́кст
ntinent ['kɒntɪnənt] матери́к, контине́нт; **the** ♀ *Brt.* (материко́вая) Евро́па
ntingen|cy [kən'tɪndʒənsɪ] случа́йность *f*; непредви́денное обстоя́тельство; **be prepared for every** ~ быть гото́вым ко вся́ким случа́йностям; ~t [~dʒənt] □ 1. случа́йный, непредви́денный; 2. гру́ппа; *mil.* континге́нт
continu|al [kən'tɪnjuəl] □ непреры́вный, беспреста́нный; ~ation [kəntɪnju'eɪʃn] продолже́ние; ~e [kən'tɪnju:] *v/t.* продолжа́ть [-до́лжить]; **to be ~d** продолже́ние сле́дует; *v/i.* продолжа́ться [-до́лжиться]; *of forest, road, etc.* простира́ться, тяну́ться; ~ity [kɒntɪ'nju:ətɪ] непреры́вность *f*; ~ous [kən'tɪnjuəs] □ непреры́вный; (*unbroken*) сплошно́й
contort [kən'tɔ:t] *of face* искажа́ть [искази́ть]
contour ['kɒntuə] ко́нтур, очерта́ние
contraband ['kɒntrəbænd] контраба́нда
contraceptive [kɒntrə'septɪv] противозача́точное сре́дство
contract 1. [kən'trækt] *v/t. muscle* сокраща́ть [-рати́ть]; *alliance* заключа́ть [-чи́ть]; *v/i.* сокраща́ться [-рати́ться]; *of metal* сж(им)а́ть(ся); 2. ['kɒntrækt] контра́кт, догово́р; ~ion [~ʃən] сжа́тие; сокраще́ние; ~or [~tə] подря́дчик
contradict [kɒntrə'dɪkt] противоре́чить (Д); ~ion [~kʃn] противоре́чие; ~ory [~tərɪ] □ противоречи́вый
contrary ['kɒntrərɪ] 1. противополо́жный; *person* упря́мый; ~ **to** *prp.* вопреки́ (Д); 2. обра́тное; **on the ~** наоборо́т
contrast 1. ['kɒntrɑ:st] противополо́жность *f*; контра́ст; 2. [kən'trɑ:st] *v/t.* сопоставля́ть [-а́вить], сра́внивать [-ни́ть]; *v/i.* отлича́ться от (Р); контрасти́ровать с (Т)
contribut|e [kən'trɪbju:t] (*donate*) [по]же́ртвовать; *to a newspaper, etc.* сотру́дничать (**to** в П); ~ion [kɒntrɪ'bju:ʃn] вклад; взнос; ~or [kən'trɪbjutə] а́втор; же́ртвователь
contriv|ance [kən'traɪvəns] вы́думка; *mechanism, etc.* приспособле́ние; ~e [kən'traɪv] *v/t.* (*invent*) приду́м(ывать); (*scheme*) затева́ть [-е́ять]; *v/i.* ухитря́ться [-ри́ться]; умудря́ться [-ри́ться]

C

control [kən'trəʊl] **1.** управлéние (*a. tech.*), регули́рование; контрóль *m*; **~ desk** пульт управлéния; **lose ~ of o.s.** потеря́ть самообладáние; **under ~** в поря́дке; **2.** управля́ть (T); [про-]контроли́ровать (*im*)*pf*.; *feelings, etc.* сдéрживать [-жáть]; **~ler** [~ə] контролёр, инспéктор; *ae., rail.* диспéтчер

controver|sial [kɒntrə'vɜːʃl] □ спóрный; **~sy** ['kɒntrəvɜːsɪ] спор, полéмика

convalesce [kɒnvə'les] выздорáвливать *impf*.; **~nce** [~ns] выздоровлéние; **~nt** [~nt] □ выздорáвливающий

convene [kən'viːn] *meeting, etc.* со-з(ы)вáть; (*come together*) соб(и)-рáть(ся)

convenien|ce [kən'viːnɪəns] удóбство; **at your earliest ~** как тóлько вы смóжете; **public ~** *euph.* убóрная; **~t** [~ɪənt] □ удóбный

convent ['kɒnvənt] монасты́рь *m*; **~ion** [kən'venʃn] съезд; (*agreement*) конвéнция, соглашéние; (*custom*) обы́чай, услóвность *f*

converge [kən'vɜːdʒ] сходи́ться [сойти́сь] (в однý тóчку)

convers|ation [kɒnvə'seɪʃn] разговóр, бесéда; **~ational** [~ʃənl] разговóрный; **~e** [kən'vɜːs] разговáривать, бесéдовать; **~ion** [kən'vɜːʃn] превращéние; *eccl., etc.* обращéние; *el.* преобразовáние; *stocks, etc.* конвéрсия

convert [kən'vɜːt] превращáть [-ати́ть]; *el.* преобразóвывать [-вáть]; *fin.* конверти́ровать; *eccl., etc.* обращáть [-рати́ть] (в другýю вéру); **~ible** [~əbl]: **~ currency** конверти́руемая валю́та

convey [kən'veɪ] *goods* перевози́ть [-везти́], переправля́ть [-прáвить]; *greetings, electricity, etc.* перед(а-в)áть; **~ance** [~əns] перевóзка; достáвка; трáнспортное срéдство; **~or** [~ə] (**~ belt**) конвéйер

convict 1. ['kɒnvɪkt] осуждённый; **2.** [kən'vɪkt] признавáть винóвным; **~ion** [kən'vɪkʃn] *law* осуждéние; (*firm belief*) убеждéние

convinc|e [kən'vɪns] убеждáть [убеди́ть] (**of** в П); **~ing** [~ɪŋ] убеди́тельный

convoy ['kɒnvɔɪ] *naut.* конвóй; сопровождéние

convuls|e [kən'vʌls] содрогáть [-гнýться]; **be ~d with laughter** смея́ться до упáду; **her face was ~d with pain** её лицó искази́лось от бóли; **~ion** [~ʃn] *of ground* колебáние; *muscles* сýдорога; **~ive** [~sɪv] сýдорожный

coo [kuː] ворковáть

cook [kʊk] **1.** пóвар; **2.** [при]гото́вить едý; **~ery** ['kʊkərɪ] кулинáрия; приготовлéние еды́; **~ie, ~y** ['kʊkɪ] *Am.* печéнье

cool [kuːl] **1.** прохлáдный; *fig.* хладнокрóвный; (*imperturbable*) невозмути́мый; *pej.* дéрзкий, нахáльный; **keep ~!** не горячи́сь!; **2.** прохлáда; **3.** охлаждáть(ся) [охлади́ть(ся)]; осты́(вá)ть; **~headed** [kuːl'hedɪd] □ хладнокрóвный

coolness ['kuːlnɪs] холодóк; прохлáда; хладнокрóвие

coop [kuːp] **~ up** *или* **in** держáть взаперти́

cooperat|e [kəʊ'ɒpəreɪt] сотрýдничать; **~ion** [kəʊɒpə'reɪʃn] сотрýдничество; **~ive** [kəʊ'ɒpərətɪv] кооперати́вный; **~ society** кооперати́в

coordinat|e [kəʊ'ɔːdɪneɪt] координи́ровать (*im*)*pf*.; согласóвывать [-овáть]; **~ion** [kəʊɔːdɪ'neɪʃn] координáция

cope [kəʊp]: **~ with** справля́ться [-áвиться] с (T)

copier ['kɒpɪə] копировáльный аппарáт

copious ['kəʊpɪəs] □ оби́льный

copper ['kɒpə] **1.** медь *f*; (*coin*) мéдная монéта; **2.** мéдный

copy ['kɒpɪ] **1.** кóпия; (*single example*) экземпля́р; **2.** переписывать [-сáть]; снимáть [снять] кóпию с (P); **~book** тетрáдь *f*; **~right** áвторское прáво

coral ['kɒrəl] корáлл

cord [kɔːd] **1.** верёвка, шнур; **vocal ~s** голосовы́е свя́зки; **2.** свя́зывать

-зáть] верёвкой
rdial ['kɔːdɪəl] **1.** □ сердéчный, ис-
:ренний; **2.** стимули́рующий напи́-
:ок; **~ity** [kɔːdɪ'ælətɪ] сердéчность *f*;
радýшие
rdon ['kɔːdn] **1.** кордóн; **2.** **~ *off*** от-
горáживать [-роди́ть]
rduroy ['kɔːdərɔɪ] вельвéт в
рýбчик; **~s** *pl.* вельвéтовые брю́ки
n/pl.
re [kɔː] сердцеви́на; *fig.* суть *f*; ***to the***
~ fig. до мóзга костéй
rk [kɔːk] **1.** прóбка; **2.** затыкáть
прóбкой; **'~screw** штóпор
rn[1] [kɔːn] зернó; хлебá *m/pl.*; *Am.*,
naize кукурýза
rn[2] [~] *on a toe* мозóль
rner ['kɔːnə] **1.** ýгол; **2.** *fig.* загнáть
f. в ýгол; приперéть *pf.* к стенé
rnflakes корнфлéкс; кукурýзные
хлóпья
rnice ['kɔːnɪs] *arch.* карни́з
ronary ['kɒrənərɪ] коронáрный; *su.*
oll. инфáркт
ronation [kɒrə'neɪʃn] коронáция
rpor|al ['kɔːpərəl] **1.** □ телéсный; **2.**
nil. approx. ефрéйтор; **~ation** [kɔː-
pə'reɪʃn] корпорáция
rps [kɔː]: ***diplomatic ~*** диплома-
ти́ческий кóрпус
rpse [kɔːps] труп
rpulen|ce ['kɔːpjʊləns] тýчность *f*;
~t [-lənt] тýчный
rrect [kə'rekt] **1.** □ прáвильный,
вéрный, тóчный; (*proper*) коррéкт-
ный; **2.** *v/t.* исправля́ть [-áвить], кор-
ректи́ровать; *manuscript* прáвить;
~ion [kə'rekʃn] (*act of correcting*) ис-
правлéние; (*the correction made*) по-
прáвка
rrelat|e ['kɒrəleɪt] устанáвливать
соотношéние; **~ion** [kɒrə'leɪʃn] соотношéние, взаимосвя́зь *f*
rrespond [kɒrɪ'spɒnd] соотвéтствовать (***with, to*** Д); *by letter* перепи́-
сываться (с Т); **~ence** [~əns] соот-
вéтствие, перепи́ска; **~ent** [~ənt] **1.**
соотвéтствующий; **2.** корреспондéнт
m, -ка *f*; **~ing** [~ɪŋ] □ соотвéтствующий (Д)

corridor ['kɒrɪdɔː] коридóр
corroborate [kə'rɒbəreɪt] подтверждáть [-рди́ть]
corro|de [kə'rəʊd] разъедáть [-éсть];
[за]ржавéть; **~sion** [kə'rəʊʒn] коррó-
зия, ржáвчина; **~sive** [~sɪv] **1.** корро-
зи́онный; **2.** разъедáющее веществó
corrugated ['kɒrəgeɪtɪd]: ***~ iron***
рифлёное желéзо
corrupt [kə'rʌpt] **1.** □ коррумпи́ро-
ванный, продáжный; (*containing mistakes*) искажённый; (*depraved*)
развращённый; **2.** *v/t.* искажáть
[-зи́ть]; развращáть [-рати́ть]; подку-
пáть [-пи́ть]; *v/i.* [ис]пóртиться; иска-
жáться [-зи́ться]; **~ion** [~pʃn] искажé-
ние; коррýпция, продáжность *f*, раз-
вращённость *f*
corset ['kɔːsɪt] корсéт
cosmetic [kɒz'metɪk] **1.** косме-
ти́ческий; **2.** *pl.* космéтика
cosmic ['kɒzmɪk] косми́ческий
cosmonaut ['kɒzmənɔːt] космонáвт
cosmos ['kɒzmɒs] кóсмос
cost [kɒst] **1.** ценá, стóимость *f*; *pl.*
расхóды, издéржки; ***~ effectiveness***
рентáбельность *f*; **2.** [*irr.*] стóить
costly ['kɒstlɪ] дорогóй, цéнный
costume ['kɒstjuːm] костю́м; ***~ jewel(-le)ry*** бижутéрия
cosy ['kəʊzɪ] □ ую́тный
cot [kɒt] дéтская кровáть
cottage ['kɒtɪdʒ] коттéдж, неболь-
шóй дом (*обычно в деревне*); *Am.*
лéтняя дáча; ***~ cheese*** твóрог
cotton ['kɒtn] **1.** хлóпок; хлоп-
чатобумáжная ткань; (*thread*) ни́тки;
2. хлопчатобумáжный; ***~ wool*** вáта;
3.: ***~ on*** *coll.* понимáть [-ня́ть]
couch [kaʊtʃ] дивáн, *Brt.* кушéтка
cough [kɒf] **1.** кáшель *m*; ***a bad ~*** си́ль-
ный кáшель; **2.** кáшлять [кáшля-
нуть]
could [kəd; *strong* kʊd] *pt. om* ***can***
council ['kaʊnsl] совéт; ***Security ~*** Совéт Безопáсности; ***town ~*** городскóй
совéт, муниципалитéт; **~(l)or** [~sələ]
член совéта
counsel ['kaʊnsl] **1.** совéт, совещáние;
law адвокáт; ***~ for the prosecution*** об-

вини́тель *m*; **2.** дава́ть сове́т (Д); **~(l)or** [-ələ] *dipl., pol.* сове́тник

count[1] [kaʊnt] **1.** счёт; (*counting up*) подсчёт; **2.** *v/t.* [со]счита́ть; подсчи́тывать [-ита́ть]; (*include*) включа́ть [-чи́ть]; *v/i.* счита́ться; (*be of account*) име́ть значе́ние

count[2] [~] граф

countenance ['kaʊntənəns] **1.** лицо́; выраже́ние лица́; (*support*) подде́ржка; ***lose ~*** потеря́ть самооблада́ние; **2.** подде́рживать [-жа́ть], поощря́ть [-ри́ть]

counter[1] ['kaʊntə] прила́вок; *in bar, bank* сто́йка; *tech.* счётчик

counter[2] [~] **1.** противополо́жный (***to*** Д); встре́чный; **2.** *adv.* обра́тно; напро́тив; **3.** [вос]проти́виться (Д); *a blow* наноси́ть встре́чный уда́р

counteract [kaʊntər'ækt] противоде́йствовать (Д); нейтрализова́ть (*im*)*pf.*

counterbalance **1.** ['kaʊntəbæləns] *mst. fig.* противове́с; **2.** [kaʊntə'bæləns] уравнове́шивать [-ве́сить]; служи́ть противове́сом (Д)

counterespionage [kaʊntər'espɪənɑːʒ] контрразве́дка

counterfeit ['kaʊntəfɪt] **1.** подде́льный; **2.** подде́лка; **3.** подде́л(ыв)ать

counterfoil ['kaʊntəfɔɪl] корешо́к (биле́та, квита́нции)

countermand [kaʊntə'mɑːnd] *order* отменя́ть [-ни́ть]

countermove ['kaʊntəmuːv] *fig.* отве́тная ме́ра, контруда́р

counterpane ['kaʊntəpeɪn] покрыва́ло

counterpart ['kaʊntəpɑːt] представи́тель друго́й стороны́ (*занцмающий тот же пост, должность и т.д*); ***the English MPs met their Russian ~s*** англи́йские парламента́рии встре́тились со свои́ми ру́сскими колле́гами

countersign ['kaʊntəsaɪn] *v/t.* [по]ста́вить втору́ю по́дпись (на П)

countess ['kaʊntɪs] графи́ня

countless ['kaʊntlɪs] бесчи́сленный, несчётный

country ['kʌntrɪ] **1.** страна́; ме́стнос[ть] *f*; ***go to the ~*** пое́хать за́ город; ***live*** [***in***] ***the ~*** жить в се́льской ме́стности; [**2.**] дереве́нский; **~man** [-mən] се́льск[ий] жи́тель; земля́к, сооте́чественн[ик]; **~side** [-saɪd] се́льская ме́стность *f*

county ['kaʊntɪ] гра́фство; *Am.* о́кр[уг]

coup [kuː] уда́чный ход (*удар и т.*[*д.*])

couple ['kʌpl] **1.** па́ра; **2.** соединя́[ть] [-ни́ть]; *zo.* спа́риваться

coupling ['kʌplɪŋ] *tech.* му́фта сце[п]ле́ния

coupon ['kuːpɒn] купо́н, тало́н

courage ['kʌrɪdʒ] му́жество, см[е]лость *f*, хра́брость *f*, отва́га; ***plu[ck]*** ***up one's ~*** набра́ться *pf.* хра́брост[и]; **~ous** [kə'reɪdʒəs] □ му́жественн[ый], сме́лый, хра́брый

courier ['kʊrɪə] курье́р, на́рочный

course [kɔːs] (*direction*) направле́н[ие], курс; *of events* ход; *of river* тече́н[ие]; (*food*) блю́до; ***of ~*** коне́чно; ***in the*** [***course***] ***of*** в тече́ние

court [kɔːt] **1.** двор (*a. fig.*); (*law ~*) с[уд]; *sport* площа́дка; ***tennis ~*** те́ннисн[ый] корт; **2.** (*woo*) уха́живать за (Т); (*se[ek]* *favo*[*u*]*r of*) иска́ть расположе́н[ия] (Р); **~eous** ['kɜːtɪəs] □ ве́жливы[й], учти́вый; **~esy** ['kɜːtəsɪ] учти́вос[ть] *f*, ве́жливость *f*; **~ martial** *mil.* **1.** вое́[н]ный трибуна́л; **2.** суди́ть вое́нн[ым] трибуна́лом; **~ship** ['-ʃɪp] уха́жи[ва]ние; **~yard** двор

cousin ['kʌzn] *male* кузе́н, двою́ро[д]ный брат; *female* кузи́на, двою́ро[д]ная сестра́

cove [kəʊv] (ма́ленькая) бу́хта

cover ['kʌvə] **1.** (*lid, top*) кры́шка; [*of*] *bed, etc.* покрыва́ло; *of book* обло́[ж]ка; (*shelter*) укры́тие; *fig.* покро́[в]; ***send under separate ~*** посла́ть в [от]де́льном письме́, паке́те; **2.** покры[-]ва́)ть (*a. comm.*); прикры́(ва́)ть; (*a[lso]* ***up***) скры́(ва́)ть; **~ing** [-rɪŋ]: ***~ letter*** [со]проводи́тельное письмо́

coverage ['kʌvərɪdʒ] репорта́ж; [о]ва́т

covert ['kʌvət] □ скры́тый, та́йны[й]

covet ['kʌvɪt] жа́ждать (Р); **~ous** [-ə...] □ жа́дный, а́лчный; скупо́й

ow[1] [kaʊ] коро́ва
ow[2] [~] запу́гивать [-га́ть]; терроризова́ть (*im*)*pf*.
oward ['kaʊəd] трус *m*, -и́ха *f*; **~ice** [~ɪs] тру́сость *f*; малоду́шие; **~ly** [~lɪ] трусли́вый
owboy ['kaʊbɔɪ] *Am*. ковбо́й
ower ['kaʊə] съёжи(ва)ться
owl [kaʊl] капюшо́н
oy [kɔɪ] □ засте́нчивый
ozy ['kəʊzɪ] ую́тный
ab[1] [kræb] *zo*. краб
ab[2] [~] *bot*. ди́кая я́блоня; *coll*. ворчу́н
ack [kræk] **1.** (*noise*) треск; тре́щина; щель *f*; рассе́лина; *coll*. (*blow*) уда́р; *Am*. саркасти́ческое замеча́ние; ***at the ~ of dawn*** на заре́; **2.** *coll*. первокла́ссный; **3.** *v/t*. раска́лывать [-коло́ть], коло́ть; ***~ a joke*** отпусти́ть шу́тку; *v/i*. производи́ть треск, шум; [по]тре́скаться; раска́лываться [-коло́ться]; *of voice* лома́ться; **~ed** [~t] тре́снувший; *coll*. вы́живший из ума́; **~er** ['~ə] хлопу́шка; *Am*. кре́кер; **~le** ['~l] потре́скивание, треск
adle ['kreɪdl] **1.** колыбе́ль *f*; *fig*. нача́ло; младе́нчество; **2.** бе́режно держа́ть в рука́х (как ребёнка)
aft [krɑːft] (*skill*) ло́вкость *f*, сноро́вка; (*trade*) ремесло́; (*boat*) су́дно (*pl*. суда́); **~sman** ['~smən] ма́стер; **~y** ['~ɪ] ло́вкий, хи́трый
ag [kræg] скала́, утёс; **~gy** ['~ɪ] скали́стый
am [kræm] набива́ть [-би́ть]; впи́хивать [-хну́ть]; [на]пи́чкать; *coll*. [за]зубри́ть
amp [kræmp] **1.** су́дорога; **2.** (*hamper*) стесня́ть [-ни́ть]; (*limit*) су́живать [су́зить]
anberry ['krænbərɪ] клю́ква
ane [kreɪn] **1.** *bird* жура́вль *m*; *tech*. подъёмный кран; **2.** поднима́ть кра́ном; *neck* вытя́гивать [вы́тянуть] ше́ю
ank [kræŋk] **1.** *mot*. заводна́я ру́чка; *coll*. *person* челове́к с причу́дами; **2.** заводи́ть [-вести́] ру́чкой (автомаши́ну); **~shaft** *tech*. коле́нчатый вал; **~y** ['~ɪ] капри́зный; эксцентри́чный
cranny ['krænɪ] щель *f*; тре́щина
crape [kreɪp] креп
crash [kræʃ] **1.** гро́хот, гром; *ae*. ава́рия; *rail*. круше́ние; *fin*. крах; **2.** па́дать, ру́шиться с тре́ском; разби́(ва́)ться (*a. ae.*); *ae*. потерпе́ть *pf*. ава́рию; **~ helmet** защи́тный шлем; **~ landing** авари́йная поса́дка
crater ['kreɪtə] кра́тер; *mil*. воро́нка
crave [kreɪv] стра́стно жела́ть, жа́ждать (***for*** Р)
crawl [krɔːl] **1.** по́лзание; *swimming* кроль; **2.** по́лзать, [по]ползти́; *fig*. пресмыка́ться
crayfish ['kreɪfɪʃ] рак
crayon ['kreɪən] цветно́й каранда́ш; пасте́ль *f*, рису́нок пасте́лью *или* цветны́м карандашо́м
craz|e [kreɪz] **1.** *coll*. ма́ния, пова́льное увлече́ние; ***be the ~*** быть в мо́де; **2.** своди́ть с ума́; **~y** ['kreɪzɪ] □ поме́шанный; *plan, etc*. безу́мный; ***be ~ about*** быть поме́шанным (на П)
creak [kriːk] **1.** скрип; **2.** [за]скрипе́ть
cream [kriːm] **1.** сли́вки *f/pl*.; крем; (*the best part*) са́мое лу́чшее; ***shoe ~*** крем для о́буви; ***sour ~*** смета́на; ***whipped ~*** взби́тые сли́вки; **2.** снима́ть сли́вки с (Р); **~y** ['kriːmɪ] □ (*containing cream*) сли́вочный
crease [kriːs] **1.** скла́дка; (*on paper*) сгиб; **2.** [по]мя́ть(ся); загиба́ть [загну́ть]; **~-proof** немну́щийся
creat|e [kriːˈeɪt] [со]твори́ть; созд(ав)а́ть; **~ion** [~ˈeɪʃn] созда́ние; (со)творе́ние; **~ive** [~ɪv] тво́рческий; **~or** [~ə] созда́тель *m*, творе́ц; **~ure** ['kriːtʃə] созда́ние, существо́
creden|ce ['kriːdns] ве́ра, дове́рие; **~tials** [krɪˈdenʃlz] *pl*. *dipl*. вери́тельные гра́моты *f/pl*.; удостовере́ние
credible ['kredəbl] □ заслу́живающий дове́рия; *story* правдоподо́бный; ***it's hardly ~ that*** маловероя́тно, что
credit ['kredɪt] **1.** дове́рие; хоро́шая репута́ция; *fin*. креди́т; **2.** ве́рить, доверя́ть (Д); *fin*. кредитова́ть (*im*)*pf*.; **~ *s.o. with s.th.*** счита́ть, что; **~able**

C

['-əbl] □ похва́льный; **~ card** креди́тная ка́рточка; **~or** [-ə] кредито́р; **~worthy** кредитоспосо́бный
credulous ['kredjʊləs] □ легкове́рный, дове́рчивый
creek [kri:k] бу́хта, небольшо́й зали́в; *Am.* руче́й
creep [kri:p] [*irr.*] по́лзать, [по]ползти́; *of plants* стла́ться, ви́ться; (*stealthily*) кра́сться; *fig.* **~ in** вкра́дываться [вкра́сться]; **~er** ['-ə] выо́щееся расте́ние
cremate [krə'meɪt] креми́ровать
crept [krept] *pt.* и *pt. p. от* ***creep***
crescent ['kresnt] полуме́сяц
crest [krest] *of wave, hill* гре́бень *m*; **~fallen** ['krestfɔ:lən] упа́вший ду́хом; уны́лый
crevasse [krɪ'væs] рассе́лина
crevice ['krevɪs] щель *f*, расще́лина, тре́щина
crew[1] [kru:] *of train* брига́да; *naut., ae.* экипа́ж, *mil.* кома́нда
crew[2] [-] *chiefly Brt. pt. от* ***crow***
crib [krɪb] *Am.* де́тская крова́тка; *educ.* шпарга́лка
cricket[1] ['krɪkɪt] *zo.* сверчо́к
cricket[2] [-] *game* крике́т; *coll.* ***not ~*** не по пра́вилам, нече́стно
crime [kraɪm] преступле́ние
criminal ['krɪmɪnl] **1.** престу́пник; **2.** престу́пный; кримина́льный, уголо́вный; ***~ code*** уголо́вный ко́декс
crimson ['krɪmzn] **1.** багро́вый, мали́новый; **2.** [по]красне́ть
cringe [krɪndʒ] пресмыка́ться
crinkle ['krɪŋkl] **1.** скла́дка; морщи́на; **2.** [с]мо́рщиться; [по]мя́ться
cripple ['krɪpl] **1.** кале́ка *m/f*, инвали́д; **2.** [ис]кале́чить, [из]уро́довать; *fig.* парализова́ть (*im*)*pf.*
crisis ['kraɪsɪs] кри́зис
crisp [krɪsp] **1.** *having curls* кудря́вый; *snow, etc.* хрустя́щий; *air* бодря́щий; **2.** ***potato ~s*** хрустя́щий карто́фель
crisscross ['krɪskrɒs] **1.** *adv.* крестна́крест, вкось; **2.** перечёркивать крест-на́крест; ***~ed with roads*** покры́тый се́тью доро́г
criteri|on [kraɪ'tɪərɪən], *pl.* **~a** [-rɪə] крите́рий, мери́ло
criti|c ['krɪtɪk] кри́тик; **~cal** ['krɪtɪ… крити́ческий; **~cism** [-sɪzəm], **~q…** ['krɪti:k] кри́тика; реце́нзия; **~ci…** ['krɪtɪsaɪz] [рас]критикова́ть; (*jud… severely*) осужда́ть [осуди́ть]
croak [krəʊk] [за]ка́ркать; [за]кв… кать
Croat ['krəʊæt] хорва́т, хорва́тка; **~i…** [krəʊ'eɪʃən] хорва́тский
crochet ['krəʊʃeɪ] **1.** вяза́н… (крючко́м); **2.** вяза́ть
crock [krɒk] гли́няный горшо́к; **~e…** ['krɒkərɪ] гли́няная/фая́нсовая по… да
crony ['krəʊnɪ] *coll.* закады́чный др…
crook [krʊk] **1.** (*bend*) поворо́т; изги́… *sl.* моше́нник; **2.** сгиба́ть(ся) [с… гну́ть(ся)]; **~ed** ['krʊkɪd] изо́гнуть… криво́й; *coll.* нече́стный
croon [kru:n] напева́ть вполго́лоса
crop [krɒp] **1.** урожа́й; посе́вы *m/pl.* ***failure*** неурожа́й; **2.** (*bear a crop*) ур… ди́ться; *hair* подстрига́ть [-ри́чь]; **~…** возника́ть [-и́кнуть]; обнару́житьс…
cross [krɒs] **1.** крест; **2.** □ (*transver…* попере́чный; *fig.* серди́тый; **3.** … *arms, etc.* скре́щивать [-ести́ть]; (… *across*) переходи́ть [перейти́], пере… жа́ть [перее́хать]; *fig.* противоде́йс… вовать (Д); пере́чить; **~ *o.s.*** [пер… крести́ться; *v/i. of mail* размину́ть… *pf.*; **~-bar** попере́чина; **~breed** по́ме… *f*; (*plant*) гибри́д; **~-eyed** косогла́зы… **~ing** ['krɒsɪŋ] перекрёсток; перепр… ва; перехо́д; **~roads** *pl. или sg.* пер… крёсток; **~ section** попере́чное сеч… ние; **~wise** поперёк; крестна́кре… **~word puzzle** кроссво́рд
crotchet ['krɒtʃɪt] *mus.* четвертн… но́та; *caprice* фанта́зия
crouch [kraʊtʃ] нагиба́ться [н… гну́ться]
crow [krəʊ] **1.** воро́на; пе́ние петуха́; кукаре́кать; **~bar** лом
crowd [kraʊd] **1.** толпа́; (*large numbe…* мно́жество, ма́сса; *coll.* толкотн… да́вка; *coll.* компа́ния; **2.** собира́ть… толпо́й, толпи́ться; набива́ться би… ко́м

own [kraʊn] **1.** коро́на; *fig.* вене́ц; *of ree* кро́на; *of head* маку́шка; **2.** коро-ова́ть (*im*)*pf.*; *fig.* увенча́ть(ся); ***to ~ it ll*** в доверше́ние всего́
uci|al ['kru:ʃl] □ крити́ческий; ешáющий; **~fixion** [kru:sɪ'fɪkʃn] рас-я́тие; **~fy** ['kru:sɪfaɪ] распина́ть пя́ть]
ude [kru:d] □ (*raw*) сыро́й; (*unre-ined*) неочи́щенный; *statistics* гру́-ый
uel ['krʊəl] □ жесто́кий; *fig.* учи́тельный; **~ty** [-tɪ] жесто́кость *f*
uise [kru:z] **1.** *naut.* круи́з; **2.** крейси́-овать; соверша́ть ре́йсы; **~r** ['kru:zə] *aut.* кре́йсер
umb [krʌm] кро́шка; **~le** ['krʌmbl] рас-, ис]кроши́ть(ся)
umple ['krʌmpl] [из-, по-,]мя́ть(ся); [с]ко́мкать(ся)
unch [krʌntʃ] жева́ть с хру́стом; рустéть [хру́стнуть]
usade [kru:'seɪd] кресто́вый похо́д; ампа́ния; **~r** [-ə] крестоно́сец; *fig.* орéц
ush [krʌʃ] **1.** да́вка; толкотня́; **2.** *v/t.* раз]дави́ть; (**~** *out*) выжима́ть [вы́-кать]; *enemy* разбива́ть [-би́ть]
ust [krʌst] **1.** *of bread* ко́рка; *of earth* ора́; покрыва́ть(ся) ко́ркой; **~y** 'krʌstɪ] □ покры́тый ко́ркой
utch [krʌtʃ] косты́ль *m*
ux [krʌks]: ***the ~ of the matter*** суть éла
y [kraɪ] **1.** крик; вопль; плач; **2.** [за]-ла́кать; (*exclaim*) восклица́ть [-и́к-уть]; (*shout*) крича́ть [кри́кнуть]; **~ *or*** [по]тре́бовать (P)
yptic ['krɪptɪk] (*mysterious*) таи́нст-енный; (*secret*) сокрове́нный
ystal ['krɪstl] *cut glass or rock* хру-та́ль *m*; *tech.* криста́лл; *attr.* хру-та́льный; **~lize** [-təlaɪz] кристалли-ова́ть(ся) (*im*)*pf.*
b [kʌb] детёныш
b|e [kju:b] *math.* **1.** куб; **~ *root*** ку-би́ческий ко́рень *m*; **2.** возводи́ть в уб; **~ic(al)** ['kju:bɪk(l)] куби́ческий
bicle ['kju:bɪkl] каби́нка
ckoo ['kʊku:] куку́шка

cucumber ['kju:kʌmbə] огуре́ц
cuddle ['kʌdl] *v/t.* прижима́ть к себе́; *v/i.* приж(им)а́ться (друг к дру́гу)
cue [kju:] (билья́рдный) кий; (*hint*) намёк; *thea.* ре́плика
cuff [kʌf] **1.** манже́та, обшла́г; **2.** (*blow*) шлепо́к; дать затре́щину; **~links** за́понки
culminat|e ['kʌlmɪneɪt] достига́ть [-ти́гнуть] вы́сшей то́чки (*или* сте́-пени); **~ion** [kʌlmɪ'neɪʃn] кульмина́-ция
culprit ['kʌlprɪt] (*offender*) престу́п-ник; вино́вник
cultivat|e ['kʌltɪveɪt] обраба́тывать [-бо́тать], возде́л(ыв)ать; *plants* культиви́ровать; *friendship* стре-ми́ться завяза́ть дру́жеские отноше́-ния; **~ion** [kʌltɪ'veɪʃn] *of soil* обрабо́т-ка, возде́лывание; *of plants* разведе́-ние
cultural ['kʌltʃərəl] □ культу́рный
cultur|e ['kʌltʃə] культу́ра (*a. agric.*); **~ed** [-d] культу́рный; интеллиге́нт-ный
cumbersome ['kʌmbəsəm] громо́зд-кий; *fig.* обремени́тельный
cumulative ['kju:mjʊlətɪv] □ сово-ку́пный; накопи́вшийся
cunning ['kʌnɪŋ] **1.** ло́вкий; хи́трый; кова́рный; *Am. a.* привлека́тельный; **2.** ло́вкость *f*; хи́трость *f*; кова́рство
cup [kʌp] ча́шка; ча́ша; *as prize* ку́бок; **~board** ['kʌbəd] шка́ф(чик); **~ final** фина́л ро́зыгрыша ку́бка
cupola ['kju:pələ] ку́пол
curable ['kjʊərəbl] излечи́мый
curb [kɜ:b] **1.** узда́ (*a. fig.*); подгу́бный реме́нь; **2.** обу́здывать [-да́ть] (*a. fig.*)
curd [kɜ:d] простоква́ша; *pl.* творо́г; **~le** ['kɜ:dl] свёртываться [свер-ну́ться]
cure [kjʊə] **1.** лече́ние; сре́дство; **2.** [вы́]лечи́ть, излечи́вать [-чи́ть]; *meat* [за]копти́ть
curfew ['kɜ:fju:] коменда́нтский час
curio ['kjʊərɪəʊ] ре́дкая антиква́рная вещь *f*; **~sity** [kjʊərɪ'ɒsətɪ] любо-пы́тство; ре́дкая вещь; *f*; **~us** ['kjʊə-rɪəs] любопы́тный; пытли́вый;

стра́нный; **~ly enough** как э́то ни стра́нно

curl [kɜːl] **1.** ло́кон, завито́к; *pl.* ку́дри *f/pl.*; **2.** ви́ться; *of smoke* клуби́ться; **~y** ['kɜːlɪ] кудря́вый, вью́щийся

currant ['kʌrənt] сморо́дина; кори́нка

curren|cy ['kʌrənsɪ] *fin.* де́ньги *f/pl.*, валю́та; ***hard*** (***soft***) **~** конверти́руемая (неконверти́руемая) валю́та; **~t** [-ənt] **1.** □ теку́щий; *opinion, etc.* ходя́чий; **2.** пото́к; *in sea* тече́ние; *el.* ток

curriculum [kə'rɪkjələm] уче́бный план

curry[1] ['kʌrɪ] ка́рри *n*

curry[2] [~]: ***~ favo(u)r with*** заи́скивать пе́ред (T)

curse [kɜːs] **1.** прокля́тие; руга́тельство; *fig.* бич, бе́дствие; **2.** проклина́ть [-кля́сть]; руга́ться; **~d** ['kɜːsɪd] □ прокля́тый

cursory ['kɜːsərɪ] бе́глый, бы́стрый; ***give a ~ glance*** пробежа́ть глаза́ми

curt [kɜːt] *answer* ре́зкий

curtail [kɜː'teɪl] укора́чивать [-роти́ть]; уре́з(ыв)ать; *fig.* сокраща́ть [сократи́ть]

curtain ['kɜːtn] **1.** занаве́ска; *thea.* за́навес; **2.** занаве́шивать [-ве́сить]

curv|ature ['kɜːvətʃə] кривизна́; **~e** [kɜːv] **1.** *math.* крива́я; *of road, etc.* изги́б; **2.** повора́чивать [-верну́ть]; изгиба́ть(ся) [изогну́ть(ся)]; *of path, etc.* ви́ться

cushion ['kʊʃn] **1.** поду́шка; **2.** *on falling* смягча́ть [-чи́ть] уда́р

custody ['kʌstədɪ] опе́ка, попече́ние; ***take into ~*** задержа́ть, арестова́ть

custom ['kʌstəm] обы́чай; (*habit*) привы́чка; клиенту́ра; **~s** *pl.* тамо́жня; (*duties*) тамо́женные по́шлины *f/pl.*; **~ary** [-ərɪ] □ обы́чный; **~er** [-ə] покупа́тель *m*, -ница *f*; клие́нт *m*, -ка *f*; **~s examination** тамо́женный досмо́тр; **~s house** тамо́жня

cut [kʌt] **1.** разре́з, поре́з; *of clothes* покро́й; ***short ~*** коро́ткий путь *m*; **2.** [*irr.*] *v/t.* [от]ре́зать; разре́зать [-реза́ть]; *hair* [по]стри́чь; *precious stone* [от]шлифова́ть; *grass* [с]коси́ть; *teeth* проре́з(ыв)аться; **~ *short*** оборва́ть [обрыва́ть]; **~ *down*** сокраща́ть [-рати́ть]; **~ *out*** выреза́ть [вы́резать]; *dress* [с]крои́ть; *fig.* вытесня́ть [вытеснить]; ***be ~ out for*** быть сло́вно со́зданным для (P); *v/i.* ре́зать; **~** вме́шиваться [-ша́ться]; ***it ~s both ways*** па́лка о двух конца́х

cute [kjuːt] □ *coll.* хи́трый; *Am.* милый, привлека́тельный

cutlery ['kʌtlərɪ] нож, ножевы́е изделия; столо́вые прибо́ры

cutlet ['kʌtlɪt] отбивна́я (котле́та)

cut|out *el.* автомати́ческий выключа́тель *m*, предохрани́тель *m*; **~ter** ['kʌtər] *cutting tool* резе́ц; *chopping knife* реза́к; *naut.* ка́тер; **~ting** ['kʌtɪŋ] **1.** □ о́стрый, ре́зкий, язви́тельный; **2.** ре́зание; *of clothes* кро́йка; *bot.* черено́к

cyber|netics [saɪbə'netɪks] кибернетика; **~space** ['saɪbəspeɪs] виртуа́льная реа́льность

cycl|e ['saɪkl] **1.** цикл (*a. tech.*); кру́г; (*bicycle*) велосипе́д; **2.** е́здить на велосипе́де; **~ist** [-ɪst] велосипеди́ст *m*, -ка *f*

cyclone ['saɪkləʊn] цикло́н

cylinder ['sɪlɪndə] *geometry* цили́ндр

cymbal ['sɪmbl] *mus.* таре́лки *f/pl.*

cynic ['sɪnɪk] ци́ник; **~al** [-l] цини́чный

cypress ['saɪprəs] *bot.* кипари́с

czar [zɑː] царь

Czech [tʃək] **1.** чех *m*, че́шка *f*; **2.** че́шский

D

ıb [dæb] **1.** *with brush* мазо́к; *of colour* пятно́; **2.** слегка́ прикаса́ться, прикла́дывать (В); де́лать лёгкие мазки́ на (П)
ıbble ['dæbl] плеска́ть(ся); *hands, feet etc.* болта́ть нога́ми *и т.* в воде́; занима́ться чем-л. пове́рхностно
ıd [dæd], **~dy** ['dædı] *coll.* па́па
ıffodil ['dæfədıl] жёлтый нарци́сс
ıgger ['dægə] кинжа́л; ***be at ~s drawn*** быть на ножа́х (с Т)
ıhlia ['deılıə] георги́н
ıily ['deılı] **1.** *adv.* ежедне́вно; **2.** ежедне́вный; *cares etc.* повседне́вный; **3.** ежедне́вная газе́та
ıinty ['deıntı] **1.** □ ла́комый; изя́щный; изы́сканный; **2.** ла́комство, деликате́с
ıiry ['deərı] *shop* магази́н моло́чных проду́ктов
ıisy ['deızı] маргари́тка
ıle [deıl] доли́на, дол
ılly ['dælı] зря теря́ть вре́мя
ım [dæm] **1.** да́мба, плоти́на; **2.** запру́живать [-уди́ть]
ımage ['dæmıdʒ] **1.** вред; поврежде́ние; (*loss*) уще́рб; **~s** *pl. law* уще́рб; компенса́ция (за причинённый уще́рб); **2.** поврежда́ть [-еди́ть], [ис]по́ртить
ımn [dæm] проклина́ть [-ля́сть]; *censure*) осужда́ть [осуди́ть]; (*swear at*) руга́ться
ımnation [dæm'neıʃn] *int.* проклятие; осужде́ние
ımp [dæmp] **1.** сы́рость *f*, вла́жность *f*; **2.** вла́жный, сыро́й; **~en** ['dæmpən] [на]мочи́ть; *fig.* обескура́жи(ва)ть
ınc|e [dɑːns] **1.** та́нец; та́нцы *m/pl.*; **2.** танцева́ть; **~er** [~ə] танцо́р, танцо́вщик *m*, -йца *f*; **~ing** [~ıŋ] та́нцы *m/pl.*; пля́ска; *attr.* танцева́льный; ***~ partner*** партнёр, да́ма
ındelion ['dændılaıən] одува́нчик
ındle ['dændl] [по]кача́ть (на рука́х)
ındruff ['dændrʌf] пе́рхоть *f*

dandy ['dændı] **1.** щёголь *m*; **2.** *Am. sl.* первокла́ссный
Dane [deın] датча́нин *m*, -ча́нка *f*
danger ['deındʒə] опа́сность *f*; **~ous** ['deındʒrəs] □ опа́сный
dangle ['dæŋgl] висе́ть, свиса́ть [сви́снуть]; *legs* болта́ть (Т)
Danish ['deınıʃ] да́тский
dar|e [deər] *v/i.* [по]сме́ть; отва́жи(-ва)ться; *v/t.* пыта́ться подби́ть; **~edevil** смельча́к, сорвиголова́ *m*; **~ing** ['deərıŋ] **1.** □ сме́лый, отва́жный; **2.** сме́лость *f*, отва́га
dark [dɑːk] **1.** тёмный; *skin* сму́глый; (*hidden*) та́йный; *look etc.* мра́чный; ***~ horse*** тёмная лоша́дка; **2.** темнота́, тьма; неве́дение; ***keep s.o. in the ~*** держа́ть кого́-л. в неве́дении; ***keep s.th. ~*** держа́ть в та́йне; **~en** ['dɑːkən] [с]темне́ть; [по]мрачне́ть; **~ness** ['dɑːknıs] темнота́, тьма
darling ['dɑːlıŋ] **1.** люби́мец (-мица); **2.** ми́лый, люби́мый
darn [dɑːn] [за]што́пать
dart [dɑːt] **1.** *in game* стрела́; (*sudden movement*) прыжо́к, рыво́к; **2.** *v/i. fig.* мча́ться стрело́й
dash [dæʃ] **1.** *of wave etc.* уда́р; (*rush*) стреми́тельное движе́ние; (*dart*) рыво́к; *fig.* при́месь *f*, чу́точка; *typ.* тире́ *n indecl.*; **2.** *v/t.* броса́ть [бро́сить]; разби́(ва́)ть; *v/i.* броса́ться [бро́ситься]; ***I'll have to ~*** мне ну́жно бежа́ть; **~board** *mot.* прибо́рная доска́; **~ing** ['dæʃıŋ] □ лихо́й
data ['deıtə] *pl., Am. a. sg.* да́нные *n/pl.*; фа́кты *m/pl.*; ***~ bank*** банк да́нных; ***~ processing*** обрабо́тка да́нных
date[1] [deıt] **1.** да́та, число́; *coll.* свида́ние; ***out of ~*** устаре́лый; ***up to ~*** нове́йший; совреме́нный; **2.** дати́ровать (*im*)*pf.*; *Am. coll.* усла́вливаться [-о́виться] с (Т) (о встре́че); име́ть свида́ние
date[2] [~] *bot.* фи́ник
daub [dɔːb] **1.** [вы́-, из-, на]ма́зать;

D

[на]малевáть; **2.** мазня́
daughter ['dɔːtə] дочь *f*; **~-in-law** [~rɪnlɔː] невéстка, сноха́
daunt [dɔːnt] устрашáть [-ши́ть], запу́гивать [-гáть]; **~less** ['dɔːntlɪs] неустраши́мый, бесстрáшный
dawdle ['dɔːdl] *coll.* бездéльничать
dawn [dɔːn] **1.** рассвéт, у́тренняя заря́; *fig.* заря́; **2.** светáть
day [deɪ] день *m*; (*mst.* **~s** *pl.*) жизнь *f*; **~ off** выходнóй день *m*; ***every other ~*** чéрез день; ***the ~ after tomorrow*** послезáвтра; ***the other ~*** на днях; недáвно; **~break** рассвéт; **~dream** мечтáть, грéзить наяву́
daze [deɪz] ошеломля́ть [-ми́ть]
dazzle ['dæzl] ослепля́ть [-пи́ть]
dead [ded] **1.** мёртвый; *flowers* увя́дший; (*numbed*) онемéвший; *silence etc.* пóлный; ***come to a ~ stop*** рéзко останови́ться; ***~ end*** тупи́к; **2.** *adv.* пóлно, совершéнно; ***~ against*** реши́тельно прóтив; **3.** ***the ~*** мёртвые *m/pl.*; ***in the ~ of night*** глубóкой нóчью; **~en** ['dedn] лишáть(ся) си́лы; *sound* заглушáть [-ши́ть]; **~lock** *fig.* тупи́к; **~ly** [~lɪ] смертéльный; *weapon* смертонóсный
deaf [def] □ глухóй; **~en** [defn] оглушáть [-ши́ть]
deal [diːl] **1.** (*agreement*) соглашéние; (*business agreement*) сдéлка; ***a good ~*** мнóго; ***a great ~*** óчень мнóго; **2.** [*irr.*] *v/t.* (*distribute*) разд(ав)áть; распределя́ть [-ли́ть]; *at cards* сдавáть [сдать]; *v/i.* торговáть; ***~ with*** обходи́ться [обойти́сь] *or* поступáть [-пи́ть] с (Т); имéть дéло с (Т); **~er** ['diːlə] ди́лер, торгóвец; **~ing** ['diːlɪŋ] (*mst.* **~s** *pl.*): ***have ~s with*** вести́ делá (с Т); **~t** [delt] *pt. и pt. p. om* **~**
dean [diːn] настоя́тель собóра; *univ.* декáн
dear [dɪə] **1.** дорогóй (*a. = costly*), ми́лый; (*in business letter*) (глубоко)уважáемый; **2.** прекрáсный человéк; **3.** *coll.* ***oh ~!, ~ me!*** Гóсподи!
death [deθ] смерть *f*; **~ duty** налóг на наслéдство; **~ly** [~lɪ]: ***~ pale*** блéдный как смерть; **~ rate** смéртность *f*; **~ trap** опáсное мéсто
debar [dɪ'bɑː] [вос]препя́тствова[ть]; не допускáть [-сти́ть]; (*exclude*) и[с]ключáть [-чи́ть]; *from voting* e[тc.] лишáть прáва
debase [dɪ'beɪs] унижáть [-и́зить]; снижáть кáчество (Р), курс (валю[ты])
debat|able [dɪ'beɪtəbl] □ спóрны[й], дискуссиóнный; **~e** [dɪ'beɪt] **1.** диску[с]сия; прéния *n/pl.*, дебáты *m/pl.*; **2.** о[б]суждáть [-уди́ть]; [по]спóрить; (*po[n]der*) обду́м(ыв)ать
debauch [dɪ'bɔːtʃ] **1.** развра́т; (*c[a]rouse*) попóйка; **2.** развращáть [-р[ас]ти́ть]
debilitate [dɪ'bɪlɪteɪt] (*weaken*) о[с]лабля́ть [-áбить]
debit ['debɪt] *fin.* **1.** дéбет; **2.** дебет[о]вáть (*im*)*pf.*, вноси́ть в дéбет
debris ['deɪbriː] развáлины *f/pl.*; о[б]лóмки *m/pl.*
debt [det] долг; **~or** ['detə] должни[к] *m*, -и́ца *f*
decade ['dekeɪd] десятилéтие; [...] *one's age* деся́ток
decadence ['dekədəns] упáдок; *in* [...] декадéнтство
decant [dɪ'kænt] сцéживать [сц[е]ди́ть]; **~er** [~ə] графи́н
decay [dɪ'keɪ] **1.** гниéние; разложéни[е]; *of teeth* разрушéние; кáриес; ***fall int[o]*** *of building* [об] ветшáть; *fig.* прих[о]ди́ть [прийти́] в упáдок; **2.** [с]гни[ть], разлагáться [-ложи́ться]
decease [dɪ'siːs] *part. law* смерть [...] кончи́на; **~d** [~t] покóйный
deceit [dɪ'siːt] обмáн; **~ful** [~fʊl] лж[и]вый; (*deceptive*) обмáнчивый
deceiv|e [dɪ'siːv] обмáнывать [-ну́ть]; **~er** [~ə] обмáнщик (-ица)
December [dɪ'sembə] декáбрь *m*
decen|cy ['diːsnsɪ] прили́чие; **~t** [~[...]] □ прили́чный; *kind, well-behav[ed]*; *coll.* порядочный; *coll.* слáвный; ***i[t's] very ~ of you*** óчень любéзно с вáш[ей] стороны́
deception [dɪ'sepʃn] обмáн; ложь *f*
decide [dɪ'saɪd] решáть(с[я]) [реши́ть(ся)]; принимáть решéни[е]

d [-ɪd] (*clear-cut*) □ определённый; *unmistakable*) бесспо́рный
cimal ['desɪml] **1.** десяти́чный; **2.** есяти́чная дробь *f*
cipher [dɪ'saɪfə] расшифро́вывать -ова́ть]; *poor handwriting* разбира́ть разобра́ть]
cisi|on [dɪ'sɪʒn] реше́ние (*a. law*); **ve** [dɪ'saɪsɪv] *conclusive* ешаю́щий; *resolute* реши́тельный; **veness** реши́тельность *f*
ck [dek] *naut.* па́луба; *Am. cards* ко-о́да; **~chair** шезло́нг
clar|able [dɪ'kleərəbl] подлежа́щий екларáции; **~ation** [deklə'reɪʃn] за-вле́ние; деклара́ция (*a. fin.*); ***cus-oms ~*** тамо́женная деклара́ция; **~e** dɪ'kleər] объявля́ть [-ви́ть]; заявля́ть -ви́ть]; выска́зываться [вы́ска-аться] (***for*** за В, ***against*** про́тив Р); *о customs officials* предъявля́ть -ви́ть]
cline [dɪ'klaɪn] **1.** (*fall*) паде́ние; *of trength* упа́док; *in prices* сниже́ние; *f health* ухудше́ние; *of life* зака́т; **2.** */t. an offer* отклоня́ть [-ни́ть]; *gr.* про]склоня́ть; *v/i.* приходи́ть в упа́-ок; *of health etc.* ухудша́ться [уху́д-шиться]
code [diː'kəʊd] расшифро́вывать -рова́ть]
compose [diːkəm'pəʊz] разла-а́ть(ся) [-ложи́ть(ся)]; [с]гнить
corat|e ['dekəreɪt] украша́ть [укра́-ить]; (*confer medal, etc. on*) награж-а́ть [-ди́ть]; **~ion** [dekə'reɪʃn] укра-ше́ние; о́рден, знак отли́чия; **~ive** 'dekərətɪv] декорати́вный
cor|ous ['dekərəs] □ присто́йный; **um** [dɪ'kɔːrəm] этике́т
coy [dɪ'kɔɪ] прима́нка (*a. fig.*)
crease **1.** ['diːkriːs] уменьше́ние, онижéние; **2.** [dɪ'kriːs] умень-ша́ть(ся) [уме́ньшить(ся)], снижа́ть -и́зить]
cree [dɪ'kriː] **1.** *pol.* ука́з, декре́т, по-станoвле́ние; *law* реше́ние; **2.** поста-овля́ть [-ви́ть]
crepit [dɪ'krepɪt] дря́хлый
dicat|e ['dedɪkeɪt] посвяща́ть [-яти́ть]; **~ion** [dedɪ'keɪʃn] (*devotion*) пре́данность *f*; (*inscription*) посвяще́-ние; ***work with ~*** по́лностью отдава́ть себя́ рабо́те
deduce [dɪ'djuːs] [с]де́лать вы́вод; за-ключа́ть [-чи́ть]
deduct [dɪ'dʌkt] вычита́ть [вы́честь]; **~ion** [dɪ'dʌkʃn] вы́чет; (*conclusion*) вы́вод, заключе́ние; *comm.* ски́дка
deed [diːd] **1.** де́йствие; посту́пок; *law* акт; ***~ of purchase*** догово́р ку́пли/прода́жи; **2.** *Am.* передава́ть по а́кту
deem [diːm] *v/t.* счита́ть [счесть]; *v/i.* полага́ть
deep [diːp] **1.** глубо́кий; *colo(u)r* гу-сто́й; **2.** *poet.* мо́ре, океа́н; **~en** ['diːpən] углубля́ть(ся) [-би́ть(ся)]; уси́ливать(ся) [уси́лить(ся)]; **~-freeze** → ***freezer***, **~ness** [-nɪs] глубина́; **~-rooted** глубоко́ укорени́вшийся
deer [dɪə] оле́нь *m*
deface [dɪ'feɪs] обезобра́живать [-а́зить]
defam|ation [defə'meɪʃn] клевета́; **~e** [dɪ'feɪm] [о]клевета́ть
default [dɪ'fɔːlt] **1.** невыполне́ние об-яза́тельств; не́явка; *comput.* автома-ти́ческий вы́бор; **2.** не выполня́ть об-яза́тельства
defeat [dɪ'fiːt] **1.** пораже́ние; *of plans* расстро́йство; **2.** *mil., sport etc.* по-бежда́ть [-еди́ть]; расстра́ивать [-ро́ить]
defect [dɪ'fekt] недоста́ток; (*fault*) не-испра́вность *f*; дефе́кт, изъя́н; **~ive** [-tɪv] несоверше́нный, □ по-вреждённый; ***~ goods*** брако́ванные това́ры; ***mentally ~*** у́мственно отста́-лый
defence → ***defense***
defend [dɪ'fend] обороня́ть(ся), [-ни́ть(ся)], защища́ть на суде́; **~ant** [-ənt] *law* подсуди́мый; *civil* от-ве́тчик; **~er** [-ə] защи́тник
defense [dɪ'fens] оборо́на, защи́та; **~less** [-lɪs] беззащи́тный
defensive [dɪ'fensɪv] **1.** оборо́на; **2.** оборо́нный, оборони́тельный
defer [dɪ'fɜː] откла́дывать [отло-жи́ть]; отсро́чи(ва)ть

D

defian|ce [dɪ'faɪəns] (*challenge*) вы́зов; (*disobedience*) неповинове́ние; (*scorn*) пренебреже́ние; **~t** [-ənt] □ вызыва́ющий
deficien|cy [dɪ'fɪʃənsɪ] недоста́ток, нехва́тка; **~t** [-ənt] недоста́точный; несоверше́нный
deficit ['defɪsɪt] недочёт; недоста́ча; дефици́т
defile [dɪ'faɪl] загрязня́ть [-ни́ть]
defin|e [dɪ'faɪn] определя́ть [-ли́ть]; дава́ть характери́стику; (*show limits of*) оче́рчивать [-рти́ть], обознача́ть; **~ite** ['defɪnɪt] □ определённый; (*exact*) то́чный; **~ition** [defɪ'nɪʃn] определе́ние; **~itive** [dɪ'fɪnɪtɪv] □ (*final*) оконча́тельный
deflect [dɪ'flekt] отклоня́ть(ся) [-ни́ть(ся)]
deform|ed [dɪ'fɔ:md] изуро́дованный; искажённый; **~ity** [dɪ'fɔ:mətɪ] уро́дство
defraud [dɪ'frɔ:d] обма́нывать [-ну́ть]; выма́нивать (***of*** В)
defray [dɪ'freɪ] опла́чивать [оплати́ть]
defrost [di:frɒst] отта́ивать [-а́ять]; размора́живать [-ро́зить]
deft [deft] □ ло́вкий, иску́сный
defy [dɪ'faɪ] вызыва́ть [вы́звать]; броса́ть [бро́сить] вы́зов; вести́ себя́ вызыва́юще; (*flout*) пренебрега́ть [-бре́чь] (Т)
degenerate [dɪ'dʒenəreɪt] вырожда́ться [вы́родиться]
degrad|ation [degrə'deɪʃn] деграда́ция; **~e** [dɪ'greɪd] *v/t.* (*lower in rank*) понижа́ть [пони́зить]; (*abase*) унижа́ть [уни́зить]
degree [dɪ'gri:] (*unit of measurement*) гра́дус; (*step or stage in a process*) у́ровень *m*; сте́пень *f*; (*a. univ.*) зва́ние; ***honorary ~*** почётное зва́ние; ***by ~s*** постепе́нно; ***in no ~*** ничу́ть, ниско́лько; ***to some ~*** в изве́стной сте́пени
deign [deɪn] снисходи́ть [снизойти́]; соизволя́ть [-о́лить]; *usu. iron.* удоста́ивать [-сто́ить]
deity ['di:ɪtɪ] божество́
deject|ed [dɪ'dʒektɪd] □ удручённы[й]; угнетённый; **~ion** [dɪ'dʒekʃn] уны́н[ие]
delay [dɪ'leɪ] **1.** заде́ржка; отсро́чка; [**2.**] *v/t.* заде́рживать [-жа́ть]; откла́д[ы]вать [отложи́ть]; ме́длить с (Т); [*v/i.*] ме́длить, ме́шкать
delega|te 1. ['delɪgət] делега́т, пре[д]стави́тель(ница *f*) *m*; **2.** [~geɪt] дел[е]ги́ровать (*im*)*pf.*, поруча́ть [-чи́т[ь]]; **~tion** [delɪ'geɪʃn] делега́ция
deliberat|e 1. [dɪ'lɪbəreɪt] *v/t.* обд[у]м(ыв)ать; взве́шивать [-е́сить]; [о]сужда́ть [обсуди́ть]; *v/i.* совеща́ть[ся]; **2.** [~rət] □ преднаме́ренный, умы́[ш]ленный; **~ion** [dɪlɪbə'reɪʃn] размы[ш]ле́ние; обсужде́ние; осмотри́тел[ь]ность *f*; ***act with ~*** де́йствовать с осм[о]три́тельностью
delica|cy ['delɪkəsɪ] делика́тность [*f*]; *food* ла́комство; утончённость *f*; н[е]жность *f*; **~te** [~kɪt] □ делика́тны[й]; (*fragile*) хру́пкий; изя́щный; *work* и[с]ку́сный; чувстви́тельный; щепети́л[ь]ный; **~tessen** [delɪkə'tesn] магаз[ин] деликате́сов, гастроно́м
delicious [dɪ'lɪʃəs] восхити́тельны[й]; о́чень вку́сный
delight [dɪ'laɪt] **1.** удово́льствие; во[с]то́рг; наслажде́ние; **2.** восхища́[ть] [-ити́ть]; наслажда́ться [-ди́ться]; д[о]ставля́ть удово́льствие (***in*** Т): ***be ~[ed] with*** быть в восто́рге (от Р); ***be ~ed*** [to] *inf.* име́ть удово́льствие (+ *inf.*); **~[ful]** [~fʊl] □ *girl etc.* очарова́тельный; во[с]хити́тельный
delinquent [dɪ'lɪŋkwənt]: ***juvenile*** [~] несовершенноле́тний престу́пник
deliri|ous [dɪ'lɪrɪəs] находя́щийся [в] бреду́, вне себя́, в исступле́нии; [~] ***with joy*** вне себя́ от ра́дости; **~u[m]** [~əm] бред
deliver [dɪ'lɪvə] *newspapers etc.* д[о]ставля́ть [-а́вить]; *a speech* произн[о]си́ть [-нести́]; *order* сда(ва́)ть; *a blo[w]* наноси́ть [нанести́] (*уда́р*); ***be ~[ed]*** *med.* роди́ть; **~ance** [~rəns] освобо[ж]де́ние; (*rescue*) спасе́ние
delude [dɪ'lu:d] вводи́ть в заблужд[е]ние; (*deceive*) обма́нывать [-ну́ть]
deluge ['delju:dʒ] **1.** наводне́ни[е]

ain) ливень; *fig.* поток; **2.** затоплять
пить]; наводнять [-нить] *a. fig.*
lus|ion [dɪ'luːʒn] заблуждение;
ллюзия; **~ive** [-sɪv] □ обманчивый;
ллюзорный
mand [dɪ'mɑːnd] **1.** требование; по-
рёбность *f*; *comm.* спрос; ***be in great***
пользоваться большим спросом; **2.**
ю]требовать (Р)
militarize [diː'mɪlɪtəraɪz] демили-
аризовать *(im)pf.*
mobilize [diː'məʊbɪlaɪz] демобили-
овать *(im)pf.*
mocra|cy [dɪ'mɒkrəsɪ] демократия;
tic(al □) [demə'krætɪk(əl)] демокра-
ический
molish [dɪ'mɒlɪʃ] разрушать
рушить]; (*pull down*) сносить [сне-
ти]
mon ['diːmən] демон, дьявол
monstrat|e ['demənstreɪt] [про]де-
онстрировать; (*prove*) доказывать
зать]; **~ion** [demən'streɪʃn] демон-
трация; доказательство; **~ive**
ɪ'mɒnstrətɪv] □ *person, behaviour*
кспансивный; *gr.* указательный
moralize [dɪ'mɒrəlaɪz] деморали-
овать
mure [dɪ'mjʊə] □ скромный; *smile*
астенчивый
n [den] логовище; берлога; притон
nial [dɪ'naɪəl] отрицание; *official*
провержение; (*refusal*) отказ
nomination [dɪnɒmɪ'neɪʃn] *eccl.* ве-
оисповедание; секта
note [dɪ'nəʊt] означать *impf.*, обо-
начать [-начить]
nounce [dɪ'naʊns] (*expose*) разо-
лачать [-чить]; *to police* доносить;
rmination of a treaty, etc. денонсиро-
ать *(im)pf.*
ns|e [dens] □ густой; плотный (*a.*
hys.); *fig.* глупый, тупой; **~ity** ['den-
ətɪ] густота; плотность *f*
nt [dent] **1.** вмятина; **2.** вдавливать
вдавить]; *v/i.* [по]гнуться
ntist ['dentɪst] зубной врач
nture ['dentʃə] *mst. pl.* зубной про-
ез
nunciation [dɪnʌnsɪ'eɪʃn] донос;
обличение, обвинение
deny [dɪ'naɪ] отрицать; отказываться [-заться] от (Р); (*refuse to give, allow*) отказывать [-зать] в (П); ***there is no ~ing*** следует признать
deodorant [diː'əʊdərənt] дезодорант
depart [dɪ'pɑːt] *v/i.* уходить [уйти], уезжать [уехать], отбы(ва)ть, отправляться [-авиться]; отступать [-пить] (***from*** от Р); **~ment** [-mənt] *univ.* отделение, факультет; *of science* область *f*, отрасль; *in shop* отдел; *Am.* министерство; ***State*** ***&*** министерство иностранных дел; ***~ store*** универмаг; **~ure** [dɪ'pɑːtʃə] отъезд; уход; *rail.* отправление; (*deviation*) отклонение
depend [dɪ'pend]: **~ (*up*)*on*** зависеть от (Р); *coll.* ***it ~s*** смотря по обстоятельствам; ***you can ~ on him*** на него можно положиться; **~able** [-əbl] надёжный; **~ant** [-ənt] иждивенец *m*, -нка *f*; **~ence** [-əns] зависимость *f*; (*trust*) доверие; **~ent** [-ənt] □ (***on***) зависящий (от Р)
depict [dɪ'pɪkt] изображать [-разить]; *fig.* описывать [-сать]
deplete [dɪ'pliːt] истощать [-щить]
deplor|able [dɪ'plɔːrəbl] □ прискорбный, заслуживающий сожаления; *state* плачевный; **~e** [dɪ'plɔː] (*disapprove of*) порицать; сожалеть о (П)
deport [dɪ'pɔːt] депортировать
depose [dɪ'pəʊz] *from office* смещать [сместить]; (*dethrone*) свергать [свергнуть]
deposit [dɪ'pɒzɪt] **1.** *geol.* отложение; залежь *f*; *fin.* вклад; депозит; задаток; ***~ account*** депозитный счёт; **2.** класть [положить]; депонировать *(im)pf.*; давать [дать] задаток; **~or** [dɪ'pɒzɪtə] вкладчик *m*, -ица *f*, депозитор
depot 1. ['depəʊ] *rail.* депо *n indecl.*; *storage place* склад; **2.** ['diːpəʊ] *Am. rail.* железнодорожная станция
deprave [dɪ'preɪv] развращать [-ратить]
depreciat|e [dɪ'priːʃɪeɪt] обесцени(ва)ть; **~ion** [dɪpriːʃɪ'eɪʃn] снижение стоимости; обесценение; амортиза-

ция
depress [dɪ'pres] угнета́ть *impf.*; подавля́ть [-ви́ть]; **~ed** [-t] *fig.* уны́лый; **~ion** [dɪ'preʃn] угнетённое состоя́ние; *geogr.* впа́дина; *econ.* депре́ссия
deprive [dɪ'praɪv] лиша́ть [лиши́ть] (*of* P)
depth [depθ] глубина́; ***be out of one's ~*** быть не под си́лу, быть недосту́пным понима́нию
deput|ation [depjʊ'teɪʃn] делега́ция; **~y** ['depjʊtɪ] делега́т; депута́т; замести́тель(ница *f*) *m*
derange [dɪ'reɪndʒ] *plans etc.* расстра́ивать [-ро́ить]; (*put out of order*) приводи́ть в беспоря́док
derelict ['derəlɪkt] *ship* поки́нутый; *house* (за)бро́шенный
deri|de [dɪ'raɪd] осме́ивать [-ея́ть], высме́ивать [вы́смеять]; **~sion** [dɪ'rɪʒn] высме́ивание; **~sive** [dɪ'raɪsɪv] □ издева́тельский; *scornful* насме́шливый
derive [dɪ'raɪv] (*originate*) происходи́ть [-изойти́]; *benefit* извлека́ть [-вле́чь] (***from*** от P)
derogatory [dɪ'rɒgətrɪ] пренебрежи́тельный
descend [dɪ'send] спуска́ться [спусти́ться]; сходи́ть [сойти́]; *ae.* снижа́ться [сни́зиться]; *from a person* происходи́ть [-изойти́] (***from*** из P); **~ (*up*)*on*** обру́ши(ва)ться на (B); **~ant** [-ənt] пото́мок
descent [dɪ'sent] спуск; сниже́ние; (*slope*) склон; происхожде́ние
describe [dɪ'skraɪb] опи́сывать [-са́ть]
description [dɪ'skrɪpʃn] описа́ние; ***of every ~*** са́мые ра́зные
desert[1] [dɪ'zɜ:t]: ***get one's ~s*** получи́ть по заслу́гам
desert[2] **1.** ['dezət] пусты́ня; **2.** [dɪ'zɜ:t] *v/t.* (*leave*) броса́ть [бро́сить]; (*go away*) покида́ть [поки́нуть]; *v/i.* дезерти́ровать (*im*)*pf.*; **~ed** [-ɪd] *street* пусты́нный; (*neglected*) забро́шенный; (*abandoned*) поки́нутый; **~er** [-ə] дезерти́р; **~ion** [-ʃn] дезерти́рство; *spouse's* ухо́д

deserv|e [dɪ'zɜ:v] заслу́жива[ть]
[-жи́ть]; **~edly** [-ɪdlɪ] заслу́жен[но];
~ing [-ɪŋ] заслу́живающий; дост[ой]ный (*of* P)
design [dɪ'zaɪn] **1.** (*intention*) за́мыс[ел]
наме́рение, план; *arch.* прое́кт; *te[ch.]*
диза́йн; (*pattern*) узо́р; **2.** пред[на]
знача́ть [-зна́чить]; заду́м(ыв)а[ть]
[с]проекти́ровать; *machinery* [с]к[он]
струи́ровать
designat|e ['dezɪgneɪt] определя[ть]
[-ли́ть]; (*mark out*) обознача́ть [-з[на́]
чить]; (*appoint*) назнача́ть [-зна́чи[ть]
designer [dɪ'zaɪnə] (*engineer*) к[он]
стру́ктор; диза́йнер; ***dress ~*** мо[де]
лье́р
desir|able [dɪ'zaɪərəbl] □ жела́те[ль]
ный; **~e** [dɪ'zaɪə] **1.** жела́ние; тре́[бо]
вание; **2.** [по]жела́ть (P); [по]тре́[бо]
вать (P); ***leave much to be ~d*** [ос]
тавля́ть жела́ть лу́чшего; **~o[us]**
[-rəs] жела́ющий (***of*** P); ***be ~ of kno[w]ing*** стреми́ться/жела́ть узна́ть
desk [desk] пи́сьменный стол; ***~ di[ary]***
насто́льный календа́рь; **~top p[ub]lishing** насто́льное изда́тельство
desolat|e **1.** ['desəleɪt] опустоша[ть]
[-ши́ть]; разоря́ть [-ри́ть]; **2.** [-...]
□ опустошённый; несча́стный; о[ди]
но́кий; **~ion** [desə'leɪʃn] опустош[е]
ние; одино́чество
despair [dɪ'speə] **1.** отча́яние; ***dr[ive]***
s.o. to ~ доводи́ть [-вести́] кого́
до отча́яния; **2.** отча́иват[ься]
[-ча́яться]; теря́ть наде́жду (***of***
B); **~ing** [-rɪŋ] □ отча́ивающийся
despatch → ***dispatch***
desperat|e ['despərət] □ *effort etc.* [от]
ча́янный; *state* безнадёжный; *a[dv.]*
отча́янно, стра́шно; **~ion** [de-]
pə'reɪʃn] отча́яние
despise [dɪ'spaɪz] презира́ть
despite [dɪ'spaɪt] *prp.* несмотря́ [на]
(B)
despondent [dɪ'spɒndənt] □ пода[в]
ленный, удручённый
dessert [dɪ'zɜ:t] десе́рт; *attr.* десе́[рт]
ный
destin|ation [destɪ'neɪʃn] (*purpo[se,]*
end) назначе́ние; ме́сто назначе́н[ия]

D

ₗe ['destın] предназнача́ть [-зна́-ить]; ***be ₗd*** (*be fated*) предопре-еля́ть [-ли́ть]; **ₗy** [-tını] судьба́
stitute ['destıtjuːt] нужда́ющийся; ишённый (***of*** P)
stroy [dı'strɔı] уничтожа́ть -о́жить]; истребля́ть [-би́ть]; *build-ngs, etc.* разруша́ть [-ру́шить]; **ₗer** -ə] *warship* эсми́нец
struct|ion [dı'strʌkʃn] разруше́ние; ничтоже́ние; **ₗive** [-tıv] □ разруши́-ельный; па́губный; вре́дный
tach [dı'tætʃ] отделя́ть [-ли́ть]; азъединя́ть [-ни́ть]; (*tear off*) отры-а́ть [оторва́ть]; **ₗed** [-t] отде́льный; *g.* беспристра́стный; **ₗment** -mənt] *mil.* отря́д; *fig.* беспристра́ст-ость *f*
tail ['diːteıl] подро́бность *f*, дета́ль ; ***in*** ~ дета́льно, подро́бно; ***go into* ₗs** вника́ть (вдава́ться) в подро́бно-ти
tain [dı'teın] заде́рживать [-жа́ть] *a. by the police*); ***he was ₗed at work*** н задержа́лся на рабо́те
tect [dı'tekt] обнару́жи(ва)ть; (*no-ice*) замеча́ть [-е́тить]; **ₗion** [dı'tekʃn] бнаруже́ние; *of crime* рассле́дова-ие; **ₗive** [-tıv] **1.** детекти́в, операти́в-ик; **2.** детекти́вный
tention [dı'tənʃn] (*holding*) задер-жа́ние; (*custody*) содержа́ние под ре́стом; (*confinement*) заключе́ние
ter [dı'tɜː] уде́рживать [-жа́ть] ***from*** от P)
teriorat|e [dı'tıərıəreıt] ухуд-ша́ть(ся) [уху́дшить(ся)]; [ис]по́р-ить(ся); **ₗion** [dıtıərıə'reıʃn] ухудше́-ие
termin|ation [dıtɜːmı'neıʃn] опре-еле́ние; (*firmness*) реши́тельность ; **ₗe** [dı'tɜːmın] *v/t.* определя́ть -ли́ть]; реша́ть [реши́ть]; *v/i.* еша́ться [реши́ться]; **ₗed** [-d] реши́-ельный
test [dı'test] ненави́деть; пита́ть от-враще́ние к (Д); **ₗable** [-əbl] отврати́-ельный
tonate ['detəneıt] детони́ровать; зрыва́ть(ся) [взорва́ть(ся)]

detour ['diː'tʊə] око́льный путь *m*; объе́зд; ***make a*** ~ сде́лать *pf.* крюк
detract [dı'trækt] умаля́ть [-ли́ть], уменьша́ть [уме́ньшить]
detriment ['detrımənt] уще́рб, вред
devalue [diː'væljuː] обесце́ни(ва)ть
devastat|e ['devəsteıt] опустоша́ть [-ши́ть]; разоря́ть [-ри́ть]; **ₗion** [devə'steıʃn] опустоше́ние
develop [dı'veləp] разви́(ва́)ть(ся); *mineral resources* разраба́тывать [-бо́тать]; *phot.* проявля́ть [-ви́ть]; **ₗment** [-mənt] разви́тие; разрабо́тка; (*event*) собы́тие
deviat|e ['diːvıeıt] отклоня́ться [-ни́ться]; **ₗion** [diːvı'eıʃn] отклоне́ние
device [dı'vaıs] *tech.* приспособле́ние, устро́йство; (*way, method, trick*) приём; ***leave a p. to his own ₗs*** предоставля́ть челове́ка самому́ себе́
devil ['devl] дья́вол, чёрт, бес; **ₗish** [-əlıʃ] □ дья́вольский, *coll.* черто́вский; **ₗry** [-vlrı] чертовщи́на
devious ['diːvıəs]: □ ***by*** ~ ***means*** не-че́стным путём
devise [dı'vaız] приду́м(ыв)ать; изо-брета́ть [-рести́]
devoid [dı'vɔıd] (***of***) лишённый (P)
devot|e [dı'vəʊt] посвяща́ть [-яти́ть] (В/Д); **ₗed** [-ıd] □ пре́данный, лю́бящий; **ₗion** [dı'vəʊʃn] пре́дан-ность *f*, привя́занность *f*
devour [dı'vaʊə] пож(и)ра́ть; ***be ₗed with curiosity*** сгора́ть от любо-пы́тства
devout [dı'vaʊt] □ *supporter, etc.* пре́данный; *relig.* благочести́вый
dew [djuː] роса́; **ₗy** [-ı] роси́стый, по-кры́тый росо́й
dexter|ity [dek'sterətı] ло́вкость *f*; **ₗous** ['dekstrəs] ло́вкий
diabolic(al □) [daıə'bɒlık(əl)] дья́воль-ский; *fig.* жесто́кий, злой
diagnosis [daıəg'nəʊsıs] диа́гноз
diagram ['daıəgræm] диагра́мма; схе́-ма
dial ['daıəl] **1.** *of clock, etc.* цифербла́т; *tech.* шкала́ (цифербла́тного ти́па); *tel.* диск; **2.** *tel.* набира́ть [-бра́ть] но́-

D

мер; позвонить *pf.*

dialect ['daɪəlekt] диалéкт, нарéчие

dialogue ['daɪəlɒg] диалóг; разговóр

diameter [daɪ'æmɪtə] диáметр

diamond ['daɪəmənd] алмáз; *precious stone* бриллиáнт; ромб; **~s** [-s] *pl. cards*: бýбны *f/pl.*

diaper ['daɪəpər] (*Brt.*: *nappy*) пелёнка

diaphragm ['daɪəfræm] *anat.* диафрáгма *a. optics*

diarrh(o)ea [daɪə'rɪə] понóс

diary ['daɪərɪ] дневни́к

dice [daɪs] (*pl. от* **die²**) игрáльные кóсти *f/pl.*

dictat|e 1. ['dɪkteɪt] (*order*) предписáние; *of conscience* велéние; *pol.* диктáт; **2.** [dɪk'teɪt] [про]диктовáть (*a. fig.*); предпи́сывать [-сáть]; **~ion** [dɪk'teɪʃn] *educ.* диктóвка, диктáнт; предписáние; **~orship** [dɪk'teɪtəʃɪp] диктатýра

diction ['dɪkʃn] ди́кция; **~ary** [-rɪ] словáрь *m*

did [dɪd] *pt. от* **do**

die¹ [daɪ] умирáть [умерéть], скончáться *pf.*; *coll.* стрáстно желáть; ***~ away, ~ down*** *of sound* замирáть [-мерéть]; *of wind* затихáть [-и́хнуть]; *of flowers* увядáть [-я́нуть]; *of fire* угасáть [угáснуть]

die² [~] (*pl.* **dice**) игрáльная кость *f*; ***the ~ is cast*** жрéбий брóшен

diet ['daɪət] **1.** *customary* пи́ща; *med.* диéта; **2.** *v/t.* держáть на диéте; *v/i.* быть на диéте

differ ['dɪfə] различáться, отличáться; (*disagree*) не соглашáться [-ласи́ться], расходи́ться [разойти́сь] (***from*** с Т, ***in*** в П); ***tastes ~*** о вкýсах не спóрят; **~ence** ['dɪfrəns] рáзница; разли́чие; разноглáсие; *math.* рáзность *f*; ***it makes no ~ to me*** мне всё равнó; **~ent** [-nt] □ рáзный; другóй, не такóй (***from*** как), инóй; **~entiate** [dɪfə'renʃɪeɪt] различáть(ся) [-чи́ть(-ся)], отличáться [-чи́ть(ся)]

difficult ['dɪfɪkəlt] □ трýдный; **~y** [-ɪ] трýдность *f*, затруднéние

diffiden|ce ['dɪfɪdəns] (*lack of confidence*) неувéренность *f*; (*shyness*) з стéнчивость *f*; **~t** [-dənt] неувéре ный; застéнчивый

diffus|e 1. [dɪ'fju:z] *fig.* распр странять [-ни́ть]; **2.** [dɪ'fju:s] распр странённый; *light* рассéянный; **~i** [dɪ'fju:ʒn] распространéние; рассé вание; *of gas, liquids* диффýзия

dig [dɪg] **1.** [*irr.*] копáться; [вы́]копа ры́ться; [вы́]рыть; **2.** *coll.* (*a. cutti remark*) толчóк

digest 1. [dɪ'dʒest] *food* перевáрива [-ри́ть]; *information, etc.* усвáива [усвóить] (*a. fig.*); *v/i.* перевáривать [-ри́ться]; усвáиваться [усвóиться]; ['daɪdʒest] (*literary*) дайджéст; **~ib** [dɪ'dʒestəbl] *fig.* удобовари́мый; ле кó усвáиваемый (*a. fig.*); **~ion** [-tʃə *of food* пищеварéние; *of knowled* усвоéние

digital ['dɪdʒɪtl] цифровóй

dignif|ied ['dɪgnɪfaɪd] преиспóлне ный достóинства; **~y** [-faɪ] *fig.* обл горáживать [-рóдить]

dignit|ary ['dɪgnɪtərɪ] санóвник; лиц занимáющее высóкий пóст; *eccl.* и рáрх; **~y** [-tɪ] достóинство

digress [daɪ'gres] отклоня́ть [-ни́ться]

dike [daɪk] дáмба; плоти́на; (*ditch*) к нáва

dilapidated [dɪ'læpɪdeɪtɪd] вéтхи стáрый

dilate [daɪ'leɪt] расширя́ть(ся) [-ш рить(ся)]

diligen|ce ['dɪlɪdʒəns] прилежáни усéрдие; **~t** □ прилéжный, усéрдны

dill [dɪl] укрóп

dilute [daɪ'lju:t] разбавля́ть [-бáвит разводи́ть [-вести́]

dim [dɪm] **1.** □ *light* тýсклый; *outline details* нея́сный; *eyesight* слáбый; *collections* смýтный; *coll.* (*stupid*) т пóй; **2.** [по]тускнéть; [за]тум нить(ся); ***~ one's headligh*** включи́ть бли́жний свет

dime [daɪm] *Am.* монéта в дéсять цé тов

dimension [dɪ'menʃn] размéр; объё измерéние

nin|ish [dɪ'mɪnɪʃ] уменьша́ть(ся) ме́ньшить(ся)]; убы́(ва)ть; **~utive** ɪ'mɪnjʊtɪv] □ миниатю́рный
nple ['dɪmpl] я́мочка (на щеке́)
[dɪn] шум; гро́хот
e [daɪn] [по]обе́дать; [по]у́жинать; ['daɪnə] обе́дающий; *rail.* (*part. m.*) ваго́н-рестора́н
ghy ['dɪŋgɪ] ма́ленькая ло́дка
gy ['dɪndʒɪ] □ гря́зный
ing|car *rail.* ваго́н-рестора́н; **~ oom** столо́вая
ner ['dɪnər] обе́д; ***at ~*** за обе́дом; ***rmal ~*** официа́льный обе́д
t [dɪnt]: ***by ~ of*** посре́дством (Р)
[dɪp] **1.** *v/t.* погружа́ть [-узи́ть], куна́ть [-ну́ть]; *brush* обма́кивать кну́ть]; *into pocket* су́нуть; *v/i.* поружа́ться [-узи́ться], окуна́ться ну́ться]; *of flag* приспуска́ть сти́ть]; *of road* спуска́ться сти́ться]; **2.** (*slope*) укло́н; купа́ние; ***ave a ~*** искупа́ться
loma [dɪ'pləʊmə] дипло́м; **~cy** [~sɪ] иплма́тия; **~t** ['dɪpləmæt] диплома́т; **tic(al** □) [dɪplə'mætɪk(əl)] диплома-и́ческий
e ['daɪə] ужа́сный
ect [dɪ'rekt, daɪ-] **1.** □ прямо́й; (*imediate*) непосре́дственный; *traightforward*) я́сный; откры́тый; ***current*** *el.* постоя́нный ток; ***~ train*** рямо́й по́езд; **2.** *adv.* = **~ly**; **3.** руково-и́ть (Т); управля́ть (Т); направля́ть а́вить]; ука́зывать доро́гу (Д); **~ion** ɪ'rekʃən, daɪ-] направле́ние; руко-о́дство; указа́ние; инстру́кция; **~ive** ɪ'rektɪv] директи́ва; **~ly** [~lɪ] **1.** *adv.* ря́мо, непосре́дственно; неме́длен-о; **2.** *cj.* как то́лько
ector [dɪ'rektər, daɪ-] дире́ктор; *ine.* режиссёр; ***board of ~s*** сове́т ди-екторо́в; **~ate** [~rɪt] дире́кция; прав-е́ние; **~y** [~rɪ] (телефо́нный) спра́-очник
t [dɜːt] грязь *f*; **~ cheap** *coll.* о́чень ешёвый; *adv.* по дешёвке; **~y** ['dɜːtɪ] □ гря́зный; *joke* неприли́чный; *eather* нена́стный; ***~ trick*** по́длый осту́пок; **2.** [за]па́чкать

disability [dɪsə'bɪlətɪ] нетрудоспосо́бность *f*; бесси́лие; физи́ческий недоста́ток; ***~ pension*** пе́нсия по нетрудоспосо́бности
disabled [dɪs'eɪbld] искале́ченный; (*unable to work*) нетрудоспосо́бный; ***~ veteran*** инвали́д войны́
disadvantage [dɪsəd'vɑːntɪdʒ] недоста́ток; невы́годное положе́ние; уще́рб; неудо́бство
disagree [dɪsə'griː] расходи́ться во взгля́дах; противоре́чить друг дру́гу; (*quarrel*) [по]спо́рить; быть вре́дным (***with*** для Р); **~able** [~əbl] □ неприя́тный; **~ment** [~mənt] разногла́сие; несогла́сие
disappear [dɪsə'pɪə] исчеза́ть [-е́знуть]; пропада́ть [-па́сть]; *from sight* скры́(ва́)ться; **~ance** [~rəns] исчезнове́ние
disappoint [dɪsə'pɔɪnt] разочаро́вывать [-рова́ть]; *hopes etc.* обма́нывать [-ну́ть]; **~ment** [~mənt] разочарова́ние
disapprov|al [dɪsə'pruːvl] неодобре́ние; **~e** [dɪsə'pruːv] не одобря́ть [одо́брить] (Р); неодобри́тельно относи́ться (***of*** к Д)
disarm [dɪs'ɑːm] *v/t. mst. fig.* обезору́жи(ва)ть; разоружа́ть [-жи́ть]; *v/i.* разоружа́ться [-жи́ться]; **~ament** [dɪs'ɑːməmənt] разоруже́ние
disarrange [dɪsə'reɪndʒ] (*upset*) расстра́ивать [-ро́ить]; (*put into disorder*) приводи́ть в беспоря́док
disast|er [dɪ'zɑːstə] бе́дствие; катастро́фа; **~rous** [~trəs] □ бе́дственный; катастрофи́ческий
disband [dɪs'bænd] распуска́ть [-усти́ть]
disbelieve [dɪsbɪ'liːv] не [по]ве́рить; не доверя́ть (Д)
disc [dɪsk] диск
discard [dɪs'kɑːd] (*throw away*) выбра́сывать [-росить]; *hypothesis* отверга́ть [-е́ргнуть]
discern [dɪ'sɜːn] различа́ть [-чи́ть]; распозн(ав)а́ть *pf.*; отлича́ть [-чи́ть]; **~ing** [~ɪŋ] □ *person* проница́тельный
discharge [dɪs'tʃɑːdʒ] **1.** *v/t.* (*unload*)

разгружа́ть [-узи́ть]; *prisoner* освобожда́ть [-боди́ть]; *from work* увольня́ть [уво́лить]; *duties* выполня́ть [вы́полнить]; *gun, etc.* разряжа́ть [-яди́ть]; *from hospital* выпи́сывать [вы́писать]; *v/i. of wound* гнои́ться; **2.** разгру́зка; (*shot*) вы́стрел; освобожде́ние; увольне́ние; *el.* разря́д; выполне́ние

disciple [dɪ'saɪpl] после́дователь (-ница *f*) *m*; *Bibl.* апо́стол

discipline ['dɪsɪplɪn] **1.** дисципли́на, поря́док; **2.** дисциплини́ровать (*im*)*pf*.

disclose [dɪs'kləʊz] обнару́жи(ва)ть; раскры́(ва́)ть

disco ['dɪskəʊ] *coll.* дискоте́ка

discolo(u)r [dɪs'kʌlə] обесцве́чивать(ся) [-е́тить(ся)]

discomfort [dɪs'kʌmfət] **1.** неудо́бство; диском́форт; (*uneasiness of mind*) беспоко́йство; **2.** причиня́ть [-ни́ть] неудо́бство (Д)

disconsert [dɪskən'sɜːt] [вз]волнова́ть; смуща́ть [смути́ть]; приводи́ть в замеша́тельство

disconnect [dɪskə'nekt] разъединя́ть [-ни́ть] (*a. el.*); разобща́ть [-щи́ть]; (*uncouple*) расцепля́ть [-пи́ть]; **~ed** [-ɪd] □ *thoughts, etc.* бессвя́зный

disconsolate [dɪs'kɒnsələt] □ неуте́шный

discontent [dɪskən'tent] недово́льство; неудовлетворённость *f*; **~ed** [-ɪd] □ недово́льный; неудовлетворённый

discontinue [dɪskən'tɪnjuː] прер(ы)-ва́ть; прекраща́ть [-рати́ть]

discord ['dɪskɔːd] разногла́сие; разла́д

discotheque ['dɪskətek] → ***disco***

discount 1. ['dɪskaʊnt] *comm.* ди́сконт, учёт векселе́й; ски́дка; ***at a ~*** со ски́дкой; **2.** [dɪs'kaʊnt] дисконти́ровать (*im*)*pf*., учи́тывать [уче́сть] (векселя́); де́лать ски́дку

discourage [dɪs'kʌrɪdʒ] обескура́жи(ва)ть; отбива́ть охо́ту (Д; ***from*** к Д)

discourse 1. [dɪs'kɔːs] рассужде́ние; речь *f*; бесе́да; **2.** ['dɪskɔːs] вести́ бесе́ду

discourte|ous [dɪs'kɜːtɪəs] □ невливый, неучти́вый; **~sy** [-tɪsɪ] ве́жливость *f*, неучти́вость *f*

discover [dɪs'kʌvə] де́лать откры (Р); обнару́жи(ва́)ть; **~y** [-rɪ] отк тие

discredit [dɪs'kredɪt] **1.** дискреди ция; **2.** дискредити́ровать (*im*) [о]позо́рить

discreet [dɪ'skriːt] □ (*careful*) ос ро́жный, осмотри́тельный; т ти́чный

discrepancy [dɪs'krepənsɪ] (*lack correspondence*) расхожде́ние; п тиворечи́вость *f*; (*difference*) схо́дство

discretion [dɪ'skreʃn] благоразу́м осторо́жность *f*; усмотре́ние; ***at y ~*** на ва́ше усмотре́ние

discriminat|e [dɪs'krɪmɪneɪt] от си́ться по-ра́зному; ***~ between*** лича́ть, различа́ть; ***~ against*** диск мини́ровать; относи́ться предвз (к Д); **~ing** [-ɪŋ] □ дискриминаци ный; *taste, etc.* разбо́рчивый; **~** [-'neɪʃn] (*judgment, etc.*) прони тельность *f*; (*bias*) дискримина́ци

discuss [dɪ'skʌs] обсужда́ть [-уди́ дискути́ровать; **~ion** [-ʌʃən] обсу де́ние, диску́ссия; *public* пре́ния *п*

disdain [dɪs'deɪn] **1.** (*scorn*) презир [-зре́ть]; (*think unworthy*) счит ни́же своего́ досто́инства; **2.** през ние; пренебреже́ние

disease [dɪ'ziːz] боле́знь *f*; **~d** [больно́й

disembark [dɪsɪm'bɑːk] выса́ ва́ть(ся) [вы́садить(ся)]; сходи́ть бе́рег; *goods* выгружа́ть [вы́грузи

disengage [dɪsɪn'geɪdʒ] (*make f* высвобожда́ть(ся) [вы́сво ди́ть(ся)]; *tech.* (*detach*) разъедин [-ни́ть]

disentangle [dɪsɪn'tæŋgl] распу́т в)а́ть(ся); *fig.* выпу́тываться [вы та́ть(ся)]

disfavo(u)r [dɪs'feɪvə] **1.** неми́лост ***regard with ~*** относи́ться отри

ельно; **2.** не одобря́ть [одо́брить]
sfigure [dɪs'fɪɡə] обезобра́живать ·ра́зить], [из]уро́довать
sgrace [dɪs'greɪs] **1.** (*loss of respect*) есче́стье; (*disfavour*) неми́лость *f*; *cause of shame*) позо́р; **2.** [о]позо́-ить; **~ful** [-fʊl] □ посты́дный, позо́р-ый
sguise [dɪs'gaɪz] **1.** маскиро́вка; пе-еодева́ние; обма́нчивая вне́шность ; ма́ска; ***in ~*** переоде́тый; **2.** [за]ма-кирова́ть(ся); переоде́(ва́)ть(ся); *hide*) скры(ва́)ть
sgust [dɪs'gʌst] **1.** отвраще́ние; **2.** нуша́ть [-ши́ть] отвраще́ние (Д); *make indignant*) возмуща́ть [-ути́ть]; **ing** [-ɪŋ] □ отврати́тельный
sh [dɪʃ] **1.** блю́до, таре́лка, ми́ска; ***he ~es*** *pl.* посу́да; (*food*) блю́до; **2.**: ***out*** раскла́дывать на таре́лки
shearten [dɪs'hɑːtn] приводи́ть ·вести́] в уны́ние
shevel(l)ed [dɪ'ʃevld] растрёпан-ый, взъеро́шенный
shonest [dɪs'ɒnɪst] □ нече́стный; едобросо́вестный; **~y** [-ɪ] не-е́стность *f*, недобросо́вестность *f*; бма́н
shono(u)r [dɪs'ɒnə] **1.** бесче́стье, озо́р; **2.** [о]позо́рить; *young girl* о]бесче́стить; **~able** [-rəbl] □ бес-е́стный, ни́зкий
sillusion [dɪsɪ'luːʒn] **1.** разочарова́-ие; **2.** разруша́ть [-у́шить] иллю́зии Р); **~ed** [-d] разочаро́ванный
sinclined [dɪsɪn'klaɪnd] нерасполо́-кенный
sinfect [dɪsɪn'fekt] дезинфици́ро-ать (*im*)*pf.*; **~ant** [-ənt] дезинфици́-ующее сре́дство
sintegrate [dɪs'ɪntɪgreɪt] распа-а́ться [-па́сться]; разруша́ться -у́шиться]
sinterested [dɪs'ɪntrəstɪd] □ (*with-out self-interest*) бескоры́стный; *without prejudice*) беспристра́ст-ый
sk [dɪsk] диск; **~ drive** дисково́д
skette [dɪ'sket] *comput.* диске́та
slike [dɪs'laɪk] **1.** не люби́ть; **2.** не-люб́овь *f* (***of*** к Д); антипа́тия; ***take a ~ to*** невзлюби́ть (В)
dislocate ['dɪsləkeɪt] *med.* выви́хи-вать [вы́вихнуть]; (*put out of order*) наруша́ть [нару́шить]
dislodge [dɪs'lɒdʒ] (*move*) смеща́ть [смести́ть]; *mil.* выбива́ть [вы́бить]
disloyal [dɪs'lɔɪəl] □ *to state, etc.* не-лоя́льный; *friend* неве́рный
dismal ['dɪzməl] □ (*gloomy*) мра́чный; уны́лый; гнету́щий
dismantl|e [dɪs'mæntl] *tech.* разби-ра́ть [разобра́ть]; демонти́ровать (*im.*)*pf.*; **~ing** [-ɪŋ] демонта́ж
dismay [dɪs'meɪ] **1.** смяте́ние, по-трясе́ние; **2.** *v/t.* приводи́ть [-вести́] в смяте́ние
dismiss [dɪs'mɪs] *v/t.* (*allow to go*) от-пуска́ть [-сти́ть]; *from work, service, etc.* увольня́ть [уво́лить]; ***~ all thoughts of*** отбро́сить да́же мы́сль (о П); **~al** [-l] увольне́ние; отстране́-ние
dismount [dɪs'maʊnt] *v/i.* слеза́ть с ло́шади, с велосипе́да
disobedien|ce [dɪsə'biːdɪəns] непо-слуша́ние, неповинове́ние; **~t** [-t] □ непослу́шный
disobey [dɪsə'beɪ] не [по]слу́шаться (Р); *order* не подчиня́ться [-ни́ться] (Д)
disorder [dɪs'ɔːdə] беспоря́док; *med.* расстро́йство; **~s** *pl.* (*riots*) беспоря́д-ки *m/pl.*; ***throw into ~*** переверну́ть всё вверх дном; **~ly** [-lɪ] беспоря́дочный; неорганизо́ванный, бу́йный
disorganize [dɪs'ɔːgənaɪz] дезоргани-зова́ть (*im*)*pf.*, расстра́ивать [-ро́ить]
disown [dɪs'əʊn] не призн(ав)а́ть; от-ка́зываться [-за́ться] от (Р)
dispassionate [dɪ'spæʃənət] □ (*im-partial*) беспристра́стный; (*cool*) бесстра́стный
dispatch [dɪ'spætʃ] **1.** отпра́вка; от-правле́ние; (*message*) сообще́ние; **2.** пос(ы)ла́ть; отправля́ть [-а́вить]
dispel [dɪ'spel] рассе́ивать [-се́ять]; *crowd etc.* разгоня́ть [разогна́ть]
dispensary [dɪ'spensərɪ] больни́чная

апте́ка; *in drugstore* рецепту́рный отде́л

dispense [dɪ'spens] *v/t. prescription* приготовля́ть; (*deal out*) раздава́ть [-да́ть]; **~ *justice*** отправля́ть [-а́вить] правосу́дие; **~ *with*** обходи́ться [обой-ти́сь], отка́зываться [-за́ться]

disperse [dɪ'spɜːs] разгоня́ть [разо-гна́ть]; рассе́ивать(ся) [-е́ять(ся)]; (*spread*) распространя́ть [-ни́ть]

dispirit [dɪ'spɪrɪt] удруча́ть [-чи́ть]; приводи́ть в уны́ние

displace [dɪs'pleɪs] (*take the place of*) заня́ть ме́сто, замеща́ть [замести́ть]

display [dɪ'spleɪ] **1.** (*exhibit*) вы-ставля́ть [вы́ставить]; *courage, etc.* проявля́ть [-яви́ть]; **2.** вы́ставка; про-явле́ние; *comput.* диспле́й

displeas|e [dɪs'pliːz] вызыва́ть [вы́-звать] недово́льство, не [по]нра́-виться (Д); быть не по вку́су (Д); **~ed** [~d] недово́льный; **~ure** [dɪs-'pleʒə] недово́льство

dispos|al [dɪ'spəʊzl] *of troops, etc.* расположе́ние; (*removal*) удале́ние; ***put at s.o.'s ~*** предоста́вить в чьё-л. распоряже́ние; **~e** [dɪ'spəʊz] *v/t.* рас-полага́ть [-ложи́ть] (В); *v/i.* **~ *of*** рас-поряжа́ться [-яди́ться] (Т); **~ed** [~d] располо́женный; настро́енный; (*be inclined to*) быть скло́нным; **~ition** [dɪspə'zɪʃn] расположе́ние; хара́к-тер; предрасположе́ние (к Д), скло́н-ность (к Д)

disproportionate [dɪsprə'pɔːʃənət] □ непропорциона́льный, несоразме́р-ный

disprove [dɪs'pruːv] опроверга́ть [-ве́ргнуть]

dispute [dɪs'pjuːt] **1.** (*discuss*) обсуж-да́ть [-уди́ть]; (*call into question*) ос-па́ривать [оспо́рить]; (*argue*) [по]спо́-рить; **2.** ди́спут; деба́ты *m/pl.*; поле́-мика; диску́ссия

disqualify [dɪs'kwɒlɪfaɪ] дисквалифи-ци́ровать (*im*)*pf.*; лиша́ть пра́ва

disquiet [dɪs'kwaɪət] [о]беспоко́ить

disregard [dɪsrɪ'gɑːd] **1.** пренебреже́-ние; игнори́рование; **2.** игнори́ро-вать (*im*)*pf.*; пренебрега́ть [-бре́чь] (Т)

disreput|able [dɪs'repjʊtəbl] □ *beh-vio(u)r* дискредити́рующий; по́-зующийся дурно́й репута́цией; [dɪsrɪ'pjuːt] дурна́я сла́ва

disrespect [dɪsrɪ'spekt] неуваже́н[ие]; **~ful** [~fl] □ непочти́тельный

dissatis|faction [dɪsætɪs'fækʃn] не[до]-во́льство; неудовлетворённость; **~factory** [~tərɪ] неудовлетвори́те[ль]-ный; **~fy** [dɪs'sætɪsfaɪ] не удов[ле]-творя́ть [-ри́ть]

dissect [dɪ'sekt] *anat.* вскры(ва́)[ть]; *fig.* анализи́ровать

dissent [dɪ'sent] **1.** несогла́сие; **2.** р[ас]-ходи́ться во взгля́дах, мне́ниях

disservice [dɪs'sɜːvɪs]: ***he did her*** [...] он оказа́л ей плоху́ю услу́гу

dissimilar [dɪ'sɪmɪlə] □ непохо́ж[ий], несхо́дный, разноро́дный

dissipat|e ['dɪsɪpeɪt] (*disperse*) рассе́[и]-вать [-е́ять]; (*spend, waste*) р[ас]-тра́чивать [-тра́тить]; **~ion** [dɪ-'peɪʃn]: ***life of ~*** беспу́тный о́браз жи[з]-ни

dissociate [dɪ'səʊʃɪeɪt] разобща́[ть] [-щи́ть] отмежёвываться [-ева́ться] (от Р)

dissolut|e ['dɪsəluːt] □ распу́щенн[ый], беспу́тный; **~ion** [dɪsə'luːʃn] *of ma[r]-riage, agreement* расторже́ние; *pa[rl.]* ро́спуск; *of firm, etc.* ликвида́ция, ра[с]-формирова́ние

dissolve [dɪ'zɒlv] *v/t. parl. etc.* расп[у]-ска́ть [-усти́ть]; *salt, etc.* растворя́[ть] [-ри́ть]; *marriage, agreement* раст[ор]-га́ть [-о́ргнуть]; аннули́рова[ть] (*im*)*pf.*; *v/i.* растворя́ться [-ри́ться]

dissonant ['dɪsənənt] нестро́йн[ый], диссони́рующий

dissuade [dɪ'sweɪd] отгова́рива[ть] [-вори́ть] (***from*** от Р)

distan|ce ['dɪstəns] расстоя́ние; *sp[ort]* диста́нция; даль *f*; *of time* проме[жу]-ток, пери́од; ***in the ~*** вдали́; вдале[ке]; ***keep s.o. at a ~*** держа́ть кого́-л. на р[ас]-стоя́нии; **~t** [~t] □ да́льний, далёк[ий], отдалённый; *fig.* (*reserved*) сде́ржа[н]-ный, холо́дный

distaste [dɪs'teɪst] отвраще́ние; **~**[...]

D

-fl] □ неприя́тный (на В, ***to*** Д)
stend [dɪ'stend] разу́(ва́)ть(ся), на-у́(ва́)ть(ся)
stil [dɪ'stɪl] *chem.* перегоня́ть -гна́ть], дистиллирова́ть *(im)pf.*; **led water** дистиллиро́ванная вода́; **lery** [-ərɪ] перего́нный заво́д
stinct [dɪ'stɪŋkt] □ (*different*) раз-и́чный, осо́бый, индивидуа́льный; *clear)* отчётливый; (*definite*) опре-елённый; **~ion** [dɪs'tɪŋkʃn] разли́чие; *hono(u)r)* честь; ***draw a ~ between*** е́лать разли́чие ме́жду (Т); ***writer f ~*** изве́стный писа́тель; **~ive** [-tɪv] □ отличи́тельный, характе́рный
stinguish [dɪ'stɪŋgwɪʃ] различа́ть -чи́ть]; отлича́ть [-чи́ть]; ***~ o.s.*** от-ичи́ться; **~ed** [-t] выдаю́щийся, из-е́стный; *guest* почётный
stort [dɪ'stɔ:t] искажа́ть [искази́ть] *a. fig.)*
stract [dɪ'strækt] отвлека́ть [от-ле́чь]; **~ion** [dɪ'strækʃn] отвлече́-ние; (*amusement*) развлече́ние
stress [dɪ'stres] **1.** огорче́ние, го́ре; *aut.* бе́дствие; (*suffering*) страда́ние; *poverty)* нужда́, нищета́; ***~ signal*** сиг-а́л бе́дствия; **2.** (*upset*) огорча́ть -чи́ть]; расстра́ивать [-ро́ить]
stribut|e [dɪ'strɪbju:t] распределя́ть -ли́ть]; (*hand out*) разд(ав)а́ть; *rinted matter* распространя́ть -ни́ть]; **~ion** [dɪstrɪ'bju:ʃn] распреде-е́ние; разда́ча; распростране́ние
strict ['dɪstrɪkt] райо́н; о́круг; ***elec-ion ~*** избира́тельный о́круг
strust [dɪs'trʌst] **1.** недове́рие; (*sus-icion*) подозре́ние; **2.** не доверя́ть Д); **~ful** [-fl] □ недове́рчивый; подо-ри́тельный; ***~ of o.s.*** неуве́ренный в ебе́
sturb [dɪ'stɜ:b] [по]беспоко́ить; *worry)* взволнова́ть; *peace, etc.* на-уша́ть [-у́шить]; **~ance** [-əns] шум, ревога, волне́ние; *pl.* волне́ния *n/pl.*
suse [dɪs'ju:z] неупотребле́ние; ***fall nto ~*** вы́йти из употребле́ния; *of aw, etc.* не применя́ться, не испо́льзо-аться
tch [dɪtʃ] кана́ва, ров

dive [daɪv] **1.** ныря́ть [нырну́ть]; по-гружа́ться [-узи́ться]; пры́гать [-гнуть] в во́ду; *ae.* пики́ровать *(im)pf.*; **2.** прыжо́к в во́ду; погруже́-ние; пики́рование; (*disreputable bar, etc.*) прито́н, погребо́к; ***make a ~ for*** броса́ться [бро́ситься]; **~r** ['daɪvə] во-дола́з; ныря́льщик *m*, -ица *f*; *sport* спортсме́н по прыжка́м в во́ду
diverge [daɪ'vɜ:dʒ] расходи́ться [ра-зойти́сь] (*a. fig.*); (*turn away*) от-клоня́ться [-ни́ться]; **~nce** [-əns] рас-хожде́ние; отклоне́ние; **~nt** [-ənt] □ расходя́щийся; ***~ opinions*** ра́зные мне́ния
divers|e [daɪ'vɜ:s] □ разли́чный, раз-нообра́зный; (*different*) ино́й; **~ion** [daɪ'vɜ:ʃən] (*amusement*) развлече́-ние; (*turning away*) отклоне́ние; **~ity** [-sɪtɪ] разнообра́зие; разли́чие
divert [daɪ'vɜ:t] *attention* отвлека́ть [-е́чь]; (*amuse*) развлека́ть [-е́чь]
divid|e [dɪ'vaɪd] *v/t. math.* [раз]дели́ть; (*share out*) разделя́ть [-ли́ть]; *v/i.* [раз]дели́ться; разделя́ться [-ли́ться]; *math.* дели́ться без оста́тка; **~end** ['dɪvɪdend] *fin.* дивиде́нд; *math.* дели́-мое
divine [dɪ'vaɪn] **1.** □ боже́ственный; ***~ service*** богослуже́ние; **2.** (*guess*) уга́-дывать [-да́ть]
diving ['daɪvɪŋ] ныря́ние; *sport* прыж-ки́ в во́ду; **~ board** трампли́н
divinity [dɪ'vɪnɪtɪ] (*theology*) богосло́-вие; (*a divine being*) божество́
divis|ible [dɪ'vɪzəbl] (раз)дели́мый; **~ion** [dɪ'vɪʒn] деле́ние; разделе́ние; (*department*) отде́л; *mil.* диви́зия; *math.* деле́ние
divorce [dɪ'vɔ:s] **1.** разво́д; **2.** (*dissolve a marriage*) расторга́ть брак (Р); раз-води́ться [-вести́сь] с (Т); ***be ~d*** быть в разво́де
divulge [daɪ'vʌldʒ] разглаша́ть [-ла-си́ть]
dizz|iness ['dɪzɪnɪs] головокруже́ние; **~y** ['dɪzɪ] □ головокружи́тельный; ***I feel ~*** у меня́ кру́жится голова́
do [du:] [*irr.*] **1.** *v/t.* [с]де́лать; *duty, etc.* выполня́ть [вы́полнить]; (*arrange*)

устра́ивать [-ро́ить]; *homework etc.* приготовля́ть [-то́вить]; **~ London** осма́тривать Ло́ндон; ***have done reading*** ко́нчить чита́ть; *coll.* **~ in** (*exhaust*), *a. sl.* (*kill*) уби́(ва́)ть; **~ out** убира́ть [убра́ть]; **~ out of** выма́нивать [вы́манить] (обма́ном); **~ over** переде́л(ыв)ать; *with paint* покры́(ва́т)ь; **~ up** завора́чивать [заверну́ть]; [с]де́лать ремо́нт; *coat* застёгивать [-егну́ть]; (*tie*) завя́зывать [-за́ть]; **2.** *v/i.* [с]де́лать; поступа́ть [-пи́ть], де́йствовать; **~ so as to …** устра́ивать так, чтобы …; ***that will ~*** доста́точно, дово́льно; сойдёт; ***how ~ you ~?*** здра́вствуй(те)!; как вы пожива́ете?; **~ well** успева́ть; хорошо́ вести́ де́ло; **~ away with** уничтожа́ть [-о́жить]; ***I could ~ with …*** мне мог бы пригоди́ться (И); ***I could ~ with a shave*** мне не помеша́ло бы побри́ться; **~ without** обходи́ться [обойти́сь] без (Р); ***~ be quick!*** поспеши́те!, скоре́й!; ***~ you like London? – I ~*** вам нра́вится Ло́ндон? – Да

docil|e ['dəʊsaɪl] послу́шный; (*easily trained*) поня́тливый; **~ity** [dəʊ'sɪlɪtɪ] послуша́ние; поня́тливость *f*

dock [dɑk] **1.** *naut.* док; *law* скамья́ подсуди́мых; **2.** *naut.* ста́вить су́дно в док; *of space vehicles* [со]стыкова́ться

dockyard ['dɒkjɑːd] верфь *f*

doctor ['dɒktə] *acad.* до́ктор; *med.* врач; **~ate** [-rət] сте́пень до́ктора

doctrine ['dɒktrɪn] уче́ние, доктри́на

document 1. ['dɒkjʊmənt] докуме́нт; **2.** [-ment] документи́ровать, подтвержда́ть докуме́нтами

dodge [dɒdʒ] **1.** увёртка, уло́вка, хи́трость *f*; **2.** увил́ивать [-льну́ть]; [с]хитри́ть; избега́ть [-ежа́ть] (Р)

doe [dəʊ] *mst.* са́мка оле́ня

dog [dɒg] **1.** соба́ка, пёс; **2.** ходи́ть по пята́м (Р); *fig.* пресле́довать; **~ collar** оше́йник

dogged ['dɒgɪd] □ упря́мый, упо́рный, насто́йчивый

dogma ['dɒgmə] до́гма; *specific* до́гмат; **~tic** [dɒg'mætɪk] *person* догмати́чный; **~tism** ['dɒgmətɪzəm] догмати́зм

dog-tired [dɒg'taɪəd] уста́лый как со-ба́ка

doings ['duːɪŋz] дела́ *n/pl.*, посту́пки *m/pl.*

do-it-yourself: **~ kit** набо́р инструментов "сде́лай сам"

doleful ['dəʊlfʊl] □ ско́рбный, печа́льный

doll [dɒl] ку́кла

dollar ['dɒlə] до́ллар

domain [də'meɪn] (*estate*) владе́ние; (*realm*) сфе́ра; *fig.* о́бласть *f*

dome [dəʊm] ку́пол; (*vault*) свод

domestic [də'mestɪk] **1.** дома́шний, семе́йный; **2.** дома́шняя рабо́тница; слуга́ *m*; **~ate** [-tɪkeɪt] *animal* приручáть [-чи́ть]

domicile ['dɒmɪsaɪl] местожи́тельство

domin|ant ['dɒmɪnənt] госпо́дствующий, преоблада́ющий; **~ate** [-neɪt] госпо́дствовать, преоблада́ть; **~ation** [dɒmɪ'neɪʃn] госпо́дство, преоблада́ние; **~eer** [dɒmɪ'nɪə] вести́ себя́ деспоти́чески; **~eering** [-rɪŋ] деспоти́чный, вла́стный

don [dɒn] *univ.* преподава́тель

donat|e [dəʊ'neɪt] [по]же́ртвовать; **~ion** [-ʃn] поже́ртвование

done [dʌn] **1.** *pt. p. от* **do**; **2.** *adj.* гото́вый; **~ in** уста́лый; ***well ~(!)*** хорошо прожа́ренный; молоде́ц!

donkey ['dɒŋkɪ] осёл

donor ['dəʊnə] дари́тель(ница *f*) *m*; *blood, etc.* до́нор

doom [duːm] **1.** рок, судьба́; (*ruin*) ги́бель; **2.** обрека́ть [-е́чь] (**to** на В)

door [dɔː] дверь *f*; ***next ~*** ря́дом, в сосе́днем до́ме; ***out of ~s*** на откры́том во́здухе; **~ handle** дверна́я ру́чка; **~keeper** швейца́р; **~way** вход, дверно́й проём

dope [dəʊp] нарко́тик; *sport* до́пинг; *coll.* (*blockhead*) о́лух

dormant ['dɔːmənt] *mst. fig.* безде́йствующий, спя́щий; **~ capital** мёртвый капита́л

dormitory ['dɔːmɪtrɪ] большо́е спа́л…

ное помещéние (*в школах, интер-натах и т.д.*); *Am.* общежи́тие
se [dəus] **1.** дóза; **2.** дози́ровать *(im)pf.*; давáть дóзами
t [dɒt] **1.** тóчка; ***come on the ~*** прийти́ тóчно; **2.**: ***~ the i's*** стáвить тóчки над i; **~ted line** пункти́р
t|e [dəut]: **~ (*up*)*on*** души́ не чáять; **~ing** ['dəutɪŋ] óчень лю́бящий
uble ['dʌbl] **1.** двойнóй; *fig.* двоя́кий; **2.** *person* двойни́к; дводнóе кóличество; пáрная игрá; *thea.* (*understudy*) дублёр; **3.** *v/t.* удвáивать [удвóить]; склáдывать вдвóе; ***~d up*** крючи́вшийся; *v/i.* удвáиваться удвóиться]; **~-breasted** двубóртный; **~-dealing** двуру́шничество; **~-edged** обоюдоóстрый
ubt [daut] **1.** *v/t.* сомневáться [усомни́ться] в (П); не доверя́ть (Д); *v/i.* имéть сомнéния; **2.** сомнéние; ***no ~*** без сомнéния; **~ful** ['dautful] □ сомни́тельный; ***~ blessing*** пáлка о двух концáх; **~less** ['dautlɪs] несомнéнно; верóятно
ough [dəu] тéсто; **~nut** ['dəunʌt] пóнчик
ve [dʌv] гóлубь *m*
wn[1] [daun] пух; *dim.* пушóк
wn[2] [~] **1.** *adv.* вниз, внизу́; ***~ to*** вплоть до (Р); ***it suits me ~ to the ground*** меня́ э́то вполнé устрáивает; **2.** *prp.* вниз по (Д); вдоль по (Д); ***~ the river*** вниз по рекé; **3.** *adj.* напрáвленный вниз; ***prices are ~*** цéны сни́зились; **4.** *v/t.* опускáть [опусти́ть]; *enemies* одолé(вá)ть; **~cast** удручённый; **~fall** падéние; **~hearted** [daun'hɑ:tɪd] пáвшийдýхом; **~hill** [daun'hɪl] вниз; под гóру; **~pour** ли́вень *m*; **~right 1.** *adv.* совершéнно; прямо; **2.** *adj.* прямóй; (*frank*) откровéнный; (*honest*) чéстный; **~stairs** [daun'steəz] вниз, внизу́; **~stream** [daun'stri:m] вниз по течéнию; **~town** [daun'taun] *part. Am.* в цéнтре гóрода; **~ward(s)** [-wəd(z)] вниз, кни́зу
wny ['daunɪ] пуши́стый, мя́гкий как пух
wry ['dauərɪ] придáное

doze [dəuz] **1.** дремóта; ***have a ~*** вздремну́ть; **2.** дремáть
dozen ['dʌzn] дю́жина
drab [dræb] ту́склый, однообрáзный
draft [drɑ:ft] **1.** = ***draught***; наброśок; чернови́к; *fin.* чек; су́мма, полу́ченная по чéку; *mil.* призы́в, набóр; *arch.* эски́з; **2.** набрáсывать [-ро-сáть]; призывáть [призвáть]
drag [dræg] **1.** обу́за, брéмя *n*; **2.** *v/t.* [по]тяну́ть, [по]волочи́ть; ***I could hardly ~ my feet*** я éле волочи́л нóги; *v/i.* [по]волочи́ться; ***~ on*** тяну́ться
dragon ['drægən] дракóн; **~fly** стрекозá
drain [dreɪn] **1.** дренáж; *pl.* канализáция; *from roof* водостóк; **2.** *v/t.* осушáть [-ши́ть]; *fig.* истощáть [-щи́ть]; **~age** ['dreɪnɪdʒ] дренáж; стóк; канализáция
drake [dreɪk] сéлезень *m*
drama|tic [drə'mætɪk] (***~ally***) драмати́ческий; театрáльный; драмати́чный; **~tist** ['dræmətɪst] драматýрг; **~tize** [~taɪz] драматизи́ровать *(im)pf.*
drank [dræŋk] *pt. om* ***drink***
drape [dreɪp] [за]драпировáть; располагáть склáдками; **~ry** ['dreɪpərɪ] драпирóвка; (*cloth*) ткáни *f/pl.*
drastic ['dræstɪk] (***~ally***) реши́тельный, крутóй; сильнодéйствующий
draught [drɑ:ft] *chiefly Brt.* тя́га; *in room* сквозня́к; (*drink*) глотóк; (*rough copy*) чернови́к, наброśок; **~s** *pl.* шáшки *f/pl.*; → ***draft***; ***~ beer*** бочковóе пи́во; **~sman** [~smən] чертёжник; (*artist*) рисовáльщик *m*, -щица *f*
draw [drɔ:] **1.** [*irr.*] [на]рисовáть; [по]-тяну́ть; [по]тащи́ть; *tooth* вырывáть [вы́рвать]; *water* черпáть; *attention* привлекáть [-éчь]; *conclusion* приходи́ть [-йти́] (к Д); *sport* закáнчивать [-кóнчить] (игру́) вничью́; ***~ near*** приближáться [-ли́зиться]; ***~ out*** вытя́гивать [вы́тянуть]; ***~ up*** *paper* составля́ть [-áвить]; (*stop*) останáвливаться [-нови́ться]; **2.** (*lottery*) жеребьёвка; *sport* ничья́; **~back** ['drɔ:bæk] недостáток; **~er** [drɔ:] вы-

движно́й я́щик; **~ers**: *a.* ***pair of ~*** *pl.* кальсо́ны *f/pl.*, *short* трусы́
drawing ['drɔːɪŋ] рису́нок; рисова́ние; чертёж; **~ board** чертёжная доска́; **~ room** гости́ная
drawn [drɔːn] *pt. p. от* ***draw***
dread [dred] **1.** боя́ться, страши́ться (Р); **2.** страх, боя́знь *f*; **~ful** ['dredfl] □ ужа́сный, стра́шный
dream [driːm] **1.** сон, сновиде́ние; (*reverie*) мечта́; **2.** [*a. irr.*] ви́деть во сне; мечта́ть; **~ *up*** приду́мывать [-мать]; вообража́ть [-рази́ть]; **~er** [~ə] мечта́тель(ница *f*) *m*, фантазёр(ка); **~y** [~ɪ] □ мечта́тельный
dreary ['drɪərɪ] □ тоскли́вый; *weather* нена́стный; *work, etc.* ску́чный
dredge [dredʒ] землечерпа́лка
dregs [dregz] *pl.* оса́док; *of society* отбро́сы *m/pl.*; ***drink to the ~*** [вы́]пить до дна
drench [drentʃ] промока́ть [-мо́кнуть]; ***get ~ed*** промо́кнуть до ни́тки
dress [dres] **1.** пла́тье; *collect.* оде́жда; *thea.* ***~ rehearsal*** генера́льная репети́ция; **2.** оде́(ва́)ть(ся); (*adorn*) украша́ть(ся) [укра́сить(ся)]; *hair* де́лать причёску; *med.* перевя́зывать [-за́ть]; **~ circle** *thea.* бельэта́ж; **~er** [~ə] ку́хонный шкаф; *Am. a.* комо́д, туале́тный сто́лик
dressing ['dresɪŋ] перевя́зочный материа́л; перевя́зка; *cul.* припра́ва; **~ *down*** головомо́йка; **~ gown** хала́т; **~ table** туале́тный сто́лик
dressmaker портни́ха
drew ['druː] *pt. от* ***draw***
dribble ['drɪbl] ка́пать; пуска́ть слю́ни
dried [draɪd] сухо́й; вы́сохший
drift [drɪft] **1.** *naut.* дрейф; (*snow~*) сугро́б; *of sand* нано́с; *fig.* тенде́нция; ***did you get the ~ of what he said?*** ты улови́л смысл его́ слов?; **2.** *v/t.* сноси́ть [снести́]; наноси́ть [нанести́]; *leaves, snow* мести́; *v/i.* дрейфова́ть (*im*)*pf.*; намести́; *fig. of person* плыть по тече́нию
drill [drɪl] **1.** дрель; бу́рав; *tech.* бур; (*exercise*) упражне́ние; *sport* трениро́вка; **2.** [на]тренирова́ть
drink [drɪŋk] **1.** питьё; напи́ток; **2.** [*ir*… [вы́]пить; пья́нствовать
drip [drɪp] ка́пать, па́дать ка́плями
drive [draɪv] **1.** езда́; пое́здка; подъе… (к до́му); *tech.* при́вод; *fig.* эне́рги… си́ла; ***go for a ~*** пое́хать поката́т… на маши́не; **2.** [*irr.*] *v/t.* (*force alon*… [по]гна́ть; *nail, etc.* вби(ва́)ть; (*co*…*vey*) вози́ть, [по]везти́; *v/i.* е́зди… [по]е́хать; ката́ться; [по]нести́сь; … ***at*** намека́ть на (В)
drivel ['drɪvl] бессмы́слица, чепуха́
driven ['drɪvn] *pt. p. от* ***drive***
driver ['draɪvə] *mot.* води́тель … шофёр; *rail.* машини́ст; ***racing ~*** го́…щик
drizzle ['drɪzl] **1.** и́зморось *f*; ме́лк… дождь *m*; **2.** мороси́ть
drone [drəʊn] **1.** *zo.* тру́тень *m*; … жужжа́ть; *plane* гуде́ть
droop [druːp] *v/t.* *head* опуска́… [-сти́ть]; пове́сить; *v/i.* поника́ть [-и́…нуть]; *of flowers* увяда́ть [увя́нуть]
drop [drɒp] **1.** ка́пля; (*fruit ~*) ледене́… *in prices, etc.* паде́ние, сниже́ние; *the*… за́навес; **2.** *v/t.* роня́ть [урони́ть… *smoking, etc.* броса́ть [бро́сить]; ~ … ***p. a line*** черкну́ть кому́-л. слове́чк… *v/i.* ка́пать [ка́пнуть]; спада́… [спасть]; па́дать [упа́сть]; пон…жа́ться [-и́зиться]; *of wind* стиха́… [сти́хнуть]; **~ *in*** заходи́ть [зайти́], з… гля́дывать [загляну́ть]
drought [draʊt] за́суха
drove [drəʊv] **1.** (*herd*) ста́до; **2.** *pt. о*… ***drive***
drown [draʊn] *v/t.* [у]топи́ть; *f*… *sound* заглуша́ть [-ши́ть]; *v/i.* [у]т…ну́ть = ***be ~ed***; **~ *o.s.*** [у]топи́ться
drows|e [draʊz] [за]дрема́ть; … ['draʊsɪ] со́нный
drudge [drʌdʒ] исполня́ть ску́чну… тяжёлую рабо́ту, тяну́ть ля́мку
drug [drʌg] лека́рство; *pl.* медик…ме́нты *m/pl.*; нарко́тик; ***take ~s*** уп…требля́ть нарко́тики; **~ addict** нарк…ма́н; **~gist** ['drʌgɪst] апте́карь … **~store** *Am.* апте́ка
drum [drʌm] **1.** бараба́н; **2.** бить в б…раба́н, бараба́нить

unk [drʌŋk] **1.** *pt. p. от* ***drink***; **2.** ьяный; ***get ~*** напиваться пьяным; **ard** ['drʌŋkəd] пьяница *m/f*; **~en** 'drʌŋkən] пьяный

y [draɪ] **1.** □ сухой, высохший; ***~ as dust*** скучный; **2.** [вы]сушить; [вы]-охнуть; ***~ up*** высушивать [вы-ушить]; *of river etc.* высыхать [вы-охнуть], пересыхать [-сохнуть]; **~ leaner's** химчистка

al ['dju:əl] □ двойной

bious ['dju:bɪəs] □ сомнительный одозрительный

chess ['dʌtʃɪs] герцогиня

ck[1] [dʌk] утка; *fig.* ***a lame ~*** неудач-ик

ck[2] [~] нырять [нырнуть]; оку-аться [-нуться]; (*move quickly*) вёртываться [увернуться]

ckling ['dʌklɪŋ] утёнок

e [dju:] **1.** должный, надлежащий; **~ o** благодаря; ***the train is ~ ...*** поезд олжен прибыть ...; ***in ~ course*** в воё время; **2.** *adv. naut. east, etc.* точ-о, прямо; **3.** должное; то, что ричитается; ***give s.o. his ~*** отдавать олжное кому-л.; *mst.* **~s** *pl.* сборы *n/pl.*, налоги *m/pl.*; пошлины *f/pl.*; ленский взнос

el ['dju:əl] **1.** дуэль *f*; **2.** драться на уэли

et [dju:'et] дуэт

g [dʌg] *pt. и pt. p. от* ***dig***

ke [dju:k] герцог

ll [dʌl] **1.** (**~y**) (*not sharp*) тупой (*a. ig.*); (*boring*) скучный; *comm.* ялый; *day* пасмурный; **2.** при-уплять(ся) [-пить(ся)]; *fig.* де-ать(-ся) скучным; **~ness** ['dʌlnɪs] кука; вялость *f*; тупость *f*

ly ['dju:lɪ] должным образом

mb [dʌm] □ немой; *Am.* глупый; **~found** [dʌm'faʊnd] ошеломлять -мить]

mmy ['dʌmɪ] *tailor's* манекен; *mil.* акет; *Brt.* ***baby's~*** (*Am. pacifier*) сос-а, пустышка

mp [dʌmp] **1.** свалка; **2.** сбрасывать сбросить]; сваливать [-лить]; **~ing** *comm.* демпинг; **~s** *pl.*: ***be down in the ~*** плохое настроение

dunce [dʌns] тупица *m/f*

dune [dju:n] дюна

dung [dʌŋ] навоз

duplic|ate 1. ['dju:plɪkɪt] **a)** двойной; запасной; **b)** дубликат; копия; ***in ~*** в двух экземплярах; **2.** [-keɪt] снимать, делать копию с (Р); удваивать [удвоить]; **~ity** [dju:'plɪsɪtɪ] дву-личность *f*

dura|ble ['djʊərəbl] □ прочный; дли-тельный; **~tion** [djʊə'reɪʃn] продол-жительность *f*

during ['djʊərɪŋ] *prp.* в течение (Р), во время (Р)

dusk [dʌsk] сумерки; **~y** ['kʌskɪ] □ су-меречный; *skin* смуглый

dust [dʌst] **1.** пыль *f*; **2.** (*wipe*) выти-рать пыль; **~bin** *Brt.* (*Am. trash can*) мусорное ведро; **~er** ['dʌstə] тряпка для вытирания пыли; **~y** ['dʌstɪ] □ пыльный

Dutch [dʌtʃ] **1.** голландец *m*, -дка *f*; **2.** голландский; ***the ~*** голландцы *pl.*

duty ['dju:tɪ] долг, обязанность *f*; де-журство; *fin.* пошлина; ***off ~*** свобод-ный от дежурства; **~-free** *adv.* бес-пошлинно

dwarf [dwɔ:f] **1.** карлик; **2.** [по]мешать росту; казаться маленьким (по срав-нению с Т)

dwell [dwel] [*irr.*] жить; ***~ (up)on*** оста-навливаться [-новиться] на (П); **~ing** ['dwelɪŋ] жилище, дом

dwelt [dwelt] *pt. и pt. p. от* ***dwell***

dwindle ['dwɪndl] уменьшаться [уменьшиться], сокращаться [-ра-титься]

dye [daɪ] **1.** краска; краситель; *fig.* ***of the deepest ~*** отъявленный; **2.** [по-, вы]красить, окрашивать [окрасить]

dying ['daɪɪŋ] (*s.* ***die***[1]) **1.** умирающий; *words* предсмертный; **2.** умирание; смерть

dynam|ic [daɪ'næmɪk] динамический; *fig.* динамичный; активный; энер-гичный; **~ics** [-ɪks] *mst. sg.* динамика; **~ite** ['daɪnəmaɪt] динамит

D

E

E

each [iːtʃ] ка́ждый; **~ *other*** друг дру́га
eager ['iːgə] □ стремя́щийся; (*diligent*) усе́рдный; энерги́чный; **~ness** [-nɪs] пыл, рве́ние
eagle ['iːgl] орёл, орли́ца
ear [ɪə] у́хо (*pl.*: у́ши); *mus.* слух; **~drum** бараба́нная перепо́нка
earl [ɜːl] граф (англи́йский)
early ['ɜːlɪ] **1.** ра́нний; (*premature*) преждевре́менный; ***at the earliest*** в лу́чшем слу́чае; ***it is too ~ to draw conclusions*** де́лать вы́воды преждевре́менно; **2.** *adv.* ра́но; (*timely*) заблаговре́менно; ***as ~ as*** уже́, ещё; как мо́жно ра́ньше
earmark ['ɪəmɑːk] (*set aside*) предназнача́ть [-зна́чить]
earn [ɜːn] зараба́тывать [-бо́тать]; *fig.* заслу́живать [-жи́ть]
earnest ['əːnɪst] **1.** □ серьёзный; убеждённый; и́скренний; **2.** серьёзность *f*; ***in ~*** серьёзно, всерьёз
earnings ['ɜːnɪŋz] за́работок
ear|phones ['ɪəfəʊnz] нау́шники *m./pl.*; **~ring** серьга́, серёжка; **~shot** преде́лы слы́шимости
earth [ɜːθ] **1.** земля́, земно́й шар; (*soil*) земля́, по́чва; **2.** *v/t.* (*~ up*) зары́(ва́)ть; зака́пывать [закопа́ть]; *el.* заземля́ть [-ли́ть]; **~en** [-n] земляно́й; **~enware** [-nweə] гли́няная посу́да; **~ly** [-lɪ] земно́й; **~quake** [-kweɪk] землетрясе́ние; **~worm** земляно́й червь *m.*, *coll.* червя́к
ease [iːz] **1.** лёгкость *f*; непринуждённость *f*; ***at ~*** свобо́дно, удо́бно; ***feel ill at ~*** чу́вствовать себя́ нело́вко; **2.** облегча́ть [-чи́ть]; успока́ивать [-ко́ить]
easel ['iːzl] мольбе́рт
easiness ['iːzɪnɪs] → ***ease*** *1*
east [iːst] **1.** восто́к; **2.** восто́чный; **3.** *adv.* на восто́к; к восто́ку (***of*** от Р)
Easter ['iːstə] Па́сха
easter|ly ['iːstəlɪ] с восто́ка; **~n** ['iːstən] восто́чный
eastward(s) ['iːstwəd(z)] на восто́к

easy ['iːzɪ] лёгкий; споко́йный; непринуждённый; ***take it ~!*** не торопи(те)сь; споко́йнее!; **~ chair** кре́сло; **~going** *fig.* благоду́шный; беззаботный
eat [iːt] **1.** [*irr.*] [съ]есть; (*damage*) разъеда́ть [-е́сть] (*mst.* ***away, into***); **2.** [et] *pt. om* ***eat 1***; **~able** ['iːtəbl] съедо́бный; **~en** ['iːtn] *pt. p. om* ***eat 1***
eaves [iːvz] *pl.* карни́з; **~drop** подслу́ш(ив)ать
ebb [eb] **1.** (*a.* **~-tide**) отли́в; *fig.* переме́на к ху́дшему; **2.** *of tide* убы́(ва́)ть; *fig.* ослабе́(ва́)ть
ebony ['ebənɪ] чёрное де́рево
eccentric [ɪk'sentrɪk] **1.** *fig.* эксцентри́чный; **2.** чуда́к
ecclesiastical [ɪkliːzɪ'æstɪkl] □ духовный, церко́вный
echo ['ekəʊ] **1.** э́хо; *fig.* отголо́сок; отдава́ться э́хом
eclair [ɪ'kleə] экле́р
eclipse [ɪ'klɪps] **1.** затме́ние; **2.** затмева́ть [-ми́ть] (*a. fig.*); заслоня́ть [-ни́ть]
ecology [ɪ'kɒlədʒɪ] эколо́гия
econom|ic [iːkə'nɒmɪk] экономи́ческий; **~ical** [-l] эконо́мный, бережли́вый; **~ics** [-ɪks] *pl.* эконо́мика
econom|ist [ɪ'kɒnəmɪst] экономи́ст; **~ize** [-maɪz] [с]эконо́мить; **~y** [-mɪ] эконо́мия; бережли́вость *f*; ***national ~*** эконо́мика страны́
ecsta|sy ['ekstəsɪ] экста́з, восто́рг; **~tic** [ɪk'stætɪk] (***~ally***) восто́рженный
eddy ['edɪ] водоворо́т
edge [edʒ] **1.** край; *of knife* ле́звие, остриё; *of forest* опу́шка; *of cloth* кро́мка; *of road* обо́чина; ***be on ~*** быть в не́рвном состоя́нии; **2.** (*border*) окаймля́ть [-ми́ть]; **~ *one's way*** пробира́ться [-бра́ться]; **~ways** [-weɪz], **~wise** [-waɪz] кра́ем, бо́ком
edging ['edʒɪŋ] край, кайма́, бордю́р; *of photo, etc.* окантовка
edible ['edɪbl] съедо́бный

it ['edɪt] [от]редакти́ровать; *film* c]монти́ровать; **~ion** [ɪ'dɪʃn] изда́ние; **~or** ['edɪtə] реда́ктор; **~orial** [ed'tɔːrɪəl] **1.** реда́кторский; редакцио́нный; **~ office** реда́кция; **2.** передова́я татья́; **~orship** ['edɪtəʃɪp]: ***under the*** под реда́кцией
lucat|e ['edjukeɪt] дава́ть образова́ние (Д); (*bring up*) воспи́тывать ·та́ть]; **~ion** [edjʊ'keɪʃn] образова́ние, воспита́ние; **~ional** [edjʊ'keɪʃnl] бразова́тельный; педагоги́ческий; чёбный
l [iːl] у́горь *m*
'ect [ɪ'fekt] **1.** (*result*) сле́дствие; результа́т; *phys.* эффе́кт; (*action*) де́йствие; (*impression*) эффе́кт, впечатле́ние; (*influence*) влия́ние; **~s** *pl.* мущество; ***come into ~*** вступа́ть в и́лу; ***in ~*** в су́щности; ***to no ~*** напра́сный; ***to the ~*** сле́дующего содержа́ния; **2.** производи́ть [-вести́]; выолня́ть [вы́полнить]; соверша́ть -ши́ть]; **~ive** [-ɪv] эффекти́вный, ействи́тельный; *tech.* поле́зный; **ual** [-ʃʊəl] *remedy, etc.* де́йственный, ффекти́вный
'eminate [ɪ'femɪnət] □ женоподо́бый
'ervescent [efə'vesnt] **1.** шипу́чий; . *fig.* бры́зжущий весе́льем
'icacy ['efɪkəsɪ] де́йственность *f*
'icien|cy [ɪ'fɪʃnsɪ] делови́тость *f*; ффекти́вность *f*; **~t** [-nt] □ делови́ый; уме́лый, продукти́вный; эфекти́вный
'ort ['efət] уси́лие; попы́тка
'rontery [ɪ'frʌntərɪ] на́глость *f*
'usive [ɪ'fjuːsɪv] □ экспанси́вный; есде́ржанный
g[1] [eg] яйцо́; ***scrambled ~s*** *pl.* и́чница-болту́нья; ***fried ~s*** *pl.* и́чница-глазу́нья; ***hard-boiled*** (***soft-boiled***) **~** яйцо́ вкруту́ю (всмя́тку); **shell** яи́чная скорлупа́
g[2] [-] подстрека́ть [-кну́ть] (*mst.* **~ on**)
otism ['egəʊtɪzəm] эгои́зм, самомне́ние
yptian [ɪ'dʒɪpʃn] **1.** египтя́нин *m*, -я́нка *f*; **2.** еги́петский
eight [eɪt] **1.** во́семь; **2.** восьмёрка; **~een** [eɪ'tiːn] восемна́дцать; **~eenth** [eɪ'tiːnθ] восемна́дцатый; **~h** [eɪtθ] **1.** восьмо́й; **2.** восьма́я часть *f*; **~ieth** ['eɪtɪəθ] восьмидеся́тый; **~y** ['eɪtɪ] во́семьдесят
either ['aɪðə] **1.** *pron.* оди́н из двух; любо́й, ка́ждый; тот и́ли друго́й; и тот и друго́й, о́ба; **2.** *cj.* **~ ... *or ...*** и́ли ... и́ли ...; ли́бо ... ли́бо ...; ***not*** **(...) ~** та́кже не
ejaculate [ɪ'dʒækjʊleɪt] (*cry out*) восклица́ть [-ли́кнуть]; изверга́ть се́мя
eject [ɪ'dʒekt] (*throw out*) выгоня́ть [вы́гнать]; *from house* выселя́ть [вы́селить]; *lava* изверга́ть [-е́ргнуть]; *smoke* выпуска́ть [вы́пустить]
eke [iːk]: **~ *out*** восполня́ть [-по́лнить]; ***~ out a livelihood*** перебива́ться кое-ка́к
elaborat|e 1. [ɪ'læbərət] □ сло́жный; тща́тельно разрабо́танный; **2.** [-reɪt] разраба́тывать [-бо́тать]; разви́(-ва́)ть; **~ion** [ɪˌlæbə'reɪʃn] разрабо́тка; разви́тие; уточне́ние
elapse [ɪ'læps] проходи́ть [пройти́], протека́ть [проте́чь]
elastic [ɪ'læstɪk] **1.** (**~*ally***) эласти́чный; упру́гий; **2.** рези́нка; **~ity** [elæ'stɪsətɪ] эласти́чность *f*, упру́гость *f*
elated [ɪ'leɪtɪd] □ в припо́днятом настрое́нии
elbow ['elbəʊ] **1.** ло́коть *m*; *of pipe, etc.* коле́но; ***at one's ~*** под руко́й, ря́дом; **2.** прота́лкиваться [-толкну́ться]; **~ *out*** выта́лкивать [вы́толкнуть]; **~room** ме́сто, простра́нство; *fig.* свобо́да де́йствий
elder[1] ['eldə] *bot.* бузина́
elder[2] [-] **1.** ста́рец, ста́рший; **~ly** ['eldəlɪ] пожило́й
eldest ['eldɪst] са́мый ста́рший
elect [ɪ'lekt] **1.** *by vote* изб(и)ра́ть; (*choose, decide*) выбира́ть [вы́брать]; реша́ть [-ши́ть]; **2.** и́збранный; **~ion** [-kʃn] вы́боры *m/pl.*; **~or** [-tə] избира́тель *m*; **~oral** [-tərəl] избира́тельный; **~orate** [-tərət] избира́тели *m/pl.*

electri|c [ɪ'lektrɪk] электри́ческий; **~ circuit** электри́ческая цепь *f*; **~cal** [-trɪkl] □ электри́ческий; **~ engineering** электроте́хника; **~cian** [ɪlek'trɪʃn] электромонтёр

E

electri|city [ɪˌlek'trɪsətɪ] электри́чество; **~fy** [ɪ'lektrɪfaɪ] электрифици́ровать (*im*)*pf*.; [на]электризова́ть (*a. fig.*)

electron [ɪ'lektrɒn] электро́н; **~ic** [ɪlek'trɒnɪk] электро́нный; **~ data processing** электро́нная обрабо́тка да́нных; **~ics** электро́ника

elegan|ce ['elɪgəns] элега́нтность *f*; изя́щество; **~t** ['elɪgənt] □ элега́нтный, изя́щный

element ['elɪmənt] элеме́нт (*a. tech., chem.*); черта́; до́ля; **the ~s** стихи́я; **~s** *pl.* осно́вы *f/pl.*; **in one's ~** в свое́й стихи́и; **there is an ~ of truth in this** в э́том есть до́ля пра́вды; **~al** [elɪ'mentl] стихи́йный; **~ary** [-trɪ] □ элемента́рный; **elementaries** *pl.* осно́вы *f/pl.*

elephant ['elɪfənt] слон

elevat|e ['elɪveɪt] поднима́ть [-ня́ть]; повыша́ть [-вы́сить]; *fig.* возвыша́ть [-вы́сить]; **~ion** [elɪ'veɪʃn] возвыше́ние; (*elevated place*) возвы́шенность *f*; (*height*) высота́; **~or** ['elɪveɪtə] *for grain* элева́тор, *for lifting loads* грузоподъёмник; *Am.* лифт

eleven [ɪ'levn] оди́ннадцать; **~th** [-θ] **1.** оди́ннадцатый; **2.** оди́ннадцатая часть *f*

elf [elf] эльф; прока́зник

elicit [ɪ'lɪsɪt]: **~ the truth** добива́ться [-би́ться] и́стины

eligible ['elɪdʒəbl] □ име́ющий пра́во быть и́збранным; (*suitable*) подходя́щий

eliminat|e [ɪ'lɪmɪneɪt] устраня́ть [-ни́ть]; уничтожа́ть [-то́жить]; (*exclude*) исключа́ть [-чи́ть]; **~ion** [ɪlɪmɪ'neɪʃn] устране́ние; уничтоже́ние; **by a process of ~** ме́тодом исключе́ния

elk [elk] *zo.* лось *m*

elm [elm] *bot.* вяз

eloquen|ce ['eləkwəns] красноре́чие; **~t** [-t] □ красноречи́вый

else [els] ещё; кро́ме; ина́че; ино́й, друго́й; **or ~** а то; и́ли же; **~where** [els'w… где́-нибудь в друго́м ме́сте

elucidate [ɪ'lu:sɪdeɪt] разъясня́… [-ни́ть]

elude [ɪ'lu:d] избега́ть [-ежа́ть] (… уклоня́ться [-ни́ться] от (Р); … *meaning* ускольза́ть [-зну́ть]

elusive [ɪ'lu:sɪv] неулови́мый

emaciated [ɪ'meɪʃɪeɪtɪd] истощё… ный, худо́й

email, **E-mail** ['i:meɪl] электро́нн… по́чта

emanate ['eməneɪt] идти́ из (Р); … *mours* исходи́ть (**from** из, от Р)

emancipat|e [ɪ'mænsɪpeɪt] освобо… да́ть [освободи́ть]; **~ion** [ɪmæn… 'peɪʃn] освобожде́ние, эмансипа́…

embankment [ɪm'bæŋkmənt] насы… *f*; *by river or sea* на́бережная

embargo [em'bɑ:gəʊ] эмба́рго *n* … *decl.*; запре́т; **be under ~** быть под … пре́том

embark [ɪm'bɑ:k] *of goods* [по]гр… зи́ть(ся); *of passengers* сади́т… [сесть]; *fig.* **~ (up)on** бра́ться [взя́ть… (за В); предпринима́ть [-ня́ть]

embarrass [ɪm'bærəs] смуща́ть [см… ти́ть]; приводи́ть [-вести́] в заме… тельство; стесня́ть [-ни́ть]; **~ed lack of money** в стеснённом полож… нии; **~ing** [-ɪŋ] □ затрудни́тельн… неудо́бный; стеснённый; **~me… [-mənt]** (*difficulties*) затрудне́н… смуще́ние; (*confusion*) заме… тельство

embassy ['embəsɪ] посо́льство

embellish [ɪm'belɪʃ] украша́ть [ук… сить]

embers ['embəz] *pl.* тле́ющие у́г… *m/pl.*

embezzle [ɪm'bezl] растра́чива… [-а́тить]; **~ment** [-mənt] растра́та

embitter [ɪm'bɪtə] озлобля́ть [озл… бить], ожесточа́ть [-чи́ть]

emblem ['embləm] эмбле́ма; си́мв… **national ~** госуда́рственный герб

embody [ɪm'bɒdɪ] воплоща́ть [-л… ти́ть]; (*personify*) олицетворя́… [-ри́ть]; (*include*) включа́ть [-чи́ть]

embrace [ɪm'breɪs] **1.** объя́тие; **2.** …

…имáть(ся) [-нять(ся)]; (*accept*) при…имáть [-нять]; (*include*) охвáтывать …охватить]

…nbroider [ɪm'brɔɪdə] вы́ши(вá)ть; **~y** [~rɪ] вышивáние; вы́шивка

…nbroil [ɪm'brɔɪl] запýт(ыв)ать(ся); …вя́зываться [-зáться]

…nerald ['emərəld] изумрýд

…nerge [ɪ'mɜːdʒ] появля́ться [-ви́ться]; (*surface*) всплы(вá)ть (*a. fig.*); **~ncy** [~ənsɪ] чрезвычáйная (ава…и́йная) ситуáция; ***in an ~*** в слýчае …рáйней необходи́мости; *attr.* запас…óй, вспомогáтельный; ***~ landing*** вы…ужденная посáдка

…nigra|nt ['emɪgrənt] эмигрáнт; **~te** [~greɪt] эмигри́ровать (*im*)*pf.*; **~tion** …emɪ'greɪʃn] эмигрáция

…ninen|ce ['emɪnəns] *geogr.* воз…ы́шенность *f*; *fig.* знамени́тость *f*; ***…in ~ as a scientist*** стать *pf.* знамени…ым учёным; **~t** [~ənt] □ *fig.* вы…аю́щийся; *adv.* чрезвычáйно

…nit [ɪ'mɪt] *sound*, *smell* изд(ав)áть, …спускáть [-усти́ть]; *light* излучáть; *…eat* выделя́ть [вы́делить]

…noti|on [ɪ'məʊʃn] чýвство; возбуж…éние; волнéние; эмóция *mst. pl.*; **…onal** [~ʃənl] □ эмоционáльный; *…oice* взволнóванный; *music*, *etc.* вол…ýющий

…nperor ['empərə] императóр

…npha|sis ['emfəsɪs] вырази́тель…ость *f*; ударéние, акцéнт; ***place ~ …n s.th.*** подчёркивать [-еркнýть] …áжность чегó-л.; **~size** [~saɪz] под…ёркивать [-черкнýть]; **~tic** [ɪm'fætɪk] (**~ally**) *gesture etc.* вырази́тельный; *re…uest* настóйчивый

…npire ['empaɪə] импéрия

…nploy [ɪm'plɔɪ] употребля́ть [-би́ть], …рименя́ть [-ни́ть], испóльзовать (*im*)*pf.*; предоставля́ть, нанимáть …а рабóту (Д); **~ee** [emplɔɪ'iː] слý…жащий [-щая], рабóтник (-ица); **~er** …m'plɔɪə] наними́тель *m*, работодá…тель *m*; **~ment** [~mənt] (*use*) применé…ние; рабóта, заня́тие; ***~ agency*** бюрó …о трудоустрóйству; ***full ~*** пóлная зá…ятость

empower [ɪm'paʊə] уполномóчи(ва)ть

empress ['emprɪs] императри́ца

empt|iness ['emptɪnɪs] пустотá; **~y** [~tɪ] **1.** □ пустóй, порóжний; *coll.* голóдный; ***I feel ~*** я гóлоден; **2.** опорожня́ть(ся) [-ни́ть(ся)]; [о]пустéть; *liquid* выливáть [вы́лить]; *sand*, *etc.* высыпáть [вы́сыпать]

enable [ɪ'neɪbl] давáть возмóжность *f*; [с]дéлать возмóжным (Д)

enact [ɪ'nækt] *law* постановля́ть [-ви́ть]; *thea.* игрáть роль; стáвить на сцéне

emamel [ɪ'næml] **1.** эмáль *f*; *art* эмáль, *obs.* фини́фть; **2.** эмали́ровать (*im*)*pf.*; покрывáть эмáлью

enamo(u)red [ɪ'næməd]: ***~ of*** влюблённый в (В)

enchant [ɪn'tʃɑːnt] очарóвывать [-овáть]; **~ment** [~mənt] очаровáние; **~ress** [~rɪs] *fig.* обворожи́тельная жéнщина, волшéбница

encircle [ɪn'sɜːkl] окружáть [-жи́ть]

enclos|e [ɪn'kləʊz] (*fence in*) огорáживать [-роди́ть]; *in letter*, *etc.* прилагáть [-ложи́ть]; **~ure** [~ʒə] огорóженное мéсто; вложéние, приложéние

encompass [ɪn'kʌmpəs] окружáть [-жи́ть]

encore ['ɒŋkɔː] *thea.* **1.** бис!; **2.** кричáть "бис"; вызывáть [вы́звать] на бис; (*give an encore*) биси́ровать

encounter [ɪn'kaʊntə] **1.** встрéча; столкновéние; (*contest*, *competition*) состязáние; **2.** встречáть(ся) [-éтить(ся)]; *difficulties etc.* стáлкиваться [столкнýться] (с Т); натáлкиваться [натолкнýться] (на В)

encourage [ɪn'kʌrɪdʒ] ободря́ть [-ри́ть]; поощря́ть [-ри́ть]; **~ment** [~mənt] ободрéние; поощрéние

encroach [ɪn'krəʊtʃ]: ***~ (up)on*** вторгáться [втóргнуться] в (В); *rights* посягáть (на В); *time* отнимáть [-ня́ть]; **~ment** [~mənt] вторжéние

encumb|er [ɪn'kʌmbər] обременя́ть [-ни́ть]; (*cram*) загромождáть [-мозди́ть]; (*hamper*) затрудня́ть [-ни́ть]; [вос]препя́тствовать (Д); **~rance**

[-brəns] бре́мя *n*; обу́за; *fig.* препя́тствие

encyclop(a)edia [ɪnsaɪklə'piːdɪə] энциклопе́дия

end [end] **1.** коне́ц, оконча́ние; цель *f*; ***no ~ of*** о́чень мно́го (P); ***in the ~*** в конце́ концо́в; ***on ~*** стоймя́; *hair* ды́бом; беспреры́вно, подря́д; ***to that ~*** с э́той це́лью; **2.** конча́ть(ся) [ко́нчить(ся)]

endanger [ɪn'deɪndʒə] подверга́ть опа́сности

endear [ɪn'dɪə] внуша́ть любо́вь, заставля́ть полюби́ть; **~ment** [-mənt] ла́ска; ***words of ~*** ла́сковые слова́

endeavo(u)r [ɪn'devə] **1.** [по]пыта́ться, прилага́ть уси́лия, [по]стара́ться; **2.** попы́тка, стара́ние; ***make every ~*** сде́лать всё возмо́жное

end|ing ['endɪŋ] оконча́ние; **~less** ['endlɪs] □ бесконе́чный

endorse [ɪn'dɔːs] *fin.* индосси́ровать (*im*)*pf.*; (*approve*) одобря́ть [одо́брить]; **~ment** [ɪn'dɔːsmənt] индоссаме́нт, одобре́ние

endow [ɪn'daʊ] одаря́ть [-ри́ть]; (*give*) [по]же́ртвовать; **~ment** [-mənt] поже́ртвование, дар

endur|ance [ɪn'djʊərəns] *physical* про́чность *f*; *mental* выно́сливость *f*; **~e** [ɪn'djʊə] выноси́ть [вы́нести], терпе́ть

enema ['enɪmə] кли́зма

enemy ['enəmɪ] враг; неприя́тель *m*; проти́вник

energ|etic [enə'dʒetɪk] (***~ally***) энерги́чный; **~y** ['enədʒɪ] эне́ргия

enfold [ɪn'fəʊld] (*embrace*) обнима́ть [обня́ть]; (*wrap up*) заку́тывать [-тать]

enforce [ɪn'fɔːs] заставля́ть [-а́вить], принужда́ть [-ди́ть]; *a law* вводи́ть [ввести́]; *strengthen* уси́ли(ва)ть

engage [ɪn'geɪdʒ] *v/t.* (*employ*) нанима́ть [наня́ть]; *rooms* заброни́ровать; *in activity* занима́ть [заня́ть]; (*attract*) привлека́ть [-е́чь]; завладе́(-ва́)ть; *in conversation* вовлека́ть [-е́чь]; ***be ~d*** быть за́нятым; быть помо́лвленным; *v/i.* (*pledge*) обя́зываться [-за́ться]; занима́ться [заня́ться] (***in*** T); **~ment** [-mənt] обязательство; встре́ча, свида́ние; помо́лвка

engaging [ɪn'geɪdʒɪŋ] очарова́тельный

engender [ɪn'dʒendə] *fig.* порожда́[ть] [породи́ть]

engine ['endʒɪn] *mot.* дви́гатель; мото́р; *rail.* парово́з; **~ driver** машини́[ст]

engineer [endʒɪ'nɪə] **1.** инжене́р; *na*[*ut.*] меха́ник; *Am.* машини́ст; **2.** *fig.* по[д]стра́ивать [-ро́ить]; **~ing** [-rɪŋ] маш[и]ностро́ение

English ['ɪŋglɪʃ] **1.** англи́йский; **2.** [ан]гли́йский язы́к; ***the ~*** англича́не *p*[*l.*]; **~man** [-mən] англича́нин; **~wom**[*an*] [-ˌwʊmən] англича́нка

engrav|e [ɪn'greɪv] [вы́]гравирова́[ть]; *fig. in mind* запечатле́(ва́)ть; **~i**[*ng*] [-ɪŋ] гравирова́ние; гравю́ра, эста́[мп]

engross [ɪn'grəʊs] поглоща́ть [-л]о[ти́ть]; ***~ing book*** захва́тываю[щая] кни́га

enhance [ɪn'hɑːns] *value, etc.* [по]выша́ть [повы́сить]; (*intensify*) у[си]ли(ва)ть

enigma [ɪ'nɪgmə] зага́дка; **~**[*tic*] [enɪg'mætɪk] □ зага́дочный

enjoy [ɪn'dʒɔɪ] наслажда́ться [насл[а]ди́ться] (T); получа́ть [-чи́ть] уд[о]во́льствие; **~ *o.s.*** развлека́т[ься] [-ле́чься]; ***~ good health*** облада́ть х[о]ро́шим здоро́вьем; **~able** [-əbl] прия́[т]ный; **~ment** [-mənt] наслажде́н[ие], удово́льствие

enlarge [ɪn'lɑːdʒ] увели́чи(ва)ть(-с[я]); распространя́ться (***on*** о П); **~ *on[e's]* *mind*** расширя́ть [-ши́рить] кругоз[о]р; **~ment** [-mənt] расшире́ние; *of pho*[*to*] *etc.* увеличе́ние

enlighten [ɪn'laɪtn] просвеща́[ть] [-ети́ть]; разъясня́ть [-ни́ть]; **~me**[*nt*] просвеще́ние; *of a person* просвеще[н]ность *f*

enlist [ɪn'lɪst] *v/i. mil.* поступа́[ть] [-пи́ть] на вое́нную слу́жбу; **~ *he***[*lp*] привле́чь на по́мощь

enliven [ɪn'laɪvn] оживля́ть [-ви́ть]

enmity ['enmɪtɪ] вражда́, неприя́зн[ь]

ennoble [ɪ'nəʊbl] облагора́жива[ть]

-ро́дить]
orm|ity [ɪˈnɔːmətɪ] необъя́тность *f*; *ej.* чудо́вищность *f*; преступле́ние; **~ous** [-əs] □ огро́мный, грома́дный; чудо́вищный
ough [ɪˈnʌf] доста́точно, дово́льно
quire [ɪnˈkwaɪə] → ***inquire***
rage [ɪnˈreɪdʒ] [вз]беси́ть, приво-ди́ть в я́рость
rapture [ɪnˈræptʃə] восхища́ть -ити́ть], очаро́вывать
rich [ɪnˈrɪtʃ] обогаща́ть [-гати́ть]
rol(l) [ɪnˈrəʊl] *v/t.* запи́сывать -са́ть]; [за]регистри́ровать; *v/i.* за-и́сываться [-са́ться]; **~ment** [-mənt] регистра́ция; за́пись *f*
route [ˌɒnˈruːt] по доро́ге
sign [ˈensaɪn] флаг; *Am. naut.* мла́дший лейтена́нт
sue [ɪnˈsjuː] (*follow*) [по]сле́до-ать; получа́ться в результа́те
sure [ɪnˈʃʊə] обеспе́чивать [-чить]; *guarantee*) руча́ться [поручи́ться] за В)
tail [ɪnˈteɪl] влечь за собо́й, вызы-а́ть [вы́звать]
tangle [ɪnˈtæŋgl] запу́тывать(ся), *a. fig.*)
ter [ˈentə] *v/t. room, etc.* входи́ть войти́] в (В); *university* поступа́ть -пи́ть] в (В); *in book* вноси́ть [вне-ти́]; (*penetrate*) проника́ть [-ни́к-уть] в (В); *v/i.* входи́ть [войти́], всту-а́ть [-пи́ть]
terpris|e [ˈentəpraɪz] предприя́тие; *quality*) предприи́мчивость *f*; **~ing** -ɪŋ] □ предприи́мчивый
tertain [entəˈteɪn] *guests* принима́ть -ня́ть]; (*give food to*) угоща́ть [уго-сти́ть]; (*amuse*) развлека́ть [-ле́чь], занима́ть [заня́ть]; **~ment** [-mənt] развлече́ние; приём
thusias|m [ɪnˈθjuːzɪæzm] восто́рг; энтузиа́зм; **~t** [-æst] энтузиа́ст(ка); **~tic** [ɪnθjuːzɪˈæstɪk] (**~ally**) восто́р-женный; по́лный энтузиа́зма
tice [ɪnˈtaɪs] зама́нивать [-ни́ть]; *tempt*) соблазня́ть [-ни́ть]; **~ment** -mənt] собла́зн, прима́нка
tire [ɪnˈtaɪə] □ це́лый, весь; сплош-но́й; **~ly** [-lɪ] всеце́ло; соверше́нно
entitle [ɪnˈtaɪtl] (*give a title to*) оза-гла́вливать [-ла́вить]; дава́ть пра́во (Д)
entity [ˈentɪtɪ] бытие́; су́щность *f*
entrails [ˈentreɪlz] *pl.* вну́тренности *f/pl.*
entrance [ˈentrəns] вход, въезд; *actor's* вы́ход; (*right to enter*) до́ступ; **~ *examinations*** вступи́тельные экза́-мены
entreat [ɪnˈtriːt] умоля́ть; **~y** [-ɪ] моль-ба́, про́сьба
entrench [ɪnˈtrentʃ] *fig.* укореня́ться [-ни́ться]
entrust [ɪnˈtrʌst] поруча́ть [-чи́ть]; до-веря́ть [-ве́рить]
entry [ˈentrɪ] вход, въезд; *of an actor on stage* вход/вы́ход; *in book* за́пись; ***No*** **♀** вход (въезд) запрещён
enumerate [ɪˈnjuːməreɪt] пере-числя́ть [-и́слить]
envelop [ɪnˈveləp] (*wrap*) заку́т(ы-в)ать; *of mist, etc.* оку́т(ыв)ать; **~e** [ˈenvələʊp] конве́рт
envi|able [ˈenvɪəbl] □ зави́дный; **~ous** [-əs] □ зави́стливый
environ|ment [ɪnˈvaɪərənmənt] окру-жа́ющая среда́; **~mental** окру-жа́ющий; **~ *protection*** охра́на окру-жа́ющей среды́; **~s** [ɪnˈvaɪərənz] *pl.* окре́стности *f/pl.*
envisage [ɪnˈvɪzɪdʒ] представля́ть се-бе́; (*anticipate*) предви́деть; (*consider*) рассма́тривать [-смотре́ть]
envoy [ˈenvɔɪ] (*messenger*) посла́нец; (*diplomat*) посла́нник; полномо́чный представи́тель *m*
envy [ˈenvɪ] **1.** за́висть *f*; **2.** [по]зави́до-вать (Д)
epic [ˈepɪk] **1.** эпи́ческая поэ́ма; **2.** эпи́ческий
epicenter (**-tre**) [ˈepɪsentə] эпице́нтр
epidemic [epɪˈdemɪk] эпиде́мия
epilogue [ˈepɪlɒg] эпило́г
episode [ˈepɪsəʊd] слу́чай, эпизо́д, происше́ствие
epitome [ɪˈpɪtəmɪ] (*embodiment*) во-площе́ние
epoch [ˈiːpɒk] эпо́ха

E

equable ['ekwəbl] □ ро́вный; *fig.* уравнове́шенный

equal ['i:kwəl] **1.** □ ра́вный; одина́ковый; **~ *to*** *fig.* спосо́бный на (В); **2.** равня́ться (Д); **~ity** [ɪ'kwɒlətɪ] ра́венство; **~ization** [i:kwəlaɪ'zeɪʃn] ура́внивание; **~ize** [-aɪz] ура́внивать [-ня́ть]

equanimity [ekwə'nɪmətɪ] споко́йствие, душе́вное равнове́сие

equat|ion [ɪ'kweɪʒn] *math.* уравне́ние; **~or** [~tə] эква́тор

equilibrium [i:kwɪ'lɪbrɪəm] равнове́сие

equip [ɪ'kwɪp] *office, etc.* обору́довать; *expedition, etc.* снаряжа́ть [-яди́ть]; (*provide*) снабжа́ть [-бди́ть]; **~ment** [~mənt] обору́дование; снаряже́ние

equity ['ekwɪtɪ] справедли́вость *f*; беспристра́стность *f*; *fin. pl.* обыкнове́нные а́кции *f/pl.*

equivalent [ɪ'kwɪvələnt] **1.** эквивале́нт (*to* Д); **2.** равноце́нный; равноси́льный

equivocal [ɪ'kwɪvəkəl] □ двусмы́сленный; (*questionable*) сомни́тельный

era ['ɪərə] э́ра; эпо́ха

eradicate [ɪ'rædɪkeɪt] искореня́ть [-ни́ть]

eras|e [ɪ'reɪz] стира́ть [стере́ть]; подчища́ть [-и́стить]; **~er** [~ə] *Am.* рези́нка

erect [ɪ'rekt] **1.** □ прямо́й; (*raised*) по́днятый; **2.** [по]стро́ить, воздвига́ть [-и́гнуть]; **~ion** [ɪ'rekʃn] постро́йка, сооруже́ние, строе́ние

ermine ['ɜ:mɪn] *zo.* горноста́й

erosion [ɪ'rəʊʒn] эро́зия

erotic [ɪ'rɒtɪk] эроти́ческий

err [ɜ:] ошиба́ться [-би́ться], заблужда́ться

errand ['erənd] поруче́ние

errat|ic [ɪ'rætɪk] (**~*ally***) неусто́йчивый; *player, behavio(u)r* неро́вный; **~um** [e'rɑ:təm], *pl.* **~a** [~tə] опеча́тка, опи́ска

erroneous [ɪ'rəʊnɪəs] □ оши́бочный

error ['erə] оши́бка, заблужде́ние; погре́шность *f* (*a. astr.*)

eruption [ɪ'rʌpʃn] изверже́ние; *face, etc.* высыпа́ние (сы́пи); *of te*
прорезывание

escalator ['eskəleɪtə] эскала́тор

escapade ['eskəpeɪd] проде́лк
шальна́я вы́ходка

escape [ɪ'skeɪp] **1.** *v/i. from prison* б
жа́ть; *from death* спаса́ться [сп
сти́сь]; *v/t. danger, etc.* избега́
[-ежа́ть]; ускольза́ть [-зну́ть] (от
his name ~s me не могу́ припо́мни
его́ и́мени; **2.** побе́г, спасе́ние; (*lea*
уте́чка

escort **1.** ['eskɔ:t] сопровожде́н
эско́рт; *mil.* конво́й; **2.** [ɪs'kɔ
~ɔ:rt] сопровожда́ть, конвои́роват

esoteric [esəʊ'terɪk] эзотери́ческий

especial [ɪ'speʃl] осо́бый; специа́л
ный; **~ly** [~ɪ] осо́бенно

espionage ['espɪənɑ:ʒ] шпиона́ж

essay ['eseɪ] о́черк, эссе́; (*attempt*) п
пы́тка; *educ.* сочине́ние

essen|ce ['esns] су́щность *f*; суще
во́; суть *f*; (*substance*) эссе́нция; **~**
[ɪ'senʃl] **1.** □ суще́ственный (***to*** д
Р), ва́жный; **2.** *pl.* всё необходи́мо

establish [ɪ'stæblɪʃ] *the truth, etc.* у
ана́вливать [-нови́ть]; (*set u*
учрежда́ть [-реди́ть], осно́выва
[-ова́ть]; **~ *o.s.*** поселя́ться [-ли́тьс
устра́иваться [-ро́иться] (в П); **~ *ord***
наводи́ть [-вести́] поря́док; **~me**
[~mənt] установле́ние; учрежде́н
***the* 2** исте́блишмент

estate [ɪ'steɪt] (*property*) иму́щест
(*land with a large house*) име́ние; ***re***
~ недви́жимость *f*

esteem [ɪ'sti:m] **1.** уваже́ние; **2.** ув
жа́ть

estimable ['estɪməbl] досто́йный ув
же́ния

estimat|e **1.** ['estɪmeɪt] оце́нива
[-ни́ть]; **2.** [~mɪt] сме́та, калькул
ция; оце́нка; ***at a rough ~*** в гру́б
приближе́нии; **~ion** [estɪ'meɪʃn] оце
ка; (*opinion*) мне́ние

estrange [ɪ'streɪndʒ] отта́лкива
[-толкну́ть], сде́лать чужи́м

etching ['etʃɪŋ] *craft* гравиро́в

product гравю́ра; травле́ние
ern|al [ɪ'tɜːnl] ве́чный; неизме́нный;
~ity [~nɪtɪ] ве́чность *f*
her ['iːθə] эфи́р
hic|al ['eθɪkl] □ эти́чный, эти́ческий; **~s** ['eθɪks] э́тика
iquette ['etɪket] этике́т
ro ['jʊrəʊ] е́вро
ropean [jʊərə'piːən] **1.** европе́ец *m*, пе́йка *f*; **2.** европе́йский
rovision ['jʊərəvɪʒn] Еврови́дение
acuate [ɪ'vækjʊeɪt] эвакуи́ровать *(im)pf.*
ade [ɪ'veɪd] *(avoid)* избега́ть -ежа́ть] (P); уклоня́ться [-ни́ться] т (P); *law, etc.* обходи́ть [обойти́]
aluat|e [ɪ'væljʊeɪt] оце́нивать -ни́ть]; **~ion** [ɪvæljʊ'eɪʃn] оце́нка
aporat|e [ɪ'væpəreɪt] испаря́ть(-ся) -ри́ть(ся)]; *fig.* разве́иваться -е́яться]; **~ion** [ɪvæpə'reɪʃn] испаре́ние
asi|on [ɪ'veɪʒn] уклоне́ние, увёрт- ка; **~ve** [-sɪv] □ укло́нчивый
e [iːv] кану́н; ***on the ~ of*** накану́не P)
en ['iːvn] **1.** *adj.* □ *(level, smooth)* ро́вный, гла́дкий; *(equal)* ра́вный, одина́ковый; *number* чётный; **2.** *adv.* ро́вно; как раз; ***not ~*** да́же не; ***~ though, ~ if*** да́же е́сли; **3.** выра́внивать [вы́ровнять]; сгла́живать [сгла́дить]; **~ly** [~lɪ] ро́вно, по́ровну
ening ['iːvnɪŋ] ве́чер; вечери́нка; ***~ dress*** вече́рнее пла́тье; *man's* фрак
ent [ɪ'vent] собы́тие, слу́чай; *sport* соревнова́ние; ***at all ~s*** во вся́ком слу́чае; ***be wise after the ~*** за́дним умо́м кре́пок; ***in the ~ of*** в слу́чае P); **~ful** [~fʊl] по́лный собы́тий
entual [ɪ'ventʃʊəl] возмо́жный; ко- не́чный; **~ly** [~ɪ] в конце́ концо́в; со вре́менем
er ['evə] всегда́; когда́-нибудь, когда́-либо; ***~ so*** о́чень; ***as soon as ~ I can*** как то́лько я смогу́; ***for ~*** навсегда́; ***hardly ~*** почти́ не; **~green** вечнозелёный; **~lasting** [evə'lɑːstɪŋ] □ ве́чный; **~present** постоя́нный
ery ['evrɪ] ка́ждый; ***~ now and then*** вре́мя от вре́мени; ***~ other day*** че́рез день; ***have ~ reason*** име́ть все основа́ния; **~body** все *pl.*; ка́ждый, вся́кий; **~day** ежедне́вный; **~one** ка́ждый, вся́кий; все *pl.*; **~thing** всё; **~where** везде́, всю́ду
evict [ɪ'vɪkt] выселя́ть [вы́селить]
eviden|ce ['evɪdəns] доказа́тельство; *(sign)* при́знак; *(data)* да́нные, фа́кты; *law* ули́ка; свиде́тельское показа́ние; ***in ~*** в доказа́тельство; **~t** [~nt] □ очеви́дный, я́вный
evil ['iːvl] **1.** □ злой; *influence* па́губный; дурно́й, плохо́й; **2.** зло
evince [ɪ'vɪns] проявля́ть [-ви́ть]
evoke [ɪ'vəʊk] вызыва́ть [вы́звать]
evolution [iːvə'luːʃn] эволю́ция; разви́тие
evolve [i'vɒlv] разви́(ва́)ться
ewe [juː] овца́
exact [ɪg'zækt] **1.** □ то́чный, аккура́тный; **2.** *(demand)* [по]тре́бовать (P); взы́скивать [-ка́ть]; ***~ taxes*** взима́ть нало́ги; **~ing** [~ɪŋ] тре́бовательный, взыска́тельный
exaggerate [ɪg'zædʒəreɪt] преувели́чи(ва)ть
exalt [ɪg'zɔːlt] *(make higher)* повыша́ть [повы́сить]; *(praise)* превозноси́ть [-нести́]; **~ation** [egzɔːl'teɪʃn] восто́рг
examin|ation [ɪgzæmɪ'neɪʃn] *(inspection)* осмо́тр; *(study)* иссле́дование; *by experts* эксперти́за; *in school, etc.* экза́мен; **~e** [ɪg'zæmɪn] *patient, etc.* осма́тривать [-мотре́ть]; иссле́довать *(im)pf.*; [про]экзаменова́ть
example [ɪg'zɑːmpl] приме́р; *(sample)* образе́ц; ***for ~*** наприме́р
exasperate [ɪg'zɑːspəreɪt] изводи́ть [извести́]; раздража́ть [-жи́ть]; доводи́ть до бе́лого кале́ния
excavate ['ekskəveɪt] выка́пывать [вы́копать]; *archaeology* вести́ раско́пки
excavator ['ekskəveɪtə] экскава́тор
exceed [ɪk'siːd] *speed, etc.* превыша́ть [-вы́сить]; *(be greater than)* превосходи́ть [-взойти́]; ***this ~s all limits!*** э́то перехо́дит все грани́цы!; **~ing** [~ɪŋ]

E

□ превыша́ющий
excel [ɪk'sel] *v/t.* преуспева́ть [-пе́ть] (***in, at*** T); *v/i.* выделя́ться [вы́делиться]; **~lence** ['eksələns] высо́кое ка́чество; соверше́нство; **~lent** ['eksələnt] □ превосхо́дный
except [ɪk'sept] **1.** исключа́ть [-чи́ть]; **2.** *prp.* исключа́я (B); кро́ме (P); **~ *for*** за исключе́нием (P); **~ing** [-ɪŋ] *prp.* за исключе́нием (P); **~ion** [ɪk'sepʃn] исключе́ние; ***take ~ to*** возража́ть [-рази́ть] (про́тив P); **~ional** [-l] исключи́тельный; *person* незауря́дный
excess [ɪk'ses] избы́ток, изли́шек; эксце́сс; **~ *fare*** допла́та; **~ *luggage*** изли́шек багажа́; бага́ж сверх но́рмы; **~ *profits*** сверхпри́быль; **~ive** [-ɪv] □ чрезме́рный
exchange [ɪks'tʃeɪndʒ] **1.** обме́ниваться [-ня́ться] (T); обме́нивать [-ня́ть] (***for*** на B); [по]меня́ться (T); **2.** обме́н; (*a.* ♀) би́ржа; ***foreign ~*** иностра́нная валю́та
exchequer [ɪks'tʃekə]: ***Chancellor of the*** ♀ мини́стр фина́нсов Великобрита́нии
excise [ek'saɪz] *fin.* акци́з, акци́зный сбор
excit|able [ɪk'saɪtəbl] возбуди́мый; **~e** [ɪk'saɪt] возбужда́ть [-уди́ть], [вз]волнова́ть; **~ement** [-mənt] возбужде́ние, волне́ние
exclaim [ɪk'skleɪm] восклица́ть [-и́кнуть]
exclamation [ekskla'meɪʃn] восклица́ние
exclude [ɪk'sklu:d] исключа́ть [-чи́ть]
exclusi|on [ɪk'sklu:ʒn] исключе́ние; **~ve** [-sɪv] □ исключи́тельный; (*sole*) еди́нственный; **~ *of*** без; не счита́я; за исключе́нием (P)
excrement ['ekskrɪmənt] экскреме́нты *m/pl.*, испражне́ния *n/pl.*
excruciating [ɪk'skru:ʃɪeɪtɪŋ] мучи́тельный
excursion [ɪk'skɜ:ʒn] экску́рсия; ***go on an ~*** отпра́виться (пое́хать) на экску́рсию
excus|able [ɪk'skju:zəbl] □ прости́тельный; **~e** **1.** [ɪk'skju:z] извиня́ть [-ни́ть], проща́ть [прости́ть]; [ɪk'skju:s] извине́ние; (*reason*) опра[вдание]; (*pretext*) отгово́рка
execut|e ['eksɪkju:t] (*carry out*) и[с]полня́ть [-о́лнить]; (*fulfil*) в[ы]полня́ть [вы́]полнить); (*put to dea[th]*) казни́ть (*im*)*pf.*; **~ion** [eksɪ'kju:ʃn] и[с]полне́ние; выполне́ние; (*capital pu[n]ishment*) казнь *f*; **~ive** [ɪg'zekjʊtɪv] исполни́тельный; администрати[в]ный; **2.** исполни́тельная власть (*person*) администра́тор
exemplary [ɪg'zemplərɪ] образцо́в[ы]й, приме́рный
exemplify [ɪg'zemplɪfaɪ] (*illustrate [by] example*) поясня́ть приме́ром; (*ser[ve] as example*) служи́ть приме́ром (I
exempt [ɪg'zempt] **1.** освобожда́[ть] [-боди́ть] (от P); **2.** освобождённы[й], свобо́дный (***of*** от P)
exercise ['eksəsaɪz] **1.** упражне́н[ие]; (*drill*) трениро́вка; (*walk*) прогу́л[ка]; **2.** [на]тренирова́ть(ся); *patience, e[tc.]* проявля́ть [-ви́ть]; (*use*) [вос]по́льз[о]ваться
exert [ɪg'zɜ:t] *strength, etc.* напряга́[ть] [-ря́чь]; *influence, etc.* ока́зыва[ть] [-за́ть]; **~ *o.s.*** прилага́ть [-ложи́[ть]] уси́лия; **~ion** [ɪg'zɜ:ʃn] напряже́н[ие], уси́лие
exhale [eks'heɪl] выдыха́ть [вы́д[ох]нуть]
exhaust [ɪg'zɔ:st] **1.** изнуря́ть [-ри́т[ь]], истоща́ть [-щи́ть]; **2.** *pipe* выхл[оп]на́я труба́; вы́хлоп; **~ion** [-ʃn] и[с]тоще́ние, изнуре́ние; **~ive** [-ɪv] (*very tiring*) изнуря́ющий; *study, e[tc.]* всесторо́нний; *answer* і[с]че́рпывающий
exhibit [ɪg'zɪbɪt] **1.** *interest e[tc.]* проявля́ть [-ви́ть]; *at exhibition* в[ы]ставля́ть [вы́ставить]; **2.** экспон[ат]; **~ion** [eksɪ'bɪʃn] проявле́ние; вы́ста[в]ка; **~or** [ɪg'zɪbɪtə] экспоне́нт
exhilarat|e [ɪg'zɪləreɪt] оживля́[ть] [-ви́ть]; [вз]бодри́ть; **~ing** [-ɪŋ] *wea[th]er, etc.* бодря́щий
exhort [ɪg'zɔ:t] призыва́ть [-зва́т[ь]] увещева́ть; побужда́ть [-уди́ть] (к ...
exigency ['eksɪdʒənsɪ] о́страя нео[бходимость]

ходи́мость *f*
ile ['eksaɪl] **1.** *lit.*, *hist.* изгна́ние, ссы́лка; изгна́нник, ссы́льный; **2.** ссыла́ть [сосла́ть]; *from a country* высыла́ть [вы́слать]
ist [ɪg'zɪst] существова́ть, жить; **ence** [-əns] существова́ние, жизнь; *in ~* = **~ent** [-ənt] существу́ющий
it ['eksɪt] вы́ход; ***emergency ~*** запасно́й вы́ход
odus ['eksədəs] ма́ссовый отъе́зд; *Bibl.* Исхо́д
onerate [ɪg'zɒnəreɪt] опра́вдывать [-да́ть]; (*free from blame*) снима́ть [снять] обвине́ние; *from responsibility* снима́ть [снять] отве́тственность
orbitant [ɪg'zɔːbɪtənt] □ непоме́рный, чрезме́рный
otic [ɪg'zɒtɪk] экзоти́ческий
pan|d [ɪk'spænd] расширя́ть(ся) [-ши́рить(ся)], увели́чи(ва)ть(ся); (*develop*) разви́(ва́)ть(ся); **~se** [ɪk'spæns] простра́нство; протяже́ние; **~sion** [-nʃn] расшире́ние; (*spread*) распростране́ние; разви́тие; **~sive** [-sɪv] □ обши́рный; *fig.* экспанси́вный
pect [ɪks'pekt] ожида́ть (P); (*count on*) рассчи́тывать, наде́яться; (*think*) полага́ть, ду́мать; **~ant** [-ənt]: ***~ mother*** бере́менная же́нщина; **~ation** [ekspek'teɪʃn] ожида́ние; (*hope*) *mst. pl.* наде́жда
pedi|ent [ɪk'spiːdɪənt] **1.** подходя́щий, целесообра́зный, соотве́тствующий; **2.** сре́дство достиже́ния це́ли; приём; **~tion** [ekspɪ'dɪʃn] экспеди́ция; (*speed*) быстрота́
pel [ɪk'spel] *from school*, *etc.* исключа́ть [-чи́ть] (из P)
pen|d [ɪk'spend] [ис]тра́тить; [из]расхо́довать; **~diture** [-ɪtʃə] расхо́д, тра́та; **~se** [ɪk'spens] расхо́д, тра́та; ***at his ~*** за его́ счёт; ***travel ~s*** командиро́вочные; **~sive** [-sɪv] □ дорого́й, дорогосто́ящий
perience [ɪk'spɪərɪəns] **1.** (жи́зненный) о́пыт; (*event*) слу́чай, приключе́ние; **2.** испы́тывать [испыта́ть]; (*suffer*) пережи́(ва́)ть; **~d** [-t] о́пытный; квалифици́рованный
experiment 1. [ɪk'sperɪmənt] о́пыт, экспериме́нт; **2.** [-ment] производи́ть о́пыты; **~al** [ɪksperɪ'mentl] □ эксперимента́льный, о́пытный, про́бный
expert ['ekspɜːt] **1.** о́пытный, иску́сный; **2.** экспе́рт, знато́к, специали́ст; *attr.* высококвалифици́рованный
expir|ation [ekspɪ'reɪʃn] (*end*) оконча́ние, истече́ние; **~e** [ɪk'spaɪə] (*breathe out*) выдыха́ть [вы́дохнуть]; (*die*) умира́ть [умере́ть]; *fin.* истека́ть [-е́чь]
explain [ɪk'spleɪn] объясня́ть [-ни́ть]; (*justify*) опра́вдывать [-да́ть]
explanat|ion [eksplə'neɪʃn] объясне́ние; (*justification*) оправда́ние; (*reason*) причи́на; **~ory** [ɪk'splænətrɪ] □ объясни́тельный
explicable [ɪk'splɪkəbl] объясни́мый
explicit [ɪk'splɪsɪt] □ я́сный, недвусмы́сленный, то́чный
explode [ɪk'spləʊd] (*blow up*) взрыва́ть(ся) [взорва́ть(ся)] (*a. fig.*); *of applause etc.* разража́ться [-рази́ться] (***with*** T)
exploit 1. ['eksplɔɪt] по́двиг; **2.** [ɪk'splɔɪt] эксплуати́ровать; *mining* разраба́тывать [-бо́тать]; **~ation** [eksplɔɪ'teɪʃn] эксплуата́ция; разрабо́тка
explor|ation [eksplə'reɪʃn] иссле́дование; **~e** [ɪk'splɔː] иссле́довать (*im*)*pf.*; *geol.* разве́д(ыв)ать; *problem, etc.* изуча́ть [-чи́ть]; **~er** [-rə] иссле́дователь(ница *f*) *m*
explosi|on [ɪk'spləʊʒn] взрыв; *of anger* вспы́шка; **~ve** [-sɪv] **1.** □ взры́вчатый; *fig.* вспы́льчивый; **2.** взры́вчатое вещество́
exponent [ɪk'spəʊnənt] (*advocate*) сторо́нник, представи́тель *m*; *math.* показа́тель *m* сте́пени; (*interpreter*) толкова́тель *m*
export 1. ['ekspɔːt] э́кспорт, вы́воз; **2.** [ɪk'spɔːt] экспорти́ровать (*im*)*pf.*, вывози́ть [вы́везти]; **~er** [-ə] экспортёр
expos|e [ɪk'spəʊz] *to danger*, *etc.* подверга́ть [-е́ргнуть]; (*display*) вы-

ставля́ть [вы́ставить]; (*unmask*) разоблача́ть [-чи́ть]; *phot.* экспони́ровать (*im*)*pf*.; **~ition** [ekspəˈzɪʃn] вы́ставка; изложе́ние

exposure [ɪkˈspəʊʒə] (*unmasking*) разоблаче́ние; *phot.* экспози́ция, вы́держка; возде́йствие вне́шней среды́; ***die of ~*** умере́ть от *переохлаждения и т.д.*

expound [ɪkˈspaʊnd] излага́ть [изложи́ть]; (*explain*) разъясня́ть [-ни́ть]

express [ɪkˈspres] **1.** □ (*clearly stated*) определённый, то́чно вы́раженный; (*urgent*) сро́чный; **2. ~** (***train***) экспре́сс; **3.** *adv.* спе́шно; **4.** выража́ть [вы́разить]; **~ion** [ɪkˈspreʃn] выраже́ние; (*quality*) вырази́тельность *f*; **~ive** [-ɪv] □ (*full of feeling*) вырази́тельный; (*~ of joy, etc.*) выража́ющий

expulsion [ɪkˈspʌlʃn] изгна́ние; *form school, etc.* исключе́ние; *from country* вы́сылка

exquisite [ɪkˈskwɪzɪt] □ изы́сканный, утончённый; *sensibility* обострённый; *torture* изощрённый

extant [ekˈstænt] сохрани́вшийся

extempor|aneous [ekstempəˈreɪnɪəs] □, **~ary** [ɪkˈstempərərɪ] импровизи́рованный; **~e** [-pərɪ] *adv.* экспро́мтом

extend [ɪkˈstend] *v/t.* протя́гивать [-тяну́ть]; (*spread*) распространя́ть [-ни́ть]; (*prolong*) продлева́ть [-ли́ть]; (*enlarge*) расширя́ть [-ши́рить]; *v/i.* простира́ться [простере́ться]

extensi|on [ɪkˈstenʃn] (*enlargement*) расшире́ние; *of knowledge etc.* распростране́ние; (*continuance*) продле́ние; *arch.* пристро́йка; **~ve** [-sɪv] □ обши́рный, простра́нный

extent [ɪkˈstent] (*area, length*) протяже́ние; (*degree*) разме́р, сте́пень *f*, ме́ра; ***to the ~ of*** в разме́ре (P); ***to some ~*** до изве́стной сте́пени

extenuate [ɪkˈstenjʊeɪt] (*lessen*) уменьша́ть [уме́ньшить]; (*find excuse for*) стара́ться найти́ оправда́ние; (*soften*) ослабля́ть [-а́бить]

exterior [ekˈstɪərɪə] **1.** вне́шний, нару́жный; **2.** вне́шняя сторона́

exterminate [ekˈstɜːmɪneɪt] (*destr*… истребля́ть [-би́ть]; *fig.* искореня… [-ни́ть]

external [ekˈstɜːnl] □ нару́жны… вне́шний

extinct [ɪkˈstɪŋkt] уга́сший; *speci*… *etc.* вы́мерший; *volcano etc.* пот… ший

extinguish [ɪkˈstɪŋgwɪʃ] [по]гаси́… [по]туши́ть; *debt* погаша́ть [по… си́ть]

extol [ɪkˈstəʊl] превозноси́ть [-нес…

extort [ɪkˈstɔːt] *money* вымога́ть; … *cret* выпы́тывать [вы́пытать]; **~i**… [ɪkˈstɔːʃn] вымога́тельство

extra [ˈekstrə] **1.** доба́вочный, допо… ни́тельный; **~ *charges*** дополни́те… ная (о)пла́та; **2.** *adv.* осо́бо; осо́бен… дополни́тельно; **3.** припла́та; **~s** … дополни́тельные расхо́ды; побо… ные дохо́ды

extract 1. [ˈekstrækt] экстра́кт; *fr*… *text* вы́держка, отры́вок; … [ɪkˈstrækt] *tooth* удаля́ть [-ли́ть]; *b*… *let etc.* извлека́ть [-е́чь]; *chem.* экст… ги́ровать; **~ion** [-kʃn] экстраги́ро… ние; (*ancestry, origin*) происхожде́…

extraordinary [ɪkˈstrɔːdnrɪ] чр… выча́йный, необы́чный, экст… ордина́рный, выдаю́щийся

extrasensory [ekstrəˈsensə… внечу́вственный, экстрасенсо́рн…

extravagan|ce [ɪkˈstrævəgəns] э… травага́нтность *f*; (*wastefulne*… расточи́тельность *f*; (*excess*) … ли́шество; **~t** [-gənt] □ р… точи́тельный; сумасбро́дный, э… травага́нтный

extrem|e [ɪkˈstriːm] **1.** □ кра́йн… преде́льный; чрезвыча́йный; … кра́йность *f*; ***go to ~*** пойти́ на кра́й… ме́ры; **~ity** [ɪkˈstremətɪ] (*end*) о… не́чность *f*, край; кра́йность … кра́йняя нужда́; кра́йняя ме́ра; **~it**… [-z] *pl.* коне́чности *f/pl.*

extricate [ˈekstrɪkeɪt] высвобожда… [вы́свободить], вы́зволить *mst.* … ***~ o.s.*** выпу́тываться [вы́путаться…

exuberan|ce [ɪgˈzjuːbərəns] изо… лие, избы́ток; **~t** [-t] *vegetation* б…

ый; *speech* оби́льный, несде́ржен-ый; (*full of life*) по́лный жи́зни, экс-анси́вный
ult [ɪg'zʌlt] ликова́ть; торжество-а́ть
e [aɪ] **1.** глаз; *of needle* у́шко; ***with an to*** с це́лью (+ *inf.*); ***catch s.o.'s*** ~ пой-ма́ть че́й-л. взгляд; обрати́ть на себя́ внима́ние; **2.** смотре́ть на (В), при́стально разгля́дывать; **~ball** глазно́е я́блоко; **~brow** бровь *f*; **…~d** [aɪd] …гла́зый; **~lash** ресни́ца; **~lid** ве́ко; **~sight** зре́ние; **~ shadow** те́ни для век; **~witness** свиде́тель, очеви́дец

F

ɔle ['feɪbl] ба́сня; *fig.* вы́думка
ɔric ['fæbrɪk] (*structure*) структу́ра; *cloth*) ткань *f*; **~ate** ['fæbrɪkeɪt] *nst. fig.*) выду́мывать [вы́думать]; *falsify*) [с]фабрикова́ть
ɔulous ['fæbjʊləs] □ баснасло́в-ый; (*excellent*) великоле́пный
ce [feɪs] **1.** лицо́, *joc. or pej.* физио-о́мия; *of cloth* лицева́я сторона́; *of watch* цифербла́т; ***on the ~ of it*** с пе́р-ого взгля́да; **2.** *v/t.* встреча́ть сме́ло; мотре́ть в лицо́ (Д); стоя́ть лицо́м к Д); *of window, etc.* выходи́ть на (В); *ech.* облицо́вывать [-цева́ць]
cetious [fə'siːʃəs] □ шутли́вый
ce value номина́льная сто́имость; ***ake s.th. at (its) ~*** принима́ть [-ня́ть] а чи́стую моне́ту
cil|itate [fə'sɪlɪteɪt] облегча́ть -чи́ть]; **~ity** [fə'sɪlətɪ] лёгкость *f*; спо-о́бность *f*; *of speech* пла́вность *f*
cing ['feɪsɪŋ] *of wall, etc.* облицо́вка
ct [fækt] факт; ***as a matter of ~*** о́бственно говоря́; ***I know for a ~ that*** то́чно зна́ю, что
ction ['fækʃn] фра́кция
ctor ['fæktə] *math.* мно́житель; *contributing cause*) фа́ктор; **~y** [-rɪ] фа́брика, заво́д
culty ['fækəltɪ] спосо́бность *f*; *fig.* ар; *univ.* факульте́т
d [fæd] (*craze*) увлече́ние; (*fancy*) рихоть *f*, причу́да; (*fashion*) прехо-я́щая мо́да
de [feɪd] увяда́ть [увя́нуть]; посте-е́нно уменьша́ть [уме́ньшить]; *of olo(u)r* [по]линя́ть

fag [fæg] уста́лость, утомле́ние
fail [feɪl] **1.** *v/i.* (*grow weak*) ослабе́(-ва́)ть; (*be wanting in*) недост(ав)а́ть; потерпе́ть *pf.* неуда́чу; *at examination* прова́ливаться [-ли́ться]; ***he ~ed to do*** ему́ не удало́сь сде́лать (В); забы́(-ва́)ть; *v/t.* *of courage, etc.* покида́ть [-и́нуть]; **2.** *su.*: ***without ~*** наверняка́; непреме́нно; **~ing** ['feɪlɪŋ] недоста́-ток; сла́бость *f*; **~ure** ['feɪljə] неуда́ча, неуспе́х; прова́л; банкро́тство; неу-да́чник *m*, -ница *f*; *tech.* поврежде́ние, отка́з
faint [feɪnt] **1.** □ сла́бый; *light* ту́ск-лый; **2.** [о]слабе́ть; потеря́ть созна́-ние (***with*** от Р); **3.** о́бморок, поте́ря созна́ния; **~-hearted** [feɪnt'hɑːtɪd] трусли́вый, малоду́шный
fair[1] [feə] **1.** *adj.* прекра́сный, краси́-вый; (*favo[u]rable*) благоприя́тный; *hair* белоку́рый; *weather* я́сный; (*just*) справедли́вый; **2.** *adv.* че́стно; пря́мо, я́сно; ***~ copy*** чистови́к; ***~ play*** че́стная игра́
fair[2] [~] я́рмарка
fair|ly ['feəlɪ] справедли́во; (*quite*) до-во́льно; **~ness** ['feənɪs] справедли́-вость *f*, красота́ (→ ***fair***[1]); ***in all ~*** со всей справедли́востью
fairy ['feərɪ] фе́я; **~land** ска́зочная страна́; **~ tale** ска́зка
faith [feɪθ] дове́рие, ве́ра, *a. relig.*; **~ful** ['feɪθfl] ве́рный, пре́данный; (*accurate*) то́чный, правди́вый; ***yours ~ly*** пре́данный Вам; **~less** ['feɪθlɪs] □ ве-роло́мный
fake [feɪk] *sl.* **1.** подде́лка, фальши́вка;

2. поддéл(ыв)ать
falcon ['fɔːlkən] сóкол
fall [fɔːl] **1.** падéние; (*decline*) упáдок; (*declivity, slope*) обры́в, склон; *Am.* óсень *f*; (*mst.* **~s** *pl.*) водопáд; **2.** [*irr.*] пáдать [упáсть]; спадáть [спасть]; *of water* убы́(вá)ть; **~ back** отступáть [-пи́ть]; **~ ill** *или* **sick** заболé(вá)ть; **~ out** [по]ссóриться; **~ short of** не оправдáть (ожидáний); не достигáть [-и́чь] *a.* [-и́гнуть] (цéли); **~ short** уступáть в чём-л., не хватáть [-ти́ть]; **~ to** принимáться [-ня́ться] за (В)
fallacious [fə'leɪʃəs] □ оши́бочный, лóжный
fallacy ['fæləsɪ] заблуждéние, оши́бочный вы́вод
fallen ['fɔːlən] *pt. p. om* **fall**
falling ['fɔːlɪŋ] падéние; понижéние
fallout ['fɔːləʊt]: **radioactive ~** радиоакти́вные осáдки
fallow ['fæləʊ] *adj.* вспáханный под пар
false [fɔːls] □ лóжный, оши́бочный; *coin* фальши́вый; *friend* верolóмный; *teeth* искýсственный; **~hood** ['fɔːlshʊd] ложь *f*, (*falseness*) лжи́вость *f*
falsi|fication [fɔːlsɪfɪ'keɪʃn] поддéлка; *of theories, etc.* фальсификáция; **~fy** ['fɔːlsɪfaɪ] поддéл(ыв)ать; фальсифици́ровать
falter ['fɔːltə] *in walking* дви́гаться неувéренно; *in speech* запинáться [запнýться]; *fig.* колебáться
fame [feɪm] слáва; извéстность *f*; **~d** [feɪmd] извéстный, знамени́тый; **be ~ for** слáвиться (T)
familiar [fə'mɪlɪə] □ бли́зкий, хорошó знакóмый; (*usual*) привы́чный; **~ity** [fəmɪlɪ'ærətɪ] (*of manner*) *a. pej.* фамилья́рность *f*; (*knowledge*) осведомлённость *f*; **~ize** [fə'mɪlɪəraɪz] ознакомля́ть [-кóмить]
family ['fæməlɪ] семья́, семéйство; **~ tree** родослóвное дéрево
fami|ne ['fæmɪn] гóлод; **~sh**: **I feel ~ed** я умирáю от гóлода
famous ['feɪməs] □ знамени́тый
fan[1] [fæn] **1.** вéер; *tech.* вентиля́тор; **2.**: **~ o.s.** обмáхивать(ся) [-хнýть(…
вéером
fan[2] [~] *sport* болéльщик *m*, -щи… фанáт; (*admirer*) поклóнник *m*, -н… *f*
fanatic [fə'nætɪk] **1.** (*a.* **~al** [~ɪkəl] фанати́чный; **2.** фанáтик *m*, -ти́ч…
fanciful ['fænsɪfl] □ прихотли́в… причýдливый
fancy ['fænsɪ] **1.** фантáзия, вообра… ние; (*whim*) при́хоть *f*, (*love*) п… стрáстие; (*inclination*) склóнност… **2.** *prices* фантасти́ческий; **~ go…** *pl.* мóдные товáры *m/pl.*; **3.** вооб… жáть [-рази́ть]; представл… [-áвить] себé; [по]люби́ть; [за]хоте… **just ~!** предстáвьте себé!
fang [fæŋ] клык
fantas|tic [fæn'tæstɪk] (**~a…** причýдливый, фантасти́чный; с… невероя́тный; потрясáющий, … ['fæntəsɪ] фантáзия, воображéни…
far [fɑː] *adj.* дáльний, далёкий, … далённый; *adv.* далекó; горáздо; **~ as** до (P); **as ~ as I know** наскóл… мне извéстно; **inso~** (*Brt.* **in so ~**) поскóльку; **~ away** далекó
fare [feə] плáта за проéзд; **~w…** [feə'wel, feər~] **1.** прощáй(те)!; прощáние
farfetched [fɑː'fetʃt] *fig.* притя́нут… зá уши
farm [fɑːm] **1.** фéрма; **2.** обрабáтыв… зéмлю; **~er** ['fɑːmə] фéрмер; **~ho…** жилóй дом на фéрме; **~ing** заня́… сéльским хозя́йством, фéрмерст… **~stead** ['fɑːmsted] усáдьба
far-off ['fɑːrɔf] далёкий
farthe|r ['fɑːðə] **1.** *adv.* дáльше; **2.** … бóлее отдалённый; **~st** [~ðɪst] **1.** … сáмый далёкий, сáмый дáльний; … *adv.* дáльше всегó
fascinat|e ['fæsɪneɪt] **очаровыв…** **[-овать], пленять [-нить]**; **~ion** [fa… 'neɪʃn] очаровáние
fashion ['fæʃn] **1.** (*prevailing style*) … да; стиль *m*; (*manner*) óбраз, манé… **in** (**out of**) **~** (не)мóдный; **2.** придав… фóрму, вид (Д **into** P); **~able** ['fæʃn… мóдный

st[1] [fɑːst] (*fixed, firm*) прочный, крепкий, твёрдый; (*quick*) быстрый; ***my watch is ~*** мои часы спешат
st[2] [~] **1.** (*going without food*) пост; **2.** поститься
sten ['fɑːsn] *v/t.* (*fix*) прикреплять [-пить]; (*tie*) привязывать [-зать]; *oat, etc.* застёгивать [-тегнуть]; *door* запирать [-переть]; *v/i.* застёгмраться [запереться]; застёгивать(ся) [-тегнуть(ся)]; ~ ***upon*** *fig.* ухватиться за (В); **~er** [~ə] застёжка
st food фаст-фуд
stidious [fæ'stɪdɪəs] □ разборчивый; *about food* привередливый
t [fæt] **1.** жирный; *person* тучный; **2.** жир; сало
tal ['feɪtl] роковой, фатальный; *causing death*) смертельный; **~ity** fə'tælətɪ] (*doom*) обречённость *f*; *destiny*) фатальность *f*; (*caused by accident*) жертва; смерть *f*
te [feɪt] рок, судьба
ther ['fɑːðə] отец; **~hood** [~hʊd] отцовство; **~-in-law** ['fɑːðərɪnlɔː] *husband's* свёкор; *wife's* тесть *m*; **~less** ~lɪs] оставшийся без отца; **~ly** [~lɪ] отеческий
thom ['fæðəm] *fig.* вникать [вникнуть] в (В), понимать [понять]
tigue [fə'tiːg] **1.** утомление, усталость *f*; **2.** утомлять [-мить]
t|ness ['fætnɪs] жирность *f*; **~ten** 'fætn] *animal* откармливать [откормить]; [рас]толстеть
tuous ['fætʃʊəs] □ бессмысленный, глупый
ucet ['fɔːsɪt] *esp. Am.* водопроводный кран
ult [fɔːlt] (*shortcoming*) недостаток; *ech.* неисправность *f*, дефект; *blame*) вина; ***find ~ with*** прид(и)раться к (Д); ***be at ~*** быть виновным; **~finder** придира *m/f*; **~less** ['fɔːltlɪs] □ безупречный; **~y** ['fɔːltɪ] □ *thing* с браком, десфектом; *method* порочный
vo(u)r ['feɪvə] **1.** благосклонность *f*, расположение; одолжение, любезность *f*; ***do s.o. a ~*** оказать *pf.* кому-л. любезность; **2.** (*approve*) одобрять [-рить]; (*regard with goodwill*) хорошо относиться к (Д); **~able** [~rəbl] □ благоприятный; *opportunity* удобный; **~ite** ['feɪvərɪt] **1.** любимец *m*, -мица *f*, фаворит; **2.** любимый
fawn [fɔːn] светло-коричневый цвет
fax [fæks] **1.** факс; **2.** передавать [-дать] по факсу
fear [fɪə] **1.** страх, боязнь *f*; (*apprehension*) опасение; **2.** бояться (Р) ***for ~ of*** из-за боязни; **~ful** ['fɪəfl] □ страшный, ужасный; **~less** ['fɪəlɪs] бесстрашный
feasible ['fiːzəbl] (*capable of being done*) выполнимый, осуществимый; возможный
feast [fiːst] банкет; пир, пиршество; *eccl.* церковный *или* престольный праздник
feat [fiːt] подвиг
feather ['feðə] перо, ***show the white ~*** *coll.* проявить трусость *f*; **~brained** пустоголовый
feature ['fiːtʃə] **1.** черта; особенность *f*, свобство; *Am.* выдающаяся газетная статья; **~s** *pl.* черты лица; **2.** *in story* фигурировать; *of a film* показывать [-зать]; ***the film ~s a new actor as ...*** фильм с участием нового актёра в роли …
February ['februərɪ] февраль *m*
fed [fed] *pt. u pt. p. om* ***feed***; ***I am ~ up with ...*** мне надоел (-ла, -ло)
federa|l ['fedərəl] федеральный; *in names of states* федеративный; **~tion** [fedə'reɪʃn] федерация
fee [fiː] *doctor's, etc.* гонорар; *member's* взнос; *for tuition* плата
feeble ['fiːbl] □ слабый, хилый
feed [fiːd] **1.** *agric.* корм, фураж; *baby's* еда, кормление; *of a machine* питание; **2.** [*irr.*] *v/t.* [по]кормить; питать, подавать; *v/i.* питаться, кормиться; (*graze*) пастись; **~back** *tech.* обратная связь; **~ing bottle** детский рожок
feel [fiːl] **1.** [*irr.*] [по]чувствовать

(себя́); (*experience*) испы́тывать [-та́ть]; *by contact* ощуща́ть [ощути́ть]; (*touch*) [по]тро́гать; (*grope*) нащу́п(ыв)ать; **~ like doing** быть скло́нным сде́лать; **2.**: **get the ~ of** привыка́ть [-ы́кнуть]; **~ing** ['fi:lɪŋ] чу́вство, ощуще́ние

F

feet [fi:t] *pl. om* **foot 1**
feign [feɪn] притворя́ться [-ри́ться], симули́ровать (*im*)*pf*.
feint [feɪnt] (*sham offensive*) финт, дивéрсия
fell [fel] **1.** *pt. om* **fall**; **2.** *tree, etc.* [с]руби́ть
fellow ['feləʊ] па́рень; (*companion*) това́рищ; *professional* колле́га, сотру́дник; *of a college* член сове́та; **~-countryman** соотéчественник; **~ship** [-ʃɪp] това́рищество
felt[1] [felt] *pt. u pt. p. om* **feel**
felt[2] [~] во́йлок, фетр
female ['fi:meɪl] **1.** же́нский; **2.** же́нщина; *zo.* са́мка
feminine ['femɪnɪn] □ же́нский; же́нственный
fen [fen] боло́то, топь *f*
fence [fens] **1.** забо́р, и́згородь *f*, огра́да; ***sit on the ~*** занима́ть нейтра́льную пози́цию; **2.** *v/t.* отгора́живать [-роди́ть]; *v/i. sport* фехтова́ть
fencing ['fensɪŋ] **1.** и́згородь *f*, забо́р, огра́да; *sport* фехтова́ние; **2.** *attr.* фехтова́льный
fender ['fendə] (*fire screen*) ками́нная решётка; *of car, Am.* крыло́
ferment 1. ['fə:ment] заква́ска, ферме́нт; *chem..* броже́ние (*a. fig.*); **2.** [fə'ment] вызыва́ть броже́ние; броди́ть; **~ation** [fɜ:men'teɪʃn] броже́ние
fern [fɜ:n] па́поротник
feroci|ous [fə'rəʊʃəs] □ свире́пый; *dog* злой; **~ty** [fə'rɒsətɪ] свире́пость *f*
ferret ['ferɪt] **1.** *zo.* хорёк; **2.** [по]ры́ться, [по]ша́рить; **~ out** выйскивать [вы́искать]; *secret* разню́хивать [-хать]; вы́ведать *pf.*
ferry ['ferɪ] **1.** (*place for crossing river, etc.*) перевóз, перепра́ва; (*boat*) паро́м; **2.** перевози́ть [-везти́]; **~man** перево́зчик

fertil|e ['fɜ:taɪl] □ *soil* плодоро́дн *humans, animals* плодови́тый *fig.*); **~ imagination** бога́тое вооб жéние; **~ity** [fə'tɪlətɪ] плодоро́д плодови́тость *f*; **~ize** ['fɜ:tɪlaɪz] удо ря́ть [удо́брить]; оплодотворя́ [-ри́ть]; **~izer** ['fɜ:tɪlaɪzə] удобре́ни
fervent ['fɜ:vənt] горя́чий, пы́лкий
fervor(u)r ['fɜ:və] жар, пыл, страст
fester ['festə] гнои́ться
festiv|al ['festəvl] пра́здник; фест ва́ль *m*; **~e** ['festɪv] □ пра́здничн **~ity** [fe'stɪvətɪ] пра́зднество; т жество́
fetch [fetʃ] сходи́ть, съе́здить за (приноси́ть [-нести́]; **~ing** [-ɪŋ] привлека́тельный
fetter ['fetə] **1.** *mst.* **~s** *pl.* пу́ты *f/pl.*; око́вы *f/pl.*, у́зы *f/pl.*; **2.** *fig.* свя́зыва [-за́ть] по рука́м и нога́м
feud [fju:d] *family* вражда́ *f*
feudal ['fju:dl] □ феода́льный
fever ['fi:və] лихора́дка, жар; **~i** [-rɪʃ] □ лихора́дочный
few [fju:] немно́гие; немно́го, ма́ (Р); **a ~** не́сколько (Р); **a good ~** вольно мно́го
fiancé(e) [fɪ'ɒnseɪ] жени́х (неве́ста
fiasco [fɪ'æskəʊ] прова́л, по́лная н да́ча, фиа́ско
fib [fɪb] **1.** вы́думка, непра́вда; **2.** пр в(и)ра́ть
fiber, *Brt.* **fibre** ['faɪbə] волокно́, нит
fickle ['fɪkl] непостоя́нный
fiction ['fɪkʃn] вы́мысел, вы́думка; х до́жественная литерату́ра, беллет стика; **science ~** нау́чная фанта́ст ка; **~al** [-l] □ вы́мышленный
fictitious [fɪk'tɪʃəs] □ подло́жн фикти́вный; вы́мышленный
fiddle ['fɪdl] *coll.* **1.** скри́пка; *fig. a ch* жу́льничество; **2.** игра́ть на скри́п *fig.* обма́нывать
fidelity [fɪ'delətɪ] ве́рность *f*, пре́да ность *f*; (*accuracy*) то́чность *f*
fidget ['fɪdʒɪt] *coll.* **1.** непосе́да; ёрзать, верте́ться; **~y** [-ɪ] суетли́вь беспоко́йный, не́рвный; *child* не се́дливый
field [fi:ld] по́ле; (*meadow*) луг; *fig.* с

часть; ~ **events** лёгкая атлетика; ~ **glasses** полевой бинокль *m*; ~ **of vision** поле зрения; ~**work** *geol.*, *etc.* работа в поле
nd [fi:nd] дьявол; *person* злодей; ~**ish** ['fi:ndɪʃ] □ дьявольский, жестокий, злой
rce [fɪəs] □ свирепый; *frost*, *etc.* лютый; *wind*, *etc.* сильный; ~**ness** ['fɪəsnɪs] свирепость *f*, лютость *f*
teen [fɪf'ti:n] пятнадцать; ~**teenth** [-θ] пятнадцатый; ~**th** [fɪfθ] **1.** пятый; **2.** пятая часть *f*; ~**tieth** ['fɪftɪɪθ] пятидесятый; ~**ty** ['fɪftɪ] пятьдесят
g [fɪg] инжир
ght [faɪt] **1.** *mil.* сражение, бой; *between persons* драка; (*struggle*) борьба; ***show*** ~ быть готовым к борьбе; **2.** [*irr.*] *v/t.* бороться против (Р); драться с Т); *v/i.* сражаться [сразиться]; (*wage war*) воевать; бороться; ~**er** ['faɪtər] боец; *fig.* борец; ~**er plane** истребитель *m*; ~**ing** ['faɪtɪŋ] сражение, бой; драка; *attr.* боевой
gment ['fɪgmənt]: ~ ***of imagination*** плод воображения
gurative ['fɪgjʊrətɪv] □ переносный, метафорический
gure ['fɪgə] **1.** фигура; *math.* число; цифра; (*diagram etc.*) рисунок; *coll* (*price*) цена; **2.** *v/t.* представлять себе; рассчитывать [-итать]; *Am.* считать, полагать; *v/i.* фигурировать
ch [fɪltʃ] [у]красть; *coll.* [у-, с]тащить (***from*** у Р)
e[1] [faɪl] **1.** *tool* напильник; (*nail* ~) пилочка (для ногтей); **2.** (*a.* ~ ***down***) подпиливать [-лить]
e[2] [-] **1.** (*folder*) папка; *of papers* подшивка; *for reference* картотека; *computer* файл; **2.** регистрировать (*im*)*pf.*; подшивать к делу
al ['fɪlɪəl] □ сыновний, дочерний
l [fɪl] **1.** наполнять(ся) [-олнить(ся)]; *tooth* [за]пломбировать; (*satisfy*) удовлетворять [-рить]; *Am. an order* выполнять [выполнить]; ~ ***in*** заполнять [-олнить]; **2.** достаточное количество; ***eat one's*** ~ наесться досыта
let ['fɪlɪt] *cul.* филе(й) *n indecl.*
filling ['fɪlɪŋ] наполнение; (зубная) пломба; *cul.* фарш, начинка; *mot.* ~ **station** бензозаправочная станция
film [fɪlm] **1.** (фото) плёнка; *cine.* фильм; (*thin layer*) плёнка; **2.** производить киносъёмку (Р); снимать [снять]; экранизировать (*im*)*pf.*
filter ['fɪltə] **1.** фильтр; **2.** [про-] фильтровать; ~**-tipped** с фильтром
filth [fɪlθ] грязь *f*; ~**y** ['fɪlθɪ] □ грязный (*a. fig.*); ~ ***weather*** гнусная погода
fin [fɪn] *zo.* плавник
final ['faɪnl] **1.** □ заключительный; окончательный; **2.** *sport* финал; ~**s** *univ.* выпускные экзамены; ~**ly** [-nəlɪ] в конце концов; (*in conclusion*) в заключение
financ|e ['faɪnæns] **1.** ~**es** *pl.* финансы *m/pl.*; деньги; **2.** *v/t.* финансировать (*im*)*pf.*; ~**ial** [faɪ'nænʃl] финансовый; ~**ier** [-sɪə] финансист
finch [fɪntʃ] *zo.* зяблик
find [faɪnd] [*irr.*] **1.** находить [найти]; *by searching* отыскивать [-кать]; (*discover*) обнаруживать [-ить]; (*consider*) считать [счесть]; *rhet.* обретать [обрести]; заст(ав)ать; **2.** находка; ~**ing** ['faɪndɪŋ] *law* решение; *pl.* выводы
fine[1] [faɪn] □ тонкий, изящный; прекрасный; ***not to put too ~ a point on it*** говоря напрямик
fine[2] [-] **1.** штраф; пеня; **2.** [о]штрафовать
finesse [fɪ'nes] деликатность *f*, утончённость *f*; *at cards*, *etc.* искусный манёвр
finger ['fɪŋgə] **1.** палец; ***not to lift a*** ~ палец о палец не ударить; **2.** трогать; *an instrument* перебирать пальцами; ~**print** отпечаток пальцев
finish ['fɪnɪʃ] **1.** *v/t.* кончать [кончить]; (*complete*) завершать [-шить]; (*make complete*) отдел(ыв)ать; *v/i.* кончаться [кончить(ся)]; *sport* финишировать; **2.** конец; (*polish*) отделка; *sport* финиш
Finn [fɪn] финн, финка, ~**ish 1.** финский; **2.** финский язык
fir [fɜ:] ель *f*, пихта; ~ **cone** ['fɜ:kəʊn]

елóвая ши́шка

fire [faɪə] **1.** огóнь *m*; ***be on ~*** горéть; **2.** *v/t.* (*set fire to*) зажигáть [зажéчь], поджигáть [-жéчь]; *stove* [за]топи́ть; *fig.* воспламеня́ть [-ни́ть]; (*dismiss*) увольня́ть [увóлить]; *v/i.* (*shoot*) стреля́ть [вы́стрелить]; ~ **alarm** ['faɪərəlɑ:m] пожáрная тревóга; ~ **brigade**, *Am.* ~ **department** пожáрная комáнда; ~ **engine** ['faɪərendʒɪn] пожáрная маши́на; ~ **escape** ['faɪərɪskeɪp] пожáрная лéстница; ~ **extinguisher** ['faɪərɪkstɪŋgwɪʃə] огнетуши́тель *m*; ~ **fighter** пожáрный; ~**place**ками́н; ~**plug** пожáрный кран, гидрáнт; ~**proof** огнеупóрный; ~**side** мéсто óколоками́на; ~ **station** пожáрное депó; ~**wood** дровá *n/pl.*; ~**works** *pl.* фейервéрк

firing ['faɪərɪŋ] (*shooting*) стрельбá

firm[1] [fɜ:m] фи́рма

firm[2] [~] □ крéпкий, плóтный, твёрдый; (*resolute*) устóйчивый; ~**ness** ['fɜ:mnɪs] твёрдость *f*

first [fɜ:st] **1.** *adj.* пéрвый; ***at ~ sight*** с пéрвого взгля́да; ***in the ~ place*** во-пéрвых; **2.** *adv.* сперва́, сначáла; впервы́е; скорéе, ***at ~*** сначáло; ***~ of all*** прéжде всегó; **3.** начáло; ***the ~*** пéрвое числó; ***from the ~*** с сáмого начáла; ~**-born** пéрвенец; ~**-class** *quality* первоклáссный; *travel* пéрвым клáссом; ~**ly** ['fɜ:stlɪ] во-пéрвых; ~**-rate** превосхóдный; *int.* прекрáсно!

fiscal ['fɪskl] фискáльный, финáнсовый

fish [fɪʃ] **1.** ры́ба; *coll.* ***odd*** (*или* ***queer***) ~ чудáк; **2.** лови́ть ры́бу; ***~ for compliments*** напрáшиваться на комплимéнты; ***~ out*** вы́удить; ~**bone** ры́бная кость *f*

fisherman ['fɪʃəmən] рыбáк, рыболóв

fishing ['fɪʃɪŋ] ры́бная лóвля; ~ **line** лéса; ~ **rod** у́дочка; (*without line*) уди́лище; ~ **tackle** рыболóвные принадлéжности *f/pl.*

fiss|ion ['fɪʃn] *phys.* расщеплéние; ~**ure** ['fɪʃə] трéщина, рассéлина

fist [fɪst] кулáк

fit[1] [fɪt] **1.** гóдный, подходя́щ[ий]; (*healthy*) здорóвый; (*deserving*) [до]стóйный; **2.** *v/t.* подгоня́ть [-догнá[ть]] (***to*** к Д); (*be suitable for*) подходи́[ть] [подойти́] к (Д); приспособля́ть [-при]сóбить] (***for, to*** к Д); ***~ out*** (*equ*[*ip*]) снаряжáть [-яди́ть]; (*supply*) сн[аб]жáть [-бди́ть]; *v/i.* (*suit*) годи́ться; *dress* сидéть; приспособля́ться [пр[и]]спосóбиться]

fit[2] [~] *med.* припáдок, при́ступ; [*of*] *generosity, etc.* пóрыв; ***by ~s a[nd] starts*** уры́вками; ***give s.o. a ~*** [по]трясти́ *pf.*

fit|ful ['fɪtfl] □ су́дорожный, поры́[ви]стый; ~**ter** [~ə] механик, монт[ёр]; ~**ting** [~ɪŋ] **1.** □ подходя́щий, гóдны[й]; **2.** установ́ка; монтáж; *of clothes* п[ри]мéрка; ~**tings** *pl.* арматýра

five [faɪv] **1.** пять; **2.** *in cards, bus nu[m]ber, etc.*; *school mark* пятёрка

fix [fɪks] **1.** устанáвливать [-нови́т[ь]] (*make fast*) укрепля́ть [-пи́ть]; *att[ention], etc.* сосредотóчивать [-тóчит[ь]] останáвливать [-нови́ть] (на П); ([*re*]*pair*) починя́ть [-ни́ть]; *Am.* (*prepa*[*re*]) приготáвливать [-тóвить]; *Am.* *h*[*air*], *etc.* приводи́ть в поря́док; ***~ up*** ор[га]низовáть (*im*)*pf.*; улáживать [у[ла]]дить]; (*arrange*) устрáивать [-рóит[ь]] *v/i.* затвердé(вá)ть; останáвливат[ь]ся [-нови́ться] (***on*** на П); **2.** *coll.* диле[м]ма, затрудни́тельное положéние; ~[**ed**] [fɪkst] (*adv.* ~**edly** ['fɪksɪdlɪ]) неп[одвиж]ный; ~**ture** ['fɪkstʃə] приспо[со]блéние; арматýра; (*equipment*) об[о]рýдование; ***lighting ~*** осветúтельн[ое] устрóйство

fizzle ['fɪzl] шипéть

flabby ['flæbɪ] □ вя́лый; *fig.* слабо[ха]рáктерный

flag[1] [flæg] флаг, знáмя *n*; ***~ of conv[en]ience*** *naut.* удóбный флаг

flag[2] [~] **1.** (~***stone***) плитá; **2.** мости́[ть] пли́тами

flagrant ['fleɪgrənt] □ вопиющий

flagstaff флагштóк

flair [fleə] чутьё, нюх; (*ability*) спосó[б]ности *f/pl.*

flake [fleɪk] **1.** ~**s** *of snow* снежи́н[ки]

f/pl.; *pl.* хло́пья *m/pl.*; **2. ~ off** [об]лупи́ться, шелуши́ться
flame [fleɪm] **1.** пла́мя *n*; ого́нь *m*; *fig.* страсть *f*; **2.** горе́ть, пламене́ть; пыла́ть
flan [flæn] откры́тый пиро́г; ола́дья
flank [flæŋk] **1.** бок, сторона́; *mil.* фланг; **2.** быть располо́женным сбо́ку, на фла́нге (Р); грани́чить (с Т), примыка́ть (к Д)
flannel ['flænl] шерстяна́я флане́ль *f*; **~s** [-z] *pl.* флане́левые брю́ки *f/pl.*
flap [flæp] **1.** *of wings* взмах; (*sound*) хло́панье; *of hat* у́хо; ***get into a ~*** засуети́ться *pf.*, паникова́ть; взма́хивать [-хну́ть]; **2.** *v/t.* (*give a light blow to*) шлёпать [-пнуть]; легко́ ударя́ть; *v/i.* свиса́ть; *of flag* развева́ться [-ве́яться]
flare [fleə] **1.** горе́ть я́рким пла́менем; ***~ up*** вспы́хивать [-хнуть]; *fig.* вспыли́ть *pf.*; **2.** вспы́шка пла́мени; сигна́льная раке́та
flash [flæʃ] **1.** → ***flashy***; **2.** вспы́шка; *fig.* про́блеск; ***in a ~*** мгнове́нно; **3.** сверка́ть [-кну́ть]; вспы́хивать [-хнуть]; пронести́сь *pf.* (*a.* ***~ by***); **~light** *phot.* вспы́шка; *Am.* карма́нный фона́рик *m*; **~y** показно́й; безвку́сный
flask [flɑːsk] фля́жка
flat [flæt] **1.** □ (*level*) пло́ский; (*smooth*) ро́вный; (*dull*) ску́чный; *voice* глухо́й; ***fall ~*** не вызыва́ть [вы́звать] интере́са; не име́ть успе́ха; ***~ tire*** (*Brt.* ***tyre***) спу́щенная ши́на; **2.** (*apartment*) кварти́ра; пло́скость *f*; *land* равни́на, низи́на; *mus.* бемо́ль *m*; **~iron** утю́г; **~ten** ['flætn] де́лать(ся) пло́ским, ро́вным
flatter ['flætə] [по]льсти́ть (Д); ***I am ~ed*** я польщена́; **~er** [-rər] льстец *m*, льсти́ца *f*; **~ing** [-rɪŋ] ле́стный; **~y** [-rɪ] лесть *f*
flaunt [flɔːnt] выставля́ть [вы́ставить] на пока́з, афиши́ровать
flavo(u)r ['fleɪvə] **1.** (*taste*) вкус; *fig.* при́вкус; **2.** приправля́ть [-ра́вить]; придава́ть запах, при́вкус (Д); **~ing** [-rɪŋ] припра́ва; **~less** [-lɪs] безвку́сный
flaw [flɔː] (*crack*) тре́щина, щель *f*; *in character, etc.* недоста́ток; (*defect*) дефе́кт, изъя́н; **~less** ['flɔːlɪs] безупре́чный
flax [flæks] лён
flea [fliː] блоха́
fled [fled] *pt. u pt. p. om* ***flee***
flee [fliː] [*irr.*] бежа́ть, спаса́ться бе́гством
fleece [fliːs] **1.** ове́чья шерсть *f*; **2.** [о]стри́чь; *fig.* обдира́ть [ободра́ть]
fleet[1] [fliːt] □ бы́стрый
fleet[2] [-] флот
flesh [fleʃ] *soft or edible parts of animal bodies* мя́со; *body as opposed to mind or soul* плоть *f*; *of fruit or plant* мя́коть *f*; **~y** [-ɪ] мяси́стый; то́лстый
flew [fluː] *pt. om* ***fly***
flexib|ility [fleksə'bɪlətɪ] ги́бкость *f*; **~le** ['fleksəbl] □ ги́бкий; *fig.* пода́тливый, усту́пчивый
flicker ['flɪkə] **1.** *of light* мерца́ние; *of movement* трепета́ние; **2.** мерца́ть; трепета́ть *of smile* мелька́ть [-кну́ть]
flight[1] [flaɪt] полёт, перелёт; *of birds* стая́; ***~ number*** но́мер ре́йса
flight[2] [-] бе́гство; ***put to ~*** обраща́ть в бе́гство
flighty ['flaɪtɪ] □ ве́треный
flimsy ['flɪmzɪ] (*not strong*) непро́чный; (*thin*) то́нкий; ***~ argument*** малоубеди́тельный до́вод
flinch [flɪntʃ] вздра́гивать [вздро́гнуть]; отпря́дывать [отпря́нуть]
fling [flɪŋ] **1.** бросо́к; весе́лье; ***have a ~*** кутну́ть, пожи́ть в своё удово́льствие; **2.** [*irr.*] *v/i.* кида́ться [ки́нуться], броса́ться [бро́ситься]; *v/t.* (*throw*) кида́ть [ки́нуть], броса́ть [бро́сить]; ***~ open*** распа́хивать [-хну́ть]
flint [flɪnt] кре́мень *m*
flippan|cy ['flɪpənsɪ] легкомы́слие; **~t** □ легкомы́сленный
flirt [flɜːt] **1.** коке́тка; **2.** флиртова́ть, коке́тничать; **~ation** [flɜː'teɪʃn] флирт
flit [flɪt] порха́ть [-хну́ть] (*a. fig.*); *of smile, etc.* пробежа́ть

F

float [fləʊt] **1.** *on fishing line* поплаво́к; **2.** *v/t. timber* сплавля́ть [-а́вить]; *fin.* вводи́ть [ввести́] пла́вающий курс; *v/i. of object* пла́вать, [по]плы́ть; держа́ться на воде́; *fig.* плыть по тече́нию

flock ['flɒk] **1.** *of sheep* ста́до; *of birds* стая; **2.** стека́ться [сте́чься]; держа́ться вме́сте

flog [flɒg] [вы́]поро́ть; ~ ***a dead horse*** стара́ться возроди́ть безнадёжно устаре́лое де́ло

flood [flʌd] **1.** (*a.* ~ ***tide***) прили́в, подъём воды́; (*inundation*) наводне́ние, полово́дье, разли́в; *Bibl.* ***the*** 2 всеми́рный пото́п; **2.** поднима́тся [-ня́ться], выступа́ть из берего́в; (*inundate*) затопля́ть [-пи́ть]; *the market* наводня́ть [-ни́ть]; ~**gate** шлюз

floor [flɔː] **1.** пол; (*stor(e)y*) эта́ж; ***take the*** ~ *parl.* взять *pf.* сло́во; **2.** настила́ть пол; *coll.* (*knock down*) сбива́ть [сбить] с ног; *fig.* (*nonplus*) [по]ста́вить в тупи́к; ~**ing** ['flɔːrɪŋ] насти́лка поло́в; пол

flop [flɒp] **1.** шлёпаться [-пнуться]; плю́хать(ся) [-хнуть(-ся)]; *Am.* потерпе́ть *pf.* фиа́ско; **2.** *sl.* прова́л; ~**py** [-ɪ]: ~ ***disk*** *comput.* ги́бкий диск

florid ['flɒrɪd] □ цвети́стый (*a. fig.*)

florist ['flɒrɪst] продаве́ц цвето́в

flounce [flaʊns] *out of room* броса́ться [бро́ситься]

flounder[1] *zo.* ['flaʊndə] ка́мбала

flounder[2] [~] *esp. in water* бара́хтаться; *fig.* [за]пу́таться

flour [flaʊə] мука́

flourish ['flʌrɪʃ] *v/i.* пы́шно расти́; (*prosper*) процвета́ть, преуспева́ть; *v/t.* (*wave*) разма́хивать (T)

flout [flaʊt] попира́ть [попра́ть]; пренебрега́ть [-ре́чь] (T)

flow [fləʊ] **1.** тече́ние; пото́к; (*a. of speech*) струя́; *of sea* прпли́в; **2.** течь; струи́ться; ли́ться

flower ['flaʊə] **1.** цвето́к; *fig.* цвет; ***in*** ~ в цвету́; **2.** цвести́; ~**y** [-rɪ] *fig.* цвети́стый

flown [fləʊn] *pt. p. от* ***fly***

flu [fluː] = ***influenza*** *coll.* грипп

fluctuat|e ['flʌktʃʊeɪt] колеба́ть[ся]; ~**ion** [flʌktʃʊ'eɪʃn] колеба́ние

flue [fluː] дымохо́д

fluen|cy ['fluːənsɪ] *fig.* пла́вность [f,] бе́глость *f*; ~**t** [-t] □ пла́вный, б[е́]глый; ***she speaks*** ~ ***German*** она́ бе́г[ло] говори́т по-неме́цки

fluff [flʌf] пух, пушо́к, ~**y** ['flʌfɪ] пуш[и́]стый

fluid ['fluːɪd] **1.** жи́дкость *f*; **2.** жи́дки[й]; *fig.* неопределённый

flung [flʌŋ] *pt. и pt. p. от* ***fling***

flurry ['flʌrɪ] волне́ние, сумато́ха

flush [flʌʃ] **1.** румя́нец; *of shame* кра[ска]; *of feeling* прили́в; **2.** *v/t. toilet* сп[у]ска́ть [-сти́ть] во́ду (в убо́рной); (*rin[se] or wash clean*) промыва́ть [-мы́ть]; [...] [по]карсне́ть

fluster ['flʌstə] **1.** суета́, волне́ние; [...] [вз]волнова́ть(ся)

flute [fluːt] *mus.* фле́йта

flutter ['flʌtə] **1.** порха́ние; *of leaves*, *fig.* тре́пет; *fig.* волне́ние; **2.** *v/i.* м[а]ха́ть [-хну́ть]; *in the wind* развева́ть[ся]; порха́ть [-хну́ть]

flux [flʌks] *fig.* тече́ние; пото́к; ***in [a] state of*** ~ в состоя́нии непреры́вно[го] измене́ния

fly [flaɪ] **1.** му́ха; ***a*** ~ ***in the ointme[nt]*** ло́жка дёгтя в бо́чке мёда; **2.** [*irr.*] л[е]та́ть, [по]лете́ть; пролета́ть [-ете́ть]; (*hurry*) [по]спеши́ть; *of flag* подн[и]ма́ть [-ня́ть]; *ae.* пилоти́ровать; ~ [...] набра́сываться [-ро́ситься] [...] бра́нью) на (B); ~ ***into a passi[on]*** вспы́лить *pf.*

flying ['flaɪɪŋ] лета́тельный; лётны[й]; ~ ***saucer*** лета́ющая таре́лка; ~ ***vi[sit]*** мимолётный визи́т

fly|over путепро́вод; эстака́д[а]; ~**weight** *boxer* наилегча́йший ве[с]; ~**wheel** махови́к

foal [fəʊl] жеребёнок

foam [fəʊm] **1.** пе́на; ~ ***rubber*** пенор[е]зи́на; **2.** [вс]пе́ниться; *of horse* взм[ы]ли(ва)ться; ~**y** ['fəʊmɪ] пе́нящийс[я]; взмы́ленный

focus ['fəʊkəs] **1.** *phot., phys.* фо́кус; [...] быть в фо́кусе; сосредото́чи(ва)[ть] (*a. fig.*)

dder ['fɒdə] фура́ж, корм
e [fəʊ] враг
g [fɒg] **1.** тума́н; (*bewilderment*) замеша́тельство; **2.** [за]тума́нить; *fig.* апуска́ть [-сти́ть] тума́ну; озада́чи(ва)ть; **~gy** ['fɒgɪ] □ тума́нный
ible ['fɔɪbl] *fig.* сла́бость *f*
il[1] [fɔɪl] (*thin metal*) фольга́; (*contrast*) противопоставле́ние
il[2] [~] **1.** расстра́ивать пла́ны (Р); **2.** рапи́ра
ld [fəʊld] **1.** скла́дка, сгиб; **2.** *v/t.* скла́дывать [сложи́ть]; сгиба́ть [согну́ть]; *one's arms* скре́щивать [-ести́ть]; **~er** ['fəʊldə] *for papers* па́пка; брошю́ра
lding ['fəʊldɪŋ] складно́й; **~ *doors*** двустворча́тые две́ри; **~ chair** складно́й стул; **~ umbrella** складно́й зо́нтик
liage ['fəʊlɪɪdʒ] листва́
lk [fəʊk] наро́д, лю́ди *m/pl.*; **~lore** ['fəʊklɔː] фолькло́р; **~song** наро́дная пе́сня
llow ['fɒləʊ] сле́довать (за Т *or* Д); (*watch*) следи́ть (за Т); (*pursue*) пресле́довать (В); (*engage in*) занима́ться [-ня́ться] (Т); (*understand*) понима́ть [-ня́ть]; **~ *suit*** сле́довать приме́ру; **~er** ['fɒləʊə] после́дователь(ница *f*) *m*; (*admirer*) покло́нник; **~ing** ['fɒləʊɪŋ] сле́дующий
lly ['fɒlɪ] безрассу́дство, глу́пость *f*, безу́мие
nd [fɒnd] □ не́жный, лю́бящий, ***be ~ of*** люби́ть (В)
nd|le ['fɒndl] [при]ласка́ть; **~ness** [~nɪs] не́жность *f*, любо́вь *f*
od [fuːd] пи́ща, еда́; **~stuffs** *pl.* (пищевы́е) проду́кты *m/pl.*
ol [fuːl] **1.** дура́к, глупе́ц; ***make a ~ of s.o.*** [о]дура́чить кого́-л.; **2.** *v/t.* обма́нывать [-ну́ть]; *v/i.* [по]дура́читься; **~ *about*** валя́ть дурака́
ol|ery ['fuːlərɪ] дура́чество; **~hardy** ['fuːlhɑːdɪ] □ безрассу́дно хра́брый; **~ish** ['fuːlɪʃ] глу́пый, неразу́мный; **~ishness** [~nɪs] глу́пость *f*; **~proof** безопа́сный; безотка́зный
ot [fʊt] **1.** (*pl.* **feet**) нога́, ступня́; (*base*) основа́ние; *of furniture* но́жка; ***on ~*** пешко́м; **2.** *v/t.* (*mst.* **~ *up***) подсчи́тывать [-ита́ть]; **~ *the bill*** заплати́ть по счёту; **~ *it*** идти́ пешко́м; **~ball** футбо́л; **~fall** шаг; звук шаго́в; **~gear** *coll.* о́бувь *f*; **~hold** опо́ра (*a. fig.*)
footing ['fʊtɪŋ] опо́ра; ***on a friendly ~*** быть на дру́жеской ноге́; ***lose one's ~*** оступа́ться [-пи́ться]
foot|lights *pl. thea.* ра́мпа; **~path** тропи́нка; тропа́; **~print** след; **~sore** со стёртыми нога́ми; **~step** по́ступь *f*, шаг; ***follow in s.o.'s ~s*** идти́ по чьи́м-л. стопа́м; **~wear** о́бувь *f*
for [fə; *strong* fɔː] *prp. mst.* для (Р); ра́ди (Р); за (В); в направле́нии (Р), к (Д); из-за (Р), по причи́не (Р), всле́дствие; в тече́ние (Р); в продолже́ние (Р); **~ *three days*** в тече́ние трёх дней; уже́ три дня; вме́сто (Р); в обме́н на (В); **~ *all that*** несмотря́ на всё э́то; **~ *my part*** с мое́й стороны́; **2.** *cj.* так как, потому́ что, ибо
forbad(e) [fə'bæd] *pt. om* ***forbid***
forbear [fɔː'beə] [*irr.*] (*be patient*) быть терпели́вый; (*refrain from*) возде́рживаться [-жа́ться] (***from*** от Р)
forbid [fə'bɪd] [*irr.*] запреща́ть [-ети́ть]; **~den** [~n] *pt. p. om* ***forbid***; **~ing** [~ɪŋ] □ (*threatening*) угрожа́ющий
forbor|e [fɔː'bɔː] *pt. om* ***forbear***, **~ne** [~n] *pt. p. om* ***forbear***
force [fɔːs] **1.** си́ла; (*violence*) наси́лие; (*constraint*) принужде́ние; (*meaning*) смысл, значе́ние; ***armed ~s*** *pl.* вооружённые си́лы *f/pl.*; ***come into ~*** вступа́ть в си́лу; **2.** заставля́ть [-а́вить], принужда́ть [-уди́ть]; (*get by force*) брать си́лой; ***join ~s*** объединя́ть [-ни́ть] уси́лия; **~ *open*** взла́мывать [взлома́ть]; **~d** [~t]: **~ *landing*** вы́нужденная поса́дка; **~ful** [~fl] □ си́льный, де́йственный; *argument* убеди́тельный
forcible ['fɔːsəbl] □ (*using force*) наси́льственный; (*convincing*) убеди́тельный
ford [fɔːd] **1.** брод; **2.** переходи́ть вброд
fore [fɔː] **1.** *adv.* впереди́; **2.** *adj.* пере́-

F

дний; ~**bode** [fɔːˈbəʊd] предвещáть; (*have a feeling*) предчýвствовать; ~**boding** предчýвствие; ~**cast 1.** [ˈfɔː-kɑːst] предсказáние; ***weather*** ~ прогнóз погóды; **2.** [fɔːˈkɑːst] [*irr.* (***cast***)] [с]дéлать (давáть [дать]) прогнóз; предскáзывать [-казáть] ~**father** прéдок; ~**finger** указáтельный пáлец; ~**gone** [fɔːˈgɒn]: ***it's a ~ conclusion*** это предрешённый исхóд; ~**ground** перéдний план; ~**head** [ˈfɔːrɪd] лоб

foreign [ˈfɒrɪn] инострáнный; *Brt.* ***the*** ♀ ***Office*** Министéрство инострáнных дел; ~ ***policy*** внéшняя поли́тика; ~**er** [~ə] инострáнец *m*, -нка *f*

fore|lock [ˈfɔːlɒk] прядь волóс на лбу; ~**man** бригади́р; мáстер; ~**most** перéдний, передовóй; ~**runner** предвéстник *m*, -ица *f*; ~**see** [fɔːˈsiː] [*irr.* (***see***)] предви́деть; ~**sight** [ˈfɔːsaɪt] предви́дение; (*provident care*) предусмотри́тельность *f*

forest [ˈfɒrɪst] лес

forestall [fɔːˈstɔːl] (*avert*) предупреждáть [-упреди́ть]; (*do s.th. first*) опережáть [-ди́ть]

forest|er [ˈfɒrɪstə] лесни́к, лесни́чий; ~**ry** [~trɪ] лесни́чество, лесовóдство

fore|taste [ˈfɔːteɪst] **1.** предвкушéние; **2.** предвкушáть [-уси́ть]; ~**tell** [fɔːˈtel] [*irr.* (***tell***)] предскáзывать [-зáть]

forever [fəˈrevə] навсегдá

forfeit [ˈfɔːfɪt] **1.** штраф; *in game* фант; **2.** [по]плати́ться (Т); *right* утрáчивать [-áтить]

forgave [fəˈgeɪv] *pt. от* ***forgive***

forge[1] [fɔːdʒ] (*mst.* ~ ***ahead***) настóйчиво продвигáться вперёд

forge[2] [~] **1.** кýзница; **2.** ковáть; *signature, etc.* поддéл(ыв)ать; ~**ry** [ˈfɔːdʒərɪ] поддéлка; *of document* подлóг

forget [fəˈget] [*irr.*] забы́(вá)ть; ~**ful** [~fl] □ забы́вчивый; ~**-me-not** [~mɪnɒt] незабýдка

forgiv|e [fəˈgɪv] [*irr.*] прощáть [простúть]; ~**en** [fəˈgɪvən] *pt. p. от* ~; ~**eness** [~nɪs] прощéние; ~**ing** [~ɪŋ] всепрощáющий; □ великодýшный, снисходи́тельный

forgo [fɔːˈgəʊ] [*irr.* (***go***)] воздéрживаться [-жáться] от (Р), отказываться [-зáться] от (Р)

forgot, ~**ten** [fəˈgɒt(n)] *pt. a. pt. p. от* ***forget***

fork [fɔːk] ви́лка; *agric.* ви́лы *f/pl.*; *mus.* камертóн; *of road* разветвлéние

forlorn [fəˈlɔːn] забрóшенный, несчáстный

form [fɔːm] **1.** фóрма; фигýра; (*document*) бланк; *Brt. educ.* класс; ***matter of*** ~ чи́стая формáльность; **2.** образóвывать(ся) [-овáть(ся)]; составля́ть [-áвить]; (*create*) создавáть [-áть]; (*organize*) организóвывать [-вáть]; [с]формировáть

formal [ˈfɔːml] □ формáльный; официáльный; ~**ity** [fɔːˈmælətɪ] формáльность *f*

formation [fɔːˈmeɪʃn] образовáние; формировáние; *mil.* строй; (*structure*) строéние

former [ˈfɔːmə] прéжний, бы́вший; предшéствующий; ***the*** ~ пéрвый; ~**ly** [~lɪ] прéжде

formidable [ˈfɔːmɪdəbl] □ грóзный; *size* громáдный; (*difficult*) трýдный

formula [ˈfɔːmjʊlə] фóрмула; ~**te** [~leɪt] формули́ровать (*im*)*pf.*, *pf. a.* [с-]

forsake [fəˈseɪk] [*irr.*] оставля́ть [-áвить], покидáть [-и́нуть]

forswear [fɔːˈsweə] [*irr.* (***swear***)] (*give up*) откáзываться [-зáться] от (Р)

fort [fɔːt] *mil.* форт

forth [fɔːθ] *adv.* вперёд; дáльше; впредь; ***and so*** ~ и так дáлее; ~**coming** предстоя́щий

fortieth [ˈfɔːtɪɪθ] сороковóй; сороковáя часть *f*

forti|fication [fɔːtɪfɪˈkeɪʃn] укреплéние; ~**fy** [ˈfɔːtɪfaɪ] *mil.* укрепля́ть [-пи́ть]; *fig.* подкрепля́ть [-пи́ть]; ~ ***o.s.*** подкрепля́ться [-пи́ться] (***with*** T); ~**tude** [~tjuːd] си́ла дýха, стóйкость *f*

fortnight [ˈfɔːtnaɪt] две недéли *f/pl.*

fortress [ˈfɔːtrɪs] крéпость *f*

fortuitous [fɔːˈtjuːɪtəs] □ случáйный

fortunate [ˈfɔːtʃənət] счастли́вый; удáчный; ***I was ~ enough*** мне п

счастли́вилось; **~ly** *adv.* к сча́стью
·rtune ['fɔːtʃən] судьба́; (*prosperity*) бога́тство, состоя́ние; ***good*** (***bad***) **~** (не)уда́ча; **~ teller** гада́лка
·rty ['fɔːtɪ] со́рок
·rward ['fɔːwəd] **1.** *adj.* пере́дний; (*familiar*) развя́зный, де́рзкий; *spring* ра́нний; **2.** *adv.* вперёд, да́льше; впредь; **3.** *sport* напада́ющий, фо́рвард; **4.** перес(ы-) ла́ть, направля́ть [-а́вить] (по но́вому а́дресу)
·rwent [fɔː'went] *pt. от* ***forgo***
·ster ['fɒstər] воспи́тывать [-ита́ть]; (*look after*) присма́тривать [-мотре́ть] (за Т); *fig. hope etc.* пита́ть; (*cherish*) леле́ять; (*encourage*) поощря́ть [-ри́ть]; благоприя́тствовать (Д)
·ught [fɔːt] *pt. и pt. p. от* ***fight***
·ul [faʊl] **1.** □ (*dirty*) гря́зный; (*loathsome*) отврати́тельный (*a. weather*); нече́стный; **2.** *sport* наруше́ние пра́вил; **~ play** гру́бая игра́, **3.** [за]па́чкать(ся); (*pollute*) загрязня́ть [-ни́ть], допусти́ть *pf.* наруше́ние
·und [faʊnd] **1.** *pt. и pt. p. от* ***find***; **2.** (*lay the foundation of*) закла́дывать [заложи́ть]; (*establish*) осно́вывать (основа́ть); учрежда́ть [-еди́ть]
·undation [faʊn'deɪʃn] фунда́мент, осно́ва; *for research, etc.* фонд
·under ['faʊndə] основа́тель(ница *f*) *m*; *of society* учреди́тель(ница *f*) *m*
·undry ['faʊndrɪ] *tech.* лите́йный цех
·untain ['faʊntɪn] фонта́н; **~ pen** автору́чка
·ur [fɔː] **1.** четы́ре; **2.** четвёрка (→ ***five*** **2.**); **~teen** [ˌfɔː'tiːn] четы́рнадцать; **~teenth** [-θ] четы́рнадцатый; **~th** [fɔːθ] **1.** четвёртый; **2.** че́тверть *f*
·wl [faʊl] дома́шняя пти́ца
·x [fɒks] **1.** лиси́ца, лиса́; **2.** [с]хитри́ть; обма́нывать [-ну́ть]; ***the question ~ed me*** вопро́с поста́вил меня́ в тупи́к; **~y** ['fɒksɪ] хи́трый
·yer ['fɔɪeɪ] фойе́ *n indecl.*
·action ['frækʃn] *math.* дробь *f*; (*small part or amount*) части́ца
·acture ['fræktʃə] **1.** тре́щина, изло́м; *med.* перело́м; **2.** [с]лома́ть (*a. med.*)
fragile ['frædʒaɪl] хру́пкий (*a. fig.*), ло́мкий
fragment ['frægmənt] обло́мок, оско́лок; *of text* отры́вок; **~ary** [-ərɪ] фрагмента́рный; (*not complete*) отры́вочный
fragran|ce ['freɪgrəns] арома́т; **~t** [-t] □ арома́тный
frail [freɪl] *in health* хру́пкий; хи́лый, боле́зненный; *morally* сла́бый
frame [freɪm] **1.** *anat.* скеле́т, о́стов; телосложе́ние; *of picture, etc.* ра́мка, ра́ма; *of spectacles* опра́ва; ***~ of mind*** настрое́ние; **2.** (*construct*) [по]стро́ить, выраба́тывать [вы́работать]; вставля́ть в ра́му; **~work** *tech.* ра́ма; карка́с; *fig.* структу́ра; ра́мки *f/pl.*
franchise ['fræntʃaɪz] пра́во уча́ствовать в вы́борах; *comm.* привиле́гия; лице́нзия
frank [fræŋk] □ и́скренний, открове́нный
frankfurter ['fræŋkfɜːtə] соси́ска
frankness ['fræŋknɪs] открове́нность *f*
frantic ['fræntɪk] (***~ally***) безу́мный; *efforts, etc.* отча́янный
fratern|al [frə'tɜːnl] □ бра́тский; *adv.* по-бра́тски; **~ity** [-nətɪ] бра́тство; *Am. univ.* студе́нческая организа́ция
fraud [frɔːd] обма́н, моше́нничество; **~ulent** ['frɔːdjʊlənt] □ обма́нный, моше́ннический
fray[1] [freɪ] дра́ка; (*quarrel*) ссо́ра
fray[2] [~] обтрепа́ться
freak [friːk] *of nature* капри́з, причу́да; *person, animal* уро́д; (*enthusiast*) фана́т; ***film ~*** киноман́
freckle ['frekl] весну́шка; **~d** [~d] весну́шчатый
free [friː] **1.** □ *com.* свобо́дный, во́льный; (*not occupied*) неза́нятый; (***~*** *of charge*) беспла́тный; ***give s.o. a ~ hand*** предоста́вить по́лную свобо́ду де́йствий; ***he is ~ to*** он во́лен (+ *inf.*); ***make ~ to*** *inf.* позволя́ть себе́; ***set ~*** выпуска́ть на свобо́ду; **2.** освобожда́ть [-боди́ть]; **~dom** ['friːdəm] свобо́да;

F

~holder свобóдный сóбственник; **&mason** масóн; **~style** *sport* вóльный стиль; **~ trade area** свобóдная экономи́ческая зóна

freez|e [fri:z] [*irr.*] *v/i.* замерзáть [замёрзнуть]; (*congeal*) засты́(вá)ть; мёрзнуть; *v/t.* заморáживать [-рóзить]; **~er** ['fri:zə] *domestic appliance* морози́льник; **~ing 1.** □ леденя́щий; **2.** заморáживание; замерзáние; **~ point** тóчка замерзáния

freight [freɪt] **1.** фрахт, груз; (*cost*) стóимость перевóзки; **2.** [по]грузи́ть; [за]фрахтовáть; **~ car** *Am. rail.* товáрный вагóн; **~ train** *Am.* товáрный пóезд/состáв

French [frentʃ] **1.** францýзский; ***take ~ leave*** уйти́, не прощáясь (*или* по-англи́йски); **2.** францýзский язы́к; ***the ~*** францýзы *pl.*; **~man** ['frentʃmən] францýз; **~woman** ['frentʃwʊmən] францýженка

frenz|ied ['frenzɪd] безýмный, неистóвый; **~y** [-zɪ] безýмие, неистовство

frequen|cy ['fri:kwənsɪ] частотá (*a. phys.*); чáстое повторéние; **~t 1.** [-t] □ чáстый; **2.** [fri:'kwənt] регуля́рно посещáть

fresh [freʃ] □ свéжий; нóвый; чи́стый; *Am.* развя́зный, дéрзкий; ***~ water*** прéсная водá; ***make a ~ start*** начáть *pf.* всё сначáла; **~en** ['freʃn] освежáть [-жи́ть]; *of the wind* [по]свежéть; **~man** [-mən] (*firstyear student*) первокýрсник; **~ness** [-nɪs] свéжесть *f*

fret [fret] **1.** волнéние, раздражéние; **2.** беспокóить(ся), [вз]волновáть(ся); (*wear away*) подтáчивать [-точи́ть]

fretful ['fretfl] □ раздражи́тельный, капри́зный

friction ['frɪkʃn] трéние (*a. fig.*)

Friday ['fraɪdɪ] пя́тница

fridge [frɪdʒ] *coll.* холоди́льник

friend [frend] прия́тель(ница *f*) *m*, друг, подрýга; ***make ~s*** подружи́ться; **~ly** [-lɪ] дрýжеский; **~ship** [-ʃɪp] дрýжба

frigate ['frɪgət] фрегáт

fright [fraɪt] испýг; *fig.* (*scarecrow*) пýгало, страши́лище; **~en** ['fraɪtn] [ис]пугáть; (**~en** *away*) вспýгива[ть] [-гнýть]; ***~ed at*** *или* ***of*** испýганн[ый] (Т); **~ful** [-fl] □ стрáшный, ужáсн[ый]

frigid ['frɪdʒɪd] □ холóдный

frill [frɪl] обóрка

fringe [frɪndʒ] **1.** бахромá; *of h*[*air*] чёлка; *of forest* опýшка; ***~ benefits*** [до]полни́тельные льгóты; **2.** отдéл[ы]вать бахромóй; *with trees, e*[*tc.*] окаймля́ть [-ми́ть]

frisk [frɪsk] резви́ться; **~y** ['frɪskɪ] рéзвый, игри́вый

fritter ['frɪtə]: ***~ away*** транжи́рить; ра[с]трáчиваться

frivol|ity [frɪ'vɒlətɪ] легкомы́сли[е], фриво́льность *f*; **~ous** ['frɪvələs] легкомы́сленный; несерьёзный

frizzle ['frɪzl] *of hair* завивáть(с[я]) [-ви́ть(ся)]; *with a sizzle* жáрить(с[я]) с шипéнием

fro [frəʊ]: ***to and ~*** взад и вперёд

frock [frɒk] дáмское или дéтск[ое] плáтье; *monk's habit* ря́са

frog [frɒg] лягýшка

frolic ['frɒlɪk] **1.** шáлость *f*, весéлье; резви́ться; **~some** [-səm] □ игри́в[ый], рéзвый

from [frəm; *strong* frɒm] *prp.* от (Р); (Р); с (Р); по (Д); ***defend ~*** защищá[ть] от (Р); ***~ day to day*** со дня нá день

front [frʌnt] **1.** фасáд; пере́дняя стор[о]нá; *mil.* фронт; ***in ~ of*** пéред (Т); вп[е]реди́ (Р); **2.** пере́дний; **3.** (*face*) вых[о]ди́ть на (В) (*a.* **~ on**); **~al** ['frʌntl] л[о]бовóй; *anat.* лóбный; *attack, e*[*tc.*] фронтáльный; **~ier** ['frʌntɪə] **1.** гран[и]ца; **2.** пограни́чный

frost [frɒst] **1.** морóз; **2.** *plants* поби́[ть] морóзом; **~bite** обморожéние; [~y] ['frɒstɪ] □ морóзный; *fig.* (*unfriendl*[*y*]) ледянóй

froth [frɒθ] **1.** пéна; **2.** [вс-, за]п[е]нить(ся); **~y** ['frɒθɪ] пéнистый

frown [fraʊn] **1.** хмýрый взгляд; **2.** *v.* [на]хмýриться; ***~ on*** относи́ться [-не]тись] неодобри́тельно

froze [frəʊz] *pt. om* ***freeze***; **~n** [-n] **1.** *p. p. om* ***freeze***; **2.** замёрзший; *meat, e*[*tc.*] заморóженный

frugal ['fru:gl] □ *person* бережли́вы[й]

meal скрóмный; *with money etc.* экономный

uit [fru:t] **1.** плод (*a. fig.*); фрукт *mst. pl.*; ***dried ~*** сухофрýкты; **2. *bear ~*** плодоносить, давáть плоды́; **~ful** ['fru:tfl] *fig.* плодотвóрный; **~less** [-lɪs] □ бесплóдный

ustrat|e [frʌ'streɪt] *plans* расстрáивать [-рóить]; *efforts* дéлать тщéтным; **~ed** [-ɪd] обескурáженный, неудовлетворённый; **~ion** [frʌ'streɪʃn] расстрóйство, *of hopes* крушéние

y [fraɪ] [за-, под]жáрить(ся); **~ing pan** ['fraɪɪŋpæn] сковородá

dge [fʌdʒ] (*sweet*) помáдка

el [fju:əl] **1.** тóпливо; **2.** *mot.* горю́чее; ***add ~ to the fire*** подливáть мáсла в огóнь

gitive ['fju:dʒətɪv] (*runaway*) беглéц; *from danger, persecution, etc.* бéженец *m*, -нка *f*

lfil(l) [fʊl'fɪl] вы́полнять [вы́полнить], осуществлять [-ви́ть]; **~ment** [-mənt] осуществлéние, выполнéние

ll [fʊl] **1.** □ пóлный; *hour* цéлый; **2.** *adv.* вполнé; как раз; óчень; **3. *in ~*** пóлностью; ***to the ~*** в пóлной мéре; **~ dress** парáдная фóрма; **~-fledged** вполнé оперúвшийся; *fig.* закóнченный; полноправный; **~scale** [fʊl'skeɪl] в пóлном объёме

mble ['fʌmbl] (*feel about*) шáрить; (*rummage*) ры́ться; ***~ for words*** подыскивать словá

me [fju:m] **1.** дым; (*vapour*) испарéние; **2.** дыми́ть(ся); *fig.* возмущáться

migate ['fju:mɪgeɪt] окýривать

n [fʌn] весéлье; забáва; ***have ~*** хорошó провести́ врéмя; ***make ~ of*** высмéивать [вы́смеять] (В)

nction ['fʌŋkʃn] **1.** фýнкция, назначéние; **2.** функциони́ровать, дéйствовать

nd [fʌnd] запáс; *fin.* капитáл, фонд; **~s** *pl.* (*resources*) фóнды *m/pl.*; ***public ~*** государственные срéдства

ndament|al [fʌndə'mentl] □ основнóй, кореннóй, сущéственный; **~als** *pl.* основы *f/pl.*

funeral ['fju:nərəl] пóхороны *f/pl.*; *attr.* похорóнный

funnel ['fʌnl] ворóнка; *naut.* дымовáя трубá

funny ['fʌnɪ] □ забáвный, смешнóй; (*strange*) стрáнный

fur [fɜ:] мех; (*skin with ~*) шкýр(к)а; ***~ coat*** шýба; **~s** *pl.* мехá *m/pl.*, меховы́е товáры *m/pl.*, пушни́на

furious ['fjʊərɪəs] □ (*violent*) бýйный; (*enraged*) взбешённый

furl [fɜ:l] *sails* свёртывать [свернýть]; *umbrella* склáдывать [сложи́ть]

fur-lined ['fɜ:laɪnd] подби́тый мéхом

furnace ['fɜ:nɪs] горн; печь *f*

furnish ['fɜ:nɪʃ] (*provide*) снабжáть [снабди́ть] (***with*** Т); *room, etc.* обставлять [-áвить], мебли́ровать (*im*)*pf.*; **~ings** обстанóвка; домáшние принадлéжности

furniture ['fɜ:nɪtʃər] мéбель *f*, обстанóвка

furrier ['fʌrɪə] скорня́к

furrow ['fʌrəʊ] *agric.* бороздá; (*groove*) колея́

further ['fɜ:ðə] **1.** дáльше, дáлее; затéм; крóме тогó; **2.** содéйствовать, спосóбствовать (Д); **~ance** [-rəns] продвижéние (***of*** Р), содéйствие (***of*** Д); **~more** [fɜ:ðə'mɔ:] *adv.* к томý же, крóме тогó

furthest ['fɜ:ðɪst] сáмый дáльний

furtive ['fɜ:tɪv] □ скры́тый, тáйный; ***~ glance*** взгляд укрáдкой

fury ['fjʊərɪ] неистовство, я́рость *f*; ***fly into a ~*** прийти́ в я́рость

fuse[1] [fju:z] *el.* плáвкий предохрани́тель *m*, *coll.* прóбка

fuse[2] [~]: ***the lights have ~d*** прóбки перегорéли

fuss [fʌs] *coll.* **1.** суетá; (*row*) шум, скандáл; ***make a ~*** подня́ть *pf.* шум; ***make a ~ of s.o.*** носи́ться с кéм-л.; **2.** [за]суети́ться; [вз]волновáться (***about*** из-за Р)

futile ['fju:taɪl] бесполéзный, тщéтный

future ['fju:tʃə] **1.** бýдущий; **2.** бýдущее, бýдущность *f*; ***in the near ~***

F

в ближайшее время; ***there is no ~ in it*** это бесперспективно

fuzzy ['fʌzɪ] (*blurred*) смутный; (*fluffy*) пушистый

G

gab [gæb]: ***the gift of the ~*** хорошо подвешенный язык

gabardine ['gæbədiːn] габардин

gabble ['gæbl] тараторить

gable ['geɪbl] *arch.* фронтон

gad [gæd]: ***~ about*** шляться, шататься

gadfly ['gædflaɪ] *zo.* слепень *m*

gadget ['gædʒɪt] приспособление; *coll.* техническая новинка

gag [gæg] **1.** *for stopping mouth* кляп; (*joke*) шутка, острота; **2.** затыкать рот (Д); заставить *pf.* замолчать

gaiety ['geɪətɪ] весёлость *f*

gaily ['geɪlɪ] *adv. om* ***gay*** весело; (*brightly*) ярко

gain [geɪn] **1.** (*profit*) прибыль *f*; (*winnings*) выигрыш; (*increase*) прирост; **2.** выигрывать [выиграть]; приобретать [-ести]; ***~ weight*** [по]полнеть

gait [geɪt] походка

galaxy ['gæləksɪ] галактика; *fig.* плеяда

gale [geɪl] шторм, сильный ветер

gall [gɔːl] **1.** *med.* жёлчь *f*; *bitterness* жёлчность *f*; (*bad temper*) злоба; **2.** раздражать [-жить]

gallant ['gælənt] **1.** галантный; **2.** *adj.* ['gælənt] □ храбрый, доблестный

gall bladder жёлчный пузырь

gallery ['gælərɪ] галерея; *thea.* балкон; *coll.* галёрка

galley ['gælɪ] *naut.* камбуз

gallon ['gælən] галлон

gallop ['gæləp] **1.** галоп; **2.** скакать галопом

gallows ['gæləʊz] *sg.* виселица

gamble ['gæmbl] **1.** азартная игра; рискованное предприятие; **2.** играть в азартные игры; *on stock exchange* играть; **~r** [~ə] картёжник, игрок

gambol ['gæmbl] **1.** прыжок; **2.** прыгать, скакать

game [geɪm] **1.** игра; *of chess, etc.* партия; *of tennis* гейм; (*wild animals*) дичь *f*; **~s** *pl.* состязания *n/pl.*, игры *f/pl.*; ***beat s.o. at his own ~*** бить кого-л. его собственным оружием; **2.** *coll.* охотно готовый (сделать что-л.); играть на деньги; **~ster** [~stə] игрок, картёжник

gander ['gændə] гусак

gang [gæŋ] **1.** *of workers* бригада; *of criminals* банда; **2.** ***~ up*** объединиться *pf.*

gangster ['gæŋstə] гангстер

gangway [gæŋweɪ] *naut.* сходни; *a.* трап; (*passage*) проход

gaol [dʒeɪl] тюрьма; → ***jail***

gap [gæp] *in text, knowledge* пробел; (*cleft*) брешь *f*, щель *f*; *fig. between ideas, etc.* расхождение

gape [geɪp] разевать рот; [по]глазеть, зиять

garage ['gærɑːʒ] гараж

garbage ['gɑːbɪdʒ] отбросы *m/pl.*; мусор; ***~ chute*** мусоропровод

garden ['gɑːdn] **1.** сад; ***kitchen ~*** огород; **2.** заниматься садоводством; **~er** [~ə] садовник, садовод; **~ing** [~ɪŋ] садоводство

gargle ['gɑːgl] **1.** полоскать горло; полоскание для горла

garish ['geərɪʃ] броский, кричащий, яркий

garland ['gɑːlənd] гирлянда, венок

garlic ['gɑːlɪk] чеснок

garment ['gɑːmənt] предмет одежды

garnish ['gɑːnɪʃ] **1.** (*decoration*) украшение, *mst. cul.*; **2.** украшать [украсить]; гарнировать

garret ['gærɪt] мансарда

garrison ['gærɪsn] гарнизон

garrulous ['gærʊləs] □ болтливый

gas [gæs] **1.** газ; *Am.* бензин, горючее

bag *coll.* болту́н; пустоме́ля; **2.** от-
авля́ть га́зом
sh [gæʃ] **1.** глубо́кая ра́на, разре́з; **2.**
наноси́ть глубо́кую ра́ну (Д)
s lighter га́зовая зажига́лка
soline, **gasolene** ['gæsəli:n] *mot.*
Am. бензи́н
sp [gɑ:sp] задыха́ться [задох-
ну́ться]; лови́ть во́здух
s station *Am.* автозапра́вочная
ста́нция; ~ **stove** га́зовая плита́
stri|c ['gæstrɪk] желу́дочный; ~ *ul-*
cer язва желу́дка; ~**tis** [gæ'straɪtɪs] га-
стри́т
te [geɪt] воро́та *n/pl.*; *in fence* ка-
ли́тка; ~**way** воро́та *n/pl.*; вход; подво-
ро́тня
ther ['gæðə] *v/t.* соб(и)ра́ть; *harvest*
снима́ть [снять]; *flowers* [на-, со]р-
ва́ть; *fig.* де́лать вы́вод; ~ ***speed*** наби-
ра́ть ско́рость; *v/i.* соб(и)ра́ться; ~**ing**
[-rɪŋ] собра́ние; *social* встре́ча; *med.*
нары́в
udy ['gɔ:dɪ] □ я́ркий, крича́щий,
безвку́сный
uge [geɪdʒ] **1.** *tech.* кали́бр; измери́-
тельный прибо́р; ***fuel*** ~ *mot.* бензино-
ме́р; **2.** измеря́ть [-е́рить]; градуи́ро-
вать *(im)pf.*; *fig. person* оце́нивать
[-ни́ть]
unt [gɔ:nt] □ исхуда́лый, из-
можденный; *place* забро́шенный,
мра́чный
uze [gɔ:z] ма́рля
ve [geɪv] *pt. om* ***give***
awky ['gɔ:kɪ] неуклю́жий
ay [geɪ] □ весёлый; *colo(u)r* я́ркий,
пёстрый; гомосексуа́льный
aze [geɪz] **1.** при́стальный взгляд; **2.**
при́стально смотре́ть
azette [gə'zet] *official* бюллете́нь *m*,
ве́стник
ear [gɪə] **1.** механи́зм; приспособле́-
ния *n/pl.*; *tech.* шестерня́; зубча́тая
переда́ча; *mot.* переда́ча; ско́рость
f; *(equipment)* принадле́жности *f/pl.*;
(belongings) ве́щи *f/pl.*; ***change*** ~ пе-
реключи́ть переда́чу; ***in*** ~
включённый, де́йствующий; **2.** при-
води́ть в движе́ние; включа́ть [-чи́ть]

geese [gi:s] *pl. om* ***goose***
gem [dʒem] драгоце́нный ка́мень *m*;
fig. сокро́вище
gender ['dʒendə] *gr.* род
gene [dʒi:n] *biol.* ген
general ['dʒenərəl] **1.** □ о́бщий; обы́ч-
ный; *(in all parts)* повсеме́стный;
(chief) гла́вный, генера́льный; ~ ***elec-***
tion всео́бщие вы́боры *m/pl.*; **2.** *mil.*
генера́л; ~**ization** [dʒenrəlaɪ'zeɪʃn]
обобще́ние; ~**ize** ['dʒenrəlaɪz] обоб-
ща́ть [-щи́ть]; ~**ly** [-lɪ] вообще́; обы́ч-
но
generat|e ['dʒenəreɪt] порожда́ть
[-роди́ть]; производи́ть [-вести́]; *el.*
выраба́тывать [вы́работать]; ~**ion**
[dʒenə'reɪʃn] поколе́ние; ~**or** ['dʒenə-
reɪtə] генера́тор
gener|osity [dʒenə'rɒsətɪ] велико-
ду́шие; *with money, etc.* ще́дрость *f*;
~**ous** ['dʒenərəs] □ великоду́шный,
ще́дрый
genetics [dʒɪ'netɪks] гене́тика
genial ['dʒi:nɪəl] □ *climate* тёплый,
мя́гкий; до́брый, серде́чный
genius ['dʒi:nɪəs] ге́ний; тала́нт, ге-
ниа́льность *f*
genocide ['dʒenəsaɪd] геноци́д
genre ['ʒɑ:nrə] жанр
gentle ['dʒentl] □ мя́гкий; кро́ткий;
ти́хий; не́жный; *animals* сми́рный;
breeze лёгкий; ~**man** джентльме́н;
господи́н; ~**manlike**, ~**manly** [-lɪ] вос-
пи́танный; ~**ness** [-nɪs] мя́гкость *f*;
доброта́
genuine ['dʒenjʊɪn] □ *(real)* по́длин-
ный; *(sincere)* и́скренний, непод-
де́льный
geography [dʒɪ'ɒgrəfɪ] геогра́фия
geology [dʒɪ'ɒlədʒɪ] геоло́гия
geometry [dʒɪ'ɒmətrɪ] геоме́трия
germ [dʒɜ:m] микро́б; *(embryo)* заро́-
дыш *(a. fig.)*
German ['dʒɜ:mən] **1.** герма́нский, не-
ме́цкий; ~ ***silver*** мельхио́р; **2.** не́мец,
не́мка; неме́цкий язы́к
germinate ['dʒɜ:mɪneɪt] дава́ть рост-
ки́, прораста́ть [-расти́]
gesticulat|e [dʒe'stɪkjʊleɪt] жестику-
ли́ровать; ~**ion** [-stɪkjʊ'leɪʃn] жести-

куля́ция
gesture ['dʒestʃə] жест (*a. fig.*)
get [get] [*irr.*] **1.** *v/t.* (*obtain*) дост(а-в)а́ть; (*receive*) получа́ть [-чи́ть]; (*earn*) зараба́тывать [-бо́тать]; (*buy*) покупа́ть, купи́ть; (*fetch*) приноси́ть [-нести́]; (*induce*) заставля́ть [-ста́-вить]; ***I have got to ...*** мне ну́жно, я до́лжен; **~ *one's hair cut*** [по]стри́чься; **2.** *v/i.* (*become*, *be*) [с]де́латься, стано-ви́ться [стать]; **~ *ready*** [при]гото́-виться; **~ *about*** (*travel*) разъезжа́ть; *after illness* начина́ть ходи́ть; **~ *abroad*** *of rumo(u)rs* распространя́ться [-ни́ться]; **~ *across*** *fig.* заставля́ть [-а́вить] поня́ть; **~ *ahead*** продви-га́ться вперёд; **~ *at*** доб(и)ра́ться до (Р); **~ *away*** уд(и)ра́ть, уходи́ть [уйти́]; **~ *down*** *from shelf* снима́ть [снять]; *from train* сходи́ть [сойти́]; **~ *in*** вхо-ди́ть [войти́]; **~ *on well with a p.*** хо-рошо́ ла́дить с ке́м-л.; **~ *out*** вынима́ть [вы́нуть]; **~ *to hear*** (***know, learn***) узн(ав)а́ть; **~ *up*** вст(ав)а́ть; **~up** ['ge-tʌp] (*dress*) наря́д
geyser ['gi:zə] **1.** ге́йзер; **2.** *Brt.* га́зо-вая коло́нка
ghastly ['gɑ:stlɪ] ужа́сный
gherkin ['gɜ:kɪn] огу́рчик; ***pickled ~s*** корнишо́ны
ghost [gəʊst] при́зрак, привиде́ние; дух (*a. eccl.*); *fig.* тень *f*, лёгкий след; **~like** ['gəʊstlaɪk], **~ly** [-lɪ] похо́жий на привиде́ние, при́зрачный
giant ['dʒaɪənt] **1.** велика́н, гига́нт; **2.** гига́нтский
gibber ['dʒɪbə] говори́ть невня́тно; **~ish** [-rɪʃ] тараба́рщина
gibe [dʒaɪb] *v/i.* насмеха́ться (***at*** над Т)
gidd|iness ['gɪdɪnɪs] *med.* головокру-же́ние; легкомы́слие; **~y** ['gɪdɪ] □ ис-пы́тывающий головокруже́ние; (*not serious*) легкомы́сленный; ***I feel ~*** у меня́ кру́жится голова́; **~ *height*** голо-вокружи́тельная высота́
gift [gɪft] дар, пода́рок; спосо́бность *f*, тала́нт (***of*** к Д); **~ed** ['gɪftɪd] одарён-ный, спосо́бный
gigantic [dʒaɪ'gæntɪk] (**~*ally***) гига́нт-ский, грома́дный
giggle ['gɪgl] **1.** хихи́канье; **2.** хих[и́]-кать [-кнуть]
gild [gɪld] [*irr.*] [по]золоти́ть
gill [gɪl] *zo.* жа́бра
gilt [gɪlt] **1.** позоло́та; **2.** поз[о]-ло́ченный
gin [dʒɪn] (*machine or alcoholic beve[r]-age*) джин
ginger ['dʒɪndʒə] **1.** имби́рь *m*; **2. ~** [u]*coll.* подстёгивать [-стегну́т[ь]], оживля́ть [-ви́ть]; **~bread** имби́рн[ый] пря́ник; **~ly** [-lɪ] осторо́жный, ро́бк[ий]
gipsy ['dʒɪpsɪ] цыга́н(ка)
giraffe [dʒɪ'rɑ:f] жира́ф
girder ['gɜ:də] (*beam*) ба́лка
girdle ['gɜ:dl] (*belt*) по́яс, куша́к; (*co[r]-set*) корсе́т
girl [gɜ:l] де́вочка, де́вушка; **~frie[nd]** подру́га; **~hood** ['gɜ:lhʊd] д[е]-ви́чество; **~ish** □ деви́чий
giro ['dʒaɪrəʊ] *banking* безнали́чн[ая] опера́ция
girth [gɜ:θ] обхва́т, разме́р; *for sad[dle]* подпру́га
gist [dʒɪst] суть *f*
give [gɪv] [*irr.*] **1.** *v/t.* да(ва́)ть; *as g[ift]* [по]дари́ть; (*hand over*) передава́[ть] [-да́ть]; (*pay*) [за]плати́ть; *pleasure* д[о]-ставля́ть [-а́вить]; **~ *birth to*** роди́ть; **~** ***away*** отд(ав)а́ть; *coll.* вы́да(ва́)[ть], пред(ав)а́ть; **~ *in*** *application* под(а-в)а́ть; **~ *off*** *smell* изд(ав)а́ть; **~ *up*** о[т]-ка́зываться [-за́ться] от (Р); **2.** *v/i.* (***in***) уступа́ть [-пи́ть]; **~ *into*** выходи́[ть] на (В); **~ *out*** конча́ться [ко́нчиться]; обесси́леть *pf.*; **~n** ['gɪvn] **1.** *pt.* [*p.*] *om* ***give***; **2.** *fig.* да́нный; (*dispose[d]*) скло́нный (***to*** к Д)
glaci|al ['gleɪsɪəl] □ леднико́вый; **~**[**er**] ['glæsɪə] ледни́к
glad [glæd] □ дово́льный; ра́достн[ый]; весёлый; ***I am ~*** я ра́д(а); **~ly** охо́тн[о]; **~den** ['glædn] [об]ра́довать
glade [gleɪd] поля́на
gladness ['glædnɪs] ра́дость *f*
glamo|rous ['glæmərəs] обая́тел[ь]-ный, очарова́тельный; **~(u**[**r**]**)** ['glæmə] очарова́ние
glance [glɑ:ns] **1.** бы́стрый взгляд; (*slip*) скользи́ть [-зну́ть] (*mst.*

off); ~ **at** взглянуть на (В); ~ **back** оглядываться [-нуться]; ~ **through** просматривать [-смо-треть]
and [glænd] железа
are [gleə] **1.** ослепительно сверкать; *stare*) сердито смотреть; **2.** сердитый *or* свирепый взгляд; ослепительный блеск
ass [glɑːs] **1.** стекло; стакан; *for wine* рюмка; (*looking* ~) зеркало; (**a pair of**) **~es** *pl.* очки *n/pl.*; **2.** *attr.* стеклянный; **~house** *Brt.* (*greenhouse*) теплица; *Am.* (*place where glass is made*) стекольный завод; **~y** ['glɑːsɪ] □ зеркальный; *eyes* тусклый
az|e [gleɪz] **1.** глазурь *f*; **2.** глазировать (*im*)*pf.*; *windows* застеклять [-лить]; **~ier** ['gleɪzɪə] стекольщик
eam [gliːm] **1.** мягкий, слабый свет; проблеск, луч; **2.** поблёскивать
ean [gliːn] *v/t. fig. information, etc.* тщательно собирать
ee [gliː] ликование
ib [glɪb] □ *tongue* бойкий; ~ **excuse** благовидный предлог
id|e [glaɪd] **1.** скользить, плавно двигаться; **2.** плавное движение; **~er** ['glaɪdə] *ae.* планёр
immer ['glɪmə] **1.** мерцание, тусклый свет; **2.** мерцать, тускло светить
impse [glɪmps] **1.**: **at a** ~ с первого взгляда; **catch a** ~ = *v.* **glimpse**; **2.** [у]видеть мельком
int [glɪnt] **1.** блеск; **2.** блестеть
isten ['glɪsn], **glitter** ['glɪtə] блестеть, сверкать, сиять
oat [gləʊt] злорадствовать
obal ['gləʊbl] глобальный, всемирный
obe [gləʊb] шар; земной шар; глобус; **~trotter** [-trɒtə] заядлый путешественник
oom [gluːm] мрак; **throw a ~ over ...** повергать [-вергнуть] в уныние; **~y** ['gluːmɪ] □ мрачный; угрюмый
ori|fy ['glɔːrɪfaɪ] прославлять [-авить]; **~ous** ['glɔːrɪəs] □ великолепный, чудесный
ory ['glɔːrɪ] **1.** слава; **2.** торжествовать; (*take pride*) гордиться (**in** Т)
gloss [glɒs] **1.** внешний блеск; глянец; (*explanatory comment*) пояснение, толкование; **2.** наводить глянец на (В); ~ **over** приукрашивать [-красить]; обойти молчанием
glossary ['glɒsərɪ] глоссарий; *at end of book* словарь *m*
glossy ['glɒsɪ] □ *hair* блестящий; *photo, etc.* глянцевый
glove [glʌv] перчатка; ~ **compartment** *mot. coll.* бардачок
glow [gləʊ] **1.** (*burn*) гореть; *of coals* тлеть; *with happiness* сиять; **2.** зарево; *on face* румянец; **~worm** светлячок
glucose ['gluːkəʊs] глюкоза
glue [gluː] **1.** клей; **2.** [с]клеить; **be ~d to** быть прикованным (к Д)
glum [glʌm] мрачный, хмурый
glut [glʌt] избыток; затоваривание
glutton ['glʌtn] обжора *m/f*; **~y** [-ɪ] обжорство
gnash [næʃ] [за]скрежетать
gnat [næt] комар; (*midge*) мошка
gnaw [nɔː] глодать; грызть (*a. fig.*)
gnome [nəʊm] гном, карлик
go [gəʊ] **1.** [*irr.*] ходить, идти; (*pass*) проходить [пройти]; (*leave*) уходить [уйти]; *by car, etc.* ездить, [по]ехать; (*become*) [с]делаться; (*function*) работать; **let** ~ отпускать [отпустить]; выпускать из рук; ~ **to see** заходить [зайти] к (Д), навещать [-естить]; ~ **at** набрасываться [-роситься] на (В); ~ **by** проходить [пройти] мимо; (*be guided by*) руководствоваться (Т); ~ **for** идти [пойти] за (Т); ~ **for a walk** пойти на прогулку; ~ **in for** заниматься [-няться]; ~ **on** продолжать [-должить]; идти дальше; ~ **through with** доводить до конца (В); ~ **without** обходиться (обойтись) без (Р); **2.** ходьба, движение; *coll.* энергия; **on the** ~ на ходу; на ногах; **no** ~ *coll.* не выйдет; не пойдёт; **in one** ~ с первой попытки; в одном заходе; **have a ~ at** [по]пробовать (В)
goad [gəʊd] побуждать [побудить]; подстрекать [-кнуть]
goal [gəʊl] цель *f*; *sport* ворота *n/pl.*;

G

гол; **~keeper** вратáрь *m*
goat [gəʊt] козёл, козá
gobble ['gɒbl] есть жáдно, бы́стро
go-between ['gəʊbɪtwiːn] посрéдник
goblin ['gɒblɪn] домовóй
god [gɒd] (*deity*) бог; (*supreme being*) (***God***) Бог; божествó; *fig.* кумíр; ***thank God!*** слáва Бóгу!; **~child** крéстник *m*, -ница *f*; **~dess** ['gɒdɪs] богíня; **~father** крёстный отéц; **~forsaken** ['~fəseɪkən] бóгом забы́тый; забрóшенный; **~less** ['~lɪs] безбóжный; **~mother** крёстная мать *f*
goggle ['gɒgl] **1.** тарáщить глазá; **2.** (***a pair of***) **~s** *pl.* защи́тные очки́ *n/pl.*
going ['gəʊɪŋ] **1.** дéйствующий; ***be ~ to*** *inf.* намéреваться, собирáться (+ *inf.*); ***~ concern*** процветáющее предприя́тие; **2.** (*leave*) ухóд; отъéзд; **~s-on** [gəʊɪŋz'ɒn]: ***what ~!*** ну и делá!
gold [gəʊld] **1.** зóлото; **2.** золотóй; **~en** ['gəʊldən] золотóй; **~finch** *zo.* щеглóл
golf [gɒlf] гольф
gondola ['gɒndələ] гондóла
gone [gɒn] *pt. p. om* **go**
good [gʊd] **1.** хорóший; (*kind*) дóбрый; (*suitable*) гóдный, (*beneficial*) полéзный; ***~ for colds*** помогáет при простýде; ***Good Friday*** *relig.* Страстнáя пя́тница; ***be ~ at*** быть спосóбным к (Д); **2.** добрó, блáго; пóльза; **~s** *pl.* товáр; ***that's no ~*** это бесполéзно; ***for ~*** навсегдá; **~by(e)** [gʊd'baɪ] **1.** до свидáния!, прощáйте!; **2.** прощáние; **~-natured** добродýшный; **~ness** ['~nɪs] добротá; *int.* Гóсподи!; **~will** доброжелáтельность *f*
goody ['gʊdɪ] *coll.* конфéта, лáкомство
goose [guːs], *pl.* **geese** [giːs] гусь *m*
gooseberry ['gʊzbərɪ] крыжóвник (*no pl.*)
goose|flesh, *a.* **~pimples** *pl. fig.* гуси́ная кóжа, мурáшки
gorge [gɔːdʒ] (*ravine*) ýзкое ущéлье
gorgeous ['gɔːdʒəs] великолéпный
gorilla [gə'rɪlə] горилла
gory ['gɔːrɪ] □ окровáвленный, кровáвый
gospel ['gɒspəl] Евáнгелие
gossip ['gɒsɪp] **1.** сплéтня; сплéтн[ик] *m*, -ница *f*; **2.** [на]сплéтничать
got [gɒt] *pt. u pt. p. om* ***get***
Gothic ['gɒθɪk] готи́ческий
gourmet ['gʊəmeɪ] гурмáн
gout [gaʊt] *med.* подáгра
govern ['gʌvn] *v/t.* (*rule*) прáвить, (*[...]*) *minister*) управля́ть (Т); **~ess** [~ən[...]] гувернáнтка; **~ment** [~ənmənt] прав[и]тельство; управлéние; *attr.* прав[и]тельственный; **~or** [~ənə] губер[на]тор; *coll.* (*boss*) хозя́ин; шеф
gown [gaʊn] плáтье; *univ.* мáнтия
grab [græb] *coll.* схвáтывать [-ати́[ть]]
grace [greɪs] **1.** грáция, изя́щество; *fig.* украшáть [укрáсить]; удост[аи]вать [-стóить]; **~ful** ['greɪsfl] □ гр[а]циóзный, изя́щный; **~fulness** [~n[ɪs]] грациóзность *f*, изя́щество
gracious ['greɪʃəs] □ любéзный; бл[а]госклóнный; (*merciful*) ми́лостив[ый]; ***goodness ~!*** Гóсподи!
gradation [grə'deɪʃn] градáция, п[о]степéнный перехóд
grade [greɪd] **1.** стéпень *f*; (*rank*) ра[нг]; (*quality*) кáчество; *Am. educ.* кла[сс]; (*slope*) уклóн; **2.** [рас]сортировáть
gradient ['greɪdɪənt] уклóн; ***steep*** [...] крутóй спуск *or* подъём
gradua|l ['grædʒʊəl] □ постепéнн[ый]; **~te** **1.** [~eɪt] градуи́ровать (*im*)*pf.*, н[а]носи́ть делéния; кончáть универс[и]тéт; *Am.* кончáть (любóе) учéбн[ое] заведéние; **2.** [~ɪt] *univ.* выпускн[ик] университéта; **~tion** [grædʒʊ'eɪ[ʃn]] градуирóвка; *Am.* окончáние (в[ы]сшего) учéбного заведéния
graft [grɑːft] **1.** *hort.* (*scion*) черенó[к], прививка; **2.** приви́(вá)ть; *med.* пер[е]сáживать ткань *f*
grain [greɪn] зернó; (*cereals*) хлéбн[ые] злáки *m/pl.*; (*particle*) крупи́нка; *f[ig.]* ***against the ~*** не по нутрý
gramma|r ['græmə] граммáтика; **~cal** [grə'mætɪkəl] □ грамматическ[ий]
gram(me) [græm] грамм
granary ['grænərɪ] амбáр; жи́тница *fig.*
grand [grænd] **1.** □ *view, etc.* в[е]личественный; *plans, etc.* грандиó[зный]

ный; ***we had a ~ time*** мы прекрасно провели время; **2.** *mus.* (*a.* **~ piano**) рояль *m*; **~child** ['grænt∫aıld] внук, внучка; **~eur** ['grændʒə] грандиозность *f*; величие

andiose ['grændıəʊs] □ грандиозный

andparents *pl.* дедушка и бабушка

ant [grɑ:nt] **1.** предоставлять [-авить]; (*admit as true*) допускать [-стить]; **2.** дар; субсидия; *student's* стипендия; ***take for ~ed*** принимать [принять] как само собой разумеющееся

anul|ated ['grænjʊleıtıd] гранулированный; **~e** ['grænju:l] зёрнышко

ape [greıp] *collect.* виноград; ***a bunch of ~s*** гроздь винограда; ***a ~*** виноградина; **~fruit** грейп-фрут

aph [grɑ:f] график; **~ic** ['græfık] графический; наглядный; *description* яркий; **~ arts** *pl.* графика; **~ite** ['græfaıt] графит

apple ['græpl]: **~ *with*** бороться с (T); *fig. difficulties* пытаться преодолеть

asp [grɑ:sp] **1.** хватать [схватить] (***by*** за B); *in one's hand* заж(им)ать; хвататься [схватиться] (***at*** за B); **2.** понимать [понять]; ***it's beyond my ~*** это выше моего понимания; ***she kept the child's hand in her ~*** она крепко держала ребёнка за руку

ass [grɑ:s] трава; (*pasture*) пастбище; **~hopper** ['~hɒpə] кузнечик; **~ widow** [~'wıdəʊ] соломенная вдова; **~y** ['~ı] травяной

rate [greıt] **1.** (*fireplace*) решётка; **2.** *cheese, etc.* [на]тереть; *teeth* [за]скрежетать; **~ *on*** *fig.* раздражать [-жить] (B)

rateful ['greıtfl] □ благодарный

rater ['greıtə] тёрка

rati|fication [grætıfı'keı∫n] удовлетворение; **~fy** ['grætıfaı] удовлетворять [-рить]; (*indulge*) потакать (Д)

rating[1] ['greıtıŋ] □ скрипучий, резкий

rating[2] [~] решётка

gratitude ['grætıtju:d] благодарность *f*

gratuit|ous [grə'tju:ıtəs] □ бесплатный, безвозмездный; **~y** [~ətı] пособие

grave[1] [greıv] □ серьёзный, веский; *illness, etc.* тяжёлый

grave[2] [~] могила

gravel ['grævl] гравий

graveyard кладбище

gravitation [grævı'teı∫n] притяжение; тяготение (*a. fig.*)

gravity ['grævətı] серьёзность *f*; *of situation* тяжесть *f*, опасность *f*

gravy ['greıvı] (мясная) подливка

gray [greı] серый; → *Brt.* **grey**

graze[1] [greız] пасти(сь)

graze[2] [~] заде(ва)ть; (*scrape*) [по]царапать

grease [gri:s] **1.** жир; *tech.* консистентная смазка; **2.** [gri:z] смаз(ыв)ать

greasy ['gri:sı] □ жирный; *road* скользкий

great [greıt] □ великий; большой; (*huge*) огромный; *coll.* великолепный; **~coat** *mil.* шинель *f*; **~-grandchild** [greıt'grænt∫aıld] правнук *m*, -учка *f*; **~ly** [~lı] очень, сильно; **~ness** [~nıs] величие

greed [gri:d] жадность *f*; **~y** ['gri:dı] □ жадный (***of, for*** к Д)

Greek [gri:k] **1.** грек *m*, гречанка *f*; **2.** греческий

green [gri:n] **1.** зелёный; (*unripe*) незрелый; *fig.* неопытный; **2.** зелёный цвет, зелёная краска; (*grassy plot*) лужайка; **~s** *pl.* зелень *f*, овощи *m/pl.*; **~grocery** овощной магазин; **~house** теплица, оранжерея; **~ish** ['gri:nı∫] зеленоватый

greet [gri:t] *guests, etc.* приветствовать; [по]здороваться; **~ing** ['gri:tıŋ] приветствие; привет

grenade [grı'neıd] *mil.* граната

grew [gru:] *pt. om* ***grow***

grey [greı] **1.** серый; *hair* седой; **2.** серый цвет, серая краска; **3.** посереть; ***turn ~*** [по]седеть; **~hound** борзая

grid [grıd] решётка

grief [gri:f] го́ре; ***come to ~*** потерпе́ть *pf.* неуда́чу, попа́сть *pf.* в беду́

griev|ance ['gri:vns] оби́да; (*complaint*) жа́лоба; ***nurse a ~*** затаи́ть оби́ду (***against*** на В); **~e** [gri:v] горева́ть; (*cause grief to*) огорча́ть [-чи́ть]; **~ous** ['gri:vəs] □ го́рестный, печа́льный

grill [grɪl] **1.** (электро)гри́ль; (*on cooker*) решётка; жа́реное на решётке (в гри́ле) мя́со; **2.** жа́рить на решётке (в гри́ле); **~room** гриль-ба́р

grim [grɪm] □ жесто́кий; *smile, etc.* мра́чный

grimace [grɪ'meɪs] **1.** грима́са, ужи́мка; **2.** грима́сничать

grim|e [graɪm] грязь *f*; **~y** ['graɪmɪ] □ запа́чканный, гря́зный

grin [grɪn] **1.** усме́шка; **2.** усмеха́ться [-хну́ться]

grind [graɪnd] [*irr.*] **1.** [с]моло́ть; разма́лывать [-моло́ть]; *to powder* растира́ть [растере́ть]; (*sharpen*) [на]точи́ть; *fig.* зубри́ть; **2.** разма́лывание; тяжёлая, ску́чная рабо́та; **~stone** точи́льный ка́мень *m*; ***keep one's nose to the ~*** труди́ться без о́тдыха

grip [grɪp] **1.** (*handle*) ру́чка, рукоя́тка; (*understanding*) понима́ние; *fig.* тиски́ *m/pl.*; **2.** (*take hold of*) схва́тывать [схвати́ть]; *fig.* овладева́ть внима́нием (Р)

gripe [graɪp] ворча́ние; (*colic pains*) ко́лики *f/pl.*

gripping ['grɪpɪŋ] захва́тывающий

grisly ['grɪzlɪ] ужа́сный

gristle ['grɪsl] хрящ

grit [grɪt] **1.** песо́к, гра́вий; *coll.* твёрдость хара́ктера; **~s** *pl.* овся́ная крупа́; **2.** [за]скрежета́ть (Т)

grizzly ['grɪzlɪ] **1.** се́рый; *hair* с про́седью; **2.** североамерика́нский медве́дь *m*, гри́зли *m indecl.*

groan [grəʊn] **1.** о́хать [о́хнуть]; *with pain, etc.* [за]стона́ть; **2.** стон

grocer|ies ['grəʊsərɪz] *pl.* бакале́я; **~y** [-rɪ] бакале́йный отде́л

groggy ['grɒgɪ] нетвёрдый на нога́х; *after illness* сла́бый

groin [grɔɪn] *anat.* пах

groom [gru:m] **1.** ко́нюх; (*bride~*) жени́х; **2.** уха́живать за (ло́шадью); х лить; ***well ~ed*** хоро-шо́ и тща́тель оде́тый, опря́тный ухо́женный

groove [gru:v] желобо́к; *tech.* паз; *f* рути́на, привы́чка, колея́

grope [grəʊp] идти́ о́щупью; наш п(ыв)ать (*a. fig.*)

gross [grəʊs] **1.** □ (*flagrant*) в пию́щий; (*fat*) ту́чный; (*coarse*) гр бый; *fin.* валово́й, бру́тто; **2.** ма́с гросс

grotesque [grəʊ'tesk] гроте́скный

grotto ['grɒtəʊ] грот

grouch [graʊtʃ] *Am. coll.* **1.** дурно́е н строе́ние; **2.** быть не в ду́хе; **~y** [ворчли́вый

ground[1] [graʊnd] *pt. и pt. p. от* ***grin*** ***~ glass*** ма́товое стекло́

ground[2] [~] **1.** *mst.* земля́, по́чва; (*ar of land*) уча́сток земли́; площа́дк (*reason*) основа́ние; **~s** *pl.* *adjoini house* сад, парк; ***on the ~(s)*** на основ нии (Р); ***stand one's ~*** уде́ржива свои́ пози́ции, прояви́ть твёрдост **2.** обосно́вывать [-нова́ть]; *el.* з земля́ть [-ли́ть]; (*teach*) обуча́ть о́новам предме́та; **~ floor** [graʊnd'fl: *Brt.* пе́рвый эта́ж; **~less** [-lɪs] □ бе причи́нный, необосно́ванный; **~n** ара́хис; **~work** фунда́мент, осно́ва

group [gru:p] **1.** гру́ппа; **2.** соб(и ра́ться; [с]группирова́ть(ся)

grove [grəʊv] ро́ща, лесо́к

grovel ['grɒvl] *fig.* пресмыка́ться; з и́скивать

grow [grəʊ] [*irr.*] *v/i.* расти́; выраста́ [вы́расти]; (*become*) [с]де́латься, ст нови́ться [стать]; *v/t. bot.* выра́щ вать [вы́растить]; культиви́рова (*im*)*pf.*

growl [graʊl] [за]рыча́ть

grow|n [grəʊn] *pt. p. от* ***grow***; **~nu** ['grəʊnʌp] взро́слый; **~th** [grəʊ рост; *med.* о́пухоль *f*

grub [grʌb] **1.** личи́нка; **2.** (*dig in di* ры́ться (в П); **~by** ['grʌbɪ] гря́зный

grudge [grʌdʒ] **1.** неохо́та, нед во́льство; (*envy*) за́висть *f*; **2.** [по]з ви́довать (Д, в П); неохо́тно дава́т [по]жале́ть

ruff [grʌf] □ ре́зкий; гру́бый; *voice* хри́плый
rumble ['grʌmbl] [за]ворча́ть; (*complain*) [по]жа́ловаться; *of thunder etc.* [за]грохота́ть; **~r** [-ə] *fig.* ворчу́н(ья *f*/*n*)
runt [grʌnt] хрю́кать [-кнуть]; *of person* [про]бурча́ть
guarant|ee [gærən'tiː] **1.** гара́нтия; поручи́тельство; **2.** гаранти́ровать (*im*)*pf.*; руча́ться за (В); **~or** [gærən'tɔː] *law* поручи́тель (-ница *f*) *m*; **~y** ['gærəntɪ] гара́нтия
guard [gɑːd] **1.** охра́на; *mil.* карау́л; *rail.* проводни́к; **~s** *pl.* гва́рдия; ***be on one's ~*** быть начеку́; **2.** *v/t.* охраня́ть [-ни́ть]; сторожи́ть; (*protect*) защища́ть [защити́ть] (***from*** от Р); *v/i.* [по]бере́чься, остерега́ться [-ре́чься] (***against*** Р); **~ian** ['gɑːdɪən] *law* опеку́н; **~ianship** [-ʃɪp] *law* опеку́нство
guess [ges] **1.** дога́дка, предположе́ние; **2.** отга́дывать [-да́ть], уга́дывать [-да́ть]; *Am.* счита́ть, полага́ть
guest [gest] го́сть(я *f*) *m*; **~house** пансио́н
guffaw [gə'fɔː] хо́хот
guidance ['gaɪdns] руково́дство
guide [gaɪd] **1.** *for tourists* экскурсово́д, гид; **2.** направля́ть [-ра́вить]; руководи́ть (Т); **~book** путеводи́тель *m*
guile [gaɪl] хи́трость *f*, кова́рство; **~ful** ['gaɪlfl] □ кова́рный; **~less** [-lɪs] □ простоду́шный
guilt [gɪlt] вина́, вино́вность *f*; **~less** ['gɪltlɪs] невино́вный; **~y** ['gɪltɪ] □ вино́вный, винова́тый
guise [gaɪz]: ***under the ~ of*** под ви́дом (Р)
guitar [gɪ'tɑː] гита́ра
gulf [gʌlf] зали́в; *fig.* про́пасть *f*
gull[1] [gʌl] ча́йка
gull[2] [~] обма́нывать [-ну́ть]; [о]дура́чить
gullet ['gʌlɪt] пищево́д; (*throat*) гло́тка
gullible ['gʌlɪbl] легкове́рный
gulp [gʌlp] **1.** жа́дно глота́ть; **2.** глото́к; ***at one ~*** за́лпом
gum[1] [gʌm] десна́
gum[2] [~] **1.** клей; ***chewing ~*** жева́тельная рези́нка; **2.** скле́и(ва)ть
gun [gʌn] ору́дие, пу́шка; (*rifle*) ружьё; (*pistol*) пистоле́т; **~boat** кано́нерка; **~man** банди́т; **~ner** *mil.*, *naut.* ['gʌnə] артиллери́ст, канони́р, пулемётчик; **~powder** по́рох
gurgle ['gɜːgl] *of water* [за]бу́лькать
gush [gʌʃ] **1.** си́льный пото́к; ***~ of enthusiasm*** взрыв энтузиа́зма; **2.** хлы́нуть *pf.*; ли́ться пото́ком; *fig.* бу́рно излива́ть чу́вства
gust [gʌst] *of wind* поры́в
gusto ['gʌstəʊ] смак; ***with ~*** с больши́м энтузиа́змом
gut [gʌt] кишка́; **~s** *pl.* вну́тренности *f*/*pl.*; *coll.* ***he has plenty of ~s*** он му́жественный (*or* волево́й) челове́к
gutter ['gʌtə] сто́чная кана́ва; *on roof* жёлоб; ***~ press*** бульва́рная пре́сса
guy [gaɪ] *chiefly Brt.* (*person of grotesque appearance*) чу́чело; *Am. coll.* (*fellow*, *person*) ма́лый; па́рень *m*
guzzle ['gʌzl] жа́дно пить; (*eat*) есть с жа́дностью
gymnas|ium [dʒɪm'neɪzɪəm] спорти́вный зал; **~tics** [dʒɪm'næstɪks] *pl.* гимна́стика
gypsy ['dʒɪpsɪ] *esp. Am.* цыга́н(ка)
gyrate [dʒaɪ'reɪt] дви́гаться по кру́гу, враща́ться

G

H

haberdashery ['hæbədæʃərɪ] (*goods*) галантере́я; (*shop*) галантере́йный магази́н

habit ['hæbɪt] привы́чка; **~able** ['hæbɪtəbl] го́дный для жилья́; **~ation** [hæbɪ'teɪʃn] жильё

habitual [hə'bɪtʃʊəl] обы́чный; (*done by habit*) привы́чный

H

hack[1] [hæk] [на-, с]руби́ть

hack[2] [~] (*horse*) наёмная ло́шадь *f*, кля́ча; (*writer*) халту́рщик; *coll*. писа́ка

hackneyed ['hæknɪd] *fig*. изби́тый

had [d, əd, həd; *strong* hæd] *pt. и pt. p. от* ***have***

haddock ['hædək] пи́кша

h(a)emoglobin [hiːmə'gləʊbɪn] гемоглоби́н

h(a)emorrhage ['hemərɪdʒ] кровоизлия́ние

haggard ['hægəd] □ измождённый, осу́нувшийся

haggle ['hægl] (*bargain*) торгова́ться

hail[1] [heɪl]: ***~ a taxi*** подозва́ть такси́

hail[2] [~] **1.** град; **2.** ***it ~ed today*** сегодня́ был град; **~stone** гра́дина

hair [heə] во́лос; ***keep your ~ on!*** споко́йно!; **~cut** стри́жка; **~do** причёска; **~dresser** парикма́хер; **~dryer** фен; **~pin** шпи́лька; **~-raising** стра́шный; **~'s breadth** минима́льное расстоя́ние; **~splitting** крохобо́рство; **~y** [-rɪ] волоса́тый

hale [heɪl] здоро́вый, кре́пкий

half [hɑːf, hæf] **1.** полови́на; ***~ past two*** полови́на тре́тьего; ***one and a ~*** полтора́ *n/m*, полторы́ *f*; ***go halves*** дели́ть попола́м; ***not ~!*** *Brt. coll.* ещё бы!; а ка́к же!; **2.** полу…; полови́нный; **3.** почти́; наполови́ну; **~-caste** мети́с; **~-hearted** □ равноду́шный, вя́лый; **~-length** (*a.* ***~ portrait***) поясно́й портре́т; **~penny** ['heɪpnɪ] полпе́нни *n indecl.*; **~-time** *sport* коне́ц та́йма; **~way** на полпути́; **~-witted** полоу́мный

halibut ['hælɪbət] па́лтус

hall [hɔːl] зал; холл, вестибю́ль *m*; (*e… trance* ***~***) прихо́жая; *college* (*residen…*) общежи́тие для студе́нтов

hallow ['hæləʊ] освяща́ть [-яти́ть]

halo ['heɪləʊ] *astr.* орео́л (*a. fig.*); *saint* нимб

halt [hɔːlt] **1.** (*temporary stop*) прива́… остано́вка; ***come to a ~*** останови́ть… *pf.*; **2.** остана́вливать(ся) [-н… ви́ть(ся)]; де́лать прива́л; *mst. f…* (*hesitate*) колеба́ться; запина́ться [з… пну́ться]

halve [hɑːv] **1.** дели́ть попола́м; **2.** … [hɑːvz, hævz] *pl. от* ***half***

ham [hæm] (*pig thigh*) о́корок, (*m… of pig thigh*) ветчина́

hamburger ['hæmbɜːgə] бу́лочка … котле́той, га́мбургер

hamlet ['hæmlɪt] дереву́шка

hammer ['hæmə] **1.** молото́к; ***sledg…*** мо́лот; **2.** кова́ть мо́лотом; бить м… лотко́м; (*knock*) [по-]стуча́ть; (*fo… by* ***~ing***) выко́вывать [вы́ковать]; ***~ … to s.o.'s head*** вбива́ть [вбить] кому́ в го́лову

hammock ['hæmək] гама́к

hamper[1] ['hæmpə] корзи́на с кры… кой

hamper[2] [~] [вос]препя́тствова… [по]меша́ть (Д)

hand [hænd] **1.** рука́; (*writing*) по́чер… *of watch* стре́лка; (*worker*) рабо́чий ***~*** под руко́й; ***a good*** (***poor***) ***~ at*** (не… иску́сный в (П); ***change ~s*** перех… ди́ть [-ейти́] из рук в ру́ки; ***~ and glo…*** в те́сной свя́зи; ***lend a ~*** помога́… [-мо́чь]; ***off ~*** экспро́мтом; ***on ~*** *com…* име́ющийся в прода́же; в распоряж… нии; ***on the one ~*** с одно́й стороны́; ***… the other ~*** с друго́й стороны́; ***~-to…*** рукопа́шный; ***come to ~*** попада́ть… [-па́сться] по́д руку; **2.** ***~ down*** ост… вля́ть пото́мству; ***~ in*** вруча́ть [-чи́т… ***~ over*** перед(ав)а́ть; **~bag** да́мск… су́мочка; **~brake** *mot.* ручно́й то́рмо…

…cuff нару́чник; **~ful** ['hændfl] горсть; *coll.* “наказа́ние”; ***she's a real ~*** она́ …ующее наказа́ние
…ndicap ['hændɪkæp] **1.** поме́ха; *sport* …андика́п; **2.** ста́вить в невы́годное …оложе́ние; **~ped**: ***physically ~*** с фи…и́ческим недоста́тком; ***mentally ~*** …у́мственно отста́лый
…ndi|craft ['hændɪkrɑːft] ручна́я ра…бо́та; ремесло́; **~work** ручна́я рабо́та; ***…s this your ~ ?*** *fig.* э́то твои́х рук де́ло?
…ndkerchief ['hæŋkətʃɪf] носово́й …лато́к
…ndle ['hændl] **1.** ру́чка; *of tool, etc.* …рукоя́тка; **2.** держа́ть в рука́х, тро́…гать или брать рука́ми; (*deal with*) об…ходи́ться [обойти́сь] с (T); обра…ща́ться с (T)
…nd|made [hænd'meɪd] ручно́й ра…бо́ты; **~shake** рукопожа́тие; **~some** ['hænsəm] краси́вый; (*generous*) ще́…дрый; (*large*) поря́дочный; **~writing** …по́черк; **~y** ['hændɪ] удо́бный; (*near…by*) бли́зкий
…ng [hæŋ] **1.** [*irr.*] *v/t.* ве́шать [пове́…сить]; *lamp, etc.* подве́шивать [-ве́…сить]; (*pt. u pt. p.* **~ed**) ве́шать [пове́…сить]; *v/i.* висе́ть; ***~ about, ~ around*** …слоня́ться, окола́чиваться; ***~ on*** дер…жа́ть(ся) (за B); *fig.* упо́рствовать; ***~ on!*** подожди́те мину́тку!; **2.**: ***get the ~ of*** понима́ть [-ня́ть]; разобра́ться …разбира́ться]
…ngar ['hæŋə] анга́р
…nger ['hæŋə] *for clothes* ве́шалка
…ngings ['hæŋɪŋz] *pl.* драпиро́вки *…/pl.*, занаве́ски *f/pl.*
…ngover ['hæŋəʊvə] *from drinking* …похме́лье; *survival* пережи́ток
…phazard [hæp'hæzəd] **1.** науда́чу, …наобу́м; **2.** □ случа́йный
…ppen ['hæpən] случа́ться [-чи́ться], …происходи́ть [произойти́]; отка́зы…ваться [-за́ться]; ***he ~ed to be at home*** …он оказа́лся до́ма; ***it so ~ed that …*** …случи́лось так, что …; ***~ (up)on*** …случа́йно встре́тить; **~ing** ['hæpənɪŋ] …слу́чай, собы́тие
…ppi|ly ['hæpɪlɪ] счастли́во, к …сча́стью; **~ness** [-nɪs] сча́стье

happy ['hæpɪ] □ *com.* счастли́вый; (*fortunate*) уда́чный; **~-go-lucky** беспе́чный
harangue [hə'ræŋ] разглаго́льствовать
harass ['hærəs] [за]трави́ть; (*pester*) изводи́ть [-вести́]; [из]му́чить
harbo(u)r ['hɑːbər] **1.** га́вань *f*, порт; ***~ duties*** порто́вые сбо́ры; **2.** (*give shelter to*) дать убе́жище (Д), приюти́ть; *fig.* зата́ивать [-и́ть]
hard [hɑːd] **1.** *adj. com.* твёрдый, жёсткий; (*strong*) кре́пкий; (*difficult*) тру́дный; тяжёлый; ***~ cash*** нали́чные *pl.* (де́ньги); ***~ currency*** твёрдая валю́та; ***~ of hearing*** туго́й на у́хо; **2.** *adv.* твёрдо; кре́пко; си́льно; упо́рно; с трудо́м; ***~ by*** бли́зко, ря́дом; ***~ up*** в затрудни́тельном фина́нсовом положе́нии; **~-boiled** [hɑːd'bɔɪld] → ***egg***; *fig.* бесчу́вственный, чёрствый; *Am.* хладнокро́вный; **~ disk** жёсткий диск; **~en** ['hɑːdn] затвердева́ть, [за]тверде́ть; *fig.* закаля́ть(ся) [-ли́ть(ся)]; **~-headed** [hɑːd'hedɪd] □ практи́чный, тре́звый; **~-hearted** [hɑːd'hɑːtɪd] бесчу́вственный; **~ly** ['hɑːdlɪ] с тру-до́м, едва́, едва́ ли; **~ship** [-ʃɪp] невзго́ды; тру́дности; (*lack of money*) нужда́; **~ware** *comput.* аппа-ра́тное обеспе́чение; **~y** ['hɑːdɪ] □ сме́лый, отва́жный; (*able to bear hard work, etc.*) выно́сливый
hare [heə] за́яц; **~brained** опроме́тчивый; (*foolish*) глу́пый
harm [hɑːm] **1.** вред, зло; (*damage*) уще́рб; **2.** [по]вреди́ть (Д); **~ful** ['hɑːmfl] □ вре́дный, па́губный; **~less** [-lɪs] □ безвре́дный, безоби́дный
harmon|ious [hɑː'məʊnɪəs] □ гармони́чный, стро́йный; **~ize** ['hɑːmənaɪz] *v/t.* гармонизи́ровать (*im*)*pf.*; приводи́ть в гармо́нию; *v/i.* гармони́ровать; **~y** [-nɪ] гармо́ния, созву́чие; (*agreement*) согла́сие
harness ['hɑːnɪs] **1.** у́пряжь *f*, сбру́я; **2.** запряга́ть [запря́чь]
harp [hɑːp] **1.** а́рфа; **2.** игра́ть на а́рфе; ***~ (up)on*** тверди́ть, завести́ *pf.* волы́нку о (П)

H

harpoon [hɑːˈpuːn] гарпу́н, острога́
harrow [ˈhærəʊ] *agric.* **1.** борона́; **2.** [вз]борони́ть; *fig.* [из]му́чить; **~ing** [-ɪŋ] *fig.* мучи́тельный
harsh [hɑːʃ] □ ре́зкий; жёсткий; (*stern*) стро́гий, суро́вый; *to taste* те́рпкий
harvest [ˈhɑːvɪst] **1.** *of wheat, etc.* жа́тва, убо́рка; *of apples, etc.* сбор; урожа́й; ***bumper ~*** небыва́лый урожа́й; **2.** собира́ть урожа́й
has [z, əz, həz;, *strong* hæz] *3rd p. sg. pres. от* ***have***
hash [hæʃ] ру́бленое мя́со; *fig.* пу́таница
hast|e [heɪst] спе́шка, поспе́шность *f*, торопли́вость *f*; ***make ~*** [по]спеши́ть; **~en** [ˈheɪsn] спеши́ть, [по-] торопи́ться; (*speed up*) ускоря́ть [-о́рить]; **~y** [ˈheɪstɪ] □ поспе́шный; необду́манный
hat [hæt] шля́па; *without brim* ша́пка; ***talk through one's ~*** нести́ чушь *f*
hatch [hætʃ] *naut., ae.* люк
hatchet [ˈhætʃɪt] топо́рик
hat|e [heɪt] **1.** не́нависть *f*; **2.** ненави́деть; **~eful** [ˈheɪtfl] ненави́стный; **~red** [ˈheɪtrɪd] не́нависть *f*
haught|iness [ˈhɔːtɪnɪs] надме́нность *f*; высокоме́рие; **~y** [-tɪ] □ надме́нный, высокоме́рный
haul [hɔːl] **1.** перево́зка; (*catch*) уло́в; **2.** тяну́ть; перевози́ть [-везти́]; **~age** [-ɪdʒ] транспортиро́вка, доста́вка
haunch [hɔːntʃ] бедро́
haunt [hɔːnt] **1.** *of ghost* появля́ться [-ви́ться] в (П); (*frequent*) ча́сто посеща́ть; **2.** люби́мое ме́сто; *of criminals, etc.* прито́н; ***~ed look*** затра́вленный вид
have [v, əv, həv;, *strong* hæv] **1.** [*irr.*] *v/t.* име́ть; ***I ~ to do*** я до́лжен сде́лать; ***~ one's hair cut*** [по-] стри́чься; ***he will ~ it that …*** он настаи́вает на том, что́бы (+ *inf.*); ***I had better go*** мне лу́чше уйти́; ***I had rather go*** я предпочёл бы уйти́; ***~ about one*** име́ть при себе́; ***~ it your own way*** поступа́й как зна́ешь; *opinion* ду́май, что хо́чешь; **2.** *v/aux. вспомогательный глагол для образования перфектной формы*: ***I ~ come*** я пришёл
havoc [ˈhævək] опустоше́ние; (*destruction*) разруше́ние; ***play ~ w…*** вноси́ть [внести́] беспоря́док/хао́с (В); разру́шить *pf.*
hawk [hɔːk] (*a. pol.*) я́стреб
hawker [ˈhɔːkə] у́личный торго́вец
hawthorn [ˈhɔːθɔːn] боя́рышник
hay [heɪ] се́но; ***~ fever*** се́нная лихора́дка; **~loft** сенова́л; **~stack** стог се́на
hazard [ˈhæzəd] **1.** риск; (*danger*) опа́сность *f*; **2.** рискова́ть [-кну́ть]; **~ous** [ˈhæzədəs] □ риско́ванный
haze [heɪz] ды́мка, тума́н
hazel [ˈheɪzl] **1.** (*tree*) оре́шник; **2.** (*colo[u]r*) ка́рий; **~nut** лесно́й оре́х
hazy [ˈheɪzɪ] □ тума́нный; *fig.* сму́тный
H-bomb водоро́дная бо́мба
he [ɪ, hɪː, *strong* hiː] **1.** *pron. pers.* он; ***who …*** тот, кто …; **2. *~-…*** *перед названием животного обозначает сам…*
head [hed] **1.** *com.* голова́; *of government, etc.* глава́; *of department, etc.* руководи́тель *m*, нача́льник; *of bed* изголо́вье; *of coin* лицева́я сторона́, орёл; ***come to a ~*** *fig.* дости́гнуть критической ста́дии; ***get it into one's ~ that …*** вбить себе́ в го́лову, что …; главный; **3.** *v/t.* возглавля́ть; ***~ …*** (*prevent*) предотвраща́ть [-ати́ть]; ***~ for*** *v/i.* направля́ться [-а́виться]; держа́ть курс на (В); **~ache** [ˈhedeɪk] головна́я боль *f*; **~dress** головно́й убо́р; **~ing** [ˈ-ɪŋ] загла́вие; **~land** мыс; **~light** *mot.* фа́ра; **~line** (газе́тный) заголо́вок; **~long** *adj.* опроме́тчивый; *adv.* опроме́тчиво; очертя́ го́лову; **~master** дире́ктор шко́лы; **~phone** нау́шник; **~quarters** *pl.* штаб; *of department, etc.* гла́вное управле́ние; **~strong** своево́льный, упря́мый; **~way**: ***make ~*** де́лать успе́хи, продвига́ться; **~y** [ˈhedɪ] □ опьяня́ющий; *with success* опьянённый
heal [hiːl] зале́чивать [-чи́ть], исцеля́ть [-ли́ть]; (*a. ~ up*) зажи́(ва́)ть
health [helθ] здоро́вье; **~ful** [-fl] □ целе́бный; **~-resort** куро́рт; **~y** [ˈhelθɪ]

здоро́вый; (*good for health*) поле́з-ный

…ap [hiːp] **1.** ку́ча, гру́да; *fig.* ма́сса, …ьма; **2.** нагроможда́ть [-мозди́ть]; *…f food, etc.* накла́дывать [-ложи́ть]

…ar [hɪə] [*irr.*] [у]слы́шать; [по-]слу́шать; **~ *s.o. out*** вы́слушать *pf.*; **…d** [hɜːd] *pt. и pt. p. от* **hear**, **~er** [ˈhɪərə] слу́шатель(ница *f*) *m*; **~ing** [-ɪŋ] слух; *law* слу́шание де́ла; ***within*** … в преде́лах слы́шимости; **~say** [ˈhɪəseɪ] слу́хи, то́лки

…art [hɑːt] се́рдце; му́жество; (*essence*) суть *f*; (*innermost part*) сердцеви́на; *of forest* глубина́; **~s** *pl.* че́рви *…/pl.*; *fig.* се́рдце, душа́; ***by ~*** наизу́сть; ***…ose ~*** па́дать ду́хом; ***take ~*** воспря́нуть ду́хом; ***take to ~*** принима́ть бли́зко к се́рдцу; **~ *attack*** серде́чный при́ступ; **~*broken*** уби́тый го́рем; **~*burn*** изжо́га; **~en** [ˈhɑːtn] ободря́ть [-ри́ть]; **~felt** душе́вный, и́скренний

…arth [hɑːθ] оча́г (*a. fig.*)

…art|less [ˈhɑːtlɪs] □ бессерде́чный; **~rending** [-rendɪŋ] душеразди-ра́ющий; **~-to-~** дру́жеский; **~y** [ˈhɑːtɪ] □ дру́жеский, серде́чный; (*healthy*) здоро́вый

…at [hiːt] **1.** *com.* жара́, жар; *fig.* пыл; *…port* забе́г, заплы́в, зае́зд; **2.** нагре́(-ва́)ть(ся); *fig.* [раз]горячи́ть; **~er** [ˈhiːtə] обогрева́тель

…ath [hiːθ] ме́стность *f*, поро́сшая ве́реском; (*waste land*) пу́стошь *f*; *…ot.* ве́реск

…athen [ˈhiːðn] **1.** язы́чник; **2.** язы́ческий

…ating [ˈhiːtɪŋ] обогрева́ние; отопле́ние

…ave [hiːv] **1.** подъём; **2.** [*irr.*] *v/t.* (*haul*) поднима́ть [-ня́ть]; *v/i. of waves* вздыма́ться; (*strain*) напряга́ться [-я́чься]

…aven [ˈhevn] небеса́ *n/pl.*, не́бо; ***move ~ and earth*** [с]де́лать всё возмо́жное; **~ly** [-lɪ] небе́сный; *fig.* велико-ле́пный

…avy [ˈhevɪ] □ *com.* тяжёлый; *crop* оби́льный; *sea* бу́рный; *sky* мра́чный; неуклю́жий; **~weight** *sport* тяжелове́с

heckle [ˈhekl] прерыва́ть замеча́ниями; задава́ть ка́верзные вопро́сы

hectic [ˈhektɪk] *activity* лихора́дочный; ***~ day*** напряжённый день *m*

hedge [hedʒ] **1.** жива́я и́згородь *f*; **2.** *v/t.* огора́живать и́згородью; *v/i.* (*evade*) уклоня́ться от прямо́го отве́та; увё́ливать [увильну́ть]; **~hog** *zo.* ёж

heed [hiːd] **1.** внима́ние, осторо́жность *f*; ***take no ~ of*** не обраща́ть внима́ния на (В); **2.** обраща́ть внима́ние на (В); **~less** [-lɪs] □ небре́жный; необду́манный; ***~ of danger*** не ду́мая об опа́сности

heel [hiːl] **1.** *of foot* пя́тка; *of shoe* каблу́к; ***head over ~s*** вверх торма́шками; ***down at ~*** *fig.* неря́шливый; **2.** поста́вить *pf.* набо́йку (на В)

hefty [ˈheftɪ] *fellow* здорове́нный; *blow* си́льный

height [haɪt] высота́; *person's* рост; (*high place*) возвы́шенность *f*, *fig.* верх; **~en** [ˈhaɪtn] *interest* повыша́ть [повы́сить]; (*make more intense*) уси́ли(ва)ть

heir [eə] насле́дник; **~ess** [ˈeərɪs, ˈeərəs] насле́дница

held [held] *pt. и pt. p. от* **hold**

helicopter [ˈhelɪkɒptə] вертолёт

hell [hel] ад; *attr.* а́дский; ***raise ~*** подня́ть ужа́сный крик; **~ish** [-ɪʃ] а́дский

hello [həˈləʊ] *coll.* приве́т; *tel.* алло́!

helm [helm] *naut.* штурва́л; *fig.* корми́ло

helmet [ˈhelmɪt] шлем

helmsman [ˈhelmzmən] *naut.* рулево́й

help [help] **1.** *com.* по́мощь *f*; ***there is no ~ for it !*** ничего́ не поде́лаешь!; **2.** *v/t.* помога́ть [помо́чь] (Д); ***~ yourself to fruit*** бери́те фру́кты; ***I could not ~ laughing*** я не мог не рассмея́ться; *v/i.* помога́ть [-мо́чь]; **~er** [ˈhelpə] помо́щник (-ица); **~ful** [ˈhelpfl] поле́зный; **~ing** [ˈhelpɪŋ] *of food* по́рция; ***have another ~*** взять *pf.* ещё (**of** Р); **~less** [ˈhelplɪs] □ беспо́мощный; **~lessness** [ˈhelplɪsnɪs] бес-

по́мощность *f*
hem [hem] **1.** рубе́ц; *of skirt* подо́л; **2.** подруба́ть [-би́ть]; **~ in** окружа́ть [-жи́ть]
hemisphere ['hemɪsfɪə] полуша́рие
hemlock ['hemlɒk] *bot.* болиголо́в
hemp [hemp] конопля́; (*fibre*) пенька́
hen [hen] ку́рица
hence [hens] отсю́да; сле́довательно; ***a year* ~** че́рез год; **~forth** [hens'fɔ:θ], **~forward** [hens'fɔ:wəd] с э́того вре́мени, впредь
henpecked ['henpekt] находя́щийся под башмако́м у жены́
her [ə, hə;, *strong* hɜ:] *pers. pron.* (*косвенный падеж от* ***she***) её; ей
herb [hɜ:b] (целе́бная) трава́; (пря́ное) расте́ние
herd [hɜ:d] **1.** ста́до; *fig.* толпа́; **2.** *v/t.* пасти́ (скот); *v/i.*: **~ *together*** [с]толпи́ться; **~sman** ['hɜ:dzmən] пасту́х
here [hɪə] здесь, тут; сюда́; вот; ***~'s to you !*** за ва́ше здоро́вье!
here|after [hɪər'ɑ:ftə] в бу́дущем; **~by** э́тим, настоя́щим; таки́м о́бразом
heredit|ary [hɪ'redɪtrɪ] насле́дственный; **~y** [~tɪ] насле́дственность *f*
here|upon [hɪərə'pɒn] вслед за э́тим; **~with** при сём
heritage ['herɪtɪdʒ] насле́дство; насле́дие (*mst. fig.*)
hermetic [hɜ:'metɪk] (**~*ally***) гермети́ческий
hermit ['hɜ:mɪt] отше́льник
hero ['hɪərəʊ] геро́й; **~ic** [~'rəʊɪk] (**~*ally***) герои́ческий, геро́йский; **~ine** ['herəʊɪn] герои́ня; **~ism** [~ɪzəm] герои́зм
heron ['herən] *zo.* ца́пля
herring ['herɪŋ] сельдь *f*; *cul.* селёдка
hers [hɜ:z] *pron. poss.* её
herself [hɜ:'self] сама́; себя́, -ся, -сь
hesitat|e ['hezɪteɪt] [по]колеба́ться; *in speech* запина́ться [запну́ться]; **~ion** [hezɪ'teɪʃn] колеба́ние; запи́нка
hew [hju:] [*irr.*] руби́ть; разруба́ть [-би́ть]; (*shape*) высека́ть [вы́сечь]
hey [heɪ] эй!
heyday ['heɪdeɪ] *fig.* зени́т, расцве́т
hicc|up, **~ough** ['hɪkʌp] **1.** ико́та; **2.** ика́ть [икну́ть]
hid [hɪd], **hidden** ['hɪdn] *pt. и pt. p.* о ***hide***
hide [haɪd] [*irr.*] [с]пря́тать(ся); (*conceal*) скры(ва́)ть; **~-and-seek** [haɪd... 'si:k] пря́тки
hideous ['hɪdɪəs] □ отврати́тельн... уро́дливый
hiding-place потаённое ме́сто, укр... тие
hi-fi ['haɪfaɪ] высо́кая то́чность в... произведе́ния зву́ка
high [haɪ] **1.** □ *adj. com.* высо́к... (*lofty*) возвы́шенный; *wind* си́льн... *authority* вы́сший, верхо́вный; *mea...* душко́м; ***it's ~ time*** давно́ пора́; **~ *sp...* *its*** *pl.* припо́днятое настрое́ние; *adv.* высоко́; си́льно; ***aim* ~** высо... ме́тить; **~brow** интеллектуа́л; **~-cla...** первокла́ссный; **~-grade** высо́ко... ка́чества; **~-handed** своево́льн... вла́стный; **~lands** *pl.* гори́стая ме́с... ность *f*
high|light выдаю́щийся моме́нт; ... ['haɪlɪ] о́чень, весьма́; ***speak ~ of*** в... соко́ отзыва́ться о (П); **~-minded** в... вы́шенный, благоро́дный; **~-ri... building** высо́тное зда́ние; **~-stru...** о́чень чувстви́тельный; ... пряжённый; **~way** гла́вная доро́... шоссе́; *fig.* прямо́й путь *m*; **~ *code*** пр... вила доро́жного движе́ния
hijack ['haɪdʒæk] *plane* угоня́... [-на́ть]; *train, etc.* соверша́ть [-ши́т... налёт; **~er** [~ə] уго́нщик
hike [haɪk] *coll.* **1.** прогу́лка; похо́д; ... путеше́ствовать пешко́м; **~r** ['haɪk... пе́ший тури́ст
hilarious [hɪ'leərɪəs] □ весёл... смешно́й; *coll.* умори́тельный
hill [hɪl] холм; **~billy** *Am.* ['hɪlb... челове́к из глуби́нки; **~ock** ['hɪlə... хо́лмик; **~side** склон холма́; **~y** [... холми́стый
hilt [hɪlt] рукоя́тка (*сабли и т.д.*)
him [ɪm;, *strong* hɪm] *pers. pron.* (*ко... венный падеж от* ***he***) его́, ему́; **~s...** [hɪm'self] сам; себя́, -ся, -сь
hind [haɪnd] за́дний; **~ *leg*** за́дняя но...
hinder ['hɪndə] **1.** препя́тствовать (Д...

. *v/t.* [по]меша́ть
ndrance ['hɪndrəns] поме́ха, пре-
ятствие
nge [hɪndʒ] **1.** *of door* пе́тля; шар-
ни́р; *fig.* сте́ржень *m*, суть *f*; **2. ~ upon**
ig. зави́сеть от (Р)
nt [hɪnt] **1.** намёк; **2.** намека́ть
-кну́ть] (**at** на В)
p[1] [hɪp] бедро́; **~ pocket** за́дний кар-
ма́н
p[2] [~] я́года шипо́вника
popotamus [hɪpə'pɒtəməs] гиппо-
пота́м, бегемо́т
re ['haɪə] **1.** *worker* наём; *car, TV, etc.*
прока́т; **2.** нанима́ть [наня́ть]; *room,
tc.* снима́ть [снять]; брать [взять] на-
прока́т; **~ out** сдава́ть в прока́т; **~ purchase** поку́пка в рассро́чку
s [ɪz;, *strong* hɪz] *poss. pron.* его́, свой
ss [hɪs] *v/i.* [за-, про]шипе́ть; *v/t.* ос-
ви́стывать [-ста́ть]
stor|ian [hɪ'stɔːrɪən] исто́рик; **~ic(al**
□) [hɪs'tɒrɪk(l)] истори́ческий; **~y**
'hɪstərɪ] исто́рия
t [hɪt] **1.** уда́р; попада́ние; *thea., mus.*
успе́х; **direct ~** прямо́е попада́ние; **2.**
irr.] ударя́ть [уда́рить]; поража́ть
поразить]; *target* попада́ть [попа́сть]
(В); **~ town, the beach, etc.** *Am. coll.*
arrive) прибы́(ва́)ть в, на (В); *coll.* **~ it
off with** [по]ла́дить с (Т); **~ (up)on** на-
ходи́ть [найти́] (В); **~ in the eye** *fig.*
броса́ться [бро́ситься] в глаза́
tch [hɪtʃ] **1.** толчо́к, рыво́к; *fig.* пре-
пя́тствие; **2.** зацепля́ть(ся)
-пи́ть(ся)], прицепля́ть(ся)
-пи́ть(ся)]; **~hike** *mot.* е́здить авто-
сто́пом
ther ['hɪðər] *lit.* сюда́; **~to** [~'tuː] *lit.*
до сих пор
ve [haɪv] **1.** у́лей; (*of bees*) рой пчёл;
fig. людско́й мураве́йник; **2.** жить
вме́сте
oard [hɔːd] **1.** (скры́тый) запа́с,
клад; **2.** накопля́ть [-пи́ть]; запаса́ть
-сти́] (В); *secretly* припря́т(ыв)ать
oarfrost ['hɔːfrɒst] и́ней
oarse [hɔːs] □ хри́плый, си́плый
oax [həʊks] **1.** обма́н, ро́зыгрыш; **2.**
подшу́чивать [-ути́ть] над (Т), разы́-
грывать [-ра́ть]
hobble ['hɒbl] *v/i.* прихра́мывать
hobby ['hɒbɪ] *fig.* хо́бби *n indecl.*,
люби́мое заня́тие
hock [hɒk] (*wine*) рейнве́йн
hockey ['hɒkɪ] хокке́й
hoe [həʊ] *agric.* **1.** ца́пка; **2.** ца́пать
hog [hɒg] свинья́ (*a. fig.*); бо́ров
hoist [hɔɪst] **1.** *for goods* подъёмник; **2.**
поднима́ть [-ня́ть]
hold [həʊld] **1.** *naut.* трюм; **catch** (*or*
get, lay, take) **~ of** схва́тывать [схва-
ти́ть] (В); **keep ~ of** уде́рживать
[-жа́ть] (В); **2.** [*irr.*] *v/t.* держа́ть; (*sustain*) выде́рживать [вы́держать]; (*restrain*) остана́вливать [-нови́ть]; *meeting, etc.* проводи́ть [-вести́]; *attention*
завладе́(ва́)ть; занима́ть [-ня́ть];
(*contain*) вмеща́ть [вмести́ть]; (*think*)
счита́ть; **~ one's own** отста́ивать
свою́ пози́цию; **~ talks** вести́ перего-
во́ры; **~ the line!** *tel.* не ве́шайте тру́б-
ку; **~ over** откла́дывать [отложи́ть]; **~
up** (*support*) подде́рживать [-жа́ть];
(*delay*) заде́рживать [-жа́ть]; остано-
ви́ть с це́лью грабежа́; **3.** *v/i.* остана́в-
ливаться [-нови́ться]; *of weather* дер-
жа́ться; **~ forth** разглаго́льствовать; **~
good** (*or* **true**) име́ть си́лу; **~ off** дер-
жа́ться по́одаль; **~ on** де́ржиться за
(В); **~ to** приде́рживаться (Р); **~er**
[~ə] аренда́тор; владе́лец; **~ing** [~ɪŋ]
уча́сток земли́; владе́ние; **~-up** *Am.*
налёт, ограбле́ние
hole [həʊl] дыра́, отве́рстие; *in ground*
я́ма; *of animals* нора́; *coll. fig.* затруд-
ни́тельное положе́ние; **pick ~s in** на-
ходи́ть недоста́тки в (П); приди-
ра́ться [придра́ться]
holiday ['hɒlədɪ] пра́здник, офи-
циа́льный день о́тдыха; о́тпуск; **~s**
pl. educ. кани́кулы *f/pl.*
hollow ['hɒləʊ] **1.** □ пусто́й, по́лый;
cheeks ввали́вшийся; *eyes* впа́лый;
2. по́лость *f*; *in tree* дупло́; (*small valley*) лощи́на; **3.** выда́лбливать [вы́-
долбить]
holly ['hɒlɪ] остроли́ст, па́дуб
holster ['həʊlstə] кобура́
holy ['həʊlɪ] свято́й, свяще́нный; ♀

H

Week Страстна́я неде́ля

homage ['hɒmɪdʒ] уваже́ние; **do** (*or* **pay, render**) **~** отдава́ть дань уваже́ния (**to** Д)

home [həʊm] **1.** дом, жили́ще; ро́дина; **at ~** до́ма; **maternity ~** роди́льный дом; **2.** *adj.* дома́шний; вну́тренний; оте́чественный; **~ industry** оте́чественная промы́шленность *f*; ♀ **Office** министе́рство вну́тренних дел; ♀ **Secretary** мини́стр вну́тренних дел; **3.** *adv.* домо́й; **hit** (*or* **strike**) **~** попа́сть *pf.* в цель *f*; **~less** [-lɪs] бездо́мный; **~like** ую́тный; непринуждённый; **~ly** [-lɪ] *fig.* просто́й, обы́денный; дома́шний; *Am.* (*plain-looking*) некраси́вый; **~made** дома́шнего изготовле́ния; **~sickness** тоска́ по ро́дине; **~ward(s)** [-wəd(z)] домо́й

homicide ['hɒmɪsaɪd] уби́йство; уби́йца *m/f*

homogeneous [hɒmə'dʒiːnɪəs] □ одноро́дный, гомоге́нный

honest ['ɒnɪst] □ че́стный; **~y** [-ɪ] че́стность *f*

honey ['hʌnɪ] мёд; (*mode of address*) дорога́я; **~comb** ['hʌnɪkəʊm] со́ты; **~moon 1.** медо́вый ме́сяц; **2.** проводи́ть медо́вый ме́сяц

honorary ['ɒnərərɪ] почётный

hono(u)r ['ɒnə] **1.** честь *f*; (*respect*) почёт; *f*; *mil., etc.* по́честь; **2.** чтить, почита́ть; *fin. check/Brt. cheque* опла́чивать [-лати́ть]; **~able** ['ɒnərəbl] □ почётный, благоро́дный; (*upright*) че́стный

hood [hʊd] (*covering for head*) капюшо́н; *Am.* (*for car engine*) капо́т

hoodwink ['hʊdwɪŋk] обма́нывать [-ну́ть]

hoof [huːf] копы́то

hook [huːk] **1.** крюк, крючо́к; **by ~ or by crook** пра́вдами и непра́вдами, так и́ли ина́че; **2.** зацепля́ть [-пи́ть]; *dress. etc.* застёгивать(ся) [-стегну́ть(ся)]

hoop [huːp] о́бруч; **make s.o. jump through ~s** подверга́ть кого́-л. тяжёлому испыта́нию

hoot [huːt] **1.** ши́канье; *mot.* сигна́л; **2.** *v/i.* оши́кивать [-кать]; дава́ть сигн сигна́лить; *v/t.* (*a.* **~ down**) освист вать [-иста́ть]

hop¹ [hɒp] *bot.* хмель *m*

hop² [~] **1.** прыжо́к; **keep s.o. on th** не дава́ть кому́-л. поко́я; **2.** на одн ноге́

hope [həʊp] **1.** наде́жда; **past ~** б надёжный; **raise ~** обнадё-живa(ва) **2.** наде́яться (**for** на В); **~ful** [(*promising*) подаю́щий на де́жд (*having hope*) наде́ющийся; **~le** [-lɪs] безнадёжный

horde [hɔːd] орда́; по́лчища; *pl.* то́л *f/pl.*

horizon [hə'raɪzn] горизо́нт; *fig.* к гозо́р

hormone ['hɔːməʊn] гормо́н

horn [hɔːn] *animal's* рог; звуков сигна́л; *mus* рожо́к; **~ of plenty** р изоби́лия

hornet ['hɔːnɪt] *zo.* ше́ршень *m*

horny ['hɔːnɪ] *hands* мозо́листый

horoscope ['hɒrəskəʊp] гороск **cast a ~** составля́ть [-а́вить] го ско́п

horr|ible ['hɒrəbl] □ стра́шный, уж ный; **~id** ['hɒrɪd] ужа́сный; (*repellin* проти́вный; **~ify** ['hɒrɪfaɪ] ужаса [-сну́ть]; шоки́ровать; **~or** ['hɒ у́жас

hors d'œuvres [ɔː'dɜːv] *pl.* заку́с *f/pl.*

horse [hɔːs] ло́шадь *f*, конь *m*; **get o ~** сесть *pf.* на ло́шадь; **dark ~** тёмн лоша́дка; **~back**: **on ~** верхо́м; **~ lau** *coll.* гру́бый, гро́мкий хо́хот; **~m** вса́дник; **~power** лошади́ная си́ла **race** ска́чки; **~radish** хрен; **~shoe** п ко́ва

horticulture ['hɔːtɪkʌltʃə] садово́д во

hose [həʊz] (*pipe*) шланг

hosiery ['həʊzɪərɪ] чуло́чные изде́л *n/pl.*

hospice ['hɒspɪs] *med.* хо́спис

hospitable [hɒs'pɪtəbl] □ гостепр и́мный

hospital ['hɒspɪtl] больни́ца; *mil.* г пита́ль *m*; **~ity** [hɒspɪ'tælətɪ] гос

приимство; ~ize ['hɒspɪtəlaɪz] госпитализировать
st¹ [həʊst] хозяин; ***act as*** ~ быть за хозяина
st² [-] множество, *coll.* масса, тьма
stage ['hɒstɪdʒ] заложник *m*, -ница
stel ['hɒstl] общежитие; (*youth* ~) турбаза
stess ['həʊstɪs] хозяйка (→ ***host***)
stil|e ['hɒstaɪl] враждебный; ~**ity** hɒ'stɪlətɪ] враждебность *f*; враждебный акт; *pl. mil.* военные действия
t [hɒt] горячий; *summer* жаркий; *fig.* пылкий; ~**bed** парник; ~ **dog** *fig.* булочка с горячей сосиской
tchpotch ['hɒtʃpɒtʃ] *fig.* всякая всячина, смесь *f*
tel [həʊ'tel] отель *m*, гостиница
t|headed опрометчивый; ~**house** оранжерея, теплица; ~ **spot** *pol.* горячая точка; ~-**water bottle** грелка
und [haʊnd] **1.** гончая; **2.** *fig.* [за]травить
ur [aʊə] час; время; ***24 ~s*** сутки; ***rush*** ~ часы пик; ~**ly** [-lɪ] ежечасный
use [haʊs] **1.** *com.* дом; здание; *parl.* палата; ***apartment*** ~ многоквартирный дом; **2.** [haʊz] *v/t.* поселять [-лить]; помещать [-естить]; (*give shelter to*) приютить *pf.*; *v/i.* помещаться [-еститься]; ~**hold** домашний круг; семья; ~**holder** домовладелец; ~**keeper** экономка; домашняя хозяйка; ~**keeping**: ***do the*** ~ вести домашнее хозяйство; ~**warming** новоселье; ~**wife** домохозяйка
using ['haʊzɪŋ] обеспечение жильём; ~ ***conditions*** жилищные условия
ve [həʊv] *pt. и pt. p. от* ***heave***
vel ['hɒvl] лачуга, хибарка
ver ['hɒvə] *of bird* парить; *ae.* кружить(ся); ~**craft** судно на воздушной подушке
w [haʊ] как?, каким образом?; ~ ***about ...?*** как насчёт (P) ...?; ~**ever** haʊ'evə] **1.** *adv.* как бы ни; **2.** *cj.* однако, и всё же

howl [haʊl] **1.** вой, завывание; **2.** [за]выть; ~**er** ['haʊlə] *sl.* грубая ошибка; ляпсус
hub [hʌb] *of wheel* ступица; *fig. of activity* центр; *of the universe* пуп земли
hubbub ['hʌbʌb] шум; *coll.* гомон, гам
huddle ['hʌdl] **1.** *of things* [с]валить в кучу; ~ ***together*** *of people* сбиться *pf.* в кучу; **2.** куча; *of people* сутолока, суматоха
hue¹ [hjuː] оттенок
hue² [-]: ~ ***and cry*** крик, шум
huff [hʌf] раздражение; ***get into a*** ~ обидеться
hug [hʌg] **1.** объятие; **2.** обнимать [-нять]; *fig.* быть приверженным; ~ **o.s.** поздравлять [-авить] себя
huge [hjuːdʒ] □ огромный, громадный
hulk [hʌlk] *fig.* увалень
hull [hʌl] *bot.* шелуха, скорлупа; *naut.* корпус
hum [hʌm] [за]жужжать; (*sing*) напевать; *coll.* ***make things*** ~ вносить оживление в работу
human ['hjuːmən] **1.** человеческий; **2.** *coll.* человек; ~**e** [hjuː'meɪn] гуманный, человечный; ~**eness** гуманность *f*; ~**itarian** [hjuːmænɪ'teərɪən] гуманист; гуманный; ~**ity** [hjuː'mænətɪ] человечество; ~**kind** [hjuː-mən-'kaɪnd] род человеческий; ~**ly** по-человечески
humble ['hʌmbl] **1.** □ (*not self-important*) смиренный, скромный; (*lowly*) простой; **2.** унижать [унизить]; смирять [-рить]
humbug ['hʌmbʌg] (*deceit*) надувательство; (*nonsense*) чепуха
humdrum ['hʌmdrʌm] однообразный, скучный
humid ['hjuːmɪd] сырой, влажный; ~**ity** [hjuː'mɪdətɪ] влажность *f*
humiliat|e [hjuː'mɪlɪeɪt] унижать [унизить]; ~**ion** [hjuːmɪlɪ'eɪʃn] унижение
humility [hjuː'mɪlətɪ] смирение
humorous ['hjuːmərəs] □ юмористический

H

humo(u)r ['hju:mə] **1.** юмор, шутли́вость *f*; (*mood*) настрое́ние; ***out of ~*** не в ду́хе; **2.** (*indulge*) потака́ть (Д); ублажа́ть [-жи́ть]
hump [hʌmp] **1.** горб; **2.** [с]го́рбить(ся)
hunch [hʌntʃ] **1.** горб; (*intuitive feeling*) чутьё, интуи́ция; ***have a ~ that*** у меня́ тако́е чу́вство, что ...; **2.** [с]го́рбить(ся) (*a.* ***up***); **~back** горбу́н(ья)
hundred ['hʌndrəd] **1.** сто; **2.** со́тня; **~th** [-θ] со́тый; со́тая часть *f*; **~weight** це́нтнер
hung [hʌŋ] *pt. и pt. p. от* **hang**
Hungarian [hʌŋ'geərɪən] **1.** венгр *m*, -ге́рка *f*; **2.** венге́рский
hunger ['hʌŋgə] **1.** го́лод; *fig.* жа́жда; **2.** *v/i.* голода́ть; быть голо́дным; *fig. desire* жа́ждать (***for*** Р)
hungry ['hʌŋgrɪ] □ голо́дный; ***get ~*** проголода́ться
hunk [hʌŋk] ломо́ть *m*; *of meat* большо́й кусо́к
hunt [hʌnt] **1.** охо́та; (*search*) по́иски *m/pl.* (***for*** Р); **2.** охо́титься на (В) *or* за (Т); ***~ out** or **up*** оты́скивать [-ка́ть]; ***~ for*** *fig.* охо́титься за (Т), иска́ть (Р *or* В); **~er** ['hʌntə] охо́тник; **~ing grounds** охо́тничьи уго́дья
hurdle ['hɜ:dl] барье́р; ***~s*** ска́чки с препя́тствиями; бег с препя́тствиями
hurl [hɜ:l] **1.** си́льный бросо́к; **2.** швыря́ть [-рну́ть], мета́ть [метну́ть]
hurricane ['hʌrɪkən] урага́н
hurried ['hʌrɪd] торопли́вый
hurry ['hʌrɪ] **1.** торопли́вость *f*, поспе́шность *f*; ***be in no ~*** не спеши́ть; ***what's the ~?*** заче́м спеши́ть?; **2.** *v/t.* [по]торопи́ть; *v/i.* [по]спеши́ть (*a.* ***~ up***)
hurt [hɜ:t] [*irr.*] (*injure*) ушиба́ть [-би́ть] (*a. fig.*); причиня́ть боль *f*; б[о]ле́ть
husband ['hʌzbənd] муж; (*spouse*) с[у]пру́г
hush [hʌʃ] **1.** тишина́, молча́ние; [2.] ти́ше!; **3.** установи́ть *pf.* тишину́; [~] ***up facts*** скры(ва́)ть; ***the affair w[as]*** ***~ed up*** де́ло замя́ли
husk [hʌsk] **1.** *bot.* шелуха́; **2.** очища́[ть] от шелухи́, [об]лущи́ть; **~y** ['hʌskɪ] (*hoarse*) си́плый; охри́плый; (*bur[ly]*) [ро]ро́слый
hustle ['hʌsl] **1.** *v/t.* (*push*) толка́[ть] [-кну́ть]; пиха́ть [пихну́ть]; (*hurr[y]*) [по]торопи́ть; *v/i.* толка́ться; [по]т[о]ропи́ться; **2.** толкотня́; ***~ and bus[tle]*** шум и толкотня́
hut [hʌt] хи́жина
hutch [hʌtʃ] *for rabbits, etc.* кле́тка
hyacinth ['haɪəsɪnθ] гиаци́нт
hybrid ['haɪbrɪd] гибри́д; *animal* п[о]месь *f*
hydro ['haɪdrə] водо...; **~electric po[w]er station** гидро(электро-) ста́нц[ия]; **~foil** су́дно на подво́дных кры́лья[х]; **~gen** ['haɪdrədʒən] водоро́д; **~phob[ia]** ['haɪdrə'fəubɪə] бе́шенство; **~pla[ne]** ['haɪdrəpleɪn] гидропла́н
hygiene ['haɪdʒi:n] гигие́на
hymn [hɪm] (церко́вный) гимн
hyphen ['haɪfn] дефи́с; **~ate** [-fəne[ɪt]] писа́ть через чёрточку
hypnotize ['hɪpnətaɪz] [за]гипнотиз[и]ровать
hypo|chondriac [haɪpə'kɒndrɪæ[k]] ипохо́ндрик; **~crisy** [hɪ'pɒkrə[sɪ]] лицеме́рие; **~crite** ['hɪpəkrɪt] лиц[е]ме́р; **~critical** [hɪpə'krɪtɪkl] лицеме́[р]ный; нейскренний; **~thesis** [haɪ'pɒθ[ə]sɪs] гипо́теза, предположе́ние
hyster|ical [hɪ'sterɪkl] истери́чны[й]; **~ics** [hɪ'sterɪks] *pl.* исте́рика

I

аı] *pers. pron.* я; **~ feel cold** мне хóлодно; **you and ~** мы с вáми
e [aıs] **1.** лёд; **2.** заморáживать [-рóзить]; *cul.* глазировáть (*im*)*pf.*; **~ over** покрывáть(ся) льдом; **~age** леднико́вый периóд; **~box** *Am.* холоди́льник; **~breaker** ледокóл; **~ cream** морóженое; **~d** охлаждённый; *cake* глазирóванный; **~hockey** хоккéй; **~rink** катóк
icle ['aıssıkl] сосýлька
ing ['aısıŋ] *cul.* сáхарная глазýрь *f*
on ['aıkən] икóна
y ['aısı] □ ледянóй (*a. fig.*)
ea [aı'dıə] (*concept*) идéя; (*notion*) поня́тие, представлéние; (*thought*) мысль *f*; **~l** [-l] **1.** □ идеáльный; **2.** идеáл
enti|cal [aı'dentıkl] □ тот (же) сáмый; тождéственный; идентúчный, одинáковый; **~fication** [aı'dentıfıkeiʃn] определéние; опознá(вá)ние; установлéние ли́чности; **~fy** [-faı] определя́ть [-ли́ть]; опознá(вá)ть; устанáвливать ли́чность *f* (P); **~ty** [-tı]: **prove s.o.'s ~** установи́ть *pf.* ли́чность *f*; **~ty card** удостоверéние ли́чности
iom ['ıdıəm] идиóма; (*language*) нарéчие, гóвор, язы́к
iot ['ıdıət] идиóт *m*, -ка *f*; **~ic** [ıdı'ɒtık] (**-ally**) идиóтский
le ['aıdl] **1.** незáнятый; безрабóтный; лени́вый; *question* прáздный; (*futile*) тщéтный; *tech.* бездéйствующий, холостóй; **2.** *v/t.* проводи́ть (врé-мя) без дéла (*mst.* **~ away**); *v/i.* лени́ться, бездéльничать; **~ness** [-nıs] прáздность *f*, бездéлье; **~r** [-ə] бездéльник *m*, -ица *f*, лентя́й *m*, -ка *f*
ol ['aıdl] и́дол; *fig.* куми́р; **~ize** ['aıdəlaız] боготвори́ть
yl(l) ['ıdıl] иди́ллия
[ıf] *cj.* éсли; éсли бы; (= **whether**) ли: **I don't know ~ he knows** не знáю, знáет ли он ...; **~ I were you ...** на вáшем мéсте

ignit|e [ıg'naıt] зажигáть [-жéчь]; загорáться [-рéться], воспламеня́ться [-ни́ться]; **~ion** [ıg'nıʃn] *mot.* зажигáние
ignoble [ıg'nəʊbl] □ ни́зкий, неблагорóдный
ignor|ance ['ıgnərəns] невéжество; *of intent, etc.* невéдение; **~ant** [-rənt] невéжественный; несвéдущий; **~e** [ıg'nɔ:] игнори́ровать
ill [ıl] **1.** *adj.* больнóй; дурнóй; **~ omen** дурнóе предзнаменовáние; **2.** *adv.* едвá ли; плóхо; **3.** зло, вред
ill|-advised неблагоразýмный; **~-bred** невоспи́танный
illegal [ı'li:gl] □ незакóнный
illegible [ı'ledʒəbl] □ неразбóрчивый
illegitimate [ılı'dʒıtımət] □ незакóнный; *child* незаконнорождённый
ill|-fated злосчáстный, злополýчный; **~-founded** необоснóванный; **~-humo(u)red** раздражи́тельный
illiterate [ı'lıtərət] □ негрáмотный
ill|-mannered невоспи́танный, грýбый; **~-natured** □ злóбный, недоброжелáтельный
illness ['ılnıs] болéзнь *f*
ill|-timed несвоеврéменный, неподходя́щий; **~-treat** плóхо обращáться с (T)
illumin|ate [ı'lu:mıneıt] освещáть [-ети́ть], озаря́ть [-ри́ть]; (*enlighten*) просвещáть [-ети́ть]; (*cast light on*) проливáть свет на (B); **~ating** [-neıtıŋ] поучи́тельный, освети́тельный; **~ation** [ılu:mı'neıʃn] освещéние; (*display*) иллюминáция
illus|ion [ı'lu:ʒn] иллю́зия, обмáн чувств; **~ive** [-sıv], **~ory** [-sərı] □ при́зрачный, иллюзóрный
illustrat|e ['ıləstreıt] иллюстри́ровать (*im*)*pf.*; (*explain*) поясня́ть [-ни́ть]; **~ion** [ılə'streıʃn] иллюстрáция; **~ive** ['ıləstrətıv] иллюстрати́вный
illustrious [ı'lʌstrıəs] □ прослáвленный, знамени́тый

ill-will недоброжела́тельность *f*
image [ˈɪmɪdʒ] о́браз; изображе́ние; (*reflection*) отраже́ние; (*likeness*) подо́бие, ко́пия
imagin|able [ɪˈmædʒɪnəbl] □ вообрази́мый; **~ary** [-nərɪ] вообража́емый; мни́мый; **~ation** [ɪmædʒɪˈneɪʃn] воображе́ние, фанта́зия; **~ative** [ɪˈmædʒɪnətɪv] □ одарённый воображе́нием; **~e** [ɪˈmædʒɪn] вообража́ть [-рази́ть], представля́ть [-а́вить] себе́
imbecile [ˈɪmbəsiːl] **1.** слабоу́мный; **2.** *coll.* глупе́ц
imbibe [ɪmˈbaɪb] (*absorb*) впи́тывать [впита́ть] (*a. fig.*); *fig. ideas, etc.* усва́ивать [усво́ить]
imita|te [ˈɪmɪteɪt] подража́ть (Д); (*copy, mimic*) передра́знивать [-ни́ть]; подде́л(ыв)ать; **~tion** [ɪmɪˈteɪʃn] подража́ние; имита́ция, подде́лка; *attr.* иску́сственный
immaculate [ɪˈmækjulət] безукори́зненный, безупре́чный
immaterial [ɪməˈtɪərɪəl] (*unimportant*) несуще́ственный, нева́жный; (*incorporeal*) невеще́ственный, нематериа́льный
immature [ɪməˈtjʊə] незре́лый
immediate [ɪˈmiːdjət] □ непосре́дственный; ближа́йший; (*urgent*) безотлага́тельный; **~ly** [-lɪ] *adv. of time, place* непосре́дственно; неме́дленно
immemorial [ɪməˈmɔːrɪəl]: ***from time ~*** испоко́н веко́в
immense [ɪˈmens] □ огро́мный
immerse [ɪˈmɜːs] погружа́ть [-узи́ть], окуна́ть [-ну́ть]; *fig.* **~ o.s. *in*** погружа́ться [-узи́ться]
immigra|nt [ˈɪmɪgrənt] иммигра́нт *m*, -ка *f*; **~te** [-greɪt] иммигри́ровать (*im*)*pf.*; **~tion** [ɪmɪˈgreɪʃn] иммигра́ция
imminent [ˈɪmɪnənt] грозя́щий, нави́сший; ***a storm is ~*** надвига́ется бу́ря
immobile [ɪˈməʊbaɪl] неподви́жный
immoderate [ɪˈmɒdərət] непоме́рный, чрезме́рный
immodest [ɪˈmɒdɪst] □ нескро́мный
immoral [ɪˈmɒrəl] □ безнра́вственный
immortal [ɪˈmɔːtl] бессме́ртный
immun|e [ɪˈmjuːn] невосприи́мчивы[й] (***from*** к Д); **~ity** [-ɪtɪ] *med.* иммуните́[т], невосприи́мчивость *f* (***from*** к Д); *dip[l.]* иммуните́т
imp [ɪmp] дьяволёнок, бесёнок; ш[алун], лунишка *m/f*
impact [ˈɪmpækt] уда́р; (*collisio[n]*) столкнове́ние; *fig.* влия́ние, во[зд]е́йствие
impair [ɪmˈpeə] (*weaken*) ослабля́[ть] [-а́бить]; *health* подрыва́ть [-до[рвать]]; (*damage*) поврежда́ть [-ди́ть]
impart [ɪmˈpɑːt] (*give*) прид(ав)а́т[ь]; (*make known*) сообща́ть [-щи́ть]
impartial [ɪmˈpɑːʃl] □ беспристра́с[т]ный, непредвзя́тый
impassable [ɪmˈpɑːsəbl] □ непрох[о]ди́мый; *for vehicles* непрое́зжий
impassive [ɪmˈpæsɪv] □ споко́йны[й], бесстра́стный
impatien|ce [ɪmˈpeɪʃns] нетерпе́ни[е]; **~t** [-nt] □ нетерпели́вый
impeccable [ɪmˈpekəbl] (*flawles[s]*) безупре́чный
impede [ɪmˈpiːd] [вос]препя́тств[о]вать (Д)
impediment [ɪmˈpedɪmənt] поме́ха
impel [ɪmˈpel] (*force*) вынужда́ть [вы[]нудить]; (*urge*) побужда́ть [-уди́ть]
impending [ɪmˈpendɪŋ] предстоя́щи[й], надвига́ющийся
impenetrable [ɪmˈpenɪtrəbl] □ непр[о]ходи́мый; непроница́емый (*a. fig*[*.*]); *fig.* непостижи́мый
imperative [ɪmˈperətɪv] □ *manne[r], voice* повели́тельный, вла́стный; (*e[s]sential*) кра́йне необходи́мый
imperceptible [ɪmpəˈseptəbl] неощ[у]ти́мый; незаме́тный
imperfect [ɪmˈpɜːfɪkt] □ несоверше[н]ный; (*faulty*) дефе́ктный
imperial [ɪmˈpɪərɪəl] □ импе́рски[й]; (*majestic*) вели́чественный
imperil [ɪmˈperəl] подверга́ть [-ве́р[г]нуть] опа́сности
imperious [ɪmˈpɪərɪəs] □ (*command[]ing*) вла́стный; (*haughty*) высок[о]ме́рный
impermeable [ɪmˈpɜːmɪəbl] непрони[]ца́емый

personal [ɪm'pɜːsənl] *gr.* без-ичный; безли́кий; объекти́вный
personate [ɪm'pɜːsəneɪt] испол-я́ть роль *f* (P), выдава́ть себя́ за; из-бража́ть [-ази́ть]
pertinen|ce [ɪm'pɜːtɪnəns] де́р-ость *f.*; **~t** [-nənt] □ де́рзкий
perturbable [ɪmpə'ɜːbəbl] □ невоз-утíмый
pervious [ɪm'pɜːvɪəs] → ***impermea-le***; *fig.* глухо́й (***to*** к Д)
petu|ous [ɪm'petjʊəs] □ стреми́-ельный; (*done hastily*) необду́ман-ый; **~s** ['ɪmpɪtəs] и́мпульс, толчо́к
pinge [ɪm'pɪndʒ]: **~** (***up***)***on*** [по]-лия́ть, отража́ться [-зи́ться]
placable [ɪm'plækəbl] □ (*relentless*) еумоли́мый; (*unappeasable*) непри-ери́мый
plant [ɪm'plɑːnt] *ideas*, *etc.* насаж-а́ть [насади́ть]; внуша́ть [-ши́ть]
plausible [ɪm'plɔːzəbl] неправдо-одо́бный, невероя́тный
plement ['ɪmplɪmənt] **1.** (*small tool*) нструме́нт; *agric.* ору́дие; **2.** вы-олня́ть [вы́полнить]
plicat|e ['ɪmplɪkeɪt] вовлека́ть -е́чь], впу́т(ыв)ать; **~ion** [ɪmplɪ-keɪʃn] вовлече́ние; скры́тый смысл, амёк
plicit [ɪm'plɪsɪt] □ (*unquestioning*) езоговоро́чный; (*suggested*) подра-умева́емый; (*implied*) недоска́зан-ый
plore [ɪm'plɔː] умоля́ть [-ли́ть]
ply [ɪm'plaɪ] подразумева́ть; (*insin-ate*) намека́ть [-кну́ть] на (B); зна́-ить
polite [ɪmpə'laɪt] □ неве́жливый
politic [ɪm'pɒlətɪk] □ нецелесо-бра́зный; неблагоразу́мный
port 1. ['ɪmpɔːt] ввоз, и́мпорт; **~s** *pl.* возúмые това́ры *m/pl.*; **2.** [ɪm'pɔːt] вози́ть [ввезти́], импорти́ровать *im)pf.*; **~ance** [ɪm'pɔːtns] значе́ние, а́жность *f*; **~ant** [-tnt] ва́жный, зна-и́тельный
portunate [ɪm'pɔːtʃʊnət] □ назо́й-ивый
pos|e [ɪm'pəʊz] *v/t.* навя́зывать [-за́ть]; *a tax* облага́ть [обложи́ть]; ***~ a fine*** наложи́ть штраф; *v/i.* ***~ upon*** злоупотребля́ть [-би́ть] (T); **~ing** [-ɪŋ] внуши́тельный, впечатля́ющий
impossib|ility [ɪmpɒsə'bɪlətɪ] невоз-мо́жность *f*; **~le** [ɪm'pɒsəbl] □ невоз-мо́жный; (*unbearable*) *coll.* несно́с-ный
impostor [ɪm'pɒstə] шарлата́н; само-зва́нец
impoten|ce ['ɪmpətəns] бесси́лие, сла́-бость *f*; *med.* импоте́нция; **~t** [-tənt] бесси́льный, сла́бый; импоте́нтный
impoverish [ɪm'pɒvərɪʃ] доводи́ть до нищеты́; *fig.* обедня́ть [-ни́ть]
impracticable [ɪm'præktɪkəbl] □ не-исполни́мый, неосуществи́мый
impractical [ɪm'præktɪkl] □ непрак-ти́чный
impregnate ['ɪmpregneɪt] (*saturate*) пропи́тывать [-пита́ть]; (*fertilize*) оплодотворя́ть [-твори́ть]
impress [ɪm'pres] отпеча́т(ыв)ать; (*fix*) запечатле́(ва́)ть; (*bring home*) внуша́ть [-ши́ть] (***on*** Д); производи́ть впечатле́ние на (B); **~ion** [ɪm'preʃn] впечатле́ние; *typ.* о́ттиск; ***I am under the ~ that*** у меня́ тако́е впечатле́ние, что …; **~ionable** [ɪm'preʃənəbl] впечатли́тельный; **~ive** [ɪm'presɪv] □ внуши́тельный, впечатля́ющий
imprint [ɪm'prɪnt] **1.** *in memory*, *etc.* за-печатле́(ва́)ть; **2.** отпеча́ток
imprison [ɪm'prɪzn] сажа́ть [поса-ди́ть]/заключа́ть [-чи́ть] в тюрьму́; **~ment** [-mənt] тюре́мное заключе́-ние
improbable [ɪm'prɒbəbl] □ невероя́т-ный, неправдоподо́бный
improper [ɪm'prɒpə] неуме́стный; (*in-decent*) непристо́йный; (*incorrect*) не-пра́вильный
improve [ɪm'pruːv] *v/t.* улучша́ть [улу́чшить]; [у]соверше́нствовать; *v/i.* улучша́ться [улу́чшиться]; [у]со-верше́нствоваться; ***~ upon*** улучша́ть [улу́чшить] (B); **~ment** [-mənt] улучше́ние; усоверше́нствование
improvise ['ɪmprəvaɪz] импровизи́ро-вать *(im)pf.*

imprudent [ɪm'pru:dnt] □ неблагоразу́мный; неосторо́жный
impuden|ce ['ɪmpjʊdəns] на́глость *f*; де́рзость *f*; **~t** [-dənt] на́глый; де́рзкий
impulse ['ɪmpʌls] и́мпульс, толчо́к; (*sudden inclination*) поры́в
impunity [ɪm'pju:nətɪ] безнака́занность *f*; ***with ~*** безнака́занно
impure [ɪm'pjʊə] нечи́стый; гря́зный (*a. fig.*); (*indecent*) непристо́йный; *air* загрязнённый; (*mixed with s.th.*) с при́месью
impute [ɪm'pju:t] припи́сывать [-са́ть] (Д/В)

I

in [ɪn] **1.** *prp.* в, во (П *or* В); ***~ number*** в коли́честве (Р), число́м в (В); ***~ itself*** само́ по себе́; ***~ 1949*** в 1949-ом (в ты́сяча девятьсо́т со́рок девя́том) году́; ***cry out ~ alarm*** закрича́ть в испу́ге (*or* от стра́ха); ***~ the street*** на у́лице; ***~ my opinion*** по моему́ мне́нию, помо́ему; ***~ English*** по-англи́йски; ***a novel ~ English*** рома́н на англи́йском языке́; ***~ thousands*** ты́сячами; ***~ the circumstances*** в э́тих усло́виях; ***~ this manner*** таки́м о́бразом; ***~ a word*** одни́м сло́вом; ***be ~ power*** быть у вла́сти; ***be engaged ~ reading*** занима́ться чте́нием; **2.** *adv.* внутри́; внутрь; ***she's ~ for an unpleasant surprise*** её ожида́ет неприя́тный сюрпри́з; *coll.*; ***be ~ with*** быть в хоро́ших отноше́ниях с (Т)
inability [ɪnə'bɪlətɪ] неспосо́бность *f*
inaccessible [ɪnæk'sesəbl] □ недосту́пный; непристу́пный
inaccurate [ɪn'ækjərət] □ нето́чный
inactiv|e [ɪn'æktɪv] □ безде́ятельный; безде́йствующий; **~ity** [ɪnæk'tɪvətɪ] безде́ятельность *f*; ине́ртность *f*
inadequate [ɪn'ædɪkwɪt] □ (*insufficient*) недоста́точный; (*not capable*) неспосо́бный; *excuse* неубеди́тельный
inadmissible [ɪnəd'mɪsəbl] недопусти́мый, неприе́млемый
inadvertent [ɪnəd'vɜ:tənt] □ невнима́тельный; неумы́шленный; (*unintentional*) ненаме́ренный

inalienable [ɪn'eɪlɪənəbl] □ неотемлемый
inane [ɪ'neɪn] □ (*senseless*) бессмыленный; (*empty*) пусто́й
inanimate [ɪn'ænɪmət] □ неошевлённый; (*lifeless*) безжи́знный
inappropriate [ɪnə'prəʊprɪət] нме́стный, несоотве́тствующий
inapt [ɪn'æpt] □ неспосо́бный; (*suitable*) неподходя́щий
inarticulate [ɪnɑ:'tɪkjʊlət] □ нечлеразде́льный, невня́тный
inasmuch [ɪnəz'mʌtʃ]: ***~ as*** *adv.* ткак; в виду́ того́, что; поско́льку
inattentive [ɪnə'tentɪv] невнима́теный
inaugura|te [ɪ'nɔ:gjʊreɪt] *launch* кры́(ва́)ть; (*install as president*) ввди́ть в до́лжность; **~tion** [ɪnɔ:g'reɪʃn] вступле́ние в до́лжносинаугура́ция; (торже́ственное) кры́тие
inborn [ɪn'bɔ:n] врождённый, пррождённый
incalculable [ɪn'kælkjʊləbl] □ нечисли́мый, бессчётный; *person* при́зный, ненадёжный
incapa|ble [ɪn'keɪpəbl] □ неспосо́ный (***of*** к Д *or* на В); **~citate** [ɪn'pæsɪteɪt] де́лать неспосо́бным, приго́дным
incarnate [ɪn'kɑ:nɪt] воплощённолицетворённый
incautious [ɪn'kɔ:ʃəs] □ неосторо́ный, опроме́тчивый
incendiary [ɪn'sendɪərɪ] *mil.*, *fig.* жига́тельный
incense[1] ['ɪnsens] ла́дан
incense[2] [ɪn'sens] приводи́ть в яро
incentive [ɪn'sentɪv] сти́мул
incessant [ɪn'sesnt] □ непреры́вн
inch [ɪntʃ] дюйм; *fig.* пядь *f*; ***by ~es*** мло-пома́лу
inciden|ce ['ɪnsɪdəns]: ***high ~ of*** болшо́е коли́чество слу́чаев; **~t** [слу́чай; происше́ствие; *mil.*, *dipl.* ициде́нт; **~tal** [ɪnsɪ'dentl] □ случа́йнпобо́чный; прису́щий (Д); *pl.* непрви́денные расхо́ды *m/pl.*; **~ta**

:лучáйно; мéжду прóчим; попýтно
:cinerate [ɪn'sɪnəreɪt] испепеля́ть -ли́ть]; сжигáть [сжечь]
:cis|ion [ɪn'sɪʒn] разрéз, надрéз; **~ive** ɪn'saɪsɪv] □ óстрый; *criticism*, *etc.* ·éзкий
:cite [ɪn'saɪt] (*instigate*) подстрекáть -кнýть]; (*move to action*) побуждáть -удить]
:clement [ɪn'klemənt] сурóвый, хо-лóдный
:clin|ation [ɪnklɪ'neɪʃn] (*slope*) на-клóн, уклóн; (*mental leaning*) склóн-ность *f*; **~e** [ɪn'klaɪn] **1.** *v/i.* склоня́ться -ни́ться]; **~ to** *fig.* быть склóнным к Д); *v/t.* наклоня́ть [-ни́ть]; склоня́ть -ни́ть] (*a. fig.*); **2.** наклóн
:close [ɪn'kləʊz] → ***enclose***
:clu|de [ɪn'klu:d] включáть [-чи́ть]; :одержáть; **~sive** [~sɪv] □ включáющий в себя́, содержáщий; ***'rom Monday to Friday ~*** с понедéль-ника до пя́тницы включи́тельно
:coheren|ce [ɪnkəʊ'hɪərəns] не-свя́зность *f*; непослéдовательность ; **~t** [~t] □ несвя́зный; (*not consistent*) непослéдовательный
:come ['ɪŋkʌm] дохóд
:comparable [ɪn'kɒmprəbl] □ (*not :omparable*) несравни́мый; *match-'ess* несравнéнный
:compatible [ɪŋkəm'pætəbl] несов-мести́мый
:competent [ɪn'kɒmpɪtənt] □ несвé-дущий, неумéлый; *specialist* неком-петéнтный; *law* недееспосóбный
:complete [ɪŋkəm'pli:t] □ непóл-ный; (*unfinished*) незакóнченный
:comprehensible [ɪŋkɒmprɪ'hen-səbl] □ непоня́тный, непостижи́мый
:conceivable [ɪŋkən'si:vəbl] □ не-вообрази́мый
:congruous [ɪn'kɒŋgrʊəs] □ (*out of place*) неумéстный; (*absurd*) нелé-пый; (*incompatible*) несовмести́мый
:conseqential [ɪn'kɒnsɪkwəntʃl] □ несущéственный
:considera|ble [ɪŋkən'sɪdərəbl] □ незначи́тельный, невáжный; **~te** [~rɪt] □ невнимáтельный (***to*** к Д); (*rash*) необдýманный
inconsisten|cy [ɪnkən'sɪstənsɪ] непо-слéдовательность *f*, противорéчие; **~t** [~tənt] □ непослéдовательный, противоречи́вый
inconsolable [ɪnkən'səʊləbl] □ без-утéшный
inconvenien|ce [ɪŋkən'vi:nɪəns] **1.** не-удóбство; **2.** причиня́ть [-ни́ть] не-удóбство; [по]беспокóить; **~t** [~nɪənt] □ неудóбный, затрудни́тельный
incorporat|e [ɪn'kɔ:pəreɪt] объеди-ня́ть(ся) [-ни́ть(ся)]; включáть [-чи́ть] (***into*** в В); **~ed** [~reɪtɪd] зареги-стри́рованный в кáчестве юри-ди́ческого лицá
incorrect [ɪŋkə'rekt] □ непрáвильный
incorrigible [ɪn'kɒrɪdʒəbl] □ неиспра-ви́мый
increase [ɪn'kri:s] **1.** уве-ли́чи(ва)ть(ся); [вы́]расти́; *of wind*, *etc.* уси́ли(ва)ть(ся); **2.** ['ɪnkri:s] рост; увеличéние; прирóст
incredible [ɪn'kredəbl] □ невероя́т-ный; неимовéрный
incredul|ity [ɪnkrɪ'dju:lətɪ] недо-вéрчивость *f*; **~ous** [ɪn'kredjʊləs] □ недовéрчивый
increment ['ɪŋkrəmənt] прирóст
incriminate [ɪn'krɪmɪneɪt] инкрими-ни́ровать (*im*)*pf*.; *law* обвиня́ть в преступлéнии
incrustation [ɪnkrʌ'steɪʃn] инкрустá-ция
incubator ['ɪŋkʊbeɪtə] инкубáтор
incur [ɪn'kɜ:] навлекáть [-влéчь] на себя́; **~ *losses*** понести́ *pf*. убы́тки
incurable [ɪn'kjʊərəbl] неизлечи́мый; *fig.* неисправи́мый
indebted [ɪn'detɪd] *for money* в долгý (*a. fig.*); *fig.* обя́занный
indecen|cy [ɪn'di:snsɪ] непристóй-ность *f*; неприли́чие; **~t** [~snt] непри-ли́чный
indecisi|on [ɪndɪ'sɪʒn] нерешítель-ность *f*; (*hesitation*) колебáние; **~ve** [~'saɪsɪv] нерешíтельный; не решáющий; **~ *evidence*** недостáточ-но убеди́тельные доказáтельства
indecorous [ɪn'dekərəs] □ непри-

ли́чный; некорре́ктный
indeed [ɪn'di:d] в са́мом де́ле, действи́тельно; неуже́ли!
indefensible [ɪndɪ'fensəbl] □ *mil.* незащити́мая пози́ция; (*unjustified*) не име́ющий оправда́ния; *fig.* несостоя́тельный
indefinite [ɪn'defɪnət] □ неопределённый (*a. gr.*); неограни́ченный
indelible [ɪn'deləbl] □ неизглади́мый
indelicate [ɪn'delɪkət] □ неделика́тный; нескро́мный; *remark* беста́ктный
indemnity [ɪn'demnətɪ] гара́нтия возмеще́ния убы́тков; компенса́ция
indent [ɪn'dent] *v/t. typ.* нач(ин)а́ть с кра́сной строки́; *v/i. comm.* [с]де́лать зака́з на (В)
independen|ce [ɪndɪ'pendəns] незави́симость *f*, самостоя́тельность *f*; **~t** [-t] □ незави́симый, самостоя́тельный
indescribable [ɪndɪs'kraɪbəbl] □ неопису́емый
indestructible [ɪndɪ'strʌktəbl] □ неразруши́мый
indeterminate [ɪndɪ'tɜ:mɪnət] □ неопределённый; (*vague, not clearly seen*) нея́сный
index ['ɪndeks] и́ндекс, указа́тель *m*; показа́тель *m*; **~ finger** указа́тельный па́лец
India ['ɪndɪə]: **~ rubber** каучу́к; рези́на; **~n** [-n] **1.** *of India* инди́йский; *of North America* инде́йский; **~ *corn*** кукуру́за; **~ *summer*** ба́бье ле́то; **2.** инди́ец, индиа́нка; *of North America* инде́ец, индиа́нка
indicat|e ['ɪndɪkeɪt] ука́зывать [-за́ть]; (*show*) пока́зывать [-за́ть]; (*make clear*) д(ав)а́ть поня́ть; означа́ть *impf.*; **~ion** [ɪndɪ'keɪʃn] (*sign*) знак, при́знак; **~or** ['ɪndɪkeɪtə] стре́лка; *mot.* сигна́л поворо́та, *coll.* мига́лка
indifferen|ce [ɪn'dɪfrəns] равноду́шие, безразли́чие; **~t** [-t] равноду́шный, безразли́чный; **~ *actor*** посре́дственный актёр
indigenous [ɪn'dɪdʒɪnəs] тузе́мный; ме́стный
indigest|ible [ɪndɪ'dʒestəbl] □ *fig.* н удобовари́мый; **~ion** [-tʃən] ра стро́йство желу́дка
indign|ant [ɪn'dɪgnənt] □ не ду́ющий; **~ation** [ɪndɪg'neɪʃn] не дова́ние; **~ity** [ɪn'dɪgnɪtɪ] униже́н оскорбле́ние
indirect ['ɪndɪrekt] □ непрямо́й; *rou* око́льный; *answer* уклóнчивый; **~ *ta es*** ко́свенные нало́ги
indiscre|et [ɪndɪ'skri:t] □ нескро́ ный; (*tactless*) беста́ктный; **~ti** [-'skreʃn] нескро́мность *f*; беста́к ность *f*
indiscriminate [ɪndɪ'skrɪmɪnət] □ н разбо́рчивый
indispensable [ɪndɪ'spensəbl] □ н обходи́мый, обяза́тельный
indispos|ed [ɪndɪ'spəʊzd] (*disi clined*) нерасполо́женный; нездор вый; **~ition** ['ɪndɪspə'zɪʃn] нежела́н недомога́ние
indisputable [ɪndɪ'spju:təbl] неосп ри́мый, бесспо́рный
indistinct [ɪndɪ'stɪŋkt] □ нея́сный, н отчётливый; *speech* невня́тный
individual [ɪndɪ'vɪdjʊəl] **1.** □ индив дуа́льный; характе́рный; (*separa* отде́льный; **2.** индиви́дуум, ли́чнос *f*; **~ity** [-vɪdjʊ'ælətɪ] индивидуа́л ность *f*
indivisible [ɪndɪ'vɪzəbl] недели́мый
indolen|ce ['ɪndələns] лень *f*; **~t** [- лени́вый
indomitable [ɪn'dɒmɪtəbl] □ неукр ти́мый
indoor ['ɪndɔ:] вну́тренний; **~s** [ɪ 'dɔ:z] в до́ме
indorse → ***endorse***
indubitable [ɪn'dju:bɪtəbl] □ несо не́нный
induce [ɪn'dju:s] заставля́ть [-а́вит (*bring about*) вызыва́ть [вы́зват **~ment** [-mənt] сти́мул, побужде́ни
indulge [ɪn'dʌldʒ] *v/t.* доставля́ть уд во́льствие (Д ***with*** Т); (*spoil*) бал ва́ть; потво́рствовать (Д); *v/i.* **~ *in*** у лека́ться [-е́чься] (Т); пред(ав)а́ть (Д); **~nce** [-əns] потво́рство; **~** [-ənt] □ снисходи́тельный; нетре́б

ательный; потво́рствующий
dustri|al [ɪn'dʌstrɪəl] □ промы́шенный; произво́дственный; **~alist** ɪst] промы́шленник; **~ous** [ɪn'dʌs-ɪəs] трудолюби́вый
dustry ['ɪndəstrɪ] промы́шленность индустри́я; трудолю́бие
edible [ɪn'edɪbl] несъедо́бный
effect|ive [ɪnɪ'fektɪv], **~ual** [-tʃʊəl] □ езрезульта́тный; неэффекти́вный
efficient [ɪnɪ'fɪʃnt] □ *person* неспо-о́бный, неуме́лый; *method, etc.* не-ффекти́вный
elegant [ɪn'elɪgənt] □ неэлега́нт-ый
eligible [ɪn'elɪdʒəbl]: ***be ~ for*** не ме́ть пра́ва (на В)
ept [ɪ'nept] □ неуме́стный, непод-одя́щий; неуме́лый
equality [ɪnɪ'kwɒlətɪ] нера́венство
ert [ɪ'nɜːt] □ ине́ртный; (*sluggish*) я́лый; **~ia** [ɪ'nɜːʃə], **~ness** [ɪ'nɜːtnɪs] не́рция; вя́лость *f*
escapable [ɪnɪ'skeɪpəbl] □ неиз-е́жный
essential [ɪn'əsenʃl] □ несуще́ст-енный
estimable [ɪn'estɪməbl] □ неоцени́-ый
evitable [ɪn'evɪtəbl] □ неизбе́жный, емину́емый
exact [ɪnɪg'zækt] □ нето́чный
exhaustible [ɪnɪg'zɔːstəbl] □ неис-оци́мый, неисчерпа́емый
exorable [ɪn'eksərəbl] □ неумоли́-ый, непрекло́нный
expedient [ɪnɪk'spiːdɪənt] □ неце-есообра́зный
expensive [ɪnɪk'spensɪv] □ недоро-о́й, дешёвый
experience [ɪnɪk'spɪərɪəns] нео́пыт-ость *f*; **~d** [-t] нео́пытный
explicable [ɪnɪk'splɪkəbl] □ необъ-сни́мый, непоня́тный
expressible [ɪnɪk'spresəbl] □ невы-ази́мый, неопису́емый
extinguishable [ɪnɪk'stɪŋgwɪʃəbl] □ еугаси́мый
extricable [ɪnɪk'strɪkəbl] □ запу́тан-ый

infallible [ɪn'fæləbl] □ безоши́бочный, непогреши́мый; *method* надёжный
infam|ous ['ɪnfəməs] □ посты́дный, позо́рный, бесче́стный; **~y** [-mɪ] бесче́стье, позо́р; (*infamous act*) ни́зость *f*; по́длость *f*
infan|cy ['ɪnfənsɪ] младе́нчество; **~t** [-t] младе́нец
infantile ['ɪnfəntaɪl] младе́нческий; *behaviour* инфанти́льный
infantry ['ɪnfəntrɪ] пехо́та
infatuated [ɪn'fætjʊeɪtɪd]: ***be ~ with*** быть без ума́ от (Р)
infect [ɪn'fekt] заража́ть [-рази́ть]; **~ion** [ɪn'fekʃn] инфе́кция; **~ious** [-ʃəs] □, **~ive** [-tɪv] инфекцио́нный, зара́зный; *fig.* зарази́тельный
infer [ɪn'fɜː] де́лать вы́вод; (*imply*) подразумева́ть; **~ence** ['ɪnfərəns] вы́вод, заключе́ние
inferior [ɪn'fɪərɪə] **1.** (*subordinate*) подчинённый; (*worse*) ху́дший, неполноце́нный; *goods* ни́зкого ка́чества; **2.** подчинённый; **~ity** [ɪnfɪərɪ'ɒrətɪ] ни́зкое ка́чество (положе́ние); неполноце́нность *f*; ***~ complex*** ко́мплекс неполноце́нности
infernal [ɪn'fɜːnl] □ *mst. fig.* а́дский
infertile [ɪn'fəːtaɪl] беспло́дный (*a. fig.*); неплодоро́дный
infest [ɪn'fest]: ***be ~ed*** кише́ть (Т)
infidelity [ɪnfɪ'delətɪ] неве́рность *f* (***to*** Д)
infiltrate ['ɪnfɪltreɪt] (*enter secretly*) проника́ть [-и́кнуть]; проса́чиваться [-сочи́ться]
infinit|e ['ɪnfɪnət] □ бесконе́чный, безграни́чный; **~y** [ɪn'fɪnətɪ] бесконе́чность *f*; безграни́чность *f*
infirm [ɪn'fɜːm] □ не́мощный, дря́хлый; **~ary** [-ərɪ] больни́ца; **~ity** [-ətɪ] не́мощь *f*
inflam|e [ɪn'fleɪm] воспламеня́ть(-ся) [-и́ть(ся)]; *med.* воспаля́ть(ся) [-ли́ть(ся)]; **~ed** [-d] воспалённый
inflamma|ble [ɪn'flæməbl] □ воспламеня́ющийся; **~tion** [ɪnflə'meɪʃn] *med.* воспале́ние; **~tory** [ɪn'flæmətrɪ] *speech* подстрека́тельский; *med.* вос-

I

палительный
inflat|e [ɪn'fleɪt] наду́(ва́)ть; *tyre* нака́чивать [-ча́ть]; *prices* взви́нчивать [-нти́ть]; **~ion** [ɪn'fleɪʃn] *of balloon, etc.* надува́ние; *econ.* инфля́ция
inflexible [ɪn'fleksəbl] □ неги́бкий; *fig.* непрекло́нный, непоколеби́мый
inflict [ɪn'flɪkt] *a blow, etc.* наноси́ть [-нести́]; *pain* причиня́ть [-ни́ть]; *views, etc.* навя́зывать(ся)
influen|ce ['ɪnfluəns] **1.** влия́ние, возде́йствие; **2.** [по]влия́ть на (В); возде́йствовать на (В) *(im)pf.*; **~tial** [ɪnflʊ'enʃl] влия́тельный
influenza [ɪnflʊ'enzə] грипп
influx ['ɪnflʌks] прито́к; *of visitors* наплы́в
inform [ɪn'fɔːm] *v/t.* информи́ровать *(im)pf.*, уведомля́ть [уве́домить] (*of* о П); *v/i.* доноси́ть [-нести́] (***against*** на В); ***keep s.o. ~ed*** держа́ть в ку́рсе де́л
inform|al [ɪn'fɔːml] □ неофициа́льный; *conversation* непринуждённый; **~ality** [ɪnfɔː'mælətɪ] несоблюде́ние форма́льностей; непринуждённость *f*
inform|ation [ɪnfə'meɪʃn] информа́ция, све́дения *n/pl.*; спра́вка; **~ative** [ɪn'fɔːmətɪv] информи́рующий; содержа́тельный; (*educational*) поучи́тельный
infrequent [ɪn'friːkwənt] □ ре́дкий
infringe [ɪn'frɪndʒ] наруша́ть [-ру́шить] (*a.* ~ ***upon***)
infuriate [ɪn'fjʊərɪeɪt] [вз]беси́ть
ingen|ious [ɪn'dʒiːnɪəs] □ изобрета́тельный; **~uity** [ɪndʒɪ'njuːətɪ] изобрета́тельность *f*; **~uous** [ɪn'dʒenjʊəs] □ (*frank*) чистосерде́чный; (*lacking craft or subtlety*) простоду́шный; просто́й, бесхи́тростный
ingratitude [ɪn'grætɪtjuːd] неблагода́рность *f*
ingredient [ɪn'griːdɪənt] составна́я часть *f*, ингредие́нт (*a. cul.*)
inhabit [ɪn'hæbɪt] населя́ть; обита́ть, жить в (П); **~ant** [-ɪtənt] жи́тель(ница *f*) *m*, обита́тель(ница *f*) *m*
inhal|ation [ɪnhə'leɪʃn] *med.* ингаля́ция; **~e** [ɪn'heɪl] вдыха́ть [вдохну́
inherent [ɪn'hɪərənt] □ прису́щий
inherit [ɪn'herɪt] насле́довать *(im)*
fig. унасле́довать *pf.*; **~ance** [-ɪtə
насле́дство (*a. fig.*)
inhibit [ɪn'hɪbɪt] сде́рживать [сд
жа́ть], [вос]препя́тствовать (
~ion [ɪnhɪ'bɪʃn] *med.* торможе́ние
inhospitable [ɪn'hɒspɪtəbl] □ не
степрии́мный
inhuman [ɪn'hjuːmən] □ б
челове́чный; античелове́ческий
inimitable [ɪ'nɪmɪtəbl] □ неподража
мый; (*peerless*) несравне́нный
initia|l [ɪ'nɪʃl] **1.** □ нача́льный, пер
нача́льный; **2.** нача́льная бу́ква;
pl. инициа́лы *m/pl.*; **~te** [-ɪeɪt] вводи
[ввести́]; *into a secret* посвяща
[-вяти́ть]; (*start*) положи́ть *pf.* нача
(Д); **~tive** [ɪ'nɪʃətɪv] инициати́ва; ~
[-ʃɪəɪtə] инициа́тор
inject [ɪn'dʒekt] *med.* [с]де́ла
инъе́кцию; **~ion** [-ʃn] инъе́кци
впры́скивание, уко́л
injur|e ['ɪndʒə] [по]вреди́ть, повре
да́ть [-еди́ть]; *in war, etc.* ра́ни
(im)pf.; (*wrong*) обижа́ть [-и́де
~ious [ɪn'dʒʊərɪəs] □ вре́дный; **~y** ['
dʒərɪ] оскорбле́ние; поврежде́н
ра́на; *sport* тра́вма
injustice [ɪn'dʒʌstɪs] несправед
вость *f*
ink [ɪŋk] черни́ла *n/pl.*
inkling ['ɪŋklɪŋ] намёк (на В); (*sus*
cion) подозре́ние
inland ['ɪnlənd] **1.** вну́тренняя тер
то́рия страны́; **2.** вну́тренний;
[ɪn'lænd] внутрь, внутри́ (страны́)
inlay [ɪn'leɪ] инкруста́ция
inlet ['ɪnlet] у́зкий зали́в, бу́хта; вп
кно́е отве́рстие
inmate ['ɪnmeɪt] *of hospital* больн
пацие́нт, обита́тель; *of prison*
ключённый
inmost ['ɪnməʊst] глубоча́йш
thoughts сокрове́ннейший
inn [ɪn] гости́ница, тракти́р
innate [ɪ'neɪt] □ врождённый, п
ро́дный
inner ['ɪnə] вну́тренний; **~m**

·mǝʊst] → ***inmost***
ıocen|ce ['ınǝsns] *law* невино́в-
ость *f*; неви́нность *f*; простота́; **~t**
·snt] □ неви́нный; *law* невино́вный
ıocuous [ı'nɒkjʊǝs] □ безвре́дный;
mark безоби́дный
ıovation [ınǝ'veıʃn] нововведе́ние,
о́вшество
ıuendo [ınju:'endǝʊ] ко́свенный
амёк, инсинуа́ция
ıumerable [ı'nju:mǝrǝbl] □ бес-
чётный, бесчи́сленный
ɔculate [ı'nɒkjʊleıt] [с]де́лать при-
и́вку (Д от Р)
ıffensive [ınǝ'fensıv] безоби́дный,
езвре́дный
ɔpportune [ın'ɒpǝtju:n] □ несвое-
ре́менный, неподходя́щий
ɔrdinate [ı'nɔ:dınǝt] непоме́рный,
резме́рный
patient ['ınpeıʃnt] стациона́рный
ольно́й
ɥuest ['ınkwest] *law* рассле́дова-
ие, выясне́ние причи́н сме́рти
ɥuir|e [ın'kwaıǝ] *v/t.* спра́шивать
роси́ть]; *v/i.* узн(ав)а́ть; наводи́ть
вести́] спра́вки (***about, after, for*** о
І; ***of*** у Р); **~ *into*** выясня́ть, рассле́до-
ать (*im*)*pf*; **~ing** [-rıŋ] □ *mind* пытли́-
ый; **~y** [-rı] рассле́дование, сле́дст-
ие; (*question*) вопро́с; ***make inquiries***
аводи́ть спра́вки
ɥuisitive [ın'kwızıtıv] □ любозна́-
ельный; любопы́тный
san|e [ın'seın] □ психи́чески боль-
о́й; *fig.* безу́мный; **~ity** [ın'sænǝtı]
сихи́ческое заболева́ние; безу́мие
satiable [ın'seıʃǝbl] □ ненасы́тный;
greedy) жа́дный
scribe [ın'skraıb] (*write*) надпи́сы-
ать [-са́ть] (***in, on*** В/Т *or* В на П)
scription [ın'skrıpʃn] на́дпись *f*
scrutable [ın'skru:tǝbl] □ непости-
и́мый, зага́дочный
sect ['ınsekt] насеко́мое; **~icide** [ın-
sektısaıd] инсектици́д
secure [ınsı'kjʊǝ] □ ненадёжный;
not safe) небезопа́сный
sens|ible [ın'sensǝbl] □ *to touch, etc.*
ечувстви́тельный; потеря́вший
созна́ние; (*unsympathetic*) бес-
чу́вственный; **~itive** [-ıtıv] не-
чувстви́тельный; невосприи́мчивый
inseparable [ın'seprǝbl] □ нераз-
лу́чный; неотдели́мый (***from*** от Р)
insert [ın'sɜ:t] вставля́ть [-а́вить]; *advertisement* помеща́ть [-ести́ть]; **~ion**
[ın'sɜ:ʃn] *of lace, etc.* вста́вка; (*announcement*) объявле́ние
inside [ın'saıd] **1.** вну́тренняя сторо-
на́; вну́тренность *f*; *of clothing* изна́н-
ка; ***turn ~ out*** вы́вернуть *pf.* на изна́н-
ку; ***he knows his subject ~ out*** он зна́-
ет свой предме́т назубо́к; **2.** *adj.* вну́-
тренний; **3.** *adv.* внутрь, внутри́; **4.**
prp. внутри́ (Р)
insidious [ın'sıdıǝs] □ преда́тель-
ский, кова́рный
insight ['ınsaıt] проница́тельность *f*;
интуи́ция
insignificant [ınsıg'nıfıkǝnt] не-
значи́тельный, малова́жный
insincere [ınsın'sıǝ] неи́скренний
insinuat|e [ın'sınjʊeıt] намека́ть
[-кну́ть] на (В); **~ *o.s.*** *fig.* вкра́ды-
ваться [вкра́сться]; **~ion** [ınsın-
jʊ'eıʃn] инсинуа́ция
insipid [ın'sıpıd] безвку́сный, пре́-
сный
insist [ın'sıst]: **~ (*up*)on** наста́ивать
[-стоя́ть] на (П); **~ence** [-ǝns] на-
сто́йчивость *f*; **~ent** [-ǝnt] на-
сто́йчивый
insolent ['ınsǝlǝnt] □ высокоме́рный;
на́глый
insoluble [ın'sɒljʊbl] нераствори́-
мый; *fig.* неразреши́мый
insolvent [ın'sɒlvǝnt] неплатёжеспо-
со́бный
insomnia [ın'sɒmnıǝ] бессо́нница
inspect [ın'spekt] осма́тривать [осмо-
тре́ть]; производи́ть [-вести́] ин-
спе́кцию; **~ion** [ın'spekʃn] осмо́тр; ин-
спе́кция
inspir|ation [ınspǝ'reıʃn] вдохнове́-
ние; воодушевле́ние; **~e** [ın'spaıǝ]
fig. вдохновля́ть [-ви́ть]; *hope* вселя́ть
[-ли́ть]; *fear* внуша́ть [-ши́ть]
install [ın'stɔ:l] устана́вливать [-но-
ви́ть]; *tech.* [с]монти́ровать; **~ation**

[ɪnstə'leɪʃn] устано́вка
instalment [ɪn'stɔːlmənt] очередно́й взнос (при поку́пке в рассро́чку); часть рома́на *и т.д.*, публику́емого в не́скольких номера́х
instance ['ɪnstəns] слу́чай; приме́р; ***for ~*** наприме́р
instant ['ɪnstənt] **1.** □ неме́дленный, безотлага́тельный; **2.** мгнове́ние; моме́нт; **~aneous** [ɪnstən'teɪnɪəs] мгнове́нный; **~ly** ['ɪnstəntlɪ] неме́дленно, то́тчас
instead [ɪn'sted] взаме́н, вме́сто; ***~ of*** вме́сто (Р)
instep ['ɪnstep] подъём (ноги́)
instigat|e ['ɪnstɪgeɪt] (*urge on*) побужда́ть (-уди́ть); (*incite*) подстрека́ть [-кну́ть]; **~or** [~ə] подстрека́тель(-ница *f*) *m*
instil(l) [ɪn'stɪl] *fig.* внуша́ть [-ши́ть] (***into*** Д)
instinct ['ɪnstɪŋkt] инсти́нкт; **~ive** [ɪn'stɪŋktɪv] □ инстинкти́вный
institut|e ['ɪnstɪtjuːt] нау́чное учрежде́ние, институ́т; **2.** (*set up*) учрежда́ть [-еди́ть]; (*found*) осно́вывать [-ва́ть]; **~ion** [ɪnstɪ'tjuːʃn] учрежде́ние; ***educational ~*** уче́бное заведе́ние
instruct [ɪn'strʌkt] обуча́ть [-чи́ть], [на]учи́ть; [про]инструкти́ровать (*im*)*pf.*; **~ion** [ɪn'strʌkʃn] обуче́ние; инстру́кция; **~ive** [~tɪv] □ поучи́тельный; **~or** [~tə] руководи́тель *m*, инстру́ктор; (*teacher*) преподава́тель *m*
instrument ['ɪnstrʊmənt] инструме́нт; *fig.* ору́дие; прибо́р, аппара́т; **~al** [ɪnstrʊ'mentl] □ слу́жащий сре́дством; *gr.* твори́тельный
insubordinate [ɪnsə'bɔːdɪnət] (*not submissive*) непоко́рный
insufferable [ɪn'sʌfrəbl] □ невыноси́мый, нестерпи́мый
insufficient [ɪnsə'fɪʃnt] недоста́точный
insula|r ['ɪnsjʊlə] □ островно́й; *fig.* за́мкнутый; **~te** [~leɪt] *el.* изоли́ровать (*im*)*pf.*; **~tion** [ɪnsjʊ'leɪʃn] *el.* изоля́ция; ***~ tape*** изоляцио́нная ле́нта

insulin ['ɪnsjʊlɪn] инсули́н
insult 1. ['ɪnsʌlt] оскорбле́ние; **2.** [ɪn'sʌlt] оскорбля́ть [-би́ть]
insur|ance [ɪn'ʃʊərəns] страхова́н[ие]; (*sum insured*) су́мма страхова́н[ия]; *coll.* страхо́вка; ***~ company*** страхо[вая] компа́ния; **~e** [ɪn'ʃʊə] [за]стра[хо]ва́ть(ся)
insurgent [ɪn'sɜːdʒənt] повста́н[ец]; мяте́жник
insurmountable [ɪnsə'maʊntəbl] [не]преодоли́мый
insurrection [ɪnsə'rekʃn] восста́ни[е]
intact [ɪn'tækt] це́лый, невреди́мы[й]
intangible [ɪn'tændʒəbl] □ неосяз[ае]мый; *fig.* неулови́мый
integ|ral ['ɪntɪgrəl] □ неотъе́млем[ый]; (*whole*) це́лый, це́лостный; ***~ part*** [не]отъе́млемая часть; **~rate** [~greɪt] о[бъ]едини́ть [-ни́ть]; *math.* интегри́ров[ать] (*im*)*pf.*; **~rity** [ɪn'tegrɪtɪ] че́стност[ь]; (*entireness*) це́лостность *f*
intellect ['ɪntəlekt] ум, интелле́[кт]; **~ual** [ɪntɪ'lektjʊəl] **1.** □ интелл[ек]туа́льный, у́мственный; ***~ prope[rty]*** интеллектуа́льная со́бственнос[ть]; **2.** интеллиге́нт *m*, -ка *f*; **~s** *pl.* инт[ел]лиге́нция
intelligence [ɪn'telɪdʒəns] ум, рас[су]док, интелле́кт; *mil.* ***~ service*** раз[ве]дывательная слу́жба, разве́дка
intellig|ent [ɪn'telɪdʒənt] у́мный; с[о]смышлёный; **~ible** [~dʒəbl] □ [по]ня́тный
intend [ɪn'tend] намерева́ться, со[би]ра́ться; (*mean*) име́ть в виду́; **~** (*destine for*) предназнача́ть [-зна]чить] для (Р)
intense [ɪn'tens] □ си́льный; инт[ен]си́вный, напряжённый
intensify [ɪn'tensɪfaɪ] уси́ли(ва)ть(с[я]); интенсифици́ровать (*im*)*pf.*
intensity [ɪn'tensətɪ] интенси́вност[ь]; си́ла; *of colo(u)r* я́ркость *f*
intent [ɪn'tent] **1.** □ погружённый (в В); поглощённый (***on*** Т); *look* в[ни]ма́тельный, при́стальный; **2.** наме́[ре]ние, цель *f*; ***to all ~s and purpose[s]*** [по] су́щности, на са́мом де́ле; **~ion** [ɪn'tenʃn] наме́рение; **~ional** [~ʃənl]

пред)намéренный, умы́шленный
er... ['ɪntə] *pref.* меж..., между...; ере...; взаимо...
eract [ɪntər'ækt] взаимодéйствовать
ercede [ɪntə'si:d] [по]ходáтайствовать; *in order to save* заступáться -пи́ться]
ercept [ɪntə'sept] *letter, etc.* перевáтывать [-хвати́ть]; (*listen in on*) одслу́шивать [-шать]
ercession [ɪntə'seʃn] ходáтайство
erchange [ɪntə'tʃeɪndʒ] **1.** *v/t.* обмéиваться [-ня́ться] (T); **2.** обмéн
ercom ['ɪntəkɒm] вну́тренняя теефóнная связь, селéктор
ercourse ['ɪntəkɔ:s] *social* общéие; *sexual* половы́е сношéния *n/pl.*
erest ['ɪntrəst] **1.** интерéс; заинтеесóванность *f* (***in*** в П); (*advantage, rofit*) пóльза, вы́года; *fin.* процéнты *n/pl.* **~ rate** стáвка процéнта; **2.** интеесовáть; заинтересóвывать [-соáть]; **~ing** [-ɪŋ] □ интерéсный
erface [ɪntə'feɪs] стык; *comput.* инерфéйс; *fig.* взаимосвя́зь *f*
erfere [ɪntə'fɪə] вмéшиваться -шáться] (***in*** в В); (*hinder*) [по]ешáть (***with*** Д); **~nce** [-rəns] вмешáельство; помéха
erim ['ɪntərɪm] **1.** промежу́ток врéени; ***in the ~*** тем врéменем; **2.** врéенный, промежу́точный
erior [ɪn'tɪərɪə] **1.** вну́тренний; **~ *decorator*** оформи́тель интерьéра; . вну́тренняя часть *f*; *of house* инерьéр; вну́тренние óбласти страны́; *ol.* вну́тренние делá *n/pl.*
erjection [ɪntə'dʒekʃn] восклицáие; *gr.* междомéтие
erlace [ɪntə'leɪs] переплетáть(ся) -плести́(сь)]
erlock [ɪntə'lɒk] сцепля́ть(ся) -пи́ть(ся)]; соединя́ть(ся) -ни́ть(ся)]
erlocutor [ɪntə'lɒkjʊtə] собесéдик
erlude ['ɪntəlu:d] *thea.* антрáкт; *nus., fig.* интерлю́дия
termedia|ry [ɪntə'mi:dɪərɪ] **1.** посрéднический; **2.** посрéдник; **~te** [-'mi:dɪət] □ промежу́точный
interminable [ɪn'tɜ:mɪnəbl] □ бесконéчный
intermingle [ɪntə'mɪŋgl] смéшивать(ся) [-шáть(ся)]; общáться
intermission [ɪntə'mɪʃn] переры́в, пáуза
intermittent [ɪntə'mɪtənt] □ преры́вистый
intern [ɪn'tɜ:n] интерни́ровать (*im*)*pf.*
internal [ɪn'tɜ:nl] □ вну́тренний
international [ɪntə'næʃnl] □ междунарóдный, интернационáльный; ***~ law*** междунарóдное прáво; ***♀ Monetary Fund*** Междунарóдный валю́тный фонд
Internet ['ɪntənet] *comput.* Интернéт
interplanetary [ɪntə'plænətrɪ] межпланéтный
interpose [ɪntə'pəʊz] *v/t. remark* вставля́ть [-áвить], вкли́ни(ва)ться (мéжду T); *v/i.* станови́ться [стать] (***between*** мéжду T); (*interfere*) вмéшиваться [-шáться] (в B)
interpret [ɪn'tɜ:prɪt] объясня́ть [-ни́ть], истолкóвывать [-ковáть]; переводи́ть [-вести́] (у́стно); **~ation** [ɪntɜ:prɪ'teɪʃn] толковáние, интерпретáция, объяснéние; **~er** [ɪn'tɜ:prɪtə] перевóдчик (-ица *f*) *m*
interrogat|e [ɪn'terəgeɪt] допрáшивать [-роси́ть]; **~ion** [ɪnterə'geɪʃn] допрóс; **~ive** [ɪntə'rɒgətɪv] □ вопроси́тельный (*a. gr.*)
interrupt [ɪntə'rʌpt] прер(ы)вáть; **~ion** [-'rʌpʃn] переры́в
intersect [ɪntə'sekt] пересекáть(ся) [-сéчь(ся)]; **~ion** [-kʃn] пересечéние
intersperse [ɪntə'spɜ:s] разбрáсывать [-бросáть], рассыпáть; ***~ with jokes*** пересыпáть шу́тками
intertwine [ɪntə'twaɪn] сплетáть(ся) [-ести́(сь)]
interval ['ɪntəvl] *of time* интервáл, промежу́ток; *of space* расстояние; *thea.* антрáкт; *in school* перемéна
interven|e [ɪntə'vi:n] вмéшиваться [-шáться]; вступáться [-пи́ться]; **~tion** [-'venʃn] интервéнция; вмешá-

тельство

interview ['ɪntəvjuː] **1.** интервью *n indecl.*; *for a job* собесе́дование; **2.** брать [взять] интервью; проводи́ть [-вести́] собесе́дование

intestine [ɪn'testɪn] кишка́; **~s** *pl.* кишки́ *f/pl.*, кише́чник

intima|cy ['ɪntɪməsɪ] инти́мность *f*, бли́зость *f*; **~te 1.** [-meɪt] сообща́ть [-щи́ть]; (*hint*) намека́ть [-кну́ть] на (В); **2.** [-mɪt] □ инти́мный, ли́чный; бли́зкий; **~tion** [ɪntɪ'meɪʃn] сообще́ние; намёк

intimidate [ɪn'tɪmɪdeɪt] [ис]пуга́ть; *by threats* запу́гивать [-га́ть]

into ['ɪntʊ, ɪntə] *prp.* в, во (В); ***translate ~ English*** переводи́ть [-вести́] на англи́йский язы́к

intolera|ble [ɪn'tɒlərəbl] □ (*unbearable*) невыноси́мый, нестерпи́мый; **~nt** [-rənt] □ (*lacking forbearance, bigoted*) нетерпи́мый

intonation [ɪntə'neɪʃn] интона́ция

intoxica|te [ɪn'tɒksɪkeɪt] опьяня́ть [-ни́ть] (*a. fig.*); **~tion** [ɪntɒksɪ'keɪʃn] опьяне́ние

intractable [ɪn'træktəbl] □ упря́мый; неподатливый

intravenous [ɪntrə'viːnəs] □ внутриве́нный

intrepid [ɪn'trepɪd] бесстра́шный, отва́жный

intricate ['ɪntrɪkɪt] □ сло́жный, запу́танный

intrigu|e [ɪn'triːg] **1.** интри́га; (*love affair*) любо́вная связь *f*; **2.** интригова́ть; [за]интригова́ть, [за]интересова́ть; **~ing** [-ɪŋ] интригу́ющий; *coll.* интере́сный

intrinsic [ɪn'trɪnsɪk] (**~ally**) вну́тренний; (*inherent*) сво́йственный, прису́щий

introduc|e [ɪntrə'djuːs] вводи́ть [ввести́]; (*acquaint*) представля́ть [-а́вить]; **~tion** [-'dʌkʃn] (*preface*) введе́ние, предисло́вие; представле́ние; *mus.* интроду́кция; **~tory** [-'dʌktərɪ] вступи́тельный, вво́дный

intru|de [ɪn'truːd] *into s.o.'s private life* вторга́ться [вто́ргнуться]; появля́ться [-ви́ться] некста́ти; **~**
[-ə] челове́к, прише́дший некста́
навя́зчивый челове́к; **~sion** [-uː
вторже́ние; появле́ние без п
глаше́ния; ***sorry for the ~*** прости
за беспоко́йство

intrust [ɪn'trʌst] → ***entrust***

intuition [ɪntjuː'ɪʃn] интуи́ция

inundate ['ɪnʌndeɪt] затопл
[-пи́ть], наводня́ть [-ни́ть]

invade [ɪn'veɪd] *mil.* вторга́т
[вто́ргнуться]; *of tourists, etc.*
водня́ть [-ни́ть]; **~ *s.o.'s privacy***
ру́шить чьё-л. уедине́ние; **~r** [-ə]
хва́тчик

invalid 1. [ɪn'vælɪd] недействите
ный, не име́ющий зако́нной си́л
argument несостоя́тельный; **2.** ['
vəlɪd] инвали́д; **~ate** [ɪn'vælɪdeɪt] с
лать недействи́тельным

invaluable [ɪn'væljʊəbl] □ неоце
мый

invariable [ɪn'veərɪəbl] □ неизм
ный

invasion [ɪn'veɪʒn] вторже́ние

invent [ɪn'vent] (*create*) изобрета
[-брести́]; *story* выду́мывать [вы́
мать]; **~ion** [ɪn'venʃn] изобрете́н
вы́думка; (*faculty*) изобрета́те
ность *f*; **~ive** [-tɪv] □ изобрета́те
ный; **~or** [-tə] изобрета́тель *m*; **~**
['ɪnvəntrɪ] инвента́рная о́пись *f*

inverse [ɪn'vɜs] обра́тный; ***in ~ orde***
обра́тном поря́дке

invert [ɪn'vɜːt] перевора́чивать [-ве
ну́ть]; (*put in the opposite positi*
переставля́ть [-а́вить]; ***~ed comm***
кавы́чки

invest [ɪn'vest] *money* вкла́дыва
[вложи́ть]; *fig. with authority, etc.* с
лека́ть [обле́чь] (***with*** Т); инвести́р
вать

investigat|e [ɪn'vestɪgeɪt] рассле́
вать (*im*)*pf.*; (*study*) иссле́дова
(*im*)*pf.*; **~ion** [ɪnvestɪ'geɪʃn] (*inqui*
рассле́дование; *law* сле́дствие; иссл
дование

invest|ment [ɪn'vestmənt] вложе́н
де́нег, инвести́рование; (*sum*) ин
сти́ция, вклад; **~or** [ɪn'ves

вкла́дчик, инве́стор
veterate [ɪn'vetərət] (*deep-rooted*) акорене́лый; *coll. smoker, etc.* за-длый; **~ prejudices** глубоко́ укоре-и́вшиеся предрассу́дки
vidious [ɪn'vɪdɪəs] □ вызыва́ющий обиду, за́висть; *remark* оби́дный
vigorate [ɪn'vɪgəreɪt] дава́ть си́лы Д); бодри́ть
vincible [ɪn'vɪnsəbl] непобеди́мый
violable [ɪn'vaɪələbl] □ наруши́-мый; неприкоснове́нный; **~ right** не-руши́мое пра́во
visible [ɪn'vɪzəbl] неви́димый
vit|ation [ɪnvɪ'teɪʃn] приглаше́ние; **~e** [ɪn'vaɪt] приглаша́ть [-ласи́ть]
voice ['ɪnvɔɪs] *comm.* накладна́я, счёт-факту́ра
voke [ɪn'vəʊk] взыва́ть [воззва́ть] о П)
voluntary [ɪn'vɒləntrɪ] □ (*forced*) вы́нужденный; (*contrary to choice*) нево́льный; (*done unconsciously*) не-произво́льный
volve [ɪn'vɒlv] вовлека́ть [-е́чь]; впу́т(ыв)ать
vulnerable [ɪn'vʌlnərəbl] □ неуяз-ви́мый
ward ['ɪnwəd] **1.** вну́тренний; **2.** *adv. mst.* **~s** [-z]) внутрь; вну́тренне
dine ['aɪədiːn] йод
ascible [ɪ'ræsəbl] □ раздражи́тель-ный
ate [aɪ'reɪt] гне́вный
descent [ɪrɪ'desnt] ра́дужный
s ['aɪərɪs] *anat.* ра́дужная оболо́чка; *bot.* и́рис
ish ['aɪərɪʃ] **1.** ирла́ндский; **2. the ~** ирла́ндцы *m/pl.*
ksome ['ɜːksəm] надое́дливый; раз-дража́ющий
on ['aɪən] **1.** желе́зо; утю́г; ***have many ~s in the fire*** бра́ться сра́зу за мно́го дел; **2.** желе́зный; **3.** [вы́]утю́жить, [вы́]гла́дить
onic(al □) [aɪ'rɒnɪk(l)] ирони́ческий
on|ing ['aɪənɪŋ] **1.** гла́женье; ве́щи для гла́женья; **2.** глади́льный; **~board** глади́льная доска́; **~mongery** ['aɪən-mʌŋgərɪ] металлоизде́лия; **~works** *mst. sg.* металлурги́ческий заво́д
irony ['aɪərənɪ] иро́ния
irrational [ɪ'ræʃənl] неразу́мный; ир-рациона́льный (*a. math.*)
irreconcilable [ɪ'rekənsaɪləbl] □ не-примири́мый; *ideas, etc.* несовмести́-мый
irrecoverable [ɪrɪ'kʌvərəbl] □: **~ losses** невосполни́мые поте́ри
irrefutable [ɪrɪ'fjuːtəbl] □ неопровер-жи́мый
irregular [ɪ'regjʊlə] □ непра́вильный (*a. gr.*); (*disorderly*) беспоря́дочный; (*not regular*) нерегуля́рный; **~ features** непра́вильные черты́ лица́
irrelevant [ɪ'reləvənt] □ не относя́-щийся к де́лу; не име́ющий зна-че́ния
irreparable [ɪ'repərəbl] □ непоправи́-мый
irreplaceable [ɪrɪ'pleɪsəbl] незамени́-мый
irreproachable [ɪrɪ'prəʊtʃəbl] □ без-укори́зненный, безупре́чный
irresistible [ɪrɪ'zɪstəbl] □ неотрази́-мый; *desire, etc.* непреодоли́мый
irresolute [ɪ'rezəluːt] □ нереши́тель-ный
irrespective [ɪrɪ'spektɪv] безотноси́-тельный (**of** к Д); незави́симый (**of** от Р)
irresponsible [ɪrɪ'spɒnsəbl] □ безот-ве́тственный
irreverent [ɪ'revərənt] □ не-почти́тельный
irrevocable [ɪ'revəkəbl] □ безвоз-вра́тный, бесповоро́тный
irrigate ['ɪrɪgeɪt] ороша́ть [ороси́ть]
irrita|ble ['ɪrɪtəbl] □ раздражи́тель-ный; **~te** [-teɪt] раздража́ть [-жи́ть]; **~tion** [ɪrɪ'teɪʃn] раздраже́ние
Islam [ɪz'lɑːm] исла́м; **~ic** [ɪz'læmɪk] исла́мский
is [ɪz] *3rd p. sg. pres. om* **be**
island ['aɪlənd] о́стров; **~er** [-ə] остро-витя́нин *m*, -тя́нка *f*
isle [aɪl] о́стров; **~t** [aɪ'lɪt] острово́к
isolat|e ['aɪsəleɪt] изоли́ровать (*im*)*pf.*; (*separate*) отделя́ть [-ли́ть]; **~ed**: ***in ~ cases*** в отде́льных слу́чаях;

I

~ion [aɪsəˈleɪʃn] изоля́ция; уедине́ние
issue [ˈɪʃuː] **1.** (*a. flowing out*) вытека́ние; *law* (*offspring*) пото́мство; (*publication*) вы́пуск, изда́ние; (*outcome*) исхо́д, результа́т; *of money* эми́ссия; ***be at ~*** быть предме́том спо́ра; ***point at ~*** предме́т обсужде́ния; **2.** *v/i. of blood* [по]те́чь (***from*** из P); вытека́ть [вы́течь] (***from*** из P); *of sound* изд(ав)а́ть; *v/t. book, etc.* выпуска́ть [вы́пустить], изд(ав)а́ть
isthmus [ˈɪsməs] переше́ек
it [ɪt] *pres. pron.* он, она́, оно́; э́то; ***~ is cold*** хо́лодно; ***~ is difficult to say ...*** тру́дно сказа́ть
Italian [ɪˈtælɪən] **1.** италья́нский; **2.** италья́нец *m*, -нка *f*; **3.** италья́нск язы́к
italics [ɪˈtælɪks] *typ.* курси́в
itch [ɪtʃ] **1.** чесо́тка; зуд (*a. fig.*); чеса́ться; ***be ~ing to*** *inf.* горе́ть жел нием (+ *inf.*)
item [ˈaɪtem] **1.** (*single article*) пун параграф; *on agenda* вопро́с; *on pr gramme* но́мер; (*object*) предме́т
itinerary [aɪˈtɪnərərɪ] маршру́т
its [ɪts] *poss. pron. om* ***it*** его́, её, св
itself [ɪtˈself] (сам *m*, сама́ *f*) сам себя́, -с, -сь; себе́; ***in ~*** само по се само́ собо́й; (*separately*) отде́льно
ivory [ˈaɪvərɪ] слоно́вая кость *f*
ivy [ˈaɪvɪ] плющ

J

J

jab [dʒæb] *coll.* **1.** толка́ть [-кну́ть]; ты́кать [ткнуть]; (*stab*) пыря́ть [-рну́ть]; **2.** тычо́к, пино́к; (*prick*) уко́л (*a. coll. injection*)
jabber [ˈdʒæbə] болта́ть, тарато́рить
jack [dʒæk] **1.** *cards* вале́т; *mot.* домкра́т; ***Union*** ♀ госуда́рственный флаг Соединённого короле́вства; **2.** ***~ up*** поднима́ть домкра́том; ***~ass*** осёл; дурак
jackdaw [ˈdʒækdɔː] га́лка
jacket [ˈdʒækɪt] *lady's* жаке́т; *man's* пиджак; *casual* ку́ртка
jack|knife складно́й нож; *fig.* (*dive*) прыжо́к в во́ду согну́вшись; **~-of--all-trades** ма́стер на все ру́ки
jade [dʒeɪd] *min.* нефри́т
jagged [ˈdʒægɪd] зу́бчатый; ***~ rocks*** о́стрые ска́лы
jail [dʒeɪl] **1.** тюрьма́; тюре́мное заключе́ние; **2.** *v/t.* заключа́ть [-чи́ть] в тюрьму́; **~er** [ˈdʒeɪlə] тюре́мный надзира́тель
jam¹ [dzæm] варе́нье, джем, пови́дло
jam² [~] **1.** да́вка, сжа́тие; ***traffic ~*** зато́р, про́бка; ***be in a ~*** быть в затрудни́тельном положе́нии; **2.** заж(им)а́ть; (*pinch*) защемля́ть [-ми́ть]; (*push into confined space*) набива́ битко́м; (*block*) загроможда́ть [-мо ди́ть]; *v/i.* закли́ни(ва)ть
jangle [ˈdʒæŋgl] издава́ть [-да́ть] ре кий звук
janitor [ˈdʒænɪtə] дво́рник
January [ˈdʒænjʊərɪ] янва́рь *m*
Japanese [dʒæpəˈniːz] **1.** япо́нский; япо́нец *m*, -нка *f*; ***the ~*** *pl.* япо́нцы
jar¹ [dʒɑː] (*vessel, usu. of glass*) бáн
jar² [~] **1.** *v/t.* толка́ть [-кну́ть]; *v/i.* р зать слух; **2.** толчо́к; (*shock*) потряс ние
jaundice [ˈdʒɔːndɪs] *med.* желту́х *fig.* жёлчность *f*; **~d** [~t] желту́шн *fig.* зави́стливый
jaunt [dʒɔːnt] пое́здка, прогу́лка; ***le go for a ~ to London*** дава́й-ка съе дим в Ло́ндон; **~y** [ˈdʒɔːntɪ] □ бе пе́чный; бо́йкий
javelin [ˈdʒævlɪn] *sport* копьё
jaw [dʒɔː] че́люсть *f*; **~s** *pl.* рот; *an mal's* пасть *f*; **~bone** че́люстная ко *f*
jazz [dʒæz] джаз
jealous [ˈdʒeləs] □ ревни́вый; зави́с ливый; **~y** [~ɪ] ре́вность *f*; за́висть
jeans [dʒiːnz] *pl.* джи́нсы *pl.*

p® [dʒiːp] *mil.* джип, вездехóд
r [dʒɪə] **1.** насмéшка, издёвка; **2.** на-
iexáться, глуми́ться (***at*** над T)
y ['dʒelɪ] **1.** желé *n indecl.*; (*aspic*)
ýдень *m*; **2.** засты́(вá)ть; **~fish** медý-

pardize ['dʒepədaɪz] подвергáть
ácности, [по]стáвить под угрóзу
k [dʒɜːk] **1.** рывóк; толчóк; ***the car***
opped with a ~ машúна рéзко оста-
вилась; **2.** рéзко толкáть или
ргать; двигáться толчкáми; **~y**
dʒɜːkɪ] □ отры́вистый; *movement*
дорóжный; (*bumpy*) тря́ский; **~ily**
dv. рывкáми
sey ['dʒɜːzɪ] *fabric*, *garment* джéрси
decl.
t [dʒest] **1.** шýтка; ***in ~*** в шýтку; **2.**
o]шути́ть
[dʒet] **1.** *of water*, *gas*, *etc.* струя́; **2.**
ить струёй; **3.** *ae.* реакти́вный са-
олёт; *attr.* реакти́вный;
y ['dʒetɪ] *naut.* при́стань *f*
w [dʒuː] еврéй(-ка *f*) *m*
el ['dʒuːəl] драгоцéнный кáмень
.; **~(l)er** [~ə] ювели́р; **~(le)ry** [~rɪ] дра-
оцéнности *f/pl.*
w|ess ['dʒuːɪs] еврéйка; **~ish** [~ɪʃ]
врéйский
y ['dʒɪfɪ] *coll.* миг, мгновéние
saw ['dʒɪgsɔː]: **~** (***puzzle***) состáвная
арти́нка-загáдка
[dʒɪlt] брóсить *pf.*
gle ['dʒɪŋgl] **1.** звон, звя́канье; **2.**
a]звенéть, звя́кать [-кнуть]
ers ['dʒɪtəz] нéрвное возбуждéние;
he's got the ~ она трясётся от стрá-
a
[dʒɒb] рабóта, труд; дéло; ***by the ~***
дéльно; ***it's a good ~ …*** хорошó, что
.; ***it's just the ~*** э́то то, что нýжно;
now one's ~ знать своё дéло; **~ber**
dʒɒbə] занимáющийся случáйной
абóтой; брóкер, мáклер
key ['dʒɒkɪ] жокéй
ose [dʒəʊ'kəʊs] шутли́вый; *mood*
три́вый
ular ['dʒɒkjʊlə] шутли́вый
[dʒɒg] **1.** толчóк (*a. fig.*); тря́ская
здá; **2.** *v/t.* толкáть [-кнýть]; *v/i.*
(*mst.* ***~ along***,) бéгать (бежáть) трус-
цóй; трясти́сь; *fig.* понемнóгу продвигáться; **~ger** люби́тель *m* оздорови́-
тельного бéга
join [dʒɔɪn] **1.** *v/t.* (*connect*) соединя́ть [-ни́ть], присоединя́ть [-ни́ть]; *a company* присоединя́ться [-ни́ться] к (Д); вступи́ть в члéны (Р); ***~ hands*** объединя́ться [-ни́ться]; брáться зá руки; *v/i.* соединя́ться [-ни́ться]; (*unite*) объединя́ться [-ни́ться]; ***~ in with*** присоединя́ться [-ни́ться] к (Д); ***~ up*** поступáть [-и́ть] на воéнную слýжбу; **2.** соединéние; *tech.* шов
joiner ['dʒɔɪnə] стóляр
joint [dʒɔɪnt] **1.** *tech.* соединéние; стык; *anat.* сустáв; *of meat* кусóк мя́са для жáрения; ***put out of ~*** вы́вихнуть *pf.*; **2.** □ объединённый; óбщий; ***~ owners*** совладéльцы; ***~ venture*** совмéстное предприя́тие; **~ stock** акционéрный капитáл; ***~ company*** акционéрное óбщество
jok|e [dʒəʊk] **1.** шýтка, острóта; **2.** *v/i.* [по]шути́ть; *v/t.* поддрáзнивать [-ни́ть]; ***~ing apart …*** éсли говори́ть серьёзно; шýтки в стóрону; **~er** ['dʒəʊkə] шутни́к *m*, -ни́ца *f*
jolly ['dʒɒlɪ] **1.** весёлый, рáдостный; **2.** *adv.* óчень; ***it's ~ hard …*** чертóвски трýдно …
jolt [dʒəʊlt] **1.** трясти́ [тряхнýть], встря́хивать [-хнýть]; **2.** толчóк; *fig.* встря́ска
jostle ['dʒɒsl] **1.** толкáть(ся); тесни́ть(ся); **2.** толчóк; *in crowd* толкотня́, дáвка
jot [dʒɒt] **1.** ничтóжное коли́чество, йóта; ***not a ~ of truth*** ни кáпли прáвды; **2.** ***~ down*** бéгло наброcáть *pf.*, крáтко записáть *pf.*
journal ['dʒɜːnl] журнáл; дневни́к; **~ism** ['dʒɜːnəlɪzəm] журнали́стика; **~ist** [~ɪst] журнали́ст
journey ['dʒɜːnɪ] **1.** поéздка, путешéствие; ***go on a ~*** отпрáвиться *pf.* в путешéствие; **2.** путешéствовать
jovial ['dʒəʊvɪəl] весёлый, общи́тельный

joy [dʒɔɪ] ра́дость *f*, удово́льствие; **~ful** ['dʒɔɪfl] □ ра́достный, весёлый; **~less** [~lɪs] □ безра́достный; **~ous** [~əs] □ ра́достный, весёлый
jubil|ant ['dʒu:bɪlənt] лику́ющий; **~ee** ['dʒu:bɪli:] юбиле́й
judge [dʒʌdʒ] **1.** судья́ *m* (*a. sport*); *art* знато́к, цени́тель *m*; *in competition* член жюри́, *pl.* жюри́ *pl. indecl.*; **2.** *v/i.* суди́ть; быть арби́тром в спо́ре; ***~ for yourself*** ... посуди́ сам ...; *v/t.* суди́ть о (П); (*decide the merit of*) оце́нивать [-ни́ть]; (*condemn*) осужда́ть [осуди́ть], порица́ть
judg(e)ment ['dʒʌdʒmənt] *law* пригово́р, реше́ние суда́; сужде́ние; (*good sense*) рассуди́тельность *f*; (*opinion*) мне́ние, взгляд
judicial [dʒu:'dɪʃl] □ суде́бный
judicious [dʒu:'dɪʃəs] □ здравомы́слящий, рассуди́тельный; **~ness** [~nɪs] рассуди́тельность *f*
judo ['dʒu:dəʊ] дзюдо́ *n indecl.*
jug [dʒʌg] (*vessel*) кувши́н; *sl.* (*prison*) тюрьма́
juggle ['dʒʌgl] **1.** фо́кус, трюк; **2.** жонгли́ровать (*a. fig.*); **~r** [~ə] жонглёр
juic|e [dʒu:s] сок; **~y** ['dʒu:sɪ] □ со́чный; *gossip, etc.* сма́чный, пика́нтный
July [dʒu'laɪ] ию́ль *m*
jumble ['dʒʌmbl] **1.** пу́таница, беспоря́док; **2.** толка́ться; переме́шивать(ся); дви́гаться беспоря́дочным о́бразом; *chiefly Brt.* **~sale** благотвори́тельная распрода́жа
jump [dʒʌmp] **1.** прыжо́к; скачо́к (*a. fig.*); **2.** *v/i.* пры́гать [-гнуть]; скака́ть; ***~ at*** *an offer, etc.* охо́тно приня́ть *pf.*, ухва́тываться [ухвати́ться] за (В); ***~ to conclusions*** де́лать поспе́шные вы́воды; ***~ to one's feet*** вскочи́ть *pf.* (на́ ноги); ***the strange noise made me ~*** э́тот стра́нный звук заста́вил меня́ вздро́гнуть; *v/t.* перепры́гивать [-гнуть]
jumper[1] ['dʒʌmpə] (*horse, ath*... прыгу́н
jumper[2] [~] (*garment*) дже́мпер
jumpy ['dʒʌmpɪ] не́рвный
junct|ion ['dʒʌŋkʃn] соедине́ние ... *el.*); *rail.* железнодоро́жный у́... (*crossroads*) перекрёсток; ... [~ktʃə]: ***at this ~*** в э́тот моме́нт
June [dʒu:n] ию́нь *m*
jungle ['dʒʌŋgl] джу́нгли *f/pl.*; гус... за́росли *f/pl.*
junior ['dʒu:nɪə] **1.** *in age, rank* м... ший; моло́же (***to*** Р *or* чем И); **2.** (... *son*) мла́дший
junk [dʒʌŋk] ру́хлядь *f*, хлам, отбр... *m/pl.*
junta ['dʒʌntə] ху́нта
juris|diction [dʒʊərɪs'dɪkʃn] отп... ле́ние правосу́дия; юрисди́к... **~prudence** [dʒʊərɪs'pru:dəns] ю... пруде́нция
juror ['dʒʊərə] *law* прися́жный
jury ['dʒʊrɪ] *law* прися́жные *m/pl* ... *competiton* жюри́ *n indecl.*; **~**... прися́жный; член жюри́
just [dʒʌst] **1.** □ *adj.* справедли́в... (*exact*) ве́рный, то́чный; **2.** *adv.* ... но, как раз, и́менно; то́лько ... пря́мо; ***~ now*** сейча́с, сию́ мин... то́лько что
justice ['dʒʌstɪs] справедли́вост... *law* правосу́дие; судья́ *m*
justifiable ['dʒʌstɪ'faɪəbl] опра́в... ный
justification [dʒʌstɪfɪ'keɪʃn] опра... ние; (*ground*) основа́ние
justify ['dʒʌstɪfaɪ] опра́вдыв... [-да́ть]
justly ['dʒʌstlɪ] справедли́во
justness ['dʒʌstnɪs] справедли́вос...
jut [dʒʌt] (*a.* ***~ out***) выступа́ть, вы... ва́)ться
juvenile ['dʒu:vənaɪl] ю́ный, юно... ский; *delinquent* несовершенно... ний

K

leidoscope [kəˈlaɪdəskəʊp] калейдоскóп (*a. fig.*)
ngaroo [kæŋɡəˈruː] кенгурý *m/f indecl.*
rate [kəˈrɑːtɪ] каратé
el [kiːl] **1.** киль *m*; **2.** ~ ***over*** опроки́дывать(ся) [-и́нуть(ся)]
en [kiːn] □ (*sharp*) óстрый (*a. fig.*); (*acute*) проницáтельный; (*intense*) си́льный; (*enthusiastic*) стрáстный; ***be ~ on*** óчень люби́ть (В), стрáстно увлекáться (Т)
ep [kiːp] **1.** содержáние; (*food*) пропитáние; ***for ~s*** *coll.* навсегдá; **2.** [*irr.*] *v/t. com* держáть; сохраня́ть [-ни́ть]; храни́ть; (*manage*) содержáть; *diary* вести́; *word* [с]держáть; ***~ company with*** поддéрживать знакóмство с (Т); ухáживать за (Т); ***~ waiting*** заставля́ть ждать; ***~ away*** не подпускáть (***from*** к Д); ***~ in*** не выпускáть; *hat, etc.* ***~ on*** не снимáть; ***~ up*** поддéрживать [-жáть]; **3.** *v/i.* держáться; удéрживаться (-жáться) (***from*** от Р); (*remain*) ост(ав)áться; *of food* не пóртиться; ***~ doing*** продолжáть дéлать; ***~ away*** держáться в отдалéнии; ***~ from*** воздéрживаться [-жáться] от (Р); ***~ off*** держáться в сторонé от (Р); ***~ on*** (*talk*) продолжáть говори́ть; ***~ to*** придéрживаться (Р); ***~ up*** держáться бóдро; ***~ up with*** держáться нарáвне с (Т), идти́ в нóгу с (Т)
keep|er [ˈkiːpə] (*custodian*) храни́тель *m*; **~ing** [ˈkiːpɪŋ] хранéние; содержáние; ***be in*** (***out of***) ***~ with …*** (не) соотвéтствовать (Д); **~sake** [ˈkiːpseɪk] сувени́р, подáрок на пáмять
keg [keg] бочóнок
kennel [ˈkenl] конурá
kept [kept] *pt. u pt. p. om* ***keep***
kerb(stone) [ˈkɜːb(stəʊn)] порéбрик
kerchief [ˈkɜːtʃɪf] (головнóй) платóк; косы́нка
kernel [ˈkɜːnl] зернó, зёрнышко; *of nut* ядрó; *fig.* суть *f*

kettle [ˈketl] чáйник; ***that's a different ~ of fish*** э́то совсéм другóе дéло; **~drum** литáвра
key [kiː] **1.** ключ (*a. fig.*); код; *mus., tech.* клáвиш(а); *mus.* ключ, тонáльность *f*; *fig.* тон; **2.** *mus.* настрáивать [-рóить]; ***~ up*** *fig.* придавáть реши́мость (Д); ***be ~ed up*** быть в взви́нченном состоя́нии; **~board** клавиатýра; **~hole** замóчная сквáжина; **~note** основнáя нóта ключá; *fig.* основнáя мысль *f*; **~stone** *fig.* краеугóльный кáмень *m*
kick [kɪk] **1.** *with foot* удáр; пинóк; *coll.* (*stimulus, pleasure*) удовóльствие; **2.** *v/t.* ударя́ть [удáрить]; *horse* брыкáть [-кнýть]; ***~ out*** (*eject, dismiss*) выгоня́ть [вы́гнать]; вышвы́ривать [вы́швырнуть]; *v/i.* брыкáться [-кнýться], лягáться [ля́гнуться]; (*complain, resist*) [вос]проти́виться
kid [kɪd] **1.** козлёнок; (*leather*) лáйка; *coll.* ребёнок; **2.** *coll.* (*pretend*) притворя́ться [-ри́ться]; (*deceive as a joke*) шутли́во обмáнывать [-нýть]
kidnap [ˈkɪdnæp] похищáть [-хи́тить]; **~(p)er** [~ə] похити́тель *m*; (*extortionist*) вымогáтель *m*
kidney [ˈkɪdnɪ] *anat.* пóчка; **~ bean** фасóль *f*; **~ machine** *annapam*: искýсственная пóчка
kill [kɪl] уби́(вá)ть; (*slaughter*) заби́(вá)ть; *fig.* [по]губи́ть; ***~ time*** убивáть врéмя; **~er** [ˈkɪlə] уби́йца *m/f.*; **~ing** [~ɪŋ] (*exhausting*) уби́йственный; (*amusing*) уморúтельный; ***the work is really ~*** рабóта прóсто на изнóс
kin [kɪn] родня́; ***next of ~*** ближáйшие рóдственники
kind [kaɪnd] **1.** □ дóбрый, сердéчный; **2.** сорт, разнови́дность *f*; род; ***nothing of the ~*** ничегó подóбного; ***pay in ~*** плати́ть натýрой; *fig.* отблагодари́ть; *for bad deed* [от]плати́ть той же монéтой; **~-hearted** добросердéчный
kindle [ˈkɪndl] разжигáть [-жéчь]; во-

спламеня́ть [-ни́ть]; *interest* возбужда́ть [-ди́ть]
kindling ['kɪndlɪŋ] расто́пка
kind|ly ['kaɪndlɪ] до́брый; **~ness** [-nɪs] доброта́; до́брый посту́пок; ***do s.o. a ~*** ока́з(ыв)а́ть кому́-л. любе́зность *f*
kindred ['kɪndrɪd] **1.** ро́дственный; **2.** родня́; ро́дственники
king [kɪŋ] коро́ль *m*; **~dom** ['kɪŋdəm] короле́вство; *bot. zo.* (расти́тельное, живо́тное) ца́рство; **~ly** [-lɪ] короле́вский, ца́рственный
kink [kɪŋk] *in metal* изги́б; *fig., in character* стра́нность *f*; причу́да
kin|ship ['kɪnʃɪp] родство́; **~sman** ['kɪnzmən] ро́дственник
kiosk ['ki:ɒsk] кио́ск; *Brt.* ***telephone ~*** телефо́нная бу́дка
kip [kɪp] *chiefly Brt. coll.* (*bed*) ко́йка; (*sleep*) сон; ***~ down*** [по]кема́рить; устро́иться; вздремну́ть *pf.*
kiss [kɪs] **1.** поцелу́й; **2.** [по]целова́ть(ся)
kit [kɪt] *mil.* ли́чное снаряже́ние; ***first-aid ~*** апте́чка; ***tool ~*** набо́р инструме́нтов; компле́кт принадле́жностей
kitchen ['kɪtʃɪn] ку́хня
kite [kaɪt] (бума́жный) змей
kitten ['kɪtn] котёнок
knack [næk] уме́ние, сноро́вка; ***get the ~*** научи́ться *pf.* (***of*** Д), приобрести́ *pf.* на́вык
knapsack ['næpsæk] ра́нец, рюкза́к
knave [neɪv] *cards* валёт
knead [ni:d] [с]меси́ть
knee [ni:] коле́но; **~cap** *anat.* коле́нная ча́шка; **~l** [ni:l] [*irr.*] станови́ться на коле́ни; стоя́ть на коле́нях (***to*** пе́ред Т)
knelt [nelt] *pt. u pt. p. om* ***kneel***
knew [nju:] *pt. om* ***know***
knickknack ['nɪknæk] безделу́шка
knife [naɪf] **1.** (*pl.* **knives**) нож; **2.** зака́лывать [заколо́ть] ножо́м
knight [naɪt] **1.** ры́царь *m*; *chess* ко[нь] *m*; **2.** *modern use* жа́ловать ти́т[ул]; **~ly** [-lɪ] ры́царский (*a. fig.*)
knit [nɪt] [*irr.*] [с]вяза́ть; (***~ togeth[er]*** *med.* среста́ться [сраст́ись]; ***~ on[e's] brows*** хму́рить бро́ви; **~ting** ['nɪt[ɪŋ]] **1.** вяза́ние; **2.** вяза́льный
knives [naɪvz] *pl. om* ***knife***
knob [nɒb] (*swelling*) ши́шка; (*door*) ру́чка; *on radio, etc.* кно́пка
knock [nɒk] **1.** стук; *on the head,* [...] уда́р; **2.** ударя́ть(ся) [уда́рить(ся)] [по]стуча́ть(ся); *coll.* ***~ about*** разъ[ез]жа́ть по све́ту; ***~ down*** сбива́ть с н[ог] *mot.* сбить *pf.* маши́ной; ***be ~ed do[wn]*** быть сби́тым маши́ной; ***~ off w[ork]*** прекраща́ть рабо́ту; ***~ off*** стря́хива[ть] [-хну́ть], сма́хивать [-хну́ть]; ***~ out*** [вы]би(ва́)ть, выкола́чивать [выко[ло]ти́ть]; *sport.* нокаути́ровать (*im*)[*pf.*]; ***~ over*** сбива́ть [сбить] с ног; *obj*[...] опроки́дывать [-ки́нуть]; **~out** нока[ут] (*a.* ***~ blow***)
knoll [nəʊl] холм, бугóр
knot [nɒt] **1.** у́зел; *in wood* сук, суч[ок]; ***get tied up in ~s*** запу́тыват[ь(ся)] [-таться]; **2.** завя́зывать у́зел (*or* [...]ло́м); спу́т(ыв)ать; **~ty** ['nɒtɪ] узло[ва]тый; сучкова́тый; *fig.* тру́дный
know [nəʊ] [*irr.*] знать; быть зна[ко]мым с (Т); (*recognize*) узн(ав)а́ть [...] ***French*** говори́ть пофранцу́зски; [...] ***in the ~*** быть в ку́рсе де́ла; ***come*** [...] ***~*** узн(ав)а́ть; **know-how** уме́ние; *te*[...] но́у-ха́у; **~ing** ['nəʊɪŋ] □ ло́вкий, [хи]трый; *look* многозначи́тельн[ый]; **~ledge** ['nɒlɪdʒ] зна́ние; ***to my ~*** [по] мои́м све́дениям; **~n** [nəʊn] *pt. p.* [of] ***know***; ***come to be ~*** сде́латься *pf.* [из]ве́стным; ***make ~*** объявля́ть [-ви́т[ь]]
knuckle ['nʌkl] **1.** суста́в па́льца ру[ки]; **2.** ***~ down, ~ under*** уступа́ть [-пи́т[ь]] подчиня́ться [-ни́ться]
Koran [kə'rɑ:n] Кора́н

L

bel ['leɪbl] **1.** ярлы́к (*a. fig.*); этике́т-а; *tie-on* би́рка; *stick-on* накле́йка; **2.** акле́ивать/привя́зывать ярлы́к на В)/к (Д) (*a. fig.*)
boratory [lə'bɒrətrɪ] лаборато́рия; **~** **ssistant** лабора́нт *m*, -ка *f*
borious [lə'bɔːrɪəs] □ тру́дный
bo(u)r ['leɪbə] **1.** труд; рабо́та; (*child-irth*) ро́ды *pl.*; ***forced~*** принуди́тель-ые рабо́ты *f/pl.*; ***~ exchange*** би́ржа руда́; **2.** рабо́чий; **3.** *v/i.* труди́ться, або́тать; прилага́ть уси́лия; **~ed** -d] вы́мученный; тру́дный; **~er** -rə] рабо́чий; **~-intensive** трудоём-ий
ce [leɪs] **1.** кру́жево; (*shoe~*) шнуро́к; . [за]шнурова́ть]
erate ['læsəreɪt] раздира́ть [разо-ра́ть]; (*cut*) разреза́ть [-ре́зать]
ck [læk] **1.** недоста́ток, нехва́тка; от-у́тствие (Р); **2.** испы́тывать недоста́-ок, нужду́ в (П); не хвата́ть [-ти́ть], едоста́вать; ***he ~s courage*** у него́ не вата́ет му́жества
cquer ['lækə] **1.** лак; **2.** [от]лакиро-а́ть, покрыва́ть [-ы́ть] ла́ком
d [læd] (*boy*) ма́льчик; (*fellow*) па́-ень *m*; (*youth*) ю́ноша *m*
dder ['lædə] приставна́я ле́стница, тремя́нка; *in stocking* спусти́в-шаяся петля́
den ['leɪdn] нагружённый; *fig.* обре-енённый
dies, ladies (room), the ladies' ['leɪ-ɪz] же́нский туале́т; *coll.* (*lavatory*) же́нская убо́рная
dle ['leɪdl] **1.** *tech.* ковш; черпа́к; *for oup* поло́вник; **2.** отче́рпывать [от-ерпну́ть]; *soup* разли́(ва́)ть (*a.* ***~ out***)
dy ['leɪdɪ] да́ма; *title* ле́ди *f indecl.*;
bird бо́жья коро́вка
g [læg] (*trail*) тащи́ться (сза́ди); от-т(ав)а́ть (*a.* ***~ behind***)
ggard ['lægəd] медли́тельный, я́лый челове́к; отстаю́щий
goon [lə'guːn] лагу́на

laid [leɪd] *pt.* и *pt. p. от* ***lay***
lain [leɪn] *pt. p. от* ***lie***[2]
lair [leə] ло́говище, берло́га
lake [leɪk] о́зеро
lamb [læm] **1.** ягнёнок; (*food*) бара́ни-на; **2.** [о]ягни́ться; **~skin** овчи́на, ове́чья шку́ра
lame [leɪm] **1.** □ хромо́й; *fig. excuse* сла́бый, неубеди́тельный; **2.** [из-]уве́чить, [ис]кале́чить
lament [lə'ment] **1.** сетова́ние, жа́ло-ба; **2.** [по]се́товать, опла́к(ив)ать; **~able** ['læməntəbl] жа́лкий; печа́льный; **~ation** [læmən'teɪʃn] жа́-лоба, плач
lamp [læmp] ла́мпа; *in street* фона́рь *m*
lampoon [læm'puːn] па́сквиль *m*
lamppost фона́рный столб
lampshade абажу́р
land [lænd] **1.** земля́; (*not sea*) су́ша; (*soil*) земля́, по́чва; (*country*) страна́; ***~ register*** земе́льный рее́стр; ***travel by ~*** е́хать (е́здить) су́шей/назе́мным тра́нспортом; **2.** *of ship passengers* вы-са́живать(ся) [вы́садить(ся)]; *of air-craft* приземля́ться [-ли́ться]
landing ['lændɪŋ] вы́садка; *ae.* призе-мле́ние, поса́дка; при́стань *f*
land|lady хозя́йка; **~lord** хозя́ин; **~mark** ориенти́р; *fig.* (*turning point*) ве́ха; **~owner** землевладе́лец; **~scape** ['lændskeɪp] ландша́фт, пейза́ж; **~slide** о́ползень *m*
lane [leɪn] тропи́нка; *in town* пере-у́лок; *of traffic* ряд
language ['læŋgwɪdʒ] язы́к (речь); ***strong ~*** си́льные выраже́ния *n/pl.*, брань *f*
languid ['læŋgwɪd] □ то́мный
languish ['læŋgwɪʃ] (*lose strength*) [за]ча́хнуть; (*pine*) тоскова́ть, то-ми́ться
languor ['læŋgə] апати́чность *f*; то-мле́ние; то́мность *f*
lank [læŋk] □ высо́кий и худо́й; *hair* прямо́й; **~y** ['læŋkɪ] □ долговя́зый

lantern ['læntən] фона́рь *m*
lap[1] [læp] **1.** по́ла; *anat.* коле́ни *n/pl*; *fig.* ло́но; *sport.* круг; **2.** перекры́(-ва́)ть
lap[2] [~] *v/t.* (*drink*) [вы́]лака́ть; жа́дно пить; *v/i.* плеска́ться
lapel [lə'pel] ла́цкан
lapse [læps] **1.** *of time* ход; (*slip*) оши́бка, про́мах, *moral* паде́ние; **2.** [в]пасть; приня́ться *pf.* за ста́рое; (*expire*) истека́ть [-е́чь]; ~ ***into silence*** умолка́ть [умо́лкнуть]
larceny ['lɑːsənɪ] кра́жа, воровство́
lard [lɑːd] топлёное свино́е са́ло
larder ['lɑːdə] кладова́я
large [lɑːdʒ] □ большо́й; (*substantial*) кру́пный; (*too big*) вели́к; ***at*** ~ на свобо́де; ~**ly** ['lɑːdʒlɪ] в значи́тельной сте́пени; в основно́м, гла́вным о́бразом; ~**-scale** кру́пный, крупномасшта́бный
lark [lɑːk] жа́воронок; *fig.* шу́тка, прока́за, заба́ва
larva ['lɑːvə] *zo.* личи́нка
laryngitis [lærɪn'dʒaɪtɪs] ларинги́т
larynx ['lærɪŋks] горта́нь *f*
lascivious [lə'sɪvɪəs] □ похотли́вый
laser ['leɪzə] ла́зер
lash [læʃ] **1.** плеть *f*; (*whip*) кнут; (*blow*) уда́р; (*eye*~) ресни́ца; **2.** хлеста́ть [-тну́ть]; (*fasten*) привя́зывать [-за́ть]; *fig.* бичева́ть
lass, lassie [læs, 'læsɪ] де́вушка, де́вочка
lassitude ['læsɪtjuːd] уста́лость *f*
last[1] [lɑːst] **1.** *adj.* после́дний; про́шлый; кра́йний; ~ ***but one*** предпосле́дний; ~ ***night*** вчера́ ве́чером; **2.** коне́ц; ***at*** ~ наконе́ц; ***at long*** ~ в конце́ концо́в; **3.** *adv.* в после́дний раз; по́сле всех; в конце́
last[2] [~] продолжа́ться [-до́лжиться]; [про]дли́ться; (*suffice*) хвата́ть [-ти́ть]; (*hold out*) сохраня́ться [-ни́ться]
lasting ['lɑːstɪŋ] □ дли́тельный; *peace* про́чный
lastly ['lɑːstlɪ] наконе́ц
latch [lætʃ] **1.** щеко́лда, задви́жка; замо́к с защёлкой; **2.** запира́ть [запере́ть]
late [leɪt] по́здний; (*delayed*) запоз[дa]лый; (*former*) неда́вний; (*decease*[d]) поко́йный; *adv.* по́здно; ***at*** (***the***) [~] не поздне́е; ***of*** ~ после́днее вре́[мя]; [***be***] ~ опа́здывать [опозда́ть]; ~**ly** ['le[ɪt]lɪ] неда́вно; в после́днее вре́мя
latent ['leɪtnt] скры́тый
lateral ['lætərəl] □ боково́й
lathe [leɪð] тока́рный стано́к
lather ['lɑːðə] **1.** мы́льная пе́на; **2.** [v/t.] намы́ли(ва)ть; *v/i.* мы́литься, нам[ы́]ли(ва)ться
Latin ['lætɪn] **1.** лати́нский язы́к; **2.** [ла]ти́нский; ~ **American** латиноамери[ка]нец, -нский
latitude ['lætɪtjuːd] *geogr.*, *astr.* шир[о]та́; *fig.* свобо́да де́йствий
latter ['lætə] после́дний; второ́й; [~ly] [-lɪ] в после́днее вре́мя
lattice ['lætɪs] решётка (*a.* ~**work**)
laudable ['lɔːdəbl] □ похва́льный
laugh [lɑːf] **1.** смех; **2.** смея́ться; ~ ***a***[***t***] ***p.*** высме́ивать [вы́смеять] (смея́ться над (Т); ~**able** ['lɑːfəbl] смешно́й; ~**ter** ['lɑːftə] смех
launch [lɔːntʃ] **1.** ка́тер; мото́р[ная] ло́дка; **2.** *rocket* запуска́ть [-сти́[ть]]; *boat* спуска́ть [-сти́ть]; *fig.* пуска́т[ь в] ход; ~**ing** [-ɪŋ] → ***launch*** *2*; ~**ing pad** [пу]скова́я устано́вка; ~**ing site** пуско[вая] площа́дка
laundry ['lɔːndrɪ] пра́чечная; бел[ьё] для сти́рки *or* из сти́рки
laurel ['lɒrəl] лавр
lavatory ['lævətrɪ] убо́рная
lavender ['lævəndə] лава́нда
lavish ['lævɪʃ] **1.** □ ще́дрый, р[ас]точи́тельный; **2.** расточа́ть [-чи́т[ь]]
law [lɔː] зако́н; пра́вило; *law* пра́[во]; юриспруде́нция; ***lay down the*** ~ [ко]ма́ндовать; ~**-abiding** законопослу́[ш]ный, соблюда́ющий зако́н; ~ ***co***[***urt***] суд; ~**ful** ['lɔːfl] □ зако́нный; ~**le**[**ss**] ['lɔːlɪs] □ *person* непоко́рный; *st*[*ate*] анархи́чный
lawn[1] [lɔːn] (*linen*) бати́ст
lawn[2] [~] (*grassy area*) лужа́йка, [га]зо́н; ~ **chair** *Am.* шезло́нг; ~ **mower** [га]зонокоси́лка

w|suit ['lɔːsuːt] судéбный процéсс;
~yer ['lɔːjə] юри́ст; адвокáт
x [læks] □ вя́лый; ры́хлый; (*careless*) небрéжный; (*not strict*) нестрóгий;
~ative ['læksətɪv] слаби́тельное
y[1] [leɪ] **1.** *pt. om* **lie**[2]; **2.** (*secular*) свéтский
y[2] [~] **1.** положéние, направлéние; **2.** *irr.*] *v/t.* класть [положи́ть]; *blame* возлагáть [-ложи́ть]; *table* накры́(-вá)ть; **~ in stocks** запасáться [запасти́сь] (**of** T); **~ low** (*knock down*) повали́ть *pf.*; **I was laid low by a fever** меня свали́ла лихорáдка; **~ off** увольня́ть [-ли́ть]; **~ out** выклáдывать [вы́ложить]; *park, etc.* разби́(-вá)ть; **~ up** (*collect and store*) [на]копи́ть; прикóвывать к постéли; *v/i. of hen* [с]нести́сь; держáть пари́ (*a.* **~ a wager**)
~yer ['leɪə] слой, пласт, наслоéние
~yman ['leɪmən] миря́нин; (*amateur*) неспециали́ст, люби́тель *m*
~y|-off сокращéние кáдров; **~out** планирóвка
~zy ['leɪzɪ] лени́вый
~ad[1] [led] свинéц
~ad[2] [liːd] **1.** руковóдство; инициати́ва; *sport.* ли́дерство; (*first place*) пéрвое мéсто; *thea.* глáвная роль *f*; *el.* провóд; **2.** [*irr.*] *v/t.* води́ть, [по]вести́; приводи́ть [-вести́] (**to** к Д); (*direct*) руководи́ть (T); *cards* ходи́ть [пойти́] с (P *pl.*); **~ on** соблазня́ть [-ни́ть]; *v/t.* вести́; быть пéрвым; **~ off** отводи́ть; *v/i.* нач(ин)áть
~aden ['ledn] свинцóвый (*a. fig.*)
~ader ['liːdə] руководи́тель(ница *f*) *m*; ли́дер; *in newspaper* передовáя статья́
~ading ['liːdɪŋ] **1.** руководя́щий; ведýщий; (*outstanding*) выдаю́щийся; **~ question** наводя́щий вопрóс; **2.** руковóдство; ведéние
~af [liːf] (*pl.*: **leaves**) лист (*bot. pl.*: ли́стья); (*leafage*) листвá; **turn over a new ~** начáть нóвую жизнь; **~let** ['liːflɪt] листóвка
~ague [liːɡ] ли́га; **in ~ with** в сою́зе с (T)

leak [liːk] **1.** течь *f*; *of gas, etc.* утéчка (*a. fig.*); **2.** давáть течь, пропускáть вóду; **~ out** просáчиваться [-сочи́ться] (*a. fig.*); **~age** ['liːkɪdʒ] просáчивание; **~y** ['liːkɪ] протекáющий, с тéчью
lean[1] [liːn] [*irr.*] прислоня́ть(ся) [-ни́ть(ся)] (**against** к Д); опирáться [оперéться] (**on** на B) (*a. fig.*); наклоня́ть(ся) [-ни́ть(ся)] (*a.* **~ forward**)
lean[2] [~] тóщий, худóй; *meat* нежи́рный
leant [lent] *chiefly Brt. pt. p. om* **lean**
leap [liːp] **1.** прыжóк, скачóк; **2.** [*a. irr.*] пры́гать [-гнуть], скакáть *once* [скакнýть]; **~t** [lept] *pt. p. om* **leap**; **~ year** високóсный год
learn [lɜːn] [*a. irr.*] изучáть [-чи́ть], [на]учи́ться (Д); **~ from** узн(ав)áть от (P); **~ed** ['lɜːnɪd] □ учёный; **~ing** [-ɪŋ] учение; учёность *f*, эруди́ция; **~t** [lɜːnt] *chiefly Brt. pt. p. om* **learn**
lease [liːs] **1.** арéнда; (*period*) срок арéнды; **long-term ~** долгосрóчная арéнда, ли́зинг; **2.** сдавáть в арéнду; брать в арéнду
leash [liːʃ] повод́ок, при́вязь *f*
least [liːst] *adj.* малéйший; наимéньший; *adv.* мéнее всегó, в наимéньшей стéпени; **at** (**the**) **~** по крáйней мéре; **not in the ~** ничýть, нискóлько; **to say the ~** мя́гко говоря́
leather ['leðə] **1.** кóжа; **2.** кóжаный
leave [liːv] **1.** разрешéние, позволéние; (*absence, holiday*) óтпуск; **2.** [*irr.*] *v/t.* оставля́ть [-áвить]; (*abandon*) покидáть [поки́нуть]; предоставля́ть [-áвить]; (*bequeath, etc.*) оставля́ть; завещáть *im*(*pf*); **~ it to me** предостáвь(те) э́то мне; **~ off** бросáть [брóсить]; *v/i.* уезжáть [уéхать]; уходи́ть [уйти́]
leaves [liːvz] *pl. om* **leaf**
leavings ['liːvɪŋz] остáтки *m/pl.*
lecture ['lektʃə] **1.** лéкция; (*reproof*) нотáция; **2.** *v/i.* читáть лéкции; *v/t.* читáть нотáцию; отчи́тывать [-итáть]; **~r** [-rə] (*speaker*) доклáдчик; *professional* лéктор; *univ.* преподавáтель *m*
led [led] *pt. u pt. p. om* **lead**

L

ledge [ledʒ] вы́ступ, усту́п
ledger ['ledʒə] *fin.* гроссбу́х, бухга́лтерская кни́га
leech [li:tʃ] *zo.* пия́вка
leer [lɪə] смотре́ть и́скоса (*at* на В); де́лать гла́зки кому́-нибу́дь; кри́во улыба́ться [улыбну́ться]
leeway ['li:weɪ] *naut.* дрейф; *fig.* ***make up ~*** навёрстывать упу́щенное
left[1] [left] *pt. и pt. p. om* ***leave***; ***be ~*** ост(ав)а́ться
left[2] [~] **1.** ле́вый; **2.** ле́вая сторона́; **~hander** левша́ *m/f*
left-luggage|locker *rail. Brt.* автомати́ческая ка́мера хране́ния; **~ office** ка́мера хране́ния
leg [leg] нога́; *of table, etc.* но́жка; *of trousers* штани́на
legacy ['legəsɪ] (*bequest*) насле́дство; *fig.* (*heritage*) насле́дие
legal ['li:gl] □ зако́нный, лега́льный; правово́й; **~ize** [~gəlaɪz] узако́ни(ва)ть, легализова́ть (*im*)*pf.*
legend ['ledʒənd] леге́нда; **~ary** [~drɪ] легенда́рный
legible ['ledʒəbl] □ разбо́рчивый
legislat|ion [ledʒɪs'leɪʃn] законода́тельство; **~ive** ['ledʒɪslətɪv] законода́тельный; **~or** [~leɪtə] законода́тель *m*
legitima|cy [lɪ'dʒɪtɪməsɪ] зако́нность *f*; **~te 1.** [~meɪt] узако́ни(ва)ть; **2.** [~mɪt] зако́нный
leisure ['leʒə] досу́г; ***at your ~*** когда́ вам удо́бно; **~ly** *adv.* не спеша́, споко́йно; *adj.* неторопли́вый
lemon ['lemən] лимо́н; **~ade** [lemə'neɪd] лимона́д
lend [lend] [*irr.*] ода́лживать [одолжи́ть]; *money* дава́ть взаймы́; *fig.* д(ав)а́ть, прид(ав)а́ть; ***~ a hand*** помога́ть [-мо́чь]
length [leŋθ] длина́; расстоя́ние; *of time* продолжи́тельность *f*; *of cloth* отре́з; ***at ~*** наконе́ц; *speak* подро́бно; ***go to any ~s*** быть гото́вым на всё; **~en** ['leŋθən] удлиня́ть(ся) [-ни́ть(ся)]; **~wise** [~waɪz] в длину́; вдоль; **~y** [~ɪ] дли́нный; *time* дли́тельный; *speech* растя́нутый; многосло́вный
lenient ['li:nɪənt] □ мя́гкий; снисход[ительный]
lens [lenz] ли́нза; *phot.* объекти́[в]; *anat.* хруста́лик; ***contact ~*** конта́к[т]ная ли́нза
lent [lent] *pt. и pt. p. om* ***lend***
Lent [lent] вели́кий пост
lentil ['lentɪl] чечеви́ца
leopard ['lepəd] леопа́рд
less [les] **1.** (*comp. om* ***little***) ме́ньши[й]; **2.** *adv.* ме́ньше, ме́нее; **3.** *prp.* ми́н[ус] (Р); ***none the ~*** тем не ме́нее
lessen ['lesn] *v/t.* уменьша́ть [уме́н]шить]; *v/i.* уменьша́ться [уме́н]шиться]
lesser ['lesə] ме́ньший
lesson ['lesn] уро́к; *fig.* ***teach s.o. a*** [...] проучи́ть (В) *pf.*; ***let this be a ~ to y***[...] пусть э́то послу́жит тебе́ уро́ком
lest [lest] что́бы не, как бы не
let [let] [*irr.*] оставля́ть [-а́вить]; сд[...]ва́ть внаём; позволя́ть [-во́ли[ть]] (Д), пуска́ть [пусти́ть]; ***~ be*** оста́ви[ть] *pf.* в поко́е; ***~ alone*** *adv.* не говоря́ у[ж] о ... (П); ***~ down*** опуска́ть [-сти́ть]; *f*[...] подводи́ть [-вести́]; ***~ go*** выпуска́[ть] из рук; ***~ o.s. go*** дать *pf.* во́л[ю] чу́вствам; увлека́ться [увле́чься]; ***into*** *a secret, etc.* посвяща́ть [-яти́[ть]] в; ***~ off*** *gun* стреля́ть [вы́стрелит[ь]] из (Р); *steam mst. fig.* выпуска́ть [в[ы]]пустить] пар; ***~ out*** выпуска́ть [вы́п[у]]стить]; ***~ up*** *Am.* ослабе́(ва́)ть
lethal ['li:θl] смерте́льный, лета́л[ь]ный
lethargy ['leθədʒɪ] летарги́я; вя́лост[ь]
letter ['letə] бу́ква; письмо́; ***capi***[***tal***] (***small***) ***~*** загла́вная, прописн[ая] (стро́чная) бу́ква; ***to the ~*** буква́льн[о]; ***man of ~s*** литера́тор; ***registered ~*** з[а]казно́е письмо́; **~ box** почто́вы[й] я́щик; **~ing** [~rɪŋ] *f on graveston*[*e*], *etc.* на́дпись *f*; *in book* разме́р и фо́рм[а] букв
lettuce ['letɪs] сала́т
level ['levl] **1.** горизонта́льный; (*eve*[*n*]) ро́вный; (*equal*) одина́ковый, ра́[в]ный, равноме́рный; ***draw ~ with*** п[о]равня́ться *pf.* с (Т); ***keep a ~ head*** с[о]храня́ть [-ни́ть] хладнокро́вие; **2.** у́р[...]

ень *m*; *fig*. масштаб; **~ *of the sea*** уровень моря; ***on the ~*** честно, правдиво; *v/t*. выравнивать [выровнять]; равнивать [-внять]; **~ *to the ground*** ровнять *pf*. с землёй; **~ *up*** повышать равнивая; *v/i*. **~ *at*** прицели(ва)ться в В); **~crossing** переезд; **~-headed** расудительный
er ['liːvə] рычаг
y ['levɪ]: **~ *taxes*** взимать налоги
vd [ljuːd] □ похотливый
bility [laɪə'bɪlətɪ] ответственность *f* . *law*); (*obligation*) обязательство; *ebt*) задолженность *f*, *fig*. приверенность *f*, склонность *f*; ***liabilities*** . обязательства *n/pl*.; *fin*. долги */pl*.
ble ['laɪəbl] □ ответственный (за); обязанный; (*subject to*) подверенный; ***be ~ to*** быть предрасполоенным к (Д)
['laɪə] лгун *m*, -ья *f*
el ['laɪbəl] **1.** клевета; **2.** [на]клеветать на (В), оклеветать (В) *pf*.
eral ['lɪbərəl] **1.** □ (*generous*) щеый; (*ample*) обильный; *mst. pol*. лиеральный; **2.** либерал(ка)
erat|e ['lɪbəreɪt] освобождать [-бодить]; **~ion** [lɪbə'reɪʃn] освобождеие; **~or** ['lɪbəreɪtə] освободитель *m*
erty ['lɪbətɪ] свобода; (*familiar or resumptuous behavio(u)r*) бесцеремонность *f*; ***be at ~*** быть свободным; ***ke the ~ of*** брать [взять] на себя смелость; ***take liberties with s.o.*** позволять себе вольности с кем-л.
ar|ian [laɪ'breərɪən] библиотекарь ; **~y** ['laɪbrərɪ] библиотека
[laɪs] *pl. om* **louse**
en|ce, *Am. also* **~se** ['laɪsəns] **1.** разешение; *comm*. лицензия; (*freedom*) ольность *f*; ***driving ~*** водительские рава *n/pl*.; **2.** разрешать [-шить]; дать право (В)
entious [laɪ'senʃəs] □ распущенный
[lɪk] **1.** облизывание; **2.** лизать изнуть]; облизывать [-зать]; *coll*. *hrash*) [по]бить, [по]колотить; **~ *into hape*** привести *pf*. в порядок

lid [lɪd] крышка; (*eye~*) веко
lie[1] [laɪ] **1.** ложь *f*; ***give the ~ to*** обличать во лжи; **2.** [со]лгать
lie[2] [~] **1.** положение; направление; ***explore the ~ of the land*** *fig*. зондировать почву; **2.** [*irr*.] лежать; быть расположенным, находиться; (*consist*) заключаться; **~ *ahead*** предстоять (Д); **~ *down*** ложиться [лечь]; **~ *in wait for*** поджидать (В) (спрятавшись)
lieu [ljuː]: ***in ~ of*** вместо (Р)
lieutenant [lef'tenənt] лейтенант
life [laɪf] жизнь *f*; (*way of ~*) образ жизни; биография; (*vitality*) живость *f*; ***for ~*** пожизненный; на всю жизнь; **~ *sentence*** приговор к пожизненному заключению; **~boat** спасательная шлюпка; **~guard** спасатель *m*; **~ insurance** страхование жизни; **~ jacket** спасательный жилет; **~less** □ бездыханный, безжизненный; **~like** реалистичный; словно живой; **~long** всю жизнь; **~time** вся жизнь *f*, целая жизнь *f*
lift [lɪft] **1.** лифт; *for goods*, *etc*. подъёмник; *fig*. (*high spirits*) воодушевление; ***give s.o. a ~*** подвозить [-везти] кого-л.; **2.** *v/t*. поднимать [-нять]; возвышать [-высить]; *sl*. [у]красть; *v/i*. возвышаться [выситься]; *of mist*, *etc*. подниматься [-няться]
ligament ['lɪgəmənt] *anat*. связка
light[1] [laɪt] **1.** свет; (*lighting*) освещение; огонь *m*; *fig*. (*luminary*) светило; ***come to ~*** стать известным; обнаруживаться [-жится]; ***will you give me a ~?*** дайте мне прикурить; ***put a ~ to*** зажигать [зажечь]; **2.** светлый, ясный; **3.** [*a. irr*.] *v/t*. зажигать [зажечь]; освещать [-етить]; *v/i*. (*mst*. **~ *up***) загораться [-реться]; освещаться [-етиться]
light[2] [~] **1.** □ *adj*. лёгкий (*a. fig*.); ***make ~ of*** относиться несерьёзно к (Д); ***travel ~*** путешествовать налегке; **2. ~ *on*** неожиданно натолкнуться *pf*. на (В)
lighten ['laɪtn] освещать [-етить]; (*become brighter*) [по]светлеть
lighter ['laɪtə] *for cigarettes*, *etc*. зажи-

L

га́лка
light|-headed легкомы́сленный; **~-hearted** □ беззабо́тный; весёлый; **~house** мая́к
lighting ['laɪtɪŋ] освеще́ние
lightness лёгкость *f*
lightning [laɪtnɪŋ] мо́лния; ***with ~ speed*** молниено́сно; **~ conductor**, **~ rod** громоотво́д
lightweight *sport* боксёр лёгкого ве́са; легкове́сный (*a. fig.*)
like [laɪk] **1.** похо́жий, подо́бный; ра́вный; ***as ~ as two peas*** похо́жи как две ка́пли воды́; ***such~*** подо́бный тому́, тако́й; *coll.* ***feel ~*** хоте́ть (+ *inf.*); ***what is he ~?*** что он за челове́к?; **2.** не́что подо́бное; **~s** *pl.* скло́нности *f/pl.*, влече́ния *n/pl.*; ***his ~*** ему́ подо́бные; **3.** люби́ть; [за]хоте́ть; ***how do you ~ London?*** как вам нра́вится Ло́ндон?; ***I should ~ to know*** я хоте́л бы знать
likeable ['laɪkəbl] симпати́чный
like|lihood ['laɪklɪhʊd] вероя́тность *f*; **~ly** ['laɪklɪ] вероя́тный; (*suitable*) подходя́щий; ***he is ~ to die*** он вероя́тно умрёт; ***as ~ as not*** вполне́ возмо́жно
like|n ['laɪkən] уподобля́ть [-о́бить]; (*compare*) сра́внивать [-ни́ть]; **~ness** ['laɪknɪs] схо́дство; **~wise** [-waɪz] то́же, та́кже; подо́бно
liking ['laɪkɪŋ] расположе́ние (***for*** к Д); ***take a ~ to*** полюби́ть *pf.* (В)
lilac ['laɪlək] **1.** сире́нь *f*; **2.** сире́невый, лило́вый
lily ['lɪlɪ] ли́лия; ***~ of the valley*** ла́ндыш
limb [lɪm] коне́чность *f*; *of tree* ве́тка
lime[1] [laɪm] *tree* ли́па
lime[2] [~] и́звесть *f*; **~light** свет ра́мпы; *fig.* центр внима́ния
limit ['lɪmɪt] преде́л, грани́ца; ***be ~ed to*** ограни́чивать(ся) (Т); ***speed ~*** преде́льная ско́рость *f*; ***time ~*** ограниче́ние во вре́мени; преде́льный срок; **~ation** [lɪmɪ'teɪʃn] ограниче́ние; **~ed** ['lɪmɪtɪd]: ***~ (liability) company*** компа́ния с ограни́ченной отве́тственностью; **~less** ['lɪmɪtlɪs] □ безграни́чный
limp[1] [lɪmp] **1.** [за]хрома́ть; **2.** прихра́мывание, хромота́
limp[2] [~] вя́лый; сла́бый; ***her b… went ~*** те́ло её обмя́кло
limpid ['lɪmpɪd] прозра́чный
line [laɪn] **1.** ли́ния (*a. rail.*, *tel.*, *ae*); … строка́; *in drawing* черта́, штр… (*fishing ~*) леса́; специа́льность *f*, … ня́тие; **~s** *pl.* стро́ки; ***~ of conduct*** … ния поведе́ния; ***hard ~s*** *pl.* неуда́ча… ***~ with*** в согла́сии с (Т); ***stand in ~*** … стоя́ть в о́череди; ***that's not in m…*** э́то не по мое́й ча́сти; **2.** *v/t.* разли… вывать [-нова́ть]; *sew.* класть на п… кла́дку; *of trees*, *etc.* тяну́ться вд… (Р); *v/i.* **~ up** выстра́иваться [… строиться] (в ряд)
linear ['lɪnɪə] лине́йный
linen ['lɪnɪn] **1.** полотно́; бельё; … льняно́й
liner ['laɪnə] *naut.* ла́йнер; *ae.* возду… ний ла́йнер
linger ['lɪŋgə] [по]ме́длить; ***~ over*** … де́рживаться [-жа́ться] на (П)
lingerie ['læːnʒərɪː] да́мское бельё
lining ['laɪnɪŋ] *of garment* подкла́д… *tech.* оби́вка, облицо́вка
link [lɪŋk] **1.** звено́; связь *f* (*a. fig.*); … едине́ние; **2.** соединя́ть [-ни́ть]
linoleum [lɪ'nəʊlɪəm] лино́леум
linseed ['lɪnsiːd]: ***~ oil*** льняно́е ма́…
lion ['laɪən] лев; **~ess** [~es] льви́ца
lip [lɪp] губа́; (*edge*) край; *coll.* (*im… dence*) де́рзость *f*; **~stick** губна́я по… да
liquid ['lɪkwɪd] **1.** жи́дкий; **2.** жи́дко… *f*
liquidat|e ['lɪkwɪdeɪt] ликвиди́ров… *im(pf.)*; *debt* выпла́чивать [вы́п… тить]; **~ion** [lɪkwɪ'deɪʃn] ликвида́… вы́плата до́лга
liquor ['lɪkə] спиртно́й напи́ток
lisp [lɪsp] **1.** шепеля́вость *f*; **2.** шепе… вить
list[1] [lɪst] **1.** спи́сок, пе́речень *m* … вноси́ть в спи́сок; составля́ть спи… (Р)
list[2] [~] **1.** *naut.* крен; **2.** [на]крени́т…
listen ['lɪsn] [по]слу́шать; (*heed*) п… слу́ш(ив)аться (***to*** к Д); ***~ in*** (*eav… drop*) подслу́ш(ив)ать (***to*** … слу́шать ра́дио; **~er** [~ə] слу́шате…

ица *f*) *m*
tless ['lıstlıs] апати́чный, вя́лый
['lıt] *pt. u pt. p. om* ***light***[1]
eracy ['lıtərəsı] гра́мотность *f*
eral ['lıtərəl] □ буква́льный, до-
ло́вный
era|ry ['lıtərərı] литерату́рный; **~te**
-rət] гра́мотный; **~ture** ['lıtrətʃə] ли-
тература
he [laıð] ги́бкий
ography [lı'θɒgrəfı] литогра́фия
e, *Am.* **liter** ['li:tə] литр
er[1] ['lıtə] **1.** помёт (припло́д); **2.**
о]щени́ться, [о]пороси́ться *u m. д.*
er[2] [-] **1.** му́сор; **2.** [на]му́сорить,
на]сори́ть
le ['lıtl] **1.** *adj.* ма́ленький, неболь-
шо́й; *time* коро́ткий; ***a ~ one*** малы́ш;
adv. немно́го, ма́ло; **3.** пустя́к;
ёлочь *f*; ***a ~*** немно́го; ***~ by ~*** ма́ло-по-
ма́лу, постепе́нно; ***not a ~*** нема́ло
urgy ['lıtədʒı] *eccl.* литурги́я
e [lıv] **1.** *com.* жить; существова́ть; **~**
o see дожи́(ва́)ть до (Р); ***~ down: I'll***
never ~ it down мне э́того никогда́
не забу́дут; ***~ out*** пережи́(ва́)ть; ***~ up***
o expectations опра́вдывать [-да́ть]
В); **2.** [laıv] живо́й; *coals, etc.* го-
ря́щий; *el.* под напряже́нием; **~lihood**
laıvlıhʊd] сре́дства к существова-
нию; **~liness** [-nıs] жи́вость *f*; ожив-
ле́ние; **~ly** ['laıvlı] живо́й; оживлённый
er ['lıvə] *anat.* пе́чень *f*; *cul.* печёнка
e|s [laıvz] *pl. om* ***life***; **~stock**
laıvstɒk] дома́шний скот
id ['lıvıd] ме́ртвенно-бле́дный; **~**
with rage взбешённый
ing ['lıvıŋ] **1.** живо́й; живу́щий,
существу́ющий; **2.** сре́дства сущест-
вова́ния; жизнь *f*, о́браз жи́зни; **~**
room гости́ная
ard ['lızəd] я́щерица
ad [ləʊd] **1.** груз; но́ша; (*weight of*
cares, etc.) бре́мя *n*; *tech.* нагру́зка;
[на]грузи́ть; *gun* заряжа́ть
[за]ряди́ть]; *fig.* обременя́ть [-ни́ть];
ing [ləʊdıŋ] погру́зка; груз
af[1] [ləʊf] (*pl.* **loaves**) (*white*) бато́н;
mst. brown) буха́нка

loaf[2] [-] безде́льничать; шата́ться, слоня́ться без де́ла
loafer ['ləʊfə] безде́льник
loan [ləʊn] **1.** заём; *from bank* ссу́да; ***the book is on ~*** кни́га на рука́х; **2.** дава́ть взаймы́; дава́ть [дать] ссу́ду
loath [ləʊθ] (*reluctant*) несклóнный; **~e** [ləʊð] пита́ть отвраще́ние к (Д); **~some** ['ləʊðsəm] □ отврати́тельный
loaves [ləʊvz] *pl. om* ***loaf***
lobby ['lɒbı] **1.** *in hotel* вестибю́ль *m*; *parl.* кулуа́ры *m/pl.*; (*group*) ло́бби; *thea.* фойе́ *n indecl.*; **2.** *parl.* пыта́ться возде́йствовать на чле́нов конгре́сса
lobe [ləʊb] *of ear* мо́чка
lobster ['lɒbstə] ома́р
local ['ləʊkəl] **1.** □ ме́стный; ***~ government*** ме́стные о́рганы вла́сти; **2.** ме́стный жи́тель *m*; (*a.* ***~ train***) при́городный по́езд; **~ity** [ləʊ'kælətı] ме́стность *f*, райо́н; (*neighbo(u)rhood*) окре́стность *f*; **~ize** ['ləʊkəlaız] локализова́ть (*im*)*pf.*
locat|e [ləʊ'keıt] *v/t.* определя́ть ме́сто (Р); располага́ть в определённом ме́сте; назнача́ть ме́сто для (Р); ***be ~d*** быть располо́женным; **~ion** [-ʃn] ме́сто; *Am.* местонахожде́ние
lock[1] [lɒk] *of hair* ло́кон
lock[2] [-] **1.** замо́к; *on canal* шлюз; **2.** *v/t.* запира́ть [запере́ть]; ***~ in*** запира́ть [запере́ть]; *v/t.* запира́ться [запере́ться]
lock|er ['lɒkə] запира́ющийся шка́фчик; **~et** ['lɒkıt] медальо́н; **~out** локау́т; **~smith** сле́сарь *m*
locomotive ['ləʊkəməʊtıv] (*или* ***~ engine***) локомоти́в, парово́з, теплово́з, электрово́з
locust ['ləʊkəst] саранча́
lodg|e [lɒdʒ] **1.** сторо́жка; (*mst.* ***hunting ~***) охо́тничий до́мик; **2.** *v/t.* да(-ва́)ть помеще́ние (Д); *v/i.* снима́ть ко́мнату; *of bullet, etc.* застрева́ть [-ря́ть]; **~er** ['lɒdʒə] квартира́нт *m*, -ка *f*; **~ing** ['lɒdʒıŋ]: ***live in ~s*** снима́ть ко́мнату
loft [lɒft] черда́к; ***hay ~*** сенова́л; **~y** ['lɒftı] □ (*haughty*) высокоме́рный;

building величественный; *style* возвышенный

log [lɒg] колода; бревно; **~ cabin** бревенчатая хижина

loggerhead ['lɒgəhed]: ***be at ~s*** быть в ссоре, ссориться (***with*** с Т)

logic ['lɒdʒɪk] логика; **~al** [ˌlɒdʒɪkl] □ логический

loin [lɔɪn] филейная часть *f*; ***~s*** *pl.* поясница

loiter ['lɔɪtə] слоняться без дела; (*linger*) мешкать

loll [lɒl] сидеть/стоять развалясь

lone|liness ['ləʊnlɪnɪs] одиночество; **~ly** [-lɪ], **~some** [-səm] одинокий

long[1] [lɒŋ] **1.** долгий срок, долгое время *n*; ***before ~*** вскоре; ***for ~*** надолго; **2.** *adj.* длинный; долгий; медленный; ***in the ~ run*** в конце концов; ***be ~*** долго длиться; **3.** *adv.* долго; ***as ~ ago as..*** ещё ...; ***~ ago*** давно; ***so ~!*** пока (до свидания)!; **~er** дольше; больше

long[2] [~] страстно желать, жаждать (***for*** Р), тосковать (по Д)

long-distance *attr.* дальний; *sport* на длинные дистанции; *tel.* междугородний

longing ['lɒŋɪŋ] **1.** □ тоскующий; **2.** сильное желание, стремление (к Д), тоска (по Д)

longitude ['lɒndʒɪtju:d] *geogr.* долгота

long|-sighted дальнозоркий; **~-suffering** многострадальный; **~-term** долгосрочный; **~-winded** □ многословный

look [lʊk] **1.** взгляд; *in face, eyes* выражение; (*appearance*) вид, наружность *f* (*a.* ***~s*** *pl.*); ***have a ~ at a th.*** посмотреть *pf.* на (В); ознакомляться [-комиться] с (Т); **2.** *v/i.* [по]смотреть (***at*** на В); выглядеть; ***~ for*** искать (В *or* Р); ***~ forward to*** предвкушать [-усить] (В); с радостью ожидать (Р); ***~ into*** рассматривать [-мотреть], разбираться [-зобраться]; ***~ out!*** берегись!; ***~ (up)on*** *fig.* смотреть как на (В); считать (за В); ***~ with disdain*** смотреть с презрением; ***~ over*** не замечать [-етить]; ***~ through*** просматривать [-мотре ***~ up*** *in dictionary, etc.* [по]искать; (*it*) навещать [-естить]

looker-on [lʊkər'ɒn] зритель *m*; вольный) свидетель *m*

looking glass зеркало

lookout ['lʊkaʊt] (*view*) вид; (*p pects*) виды *m/pl.*, шансы *m/pl.*; ***is my ~*** это моё дело

loom[1] [lu:m] ткацкий станок

loom[2] [~] маячить, неясно вырисо ваться

loop [lu:p] **1.** петля; **2.** делать пет закреплять петлёй; **~hole** *mst. fig.* зейка

loose [lu:s] □ *com.* свободн (*vague*) неопределённый; (*close-fitting*) просторный; (*not ti* болтающийся, шатающийся; (*lic tious*) распущенный; *earth* рыхл **~n** ['lu:sn] (*make loose*) ослаблять [-абить(ся)]; (*untie*) развязыв [-язать]; разрыхлять [-лить]; рас тывать [-шатать]

loot [lu:t] **1.** [о]грабить; **2.** добыча, грабленное добро

lopsided [lɒp'saɪdɪd] кривобокий; собокий

loquacious [lə'kweɪʃəs] болтливь

lord [lɔ:d] лорд; (*ruler, master*) пове тель *m*; ***the*** ♎ Господь *m*; ***my*** ♎ ['lɔ:d] милорд; ***the*** ♎***'s Prayer*** О наш; ***the*** ♎***'s Supper*** Тайная вече **~ly** ['lɔ:dlɪ] высокомерный

lorry ['lɒrɪ] *mot.* грузовик

lose [lu:z] [*irr.*] *v/t.* [по]терять, *chance, etc.* упускать [-стить]; *ga etc.* проигрывать [-рать]; ***~ o.s.*** заб диться *pf.*; *v/i.* [по]терять; *sport* п игрывать [-рать]; *of watch* отст в)ать

loss [lɒs] потеря, утрата; *con* ущерб, убыток; ***at a ~*** в растерян сти; ***with no ~ of time*** не теряя вре ни

lost [lɒst] *pt. и pt. p. от* ***lose***; ***be ~*** п падать [-пасть]; (*perish*) погиб [-гибнуть]; *fig.* растеряться *pf.* ***property office*** стол находок

lot [lɒt] (*destiny*) жребий; участ

(оля; *comm.* (*consignment*) партия
оваров; участок земли; *coll.* масса,
ьма; ***draw ~s*** бросать жребий; ***fall***
o a p.'s ~ выпасть *pf.* на чью-л. долю
tion ['ləʊʃn] лосьон
ttery ['lɒtərɪ] лотерея
ud [laʊd] □ громкий, звучный;
noisy) шумный; *colo(u)r* крикли-
вый, кричащий
unge [laʊndʒ] **1.** (*loll*) сидеть развалясь; (*walk idly*) слоняться; **2.**
праздное времяпрепровождение;
hea. фойе *n indecl.*; *at airport* зал ожи-
дания; *in house* гостиная
us|e [laʊs] (*pl.*: **lice**) вошь *f* (*pl.*: вши);
y ['lauzɪ] вшивый (*a. coll. fig.*); *sl.* пар-
шивый
ut [laʊt] хамский, неотёсанный
человек
vable ['lʌvəbl] □ привлекательный,
милый
ve [lʌv] **1.** любовь *f*; влюблённость
; предмет любви; ***give*** (*or* ***send***)
ne's ~ to a p. передавать, посылать
ривет (Д); ***in ~ with*** влюблённый в
В); ***make ~ to*** быть близкими; заниматься любовью; ***not for ~ or money***
и за что (на свете); **2.** любить; ***~ to do***
елать с удовольствием; ***~ affair***
любовная связь; *coll.* роман; **~ly** ['lʌv-
] прекрасный, чудный; **~r** ['lʌvə] (*a*
paramour) любовник *m*, -ница *f*;
возлюбленный; (*one fond of s.th.*)
любитель(ница *f*) *m*
ving ['lʌvɪŋ] □ любящий
w[1] [ləʊ] низкий, невысокий; *fig.* слабый; *voice, sound, etc.* тихий; *behavi-*
o(u)r низкий, непристойный; ***feel ~***
быть в плохом настроении; плохо
себя чувствовать
w[2] [-] **1.** мычание; **2.** [за]мычать
wer[1] ['ləʊə] **1.** *comp. om* **low**[1]; низ-
ший; нижний; **2.** *v/t. sails, etc.* спускать
-стить]; *eyes* опускать [-стить]; *pri-*
es, voice, etc. снижать [-изить]; *v/i.*
снижаться [-изиться]
wer[2] ['laʊə] смотреть угрюмо;
scowl) [на]хмуриться
w|-grade низкого сорта, плохого
качества; **~land** низменность *f*;

~-necked с глубоким вырезом; **~-paid**
низкооплачиваемый; **~-spirited** по-
давленный, унылый
loyal ['lɔɪəl] □ верный, преданный,
лояльный; **~ty** [-tɪ] верность *f*, пре-
данность *f*, лояльность *f*
lubric|ant ['lu:brɪkənt] смазочное
вещество, смазка; **~ate** [-keɪt] сма-
з(ыв)ать; **~ation** [lu:brɪ'keɪʃn] смазы-
вание
lucid ['lu:sɪd] □ ясный; (*transparent*)
прозрачный
luck [lʌk] удача, счастье; ***good ~***
счастливый случай, удача; ***bad ~,***
hard ~, ill ~ неудача; **~ily** ['lʌkɪlɪ]
к/по счастью; **~y** ['lʌkɪ] □ счастливый, удачный; приносящий
удачу
lucrative ['lu:krətɪv] □ прибыльный,
выгодный
ludicrous ['lu:dɪkrəs] □ нелепый,
смешной
lug [lʌg] [по]тащить; *coll.* [по]во-
лочить
luggage ['lʌgɪdʒ] багаж
lukewarm ['lu:kwɔ:m] чуть тёплый;
fig. прохладный
lull [lʌl] **1.** (*~ to sleep*) убаюк(ив)ать;
fig. успокаивать [-коить]; усыплять
[-пить]; **2.** *in fighting, storm, etc.* вре-
менное затишье
lullaby ['lʌləbaɪ] колыбельная
(песня)
lumber ['lʌmbə] *esp. Brt.* (*junk*) хлам;
esp. Am. пиломатериалы *m/pl.*
lumin|ary ['lu:mɪnərɪ] *mst. fig.* свети-
ло; **~ous** [-nəs] □ светящийся, светлый
lump [lʌmp] **1.** глыба, ком; *person*
чурбан; *of sugar, etc.* кусок; (*swelling*)
шишка; ***~ sum*** общая сумма; ***a ~ in the***
throat комок в горле; **2.** *v/t.*: ***~ together***
[с]валить в кучу; *v/i.* сбиваться в
комья
lunatic ['lu:nətɪk] *mst. fig.* сумасшед-
ший
lunch [lʌntʃ] обед в полдень, ленч;
have ~ [по]обедать
lung [lʌŋ] лёгкое; **~s** *pl.* лёгкие *n/pl.*
lunge [lʌndʒ] **1.** *mst. in fencing* выпад,

L

уда́р; **2.** *v/i.* наноси́ть уда́р (**at** Д)
lurch[1] [lɜːtʃ] *naut.* [на]крени́ться; идти́ шата́ясь
lurch[2] [~]: ***leave a. p. in the ~*** бро́сить *pf.* кого́-л. в беде́
lure [ljʊə] **1.** (*bait*) прима́нка; *fig.* собла́зн; **2.** прима́нивать [-ни́ть]; *fig.* соблазня́ть [-ни́ть]
lurid ['lʊərɪd] (*glaring*) крича́щий; о́чень я́ркий; (*shocking*) жу́ткий, ужа́сный; (*gaudy*) аляпова́тый
lurk [lɜːk] ждать притаи́вшись; скрыва́ться в заса́де; таи́ться
luscious ['lʌʃəs] □ со́чный
lust [lʌst] (*sexual desire*) по́хоть *f*; (*craving*) жа́жда
lust|er, *Brt.* **lustre** ['lʌstə] блеск; (*pendant*) лю́стра; **~rous** ['lʌstrəs] □ бл[...] стя́щий
lute [luːt] *mus.* лю́тня
Lutheran ['luːθərən] лютера́нин -анка *f*; лютера́нский
luxur|iant [lʌg'ʒʊərɪənt] бу́йны[...] пы́шный; **~ious** [-rɪəs] роско́шн[...] пы́шный; **~y** ['lʌkʃərɪ] ро́скошь[...] предме́т ро́скоши
lying ['laɪɪŋ] **1.** *pr. p. от* **lie**[1] *и* **lie**[2]; [...] *adj.* от **lie** (*telling lies*) лжи́вый
lymph [lɪmf] ли́мфа
lynch [lɪntʃ] линчева́ть
lynx [lɪnks] *zo.* рысь *f*
lyric ['lɪrɪk], **~al** [-ɪkəl] □ лири́ческ[...] **~s** *pl.* ли́рика

M

macabre [mə'kɑːbrə] мра́чный; ***~ humour*** чёрный ю́мор
macaroni [mækə'rəʊnɪ] макаро́ны *f/pl.*
macaroon [mækə'ruːn] минда́льное пече́нье
machination [mækɪ'neɪʃn] (*usu. pl.*) махина́ции, ко́зни *f/pl.*; интри́га
machine [mə'ʃiːn] стано́к; маши́на; механи́зм; *attr.* маши́нный; ***~ translation*** маши́нный перево́д; ***~-made*** маши́нного произво́дства; **~ry** [-ərɪ] маши́нное обору́дование, маши́ны
mackerel ['mækrəl] макре́ль, ску́мбрия
mad [mæd] □ сумасше́дший, поме́шанный; *animals* бе́шеный; ***be ~ about*** быть без ума́ от (Д); ***be ~ with s.o.*** серди́ться на (В); ***go ~*** сходи́ть с ума́; ***drive ~*** своди́ть с ума́
madam ['mædəm] мада́м *f indecl.*; суда́рыня
mad|cap сорвиголова́ *m/f*; **~den** ['mædn] [вз]беси́ть; своди́ть с ума́; раздража́ть [-жи́ть]
made [meɪd] *pt. и pt. p. от* **make**
mad|house *fig.* сумасше́дший дом; **~man** сумасше́дший; *fig.* безу́м[...] **~ness** ['mædnɪs] сумасше́ствие; [...] зу́мие
magazine [mægə'ziːn] (*journal*) жу[...] -на́л
maggot ['mægət] личи́нка
magic ['mædʒɪk] **1.** (*a.* **~al** ['mædʒɪk[...] □) волше́бный; **2.** волшебство́; **~**[...] [mə'dʒɪʃn] волше́бник
magistrate ['mædʒɪstreɪt] судья́
magnanimous [mæg'nænɪməs] □ [...] ликоду́шный
magnet ['mægnɪt] магни́т; [...] [mæg'netɪk] (**~ally**) магни́тный; [...] притяга́тельный
magni|ficence [mæg'nɪfɪsns] велик[...] ле́пие; **~ficent** [-snt] великоле́пн[...] **~fy** ['mægnɪfaɪ] увели́чи(ва)ть; **~fy**[...] **glass** лу́па; **~tude** ['mægnɪtjuːd] [...] личина́; ва́жность *f*; ***~ of the probl***[...] масшта́бность пробле́мы
mahogany [mə'hɒgənɪ] кра́сное де́[...] во
maid [meɪd] *in hotel* го́рничн[...] (*house~*) домрабо́тница; ***old ~*** ста́р[...] де́ва
maiden ['meɪdn] **1.** де́вушка; **2.** не[...]

мужняя; *fig. voyage, etc.* первый; **~name** девичья фамилия; **~ly** [-lɪ] девичий

ail [meɪl] **1.** почта; *attr.* почтовый; **2.** отправлять [-авить] по почте; посылать почтой; **~box** *Am.* почтовый ящик; **~man** *Am.* почтальон; **~-order** заказ по почте

aim [meɪm] [ис]калечить

ain [meɪn] **1.** главная часть *f*; **~s** *pl.* *el., etc.* магистраль *f*; ***in the ~*** в основном; **2.** главный, основной; **~land** ['meɪnlənd] материк; **~ly** ['meɪnlɪ] главным образом; большей частью; **~ road** шоссе *n indecl.*, магистраль *f*; **~spring** *fig.* движущая сила; **~stay** *fig.* главная опора

aintain [meɪn'teɪn] поддерживать [-жать]; (*support*) содержать *impf.*; утверждать [-рдить]; (*preserve*) сохранять [-нить]; **~ *that*** утверждать, что …; **~ *the status quo*** сохранять статус-кво

aintenance ['meɪntənəns] (*up-keep*) поддержание; (*preservation*) сохранение; *tech.* техническое обслуживание; (*child support, etc.*) содержание

aize [meɪz] кукуруза

ajest|ic [mə'dʒestɪk] (**~*ally***) величественный; **~y** ['mædʒəstɪ] величественность *f*; ***His*** (***Her***) ♀ его (её) величество

ajor ['meɪdʒə] **1.** больший; крупный; *mus.* мажорный; **~ *key*** мажорная тональность; **2.** майор; *Am. univ.* область/предмет специализация; **~ general** генералмайор; **~ity** [mə'dʒɒrətɪ] совершеннолетие; большинство; ***in the ~ of cases*** в большинстве случаев

ake [meɪk] **1.** [*irr.*] *v/t. com.* [с]делать; (*manufacture*) производить [-вести]; (*prepare*) [при]готовить; (*constitute*) составлять [-авить]; *peace, etc.* заключать [-чить]; (*compel, cause to*) заставлять [-ставить]; **~ *good*** выполнять [выполнить]; *loss* возмещать [-местить]; **~ *sure of*** удостоверяться [-вериться] в (П); **~ *way*** уступать дорогу (***for*** Д); **~ *into*** превращать [-ратить], передел(ыв)ать в (В); **~ *out*** разбирать [разобрать]; *cheque* выписывать [выписать]; **~ *over*** перед(ав)ать; **~ *up*** составлять [-авить]; *a quarrel* улаживать [уладить]; сделать макияж; *time* навёрстывать [наверстать]; = **~ *up for*** (*v/i.*); **~ *up one's mind*** решаться [-шиться]; **2.** *v/i.* направляться [-авиться] (***for*** к Д); **~ *off*** сбежать *pf.* (***with*** с Т); **~ *for*** направляться [-авиться]; **~ *up for*** возмещать [-местить]; *grief caused, etc.* сглаживать [-дить], искупать [-пить]; **3.** модель *f*; (*firm's*) марка; ***of British ~*** производства Великобритании; **~-believe** фантазия; **~shift** замена; подручное/временное средство; *attr.* временный; **~-up** состав; *thea.* грим; косметика

maladjusted [mælə'dʒʌstɪd] плохо приспособленный; **~ *child*** трудновоспитуемый ребёнок

malady ['mælədɪ] болезнь *f* (*a. fig.*)

male [meɪl] **1.** мужской; **2.** *person* мужчина; *animal* самец

malevolen|ce [mə'levələns] (*rejoicing in s.o.'s misfortune*) злорадство; (*wishing evil*) недоброжелательность *f*; **~t** [-lənt] □ злорадный; недоброжелательный

malice ['mælɪs] *of person* злой; *of act, thought, etc.* злоба; ***bear s.o. ~*** затаить *pf.* злобу на (В)

malicious [mə'lɪʃəs] □ злобный

malign [mə'laɪn] **1.** □ пагубный, вредный; **2.** [на]клеветать на (В), оклеветать (В); **~ant** [mə'lɪgnənt] □ злобный; *med.* злокачественный

malinger [mə'lɪŋgə] притворяться, симулировать; **~er** [~rə] симулянт *m*, -ка *f*

mallet ['mælɪt] деревянный молоток

malnutrition ['mælnju:'trɪʃn] недоедание; неправильное питание

malt [mɔ:lt] солод

maltreat [mæl'tri:t] плохо обращаться с (Т)

mammal ['mæml] млекопитающее

mammoth ['mæməθ] мамонт

man [mæn] (*pl.* **men**) человек; мужчи-

M

на *m*; (~*kind*) челове́чество; *chess* фи-гу́ра; ***the ~ in the street*** обы́чный челове́к

manage ['mænɪdʒ] *v/i.* руководи́ть; управля́ть (Т), заве́довать (Т); *problem, etc.* справля́ться [-а́виться] с (Т); обходи́ться [обойти́сь] (***without*** без Р); ***~ to*** (+ *inf.*) [с]уме́ть …; **~able** [-əbl] □ *person* послу́шный; сгово́рчивый; *task etc.* выполни́мый; **~ment** [-mənt] (*control*) управле́ние; (*governing body*) правле́ние; (*managerial staff*) администра́ция; (*senior staff*) дире́кция; **~r** [-ə] ме́неджер; дире́ктор

managing ['mænɪdʒɪŋ] руководя́щий; ***~ director*** замести́тель дире́ктора

mandat|e ['mændeɪt] (*authority*) полномо́чие; *for governing a territory* манда́т; *given by voters* нака́з; *law* прика́з суда́; **~ory** ['mændətərɪ] обяза́тельный

mane [meɪn] гри́ва; *man's* копна́ воло́с

M

manful ['mænfl] □ му́жественный

mangle ['mæŋgl] [ис]кале́чить; [из]уро́довать; *text, etc.* искажа́ть [искази́ть]

man|handle ['mænhændl] гру́бо обраща́ться, избива́ть [-би́ть]; **~hood** ['mænhʊd] возмужа́лость *f*, зре́лый во́зраст

mania ['meɪnɪə] ма́ния; **~c** ['meɪnæk] манья́к *m*, -я́чка *f*

manicure ['mænɪkjʊə] **1.** маникю́р; **2.** де́лать маникю́р (Д)

manifest ['mænɪfest] **1.** □ очеви́дный, я́вный; **2.** *v/t.* обнару́жи(ва)ть; проявля́ть [-ви́ть]; **~ation** ['mænɪfe-'steɪʃn] проявле́ние

manifold ['mænɪfəʊld] □ (*various*) разнообра́зный, разноро́дный; (*many*) многочи́сленный

manipulat|e [mə'nɪpjʊleɪt] манипули́ровать; **~ion** [mənɪpjʊ'leɪʃn] манипуля́ция; *of facts* подтасо́вка

man|kind [mæn'kaɪnd] челове́чество; **~ly** [-lɪ] му́жественный; **~-made** иску́сственный

mannequin ['mænɪkɪn] (*person*) мане-ке́нщица; (*dummy*) манеке́н

manner ['mænə] спо́соб, ме́тод; ман[ера]; о́браз де́йствий; **~s** *pl.* уме́ние де[р]жа́ть себя́; мане́ры *f/pl.*; обы́ч[аи] *m/pl.*; ***all ~ of*** вся́кого ро́да; са́мые ра[з]ные; ***in a ~*** в не́которой сте́пени; ***this ~*** таки́м о́бразом; ***in such a ~ th[at]*** таки́м о́бразом, что …; **~ed** [-d] (*d[is]playing a particular manner*) мане́[р]ный; (*precious*) вы́чурный; **~ly** [-…] ве́жливый

maneuver; *Brt.* **manœuvre** [mə'nuːv…] **1.** манёвр; махина́ция; интри́га; **2.** м[а]неври́ровать

manor ['mænə] поме́стье

manpower ['mænpaʊə] рабо́чая си́[ла]

mansion ['mænʃn] большо́й дом; *town* особня́к

manslaughter ['mænslɔːtə] непред[на]мы́шленное уби́йство

mantelpiece ['mæntlpiːs] по́лка ками́[н]на

manual ['mænjʊəl] **1.** ручно́й; ***~ labo(u)r*** физи́ческий труд; **2.** (*han[d]book*) руково́дство; (*textboo[k]*) уче́бник; (*reference book*) справо[ч]-ник; *tech.* инстру́кция (по эксплуата[-]ции)

manufactur|e [mænjʊ'fæktʃə] **1.** изг[о]товле́ние; *on large scale* произво́д[ст]во; **2.** производи́ть [-вести́]; **~er** [-…] производи́тель *m*, изготови́тель …; **~ing** [-rɪŋ] произво́дство; *attr.* пр[о]мы́шленный

manure [mə'njʊə] **1.** (*dung*) наво́з; … унаво́живать

many ['menɪ] **1.** мно́гие, многочи́сле[н]ные; мно́го; ***~ a time*** мно́го раз; … мно́жество; ***a good ~*** большо́е к[о]ли́чество; ***a great ~*** грома́дное к[о]ли́чество; **~-sided** многосторо́нни[й]

map [mæp] **1.** ка́рта; **2.** наноси́ть … ка́рту; ***~ out*** [с]плани́ровать

maple ['meɪpl] клён

mar [mɑː] [ис]по́ртить

marathon ['mærəθən] марафо́н … *fig.*)

marble ['mɑːbl] мра́мор

March[1] [mɑːtʃ] март

march[2] [-] **1.** *mil.* марш; похо́д; *fig.*

vents развитие; **2.** маршировать; *fig.* йти вперёд (*a.* ~ ***on***)
re [meə] кобыла; ~***'s nest*** иллюзия
rgarine [mɑːdʒəˈriːn] маргарин
rgin [ˈmɑːdʒɪn] край; *of page* поля *pl.*; *of forest* опушка; ~ ***of profit*** истая прибыль *f*; ~**al** [-l] □ находящийся на краю; ~ ***notes*** заметки а полях страницы
rigold [ˈmærɪgəʊld] ноготки *m/pl.*
rine [məˈriːn] **1.** морской; **2.** солдат орской пехоты; ~**r** [ˈmærɪnə] мореплаватель *m*; моряк, матрос
rital [ˈmærɪtl] □ *of marriage* рачный; *of married persons* супружеский
ritime [ˈmærɪtaɪm] морской
rk[1] [mɑːk] *currency* марка
rk[2] [-] **1.** метка, знак; (*school*~) алл, отметка; (*trade*~) фабричная арка; (*target*) мишень *f*; (*stain*) ятно; (*trace*) след; ***a man of*** ~ выающийся человек; ***hit the*** ~ *fig.* поасть *pf.* в цель; ***up to the*** ~ *fig.* на долной высоте; **2.** *v/t.* отмечать [-етить] *. fig.*); ставить отметку в (П); ~ ***off*** гделять [-лить]; ~ ***time*** топтаться а месте; ~**ed** [mɑːkt] □ отмеченный; *readily seen*) заметный
rket [ˈmɑːkə] *comput.* маркер
rket [ˈmɑːkɪt] **1.** рынок; *comm.* быт; ***on the*** ~ в продаже; ~ ***economy*** ыночная экономика; **2.** прода(-а)ть; ~**able** [-əbl] ходкий; ~**ing** [-ɪŋ] *rade*) торговля; (*sale*) сбыт; аркетинг
rksman [ˈmɑːksmən] меткий стреок
rmalade [ˈmɑːməleɪd] (апельсиное) варенье
rquee [mɑːˈkiː] большой шатёр
rriage [ˈmærɪdʒ] брак; (*wedding*) вадьба; бракосочетание; ***civil*** ~ ражданский брак; ~**able** [-əbl] рачного возраста; ~ **certificate** свиетельство о браке
rried [ˈmærɪd] *man* женатый; *wom-n* замужняя; ~ ***couple*** супруги *pl.*
rrow[1] [ˈmærəʊ] костный мозг; ***be hilled to the*** ~ продрогнуть *pf.* до мозга костей
marrow[2] [-] *bot.* кабачок
marry [ˈmærɪ] *v/t. of parent* (*give son in marriage*) женить; (*give daughter in marriage*) выдать *pf.* замуж; *relig.* [об]венчать; *civil* сочетать бра-ком; *of man* жениться на (П); *v/i.* жениться; *of woman* выходить [выйти] замуж
marsh [mɑːʃ] болото
marshal [ˈmɑːʃl] **1.** маршал; *Am. also* судебное/полицейское должностное лицо; **2.**: ~ ***one's thoughts*** привести *pf.* свои мысли в систему
marshy [ˈmɑːʃɪ] болотистый, топкий
marten [ˈmɑːtɪn] *zo.* куница
martial [ˈmɑːʃl] □ военный; воинственный; ~ ***law*** военное положение
martyr [ˈmɑːtə] мученик *m*, -ница *f*; *mst. fig.* страдалец *m*, -лица *f*
marvel [ˈmɑːvl] **1.** чудо; **2.** удивляться [-виться]; ~**(l)ous** [ˈmɑːvələs] □ изумительный
mascot [ˈmæskət] талисман
masculine [ˈmɑːskjʊlɪn] мужской; (*manly*) мужественный
mash [mæʃ] **1.** *cul.* пюре *n indecl.*; **2.** разминать [-мять]; ~***ed potatoes*** *pl.* картофельное пюре *n indecl.*
mask [mɑːsk] **1.** маска; **2.** [за]маскировать; (*conceal*) скры(ва)ть; ~**ed** [-t]: ~ ***ball*** маскарад
mason [ˈmeɪsn] каменщик; масон; ~**ry** [-rɪ] каменная (*or* кирпичная) кладка
masquerade [mæskəˈreɪd] маскарад
mass[1] [mæs] *relig.* месса
mass[2] [-] **1.** масса; **2.** соб(и)раться
massacre [ˈmæsəkə] **1.** резня; **2.** зверски убивать [убить]
massage [ˈmæsɑːʒ] **1.** массаж; **2.** массировать
massive [ˈmæsɪv] массивный; крупный
mass media *pl.* средства массовой информации
mast [mɑːst] *naut.* мачта
master [ˈmɑːstə] **1.** хозяин; (*teacher*) учитель *m*; (*expert*) мастер; ≈ ***of Arts*** магистр искусств; **2.** (*overcome*) одоле(ва)ть; (*gain control of*)

M

справля́ться [-а́виться]; (*acquire knowledge of*) овладе́(ва́)ть (Т); **~ful** ['mɑːstəfl] вла́стный, ма́стерский; **~ key** отмы́чка; универса́льный ключ; **~ly** [-lɪ] мастерско́й; **~piece** шеде́вр; **~y** ['mɑːstərɪ] госпо́дство, власть *f*; (*skill*) мастерство́

masticate ['mæstɪkeɪt] жева́ть

mastiff ['mæstɪf] масти́ф

mat [mæt] **1.** цино́вка; *of fabric* ко́врик; *sport.* мат; **2.** *hair* слипа́ться [сли́пнуться]

match[1] [mætʃ] спи́чка

match[2] [~] **1.** ро́вня *m/f*; *sport.* матч, состяза́ние; (*marriage*) брак, па́ртия; ***be a ~ for*** быть ро́вней (Д); **2.** *v/t.* [с]равня́ться с (Т); *colo(u)rs, etc.* подбира́ть; ***well ~ed couple*** хоро́шая па́ра; *v/i.* соотве́тствовать; сочета́ться; ***to ~*** *in colour, etc.* подходя́щий; **~less** ['mætʃlɪs] несравне́нный, бесподо́бный

mate [meɪt] **1.** това́рищ; *coll. address* друг; *of animal* саме́ц (са́мка); *naut.* помо́щник капита́на; **2.** *of animals* спа́ривать(ся)

material [mə'tɪərɪəl] **1.** □ материа́льный; *evidence* веще́ственный; **2.** материа́л (*a. fig.*); (*cloth*) мате́рия

matern|al [mə'tɜːnl] □ матери́нский; **~ity** [-nɪtɪ] матери́нство; ***~ hospital*** роди́льный дом

mathematic|ian [mæθəmə'tɪʃn] матема́тик; **~s** [-'mætɪks] (*mst. sg.*) матема́тика

matinee ['mætɪneɪ] *thea., cine.* дневно́е представле́ние

matriculate [mə'trɪkjʊleɪt] быть при́нятым в университе́т

matrimon|ial [mætrɪ'məʊnɪəl] □ бра́чный; супру́жеский; **~y** ['mætrɪmənɪ] супру́жество, брак

matrix ['meɪtrɪks] ма́трица

matron ['meɪtrən] матро́на; *in hospital approx.* сестра́-хозя́йка

matter ['mætə] **1.** (*substance*) вещество́, материа́л; (*content*) содержа́ние; (*concern*) вопро́с, де́ло; ***what's the ~?*** что случи́лось?, в чём де́ло?; ***no ~ who ...*** всё равно́, кто ...; ***~ of course*** само́ собо́й разуме́ющееся де́ло; ***that ~*** что каса́ется э́того; ***~ of*** факт; ***as a ~ of fact*** вообще́-то; име́ть значе́ние; ***it does not ~*** ничего; **~-of-fact** практи́чный, делово́й

mattress ['mætrɪs] матра́с

matur|e [mə'tjʊə] **1.** □ зре́лый; и... вы́держанный; **2.** созре́(ва́)ть; дос... га́ть [-ти́чь] зре́лости; **~ity** [-rɪtɪ] з... лость *f*

maudlin ['mɔːdlɪn] □ плакси́вый

maul [mɔːl] [рас]терза́ть; *fig.* жест... критикова́ть

mauve [məʊv] розова́то-лило́вый

mawkish ['mɔːkɪʃ] □ сентимента... ный

maxim ['mæksɪm] афори́зм; при́н...

maximum ['mæksɪməm] **1.** ма́ксим... **2.** максима́льный

May[1] [meɪ] май

may[2] [~] [*irr.*] (*модальный глагол ... инфинитива*) [с]мочь; ***~ I come*** мо́жно войти́? ***you ~ want to ...*** ... мо́жно вы [за]хоти́те ...

maybe ['meɪbɪː] мо́жет быть

May Day ['meɪdeɪ] Первома́йс... пра́здник

mayonnaise [meɪə'neɪz] майоне́з

mayor [meə] мэр

maze [meɪz] лабири́нт; *fig.* пу́тан... ***be in a ~*** быть в замеша́тельств... растерянности

me [miː, mɪ] *косвенный падеж о...* мне, меня́; *coll.* я

meadow ['medəʊ] луг

meager; *Brt.* **meagre** ['miːgə] ху... то́щий; *meal, etc.* ску́дный

meal [miːl] еда́ (за́втрак, обе́д, у́ж...

mean[1] [miːn] □ по́длый, ни́зкий; (*s... gy*) скупо́й; (*shabby*) убо́гий, жа́л...

mean[2] [~] **1.** сре́дний; → ***meantime*** ... середи́на; **~s** *pl.* состоя́ние, бога́т... во; (*a. sg.*) (*way to an end*) сре́дст... спо́соб; ***by all ~s*** обяза́тельно; кон... но; ***by no ~s*** нисколько; отню́дь не ***by ~s of*** с по́мощью (Р); посре́дст...

mean[3] [~] [*irr.*] (*intend*) намерева́т... име́ть в виду́; хоте́ть сказа́ть, по... зумева́ть; (*destine*) предназнач... [-зна́чить]; зна́чить; ***~ well*** име́ть

рые намéрения
eaning [mi:nɪŋ] значéние; смысл; **less** [-lɪs] бессмы́сленный
eant [ment] *pt. и pt. p. от* **mean**
ean|time, **~while** тем врéменем; éжду тем
easles ['mi:zlz] *pl.* корь *f*
easure ['meʒə] **1.** мéра; **beyond ~** зерх мéры; **in great ~** в большóй стé- ени; **made to ~** сдéланный на закáз; **~ or ~** *approx.* óко за óко; **take ~s** при- имáть [-ня́ть] мéры; **2.** мéрить, из- ерять [-éрить]; [с]мéрить; *sew.* сни- áть мéрку с (Р); **~ one's words** звéшивать словá; **~ment** [-mənt] азмéр; измерéние
eat [mi:t] мя́со; *fig.* суть *f*; **~ball** фри- адéлька; **~s** (*pl.*) тéфтели (*pl.*)
echanic [mɪ'kænɪk] механик; **~al** ·nɪkəl] □ механи́ческий; *fig.* маши- áльный; **~al engineering** машино- троéние; **~s** (*mst. sg.*) механика
edal [medl] медáль *f*
eddle [medl] (**with, in**) вмéшиваться шáться] (в В); **~some** [-səm] □ на- óедливый
ediat|e ['mi:dɪeɪt] посрéдничать; **ion** [mi:dɪ'eɪʃn] посрéдничество; **or** ['mi:dɪeɪtə] посрéдник
edical ['medɪkəl] □ медици́нский; рачéбный; **~ certificate** больни́чный исток; медици́нское свидéтельство; **examination** медици́нский осмóтр
edicin|al [me'dɪsɪnl] □ лекáрствен- ый; целéбный; **~e** ['medsɪn] медици- а; лекáрство
edieval [medɪ'i:vəl] □ средневекó- ый
ediocre [mi:dɪ'əʊkə] посрéдствен- ый
editat|e ['medɪteɪt] *v/i.* размышля́ть; *'t.* обдýм(ыв)ать (В); **~ion** [medɪ- eɪʃn] размышлéние, медитáция
edium ['mi:dɪəm] **1.** (*middle position r condition*) середи́на; (*means of ef- ecting or transmitting*) срéдство; *phys., surrounding substance*) средá; срéдний
edley ['medlɪ] смесь *f*
eek [mi:k] □ крóткий, мя́гкий; **~ness** ['mi:knɪs] крóтость *f*
meet [mi:t] [*irr.*] *v/t.* встречáть [-éтить]; (*become aquainted with*) [по]знакóмиться с (Т); (*satisfy*) удов- летворя́ть [-ри́ть]; *debt* оплáчивать [-лати́ть]; **go to ~ a p.** встречáть [-éтить] (В); **there is more to it than ~s the eye** это дéло не так прóсто; *v/i.* [по]знакóмиться; (*get together*) со- б(и)рáться; **~ with** испы́тывать [-пы- тáть] (В), подвергáться [-верг- нýться]; **~ing** ['mi:tɪŋ] заседáние; встрéча; ми́тинг, собрáние
melancholy ['melənkɒlɪ] **1.** уны́ние; грусть *f*; **2.** *of person* уны́лый; *of something causing sadness* грýстный, печáльный
mellow ['meləʊ] *person* смягчáть(-ся) [-чи́ть(ся)]; *fruit* созрé(вá)ть
melo|dious [mɪ'ləʊdɪəs] □ мело- ди́чный; **~dy** ['melədɪ] мелóдия
melon ['melən] ды́ня
melt [melt] [рас]тáять; *metal* [рас-] плáвить(ся); *fat* растáпливать [-то- пи́ть]; *fig.* смягчáть(ся) [-чи́ть(ся)]
member ['membə] член (*a. parl.*); **~ship** [-ʃɪp] члéнство
memoirs ['memwɑ:z] *pl.* мемуáры *m/pl.*
memorable ['memərəbl] □ (достo)- пáмятный
memorandum [memə'rændəm] запи́с- ка; *dipl.* меморáндум
memorial [mɪ'mɔ:rɪəl] **1.** (*commemo- rative object, monument, etc.*) пáмят- ник; (*written record, athletic tourna- ment, etc.*) мемориáл; **2.** мемориáль- ный
memorize ['meməraɪz] запоминáть [запóмнить]; (*learn by heart*) за- ýчивать наизýсть
memory ['memərɪ] пáмять *f* (*a. of computer*); воспоминáние
men [men] (*pl. от* **man**) мужчи́ны *m/pl.*
menace ['menəs] **1.** угрожáть, грози́ть (Д; **by, with** Т); **2.** угрóза; опáсность *f*; (*annoying person*) занýда
mend [mend] **1.** *v/t.* [по]чини́ть; **~ one's ways** исправля́ться [-áвиться]; *v/i.*

(*improve*) улучша́ться [улу́чшиться]; *of health* поправля́ться [-а́виться]; **2.** почи́нка; ***on the ~*** на попра́вку
mendacious [menˈdeɪʃəs] □ лжи́вый
meningitis [menɪnˈdʒaɪtɪs] менинги́т
menstruation [menstruˈeɪʃn] менструа́ция
mental [ˈmentl] □ *of the mind* у́мственный; *illness* психи́ческий; ***make a ~ note of*** отме́тить *pf.* в уме́ (В): ***~ hospital*** психиатри́ческая больни́ца; **~ity** [menˈtælətɪ] склад ума́; у́мственная спосо́бность; пси́хика
mention [ˈmenʃn] **1.** упомина́ние; **2.** упомина́ть [-мяну́ть] (В *or* о П); ***don't ~ it!*** не́ за что!; ***not to ~*** не говоря́ уж (о П)
menu [ˈmenjuː] меню́ *n indecl.*
meow, *Brt.* **miaow** [mɪˈaʊ] [за]мяу́кать
mercenary [ˈmɜːsɪnərɪ] □ коры́стный
merchandise [ˈmɜːtʃəndaɪz] това́ры *m/pl.*
merchant [ˈmɜːtʃənt] торго́вец; *chiefly Brt.* **~ bank** комме́рческий банк
merci|ful [ˈmɜːsɪfʊl] □ милосе́рдный; **~less** [-lɪs] □ беспоща́дный
mercury [ˈmɜːkjʊrɪ] ртуть *f*
mercy [ˈmɜːsɪ] милосе́рдие; поща́да; ***be at the ~ of*** быть во вла́сти (Р); по́лностью зави́сеть от (Р)
mere [mɪə] просто́й; ***a ~ child*** всего́ лишь ребёнок; **~ly** то́лько, про́сто
merge [mɜːdʒ] сли́(ва́)ть(ся) (***in*** с Т); объединя́ться [-ни́ться]; **~r** [ˈmɜːdʒə] *comm.* слия́ние, объедине́ние
meridian [məˈrɪdɪən] *geogr.* меридиа́н
meringue [məˈræŋ] *cul.* мере́нга
merit [ˈmerɪt] **1.** заслу́га; (*worth*) досто́инство; ***judge s.o. on his ~s*** оце́нивать кого́-л. по заслу́гам; **2.** заслу́живать [-ужи́ть]
mermaid [ˈmɜːmeɪd] руса́лка
merriment [ˈmerɪmənt] весе́лье
merry [ˈmerɪ] □ весёлый, ра́достный; ***make ~*** весели́ться; **~-go-round** карусе́ль *f*; **~-making** весе́лье; пра́зднество
mesh [meʃ] (*one of the spaces in net, etc.*) яче́йка; ***~es*** *pl.* се́ти *f/pl.*
mess[1] [mes] **1.** беспоря́док; (*confusion*) пу́таница; (*trouble*) неп[...]ятность *f*; ***make a ~ of a th.*** прова[...]вать де́ло; **2.** *v/t.* приводи́ть в беспо[...]док; *v/i. coll.* **~ *about*** рабо́тать к[...] -как; (*tinker*) копа́ться, вози́ться
mess[2] [~] *mil.* столо́вая
message [ˈmesɪdʒ] сообще́ние; *d*[...] *a. coll.* посла́ние; ***did you get the*** [...] поня́тно? усекли́?
messenger [ˈmesɪndʒə] курье́р
messy [ˈmesɪ] неу́бранный; гря́зн[...] в беспоря́дке
met [met] *pt. u pt. p. от* ***meet***
metal [ˈmetl] мета́лл; (*road ~*) щеб[...] *m*; *attr.* металли́ческий; **~lic** [mɪˈtæ[...] металли́ческий; **~lurgy** [mɪˈtælə[...] металлу́ргия
metaphor [ˈmetəfə] мета́фора
meteor [ˈmiːtɪə] метео́р; **~ology** [[...] tɪəˈrɒlədʒɪ] метеороло́гия
meter [ˈmiːtə] счётчик; **~ *reading*** [...] каза́ние счётчика
meter, *Brt.* **metre** [ˈmiːtə] метр
method [ˈmeθəd] ме́тод, спо́соб; [...] сте́ма, поря́док; **~ical** [mɪˈθɒdɪkl] [...] стемати́ческий, методи́ческий; [...] *derly*) методи́чный
meticulous [mɪˈtɪkjʊləs] □ тща́те[...] ный
metric [ˈmetrɪk] (***~ally***): ***~ system*** м[...] ри́ческая систе́ма
metropoli|s [məˈtrɒpəlɪs] столи́[...] метропо́лия; **~tan** [metrəˈpɒlɪtən[...] *eccl.* митрополи́т; **2.** *adj.* (*of a capi*[...] столи́чный
mettle [ˈmetl] си́ла хара́ктера; х[...] бро́сть *f*; бо́дрость *f*; (*endurance*) [...] но́сливость *f*
Mexican [ˈmeksɪkən] **1.** мексика́нск[...] **2.** мексика́нец *m*, -нка *f*
mice [maɪs] *pl.* мы́ши *f/pl.*
micro… [ˈmaɪkrəʊ] ми́кро…
microbe [ˈmaɪkrəʊb] микро́б
micro|phone [ˈmaɪkrəfəʊn] мик[...] фо́н; **~scope** [ˈmaɪkrəskəʊp] мик[...] ско́п; **~wave oven** микроволно́[...] печь *f*
mid [mɪd] сре́дний; среди́нный; **~air** [...] **~** высоко́ в во́здухе; **~day 1.** по́лд[...] *m*; **2.** полу́денный

iddle ['mɪdl] **1.** середи́на; **2.** сре́дний; ꝏ ***Ages*** *pl.* средневеко́вье; **~-aged** [~'eɪdʒd] сре́дних лет; **~-class** бур-жуа́зный; **~man** посре́дник; **~weight** боксёр сре́днего ве́са

iddling ['mɪdlɪŋ] (*mediocre*) по-сре́дственный; (*medium*) сре́дний

dge [mɪdʒ] мо́шка; **~t** ['mɪdʒɪt] ка́р-лик; *attr.* ка́рликовый

id|land ['mɪdlənd] центра́льная часть страны́; **~night** по́лночь *f*; **~riff** ['mɪdrɪf] *anat.* диафра́гма; **~st** [mɪdst]: ***n the ~ of*** среди́ (Р); ***in our ~*** в на́шей среде́; **~summer** [~'sʌmə] середи́на ле́та; **~way** [~'weɪ] на полпути́; **~wife** акуше́рка; **~winter** [~'wɪntə] середи́на зимы́

ight[1] [maɪt] *pt. от* ***may***

ight[2] [~] мощь *f*; могу́щество; ***with ~ and main*** изо всех сил; **~y** ['maɪtɪ] мо-гу́щественный; *blow* мо́щный; *adv. coll. Am.*: ***that's ~ good of you*** о́чень ми́ло с ва́шей стороны́

igrat|e [maɪ'greɪt] мигри́ровать; **~ion** [~ʃn] мигра́ция; *of birds* перелёт

ike [maɪk] *coll.* микрофо́н

ld [maɪld] □ мя́гкий; *drink, tobacco* сла́бый; (*slight*) лёгкий

ldew ['mɪldjuː] *bot.* ми́лдью *n indecl.*; *on bread* пле́сень *f*

ile [maɪl] ми́ля

il(e)age ['maɪlɪdʒ] расстоя́ние в ми́лях

lieu ['miːljɜː] среда́, окруже́ние

ilit|ary ['mɪlɪtrɪ] **1.** □ вое́нный; вои́н-ский; ***~ service*** вое́нная слу́жба; **2.** вое́нные; вое́нные вла́сти *f/pl.*; **~ia** [mɪ'lɪʃə] мили́ция

ilk [mɪlk] **1.** молоко́; ***condensed ~*** сгущённое молоко́; ***powdered ~*** су-хо́е молоко́; ***whole ~*** це́льное молоко́; **2.** [по]до́ить; **~maid** доя́рка; **~y** ['mɪlkɪ] моло́чный; ꝏ ***Way*** Мле́чный путь *m*

ill [mɪl] **1.** ме́льница; (*factory*) фа́б-рика, заво́д; **2.** [с]моло́ть

illennium [mɪ'lenɪəm] тысячеле́тие

illepede ['mɪlɪpiːd] *zo.* многоно́жка

iller ['mɪlə] ме́льник

illet ['mɪlɪt] про́со

illinery ['mɪlɪnərɪ] ателье́ да́мских шляп

million ['mɪljən] миллио́н; **~aire** [mɪljə'neə] миллионе́р; **~th** ['mɪljənθ] **1.** миллио́нный; **2.** миллио́нная часть *f*

millstone жёрнов; ***be a ~ round s.o.'s neck*** ка́мень на ше́е; тяжёлая от-ве́тственность *f*

milt [mɪlt] моло́ки *f/pl.*

mimic ['mɪmɪk] **1.** имита́тор; **2.** паро-ди́ровать (*im*)*pf.*; подража́ть (Д); **~ry** [~rɪ] подража́ние; *zo.* мимикри́я

mince [mɪns] **1.** *v/t. meat* пропуска́ть [-сти́ть] через мясору́бку; ***he does not ~ matters*** он говори́т без оби-няко́в; *v/i.* говори́ть жема́нно; **2.** мясно́й фарш (*mst.* ***~d meat***); **~meat** фарш из изю́ма, я́блок *и т. п.*; **~ pie** пирожо́к (→ ***mincemeat***)

mincing machine мясору́бка

mind [maɪnd] **1.** ум, ра́зум; (*opinion*) мне́ние; (*intention*) наме́рение; жела́-ние; па́мять *f*; ***to my ~*** на мой взгляд; ***be out of one's ~*** быть без ума́; ***change one's ~*** переду́м(ыв)ать; ***bear in ~*** име́ть в виду́; ***have a ~ to*** хоте́ть (*+inf.*); ***have s.th. on one's ~*** беспо-ко́иться о чём-л.; ***be in two ~s*** коле-ба́ться, быть в нереши́тельности; ***make up one's ~*** реша́ться [-ши́ться]; ***set one's ~ to …*** твёрдо реши́ть; **2.** (*look after*) присма́тривать [-мо-тре́ть] за (Т); (*heed*) остерега́ться [-ре́чься] (Р); ***never ~!*** ничего́!; ***I don't ~ (it)*** я ничего́ не име́ю про́тив; ***would you ~ taking off your hat?*** бу́дьте до-бры́, сними́те шля́пу; **~ful** ['maɪndfʊl] (***of***) внима́тельный к (Д); забо́тливый

mine[1] [maɪn] *pron.* мой *m*, моя́ *f*, моё *n*, мои́ *pl.*

mine[2] [~] **1.** рудни́к; (*coal ~*) ша́хта; *fig.* исто́чник; *mil.* ми́на; **2.** добы́(ва́)ть; **~r** ['maɪnə] шахтёр, *coll.* горня́к

mineral ['mɪnərəl] **1.** минера́л; **2.** мине-ра́льный; ***~ resources*** поле́зные ис-копа́емые

mingle ['mɪŋgl] сме́шивать(ся) [-ша́ть(ся)]

miniature ['mɪnətʃə] **1.** миниатю́ра; **2.** миниатю́рный

minibus микроавтóбус
minim|ize ['mɪnɪmaɪz] доводи́ть [довести́] до ми́нимума; *fig.* преуменьша́ть [-е́ньшить]; **~um** [-ɪməm] **1.** ми́нимум; **2.** минима́льный
mining ['maɪnɪŋ] горнодобыва́ющая промы́шленность *f*
minister ['mɪnɪstə] *pol.* мини́стр; *eccl.* свяще́нник
ministry ['mɪnɪstrɪ] *pol.*, *eccl.* министе́рство
mink [mɪŋk] *zo.* но́рка
minor ['maɪnə] **1.** (*inessential*) несуще́ственный; (*inferior in importance*) второстепе́нный; *mus.* мино́рный; **2.** несовершенноле́тний; **~ity** [maɪ'nɒrətɪ] меньшинство́
mint[1] [mɪnt] **1.** (*place*) моне́тный двор; ***a ~ of money*** больша́я су́мма; **2.** [от]чека́нить
mint[2] [~] *bot.* мя́та
minuet [mɪnjʊ'et] менуэ́т
minus ['maɪnəs] **1.** *prp.* без (Р), ми́нус; ***it's ~ 10° now*** сейча́с (на у́лице) ми́нус де́сять гра́дусов; **2.** *adj.* отрица́тельный
minute **1.** [maɪ'nju:t] □ ме́лкий; (*slight*) незначи́тельный; (*detailed*) подро́бный, дета́льный; **2.** ['mɪnɪt] мину́та; моме́нт; **~s** *pl.* протоко́л
mirac|le ['mɪrəkl] чу́до; ***work ~s*** твори́ть чудеса́; **~ulous** [mɪ'rækjʊləs] □ чуде́сный
mirage ['mɪrɑ:ʒ] мира́ж
mire ['maɪə] тряси́на; (*mud*) грязь *f*
mirror ['mɪrə] **1.** зе́ркало; **2.** отража́ть [отрази́ть]
mirth [mɜ:θ] весе́лье, ра́дость *f*; **~ful** [~fl] □ весёлый, ра́достный; **~less** [~lɪs] □ безра́достный
miry ['maɪərɪ] то́пкий
misadventure ['mɪsəd'ventʃə] несча́стье; несча́стный слу́чай
misapply ['mɪsə'plaɪ] непра́вильно испо́льзовать
misapprehend [mɪsæprɪ'hend] понима́ть [-ня́ть] превра́тно
misbehave [mɪsbɪ'heɪv] пло́хо вести́ себя́
miscalculate [mɪs'kælkjʊleɪt] ошиба́ться в расчёте, подсчёте
miscarr|iage [mɪs'kærɪdʒ] (*failure*) неуда́ча; *med.* вы́кидыш; ***~ of justice*** суде́бная оши́бка; **~y** [~rɪ] терпе́ть неуда́чу; име́ть вы́кидыш
miscellaneous [mɪsə'leɪnɪəs] □ ра[зный], сме́шанный
mischief ['mɪstʃɪf] озорство́; прока́[за] *f/pl.*; (*harm*) вред; зло; ***do s.o. a*** [~] причиня́ть [-ни́ть] кому́-л. зло
mischievous ['mɪstʃɪvəs] □ (*inju*[ri]*ous*) вре́дный; *mst. child* озор[но́й], шаловли́вый
misconceive [mɪskən'si:v] неп[ра]вильно поня́ть *pf.*
misconduct **1.** [mɪs'kɒndʌkt] плох[ое] поведе́ние; **2.** [~kən'dʌkt]: ***~ o.s.*** ду[р]но вести́ себя́
misconstrue [mɪskən'stru:] неп[ра]вильно истолко́вывать
misdeed [mɪs'di:d] просту́пок
misdirect [mɪsdɪ'rekt] неве́рно нап[ра]вить; *mail* непра́вильно адресова́[ть]
miser ['maɪzə] скупе́ц, скря́га *m/f*
miserable ['mɪzrəbl] □ (*wretche*[d]) жа́лкий; (*unhappy*) несча́стн[ый]; (*squalid*) убо́гий; *meal* ску́дный
miserly ['maɪzəlɪ] скупо́й
misery ['mɪzərɪ] невзго́да, несча́ст[ье]; страда́ние; (*poverty*) нищета́
misfortune [mɪs'fɔ:tʃən] неуда́ча, [не]сча́стье, беда́
misgiving [mɪs'gɪvɪŋ] опасе́ние, пр[ед]чу́вствие дурно́го
misguide [mɪs'gaɪd] вводи́ть в [за]блужде́ние; дава́ть [дать] неп[ра]ви́дьный сове́т
mishap ['mɪshæp] неприя́тное про[ис]ше́ствие, неуда́ча
misinform [mɪsɪn'fɔ:m] непра́виль[но] информи́ровать, дезинформи́[ро]вать
misinterpret [mɪsɪn'tɜ:prɪt] неве́р[но] поня́ть *pf.*, истолко́вывать
mislay [mɪs'leɪ] [*irr.* (***lay***)] положи́ть [не] на ме́сто; *lose* затеря́ть; ***I've misl***[***aid***] ***my pipe somewhere*** я куда́-то [...] свою́ тру́бку
mislead [mɪs'li:d] [*irr.* (***lead***)] вести́ [по] непра́вильному пути́; вводи́ть в

луждéние
ismanage [mɪsˈmænɪdʒ] плóхо вести́ делá
isplace [mɪsˈpleɪs] положи́ть не на мéсто; *p. pt.* **~d** *fig.* неумéстный
isprint [mɪsˈprɪnt] опечáтка
isread [mɪsˈriːd] [*irr.* (***read***)] непрáвильно прочéсть *pf.*; непрáвильно истолкóвывать
isrepresent [mɪsreprɪˈzent] представля́ть в лóжном свéте; искажáть [-кази́ть]
iss¹ [mɪs] дéвушка; (*as title*) мисс
iss² [~] **1.** прóмах; ***give s.th. a ~*** пропусти́ть *pf.*, не сдéлать *pf.* чегó-л.; **2.** *v/t. chance* упускáть [-сти́ть]; *train* опáздывать [-дáть] на (В); (*fail to notice*) не замéтить *pf.*; (*not find*) не застáть *pf.* дóма; (*long for*) тосковáть по (Т, Д); *v/i.* (*fail to hit*) промáхиваться [-хнýться]
issile [ˈmɪsaɪl] ракéта; ***guided ~*** управля́емая ракéта
issing [ˈmɪsɪŋ] отсýтствующий, недостаю́щий; *mil.* пропáвший без вести́; ***be ~*** отсýтствовать
ission [ˈmɪʃn] ми́ссия, делегáция; (*task*) задáча; (*calling*) призвáние
isspell [mɪsˈspel] [*a. irr.* (***spell***)] [с]дéлать орфографи́ческую оши́бку; непрáвильно написáть
ist [mɪst] тумáн; ды́мка
istake [mɪˈsteɪk] **1.** [*irr.* (***take***)] ошибáться [-би́ться]; (*understand wrongly*) непрáвильно понимáть [-ня́ть]; непрáвильно принимáть [-ня́ть] (***for*** за (В); ***be ~n*** ошибáться [-би́ться]; **2.** оши́бка; заблуждéние; ***by ~*** по оши́бке; **~n** [~ən] оши́бочный, непрáвильно пóнятый; (*ill-judged*) неосмотри́тельный; неумéстный
ister [ˈmɪstə] ми́стер, господи́н
istletoe [ˈmɪsltəʊ] омéла
istress [ˈmɪstrɪs] *of household, etc.* хозя́йка дóма; (*school ~*) учи́тельница; (*a paramour*) любóвница
istrust [mɪsˈtrʌst] **1.** не доверя́ть (Д); **2.** недовéрие; **~ful** [~fʊl] □ недовéрчивый

misty [ˈmɪstɪ] □ тумáнный; (*obscure*) смýтный
misunderstand [mɪsʌndəˈstænd] [*irr.* (***stand***)] непрáвильно понимáть; **~ing** [~ɪŋ] недоразумéние; (*disagreement*) размóлвка
misuse 1. [mɪsˈjuːz] злоупотребля́ть [-би́ть] (Т); (*treat badly*) дýрно обращáться с (Т); **2.** [~ˈjuːs] злоупотреблéние
mite [maɪt] (*small child*) малю́тка *m/f*
mitigate [ˈmɪtɪgeɪt] смягчáть [-чи́ть]; (*lessen*) уменьшáть [умéньшить]
mitten [ˈmɪtn] рукави́ца
mix [mɪks] [с]мешáть(ся); перемéшивать [-шáть]; (*mingle with*) общáться; **~ed** перемéшанный, смéшанный; (*of different kind*) разнорóдный; ***~ up*** перепýт(ыв)ать; ***be ~ up in*** быть замéшанным в (П); **~ture** [ˈmɪkstʃə] смесь *f*
moan [məʊn] **1.** стон; **2.** [за]стонáть
mob [mɒb] **1.** толпá; **2.** (*throng*) [с]толпи́ться; (*besiege*) осаждáть [-ди́ть]
mobil|e [ˈməʊbaɪl] *person, face, mind* живóй, подви́жный; *mil.* моби́льный; ***~ phone*** моби́льный телефóн; **~ization** [məʊbɪlaɪˈzeɪʃn] *mil., etc.* мобилизáция; **~ize** [ˈməʊbɪlaɪz] (*a. fig.*) мобилизовáть (*im*)*pf.*
moccasin [ˈmɒkəsɪn] мокаси́н
mock [mɒk] **1.** насмéшка; **2.** поддéльный; *v/t.* осмéивать [-ея́ть]; *v/i.*; ***~ at*** насмехáться [-ея́ться] над (Т); **~ery** [~ərɪ] издевáтельство, осмея́ние
mode [məʊd] мéтод, спóсоб; *tech.* режи́м; ***~ of life*** óбраз жи́зни
model [ˈmɒdl] **1.** модéль *f*; *fashion* манекéнщица; *art* натýрщик *m*, -ица *f*; *fig.* примéр; образéц; *attr.* образцóвый; **2.** *sculpture* вы́лепить; (***~ after, [up]on***) брать примéр
modem [ˈməʊdem] мóдем
moderat|e 1. [ˈmɒdərət] □ умéренный; **2.** [ˈmɒdəreɪt] умеря́ть [умéрить]; смягчáть(ся) [-чи́ть(ся)]; *wind* стихáть [сти́хнуть]; **~ion** [mɒdəˈreɪʃn] умéренность *f*
modern [ˈmɒdən] совремéнный; **~ize** [~aɪz] модернизи́ровать (*im*)*pf.*

M

modest ['mɒdɪst] □ скро́мный; **~y** [~ɪ] скро́мность *f*

modi|fication [mɒdɪfɪ'keɪʃn] видоизмене́ние; *mst. tech.* модифика́ция; **~fy** ['mɒdɪfaɪ] видоизменя́ть [-ни́ть]; (*make less severe*) смягча́ть [-чи́ть]; модифици́ровать

modul|ate ['mɒdjʊleɪt] модули́ровать; **~e** ['mɒdjuːl] *math.* мо́дуль *m*; (*separate unit*) блок, се́кция; (*spacecraft*) мо́дульный отсе́к; ***lunar* ~** лу́нная ка́псула

moist [mɔɪst] вла́жный; **~en** ['mɔɪsn] увлажня́ть(ся) [-ни́ть(ся)]; **~ure** ['mɔɪstʃə] вла́га

molar ['məʊlə] коренно́й зуб

mold[1] [məʊld] (*Brt.* **mould**) (*fungus*) пле́сень *f*

mold[2] [~] (*Brt.* **mould**) **1.** (лите́йная) фо́рма; **2.** *tech.* отлива́ть [-ли́ть]; *fig.* [с]формирова́ть

moldy ['məʊldɪ] (*Brt.* **mouldy**) запле́сневелый

mole[1] [məʊl] *zo.* крот; (*secret agent*) «крот»

mole[2] [~] (*breakwater*) мол

mole[3] [~] *on skin* ро́динка

molecule ['mɒlɪkjuːl] моле́кула

molest [mə'lest] приста́(ва́)ть к (Д)

mollify ['mɒlɪfaɪ] успока́ивать [-ко́ить], смягча́ть [-чи́ть]

molt [məʊlt] (*Brt.* **moult**) *zo.* [по]линя́ть

moment ['məʊmənt] моме́нт, миг, мгнове́ние; ***at the* ~** в да́нное вре́мя; ***a great* ~** ва́жное собы́тие; **~ary** [~trɪ] (*instantaneous*) мгнове́нный; (*not lasting*) кратковре́менный; **~ous** [mə'mentəs] □ ва́жный; **~um** [~təm] *phys.* ине́рция; дви́жущая си́ла; ***gather* ~** набира́ть ско́рость *f*; разраста́ться [-ти́сь]

monarch ['mɒnək] мона́рх; **~y** [~ɪ] мона́рхия

monastery ['mɒnəstrɪ] монасты́рь *m*

Monday ['mʌndɪ] понеде́льник

monetary ['mʌnɪtrɪ] валю́тный; *reform, etc.* де́нежный

money ['mʌnɪ] де́ньги *f/pl.*; ***ready* ~** нали́чные де́ньги *f/pl.*; ***be out of* ~** не име́ть де́нег; **~box** копи́лка; **~or** де́нежный перево́д

mongrel ['mʌŋgrəl] *dog* дворня́жк

monitor ['mɒnɪtə] *in class* ста́рос *tech.* монито́р

monk [mʌŋk] мона́х

monkey ['mʌŋkɪ] **1.** обезья́на; **2.** *c* дура́читься; **~ *with*** вози́ться с (Т); **wrench** *tech.* разводно́й га́ечн ключ

mono|logue ['mɒnəlɒg] монол **~polist** [mə'nɒpəlɪst] монополи́ **~polize** [~laɪz] монополизи́рова (*im*)*pf.*; **~poly** [~lɪ] монопо́лия (P); ~ **nous** [mə'nɒtənəs] □ моното́нн **~tony** [~tənɪ] моното́нность *f*

monsoon [mɒn'suːn] муссо́н

monster ['mɒnstə] чудо́вище; монстр; *attr.* (*huge*) гига́нтский

monstro|sity [mɒn'strɒsə чудо́вищность *f*; **~us** ['mɒnstrəs] чудо́вищный; безобра́зный

month [mʌnθ] ме́сяц; **~ly** ['mʌnθlɪ] (еже)ме́сячный; **~ *season tic*** ме́сячный проездно́й биле́т; **2.** еж ме́сячный журна́л

monument ['mɒnjʊmənt] па́мятн монуме́нт; **~al** [mɒnjʊ'mentl] □ мо мента́льный

mood [muːd] настрое́ние

moody ['muːdɪ] (*gloomy*) угрю́м (*in low spirits*) не в ду́хе; пе ме́нчивого настрое́ния; капри́зн

moon [muːn] луна́, ме́сяц; ***reach the* ~** жела́ть невозмо́жного; **~lig** лу́нный свет; **~lit** зали́тый лу́нн све́том

moor[1] [mʊə] торфяни́стая ме́стнос *f*, поро́сшая ве́реском

moor[2] [~] *naut.* [при]швартова́ться

moot [muːt]: **~ *point*** спо́рный вопр

mop [mɒp] **1.** шва́бра; **~ *of hair*** ко воло́с; **2.** мыть, протира́ть шва́бр

mope [məʊp] хандри́ть

moped ['məʊped] мопе́д

moral ['mɒrəl] **1.** □ мора́льн нра́вственный; **2.** мора́ль *f*; **~s** нра́вы *m/pl.*; **~e** [mə'rɑːl] *part. mil.* м ра́льное состоя́ние; **~ity** [mə'ræl мора́ль *f*, э́тика; **~ize** ['mɒrəlaɪz] м

ализи́ровать
orato|rium [mɒrə'tɔːrɪəm] *pl.*, **~ria** [-rɪə] *comm., pol., mil.* морато́рий
orbid ['mɔːbɪd] боле́зненный
ore [mɔː] бо́льше; бо́лее; ещё; **~ or less** бо́лее и́ли ме́нее; **once ~** ещё раз; **no ~** бо́льше не ...; **the ~ so as** . тем бо́лее, что ...; **~over** [mɔːr-ɒʊvə] кро́ме того́, бо́лее того́
orning ['mɔːnɪŋ] у́тро; **in the ~** тро́м; **tomorrow ~** за́втра у́тром
orose [mə'rəʊs] □ мра́чный
orphia ['mɔːfɪə], **morphine** ['mɔːfiːn] о́рфий
orsel ['mɔːsl] кусо́чек
ortal ['mɔːtl] **1.** □ сме́ртный; *wound* мерте́льный; **2.** сме́ртный; ***ordinary*** просто́й сме́ртный; **~ity** [mɔː'tælətɪ] *being mortal; a. ~ rate*) сме́ртность *f*
ortar ['mɔːtə] известко́вый раство́р
ortgage ['mɔːgɪdʒ] **1.** ссу́да (под не-ви́жимость); закладна́я; **2.** закла́-ывать [заложи́ть]
orti|fication [mɔːtɪfɪ'keɪʃn] чу́вство тыда́; **to my ~** к моему́ стыду́; **~fy** mɔːtɪfaɪ] (*shame, humiliate*) обижа́ть обидеть]; унижа́ть [унизить]; (*cause rief*) оскорбля́ть [-би́ть]
ortuary ['mɔːtʃərɪ] морг
osaic [məʊ'zeɪɪk] моза́ика
oslem ['mɒzləm] = **Muslim**
osque [mɒsk] мече́ть *f*
osquito [məs'kiːtəʊ] кома́р; *in opics* моски́т
oss [mɒs] мох; **~y** ['-ɪ] мши́стый
ost [məʊst] **1.** *adj.* □ наибо́льший; **2.** *dv.* бо́льше всего́; **~ *beautiful*** са́мый раси́вый; **3.** наибо́льшее ко-и́чество; бо́льшая часть *f*; ***at*** (***the***) са́мое бо́льшее, не бо́льше чем; ***make the ~ of ...*** наилу́чшим о́бразом спо́льзовать; ***the ~ I can do*** всё, что я огу́ сде́лать; **~ly** ['məʊstlɪ] по бо́ль-ей ча́сти; гла́вным о́бразом; ча́ще сего́
otel [məʊ'tel] моте́ль *m*
oth [mɒθ] моль *f*; мотылёк; **~-eaten** зъе́денный мо́лью
other ['mʌðə] **1.** мать *f*; **2.** отно-и́ться по-матери́нски к (Д); **~hood** ['mʌðəhʊd] матери́нство; **~-in-law** [-rɪnlɔː] (*wife's mother*) тёща; (*husband's mother*) свекро́вь *f*; **~ly** [-lɪ] матери́нский; **~-of-pearl** [-rəv'pɜːl] перламу́тровый; **~ tongue** родно́й язы́к
motif [məʊ'tiːf] моти́в
motion ['məʊʃn] **1.** движе́ние; *of mechanism* ход; (*proposal*) предложе́ние; **2.** *v/t.* пока́зывать же́стом; *v/i.* кива́ть [кивну́ть] (***to*** на В); **~less** [-lɪs] неподви́жный; **~ picture** *Am.* (кино)фи́льм
motiv|ate ['məʊtɪveɪt] мотиви́ровать; **~e** ['məʊtɪv] **1.** *of power* дви́жущий; **2.** (*inducement*) по́вод, моти́в
motley ['mɒtlɪ] пёстрый
motor ['məʊtə] **1.** дви́гатель *m*, мото́р; **2.** мото́рный; **~ mechanic, ~ fitter** автомеха́ник; **3.** е́хать (везти́) на автомаши́не; **~boat** мото́рная ло́дка; **~car** автомаши́на, *coll.* маши́на; **~cycle** мотоци́кл; **~ing** ['məʊtərɪŋ] автомоби́льный спорт; автотури́зм; **~ist** [-rɪst] автомобили́ст *m*, -ка *f*; **~ scooter** моторо́ллер; **~way** автостра́да
mottled ['mɒtld] кра́пчатый
mound [maʊnd] (*hillock*) холм; (*heap*) ку́ча
mount[1] [maʊnt] возвы́шенность *f*; гора́; **♀ *Everest*** гора́ Эвере́ст
mount[2] [~] *v/i.* поднима́ться [-ня́ться]; сади́ться на ло́шадь *f*; *v/t. radio, etc.* устана́вливать [-нови́ть], [с]монти́ровать; (*frame*) вставля́ть в ра́му (в опра́ву)
mountain ['maʊntɪn] **1.** гора́; **2.** го́рный, наго́рный; **~eer** [maʊntɪ'nɪə] альпини́ст(ка); **~ous** ['maʊntɪnəs] гори́стый
mourn [mɔːn] горева́ть; *s.b.'s death* опла́к(ив)ать; **~er** ['mɔːnə] скорбя́щий; **~ful** ['mɔːnfl] □ печа́льный, ско́рбный; **~ing** ['mɔːnɪŋ] тра́ур
mouse [maʊs] (*pl.* ***mice***) мышь *f*
moustache [mə'stɑːʃ] = ***mustache***
mouth [maʊθ], *pl.* **~s** [~z] рот; *of river* у́стье; *of cave, etc.* вход; **~ organ** губна́я гармо́ника; **~piece** *of pipe, etc.* мундшту́к; *fig.* ру́пор
move [muːv] **1.** *v/t. com.* дви́гать [дви́нуть]; передвига́ть [-и́нуть]; (*touch*)

M

тро́гать [тро́нуть]; (*propose*) вноси́ть [внести́]; *v/i.* дви́гаться [дви́нуться]; (*change residence*) переезжа́ть [перее́хать]; *of events* разви́(ва́)ться; *of affairs* идти́ [пойти́]; *fig. in artistic circles, etc.* враща́ться; **~ in** въезжа́ть [въе́хать]; **~ on** дви́гаться вперёд; **2.** движе́ние; перее́зд; *in game pf.* ход; *fig.* шаг; **on the ~** на ходу́; **make a ~** сде́лать ход; **~ment** ['mu:vmənt] движе́ние; *of symphony, etc.* часть *f*

movies ['mu:vɪz] *pl.* кино́ *n indecl.*

moving ['mu:vɪŋ] □ дви́жущийся; (*touching*) тро́гательный; **~ staircase** эскала́тор

mow [məʊ] [*irr.*] [с]коси́ть; **~n** *pt. p. от* **mow**

Mr. ['mɪstə] → **mister**

Mrs. ['mɪsɪz] ми́ссис, госпожа́

much [mʌtʃ] *adj.* мно́го; *adv.* о́чень; **I thought as ~** я так и ду́мал; **make ~ of** придава́ть [прида́ть] большо́е значе́ние; окружи́ть внима́нием; ба́ловать (В); **I am not ~ of a dancer** я нева́жно танцу́ю

muck [mʌk] наво́з; *fig.* дрянь *f*

mucus ['mju:kəs] слизь *f*

mud [mʌd] грязь *f*

muddle ['mʌdl] **1.** *v/t.* перепу́т(ыв)ать; [с]пу́тать (*a.* **~ up**); **2.** *coll.* пу́таница, неразбери́ха; (*disorder*) беспоря́док

mud|dy ['mʌdɪ] гря́зный; **~guard** крыло́

muffin ['mʌfɪn] сдо́бная бу́лочка

muffle ['mʌfl] *of voice, etc.* глуши́ть, заглуша́ть [-ши́ть]; (*envelop*) заку́т(ыв)ать; **~r** [-ə] (*device for deadening sound; Am. esp. mot.*) глуши́тель *m*

mug [mʌg] кру́жка

muggy ['mʌgɪ] ду́шный, вла́жный

mulberry ['mʌlbərɪ] (*tree*) ту́товое де́рево, шелкови́ца; (*fruit*) ту́товая я́года

mule [mju:l] мул; **stubborn as a ~** упря́мый как осёл

mull [mʌl]: **~ over** обду́м(ыв)ать; размышля́ть [-мы́слить]

mulled [mʌld]: **~ wine** глинтве́йн

multi|ple ['mʌltɪpl] **1.** *math.* кра́тный; **2.** *math.* кра́тное число́; (*repeated*) многокра́тный; *interests. etc.* разобра́зный; **~plication** [mʌltɪplɪ'ke… умноже́ние; увеличе́ние; **~ table** … бли́ца умноже́ния; **~plicity** [~'plɪs… многочи́сленность *f*; (*variety*) раз… обра́зие; **~ply** ['mʌltɪplaɪ] у… личи(ва)ть(ся); *math.* умнож… [-о́жить]; **~purpose** многоцелев… **~tude** [~tju:d] мно́жество, ма́сса; т… па́

mum [mʌm]: **keep ~** пома́лкивать

mumble ['mʌmbl] [про]бормота́т…

mummy ['mʌmɪ] му́мия

mumps [mʌmps] *sg.* сви́нка

mundane ['mʌndeɪn] земно́й, м… ско́й; □ бана́льный; *life* прозаи́чн…

municipal [mju:'nɪsɪpl] □ муни… па́льный; **~ity** [~nɪsɪ'pælətɪ] муни… палите́т

mural ['mjʊərəl] фре́ска; стенна́я р… пись *f*

murder ['mɜ:də] **1.** уби́йство; **2.** у… ва́)ть; **~er** [~rə] уби́йца *m/f*; **~**… [~rəs] □ уби́йственный

murky ['mɜ:kɪ] □ тёмный; *day* … мурный

murmur ['mɜ:mə] **1.** *of brook* жур… ние; *of voices* ти́хие зву́ки голос… шёпот; **2.** [за]журча́ть; шепт… (*grumble*) ворча́ть

musc|le ['mʌsl] му́скул, мы́шца; **~**… ['mʌskjʊlə] (*brawny*) мускули́ст… му́скульный

muse[1] [mju:z] му́за

muse[2] [~] заду́м(ыв)аться (**about,** … над Т)

museum [mju:'zɪəm] музе́й

mushroom ['mʌʃrʊm] **1.** гриб; **pick** … собира́ть грибы́; **2.** (*grow rapi*… расти́ как грибы́

music ['mju:zɪk] му́зыка; музыка́… ное произведе́ние; (*notes*) н… *f/pl.*; **face the ~** расхлёбывать ка́… **set to ~** положи́ть *pf.* на му́зыку; … ['mju:zɪkl] □ музыка́льный; ме… ди́чный; **~ hall** мю́зикхолл; эстр… ный теа́тр; **~ian** [mju:'zɪʃn] музык…

Muslim ['mʊzlɪm] мусульма́нский

muslin ['mʌzlɪn] мусли́н

musquash ['mʌskwɒʃ] онда́тра; …

рндáтры
mussel ['mʌsl] мíдия
must [mʌst]: ***I ~*** я дóлжен (+ *inf.*); ***I ~ not*** мне нельзя́; ***he ~ still be there*** он должнó быть всё ещё там
mustache [mə'stɑːʃ] усы́ *m/pl.*
mustard ['mʌstəd] горчи́ца
muster ['mʌstə] (*gather*) собирáться [-брáться]; ***~ (up) one's courage*** набрáться *pf.* хрáбрости, собрáться *pf.* с дýхом
musty ['mʌstɪ] зáтхлый
mutation [mjuː'teɪʃn] *biol.* мутáция
mut|e [mjuːt] **1.** □ немóй; **2.** немóй; **~ed** ['~ɪd] приглушённый
mutilat|e ['mjuːtɪleɪt] [из]увéчить; **~ion** [~'eɪʃn] увéчье
mutin|ous ['mjuːtɪnəs] □ мятéжный (*a. fig.*); **~y** [~nɪ] бунт, мятéж
mutter ['mʌtə] **1.** бормотáнье; (*grumble*) ворчáние; **2.** [про]бормотáть; [про]ворчáть
mutton ['mʌtn] барáнина; ***leg of ~*** барáньяногá; ***~ chop*** барáнья отбивнáя
mutual ['mjuːtʃʊəl] □ обоюдный, взаи́мный; óбщий; ***~ friend*** óбщий друг
muzzle ['mʌzl] **1.** мóрда, ры́ло; *of gun* дýло; (*for dog*) намóрдник; **2.** надевáть намóрдник (Д); *fig.* застáвить *pf.* молчáть
my [maɪ] *poss. pron.* мой *m*, моя́ *f*, моё *n*; мои́ *pl.*
myrtle ['mɜːtl] мирт
myself [maɪ'self] *refl. pron.* **1.** себя́, меня́ самогó; -ся, -сь; **2.** *pron. emphatic* сам; ***I dit it ~*** я сам э́то сдéлал
myster|ious [mɪ'stɪərɪəs] □ загáдочный, таи́нственный; **~y** ['mɪstərɪ] тáйна; ***it's a ~ to me ...*** остаётся для меня́ загáдкой
mysti|c ['mɪstɪk] (*a.* **~cal** [~kl] □) мисти́ческий; **~fy** [~tɪfaɪ] мистифици́ровать *(im)pf.*; (*bewilder*) озадáчи(ва)ть
myth [mɪθ] миф

N

nab [næb] *coll.* (*arrest*) накрывáть [-ы́ть]; (*take unawares*) застигáть [-и́гнуть]
nag [næg] *coll.* пили́ть
nail [neɪl] **1.** *anat.* нóготь *m*; гвоздь *m*; ***~ file*** пи́лка для ногтéй; **2.** заби́(вá)ть гвоздя́ми; приби́(вá)ть; ***~ s.b. down*** застáвить *pf.* раскры́ть свои́ кáрты; прижáть *pf* к стенé
naïve [naɪ'iːv] *or* **naive** □ наи́вный; безыскýсный
naked ['neɪkɪd] □ нагóй, гóлый; (*evident*) я́вный; ***with the ~ eye*** невооружённым глáзом; **~ness** [~nɪs] наготá
name [neɪm] **1.** и́мя *n*; (*surname*) фами́лия; *of things* назвáние; ***of*** (*coll.* ***by***) ***the ~ of*** по и́мени (И); ***in the ~ of*** во и́мя (Р); от и́мени (Р); ***call a p. ~s*** [об]ругáть (В); **2.** наз(ы)вáть; давáть и́мя (Д); **~less** ['neɪmlɪs] □ безымя́нный; **~ly** ['~lɪ] и́менно; **~-plate** табли́чка с фами́лией; **~sake** тёзка *m/f*
nap[1] [næp] **1.** корóткий/лёгкий сон; **2.** дремáть [вздремнýть]; ***catch s.b. ~ping*** заст(ав)áть когó-л. врасплóх
nap[2] [~] *on cloth* ворс
nape [neɪp] заты́лок
napkin ['næpkɪn] салфéтка; *baby's* пелёнка
narcotic [nɑː'kɒtɪk] **1.** (**~ally**) наркоти́ческий; **2.** наркóтик
narrat|e [nə'reɪt] расскáзывать [-зáть]; **~ion** [~ʃn] расскáз; **~ive** ['nærətɪv] повествовáние
narrow ['nærəʊ] **1.** □ ýзкий; (*confinsed*) тéсный; *person, mind* ограни́ченный, недалёкий; **2. ~s** *pl.* проли́в; **3.** сýживать(ся) [сýзить(-ся)]; уменьшáть(ся) [умéньшить(-ся)]; *of chances, etc.* ограни́чи(ва)ть; **~-minded** ýзкий; с предрассýдками

nasal ['neɪzl] □ носово́й; *voice* гнуса́вый
nasty ['nɑːstɪ] □ (*offensive*) проти́вный; неприя́тный; гря́зный; (*spiteful*) зло́бный
nation ['neɪʃn] на́ция
national ['næʃnl] **1.** □ национа́льный, наро́дный; госуда́рственный; **2.** (*citizen*) по́дданный; **~ity** [næʃə'nælətɪ] национальность *f*, гражда́нство, по́дданство; **~ize** ['næʃnəlaɪz] национализи́ровать (*im*)*pf.*
native ['neɪtɪv] **1.** □ родно́й; (*indigenous*) тузе́мный, ме́стный, коренно́й; **~ *language*** родно́й язы́к; **2.** уроже́нец *m*, -нка *f*; ме́стный жи́тель
natural ['nætʃrəl] □ есте́ственный; *leather, etc.* натура́льный; **~ *sciences*** есте́ственные нау́ки *f/pl.*; **~ize** [-aɪz] предоставля́ть [-а́вить] гражда́нство
nature ['neɪtʃə] приро́да; хара́ктер
naught [nɔːt] ничто́; ноль *m*; ***set at* ~** ни во что не ста́вить; пренебрега́ть [-бре́чь] (T)
naughty ['nɔːtɪ] □ непослу́шный, капри́зный
nause|a ['nɔːziə] тошнота́; (*disgust*) отвраще́ние; **~ate** ['nɔːzɪeɪt] *v/t.* тошни́ть; ***it* ~*s me*** меня́ тошни́т от э́того; вызыва́ть [вы́звать] отвраще́ние; ***be* ~*d*** испы́тывать отвраще́ние
nautical ['nɔːtɪkl] морско́й
naval ['neɪvl] (вое́нно-)морско́й
nave [neɪv] *arch.* неф
navel ['neɪvl] пуп, пупо́к
naviga|ble ['nævɪgəbl] □ судохо́дный; **~te** [-geɪt] *v/i. naut., ae.* управля́ть; *v/t. ship, plane* вести́; **~tion** [nævɪ'geɪʃn] навига́ция; ***inland* ~** речно́е судохо́дство; **~tor** ['nævɪgeɪtə] шту́рман
navy ['neɪvɪ] вое́нно-морски́е си́лы; вое́нно-морско́й флот; **~(blue)** тёмно-си́ний
near [nɪə] **1.** *adj.* бли́зкий; бли́жний; (*stingy*) скупо́й; ***in the* ~ *future*** в ближа́йшее вре́мя; **~ *at hand*** под руко́й; **2.** *adv.* ря́дом; бли́зко, недалеко́; почти́; ско́ро; **3.** *prp.* о́коло (P), у (P); **4.** приближа́ться [-ли́зиться] к (Д); **~by** [nɪə'baɪ] близлежа́щий; ря́дом; **~ly** ['nɪəlɪ] почти́; **~-sighted** [nɪ'saɪtɪd] близору́кий
neat [niːt] □ чи́стый, опря́тный; *figu...* изя́щный; стро́йный; *workmansh...* иску́сный; (*undiluted*) неразба́вле...ный; **~ness** ['niːtnɪs] опря́тность *f*
necess|ary ['nesəsərɪ] **1.** □ необходи...мый, ну́жный; **2.** необходи́мое; **~ita...** [nɪ'sesɪteɪt] [по]тре́бовать; вынуж...да́ть [вы́нудить]; **~ity** [-tɪ] необходи...мость *f*, нужда́
neck [nek] ше́я; *of bottle, etc.* го́рлыш...ко; **~ *of land*** перешеек; ***risk one's* ~** р...сковать голово́й; ***stick one's* ~ *out*** р...скова́ть; [по]ле́зть в пе́тлю; **~band** в...рот; **~lace** ['-lɪs] ожере́лье; **~tie** га...стук
neée [neɪ] урождённая
need [niːd] **1.** на́добность *f*, потре́б...ность *f*, необходи́мость *f*, (*povert...*) нужда́; ***be in* ~ *of*** нужда́ться в (П...; **2.** нужда́ться в (П); ***I* ~ *it*** мне э́то ну́ж...но; ***if* ~ *be*** в слу́чае необходи́мост...; **~ful** [-fl] □ ну́жный
needle ['niːdl] игла́, иго́лка; (*knittin...* **~**) спи́ца
needless ['niːdlɪs] □ нену́жный; **~ ...*say*** разуме́ется
needlework вы́шивка
needy ['niːdɪ] □ нужда́ющийся
negat|ion [nɪ'geɪʃn] отрица́ние; **~iv...** ['negətɪv] **1.** □ отрица́тельный; нега...ти́вный; **2.** *phot.* негати́в; ***answer* ... *the* ~** дава́ть [дать] отрицательный о...вет
neglect [nɪ'glekt] **1.** пренебреже́ни... (*carelessness*) небре́жность *f*; **2.** пре...небрега́ть [-бре́чь] (T); **~ed** [-ɪd] з...бро́шенный; **~ful** [-fʊl] небре́жный
negligen|ce ['neglɪdʒəns] небре́ж...ность *f*; (*attitude*) хала́тность *f*; ... [-t] □ небре́жный; хала́тный
negligible ['neglɪdʒəbl] ничто́жны... незначи́тельный
negotia|te [nɪ'gəʊʃɪeɪt] вести́ перего...во́ры; догова́риваться [-вори́ться] (П); *obstacles, etc.* преодоле́(ва́)т... **~tion** [nɪgəʊʃɪ'eɪʃn] перегово́р... *m/pl.*; **~tor** [nɪ'gəʊʃɪeɪtə] лицо́, ве...ду́щее перегово́ры

egr|ess ['ni:grɪs] *contemptuous* афроамерика́нка, негритя́нка; **~o** ['ni:grəʊ], *pl.* **~oes** [-z] *pej* афроамерика́нец, негр
eigh [neɪ] **1.** ржа́ние; **2.** [за]ржа́ть
eighbo(u)r ['neɪbə] сосе́д(ка); **~hood** [-hʊd] окру́га, райо́н; **~ing** [-rɪŋ] сосе́дний
either ['naɪðə] **1.** ни тот, ни друго́й; **2.** *adv.* та́кже не; **~ … nor …** ни … ни …
ephew ['nevju:] племя́нник
erve [nɜ:v] **1.** нерв; (*courage*) му́жество, хладнокро́вие; на́глость *f*; ***get on s.b.'s ~s*** де́йствовать на не́рвы; ***have the ~ to …*** име́ть на́глость *f*; **2.** придава́ть си́лы (хра́брости) (Д)
ervous ['nɜ:vəs] □ не́рвный; (*highly strung, irritable*) нерво́зный; **~ness** [-nɪs] не́рвность *f*, нерво́зность *f*
est [nest] **1.** гнездо́ (*a. fig.*); **2.** вить гнездо́; **~le** ['nesl] *v/i.* удо́бно усро́иться *pf.*; приж(им)а́ться (***to, on, against*** к Д); *v/t. one's head* приж(има́ть (го́лову)
et[1] [net] **1.** сеть *f*; **2.** расставля́ть се́ти; пойма́ть *pf.* се́тью
et[2] [~] **1.** не́тто *adj. indecl., weight, profit* чи́стый; **2.** приноси́ть (получа́ть) чи́стый дохо́д
ettle ['netl] **1.** *bot.* крапи́ва; **2.** обжига́ть крапи́вой; *fig.* раздража́ть, [рас]серди́ть
etwork ['netwɜ:k] *tech., rail, etc.* сеть *f*
euralgia [njʊə'rældʒə] невралги́я
eurosis [njʊə'rəʊsɪs] невро́з
euter ['nju:tə] *gr.* сре́дний род
eutral ['nju:trəl] **1.** □ нейтра́льный; **2.** нейтра́льное госуда́рство; **~ity** [nju:'trælətɪ] нейтралите́т; **~ize** ['nju:trəlaɪz] нейтрализова́ть (*im*)*pf.*
ever ['nevə] никогда́; совсе́м не; **~-ending** бесконе́чный, нескончáемый; **~more** никогда́ бо́льше; **~theless** [nevəðə'les] тем не ме́нее; несмотря́ на э́то
ew [nju:] но́вый; *vegetables, moon* молодо́й; *bread, etc.* све́жий; **~born** новоро́жденный; **~comer** вновь прибы́вший; новичо́к; **~fangled** ['-fæŋgld] новомо́дный; **~ly** ['nju:lɪ] за́ново, вновь; неда́вно
news [nju:z] но́вости *f/pl.*, изве́стия *n/pl.*; ***what's the ~?*** что но́вого?; **~agent** продаве́ц газе́т; **~paper** газе́та; **~print** газе́тная бума́га; **~reel** киножурна́л; **~stall**, **~stand** газе́тный кио́ск
New Testament Но́вый заве́т
New Year Но́вый год; ***~'s Eve*** кану́н Но́вого го́да; ***Happy ~!*** С Но́вым Го́дом!
next [nekst] **1.** *adj.* сле́дующий; ближа́йший; ***~ door to*** в сле́дующем до́ме; *fig.* чуть (ли) не, почти́; ***~ to*** во́зле (Р); вслед за (Т); **2.** *adv.* пото́м, по́сле, зате́м; в сле́дующий раз; **~ of kin** ближа́йший (-шая) ро́дственник (-ица)
nibble ['nɪbl] *v/t.* обгры́з(а́)ть
nice [naɪs] □ прия́тный, ми́лый, сла́вный; (*fine, delicate*) то́нкий; **~ty** ['naɪsətɪ] (*delicate point, detail*) то́нкости *f/pl.*, дета́ли *f/pl.*
niche [nɪtʃ] ни́ша
nick [nɪk] **1.** (*notch*) зару́бка; ***in the ~ of time*** как раз во́время; **2.** сде́лать *pf.* зару́бку в (П); *Am.* (*cheat*) обма́нывать [-нуть]; *Brt. coll.* (*steal*) стащи́ть *pf.*
nickel ['nɪkl] **1.** *min.* ни́кель *m*; *Am.* моне́та в 5 це́нтов; **2.** [от]никели́ровать
nickname ['nɪkneɪm] **1.** про́звище; **2.** прозыва́ть [-зва́ть]; да(ва́)ть про́звище (Д)
nicotine ['nɪkəti:n] никоти́н
niece [ni:s] племя́нница
niggard ['nɪgəd] скупе́ц; **~ly** [-lɪ] скупо́й; *sum, etc.* жа́лкий
night [naɪt] ночь *f*, ве́чер; ***by ~, at ~*** но́чью; ***stay the ~*** переночева́ть; **~club** ночно́й клуб; **~fall** су́мерки *f/pl.*; **~dress**, **~gown** ночна́я руба́шка; **~ingale** ['naɪtɪŋgeɪl] солове́й; **~ly** ['naɪtlɪ] ночно́й; *adv.* но́чью; ка́ждую ночь; **~mare** кошма́р
nil [nɪl] *sport* ноль *m or* нуль *m*; ничего́
nimble ['nɪmbl] □ прово́рный, ло́вкий; *mind* живо́й
nimbus ['nɪmbəs] *eccl. art* нимб

N

nine [naɪn] де́вять; девя́тка; → ***five***; **~pins** *pl.* ке́гли *f/pl.*; **~teen** [naɪn'tiːn] девятна́дцать; **~ty** ['naɪntɪ] девяно́сто
ninny ['nɪnɪ] *coll.* простофи́ля *m/f*
ninth [naɪnθ] **1.** девя́тый; **2.** девя́тая часть *f*
nip [nɪp] **1.** щипо́к; (*bite*) уку́с; (*frost*) моро́з; ***there is a ~ in the air*** во́здух моро́зный; **2.** щипа́ть [щипну́ть]; *finger* прищемля́ть [-ми́ть]; *flowers* поби́ть *pf.* моро́зом; ***~ in the bud*** пресека́ть в заро́дыше
nipper ['nɪpə] (***a pair of***) **~s** *pl.* клёщи *pl.*; *coll.* малы́ш
nipple ['nɪpl] сосо́к
nitrate ['naɪtreɪt] нитра́т
nitrogen ['naɪtrədʒən] азо́т
no [nəʊ] **1.** *adj.* никако́й; ***in ~ time*** в мгнове́ние о́ка; ***~ one*** никто́; **2.** *adv.* нет; **3.** отрица́ние
Nobel prize [nəʊ'bel] Но́белевская пре́мия
nobility [nəʊ'bɪlətɪ] дворя́нство; благоро́дство
noble ['nəʊbl] **1.** □ благоро́дный; (*highborn*) зна́тный; ***~ metal*** благоро́дный мета́лл; **2.** = **~man** титуло́ванное лицо́, дворяни́н
nobody ['nəʊbədɪ] *pron.* никто́; *su.* ничто́жный челове́к
nocturnal [nɒk'tɜːnl] ночно́й
nod [nɒd] **1.** кива́ть голово́й; (*doze*) дрема́ть; *coll.* (*drowse*) клева́ть но́сом; **2.** киво́к голово́й
noise [nɔɪz] шум; (*din*) гро́хот; ***make a ~*** *fig.* поднима́ть [-ня́ть] шум; **~less** ['nɔɪzlɪs] □ бесшу́мный
noisy ['nɔɪzɪ] □ шу́мный; *child* шумли́вый
nomin|al ['nɒmɪnl] □ номина́льный; *gr.* именно́й; ***~ value*** номина́льная цена́; **~ate** ['nɒmɪmeɪt] (*appoint*) назнача́ть [-зна́чить]; *candidate* выдвига́ть ['-инуть]; **~ation** [nɒmɪ'neɪʃn] выдвиже́ние; назначе́ние
non [nɒn] *prf.* не…, бес.., без…
nonalcoholic безалкого́льный
nonchalance ['nɒnʃələns] беззабо́тность *f*
noncommittal [nɒnkə'mɪtl] укло́нчивый
nondescript ['nɒndɪskrɪpt] (*dull*) [...] взра́чный; *colo(u)r* неопредел[...]ный
none [nʌn] **1.** ничто́, никто́; ни од[...] никако́й; **2.** ниско́лько, совсе́м […]; **~theless** тем не ме́нее
nonentity [nɒ'nentətɪ] *pers*[...] ничто́жество
nonexistent несуществу́ющий
nonpayment *mst. fin.* неплатёж, [...] упла́та
nonplus [nɒn'plʌs] приводи́ть в [...] меша́тельство, озада́чи(ва)ть
nonpolluting [nɒnpə'luːtɪŋ] не [...] грязня́ющий среду́
nonprofit некомме́рческий
nonresident не прожива́ющий в д[...]ном ме́сте
nonsens|e ['nɒnsəns] вздор, бессм[...]слица; **~ical** [nɒn'sensɪkl] бессм[...]сленный
nonsmoker *person* некуря́щий; [...] *rail* ваго́н для некуря́щих
nonstop безостано́вочный; *ae.* б[...]поса́дочный
noodle ['nuːdl]: **~s** *pl.* лапша́
nook [nʊk] укро́мный уголо́к; за[...]у́лок; ***search every ~ and cran***[...] обша́рить *pf.* все углы́ и закоу́лки
noon [nuːn] по́лдень *m*
noose [nuːs] петля́; (*lasso*) арка́н
nor [nɔː] и не; та́кже не; ни
norm [nɔːm] но́рма; **~al** ['nɔːml] норма́льный; **~alize** [-əlaɪz] при[...]ди́ть [-вести́] в но́рму; нормали[...]ва́ть (*im*)*pf.*
north [nɔːθ] **1.** се́вер; **2.** се́верный; [...] *adv.*: ***~ of*** к се́веру от (P); **~-east 1.** [...]веро-восто́к; **2.** се́веро-восто́чный [...] **~-eastern**; **~erly** ['nɔːðəlɪ], **~e**[...] ['nɔːðən] се́верный; **~ward**[...] ['nɔːθwəd(z)] *adv.* на се́вер; к се́ве[...] **~-west 1.** се́веро-за́пад; *naut.* но[...]-ве́ст; **2.** се́веро-за́падный (*a.* **~-we**[...]**ern**)
nose [nəʊz] **1.** нос; (*sense of smell*, *fig.*) чутьё; *of boat, etc.* нос; **2.** *v/t.* [...] ню́хать; *information* разню́х(ив)а[...] **~gay** буке́т цвето́в

ostril ['nɒstrəl] ноздря́
osy ['nəʊzɪ] *coll.* любопы́тный
ot [nɒt] не
otable ['nəʊtəbl] □ примеча́тельный, знамена́тельный; *person* выдаю́щийся
otary ['nəʊtərɪ] нота́риус (*a. public* ~)
otation [nəʊ'teɪʃn] *mus.* нота́ция; за́пись *f*
otch [nɒtʃ] **1.** зару́бка; (*mark*) ме́тка; **2.** [с]де́лать зару́бку
ote [nəʊt] **1.** заме́тка; за́пись *f*; (*comment*) примеча́ние; (*bank note*) банкно́т; (*denomination*) де́нежная купю́ра; *dipl.* но́та; *mus.* но́та; ***man of*** ~ знамени́тость *f*; ***worthy of*** ~ досто́йный внима́ния; **2.** замеча́ть [-е́тить]; (*mention*) упомина́ть [-мяну́ть]; (*a.* ~ ***down***) де́лать заме́тки, запи́сывать [-са́ть]; (*make a mental note*) отмеча́ть [-е́тить]; **~book** записна́я кни́жка; **~d** [-ɪd] хорошо́ изве́стный; **~worthy** примеча́тельный
othing ['nʌθɪŋ] ничто́, ничего́; ***for*** ~ зря, да́ром; ***come to*** ~ ни к чему́ не привести́ *pf*; ***to say*** ~ ***of*** не говоря́ уже́ о (П); ***there is*** ~ ***like ...*** нет ничего́ лу́чшего, чем ...
otice ['nəʊtɪs] **1.** внима́ние; извеще́ние, уведомле́ние; (*warning*) предупрежде́ние; (*announcement*) объявле́ние; ***at short*** ~ без предупрежде́ния; ***give*** ~ предупрежда́ть об увольне́нии (*or* об ухо́де); извеща́ть [-ести́ть]; **2.** замеча́ть [-е́тить]; обраща́ть внима́ние на (В); **~able** [-əbl] □ досто́йный внима́ния; заме́тный; **~board** доска́ объявле́ний
otification [nəʊtɪfɪ'keɪʃn] извеще́ние, сообще́ние
otify ['nəʊtɪfaɪ] извеща́ть [-ести́ть], уведомля́ть [уве́домить]
otion ['nəʊʃn] поня́тие, представле́ние
otorious [nəʊ'tɔːrɪəs] □ общеизве́стный; *pej.* пресловýтый
otwithstanding [nɒtwɪθ'stændɪŋ] несмотря́ на (В), вопреки́ (Д)
ought [nɔːt] ничто́; *math.* ноль *m or* нуль *m*; ***bring to*** ~ своди́ть [свести́] на нет
nourish ['nʌrɪʃ] пита́ть (*a. fig.*); [на-, по]корми́ть; *fig. hope, etc.* леле́ять; **~ing** [-ɪŋ] пита́тельный; **~ment** [-mənt] пита́ние; пи́ща (*a. fig.*)
novel ['nɒvl] **1.** но́вый; (*unusual*) необы́чный; **2.** рома́н; **~ist** [-ɪst] писа́тель *m*, -ница *f*; романи́ст; **~ty** [-tɪ] нови́нка; новизна́; (*method*) но́вшество
November [nəʊ'vembə] ноя́брь *m*
novice ['nɒvɪs] новичо́к; *eccl.* послу́шник *m*, -ница *f*
now [naʊ] **1.** тепе́рь, сейча́с; то́тчас; ***just*** ~ то́лько что; ~ ***and again*** (*или* ***then***) вре́мя от вре́мени; **2.** *cj.* когда́, раз
nowadays ['naʊədeɪz] ны́нче; в на́ши дни; в на́ше вре́мя
nowhere ['nəʊweə] нигде́, никуда́
noxious ['nɒkʃəs] □ вре́дный
nozzle ['nɒzl] *of hose* наконе́чник; *tech.* со́пло
nucle|ar ['njuːklɪə] я́дерный; ~ ***pile*** я́дерный реа́ктор; ~ ***power plant*** а́томная электроста́нция; **~us** [-s] ядро́
nude [njuːd] го́лый, наго́й; *art.* ~ ***figure*** обнажённая фигу́ра
nudge [nʌdʒ] *coll.* **1.** подта́лкивать [-толкну́ть]; **2.** лёгкий толчо́к ло́ктем
nuisance ['njuːsns] неприя́тность *f*; доса́да; *fig.* надое́дливый челове́к
null [nʌl] недействи́тельный; ***become*** ~ ***and void*** утра́чивать [утра́тить] зако́нную си́лу; **~ify** ['nʌlɪfaɪ] аннули́ровать (*im*)*pf.*; расторга́ть [-то́ргнуть]
numb [nʌm] *with terror* онеме́вший, оцепене́вший; *with cold* окочене́вший
number ['nʌmbə] **1.** число́; но́мер; (*figure*) ци́фра; **2.** нумерова́ть; (*be in number*) насчи́тывать; **~less** [-lɪs] бесчи́сленный; **~plate** *mot.* номерно́й знак
numeral ['njuːmərəl] **1.** *gr.* и́мя числи́тельное; (*figure*) ци́фра; **2.** цифрово́й
numerical [njuː'merɪkəl] □ числово́й; чи́сленный

N

numerous ['nju:mərəs] □ многочи́сленный; ***in ~ cases*** во мно́гих слу́чаях
nun [nʌn] мона́хиня
nunnery ['nʌnərɪ] же́нский монасты́рь *m*
nurse [nɜːs] **1.** ня́ня (*a.* ***~maid***); медици́нская сестра́, медсестра́; **2.** (*breast-feed*) [на]корми́ть гру́дью; (*take nourishment from the breast*) соса́ть грудь *f*; (*rear*) вска́рмливать; (*look after*) уха́живать за (Т); **~ry** ['nɜːsərɪ] де́тская (ко́мната); *agric.* пито́мник; ***~ school*** де́тский сад
nursing ['nɜːsɪŋ]: ***~ home*** ча́стная лече́бница; ***~ staff*** медсёстры
nurture ['nɜːtʃə] (*bring up*) воспи́тывать [-та́ть]
nut [nʌt] оре́х; *tech.* га́йка; ***a hard ~ crack*** кре́пкий оре́шек; **~crack**... щипцы́ для оре́хов; **~meg** ['nʌtme... муска́тный оре́х
nutri|tion [njuː'trɪʃn] пита́ние; **~tio**... [-ʃəs], **~tive** ['njuːtrətɪv] □ пита́тел... ный
nut|shell оре́ховая скорлупа́; ***in a*** ... кра́тко, в двух слова́х; **~ty** ['nʌtɪ] *tas*... име́ющий вкус оре́ха; *coll. idea, e*... бредово́й; *person* безу́мный, псих... ванный
nylon ['naɪlɒn] нейло́н
nymph [nɪmf] ни́мфа

O

oaf [əʊf] дура́к; у́валень *m*
oak [əʊk] дуб; *attr.* дубо́вый
oar [ɔː] **1.** весло́; **2.** *poet.* грести́; **~sman** ['ɔːzmən] гребе́ц
oasis [əʊ'eɪsɪs] оа́зис
oat [əʊt] овёс (*mst.* ***~s*** *pl.*)
oath [əʊθ] кля́тва; *mil.*, *law* прися́га; (*curse*) руга́тельство
oatmeal ['əʊtmiːl] овся́нка
obdurate ['ɒbdjuərət] □ (*stubborn*) упря́мый; (*unrepentant*) нераска́янный
obedien|ce [ə'biːdɪəns] повинове́ние; **~t** [-t] □ послу́шный
obelisk ['ɒbəlɪsk] обели́ск
obese [əʊ'biːs] ту́чный
obesity [əʊ'biːsətɪ] ту́чность *f*
obey [ə'beɪ] повинова́ться (*im*)*pf.* (Д); [по]слу́шаться (Р)
obituary [ə'bɪtʃʊərɪ] некро́лог
object 1. ['ɒbdʒɪkt] предме́т, вещь *f*; объе́кт; *fig.* цель *f*, наме́рение; **2.** [əb'dʒekt] (*disapprove*) не одобря́ть (Р), протестова́ть; возража́ть [-рази́ть] (***to*** про́тив Р); ***if you don't ~*** е́сли вы не возража́ете
objection [əb'dʒekʃn] возраже́ние; проте́ст; **~able** [-əbl] □ нежела́тельный; (*distasteful*) неприя́тный
objective [əb'dʒektɪv] **1.** □ объекти́вный; **2.** объе́кт, цель *f*
obligat|ion [ɒblɪ'geɪʃn] (*promise*) обяза́тельство; (*duty*) обя́занность; **~ory** [ə'blɪgətrɪ] □ обяза́тельный
oblig|e [ə'blaɪdʒ] (*require*) обя́зывать [-за́ть]; (*compel*) вынужда́ть [-н...дить]; ***I was ~d to ...*** я был вы́нужд... ...; ***~ a p.*** де́лать одолже́ние кому́-ли...бо; ***much ~d*** о́чень благода́рен (-рн...); **~ing** [-ɪŋ] □ услу́жливый, любе́зны...
oblique [ə'bliːk] □ косо́й; *gr.* ко́свенный
obliterate [ə'blɪtəreɪt] (*efface*) изгл...живать(ся) [-ла́дить(ся)]; (*destro*...) уничтожа́ть [-о́жить]; (*expung*...) вычёркивать [вы́черкнуть]
oblivi|on [ə'blɪvɪən] забве́ние; **~o**... [-əs] □ забы́чивый
obnoxious [əb'nɒkʃəs] проти́вны..., несно́сный
obscene [əb'siːn] □ непристо́йный
obscur|e [əb'skjʊə] **1.** □ тёмный; (*n*... *distinct*) нея́сный; *author, etc.* малои...ве́стный; *meaning, etc.* непоня́тны...; **2.** *sun. etc.* заслоня́ть [-ни́ть]; **~i**... [-rətɪ] неизве́стность *f*; *in text* нея́сн...

место

bsequious [əb'si:kwɪəs] □ подобострастный

bserv|able [əb'zз:vəbl] □ заметный; **~ance** [-vəns] *of law, etc.* соблюдение; *of anniversary, etc.* празднование; **~ant** [-vənt] □ наблюдательный; **~ation** [ɒbzə'veɪʃn] наблюдение; наблюдательность *f*; (*comment*) замечание; **~atory** [əb'zз:vətrɪ] обсерватория; **~e** [əb'zз:v] *v/t.* наблюдать; *fig.* соблюдать [-юсти]; (*notice*) замечать [-етить] (В); *v/i.* замечать [-етить]; **~er** [-ə] наблюдатель *m*

bsess [əb'ses]: **~ed by**, *a.* **with** одержимый (Т); **~ion** [əb'seʃn] навязчивая идея; одержимость *f*

bsolete ['ɒbsəli:t] устарелый; *words, etc.* устаревший

bstacle ['ɒbstəkl] препятствие

bstinate ['ɒbstənət] упрямый; настойчивый

bstruct [əb'strʌkt] [по]мешать (Д), затруднять [-нить]; (*block*) заграждать [-адить] загораживать [-родить]; **~ion** [əb'strʌkʃn] препятствие, помеха; заграждение; *law* обструкция; **~ive** [-tɪv] препятствующий; обструкционный

btain [əb'teɪn] *v/t.* (*receive*) получать [-чить]; (*procure*) добы(ва)ть; (*acquire*) обретать [-ести]; **~able** [-əbl] доступный; *result, etc.* достижимый

btru|de [əb'tru:d] навязывать(ся) [-зать(ся)] (**on** Д); **~sive** [-sɪv] навязчивый

bvious ['ɒbvɪəs] □ очевидный, ясный, явный

ccasion [ə'keɪʒn] **1.** случай; возможность *f*; (*reason*) повод, причина; (*special event*) событие; **on that ~** в тот раз; **on the ~ of** по случаю (Р); **rise to the ~** оказаться *pf.* на высоте положения; **2.** причинять [-нить]; давать повод к (Д); **~al** [-ʒnl] □ случайный; редкий

ccult [ɒ'kʌlt] □ оккультный

ccup|ant ['ɒkjʊpənt] (*inhabitant*) житель *m*, -ница *f*; (*tenant*) жилец; **the ~s of the car** ехавшие (*or* сидящие) в машине; **~ation** [ɑkjʊ'peɪʃn] *mil.* оккупация; (*work, profession*) занятие, профессия; **~y** ['ɒkjʊpaɪ] *seat, etc.* занимать [занять]; (*take possession of*) завладе(ва)ть (Т); оккупировать (*im*)*pf.*

occur [ə'kз:] (*take place*) случаться [-читься]; (*be met with*) встречаться [-етиться]; **~ to a p.** приходить в голову; **~rence** [ə'kʌrəns] происшествие, случай

ocean ['əʊʃn] океан

o'clock [ə'klɒk]: **five ~** пять часов

ocul|ar ['ɒkjʊlə] глазной; **~ist** ['ɒkjʊlɪst] окулист, глазной врач

odd [ɒd] □ нечётный; *sock, etc.* непарный; (*extra*) лишний; *of incomplete set* разрозненный; (*strange*) странный; **~ity** ['ɒdɪtɪ] чудаковатость *f*; **~s** [ɒdz] шансы *m/pl.*; **be at ~ with** не ладить с (Т); **~ and ends** остатки *m/pl.*; всякая всячина

odious ['əʊdɪəs] ненавистный; (*repulsive*) отвратительный

odo(u)r ['əʊdə] запах; аромат

of [ɒv; *mst.* əv, v] *prp.* о, об (П); из (Р); от (Р); *denoting cause, affiliation, agent, quality, source; often corresponds to the genitive case in Russian*; **think ~ s.th.** думать о (П); **out ~ charity** из милосердия; **die ~** умереть *pf.* от (Р); **cheat ~** обсчитывать на (В); **the battle ~ Quebec** битва под Квебеком; **proud ~** гордый (Т); **the roof ~ the house** крыша дома

off [ɔ:f, ɒf] **1.** *adv.* прочь; **far ~** далеко; *translated into Russian mst. by verbal prefixes*; **go ~** (*leave*) уходить [уйти]; **switch ~** выключать [выключить]; **take ~** (*remove*) снимать [снять]; **on and ~, ~ and on** время от времени; **be well ~** быть обеспеченным; **2.** *prp.* с (Р), со (Р) *indicates removal from a surface*; от (Р) *indicates distance*; **3.** *adj.*; **day ~** выходной день; **~side** *Brt.* правая сторона; *Am.* левая сторона; **the ~ season** мёртвый сезон

offal ['ɒfl] потроха *m/pl.*

offend [ə'fend] *v/t.* обижать [обидеть]; *feelings* оскорблять [-бить]; *v/i.* нарушать [-ушить] (**against** В);

~er [-ə] оби́дчик; *law* правонаруши́тель(ница *f*) *m*; ***first ~*** человек, суди́мый (соверши́вший преступле́ние) впервы́е
offen|se, *Brt.* **~ce** [ə'fens] (*transgression*) просту́пок; оби́да, оскорбле́ние; *mil.* наступле́ние
offensive [ə'fensɪv] **1.** □ (*insulting*) оскорби́тельный; оби́дный; (*disagreeable*) проти́вный; **2.** *mil.* наступле́ние
offer ['ɒfə] **1.** предложе́ние; **2.** *v/t.* предлага́ть [-ложи́ть]; ***~ an explanation*** дава́ть [дать] объясне́ние; ***~ resistance*** оказа́ть [-а́зывать] сопротивле́ние
offhand [ɒf'hænd] *manner* бесцеремо́нный; развя́зный; *adv.* без подгото́вки; ***he couldn't tell me ~ …*** он не смог мне сра́зу отве́тить …
office ['ɒfɪs] (*position*) до́лжность *f*; слу́жба; (*premises*) конто́ра; канцеля́рия; *of doctor, dentist, etc.* кабине́т; **~**министе́рство; ***~ hours*** часы́ рабо́ты, приёмные часы́
officer ['ɒfɪsə] *mil.* офице́р
official [ə'fɪʃl'] **1.** □ официа́льный; служе́бный; ***through ~ channels*** по официа́льным кана́лам; **2.** должностно́е лицо́, слу́жащий; *hist., a. pej.* чино́вник
officious [ə'fɪʃəs] □ назо́йливый, навя́зчивый
off|set возмеща́ть [-ести́ть]; **~shoot** побе́г; ответвле́ние; **~spring** о́тпрыск, пото́мок; **~-the-record** конфиденциа́льный
often ['ɒfn] ча́сто, мно́го раз; ***more ~ than not*** бо́льшей ча́стью; в большинстве́ слу́чаев
ogle ['əʊgl] стро́ить гла́зки (Д)
oil [ɔɪl] **1.** (*vegetable ~*) ма́сло; (*petroleum*) нефть *f*; ***diesel ~*** соля́рка; ***fuel ~*** жи́дкое то́пливо; **2.** сма́з(ыв)ать; **~cloth** клеёнка; **~field** нефтяно́е месторожде́ние; **~ well** нефтяна́я сква́жина; **~y** ['ɔɪlɪ] маслянúстый, ма́сляный; *fig.* еле́йный
ointment ['ɔɪntmənt] мазь *f*
OK, okay [əʊ'keɪ] *coll.* **1.** *pred.* в поря́дке, хорошо́; **2.** *int.* хорошо́!, ла́дно!, идёт!; слу́шаюсь!
old [əʊld] *com.* ста́рый; (***in times***) ***of ~*** в старину́; ***~ age*** ста́рость *f*; **~-fashioned** [-'fæʃnd] старомо́дный
olfactory [ɒl'fæktərɪ] обоня́тельный
olive ['ɒlɪv] *fruit* масли́на; *colo(u)r* оли́вковый цвет
Olympic [ə'lɪmpɪk]: ***the ~ Games*** Олимпи́йские и́гры
omelet(te) ['ɒmlɪt] омле́т
ominous ['ɒmɪnəs] □ злове́щий
omission [ə'mɪʃn] (*oversight*) упуще́ние; (*leaving out*) про́пуск
omit [ə'mɪt] пропуска́ть [-сти́ть]; (*on purpose*) опуска́ть [-сти́ть]
on [ɒn] **1.** *prp. mst.* на (П *or* В); ***~ the wall*** на стене́; ***~ good authority*** из достове́рного исто́чника; ***~ the 1st of April*** пе́рвого апре́ля; ***~ his arrival*** по его́ прибы́тии; ***talk ~ a subject*** говори́ть на те́му; ***~ hearing it*** услы́шав э́то; **2.** *adv.* да́льше; вперёд; да́лее; ***keep one's hat ~*** остава́ться в шля́пе; ***have a coat ~*** быть в пальто́; ***and so ~*** и так да́лее (и т.д.); ***be ~*** быть запу́щенным в ход, включённым (*и т. п.*)
once [wʌns] **1.** *adv.* раз; не́когда; когда́-то; ***at ~*** сейча́с же ***~ and for all*** раз (и) навсегда́; ***~ in a while*** изредка; ***this ~*** на э́тот раз; **2.** *cj.* как то́лько
one [wʌn] **1.** оди́н; еди́ный; еди́нственный; како́й-то; ***~ day*** одна́жды; ***~ never knows*** никогда́ не зна́ешь; **2.** (число́) оди́н; едини́ца; ***the little ~s*** малыши́ *m/pl.*; ***~ another*** друг дру́га; ***at ~*** заодно́; ***~ by ~*** оди́н за други́м; ***I for ~*** я со свое́й стороны́
onerous ['ɒnərəs] □ обремени́тельный
one|self [wʌn'self] *pron. refl.* -ся, -сь, (самого́) себя́; **~-sided** □ односторо́нний; **~-way**: ***~ street*** у́лица с односторо́нним движе́нием
onion ['ʌnjən] лук, лу́ковица
onlooker ['ɒnlukə] → ***looker-on***
only ['əʊnlɪ] **1.** *adj.* еди́нственный; **2.** *adv.* еди́нственно; то́лько, лишь; исключи́тельно; ***~ yesterday*** то́лько вчера́; **3.** *cj.* но; ***~ that …*** е́сли бы не то, что …

onset ['ɒnset] нача́ло
onslaught ['ɒnslɔːt] ата́ка, нападе́ние
onward ['ɒnwəd] **1.** *adj.* продвига́ющий; **~ *movement*** движе́ние вперёд; **2.** *adv.* вперёд; впереди́
ooze [uːz] [про]сочи́ться
opaque [əʊ'peɪk] □ непрозра́чный
open ['əʊpən] **1.** □ *com.* откры́тый; (*frank*) открове́нный; **~ *to*** досту́пный (Д); ***in the ~ air*** на откры́том во́здухе; **2. *bring into the ~*** сде́лать *pf.* достоя́нием обще́ственности; **3.** *v/t.* откры́(ва́)ть; нач(ин)а́ть; *v/i.* откры́(ва́)ться; нач(ин)а́ться; **~ *into*** *of door* откры́(ва́)ться в (В); **~ *on to*** выходи́ть на *or* в (В); **~-handed** ще́дрый; **~ing** [-ɪŋ] отве́рстие; нача́ло; *of exhibition* откры́тие; **~-minded** *fig.* непредубеждённый
opera ['ɒpərə] о́пера; **~ glasses** *pl.* театра́льный бино́кль *m*
operat|e ['ɒpəreɪt] *v/t.* управля́ть (Т); *part. Am.* приводи́ть в де́йствие; *v/i. med.* опери́ровать *(im)pf.*; рабо́тать; де́йствовать; **~ion** [ɒpə'reɪʃn] де́йствие; *med., mil., comm.* опера́ция; проце́сс; ***be in ~*** быть в де́йствии; **~ive** ['ɒpərətɪv] □ *having force* действи́тельный; *effective* де́йственный; *working* де́йствующий; **~or** ['ɒpəreɪtə] *of a machine* управля́ющий; *tel.* опера́тор; телеграфи́ст(ка *f*) *m*
opinion [ə'pɪnjən] мне́ние; взгляд; ***in my ~*** по-мо́ему
opponent [ə'pəʊnənt] оппоне́нт, проти́вник
opportun|e ['ɒpətjuːn] □ благоприя́тный, подходя́щий; *timely* своевре́менный; **~ity** [ɒpə'tjuːnətɪ] удо́бный слу́чай, возмо́жность *f*
oppos|e [ə'pəʊz] противопоставля́ть [-ста́вить]; (*be against*) [вос]проти́виться (Д); **~ed** [-d] противопоста́вленный; ***as ~ to*** в отли́чие от (Р); ***be ~*** быть про́тив (Р); **~ite** ['ɒpəzɪt] **1.** □ противополо́жный; **2.** *prp., adv.* напро́тив, про́тив (Р); **3.** противополо́жность *f*; **~ition** [ɒpə'zɪʃn] противопоставле́ние; сопротивле́ние; оппози́ция
oppress [ə'pres] притесня́ть [-ни́ть], угнета́ть; **~ion** [-ʃn] притесне́ние, угнете́ние; **~ive** [-sɪv] □ гнету́щий; *weather* ду́шный
optic ['ɒptɪk] глазно́й, зри́тельный; **~al** [-l] □ опти́ческий; **~ian** [ɒp'tɪʃn] о́птик
optimism ['ɒptɪmɪzəm] оптими́зм
optimistic [ɒptɪ'mɪstɪk] *person* оптимисти́чный; *prognosis, etc.* оптимисти́ческий
option ['ɒpʃn] вы́бор, пра́во вы́бора; **~al** ['ʃənl] □ необяза́тельный, факультати́вный
opulence ['ɒpjʊləns] бога́тство
or [ɔː] и́ли; **~ *else*** ина́че; и́ли же
oracle ['ɒrəkl] ора́кул
oral ['ɔːrəl] □ у́стный; слове́сный
orange ['ɒrɪndʒ] **1.** апельси́н; ора́нжевый цвет; **2.** ора́нжевый
orator ['ɒrətə] ора́тор
orbit ['ɔːbɪt] орби́та; ***put into ~*** выводи́ть [-вести] на орби́ту
orchard ['ɔːtʃəd] фрукто́вый сад
orchestra ['ɔːkɪstrə] орке́стр
ordain [ɔː'deɪn] посвяща́ть в духо́вный сан
ordeal [ɔː'diːl] *fig.* испыта́ние
order ['ɔːdə] **1.** поря́док; (*command*) прика́з; *comm.* зака́з; ***take*** (***holy***) **~s** принима́ть духо́вный сан; ***in ~ to*** что́бы; ***in ~ that*** с тем, что́бы; ***make to ~*** де́лать на зака́з; ***out of ~*** неиспра́вный; **2.** прика́зывать [-за́ть]; *comm.* зака́зывать [за́ть]; **~ly** [-lɪ] (*well arranged, tidy*) аккура́тный, дисциплини́рованный
ordinary ['ɔːdənrɪ] обыкнове́нный; зауря́дный; ***out of the ~*** необы́чный
ore ['ɔː] руда́
organ ['ɔːgən] о́рган; *mus.* орга́н; **~ic** [ɔː'gænɪk] (**~*ally***) органи́ческий; *fig.* органи́чный
organ|ization [ɔːgənaɪ'zeɪʃn] организа́ция; **~ize** ['ɔːgənaɪz] организова́ть *(im)pf.*; **~izer** [-ə] организа́тор
orgy ['ɔːdʒɪ] о́ргия
orient ['ɔːrɪənt] **1.**: ***the*** ♀ Восто́к, восто́чные стра́ны *f/pl.*; **2.** ориенти́ровать *(im)pf.*; **~al** [ɔːrɪ'entl] □ во-

O

сто́чный, азиа́тский; **~ate** ['ɔːrɪənteɪt] ориенти́ровать (*im*)*pf*.
orifice ['ɒrɪfɪs] (*opening*) отве́рстие
origin ['ɒrɪdʒɪn] (*source*) исто́чник; (*derivation*) происхожде́ние; (*beginning*) нача́ло
original [ə'rɪdʒənl] **1.** □ (*first*) первонача́льный; *ideas, etc.* оригина́льный; (*not a copy*) по́длинный; **2.** оригина́л, по́длинник; (*eccentric*) чуда́к; ***in the ~*** в оригина́ле; **~ity** [ərɪdʒə'nælətɪ] оригина́льность *f*
originat|e [ə'rɪdʒɪneɪt] *v/t*. дава́ть нача́ло (Д), порожда́ть [породи́ть]; *v/i*. происходи́ть [-изойти́] (***from*** от Р); **~or** [-ə] инициа́тор
ornament 1. ['ɔːnəmənt] украше́ние (*a. fig*.), орна́мент; **2.** [-ment] украша́ть [укра́сить]; **~al** [ɔːnə'mentl] □ декорати́вный
ornate [ɔː'neɪt] □ бога́то укра́шенный; *style* витиева́тый
orphan ['ɔːfn] **1.** сирота́ *m/f*.; **2.** осироте́вший (*a.* ***~ed***); **~age** ['ɔːfənɪdʒ] сиро́тский дом; прию́т для сиро́т
orthodox ['ɔːθədɒks] □ ортодокса́льный; *eccl*. правосла́вный
oscillate ['ɒsɪleɪt] *swing* кача́ться; (*fluctuate*), *a. fig*. колеба́ться
ostensible [ɒ'stensəbl] □ слу́жащий предло́гом; мни́мый; очеви́дный
ostentatious [ɒsten'teɪʃəs] □ показно́й
ostrich ['ɒstrɪtʃ] *zo*. стра́ус
other ['ʌðə] друго́й; ино́й; ***the ~ day*** на днях; ***the ~ morning*** неда́вно у́тром; ***every ~ day*** че́рез день; ***in ~ words*** други́ми слова́ми; **~wise** [-waɪz] ина́че; и́ли же
otter ['ɒtə] *zo*. вы́дра
ought [ɔːt]: ***I ~ to*** мне сле́довало бы; ***you ~ to have done it*** вам сле́довало э́то сде́лать
ounce [aʊns] у́нция
our ['aʊə] *poss. adj*.; **~s** ['aʊəz] *pron. & pred. adj*. наш, на́ша, на́ше; на́ши *pl*.; **~selves** [aʊə'selvz] *pron*. **1.** *refl*. себя́, -ся, -сь; **2.** *for emphasis* (мы) са́ми
oust [aʊst] выгоня́ть [вы́гнать], вытесня́ть [вы́теснить]
out [aʊt] *adv*. нару́жу; вон; в, на; *ofte[n] translated by the prefix* вы-; ***take ~*** вы[]нима́ть [вы́нуть]; ***have it ~ with s.[o.]*** объясни́ться *pf*. с ке́м-л.; ***~ and ~*** с[о]верше́нно; ***a/the way ~*** вы́ход; ***~ si[ze]*** разме́р бо́льше норма́льного; *prp*. ***of*** из (Р); вне (Р); из-за (Р)
out|... [aʊt] пере...; вы...; рас..; про...; воз..., вз...; из...; **~balanc[e]** [-'bæləns] переве́шивать [-ве́сить]; **~break** ['aʊtbreɪk] *of anger, et[c.]* вспы́шка; *of war, etc*. (внеза́пное) на[]ча́ло; **~building** ['aʊtbɪldɪŋ] надво́р[]ное строе́ние; **~burst** [-bɜːst] взры[в]; вспы́шка; **~cast** [-kɑːst] отве́ржен[]ный; **~come** [-kʌm] результа́т; **~cr[y]** [-kraɪ] кри́ки, шум; проте́ст; **~d[o]** [aʊt'duː] [*irr*. (***do***)] превосходи́т[ь] [-взойти́]; **~door** ['aʊtdɔː] *adj*. (нахо[]дя́щийся) на откры́том во́здух[е]; *clothes* ве́рхний; **~doors** [-'dɔːz] *ad[v]*. на откры́том во́здухе; ***it's cold ~*** н[а] у́лице хо́лодно
outer ['aʊtə] вне́шний, нару́жный; **~most** [-məʊst] кра́йний; са́мы[й] да́льний от це́нтра
out|fit ['aʊtfɪt] (*equipment*) снаряже́[]ние; (*clothes*) костю́м; **~goin[g]** [-gəʊɪŋ] уходя́щий; *letters, etc*. исхо[]дя́щий; *person* общи́тельный[,] ужи́вчивый; **~grow** [aʊt'grəʊ] [*ir[r]*. (***grow***)] *clothes* выраста́ть [вы́расти] из (Р); **~house** [-haʊs] надво́рно[е] строе́ние; *Am*. убо́рная во дворе́
outing ['aʊtɪŋ] (за́городная) прогу́л[]ка, экску́рсия
out|last [aʊt'lɑːst] *mst. of person* пере[]жи́(ва́)ть; *of things* служи́ть (но[]си́ться) до́льше, чем...; **~law** ['aʊtlɔː] **1.** челове́к вне зако́на; **2.** объявля́т[ь] вне зако́на; **~lay** [-leɪ] расхо́д[ы] *m/pl*.; **~let** [-let] выпускно́е отве́р[]стие; вы́ход; **~line** [-laɪn] **1.** (*a. pl*[.]) очерта́ние, ко́нтур; **2.** де́лать набро́[]сок (Р); **~live** [aʊt'lɪv] пережи́(ва́)т[ь]; **~look** ['aʊtlʊk] вид, перспекти́ва; то́ч[]ка зре́ния, взгляд; **~lying** [-laɪɪŋ] от[]далённый; **~number** [aʊt'nʌmbə] пре[]восходи́ть чи́сленностью; **~patien[t]** амбулато́рный больно́й; **♀patient De[partment]**

partment поликли́ника при больни́це; **~pouring** ['-pɔːrɪŋ] *mst. pl.* излия́ние (чувств); **~put** [-put] (*production*) вы́пуск; проду́кция; (*productivity*) производи́тельность *f*
utrage ['autreɪdʒ] **1.** наруше́ние прили́чий; безобра́зие; возмути́тельное явле́ние; **2.** оскорбля́ть [-би́ть] возмуща́ть [-ути́ть]; изнаси́ловать; **~ous** [aut'reɪdʒəs] □ возмути́тельный; безобра́зный; сканда́льный
ut|right ['autraɪt] откры́то, пря́мо, реши́тельно; **~run** [aut'rʌn] [*irr.* (***run***)] перегоня́ть [-гна́ть], опережа́ть [-реди́ть]; **~set** ['autset] нача́ло; ***from the ~*** с са́мого нача́ла; **~shine** [aut'ʃaɪn] [*irr.* (***shine***)] затмева́ть [-ми́ть]; **~side** ['autsaɪd] нару́жная сторона́; (*surface*) пове́рхность *f*; вне́шний вид; ***at the ~*** са́мое бо́льшее; **2.** ['autsaɪd] нару́жный, вне́шний; кра́йний; **3.** *adv.* нару́жу; снару́жи; на (откры́том) во́здухе; **4.** *prp.* вне (Р); **~sider** [aut'saɪdə] посторо́нний (челове́к); **~skirts** ['autskɜːts] *pl.* окра́ина; **~spoken** [aut'spəukən] □ открове́нный; **~standing** [aut'stændɪŋ] *fig.* выдаю́щийся; *bill* неопла́ченный; **~stretch** [aut'stretʃ] протя́гивать [-тяну́ть]; **~strip** [-'strɪp] опережа́ть [-реди́ть]; (*surpass*) превосходи́ть [-взойти́]
utward ['autwəd] **1.** вне́шний, нару́жный; ***during the ~ journey*** (***to***) … во вре́мя пое́здки туда́ (в В); **2.** *adv.* (*mst.* **~s** [-z]) нару́жу; за преде́лы
utweigh [aut'weɪ] превосходи́ть ве́сом; переве́шивать [переве́сить]
ven ['ʌvn] *in bakery, industry, etc.* печь *f*; *in stove* духо́вка
ver ['əuvə] **1.** *adv. usually translated by verbal prefixes*; пере…; вы…; про…; сно́ва; вдоба́вок; сли́шком; ***~ and above*** в добавле́ние, к тому́же; (***all***) ***~ again*** сно́ва, ещё раз; ***~ and ~*** (***again***) сно́ва и сно́ва; ***read ~*** перечи́тывать [-чита́ть] ***it's all ~*** всё ко́нчено; **2.** *prp.* над (Т); по (Д); за (В); свы́ше (Р); сверх (Р) че́рез (В); о(б) (П); ***all ~ the town*** по всему́ го́роду

over|… ['əuvə] *pref.* сверх…; над…; пере…; чрезме́рно; **~act** [əuvə'ækt] переи́грывать [-гра́ть]; **~all** ['əuvərɔːl] *working clothes* хала́т; **~s** комбинезо́н, *coll.* спецо́вка; **~awe** [əuvər'ɔː] внуша́ть [-ши́ть] благогове́йный стра́х; **~balance** [əuvə'bæləns] теря́ть равнове́сие; *fig.* переве́шивать [-ве́сить]; **~bearing** [əuvə'beərɪŋ] □ вла́стный; **~board** ['əuvəbɔːd] *naut.* за́ борт, за бо́ртом; **~cast** ['əuvəkɑːst] покры́тый облака́ми; па́смурный; **~charge** [əuvə'tʃɑːdʒ] брать [взять] сли́шком мно́го (***for*** за В); **~coat** ['əuvəkəut] пальто́ *n indecl.*; **~come** [əuvə'kʌm] [*irr.*(***come***)] (*surmount*) преодоле́(-ва́)ть, (*defeat*) побежда́ть [-еди́ть]; **~crowd** [əuvə'kraud] переполня́ть [-по́лнить]; **~do** [əuvə'duː] [*irr.* (***do***)] *meat, etc.* пережа́ри(ва)ть; (*go too far*) переусе́рдствовать (*im*)*pf*.; **~draw** [əuvə'drɔː] [*irr.* (***draw***)]: ***~ one's account*** превы́сить *pf.* креди́т в ба́нке; **~dress** [əuvə'dres] оде́(ва́)ться; сли́шком наря́дно; **~due** [əuvə'djuː] *payment* просро́ченный; ***the bus is 5 minutes ~*** авто́бус опа́здывает на пять мину́т; **~eat** [əuvər'iːt] перееда́ть [-е́сть]; **~flow 1.** [əuvə'fləu] [*irr.* (***flow***)] *v/t.* затопля́ть [-пи́ть]; *v/i.* перели́(-ва́)ться; **2.** ['əuvəfləu] наводне́ние; разли́в; **~grow** [əuvə'grəu] [*irr.* (***grow***)] *with weeds* зараста́ть [-ти́]; **~hang** [əuvə'hæŋ] [*irr.* (***hang***)] *v/i.* нависа́ть [-и́снуть]; **~haul** [əuvə'hɔːl] (*repair*) (капита́льно) [от]ремонти́ровать; **~head 1.** [əuvə'hed] *adv.* над голово́й, наверху́; **2.** ['əuvəhed] *adj.* ве́рхний; **3. ~s** ['əuvəhedz] *pl. comm* накладны́е расхо́ды *m/pl.*; **~hear** [əuvə'hɪə] [*irr.* (***hear***)] подслу́ш(ив)ать; нечая́нно услы́шать; **~lap** [əuvə'læp] *v/i.* заходи́ть оди́н за друго́й; *fig.* совпада́ть; **~lay** [əuvə'leɪ] [*irr.* (***lay***)] *tech.* покры́(-ва́)ть; **~load** [əuvə'ləud] перегружа́ть [-узи́ть]; **~look** [əuvə'luk] *of windows, etc.* выходи́ть на (В); (*not notice*) пропуска́ть [-сти́ть]; упуска́ть [-сти́ть]; **~pay** [əuvə'peɪ] [*irr.* (***pay***)] перепла́чивать [-лати́ть]; **~power** [əuvə'pauə] пересили(ва)ть; **~rate** ['əʊvə-'reɪt] переоценивать [-нить]; **~reach** [əʊvə-'riːtʃ] перехитрить *pf.*; **~ o.s.** брать слишком много на себя; **~ride** [əʊvə-'raɪd] [*irr.* (**ride**)] *fig.* отвергать [-ергнуть]; **~run** [əʊvə'rʌn] [*irr.* (**run**)] переливаться через край; **~seas** [əʊvə-'siːz] **1.** иностранный, заграничный; **2.** за рубежом, за границей; **~seer** ['əʊvəsɪə] надсмотрщик; **~shadow** [əʊvə'ʃædəʊ] *fig.* затмевать [-мить]; **~sight** [~saɪt] недосмотр; **~sleep** [əʊvə'sliːp] [*irr.* (**sleep**)] прос(ы)пать; **~state** [əʊvə'steɪt] преувеличи(ва)ть; **~statement** преувеличение; **~strain** [əʊvə'streɪn] **1.** переутомление; **2.** переутомлять [-мить]; **~take** [əʊvə'teɪk] [*irr.* (**take**)] обгонять [обогнать]; *of events* застигнуть *pf.* врасплох; **~tax** [əʊvə'tæks] облагать чрезмерным налогом; *fig. strength, etc.* перенапрягать [-рячь]; **don't ~ my patience** не испытывай моё терпение; **~throw** [əʊvə'θrəʊ] [*irr.* (**throw**)] свергать [свергнуть]; **~time** ['əʊvətaɪm] **1.** сверхурочная работа; **2.** *adv.* сверхурочно

overture ['əʊvətjʊə] *mus.* увертюра

over|turn [əʊvə'tɜːn] опрокидывать [-инуть]; **~whelm** [əʊvə'welm] (*crus*...) подавлять [-вить]; пересили(ва)ть; **~ed with grief** убитый горем; **~wo**... ['əʊvəwɜːk] **1.** переутомление; [əʊvə'wɜːk] переутомлять(с... [-мить(ся)]; **~wrought** [əʊvə'rɔːt] в с... стоянии крайнего возбуждени...; *nerves* перенапряжённый

owe [əʊ] быть должным (Д/В); бы... обязанным (Д/Т)

owing ['əʊɪŋ] должный; неупл...ченный; **~ to** *prp.* благодаря (Д)

owl [aʊl] сова

own [əʊn] **1.** свой, собственный; ро...ной; **2. my ~** моя собственность *f*; **house of one's ~** собственный до...; **hold one's ~** не сдавать свой позици...; **3.** владеть (Т); (*admit, confess*) пр...зна(ва)ть (В); **~ to** призна(ва)ться (П)

owner ['əʊnə] владелец *m*, -лица хозяин; **~ship** [~ʃɪp] собственность

ox [ɒks], *pl.* **oxen** ['ɒksn] вол, бык

oxid|e ['ɒksaɪd] окись *f*; **~ize** ['ɒks...daɪz] окислять(ся) [-лить(ся)]

oxygen ['ɒksɪdʒən] кислород

oyster ['ɔɪstə] устрица

P

pace [peɪs] **1.** (*step*) шаг; (*speed*) темп, скорость *f*; **2.** *v/t.* мерить шагами; *v/i.* [за]шагать; *room* ходить взад и вперёд; **set the ~** задавать темп

pacify ['pæsɪfaɪ] (*calm*) умиротворять [-рить]; *rebellion* усмирять [-рить]

pack [pæk] **1.** *of cigarettes, etc.*, пачка; *of papers* кипа; *cards* колода; *of dogs* свора; *of wolves* стая; **2.** *v/t.* (*often* **~ up**) упаковывать [-ковать]; укладываться [уложиться]; (*fill*) заполнять [заполнить]; наби(ва)ть; (*a.* **~ off**) выпроваживать [выпроводить]; отгружать [отгрузить]; **~age** ['pækɪdʒ] (*parcel*) пакет, свёрток, упаковка; **~ tour** туристическая поездка, комплексное турне; **~er** ['pækə] упако...щик *m*, -щица *f*; **~et** ['pækɪt] пакет; па...ка; **small ~** *mail* бандероль *f*

pact [pækt] пакт, договор

pad [pæd] **1.** мягкая прокладка; (*wr*...*ing* **~**) блокнот; **2.** подби(ва)ть, наби...ва)ть (ватой *и т. д.*); *fig.* **~ out** пер...гружать [-узить]

paddle ['pædl] **1.** гребок; байдарочн... весло; **2.** грести; плыть на байдар...

paddling pool ['pædlɪŋ] *coll.* лягуша...ник

paddock ['pædək] выгон

padlock ['pædlɒk] висячий замок

pagan ['peɪgən] **1.** язычник; **2.** языческий

age [peɪdʒ] страни́ца
ageant ['pædʒənt] карнава́льное (пра́здничное) ше́ствие; пы́шное зре́лище
aid [peɪd] *pt. и pt. p. от* **pay**
ail [peɪl] ведро́
ain [peɪn] **1.** боль *f*; **~s** *pl.* (*often sg.*) страда́ния *n/pl.*; **on ~ of** под стра́хом (P); **be in ~** испы́тывать боль; **spare no ~s** приложи́ть все уси́лия; **take ~s** [по]стара́ться; **2.** причиня́ть боль (Д); **~ful** ['peɪnfl] □ боле́зненный; мучи́тельный; **~less** ['~lɪs] □ безболе́зненный; **~staking** ['peɪnzteɪkɪŋ] усе́рдный, стара́тельный
aint [peɪnt] **1.** кра́ска; "***Wet*** ♀" Осторо́жно, окра́шено; **2.** [по]кра́сить; **~brush** кисть *f*; **~er** ['peɪntə] *art* худо́жник; (*decorator*) маля́р; **~ing** ['peɪntɪŋ] (*art or occupation*) жи́вопись *f*; (*work of art*) карти́на
air [peə] **1.** па́ра; ***a ~ of scissors*** но́жницы *f/pl.*; **2.** (**~** *off*) соединя́ть(ся) по дво́е; раздели́ть *pf.* на па́ры; *biol.* спа́ривать(ся)
al [pæl] прия́тель(ница *f*) *m*; *coll.* ко́реш
alace ['pælɪs] дворе́ц
alate ['pælət] *anat.* нёбо; *fig.* вкус
ale [peɪl] **1.** □ бле́дный; **~ *ale*** све́тлое пи́во; **2.** [по]бледне́ть
aleness ['peɪlnɪs] бле́дность *f*
alette ['pælət] пали́тра
all [pɔːl] *v/i.* приеда́ться [-е́сться]
alliate ['pælɪeɪt] *pain* облегча́ть [-чи́ть]
all|id ['pælɪd] □ бле́дный; **~or** [~lə] бле́дность *f*
alm¹ [pɑːm] **1.** *of hand* ладо́нь *f*; **2.** ***~ off on s.b.*** *coll.* подсо́вывать [подсу́нуть]; *fig. pej.* всу́чивать [-чи́ть] (Д)
alm² [~], **~tree** па́льма; ♀ **Sunday** Ве́рбное воскресе́нье
alpable ['pælpəbl] □ осяза́емый; ощути́мый; *fig.* очеви́дный, я́вный
alpitat|e ['pælpɪteɪt] *with fear, etc.* трепета́ть; *of heart* си́льно би́ться; **~ion** [pælpɪ'teɪʃn] сердцебие́ние
altry ['pɔːltrɪ] □ пустяко́вый, ничто́жный

pamper ['pæmpə] [из]ба́ловать
pamphlet ['pæmflɪt] памфле́т
pan [pæn] (*saucepan*) кастрю́ля; (*frying* ~) сковорода́, (-ро́дка)
pan... [~] *pref.* пан...; обще...
panacea [pænə'sɪə] панаце́я
pancake ['pænkeɪk] блин; *without yeast* бли́нчик; *small and thick* ола́дья
pandemonium [pændɪ'məʊnɪəm] смяте́ние; *fig.* столпотворе́ние
pander ['pændə] потво́рствовать (***to*** Д)
pane [peɪn] (око́нное) стекло́
panel ['pænl] **1.** *arch.* пане́ль *f*; *mot.* прибо́рная доска́; **2.** обшива́ть пане́лями
pang [pæŋ] внеза́пная о́страя боль *f*; ***~s of conscience*** угрызе́ния со́вести
panic ['pænɪk] **1.** пани́ческий; **2.** па́ника; **~-stricken** [~strɪkən] охва́ченный па́никой
pansy ['pænzɪ] *bot.* аню́тины гла́зки *m/pl.*
pant [pænt] задыха́ться; тяжело́ дыша́ть; вздыха́ть; стра́стно жела́ть (***for, after*** P)
panties ['pæntɪz] (***a pair of ~***) *women's* тру́сики; *children's* штани́шки
pantry ['pæntrɪ] кладова́я
pants [pænts] *pl.* (***a pair of ~***) трусы́; *Am.* брю́ки *m/pl.*
papal ['peɪpəl] □ па́пский
paper ['peɪpə] **1.** бума́га; (*news*~) газе́та; (*wall*~) обо́и *m/pl.*; нау́чный докла́д; докуме́нт; **2.** окле́ивать [окле́ить] обо́ями; **~back** кни́га в мя́гком переплёте; **~ bag** кулёк; **~clip** скре́пка; **~work** канцеля́рская рабо́та
paprika ['pæprɪkə] кра́сный пе́рец
par [pɑː] ра́венство; (*recognized or face value*) номина́льная сто́имость *f*; ***at ~*** по номина́лу; ***be on a ~ with*** быть наравне́, на одно́м у́ровне с (T)
parable ['pærəbl] при́тча
parachut|e ['pærəʃuːt] парашю́т; **~ist** [~ɪst] парашюти́ст
parade [pə'reɪd] **1.** *mil.* пара́д; ***make a ~ of*** выставля́ть напока́з; **2.** щеголя́ть
paradise ['pærədaɪs] рай
paradox ['pærədɒks] парадо́кс; **~ical**

[~ɪkl] парадокса́льный
paraffin ['pærəfɪn] *chiefly Brt.* керо-си́н; (~ *wax*) парафи́н
paragon ['pærəgən] образе́ц; ***~ of virtue*** образе́ц доброде́тели
paragraph ['pærəgrɑːf] абза́ц; газе́т-ная заме́тка
parallel ['pærəlel] **1.** паралле́льный; **2.** паралле́ль *f* (*a. fig.*); *geogr.* паралле́ль *f*; ***without ~*** несравни́мый; **3.** быть паралле́льным с (Т), (*compare*) прово-ди́ть [-вести́] паралле́ль ме́жду; сра́в-нивать [-ни́ть]
paraly|se *Am.* **~ze** ['pærəlaɪz] парали-зова́ть (*im*)*pf.* (*a. fig.*); **~sis** [pə'ræləsɪs] *med.* парали́ч
paramount ['pærəmaʊnt]: ***of ~ importance*** первостепе́нной ва́жности
parapet ['pærəpɪt] парапе́т
paraphernalia [pærəfə'neɪlɪə] *pl.* ли́ч-ные ве́щи *f/pl.*, принадле́жности
parasite ['pærəsaɪt] парази́т (*a. fig.*)
paratroops ['pærətruːps] *pl.* па-рашю́тно-деса́нтные войска́ *n/pl.*
parcel ['pɑːsl] **1.** паке́т; *mail* посы́лка; **2.** (*mst.* ~ ***out***) *land* дели́ть на уча́стки; (*mst.* ~ ***up***) упако́вывать [-ова́ть]
parch [pɑːtʃ] иссуша́ть [-ши́ть]; *of sun* опаля́ть [-ли́ть]; ***my throat is ~ed*** у меня́ пересо́хло в го́рле
parchment [pɑːtʃmənt] перга́мент
pardon ['pɑːdn] **1.** проще́ние; *law* по-ми́лование; **2.** проща́ть [прости́ть]; поми́ловать *pf.*; **~able** [~əbl] □ про-сти́тельный
pare [peə] (*peel*) [по]чи́стить; (*cut*) об-реза́ть [-ре́зать]; *fig.* [о-, по-] стри́чь; *fig. expenses* уре́з(ыв)ать
parent ['peərənt] *mst. pl.* роди́тели *m/pl.*; **~age** [~ɪdʒ] происхожде́ние; **~al** [pə'rentl] □ роди́тельский
parenthe|sis [pə'renθəsɪs], *pl.* **~ses** [~siːz] вво́дное сло́во *or* предложе́-ние; *pl. typ.* (круглые) ско́бки *f/pl.*
paring ['peərɪŋ] кожура́, ко́рка, шелу-ха́; **~s** *pl.* обре́зки *m/pl.*; *of vegetables, fruit* очи́стки *f/pl.*
parish ['pærɪʃ] **1.** церко́вный прихо́д; **2.** прихо́дский; **~ioners** [pə'rɪʃənəz] прихожа́не *pl.*

parity ['pærətɪ] ра́венство; равноце́н-ность *f*; *fin.* парите́т
park [pɑːk] **1.** (*public garden*) парк; *f… vehicles* стоя́нка; **2.** *mot.* паркова́т… ста́вить на стоя́нку; **~ing** ['pɑːkɪŋ] а… тостоя́нка; ***No*** ♀ стоя́нка запреще…
parlance ['pɑːləns]: ***in common ~*** … обихо́дной ре́чи
parliament ['pɑːləmənt] парла́мен… **~ary** [pɑːlə'mentərɪ] парла́ментски…
parlo(u)r ['pɑːlə] *in house* гости́на… *Am.*, *for services* ателье́ *n indecl.*… ***games*** ко́мнатные и́гры
parody ['pærədɪ] паро́дия
parole [pə'rəʊl] че́стное сло́во; усло́… но-досро́чное освобожде́ние
parquet ['pɑːkeɪ] парке́т
parrot ['pærət] **1.** попуга́й; **2.** п… вторя́ть как попуга́й
parry ['pærɪ] (*ward off*) отража́… [-рази́ть], пари́ровать (*a. fig.*)
parsimonious [pɑːsɪ'məʊnɪəs] □ ск… по́й
parsley ['pɑːslɪ] петру́шка
parsnip ['pɑːsnɪp] пастерна́к
parson ['pɑːsn] приходско́й свяще́… ник, па́стор
part [pɑːt] **1.** часть *f*, до́ля; уча́сти… *thea. a. fig.* роль *f*; ме́стность *f*, кра… *mus.* па́ртия; ***in these ~s*** в э́тих края́… ***take in good ~*** не оби́деться *p…* приня́ть *pf.* споко́йно; ***take ~*** прин… ма́ть [-ня́ть] уча́стие; ***for my*** (***own***) с мое́й стороны́; ***in ~*** части́чно; ***o… the ~ of*** со стороны́ (Р); **2.** *a…* ча́стью, отча́сти; **3.** *v/t.* разделя́… [-ли́ть]; ***~ the hair*** де́лать пробо́… *v/i.* разлуча́ться [-чи́ться], расст(… в)а́ться (***with, from*** с Т)
partial ['pɑːʃl] □ части́чный; (*not i… different*) пристра́стный; неравн… ду́шный (***to*** к Д); ***I'm ~ to peaches*** люблю́ пе́рсики
particip|ant [pɑː'tɪsɪpənt] уча́стни… *m*, -ица *f*; **~ate** [~peɪt] уча́ствоват… (***in*** в П); **~ation** [~'peɪʃn] уча́стие
particle ['pɑːtɪkl] части́ца
particular [pə'tɪkjʊlə] **1.** □ осо́бе… ный; осо́бый; (*hard to satisfy*) ра… бо́рчивый; ***in this ~ case*** в да́нно…

случае; ***for no ~ reason*** без особой причины; **2.** подробность *f*, деталь *f*; ***in ~*** в особенности; **~ly** [pəˈtɪkjʊləlɪ] особенно

parting [ˈpɑːtɪŋ] **1.** (*separation*) разлука; (*farewell*) прощание; *in hair* пробор; **2.** прощальный

partisan [pɑːtɪˈzæn] **1.** (*adherent*) сторонник *m*, -ица *f*; *mil.* партизан; **2.** партизанский

partition [pɑːˈtɪʃn] **1.** (*division*) раздел; (*separating structure*) перегородка; **2.**: **~ *off*** отгораживать [-радить]

partly [ˈpɑːtlɪ] частью, отчасти

partner [ˈpɑːtnə] **1.** *in crime* соучастник *m*, -ица *f*; *comm.* компаньон, партнёр; *sport*, *etc.* партнёр; **2.** быть партнёром; **~ship** [~ʃɪp] парнёрство; (*marriage*) союз, товарищество, компания

part-owner совладелец

partridge [ˈpɑːtrɪdʒ] куропатка

part-time неполный рабочий день; *attr.* не полностью занятый; ***~ worker*** рабочий, занятый неполный рабочий день

party [ˈpɑːtɪ] *pol.* партия; (*team*) отряд; (*group*) группа, компания, *law* сторона; участник (***to*** в П); (*social gathering*) вечеринка

pass [pɑːs] **1.** проход; *mountain* перевал; (*permit*) пропуск; бесплатный билет; *univ.* посредственная сдача экзамена; *cards*, *sport* пас; **2.** *v/i.* проходить [пройти]; (*drive by*) проезжать [-ехать]; переходить (***from … to …*** из (Р) … в (В) …); *cards* пасовать; ***~ as, for*** считаться (Т), слыть (Т); ***~ away*** умирать [умереть]; ***~ by*** проходить мимо; ***~ into*** переходить [перейти] в (В); ***~ off*** *of pain, etc.* проходить [пройти]; ***~ on*** идти дальше; ***~ out*** (*faint*) [по]терять сознание; **3.** *v/t.* проходить [пройти]; проезжать [-ехать]; миновать (*im*)*pf.*; *exam* сдать *pf.*; обгонять [обогнать], опережать [-редить]; переправлять(ся) [-авить(ся)] через (В); (*a.* ***~ on***) перед(ав)ать; *sentence* выносить [вынести]; *time* проводить [-вести]; *law* принимать [-нять]; **~able** [ˈpɑːsəbl] *road, etc.* проходимый; (*tolerable*) сносный

passage [ˈpæsɪdʒ] проход; *of time* течение; переезд, переправа; *ae.* перелёт; *crossing by ship* плавание, рейс; (*corridor*) коридор; *from book* отрывок

passenger [ˈpæsɪndʒə] пассажир; ***~ train*** пассажирский поезд

passer-by [pɑːsəˈbaɪ] прохожий

passion [ˈpæʃn] *strong emotion, desire* страсть *f*; (*anger*) гнев; ♀ ***Week*** Страстная неделя; **~ate** [~ɪt] □ страстный, пылкий

passive [ˈpæsɪv] □ пассивный; *gr.* ***the ~ voice*** страдательный залог

passport [ˈpɑːspɔːt] паспорт

password [ˈpɑːswɜːd] пароль *m*

past [pɑːst] **1.** *adj.* прошлый; минувший; ***for some time ~*** за последнее время; **2.** *adv.* мимо; **3.** *prp.* за (Т); после (Р); мимо (Р); свыше (Р); ***half ~ two*** половина третьего; ***~ endurance*** нестерпимый; ***~ hope*** безнадёжный; **4.** прошлое

paste [peɪst] **1.** (*glue*) клей; **2.** клеить, приклеи(ва)ть

pastel [ˈpæstl] (*crayon*) пастель *f*

pasteurize [ˈpæstəraɪz] пастеризовать (*im*)*pf*.

pastime [ˈpɑːstaɪm] времяпрепровождение

pastor [ˈpɑːstə] пастор *m*; **~al** [~rəl] *of shepherds or country life* пасторальный; *of clergy* пасторский

pastry [ˈpeɪstrɪ] (*dough*) тесто; (*tart*) пирожное; ***~ cook*** кондитер

pasture [ˈpɑːstʃə] **1.** пастбище; выгон; **2.** пасти(сь)

pat [pæt] **1.** похлопывание; **2.** *on back* похлоп(ыв)ать; [по]гладить; **3.** кстати; как раз подходящий; ***a ~ answer*** готовый ответ (*a. fig.* шаблонный)

patch [pætʃ] **1.** *on clothes* заплата; *of colo(u)r* пятно; клочок земли; **2.** [за]латать; [по]чинить; ***~ up a quarrel*** улаживать [-адить] ссору

patent [ˈpeɪtnt] **1.** (*obvious*) явный; запатентованный; ***~ leather*** лакированная кожа; **2.** (*a.* **letters ~** *pl.*) патент; **3.**

[за]патентова́ть; **~ee** [peɪtn'tiː] владе́лец пате́нта

patern|al [pə'tɜːnl] □ отцо́вский; (*fatherly*) оте́ческий; **~ity** [-nətɪ] отцо́вство

path [pɑːθ], *pl.* **~s** [pɑːðz] тропи́нка, доро́жка

pathetic [pə'θetɪk] жа́лкий; печа́льный; тро́гательный

patien|ce ['peɪʃns] терпе́ние; **~t** [-nt] **1.** □ терпели́вый; **2.** больно́й *m*, -на́я *f*, пацие́нт *m*, -тка *f*

patriot ['pætrɪət] патрио́т; **~ism** ['-ɪzəm] патриоти́зм

patrol [pə'trəʊl] *mil.* **1.** патру́ль *m*; **2.** патрули́ровать

patron ['peɪtrən] (*supporter, sponsor*) покрови́тель *m*; (*customer*) клие́нт, покупа́тель *m*; **~age** ['pætrənɪdʒ] *support* покрови́тельство; **~ize** [-naɪz] покрови́тельствовать; (*be condescending*) снисходи́тельно относи́ться к (Д)

patter ['pætə] говори́ть скорогово́ркой; [про]бормота́ть; *of rain* бараба́нить; *of feet* топота́ть

pattern ['pætn] **1.** образе́ц; (*way*) о́браз; (*design*) узо́р; **2.** де́лать по образцу́ (***on*** P)

paunch [pɔːntʃ] брюшко́

pauper ['pɔːpə] ни́щий *m*, -щая *f*

pause [pɔːz] **1.** па́уза, переры́в; **2.** [с]де́лать па́узу

pave [peɪv] [вы́]мости́ть; ***~ the way for*** *fig.* прокла́дывать [проложи́ть] путь; **~ment** ['peɪvmənt] тротуа́р

pavilion [pə'vɪlɪən] павильо́н

paw [pɔː] **1.** ла́па (*coll a.* = ***hand***); **2.** тро́гать ла́пой

pawn[1] [pɔːn] *chess* пе́шка

pawn[2] [~] **1.** зало́г, закла́д; ***in ~*** в закла́де; **2.** закла́дывать [заложи́ть]; **~broker** владе́лец ломба́рда; ростовщи́к; **~shop** ломба́рд

pay [peɪ] **1.** (о)пла́та, упла́та; *wages* зарпла́та; **2.** [*irr.*] *v/t.* [за]плати́ть; *bill, etc.* опла́чивать [оплати́ть]; ***~ a visit*** посеща́ть [-ети́ть], (*official*) наноси́ть [-нести́] визи́т; ***~ attention to*** обраща́ть внима́ние на (В); ***~ down*** плати́ть нали́чными; *v/i.* (*be profitabl*
окупа́ться [-пи́ться] (*a. fig.*); ***~ for*** [у
за]плати́ть за (В), опла́чивать; *fi*
[по]плати́ться за (В); **~able** ['peɪəb
опла́чиваемый подлежа́щий упла́т
~day день зарпла́ты; *coll.* получк
~ing ['peɪɪŋ] вы́годный; **~me**
['-mənt] упла́та, опла́та, платёж

pea [piː] *bot.* горо́х; горо́шина; ***~s*** *p*
горо́х; *attr.* горо́ховый

peace [piːs] мир; споко́йствие; **~ab**
['piːsəbl] □ миролюби́вый, ми́рны
~ful ['-fl] □ ми́рный, споко́йны
~maker миротво́рец

peach [piːtʃ] пе́рсик

peacock ['piːkɒk] павли́н

peak [piːk] *of mountain* верши́на (*a*
fig.); *of cap* козырёк; ***~ of summer*** ра
га́р ле́та; *attr.* максима́льный; вы́с
ший

peal [piːl] **1.** звон колоколо́в; *of thun*
der раска́т; ***~ of laughter*** взрыв сме́х
2. звони́ть

peanut ['piːnʌt] ара́хис

pear [peə] гру́ша

pearl [pɜːl] *collect.* же́мчуг; жемчу́жи
на *a. fig.*; *attr.* жемчу́жный; **~ barle**
перло́вая крупа́, *coll.* перло́вка

peasant ['peznt] **1.** крестья́нин *m*
-янка *f*; **2.** крестья́нский; **~ry** [-r
крестья́нство

peat [piːt] торф

pebble ['pebl] га́лька

peck [pek] клева́ть [клю́нуть]

peckish ['pekɪʃ] *coll.* голо́дный; ***feel***
хоте́ть есть

peculiar [pɪ'kjuːlɪə] □ (*distinctive*
своеобра́зный; осо́бенный; (*strange*
стра́нный; (*characteristic*) сво́йствен
ный (Д); **~ity** [pɪkjuːlɪ'ærətɪ] осо́бен
ность *f*; стра́нность *f* сво́йство

peddler *or Brt.* **pedlar** ['pedlə] ра
но́счик; у́личный торго́вец

pedal ['pedl] **1.** педа́ль *f*; **2.** е́хать на ве
лосипе́де

pedest|al ['pedɪstl] пьедеста́л (*a. fig.*
~rian [pɪ'destrɪən] **1.** пешехо́д; **2**
пешехо́дный; **~rian crossing** перехо́

pedigree ['pedɪgriː] родосло́вна
происхожде́ние

peek [piːk] → **peep**
peel [piːl] **1.** кóрка, кóжица, шелухá; **2.** (*a.* ~ **off**) *v/t.* снимáть кóжицу, кóрку, шелухý с (Р); *fruit, vegetables* [по]-чи́стить; *v/i.* [об]лупи́ться; *of skin* сходи́ть [сойти́]
peep¹ [piːp] [про]пищáть
peep² [~] **1.** взгляд укрáдкой; **have a** ~ взглянýть *pf.*; **2.** взглянýть *pf.* укрáдкой; ~ **in** заглядывать [-янýть]; **~hole** *in door* глазóк
peer¹ [pɪə]: ~ **at** всмáтриваться [всмотрéться]
peer² [~] рóвня *m/pf.*; пэр; **~less** ['pɪəlɪs] несравнéнный
peevish ['piːvɪʃ] □ брюзгли́вый
peg [peg] **1.** кóлышек; *for coats, etc.* вéшалка; (*clothes* ~) прищéпка; *fig.* **take a p. down a** ~ сбивáть спесь с когó-л.; **2.** прикреплять кóлышком; отмечáть кóлышками; ~ **away** *impf. only, coll.* вкáлывать; упóрно рабóтать
pellet ['pelɪt] шáрик; (*pill*) пилюля; *collect.* дробь *f*
pell-mell [pel'mel] вперемéшку
pelt¹ [pelt] кóжа, шкýра
pelt² [~] (*throw at*) забрáсывать [-росáть]; *v/i. of rain, etc.* барабáнить
pelvis ['pelvɪs] *anat.* таз
pen [pen] **1.** рýчка; **ballpoint** ~ шáриковая рýчка; **fountain** ~ авторучка; **2.** [на]писáть
penal ['piːnl] уголóвный; ~ **offence**, *Am.* **-se** уголóвное преступлéние; **~ize** ['piːnəlaɪz] накáзывать [-зáть]; **~ty** ['penəltɪ] наказáние; *sport.* пенáльти; *attr.* штрафнóй
pence [pens] *pl. om* **penny**
pencil ['pensl] **1.** карандáш; **in** ~ карандашóм; **2.** (*draw*) [на]рисовáть; писáть карандашóм
pendant ['pendənt] кулóн; брелóк
pending ['pendɪŋ] **1.** *law* ожидáющий решéния; **2.** *prp.* (вплоть) до (Р)
pendulum ['pendjʊləm] мáятник
penetra|ble ['penɪtrəbl] □ проницáемый; **~te** [-treɪt] проникáть [-ни́кнуть] в (В); (*pervade*) прони́зывать [-зáть]; *fig.* вникáть [вни́кнуть] в (В); **~ting** ['-treɪtɪŋ] (*acute*) проницáтельный; *sound, etc.* пронзи́тельный; **~tion** [penɪ'treɪʃn] проникновéние; проницáтельность *f*
peninsula [pə'nɪnsjʊlə] полуóстров
peniten|ce ['penɪtəns] раскáяние; покаяние; **~t** [-nt] □ кáющийся; **~tiary** [penɪ'tenʃərɪ] исправи́тельный дом; тюрьмá
penknife ['pennaɪf] перочи́нный нож
pen name псевдони́м
pennant ['penənt] вы́мпел
penniless ['penɪlɪs] без копéйки
penny ['penɪ] пéнни *n indecl.*, пенс; **cost a pretty** ~ влетéть *pf.* в копéечку
pen pal друг по перепи́ске
pension 1. ['penʃn] пéнсия; (*disability* ~) пéнсия по инвали́дности; **2.** *v/t.* назнáчить *pf.* пéнсию; (~ *off*) увольнять на пéнсию; **~er** ['penʃənə] пенсионéр(ка)
pensive ['pensɪv] □ задýмчивый
pent [pent] заключённый; **~-up** *anger, etc.* накопи́вшийся; подáвленный
penthouse ['penthaʊs] кварти́ра; вы́строенная на кры́ше дóма
people ['piːpl] **1.** (*race, nation*) нарóд; (*persons generally*) лю́ди *m/pl.*; (*inhabitants*) населéние; **2.** заселять [-ли́ть]; *country* населять [-ли́ть]
pepper ['pepə] **1.** пéрец; **2.** [по-, на]перчи́ть; **~mint** *bot.* пéречная мята; **~y** [-rɪ] напéрченный; *fig.* вспы́льчивый, раздражи́тельный
per [pɜː] по (Д), чéрез (В), посрéдством (Р); за (В); ~ **annum** в год, ежегóдно; **~cent** процéнт
perambulator [pə'ræmbjʊleɪtə] дéтская коляска
perceive [pə'siːv] (*visually*) замечáть [-éтить]; (*discern*) различáть [-чи́ть]; *mentally* понимáть [-нять]; осозн(ав)áть; *through senses* [по-] чýвствовать; ощущáть [-ути́ть]
percentage [pə'sentɪdʒ] процéнт
percepti|ble [pə'septəbl] □ ощути́мый, различи́мый; **~on** [~ʃn] восприятие
perch¹ [pɜːtʃ] *zo.* óкунь *m*
perch² [~] сади́ться [сесть]; усáживаться [усéсться]

percolator ['pɜːkəleɪtə] кофева́рка
percussion [pə'kʌʃn] уда́р; *mus. collect.* уда́рные инструме́нты
peremptory [pə'remptərɪ] безапелляцио́нный, категори́чный, (*manner*) вла́стный
perennial [pə'renɪəl] □ *fig.* ве́чный, неувяда́емый; *bot.* многоле́тний
perfect ['pɜːfɪkt] **1.** □ соверше́нный; (*exact*) то́чный; **2.** [pə'fekt] [у]соверше́нствовать; **~ion** [-ʃn] соверше́нство
perfidious [pə'fɪdɪəs] □ *lit.* вероло́мный
perforate ['pɜːfəreɪt] перфори́ровать (*im*)*pf.*
perform [pə'fɔːm] исполня́ть [-о́лнить] (*a. thea.*); *thea., mus.* игра́ть [сыгра́ть]; **~ance** [-əns] исполне́ние (*a. thea.*); *thea.* спекта́кль *m*; *sport.* достиже́ние; **~er** [-ə] исполни́тель(ница *f*) *m*
perfume ['pɜːfjuːm] *liquid* духи́ *m/pl.*; (*smell, bouquet*) арома́т, (*fragrance*) благоуха́ние
perfunctory [pə'fʌŋktərɪ] □ (*automatic*) машина́льный; *fig.* (*careless*) небре́жный; (*superficial*) пове́рхностный
perhaps [pə'hæps] мо́жет быть
peril ['perəl] опа́сность *f*; **~ous** [-əs] □ опа́сный
period ['pɪərɪəd] пери́од; эпо́ха; (*full stop*) то́чка, коне́ц; **~ic** [pɪərɪ'ɒdɪk] периоди́ческий; **~ical** [-dɪkl] **1.** → ***periodic***; **2.** периоди́ческое изда́ние
periphery [pə'rɪferɪ] окру́жность *f*; *fig.* перифери́я
perish ['perɪʃ] погиба́ть [-и́бнуть]; **~able** ['perɪʃəbl] □ *food* скоропо́ртящийся; **~ing** [-ɪŋ]: ***it's ~ here*** здесь жу́тко хо́лодно
perjur|e ['pɜːdʒə]: **~ *o.s.*** лжесвиде́тельствовать; **~y** [-rɪ] лжесвиде́тельство
perk [pɜːk] *coll.*: *mst.* **~ *up*** *v/i.* оживля́ться [-ви́ться]; **~y** ['pɜːkɪ] □ живо́й; (*self-assured*) самоуве́ренный
permanen|ce ['pɜːmənəns] постоя́нство; **~t** [-nt] постоя́нный, неизме́нный; **~ *address*** постоя́нный а́дрес; **~ *wave*** зави́вка «пермане́нт»
permea|ble ['pɜːmɪəbl] проница́емый; **~te** [-mɪeɪt] проника́ть [-и́кнуть]; пропи́тывать [-ита́ть]
permissi|ble [pə'mɪsəbl] □ допусти́мый; **~on** [-ʃn] разреше́ние
permit 1. [pə'mɪt] разреша́ть [-ши́ть], позволя́ть [-во́лить]; допуска́ть [-усти́ть]; ***weather ~ting*** е́сли пого́да позво́лит; **2.** ['pɜːmɪt] разреше́ние; (*document*) про́пуск
pernicious [pə'nɪʃəs] □ па́губный, вре́дный
perpendicular [pɜːpən'dɪkjʊlə] □ перпендикуля́рный
perpetrate ['pɜːpɪtreɪt] соверша́ть [-ши́ть]
perpetu|al [pə'petʃuəl] □ постоя́нный, ве́чный; **~ate** [-ʃʊeɪt] увекове́чи(ва)ть
perplex [pə'pleks] озада́чи(ва)ть, сбива́ть с то́лку; **~ity** [-ətɪ] озада́ченность *f*, недоуме́ние
perquisite ['pɜːkwɪzɪt] побо́чное преиму́щество; льго́та
persecut|e ['pɜːsɪkjuːt] пресле́довать; **~ion** [pɜːsɪ'kjuːʃn] пресле́дование
persever|ance [pɜːsɪ'vɪərəns] насто́йчивость *f*, упо́рство; **~e** [-'vɪə] *v/i.* упо́рно продолжа́ть (***in*** В)
persist [pə'sɪst] упо́рствовать (***in*** П); **~ence** [-əns] насто́йчивость *f*; **~ent** [-ənt] □ насто́йчивый; (*unceasing*) беспреста́нный
person ['pɜːsn] лицо́, ли́чность *f*; персо́на, осо́ба; ***pleasant*** **~** прия́тный челове́к; **~age** [-ɪdʒ] ва́жная персо́на; *lit.* персона́ж; **~al** [-l] □ ли́чный, персона́льный; **~ality** [pɜːsə'nælətɪ] ли́чность *f*; **~ify** [pə'sɒnɪfaɪ] (*give human qualities*) олицетворя́ть [-ри́ть]; (*embody, exemplify*) воплоща́ть [-лоти́ть]; **~nel** [pɜːsə'nel] персона́л, штат; **~ *department*** отде́л ка́дров
perspective [pə'spektɪv] перспекти́ва; (*view*) вид
perspir|ation [pɜːspə'reɪʃn] поте́ние; пот; **~e** [pə'spaɪə] [вс]поте́ть
persua|de [pə'sweɪd] убежда́ть [убе

дить]; **~sion** [-ʒn] убеждéние; убеди́тельность *f*; **~sive** [-sɪv] □ убеди́тельный
ert [pɜːt] □ дéрзкий
ertain [pəˈteɪn] (*relate*) имéть отношéние (к Д); (*belong*) принадлежáть
ertinacious [pɜːtɪˈneɪʃəs] □ упря́мый; (*determined*) настóйчивый
ertinent [ˈpɜːtɪnənt] умéстный; относя́щийся к дéлу
erturb [pəˈtɜːb] [вз]волновáть, [о]беспокóить
erusal [pəˈruːzl] внимáтельное прочтéние; рассмотрéние
ervade [pəˈveɪd] *of smell, etc.* распространя́ться [-ни́ться] по (Д)
ervers|e [pəˈvɜːs] □ превра́тный, отклоня́ющийся от нóрмы; извращённый; **~ion** [ʃn] *med.* извращéние
ervert 1. [pəˈvɜːt] извращáть [-ратить]; совращáть [-рати́ть]; **2.** [ˈpɜːvɜːt] извращéнец
est [pest] *fig.* я́зва, бич; *zo.* вреди́тель *m*; **~er** [ˈ~ə] докучáть (Д); надоедáть [-éсть] (Д); **~icide** [ˈ~tɪsaɪd] пестици́д
et [pet] **1.** домáшнее живóтное; (*favourite*) люби́мец, бáловень *m*; **2.** люби́мый; **~ name** ласкáтельное и́мя; **3.** бáловать; ласкáть
etal [ˈpetl] *bot.* лепестóк
etition [pəˈtɪʃn] **1.** прошéние, ходáтайство; **2.** обращаться [-ати́ться] с прошéнием; ходáтайствовать
etrol [ˈpetrəl] *chiefly Brt.* бензи́н
etticoat [ˈpetɪkəʊt] ни́жняя ю́бка; комбинáция
etty [ˈpetɪ] □ мéлкий; (*small-minded*) мéлочный
etulant [ˈpetjʊlənt] раздражи́тельный, капри́зный
ew [pjuː] церкóвная скамья́
hantom [ˈfæntəm] фантóм, при́зрак; иллю́зия
harmacy [ˈfɑːməsɪ] фармаци́я; (*drugstore*) аптéка
hase [feɪz] фáза; перио́д, этáп
henomen|on [fəˈnɒmɪnən], *pl.* **~a** [-nə] явлéние; феномéн

phial [ˈfaɪəl] пузырёк
philologist [fɪˈlɒlədʒɪst] филóлог
philosoph|er [fɪˈlɒsəfə] филóсоф; **~ize** [-faɪz] филосóфствовать; **~y** [-fɪ] филосóфия
phlegm [flem] мокрóта; (*sluggishness*) флегмати́чность *f*
phone [fəʊn] → ***telephone***
phonetics [fəˈnetɪks] *pl.* фонéтика
phon(e)y [ˈfəʊnɪ] *coll.* (*false*) фальши́вый, неестéственный
phosphorus [ˈfɔsfərəs] фóсфор
photograph [ˈfəʊtəgrɑːf] **1.** фотогрáфия, сни́мок; **2.** [с]фотографи́ровать; **~er** [fəˈtɒgrəfə] фотóграф; **~y** [-fɪ] фотогрáфия
phrase [freɪz] **1.** фрáза, выражéние; **2.** выражáть [вы́разить]; [с]формули́ровать
physic|al [ˈfɪzɪkəl] □ физи́ческий; материáльный; **~ian** [fɪˈzɪʃn] врач; **~ist** [ˈ~sɪst] фи́зик; **~s** [ˈfɪzɪks] *sg.* фи́зика
physique [fɪˈziːk] телосложéние
pianist [ˈpɪənɪst] пиани́ст
piano [pɪˈænəʊ] *upright* пиани́но; ***grand ~*** роя́ль *m*; ***~ concerto*** концéрт для роя́ля с оркéстром
pick [pɪk] **1.** вы́бор; (*tool*) киркá; **2.** выбирáть [вы́брать]; *nose* ковыря́ть в (П); *flowers*, *fruit* соб(и-)рáть; (*pluck*) срывáть [сорвáть]; ***~ out*** выбирáть [вы́брать]; ***~ up*** подбирáть [подобрáть]; поднимáть [-ня́ть]; (*collect s.o.*) заезжáть [заéхать] за (Т); **~aback** [ˈpɪkəbæk], = ***piggyback*** [ˈpɪgɪbæk], на спинé; на закóрках; ***give me a ~*** посади́ меня́ на плéчи; **~axe** киркá
picket [ˈpɪkɪt] **1.** (*stake*) кол; *mil.* застáва; пост; *of strikers, etc.* пикéт; **2.** пикети́ровать
picking [ˈpɪkɪŋ] *of fruit* сбор; **~s** *pl.* остáтки *m/pl.*, объéдки *m/pl.*
pickle [ˈpɪkl] **1.** маринáд; *pl.* пи́кули *f/pl.*; *coll.* бедá; неприя́тности *f/pl.*; ***be in a ~*** вли́пнуть *pf.*; **2.** [за-] мариновáть; ***~d herring*** маринóванная селёдка
pickup (*van*) пикáп
pictorial [pɪkˈtɔːrɪəl] иллюстри́рованный; *art* изобрази́тельный

P

picture ['pɪktʃə] **1.** карти́на; **~s** *pl.* (*generally*) жи́вопись *f*; *chiefly Brt.* кино́ *indecl.*; ***put in the*~** вводи́ть [ввести́] в курс де́ла; **~ *gallery*** карти́нная галере́я; **~ (*post*)*card*** откры́тка с ви́дом; **2.** (*depict*) изобража́ть [-рази́ть]; (*describe*) опи́сывать [-са́ть]; (*imagine*) вообража́ть [-рази́ть]; **~ *to o.s.*** представля́ть [-а́вить] себе́; **~sque** [pɪktʃə'resk] живопи́сный

pie [paɪ] пиро́г; *small* пирожо́к

piece [piːs] **1.** кусо́к, часть *f*; (*fragment*) обры́вок, обло́мок; (*single article*) вещь *f*, предме́т; шту́ка; **~ *of advice*** сове́т; **~ *of news*** но́вость *f*; ***by the*~** пошту́чно; ***give a*~*of one's mind*** выска́зывать своё мне́ние; ***take to*~*s*** разбира́ть на ча́сти; **2.**: **~ *together*** соединя́ть в одно́ це́лое, собира́ть из кусо́чков; **~meal** по частя́м, уры́вками; **~work** сде́льная рабо́та

pier [pɪə] *naut.* пирс; мол; *of bridge* усто́й, бык; (*breakwater*) волноло́м; (*wharf*) при́стань *f*

pierce [pɪəs] пронза́ть [-зи́ть]; прока́лывать [-коло́ть]; *of cold* прони́зывать [-за́ть]

piety ['paɪətɪ] благоче́стие; набо́жность *f*

pig [pɪg] свинья́

pigeon ['pɪdʒɪn] го́лубь *m*; **~hole 1.** отделе́ние (пи́сьменного стола́ *и т. п.*); **2.** раскла́дывать по я́щикам; *fig.* откла́дывать в до́лгий я́щик

pig|headed [pɪg'hedɪd] упря́мый; **~skin** свина́я ко́жа; **~sty** свина́рник; **~tail** коси́чка, коса́

pike [paɪk] (*fish*) щу́ка

pile [paɪl] **1.** ку́ча, гру́да; (*stack*) шта́бель *m*; **2.** скла́дывать [сложи́ть]; сва́ливать в ку́чу

piles *pl. med.* геморро́й

pilfer ['pɪlfə] ворова́ть; стяну́ть *pf.*

pilgrim ['pɪlgrɪm] пало́мник; **~age** ['pɪlgrɪmɪdʒ] пало́мничество

pill [pɪl] табле́тка; ***bitter*~** *fig.* го́рькая пилю́ля

pillage ['pɪlɪdʒ] мародёрство

pillar ['pɪlə] столб, коло́нна; *Brt.* **~box** почто́вый я́щик

pillion ['pɪljən] *on motorcycle* за́дн
сиде́нье

pillow ['pɪləʊ] поду́шка; **~case, ~s**
на́волочка

pilot ['paɪlət] **1.** *ae.* пило́т; *naut.* ло́
ман; **2.** *naut.* проводи́ть [-вести́]; *(*
пилоти́ровать

pimple ['pɪmpl] пры́щик

pin [pɪn] **1.** була́вка; ***hair*~** шпи́льк
Brt. ***drawing*~** (*Am. thumbtack*) кно́
ка; **2.** прика́лывать [-коло́ть]; **~ *do***
припере́ть *pf.* к сте́нке; **~ *one's hop***
on возлага́ть [-ложи́ть] наде́жды
(В)

pinafore ['pɪnəfɔː] пере́дник

pincers ['pɪnsəz] *pl.* кле́щи *f/p*
(*tweezers*) пинце́т

pinch [pɪntʃ] **1.** щипо́к; *of salt, etc.* щ
по́тка; *fig.* стеснённое положе́ние;
***a*~** в кра́йнем слу́чае; **2.** *v/t.* щипа́
[щипну́ть]; (*squeeze*) прищемля́
[-ми́ть]; *v/i.* [по]скупи́ться; *of sho*
жать

pine[1] [paɪn]: **~ *away*** [за]ча́хнуть; **~**
тоскова́ть по (П)

pine[2] [~] *bot.* сосна́; **~apple** анана́с
cone сосно́вая ши́шка

pinion ['pɪnjən] *tech.* (*cogwheel*) ш
стерня́

pink [pɪŋk] **1.** *bot.* гвозди́ка; ро́зовы
цвет; **2.** ро́зовый

pinnacle ['pɪnəkl] *arch.* остроко
не́чная ба́шенка; *of mountain* ве
ши́на; *fig.* верх

pint [paɪnt] пи́нта

pioneer [paɪə'nɪə] **1.** пионе́р; перв
прохо́дец *m*; **2.** прокла́дывать пу
m (***for*** Д)

pious ['paɪəs] □ на́божный

pip [pɪp] *of fruit* ко́сточка, зёрныш

pipe [paɪp] труба́; *smoker's* тру́бк
mus. ду́дка; **2.**: **~ *down*** замолча́
pf.; **~dream** несбы́точная мечта́; **~li**
трубопрово́д; нефтепрово́д;
['paɪpə] *mst.* волы́нщик

piping ['paɪpɪŋ]: **~ *hot*** о́чень горя́чи

piquant ['piːkənt] пика́нтный (*a. fig*

pique [piːk] **1.** доса́да; **2.** (*nettle*) ра
дража́ть; вызыва́ть доса́ду; (*woun*
уязвля́ть [-ви́ть] заде́(ва́)ть

ira|cy ['paɪərəsɪ] пиратство (*a. in publishing*); **~te** [-rət] **1.** пират
istol ['pɪstl] пистолет
iston ['pɪstən] *tech.* поршень *m*; **~ stroke** ход поршня
it [pɪt] яма; *mining* шахта; *thea.* оркестровая яма
itch[1] [pɪtʃ] смола; (*tar*) дёготь *m*; ***as black as ~*** чёрный как смоль
itch[2] [~] (*degree*) степень *f*; *mus.* высота тона; *naut.* килевая качка; *tech.* (*slope*) наклон; *tech.* (*thread*) шаг резьбы; *sport* поле, площадка; **2.** *v/t.* (*set up camp, tent, etc.*) разби(ва)ть; (*throw*) бросать [бросить]; *naut.* качать; *fig.* ***~ into*** набрасываться [-роситься] на (В)
itcher ['pɪtʃə] (*jug*) кувшин; (*sport*) подающий
itchfork ['pɪtʃfɔːk] вилы *f/pl.*
itfall ['pɪtfɔːl] *fig.* ловушка
ith [pɪθ] *bot.* сердцевина; *fig.* сущность *f*, суть *f*; **~y** ['pɪθɪ] *fig.* сжатый; содержательный
itiable ['pɪtɪəbl] □ (*arousing pity*) несчастный; (*arousing contempt*) жалкий
itiful ['pɪtɪfl] □ (*arousing compassion*) жалостливый; (*arousing contempt*) жалкий
itiless ['pɪtɪlɪs] □ безжалостный
ittance ['pɪtəns] гроши
ity ['pɪtɪ] **1.** жалость *f* (***for*** к Д), ***it is a ~*** жаль; **2.** [по]жалеть
ivot ['pɪvət] **1.** ось *f* вращения; *fig.* стержень *m*; **2.** вращаться ([***up***]***on*** вокруг Р)
izza ['piːtsə] пицца
lacard ['plækɑːd] плакат
lacate [plə'keɪt] умиротворять [-рить]
lace [pleɪs] **1.** место; город, селение; дом; (*station*) должность *f*; ***give ~ to*** уступать место (Д); ***in ~ of*** вместо (Р); ***in ~s*** местами; ***out of ~*** неуместный; **2.** [по]ставить, класть [положить]; *orders, etc.* размещать [-естить]; *article, etc.* помещать [-естить]; ***I can't ~ her*** не могу вспомнить, откуда я её знаю

placid ['plæsɪd] □ спокойный
plagiar|ism ['pleɪdʒərɪzəm] плагиат; **~ize** [~raɪz] заниматься плагиатом
plague [pleɪg] **1.** (*pestilence*) чума *fig.* (*calamity*) бедствие; (*scourge*) бич; **2.** [из]мучить; *coll.* надоедать [-есть] (Д)
plaice [pleɪs] камбала
plaid [plæd] шотландка; плед
plain [pleɪn] **1.** □ простой; понятный, ясный; (*obvious*) очевидный; обыкновенный; (*smooth, level*) гладкий, ровный; **2.** *adv.* ясно; откровенно; **3.** *geogr.* равнина; ***~spoken*** прямой
plaint|iff ['pleɪntɪf] истец *m*, истица *f*; **~ive** ['pleɪntɪv] □ жалобный, заунывный
plait [plæt] **1.** коса; **2.** заплетать [-ести]
plan [plæn] **1.** план, проект; **2.** [за]планировать; составлять план; *fig.* намечать [-етить]; (*intend*) намереваться
plane[1] [pleɪn] **1.** плоский; **2.** плоскость *f*; *math.* проекция; *ae.* самолёт; *fig.* уровень *m*
plane[2] [~] **1.** (*tool*) рубанок; **2.** [вы]строгать
planet ['plænɪt] планета
plank [plæŋk] **1.** доска; **2.** настилать *or* обшивать досками
plant [plɑːnt] **1.** растение; *tech.* завод, фабрика; **2.** *tree* сажать [посадить]; [по]ставить; **~ation** [plæn'teɪʃən] плантация; насаждение
plaque [plɑːk] (*wall ornament*) тарелка; *on door, etc.* дощечка, табличка; ***memorial ~*** мемориальная доска
plasma ['plæzmə] плазма
plaster ['plɑːstə] **1.** *for walls* штукатурка; *med.* пластырь *m*; (*mst.* ***~ of Paris***) гипс; ***sticking ~*** *med.* лейкопластырь; **2.** [о]штукатурить; накладывать пластырь на (В)
plastic ['plæstɪk] (***~ally***) **1.** пластический; **2.** пластмасса, пластик; ***~ surgery*** пластическая хирургия
plate [pleɪt] **1.** (*dish*) тарелка; (*metal tableware*) посуда; (*sheet of glass, metal, etc.*) лист; *on door* дощечка; ***silver ~*** столовое серебро; **2.** покрывать ме-

та́ллом
plateau ['plætəʊ] плато́ *n indecl.*
platform ['plætfɔ:m] *rail.* перро́н, платфо́рма; *for speakers* трибу́на; *on bus, etc.* площа́дка; *pol.* полити́ческая програ́мма
platinum ['plætɪnəm] пла́тина; *attr.* пла́тиновый
platitude ['plætɪtju:d] бана́льность *f*; иста́сканное выраже́ние
platoon [plə'tu:n] *mil.* взвод
platter ['plætə] блю́до
plausible ['plɔ:zəbl] □ правдоподо́бный; *of excuse, argument, etc.* благови́дный
play [pleɪ] **1.** игра́; пье́са; **fair ~** че́стная игра́; **2.** игра́ть [сыгра́ть] (в В, *mus.* на П); (*direct*) направля́ть [-вить]; **~ off** *fig.* разы́грывать [-ра́ть]; стра́вливать [страви́ть] (**against** с Т); **~ed out** вы́дохшийся; **~bill** театра́льная афи́ша; **~er** ['pleɪə] игро́к; актёр; **~mate** това́рищ по и́грам, друг де́тства; **~ful** ['pleɪfl] □ игри́вый; **~goer** ['~gəʊə] театра́л; **~ground** де́тская площа́дка; **~house** теа́тр; **~pen** де́тский мане́ж; **~thing** игру́шка; **~wright** ['~raɪt] драмату́рг
plea [pli:] про́сьба, мольба́; *law* заявле́ние в суде́; **on the ~** (**of** *или* **that** ...) под предло́гом (Р *or* что ...)
plead [pli:d] *v/i.*: **~ for** вступа́ться [-пи́ться] за (В); говори́ть за (В); **~ guilty** признава́ть себя́ вино́вным; *v/t. in court* защища́ть [-ити́ть]; приводи́ть в оправда́ние
pleasant ['pleznt] □ прия́тный
please [pli:z] [по]нра́виться (Д); угожда́ть [угоди́ть] (Д); **if you ~** с ва́шего позволе́ния; изво́льте!; **~ come in!** войди́те, пожа́луйста!; доставля́ть удово́льствие (Д); **be ~d to do** де́лать с удово́льствием; **be ~d with** быть дово́льным (Т); **~d** [pli:zd] дово́льный
pleasing ['pli:zɪŋ] □ прия́тный
pleasure ['pleʒə] удово́льствие, наслажде́ние; *attr.* развлека́тельный, увесели́тельный; **at your ~** по ва́шему жела́нию
pleat [pli:t] **1.** скла́дка; **2.** де́ла[ть] скла́дки на (П)
pledge [pledʒ] **1.** зало́г, закла́д; (*promise*) обеща́ние; **2.** закла́дывать [зало-жи́ть]; обеща́ть; (*vow*) [по]кля́сться[;] обя́зываться [-за́ться]; **he ~d himse[lf]** он связа́л себя́ обеща́нием
plenary ['pli:nərɪ] плена́рный
plenipotentiary [plenɪpə'tenʃərɪ] по[л]номо́чный представи́тель *m*
plentiful ['plentɪfl] □ оби́льный
plenty ['plentɪ] **1.** изоби́лие; **~ of** мно́[го] (Р); **2.** *coll.* вполне́; дово́льно
pleurisy ['plʊərəsɪ] плеври́т
pliable ['plaɪəbl] □ ги́бкий; *fig.* пода́[т]ливый, мя́гкий
pliancy ['plaɪənsɪ] ги́бкость *f*
pliers ['plaɪəz] *pl.* плоскогу́бцы *m/p[l]*
plight [plaɪt] плохо́е положе́ние, с[о]стоя́ние
plod [plɒd] (*a.* **~ along, on**) [по]тащи́ться; корпе́ть (**at** над Т)
plot [plɒt] **1.** уча́сток земли́, деля́нк[а]; (*conspiracy*) за́говор; *lit.* фа́бул[а,] сюже́т; **2.** *v/i.* гото́вить за́говор; *v[/t.]* *on map* наноси́ть [нанести́]; з[а]мышля́ть [-ы́слить]; интригова́ть
plow, *Brt.* **plough** [plaʊ] **1.** плуг; [2.] [вс]паха́ть; *fig.* [из]борозди́ть; **~lan[d]** пахо́тная земля́; па́шня
pluck [plʌk] **1.** *coll.* сме́лость *f*, м[у]жество; **2.** *flowers* срыва́ть [сорва́ть]; *fowl* още́пывать [-па́ть]; **~ at** дёрга[ть] [дёрнуть] (В); хвата́ть(ся) [схв[а]ти́ть(ся)] за (В); **~ up courage** с[о]бра́ться *pf.* с ду́хом; **~y** ['plʌkɪ] см[е]лый, отва́жный
plug [plʌg] **1.** затычка; *in bath, et[c.]* про́бка; *el.* ште́псель *m*; **~ sock[et]** ште́псельная розе́тка; **2.** *v/t. stop u[p]* затыка́ть [заткну́ть]; **~ in** включа́[ть] [-чи́ть]
plum [plʌm] сли́ва; *attr.* сли́вовый
plumage ['plu:mɪdʒ] опере́ние
plumb [plʌm] *adv.* (*exactly*) то́чн[о,] пря́мо, как раз
plumb|er ['plʌmə] санте́хник, *coll.* в[о]допрово́дчик; **~ing** [~ɪŋ] *in house* в[о]допрово́д и канализа́ция
plummet ['plʌmɪt] свинцо́вый отве́[с]

on fishing line грузи́ло

lump[1] [plʌmp] (*chubby*) пу́хлый; (*somewhat fat*) по́лный; *poultry* жи́рный

lump[2] [-] **1.** □ *coll.* реши́тельный; **2.** бу́хаться [-хнуться]; **3.** *adv. coll.* пря́мо, без обиняко́в

lunder ['plʌndə] [о]гра́бить

lunge [plʌndʒ] **1.** (*dive*) ныря́ть [нырну́ть]; *hand, etc.* окуна́ть [-ну́ть]; **2.** ныря́ние; погруже́ние; ***take the ~*** [с]де́лать реши́тельный шаг

lural ['pluərəl] *gr.* мно́жественное число́; (*multiple*) многочи́сленный

lush [plʌʃ] плюш

ly[1] [plaɪ] *v/t. with questions* засыпа́ть [засы́пать], забра́сывать [-роса́ть]; *v/i.* курси́ровать

ly[2] [-] слой; **~wood** фанера

neumatic [njuː'mætɪk] (***~ally***) пневмати́ческий

neumonia [njuː'məunɪə] воспале́ние лёгких, пневмони́я

oach[1] [pəutʃ] браконье́рствовать

oach[2] [-]: ***~ed egg*** яйцо́-пашо́т

oacher ['pəutʃə] браконье́р

O Box (= *Post Office Box*) почто́вый я́щик (п/я)

ocket ['pɒkɪt] **1.** карма́н; (*air~*) возду́шная я́ма; **2.** класть в карма́н; *fig. appropriate* прикарма́ни(ва)ть; *pride* подавля́ть [-ви́ть]; *insult* прогла́тывать [-лоти́ть]; **3.** карма́нный

od [pɒd] **1.** *of seed* стручо́к; **2.** *shell v/t.* лу́щить

oem ['pəuɪm] поэ́ма; стихотворе́ние

oet ['pəuɪt] поэ́т; **~ess** [-əs] поэте́сса; **~ic(al** □) [pəu'etɪk(əl)] поэти́ческий; поэти́чный; **~ry** ['pəuɪtrɪ] поэ́зия

oignan|cy ['pɔɪnjənsɪ] острота́; **~t** [-nt] о́стрый; тро́гательный; *fig.* мучи́тельный

oint [pɔɪnt] **1.** (*dot*) то́чка; (*item*) пункт; *on thermometer* гра́дус, деле́ние; (*essence*) смысл; суть де́ла; *sport* очко́; (*sharp end*) остриё, о́стрый коне́ц; *rail* стре́лка; ***~ of view*** то́чка зре́ния; ***the ~ is that …*** де́ло в том, что …; ***make a ~ of*** + *ger.* поста́вить себе́ зада́чей (+ *inf.*); ***in ~ of*** в отноше́нии (Р); ***off the ~*** не (относя́щийся) к де́лу; ***be on the ~ of*** + *ger.* соб(и)ра́ться (+ *inf.*); ***win on ~s*** выи́грывать по очка́м; ***to the ~*** к де́лу (относя́щийся); ***a sore ~*** больно́й вопро́с; ***that's beside the ~*** э́то ни при чём; **2.** *v/t.*: ***~ one's finger*** пока́зывать па́льцем (***at*** на В); заостря́ть [-ри́ть]; (*often* ***~ out***) ука́зывать [-за́ть]; ***~ a weapon at*** направля́ть [-ра́вить] ору́жие на (В); *v/i.*: ***~ at*** ука́зывать [-за́ть] на (В); ***~ to*** быть напра́вленным на (В); **~-blank**: ***ask ~*** спра́шивать в упо́р; ***refuse ~*** категори́чески отказа́ть(ся) *pf.*; **~ed** ['pɔɪntɪd] □ остроконе́чный; о́стрый; *fig.* ко́лкий; **~er** ['pɔɪntə] стре́лка *m*; *teacher's* ука́зка; *dog* по́йнтер; **~less** ['-lɪs] бессмы́сленный

poise [pɔɪz] **1.** равнове́сие; *carriage* оса́нка; **2.** *v/i.* баланси́ровать

poison ['pɔɪzn] **1.** яд, отра́ва; **2.** отравля́ть [-ви́ть]; **~ous** [-əs] (*fig. a.*) ядови́тый

poke [pəuk] **1.** толчо́к, тычо́к; **2.** *v/t.* (*prod*) ты́кать [ткнуть]; толка́ть [-кну́ть]; сова́ть [су́нуть]; *fire* меша́ть кочерго́й; ***~ fun at*** подшу́чивать [-шути́ть] над (Т); *v/i.* сова́ть нос (***into*** в В); (*grope for*) иска́ть о́щупью (***for*** В *or* Р)

poker ['pəukə] кочерга́

poky ['pəukɪ] те́сный; убо́гий

polar ['pəulə] поля́рный; ***~ bear*** бе́лый медве́дь *m*; **~ity** [pəu'lærətɪ] поля́рность *f*

pole[1] [pəul] (*of planet*; *a. elec.*) по́люс

pole[2] [-] (*post*; *a. in sport*) шест

Pole[3] [-] поля́к *m*, по́лька *f*

polemic [pə'lemɪk] (*a.* **~al** [-mɪkl] □) полеми́чный, полеми́ческий; **~s** [-s] поле́мика

police [pə'liːs] **1.** поли́ция; **2.** содержа́ть поря́док в (П); **~man** полице́йский; **~ station** полице́йский уча́сток

policy[1] ['pɒləsɪ] поли́тика; ли́ния поведе́ния

policy[2] [-]: ***insurance ~*** страхово́й по́лис

Polish[1] ['pəulɪʃ] по́льский

polish[2] ['pɒlɪʃ] **1.** полиро́вка; *fig.* лоск; **2.** [от]полирова́ть; *floor* натира́ть

[-ере́ть]; *shoes* почи́стить; *fig.* наводи́ть [-вести́] лоск

polite [pəˈlaɪt] □ ве́жливый; **~ness** [-nɪs] ве́жливость *f*

politic|al [pəˈlɪtɪkl] □ полити́ческий; **~ian** [pɒlɪˈtɪʃən] поли́тик, полити́ческий де́ятель; **~s** [ˈpɒlətɪks] *pl.* поли́тика

poll [pəʊl] **1.** голосова́ние; (*elections*) вы́боры; ***opinion ~*** опро́с обще́ственного мне́ния; **2.** *v/t. receive votes* получа́ть [-чи́ть]; *v/i.* [про]голосова́ть

pollen [ˈpɒlən] пыльца́

polling [ˈpəʊlɪŋ] **1.** → ***poll***; **2.**: ***~ station*** избира́тельный уча́сток

pollute [pəˈluːt] загрязня́ть [-ни́ть]; оскверня́ть [-ни́ть]

pollution [pəˈluːʃn] загрязне́ние

polyethylene [pɒlɪˈeθɪliːn] *or Brt.*

polythene [ˈpɒlɪθiːn] полиэтиле́н

polyp [ˈpɒlɪp] *zo.*, **~us** [-əs] *med.* поли́п

pomegranate [ˈpɒmɪgrænɪt] грана́т

pommel [ˈpɒml] *of sword* голо́вка; *of saddle* лука́; *v/t.* = ***pummel***

pomp [pɒmp] по́мпа; великоле́пие

pompous [ˈpɒmpəs] □ напы́щенный, помпе́зный

pond [pɒnd] пруд

ponder [ˈpɒndə] *v/t.* обду́м(ыв)ать; *v/i.* заду́м(ыв)аться; **~ous** [-rəs] □ *fig.* тяжелове́сный

pontoon [pɒnˈtuːn] понто́н; **~ bridge** понто́нный мост

pony [ˈpəʊnɪ] *horse* по́ни *m indecl.*

poodle [ˈpuːdl] пу́дель *m*

pool [puːl] **1.** (*puddle*) лу́жа; (*pond*) пруд; (*swimming ~*) пла́вательный бассе́йн; **2.** *cards* банк; *billards* пул; *comm.* фонд; *v/t.* объединя́ть в о́бщий фонд; скла́дываться [сложи́ться] (***with*** с Т)

poor [pʊə] □ бе́дный, неиму́щий; (*unfortunate*) несча́стный; (*scanty*) ску́дный; (*bad*) плохо́й; **~ly** [ˈpʊəlɪ] *adj.* нездоро́вый

pop [pɒp] **1.** (*explosive sound*) хлопо́к; *coll.* (*fizzy drink*) шипу́чка; **2.** *v/t.* (*put*) сова́ть [су́нуть]; *of cork v/i.* хло́пать [-пнуть]; ***~ across*** *to a shop, etc.* сбе́гать; ***~ in*** заскочи́ть, забежа́ть

popcorn [ˈpɒpkɔːn] попкорн; возду́шная кукуру́за

pope [pəʊp] (ри́мский) па́па *m*

poplar [ˈpɒplə] то́поль *m*

poppy [ˈpɒpɪ] мак

popula|ce [ˈpɒpjʊləs] (*the masses*) ма́ссы; (*the common people*) просто́й наро́д; населе́ние; **~r** [-lə] (*of the people*) наро́дный; (*generally liked*) популя́рный; **~rity** [~ˈlærətɪ] популя́рность *f*

populat|e [ˈpɒpjʊleɪt] населя́ть [-ли́ть]; **~ion** [pɒpjʊˈleɪʃn] населе́ние

populous [ˈpɒpjʊləs] □ многолю́дный

porcelain [ˈpɔːsəlɪn] фарфо́р

porch [pɔːtʃ] крыльцо́; по́ртик; *Am.* вера́нда

pore[1] [pɔː] по́ра

pore[2] [~] *problem* размышля́ть, *book* корпе́ть (***over*** над Т)

pork [pɔːk] свини́на

pornography [pɔːˈnɒgrəfɪ] порнография

porous [ˈpɔːrəs] □ по́ристый

porridge [ˈpɒrɪdʒ] овся́ная ка́ша

port[1] [pɔːt] га́вань *f*, порт; *naut.* (*left side*) ле́вый борт

port[2] [~] портве́йн

portable [ˈpɔːtəbl] портати́вный

portal [pɔːtl] *arch.* порта́л

portend [pɔːˈtend] предвеща́ть

portent [ˈpɔːtent] предве́стник, предзнаменова́ние

porter [ˈpɔːtə] вахтёр; *in hotel* швейца́р; *rail, etc.* носи́льщик; *Am. on train* проводни́к

portion [ˈpɔːʃn] **1.** часть *f*; *of food, etc.* по́рция; **2.** (*share out*) [раз-] дели́ть

portly [ˈpɔːtlɪ] доро́дный

portrait [ˈpɔːtrɪt] портре́т; **~ist** [-ɪst] портрети́ст

portray [pɔːˈtreɪ] рисова́ть (писа́ть) портре́т с (Р); изобража́ть [-рази́ть]; (*describe*) опи́сывать [-са́ть]; **~al** [-əl] изображе́ние; описа́ние

pose [pəʊz] **1.** по́за; **2.** *for an artist* пози́ровать; *question* (по)ста́вить; ***~ as*** выдава́ть себя́ за (В)

osition [pəˈzɪʃn] ме́сто; положе́ние; пози́ция; состоя́ние; то́чка зре́ния
ositive [ˈpɒzətɪv] **1.** □ положи́тельный, позити́вный; (*sure*) уве́ренный; (*definite*) определённый; **2.** *phot.* позити́в
ossess [pəˈzes] *quality* облада́ть (Т); *things* владе́ть (Т); *fig.* овладе́(ва́)ть (Т); ***be ~ed*** быть одержи́мым; **~ion** [~zeʃn] владе́ние; ***take ~ of*** завладе́(-ва́)ть (Т); облада́ние; *fig.* одержи́мость *f*; **~or** [~zesə] владе́лец; облада́тель *m*
ossib|ility [pɒsəˈbɪlətɪ] возмо́жность *f*; **~le** [ˈpɒsəbl] возмо́жный; **~ly** [~ɪ] возмо́жно; ***if I ~ can*** е́сли у меня́ бу́дет возмо́жность *f*
ost[1] [pəʊst] столб
ost[2] [~] **1.** (*mail*) по́чта; *mil.* (*duty station*) пост; (*appointment*, *job*) до́лжность *f*; **2.** *v/t.* отправля́ть по по́чте
ostage [ˈpəʊstɪdʒ] почто́вая опла́та; **~ stamp** почто́вая ма́рка
ostal [ˈpəʊstl] □ почто́вый; ***~ order*** де́нежный почто́вый перево́д
ost|card откры́тка; **~code** почто́вый и́ндекс
oster [ˈpəʊstə] афи́ша, плака́т
oste restante [pəʊstˈrɪstænt] *chiefly Brt.* до востре́бования
osterior [pɒˈstɪərɪə] (*subsequent*) после́дующий; (*behind*) за́дний; (*buttocks*) зад
osterity [pəˈsterətɪ] пото́мство
ost-free *chiefly Brt.* → **postpaid**
ostgraduate [pəʊstˈgrædʒʊət] аспира́нт(ка); (*not working for degree*) стажёр; ***~ study*** аспиранту́ра
osthumous [ˈpɒstjʊməs] посме́ртный; *child* рождённый по́сле сме́рти отца́
ost|man почтальо́н; **~mark 1.** почто́вый ште́мпель *m*; **2.** [за]штемпелева́ть; **~master** нача́льник почто́вого отделе́ния
ostmortem [pəʊstˈmɔːtəm] вскры́тие, аутопси́я
ost|office отделе́ние свя́зи, *coll.* по́чта; **~box** абонеме́нтный почто́вый я́щик; ***general ~ office*** (гла́вный) почта́мт; **~paid** опла́ченный отправи́телем
postpone [pəʊsˈpəʊn] отсро́чи(ва)ть; откла́дывать [отложи́ть]; **~ment** [~mənt] отсро́чка
postscript [ˈpəʊsskrɪpt] постскри́птум
postulate 1. [ˈpɒstjʊlət] постула́т; **2.** [~leɪt] постули́ровать (*im*)*pf*.
posture [ˈpɒstʃə] (*attitude*) по́за; (*carriage*) оса́нка
postwar [pəʊstˈwɔː] послевое́нный
posy [ˈpəʊzɪ] буке́т цвето́в
pot [pɒt] **1.** горшо́к; котело́к; ***~s of money*** ку́ча де́нег; **2.** *plants* сажа́ть в горшо́к; *jam*, *etc.* заготовля́ть впрок, [за]консерви́ровать
potato [pəˈteɪtəʊ] (*single*) карто́фелина; **~es** [~z] *pl.* карто́фель *m*; *coll.* карто́шка; ***~ crisps*** хрустя́щий карто́фель
pot-belly брю́хо, пу́зо
poten|cy [ˈpəʊtnsɪ] эффекти́вность *f*; (*sexual*) поте́нция; *of drink* кре́пость *f*; **~t** [~tnt] □ эффекти́вный; кре́пкий; **~tial** [pəˈtenʃl] **1.** потенциа́льный, возмо́жный; **2.** потенциа́л
pothole [ˈpɒthəʊl] вы́боина, ры́твина
potion [ˈpəʊʃn] зе́лье; ***love ~*** любо́вный напи́ток
pottery [ˈpɒtərɪ] керами́ческие (*or* гонча́рные) изде́лия *n/pl.*
pouch [paʊtʃ] су́мка (*a. biol.*); мешо́чек
poultry [ˈpəʊltrɪ] дома́шняя пти́ца
pounce [paʊns] **1.** прыжо́к; **2.** набра́сываться [-ро́ситься] ([***up***]***on*** на В)
pound [paʊnd] (*weight*) фунт; (*money*) **~** (***sterling***) фунт сте́рлингов (*abbr.* £)
pound[2] [~] [ис-, рас]толо́чь; (*strike*) колоти́ть; ***~ to pieces*** разби́ть *pf.*
pour [pɔː] *v/t.* лить; ***~ out*** нали́(ва́)ть; *dry substance* сы́пать, насыпа́ть [насы́пать]; *v/i.* ли́ться; [по]сы́паться **~ing** [~rɪŋ]: ***~ rain*** проливно́й дождь *m*
pout [paʊt] *v/i.* [на]ду́ться; ***~ one's lips*** наду́(ва́)ть гу́бы
poverty [ˈpɒvətɪ] бе́дность *f*
powder [ˈpaʊdə] **1.** порошо́к; (*face ~*) пу́дра; (*gun~*) по́рох; **2.** [ис]толо́чь;

P

[на]пу́дрить(ся); посыпа́ть [посы́пать]; ~ **compact** пу́дреница
power ['paʊə] си́ла; мощь *f*; *tech.* мо́щность *f*; *atomic*, *etc.* эне́ргия; *pol.* держа́ва; власть *f*; *law* полномо́чие; *math* сте́пень *f*; ***mental ~s*** у́мственные спосо́бности; **~ful** [-fl] мо́щный, могу́щественный; си́льный; **~less** [-lɪs] бесси́льный; ~ **plant**, ~ **station** электроста́нция
powwow ['paʊwaʊ] совеща́ние, собра́ние
practica|ble ['præktɪkəbl] □ реа́льный, осуществи́мый; **~l** [-kl] практи́ческий; *mind*, *person*, *etc.* практи́чный; факти́ческий; ~ ***joke*** ро́зыгрыш
practice ['præktɪs] пра́ктика; (*training*) упражне́ние, трениро́вка; (*habit*) привы́чка; (*custom*) обы́чай; ***in ~*** факти́чески; ***put into ~*** осуществля́ть [-ви́ть]
practice, *Brt.* **practise** [-] *v/t.* применя́ть [-ни́ть]; *medicine*, *etc.* занима́ться [-ня́ться] (Т); упражня́ться в (П); практикова́ть; *v/i.* упражня́ться; **~d** [-t] о́пытный
practitioner [præk'tɪʃənə]: ***general ~*** врач-терапе́вт
praise [preɪz] **1.** похвала́; **2.** [по]хвали́ть
praiseworthy ['preɪzwɜːðɪ] досто́йный похвалы́
prance [prɑːns] *of child* пры́гать; *of horse* гарцева́ть
prank [præŋk] вы́ходка, прока́за
prattle ['prætl] болта́ть; *of baby* лепета́ть
prawn [prɔːn] *zo.* креве́тка
pray [preɪ] [по]моли́ться; [по]проси́ть
prayer [preə] моли́тва; ***Lord's*** ♀ О́тче наш; ~ **book** моли́твенник
pre… [priː, pri] до…; пред…
preach [priːtʃ] пропове́довать; **~er** ['priːtʃə] пропове́дник
precarious [prɪ'keərɪəs] (*uncertain*) ненадёжный; (*dangerous*) опа́сный
precaution [prɪ'kɔːʃn] предосторо́жность *f*; ***take ~s*** принима́ть [-ня́ть] ме́ры предосторо́жности
precede [prɪ'siːd] предше́ствоват (Д); **~nce** ['presɪdəns] пер воочерёдность, приорите́т; **~nt** ['pre sɪdənt] прецеде́нт
precept ['priːsept] наставле́ние
precinct ['priːsɪŋkt] преде́л; *Am.* (*elec toral ~*) избира́тельный о́круг; ***~s p*** окре́стности *f/pl.*
precious ['preʃəs] **1.** □ драгоце́нный ***~ metals*** благоро́дные мета́ллы; **2** *coll. adv.* о́чень
precipi|ce ['presɪpɪs] про́пасть *f*; **~tat** **1.** [prɪ'sɪpɪteɪt] вверга́ть [-е́ргнуть (*hasten*) ускоря́ть [-о́рить]; **2.** [-tɪt **a)** □ (*rash*) опроме́тчивый; (*violentl hurried*) стреми́тельный; **b)** *chem* оса́док; **~tous** [prɪ'sɪpɪtəs] □ (*steep* круто́й; обры́вистый
precis|e [prɪ'saɪs] □ то́чный; *tech* прецизио́нный; **~ion** [-'sɪʒn то́чность *f*
preclude [pri'kluːd] исключа́ть зара́нее; (*prevent*) предотвраща́ть [-ра ти́ть] (В); (*hinder*) [по]меша́ть (Д)
precocious [prɪ'kəʊʃəs] □ не по го да́м разви́той
preconceive ['priːkən'siːv] пред ставля́ть себе́ зара́нее; **~d** [-d] пред взя́тый
preconception [priːkən'sepʃn] пред взя́тое мне́ние
precondition [priːkən'dʃn] предвари́ тельное усло́вие
predatory ['predətrɪ] хи́щный
predecessor ['priːdɪsesə] предше́ст венник [-ица]
predestine [priː'destɪn] предопре деля́ть [-ли́ть]; ***~d*** предопределён ный
predetermine [priːdɪ'tɜːmɪn] предо пределя́ть [-ли́ть]
predicament [prɪ'dɪkəmənt] нело́вко положе́ние; серьёзное затрудне́ни
predicate ['predɪkət] *gr.* сказу́емое утвержда́ть [-ди́ть]
predict [prɪ'dɪkt] предска́зыват [-за́ть]; **~ion** [-kʃn] предсказа́ние
predilection [priːdɪ'lekʃn] скло́нност *f*, пристра́стие (***for*** к Д)
predispose [priːdɪs'pəʊz] предраспо

P

лага́ть [-ложи́ть]
‹edomina|nce [prɪ'dɒmɪnəns] госю́дство, преоблада́ние; **~nt** [-nənt] □ преоблада́ющий, домини́рующий; **~te** [-neɪt] госпо́дствовать, преоблада́ть (***over*** над T)
‹eeminent [pri:'emɪnənt] превосходящий; выдающийся
‹efabricated [pri:'fæbrɪkeɪtɪd]: ~ ***house*** сбо́рный до́м
‹eface ['prefɪs] **1.** предисло́вие; **2.** начина́ть [-ча́ть] (В ***with***, с P); снабжа́ть предисло́вием
‹efect ['pri:fekt] префе́кт
‹efer [prɪ'fɜ:] предпочита́ть [-поче́сть]; (*put forward*) выдвига́ть [вы́двинуть]; **~able** ['prefrəbl] □ предпочти́тельный; **~ence** [-rəns] предпочте́ние; **~ential** [prefə'renʃl] □ предпочти́тельный; *econ.* льго́тный
‹efix ['pri:fɪks] пре́фикс, приста́вка
‹egnan|cy ['pregnənsɪ] бере́менность *f*; **~t** [-nənt] □ бере́менная; *fig.* чрева́тый; ~ ***pause*** многозначи́тельная па́уза
‹ejudice ['predʒʊdɪs] **1.** предрассу́док; предубежде́ние; **2.** предубежда́ть [-ди́ть]; (*harm*) [по]вреди́ть, наноси́ть уще́рб (Д)
‹eliminary [prɪ'lɪmɪnərɪ] **1.** □ предвари́тельный; **2.** подготови́тельное мероприя́тие
‹elude ['prelju:d] *mus.* прелю́дия (*a. fig.*)
‹ematur|e ['premətjʊə] преждевре́менный; ~ ***baby*** недоно́шенный ребёнок
‹emeditation [pri:medɪ'teɪʃn] преднаме́ренность *f*
‹emier ['premɪə] пе́рвый, гла́вный; премье́р-мини́стр
‹emière ['premɪeə] премье́ра
‹emises ['premɪsɪz] *pl.* помеще́ние
‹emium ['pri:mɪəm] (*reward*) награ́да; *payment* пре́мия; ***at a ~*** вы́ше номина́льной сто́имости; в большо́м спро́се
‹emonition [pre:mə'nɪʃn] предчу́вствие
‹eoccup|ied [pri:'ɒkjʊpaɪd] озабо́ченный; **~y** [-paɪ] поглоща́ть внима́ние (P); занима́ться [-ня́ться] (***with*** T)
prepaid [pri:'peɪd] зара́нее опла́ченный; ***carriage*** ~ доста́вка опла́чена
preparat|ion [prepə'reɪʃn] приготовле́ние; подгото́вка; *med.* препара́т; **~ory** [prɪ'pærətrɪ] предвари́тельный; подготови́тельный; ~ ***to leaving*** пе́ред тем как уйти́
prepare [prɪ'peə] *v/t. of surprise, etc.* пригота́вливать [-то́вить]; *of dinner, etc.* [при]гото́вить; (*for an exam, etc.*) подгота́вливать [-то́вить]; *v/i.* [при]гото́виться; подгота́вливаться [-то́виться] (***for*** к Д); **~d** [-d] □ гото́вый; подгото́вленный
prepondera|nce [prɪ'pɒndərəns] переве́с; **~nt** [-rənt] име́ющий переве́с; **~ntly** [-lɪ] преиму́щественно
prepossessing [pri:pə'zesɪŋ] □ располага́ющий; привлека́тельный
preposterous [prɪ'pɒstərəs] неле́пый, абсу́рдный
prerequisite [pri:'rekwɪzɪt] предпосы́лка, непреме́нное усло́вие
presage ['presɪdʒ] предвеща́ть; предчу́вствовать
preschool [pri:'sku:l] дошко́льный
prescribe [prɪ'skraɪb] предпи́сывать [-писа́ть]; *med.* прописывать [-писа́ть]
prescription [prɪ'skrɪpʃn] предпи́сывание; распоряже́ние; *med.* реце́пт
presence ['prezns] прису́тствие; ~ ***of mind*** прису́тствие ду́ха
present[1] ['preznt] **1.** □ прису́тствующий; (*existing now*) теперешний, настоя́щий; (*given*) да́нный; **2.** настоя́щее вре́мя; ***at*** ~ сейча́с; в да́нное вре́мя; ***for the*** ~ пока́; на э́тот раз
present[2] [prɪ'zent] (*introduce, etc.*) представля́ть [-а́вить]; *gift* преподноси́ть[-нести́]; *petition* под(ав)а́ть (проше́ние); *a play* [по]ста́вить; *ticket* предъявля́ть [-ви́ть]
present[3] ['preznt] пода́рок
presentation [prezn'teɪʃn] представле́ние, презента́ция; (*exposition*) из-

ложéние

presentiment [prɪ'zentɪmənt] предчýвствие

presently ['prezntlɪ] вскóре; сейчáс

preservati|on [prezə'veɪʃn] охрáна, сохранéние; сохрáнность *f*; **~ve** [prɪ'zɜːvətɪv] консервáнт

preserve [prɪ'zɜːv] **1.** сохранять [-нить]; предохранять [-нить]; *vegetables, etc.* консервúровать; **2.** (*mst. pl.*) консéрвы *m/pl.*; варéнье; (***game*** ~) заповéдник

preside [prɪ'zaɪd] председáтельствовать (***over*** на П)

presiden|cy ['prezɪdənsɪ] президéнтство; **~t** [-dənt] президéнт

press [pres] **1.** печáть *f*, прéсса; (*crowd*) толпá; *coll.* дáвка; *tech.* пресс; **2.** *v/t.* жать; давúть; *button* наж(им)áть; (*force*) навязывать [-зáть] (***on*** Д); ***I am ~ed for time*** менá поджимáют срóки; у меня мáло врéмени; ***~ for*** настáивать [настоять] на (П); ***~ on*** двúгаться дáльше; **~card** журналúстское удостоверéние; **~ing** ['presɪŋ] срóчный, неотлóжный; (*insistent*) настоятельный; **~ure** ['preʃə] давлéние (*a. fig.*); сжáтие

prestig|e [pre'stiːʒ] престúж; **~ious** [pre'stɪdʒəs] (*having prestige*) влиятельный; *hono(u)red* уважáемый

presum|able [prɪ'zjuːməbl] предположúтельный; **~e** [prɪ'zjuːm] *v/t.* предполагáть [-ложúть]; *v/i.* полагáть; (*dare*) осмéли(ва)ться; ~ **(*up*)*on*** злоупотреблять [-бúть] (Т); ***he ~s too much*** он слúшком мнóго себé позволяет

presumpt|ion [prɪ'zʌmpʃn] предположéние; *law* презýмпция; **~uous** [-tʃuəs] самонадéянный, переступáющий грани́цы чегó-то

presuppos|e [priːsə'pəʊz] предполагáть [-ложúть]; **~ition** [priːsʌpə'zɪʃn] предположéние

pretend [prɪ'tend] притворяться [-рúться]; [с]дéлать вид

pretense, *Brt.* **pretence** [prɪ'tens] (*false show*) притвóрство; (*pretext*) предлóг

preten|sion [prɪ'tenʃn] претéнзи… притязáние (***to*** на В); **~tious** [-ʃ… претенциóзный

pretext ['priːtekst] предлóг

pretty ['prɪtɪ] **1.** □ красúвый; прия… ный; хорóшенький; **2.** *adv.* довóльн… весьмá; ***be sitting ~*** хорошó устрóил…

prevail [prɪ'veɪl] одолевáть [-лéт… (***over*** В); преобладáть; превалúр… вать; (***over*** над Т *or* средú Р); ~ **(*up*)…** ***s.b. to do s.th.*** убедúть *pf.* когó-… чтó-л. сдéлать; **~ing** [-ɪŋ] госпóдс… вующий, преобладáющий

prevalent ['prevələnt] □ распр… странённый

prevaricate [prɪ'værɪkeɪt] уклонять… от прямóго отвéта, увúлива… [-льнýть]

prevent [prɪ'vent] предотвращá… [-атúть]; (*hinder*) [по]мешáть (Д… *crime* предупреждáть [-упредúт… **~ion** [prɪ'venʃn] предупреждéни… предотвращéние; **~ive** [-tɪv] **1.** предупредúтельный; профила… тúческий; **2.** *med.* профилактúческ… срéдство

pre|view ['priːvjuː] *of film, etc* предв… рúтельный просмóтр

previous ['priːvɪəs] □ предыдýщи… (*premature*) преждеврéменный; ~ … до (Р); **~ly** [-lɪ] прéжде (Р); пéред (…

prewar [priː'wɔː] довоéнный

prey [preɪ] **1.** добы́ча; (*fig.*, *victi*… жéртва; ***beast*** (***bird***) ***of*** ~ хúщны… зверь *m.* (хúщная птúца); **2.:** ~ **(*up*)…** охóтиться (на В); *fig.* терзáть

price [praɪs] **1.** ценá; **2.** (*value*) оцéн… вать [-нúть]; назначáть цéну (Д… **~less** ['-lɪs] бесцéнный

prick [prɪk] **1.** укóл; шип; *of conscien*… угрызéния *n/pl.*; **2.** *v/t.* колóть [кол… нýть]; ***~ up one's ears*** навострú… ýши; *v/i.* колóться; **~le** ['prɪkl] ши… колю́чка; **~ly** ['-lɪ] (*having prick*… *or thorns*) колю́чий; (*causing stingi*… *sensation*) кóлкий; (*touchy*) обú… чивый

pride [praɪd] **1.** гóрдость *f*; ***take ~*** … гордúться (Т); **2.:** ~ ***o.s.*** гордúть… ([***up***]***on*** Т)

iest [priːst] священник
im [prɪm] □ чопорный
ima|cy ['praɪməsɪ] первенство; **~ry** -rɪ] первоначальный; *colours, etc.* основной; начальный; *geol.* первичный; ***of ~ importance*** первостепенной важности
ime [praɪm] **1.** □ (*main*) главный, основной; (*original*) первоначальный; первичный; (*excellent*) превосходный; **~ *minister*** премьерминистр; **2.** *fig.* расцвет; ***in one's ~*** в расцвете сил; **3.** *v/t.* снабжать информацией; натаскивать
imer ['prɪmə] (*schoolbook*) букварь *m*; (*paint*) грунтовка
imeval [praɪ'miːvl] □ первобытный
imitive ['prɪmɪtɪv] первобытный; примитивный
imrose ['prɪmrəʊz] примула
ince [prɪns] (*son of royalty*) принц; князь *m*; **~ss** [prɪn'ses] (*daughter of sovereign*) принцесса; (*wife of nonroyal prince*) княгиня; (*daughter of nonroyal prince and princess*) княжна
incipal ['prɪnsəpl] **1.** □ главный, основной; **2.** *univ.* ректор; *of school* директор школы; *fin.* основной капитал; *thea.* ведущий актёр
inciple ['prɪnsəpl] принцип; правило; ***on ~*** из принципа; ***a matter of ~*** дело принципа
int [prɪnt] **1.** *typ.* печать *f*, оттиск; (*type*) шрифт; (*imprint*) след, отпечаток (*a. photo*); *art* гравюра; ***out of ~*** тираж распродан; **2.** [на]печатать; *phot.* отпечат(ыв)ать; *fig.* запечатле(ва)ть (***on*** на П); **~er** ['prɪntə] печатник; *comput.* принтер
inting ['prɪntɪŋ] печатание; печатное дело; **~ *of 50,000 copies*** тираж в 50 000 экземпляров; *attr.* печатный; **~ office** типография
ior ['praɪə] **1.** предшествующий (***to*** Д); **2.** *adv.*: **~ *to*** до (Р); **~ity** [praɪ'ɒrətɪ] приоритет; очерёдность *f*; ***of top ~*** первостепенной важности
ism ['prɪzəm] призма
ison ['prɪzn] тюрьма; **~er** [-ə] заключённый; (**~ *of war***) военнопленный
privacy ['praɪvəsɪ] (*seclusion*) уединение; личная/частная жизнь
private ['praɪvɪt] **1.** □ частный; (*personal*) личный; (*secluded*) уединённый; *conversation* с глазу на глаз; **2.** *mil.* рядовой; ***in ~*** конфиденциально; ***keep s.th. ~*** держать в тайне
privation [praɪ'veɪʃn] лишение, нужда
privatize ['praɪvɪtaɪz] приватизировать
privilege ['prɪvəlɪdʒ] привилегия; льгота; **~d** привилегированный
privy ['prɪvɪ]: **~ *to*** посвящённый в (В)
prize[1] [praɪz]: **~ *open*** вскрывать [-рыть], взламывать [-ломать]
prize[2] [~] **1.** премия, приз; трофей; *in lottery* выигрыш; **2.** удостоенный премии; **3.** высоко ценить; **~fighter** боксёр-профессионал; **~ winner** призёр; лауреат
pro [prəʊ] *pl.* **pros**: ***the ~s and cons*** доводы за и против
probab|ility [prɒbə'bɪlətɪ] вероятность *f*; **~le** ['prɒbəbl] вероятный
probation [prə'beɪʃn] испытательный срок; *law* условное освобождение
probe [prəʊb] *med.* **1.** зонд; **2.** зондировать; *into problem* глубоко изучать [-чить]
problem ['prɒbləm] проблема; вопрос; (*difficulty*) трудность *f*; *math.* задача; **~atic(al** □) [prɒblə'mætɪk(əl)] проблематичный
procedure [prə'siːdʒə] процедура
proceed [prə'siːd] отправляться дальше; приступать [-пить] (***to*** к Д); (*act*) поступать [-пить]; продолжать [-должить] (***with*** В); **~ *from*** исходить (из Р); **~ing** [-ɪŋ] поступок; **~s** *pl. law* судопроизводство; (*scientific publication*) записки *f/pl.*, труды *m/pl.*; **~s** ['prəʊsiːdz] доход, выручка
process ['prəʊses] **1.** процесс (*a. law*); ***in the ~*** в ходе; ***in the ~ of construction*** строящийся; **2.** *tech.* обрабатывать [-ботать]; **~ing** [-ɪŋ] *of data, etc.* обработка; *of food* переработка; **~ion** [-ʃn] процессия; **~or** [-ə] *comput.* процессор

P

proclaim [prəˈkleɪm] провозглаша́ть [-ласи́ть]; *war, etc.* объявля́ть [-ви́ть]
proclamation [prɒkləˈmeɪʃn] объявле́ние, провозглаше́ние
procrastinate [prəʊˈkræstɪneɪt] (*delay*) *v/i.* оття́гивать [-яну́ть], (*put off*) откла́дывать [отложи́ть]; (*drag out*) тяну́ть
procure [prəˈkjʊə] *v/t.* дост(ав)а́ть
prod [prɒd] **1.** тычо́к, толчо́к; **2.** ты́кать (ткнуть); толка́ть [-кну́ть]; *fig.* подстрека́ть [-кну́ть]
prodigal [ˈprɒdɪgl] расточи́тельный; ***the* ♀ *Son*** блу́дный сын
prodig|ious [prəˈdɪdʒəs] □ удиви́тельный; (*huge*) грома́дный; **~y** [ˈprɒdɪdʒɪ] чу́до; ***child* ~** вундерки́нд
produc|e 1. [prəˈdjuːs] (*show*) предъявля́ть [-ви́ть]; (*proof, etc.*) представля́ть [-а́вить]; производи́ть [-вести́]; *film, etc.* [по]ста́вить; *sound* изд(ав)а́ть; **2.** [ˈprɔdjuːs] проду́кция; проду́кт; **~er** [prəˈdjuːsə] *of goods* производи́тель *m*; *thea.* режиссёр; *cine.* продю́сер
product [ˈprɒdʌkt] проду́кт; изде́лие; **~ion** [prəˈdʌkʃn] произво́дство; проду́кция; *thea.* постано́вка; ***mass* ~** ма́ссовое произво́дство; **~ive** [prəˈdʌktɪv] □ производи́тельный, *fig.* продукти́вный; *soil* плодоро́дный; *writer* плодови́тый; **~ivity** [prɒdʌkˈtɪvətɪ] (*efficiency*) продукти́вность *f*, (*rate of production*) производи́тельность *f*
profane [prəˈfeɪn] (*desecrate*) оскверня́ть [-ни́ть]
profess [prəˈfes] (*declare*) заявля́ть [-ви́ть]; (*claim*) претендова́ть на (В); ***I don't* ~ *to be an expert on this subject*** я не счита́ю себя́ специали́стом в э́той о́бласти; **~ion** [prəˈfeʃn] профе́ссия; **~ional** [~ənl] **1.** □ профессиона́льный; **2.** специали́ст; профессиона́л (*a. sport*); **~or** [~sə] профе́ссор
proffer [ˈprɒfə] предлага́ть [-ложи́ть]
proficien|cy [prəˈfɪʃnsɪ] овладе́ние; о́пытность *f*; уме́ние; **~t** [~ʃnt] □ уме́лый, иску́сный
profile [ˈprəʊfaɪl] про́филь *m*
profit [ˈprɒfɪt] **1.** *comm.* при́быль *f*; вы́года, по́льза; ***gain* ~ *from*** извле́[чь] *pf.* по́льзу из (Р); **2.** *v/t.* приноси́ть [по]льзу (Д); *v/i.* **~ *by*** [вос]по́льзовать[ся] (Т); извлека́ть по́льзу из (Р); **~ab[le]** [~əbl] при́быльный; вы́годный; [по]ле́зный; **~eer** [prɒfɪˈtɪə] спекуля́нт; [~] **sharing** уча́стие в при́были
profound [prəˈfaʊnd] □ глубо́ки[й]; (*thorough*) основа́тельный; [~] о́чень, глубоко́
profus|e [prəˈfjuːs] □ оби́льный; щ[е]дрый; **~ion** [prəˈfjuːʒn] изоби́лие
progeny [ˈprɒdʒənɪ] пото́мство
prognosis [prɒgˈnəʊsɪs] прогно́з
program(me) [ˈprəʊgræm] **1.** програ́[м]ма; **2.** программи́ровать; *comput.* [~] [~ə] программи́ст
progress 1. [ˈprəʊgres] прогре́сс; пр[о]движе́ние; *in studies* успе́хи *m/pl.*; [***make***] ***in* ~** развива́ться; вести́сь; **2.** [prəˈgre[s]] продвига́ться вперёд; [с]де́лать усп[е]хи; **~ive** [~sɪv] □ передово́й, прогре[с]си́вный; *illness, disease* прогресс[и]ру́ющий; **~ *taxation*** прогресси́вн[ый] нало́г
prohibit [prəˈhɪbɪt] запреща́[ть] [-ети́ть]; **~ion** [prəʊɪˈbɪʃn] запрещ[е]ние; **~ive** [prəˈhɪbətɪv] □ запрет[и]тельный
project 1. [ˈprɒdʒekt] прое́кт (*a. arch*[*.*]) план; **2.** [prəˈdʒekt] *v/t. light* броса́[ть] [бро́сить]; (*plan*) [с-, за]проекти́р[о]вать; *v/i.* (*jut out*) вы́да(ва́)ться; [~] [prəˈdʒektaɪl] снаря́д
prolific [prəˈlɪfɪk] (**~*ally***) *writer, e*[*tc.*] плодови́тый
prolix [ˈprəʊlɪks] □ многосло́вный
prologue [ˈprəʊlɒg] проло́г
prolong [prəˈlɒŋ] продлева́ть [-ли́ть]; *law* пролонги́ровать
promenade [prɒməˈnɑːd] **1.** прогу́лк[а]; ме́сто для прогу́лки; *along waterfro*[*nt*] на́бережная; *in park* алле́я; **2.** прог[у]ливаться [-ля́ться]
prominent [ˈprɒmɪnənt] (*conspicuou*[*s*]) □ ви́дный, заме́тный; (*jutting ou*[*t*]) выступа́ющий; *fig.* (*outstanding*) вы[]да́ющийся
promiscuous [prəˈmɪskjʊəs] □ нера[з]бо́рчивый; огу́льный; *sexually* се[]

суа́льно распу́щенный
romis|e ['prɒmɪs] **1.** обеща́ние; ***make a ~*** [по]обеща́ть; ***show great ~*** подава́ть больши́е наде́жды; **2.** обеща́ть (*im*)*pf.*, *pf. a.* [по-]; **~ing** [-ɪŋ] □ *fig.* перспекти́вный; подаю́щий наде́жды
romontory ['prɒməntrɪ] мыс
romot|e [prə'məʊt] (*further*) спосо́бствовать (*im*)*pf.*, *pf. a.* [по-] (Д); соде́йствовать (*im*)*pf.*, *pf. a.* [по-] (Д); (*establish*) учрежда́ть [-ди́ть]; (*advance in rank, station, etc.*) повыша́ть по слу́жбе; *mil.* присво́ить (очередно́е) зва́ние (Р); **~ion** [prə'məʊʃn] *in position* повыше́ние; продвиже́ние
rompt [prɒmpt] **1.** □ бы́стрый; *reply* неме́дленный; **2.** побужда́ть [-уди́ть]; внуша́ть [-ши́ть]; (*suggest*) подска́зывать [-за́ть] (Д); **~ness** ['prɒmptnɪs] быстрота́; прово́рство
romulgate ['prɒmlgeɪt] обнаро́довать; провозглаша́ть [-аси́ть]
rone [prəʊn] □ (*face down*) (лежа́щий) ничко́м; **~ *to*** скло́нный к (Д); ***he is ~ to colds*** он легко́ простужа́ется
rong [prɒŋ] *agric.* **~s** *pl.* ви́лы *f/pl.*
ronounce [prə'naʊns] (*articulate*) произноси́ть [-нести́]; (*proclaim*) объявля́ть [-ви́ть]; (*declare*) заявля́ть [-ви́ть]
ronunciation [prənʌnsɪ'eɪʃn] произноше́ние
roof [pru:f] **1.** доказа́тельство; (*test*) испыта́ние; прове́рка; *typ.* корректу́ра; **2.** (*impervious*) непроница́емый; **~reader** корре́ктор
rop [prɒp] **1.** подпо́рка; *fig.* опо́ра; **2.** подпира́ть [-пере́ть]; **~ *against*** приставля́ть [-вить] к (Д); прислони́ть
ropagate ['prɒpəgeɪt] размножа́ть(ся) [-о́жить(ся)]; (*spread*) распространя́ть(ся) [-ни́ть(ся)]
ropel [prə'pel] продвига́ть вперёд; **~ *s.o. towards ...*** подтолкну́ть *pf.* кого́-л. к (Д); **~ler** [-ə] пропе́ллер; *naut.* гребно́й винт
ropensity [prə'pensətɪ] предрасполо́женность *f*; скло́нность *f*
proper ['prɒpə] □ (*own, peculiar*) сво́йственный, прису́щий; подходя́щий; пра́вильный; (*decent, seemly*) прили́чный; **~ty** [-tɪ] иму́щество, со́бственность *f*; (*quality*) сво́йство; ***intellectual ~*** интеллектуа́льная со́бственность
prophe|cy ['prɒfəsɪ] проро́чество; **~sy** [-saɪ] [на]проро́чить
prophet ['prɒfɪt] проро́к
prophylactic [prɒfɪ'læktɪk] **1.** профилакти́ческий; **2.** профила́ктика
proportion [prə'pɔ:ʃn] **1.** пропо́рция; соразме́рность *f*; (*size*) до́ля, часть *f*; **~s** *pl.* разме́ры *m/pl*; **2.** соразмеря́ть [-ме́рить]; **~al** [-l] пропорциона́льный
propos|al [prə'pəʊzl] предложе́ние; **~e** [prə'pəʊz] *v/t.* предлага́ть [-ложи́ть]; *v/i. marriage* сде́лать *pf.* предложе́ние; (*intend*) намерева́ться, предполага́ть; **~ition** [prɒpə'zɪʃn] (*offer*) предложе́ние
propound [prə'paʊnd] предлага́ть на обсужде́ние, выдвига́ть [-винуть]
propriet|ary [prə'praɪətrɪ]: **~ *rights*** права́ со́бственности; **~ *name*** фи́рменное назва́ние; **~or** [-ətə] владе́лец *m*, -лица *f*; **~y** [-ətɪ] уме́стность *f*, присто́йность *f*
propulsion [prə'pʌlʃn] движе́ние вперёд
prosaic [prə'zeɪɪk] (**~*ally***) *fig.* проза́ичный
prose [prəʊz] **1.** про́за; **2.** прозаи́ческий; *fig.* прозаи́чный
prosecut|e ['prɒsɪkju:t] пресле́довать в суде́бном поря́дке; **~ion** [prɒsɪ'kju:ʃn] суде́бное разбира́тельство; **~or** ['prɒsɪkju:tə] *law* обвини́тель *m*; ***public ~*** прокуро́р
prospect **1.** ['prɒspekt] перспекти́ва, вид (*a. fig.*); **2.** [prə'spekt] *geol.* разве́д(ыв)ать (***for*** на В); **~ive** [prə'spektɪv] □ бу́дущий, ожида́емый; **~us** [-təs] проспе́кт
prosper ['prɒspə] *v/i.* процвета́ть; преуспева́ть; **~ity** [prɒ'sperətɪ] процвета́ние; благополу́чие; *fig.* рас-

P

цвет; **~ous** ['prɒspərəs] состоя́тельный; процвета́ющий
prostitute ['prɒstɪtjuːt] проститу́тка
prostrat|e ['prɒstreɪt] (*lying flat*) распростёртый; (*without srength*) обесси́ленный; ***~ with grief*** сло́мленный го́рем; **~ion** [~ʃn] *fig.* изнеможе́ние
prosy ['prəʊzɪ] □ *fig.* прозаи́чный; бана́льный
protect [prəˈtekt] защища́ть [-ити́ть]; [пред]охраня́ть [-ни́ть] (***from*** от Р); **~ion** [prəˈtekʃn] защи́та; **~ive** [~tɪv] защи́тный; предохрани́тельный; **~or** [~tə] защи́тник; (*patron*) покрови́тель *m*
protest **1.** ['prəʊtest] проте́ст; **2.** [prəˈtest] *v/t.* (*declare*) заявля́ть [-ви́ть], утвержда́ть; *v/i.* [за]протестова́ть
Protestant ['prɒtɪstənt] **1.** протеста́нт *m*, -ка *f*; **2.** протеста́нтский
protestation [prɒtəˈsteɪʃn] торже́ственное заявле́ние
protocol ['prəʊtəkɒl] протоко́л (*a. dipl.*)
prototype ['prəʊtətaɪp] прототи́п
protract [prəˈtrækt] тяну́ть (В *or* с Т); продолжа́ть [-до́лжить]; **~ed** затяжно́й
protru|de [prəˈtruːd] выдава́ться нару́жу, торча́ть; **~ding** [~ɪŋ] выступа́ющий; ***~ eyes*** глаза́ навы́кате; **~sion** [~ʒn] вы́ступ
protuberance [prəˈtjuːbərəns] вы́пуклость *f*
proud [praʊd] □ го́рдый (***of*** Т)
prove [pruːv] *v/t.* дока́зывать [-за́ть]; *v/i.*; ***~ o.s. to be*** ока́зываться [-за́ться]
proverb ['prɒvɜːb] посло́вица
provide [prəˈvaɪd] *v/t.* снабжа́ть [-бди́ть]; предоставля́ть [-а́вить]; *law* ста́вить усло́вием; предусма́тривать [-мотре́ть]; *v/i.*: ***~ for one's family*** обеспе́чивать [-чить] свою́ семью́; **~d** (***that***) при усло́вии (что)
providen|ce ['prɒvɪdəns] провиде́ние; (*prudence*) предусмотри́тельность *f*; **~t** [~dənt] □ предусмотри́тельный
provin|ce ['prɒvɪns] о́бласть *f*; прови́нция; *fig.* сфе́ра де́ятельности; **~cial** [prəˈvɪnʃl] **1.** провинциа́льны[й]
2. провинциа́л *m*, -ка *f*
provision [prəˈvɪʒn] снабже́ние; обе[с]пече́ние; *law of contract, etc.* положе[́]ние; **~s** *pl.* проду́кты; **~al** [~ʒənl] [□] предвари́тельный; ориентир[о]вочный; вре́менный
proviso [prəˈvaɪzəʊ] усло́вие
provocat|ion [prɒvəˈkeɪʃn] вы́зо[в]; провока́ция; **~ive** [prəˈvɒkətɪv] *beh[a]viour* вызыва́ющий; *question, et[c.]* провокацио́нный
provoke [prəˈvəʊk] (с)провоци́р[о]вать; (*stir up*) возбужда́ть [-буди́ть]; (*cause*) вызыва́ть [вы́звать]; (*mak[e] angry*) [рас]серди́ть
prowl [praʊl] кра́сться; броди́ть
proximity [prɒkˈsɪmətɪ] бли́зость *f*
proxy ['prɒksɪ] (*authorization*) полно[]мо́чие; (*substitute*) замести́тель; [...] **vote** голосова́ние по дове́ренност[и]; дове́ренность *f*
prude [pruːd] ханжа́
pruden|ce ['pruːdns] благоразу́ми[е]; (*forethought*) предусмотри́тел[ь]ность *f*; осторо́жность *f*; **~t** [~nt] [□] благоразу́мный; осторо́жный; [...] ***housekeeper*** бережли́вая хозя́йка
prudery ['pruːdərɪ] ха́нжество
prune¹ [pruːn] черносли́в
prune² [~] *agric.* подреза́ть [-ре́зать]; обреза́ть [обре́зать]; *fig.* сокраща́т[ь] [-рати́ть]
pry¹ [praɪ] подгля́дывать [-яде́ть]; [...] ***into*** сова́ть нос в (В)
pry² [~]: *Am.* ***~ open*** → ***prize¹***
psalm [sɑːm] псало́м
pseudonym ['sjuːdənɪm] псевдони́м
psychiatrist [saɪˈkaɪətrɪst] психиа́тр
psychic ['saɪkɪk], **~al** [~kɪkl] □ пс[и]хи́ческий
psycholog|ical [saɪkəˈlɒdʒɪkl] психо[]логи́ческий; **~ist** [saɪˈkɒlədʒɪst] пси[]хо́лог; **~y** [~dʒɪ] психоло́гия
pub [pʌb] паб, пивно́й бар
puberty ['pjuːbətɪ] полова́я зре́лост[ь] *f*
public ['pʌblɪk] **1.** □ публи́чный, о[б]ще́ственный; госуда́рственны[й]; коммуна́льный; ***~ convenience*** об[щественная уборная]

P

ственный туалéт; ~ ***figure*** госудáрственный дéятель; ~ ***opinion*** общественное мнéние; ~ ***house*** пивнáя; ~ ***spirit*** общéственное сознáние; **2.** пубика; общéственность *f*; **~ation** [pʌbɪ'keɪʃn] опубликовáние; издáние; ***monthly*** ~ ежемéсячник; **~ity** [pʌblɪsətɪ] глáсность *f*; (*advertising*) реклáма
ablish ['pʌblɪʃ] [о]публиковáть, из(ав)áть; оглашáть [огласи́ть]; **~ing** ***house*** издáтельство; **~er** [~ə] издáтель *m*; **~s** *pl.* издáтельство
acker ['pʌkə] **1.** [с]мóрщить(ся); *frown* [на]сýпить(ся); **2.** морщи́на
adding ['pʊdɪŋ] пýдинг; ***black*** ~ кровянáя колбасá
addle ['pʌdl] лýжа
aff [pʌf] **1.** *of wind* дуновéние; *of smoke* клуб; **2.** *v/t.* (~ *out*) надý(вá)ть; **~ed eyes** распýхшие глазá *m/pl.*; *v/i.* дуть поры́вами; пыхтéть; ~ ***away at*** попы́хивать (Т); ~ ***out*** надý(вá)ться; **~ paste** слоёное тéсто; **~y** ['pʌfɪ] запыхáвшийся; *eyes* отёкший; *face* одутловáтый
ag [pʌg]: ~ ***dog*** мопс
agnacious [pʌg'neɪʃəs] драчли́вый
ag-nosed ['pʌgnəuzd] курнóсый
ake [pjuːk] **1.** рвóта; **2.** *v/i.* [вы́]рвать
all [pʊl] **1.** тя́га (*a. fig.*); (*inhalation of smoke*) затя́жка; **2.** [по]тянýть; (*drag*) таскáть, [по]тащи́ть; (~ *out*) выдёргивать [вы́дернуть]; (*tug*) дёргать [-рнуть]; ~ ***down*** (*demolish*) сноси́ть [снести́]; ~ ***out*** (*move away*) отходи́ть [отойти́]; *med.* ~ ***through*** *fig.* спасáть [-сти́]; (*recover*) поправля́ться [-áвиться]; ~ ***o.s. together*** взять *pf.* себя́ в рýки; ~ ***up*** подтя́гивать [-янýть]; *car, etc.* останáвливать(ся) [-нови́ть(ся)]
alley ['pʊlɪ] *tech.* блок; шкив
allover ['pʊləuvə] пулóвер
alp [pʌlp] *of fruit* мя́коть *f*; *of wood* древéсная мáсса; *fig.* бесфóрменная мáсса
alpit ['pulpɪt] кáфедра
als|ate [pʌl'seɪt] пульси́ровать; би́ться; **~e** [pʌls] пульс; *tech.* и́мпульс

pumice ['pʌmɪs] пéмза
pummel ['pʌml] [по]колоти́ть, [по]бить
pump [pʌmp] **1.** насóс; **2.** качáть; ~ ***out*** выкáчивать [вы́качать]; ~ ***up*** накáчивать [-чáть]
pumpkin ['pʌmpkɪn] ты́ква
pun [pʌn] **1.** каламбýр; игрá слов; **2.** [с]каламбýрить
punch [pʌntʃ] **1.** *tech.* пробóйник; *for perforating* компóстер; (*blow with fist*) удáр кулакóм; **2.** ~ *hole* проби́(вá)ть; [про]компости́ровать; (*hit with fist*) бить кулакóм
punctilious [pʌŋk'tɪlɪəs] педанти́чный; щепети́льный до мелочéй
punctual ['pʌŋktʃʊəl] □ пунктуáльный; **~ity** [pʌŋktʃʊ'ælətɪ] пунктуáльность *f*
punctuat|e ['pʌŋktʃʊeɪt] стáвить знáки препинáния; *fig.* прерывáть [-рвáть]; **~ion** [pʌŋktʃʊ'eɪʃn] пунктуáция; ~ ***mark*** знак препинáния
puncture ['pʌŋktʃə] **1.** *tyre* прокóл; *med.* пýнкция; **2.** прокáлывать [-колóть]
pungen|cy ['pʌndʒənsɪ] остротá, éдкость *f*; **~t** [~nt] óстрый, éдкий (*a. fig.*)
punish ['pʌnɪʃ] накáзывать [-зáть]; **~able** [~əbl] наказýемый; **~ment** [~mənt] наказáние
puny ['pjuːnɪ] крóхотный; тщедýшный
pupil[1] ['pjuːpl] *of eye* зрачóк
pupil[2] [~] учени́к *m*, -и́ца *f*
puppet ['pʌpɪt] кýкла, марионéтка (*a. fig.*); ~ **show** кýкольное представлéние
puppy ['pʌpɪ] щенóк; *coll.* (*greenhorn*) молокосóс
purchas|e ['pɜːtʃəs] **1.** покýпка, закýпка; **2.** покупáть [купи́ть]; приобретáть [-рести́]; **~er** [~ə] покупáтель *m*, -ница *f*; **~ing** [~ɪŋ]: ~ ***power*** покупáтельная спосóбность
pure [pjʊə] □ чи́стый; **~bred** ['pjʊəbred] чистокрóвный, порóдистый
purgat|ive ['pɜːgətɪv] слаби́тельное; **~ory** [~trɪ] чисти́лище
purge [pɜːdʒ] очищáть [очи́стить]

purify ['pjʊərɪfaɪ] очищáть [очи́стить]
purity ['pjʊərɪtɪ] чистотá
purl [pɜːl] *of water* журчáть
purple ['pɜːpl] **1.** пурпу́рный; багрóвый; **2.** ***turn ~*** [по]багровéть
purport ['pɜːpət] смысл, суть *f*
purpose ['pɜːpəs] **1.** намéрение, цель *f*; целеустремлённость *f*; ***on ~*** намéренно, нарóчно; ***to the ~*** кстáти; к дéлу; ***to no ~*** напрáсно; **2.** имéть цéлью; намеревáться [намéриться]; **~ful** [-fl] □ целенапрáвленный; целеустремлённый; **~less** [-lɪs] □ бесцéльный; **~ly** [-lɪ] нарóчно
purr [pɜː] [за]мурлы́кать
purse [pɜːs] **1.** кошелёк; *Am.* (*handbag*) су́мочка; ***public ~*** казнá; **2.** *lips* поджи́(им)áть
pursuance [pə'sjuːəns]: выполнéние; ***in*** (***the***) ***~ of one's duty*** при исполнéнии своúх обязанностей
pursu|e [pə'sjuː] (*go after*) преслéдовать (В); (*work at*) занимáться [заня́ться] (Т); (*continue*) продолжáть [-дóлжить]; **~er** [-ə] преслéдователь *m*, -ница *f*; **~it** [pə'sjuːt] преслéдование; погóня *f*; *mst.* **~s** *pl.* заня́тие
pus [pʌs] *med.* гной
push [pʊʃ] **1.** толчóк; (*pressure*) давлéние; напóр; (*effort*) уси́лие; *of person* напóристость *f*; ***at a ~*** при необходи́мости; **2.** толкáть [-кну́ть]; наж(им)áть (на В); продвигáть(ся) [-ви́нуть(ся)] (*a.* ***~ on***); ***~ into*** *fig.* заставля́ть [-áвить]; ***~ one's way*** протáлкиваться [протолкáться]; **~-button** *el.* нажи́мная кнóпка; **~chair** дéтская *or* прогу́лочная (*invalid's* инвали́дная) коля́ска
puss(y) ['pʊs(ɪ)] кóшечка, ки́ска
put [pʊt] [*irr.*] **1.** класть [положи́ть]; [по]стáвить; сажáть [посади́ть]; *question, etc.* зад(ав)áть; *into pocket, etc.* совáть [су́нуть]; (*express*) выражáть [-азить]; (*explain*) объясня́ть [-нит… ***~ across a river***, *etc.* перевози́ть [-ве… ти́]; ***~ back*** стáвить на мéсто; стáви… назáд; ***~ by money*** откла́дывать [с… ложи́ть]; ***~ down*** (*rebellion*) п… давля́ть [-ви́ть]; (*write down*) запис… вать [-сáть]; (*set down*) положи́т… [по]стáвить; (*attribute*) припи́сыва… [-сáть]; (***to*** Д); ***~ forth*** проявля́… [-ви́ть]; *shoots* пускáть [пусти́ть]; … ***in*** вставля́ть [-áвить]; всóвывать [вс… нуть]; ***~ off*** (*defer*) откла́дывать [с… ложи́ть]; ***~ on*** *dress, etc.* надé(вá)т… (*feign*) притворя́ться; (*exaggera…* преувели́чивать [-чить]; *weight* пр… бавля́ть [-áвить]; ***~ out*** выкла́дыва… [вы́ложить]; (*extend*) протя́гива… [-тяну́ть]; *fire* [по]туши́ть; ***~ throu…*** *tel.* соединя́ть [-ни́ть] (***to*** с Т); ***~ to*** пр… бавля́ть [-бáвить]; ***~ to death*** казни́… (*im*)*pf.*; ***~ up*** *building* [по]стрóить, во… води́ть [-вести́]; *prices* повышá… [-ы́сить]; давáть [дать] пристáнищ… **2.** *v/i.*: ***~ to sea*** [вы]ходи́ть в мóре; ***~ in*** *naut.* заходи́ть в порт; ***~ up at*** ост… нáвливаться [останови́ться] в (П); ***~ up with*** *fig.* мири́ться с (Т)
putrefy ['pjuːtrɪfaɪ] [с]гнить; разл… гáться [-ложи́ть]
putrid ['pjuːtrɪd] □ гнилóй; (*ill-sme…* *ling*) воню́чий
putty ['pʌtɪ] **1.** замáзка; **2.** замáз(ы… в)ать
puzzle ['pʌzl] **1.** недоумéние; загáдк… головолóмка; ***crossword ~*** крос… вóрд; **2.** *v/t.* озадáчи(ва)ть; стáвить… тупи́к; ***~ out*** разгадáть распу́т(ы… в)ать; *v/i.* би́ться (***over*** над Т); … [-ə] *coll.* головолóмка, крéпк… орéшек
pygmy ['pɪgmɪ] пигмéй
pyjamas [pə'dʒɑːməz] *pl.* пижáма
pyramid ['pɪrəmɪd] пирами́да
python ['pɑɪθn] питóн

P

Q

ack[1] [kwæk] кря́кать [-кнуть]
ack[2] [-] (*sham doctor*) шарлата́н
adrangle ['kwɒdræŋgl] четырёхуго́льник
adru|ped ['kwɒdruped] четвероно́гое живо́тное; **~ple** 'kwɒdrupl] ☐ учетверённый
agmire ['kwægmaɪə] трясина
ail [kweɪl] (*falter*) дро́гнуть *pf.*; *funk*) [с]тру́сить
aint [kweɪnt] причу́дливый, стра́нный, курьёзный
ake [kweɪk] [за]трясти́сь; [за-] дрожа́ть; дро́гнуть *pf.*; *stronger* содрога́ться [-гну́ться]
ali|fication [kwɒlɪfɪ'keɪʃn] квалифика́ция; (*restriction*) огово́рка, ограниче́ние; **~fy** ['kwɒlɪfaɪ] *v/t.* квалифици́ровать (*im*)*pf.*; огова́ривать -вори́ть]; ограни́чи(ва)ть; (*modify*) уточня́ть [-ни́ть]; (*describe*) оце́нивать [-ни́ть] (***as*** T); *v/i.* подгота́вливаться [-гото́виться] (***for*** к Д); **~ty** -tɪ] ка́чество; сво́йство
alm [kwɑ:m] сомне́ние
andary ['kwɒndərɪ]: ***be in a ~*** не знать как поступи́ть
antity ['kwɒntətɪ] коли́чество; *math.* величина́; мно́жество
arantine ['kwɒrənti:n] **1.** каранти́н; **2.** подверга́ть каранти́ну; содержа́ть в каранти́не
arrel ['kwɒrəl] **1.** ссо́ра, перебра́нка; **2.** [по]ссо́риться; **~some** ☐ [-səm] сварли́вый
arry ['kwɒrɪ] **1.** карье́р, каменоло́мня; **2.** добы́(ва́)ть, разраба́тывать
art [kwɔ:t] ква́рта
arter ['kwɔ:tə] **1.** че́тверть *f*, четвёртая часть; (*three months*) кварта́л; (*place*) ме́сто, сторона́; **~s** *pl. mil.* каза́рмы *f/pl.*; *fig.* исто́чники *m/pl.*; ***from all ~s*** со всех сторо́н; ***~ past two*** че́тверть тре́тьего; **2.** дели́ть на четы́ре ча́сти; (*give lodgings*) *a. mil.* расквартиро́вывать [-ирова́ть]; **~ly** [-lɪ] **1.** кварта́льный; **2.** (*periodical*) ежекварта́льный журна́л
quartet(te) [kwɔ:'tet] *mus.* кварте́т
quartz [kwɒ:ts] кварц; *attr.* ква́рцевый
quash [kwɒʃ] (*cancel*) отменя́ть, аннули́ровать (*im*)*pf.*; (*crush*) подавля́ть [-дави́ть]
quaver ['kweɪvə] **1.** дрожь *f*; *mus.* восьма́я но́та; **2.** говори́ть дрожа́щим го́лосом
quay [ki:] при́стань *f*
queasy ['kwi:zɪ]: ☐ ***I feel ~*** меня́ тошни́т
queen [kwi:n] короле́ва; *chess* ферзь *m*; *cards* да́ма
queer [kwɪə] стра́нный, эксцентри́чный; *sl.* (*a. su.*) гомосексуальный; гомосексуали́ст
quench [kwentʃ] *thirst* утоля́ть [-ли́ть]; *fire* [по]туши́ть; (*cool*) охлажда́ть [охлади́ть]
querulous ['kwerʊləs] ☐ ворчли́вый
query ['kwɪərɪ] **1.** вопро́с; (*doubt*) сомне́ние; вопроси́тельный знак; **2.** спра́шивать [спроси́ть]; выража́ть ['-рази́ть] сомне́ние
quest [kwest] по́иски *m/pl.*; ***in ~ of*** в по́исках
question ['kwestʃən] **1.** вопро́с; сомне́ние; пробле́ма; ***beyond*** (***all***) ***~*** вне вся́кого сомне́ния; ***in ~*** о кото́ром идёт речь; ***call into ~*** подверга́ть сомне́нию; ***settle a ~*** реши́ть *pf.* вопро́с; ***that is out of the ~*** об э́том не мо́жет быть и ре́чи; **2.** расспра́шивать [-роси́ть]; задава́ть вопро́с (Д); (*interrogate*) допра́шивать [-роси́ть]; подверга́ть сомне́нию; **~able** [-əbl] сомни́тельный; **~naire** [kwestʃə'neə] анке́та; *for polls, etc.* вопро́сник
queue [kju:] **1.** о́чередь *f*, хвост; **2.** (*mst.* ***~ up***) станови́ться в о́чередь
quibble ['kwɪbl] **1.** (*evasion*) увёртка; спор из-за пустяко́в; **2.** (*evade*) уклоня́ться [-ни́ться]; (*argue*) спо́рить

Q

из-за пустяко́в

quick [kwɪk] **1.** (*lively*) живо́й; (*fast*) бы́стрый, ско́рый; *hands, etc.* прово́рный; *ear* о́стрый; *eye* зо́ркий; **2.** чувстви́тельное ме́сто; ***cut to the ~*** задева́ть за живо́е; **~en** ['kwɪkən] *v/t.* ускоря́ть [-о́рить]; (*liven*) оживля́ть [-ви́ть]; *v/i.* ускоря́ться [-о́риться]; оживля́ться [-ви́ться]; **~ness** ['kwɪknɪs] быстрота́; оживлённость *f*; *of mind* сообрази́тельность *f*; **~sand** зыбу́чий песо́к *m/pl.*; **~silver** ртуть *f*; **~-witted** [-'wɪtɪd] нахо́дчивый

quiet ['kwaɪət] **1.** □ (*calm*) споко́йный, ти́хий; (*noiseless*) бесшу́мный; ***keep s.th. ~*** ума́лчивать [умолча́ть] (о П); **2.** поко́й; тишина́; ***on the ~*** тайко́м, втихомо́лку; **3.** успока́ивать(ся) [-ко́ить(ся)]

quill [kwɪl] пти́чье перо́; *of porcupine, etc.* игла́

quilt [kwɪlt] **1.** стёганое одея́ло; **2.** [вы́]стега́ть; **~ed** ['-ɪd] стёганый

quince [kwɪns] *fruit, tree* айва́

quinine [kwɪ'ni:n] *pharm.* хини́н

quintuple ['kwɪntjʊpl] пятикра́тный

quip [kwɪp] острота́; ко́лкость *f*

quirk [kwɜ:k] причу́да

quit [kwɪt] **1.** покида́ть [-и́нуть]; о[с]тавля́ть [-а́вить]; (*stop*) прекраща́[ть] [-ати́ть]; ***give notice to ~*** под(ав)а́[ть] заявле́ние об ухо́де; **2.** свобо́дный, о[с]де́лавшийся (***of*** от Р)

quite [kwaɪt] вполне́, соверше́нн[о], совсе́м; (*rather*) дово́льно; ***~ a he[ro]*** настоя́щий геро́й; ***~ (so)!*** так!, сове[р]ше́нно ве́рно!

quits [kwɪts]: ***we are ~*** мы с ва́ми кв[и]ты

quiver ['kwɪvə] [за]дрожа́ть, [за-] тр[е]пета́ть

quiz [kwɪz] **1.** (*interrogation*) опр[ос]; (*written or oral test*) прове́рка зн[а]ний; *entertainment* виктори́на; **2.** ра[с]спра́шивать [-роси́ть], опра́шива[ть] [опроси́ть]

quizzical ['kwɪzɪkl] *look* насме́шл[и]вый

quorum ['kwɔ:rəm] *parl.* кво́рум

quota ['kwəʊtə] до́ля, часть *f*, кво́т[а]

quotation [kwəʊ'teɪʃn] цита́та; цит[и]рование

quote [kwəʊt] [про]цити́ровать

R

rabbi ['ræbaɪ] равви́н

rabbit ['ræbɪt] кро́лик

rabble ['ræbl] сброд; чернь *f*

rabid ['ræbɪd] □ неи́стовый, я́ростный; бе́шеный

rabies ['reɪbi:z] бе́шенство

race[1] [reɪs] ра́са; (*breed*) поро́да

race[2] [~] **1.** состяза́ние в ско́рости; бег; го́нки *f/pl.*; ***horse ~s*** *pl.* ска́чки *f/pl.*; бега́ *m/pl.*; **2.** (*move at speed*) [по]мча́ться; *compete* состяза́ться в ско́рости; уча́ствовать в ска́чках *и т.п.*; **~course** ипподро́м; **~track** *sport* трек; *for cars, etc.* автомотодром

racial ['reɪʃl] ра́совый

rack [ræk] **1.** ве́шалка; *for dishes* суши́лка; (*shelves*) стелла́ж, по́лка; *rail.* ***luggage ~*** се́тка для веще́й; ***go to ~ and ruin*** пойти́ пра́хом; погиба́[ть] [-и́бнуть]; разоря́ться [-ри́ться]; **2.** ***~ one's brains*** лома́ть себе́ го́лову

racket[1] ['rækɪt] те́ннисная раке́тка

racket[2] [~] шум, гам; *Am.* рэ́кет; **~e[er]** [rækə'tɪə] афери́ст; *Am.* вымога́те[ль] *m*, рэкети́р

racy ['reɪsɪ] □ пика́нтный; колори́[т]ный; риско́ванный

radar ['reɪdɑ:] рада́р; радиолока́тор

radian|ce ['reɪdɪəns] сия́ние; **~t** [~nt] (*transmitted by radiation*) лучи́сты[й]; (*shining, resplendent*) сия́ющи[й], лучеза́рный

radiat|e ['reɪdɪeɪt] излуча́ть [-чи́ть]; **~ion** [reɪdɪ'eɪʃn] излуче́ние; **~or** ['re…

…dieɪtə] излуча́тель m; mot. радиа́тор; *for heating* батаре́я, радиа́тор

…dical ['rædɪkl] **1.** □ *pol.* радика́льный; (*fundamental*) коренно́й; **2.** *math.* ко́рень m; *pol.* радика́л

…dio ['reɪdɪəʊ] **1.** ра́дио *n indecl.*; **~ show** радиопостано́вка; **~ set** радиоприёмник; **~therapy** рентгенотерапи́я; **2.** передава́ть по ра́дио; **~active** радиоакти́вный; **~ waste** радиоакти́вные отхо́ды; **~activity** радиоакти́вность *f*; **~graph** [-grɑːf] рентге́новский сни́мок

…dish ['rædɪʃ] ре́дька; (**red**) **~** реди́ска; **~es** *pl.* реди́с *collect.*

…dius ['reɪdɪəs] ра́диус; **within a ~ of** в ра́диусе (Р)

…ffle ['ræfl] **1.** *v/t.* разы́грывать в лотере́е; *v/i.* уча́ствовать в лотере́е; **2.** лотере́я

…ft [rɑːft] **1.** плот; **2.** *timber* сплавля́ть [-а́вить]; **~er** [-ə] *arch.* стропи́ло

…g [ræg] тря́пка; **~s** *pl.* тряпьё, ве́тошь *f*; лохмо́тья *m/pl.*

…gamuffin ['rægəmʌfɪn] оборва́нец; у́личный мальчи́шка

…ge [reɪdʒ] **1.** я́рость *f*, гнев; (*vogue*) пова́льное увлече́ние; **it is all the ~** э́то после́дний крик мо́ды; **2.** [вз]беси́ться; *of storm, etc.* бушева́ть

…gged ['rægɪd] □ неро́вный; *clothes* рва́ный

…gout ['ræguː] *cul.* рагу́

…id [reɪd] **1.** *mil.* налёт; *by police* обла́ва; **2.** соверша́ть [-ши́ть] налёт на (В); *mil.* вторга́ться [вто́ргнуться] в (В)

…il[1] [reɪl] **1.** (*hand~*) пери́ла *n/pl.*; (*fence*) огра́да; *rail* рельс; *naut.* по́ручень *m*; **go off the ~s** сойти́ *pf.* с ре́льсов; *fig.* сби́ться с *pf.* пути́; **2.** е́хать по желе́зной доро́ге

…il[2] [~] [вы́]руга́ть, [вы́]брани́ть (**at, against** В)

…iling ['reɪlɪŋ] огра́да; пери́ла *n/pl.*

…ilroad ['reɪlrəʊd] *chiefly Am.*, **railway** [-weɪ] желе́зная доро́га

…in [reɪn] **1.** дождь *m*; **2. it's ~ing** идёт дождь; *fig.* [по]сы́паться; **~bow** ра́дуга; **~coat** *Am.* дождеви́к, плащ; **~fall** коли́чество оса́дков; **~y** ['reɪnɪ] дождли́вый; *fig.* **for a ~ day** на чёрный день *m*

raise [reɪz] (*often* **~ up**) поднима́ть [-ня́ть]; *monument* воздвига́ть [-ви́гнуть]; (*elevate*) возвыша́ть [-ы́сить]; (*bring up*) воспи́тывать [-ита́ть]; *laughter, suspicion, etc.* вызыва́ть [вы́звать]; *money* добы́(ва́)ть, собира́ть; *increase* повыша́ть [-вы́сить]

raisin ['reɪzn] изю́минка; *pl.* изю́м *collect.*

rake[1] [reɪk] **1.** *agric.* гра́бли *f/pl.*; **2.** *v/t.* сгреба́ть [-ести́]; разгреба́ть [-ести́]; *fig.* **~ for** тща́тельно иска́ть (В *or* Р)

rake[2] [~] пове́са, распу́тник

rally ['rælɪ] **1.** (*gather*) собира́ть(ся) [собра́ть(ся)]; *fig.* собра́ться *pf.* с си́лами; овладе́(ва́)ть собо́й; (*rouse*) воодушевля́ть [-шеви́ть]; (*recover*) оправля́ться [опра́виться]; **2.** *Am.* ма́ссовый ми́тинг; *sport* ра́лли

ram [ræm] **1.** бара́н; *astr.* Ове́н; **2.** [про]тара́нить; заби́(ва́)ть; **~ home** вдолби́ть *pf.* в го́лову

rambl|e ['ræmbl] **1.** прогу́лка; **2.** (*wander*) броди́ть; (*speak incoherently*) говори́ть бессвя́зно; **~er** [~ə] праздношата́ющийся; (*plant*) ползу́чее расте́ние; **~ing** [~ɪŋ] бродя́чий; бессвя́зный; *town* беспоря́дочно разбро́санный; ползу́чий

ramify ['ræmɪfaɪ] разветвля́ться [-етви́ться]

ramp [ræmp] скат, укло́н; **~ant** ['ræmpənt] *plants* бу́йный; *sickness, etc.* свире́пствующий; *fig.* (*unrestrained*) необу́зданный

rampart ['ræmpɑːt] крепостно́й вал

ramshackle ['ræmʃækl] ве́тхий; обветша́лый

ran [ræn] *pt. om* **run**

ranch [ræntʃ] ра́нчо *n indecl.* фе́рма

rancid ['rænsɪd] □ прого́рклый

ranco(u)r ['ræŋkə] зло́ба

random ['rændəm] **1. at ~** науга́д, наобу́м; **2.** сде́ланный (вы́бранный *и т.д.*) науда́чу; случа́йный

rang [ræŋ] *pt. om* **ring**

range [reɪndʒ] **1.** ряд; *of mountains*

цепь *f*; (*extent*) предéл, амплиту́да; диапазóн (*a. mus.*); *mil.* (*shooting* ~) стрéльбище; **2.** *v/t.* выстра́ивать в ряд; располага́ть [-ложи́ть]; *v/i.* выстра́иваться в ряд, располага́ться [-ложи́ться]; *of land* простира́ться; (*wander*) броди́ть

rank [ræŋk] **1.** ряд; *mil.* шерéнга; (*status*) зва́ние, чин; категóрия; **~ *and file*** рядовóй состáв; *fig.* обыкновéнные лю́ди; **2.** *v/t.* стрóить в шерéнгу; выстра́ивать в ряд; классифици́ровать (*im*)*pf.*; (*consider*) счита́ть; *v/i.* стрóиться в шерéнгу; равня́ться (***with*** Д); **3.** *vegetation* бу́йный

rankle ['ræŋkl] (*fester*) гнои́ться; причиня́ть [-ни́ть] гнев, боль *f*

ransack ['rænsæk] (*search*) [по-] ры́ться в (П); (*plunder*) [о]гра́бить

ransom ['rænsəm] вы́куп

rant [rænt] разглагóльствовать

rap [ræp] **1.** лёгкий уда́р; *at door*, *etc.* стук; *fig.* ***not a*** **~** ни грóша; **2.** ударя́ть [уда́рить]; [по]стуча́ть

rapaci|ous [rə'peɪʃəs] □ жа́дный; *animal* хи́щный; **~ty** [rə'pæsɪtɪ] жа́дность *f*; хи́щность *f*

rape [reɪp] **1.** изнаси́лование; **2.** [из]наси́ловать

rapid ['ræpɪd] **1.** □ бы́стрый, скóрый; **2.** **~*s*** *pl.* порóги *m/pl.*; **~ity** [rə'pɪdətɪ] быстрота́ скóрость *f*

rapt [ræpt] (*carried away*) восхищённый; (*engrossed*) поглощённый; **~ure** ['ræptʃə] востóрг, экстáз; ***go into*** **~*s*** приходи́ть в востóрг

rare [reə] □ рéдкий; *air* разрежённый; *undercooked* недожа́ренный; ***at*** **~** ***intervals*** рéдко

rarity ['reərətɪ] рéдкость *f*; *thing* раритéт

rascal ['rɑːskl] мошéнник; *child coll.* плути́шка

rash[1] [ræʃ] □ опромéтчивый; необду́манный

rash[2] [~] *med.* сыпь *f*

rasp [rɑːsp] **1.** (*grating sound*) скрéжет; **2.** скрежета́ть; **~*ing voice*** скрипу́чий гóлос

raspberry ['rɑːzbrɪ] мали́на

rat [ræt] кры́са; ***smell a*** **~** [по]чу́ять н… дóброе

rate[1] [reɪt] **1.** нóрма; ста́вка; (*tax*) мéс… ный налóг; разря́д; (*speed*) скóрость; ***at any*** **~** во вся́ком слу́чае; **~** ***of e… change*** (валю́тный) курс; **~** ***of pro…*** нóрма при́были; ***interest*** **~** процéн… ная ста́вка; ***birth*** **~** рождáемость; ***death*** **~** смéртность *f*; **2.** оцéниват… [-ни́ть]; расцéнивать [-ни́ть]; *fin.* о… лага́ться налóгом; **~** ***amon…*** счита́ться средú (Р)

rate[2] [~] (*scold*) брани́ть [вы́бранит…] [от]руга́ть

rather ['rɑːðə] скорéе; пре… почти́тельно; вернéе; довóльно; ***had*** **~…** я предпочёл бы …; *int.* е… бы!

ratify ['rætɪfaɪ] ратифици́роват… (*im*)*pf.*; утвержда́ть [-рди́ть]

rating ['reɪtɪŋ] (*valuing*) оцéнка; су́м… ма налóга; класс; *in opinion poll* ре́… тинг

ratio ['reɪʃɪəʊ] соотношéние, пропó… ция; коэффициéнт

ration ['ræʃn] **1.** рациóн; паёк; **2.** но… ми́ровать вы́дачу (Р)

rational ['ræʃnl] □ рационáльны… разу́мный; **~ity** [ræʃə'nælətɪ] раци… нáльность *f*; разу́мность *f*; **~iz…** ['ræʃnəlaɪz] (*give reasons for*) опрá… дывать [-дáть]; (*make mare efficien…*) рационализи́ровать (*im*)*pf.*

rattle ['rætl] **1.** треск; *of window* др… безжáние; *of talk* трескотня́; (*baby toy*) погрему́шка; **2.** [за]дребезжáт… *of train*, *etc.* [про]громыхáть; *of po… etc.* [за]гремéть (Т); говори́ть б… у́молку; **~** ***off*** отбарабáнить *p…* **~snake** грему́чая змея́

ravage ['rævɪdʒ] **1.** опустошéние; … опустошáть [-ши́ть], разоря́т… [-ри́ть]

rave [reɪv] брéдить (*a. fig.*), говори́т… бессвя́зно; (*rage*) неистовствоват… **~** ***about*** быть без умá от (Р)

ravel ['rævl] *v/t.* запу́т(ыв)ать; расп… т(ыв)ать; *v/i.* запу́т(ыв)аться; (*a.* ***out***) расползáться по швам

raven ['reɪvn] вóрон

venous ['rævənəs] прожорливый; **eel ~** быть голодным как волк
vine [rə'viːn] овраг, лощина
ving ['reɪvɪŋ]: ***he's ~ mad*** он совсем пятил
vish ['rævɪʃ] приводить в восторг; **ing** [-ɪŋ] восхитительный
w [rɔː] □ сырой; *hide*, *etc.* необработанный; (*inexperienced*) неопытный; *nee*, *etc.* ободранный; **~boned** худой, костлявый; **~ material** сырьё
y [reɪ] луч; *fig.* проблеск
yon ['reɪɒn] искусственный шёлк, искоза
ze [reɪz]: ***~ to the ground*** разрушать о основания
zor ['reɪzə] бритва; **~ blade** лезвие ритвы
... [riː] *pref.* (*пришаёт слову значения*:) снова, заново, ещё раз, обатно
ach [riːtʃ] **1.** ***beyond ~*** вне пределов досягаемости; ***within easy ~*** поблиости; под рукой; ***within ~*** *financially* доступный; **2.** *v/t.* достигать [-игнуть] Р); доезжать [дойти] до (Р); *of forest*, *and*, *etc.* простираться [-стереться] о (Р); (*pass*) протягивать [-януть]; *get to*) дост(ав)ать до (Р); *v/i.* проягивать руку (***for*** за Т)
act [rɪ'ækt] реагировать; **~ *against*** *dea*, *plan*, *etc.* возражать [-зить] против Р)
action [rɪ'ækʃn] реакция; **~ary** -ʃənrɪ] **1.** реакционный; **2.** реакционер
ad 1. [riːd] [*irr.*] [про]читать; (*study*) изучать [-чить]; (*interpret*) истолковывать [-ковать]; *of instrument* показывать [-зать]; *of text* гласить; ***~ to s.o.*** читать кому-л. вслух; **2.** [red] **a**) *pt. u t. p. om* ***read 1.***; **b**) *adj.*: ***well-~*** начитанный; **~able** ['-əbl] разборчивый; интересный; (*legible*) чёткий; **~er** ['-ə] читатель(ница *f*) *n*; (*reciter*) чтец; *univ.* лектор
adi|ly ['redɪlɪ] *adv.* охотно; без труда; легко; **~ness** [-nɪs] готовность *f*; подготовленность *f*
ading ['riːdɪŋ] чтение; (*interpretation*) толкование, понимание; *parl.* чтение (законопроекта); **~ lamp** настольная лампа; **~ room** читальный зал
readjust [riːə'dʒʌst] *tech.* отрегулировать; приспосабливать [-собить]; *of attitude situation*, *etc.* пересматривать [-смотреть]; **~ment** [-mənt] регулировка; приспособление
ready ['redɪ] □ готовый; *money* наличный; ***make*** (*или* ***get***) **~** [при]готовить(ся); **~-made** готовый
reaffirm [riːə'fɜːm] вновь подтверждать
reagent [riː'eɪdʒənt] *chem.* реактив
real [rɪəl] □ действительный; реальный; настоящий; **~ *estate*** недвижимость *f*; **~ity** [rɪ'ælətɪ] действительность *f*; **~ization** [rɪəlaɪ'zeɪʃn] понимание, осознание; (*implementation*) осуществление, реализация (*a. comm.*); **~ize** ['rɪəlaɪz] представлять себе; осуществлять [-вить]; осозн(а-в)ать; соображать [-азить]; реализовать (*im*)*pf.*
realm [relm] королевство; царство; *fig.* сфера; ***be in the ~ of fantasy*** из области фантазии
reanimate [riː'ænɪmeɪt] оживлять [-вить]; воскрешать, [-есить]
reap [riːp] [с]жать; *fig.* пож(ин)ать; **~er** ['-ə] *machine* жатка
reappear ['riːə'pɪə] снова появляться
reappraisal [riːə'preɪzl] переоценка
rear [rɪə] **1.** *v/t.* воспитывать [-тать]; (*breed*) выращивать [вырастить]; *v/i. of horse* становиться на дыбы; **2.** задняя сторона; *mil.* тыл; ***at the ~ of***, ***in the ~ of*** позади (Р); **3.** задний; тыльный; **~ admiral** контрадмирал
rearm [riː'ɑːm] перевооружать(ся) [-жить(ся)]
rearrange [riːə'reɪndʒ] перестраивать [-строить]; *timetable*, *etc.* изменять [-нить], переделывать [-лать]; *furniture* переставлять [-ставить]
reason ['riːzn] **1.** (*intellectual capability*) разум, рассудок; (*cause*) основание, причина; (*sense*) смысл; ***by ~ of*** по причине (Р); ***for this ~*** поэтому;

R

it stands to ~ that … ясно, что …, очеви́дно, что …; **2.** *v/i.* рассужда́ть [-уди́ть]; *~ out* разга́дывать [-да́ть]; проду́мать *pf.* до конца́; *~ out of* разубежда́ть [-еди́ть] в (П); **~able** [-əbl] □ (благо)разу́мный; (*moderate*) уме́ренный; **~ing** [-ɪŋ] рассужде́ние

reassure [riːə'ʃʊə] успока́ивать [-ко́ить], ободря́ть [-ри́ть]

rebate ['riːbeɪt] *comm.* ски́дка; вы́чет

rebel 1. ['rebl] бунтовщи́к *m*, -и́ца *f*; (*insurgent*) повста́нец; *fig.* бунта́рь *m*; **2.** [~] (*a.* **~lious** [rɪ'beljəs]) мяте́жный; **3.** [rɪ'bel] восст(ав)а́ть; бунтова́ть [взбунтова́ться]; **~lion** [rɪ'beljən] восста́ние; (*riot*) бунт

rebirth [riː'bɜːθ] возрожде́ние

rebound [rɪ'baʊnd] **1.** отска́кивать [-скочи́ть]; *~ on fig.* обора́чиваться [оберну́ться] (про́тив Р); **2.** рикоше́т; отско́к

rebuff [rɪ'bʌf] **1.** отпо́р; ре́зкий отка́з; **2.** дава́ть о́тпор (Д)

rebuild [riː'bɪld] [*irr.* (***build***)] сно́ва [по]стро́ить; реконструи́ровать; перестра́ивать [-стро́ить]

rebuke [rɪ'bjuːk] **1.** упрёк; вы́говор; **2.** упрека́ть [-кну́ть], де́лать вы́говор (Д)

recall [rɪ'kɔːl] **1.** *of diplomat, etc.* о́тзыв; ***beyond ~*** безвозвра́тно, бесповоро́тно; **2.** отзыва́ть [отозва́ть]; (*revoke*) отменя́ть [-ни́ть]; (*remind*) напомина́ть [-о́мнить]; (*call to mind*) вспомина́ть [-о́мнить] (В)

recapture [riː'kæptʃe] *territory* взять обра́тно; освобожда́ть [-боди́ть]; ***~ the atmosphere*** воссоздава́ть [-да́ть] атмосфе́ру

recede [rɪ'siːd] (*move back*) отступа́ть [-пи́ть]; (*move away*) удаля́ться [-ли́ться]

receipt [rɪ'siːt] (*document*) распи́ска, квита́нция; (*receiving*) получе́ние; *cul.* реце́пт; **~s** *pl.* прихо́д

receive [rɪ'siːv] получа́ть [-чи́ть]; *guests, etc.* принима́ть [-ня́ть]; *news, ideas* воспринима́ть [-ня́ть]; **~r** [-ə] получа́тель *m*, -ница *f*; *tel.* телефо́нная тру́бка; *radio* приёмник

recent ['riːsnt] □ неда́вний; свéж… но́вый; ***in ~ years*** в после́дние го́д… **~ly** [-lɪ] неда́вно

receptacle [rɪ'septəkl] вмести́лищ…

reception [rɪ'sepʃn] получе́н… приём; ***~ desk*** *in hotel* регистрац… *in hospital* регистрату́ра; **~ist** [-ən… регистра́тор

receptive [rɪ'septɪv] □ восприи́… чивый (к Д)

recess [rɪ'ses] *parl.* кани́кулы *f/*… (*break*) переры́в; *arch.* ни́ша; *~ pl. fig.* глуби́ны *f/pl.*; **~ion** [-ʃn] *ec*… спад

recipe ['resəpɪ] *cul.* реце́пт

recipient [rɪ'sɪpɪənt] получа́тель -ница *f*

reciproc|al [rɪ'sɪprəkl] взаи́мн… обою́дный; **~ate** [-keɪt] отвеча́… [-ве́тить] взаи́мностью; (*interchan*… обме́ниваться [-ня́ться]; **~ity** [… sɪ'prɒsətɪ] взаи́мность *f*

recit|al [rɪ'saɪtl] чте́ние, деклама́ц… (*account*) повествова́ние, расск… *mus.* со́льный; **~ation** [resɪ'teɪʃn] … клама́ция; **~e** [rɪ'saɪt] [про]деклам… ровать

reckless ['reklɪs] □ безрассу́дн… опроме́тчивый; беспе́чный

reckon ['rekən] *v/t.* счита́… причисля́ть [-чи́слить] (***among***… Д); счита́ть [счесть] за (В); ***~ up*** п… счита́ть *pf.*; *v/i.* (*consider*) счита́ть, … мать, предполага́ть [-ложи́ть]; ***~ (u… on*** *fig.* рассчи́тывать на (В); ***a man… be ~ed with*** челове́к, с кото́рым с… дует счита́ться; **~ing** [-ɪŋ] подсч… счёт; распла́та

reclaim [rɪ'kleɪm] [по]тре́бовать … ра́тно; *waste* утилизи́ровать; *land* … ва́ивать [-во́ить]; *neglected land* … культиви́ровать

recline [rɪ'klaɪn] отки́дывать(… [-и́нуть(ся)]; полулежа́ть

recluse [rɪ'kluːs] отше́льник *m*, -иц…

recogni|tion [rekəg'nɪʃn] (*realizati*… осозна́ние; узнава́ние; призна́н… (Р); ***change beyond ~*** изменя́т… [-ни́ться] до неузнава́емости; ***gai***… доби́ться *pf.* призна́ния; **~ze** ['re…

gnaɪz] узн(ав)áть; призн(ав)áть
coil [rɪ'kɔɪl] **1.** *mil.* отдáча; **2.** отскá-кивать [-скочи́ть], отпря́нуть *pf.*; *of un* отдавáть [-дáть]
collect [rekə'lekt] вспоминáть вспóмнить] (B); ***as far as I can ~*** нa-скóлько я пóмню; **~ion** [rekə'lekʃn] воспоминáние, пáмять *f* (***of*** о П)
commend [rekə'mend] рекомендо-вáть (*im*)*pf.*, *pf. a.* [по-], [по]совéто-вать; **~ation** [rekəmen'deɪʃn] реко-мендáция
compense ['rekəmpens] **1.** возна-граждéние; компенсáция; ***as or in ~*** в кáчестве компенсáции (***for*** за B); **2.** вознаграждáть [-ради́ть]; от-плáчивать [отплати́ть] (Д); *for a loss, etc.* компенси́ровать, возмещáть [-мести́ть]
concil|e ['rekənsaɪl] примиря́ть [-ри́ть] (***to*** с T); улáживать [улáдить]; ***~ o.s.*** примиря́ться [-ри́ться]; **~iation** [rekənsɪlɪ'eɪʃn] примирéние; улáжи-вание
con|aissance [rɪ'kɒnəsns] *mil.* раз-вéдка; **~noitre** [rekə'nɔɪtə] произво-ди́ть развéдку; развéд(ыв)ать
consider [riːkən'sɪdə] пересмáтри-вать [-мотрéть]
construct [riːkəns'trʌkt] восстанáв-ливать [-нови́ть]; перестрáивать [-стрóить]; **~ion** [-'strʌkʃn] рекон-стрýкция; восстановлéние
cord 1. ['rekɔːd] зáпись *f*; *sport* ре-кóрд; *of meeting* протокóл; ***place on ~*** запи́сывать [-сáть]; граммофóнная пласти́нка, диск; репутáция; ***~ library*** фонотéка; ***~ office*** государственный архи́в; ***off the ~*** неофициáльно; ***on ~*** зарегистри́рованный; *attr.* рекóрд-ный; ***in ~ time*** в рекóрдно корóткое врéмя; **2.** [rɪ'kɔːd] [за]пи́сывать [-сáть], [за]регистри́ровать; **~er** [rɪ-'kɔːdə] регистрáтор; (*instrument*) са-мопи́сец; **~ing** [-ɪŋ] зáпись *f* (*a. mus.*)
count [rɪ'kaʊnt] расскáзывать [-зáть]
course [rɪ'kɔːs]: ***have ~ to*** прибегáть [-бéгнуть] к (P)
cover [rɪ'kʌvə] *v/t.* получáть обрáт-но; вернýть *pf.*; *waste* утилизи́ровать, регенери́ровать; *v/i. from illness* оправля́ться [-áвиться]; **~y** [-rɪ] вос-становлéние; выздоровлéние; ***eco-nomic ~*** восстановлéние нарóдного хозя́йства
recreation [rekrɪ'eɪʃn] óтдых; раз-влечéние
recrimination [rɪkrɪmɪ'neɪʃn] контро-бвинéние
recruit [rɪ'kruːt] **1.** *mil.* новобрáнец; *fig.* новичóк; **2.** брать [взять] на воéн-ную слýжбу; *new players* наб(и)рáть; *for work* [за]вербовáть
rectangle ['rektæŋgl] прямоугóльник
recti|fy ['rektɪfaɪ] (*put right*) ис-правля́ть [-áвить]; **~tude** ['rektɪtjuːd] прямотá, чéстность *f*
rector ['rektə] *univ.* рéктор; *eccl.* пá-стор, свящéнник; **~y** [-rɪ] дом свящéнника
recumbent [rɪ'kʌmbənt] лежáчий
recuperate [rɪ'kjuːpəreɪt] восстанáв-ливать си́лы; оправля́ться [опрá-виться]
recur [rɪ'kɜː] (*be repeated*) по-вторя́ться [-и́ться]; (*go back to s.th.*) возвращáться [-рати́ться] (***to*** к Д); *of ideas, event* приходи́ть снóва на ум, на пáмять; (*happen again*) про-исходи́ть вновь; **~rence** [rɪ'kʌrəns] по-вторéние; **~rent** [-rənt] □ повторя́-ющийся; периоди́ческий; *med.* возврáтный
recycling [riː'saɪklɪŋ] переработка; повтóрное испóльзование
red [red] **1.** крáсный; ***~ herring*** *fig.* от-влечéние внимáния; ***♀ Cross*** Крác-ный Крест; ***~ tape*** волоки́та, бюро-крати́зм; **2.** крáсный цвет
red|breast ['redbrest] мали́новка; **~den** ['redn] [по]краснéть
redeem [rɪ'diːm] (*make amends*) иску-пáть [-пи́ть]; (*get back*) выкупáть [вы́купить]; спасáть [-сти́]; **~er** [-ə] спаси́тель *m*
red-handed [red'hændɪd]: ***catch a p. ~*** поймáть *pf.* когó-л. на мéсте престу-плéния
red-hot [red'hɒt] накалённый докрас-

на́; горя́чий; *fig.* взбешённый
redirect [riːdɪ'rekt] *letter* переадресо́вывать [-ва́ть]
red-letter [red'letə]: **~ day** счастли́вый день; кра́сный день календаря́
redness ['rednɪs] краснота́
redouble [riː'dʌbl] удва́ивать(ся) [удво́ить(ся)]
redress [rɪ'dres] **1.** *errors, etc.* исправле́ние; *law* возмеще́ние; **2.** исправля́ть [-а́вить]; возмеща́ть [-ести́ть]
reduc|e [rɪ'djuːs] *in size* понижа́ть [-и́зить]; *prices, etc.* снижа́ть [-и́зить]; доводи́ть [довести́] (**to** до Р); *pain* уменьша́ть [уме́ньшить]; (*lessen*) сокраща́ть [-рати́ть]; уре́з(ы-в)ать; **~tion** [rɪ'dʌkʃn] сниже́ние, ски́дка; уменьше́ние; сокраще́ние; *of picture, etc.* уме́ньшенная ко́пия
redundant [rɪ'dʌndənt] □ изли́шний; **be made ~** быть уво́ленным
reed [riːd] тростни́к; камы́ш
reeducation [riːedjʊ'keɪʃn] переобуче́ние
reef [riːf] *geogr. naut.* риф
reek [riːk] **1.** вонь *f*; за́тхлый за́пах; **2.** *v/i.* дыми́ться; (неприя́тно) па́хнуть (**of** Т)
reel [riːl] **1.** кату́шка; *for film, etc.* боби́на; **2.** *v/i.* [за]кружи́ться, [за]верте́ться; (*stagger*) шата́ться [шатну́ться]; **my head ~ed** у меня́ закружи́лась голова́; *v/t.* [на]мота́ть; **~ off** разма́тывать [-мота́ть]; *fig.* отбараба́нить *pf.*
reelect [riːɪ'lekt] переизб(и)ра́ть
reenter [riː'entə] сно́ва входи́ть в (В)
reestablish [riːɪ'stæblɪʃ] восстана́вливать [-нови́ть]
refer [rɪ'fɜː]: **~ to** *v/t.* относи́ть [отнести́] (к Д); (*direct*) направля́ть [-ра́вить], отсыла́ть [отосла́ть] (к Д); (*hand over*) передава́ть на рассмотре́ние (Д); (*attribute*) припи́сывать [-са́ть]; *v/i.* (*allude to*) ссыла́ться [сосла́ться] на (В); (*relate*) относи́ться [отнести́сь] к (Д); **~ee** [refə'riː] *sport* судья́ *m*; *football* арби́тр (*a. fig.*); *boxing* ре́фери *m indecl.*; **~ence** ['refrəns] спра́вка; *in book* ссы́лка; (*testimoni*... рекоменда́ция; (*allusion*) упоми... ние; (*relationship*) отноше́ние; **in** ... **to** относи́тельно (Р); **~ book** спра́во... ник; **~ library** спра́вочная библио... ка; **make ~ to** ссыла́ться [сосла́ть... на (В)
referendum [refə'rendəm] рефере́... дум
refill [riː'fɪl] наполня́ть сно́ва; ... полня́ть(ся) [-по́лнить(ся)]
refine [rɪ'faɪn] *tech.* очища́... [очи́стить]; *sugar* рафини́рова... (*im*)*pf.*; *fig.* де́лать(ся) бо́л... утончённым; **~ (up)on** [у]сове... ше́нствовать; **~d** [-d] *person* рафи... рованный; *style, etc.* изы́сканн... утончённый; очи́щенный; **~ry** [-ə... *for sugar* са́харный заво́д
reflect [rɪ'flekt] *v/t.* отража́ть [от... зи́ть]; *v/i.* **~ (up)on**: броса́ть тень ... (В); (*meditate on*) размышля́ть [-... лить] о (П); (*tell on*) отража́ться [-... зи́ться] на (В); **~ion** [rɪ'flekʃn] от... же́ние; отсве́т; размышле́ние, об... мывание; *fig.* тень *f*
reflex ['riːfleks] рефле́кс
reforest [riː'fɒrɪst] восстана́влива... [-нови́ть] лес
reform [rɪ'fɔːm] **1.** рефо́рма; **2.** рефо... ми́ровать (*im*)*pf.*; *of person* ... правля́ть(ся); **~ation** [refə'meɪʃ... преобразова́ние; исправле́ние; **h...** **the** ♀ Реформа́ция; **~er** [-mə] рефо... ма́тор
refraction [rɪ'frækʃn] *phys.* рефра́... ция, преломле́ние
refrain[1] [rɪ'freɪn] *v/i.* возде́рживать... [-жа́ться] (**from** от Р)
refrain[2] [~] припе́в, рефре́н
refresh [rɪ'freʃ] освежа́ть [-жи́т... *with food or drink* подкрепля́ть(... [-пи́ться]; **~ment** [-mənt] еда́; пить...
refrigerat|e [rɪ'frɪdʒəreɪt] замора́ж... вать [-ро́зить]; (*cool*) охлажда́ть(... [охлади́ть(ся)]; **~ion** [rɪfrɪdʒə'reɪ... замора́живание; охлажде́ние; **~**... [rɪ'frɪdʒəreɪtə] холоди́льник; *of v*... *ship, etc.* рефрижера́тор
refuel [riː'fjʊəl] *mot.* заправля́ть...

R

-áвиться] (горючим)
fuge ['refju:dʒ] убéжище; ***take ~*** крывáться [-ыться]; **~e** [refjʊ'dʒi:] éженец *m*, -нка *f*
fund [rɪ'fʌnd] возмещáть расхóды Д); возвращáть [-ратить]
fusal [rɪ'fju:zl] откáз
fuse **1.** [rɪ'fju:z] *v/t.* откáзываться -зáться] от (Р); откáзывать [-зáть] (П); (*deny*) отвергáть [отвéргнуть]; /*i.* откáзываться [-зáться]; **2.** ['ref-u:s] отбрóсы *m/pl.*; мýсор; **~ *dump*** валка
fute [rɪ'fju:t] опровергáть [-вéрг-уть]
gain [rɪ'geɪn] получáть обрáтно; нóва достигáть; *strength* восстанáв-ивать [-новить]
gal ['ri:gəl] □ королéвский, цáрст-енный
gale [rɪ'geɪl] *v/t.* угощáть [уго-тить]; *v/i.* наслаждáться [-диться]
gard [rɪ'gɑ:d] **1.** внимáние; уважé-ие; ***with ~ to*** по отношéнию к (Д); ***kind~s*** сердéчный привéт; **2.** [по]смо-рéть на (В); (*consider*) считáть, рас-мáтривать (***as*** как); (*concern*) ка-áться; относиться [отнестись] к Д); ***as ~s …*** что касáется (Р); **~ing** -ɪŋ] относительно (Р); **~less** [-lɪs] *dv.*: **~ *of*** несмотря на (В), независи-ю от (Р)
gent ['ri:dʒənt] рéгент
gime [reɪ'ʒi:m] режим
giment ['redʒɪmənt] полк
gion ['ri:dʒən] óбласть *f* (*a. adminis-rative*); райóн; *large* региóн; **~al** [-l] □ областнóй; райóнный; регионáль-ый
gister ['redʒɪstə] **1.** журнáл; (*written ecord*) зáпись *f*; *tech.*, *mus.* регистр; . регистрировать(ся) (*im*)*pf.*, *pf. a.* за-]; заносить в списoк; *mail* посы-áть заказным; (*show*) покáзывать -зáть]
gistr|ar [redʒɪ'strɑ:] регистрáтор; лýжащий регистатýры; **~ation** [re-dʒɪ'streɪʃn] регистрáция; **~y** ['redʒɪs-rɪ]: **~ *office*** загс
gret [rɪ'gret] **1.** сожалéние; **2.** [по]-жалéть (***that …*** что …); сожалéть о (П); **~ful** [-fl] □ пóлный сожалéния; опечáленный; **~table** [~əbl] □ при-скóрбный
regular ['regjʊlə] □ прáвильный; ре-гулярный (*army a.*), постоянный); **~ity** [regjʊ'lærətɪ] регулярность *f*
regulat|e ['regjʊleɪt] [у]регулировать, упорядочи(ва)ть; *tech.* [от-] регули-ровать; **~ion** [regjʊ'leɪʃn] регулиро-вание; (*rule*) прáвило
rehabilitation [ri:əbɪlɪ'teɪʃn] реабили-тáция; трудоустрóйство; перевоспи-тáние
rehears|al [rɪ'hɜ:sl] *thea.*, *mus.* репе-тиция; **~e** [rɪ'hɜ:s] *thea.* [про]репети-ровать
reign [reɪn] **1.** цáрствование; *fig.* власть *f*; **2.** цáрствовать; *fig.* царить
reimburse [ri:ɪm'bɜ:s] возвращáть [-ратить]; возмещáть [-местить] расхóды (Д)
rein [reɪn] вожжá; *fig.* уздá
reindeer ['reɪndɪə] сéверный олéнь *m*
reinforce [ri:ɪn'fɔ:s] усиливать [уси-лить]; укреплять [-пить]; *mil.* под-креплять [-пить] (*a. fig.*); **~ment** [-mənt] усилéние; *mil.* подкреплéние
reinstate [ri:ɪn'steɪt] восстанáвливать [-новить] (*в правах и т.д.*)
reiterate [ri:'ɪtəreɪt] повторять [-рить]
reject [rɪ'dʒekt] **1.** *idea*, *etc.* отвергáть [отвéргнуть]; (*refuse to accept*) откá-зываться [-зáться] от (Р); *proposal* отклонять [-нить]; *goods* браковáть; **2.** ['ri:dʒekt] брак; **~s** бракóванный товáр; **~ion** [rɪ'dʒekʃn] откáз; бракóв-ка
rejoic|e [rɪ'dʒɔɪs] *v/t.* [об]рáдовать; *v/i.* [об]рáдоваться (***at, in*** Д); **~ing** [-ɪŋ] (*часто* **~ings** *pl.*) весéлье
rejoin [rɪ'dʒɔɪn] возражáть [-разить]; **~der** [-də] отвéт; возражéние
rejuvenate [rɪ'dʒu:vəneɪt] омолáжи-вать(ся) [омолодить(ся)]
relapse [rɪ'læps] **1.** *law*, *med.* рецидив; **2.** *into bad habits*, *etc.* вернýться *pf.*; **~ *into silence*** (снóва) умолкáть
relate [rɪ'leɪt] *v/t.* расскáзывать

R

[-за́ть]; (*connect*) свя́зывать [-за́ть], соотноси́ть; *v/i.* относи́ться [отнести́сь]; **~d** [-ɪd] (*connected*) свя́занный; состоя́щий в родстве́ (*to* с Т)

relation [rɪ'leɪʃn] отноше́ние; связь *f*; родство́; ро́дственник *m*, -ица *f*; ***in ~ to*** по отноше́нию к (Д); **~ship** [-ʃɪp] связь; родство́

relative ['relətɪv] **1.** □ относи́тельный; (*comparative*) сравни́тельный; ***~ to*** относя́щийся к (Д); **2.** ро́дственник *m*, -ица *f*

relax [rɪ'læks] *v/t.* ослабля́ть [-а́бить]; *muscles* расслабля́ть [-а́бить]; *v/i.* [о]сла́бнуть; расслабля́ться [-а́биться]; **~ation** [rɪlæk'seɪʃn] ослабле́ние; расслабле́ние; (*amusement*) развлече́ние

relay ['rɪːleɪ] **1.** сме́на; *sport* эстафе́та; *attr.* эстафе́тный; *el.* реле́ *n indecl.*; **2.** *radio* ретрансли́ровать (*im*)*pf.*

release [rɪ'liːs] **1.** освобожде́ние; высвобожде́ние; избавле́ние; *of film* вы́пуск; **2.** (*set free*) освобожда́ть [-боди́ть]; высвобожда́ть [вы́свободить]; (*relieve*) избавля́ть [-а́вить]; (*issue*) выпуска́ть [вы́пустить]; (*let go*) отпуска́ть [-сти́ть]

relegate ['relɪgeɪt] отсыла́ть [отосла́ть], низводи́ть [-вести́]; направля́ть [-ра́вить] (*to* к Д); *sport* переводи́ть [-вести́]

relent [rɪ'lent] смягча́ться [-чи́ться]; **~less** [-lɪs] □ безжа́лостный

relevant ['reləvənt] уме́стный; относя́щийся к де́лу

reliab|ility [rɪlaɪə'bɪlətɪ] надёжность *f*; достове́рность *f*; **~le** [rɪ'laɪəbl] надёжный; достове́рный

reliance [rɪ'laɪəns] дове́рие; уве́ренность *f*

relic ['relɪk] пережи́ток; рели́квия

relief [rɪ'liːf] облегче́ние; (*assistance*) по́мощь *f*; посо́бие; подкрепле́ние; *in shiftwork* сме́на; *geogr* релье́ф; ***to my ~*** к моему́ облегче́нию; ***~ fund*** фонд по́мощи

relieve [rɪ'liːv] облегча́ть [-чи́ть]; (*free*) освобожда́ть [-боди́ть]; (*help*) ока́зывать по́мощь *f* (Д), выруча́ть [вы́ручить]; *of shift* сменя́ть [-ни́...]; (*soften*) смягча́ть [-чи́ть]; ***~ one's f...ings*** отвести́ *pf.* ду́шу

religion [rɪ'lɪdʒən] рели́гия

religious [rɪ'lɪdʒəs] □ религио́зн...; (*conscientious*) добросо́вестный

relinquish [rɪ'lɪŋkwɪʃ] *hope, etc.* ...тавля́ть [-а́вить]; *habit* отка́...ваться [-за́ться]; ***~ one's rights*** ус...па́ть [-пи́ть] права́

relish ['relɪʃ] **1.** вкус; при́вкус; *cul.* п...пра́ва; **2.** наслажда́ться [-лади́ть...] (Т); получа́ть удово́льствие от ...; придава́ть вкус (Д); ***eat with ~*** ес... аппети́том

reluctan|ce [rɪ'lʌktəns] нежела́н...; неохо́та, нерасположе́ние; **~t** [-...] □ неохо́тный; (*offering resistance*) противля́ющийся

rely [rɪ'laɪ]: **~ (*up*)*on*** полага́ться [-...жи́ться] на (В), наде́яться на (...); (*depend on*) зави́сеть от (Р)

remain [rɪ'meɪn] ост(ав)а́ться; ***it ~s... be seen*** э́то ещё вы́яснится; ещё смо́трим; **~der** [-də] оста́ток

remark [rɪ'mɑːk] **1.** замеча́ние; ***I ma... no ~*** я ничего́ не сказа́ла; **2.** (*not... say*) замеча́ть [-е́тить]; выска́...ваться [вы́сказаться] (***on*** о П); **~a...** [rɪ'mɑːkəbl] (*of note*) замеча́тельн...; (*extraordinary*) удиви́тельный

remedy ['remədɪ] **1.** сре́дство, ...ка́рство; ме́ра (***for*** про́тив Р); (*put right*) исправля́ть [-а́вить]

rememb|er [rɪ'membə] по́мнить; (...*call*) вспомина́ть [-о́мнить]; ***~ me...*** ***...*** переда́й(те) приве́т (Д); **~ran...** [-brəns] (*recollection*) па́мять *f*, вос...мина́ние; (*memento*) сувени́р

remind [rɪ'maɪnd] напомина́ть [-...нить] (Д; ***of*** о П *or* В); **~er** [-ə] на...мина́ние

reminiscence [remɪ'nɪsns] воспо...на́ние

remiss [rɪ'mɪs] □ неради́вый; ...бре́жный; хала́тный; **~ion** [rɪ'mɪ...] (*forgiveness*) проще́ние; освобож...ние от до́лга; (*abatement*) умень...ние; *med.* реми́ссия

remit [rɪ'mɪt] *goods* перес(ы)ла́...

R

money переводи́ть [-вести́]; (*abate*) уменьша́ть(ся) [уме́ньшить(ся)]; **~tance** [-əns] де́нежный перево́д

mnant ['remnənt] *of cloth* оста́ток; *of food* оста́тки

model [riː'mɒdl] перестра́ивать [-стро́ить]

monstrate ['remənstreɪt] протестова́ть; увещева́ть (***with*** В)

morse [rɪ'mɔːs] угрызе́ния (*n/pl.*) со́вести; раска́яние; **~less** [-lɪs] □ безжа́лостный

mote [rɪ'məʊt] □ отдалённый; да́льний; **~ *control*** дистанцио́нное управле́ние; ***I haven't got the ~st idea*** не име́ю ни мале́йшего поня́тия

mov|al [rɪ'muːvl] перее́зд; *of threat, etc.* устране́ние; *from office* смеще́ние; **~ *van*** фурго́н для перево́зки ме́бели; **~e** [rɪ'muːv] *v/t.* удаля́ть [-ли́ть]; уноси́ть [унести́]; передвига́ть [-и́нуть]; (*take off*) снима́ть [снять]; (*take away*) уб(и-) ра́ть; (*dismiss*) снима́ть [снять]; *v/i.* переезжа́ть [перее́хать]; **~ers** [~əz] *firm* трансаге́нтство; *personnel* перево́зчики

munerat|e [rɪ'mjuːnəreɪt] вознагражда́ть [-ради́ть]; (*pay*) опла́чивать [оплати́ть]; **~ive** [rɪ'mjuːnərətɪv] □ (*profitable*) вы́годный

enaissance [rɪ'neɪsns] эпо́ха Возрожде́ния; Ренесса́нс; **2** (*revival*) возрожде́ние

nder ['rendə] (*service*) ока́зывать [оказа́ть]; (*represent*) изобража́ть [-рази́ть]; *mus.* исполня́ть [-о́лнить]; (*translate*) переводи́ть [перевести́]; (*give as due*) возд(ав)а́ть

new [rɪ'njuː] возобновля́ть [-нови́ть]; **~al** [~əl] возобновле́ние

nounce [rɪ'naʊns] отка́зываться [-за́ться] от (Р); (*disown*) отрека́ться [отре́чься] от (Р)

novate ['renəveɪt] восстана́вливать [-нови́ть]; обновля́ть [обнови́ть]

nown [rɪ'naʊn] сла́ва; изве́стность *f*; **~ed** [~d] □ просла́вленный, изве́стный

nt[1] [rent] проре́ха; дыра́

nt[2] [~] **1.** *for land* аре́ндная пла́та; *for apartment* кварти́рная пла́та; **2.** (*occupy for ~*) взять в наём; (*let for ~*) сдать в наём; **~al** [rentl] (*rate of rent*) аре́ндная пла́та

renunciation [rɪnʌnsɪ'eɪʃn] отрече́ние; отка́з (***of*** от Р)

reopen [riː'əʊpən] открыва́ть [-ры́ть] вновь; **~ *negotiations*** возобновля́ть [-нови́ть] перегово́ры

repair [rɪ'peə] **1.** почи́нка, ремо́нт; ***in good ~*** в испра́вном состоя́нии; **2.** [по]чини́ть, [от]ремонти́ровать; (*make amends for*) исправля́ть [-а́вить]

reparation [repə'reɪʃn] возмеще́ние; *pol.* репара́ция

repartee [repɑː'tiː] остроу́мный отве́т

repay [*irr.* (***pay***)] [rɪ'peɪ] (*reward*) отблагодари́ть (***for*** за В); отдава́ть долг (Д); возмеща́ть [-ести́ть]; **~ment** [~mənt] *of money* возвра́т; возмеще́ние

repeal [rɪ'piːl] аннули́ровать (*im*)*pf.*; отменя́ть [-ни́ть]

repeat [rɪ'piːt] **1.** повторя́ть(ся) [-ри́ть(ся)]; **2.** повторе́ние; **~ed** [~ɪd]: **~ *efforts*** неоднокра́тные уси́лия

repel [rɪ'pel] отта́лкивать [оттолкну́ть]; *mil.* отража́ть [-рази́ть], отбива́ть [-би́ть]

repent [rɪ'pent] раска́иваться [-ка́яться] (***of*** в П); **~ance** [~əns] раска́яние; **~ant** [~ənt] ка́ющийся

repercussion [riːpə'kʌʃn] *of sound* отзвук; *fig.* после́дствие

repertoire ['repətwɑː] репертуа́р

repetition [repɪ'tɪʃn] повторе́ние

replace [rɪ'pleɪs] ста́вить, класть обра́тно; (*change for another*) заменя́ть [-ни́ть]; (*take place of*) замеща́ть [-ести́ть], заменя́ть [-ни́ть]; **~ment** [~mənt] замеще́ние, заме́на

replenish [rɪ'plenɪʃ] пополня́ть [-о́лнить]; **~ment** [~mənt] пополне́ние (*a. mil.*)

replete [rɪ'pliːt] напо́лненный; насы́щенный

replica ['replɪkə] то́чная ко́пия

reply [rɪ'plaɪ] **1.** отве́т (***to*** на В); **2.** отвеча́ть [-е́тить]; (*retort*) возража́ть

R

[-разить]
report [rɪ'pɔːt] **1.** (*account*) отчёт сообщение; *mil.* донесение; *official* доклад; (*hearsay*) молва, слух; (***on*** о П); **2.** сообщать [-щить] (В *or* о П); *mil.* доносить [-нести] о (П); сделать *pf.* доклад; докладывать [доложить]; **~ *for work*** явиться *pf.* на работу; **~er** [~ə] репортёр
repos|e [rɪ'pəʊz] отдых; передышка; **~itory** [rɪ'pɒsɪtrɪ] склад; хранилище
represent [reprɪ'zent] представлять [-авить]; изображать [-разить]; *thea.* исполнять роль *f* (Р); **~ation** [~zən'teɪʃn] изображение; *parl.* представительство; *thea.* представление; постановка; **~ative** [reprɪ'zentətɪv] **1.** □ (*typical*) характерный; *parl.* представительный; **2.** представитель *m*, -ница *f*; ***House of 2s*** *pl. Am. parl.* палата представителей
repress [rɪ'pres] подавлять [-вить]; **~ion** [rɪ'preʃn] подавление
reprimand ['reprɪmɑːnd] **1.** выговор; **2.** делать выговор (Д)
reprint [riː'prɪnt] **1.** перепечатка; **2.** перепечатывать [-тать]
reprisal [rɪ'praɪzl] ответное действие
reproach [rɪ'prəʊtʃ] **1.** упрёк, укор; **2.** (***~ a p. with a th.***) упрекать [-кнуть] (кого-л. в чём-л.)
reprobate ['reprəbeɪt] негодяй, распутник
reproduc|e [riːprə'djuːs] воспроизводить [-извести]; (*beget*) размножаться [-ожиться]; **~tion** [~'dʌkʃn] воспроизведение; *of offspring* размножение; (*copy*) репродукция
reproof [rɪ'pruːf] выговор; порицание
reprove [rɪ'pruːv] делать выговор (Д)
reptile ['reptaɪl] пресмыкающееся
republic [rɪ'pʌblɪk] республика; **~an** [~lɪkən] **1.** республиканский; **2.** республиканец *m*, -нка *f*
repudiate [rɪ'pjuːdɪeɪt] (*disown*) отрекаться [-речься] от (Р); (*reject*) отвергать [-вергнуть]
repugnan|ce [rɪ'pʌgnəns] отвращение; **~t** [~nənt] □ отталкивающий, отвратительный

repuls|e [rɪ'pʌls] *mil.* отбива[ть] [-бить], отражать [отразить]; (*alie[n]ate*) отталкивать [оттолкнуть]; **~i[ve]** [~ɪv] □ отталкивающий; омерз[и]тельный
reput|able ['repjʊtəbl] □ уважаемы[й], почтённый; *company, firm, etc.* с[о]лидный; **~ation** [repjʊ'teɪʃn] репут[а]ция; **~e** [rɪ'pjuːt] репутация; **~ed** [rɪ'pjuːtɪd] известный; (*supposed*) пре[д]полагаемый; ***be ~*** (***to be ...***) слы[ть] за (В)
request [rɪ'kwest] **1.** требовани[е], просьба; **2.** [по]просить (В *or* Р *or* П)
require [rɪ'kwaɪə] (*need*) нуждаться (П); (*demand*) [по]требовать (Р); **~[d]** [~d] нужный; (*compulsory*) обяз[а]тельный; **~ment** [~mənt] нужда; тр[е]бование; потребность *f*; ***meet the ~[s]*** отвечать требованиям
requisit|e ['rekwɪzɪt] **1.** необходимы[й]; **2. ~es** *pl.* всё необходимое, нужн[ое]; ***sports ~*** спортивное снаряжени[е]; **~ion** [rekwɪ'zɪʃn] заявка, требован[ие]
requital [rɪ'kwaɪtl] (*recompense*) во[з]награждение; (*avenging*) возмезди[е]
requite [rɪ'kwaɪt] отплачивать [-л]тить] (Д ***for*** за В); (*avenge*) [отс]мстить за (В)
rescue ['reskjuː] **1.** освобождени[е], спасение; ***come to s.o.'s ~*** прийти к[о]му-л. на помощь *f*; **2.** освобожда[ть] [-бодить]; спасать [-сти]; **~ *party*** гру[п]па спасателей
research [rɪ'sɜːtʃ] исследование
resembl|ance [rɪ'zembləns] сходст[во] (***to*** с Т); **~e** [rɪ'zembl] походить [на] (В), иметь сходство с (Т)
resent [rɪ'zent] возмущаться [-м]титься]; негодовать на (В); об[и]жаться [обидеться] за (В); ***I ~ his [fa]miliarity*** меня возмущает его ф[а]мильярность; **~ful** [~fl] □ обиженны[й], возмущённый; **~ment** [~mənt] нег[о]дование; чувство обиды
reservation [rezə'veɪʃn] оговорка; *f[or] game* заповедник; *for tribes* резерв[а]ция; (*booking*) предварительный з[а]каз; ***without ~*** без всяких оговоро[к]

зоговóрочно
serve [rɪ'zɜːv] **1.** запáс; *fin.* резéрв-ый фонд; резéрв; (*reticence*) сдéр-анность *f*, скры́тность *f*; **2.** сбере-áть [-рéчь]; (*keep back*) приберегáть рéчь]; откла́дывать [отложи́ть]; *ook*) закáзывать [-зáть]; *for busi-ess purposes* [за]брони́ровать; ос-авля́ть за собóй; ***I ~ the right to …*** оставля́ю за собóй прáво …; **~d** -d] □ скры́тный; закáзанный зарá-ее
side [rɪ'zaɪd] жить, проживáть;
nce ['rezɪdəns] местожи́тельство; *fficial* резидéнция; **~nt** [-dənt] **1.** про-ивáющий, живу́щий; **2.** постоя́н-ый жи́тель *m*; *in hotel* постоя́лец
sidu|al [rɪ'zɪdjʊəl] остáточный; **~e** rezɪdjuː] остáток; (*sediment*) осáдок
sign [rɪ'zaɪn] *v/t. right, etc.* откáзы-аться [-зáться] от; *hope* оставля́ть áвить]; *rights* уступáть [-пи́ть]; **~** ***.s. to*** покоря́ться [-ри́ться] (Д); *v/i.* ходи́ть в отстáвку; **~ation** [re-g'neɪʃn] отстáвка; ухóд с рабóты
silien|ce [rɪ'zɪlɪəns] упру́гость *f*, ласти́чность *f*; **~t** [-nt] упру́гий, эла-ти́чный; *person* жизнестóйкий
sin ['rezɪn] смолá
sist [rɪ'zɪst] сопротивля́ться (Д); ротивостоя́ть (Д); **~ance** [-əns] со-ротивлéние; *to colds, etc.* сопротив-я́емость *f*; **~ant** [-ənt] сопротив-я́ющийся; ***heat-~*** жаростóйкий; ***re-~*** огнеупóрный
solut|e ['rezəluːt] □ реши́тельный;
ion [rezə'luːʃn] (*motion*) резо-ю́ция, реши́тельность *f*, реши-ость *f*; ***make a ~*** решáть [-ши́ть]
solve [rɪ'zɒlv] **1.** *v/t. fig.* решáть реши́ть]; *problem, etc.* разрешáть ши́ть]; *v/i.* решáть(ся) [реши́ть(ся)]; (***up***)***on*** решáться [-ши́ться] на (В); **2.** ешéние; **~d** [-d] пóлный реши́мости
sonance ['rezənəns] резонáнс
sonant ['rezənənt] □ звучáщий; ре-она́рующий; ***be ~ with*** быть со-ву́чным
sort [rɪ'zɔːt] **1.** (*health ~*) курóрт; (*ex-edient*) надéжда; ***in the last ~*** в крáй-нем слу́чае; **2.** **~** ***to***: прибегáть [-éг-нуть] к (Д); обращáться [-ати́ться] к (Д)
resound [rɪ'zaʊnd] [про]звучáть; оглашáть(ся) [огласи́ть(ся)]
resource [rɪ'sɔːs]: **~s** *pl.* ресу́рсы *m/pl.*; возмóжность *f*, находи́чивость *f*, **~ful** [-fl] □ находи́чивый
respect [rɪ'spekt] **1.** (*esteem*) уважé-ние; (*relation*) отношéние; ***in this ~*** в э́том отношéнии; **~s** *pl.* привéт; **2.** *v/t.* уважáть, почитáть; ***you must ~ his wishes*** вы обя́заны считáться с егó пожелáниями; **~able** [-əbl] □ при-ли́чный, порядочный; респектáбель-ный; *part. comm.* соли́дный; **~ful** [-fl] □ вéжливый, почти́тельный; **~ing** [-ɪŋ] относи́тельно (Р); **~ive** [-ɪv] □ соотвéтствующий; ***we went to our ~ places*** мы разошли́сь по свои́м ме-стáм; **~ively** [-ɪvlɪ] соотвéтственно
respirat|ion [respə'reɪʃn] дыхáние; вдох и вы́дох; **~or** ['respəreɪtə] респи-рáтор
respite ['respaɪt] переды́шка; (*re-prieve*) отсрóчка
respond [rɪ'spɒnd] отвечáть [-éтить]; **~** ***to*** реаги́ровать на; отзывáться [отозвáться] на (В)
response [rɪ'spɒns] отвéт; *fig.* óт-клик; реáкция
responsi|bility [rɪspɒnsɪ'bɪlətɪ] от-вéтственность *f*; **~ble** [rɪ'spɒnsəbl] отвéтственный (***for*** за В, ***to*** пéред Т)
rest[1] [rest] **1.** óтдых, покóй; (*stand*) подстáвка; опóра; **2.** *v/i.* отдыхáть [отдохну́ть]; (*remain*) оставáться; (*lean*) опирáться [оперéться] (***on*** на В); **~** ***against*** прислоня́ть [-ни́ть]; *fig.* **~** (***up***)***on*** оснóвываться [-овáться] на (П); *v/t.* давáть óтдых (Д)
rest[2] [-] остáток
restaurant ['restrɒnt] ресторáн; **~ car** вагóн-ресторáн
restful ['restfl] спокóйный
restive ['restɪv] □ стропти́вый, упря́-мый
restless ['restlɪs] непосéдливый, не-угомóнный; *night, etc.* беспокóйный
restoration [restə'reɪʃn] *arch., hist.*

R

реставра́ция; восстановле́ние

restore [rɪ'stɔː] восстана́вливать [-но-ви́ть]; (*return*) возвраща́ть [-рати́ть]; (*reconvert*) реставри́ровать (*im*)*pf*.; **~ to health** вылéчивать [вы́лечить]

restrain [rɪ'streɪn] сде́рживать [-жа́ть]; уде́рживать; *feelings* по-давля́ть [-ви́ть]; **~t** [-t] сде́ржанность *f*; (*restriction*) ограниче́ние; (*check*) обузда́ние

restrict [rɪ'strɪkt] ограни́чи(ва)ть; **~ion** [rɪ'strɪkʃn] ограниче́ние

result [rɪ'zʌlt] **1.** результа́т, исхо́д; (*consequence*) сле́дствие; **2.** явля́ться [яви́ться] сле́дствием (***from*** Р); **~ in** приводи́ть [-вести́] к (Д), конча́ться ['-читься]

resum|e [rɪ'zjuːm] (*renew*) возо-бновля́ть [-ви́ть]; (*continue*) продол-жа́ть [-лжить]; **~ one's seat** верну́ться на своё ме́сто; **~ classes** возобнови́ть *pf*. заня́тия

resurrection [rezə'rekʃn] *of custom, etc.* воскреше́ние; ***the*** **♀** Воскресе́ние

resuscitate [rɪ'sʌsɪteɪt] *med.* приво-ди́ть [-вести́] в созна́ние

retail ['riːteɪl] **1.** ро́зничная прода́жа; ***goods sold by ~*** това́ры, про-даю́щиеся в ро́зницу; *attr.* ро́з-ничный; **2.** продава́ть(ся) в ро́зницу

retain [rɪ'teɪn] (*preserve*) сохраня́ть [-ни́ть]; (*hold*) уде́рживать [-жа́ть]

retaliat|e [rɪ'tælɪeɪt] отпла́чивать [-ла-ти́ть] (тем же); **~ion** [rɪtælɪ'eɪʃn] от-пла́та, возме́здие; ***in ~ for*** в отве́т на

retard [rɪ'tɑːd] (*check*) заде́рживать [-жа́ть]; замедля́ть [-е́длить]; **~ed** [-ɪd]: ***mentally ~ child*** у́мственно от-ста́лый ребёнок

retention [rɪ'tenʃn] удержа́ние; сохра-не́ние

retentive [rɪ'tentɪv]: **~ *memory*** хо-ро́шая па́мять *f*

reticent ['retɪsnt] скры́тный; молчали́вый

retinue ['retɪnjuː] сви́та, сопровож-да́ющие ли́ца

retir|e [rɪ'taɪə] *v/t.* увольня́ть с рабо́-ты; *v/i.* выходи́ть в отста́вку; *because of age* уходи́ть [уйти́] на пе́нсию; (*withdraw*) удаля́ться [-ли́ться]; *clude o.s.*) уединя́ться [-ни́ться]; [-d] (*secluded*) уединённый; отс ной, в отста́вке; **~ement** [-mənt] ста́вка; ухо́д на пе́нсию; уедине́н **~ *age*** пенсио́нный во́зраст; **~** [-rɪŋ] скро́мный, засте́нчивый

retort [rɪ'tɔːt] **1.** ре́зкий (*or* хо́дчивый) отве́т; возраже́ние; **2** *a biting remark* [от]пари́ровать; зража́ть [-рази́ть]

retrace [riː'treɪs] просле́жив [-еди́ть]; **~ *one's steps*** возвраща́т тем же путём

retract [rɪ'trækt] отрека́ться [ре́чься] от (Р); *one's words, etc.* бр наза́д; (*draw in*) втя́гивать [втяну́

retraining [riː'treɪnɪŋ] переподгото́

retreat [rɪ'triːt] **1.** отступле́ние (*p mil.*); (*place of privacy or safety*) п ста́нище; **2.** (*walk away*) уходи́ть [ти́]; удаля́ться [-ли́ться]; *part. mil.* ступа́ть [-пи́ть]

retrench [rɪ'trentʃ] сокраща́ть [- ти́ть]; [с]эконо́мить

retrieve [rɪ'triːv] (*get back*) бр [взять] обра́тно; (*restore*) восстан ливать [-нови́ть]; (*put right*) правля́ть [-а́вить]

retro... ['retrəʊ] обра́тно...; **~act** [retrəʊ'æktɪv] име́ющий обра́тн си́лу; **~grade** ['retrəʊgreɪd] реакци ный; **~spect** ['retrəʊspekt] ретросп ти́ва; **~spective** [retrəʊ'spektɪv] ретроспекти́вный; *law* име́ющий ра́тную си́лу

return [rɪ'tɜːn] **1.** возвраще́ние; в вра́т; *fin.* оборо́т; дохо́д, при́был результа́т вы́боров; ***many happy of the day*** поздравля́ю с днём рож ния; ***in ~*** в обме́н (***for*** на В); в отве́т *~ of post* с обра́тной по́чтой; ***tax ~*** ло́говая деклара́ция; **~ *ticket*** обр ный биле́т; **2.** *v/i.* возвраща́ться [- ти́ться]; верну́ться *pf.*; *v/t.* во раща́ть [-рати́ть]; верну́ть *pf.*; при ла́ть наза́д; (*reply*) отвеча́ть [-е́ти **~ *s.o.'s kindness*** отблагодари́ть доброту́

reunion [riː'juːnɪən] *of friends*,

R

стре́ча; *of family* сбор всей семьи́; *reuniting*) воссоедине́ние
valuation [riːvæljʊ'eɪʃn] переоце́н-а; *of currency* ревальва́ция
veal [rɪ'viːl] обнару́жи(ва)ть; *secret, tc.* откры́(ва́)ть; **~ing** [-ɪŋ] *fig.* пока-а́тельный
vel ['revl] пирова́ть; упи́(ва́)ться (**in** Т)
velation [revə'leɪʃn] открове́ние (*a. ccl.*); (*disclosure*) разоблаче́ние; от-кры́тие
velry ['revəlrɪ] разгу́л; (*binge*) пи-ру́шка; кутёж
venge [rɪ'vendʒ] **1.** месть *f*; *sport* ре-ва́нш; отме́стка; **in ~ for** в отме́стку за (В); **2.** [ото]мсти́ть за (В); **~ful** [-fl] мсти́тельный
venue ['revənjuː] дохо́д; *of state* го-суда́рственные дохо́ды; **Internal**, *Brt.*) **Inland** ♀ Нало́говое управле́ние
verberate [rɪ'vɜːbəreɪt] отра-жа́ть(ся) [отрази́ть(ся)]
vere [rɪ'vɪə] уважа́ть, почита́ть;
nce ['revərəns] почте́ние
verent ['revərənt] почти́тельный; по́лный благогове́ния
verie ['revərɪ] мечты́ *f/pl.*; мечта́ние
vers|al [rɪ'vɜːsl] измене́ние; обра́т-ный ход; *of judg(e)ment* отме́на; **~e** [rɪ'vɜːs] **1.** обра́тная сторона́; *of paper* оборо́т, оборо́тная сторона́ (*a. fig.*); *opposite*) противополо́жное; **~s** *pl.* превра́тности *f/pl.*; **2.** обра́тный; про-тивополо́жный; **3.** изменя́ть [-ни́ть]; поворачивать наза́д; *mot.* дава́ть за́-дний ход; *law* отменя́ть [-ни́ть]
vert [rɪ'vɜːt] *to former state or ques-tion* возвраща́ться [-рати́ться]
view [rɪ'vjuː] **1.** (*survey*) обзо́р; *law* пересмо́тр; (*journal*) обозре́ние; *of book* реце́нзия; **2.** пересма́тривать [-смотре́ть]; писа́ть реце́нзию о (П)
vis|e [rɪ'vaɪz] пересма́тривать [-смотре́ть]; (*correct*) исправля́ть [-а́вить]; **~ion** [rɪ'vɪʒn] пересмо́тр; (*re-working*) перерабо́тка; испра́влен-ное изда́ние
viv|al [rɪ'vaɪvl] возрожде́ние; *of trade, etc.* оживле́ние; **~e** [rɪ'vaɪv] приходи́ть *or* приводи́ть в чу́вство; (*liven up*) оживля́ть(ся) [-ви́ть(ся)]; ожи(ва́)ть
revoke [rɪ'vəʊk] *v/t.* (*repeal*) отменя́ть [-ни́ть]; *promise* брать [взять] наза́д
revolt [rɪ'vəʊlt] **1.** восста́ние; бунт; **2.** *v/i.* восста́(ва́)ть (*a. fig.*); *v/t. fig.* отта́л-кивать [оттолкну́ть]
revolution [revə'luːʃn] (*revolving*) враще́ние; (*one complete turn*) обо-ро́т; *pol.* револю́ция; **~ary** [-ʃənərɪ] **1.** революцио́нный; **2.** революционе́р *m*, -ка *f*; **~ize** [-aɪz] революционизи́-ровать (*im*)*pf.*
revolv|e [rɪ'vɒlv] *v/i.* враща́ться; *v/t.* враща́ть; обду́м(ыв)ать; **~ a problem in one's mind** всесторо́нне обду́мы-вать пробле́му; **~er** [-ə] револьве́р; **~ing** [-ɪŋ] враща́ющийся; **~ door** враща́ющаяся дверь *f*
reward [rɪ'wɔːd] **1.** награ́да; возна-гражде́ние; **2.** вознагражда́ть [-ра-ди́ть]; награжда́ть [-ради́ть]; **~ing** [-ɪŋ]: **~ work** благода́рная рабо́та
rewrite [riː'raɪt] [*irr.* (**write**)] перепи́сы-вать [-са́ть]
rhapsody ['ræpsədɪ] рапсо́дия
rheumatism ['ruːmətɪzəm] ревмати́зм
rhinoceros ['raɪnɒsərəs] носоро́г
rhubarb ['ruːbɑːb] реве́нь *m*
rhyme [raɪm] **1.** ри́фма; (рифмо́ван-ный) стих; **without ~ or reason** нет ни-како́го смы́сла; ни с того́, ни с сего́; **2.** рифмова́ть(ся) (**with** с Т)
rhythm ['rɪθəm] ритм; **~ic(al)** [-mɪk(l)] ритми́чный, ритми́ческий
rib [rɪb] ребро́
ribald ['rɪbəld] гру́бый; непристо́й-ный; скабрёзный
ribbon ['rɪbən] ле́нта; *mil.* о́рденская ле́нта; **tear to ~s** изорва́ть в кло́чья
rice [raɪs] рис; *attr.* ри́совый
rich [rɪtʃ] □ бога́тый (**in** Т); (*splendid*) роско́шный; *soil* плодоро́дный; *food* жи́рный; *colo(u)r* со́чный; **get ~** раз-богате́ть; **~es** ['rɪtʃɪz] *pl.* бога́тство; сокро́вища *n/pl.*
rick [rɪk] *agric.* скирда́
ricket|s ['rɪkɪts] *pl.* рахи́т; **~y** [-ɪ] рахи-ти́чный; *chair. etc.* ша́ткий

R

rid [rɪd] [*irr.*] избавля́ть [-а́вить] (***of*** от Р); ***get ~ of*** отде́л(ыв)аться от (Р), избавля́ться [-а́виться] от (Р)
ridden ['rɪdn] *pt. p. от* ***ride***
riddle¹ ['rɪdl] зага́дка; ***ask a ~*** задава́ть зага́дку
riddle² [~] (*sieve*) **1.** си́то, решето́; **2.** изреше́чивать [-шети́ть]
ride [raɪd] **1.** *on horseback* езда́ верхо́м; *for pleasure* прогу́лка; **2.** [*irr.*] *v/i. in car, on horseback, etc.* е́здить, [по]е́хать; ката́ться верхо́м; *v/t.* [по]е́хать на (П); **~r** [~ə] вса́дник *m*, -ица *f*; *in circus* нае́здник *m*, -ица *f*
ridge [rɪdʒ] го́рный кряж, хребе́т; *on rooftop* конёк
ridicul|e ['rɪdɪkjuːl] **1.** осмея́ние, насме́шка; **2.** высме́ивать [вы́смеять]; **~ous** [rɪ'dɪkjʊləs] □ неле́пый, смешно́й; ***don't be ~!*** не говори́ ерунду́!
riding ['raɪdɪŋ] верхова́я езда́
rife [raɪf]: **~ *with*** изоби́лующий (Т)
riffraff ['rɪfræf] подо́нки, отбро́сы (о́бщества) *m/pl.*
rifle [raɪfl] винто́вка; *for hunting* ружьё; **~man** *mil.* стрело́к
rift [rɪft] тре́щина, рассе́лина; *fig.* разры́в; *geol.* разло́м
rig [rɪg] **1.** *naut.* осна́стка; *coll.* наря́д; (*oil* **~**) бурова́я вы́шка; **2.** оснаща́ть [оснасти́ть]; *coll.* наряжа́ть [-яди́ть]; **~ging** ['rɪgɪŋ] *naut.* такела́ж, сна́сти *f/pl.*
right [raɪt] **1.** □ (*correct*) пра́вильный, ве́рный; (*suitable*) подходя́щий, ну́жный; пра́вый; ***be ~*** быть пра́вым; ***put ~*** приводи́ть в поря́док; **2.** *adv.* пря́мо; пра́вильно; справедли́во; как раз; **~ *away*** сра́зу, сейча́с же; **~ *on*** пря́мо вперёд; **3.** пра́во; справедли́вость *f*; пра́вда; ***by ~ of*** на основа́нии (Р); ***on*** (*or* ***to***) ***the ~*** напра́во; **4.** приводи́ть в поря́док; (*correct*) исправля́ть [-вить]; **~eous** ['raɪtʃəs] □ пра́ведный; **~ful** [~fl] □ справедли́вый; зако́нный; **~ly** [~lɪ] пра́вильно; справедли́во
rigid ['rɪdʒɪd] □ негну́щийся, неги́бкий, жёсткий; *fig.* суро́вый; непрекло́нный; ***be ~ with fear*** оцепене́ть от стра́ха; **~ity** [rɪ'dʒɪdətɪ] жёсткость *f*; непреклО́нность *f*
rigo(u)r ['rɪgə] суро́вость *f*; стро́гост
rigorous ['rɪgərəs] □ *climate* суро́вы *measures* стро́гий
rim [rɪm] ободо́к; (*edge*) край; *of wh* о́бод; *of glasses* опра́ва
rind [raɪnd] *of fruit* кожура́; *of chee etc.* ко́рка
ring¹ [rɪŋ] **1.** (*of bells*) звон; звоно́к [*irr.*] [за]звуча́ть; *at door* [по-] зв ни́ть; **~ *s.o. up*** позвони́ть *pf.* кому́ по телефо́ну; ***that ~s a bell*** э́то м что́-то напомина́ет
ring² [~] **1.** кольцо́; круг; *sport* ринг (*mst.* **~ *in, round, about***) окружа́ [-жи́ть]; **~leader** зачи́нщик *m*, -иц **~let** ['rɪŋlɪt] коле́чко; ло́кон; **~ ro** кольцева́я доро́га
rink [rɪŋk] като́к
rinse [rɪns] [вы]полоска́ть; *dishes* сп лосну́ть *pf.*
riot ['raɪət] **1.** беспоря́дки *m/pl.*; *of c o(u)rs* бу́йство; ***run ~*** шу́мно ве ли́ться, разгуля́ться *pf.*; **2.** принима́ уча́стие в беспоря́дках, волне́ни бу́йствовать
rip [rɪp] **1.** (*tear*) [по]рва́ть; **2.** проре
ripe [raɪp] □ зре́лый (*a. fig.*); спе́лы гото́вый; ***the time is ~ for ...*** приш вре́мя ...; **~n** ['~ən] созре́(ва́)ть, [п спе́ть
ripple ['rɪpl] **1.** рябь *f*, зыбь *f*; (*sour* журча́ние; **2.** покрыва́ть(ся) ря́бь журча́ть
rise [raɪz] **1.** повыше́ние; *of sun* в хо́д; *of road, etc.* подъём; *geogr.* в вы́шенность *f*; *of river* исто́к; [*irr.*] поднима́ться [-ня́ться]; вс ди́ть; *of river* брать нача́ло; **~ *to*** бы в состоя́нии, спра́виться с (Т); ['rɪzn] *pt. p. от* ***rise***
rising ['raɪzɪŋ] возвыше́ние; восс ние; восхо́д
risk [rɪsk] **1.** риск; ***run a*** (*or* ***the***) **~** р скова́ть [-кну́ть]; **2.** (*venture*) от жи(ва)ться на (В); рискова́ [-кну́ть] (Т); **~y** ['~ɪ] □ риско́ванн
rit|e [raɪt] обря́д, церемо́ния; **~ual** ['r ʃʊəl] **1.** ритуа́льный; **2.** ритуа́л
rival ['raɪvəl] **1.** сопе́рник *m*, -ница

comm. конкуре́нт; **2.** сопе́рничающий; **3.** сопе́рничать с (Т); **~ry** [-rɪ] сопе́рничество; соревнова́ние

ver ['rɪvə] река́; **~bed** ру́сло реки́; **~mouth** у́стье реки́; **~side** бе́рег реки́; *attr.* прибре́жный

vet ['rɪvɪt] **1.** заклёпка; **2.** заклёпывать [-лепа́ть]; *fig. attention* прико́вывать [-ова́ть] (В к Д)

ad [rəʊd] доро́га; путь *m*; **~ accident** доро́жное происше́ствие, ава́рия; **~side** обо́чина; **~sign** доро́жный знак

am [rəʊm] *v/t.* броди́ть по (Д); *v/i.* стра́нствовать

ar [rɔ:] **1.** *of storm, lion* [за]реве́ть; *of cannon* [за]грохота́ть; **~ with laughter** покáтываться со́ смеху; **2.** рёв; гро́хот

ast [rəʊst] **1.** [из]жа́рить(ся); **2.** жа́реный; **~ meat** жарко́е

b [rɒb] [о]гра́бить; *fig.* лиша́ть [-ши́ть] (**of** Р); **~ber** ['~ə] граби́тель *m*; **~bery** ['~ərɪ] грабёж

be [rəʊb] *magistrate's* ма́нтия; (*bath* ~) хала́т

bin ['rɒbɪn] мали́новка

bot ['rəʊbɒt] ро́бот

bust [rəʊ'bʌst] □ кре́пкий, здоро́вый

ck¹ [rɒk] скала́; утёс; го́рная поро́да; **~ crystal** го́рный хруста́ль *m*

ck² [~] **1.** *mus.* рок; **2.** *v/t.* кача́ть [-чну́ть]; *strongly* [по]шатну́ть; *to sleep* убаю́к(ив)ать; *v/i.* кача́ться; **~ with laughter** трясти́ от сме́ха

cket ['rɒkɪt] раке́та; *attr.* раке́тный

cking chair кача́лка

cky ['rɒkɪ] (*full of rocks*) камени́стый; скали́стый

d [rɒd] *tech.* сте́ржень *m*; прут *m*; *for fishing* уди́лище; **piston ~** шток

de [rəʊd] *pt. от* **ride**

dent ['rəʊdənt] грызу́н

e¹ [rəʊ] *zo.* косу́ля

e² [~] икра́; **soft ~** моло́ки *f/pl.*

gu|e [rəʊg] моше́нник; плут; **~ish** ['rəʊgɪʃ] плутова́тый

le [rəʊl] *thea.* роль *f* (*a. fig.*)

ll [rəʊl] **1.** *of cloth, paper, etc.* руло́н; (*list*) спи́сок; *of thunder* раска́т; (*bread* ~) бу́лочка; *naut.* бортова́я ка́чка; **2.** *v/t.* ката́ть, [по]кати́ть; *dough* раска́тывать [-ката́ть]; *metal* прока́тывать [-ката́ть]; **~ up** свёртывать [сверну́ть]; ска́тывать; *v/i.* ката́ться, [по]кати́ться; валя́ться (**in** в П); *of thunder* грохота́ть; **~er** ['rəʊlə] ро́лик; вал; **~ skates** ро́ликовые коньки́

rollick ['rɒlɪk] шу́мно весели́ться

rolling ['rəʊlɪŋ] (*hilly*) холми́стый; **~ mill** *tech.* прока́тный стан; **~ pin** скалка́; **~ stone** *person* перекати́поле

Roman ['rəʊmən] **1.** ри́мский; **~ numeral** ри́мская ци́фра; **2.** ри́млянин *m*, -янка *f*

romance [rəʊ'mæns] **1.** *mus.* рома́нс; (*tale*) рома́н (*a. love affair*); **2.** *fig.* приукра́шивать действи́тельность; фантази́ровать; стро́ить возду́шные за́мки; **3.** ♀ рома́нский

romantic [rəʊ'mæntɪk] (**~ally**) **1.** романти́чный; **2.** **~ist** [~tɪsɪst] рома́нтик; **~ism** [~tɪsɪzəm] романти́зм, рома́нтика

romp [rɒmp] вози́ться, шу́мно игра́ть

roof [ru:f] кры́ша; **~ of the mouth** нёбо; **~ing** [~ɪŋ] **1.** кро́вельный материа́л; **2.** кро́вля; **~ felt** толь *m*

rook¹ [rʊk] *bird* грач

rook² [~] *coll.* **1.** моше́нник; **2.** обма́нывать [-ну́ть]

rook³ [~] *chess* ладья́

room [ru:m, rʊm] ко́мната; ме́сто; простра́нство; **make ~ for** освободи́ть ме́сто для (Р); **~mate** това́рищ по ко́мнате; **~y** ['ru:mɪ] □ просто́рный

roost [ru:st] **1.** насе́ст; **2.** уса́живаться на насе́ст; *fig.* устра́иваться на́ ночь; **~er** ['~ə] пету́х

root [ru:t] **1.** ко́рень *m*; **get to the ~ of** добра́ться *pf.* до су́ти (Р); **take ~** пуска́ть ко́рни; укореня́ться [-ни́ться]; **2.** **~ out** вырыва́ть с ко́рнем (*a. fig.*); (*find*) разы́скивать [-ка́ть]; **stand ~ed to the spot** стоя́ть как вко́панный; **~ed** ['ru:tɪd] укорени́вшийся

rope [rəʊp] **1.** кана́т; верёвка; *mst. naut.* трос; *of pearls* ни́тка; **know the ~s** *pl.* знать все ходы́ и вы́ходы; **show the ~s** *pl.* вводи́ть [ввести́] в суть де́ла; **2.**

свя́зывать верёвкой; привя́зывать кана́том; (*mst.* ~ ***off***) отгороди́ть кана́том
rosary ['rəʊzərɪ] *eccl.* чётки *f/pl.*
rose[1] [rəʊz] ро́за; ро́зовый цвет
rose[2] [~] *pt. от* ***rise***
rosin ['rɒzɪn] канифо́ль *f*
rostrum ['rɒstrəm] ка́федра; трибу́на
rosy ['rəʊzɪ] □ ро́зовый; румя́ный; *fig.* ра́дужный
rot [rɒt] **1.** гние́ние; гниль *f*; **2.** *v/t.* [с]гнои́ть; *v/i.* сгни(ва́)ть, [с]гнить
rota|ry ['rəʊtərɪ] враща́тельный; **~te** [rəʊ'teɪt] враща́ть(ся); (*alternate*) чередова́ть(ся); **~tion** [rəʊ'teɪʃn] враще́ние; чередова́ние
rotten ['rɒtn] □ гнило́й; испо́рченный; *a. sl.* отврати́тельный
rouge [ru:ʒ] румя́на *n/pl.*
rough [rʌf] **1.** □ (*crude*) гру́бый; (*uneven*) шерша́вый; шерохова́тый; (*violent*) бу́рный; (*inexact*) приблизи́тельный; ~ ***and ready*** сде́ланный кое-как, на́спех; грубова́тый; **2.**: ~ ***it*** обходи́ться без обы́чных удо́бств; **~en** ['rʌfn] де́лать(ся) гру́бым, шерохова́тым; **~ly** ['~lɪ] гру́бо, приблизи́тельно; ~ ***speaking*** гру́бо говоря́; **~ness** ['~nɪs] шерохова́тость *f*; гру́бость *f*
round [raʊnd] **1.** □ кру́глый; кругово́й; ~ ***trip*** пое́здка в о́ба конца́; **2.** *adv.* круго́м, вокру́г; обра́тно; (*often* ~ ***about***) вокру́г да о́коло; ***all year*** ~ кру́глый год; **3.** *prp.* вокру́г, круго́м (Р); за (В *or* Т); по (Д); **4.** круг; цикл; *of talks* тур; *sport* ра́унд; *doctor's* обхо́д; **5.** *v/t.* закругля́ть [-ли́ть]; огиба́ть [обогну́ть]; ~ ***up*** окружа́ть [-жи́ть]; *v/i.* закругля́ться [-ли́ться]; **~about** ['raʊndəbaʊt] **1.** *way* око́льный; **2.** *mot.* кольцева́я тра́нспортная развя́зка; *at fair* карусе́ль *f*; **~ish** ['raʊndɪʃ] круглова́тый; **~-up** *of cattle* заго́н скота́; обла́ва
rous|e [raʊz] *v/t.* (*waken*) [раз]буди́ть; *fig.* возбужда́ть [-уди́ть]; воодушевля́ть [-ви́ть]; ~ ***o.s.*** встряхну́ться *pf.*; *v/i.* просыпа́ться [-сну́ться]; **~ing** ['raʊzɪŋ] возбужда́ющий; *cheers* бу́рный
rout [raʊt] обраща́ть в бе́гство
route [ru:t] путь *m*; маршру́т
routine [ru:'ti:n] **1.** режи́м, поря́д[ок]; рути́на; **2.** рути́нный
rove [rəʊv] скита́ться; броди́ть
row[1] [rəʊ] ряд
row[2] [raʊ] *coll.* гвалт; (*quarrel*) ссо́[ра]
row[3] [rəʊ] грести́; **~boat** гребна́я ло[д]ка; **~er** ['rəʊə] гребе́ц
royal ['rɔɪəl] □ короле́вский; велик[о]ле́пный; **~ty** [~tɪ] чле́н(ы) короле[в]ской семьи́; а́вторский гонора́р
rub [rʌb] *v/t.* тере́ть; протира́ть [-т]ре́ть]; натира́ть [натере́ть]; ~ ***in*** вт[и]ра́ть [втере́ть]; ~ ***out*** стира́ть [ст]ре́ть]; ~ ***up*** [от]полирова́ть; (*fresh*[en]) освежа́ть [-жи́ть]; *v/i.* тере́ть[ся] (***against*** о В); *fig.* ~ ***along*** проб[ива́]ва́)ться с трудо́м
rubber ['rʌbə] каучу́к; рези́на; (*eras*[er]) рези́нка; (*contraceptive*) проти[во]за́чаточное сре́дство; презерват[ив]; *cards* ро́ббер; *attr.* рези́новый
rubbish ['rʌbɪʃ] му́сор, хлам; *f*[ig.] вздор; глу́пости *f/pl.*
rubble ['rʌbl] (*debris*) обло́мки; щ[е]бень *m*
ruby ['ru:bɪ] руби́н; руби́новый цве[т]
rucksack ['rʌksæk] рюкза́к
rudder ['rʌdə] *naut.* руль *m*
ruddy ['rʌdɪ] я́рко-кра́сный; *chee*[ks] румя́ный
rude [ru:d] □ неотёсанный; гру́б[ый]; невéжливый; *fig. health* кре́пкий; ***awakening*** неприя́тное откры́ти[е]; го́рькое разочарова́ние
rudiment ['ru:dɪmənt] *biol.* рудиме́[нт]; **~s** *pl.* осно́вы *f/pl.*; **~s of knowled**[ge] элемента́рные зна́ния
rueful ['ru:fl] □ печа́льный
ruffian ['rʌfɪən] громи́ла, хулига́н
ruffle ['rʌfl] **1.** *sew.* сбо́рка; *on wa*[ter] рябь *f*; **2.** *hair* [взъ]еро́шить; *wa*[ter] ряби́ть; *fig.* наруша́ть споко́йств[ие] (Р), [вс]трево́жить
rug [rʌg] плед; *on floor* ковёр, ко́вр[ик]; **~ged** ['rʌgɪd] неро́вный; шерохо[ва]тый; *terrain* пересечённый; *featu*[res] гру́бые, ре́зкие
ruin ['ru:ɪn] **1.** ги́бель *f*; разоре́ние;

R

hopes, *etc.* круше́ние; *mst.* **~s** *pl.* развалины *f/pl.*, руи́ны *f/pl.*; **2.** [по]губи́ть; разоря́ть [-ри́ть]; разруша́ть [-у́шить]; *dishono(u)r* [о]бесче́стить; **~ous** ['ru:ɪnəs] □ губи́тельный; разори́тельный; разру́шенный

rul|e [ru:l] **1.** пра́вило; правле́ние; власть *f*; *for measuring* лине́йка; **as a ~** обы́чно; **2.** *v/t.* управля́ть (Т); (*give as decision*) постановля́ть [-ви́ть]; **~ out** исключа́ть [-чи́ть]; *v/i.* ца́рствовать; **~er** ['ru:lə] прави́тель *m*

rum [rʌm] ром

Rumanian [ru:'meɪnɪən] **1.** румы́нский; **2.** румы́н *m*, -ка *f*

rumble ['rʌmbl] **1.** громыха́ние; гро́хот; **2.** [за]громыха́ть; [за]грохота́ть; *of thunder* [за]греме́ть

rumina|nt ['ru:mɪnənt] жва́чное; **~te** [-neɪt] *fig.* размышля́ть

rummage ['rʌmɪdʒ] *v/t.* переры́(ва́)ть; *v/i.* ры́ться; **~ sale** благотвори́тельная распрода́жа

rumo(u)r ['ru:mə] **1.** слух; молва́; **2.:** **it is ~ed that …** хо́дят слу́хи, что …

rump [rʌmp] огу́зок

rumple ['rʌmpl] (с)мять; *hair* [взъ]еро́шить

run [rʌn] **1.** [*irr.*] *v/i.* *com* бе́гать, [по]бежа́ть; [по]те́чь; *of colo(u)rs*, *etc.* расплы́(ва́)ться; *of engine* рабо́тать; *text* гласи́ть; **~ across a p.** случа́йно встре́тить (В); **~ away** убега́ть [убежа́ть]; **~ down** сбега́ть [сбежа́ть]; *of watch*, *etc.* остана́вливаться [-ови́ться]; истоща́ться [-щи́ться]; **~ dry** иссяка́ть [-я́кнуть]; **~ for** *parl.* выставля́ть свою́ кандидату́ру на (В); **~ into** впада́ть в (В); *debt* залеза́ть [-ле́зть]; *person* встреча́ть [-е́тить]; **~ on** продолжа́ться [-до́лжиться]; говори́ть без умо́лку; **~ out, ~ short** конча́ться [ко́нчиться]; **~ through** прочита́ть бе́гло *pf.*; *capital* прома́тывать [-мота́ть]; **~ to** (*reach*) достига́ть [-и́гнуть]; **~ up to** доходи́ть [дойти́] до (Р); **2.** *v/t.* пробега́ть [-бежа́ть] (*расстоя́ние*); *water* нали́(ва́)ть; *business* вести́; (*drive in*) вонза́ть [-зи́ть]; *department*, *etc.* руководи́ть; проводи́ть [-вести́] (Т, **over** по Д); *car* сбива́ть [сбить]; **~ down** *fig.* поноси́ть (В); (*tire*) переутомля́ть [-ми́ть]; **~ over** переезжа́ть [-е́хать], сби(ва́)ть; прочита́ть бе́гло *pf.*; **~ up** *prices* взду(-ва́)ть; *building* возводи́ть [-вести́]; **~ up a bill at** [за]должа́ть (Д); **3.** бег; пробе́г; *of mechanism* рабо́та, де́йствие; *of time* тече́ние, ход; ряд; (*outing*) пое́здка, прогу́лка; руково́дство; **the common ~** обыкнове́нные лю́ди *m/pl.*; *thea.* **have a ~ of 20 nights** идти́ два́дцать вечеро́в подря́д; **in the long ~** со вре́менем; в конце́ концо́в

run|about ['rʌnəbaʊt] *mot.* малолитра́жка; **~away** бегле́ц

rung[1] [rʌŋ] *pt. p. от* **ring**

rung[2] [~] ступе́нька стремя́нки

runner ['rʌnə] бегу́н; *of sledge* по́лоз; *of plant* побе́г; **~-up** [~'rʌp] *sport* занима́ющий второ́е ме́сто

running ['rʌnɪŋ] **1.** бегу́щий; *track* бегово́й; **two days ~** два дня подря́д; **2.** бе́ганье; *of person* бег; *of horses* бега́ *m/pl.*; **~board** подно́жка; **~ water** *in nature* прото́чная вода́; *in man-made structures* водопрово́д

runway ['rʌnweɪ] *ae.* взлётно-поса́дочная полоса́

rupture ['rʌptʃə] **1.** разры́в; (*hernia*) гры́жа; **2.** разрыва́ть [разорва́ть] (*a. fig.*); прор(ы)ва́ть

rural ['rʊərəl] □ се́льский, дереве́нский

rush[1] [rʌʃ] **1.** *bot.* тростни́к, камы́ш; **~ mat** цино́вка

rush[2] [~] **1.** (*influx*) наплы́в; **~ hours** *pl.* часы́ пик; **2.** *v/i.* мча́ться; броса́ться [бро́ситься]; носи́ться, [по-] нести́сь; **~ into** броса́ться необду́манно в (В); *v/t.* мчать

rusk [rʌsk] суха́рь *m*

Russian ['rʌʃn] **1.** ру́сский; **2.** ру́сский, ру́сская; ру́сский язы́к

rust [rʌst] **1.** ржа́вчина; **2.** [за]ржаве́ть

rustic ['rʌstɪk] (**~ally**) дереве́нский; (*simple*) просто́й; (*rough*) гру́бый

rustle ['rʌsl] **1.** [за]шелесте́ть; **2.** ше́лест, шо́рох

rust|proof ['rʌstpru:f] нержаве́ющий;

R

~y ['rʌstɪ] заржа́вленный, ржа́вый
rut [rʌt] колея́ (*a. fig.*)
ruthless ['ruːθlɪs] безжа́лостный

rye [raɪ] *bot.* рожь *f*; ~ **bread** ржан… хлеб

S

sabbatical [sə'bætɪkl]: ~ ***leave*** *univ.* академи́ческий о́тпуск
saber, *Brt.* **sabre** ['seɪbə] са́бля, ша́шка
sable ['seɪbl] со́боль *m*; (*fur*) собо́лий мех
sabotage ['sæbətɑːʒ] **1.** саботáж; **2.** саботи́ровать (В)
sack[1] [sæk] **1.** разграбле́ние; **2.** [раз]гра́бить
sack[2] [~] **1.** мешо́к; **2.** класть, ссыпа́ть в мешо́к; *coll.* (*dismiss*) увольня́ть [-лить]; **~cloth**, **~ing** ['sækɪŋ] мешкови́на
sacrament ['sækrəmənt] *act or rite* та́инство; (*Eucharist*) прича́стие
sacred ['seɪkrɪd] □ свято́й; свяще́нный; *mus.* духо́вный
sacrifice ['sækrɪfaɪs] **1.** же́ртва; (*offering to a deity*) жертвоприноше́ние; ***at a ~*** с убы́тками; **2.** [по-] же́ртвовать
sacrilege ['sækrɪlɪdʒ] святота́тство, кощу́нство
sad [sæd] □ печа́льный, гру́стный; ***in a ~ state*** в плаче́вном состоя́нии
sadden ['sædn] [о]печа́лить(ся)
saddle ['sædl] **1.** седло́; **2.** [о]седла́ть; *fig.* взва́ливать [-ли́ть] (***s.o. with sth.*** что́-нибудь на кого́-нибудь); обременя́ть [-ни́ть]
sadism ['seɪdɪzəm] сади́зм
sadness ['sædnɪs] печа́ль *f*, грусть *f*
safe [seɪf] **1.** □ невреди́мый; надёжный; безопа́сный; ***~ and sound*** цел и невреди́м; ***in ~ hands*** в надёжных рука́х; **2.** сейф; **~guard 1.** гара́нтия; **2.** охраня́ть [-ни́ть]; гаранти́ровать
safety ['seɪftɪ] **1.** безопа́сность *f*, надёжность *f*, **2.** безопа́сный; ~ **belt** реме́нь *m* безопа́сности, привязно́й реме́нь *m*; ~ **pin** англи́йская була́вка; … **razor** безопа́сная бри́тва; ~ **val…** предохрани́тельный кла́пан
saffron ['sæfrən] шафра́н
sag [sæg] *of roof, etc.* оседа́ть [-се́ст…]; прогиба́ться [-гну́ться]; *of chee…* *etc.* обвиса́ть [-и́снуть]; ***her spir… ~ged*** она́ упа́ла ду́хом
sage[1] [seɪdʒ] мудре́ц
sage[2] [~] *bot.* шалфе́й
said [sed] *pt. и pt. p. от* ***say***
sail [seɪl] **1.** па́рус; пла́вание под пар… са́ми; **2.** *v/i.* идти́ под паруса́ми; (*tra… over*) пла́вать, [по]плы́ть, отплы… ва́)ть; *v/t.* (*control navigation* …) управля́ть; пла́вать по (Д); **~boat** … русная ло́дка; **~ing** [~ɪŋ] пла́вание; ***… wasn't plain~*** всё бы́ло не так про́ст…; **~or** [~ə] моря́к, матро́с; ***be a*** (***goo…***) ***bad ~*** (не) страда́ть морско́й б… ле́знью; **~plane** планёр
saint [seɪnt] свято́й; **~ly** ['seɪntlɪ] *a…* свято́й
sake [seɪk]: ***for the ~ of*** ра́ди (Р); ***for … ~*** ра́ди меня́
sal(e)able ['seɪləbl] хо́дкий (това́р)
salad ['sæləd] сала́т
salary ['sælərɪ] окла́д, зарабо́тн… пла́та
sale [seɪl] прода́жа; (*clearance ~*) ра… прода́жа; аукцио́н; ***be for ~, be o…*** име́ться в прода́же
sales|man ['seɪlzmən] продаве… *door-to-door* коммивояжёр; **~wom…** продавщи́ца
saline ['seɪlaɪn] соляно́й; солёный
saliva [sə'laɪvə] слюна́
sallow ['sæləʊ] *complexion* нездор… вый; желтова́тый
salmon ['sæmən] ло́со́сь *m*; *flesh* л… соси́на

lon ['sælɒn]: ***beauty ~*** косме-
ический салóн
loon [sə'lu:n] зал; *naut.* салóн; бар,
ивнáя; *Brt.* (*car*) седáн
lt [sɔ:lt] **1.** соль *f*; *fig.* остроýмие;
ake s.th. with a grain of ~ относи́ться
: чемý-л. скепти́чески; **2.** солёный; **3.**
по]соли́ть; засáливать [-соли́ть]; **~**
ellar солóнка; **~y** ['sɔ:ltɪ] солёный
lutary ['sæljʊtrɪ] ☐ благотвóрный;
олéзный для здорóвья
lut|ation [sælju:'teɪʃn] привéтствие;
e [sə'lu:t] **1.** *mil.* отдáние чéсти;
óинское привéтствие; *with weapons*
алю́т; **2.** привéтствовать; отдавáть
ecть *f* (Д)
lvage ['sælvɪdʒ] **1.** *of ship, property,*
tc. спасéние; (*what is saved*) спасён-
ое имýщество; (*scrap*) ути́ль *m*; *pa-*
er макулатýра; *naut.* подъём; **2.** спа-
áть [спасти́]
lvation [sæl'veɪʃn] спасéние; ♀ ***Army***
Áрмия спасéния
lve [sælv] **1.** успокои́тельное
рéдство; **2.** *conscience* успокáивать
-кóить]
lvo ['sælvəʊ] *of guns* залп; *fig.*
зрыв аплодисмéнтов
me [seɪm]: ***the ~*** тот же сáмый; та
ке сáмая; то же сáмое; ***all the ~*** тем
е мéнее, всё-таки; ***it is all the ~ to***
ne мне всё равнó
mple ['sɑ:mpl] **1.** прóба; обрáзчик,
óбразéц; *fig.* примéр; **2.** [по-] прóбо-
ать; отбирáть образцы́ (Р); *wine,*
tc. дегусти́ровать
natorium [sænə'tɔ:rɪəm] санатóрий
nct|ion ['sæŋkʃn] **1.** (*permission*)
азрешéние; (*approval*) одобрéние;
fficial сáнкция; ***apply ~ against*** при-
еня́ть [-ни́ть] сáнкции прóтив (Р); **2.**
анкциони́ровать (*im*)*pf*.; давáть
дать] соглáсие, разрешéние; **~uary**
-tʃʊərɪ] (*holy place*) святи́лище; (*ref-*
ge) убéжище
nd [sænd] **1.** песóк; (**~*bank***) óтмель *f*;
f desert пески́ *m/pl*. **~s** *pl.* песчáный
ляж; **2.** (*sprinkle with* **~**) посыпáть
ескóм; (*polish*) протирáть [-ерéть]
ескóм

sandal ['sændl] сандáлия; (*lady's a.*)
босонóжки *f/pl.*
sandpaper наждáчная бумáга
sandwich ['sænwɪdʒ] **1.** бутербрóд,
сáндвич; **2.**: **~ *between*** вти́скивать
[-нуть] мéжду (T)
sandy ['sændɪ] песчáный; песóчный;
песóчного цвéта
sane [seɪn] нормáльный; *fig.* здрáвый,
разýмный; здравомы́слящий
sang [sæŋ] *pt. om* ***sing***
sanguine ['sæŋgwɪn] жизнерáдост-
ный, сангвини́ческий
sanitary ['sænɪtrɪ] ☐ санитáрный; ги-
гиени́ческий; **~ *napkin*** гигие-
ни́ческая проклáдка
sanitation [sænɪ'teɪʃn] санитáрные
услóвия; *for sewage* канализáция
sanity ['sænətɪ] психи́ческое здорó-
вье; здрáвый ум
sank [sæŋk] *pt. om* ***sink***
sap [sæp] **1.** *of plants* сок; *fig.* жи́знен-
ные си́лы *f/pl.*; **2.** истощáть [-щи́ть];
confidence подрывáть [подорвáть];
~less ['sæplɪs] истощённый; **~ling**
['sæplɪŋ] молодóе деревцó
sapphire ['sæfaɪə] *min.* сапфи́р
sappy ['sæpɪ] сóчный; *fig.* пóлный сил
sarcasm ['sɑ:kæzəm] саркáзм
sardine [sɑ:'di:n] сарди́н(к)а; ***packed***
like ~s как сéльди в бóчке
sardonic [sɑ'dɒnɪk] (**~*ally***) сардо-
ни́ческий
sash [sæʃ] кушáк, пóяс
sash window подъёмное окнó
sat [sæt] *pt. u pt. p. om* ***sit***
satchel ['sætʃəl] сýмка, рáнец
sateen [sə'ti:n] сати́н
satellite ['sætəlaɪt] *celestial* спýтник
(*a. spacecraft*)
satiate ['seɪʃɪeɪt] пресыщáть
[-ы́тить]; насыщáть [-ы́тить]; **~d**
[-ɪd] сы́тый
satin ['sætɪn] атлáс
satir|e ['sætaiə] сати́ра; **~ical** [sə'tɪrɪkl]
сатири́ческий; **~ist** ['sætərɪst] сати́-
рик; **~ize** [-raɪz] высмéивать [вы́-
смеять]
satisfaction [sætɪs'fækʃn] удовлетво-
рéние

S

satisfactory [sætɪsˈfæktərɪ] удовлетвори́тельный

satisfy [ˈsætɪsfaɪ] удовлетворя́ть [-ри́ть]; *hunger, etc.* утоля́ть [-ли́ть]; *obligations* выполня́ть [вы́полнить]; (*convince*) убежда́ть [убеди́ть]

saturate [ˈsætʃəreɪt] *chem.* насыща́ть [-ы́тить]; пропи́тывать [-ита́ть]; ***we came home ~d*** пока́ мы добежа́ли до́ дому, мы промо́кли

Saturday [ˈsætədɪ] суббо́та

sauce [sɔːs] со́ус; (*gravy*) подли́вка; *coll.* (*impudence*) де́рзость *f*; **~pan** кастрю́ля; **~r** [ˈsɔːsə] блю́дце

saucy [ˈsɔːsɪ] *coll.* де́рзкий

sauerkraut [ˈsauəkraut] ки́слая капу́ста

sauna [ˈsɔːnə] са́уна

saunter [ˈsɔːntə] **1.** прогу́ливаться; **2.** прогу́лка

sausage [ˈsɒsɪdʒ] (*frankfurter*) соси́ска; (*salami, etc.*) колбаса́; (*polony, saveloy*) сарде́лька

savage [ˈsævɪdʒ] **1.** □ ди́кий; (*cruel*) жесто́кий; (*ferocious*) свире́пый; **2.** дика́рь *m*, -арка *f*; *fig.* зверь *m*; **~ry** [-rɪ] ди́кость *f*, жесто́кость *f*

save [seɪv] спаса́ть [спасти́]; избавля́ть [-ба́вить] (***from*** от P); *strength, etc.* сберега́ть [-ре́чь]; (*put by*) [с]копи́ть, откла́дывать [отложи́ть]; *time, money, etc.* [с]эконо́мить

saving [ˈseɪvɪŋ] **1.** □ (*redeeming*) спаси́тельный; **2.** (*rescue*) спасе́ние; **~s** *pl.* сбереже́ния *n/pl.*

savings bank сберега́тельная ка́сса

savio(u)r [ˈseɪvɪə] спаси́тель *m*; ***the*** ♀ Спаси́тель *m*

savo(u)r [ˈseɪvə] **1.** (*taste*) вкус; *fig.* при́вкус; **2.** (*enjoy*) смакова́ть; **~ *of*** па́хнуть (T); *fig.* отдава́ть (T); **~y** [-rɪ] вку́сный; пика́нтный, о́стрый

saw¹ [sɔː] *pt. om* ***see***

saw² [~] **1.** пила́; **2.** [*irr.*] пили́ть; **~dust** опи́лки *f/pl.*; **~mill** лесопи́лка; лесопи́льный заво́д; **~n** [sɔːn] *pt. p. om* ***saw***

say [seɪ] **1.** [*irr.*] говори́ть [сказа́ть]; ***that is to ~*** то́ есть, т.е.; ***you don't ~!*** неуже́ли!; ***I ~!*** послу́шай(те)!; ***he is said to be ...*** говоря́т, что он ...; ***I dare ~ ...*** наве́рно (вполне́) возмо́жно ...; ***th...*** ***~ ...*** говоря́т ...; **2. *have one's ~*** выс... зать *pf.* своё мне́ние, сказа́ть *pf.* св... сло́во; **~ing** [ˈseɪɪŋ] погово́рка

scab [skæb] *on a sore* струп

scaffolding [ˈskæfəldɪŋ] *arch.* ле... *m/pl.*

scald [skɔːld] **1.** ожо́г; **2.** [о]шпари... обва́ривать [-ри́ть]

scale¹ [skeɪl] **1.** *of fish, etc.* чешу́й... (*collect.*: чешуя́); *inside kettles, etc.* ... ки́пь *f*; **2.** *fish* [по]чи́стить; *of skin* ... лупи́ться

scale² [~] (***a pair of***) **~s** *pl.* весы́ *m...*

scale³ [~] **1.** масшта́б; (*size*) разме́р, ... *grading* шкала́; *mus.* га́мма; **2.: ~** ... постепе́нно увели́чивать; **~ *down*** ... степе́нно уменьша́ть в масшта́бе

scallop [ˈskɒləp] *mollusk* гребешо́...

scalp [skælp] ко́жа головы́; *h...* скальп

scamp [skæmp] **1.** шалу́н; безде́льн... **2.** рабо́тать ко́е-как; **~er** [~ə] бежа... поспе́шно; **~ *away, off*** уд(и)ра́ть

scandal [ˈskændl] сканда́л; поз... (*gossip*) спле́тни *f/pl.*; ***it's a ~!*** позо́... **~ize** [~dəlaɪz] возмуща́ть [-ти́ть]; ... ки́ровать *impf.*; **~ous** [~ləs] □ поз... ный; сканда́льный; (*defamatory*) кл... ветни́ческий; (*shocking*) ужа́сный

scant, scanty [skænt, ˈskæntɪ] ск... ный; недоста́точный

scapegoat [ˈskeɪpgəut] козёл ... пуще́ния

scar [skɑː] **1.** шрам; рубе́ц; **2.** *v/t.* ... крыва́ться рубца́ми; ***his face w... ~red*** лицо́ его́ бы́ло покры́то шра́м... ми; *v/i.* [за]рубцева́ться

scarc|e [skeəs] недоста́точный; ск... ный; (*rare*) ре́дкий; *goods* дефиц... ный; ***make o.s. ~*** убира́т... [убра́ться]; **~ely** [~lɪ] едва́ ли, к... то́лько; едва́; **~ity** [~sətɪ] нехва́т... ре́дкость *f*

scare [skeə] **1.** [на-, ис]пуга́ть; отпу́... вать [-гну́ть] (*a.* **~ *away***); **2.** испу́г; ... ника; **~crow** пу́гало; *a. fig.* чу́чело

scarf [skɑːf] шарф; (*head~*) плат... косы́нка

scarlet [ˈskɑːlɪt] **1.** а́лый цвет; **2.** а́ль...

S

~ fever скарлати́на
…athing ['skeɪðɪŋ] ре́зкий; язви́тельный
…atter ['skætə] разбра́сывать [-броса́ть] (*a.* **~ about, around**); рассыпа́ть(ся) [-ы́пать(ся)]; *clouds, etc.* рассе́ивать(ся) [-е́ять(ся)]; *crowd* разбега́ться [-ежа́ться]
…enario [sɪ'nɑːrɪəʊ] сцена́рий
…ene [siːn] сце́на; вид; ме́сто де́йствия; **behind the ~s** за кули́сами (*a. fig.*); **make a ~** устро́ить *pf.* сце́ну, сканда́л; **~ry** ['siːnərɪ] *thea.* декора́ции *f/pl.*; пейза́ж
…ent [sent] **1.** арома́т, за́пах; (*perfume*) духи́ *m/pl.*; *hunt.* след; чутьё; нюх; **follow the wrong ~** идти́ по ло́жному сле́ду; **2.** *danger, etc.* [по]чу́ять; [на]души́ть
…hedule ['ʃedjuːl] **1.** *of charges* спи́сок, пе́речень *m*; *of work* гра́фик, план; (*timetable*) расписа́ние; **a full ~** больша́я програ́мма; **2.** составля́ть расписа́ние (Р); (*plan*) назнача́ть [назна́чить], намеча́ть [-е́тить]
…heme [skiːm] **1.** схе́ма; план; прое́кт; (*plot*) интри́га; **2.** *v/t.* [за]проекти́ровать; *v/i.* плести́ интри́ги
…hnitzel ['ʃnɪtzl] шни́цель *m*
…holar ['skɒlə] учёный; (*holder of scholarship*) стипендиа́т; **~ly** [-lɪ] *adj.* учёный; **~ship** [-ʃɪp] учёность *f*, эруди́ция; (*grant-in-aid*) стипе́ндия
…hool [skuːl] **1.** шко́ла; **at ~** в шко́ле; **secondary** (*Am.* **high**) **~** сре́дняя шко́ла; **2.** [на]учи́ть; приуча́ть [-чи́ть]; **~boy** шко́льник; **~fellow** шко́льный това́рищ; **~girl** шко́льница; **~ing** ['skuːlɪŋ] обуче́ние в шко́ле; **~master** учи́тель *m*; **~mate** → **schoolfellow**; **~mistress** учи́тельница; **~room** кла́ссная ко́мната
…ience ['saɪəns] нау́ка
…ientific [saɪən'tɪfɪk] (**~ally**) нау́чный
…ientist ['saɪəntɪst] учёный
…intillate ['sɪntɪleɪt] и́скриться; сверка́ть [-кну́ть]; мерца́ть; **scintillating wit** блестя́щее остроу́мие
…issors ['sɪzəz] *pl.* (**a pair of ~**) но́жницы *f/pl.*

sclerosis [sklə'rəʊsɪs] *med.* склеро́з
scoff [skɒf] **1.** насме́шка; **2.** смея́ться (**at** над Т)
scold [skəʊld] [вы́-, от]руга́ть, [вы́-]брани́ть; отчи́тывать [-чита́ть]
scone [skɒn] бу́лочка
scoop [skuːp] **1.** сово́к; *for liquids* черпа́к, ковш; *in newspaper* сенсацио́нная но́вость *f*; **2.** заче́рпывать [-пну́ть]
scooter ['skuːtə] *child's* самока́т; *mot.* моторо́ллер
scope [skəʊp] кругозо́р; разма́х; охва́т; просто́р; *of activity* сфе́ра; **outside the ~** за преде́лами (**of** Р)
scorch [skɔːtʃ] *v/t.* обжига́ть [обже́чь]; [с]пали́ть; *coll.* бе́шено нести́сь; **~er** ['~ə] *coll.* (*hot day*) зно́йный день
score [skɔː] **1.** (*cut*) зару́бка; *sport* счёт; *mus.* партиту́ра; **~s** *pl.* мно́жество; **on the ~ of** по причи́не (Р); **on that ~** на э́тот счёт, по э́тому по́воду; **what's the ~?** како́й счёт?; **2.** отмеча́ть [-е́тить]; засчи́тывать [-ита́ть]; выи́грывать [вы́играть]; забива́ть гол; *mus.* оркестрова́ть (*im*)*pf.*; *chiefly Am.* [вы]брани́ть; **~board** табло́ *n indecl.*
scorn [skɔːn] **1.** презре́ние; **2.** презира́ть [-зре́ть]; *advice* пренебрега́ть [-ре́чь]; **~ful** ['skɔːnfl] □ *pers.* надме́нный; *look, etc.* презри́тельный
Scotch [skɒtʃ] **1.** шотла́ндский; **2.** шотла́ндский диале́кт; (*whiskey*) шотла́ндское ви́ски; **the ~** шотла́ндцы *m/pl.*; **~man** шотла́ндец; *trademark* **~ tape** кле́йкая ле́нта, скотч; **~woman** шотла́ндка
scot-free [skɒt'friː] невреди́мый; (*unpunished*) безнака́занный
scoundrel ['skaʊndrəl] негодя́й, подле́ц
scour[1] ['skaʊə] *v/t.* [вы́]чи́стить; *pan* начища́ть [начи́стить]; *with water* промыва́ть [про]мы́ть
scour[2] ['~] *area* прочёсывать [-чеса́ть] (В); *v/i.* ры́скать (*a.* **about**)
scourge [skɜːdʒ] **1.** бич (*a. fig.*); бе́дствие; **2.** [по]кара́ть

S

scout [skaʊt] **1.** разве́дчик (*a. ae.*); ***Boy ≈s*** *pl.* ска́уты *m/pl.*; **2.** производи́ть разве́дку; **~ *about for*** [по]иска́ть (B)
scowl [skaʊl] **1.** хму́рый вид; **2.** [на]хму́риться; **~ *at*** хму́ро посмотре́ть *pf.* на (B)
scraggy ['skrægɪ] то́щий
scram [skræm] *coll.*: **~!** убира́йся!
scramble ['skræmbl] **1.** [вс]кара́бкаться; боро́ться (***for*** за B); **~*d eggs*** *pl.* яи́чница-болту́нья; **2.** сва́лка, борьба́; кара́бканье
scrap [skræp] **1.** *of paper* клочо́к, кусо́чек; *of cloth* лоскуто́к; (*cutting*) вы́резка; (*waste*) лом; втори́чное сырьё; **~*s*** *pl.* оста́тки *m/pl.*; *of food* объе́дки *m/pl.*; **2.** (*throw away*) выбра́сывать [вы́бросить]
scrap|e [skreɪp] **1.** скобле́ние; *on knee, etc.* цара́пина; (*predicament*) затрудне́ние; **2.** скобли́ть; скрести́(сь); соскреба́ть [-ести́] (*mst.* **~ *off***); отчища́ть [-и́стить]; (*touch*) заде́(ва́)ть; **~ *together*** *money* наскрести́
scrap iron желе́зный лом
scrappy ['skræpɪ] отры́вочный
scratch [skrætʃ] цара́пина; ***start from ~*** начина́ть всё с нуля́; [о]цара́пать; **~ *out*** (*erase*) вычёркивать [вы́черкнуть]
scrawl [skrɔːl] **1.** кара́кули *f/pl.*; **2.** написа́ть *pf.* неразбо́рчиво
scream [skriːm] **1.** вопль *m*; крик; **~*s of laughter*** взры́вы сме́ха; **2.** пронзи́тельно крича́ть
screech [skriːtʃ] **1.** крик; визг; **2.** пронзи́тельно крича́ть; взви́згивать [-гнуть]
screen [skriːn] **1.** ши́рма; экра́н (*a. cine*); **~ *adaptation*** экраниза́ция; ***adapt for the ~*** экранизи́ровать; ***the ~*** кино́ *n indecl.*; **2.** (*protect*) прикры́(-ва́)ть; заслоня́ть [-ни́ть]; *film* пока́зывать на экра́не; просе́ивать [-е́ять]; (*investigate*) проверя́ть [-е́рить]
screw [skruː] **1.** шуру́п; винт; **2.** приви́нчивать [-нти́ть] (*mst.* **~ *on***); **~ *together*** скрепля́ть винта́ми; **~ *up*** зави́нчивать [-нти́ть]; *one's face* [с]мо́рщить; **~*driver*** отвёртка
scribble ['skrɪbl] **1.** кара́кули *f/pl.*; написа́ть *pf.* небре́жно
scrimp [skrɪmp]: **~ *and save*** вся́чес[ки] эконо́мить
script [skrɪpt] *cine.* сцена́рий; **~wri[ter]** сценари́ст
Scripture ['skrɪptʃə]: ***Holy ~*** Свящé[нное] писа́ние
scroll [skrəʊl] сви́ток; (*list*) спи́сок
scrub[1] [skrʌb] куст; **~*s*** *pl.* куста́рн[ик]; за́росль *f*
scrub[2] [~] мыть [вы́мыть]
scrubby ['skrʌbɪ] *plant* (*stunte[d]*) ча́хлый
scruffy ['skrʌfɪ] гря́зный; неопр[ятный]
scrup|le ['skruːpl] сомне́ния *n/[pl.]*; **~*ulous*** ['skruːpjʊləs] □ щепети́[ль]ный; (*thorough*) скрупулёзный; (*co[n]scientious*) добросо́вестный
scrutin|ize ['skruːtɪnaɪz] внима́тель[но] рассма́тривать [-мотре́ть]; *case, e[tc.]* тща́тельно изуча́ть [-чи́ть]; [**~y**] ['skruːtɪnɪ] испыту́ющ[ий] взгляд;всесторо́нняя прове́рка; вн[има́]тельное изуче́ние
scud [skʌd] *of clouds* нести́сь; *of ya[cht]* скользи́ть
scuffle ['skʌfl] **1.** потасо́вка, дра́ка; [**2.**] [по]дра́ться
sculptor ['skʌlptə] ску́льптор
sculpture ['skʌlptʃə] **1.** скульпту́ра; [**2.**] [из]ва́ять; *in stone* высека́[ть] [вы́сечь]; *in wood* ре́зать [вы́реза[ть]]
scum [skʌm] пе́на; *fig.* подо́нки *m/[pl.]*
scurf [skɜːf] пе́рхоть *f*
scurry ['skʌrɪ] бы́стро бе́гать; суетл[и́]во дви́гаться; снова́ть (туда́ и сюд[а́]); ***they scurried for shelter*** они́ бро́[си]лись в укры́тие
scurvy ['skɜːvɪ] *med.* цинга́
scythe [saɪð] коса́
sea [siː] мо́ре; *attr.* морско́й; ***be at ~*** не знать, что де́лать; недоумева́[ть]; **~*faring*** ['siːfeərɪŋ] морепла́ван[ие]; **~*going*** ['siːgəʊɪŋ] *ship* морехо́дны[й]
seal[1] [siːl] *zo.* тюле́нь *m*
seal[2] [~] **1.** печа́ть *f*; (*leaden ~*) пло́м[ба]; **2.** *letter* запеча́т(ыв)ать; скрепл[я́ть] печа́тью; *room* опеча́т(ыв)ать

S

ea level у́ровень *m* мо́ря
ealing ['siːlɪŋ] *tech.* уплотне́ние; **~ wax** сургу́ч
eam [siːm] **1.** шов (*a. tech*); рубе́ц; *geol.* пласт; **2.** сши(ва́)ть
ea|man моря́к; матро́с; **~plane** гидросамолёт
earing ['sɪərɪŋ]: **~ *pain*** жгу́чая боль *f*
earch [sɜːtʃ] **1.** по́иски *m/pl.*; *by police* о́быск; ро́зыск; ***in ~ of*** в по́исках (P); **~ *party*** поиско́вая гру́ппа; **2.** *v/t.* иска́ть; обы́скивать [-ка́ть]; **~ *me!*** не име́ю поня́тия; *v/i.* разы́скивать [-ка́ть] (***for*** В); **~ing** [-ɪŋ] тща́тельный; *look* испыту́ющий; **~light** проже́ктор; **~ warrant** о́рдер на о́быск
ea|shore морско́й бе́рег; **~sick** страда́ющий морско́й боле́знью; **~side** побере́жье; взмо́рье; ***go to the ~*** пое́хать *pf.* на мо́ре; *attr.* примо́рский; **~ *resort*** морско́й куро́рт
eason ['siːzn] **1.** вре́мя го́да; пери́од; сезо́н; ***holiday ~*** пери́од отпуско́в; ***apricots are in ~ now*** абрико́сы сейча́с созре́ли; ***with the compliments of the ~*** с лу́чшими пожела́ниями к пра́зднику; **2.** *v/t. food* приправля́ть [-а́вить]; *wood.* выде́рживать [вы́держать]; **~able** [-əbl] □ своевре́менный; по сезо́ну; **~al** [-zənl] □ сезо́нный; **~ing** [-zənɪŋ] припра́ва; **~ ticket** сезо́нный биле́т
eat [siːt] **1.** *in car* сиде́нье; (*garden ~*) скамья́; *thea., etc.* ме́сто; ***take a ~*** сесть *pf.*; ***take one's ~*** занима́ть [-ня́ть] своё ме́сто; **2.** уса́живать [усади́ть]; (*hold*) вмеща́ть [вмести́ть]; **~ed** [-ɪd] сидя́щий; ***be ~*** сиде́ть, сади́ться [сесть]
ea|weed морска́я во́доросль *f*; **~worthy** го́дный к пла́ванию
ecede [sɪ'siːd] отделя́ться [-ли́ться]; отка́лываться [отколо́ться]
eclu|de [sɪ'kluːd] изоли́ровать (***from*** от P): **~ *o.s.*** уединя́ться [-ни́ться]; **~ded** [-ɪd] уединённый; изоли́рованный; **~sion** [-'kluːʒn] уедине́ние
econd ['sekənd] **1.** □ второ́й; втори́чный; уступа́ющий (***to*** Д); ***on ~ thoughts*** по зре́лому размышле́нию; **2.** секу́нда; ***a split ~*** до́ля секу́нды; мгнове́ние; **3.** (*support*) подде́рживать [-жа́ть]; **~ary** [-rɪ] □ втори́чный; второстепе́нный; побо́чный; **~ *education*** сре́днее образова́ние; **~-hand** подержанный; *information* из вторы́х рук; **~ *bookshop*** букинисти́ческий магази́н; **~ly** [-lɪ] во-вторы́х; **~-rate** второсо́ртный; *hotel* второразря́дный; *writer, etc.* посре́дственный
secre|cy ['siːkrəsɪ] *of person* скры́тность *f*; секре́тность *f*; **~t** ['siːkrɪt] **1.** □ та́йный, секре́тный; **2.** та́йна, секре́т; ***in ~*** секре́тно, тайко́м; ***be in on the ~*** быть посвящённым в секре́т; ***keep a ~*** храни́ть та́йну
secretary ['sekrətrɪ] секрета́рь *m*, *coll.* секрета́рша; мини́стр
secret|e [sɪ'kriːt] *med.* выделя́ть [вы́делить]; **~ion** [-'kriːʃn] выделе́ние
secretive ['siːkrətɪv] скры́тный
section ['sekʃn] (*cut*) сече́ние, разре́з; (*part*) часть *f*; *of orange* до́лька; *in newspaper* отде́л; *of book* разде́л; **~al** [-ʃənl] разбо́рный, секцио́нный
sector ['sektə] се́ктор
secular ['sekjʊlə] □ *noneccl.* све́тский; *of this world* мирско́й
secur|e [sɪ'kjʊə] **1.** □ (*safe*) безопа́сный; (*reliable*) надёжный; (*firm*) про́чный; уве́ренный; ***I feel ~ about my future*** я уве́рена в своём бу́дущем; **2.** (*make fast*) закрепля́ть [-пи́ть]; обеспе́чи(ва)ть; (*make safe*) обезопа́сить *pf*; (*get*) дост(ав)а́ть; **~ity** [-rətɪ] безопа́сность *f*; надёжность *f*; обеспе́чение; зало́г; **~ities** *pl.* це́нные бума́ги *f/pl.*
sedate [sɪ'deɪt] □ степе́нный
sedative ['sedətɪv] *mst. med.* успока́ивающее сре́дство
sedentary ['sedntrɪ] □ сидя́чий
sediment ['sedɪmənt] оса́док
seduc|e [sɪ'djuːs] соблазня́ть [-ни́ть]; **~tive** [sɪ'dʌktɪv] □ соблазни́тельный
see [siː] [*irr.*] *v/i.* [у]ви́деть; ***I ~*** я понима́ю **~ *about a th.*** [по]забо́титься о (П); **~ *through a p.*** ви́деть кого́-л. наскво́зь; *v/t.* [у]ви́деть; *film, etc.* [по]смотре́ть; замеча́ть [-е́тить]; пони-

S

мáть [-ня́ть]; посещáть [-ети́ть]; **~ a p. home** провожáть когó-нибудь домóй; **~ off** провожáть [-води́ть]; **~ to** позабóтиться (о П); заня́ться *pf.* (Т); **~ a th. through** доводи́ть [довести́] чтó-нибудь до концá; **live to ~** дожи́(-вá)ть до (Р)

seed [si:d] **1.** сéмя *n* (*a. fig*); *of grain* зернó; *collect.* семенá *n/pl.*; *of apple, etc.* зёрнышко; (*offspring*) *mst. Bibl.* потóмство; **2.** *v/t.* засевáть [засéять]; [по]сéять; **~ling** ['si:dlıŋ] *agric.* сéянец; (*tree*) сáженец; **~s** *pl.* рассáда *collect.*; **~y** ['si:dı] напóлненный семенáми; (*shabby*) потрёпанный, обноси́вшийся; *coll.* не в фóрме; нездорóвый

seek [si:k] [*irr.*] *mst. fig.* искáть (Р); **~ advice** обращáться за совéтом; **~ after** добивáться (Р); **~ out** разы́скивать [-ыскáть]; оты́скивать [-кáть]

seem [si:m] [по]казáться; **~ing** ['~ıŋ] □ кáжущийся; мни́мый; **~ingly** ['~ıŋlı] повидимому; **~ly** ['~lı] подобáющий; пристóйный

seen [si:n] *pt. p. от* **see**

seep [si:p] просáчиваться [-сочи́ться]

seesaw ['si:sɔ:] доскá-качéли *f/pl.*

seethe [si:ð] бурли́ть; *fig.* кипéть

segment ['segmənt] *math.* сегмéнт, отрéзок; *of orange* дóлька; (*part*) кусóк, часть *f*

segregate ['segrıgeıt] отделя́ть [-ли́ть]

seismic ['saızmık] сейсми́ческий

seiz|e [si:z] (*take hold of*) хватáть [схвати́ть]; (*take possession of*) *of* захвáтывать [захвати́ть]; ухвати́ться за (В) *pf.* (*a. fig.*); *property* конфисковáть (*im*)*pf.*; *fig. of feeling* охвáтывать [-ти́ть]; **~ure** ['si:ʒə] *med.* при́ступ

seldom ['seldəm] *adv.* рéдко, почти́ никогдá

select [sı'lekt] **1.** отбирáть [отобрáть]; *s.th. to match* подбирáть [подобрáть]; **2.** отбóрный; (*exclusive*) и́збранный; **~ion** [sı'lekʃn] вы́бор; подбóр; отбóр

self [self] **1.** *pron.* сам; себя́; *coll.* = **myself** *etc.* я сам *и т.д.*; **2.** *su.* (*pl.* **selves** [selvz]) ли́чность *f*; **~-assured** самоувéренный; **~-centered**, *Brt.* **-centr**… эгоцентри́чный; **~-command** самоо… ладáние; **~-conceit** самомнéни… **~-conscious** застéнчивый; **~-co… tained** *person* самостоя́тельны… *lodgings, etc.* отдéльный; *fig.* зáмкн… тый; **~-control** самообладáние; **~-d… fence** (**-nse**): **in ~** присамозащи́т… **~-determination** самоопределéни… **~-evident** очеви́дный; **~-interest** свс… коры́стие; **~ish** ['selfıʃ] эгоисти́чны… **~-possession** самообладáние; **~-re… ant** полагáющийся на самогó се… **~-seeking** своекоры́стный; **~-servi…** самообслу́живание; **~-willed** свс… вóльный

sell [sel] [*irr.*] прод(ав)áть; торговá… **~ off, ~ out** распрод(ав)áть; **~er** ['se… продавéц (-вщи́ца)

semblance ['sembləns] подóбие; ві… **put on a ~ of …** притворя́ть… [-ри́ться]

semi… ['semı…] полу…; **~final** пол… финáл

seminary ['semınərı] семинáрия

semolina [semə'li:nə] мáнная круп… *cooked* мáнная кáша

senate ['senıt] сенáт; *univ.* совéт

senator ['senətə] сенáтор

send [send] [*irr.*] пос(ы)лáть; … правля́ть [-áвить]; **~ for** пос(ы-) лá… за (Т); **~ out** *signal, etc.* посылá… [-слáть]; *invitations* разослáть [рас… лáть]; **~ up** вызывáть повышéние (… **~ word** сообщáть [-щи́ть]; **~er** [-ə] … прави́тель *m*

senile ['si:naıl] стáрческий

senior ['si:nıə] **1.** стáрший; **~ partn…** *comm.* главá фи́рмы; **2.** стáрше; … **is my ~ by a year** он стáрше меня́… год; **~ity** [si:nı'ɒrətı] старшинствó

sensation [sen'seıʃn] ощущéни… чу́вство; сенсáция; **cause a ~** выз… вáть [-звать] сенсáцию; **~al** [-ʃə… □ сенсациóнный

sense [sens] **1.** чу́вство; ощущéни… смысл; значéние; **common ~** здрав… смысл; **bring a p. to his ~s** *pl. fig.* … разу́мить *pf.* когó-л.; **make ~** имé… смысл; быть поня́тным; **2.** ощущá…

ощути́ть], [по]чу́вствовать
nseless ['senslıs] □ бессмы́сленный; (*unconscious*) без созна́ния
nsibility [sensə'bılətı] чувстви́тельность *f*
nsible ['sensəbl] □ (благо)разу́мный; здравомы́слящий; (*that can be felt*) ощути́мый, заме́тный; ***be ~ of*** сознава́ть (B)
nsitiv|e ['sensətıv] □ чувстви́тельный (***to*** к Д); **~ity** [sensə'tıvətı] чувстви́тельность *f* (***to*** к Д)
nsual ['senʃʊəl] □ чу́вственный
nt [sent] *pt. и pt. p. om* ***send***
ntence ['sentəns] **1.** *law* пригово́р; *gr.* предложе́ние; ***serve one's ~*** отбыва́ть наказа́ние; **2.** пригова́ривать [-говори́ть]
ntentious [sen'tenʃəs] дидакти́чный; нравоучи́тельный
ntiment ['sentımənt] чу́вство; (*opinion*) мне́ние; → **~*ality***; **~al** [sentımentl] сентимента́льный; **~ality** [sentımen'tælətı] сентимента́льность *f*
ntry ['sentrı] *mil.* часово́й
epara|ble ['sepərəbl] □ отдели́мый; **~te 1.** □ ['seprıt] отде́льный; осо́бый; *pol.* сепара́тный; **2.** ['sepəreıt] отделя́ть(ся) [-ли́ть(ся)]; (*part*) разлуча́ть(ся) [-чи́ть(ся)]; (*go different ways*) расходи́ться [разойти́сь]; **~tion** [sepə'reıʃn] разлу́ка; расстава́ние; **~tism** ['sepərətızəm] сепарати́зм; **~tist** ['sepərətıst] сепарати́ст
eptember [sep'tembə] сентя́брь *m*
equel ['si:kwəl] *of story* продолже́ние; (*result, consequence*) после́дствие
equence ['si:kwəns] после́довательность *f*; (*series*) ряд, цикл
erenade [serə'neıd] серена́да
eren|e [sı'ri:n] □ безо́блачный (*a. fig.*); я́сный; безмяте́жный; споко́йный; **~ity** [sı'renətı] споко́йность; безмяте́жность *f*, безо́блачность *f*
erf [sɜ:f] *hist.* крепостно́й
ergeant ['sɑ:dʒənt] *mil.* сержа́нт
erial ['sıərıəl] □ поря́дковый; сери́йный; после́довательный; ***~ number*** сери́йный но́мер
series ['sıəri:z] *sg. a. pl.* се́рия; (*number*) ряд; *of goods* па́ртия
serious ['sıərıəs] □ серьёзный; ***be ~*** серьёзно говори́ть; **~ness** [-nıs] серьёзность *f*
sermon ['sɜ:mən] про́поведь *f*
serpent ['sɜ:pənt] змея́; **~ine** [-aın] изви́листый
servant ['sɜ:vənt] слуга́ *m*; служа́нка; прислу́га; ***civil ~*** госуда́рственный слу́жащий
serve [sɜ:v] **1.** *v/t.* [по]служи́ть (Д); *dinner, ball in tennis, etc.* под(ав)а́ть; *in shops, etc.* обслу́живать [-жи́ть]; *law* вруча́ть [-чи́ть] (***on*** Д); *sentence* отбы́(ва́)ть; (***it***) ***~s him right*** так ему́ и на́до; ***~ out*** выда(ва́)ть, разд(ав)а́ть; *v/i.* [по]служи́ть (*a. mil.*) (*as* T); **2.** *tennis*; пода́ча
service ['sɜ:vıs] **1.** слу́жба; *in hotel, etc.* обслу́живание; услу́га; (*a.* ***divine ~***) богослуже́ние; (*train, etc. ~*) сообще́ние; *tennis*: пода́ча; *tech.* техобслу́живание; ***the ~s*** *pl.* а́рмия, флот и вое́нная авиа́ция; ***be at a p.'s ~*** быть к чьим-либо услу́гам; ***~ station*** ста́нция техобслу́живания; **2.** *Am. tech.* [от]ремонти́ровать; **~able** ['sɜ:vısəbl] □ поле́зный; про́чный
serviette [sɜ:vı'et] салфе́тка
servile ['sɜ:vaıl] подобостра́стный
servitude ['sɜ:vıtju:d] ра́бство; ***penal ~*** ка́торжные рабо́ты, отбы́тие сро́ка наказа́ния
session ['seʃn] *parl.* се́ссия; *law, etc.* заседа́ние
set [set] **1.** [*irr.*] *v/t.* (*adjust*) [по]ста́вить; *place* класть [положи́ть]; помеща́ть (-ести́ть); *homework, etc.* зад(ав)а́ть; *cine.* вставля́ть в ра́му; уса́живать [усади́ть] (***to*** за B); *med.* вправля́ть [-а́вить]; ***~ a p. laughing*** [рас]смеши́ть кого́-л.; ***~ sail*** отпра́виться *pf.* в пла́вание; ***~ aside*** откла́дывать [отложи́ть]; ***~ store by*** высоко́ цени́ть (B); счита́ть ва́жным (B); ***~ forth*** излага́ть [изложи́ть]; ***~ off*** отправля́ться [-ви́ться]; ***~ up*** учрежда́ть [-еди́ть]; устра́ивать; **2.** *v/i. astr.* заходи́ть [зайти́], сади́ться [сесть]; *of jelly*

S

засты́(ва́)ть; ~ ***about a th.*** принима́ться [-ня́ться] за что́-л.; ~ ***out*** → ~ ***off***, ~ ***to work*** бра́ться [взя́ться] за рабо́ту; ~ ***o.s. up as*** выдава́ть себя́ за (В); **3.** неподви́жный; *time* определённый; *rules* устано́вленный; *smile* засты́вший; (*rigid*) твёрдый; ***hard*** ~ нужда́ющийся; **4.** набо́р; компле́кт; *of furniture* гарниту́р; (*tea* ~, *etc.*) серви́з; (радио-)приёмник; (*group*) круг; *tennis*; сет; *thea.* декора́ции

setback ['setbæk] заде́ржка; неуда́ча; *in production* спад

settee [se'ti:] куше́тка

setting ['setɪŋ] *of jewels* опра́ва; *thea.* декора́ции; *fig.* окружа́ющая обстано́вка; *of sun* захо́д

settle ['setl] *v/t.* поселя́ть [-ли́ть]; приводи́ть в поря́док; *nerves*; успока́ивать [-ко́ить]; *question* реша́ть [-и́ть]; (*arrange*) устра́ивать [-ро́ить], ула́живать [-а́дить]; заселя́ть [-ли́ть]; *bill* опла́чивать [-ати́ть]; *v/i.* (*often* ~ ***down***) поселя́ться [-ли́ться]; устра́иваться [-ро́иться]; уса́живаться [усе́сться]; приходи́ть к соглаше́нию; *of dust, etc.* оседа́ть [осе́сть]; *of weather* устана́вливаться [-нови́ться]; **~d** ['setld] постоя́нный; усто́йчивый; **~ment** ['setlmənt] (*agreement*) соглаше́ние; (*act*) урегули́рование; (*village, etc.*) поселе́ние; ***reach a*** ~ достига́ть [-ти́чь] соглаше́ния; **~r** ['setlə] поселе́нец

set-to ['settu] сва́тка; *coll.* потасо́вка; *verbal* перепа́лка

seven ['sevn] семь; семёрка → ***five***; **~teen(th)** [sevn'ti:n(θ)] семна́дцать [-тый]; **~th** ['sevnθ] **1.** □ седьмо́й; **2.** седьма́я часть *f*; **~tieth** ['sevntɪɪθ] семидеся́тый; **~ty** ['sevntɪ] се́мьдесят

sever ['sevə] *v/t.* (*cut*) разреза́ть [-е́зать]; разрыва́ть [-зорва́ть] (*a. fig.*); *v li.* [по]рва́ть(ся)

several ['sevrəl] не́сколько (Р); (*some*) не́которые *pl.*; □ отде́льный; ***they went their*** ~ ***ways*** ка́ждый пошёл свое́й доро́гой; **~ly** по отде́льности

sever|e [sɪ'vɪə] (*strict, stern*) стро́гий, суро́вый (*a. of climate*); (*viole*
strong) си́льный; *competition* жест
кий; *losses* кру́пный; **~ity** [sɪ'verə
стро́гость *f*, суро́вость *f*

sew [səʊ] [*irr.*] [с]шить; ~ ***on*** приш
ва́ть [-ши́ть]

sewer ['sju:ə] канализацио́нная тр
ба́; **~age** ['sju:ərɪdʒ] канализа́ция

sew|ing ['səʊɪŋ] шитьё; *attr.* шве́йны
~n [səʊn] *pt. p. om* ***sew***

sex [seks] пол; секс; **~ual** ['sekʃʊəl]
полово́й; сексуа́льный

shabby ['ʃæbɪ] □ *clothes* потёрть
building, etc. убо́гий; *behavio(u*
по́длый; *excuse* жа́лкий

shack [ʃæk] *Am.* лачу́га, хиба́рка

shackle ['ʃækl]: **~s** *pl.* (*fetters*) око́
f/pl.

shade [ʃeɪd] **1.** тень *f*; (*hue*) отте́нс
(*lamp*~) абажу́р; *fig.* нюа́нс; *paint* т
ни *f/pl.*; **2.** заслоня́ть [-ни́ть]; затеня́
[-ни́ть]; [за-] штрихова́ть

shadow ['ʃædəʊ] **1.** тень *f*, (*ghost*) пр
зрак; **2.** (*follow*) та́йно следи́ть за (
~y [-ɪ] тени́стый; (*indistinct*) сму́тны
нея́сный

shady ['ʃeɪdɪ] тени́стый; *coll.* тёмны
сомни́тельный; *side* тенево́й

shaft [ʃɑ:ft] *tech.* вал

shaggy ['ʃægɪ] косма́тый

shake [ʃeɪk] **1.** [*irr.*] *v/t.* трясти́ (В *or*
тряхну́ть (Т) *pf.*; встря́хива
[-хну́ть]; *of explosion* потрясá
[-сти́] (*a. fig.*); *faith* [по]колеба́ть; *f*
ger, fist [по]грози́ть; ~ ***hands*** пожá
ру́ку друг дру́гу, обменя́ться рукоп
жа́тием; ~ ***one's head*** покача́ть *pf.*
лово́й; *v/i.* [за]трясти́сь; [за]дрожá
(***with, at*** от Р); **2.** дрожь *f*; потрясе́н
~n ['ʃeɪkən] **1.** *p. pt. om* ***shake***; **2.** *a*
потрясённый

shaky ['ʃeɪkɪ] □ *on one's legs* н
твёрдый; *hands* трясу́щийся; (*n*
firm) ша́ткий; ***my German is*** ~ я пло́
зна́ю неме́цкий язы́к

shall [ʃæl] [*irr.*] *v/aux. вспом, глаго*
образующий будущее (1-е ли
единственного и множественно
числа:) ***I*** ~ ***do*** я бу́ду де́лать, я сде́ла

shallow ['ʃæləʊ] **1.** ме́лкий; *fig.* г

ве́рхностный; **2.**: ***the ~s*** мелково́дье
am [ʃæm] **1.** притво́рный; подде́льный; **2.** притво́рство; подде́лка; притво́рщик *m*; **3.** *v/t.* симули́ровать *im)pf.*; *v/i.* притворя́ться [-ри́ться]
amble ['ʃæmbl] волочи́ть но́ги
ambles ['ʃæmblz] (*disorder*) беспоря́док
ame [ʃeɪm] **1.** стыд; позо́р; ***for ~!*** сты́дно!; ***what a ~!*** кака́я жа́лость!; ***t's a ~ that ...*** жаль, что ...; ***put to ~*** при]стыди́ть; **2.** [при-] стыди́ть; о]срами́ть; **~faced** ['ʃeɪmfeɪst] □ пристыжённый, винова́тый вид; **~ful** 'ʃeɪmfl] □ посты́дный; позо́рный; **less** ['ʃeɪmlɪs] □ бессты́дный
ampoo [ʃæm'puː] **1.** шампу́нь *m*; мытьё головы́; **2.** мыть шампу́нем
amrock ['ʃæmrɒk] трили́стник
ank [ʃæŋk] *anat.* го́лень *f*
ape [ʃeɪp] **1.** фо́рма; (*outline*) очерта́ние; **2.** *v/t.* созд(ав)а́ть; придава́ть фо́рму, вид (Д); *v/i.* [с]формирова́ться; **~less** [-lɪs] бесфо́рменный; **ly** [-lɪ] хорошо́ сложённый
are [ʃeə] **1.** до́ля, часть *f*; (*participation*) уча́стие; *fin.* а́кция; ***go ~s*** *pl.* плати́ть по́ровну; ***have no ~ in*** не име́ть отноше́ния (к Д); **2.** *v/t.* [по]дели́ться Т); *v/i.* уча́ствовать (***in*** в П); **~holder** акционе́р
ark [ʃɑːk] аку́ла (*a. fig.*)
arp [ʃɑːp] **1.** □ *com.* о́стрый (*a. fig.*); *ig.* (*clear in shape*) отчётливый; *turn* крутой; (*biting*) е́дкий; *pain* ре́зкий; *oice* пронзи́тельный; *remark* ко́лкий; *coll.* продувно́й; **2.** *adv.* кру́то; то́чно; ***at 2 o'clock ~*** ро́вно в два часа́; ***ook ~!*** жи́во!; **3.** *mus.* дие́з; **~en** 'ʃɑːpən] [на]точи́ть; заостря́ть -ри́ть]; **~ener** ['ʃɑːpənə] (*pencil ~*) точи́лка; **~ness** ['ʃɑːpnɪs] острота́; ре́зкость *f*; **~-sighted** зо́ркий; **~-witted** остроу́мный
atter ['ʃætə] разбива́ть вдре́безги; *ope* разруша́ть [-ру́шить]; *health* расстра́ивать [-ро́ить]
ave [ʃeɪv] **1.** [*irr.*] [по]бри́ть(ся); *lank* [вы]строга́ть; **2.** бритьё; ***have ~*** [по]бри́ться; ***have a close ~*** едва́ избежа́ть опа́сности; **~n** ['ʃeɪvn] бри́тый
shaving ['ʃeɪvɪŋ] **1.** бритьё; **~s** *pl.* стру́жки *f/pl.*; **~ cream** крем для бритья́
shawl [ʃɔːl] шаль *f*, головно́й плато́к
she [ʃiː] **1.** она́; **2.** же́нщина; **she-...** са́мка; ***she-wolf*** волчи́ца
sheaf [ʃiːf] *agric.* сноп; *of paper* свя́зка
shear [ʃɪə] **1.** [*irr.*] *sheep* [о]стри́чь; *fig.* обдира́ть как ли́пку; **2. ~s** *pl.* (больши́е) но́жницы *f/pl.*
sheath [ʃiːθ] но́жны *f/pl.*; **~e** [ʃiːð] вкла́дывать в но́жны
sheaves [ʃiːvz] *pl. от* ***sheaf***
shed[1] [ʃed] [*irr*] *hair, etc.* [по]теря́ть; *tears, blood* проли́(ва́)ть; *clothes, skin* сбра́сывать [сбро́сить]; ***~ new light on s.th.*** пролива́ть [-ли́ть] свет (на В)
shed[2] [~] сара́й
sheen [ʃiːn] блеск; *reflected* о́тблеск
sheep [ʃiːp] овца́; **~ dog** овча́рка; **~ish** ['ʃiːpɪʃ] глупова́тый; ро́бкий; **~skin** овчи́на; ***~ coat, ~ jacket*** дублёнка, полушу́бок
sheer [ʃɪə] (*absolute*) полне́йший; (*diaphanous*) прозра́чный; (*steep*) отве́сный; ***by ~ chance*** по чи́стой случа́йности; ***~ nonsense*** абсолю́тная чепуха́; ***~ waste of time*** бесполе́зная тра́та вре́мени
sheet [ʃiːt] простыня́; *of paper, metal* лист; *of water, snow* широ́кая полоса́; **~ iron** листово́е желе́зо; **~ lightning** зарни́ца
shelf [ʃelf] по́лка; *of rock* усту́п; *sea* шельф
shell [ʃel] **1.** (*nut~*) скорлупа́; *of mollusc* ра́ковина; *of tortoise* па́нцирь *m*; *tech.* ко́рпус; **2.** *eggs* очища́ть [очи́стить] от скорлупы́; *peas* лущи́ть; *mil.* обстре́ливать [-ля́ть]; **~fish** моллю́ск
shelter ['ʃeltə] **1.** *bulding, etc.* прию́т (*a. fig.*), кров; убе́жище (*a. mil.*); **2.** *v/t.* приюти́ть *pf.*; *v/i.* (*a.* ***take~***) укры́(-ва́)ться; приюти́ться *pf.*
shelve [ʃelv] *fig.* откла́дывать в до́лгий я́щик
shelves [ʃelvz] *pl. от* ***shelf***
shepherd ['ʃepəd] **1.** пасту́х; **2.** *sheep*

S

пасти́; *people* [про]вести́
sherry ['ʃerɪ] хéрес
shield [ʃi:ld] **1.** щит; защи́та; ***ozone*** **~** озóнный слой; **2.** заслоня́ть [-ни́ть] (***from*** от P)
shift [ʃɪft] **1.** *at work* смéна; (*change*) изменéние; (*move*) сдвиг; ***make* ~ *to*** ухитря́ться [-ри́ться]; довóльствоваться (***with*** T); **2.** *v/t.* [по-] меня́ть; перемещáть [-мести́ть]; *v/i.* изворáчиваться [изверну́ться]; перемещáться [-мести́ться]; **~ *for o.s.*** обходи́ться без пóмощи; **~y** ['ʃɪftɪ] скóльзкий, *fig.* изворóтливый, лóвкий; **~ *reply*** уклóнчивый отвéт
shilling ['ʃɪlɪŋ] ши́ллинг
shin [ʃɪn] *anat.* гóлень *f*
shine [ʃaɪn] **1.** сия́ние; свет; блеск, гля́нец; **2.** [*irr.*] сия́ть; свети́ть; блестéть; (*polish*) [от]полировáть; *shoes* [по]чи́стить; *fig.* блистáть
shingle ['ʃɪŋgl] (*gravel*) гáлька
shiny ['ʃaɪnɪ] □ (*polished*) начи́щенный; *through wear* лосня́щийся; (*bright*) блестя́щий
ship [ʃɪp] **1.** сýдно, корáбль *m*; **2.** (*carry*) перевози́ть [-везти́]; **~board**: *naut.* ***on* ~** на кораблé; **~building** судостроéние; **~ment** ['ʃɪpmənt] груз; погрýзка; **~owner** судовладéлец; **~ping** ['ʃɪpɪŋ] (*loading*) погрýзка; (*transport*) перевóзка; торгóвый флот, судá *n/pl.*; (*ship traffic*) судохóдство; **~wreck 1.** кораблекрушéние; **2.** потерпéть *pf.* кораблекрушéние; **~yard** верфь *f*
shirk [ʃɜ:k] уви́ливать [-льнýть] от (P); **~er** ['ʃɜ:kə] лóдырь *m*; уви́ливающий (от P)
shirt [ʃɜ:t] рубáшка, сорóчка; *woman's also* блýзка; **~sleeves**: ***in one's* ~** без пиджакá
shiver ['ʃɪvə] **1.** дрожь *f*; **2.** [за]дрожáть
shoal[1] [ʃəʊl] мелковóдье; мель *f*
shoal[2] [~] *of fish* стáя, кося́к
shock [ʃɒk] **1.** *fig.* потрясéние; *med.* шок; **2.** *fig.* потрясáть [-ясти́]; шоки́ровать; **~*absorber*** *mot.* амортизáтор; **~ing** ['ʃɒkɪŋ] □ скандáльный; ужáсный; потрясáющий

shod [ʃɒd] *pt. u pt. p. om* ***shoe***
shoddy ['ʃɒdɪ] *goods, etc.* дрянной
shoe [ʃu:] **1.** тýфля; *heavy* башм… *above ankle* полуботи́нок; (*horse…*) подкóва; **2.** [*irr.*] обý(вá)ть; подков… вать [-ковáть]; **~horn** рожóк; **~la…** шнурóк для боти́нок; **~maker** сапó… ник; **~ polish** крем для óбуви
shone [ʃɒn] *pt. u pt. p. om* ***shine***
shook [ʃʊk] *pt. om* ***shake***
shoot [ʃu:t] **1.** *bot.* ростóк, побéг; [*irr.*] *v/t.* стреля́ть; (*kill*) [за]стрели… *pf.*; (*execute by shooting*) расстрé… вать [-ля́ть]; *cine.* снимáть [сня… засня́ть *pf.*; *v/i.* стреля́ть [вы́ст… лить]; *of pain* дёргать; (*a.* **~ *alo…* *past***) проноси́ться [-нести́сь]; п… мелькнýть *pf.*; промчáться *pf.*; ***ahead*** ри́нуться вперёд; **~er** ['ʃu:… стрелóк
shooting ['ʃu:tɪŋ] стрельбá; *hunt.* о… та; *cine.* съёмка; **~ *star*** пáдаю… звездá
shop [ʃɒp] **1.** магази́н; (*work~*) маст… скáя; ***talk* ~** говори́ть о рабóте со св… ми коллéгами; **2.** дéлать покýп… (*mst. **go ~ping***); **~keeper** владéлец… гази́на; **~per** ['~ə] покупáтель **~ping** ['~ɪŋ]: **~ *center*(*-tre*)** торгóв… центр; **~ window** витри́на
shore [ʃɔ:] бéрег; взмóрье; побе… жье; ***on the* ~** нá берег, на берегý
shorn [ʃɔ:n] *pt. p. om shear*
short [ʃɔ:t] корóткий; (*brief*) кр… кий; *in height* невысóкий; (*insu… cient*) недостáточный; (*not compl…*) непóлный; *answer* рéзкий, сухóй; *p… try* песóчный; ***in* ~** корóче гово… вкрáтце; ***fall* ~ *of*** уступáть в чём-л.; … *pectations, etc.* не опрáвдыв… [-дáть]; ***cut* ~** прер(ы)вáть; ***run* ~** … сякáть [-я́кнуть]; ***stop* ~ *of*** не до… жáть [доéхать], не доходи́ть [дой… до (P) (*a. fig.*); **~age** ['ʃɔ:tɪdʒ] нехв… ка, дефици́т; **~circuit** корóткое зам… кáние; **~coming** недостáток; изъя… **cut** кратчáйший путь *m*; **~en** ['ʃɔ:… *v/t.* сокращáть [-рати́ть]; у… рáчивать [-роти́ть]; *v/i.* сокращáт… [-рати́ться]; укорáчиваться [-…

ти́ться]; **~hand** стеногра́фия; **~ly** ['ʃɔːtlɪ] *adv.* вско́ре; **~s** [-s] *pl.* шо́рты; **~-sighted** близору́кий; **~-term** кратсро́чный; **~ wave** коротково́лновый; **~-winded** страда́ющий оды́шкой

hot [ʃɒt] **1.** *pt. u pt. p. om* ***shoot***; **2.** вы́стрел; *collect.* дробь *f*, дроби́нка (*mst.* ***small ~***); *pers.* стрело́к; *sport* ядро́; *stroke, in ball games* уда́р; *phot.* сни́мок; *med.* инъе́кция; ***have a ~*** сде́лать *pf.* попы́тку; *coll.* ***not by a long ~*** отню́дь не; **~gun** дробови́к

hould [ʃʊd, ʃəd] *pt. om* ***shall***

houlder ['ʃəʊldə] **1.** плечо́; **2.** взва́ливать на пле́чи; *fig.* брать на себя́; **~ blade** *anat.* лопа́тка; **~ strap** брете́лька; *mil.* пого́н

hout [ʃaʊt] **1.** крик; во́зглас; **2.** [за]крича́ть [кри́кнуть]; [на]крича́ть (***at*** на В)

hove [ʃʌv] **1.** толчо́к; **2.** толка́ть [-кну́ть]; **~ *off*** ста́лкивать [столкну́ть]; отта́лкивать [оттолкну́ть]

hovel ['ʃʌvl] **1.** (*spade*) лопа́та; *for use in home* сово́к; **2.** сгреба́ть лопа́той

how [ʃəʊ] **1.** [*irr.*] *v/t.* (*manifest*) ока́зывать [-за́ть]; (*exhibit*) выставля́ть [вы́ставить]; *interest, etc.* проявля́ть [-ви́ть]; (*prove*) дока́зывать [-за́ть]; **~ *in*** вводи́ть [ввести́]; **~ *up*** (*expose*) разоблача́ть [-чи́ть]; *v/i. coll.* (*appear*) появля́ться [-ви́ться]; **~ *off*** [по]щеголя́ть; пуска́ть пыль в глаза́; **2.** (*spectacle*) зре́лище; (*exhibition*) вы́ставка; (*outward appearance*) ви́димость *f*; *thea.* спекта́кль *m*; **~case** витри́на

hower ['ʃaʊə] **1.** ли́вень *m*; душ; ***take a ~*** принима́ть [-ня́ть] душ; **2.** ли́ться ли́внем; *fig.* осыпа́ть [осы́пать]; *questions* засыпа́ть [-пать]; **~y** ['ʃaʊərɪ] дождли́вый

how|n [ʃəʊn] *pt. p. om* ***show***; **~room** вы́ставочный зал; **~ window** *Am.* витри́на; **~y** ['ʃəʊɪ] показно́й

hrank [ʃræŋk] *pt. om* ***shrink***

hred [ʃred] **1.** *of cloth* лоскуто́к; *of paper* клочо́к; ***tear to ~s*** разорва́ть [разрыва́ть] в кло́чья; **2.** [*irr.*] ре́зать, рвать на клочки́; *cul.* [на]шинкова́ть

shrewd [ʃruːd] проница́тельный; *in business* де́льный, расчётливый

shriek [ʃriːk] **1.** визг, крик, вопль *m*; **2.** [за]вопи́ть, [за]визжа́ть

shrill [ʃrɪl] □ пронзи́тельный, ре́зкий

shrimp [ʃrɪmp] *zo.* креве́тка; *coll. pers.* сморчо́к

shrine [ʃraɪn] святы́ня

shrink [ʃrɪŋk] [*irr.*] (*become smaller*) сокраща́ться [-рати́ться]; *of wood, etc.* усыха́ть [усо́хнуть]; *of cloth* сади́ться [сесть]; *recoil* отпря́нуть

shrivel ['ʃrɪvl] смо́рщи(ва)ть(ся); съёжи(ва)ться

shroud [ʃraʊd] **1.** са́ван; *fig.* покро́в; **2.** оку́т(ыв)ать (*a. fig.*)

shrub [ʃrʌb] куст; ***~s*** *pl.* куста́рник

shrug [ʃrʌg] пож(им)а́ть плеча́ми

shrunk [ʃrʌŋk] *pt. u pt. p. om* ***shrink*** (*a.* ***~en***)

shudder ['ʃʌdə] **1.** дрожа́ть *impf.*; содрога́ться [-гну́ться]; ***I ~ to think*** я содрога́юсь при мы́сли об э́том; **2.** дрожь *f*

shuffle ['ʃʌfl] **1.** ша́ркать; *cards* [пере]тасова́ть; **~ *off*** *responsibility* перекла́дывать [переложи́ть] отве́тственность на други́х; **2.** ша́рканье; тасо́вка

shun [ʃʌn] избега́ть [-ежа́ть] (Р)

shunt [ʃʌnt] *fig. coll.* (*postpone*) откла́дывать [отложи́ть]

shut [ʃʌt] [*irr.*] **1.** закры́(ва́)ть(ся), затворя́ть(ся) [-ри́ть(ся)]; **~ *down*** (*close*) закрыва́ть [-ры́ть]; **~ *up!*** замолчи́!; **2.** закры́тый; **~ter** ['ʃʌtə] ста́вень *m*; *phot.* затво́р

shuttle ['ʃʌtl] (*device for weaving*) челно́к; **~ *service*** челно́чные ре́йсы; при́городный по́езд

shy [ʃaɪ] *animal* пугли́вый; *person* засте́нчивый

shyness ['ʃaɪnɪs] засте́нчивость *f*

Siberian [saɪ'bɪərɪən] **1.** сиби́рский; **2.** сибиря́к *m*, -я́чка *f*

sick [sɪk] **1.** больно́й (***of*** Т); чу́вствующий тошноту́; уста́вший (***of*** от П); ***I am ~ of …*** мне надое́ло (+ *inf.*, И); ***I feel ~*** меня́ тошни́т; **~en** ['sɪkən] *v/i.* заболе́(ва́)ть; [за]ча́хнуть;

S

~ at чу́вствовать отвраще́ние к (Д); *v/t.* де́лать больны́м; вызыва́ть тошноту́ у (Р)
sickle ['sɪkl] серп
sick|-leave: ***I am on ~*** я на больни́чном; **~ly** ['sɪklɪ] боле́зненный; (*causing nausea*) тошнотво́рный; (*puny*) хи́лый; **~ness** ['sɪknɪs] боле́знь *f*; тошнота́; **~ pay** вы́плата по больни́чному листу́
side [saɪd] **1.** *com*. сторона́; бок; (*edge*) край; ***~ by ~*** бок о́ бок; ***to be on the safe ~*** на вся́кий слу́чай; ***on the one ~ … on the other ~*** с одно́й стороны́ … с друго́й стороны́; ***take the ~ of*** примыка́ть к той и́ли ино́й стороне́ (Р); **2.** *attr*. боково́й; *effect, etc*. побо́чный; **3. *~ with*** встать *pf*. на сто́рону (Р); **~board** буфе́т, серва́нт; **~car** *mot*. коля́ска мотоци́кла; **~light** *mot*. подфа́рник; **~long**: ***~ glance*** взгляд и́скоса; **~walk** *Am*. тротуа́р
siding ['saɪdɪŋ] *rail*. запа́сный путь *m*
sidle ['saɪdl] подходи́ть бочко́м
siege [si:dʒ] оса́да; ***lay ~ to*** осажда́ть [осади́ть]
sieve [sɪv] си́то
sift [sɪft] просе́ивать [-е́ять]; *fig*. [про]анализи́ровать
sigh [saɪ] **1.** вздох; **2.** вздыха́ть [вздохну́ть]
sight [saɪt] **1.** зре́ние; вид; взгля́д; (*spectacle*) зре́лище; *of gun* прице́л; **~s** *pl*. достопримеча́тельности *f/pl*.; ***catch ~ of*** ви́деть, заме́тить *pf*.; ***lose ~ of*** потеря́ть из ви́ду; **2.** увиде́ть *pf*.; **~seeing** ['saɪtsi:ɪŋ] осмо́тр достопримеча́тельностей

sign [saɪn] **1.** знак; при́знак; симпто́м; *over a shop* вы́веска; ***as a ~ of*** в знак (Р); **2.** *v/i*. подава́ть знак (Д); *v/t*. подпи́сывать [-са́ть]
signal ['sɪgnəl] **1.** сигна́л; **2.** [по]дава́ть сигна́л; подава́ть [-да́ть] знак; [про]сигна́лить
signature ['sɪgnətʃə] по́дпись *f*
sign|board вы́веска; **~er** ['saɪnə] лицо́ подписа́вшее како́й-либо докуме́нт
signet ['sɪgnɪt]: ***~ ring*** кольцо́ с печа́ткой

signific|ance [sɪg'nɪfɪkəns] значе́ни
~ant [~kənt] значи́тельный; *lo*
многозначи́тельный; ва́жный
signify ['sɪgnɪfaɪ] зна́чить, означа́т
signpost доро́жный указа́тель *m*
silence ['saɪləns] **1.** молча́ние; тиш
на́; безмо́лвие; **~!** ти́хо!; **2.** заста́ви
pf. молча́ть; заглуша́ть [-ши́ть];
[~ə] *mot*. глуши́тель *m*
silent ['saɪlənt] безмо́лвны
молчали́вый; (*noiseless*) бесшу́мны
silk [sɪlk] **1.** шёлк; **2.** (*made of sil*
шёлковый; **~en** ['sɪlkən] (*resembli*
silk) шелкови́стый; **~worm** шелк
ви́чный червь *m*; **~y** ['sɪlkɪ] шелков
стый
sill [sɪl] *of window* подоко́нник
silly ['sɪlɪ] □ глу́пый; ***don't be ~*** не в
ля́й дурака́
silt [sɪlt] **1.** ил; **2.** за́иливаться (*mst*.
up)
silver ['sɪlvə] **1.** серебро́; **2.** (*made*
silver) сере́бряный; **~y** [~rɪ] серебр
стый
similar ['sɪmɪlə] □ схо́дный (с Т), п
хо́жий (на В); подо́бный, анал
ги́чный; **~ity** [sɪmə'lærətɪ] схо́дств
подо́бие
simile ['sɪmɪlɪ] сравне́ние
simmer ['sɪmə] ме́дленно кипе́ть; де
жа́ть на ме́дленном огне́
simple ['sɪmpl] просто́й; несло́жны
~-hearted простоду́шный; наи́вны
~ton [~tən] проста́к
simpli|city [sɪm'plɪsətɪ] просто
простоду́шие; **~fy** ['sɪmplɪfa
упроща́ть [-ости́ть]
simply ['sɪmplɪ] про́сто
simulate ['sɪmjʊleɪt] симули́рова
(*im*)*pf*.; притворя́ться [-ори́ться]
simultaneous [sɪml'teɪnɪəs] □ одн
време́нный; ***~ interpretation*** си
хро́нный перево́д; ***~ interpreter*** пер
во́дчик-синхрони́ст
sin [sɪn] **1.** грех; **2.** согреша́ть [-ши́т
[по]греши́ть
since [sɪns] **1.** *prp*. с (Р); **2.** *adv*. с т
пор; … тому́ наза́д; **3.** *cj*. с тех по
как; так как; поско́льку
sincer|e [sɪn'sɪə] □ и́скренний; **~el**

yours ~ искренне Ваш, *formal* с глубоким уважением; **~ity** [sɪn'serətɪ] искренность *f*
inew ['sɪnjuː] сухожилие; **~y** [~ɪ] жилистый
inful ['sɪnfl] □ грешный
ing [sɪŋ] [*irr.*] [с]петь; **~ s.o.'s praises** петь кому-л. дифирамбы
inge [sɪndʒ] опалять [-лить]
inger ['sɪŋgə] певец *m*, певица *f*
ingle ['sɪŋgl] **1.** □ единственный; одиночный; (*alone*) одинокий; (*not married*) холостой, незамужняя; ***in ~ file*** гуськом; **2.**: **~ *out*** отбирать [отобрать]; **~-breasted** однобортный; **~-handed** самостоятельно, без посторонней помощи; **~-minded** целеустремлённый; **~t** ['sɪŋglɪt] майка
ingular ['sɪŋgjʊlə] необычайный; странный; *gr.* единственный; **~ity** [sɪŋgjʊ'lærətɪ] особенность *f*, необычайность *f*
inister ['sɪnɪstə] зловещий
ink [sɪŋk] **1.** [*irr.*] *v/i.* (*fall*) опускаться [-ститься] (*a. of sun, etc.*); [за-, по-, у]тонуть; *fig.* погружаться [-узиться]; (*subside*) оседать [осесть]; ***~ or swim*** будь что будет; *v/t.* затоплять [-пить]; **2.** *in kitchen* раковина
inless ['sɪnlɪs] безгрешный
inner ['sɪnə] грешник *m*, -ица *f*
ip [sɪp] пить маленькими глотками
iphon ['saɪfn] сифон
ir [sɜː] *form of adress* сударь *m*; ♀ сэр
ren ['saɪərən] сирена
irloin ['sɜːlɔɪn] филейная часть
ister ['sɪstə] сестра; **~-in-law** [~rɪnlɔː] сестра мужа (жены); **~ly** [~lɪ] сестринский
it [sɪt] [*irr.*] *v/i.* сидеть; *of assembly* заседать; ***~ down*** садиться [сесть]; ***~ for paint.*** позировать; ***~ for an examination*** сдавать экзамен
ite [saɪt] место, местоположение; ***building ~*** строительная площадка
itting ['sɪtɪŋ] заседание; **~ room** гостиная
ituat|ed ['sɪtjʊeɪtɪd] расположенный; **~ion** [sɪtʃʊ'eɪʃn] положение; ситуация; (*job*) место

six [sɪks] **1.** шесть; **2.** шестёрка; **~teen** [sɪk'stiːn] шестнадцать; **~teenth** [sɪk'stiːnθ] шестнадцатый; **~th** [sɪksθ] **1.** шестой; **2.** шестая часть *f*; **~tieth** ['sɪkstɪəθ] шестидесятый; **~ty** ['sɪkstɪ] шестьдесят
size [saɪz] **1.** величина; *of books, etc.* формат; (*dimension*) размер (*a. of shoes, clothing*); **2. ~ *up*** определить взвесить *fig.* оценить *pf.*, понять *pf.*
siz(e)able ['saɪzəbl] порядочного размера
sizzle ['sɪzl] шкворчать, шипеть
skat|e [skeɪt] **1.** конёк (*pl.*: коньки); **2.** кататься на коньках; **~er** ['skeɪtə] конькобежец *m*, -жка *f*
skein [skeɪn] моток пряжи
skeleton ['skelɪtn] *anat.* скелет; *tech.* остов, каркас; ***~ key*** отмычка
skeptic, *Brt.* **sceptic** ['skeptɪk] скептик; **~al** [~tɪkl] □ скептический
sketch [sketʃ] **1.** эскиз, набросок; **2.** делать набросок, эскиз (Р); **~y** ['~ɪ] поверхностный
ski [skiː] **1.** (*pl.* **~** *или* **~s**) лыжа; **2.** ходить на лыжах
skid [skɪd] **1.** *mot.* юз, занос; *of wheels* буксование; **2.** *v/i.* буксовать; идти [пойти] юзом; *of person* скользить
skillful, *Brt.* **skilful** ['skɪlfl] □ искусный, умелый
skill [skɪl] мастерство, умение; **~ed** [~d] квалифицированный, искусный
skim [skɪm] *cream, scum, etc.* снимать [снять]; (*glide*) скользить [-знуть] по (Д); (*read*) просматривать [-смотреть]; ***~ over*** бегло прочитывать; ***~med milk*** снятое молоко
skimp [skɪmp] экономить; [по]скупиться (***on*** на В); **~y** ['skɪmpɪ] □ скудный
skin [skɪn] **1.** кожа; (*hide*) шкура; *of apricot, etc.* кожура; **2.** *v/t.* сдирать кожу, шкуру с (Р); **~-deep** поверхностный; **~ diver** аквалангист; **~flint** скряга *m*; **~ny** ['skɪnɪ] тощий; **~-tight** в обтяжку
skip [skɪp] **1.** прыжок, скачок; **2.** *v/i.* [по]скакать; *fig.* перескакивать

S

[-скочи́ть] (***from*** с [P]), (***to*** на [B]); *v/t.* (*omit*) пропуска́ть [-сти́ть]
skipper ['skɪpə] капита́н
skirmish ['skɜːmɪʃ] *mil.* сты́чка (*a. fig.*)
skirt [skɜːt] **1.** (*waist-down garment or part of a dress*) ю́бка; *of coat* пола́; (*edge*) край, окра́ина; **2.** *v/t.* обходи́ть [обойти́]; объезжа́ть [-е́хать]
skit [skɪt] сати́ра, паро́дия
skittle ['skɪtl] ке́гля; ***play*** (***at***) ***~s*** *pl.* игра́ть в ке́гли; **~ alley** кегельба́н
skulk [skʌlk] кра́сться
skull [skʌl] че́реп
sky [skaɪ] не́бо (небеса́ *pl.*); ***praise to the skies*** расхва́ливать до небе́с; ***out of a clear ~*** как гром среди́ я́сного не́ба; **~lark 1.** жа́воронок; **2.** выки́дывать шту́чки; **~light** светово́й люк; **~line** горизо́нт; *of buildings, etc.* очерта́ние; **~scraper** небоскрёб; **~ward(s)** ['skaɪwəd(z)] к небу
slab [slæb] плита́
slack [slæk] **1.** (*remiss*) неради́вый; *behavio(u)r* расхля́банный; (*loose*) сла́бый; (*slow*) ме́дленный; *rope, etc.* сла́бо натя́нутый; (*a. comm.*) вя́лый; **2.** *naut. of rope* слаби́на; **~s** *pl.* брю́ки *f/pl.*; **3.** = **~en** ['slækn] ослабля́ть [-а́бить]; [о]сла́бнуть; замедля́ть [-е́длить]
slain [sleɪn] *p. pt. от* ***slay***
slake [sleɪk] *thirst* утоля́ть [-ли́ть]
slalom ['slɑːləm] слало́м
slam [slæm] **1.** хло́панье; **2.** хло́пать [-пнуть] (T); захло́пывать(ся) [-пнуть(ся)]
slander ['slɑːndə] **1.** клевета́; **2.** [на]клевета́ть; **~ous** [-rəs] □ клеветни́ческий
slang [slæŋ] сленг; жарго́н
slant [slɑːnt] склон, укло́н (*a. fig.*); то́чка зре́ния; **~ed** [-ɪd] (*biased*) тенденцио́зный; **~ing** [-ɪŋ] □ *adj.* наклон́ный; косо́й
slap [slæp] **1.** шлепо́к; ***~ in the face*** пощёчина; **2.** шлёпать [-пнуть]; *on back, etc.* хло́пать [-пнуть]
slash [slæʃ] **1.** разре́з; **2.** (*wound*) [по]ра́нить; *with whip, etc.* [ис]полосова́ть [полосну́ть]
slate [sleɪt] сла́нец; *for roof* шифе[р]
slattern ['slætən] неря́ха
slaughter ['slɔːtə] **1.** убо́й (скота́); *f*[*ig.*] резня́, кровопроли́тие; **2.** [за-] р[е]зать; забива́ть [-би́ть]; **~house** бо́й[ня]
Slav [slɑːv] **1.** славяни́н *m*, -янка *f*; [**2.**] славя́нский
slave [sleɪv] **1.** раб *m*, -ыня *f*; *attr.* ра[б]ский; **2.** рабо́тать как ка́торжник
slav|ery ['sleɪvərɪ] ра́бство; **~ish** [-v...] □ ра́бский
slay [sleɪ] [*irr.*] уби́(ва́)ть
sled [sled], **sledge¹** [sledʒ] са́ни *f/p*[*l.*]; *child's* са́нки *f/pl.*
sledge² [~] (**~** *hammer*) кузне́чный м[о]лот
sleek [sliːk] **1.** □ *animal's coat* гла́дк[ий] и блестя́щий; *manner* вкра́дчивы[й]
sleep [sliːp] **1.** [*irr.*] *v/i.* [по]спа́ть; ***~ l***[***ike***] ***a log*** спать мёртвым сном; ***~ on it*** [от]ложи́ть *pf.* до за́втра; *v/t.* дава́ть (к[ому́]-нибудь) ночле́г; ***put to ~*** *anim*[*al*] усыпля́ть [-пи́ть]; **2.** сон; **~er** ['~...] спя́щий; *rail* спа́льный ваго́н; **~i**[**ng**] ['~ɪŋ]: **~ *bag*** спа́льный мешо́к; **~ *p***[***ill***] табле́тка снотво́рного; **~ *car*** *r*[*ail*] спа́льный ваго́н; **~less** ['~lɪs] □ бе[ссо]нный; **~walker** луна́тик; **~y** ['~ɪ] [□] со́нный, *coll.* за́спанный
sleet [sliːt] мо́крый снег; **~y** ['sliː...] сля́котный
sleeve [sliːv] рука́в; *tech.* му́фта; вту́[л]ка
sleigh [sleɪ] са́ни *f/pl.*
sleight [slaɪt] (*mst.* ***~ of hand***) ло́вкос[ть] *f* (рук)
slender ['slendə] □ стро́йный; то́[н]кий; (*scanty*) ску́дный
slept [slept] *pt. и pt. p. от* ***sleep***
sleuth [sluːθ] *joc.* сы́щик, детекти́в
slew [sluː] *pt. от* ***slay***
slice [slaɪs] **1.** ло́моть *m*, *dim.* ло́мти[к]; (*part*) часть *f*; **2.** [на]ре́зать ло́мтик[а]ми
slick [slɪk] *coll.* гла́дкий; *Am.* хи́тры[й]; ско́льзкий
slid [slɪd] *pt. и pt. p. от* ***slide***
slide [slaɪd] **1.** [*irr.*] скользи́ть [-зну́т[ь]]; ката́ться по льду; вдвига́ть [-и́нут[ь]]

всо́бывать [всу́нуть] (*into* в В); ***let things*** **~** относи́ться ко всему́ спустя́ рукава́; **2.** *photo*. диапозити́в, слайд; **3.** скольже́ние; *for children* де́тская го́рка; (*land*~) о́ползень *m*; **~ rule** логарифми́ческая лине́йка

light [slaɪt] **1.** □ (*thin and delicate*) то́нкий, хру́пкий; незначи́тельный; сла́бый; ***not the ~est idea*** ни мале́йшего представле́ния; **2.** (*disrespect*) пренебреже́ние; **3.** обижа́ть [-и́деть]; унижа́ть [-и́зить]

lim [slɪm] (*slender*) то́нкий, то́ненький; *person* стро́йный; ***~ hope*** сла́бая наде́жда

lim|e [slaɪm] (*mud*) жи́дкая грязь *f*; (*silt*) ил; **~y** ['slaɪmɪ] сли́зистый, ско́льзкий

ling [slɪŋ] **1.** *bandage* пе́ревязь; **2.** *throw* [*irr.*] швыря́ть [швырну́ть]

link [slɪŋk] [*irr.*] кра́сться; ***~ off*** потихо́ньку отходи́ть [отойти́]

lip [slɪp] **1.** [*irr.*] *v/i*. скользи́ть; поскользну́ться *pf*.; *out of hands* выскальза́ть [вы́скользнуть]; *of wheels* буксова́ть; *v/t*. сова́ть [су́нуть]; *one's attention* ускольза́ть [-зну́ть]; ***~ a p.'s memory*** вы́лететь из головы́ (Р); ***~ on*** (***off***) наде́(ва́)ть, сбра́сывать [сбро́сить]; **2.** скольже́ние; *of paper* поло́ска; про́мах; оши́бка; *in writing* опи́ска; (*petticoat*) комбина́ция; (*pillowcase*) на́волочка; ***give a p. the ~*** ускольза́ть [-зну́ть] от (Р); ***~ of the tongue*** огово́рка; **~per** ['slɪpə] ко́мнатная ту́фля; **~pery** ['slɪpərɪ] ско́льзкий; (*not safe*) ненадёжный; **~shod** ['slɪpʃɒd] неря́шливый; (*careless*) небре́жный; **~t** [slɪpt] *pt. и p. pt. от* ***slip***

lit [slɪt] **1.** разре́з; щель *f*; **2.** [*irr.*] разре́зать в длину́

liver ['slɪvə] *of wood* ще́пка; *of glass* оско́лок

logan [sləʊgən] ло́зунг

lop [slɒp] **1.**: **~s** *pl*. помо́и *m/pl*.; **2.** (*spill*) проли́(ва́)ть; расплёскивать(-ся) [-еска́ть(ся)]

lop|e [sləʊp] **1.** накло́н, склон, скат; **2.** клони́ться; име́ть накло́н; **~ing** ['-ɪŋ] пока́тый

sloppy ['slɒpɪ] (*slovenly*) неря́шливый; (*careless*) небре́жный; сентимента́льный

slot [slɒt] щель *f*; про́резь *f*; паз; (*place or job*) ме́сто

sloth [sləʊθ] лень *f*, ле́ность *f*; *zo*. лени́вец

slot machine иго́рный (торго́вый) автома́т

slouch [slaʊtʃ] **1.** [с]суту́литься; *when sitting* [с]го́рбиться; ***~ about, around*** слоня́ться без де́ла; **2.** суту́лость *f*

slovenly ['slʌvnlɪ] неря́шливый

slow [sləʊ] **1.** ме́дленный; медли́тельный; (*dull in mind*) тупо́й; *trade* вя́лый; *watch* отст(ав)а́ть; **2.** (*a.* ***~ down, up***) замедля́ть(ся) [заме́длить(ся)]; **~poke** (*or chiefly Brt.* **~coach**) копу́ша; **~-witted** тупо́й, туповáтый

slug [slʌg] слизня́к

slugg|ard ['slʌgəd] лежебо́ка *m/f*.; **~ish** ['slʌgɪʃ] ме́дленный, вя́лый

sluice [slu:s] шлюз

slum [slʌm] *mst*. **~s** *pl*. трущо́бы

slumber ['slʌmbə] **1.** дремо́та; сон; **2.** дрема́ть; спать

slump [slʌmp] **1.** *of prices, demand* ре́зкое паде́ние; **2.** ре́зко па́дать; *into a chair, etc*. тяжело́ опуска́ться

slung [slʌŋ] *pt. и pt. p. от* ***sling***

slunk [slʌŋk] *pt. и pt. p. от* ***slink***

slur [slɜ:] **1.** *in speech* невня́тная речь; *on reputation, etc*. пятно́; **2.** *v/t*. говори́ть невня́тно; ***~ over*** ума́лчивать [-молча́ть], опуска́ть [-сти́ть]; *fig. coll*. сма́зывать [сма́зать]

slush [slʌʃ] сля́коть *f*; та́лый снег

sly [slaɪ] □ хи́трый; лука́вый; ***on the ~*** тайко́м

smack[1] [smæk]: ***~ of*** име́ть (при́-) вкус; па́хнуть (Т)

smack[2] [~] **1.** (*kiss*) зво́нкий поцелу́й; (*slap*) шлепо́к; **2.** *lips* чмо́кать [-кнуть]; хло́пать [-пнуть] (Т); шлёпать [-пнуть]

small [smɔ:l] *com*. ма́ленький, небольшо́й; *mistakes, etc*. ме́лкий; незначи́тельный; ***~ change*** ме́лочь *f*; ***~ fry*** ме́лкая рыбёшка; ***~ of the back***

S

anat. поясни́ца; ***in the ~ hours*** под у́тро; в предрассве́тные часы́; **~ arms** *pl.* стре́лковое ору́жие; **~pox** *med.* о́спа; **~talk** лёгкий, бессодержа́тельный разгово́р; све́тская болтовня́

smart [smɑ:t] **1.** □ *blow* ре́зкий, си́льный; (*clever*) ло́вкий; у́мный; (*stylish*) элега́нтный; (*witty*) остроу́мный; (*fashionable*) мо́дный; **2.** боль *f*; **3.** боле́ть, садни́ть; *fig.* страда́ть; **~ness** ['smɑ:tnɪs] наря́дность *f*, элега́нтность *f*; ло́вкость *f*

smash [smæʃ] **1.** *v/t. enemy* сокруша́ть [-ши́ть] *a. fig.*; разбива́ть вдре́безги; *v/i.* разби́(ва́)ться; ста́лкиваться [столкну́ться] (***into*** с Т); **~-up** (*collision*) столкнове́ние; катастро́фа

smattering ['smætərɪŋ] пове́рхностное зна́ние; небольшо́е коли́чество чего́-то

smear [smɪə] **1.** пятно́; мазо́к (*a. med.*); **2.** [на]ма́зать, изма́з(ыв)ать

smell [smel] **1.** за́пах; *sense* обоня́ние; **2.** [*irr.*] [по]чу́вствовать за́пах; *of animal* [по]чу́ять (В); (*a.* **~ *at***) [по]ню́хать (В); **~ *of*** па́хнуть (Т)

smelt[1] [smelt] *pt. и pt. p. от* ***smell***

smelt[2] [-] выплавля́ть [вы́плавить]

smile [smaɪl] **1.** улы́бка; **2.** улыба́ться [-бну́ться]

smirk [smɜ:k] ухмыля́ться [-льну́ться]

smite [smaɪt] [*irr.*] (*afflict*) поража́ть [-рази́ть]; ***she was smitten with sorrow*** она́ была́ уби́та го́рем

smith [smɪθ]: ***black~*** кузне́ц

smithereens ['smɪðə'ri:nz]: ***break into ~*** разбива́ть [-би́ть] вдре́безги

smithy ['smɪðɪ] ку́зница

smitten ['smɪtn] *pt. p. от* ***smite***

smock [smɒk] *child's* де́тский хала́тик; *woman's* же́нская [крестья́нская) блу́за

smoke [sməʊk] **1.** дым; ***have a ~*** покури́ть *pf.*; ***go up in ~*** ко́нчиться *pf.* ниче́м; **2.** кури́ть; [на]дыми́ть; (*emit ~*) [за]дыми́ться; *tobacco, etc.* выку́ривать [вы́курить] (*a.* **~ *out***); **~-dried** копчёный; **~less** ['-lɪs] безды́мный; **~r** ['-ə] куря́щий; *rail coll.* ваго́н для куря́щих; **~stack** дымова́я труба́

smoking ['sməʊkɪŋ] куря́щий; **~ compartment** *rail.* купе́ для куря́щих; **~ room** ко́мната для куре́ния

smoky ['sməʊkɪ] ды́мный; наку́ренный

smolder, *Brt.* **smoulder** ['sməʊld...] тлеть

smooth [smu:ð] **1.** □ гла́дкий; *take-o...* *etc.* пла́вный; (*calm*) споко́йный; (*ingratiating*) вкра́дчивый; (*flattering*) льсти́вый; **2.** пригла́живать [-ла...дить]; **~ *out*** разгла́живать [-ла́дить] *fig.* (*a.* **~ *over***) смягча́ть [-чи́ть]; *differences* сгла́живать [-а́дить]

smote [sməʊt] *pt. от* ***smite***

smother ['smʌðə] [за]души́ть; *ange... etc.* подави́ть *pf.*

smudge [smʌdʒ] **1.** [за]па́чкать(ся); **2.** гря́зное пятно́

smug [smʌg] самодово́льный

smuggle ['smʌgl] занима́ться контра... ба́ндой; провози́ть контраба́ндой; **~r** [-ə] контрабанди́ст *m*, -ка *f*

smut [smʌt] **1.** (*soot*) са́жа, ко́поть (*fungus, crop disease*) головня́; (*obscene language*) непристо́йность *f*; ***talk ~*** нести́ похабщину

smutty ['smʌtɪ] □ гря́зный

snack [snæk] лёгкая заку́ска; ***have a ~*** перекуси́ть; **~ bar** заку́сочная

snag [snæg] *fig.* препя́тствие; ***there's a ~*** в э́том загво́здка

snail [sneɪl] *zo.* ули́тка; ***at a ~'s pace*** ме́дленно как черепа́ха

snake [sneɪk] *zo.* змея́

snap [snæp] **1.** (*noise*) щелчо́к; трес... (*fastener*) кно́пка, застёжка; *co...* (*photo*) сни́мок; *fig.* (*zest*) жи́вост... ***cold ~*** внеза́пное похолода́ние; **2.** *v/i.* (*break*) [с]лома́ться; (*make a sharp noise*) щёлкать [-кнуть]; (*snatch*) у...ва́тываться [ухвати́ться] (***at*** за В); *of a dog, a. fig.* огрыза́ться [-зну́ться] (***at*** на В); (*break, as a string, etc.*) [по...рва́ться; (*close, as a fastener*) защё...кивать [защёлкнуть]; *phot.* де́лат... сни́мок (Р); **~ *out of it!*** бро́сь(те)... встряхни́тесь!; **~ *up*** (*buy up*) раску...па́ть [-пи́ть]; **~dragon** льви́ный зе...

~ **fastener** кнóпка (застёжка); **~pish** ['snæpɪʃ] □ раздражи́тельный; **~py** ['snæpɪ] *coll.* энерги́чный; живóй; ***make it ~ !*** поживéе; **~shot** *phot.* сни́мок

snare [sneə] **1.** силóк; *fig.* ловýшка, западня́; **2.** лови́ть [поймáть] силкáми *m/pl.*

snarl [snɑ:l] **1.** рычáние; **2.** [про-] рычáть; *fig.* огрызáться [-зну́ться]

snatch [snætʃ] **1.** рывóк; (*a grab*) хватáние; (*fragment*) обры́вок; кусóчек; **2.** хватáть [схвати́ть]; (*~ away*) вырывáть [-рвать]; ***~ at*** хватáться [схвати́ться] за (B); ***~ up*** подхвáтывать [-хвати́ть]

sneak [sni:k] **1.** *v/i.* (*move stealthily*) крáсться; ***~ up*** подкрáдываться [-рáсться]; *v/t.* (*take in a furtive way, as a look, a smoke, etc.*) стащи́ть *pf.*, укрáсть *pf.*; **2.** (*telltale*) я́бедник *m*, -ица *f*; **~ers** ['sni:kəz] *pl. Am.* полукéды *f/pl.*; (*running shoes*) кроссóвки *f/pl.*

sneer [snɪə] **1.** (*contemptuous smile*) презри́тельная усмéшка; насмéшка; **2.** насмéшливо улыбáться; насмехáться, глуми́ться (***at*** над T)

sneeze [sni:z] **1.** чихáнье; **2.** чихáть [чихну́ть]

snicker ['snɪkə] хихи́кать [-кнуть]; *of horses* ржать

sniff [snɪf] *v/t.* [по]ню́хать; *of dog* учу́ять; *v/i.* шмы́гать [-гну́ть] нóсом

snigger ['snɪgə] → ***snicker***

snip [snɪp] **1.** (*piece cut off*) обрéзок; кусóк; (*cut*) надрéз; **2.** (*trim*) подрезáть [-рéзать]; (*cut out*) вырéзывать [вы́резать]

sniper ['snaɪpə] снáйпер

snivel ['snɪvl] хны́кать; (*after crying*) всхли́пывать [-пнуть]; *coll.* распускáть сóпли

snob [snɒb] сноб; **~bery** ['snɒbərɪ] сноби́зм

snoop [snu:p] подгля́дывать, выню́хивать, чужи́е тáйны

snooze [snu:z] *coll.* **1.** лёгкий, корóткий сон; **2.** дремáть, вздремну́ть *pf.*

snore [snɔ:] [за]храпéть

snorkel ['snɔ:kl] шнóркель *m*

snort [snɔ:t] фы́ркать [-кнуть]; *of horse* [за]храпéть

snout [snaʊt] *pig's* ры́ло; *dog's, etc.* мóрда

snow [snəʊ] **1.** снег; **2.** ***it is ~ing*** идёт снег; ***be covered with ~*** быть занесённым снéгом; ***be ~ed under with work*** быть завáленным рабóтой; **~ball** снежóк; **~drift** сугрóб; **~fall** снегопáд; **~flake** снежи́нка; **~ plow**, *Brt.* **~ plough** снегоочисти́тель *m*; **~storm** вью́га; **~-white** белоснéжный; **~y** ['snəʊɪ] □ снéжный

snub [snʌb] **1.** *fig.* осáживать [осади́ть]; **2.** пренебрежи́тельное обхождéние; **~-nosed** курнóсый

snug [snʌg] □ ую́тный; **~gle** ['snʌgl] (лáсково) приж(им)áться (***up to*** к Д)

so [səʊ] так; итáк; таки́м óбразом; ***I hope ~*** я надéюсь, что да; ***Look, it's raining. ♀ it is.*** Смотри́, идёт дождь. Да, действи́тельно; ***you are tired, ~ am I*** вы устáли и я тóже; ***~ far*** до сих пор

soak [səʊk] *v/t.* [за]мочи́ть; (*draw in*) впи́тывать [впитáть]; *v/i.* промокáть; ***~ in*** пропи́тываться [-питáться]; ***~ through*** просáчиваться [-сочи́ться]; ***get ~ed to the skin*** промóкнуть до ни́тки

soap [səʊp] **1.** мы́ло; **2.** намы́ли(ва)ть; **~ dish** мы́льница; **~suds** мы́льная пéна; **~y** ['səʊpɪ] □ мы́льный

soar [sɔ:] (*fly high*) пари́ть; *of birds* взмывáть [-ы́ть]; *of prices* подскáкивать [-кочи́ть]

sob [sɒb] **1.** всхлип; рыдáние; **2.** [за]рыдáть; разрыдáться *pf.*

sober ['səʊbə] **1.** □ трéзвый (*a. fig.*); **2.** *fig.* отрезвля́ть [-ви́ть]; ***have a ~ing effect*** [по]дéйствовать отрезвля́юще; ***~ up*** протрезвля́ться [-ви́ться]

so-called [səʊ'kɔ:ld] так назывáемый

sociable ['səʊʃəbl] □ общи́тельный

social ['səʊʃl] **1.** □ общéственный; социáльный; ***~ security*** социáльное обеспéчение; **2.** вечери́нка

socialism ['səʊʃəlɪzəm] социали́зм

society [sə'saɪətɪ] óбщество; *comm.*

S

компа́ния; (*the public, the community*) обще́ственность *f*; (*association*) объедине́ние
sociology [səʊsɪ'ɒlədʒɪ] социоло́гия
sock [sɒk] носо́к
socket ['sɒkɪt] *of eye* впа́дина; *for bulb* патро́н; *for wall* розе́тка; *tech*. ште́псельное гнездо́
soda ['səʊdə] со́да; (*drink*) газиро́ванная вода́
sodden ['sɒdn] промо́кший
soft [sɒft] □ *com*. мя́гкий; не́жный; ти́хий; нея́ркий; (*unmanly*) изне́женный; (*weak in mind*) *coll*. придуркова́тый; ~ ***drink*** безалкого́льный напи́ток; **~en** ['sɒfn] смягча́ть(ся) [-чи́ть(ся)]; **~hearted** мягкосерде́чный; **~ware** *comput*. програ́ммное обеспе́чение
soggy ['sɒgɪ] сыро́й; пропи́танный водо́й
soil [sɔɪl] **1.** (*earth*) по́чва, земля (*a. fig. country*); **2.** (*dirty*) [за]па́чкать(ся)
solace ['sɒlɪs] утеше́ние
solar ['səʊlə] со́лнечный; ~ ***eclipse*** со́лнечное затме́ние
sold [səʊld] *pt. и pt. p. от* **sell**
solder ['sɒldə] **1.** припо́й; **2.** пая́ть; запа́ивать [запая́ть]
soldier ['səʊldʒə] солда́т
sole[1] [səʊl] □ еди́нственный; (*exclusive*) исключи́тельный
sole[2] [~] **1.** *of foot* ступня́; *of shoe* подмётка; **2.** ста́вить подмётку на (В)
sole[3] [~] *zo*. ка́мбала
solely ['səʊllɪ] исключи́тельно, еди́нственно
solemn ['sɒləm] □ *event, etc*. торже́ственный; серьёзный; (*pompous*) напы́щенный; **~ity** [sə'lemnətɪ] торже́ственность *f*; **~ize** ['sɒləmnaɪz]: ~ ***a marriage*** сочета́ть бра́ком
solicit [sə'lɪsɪt] *help, etc*. проси́ть; **~or** [~ə] *law Brt*. адвока́т, юриско́нсульт; **~ous** [~əs] □ (*considerate*) забо́тливый; ~ ***of*** стремя́щийся к (Д); **~ude** [~juːd] забо́тливость *f*, забо́та
solid ['sɒlɪd] **1.** □ твёрдый; (*firm*) про́чный; (*unbroken*) сплошно́й; масси́вный; (*sound, reliable*) соли́дный; (*dependable*) надёжный; (*unanimou*[s]) единогла́сный; (*united*) сплочённы[й]; ***a ~ hour*** це́лый час; ***on ~ ground*** *fig*. [на] твёрдой по́чве; ~ ***gold*** чи́стое зо́лот[о]; **2.** *phys*. твёрдое те́ло; **~ari**[ty] [sɒlɪ'dærətɪ] солида́рность *f*
soliloquy [sə'lɪləkwɪ] моноло́г
solit|ary ['sɒlɪtrɪ] □ (*lonely*) одино́[]кий; (*secluded*) уединённый; **~ud**[e] [~tjuːd] одино́чество, уедине́ние
solo ['səʊləʊ] со́ло *n indecl*.; **~is**[t] ['səʊləʊɪst] соли́ст *m*, -ка *f*
solu|ble ['sɒljʊbl] раствори́мый; *fi*[g]. (*solvable*) разреши́мый; **~tio**[n] [sə'luːʃn] (*process*) растворе́ние; (*re*[]*sult of process*) раство́р
solv|e [sɒlv] реша́ть [реши́ть], ра[з]реша́ть [-ши́ть]; **~ent** ['~vənt] **1.** *fi*[n]. платёжеспосо́бный; *chem*. раств[о]ря́ющий; **2.** раствори́тель *m*
somb|er, *Brt*. **~re** ['sɒmbə] [] мра́чный; угрю́мный; *cloth*[es] тёмный
some [sʌm, səm] не́кий; како́й-то; ка[]ко́й-нибудь; не́сколько; не́которы[е]; о́коло (Р); ~ ***20 miles*** миль два́дцат[ь]; ***in ~ degree, to ~ extent*** до изве́стно[й] сте́пени; **~body** ['sʌmbədɪ] кто́-т[о], кто́-нибудь; **~how** ['sʌmhəʊ] ка́к-т[о], ка́к-нибудь; ~ ***or other*** так или ина́ч[е]; **~one** ['sʌmwʌn] → **somebody**
somersault ['sʌməsɔːlt] кувырка́ни[е]; *in air* са́льто *n indecl*.; ***turn ~s*** *pl*. ку[]вырка́ться, [с]де́лать са́льто, ***turn a*** [~] кувыркну́ться *pf*.
some|thing ['sʌmθɪŋ] что́-т[о], что́нибудь; кое-что́; ~ ***like*** приблизи[]тельно; что́-то вро́де (Р): ***is ~ the ma***[t]***ter?*** что́-нибудь не в поря́дке?; **~tim**[e] когда́-то, когда́-нибудь, когда́-либ[о]; **~times** иногда́; **~what** слегка́, немно́[]го; до не́которой сте́пени; **~wher**[e] где́-то, куда́-то; где́-нибудь, куда́-ни[]будь
son [sʌn] сын, *dim*. сыно́к; (*pl*.: сы[]новья́; *rhet*.: сыны́)
sonata [sə'nɑːtə] сона́та
song [sɒŋ] пе́сня, *dim*. пе́сенка; ро[]ма́нс; *coll*. ***for a ~*** за бесце́нок; **~bir**[d] пе́вчая пти́ца

on-in-law зять *m*
onorous ['sɒnərəs] □ звучный
oon [suːn] скоро, вскоре; рано; ***as ~ as*** как только; **~er** ['suːnə] скорее; ***no ~ … than*** едва …, как; ***no ~ said than done*** сказано – сделано; ***the ~ the better*** чем скорее, тем лучше
oot [sʊt] сажа; копоть *f*
oothe [suːð] успокаивать [-коить] (*a. fig.*); *fig.* утешать [утешить]
ooty ['sʊtɪ] □ закопчённый; чёрный как сажа
ophist|icated [sə'fɪstɪkeɪtɪd] изысканный; *person* светский, искушённый; *machinery* сложный; *argument* изощрённый
oporific [sɒpə'rɪfɪk] снотворное
ordid ['sɔːdɪd] □ *condition* убогий; *behavio(u)r, etc.* гнусный
ore [sɔː] **1.** □ (*tender*) чувствительный; *point* болезненный; (*painful*) больной, воспалённый; (*aggrieved*) обиженный; ***she has a ~ throat*** у неё болит горло; **2.** болячка; *from rubbing* натёртое место; (*running ~*) гноящаяся ран(к)а
orrel ['sɒrəl] *bot.* щавель *m*
orrow ['sɒrəʊ] горе, печаль *f*; (*regret*) сожаление; ***to my great ~*** к моему великому сожалению; **~ful** ['sɔrəʊfʊl] печальный, скорбный
orry ['sɒrɪ] □ полный сожаления; ***~?*** *mst. Brt.* простите, не расслышал(а), *coll.* что?; (***I am***) (***so***) ***~!*** мне очень жаль! виноват!; ***I feel ~ for you*** мне вас жаль; ***I'm ~ to say that …*** к сожалению, я …; ***say ~*** извиняться [-ниться]
ort [sɔːt] **1.** род, сорт; ***people of all ~s*** *pl.* люди всякого разбора; ***~ of*** *coll.* как будто; ***be out of ~s*** *pl.* быть не в духе; плохо чувствовать себя; **2.** сортировать; ***~ out*** разбирать [разобрать]; рассортировывать [-ировать]
o-so ['səʊsəʊ] *coll.* так себе, неважно
SOS [esəʊ'es] СОС: сигнал бедствия в азбуке морзе
souffle ['suːfleɪ] суфле *n indecl.*
sought [sɔːt] *pt. и pt. p. от* ***seek***
soul [səʊl] душа (*a. fig.*); (*person*) человек, душа
sound[1] [saʊnd] □ (*healthy*) здоровый, крепкий, (*firm*) прочный; (*sensible*) здравый; *in mind* нормальный; *comm.* надёжный; *sleep* глубокий: ***be ~ asleep*** крепко спать
sound[2] [~] **1.** звук, шум; *mus.* звучание; **2.** звучать (*a. fig.*); разд(ав)аться; *fig.* [про]зондировать; *patient's chest* выслушивать [выслушать]; ***~ barrier*** звуковой барьер; **~ing** ['saʊndɪŋ] *naut.* промер глубины воды; **~less** [~lɪs] □ беззвучный; **~proof** звуконепроницаемый; **~track** звуковое сопровождение
soup [suːp] суп; ***~ plate*** глубокая тарелка; ***~ spoon*** столовая ложка
sour ['saʊə] □ кислый; (*bad-tempered*) раздражительный; ***~ cream*** сметана; *fig.* угрюмый; ***turn ~*** закисать [-иснуть]; прокисать [-иснуть]
source [sɔːs] исток; источник (*mst. fig.*)
south [saʊθ] **1.** юг; **2.** южный; **~east 1.** юго-восток; **2.** юго-восточный (*a.* **~ern**)
souther|ly ['sʌðəlɪ], **~n** ['sʌðən] южный; **~ner** ['sʌðənə] южанин, южанка
southernmost самый южный
southward, **~ly** ['saʊθwəd, -lɪ], **~s** [~dz] *adv.* к югу, на юг
south|west 1. юго-запад; **2.** югозападный (*a.* **~erly, ~ern**); **~wester** юго-западный ветер
souvenir [suːvə'nɪə] сувенир
sovereign ['sɒvrɪn] **1.** суверенный; **2.** государь *m*; монарх; (*coin*) соверен; **~ty** [~tɪ] суверенитет
Soviet ['səʊvɪet] **1.** совет; **2.** советский
sow[1] [saʊ] *zo.* свинья; (*breeding ~*) свиноматка
sow[2] [səʊ] [*irr.*] [по]сеять; засевать [засеять]; **~n** [səʊn] *pt. p. от* ***sow***[2]
soya beans ['sɔɪə] соевые бобы *m/pl.*
spa [spɑː] курорт с минеральными источниками
space [speɪs] пространство; место; промежуток; *of time* срок; *attr.* кос-

ми́ческий; **~craft** косми́ческий кора́бль *m*
spacing ['speɪsɪŋ]: ***type s.th. in double ~*** печа́тать че́рез два интерва́ла
spacious ['speɪʃəs] просто́рный; обши́рный; вмести́тельный
spade [speɪd] лопа́та; **~s** *cards* пи́ки *f/pl.*; **~work** предвари́тельная (кропотли́вая) рабо́та
spaghetti [spə'getɪ] *pl.* спаге́тти *indecl.*
span [spæn] **1.** *of bridge* пролёт; коро́ткое расстоя́ние и́ли вре́мя; **2.** перекрыва́ть [-кры́ть] стро́ить мост че́рез (В); измеря́ть [-е́рить]
spangle ['spæŋgl] **1.** блёстка; **2.** украша́ть блёстками; *fig.* усе́ивать [усе́ять] пядя́ми
Spaniard ['spænjəd] испа́нец *m*, -нка *f*
spaniel ['spænjəl] спание́ль *m*
Spanish ['spænɪʃ] испа́нский
spank [spæŋk] *coll.* **1.** шлёпать [-пнуть]; отшлёпать; **2.** шлепо́к
spanking ['spæŋkɪŋ] *breeze* све́жий
spare [speə] **1.** □ (*reserve*) запасно́й; (*surplus*) ли́шний, свобо́дный; (*thin*) худоща́вый; **~ *time*** свобо́дное вре́мя *n*; **2.** (~ *part*) запасна́я часть *f*; **3.** *life* [по]щади́ть; (*grudge*) [по]жале́ть; (*save*) [с]бере́чь; *time* уделя́ть [-ли́ть]; (*save from*) избавля́ть [-а́вить] от (Р)
sparing ['speərɪŋ] □ эконо́мный; (*frugal*) ску́дный; ***he is ~ of praise*** он скуп на похвалы́
spark [spɑːk] **1.** и́скра (*a. fig.*); **2.** [за]искри́ться; **~(ing) plug** *mot.* зажига́тельная свеча́
sparkle ['spɑːkl] **1.** и́скра; (*process*) сверка́ние; **2.** [за]и́скриться, [за]сверка́ть; ***sparkling wine*** игри́стое вино́
sparrow ['spærəʊ] воробе́й
sparse [spɑːs] □ ре́дкий; (*scattered*) разбро́санный; **~ly** [-lɪ]: ***~ populated*** малонаселённый
spasm [spæzəm] спа́зма, су́дорога; ***~ of coughing*** при́ступ ка́шля; **~odic(al** □) [spæz'mɒdɪk(əl)] су́дорожный
spat [spæt] *pt. и pt. p. от* ***spit***
spatter ['spætə] бры́згать [-знуть]; *with mud* забры́згать, обры́згат[ь] гря́зью; (*spill*) расплёскивать [-плес]ка́ть]
spawn [spɔːn] **1.** икра́; **2.** мета́ть икр[у]; *multiply* [рас]плоди́ться
speak [spiːk] [*irr.*] *v/i.* говори́ть; [по]говори́ть (***with, to*** с Т); разгова́ри[]вать; **~ *out*** выска́зываться [вы́ска[]заться] открове́нно; **~ *up*** говори́т[ь] гро́мко; (*express, as opinion, etc.*) вы[]ска́зывать [вы́сказать]; *v/t. the trut[h] etc.* говори́ть [сказа́ть]; **~er** ['spiːkə] выступа́ющий; докла́дчик; ора́то[р]; *parl.* спи́кер
spear [spɪə] **1.** копьё; острога́; **2.** прон[]за́ть копьём; *fish* бить острого́й
special ['speʃl] □ специа́льный; (*ex[]ceptional*) осо́бенный; осо́бый; ***~ de[]livery*** сро́чная доста́вка; ***~ power[s]*** чрезвыча́йные полномо́чия; **~is[t]** [-ʃəlɪst] специали́ст; **~ity** [speʃɪ'ælət[ɪ]] → ***specialty***; **~ize** ['speʃəlaɪz] специа[]лизи́ровать(ся) (*im*)*pf.* (в П *or* п[о] Д); **specialty** ['speʃəltɪ] осо́бенност[ь] *f*; специа́льность *f*
species ['spiːʃiːz] вид; разнови́дност[ь] *f*; ***human ~*** челове́ческий род
speci|fic [spə'sɪfɪk] (**~*ally***) характе́р[]ный; специфи́ческий; осо́бый; (*defi[]nite*) определённый; ***~ gravity*** уде́ль[]ный вес; **~fy** ['spesɪfaɪ] огова́риват[ь] [-вори́ть]; то́чно определя́ть; (*stipu[]late*) предусма́тривать [-мотре́ть] обусла́вливать [-сло́вить]; **~me[n]** ['spesɪmən] образе́ц, обра́зчик; эк[]земпля́р
specious ['spiːʃəs] □ *excuse* благо[]ви́дный; показно́й
speck [spek] *of dirt, dust, etc.* пя́тныш[]ко; *of colo(u)r* кра́пинка
spectacle ['spektəkl] (*show*) зре́лище; **~s** [-z] *pl.* (*glasses*) очки́ *n/pl.*
spectacular [spek'tækjʊlə] □ эф[]фе́ктный; *coll.* потряса́ющий
spectator [spek'teɪtə] зри́тель *m*, -ни[]ца *f*
spect|er, *Brt.* **~re** ['spektə] при́зрак
spectrum ['spektrəm] спектр
speculat|e ['spekjʊleɪt] (*consider*) размышля́ть [-ы́слить]; *fin.* спеку[]

ли́ровать (**in** T); **~ion** [spekjʊ'leɪʃn] размышле́ние; (*supposition*) предполо́жение; *fin.* спекуля́ция; **~ive** ['spekjʊlətɪv] (*given to theory*) умозри́тельный; *fin.* спекуляти́вный; **~or** ['spekjʊleɪtə] спекуля́нт

(s)ped [sped] *pt. и pt. p. от* ***speed***

(s)peech [spi:tʃ] речь *f*; **~less** ['spi:tʃlɪs] немо́й; онеме́вший; ***I was~*** я лиши́лся да́ра ре́чи

(s)peed [spi:d] **1.** ско́рость *f*, быстрота́; *mot.* ско́рость *f*; ***at full ~*** на по́лной ско́рости; **2.** [*irr.*] *v/i.* [по-] спеши́ть; бы́стро идти́; ***~ by*** промча́ться *pf.* ми́мо; *v/t.* ***~ up*** ускоря́ть [-о́рить]; **~ing** ['-ɪŋ] *mot.* превыше́ние ско́рости; ***~ limit*** разреша́емая ско́рость *f*; **~ometer** [spi:'dɒmɪtə] *mot.* спидо́метр; **~y** ['spi:dɪ] □ бы́стрый

(s)pell¹ [spel] **1.** (коро́ткий) пери́од; ***a cold ~*** пери́од холо́дной пого́ды; ***for a ~*** на вре́мя; ***rest for a ~*** немно́го передохну́ть *pf.*

(s)pell² [~] писа́ть, произноси́ть по бу́квам; *fig.* (*signify, bode*) сули́ть

(s)pell³ [~] ча́ры *f/pl.*; очарова́ние; **~bound** очаро́ванный

(s)pelling ['spelɪŋ] правописа́ние; орфогра́фия

(s)pelt [spelt] *chiefly Brt. pt. и pt. p. от* ***spell***

(s)pend [spend] [*irr.*] *money* [по]тра́тить, [из]расхо́довать; *time* проводи́ть [-вести́]; **~thrift** ['spendθrɪft] мот, расточи́тель *m*, -ница *f*

(s)pent [spent] **1.** *pt. и pt. p. от* ***spend***; **2.** *adj.* (*exhausted*) истощённый; измо́танный

(s)perm [spɜ:m] спе́рма

(s)pher|e [sfɪə] шар; сфе́ра; *celestial* небе́сная сфе́ра; *fig.* о́бласть *f*, сфе́ра; по́ле де́ятельности; **~ical** ['sferɪkl] □ сфери́ческий

(s)pice [spaɪs] **1.** спе́ция, пря́ность *f*; *fig.* при́вкус; при́месь *f*; **2.** приправля́ть [-а́вить]

(s)pick and span ['spɪkən'spæn] (*spotlessly clean*) сверка́ющий чистото́й; с иго́лочки

(s)picy ['spaɪsɪ] □ пря́ный; *fig.* пика́нтный

spider ['spaɪdə] *zo.* пау́к

spike [spaɪk] **1.** (*point*) остриё; *on shoe* шип; *bot.* ко́лос; **2.** снабжа́ть шипа́ми; (*pierce*) пронза́ть [-зи́ть]

spill [spɪl] [*irr.*] *v/t.* проли́(ва́)ть; *powder* рассыпа́ть [-ы́пать]; *v/i.* проли́(ва́)ться

spilt [spɪlt] *pt. и pt. p. от* ***spill***

spin [spɪn] **1.** [*irr.*] *yarn* [с]прясть; (*~ round*) крути́ться; [за]кружи́ть(ся); верте́ться; ***~ when fishing*** лови́ть ры́бу спи́ннингом; ***my head is ~ning*** у меня кру́жится голова́; ***~ a yarn*** расска́зывать исто́рию/небыли́цы; ***~ round*** оберну́ться *pf.*; **2.** круже́ние; бы́страя езда́

spinach ['spɪnɪdʒ] шпина́т

spinal ['spaɪnl] спинно́й; ***~ column*** позвоно́чный столб, спинно́й хребе́т; ***~ cord*** спинно́й мозг

spine [spaɪn] *anat.* позвоно́чник; *bot.* колю́чка; **~less** ['-lɪs] *fig.* бесхребе́тный

spinning| mill пряди́льная фа́брика; **~ wheel** пря́лка

spinster ['spɪnstə] (*old maid*) ста́рая де́ва; *law* (*unmarried woman*) незаму́жняя же́нщина

spiny ['spaɪnɪ] (*prickly*) колю́чий

spiral ['spaɪərəl] **1.** □ спира́льный; ***~ staircase*** винтова́я ле́стница; **2.** спира́ль *f*

spire ['spaɪə] *arch.* шпиль *m*

spirit ['spɪrɪt] **1.** *com.* дух, душа́; (*ghost*) привиде́ние; (*enthusiasm*) воодушевле́ние; (*alcohol*) спирт; ***~s*** *pl.* (***high*** припо́днятое, ***low*** пода́вленное) настрое́ние; спиртны́е напи́тки *m/pl.*; **2.** ***~ away, off*** та́йно похища́ть; **~ed** [-ɪd] (*lively*) живо́й; (*courageous*) сме́лый; (*energetic*) энерги́чный; ***~ argument*** жа́ркий спор; **~less** [-lɪs] вя́лый; ро́бкий; безжи́зненный

spiritual ['spɪrɪtʃʊəl] □ духо́вный; **~ism** [-ɪzəm] спирити́зм

spit¹ [spɪt] **1.** (*spittle*) слюна́; плево́к; *fig.* подо́бие; **2.** [*irr.*] плева́ть [плю́нуть]; *of fire* рассыпа́ть и́скры; *of cat* шипе́ть; *of rain* мороси́ть; ***the***

S

~ting image of s.o. то́чная ко́пия кого́-л.

spit[2] [~] *geogr.* коса́, о́тмель *f*; *cul.* ве́ртел

spite [spaɪt] **1.** зло́ба, злость *f*; ***in ~ of*** не смотря́ на (В); **2.** досажда́ть [досади́ть]; **~ful** ['spaɪtful] зло́бный

spitfire ['spɪtfaɪə] вспы́льчивый челове́к

spittle ['spɪtl] слюна́; плево́к

splash [splæʃ] **1.** бры́зги *f/pl.* (*mst.* ***~es*** *pl.*); плеск; **2.** бры́згать [-знуть]; забры́згать *pf.*; плеска́ть(ся) [-сну́ть]

spleen [spli:n] *anat.* селезёнка; *fig.* раздраже́ние

splend|id ['splendɪd] □ великоле́пный, роско́шный; **~o(u)r** [~də] блеск, великоле́пие

splice [splaɪs] *rope* сплета́ть [сплести́]; *wood* соединя́ть [-ни́ть]; *tape, etc.* скле́ивать [-ить]

splint [splɪnt] *med.* ши́на; ***put an arm in a ~*** накла́дывать ши́ну на (В); **~er** ['splɪntə] **1.** *of stone* оско́лок; *of wood* ще́пка; *in skin* зано́за; **2.** расщепля́ть(ся) [-пи́ть(ся)]; раска́лываться [-коло́ться]

split [splɪt] **1.** (*crack, fissure*) тре́щина; щель *f*; *fig.* раско́л; **2.** расщеплённый; раско́лотый; **3.** [*irr.*] *v/t.* раска́лывать [-коло́ть]; расщепля́ть (-пи́ть); (*divide*) [по]дели́ть; ***~ hairs*** вдава́ться в то́нкости; спо́рить о пустяка́х; ***~ one's sides laughing*** надрыва́ться от сме́ха; *v/i.* раска́лываться [-коло́ться]; раздели́ться *pf.*; (*burst*) ло́паться [ло́пнуть]; **~ting** ['splɪtɪŋ] *headache* ужа́сный

splutter ['splʌtə] → ***sputter***

spoil[1] [spɔɪl] **1.** (*a.* ***~s*** *pl.*) добы́ча

spoil[2] [~] [*irr.*] [ис]по́ртить; *food* [ис]по́ртиться; *child* [из]балова́ть

spoke[1] [spəʊk] *of wheel* спи́ца; *of ladder* ступе́нька, перекла́дина

spoke[2] [~] *pt. от* ***speak***; **~n** ['spəʊkən] *pt. p. от* ***speak***; **~sman** ['spəʊksmən] представи́тель *m*

sponge [spʌndʒ] **1.** гу́бка; **2.** *v/t.* вытира́ть или мыть гу́бкой; ***~ up*** впи́тывать гу́бкой; *v/i. fig.* парази́т; жить на чужо́й счёт; **~ cake** бискви́т; [~'spʌndʒə] нахле́бник (-ница)

spongy ['spʌndʒɪ] гу́бчатый

sponsor ['spɒnsə] **1.** спо́нсор; (*guarantor*) поручи́тель *m*, -ница *f*; [по]руча́ться [поручи́ться] за (В); рекомендова́ть; финанси́ровать

spontaneous [spɒn'teɪnɪəs] □ *behavio(u)r, talk* непосре́дственный, непринуждённый; спонта́нный; ***~ generation*** самозарожде́ние

spook [spu:k] привиде́ние; **~y** ['~] жу́ткий

spool [spu:l] *in sewing machine* шпу́лька; *in tape-recorder* боби́на; *of film, etc.* кату́шка

spoon [spu:n] **1.** ло́жка; **2.** черпа́ть ло́жкой; **~ful** ['spu:nfl] ло́жка (ме́ра)

spore [spɔ:] спо́ра

sport [spɔ:t] **1.** спорт; *attr.* спорти́вный; (*amusement, fun*) развлече́ние, заба́ва; (*good ~*) *sl.* молоде́ц; ***~s*** спорти́вные и́гры *f/pl.*; ***~s ground*** спорти́вная площа́дка; **2.** *v/i.* игра́ть, весели́ться, резви́ться; *v/t. coll.* щеголя́ть (Т); **~sman** ['spɔ:tsmən] спортсме́н

spot [spɒt] **1.** *com.* пятно́; *small* кра́пинка; (*place*) ме́сто; *coll.* (*small quantity*) немно́жко; ***be in a ~*** быть в тру́дном положе́нии; ***on the ~*** на ме́сте; сра́зу, неме́дленно; **2.** [за-, пере]па́чкать; (*detect*) обнару́жи(ва)ть; *coll.* (*identify*) опозн(ав)а́ть; **~less** ['spɒtlɪs] □ безупре́чный; незапя́танный; **~light** проже́ктор; *fig.* центр внима́ния; **~ty** ['spɒtɪ] пятни́стый; *face* прыщева́тый

spouse [spaʊz] супру́г *m*, -а *f*

spout [spaʊt] **1.** *water* струя́; *of teapot, etc.* но́сик; **2.** ли́ться струёй; бить струёй; *coll.* (*speak*) разглаго́льствовать

sprain [spreɪn] **1.** *med.* растяже́ние; **2.** растя́гивать [-тяну́ть]

sprang [spræŋ] *pt. от* ***spring***

sprawl [sprɔ:l] (*a.* ***~ out***) растя́гивать(ся) [-яну́ть(ся)]; *in a chair* развали́ваться [-ли́ться]; *bot.* бу́йно разраста́ться

pray¹ [spreɪ] **1.** водяна́я пыль *f*; бры́зги *f/pl.*; (*instrument*) пульвериза́тор, распыли́тель *m* (*a.* **~er**); **2.** распыля́ть [-ли́ть]; опры́скивать [-скать], обры́зг(ив)ать

pray² [~] (*cluster, bunch*) кисть *f*, гроздь *f*

pread [spred] **1.** [*irr.*] *v/t.* (*a.* **~ out**) расстила́ть [разостла́ть]; *news* распространя́ть [-ни́ть]; *butter* нама́з(ыв)ать (T); *wings* расправля́ть [-а́вить]; **~ the table** накры́(ва́)ть на стол; *v/i. of fields* простира́ться; *of fire, etc.* распространя́ться [-ни́ться]; **2.** *pt. и pt. p. от* **spread 1.**; **3.** распростране́ние; протяже́ние

pree [spri:] весе́лье; (*drinking*) кутёж; **go on a shopping ~** отпра́виться по магази́нам; накупи́ть вся́кой вся́чины

prig [sprɪg] ве́точка, побе́г

prightly ['spraɪtlɪ] (*lively*) живо́й, оживлённый, (*cheerful*) весёлый; бо́дрый

pring [sprɪŋ] **1.** (*leap*) прыжо́к, скачо́к; (*mineral ~, etc.*) родни́к, ключ; (*a.* **~time**) весна́; *tech.* пружи́на; *of vehicle* рессо́ра; *fig.* моти́в; **2.** [*irr.*] *v/t.* (*explode*) взрыва́ть [взорва́ть]; **~ a leak** дава́ть течь *f*; *v/i.* (*jump*) пры́гать [-гнуть]; *to one's feet* вска́кивать [вскочи́ть]; *bot.* появля́ться [-ви́ться]; **~ aside** отскочи́ть *pf.* в сто́рону; **~ up** *fig.* возника́ть [-ни́кнуть]; **~ board** трампли́н; **~ tide** весна́; **~y** ['sprɪŋɪ] □ упру́гий

prinkl|e ['sprɪŋkl] *liquid* бры́згать [-знуть]; обры́згивать [-знуть]; *sand, sugar* посыпа́ть [-ы́пать]; **~ing** [~ɪŋ]: **a ~** немно́го

print [sprɪnt] *sport* **1.** спринт; **2.** *sport* бежа́ть с максима́льной ско́ростью на коро́ткую диста́нцию; **he ~ed past us** он промча́лся ми́мо

prout [spraʊt] **1.** *of plant* пуска́ть ростки́; *of seeds* прораста́ть [-расти́]; **2.** *bot.* росто́к, побе́г

pruce¹ [spru:s] □ (*neat*) опря́тный; (*smart*) наря́дный

pruce² [~] *bot.* ель *f*

sprung [sprʌŋ] *pt. и pt. p. от* **spring**

spry [spraɪ] (*lively*) живо́й; (*nimble*) подви́жный

spun [spʌn] *pt. и pt. p. от* **spin**

spur [spɜ:] **1.** шпо́ра; *fig.* побужде́ние; **act on the ~ of the moment** де́йствовать не разду́мывая; **2.** пришпо́ривать; побужда́ть [-уди́ть]; **~ on** спеши́ть; *fig.* подстёгивать [-егну́ть]

spurious ['spjʊərɪəs] □ подде́льный; фальши́вый

spurn [spɜ:n] отверга́ть, отказа́ться *pf.* с презре́нием

spurt [spɜ:t] **1.** *of liquid* бить струёй; *of flame* выбра́сывать [вы́бросить]; **2.** *water* струя́; (*gust*) поры́в ве́тра; *sport* рыво́к (*a. fig.*)

sputter ['spʌtə] **1.** бры́зги *f/pl.*; шипе́ние; **2.** *of fire* [за]треща́ть, [за]шипе́ть; бры́згаться слюно́й при разгово́ре; говори́ть бы́стро и бессвя́зно

spy [spaɪ] **1.** шпио́н *m*, -ка *f*; **2.** шпио́нить, следи́ть (**on** за T); (*notice*) заме́тить *pf.*

squabble ['skwɒbl] **1.** перебра́нка, ссо́ра; **2.** [по]вздо́рить

squad [skwɒd] *of workers* брига́да; отря́д; (*a. mil.*) гру́ппа, кома́нда (*a. sport*); **~ car** *Am.* патру́льная маши́на; **~ron** ['skwɒdrən] *mil.* эскадро́н; *ae.* эскадри́лья; *naut.* эска́дра

squalid ['skwɒlɪd] □ убо́гий

squall [skwɔ:l] **1.** *of wind* шквал; вопль *m*, крик; **2.** [за]вопи́ть

squander ['skwɒndə] прома́тывать [-мота́ть], [рас]транжи́рить

square [skweə] **1.** □ квадра́тный; *shoulders, right angles, etc.* прямо́й; (*fair, honest*) прямо́й, че́стный; **2.** квадра́т; (*town ~*) пло́щадь *f*; **3.** *v/t.* де́лать прямоуго́льным; (*pay*) опла́чивать [оплати́ть]; (*bring into accord*) согласо́вывать [-сова́ть]; *v/i.* согласо́вываться [-сова́ться]

squash [skwɒʃ] **1.** фрукто́вый напи́ток; (*crush*) да́вка, толчея́; **2.** разда́вливать [-дави́ть]

squat [skwɒt] **1.** призе́мистый; **2.** сиде́ть на ко́рточках; **~ down** присе́сть *pf.* на ко́рточки

S

squawk [skwɒːk] **1.** *bird's* пронзи́тельный крик; **2.** пронзи́тельно крича́ть
squeak [skwiːk] [про]пища́ть; *of shoes, etc.* скрипе́ть
squeal [skwiːl] [за]визжа́ть; *sl.* доноси́ть [донести́]
squeamish ['skwiːmɪʃ] □ (*too scrupulous*) щепети́льный; оби́дчивый; *about food, etc.* приверéдливый; (*fastidious*) брезгли́вый
squeeze [skwiːz] **1.** сж(им)а́ть; (*clench*) сти́скивать [-снуть]; *lemon, etc.* выжима́ть [вы́жать]; *fig. money* вымога́ть (***from*** у Р); **2.** сжа́тие; пожа́тие; давле́ние; да́вка; **~r** ['skwiːzə] выжи́малка
squelch [skweltʃ] хлю́пать
squint [skwɪnt] коси́ть; *at the sun* [со]щу́риться
squirm [skwɜːm] изви́(ва́)ться, [с]ко́рчиться
squirrel [skwɪrəl] бе́лка
squirt [skwɜːt] **1.** струя́; *coll.* (*a nobody*) вы́скочка *m/f.*; **2.** бры́згать [-знуть]; бить то́нкой струёй
stab [stæb] **1.** уда́р; **2.** *v/t. to death* зака́лывать [заколо́ть]; *v/i.* (*wound*) наноси́ть уда́р (***at*** Д)
stabili|ty [stə'bɪlətɪ] усто́йчивость *f*, *fin.* стаби́льность *f*; про́чность *f*; **~ze** ['steɪbəlaɪz] стабилизи́ровать (*im*)*pf.*; **~zer** ['steɪbəlaɪzə] *tech.* стабилиза́тор
stable[1] ['steɪbl] □ усто́йчивый; *situation, etc.* стаби́льный
stable[2] [~] коню́шня
stack [stæk] **1.** *of hay* стог; *of wood* шта́бель *m*; *of books* сто́пка; ку́ча; **2.** скла́дывать [сложи́ть]
stadium ['steɪdɪəm] *sport* стадио́н
staff [stɑːf] **1.** (*flag~*) дре́вко; (*body of employees*) штат, персона́л; ***editorial~*** редколле́гия; **2.** набира́ть [-ра́ть] персона́л; укомплекто́вывать [-това́ть]
stag [stæg] *zo.* оле́нь-саме́ц
stage [steɪdʒ] **1.** сце́на, подмо́стки *m/pl.*; *for singer, etc.* эстра́да; *fig.* ста́дия, эта́п; **2.** [по]ста́вить; **~ manager** режиссёр
stagger ['stægə] *v/i.* шата́ть(ся) [(по)шатну́ться]; *v/t. fig.* потряса́т[ь] [-ясти́]; поража́ть [порази́ть]; **~in**[g] [-ɪŋ] потряса́ющий
stagna|nt ['stægnənt] □ *wate*[r] стоя́чий; **~te** [stæg'neɪt] заста́[и]ваться [застоя́ться]; *fig. mst. eco*[n.] быть в состоя́нии засто́я
staid [steɪd] □ уравнове́шенный, сте[]пе́нный; сде́ржанный
stain [steɪn] **1.** пятно́ (*a. fig.*); **2.** [за]па́чкать; *fig.* [за]пятна́ть; ***~ed glas***[s] цветно́е стекло́; ***~ed-glass windo***[w] витра́ж; **~less** ['steɪnlɪs] *steel* нержа[]ве́ющий
stair [steə] ступе́нька; **~*s*** *pl.* ле́стница; **~case**, **~way** ле́стница; ле́стничная клéтка
stake [steɪk] **1.** *wooden* кол; (*bet*) ста́[в]ка; ***be at~*** *fig.* быть поста́вленным н[а] ка́рту; **2.** *money* ста́вить (***on*** на В)
stale [steɪl] □ несве́жий; *air* спёрты[й]; *joke* изби́тый; *bread* чёрствый; *new*[s] устаре́вший
stalemate ['steɪlmeɪt] *chess* пат; *fi*[g.] тупи́к
stalk [stɔːk] **1.** сте́бель *m*; *of le*[af] черено́к; **2.** *v/i.* ва́жно ше́ствоват[ь], го́рдо выступа́ть
stall [stɔːl] **1.** *for animals* сто́йло; *i*[n] *market mst. Brt.* прила́вок; киос[к], ларёк; *thea.* ме́сто в парте́ре; **2.**: ***th***[e] ***engine ~ed*** мото́р заглóх
stallion ['stælɪən] жеребе́ц
stalwart ['stɔːlwət] ро́слый, кре́пки[й]; *supporter* сто́йкий
stamina ['stæmɪnə] выно́сливость *f*
stammer ['stæmə] **1.** заика́ть[ся] [-кну́ться]; запина́ться [запну́ться]; **2.** заика́ние
stamp [stæmp] **1.** штамп, ште́мпел[ь] *m*, печа́ть *f*, *fig.* отпеча́ток, печа́т[ь] *f*, *for letter* ма́рка; *of feet* то́панье; ***collector*** филатели́ст; **2.** [про]штам[]пова́ть; [по]ста́вить ште́мпель *n*[ли] печа́ть *f*, то́пать ного́й
stampede [stæm'piːd] **1.** пани́ческо[е] бе́гство; **2.** обраща́ть(ся) в па[]ни́ческое бе́гство
stand [stænd] **1.** [*irr.*] *v/i. com.* стоя́ть; проста́ивать [-стоя́ть]; (*~ still*) оста[]

на́вливаться [-нови́ться]; (*~ fast*) держа́ться; устоя́ть *pf.*; **~ against** [вос]проти́виться, сопротивля́ться (Д); **~ aside** [по]сторони́ться; **~ by** прису́тствовать; *fig.* быть нагото́ве; подде́рживать; [-жа́ть]; **~ for** быть кандида́том (Р); стоя́ть за (В); зна́чить; **~ out** выделя́ться [вы́делиться] (**against** на П); **~ over** остава́ться нерешённым; **~ up** вст(ав)а́ть, поднима́ться [-ня́ться]; **~ up for** защища́ть [-ити́ть]; **2.** *v/t.* [по]ста́вить; (*bear*) выде́рживать [вы́держать], выноси́ть [вы́нести]; *coll* (*treat*) угоща́ть [угости́ть] (Т); **3.** остано́вка; сопротивле́ние; то́чка зре́ния; стенд; кио́ск; пози́ция; ме́сто; (*support*) подста́вка; (*rostrum*) трибу́на; **make a ~ against** сопротивля́ться (Д)

standard ['stændəd] **1.** зна́мя *n*, флаг; но́рма, станда́рт; образе́ц *m*; **~ of living** жи́зненный у́ровень *m*; **2.** станда́ртный; образцо́вый; **~ize** [-aɪz] стандартизи́ровать (*im*)*pf*.

standby ['stændbaɪ] **1.** опо́ра; **2.** *tech.*, *fin.* резе́рвный

standing ['stændɪŋ] **1.** (*posture, etc.*) стоя́чий; *permanent* постоя́нный; **2.** (*rank, reputation*) положе́ние; (*duration*) продолжи́тельность *f*

stand|offish [stænd'ɒfɪʃ] за́мкнутый; надме́нный; **~point** то́чка зре́ния; **~still** остано́вка; **the work came to a ~** рабо́та останови́лась; **bring to a ~** останови́ть, засто́порить

stank [stæŋk] *pt. om* **stink**

stanza ['stænzə] строфа́

staple ['steɪpl] основно́й; **~ diet** осно́ва пита́ния

star [stɑː] **1.** звезда́ (*a. fig.*); *fig.* судьба́; **the ♀s and Stripes** *pl. Am.* национа́льный флаг США; **thank one's lucky ~s** благодари́ть судьбу́; **2.** игра́ть гла́вную роль *f*

starboard ['stɑːbəd] *naut.* пра́вый борт

starch [stɑːtʃ] **1.** крахма́л; **2.** [на]крахма́лить

stare [steə] **1.** при́стальный взгляд; **2.** смотре́ть при́стально; уста́виться *pf.*; (**at** на В)

stark [stɑːk] (*stiff*) окочене́лый; (*utter*) соверше́нный; *adv.* соверше́нно

starling ['stɑːlɪŋ] скворе́ц

starry ['stɑːrɪ] звёздный

start [stɑːt] **1.** нача́ло; *of train, etc.* отправле́ние; *sport* старт; **give a ~** вздро́гнуть *pf.* **give s.o. a ~** испуга́ть кого́-л.; **give s.o. a ~ in life** помо́чь *pf.* кому́-л. встать на́ ноги; **2.** *v/i. at a sound, etc.* вздра́гивать [-ро́гнуть]; *from one's seat, etc.* вска́кивать [вскочи́ть]; отправля́ться в путь; *sport* стартова́ть (*im*)*pf.*; нач(ин)а́ться; *v/t.* (*set going*) пуска́ть (пусти́ть); *sport* дава́ть старт (Д); *fig.* нач(ин)а́ть; учрежда́ть [-еди́ть]; побужда́ть [-уди́ть] (**~ a p. doing** кого́-л. де́лать); **~er** ['stɑːtə] *mot.* стартёр

startl|e [stɑːtl] (*alarm*) трево́жить (*take aback*) поража́ть [порази́ть]; [ис-, на]пуга́ть; **~ing** ['stɑːtlɪŋ] порази́тельный

starv|ation [stɑː'veɪʃən] го́лод; голода́ние; **~e** [stɑːv] голода́ть; умира́ть с го́лоду; мори́ть го́лодом; **~ for** *fig.* жа́ждать (Р)

state [steɪt] **1.** состоя́ние; (*station in life*) положе́ние; госуда́рство (*pol. a.* ♀); (*member of federation*) штат; *attr.* госуда́рственный; **get into a ~** разне́рвничаться *pf.*, разволнова́ться *pf.*; **~ of emergency** чрезвыча́йное положе́ние; **2.** заявля́ть [-ви́ть]; констати́ровать (*im*)*pf.*; [с]формули́ровать; (*set forth*) излага́ть (изложи́ть); **~ly** [-lɪ] вели́чественный; **~ment** [-mənt] утвержде́ние; официа́льное заявле́ние; *fin.* отчёт; **~room** *naut.* отде́льная каю́та; **~sman** ['steɪtsmən] госуда́рственный де́ятель *m*

static ['stætɪk] *el.* стати́ческий; неподви́жный; (*stable*) стаби́льный

station ['steɪʃn] **1.** *radio, el., rail.* ста́нция; (*building*) вокза́л; **2.** размеща́ть [-ести́ть] (*a. mil.*); **~ary** ['steɪʃənrɪ] неподви́жный; стациона́рный; **~ery** [-] канцеля́рские това́ры *m/pl.*

S

statistics [stə'tɪstɪks] стати́стика
statue ['stætʃuː] ста́туя
stature ['stætʃə] рост; масшта́б, кали́бр
status ['steɪtəs] положе́ние; **~ quo** ста́тус-кво
statute ['stætʃuːt] стату́т; зако́н; законода́тельный акт; *pl.* уста́в
staunch [stɔːntʃ] *supporter* ве́рный; непоколеби́мый
stay [steɪ] **1.** пребыва́ние, визи́т; *law* отсро́чка; **2.** *v/t. law* приостана́вливать [-нови́ть]; *v/i.* (*remain*) ост(ав)а́ться; *as guest at hotel, etc.* остана́вливаться [-нови́ться], жить (*at* в П), [по]гости́ть
stead [sted]: ***in a person's ~*** вме́сто кого́-нибудь; **~fast** ['stedfɑːst] сто́йкий, непоколеби́мый
steady ['stedɪ] **1.** □ (*balanced*) усто́йчивый; *look, etc.* при́стальный; (*regular*) постоя́нный; равноме́рный; (*stable*) уравнове́шенный; **2.** де́лать(ся) усто́йчивым; приводи́ть в равнове́сие; *adv.* **~!** осторо́жно!
steak [steɪk] *of beef* бифште́кс; (*fillet* **~**) вы́резка
steal [stiːl] [*irr.*] *v/t.* [с]ворова́ть, [у]кра́сть; *v/i.* кра́сться, прокра́дываться [-ра́сться]
stealth [stelθ]: ***by ~*** укра́дкой, тайко́м; **~y** ['stelθɪ] □ та́йный; бесшу́мный; ***~ glance*** взгляд укра́дкой; ***~ steps*** краду́щиеся шаги́
steam [stiːm] **1.** пар; **2.** *attr.* парово́й; **3.** *v/i.* (*move by steam*) *of train* идти́; *of ship* пла́вать; [по]плы́ть; ***get ~ed up*** запоте́ть *pf.*; *fig.* [вз]волнова́ться; *v/t.* вари́ть на пару́; пари́ть; выпа́ривать [вы́парить]; **~er** ['stiːmə] *naut.* парохо́д; *cul.* скорова́рка; **~y** ['stiːmɪ] насы́щенный па́ром; *glass* запоте́вший
steel [stiːl] **1.** сталь *f*; **2.** стально́й (*a.* **~y**); ***~ o.s. for*** собра́ть всё своё му́жество; ожесточа́ться [-чи́ться]; **~works** сталелите́йный заво́д
steep [stiːp] круто́й; *coll. price* сли́шком высо́кий
steeple ['stiːpl] шпиль *m*; *with bell* коло́кольня; **~chase** ска́чки с пр[…] пя́тствиями
steer [stɪə] пра́вить рулём; *naut., et[…]* управля́ть (T); **~ing** ['~ɪŋ]: ***~ whe[…]*** *naut.* штурва́л; *mot.* рулево́е колес[…] *coll.* бара́нка; **~sman** ['stɪəzmən] р[…] левой
stem[1] [stem] **1.** *bot.* сте́бель *m*; *gr.* о[…]нова; **2.** *v/i.* (*arise*) происходи́т[…] [-изойти́]
stem[2] [~] (*stop, check*) заде́рживат[…] [-жа́ть]
stench [stentʃ] злово́ние
stencil ['stensl] трафаре́т
stenographer [ste'nɒgrəfə] стеногр[…]фист *m*, -ка *f*
step[1] [step] **1.** шаг (*a. fig.*); похо́дка; […] *stairs* ступе́нька; (*footboard*) подно́ж[…]ка; *fig.* ме́ра; ***it's only a ~ from here*** о[…] сю́да руко́й пода́ть; ***~ by ~*** постепе́[…]но; ***a rushed ~*** необду́манный ша[…] ***take ~s*** принима́ть [-ня́ть] ме́ры […] ***tread in the ~s of*** *fig.* идти́ по стопа́[…] (Р); **~s** *pl.* стремя́нка; **2.** *v/i.* шага́т[…] [шагну́ть], ступа́ть [-пи́ть]; ходи́т[…] идти́ [пойти́]; ***~ aside*** посторони́тьс[…] *pf.*; ***~ back*** отступи́ть *pf.* наза́д, отойт[…] *pf.*; ***~ up*** *v/t.* (*increase*) повыша́т[…] [-ы́сить]
step[2] [~]: **~daughter** па́дчерица; **~fa[…]ther** о́тчим; **~mother** ма́чеха
steppe [step] степь *f*
stepping-stone ка́мень *m* для пере[…]хо́да через руче́й; ***~ to success*** сту[…]пе́нь к успе́ху
stepson па́сынок
stereo ['sterɪəʊ] стереофони́ческий (прои́грыватель *m or* радиоприём[…]ник)
stereotype ['sterɪətaɪp] стереоти́п
steril|e ['steraɪl] беспло́дный; (*fre[…] from germs*) стери́льный; **~ity** [ste'rɪlətɪ] беспло́дие; стери́льность […] **~ize** ['sterəlaɪz] стерилизова́ть (*im*)*p[…]*
sterling ['stɜːlɪŋ]: ***the pound ~*** фун[…] сте́рлингов
stern[1] [stɜːn] □ стро́гий, суро́вый
stern[2] [~] *naut.* корма́
stevedore ['stiːvədɔː] до́кер; порто́вый гру́зчик

S

stew [stju:] **1.** [с]туши́ть(ся); **2.** тушёное мя́со; ***be in a ~*** волнова́ться, беспоко́иться

steward ['stjʊəd] *naut.*, *ae.* стю́ард, бортпроводни́к; **~ess** ['stjʊədɪs] стюарде́сса, бортпроводни́ца

stick¹ [stɪk] па́лка; (*walking ~*) трость *f*; ***~s for fire*** хво́рост

stick² [~] [*irr.*] *v/i.* прикле́и(ва)ться, прилипа́ть [-ли́пнуть]; (*become fixed*) застрева́ть [-ря́ть]; завяза́ть [-я́знуть]; *at home* торча́ть; ***~ to*** приде́рживаться [-жа́ться] (Р); ***~ at nothing*** не остана́вливаться ни пе́ред чем; ***~ out, ~ up*** торча́ть; стоя́ть торчко́м; *v/t.* вка́лывать [вколо́ть]; *fork*, *etc.* втыка́ть [воткну́ть]; *stamp* накле́ивать [-е́ить]; прикле́и(ва)ть; *coll.* (*bear*) терпе́ть, вы́терпеть *pf.*; ***~ing plaster*** лейкопла́стырь *m*

sticky ['stɪkɪ] ли́пкий, кле́йкий; ***come to a ~ end*** пло́хо ко́нчить *pf.*

stiff [stɪf] □ жёсткий, неги́бкий; *lock*, *etc.* туго́й; тру́дный; *relations* натя́нутый; ***~ with cold*** окочене́ть *pf.* от хо́лода; **~en** ['stɪfn] *of starch*, *etc.* [за]густе́ть

stifle ['staɪfl] задыха́ться [задохну́ться]; *rebellion* подавля́ть [-ви́ть]

stigma ['stɪgmə] *fig.* пятно́, клеймо́

still [stɪl] **1.** *adj.* ти́хий; неподви́жный; **2.** *adv.* ещё, всё ещё; **3.** *cj.* всё же, одна́ко; **4.** (*make calm*) успока́ивать [-ко́ить]; **~born** мертворождённый; **~ life** натюрмо́рт; **~ness** ['stɪlnɪs] тишина́

stilted ['stɪltɪd] *style* высокопа́рный

stimul|ant ['stɪmjʊlənt] *med.* возбужда́ющее сре́дство; *fig.* сти́мул; **~ate** [~leɪt] (*excite*) возбужда́ть [-уди́ть]; стимули́ровать (*a. fig.*); поощря́ть [-ри́ть]; **~ating** стимули́рующий, вдохновля́ющий; **~us** [~ləs] сти́мул

sting [stɪŋ] **1.** (*organ*) жа́ло; (*bite*) уку́с; о́страя боль *f*; *fig.* ко́лкость *f*; **2.** [*irr.*] [у]жа́лить; *of nettle* жечь(ся); (*smart*, *burn*) садни́ть; *fig.* уязвля́ть [-ви́ть]

sting|iness ['stɪndʒɪnɪs] ска́редность *f*; **~y** ['stɪndʒɪ] скупо́й

stink [stɪŋk] **1.** вонь *f*; **2.** [*irr.*] воня́ть

stint [stɪnt] **1.** (*fixed amount*) но́рма; **2.** (*keep short*) ограни́чи(ва)ть; [по]скупи́ться на (В); ***she doesn't ~ herself*** она́ себе́ ни в чём не отка́зывает

stipulat|e ['stɪpjʊleɪt] ста́вить усло́вия; обусло́вливать [-вить]; ***the ~d sum*** оговорённая [-вить]; су́мма; **~ion** [stɪpjʊ'leɪʃn] усло́вие

stir [stɜ:] **1.** шевеле́ние; (*excitement*) суета́, сумато́ха; движе́ние; *fig.* оживле́ние; ***create a ~*** наде́лать *pf.* мно́го шу́ма; **2.** *leaves*, *etc.* шевели́ть(ся) [-льну́ть(ся)]; *tea*, *etc.* [по]меша́ть; [вз]волнова́ть; ***~ up*** (*excite*) возбужда́ть [-уди́ть]; разме́шивать [-ша́ть]

stirrup ['stɪrəp] стре́мя *n* (*pl.*: стремена́)

stitch [stɪtʃ] **1.** *sew.* стежо́к; *in knitting* петля́; *med.* шов; **2.** [с]шить, проши́(ва́)ть

stock [stɒk] **1.** (*supply*) запа́с; ***live ~*** поголо́вье скота́, скота́, скот; ***capital ~*** уставно́й капита́л; ***take ~ of*** де́лать переучёт (Р), производи́ть инвентариза́цию; *fig.* крити́чески оце́нивать; **2.** *size* станда́ртный; *joke*, *etc.* изби́тый; **3.** (*supply*) снабжа́ть [-бди́ть]

stock|breeder животново́д; **~broker** биржево́й ма́клер; бро́кер; **~ exchange** фо́ндовая би́ржа; **~holder** *Am.* акционе́р

stocking ['stɒkɪŋ] чуло́к

stock|taking переучёт, инвентариза́ция; **~y** ['stɒkɪ] корена́стый

stoic ['stəʊɪk] **1.** сто́ик; **2.** сто́йческий

stole [stəʊl] *pt. от* ***steal***; **~n** ['stəʊlən] *pt. p. от* ***steal***

stolid ['stɒlɪd] □ флегмати́чный

stomach ['stʌmək] **1.** желу́док; живо́т; ***it turns my ~*** от э́того меня́ тошни́т; **2.** *fig.* переноси́ть [-нести́]

stone [stəʊn] **1.** ка́мень *m*; *of fruit* ко́сточка; ***leave no ~ unturned*** [с]де́лать всё возмо́жное; **2.** ка́менный; **3.** броса́ть ка́мни, броса́ться камня́ми; *fruit* вынима́ть ко́сточки из (Р); **~-deaf** соверше́нно глухо́й; **~ware** гонча́рные изде́лия *n/pl.*

stony ['stəʊnɪ] камени́стый; *fig.* ка́менный

S

stood [stud] *pt. u pt. p. от* ***stand***
stool [stu:l] (*seat*) табуре́тка; (*f(a)eces*) стул
stoop [stu:p] **1.** *v/i.* наклоня́ться [-ни́ться], нагиба́ться [нагну́ться]; (*be bent*) [с]суту́литься; *fig.* унижа́ться [уни́зиться] (***to*** до Р); *v/t.* суту́лить; **2.** суту́лость *f*
stop [stɔp] **1.** *v/t.* затыка́ть [заткну́ть] (*a.* ~ ***up***), заде́л(ыв)ать; *tooth* [за]пломбирова́ть; (*prevent*) уде́рживать [-жа́ть]; (*cease*) прекраща́ть [-крати́ть]; (*halt*) остана́вливать [-нови́ть]; ~ ***it!*** прекрати́!; *v/i.* перест(ав)а́ть; (*stay*) остана́вливаться [-нови́ться]; (*finish*) прекраща́ться [-ати́ться]; конча́ться [ко́нчиться]; **2.** остано́вка; па́уза; заде́ржка; *tech.* упо́р; *gr.* (*a.* ***full*** ~) то́чка; **~page** ['stɔpɪdʒ] остано́вка, прекраще́ние рабо́ты; *tech.* про́бка, засоре́ние; **~per** ['stɔpə] про́бка; **~ping** ['stɔpɪŋ] (зубна́я) пло́мба
storage ['stɔ:rɪdʒ] хране́ние; *place* склад
store [stɔ:] **1.** запа́с; склад; *Am.* магази́н; (*department* ~) универма́г; ***in*** ~ нагото́ве; про запа́с; **2.** храни́ть на скла́де; (*put by*) запаса́ть [-сти́]; **~house** склад; *fig.* сокро́вищница; **~keeper** *Am.* хозя́ин магази́на
stor(e)y ['stɔrɪ] эта́ж
stork [stɔ:k] а́ист
storm [stɔ:m] **1.** бу́ря; *at sea* шторм; *mil.* штурм; ***a*** ~ ***in a teacup*** бу́ря в стака́не воды́; **2.** бушева́ть; *mil.* штурмова́ть (*a. fig.*); **~y** ['~ɪ] □ бу́рный (*a. fig.*); штормово́й
story ['stɔ:rɪ] (*account*) расска́з, исто́рия; *lit.* расска́з; *longer* по́весть *f*; *cine.* сюже́т; *in newspaper* статья́
stout [staut] **1.** □ *thing* кре́пкий, про́чный; (*sturdy*) пло́тный; (*fat*) ту́чный; (*brave*) отва́жный; **2.** кре́пкое тёмное пи́во
stove [stəuv] печь *f*, пе́чка; (ку́хонная) плита́
stow [stəu] (*pack*) укла́дывать [уложи́ть]; **~away** *naut.* безбиле́тный пассажи́р
straggl|e ['strægl] *of houses* быть разбро́санным; (*drop behind*) отст(а)в)а́ть; **~ing** [-ɪŋ] разбро́санный; беспоря́дочный
straight [streɪt] **1.** *adj.* прямо́й; че́стный; (*undiluted*) неразба́вленный; ***put*** ~ приводи́ть в поря́док; **2.** *adv.* пря́мо; сра́зу; **~en** ['streɪtn] выпрямля́ть(ся) [вы́прямить(ся)]; ~ ***out*** приводи́ть в поря́док; **~forward** [~'fɔ:wəd] □ че́стный, прямо́й, открове́нный
strain[1] [streɪn] поро́да; сорт; черта́ хара́ктера
strain[2] [~] напряже́ние; *tech.* (*force*) нагру́зка; растяже́ние (*a. med.*); *mus. mst.* **~s** *pl.* напе́в, мело́дия; **2.** *v/t.* натя́гивать [натяну́ть]; напряга́ть [-я́чь]; (*filter*) проце́живать [-еди́ть]; (*exhaust*) переутомля́ть [-ми́ть]; *med.* растя́гивать [-яну́ть]; *v/i.* напряга́ться [-я́чься]; тяну́ться (***after*** за Т); тяну́ть изо всех сил (***at*** В); [по]стара́ться; **~er** ['streɪnə] (*colander*) дуршла́г; (*sieve*) си́то; цеди́лка
strait [streɪt] проли́в; **~s** *pl.* затрудни́тельное положе́ние; **~ened** ['streɪtnd]: ***be in*** ~ ***circumstances*** оказа́ться *pf.* в стеснённом положе́нии
strand [strænd] *of hair* прядь *f*; *of cable* жи́ла; **~ed** [~ɪd]: ***be*** ~ *fig.* оказа́ться *pf.* без средств
strange [streɪndʒ] □ стра́нный; (*alien*) чужо́й; (*unknown*) незнако́мый; **~r** ['streɪndʒə] незнако́мец *m*, -мка *f*; посторо́нний (челове́к)
strangle ['strængl] [за]души́ть
strap [stræp] **1.** *on watch, etc.* реме́шо́к; (*shoulder* ~) брете́лька; *mil.* пого́н; **2.** стя́гивать ремнём
stratagem ['strætədʒəm] уло́вка; хи́трость *f*
strateg|ic [strə'ti:dʒɪk] (**~ally**) стратеги́ческий; **~y** ['strætədʒɪ] страте́гия
strat|um ['strɑ:təm], *pl.* **~a** [~tə] *geol.* пласт; *social* слой
straw [strɔ:] **1.** соло́ма; соло́минка; ***the last*** ~ после́дняя ка́пля; **2.** соло́менный; **~berry** ['~brɪ] клубни́ка; (*a. wild* ~) земляни́ка
stray [streɪ] **1.** сбива́ться с пути́, заблу-

ди́ться *pf.*; забрести́ *pf.*; *of thoughts, affections* блужда́ть; **2.** (*a.* **~ed**) заблуди́вшийся; бездо́мный; *dog, cat* бродя́чий; *bullet* шальна́я пу́ля

treak [stri:k] поло́ска; *fig.* черта́; **~s of grey** про́седь *f*

ream [stri:m] **1.** поток (*a. fig.*); (*brook*) руче́й; (*jet*) струя́; **2.** *v/i.* [по]те́чь; *poet.* струи́ться; *of flag, etc.* разве́ваться

reamline *v/t.* придава́ть [прида́ть] обтека́емую фо́рму; упроща́ть [упрости́ть]; *fig.* рационализи́ровать

reet [stri:t] у́лица; *attr.* у́личный; ***not up my ~*** не по моéй ча́сти; ***~ lamp*** у́личный фона́рь *m*; ***~car*** *Am.* трамва́й

rength [streŋθ] си́ла; *of cloth, etc.* про́чность *f*; *of alcohol, etc.* кре́пость *f*; ***on the ~ of*** на основа́нии (Р); **~en** ['streŋθən] *v/t.* усили(ва)ть; укрепля́ть [-пи́ть]; *v/i.* усили(ва)ться

renuous ['strenjuəs] энерги́чный; *day, work* напряжённый, тяжёлый

ress [stres] **1.** напряже́ние (*a. tech.*); (*accent*) ударе́ние; **2.** подчёркивать [-черкну́ть]; ста́вить ударе́ние на (П)

retch [stretʃ] **1.** *v/t.* (*~ tight*) натя́гивать [-яну́ть]; (*make wider or longer*) растя́гивать [-яну́ть]; *neck* вытя́гивать [вы́тянуть]; протя́гивать [-яну́ть]; (*mst.* ***~ out***); ***~ a point*** допуска́ть [-сти́ть] натя́жку, преувели́чи(ва)ть; *v/i.* тяну́ться; растя́гиваться [-яну́ться]; **2.** растя́гивание; напряже́ние; *of road* отре́зок; натя́жка; преувеличе́ние; (*level area*) простра́нство; промежу́ток вре́мени; **~er** ['stretʃə] носи́лки *f/pl.*

rew [stru:] [*irr.*] посыпа́ть [посы́пать]; (*litter, scatter*) разбра́сывать [-роса́ть]

tricken ['strɪkən] *pt. p. от* ***strike***

trict [strɪkt] (*exact*) то́чный; (*severe*) стро́гий

tride [straɪd] **1.** [*irr.*] шага́ть [шагну́ть]; ***~ over*** переша́гивать [-гну́ть]; **2.** большо́й шаг; ***take (s.th.) in one's ~*** *fig.* легко́ добива́ться своего́; легко́ переноси́ть [-нести́]

strident ['straɪdnt] □ ре́зкий, скрипу́чий; пронзи́тельный

strike [straɪk] **1.** забасто́вка; ***be on ~*** бастова́ть; **2.** [*irr.*] *v/t.* ударя́ть [уда́рить]; *coins, etc.* [от]чека́нить; *fig.* поража́ть [порази́ть]; находи́ть [найти́]; *a bargain* заключа́ть [-чи́ть]; *a pose* принима́ть [-ня́ть]; ***~ up*** *acquaintance* познако́миться; *v/i. of clock* [про]би́ть; [за]бастова́ть; ***~ home*** *fig.* попада́ть в са́мую то́чку; **~r** ['straɪkə] забасто́вщик (-ица)

striking ['straɪkɪŋ] □ порази́тельный; ***~ changes*** рази́тельные переме́ны

string [strɪŋ] **1.** верёвка; бечёвка; *mus.* струна́; *of pearls* ни́тка; **~s** *pl. mus.* стру́нные инструме́нты *m/pl.*; ***pull ~s*** испо́льзовать свои́ свя́зи; **2.** [*irr.*] *beads* нани́зывать [-за́ть]; **~ band** стру́нный орке́стр

stringent ['strɪndʒənt] *rules* стро́гий; (*which must be obeyed*) обяза́тельный

strip [strɪp] **1.** сдира́ть [содра́ть] (*a.* ***~ off***); *bark* обдира́ть [ободра́ть]; разде́(ва́)ть(ся); *of rank, etc.* лиша́ть [лиши́ть] (***of*** Р); (*rob*) [о]гра́бить; **2.** полоса́, поло́ска; ***landing ~*** взлётно-поса́дочная полоса́

stripe [straɪp] полоса́; *mil.* наши́вка

strive [straɪv] [*irr.*] [по]стара́ться; стреми́ться (***for, after*** к Д); **~n** ['strivn] *pt. p. от* ***strive***

strode [strəʊd] *pt. от* ***stride***

stroke [strəʊk] **1.** уда́р (*a. med.*); *of pen, etc.* штрих; *of brush* мазо́к; ***at one ~*** одни́м ма́хом; ***~ of luck*** уда́ча; **2.** [по-] гла́дить

stroll [strəʊl] **1.** прогу́ливаться [-ля́ться]; **2.** прогу́лка

strong [strɒŋ] □ *com.* си́льный; про́чный; *tea, etc.* кре́пкий; *cheese* о́стрый; *argument* убеди́тельный; ***a ~ point*** си́льная сторона́; **~hold** *fig.* опло́т; **~-willed** реши́тельный; упря́мый

strove [strəʊv] *pt. от* ***strive***

struck [strʌk] *pt. и pt. p. от* ***strike***

structure ['strʌktʃə] структу́ра (*a. phys.*); *social* строй; *arch.* строе́ние

S

(*a. phys.*), сооруже́ние
struggle ['strʌgl] **1.** боро́ться; вся́чески стара́ться; би́ться (***with*** над Т); ~ ***through*** с трудо́м пробива́ться; **2.** борьба́
strung [strʌŋ] *pt. u pt. p. om* ***string***
stub [stʌb] **1.** *of cigarette* оку́рок; *of pencil* огры́зок; **2.** *one's toe* ударя́ться [уда́риться] (***against*** о В)
stubble ['stʌbl] стерня́; *of beard* щети́на
stubborn ['stʌbən] □ упря́мый; непода́тливый; *efforts, etc.* упо́рный
stuck [stʌk] *pt. u pt. p. om* ***stick***; ~***up*** *coll.* высокоме́рный; зано́счивый
stud [stʌd] **1.** (*collar*~) за́понка; (*press*-~) кно́пка; *on boots* шип; **2.** усе́ивать [усе́ять] (Т)
student ['stju:dnt] студе́нт *m*, -ка *f*
studied ['stʌdɪd] *answer, remark* обду́манный; *insult* преднаме́ренный; умы́шленный
studio ['stju:dɪəʊ] сту́дия; *artist's* ателье́ *n indecl.*, мастерска́я
studious ['stju:dɪəs] □ нарочи́тый; приле́жный
study ['stʌdɪ] **1.** изуче́ние; (*research*) иссле́дование; (*room*) кабине́т; *paint.* этю́д, эски́з; **2.** учи́ться (Д); изуча́ть [-чи́ть]; иссле́довать (*im*)*pf.*
stuff [stʌf] **1.** материа́л; вещество́; (*cloth*) ткань *f*, мате́рия; ~ ***and nonsense*** чепуха́; **2.** *v/t.* (*fill*) наби́(ва́)ть; *cul.* фарширова́ть; начиня́ть [-ни́ть]; (*shove into*) засо́вывать [засу́нуть]; (*overeat*) объеда́ться [объе́сться]; ~**ing** ['stʌfɪŋ] наби́вка; *cul.* начи́нка; ~**y** ['stʌfɪ] □ спёртый, ду́шный
stumble ['stʌmbl] спотыка́ться [-ткну́ться]; *in speech* запина́ться [запну́ться]; ~ ***upon*** натыка́ться [наткну́ться] на (В)
stump [stʌmp] **1.** *of tree* пень *m*; *of tail, etc.* обру́бок; *of cigarette* оку́рок; **2.** *v/t. coll.* ста́вить в тупи́к; *v/i.* тяжело́ ступа́ть; ~**y** ['stʌmpɪ] призе́мистый
stun [stʌn] оглуша́ть [-ши́ть] (*a. fig.*); *fig.* ошеломля́ть [-ми́ть]
stung [stʌŋ] *pt. u pt. p. om* ***sting***
stunk [stʌŋk] *pt. u pt. p. om* ***stink***
stunning ['stʌnɪŋ] *coll.* сногсшиб тельный
stunt [stʌnt] трюк
stup|efy ['stju:pɪfaɪ] ошеломля [-ми́ть]; поража́ть [порази́ть]; *wi drug* одурма́нить; ~**id** ['stju:pɪd] глу́пый, тупо́й; ~**idity** [stju:'pɪdə глу́пость *f*
sturdy ['stɜ:dɪ] си́льный, кре́пки здоро́вый; *thing* про́чный
sturgeon [stɜ:dʒən] осётр; *cul.* осе ри́на
stutter ['stʌtə] заика́ться
stye [staɪ] *on eyelid* ячме́нь *m*
style [staɪl] стиль *m*; (*fashion*) мо́д фасо́н; ***life*** ~ о́браз жи́зни
stylish ['staɪlɪʃ] □ мо́дный; элега́н ный, *coll.* сти́льный
suave [swɑ:v] гла́дкий; обходи́тел ный; мя́гкий в обраще́нии
sub... [sʌb] *mst.* под...; суб...
subconscious [sʌb'kɒnʃəs] **1.** подсо на́тельный; **2.** подсозна́ние; подсо нательное
subdivision [sʌbdɪ'vɪʒn] подраздел ние; *of a group a.* се́кция
subdue [səb'dju:] (*conquer, subjuga* покоря́ть [-ри́ть]; подавля́ть [-ви́т (*reduce*) уменьша́ть [уме́ньшить]
subject ['sʌbdʒɪkt] **1.** подчинённы подвла́стный; *fig.* ~ ***to*** подлежа́щ (Д); ***she is*** ~ ***to colds*** она́ подве́рже просту́дам; **2.** *adv.*: ~ ***to*** при усло́в (Р); **3.** *pol.* по́дданный; *in school* пре ме́т; *of novel* сюже́т; (*a.* ~ ***matter***) т ма; ***drop the*** ~ перевести́ *pf.* разгово на другу́ю те́му; **4.** [səb'dʒekt] по чиня́ть [-ни́ть]; *fig.* подверга́ть [-е́р нуть]
subjugate ['sʌbdʒʊgeɪt] (*entral(l)*) п рабоща́ть [-бори́ть]; покоря́ [-ри́ть]
sublease [sʌb'li:s] субаре́нда
sublime [sə'blaɪm] □ возвы́шенны
submachine [sʌbmə'ʃi:n]: ~ ***gun*** авт ма́т
submarine [sʌbmə'ri:n] *naut.* подво́ ная ло́дка, субмари́на
submerge [səb'mɜ:dʒ] погружа́ть(с [-узи́ть(ся)]; затопля́ть [-пи́ть]

S

ubmiss|ion [səb'mɪʃn] подчинéние; покóрность *f*; *of documents, etc.* представлéние; **~ive** [səb'mɪsɪv] □ покóрный

ubmit [səb'mɪt] (*give in*) покоря́ться [-ри́ться] (Д); (*present*) представля́ть [-áвить]

ubordinate **1.** [sə'bɔːdɪnət] подчинённый; *gr.* придáточный; **2.** [~] подчинённый (-ённая); **3.** [sə'bɔːdɪneɪt] подчиня́ть [-ни́ть]

ubscribe [səb'skraɪb] *v/t.* (*donate*) [по]жéртвовать; *v/i.* поддéрживать [-жáть] (***to*** В); *magazine, etc.* подпи́сываться [-сáться] (***to*** на В); **~r** [~ə] подпи́счик *m*, -чица *f*; *tel.* абонéнт

ubscription [səb'skrɪpʃn] подпи́ска; *to series of concerts, etc.* абонемéнт; *to club* члéнские взнóсы

ubsequent ['sʌbsɪkwənt] □ послéдующий; **~ly** впослéдствии

ubservient [səb'sɜːvɪənt] подобострáстный; (*serving to promote*) содéйствующий (***to*** Д)

ubsid|e [səb'saɪd] *of temperature* спадáть [спасть]; *of water* убы́(вá)ть; *of wind* утихáть [ути́хнуть]; *of passions* улéчься *pf.*; **~iary** [səb'sɪdɪərɪ] **1.** □ вспомогáтельный; **2.** филиáл, дочéрняя компáния; **~ize** ['sʌbsɪdaɪz] субсиди́ровать (*im*)*pf.*; **~y** ['sʌbsɪdɪ] субси́дия

ubsist [səb'sɪst] (*exist*) существовáть; жить (***on*** на В); (*eat*) питáться (***on*** Т); **~ence** [~əns] существовáние; ***means of ~*** срéдства к существовáнию

ubstance ['sʌbstəns] веществó; (*gist*) сýщность *f*, суть *f*; (*content*) содержáние

ubstantial [səb'stænʃl] □ существéнный, вáжный; (*strongly made*) прóчный; (*considerable*) значи́тельный; *meal* сы́тный

ubstantiate [səb'stænʃɪeɪt] обоснóвывать [-новáть]; докáзывать справедли́вость (Р); (*confirm*) подтверждáть [-рди́ть]

ubstitut|e ['sʌbstɪtjuːt] **1.** заменя́ть [-ни́ть]; *at work* замещáть [-ести́ть] (***for*** В); **2.** замéна; (*thing*) суррогáт; **~ion** [sʌbstɪ'tjuːʃn] замéна

subterfuge ['sʌbtəfjuːdʒ] увёртка, улóвка

subterranean [sʌbtə'reɪnɪən] □ подзéмный

subtle ['sʌtl] □ тóнкий; утончённый; (*elusive*) неулови́мый

subtract [səb'trækt] *math.* вычитáть [вы́честь]

suburb ['sʌbɜːb] при́город; предмéстье; (*outskirts*) окрáина; **~an** [sə'bɜːbən] при́городный

subvention [səb'venʃn] субвéнция, дотáция

subversive [sʌb'vɜːsɪv] *fig.* подрывнóй

subway ['sʌbweɪ] подзéмный переxóд; *Am. rail.* метрó(политéн) *n indecl.*

succeed [sək'siːd] [по]слéдовать за (Т); (*take the place of*) быть преéмником (Р); достигáть цéли; (*do well*) преуспé(вá)ть

success [sək'ses] успéх; (*good fortune*) удáча; **~ful** [sək'sesfl] □ успéшный; удáчный; *person* удáчливый; *businessman* преуспевáющий; **~ion** [~'seʃn] послéдовательность *f*; (*series*) ряд; ***in ~*** оди́н за други́м; подря́д; **~ive** [~'sesɪv] □ послéдующий, слéдующий; **~or** [~'sesə] *at work* преéмник *m*, -ница *f*; *to throne* наслéдник *m*, -ница *f*

succinct [sək'sɪnkt] крáткий, сжáтый

succulent ['sʌkjʊlənt] сóчный

succumb [sə'kʌm] *to temptation, etc.* подд(ав)áться (***to*** Д); *to pressure, etc.* не выдéрживать [вы́держать] (***to*** Р)

such [sʌtʃ] такóй; *pred.* такóв, -á *и т.д.*; ***~ a man*** такóй человéк; ***~ as*** такóй, как …; как напримéр

suck [sʌk] сосáть; высáсывать [вы́сосать] (*a.* ***~ out***); всáсывать [всосáть] (*a.* ***~ in***); **~er** ['sʌkə] *Am. coll.* простáк; **~le** ['sʌkl] корми́ть гру́дью; **~ling** ['sʌklɪŋ] груднóй ребёнок; *animal* сосу́н(óк)

suction ['sʌkʃn] **1.** *tech.* всáсывание; **2.**

S

attr. всáсывающий
sudden ['sʌdn] □ внезáпный; ***all of a ~*** внезáпно, вдруг
suds [sʌdz] *pl.* мы́льная пéна
sue [sju:] *v/t.* предъявля́ть [-ви́ть] иск комý-л.; *v/i.* возбуждáть дéло (***for*** о П)
suede [sweɪd] зáмша
suffer ['sʌfə] *v/i.* [по]страдáть (***from*** от Р *or* Т); *v/t.* (*undergo, endure*) [по]терпéть; **~er** [-rə] страдáлец *m*, -лица *f*; **~ing** [-rɪŋ] страдáние
suffice [sə'faɪs] хватáть [-ти́ть], быть достáточным; ***~ it to say that*** достáточно сказáть, что …
sufficient [sə'fɪʃnt] □ достáточный
suffocate ['sʌfəkeɪt] *v/t.* [за]души́ть; *v/i.* задыхáться [задохнýться]
suffrage ['sʌfrɪdʒ] избирáтельное прáво
sugar ['ʃʊgə] **1.** сáхар; ***granulated ~*** сáхарный песóк; ***lump ~*** (сáхар-) рафинáд; **2.** сáхарный; **3.** *tea, etc.* положи́ть сáхар; **~y** [-rɪ] *fig.* при́торный, слащáвый
suggest [sə'dʒest] (*propose*) предлагáть [-ложи́ть]; *solution* подскáзывать [-зáть]; наводи́ть на мысль *f* о (П); [по]совéтовать; **~ion** [-ʃən] совéт, предложéние; (*hint*) намёк; **~ive** [-ɪv] □ (*giving food for thought*) наводя́щий на размышлéние; (*improper*) непристóйный; *joke* двусмы́сленный
suicide ['su:ɪsaɪd] самоуби́йство; ***commit ~*** покóнчить *pf.* с собóй
suit [su:t] **1.** (*a.* ***~ of clothes***) костю́м; *cards* масть *f*, *law* судéбное дéло, иск; **2.** *v/t.* (*adapt*) приспосáбливать [-осóбить] (***to, with*** к Д); соотвéтствовать (Д); удовлетвори́ть; (*be convenient or right*) устрáивать [-рóить]; подходи́ть [подойти́] (Д); ***~ yourself*** поступáй как знáешь; *v/i.* (*be appropriate*) подходи́ть, годи́ться; **~able** ['su:təbl] □ подходя́щий; соотвéтствующий; **~case** чемодáн
suite [swi:t] *mus.* сю́ита; *in hotel* нóмер-лю́кс; *of furniture* гарнитýр
suited ['su:tɪd] подходя́щий
sulfur, *Brt.* **sulphur** ['sʌlfə] *chem.* сér[a]
~ic [sʌl'fjuərɪk] сéрный
sulk [sʌlk] **1.** [на]дýться; быть не в д[у]хе; **2.:** ***~s*** [-s] *pl.* плохóе настроéни[е]
~y ['sʌlkɪ] □ надýтый
sullen ['sʌlən] угрю́мый, мрáчны[й]; *sky* пáсмурный
sultry ['sʌltrɪ] □ дýшный, знóйный
sum [sʌm] **1.** сýмма; итóг; ***in ~*** корóтк[о] говоря́; **~s** *pl.* арифмéтика; **2.** (*a.* ***~ u[p]***) *math.* склáдывать [сложи́ть]; *fig.* по[д]води́ть итóг
summar|ize ['sʌməraɪz] сумми́рова[ть] (*im*)*pf.*; подводи́ть [-вести́] итóг; н[а]писáть *pf.* резюмé; **~y** [-rɪ] свóдка; а[н]нотáция, резюмé *n indecl.*
summer ['sʌmə] лéто; ***in ~*** лéтом; **~[y]** [-ri] лéтний
summit ['sʌmɪt] верши́на (*a. fig.*); *po[l.]* сáммит, встрéча в верхáх; *fig.* предé[л]
summon ['sʌmən] соз(ы)вáть (собр[а]ние *и т. п.*); *law* вызывáть [вы́звать]
~s [-z] вы́зов в суд; *law* судéбная п[о]вéстка
sumptuous ['sʌmptʃʊəs] роскóшны[й]; пы́шный
sun [sʌn] **1.** сóлнце; **2.** сóлнечный; [3.] грéть(ся) на сóлнце; **~bathe** загорá[ть]; **~burn** загáр; *painful* сóлнечный ож[ог]
Sunday ['sʌndɪ] воскресéнье
sundown захóд сóлнца
sundry ['sʌndrɪ] рáзный; ***all and ~*** вс[е] без исключéния
sunflower ['sʌnflaʊə] подсóлнечни[к]
sung [sʌŋ] *pt. p. от* ***sing***
sunglasses *pl.* тёмные очки́ *n/pl.*
sunk [sʌŋk] *pt. p. от* ***sink***
sunken [sʌŋkən] *fig.* впáлый
sun|ny ['sʌnɪ] □ сóлнечный; **~ris[e]** восхóд сóлнца; **~set** захóд сóлнца, з[а]кáт; **~shade** зóнт(ик) от сóлнц[а]; **~shine** сóлнечный свет; ***in the ~*** н[а] сóлнце; **~stroke** *med.* сóлнечны[й] удáр; **~tan** загáр; **~tanned** загорéлы[й]
super… ['su:pə] *pref.*: пéре…, пре… сверх…; над…; сýпер…
super ['su:pə] замечáтельный; **~!** зд[о]рово!
superb [su:'pɜ:b] великолéпный, пре[]восхóдный

uper|cilious [su:pəˈsɪlɪəs] □ высокомéрный; **~ficial** [su:pəˈfɪʃl] □повéрхностный; **~fluous** [su:ˈpɜ:flʊəs] лúшний, излúшний; **~human** сверхчеловéческий; **~intend** [su:pərɪnˈtend] (*watch*) надзирáть за (Т); (*direct*) руководúть (Т); **~intendent** [-ənt] руководúтель *m*
uperior [su:ˈpɪərɪə] **1.** □ *in rank* вы́сший, стáрший; *in quality* превосхóдный; превосходя́щий (***to*** В); **~ *smile*** надмéнная улы́бка; **2.** начáльник; *eccl.* настоя́тель *m*, -ница *f*; *of a convent* ***Mother/Father*** ♀ игýменья/игýмен; **~ity** [su:pɪərɪˈɒrətɪ] *of quality, quantity, etc.* превосхóдство; *of rank* старшинствó
uper|lative [su:ˈpɜ:lətɪv] **1.** □ высочáйший; величáйший; **2.** *gr.* превосхóдная стéпень *f*; **~man** [ˈsu:pəmæn] супермéн; **~market** [ˈsu:pəmɑ:kɪt] универсáм (= *универсáльный магазúн самообслýживания*); **~sede** [su:pəˈsi:d] (*replace*) заменя́ть [-нúть]; (*displace*) вытесня́ть [вы́теснить]; *fig.* (*overtake*) обгоня́ть [обогнáть]; **~sonic** [su:pəˈsɒnɪk] сверхзвуковóй; **~stition** [su:pəˈstɪʃn] суевéрие; **~stitious** [-ˈstɪʃəs] суевéрный; **~vene** [-ˈvi:n] слéдовать за чéм-либо; **~vise** [ˈsu:pəvaɪz] надзирáть (Т); **~vision** [su:pəˈvɪʒn] надзóр; **~visor** [ˈsu:pəvaɪzə] надзиратель *m*, -ница *f*
upper [ˈsʌpə] ýжин; ***the Last*** ♀ Тáйная Вéчеря
upplant [səˈplɑ:nt] вытесня́ть [вы́теснить] (В)
upple [ˈsʌpl] гúбкий (*a. fig.*)
upplement 1. [ˈsʌplɪmənt] (*addition*) дополнéние; *to a periodical* прилoжéние; **2.** [-ˈment] дополня́ть [допóлнить]; **~ary** [sʌlɪˈmentərɪ] дополнúтельный, добáвочный
upplier [səˈplaɪə] поставщúк
upply [səˈplaɪ] **1.** снабжáть [-бдúть] (***with*** Т); *goods* поставля́ть [-áвить]; *information, etc.* предоставля́ть [-áвить]; **2.** снабжéние; постáвка; (*stock*) запáс; **supplies** *pl.* (*food*) продовóльствие; **~ *and demand*** спрос и предложéние
support [səˈpɔ:t] **1.** поддéржка; *phys., tech.* опóра (*a. fig.*); **2.** подпирáть [-перéть]; *a candidature, etc.* поддéрживать [-жáть]; *one's family, etc.* содержáть
suppose [səˈpəʊz] (*assume*) предполагáть [-ложúть]; (*imagine*) полагáть; *coll.* **~ *we do so?*** а éсли мы э́то сдéлаем?; ***he's ~d to be back today*** он дóлжен сегóдня вернýться
supposed [səˈpəʊzd] □ предполагáемый; **~ly** [səˈpəʊzɪdlɪ] предположúтельно; я́кобы
supposition [sʌpəˈzɪʃn] предположéние
suppress [səˈpres] *uprising, yawn, etc.* подавля́ть [-вúть]; (*ban*) запрещáть [-етúть]; *laugh, anger, etc.* сдéрживать [-жáть]; **~ion** [səˈpreʃn] подавлéние
suprem|acy [su:ˈpreməsɪ] превосхóдство; **~e** [su:ˈpri:m] □ *command, etc.* верхóвный; (*greatest*) высочáйший
surcharge [ˈsɜ:tʃɑ:dʒ] (*extra charge*) приплáта, доплáта
sure [ʃʊə] □ *com.* вéрный; (*certain*) увéренный; (*safe*) безопáсный; надёжный; *Am.* **~!** конéчно; ***make ~ that*** ... вы́яснить *pf.*, убедúться *pf.*, провéрить *pf.*; **~ly** [ˈʃʊəlɪ] несомнéнно
surf [sɜ:f] прибóй
surface [ˈsɜ:fɪs] повéрхность *f*; ***on the ~*** *fig.* чúсто внéшне; на пéрвый взгляд; **~ *mail*** обы́чной пóчтой
surfing [ˈsɜ:fɪŋ] сéрфинг
surge [sɜ:dʒ] **1.** волнá; **2.** *of waves* вздымáться; *of crowd* подавáться [-дáться] вперёд; *of emotions* [на-] хлы́нуть *pf.*
surg|eon [ˈsɜ:dʒən] хирýрг; **~ery** [ˈsɜ:dʒərɪ] хирургúя; оперáция; *Brt.* приёмная (врачá); **~ *hours*** приёмные часы́
surgical [ˈsɜ:dʒɪkl] □ хирургúческий
surly [ˈsɜ:lɪ] □ непривéтливый; хмýрый; угрю́мый
surmise [səˈmaɪz] **1.** предположéние; **2.** предполагáть [-ложúть]

S

surmount [sə'maʊnt] преодоле́(ва́)ть, превозмога́ть [-мо́чь]
surname ['sɜːneɪm] фами́лия
surpass [sə'pɑːs] *expectations, etc.* превосходи́ть [-взойти́]
surplus ['sɜːpləs] **1.** изли́шек; (*remainder*) оста́ток; **2.** изли́шний; ли́шний
surprise [sə'praɪz] **1.** удивле́ние; *event, present, etc.* неожи́данность *f*, сюрпри́з; *attr.* неожи́данный; **2.** удивля́ть [-ви́ть]; (*take unawares*) застава́ть врасплóх
surrender [sə'rendə] **1.** сда́ча; капитуля́ция; **2.** *v/t.* сда(ва́)ть; *one's rights* отка́зываться [-за́ться] от (Р); *v/i.* сд(ав)а́ться
surround [sə'raʊnd] окружа́ть [-жи́ть]; **~ing** [~ɪŋ] окружа́ющий; **~ings** [~ɪŋz] *pl.* окре́стности *f/pl.*; (*environment*) среда́, окруже́ние
survey [sɜː'veɪ] **1.** (*look at, examine*) обозре́(ва́)ть; осма́тривать [осмотре́ть]; производи́ть [-вести́] топографи́ческую съёмку; **2.** ['sɜːveɪ] осмо́тр; (*study*) обзо́р; топографи́ческая съёмка; *attr.* обзо́рный; **~or** [sə'veɪə] землеме́р; топо́граф
surviv|al [sə'vaɪvl] выжива́ние; (*relic*) пережи́ток; **~e** [sə'vaɪv] *v/t.* пережи́(ва́)ть *mst. pf.*; *v/i.* остава́ться в живы́х, вы́жи(ва́)ть; *of custom* сохраня́ться [-ни́ться]; **~or** [sə'vaɪvə] оста́вшийся в живы́х
susceptible [sə'septəbl] □ восприи́мчивый (***to*** к Д); (*sensitive*) чувстви́тельный; (*easily enamo(u)red*) влю́бчивый
suspect [səs'pekt] **1.** подозрева́ть, запода́зривать [-до́зрить] (***of*** в П); *the truth of, etc.* сомнева́ться [усомни́ться] в (П); (*think*) предполага́ть; **2.** ['sʌspekt] подозри́тельный; подозрева́емый
suspend [sə'spend] подве́шивать [-е́сить]; (*stop for a time*) приостана́вливать [-нови́ть]; вре́менно прекраща́ть; **~ed** [~ɪd] подвесно́й; **~ers** [~əz] *pl. Am.* подтя́жки *f/pl.*
suspens|e [sə'spens] напряжённое внима́ние; (*uneasy uncertainty*) состоя́ние неизве́стности, неопределённости; ***in ~*** напряжённо, в напряже́нии; **~ion** [sə'spenʃn] прекраще́ние; **~ *bridge*** вися́чий мост
suspici|on [sə'spɪʃn] подозре́ни[е]; *trace, nuance* оттéнок; **~ous** [~ʃəs] □ подозри́тельный
sustain [sə'steɪn] (*support*) подпира́т[ь] [-пере́ть], подде́рживать [-жа́ть] (*a. fig.*); *law* подтвержда́ть [-рди́ть]; вы́де́рживать [вы́держать]; (*suffer*) выноси́ть [вы́нести], испы́тывать [испыта́ть]
sustenance ['sʌstɪnəns] пи́щ[а]; сре́дства к существова́нию
swaddle ['swɒdl] [с-, за]пелена́ть
swagger ['swægə] ходи́ть с ва́жны[м] ви́дом; (*brag*) [по]хва́стать (*a.* -ся)
swallow[1] ['swɒləʊ] *zo.* ла́сточка
swallow[2] [~] глото́к; глота́ть; прогла́тывать [-лоти́ть]
swam [swæm] *pt. от* ***swim***
swamp [swɒmp] **1.** боло́то, топь *f*; **2.** затопля́ть [-пи́ть], залива́ть; **~y** ['swɒmpɪ] боло́тистый
swan [swɒn] ле́бедь *m*
swap [swɒp] *coll.* **1.** обме́нивать(ся) [-ня́ть(ся)]; [по]меня́ть(ся); **2.** обме́[н]
swarm [swɔːm] **1.** *of bees* рой; *of bird[s]* ста́я; толпа́; **2.** *of bees* рои́тьс[я]; кише́ть (***with*** Т); ***crowds ~ed in[to] the cinema*** толпа́ хлы́нула в кинотеа́тр
swarthy ['swɔːðɪ] сму́глый
sway [sweɪ] **1.** кача́ние; (*influence*) влия́ние; **2.** кача́ть(ся) [качну́ть(ся)]; *fig.* [по]влия́ть, склони́ть на сво[ю] сто́рону
swear [sweə] [*irr.*] (*take an oath*) [по]кля́сться (***by*** Т); (*curse*) [вы́-] ру[]га́ться; **~word** руга́тельство
sweat [swet] **1.** пот; **2.** [*irr.*] *v/i.* [вс]по[]те́ть; исполня́ть тяжёлую рабо́ту; *v/[t.]* заставля́ть поте́ть; **~ *blood*** *coll.* раб[о]та́ть как вол; **~er** ['swetə] сви́тер; **~y** ['swetɪ] по́тный
Swede [swiːd] шве́д *m*, -ка *f*
swede [~] *bot.* брю́ква
Swedish ['swiːdɪʃ] шве́дский
sweep [swiːp] **1.** [*irr.*] мести́, подме[]

га́ть [-ести́]; *chimney* [по]чи́стить; (*rush*) проноси́ться [-нести́сь] (*a.* **~ past, along**); **~ s.o. off his feet** вскружи́ть кому́-л. го́лову; **2.** *of arm* взмах; (*curve*) изги́б; **make a clean ~ (of)** отде́л(ыв)аться (от Р); **~er** ['swi:pə]: **road ~** подмета́тельная маши́на; **~ing** ['swi:pɪŋ] □ *gesture* широ́кий; *accusation* огу́льный; *changes* радика́льный, широкомасшта́бный; **~ings** [-z] *pl.* му́сор

sweet [swi:t] **1.** □ сла́дкий; *air* све́жий; *water* пре́сный; *person* ми́лый; **have a ~ tooth** быть сластёной; **2.** конфе́та; **~s** *pl.* сла́сти *f/pl.*; **~en** ['swi:tn] подсла́щивать [-ласти́ть]; **~ the pill** позолоти́ть *pf.* пилю́лю; **~heart** возлю́бленный (-енная)

swell [swel] **1.** [*irr.*] *v/i.* [о-, при-, рас]пу́хнуть; *of cheek* разду́(ва́)ться; *of wood* набуха́ть [-у́хнуть]; *of sound* нараста́ть [-сти́]; *v/t.* (*increase*) увели́чи(ва)ть; **2.** *coll.* (*fashionable*) шика́рный; (*excellent*) великоле́пный; **3.** *coll.* франт; **~ing** ['swelɪŋ] о́пухоль *f*; *slight* припу́хлость *f*

swelter ['sweltə] изнемога́ть от жары́

swept [swept] *pt. и pt. p. от* **sweep**

swerve [swɜ:v] свора́чивать [сверну́ть] в сто́рону; *of car, etc.* ре́зко сверну́ть *pf.*

swift [swɪft] □ бы́стрый, ско́рый; **~ness** ['-nɪs] быстрота́

swill [swɪl] **1.** (*slops*) помо́и *m/pl.*; **2.** [про]полоска́ть, опола́скивать [-лосну́ть] (*a.* **~ out**)

swim [swɪm] **1.** [*irr.*] пла́вать, [по-]плы́ть; перепль́і(ва́)ть (*a.* **~ across**); **my head ~s** у меня́ голова́ кру́жится; **2.** пла́вание; **be in the ~** быть в ку́рсе де́л; **~mer** ['-ə] плове́ц *m*, -вчи́ха *f*; **~ming** [-ɪŋ] пла́вание; **~ pool** пла́вательный бассе́йн; **~ trunks** пла́вки; **~suit** купа́льный костю́м

swindle ['swɪndl] **1.** обма́нывать [-ну́ть], наду́(ва́)ть; **2.** обма́н, надува́тельство; **~r** [-ə] моше́нник

swine [swaɪn] *coll. fig.* свинья́

swing [swɪŋ] **1.** [*irr.*] кача́ть(ся) [качну́ть(ся)]; *hands* разма́хивать; *feet* болта́ть; (*hang*) висе́ть; **2.** кача́ние; разма́х; взмах; ритм; каче́ли *f/pl.*; **in full ~** в по́лном разга́ре; **go with a ~** проходи́ть о́чень успе́шно; **~ door** дверь *f*, открыва́ющаяся в любу́ю сто́рону

swipe [swaɪp] уда́рить; *joc.* (*steal*) стащи́ть

swirl [swɜ:l] **1.** *in dance, etc.* кружи́ть(ся); *of dust, etc.* клуби́ться; *of water* крути́ться; **2.** водоворо́т

Swiss [swɪs] **1.** швейца́рский; **2.** швейца́рец *m*, -рка *f*; **the ~** *pl.* швейца́рцы *m/pl.*

switch [swɪtʃ] **1.** *el.* выключа́тель *m*; *radio, TV* переключа́тель *m*; **2.** (*whip*) хлеста́ть [-стну́ть]; *el.* переключа́ть [-чи́ть] (*often* **~ over**) (*a. fig.*); *fig.* **~ the conversation** переводи́ть [-вести́] разгово́р (на В); **~ on** *el.* включа́ть [-чи́ть]; **~ off** выключа́ть [вы́ключить]; **~board** *tel.* коммута́тор

swollen ['swəʊlən] *pt. p. от* **swell**

swoon [swu:n] **1.** о́бморок; **2.** па́дать в о́бморок

swoop [swu:p] (*a.* **~ down**), ри́нуться; (*suddenly attack*) налета́ть [-ете́ть] (**on** на В)

sword [sɔ:d] шпа́га; меч

swore [swɔ:] *pt. от* **swear**

sworn [swɔ:n] *pt. p. от* **swear**; *adj. enemy* закля́тый

swum [swʌm] *pt. p. от* **swim**

swung [swʌŋ] *pt. и pt. p.от* **swing**

syllable ['sɪləbl] слог

syllabus ['sɪləbəs] уче́бный план

symbol ['sɪmbl] си́мвол, усло́вное обозначе́ние; **~ic(al)** [sɪm'bɒlɪk(l)] символи́ческий; **~ism** ['sɪmbəlɪzəm] символи́зм

symmetr|ical [sɪ'metrɪkl] □ симметри́чный; **~y** ['sɪmətrɪ] симметри́я

sympath|etic [sɪmpə'θetɪk] (**~ally**) сочу́вственный; **~ize** ['sɪmpəθaɪz] [по]сочу́вствовать (**with** Д); **~y** ['sɪmpəθɪ] сочу́вствие (**with** к Д)

symphony ['sɪmfənɪ] симфо́ния

symptom ['sɪmptəm] симпто́м

synchron|ize ['sɪŋkrənaɪz] *v/i.* совпада́ть по вре́мени; *v/t. actions* синхро-

S

низи́ровать *(im)pf.*; **~ous** [-nəs] □ синхро́нный
syndicate ['sɪndɪkət] синдика́т
synonym ['sɪnənɪm] сино́ним; **~ous** [sɪ'nɒnɪməs] синоними́ческий
synopsis [sɪ'nɒpsɪs] кра́ткое изложе́ние, сино́псис
synthe|sis ['sɪnθəsɪs] си́нтез; **~t**[ic] [sɪn'θetɪk] синтети́ческий
syringe [sɪ'rɪndʒ] шприц
syrup ['sɪrəp] сиро́п
system ['sɪstəm] систе́ма; **~at**[ic] [sɪstə'mætɪk] (**~ally**) систем[а]ти́ческий

T

tab [tæb] *for hanging garment* ве́шалка; *mil.* наши́вка, петли́ца
table ['teɪbl] стол; (*list of data, etc.*) табли́ца; **~ of contents** оглавле́ние; **~cloth** ска́терть *f*; **~ d'hôte** ['tɑ:bl'dəʊt] табльдо́т; о́бщий стол; **~ lamp** насто́льная ла́мпа; **~spoon** столо́вая ло́жка
tablet ['tæblɪt] *med.* табле́тка; *of soap* кусо́к; мемориа́льная доска́
table tennis насто́льный те́ннис
taboo [tə'bu:] табу́ *n indecl.*
tacit ['tæsɪt] □ подразумева́емый; молчали́вый; **~urn** ['tæsɪtɜ:n] □ неразгово́рчивый
tack [tæk] **1.** гво́здик с широ́кой шля́пкой; (*thumb~*) *Am.* кно́пка; **~ing** *sew.* намётка; **2.** *v/t.* прикрепля́ть гво́здиками или кно́пками; *sewing* смётывать [смета́ть]
tackle ['tækl] **1.** (*equipment*) принадле́жности *f/pl.*; *for fishing* снасть *f*; **2.** (*deal with*) энерги́чно бра́ться за (В); *problem* би́ться над (Т)
tact [tækt] такт, такти́чность *f*; **~ful** ['tæktfʊl] такти́чный
tactics ['tæktɪks] *pl.* та́ктика
tactless ['tæktlɪs] □ беста́ктный
tag [tæg] **1.** би́рка, этике́тка; *fig.* изби́тое выраже́ние; **price ~** це́нник; **2.**: **~ along** сле́довать по пята́м; тащи́ться сза́ди
tail [teɪl] **1.** хвост; *of coat* фа́лда; пола́; *of coin* обра́тная сторона́; **heads or ~s?** орёл или ре́шка?; **2.** *v/t.* (*follow*) сле́довать, тащи́ться (**after** за Т); *Am. coll. of police* высле́живать [вы́следить]; *v/i.* тяну́ться верени́цей; **~ o**[ff] (*fall behind*) отст(ав)а́ть; **~coat** фра[к]; **~light** *mot.* за́дний фона́рь *m*/свет
tailor ['teɪlə] портно́й; **~-made** сде́ла[н]ный по зака́зу
take [teɪk] **1.** [*irr.*] *v/t.* брать [взят[ь]]; *medicine, etc.* принима́ть [-ня́ть]; [съ]есть; [вы́]пить; *seat* занима́т[ь] [заня́ть]; *phot.* снима́ть [снять]; *tim*[e] отнима́ть [-ня́ть]; **I ~ it that** я полага́[ю], что …; **~ in hand** взять *pf.* в свой ру́к[и]; **~ o.s. in hand** взять *pf.* себя́ в ру́ки; **~ pity on** сжа́литься *pf.* над (Т); **~ plac**[e] случа́ться [-чи́ться], происходи́т[ь] (произойти́); **~ a rest** отдыха́ть (о[т]дохну́ть); **~ a hint** поня́ть *pf.* намё[к]; **~ a seat** сади́ться [сесть]; **~ a taxi** бра[ть] [взять] такси́; **~ a view** выска́зыват[ь] свою́ то́чку зре́ния; **~ a walk** [по]гуля́ть, прогу́ливаться [-ля́ться]; [**~**] **down** снима́ть [снять]; запи́сыват[ь] [-са́ть]; **~ for** принима́ть [-ня́ть] [за] (В); **~ from** брать [взять] у Р; **~ in** (*de*[*ceive*]) обма́нывать [-ну́ть]; (*unde*[*r*]*stand*) поня́ть *pf.*; **~ off** *coat, etc.* сн[и]ма́ть [снять]; **~ out** вынима́ть [вы́[нуть]; **~ to pieces** разбира́ть [раз[о]бра́ть]; **~ up** бра́ться [взя́ться] [за] (В); *space, time* занима́ть [заня́ть], о[т]нима́ть [отня́ть]; **2.** *v/i.* (*have the in*[*tended effect*]) [по]де́йствовать; (*be* [*a*] *success*) име́ть успе́х; **~ after** походи́т[ь] на (В); **~ off** *ae.* взлета́ть [-ете́ть]; [**~**] **over** принима́ть дела́ (**from** от Р); [**~**] **to** пристрасти́ться к (Д) *pf.*; прив[я]за́ться к (Д) *pf.*; **~n** ['teɪkən] *pt.* [*p*. *fr*]*om* **take**; **be ~ ill** заболе́(ва́)ть; **~-o**[ff]

'teɪ'kɔf] (*impersonation*) подража́ние; *ae.* взлёт
kings ['teɪkɪŋz] *pl. comm.* вы́ручка; сбор
le [teɪl] расска́з, по́весть *f*; (*false account*) вы́думка; (*unkind account*) сплётня; ***tell ~s*** сплётничать
lent ['tælənt] тала́нт; **~ed** [-ɪd] тала́нтливый
lk [tɔːk] **1.** разгово́р, бесе́да; ***~s*** *pl. pol.* перегово́ры; ***there is ~ that …*** говоря́т, что …; **2.** [по]говори́ть; разгова́ривать; [по]бесе́довать; **~ative** ['tɔːkətɪv] разгово́рчивый; **~er** ['tɔːkə] **1.** говоря́щий; говорли́вый челове́к
ll [tɔːl] высо́кий; ***~ order*** чрезме́рное тре́бование; ***~ story*** *coll.* небыли́ца; неправдоподо́бная исто́рия
lly ['tælɪ] соотве́тствовать (***with*** Д)
me [teɪm] **1.** □ *animal* ручно́й, приручённый; (*submissive*) поко́рный; (*dull*) ску́чный; **2.** прируча́ть [-чи́ть]
mper ['tæmpə]: ***~ with*** тро́гать; копа́ться; *document* подде́л(ыв)ать (В); ***someone has ~ed with my luggage*** кто́-то копа́лся в моём багаже́
n [tæn] **1.** (*sun~*) зага́р; **2.** загора́ть
ng [tæŋ] (*taste*) ре́зкий при́вкус; (*smell*) за́пах
ngent ['tændʒənt] *math.* каса́тельная; ***go*** (*a.* ***fly***) ***off at a ~*** ре́зко отклони́тся *pf.*
ngerine [tændʒə'riːn] мандари́н
ngible ['tændʒəbl] □ осяза́емый, ощути́мый
ngle ['tæŋgl] **1.** пу́таница, неразбери́ха; **2.** запу́т(ыв)ать(ся)
nk [tæŋk] цисте́рна; бак; *mil.* танк, *attr.* та́нковый; ***gas(oline) ~***, *Brt.* ***petrol ~*** бензоба́к
nkard ['tæŋkəd] высо́кая кру́жка
nker ['tæŋkə] *naut.* та́нкер; *mot.* автоцисте́рна
ntalize ['tæntəlaɪz] дразни́ть; [за-, из]му́чить
ntrum ['tæntrəm] *coll.* вспы́шка гне́ва *или* раздраже́ния; ***throw a ~*** закати́ть *pf.* исте́рику
p¹ [tæp] **1.** *for water, gas* кран; **2.**: ***~ for money*** выпра́шивать де́ньги у Р; ***~ for information*** выу́живать [-удить] информа́цию
tap² [~] **1.** [по]стуча́ть; [по]хло́пать; **2.** лёгкий стук; ***~ dance*** чечётка
tape [teɪp] тесьма́; *sport* фи́нишная ле́нточка; магни́тная ле́нта; ***sticky ~*** ли́пкая ле́нта; ***~ measure*** ['teɪpmeʒə] руле́тка; *of cloth* сантиме́тр
taper ['teɪpə] *v/i.* су́живаться к концу́; *v/t.* заостря́ть [-ри́ть]
tape recorder магнитофо́н
tapestry ['tæpəstrɪ] гобеле́н
tar [tɑː] **1.** дёготь *m*; *for boats* смола́; **2.** [вы́]смоли́ть
tardy ['tɑːdɪ] □ (*slow-moving*) медли́тельный; (*coming or done late*) запозда́лый
target ['tɑːgɪt] цель *f* (*a. fig.*); мише́нь *f* (*a. fig.*)
tariff ['tærɪf] тари́ф
tarnish ['tɑːnɪʃ] *fig.* [о]поро́чить; *v/i. of metal* [по]тускне́ть; ***~ed reputation*** запя́тнанная репута́ция
tarpaulin [tɑː'pɔːlɪn] брезе́нт
tart¹ [tɑːt] откры́тый пиро́г с фру́ктами; сла́дкая ватру́шка
tart² [~] ки́слый, те́рпкий; *fig.* ко́лкий
tartan ['tɑːtn] шотла́ндка
task [tɑːsk] (*problem*) зада́ча; (*job*) зада́ние; ***set a ~*** дать *pf.* зада́ние; ***take to ~*** отчи́тывать [-ита́ть]; ***~ force*** *mil.* операти́вная гру́ппа
taste [teɪst] **1.** вкус; ***have a ~ for*** люби́ть, знать толк (в П); **2.** [по]про́бовать; *fig.* испы́тывать [-пыта́ть]; ***~ sweet*** быть сла́дким на вкус; **~ful** ['teɪstfl] □ (сде́ланный) со вку́сом; изя́щный; **~less** [-lɪs] безвку́сный
tasty ['teɪstɪ] □ вку́сный
tatter|ed ['tætəd] изно́шенный, изо́рванный; **~s** *pl.* лохмо́тья *n/pl.*; ***tear to ~s*** разорва́ть в кло́чья; *fig.* разбива́ть [-би́ть] в пух и прах
tattle ['tætl] болтовня́
tattoo [tə'tuː] (*design on skin*) татуиро́вка
taught [tɔːt] *pt. и pt. p. от* ***teach***
taunt [tɔːnt] **1.** насме́шка, ко́лкость *f*; **2.** говори́ть ко́лкости (Д), дразни́ть

T

taut [tɔːt] (*stretched tight*) ту́го натя́нутый; *nerves* взви́нченный
tawdry ['tɔːdrɪ] □ безвку́сный; крича́щий
tawny ['tɔːnɪ] рыжева́то-кори́чневый
tax [tæks] **1.** нало́г (***on*** на В); ***income*** **~** подохо́дный нало́г; **~ *evasion*** уклоне́ние от упла́ты нало́га; ***value added*** **~** нало́г на доба́вочную сто́имость *f*; **2.** облага́ть нало́гом; *one's strength* чрезме́рно напряга́ть; **~ *s.o.'s patience*** испы́тывать чьё-л. терпе́ние; **~ *a p. with a th.*** обвиня́ть [-ни́ть] кого́-л. в чём-л.; **~ation** [tæk'seɪʃn] обложе́ние нало́гом; взима́ние нало́га
taxi ['tæksɪ] = **~cab** такси́ *n indecl.*
taxpayer ['tækspeɪə] налогоплате́льщик
tea [tiː] чай; ***make*** (***the***) **~** зава́ривать [-ри́ть] чай
teach [tiːtʃ] [*irr.*] [на]учи́ть, обуча́ть [-чи́ть]; *a subject* преподава́ть; **~er** ['tiːtʃə] учи́тель *m*, -ница *f*; *univ.* преподава́тель *m*, -ница *f*
teacup ['tiːkʌp] ча́йная ча́шка
team [tiːm] **1.** *sport* кома́нда; *of workers* брига́да; **~ *spirit*** чу́вство ло́ктя; **2.**: **~ *up*** сотру́дничать; **~work** совме́стная рабо́та
teapot ['tiːpɒt] ча́йник (для зава́рки)
tear¹ [teə] **1.** [*irr.*] дыра́, проре́ха; **2.** [по]рва́ться; разрыва́ть(ся) [разорва́ть(ся)]; *fig.* раздира́ть(ся); (*go at great speed*) [по]мча́ться; ***country torn by war*** страна́, раздира́емая войно́й
tear² [tɪə] слеза́ (*pl.* слёзы)
tearful ['tɪəfl] □ слезли́вый; *eyes* по́лный слёз
tease [tiːz] **1.** челове́к, лю́бящий подра́знивать; **2.** *coll.* дразни́ть; подшу́чивать; **~r** [~ə] *coll.* головоло́мка
teat [tiːt] сосо́к
technic|al ['teknɪkl] □ техни́ческий; **~ality** [teknɪ'kælətɪ] техни́ческая дета́ль *f*, форма́льность *f*; **~ian** [tek'nɪʃn] те́хник
technique [tek'niːk] те́хника; ме́тод, спо́соб
technology [tek'nɒlədʒɪ] техноло́гия; технологи́ческие нау́ки *f/pl.*

tedious ['tiːdɪəs] □ ску́чный, утоми́тельный
tedium ['tiːdɪəm] утоми́тельность, ску́ка
teem [tiːm] изоби́ловать, кише́[ть] (***with*** Т)
teenager ['tiːneɪdʒə] подро́ст[ок], ю́ноша *m* / де́вушка *f* до двадца[ти] лет
teeth [tiːθ] *pl. от* ***tooth***; **~e** [tiːð]: ***[the] child is teething*** у ребёнка про[ре]за́ются зу́бы
teetotal(l)er [tiː'təʊtlə] тре́звенник
telecommunications [telɪkəmjuː'keɪʃnz] *pl.* сре́дства да́льней свя́[зи]
telegram ['telɪgræm] телегра́мма
telegraph ['telɪgrɑːf] **1.** телегра́ф; [2.] телеграфи́ровать (*im*)*pf.*; **3.** *attr.* т[е]легра́фный
telephone ['telɪfəʊn] **1.** телефо́н; [2.] звони́ть по телефо́ну; **~ *booth*** тел[е]фо́н-автома́т; **~ *directory*** телефо́[н]ный спра́вочник
telescop|e ['telɪskəʊp] телеско́п; **~**[ic] [telɪs'kɒpɪk] телескопи́ческий; **~ *a[er]ial*** выдвижна́я анте́нна
teletype ['telɪtaɪp] телета́йп
televis|ion ['telɪvɪʒn] телеви́дение
telex ['teleks] те́лекс
tell [tel] [*irr.*] *v/t.* говори́ть [сказа́т[ь]]; (*relate*) расска́зывать [-за́ть]; (*dist[in]guish*) отлича́ть [-чи́ть]; **~ *a p. to d[o a] th.*** веле́ть кому́-л. что́-л. сде́лать; **~** [...] *coll.* [вы́]брани́ть; *v/i.* (*affect*) сказ[ы]ва́ться [сказа́ться]; (*know*) зна[ть]; ***how can I ~?*** отку́да мне знать?; **~**[er] ['telə] *esp. Am.* касси́р (в ба́нк[е]); **~ing** ['telɪŋ] □ многоговоря́щий, м[но]гозначи́тельный; **~tale** ['telteɪl] ябе[дник] *m & f*
telly ['telɪ] *chiefly Brt. coll.* те́лик
temper ['tempə] **1.** *steel* закаля́[ть] [-ли́ть] (*a. fig.*); **2.** нрав; (*mood*) н[а]строе́ние; (*irritation, anger*) разд[ра]же́ние, гнев; ***he has a quick*** **~** [он] вспы́льчив; **~ament** ['temprəmə[nt]] темпера́мент; **~amental** [temp[rə]'mentl] □ темпера́ментный; **~a**[te] ['tempərət] □ *climate* уме́ренный; *b[e]havio(u)r* сде́ржанный; **~atu**[re]

['temprətʃə] температу́ра

mpest ['tempɪst] бу́ря; **~uous** □ [tem'pestʃʊəs] бу́рный (*a. fig.*)

mple¹ [templ] храм

mple² [~] *anat.* висо́к

mpo ['tempəʊ] темп

mpor|ary ['temprərɪ] □ вре́менный; **~ize** [~raɪz] стара́ться вы́играть вре́мя, тяну́ть вре́мя

mpt [tempt] искуша́ть [-уси́ть], соблазня́ть [-ни́ть]; (*attract*) привлека́ть [-е́чь]; **~ation** [temp'teɪʃn] искуше́ние, собла́зн; **~ing** ['~tɪŋ] □ зама́нчивый, соблазни́тельный

n [ten] **1.** де́сять; **2.** деся́ток

nable ['tenəbl]: ***not a ~ argument*** аргуме́нт, не вы́держивающий кри́тики

naci|ous [tɪ'neɪʃəs] □ це́пкий; ***~ memory*** хоро́шая па́мять *f*; **~ty** [tɪ'næsətɪ] це́пкость *f*, насто́йчивость *f*

nant ['tenənt] *of land* аренда́тор; *of flat* квартирант

nd [tend] *v/i.* быть скло́нным (***to*** к Д); *v/t.* ***prices ~ to rise during the holiday season*** в пери́од отпуско́в це́ны обы́чно повыша́ются; уха́живать за (Т); присма́тривать [-мотре́ть]; *tech.* обслу́живать [-и́ть]; **~ency** ['tendənsɪ] тенде́нция; *of person* скло́нность *f*

nder ['tendə] **1.** □ *com.* не́жный; ***~ spot*** больно́е (уязви́мое) ме́сто; **2.** *comm.* те́ндер; **3.** предлага́ть [-ложи́ть]; *documents* представля́ть [-а́вить]; *apologies*, *etc.* приноси́ть [-нести́]; **~-hearted** [~'hɑːtɪd] мягкосерде́чный; **~ness** [~nɪs] не́жность *f*

ndon ['tendən] *anat.* сухожи́лие

ndril ['tendrəl] *bot.* у́сик

nement ['tenəmənt]: ***~ house*** многокварти́рный дом

nnis ['tenɪs] те́ннис

nor ['tenə] *mus.* те́нор; (*general course*) тече́ние, направле́ние; *of life* укла́д; (*purport*) о́бщий смысл

ns|e [tens] **1.** *gr.* вре́мя *n*; **2.** натя́нутый; *muscles*, *atmosphere*, *etc.* напряжённый; **~ion** ['tenʃn] напряже́ние; натяже́ние; *pol.* напряжённость *f*

tent [tent] пала́тка, шатёр

tentacle ['tentəkl] *zo.* щу́пальце

tentative ['tentətɪv] □ (*trial*) про́бный; (*provisional*) предвари́тельный

tenterhooks ['tentəhʊks]: ***be on ~*** сиде́ть как на иго́лках; ***keep s.o. on ~*** держа́ть кого́-л. в неизве́стности

tenth [tenθ] **1.** деся́тый; **2.** деся́тая часть *f*

tenure ['tenjʊə] пребывание в должности; пра́во владе́ния землёй; срок владе́ния

tepid ['tepɪd] □ теплова́тый; *fig.* прохла́дный

term [tɜːm] **1.** (*period*) срок; *univ.* се́местр; *ling.* те́рмин; *school* че́тверть; ***~s*** *pl.* усло́вия; ***be on good*** (***bad***) ***~s*** быть в хоро́ших (плохи́х) отноше́ниях; ***come to ~s*** прийти́ *pf.* к соглаше́нию; **2.** (*call*) наз(ы)ва́ть; (*name*) [на]именова́ть

termina|l ['tɜːmɪnl] **1.** □ коне́чный; **2.** *el.* кле́мма, зажи́м; *Am. rail.* коне́чная ста́нция; ***air ~*** аэровокза́л; ***bus ~*** автовокза́л; **~te** [~neɪt] конча́ть(ся) [ко́нчить(ся)]; ***~ a contract*** расто́ргнуть *pf.* контра́кт; **~tion** [tɜːmɪ'neɪʃn] оконча́ние; коне́ц

terminus ['tɜːmɪnəs] *rail.*, *bus* коне́чная ста́нция

terrace ['terəs] терра́са; ***~s*** *pl. sport* трибу́ны стадио́на; **~d** [~t] располо́женный терра́сами

terrestrial [te'restrɪəl] □ земно́й

terrible ['terəbl] □ ужа́сный, стра́шный

terri|fic [tə'rɪfɪk] (***~ally***) *coll.* потряса́ющий, великоле́пный; **~fy** ['terɪfaɪ] *v/t.* ужаса́ть [-сну́ть]

territor|ial [terɪ'tɔːrɪəl] □ территориа́льный; **~y** ['terətrɪ] террито́рия

terror ['terə] у́жас; (*violence*) терро́р; **~ize** [~raɪz] терроризова́ть (*im*)*pf.*

terse [tɜːs] □ (*concise*) сжа́тый

test [test] **1.** испыта́ние (*a. fig.*); про́ба; контро́ль *m*; *in teaching* контро́льная рабо́та; (*check*) прове́рка; *attr.* испыта́тельный; про́бный; ***nuclear ~s***

я́дерные испыта́ния; **2.** подверга́ть испыта́нию, прове́рке
testament ['testəmənt] *law* завеща́ние; ***Old*** (***New***) ♀ Ве́тхий (Но́вый) заве́т
testify ['testɪfaɪ] *law* дава́ть показа́ние (***to*** в по́льзу Р, ***against*** про́тив Р); свиде́тельствовать (***to*** о П)
testimon|ial [testɪ'məʊnɪəl] рекоменда́ция, характери́стика; **~y** ['testɪmənɪ] *law* свиде́тельские показа́ния; *fig.* свиде́тельство
test pilot лётчик-испыта́тель *m*
test tube *chem.* проби́рка
tête-à-tête [teɪtɑ:'teɪt] с гла́зу на́ глаз
tether ['teðə]: ***come to the end of one's ~*** дойти́ *pf.* до ру́чки
text [tekst] текст; **~book** уче́бник
textile ['tekstaɪl] **1.** тексти́льный; **2. ~s** *coll.* тексти́ль *m*
texture ['tekstʃə] *of cloth* тексту́ра; *of mineral, etc.* структу́ра
than [ðæn, ðən] чем, не́жели; ***more ~ ten*** бо́льше десяти́
thank [θæŋk] **1.** [по]благодари́ть (В); ***~ you*** благодарю́ вас; **2. ~s** *pl.* спаси́бо!; ***~s to*** благодаря́ (Д); **~ful** ['-fl] □ благода́рный; **~less** ['-lɪs] □ неблагода́рный
that [ðæt, ðət] **1.** *pron.* тот, та, то; те *pl.*; (*a.* э́тот *и т. д.*); кото́рый *и т. д.*; **2.** *cj.* что; что́бы
thatch [θætʃ]: ***~ed roof*** соло́менная кры́ша
thaw [θɔ:] **1.** о́ттепель *f*; (*melting*) та́яние; **2.** *v/i.* [рас]та́ять; (*a.* ***~ out***) отта́ивать [отта́ять]
the [ðə, … ðr, … ðɪ:] [ði: *перед гласными* ðɪ, *перед согласными* ðə] **1.** *определённый артикль*; **2.** *adv.* **~ … ~ …** чем …, тем …
theat|er, *Brt.* **theatre** ['θɪətə] теа́тр; *fig.* аре́на; ***operating ~*** операцио́нная; ***~ of war*** теа́тр вое́нных де́йствий; **~rical** □ [θɪ'ætrɪkl] театра́льный (*a. fig.*); сцени́ческий
theft [θeft] воровство́; кра́жа
their [ðeə] *poss. pron.* (*от* ***they***) их; свой, своя́, своё, свои́ *pl.*; **~s** [ðeəz] *poss. pron. pred.* их, свой *и т.д*

them [ðəm, ðem] *pron.* (*косвенн*[…] *падеж от* ***they***) их, им
theme [θi:m] те́ма
themselves [ðəm'selvz] *pron. re*[…] себя́, -ся; *emphatic* са́ми
then [ðen] **1.** *adv.* тогда́; пото́м, зате́[…] ***from ~ on*** с тех пор; ***by ~*** к тому́ вр[…]мени; **2.** *cj.* тогда́, в тако́м слу́чае; зн[…]чит; **3.** *adj.* тогда́шний
thence *lit* [ðens] отту́да; с того́ вре́м[…]ни; *fig.* отсю́да, из э́того
theology [θɪ'ɒlədʒɪ] богосло́вие
theor|etic(al) □ [θɪə'retɪk(l)] теор[…]ти́ческий; **~ist** ['θɪərɪst] теоре́ти[…] **~y** ['θɪərɪ] тео́рия
there [ðeə] там, туда́; ***~!*** (ну) вот!; ***she is*** вон она́; ***~ is, ~ are*** [ðə'rɪ ðə'raː] есть, име́ется, име́ютс[…] **~about(s)** [ðeərə'baʊt(s)] побли́зост[…] (*approximately*) о́коло э́того, прибл[…]зи́тельно; **~after** [ðeər'ɑːftə] по́сле т[…]го́; **~by** ['ðeə'baɪ] посре́дством э́тог[…] таки́м о́бразом; **~fore** ['ðeəfɔ:] поэ́т[…]му; сле́довательно; **~upon** ['ðeə ə'pɒn] сра́зу же; тут; всле́дст[…] того́
thermo|meter [θə'mɒmɪtə] терм[…]метр, гра́дусник; **~nucle**[…] [θɜ:məʊ'njʊklɪə] термоя́дерный; […] ['θɜ:məs] (*or* ***~ flask***) те́рмос
these [ði:z] *pl. от* ***this***
thes|is ['θi:sɪs], *pl.* **~es** [-si:z] те́зи[…] диссерта́ция
they [ðeɪ] *pers. pron.* они́
thick [θɪk] **1.** □ *com.* то́лстый; *fog, ha*[…] *etc.* густо́й; *voice* хри́плый; *coll.* (*st*[…] *pid*) глу́пый; ***that's a bit ~*** э́то у сли́шком; **2.** *fig.* гу́ща; ***in the ~ of*** в с[…]мой гу́ще Р; **~en** ['θɪkən] ут[…]лща́ть(ся) [утолщи́ть(ся)]; *of dar*[…] *ness, fog, etc.* сгуща́ть(ся) [сг[…] сти́ть(ся)]; **~et** ['θɪkɪt] ча́ща; *of bush* за́росли *f/pl.*; **~-headed** тупоголо́вы[…] тупоу́мный; **~ness** ['θɪknɪs] толщин[…] (*density*) густота́; **~set** [θɪk'set] *pers*[…] корена́стый; **~-skinned** (*a. fig.*) то[…]стоко́жий
thie|f [θi:f], *pl.* **~ves** [θi:vz] вор; **~v**[…] [θi:v] *v/i.* ворова́ть
thigh [θaɪ] бедро́

T

imble ['θɪmbl] напёрсток

in [θɪn] **1.** □ *com.* то́нкий; *person* худо́й, худоща́вый; *hair* ре́дкий; *soup* жи́дкий; **2.** де́лать(ся) то́нким, утонча́ть(ся) [-чи́ть(ся)]; [по]реде́ть; [по]худе́ть

ing [θɪŋ] вещь *f*; предме́т; де́ло; **~s** *pl.* (*belongings*) ве́щи *f/pl.*; (*luggage*) бага́ж; (*clothes*) оде́жда; *for painting, etc.* принадле́жности *f/pl.*; ***the ~ is that*** де́ло в том, что …; ***the very ~*** как раз то, что ну́жно; ***~s are getting better*** положе́ние улучша́ется

ink [θɪŋk] [*irr.*] *v/i.* [по]ду́мать (***of, about*** о П); *abstractly* мы́слить; (*presume*) полага́ть; (*remember*) вспомина́ть [вспо́мнить] (***of*** о П); (*intend*) намерева́ться (+ *inf.*); (*devise*) приду́м(ыв)ать (***of*** В); *v/t.* счита́ть [счесть]; ***~ a lot of*** высоко́ цени́ть; быть высо́кого мне́ния о (П)

ird [θɜːd] **1.** тре́тий; **2.** треть *f*

irst [θɜːst] **1.** жа́жда (*a. fig.*); **2.** жа́ждать (***for, after*** Р) (*part. fig.*); **~y** ['-ɪ]: ***I am ~*** я хочу́ пить

irt|een [θɜː'tiːn] трина́дцать; **~eenth** [θɜː'tiːnθ] трина́дцатый; **~ieth** ['θɜːtɪɪθ] тридца́тый; **~y** ['θɜːtɪ] три́дцать

is [ðɪs] *demonstrative pron.* (*pl.* ***these***) э́тот, э́та, э́то; э́ти *pl.*; ***~ morning*** сего́дня у́тром; ***one of these days*** как-нибу́дь, когда́-нибудь

istle ['θɪsl] чертополо́х

orn [θɔːn] *bot.* шип, колю́чка; **~y** ['θɔːnɪ] колю́чий; *fig.* тяжёлый, терни́стый

orough ['θʌrə] □ основа́тельный, тща́тельный; (*detailed*) дета́льный, подро́бный; **~ly** *adv.* основа́тельно, доскона́льно; **~bred** чистокро́вный; **~fare** у́лица, магистра́ль *f*; "***No ~***" "Прое́зда нет"

ose [ðəʊz] *pl. от* ***that***

ough [ðəʊ] *conj.* хотя́; да́же е́сли бы, хотя́ бы; *adv.* тем не ме́нее, одна́ко; всё-таки; ***as ~*** как бу́дто, сло́вно

ought [θɔːt] **1.** *pt. и pt. p. от* ***think***; **2.** мысль *f*; мышле́ние; (*contemplation*) размышле́ние; (*care*) забо́та; внима́тельность *f*; **~ful** ['θɔːtfl] □ заду́мчивый; (*considerate*) забо́тливый; внима́тельный (***of*** к Д); **~less** ['θɔːtlɪs] □ (*careless*) беспе́чный; необду́манный; невнима́тельный (***of*** к Д)

thousand ['θaʊznd] ты́сяча; **~th** ['θaʊznθ] **1.** ты́сячный; **2.** ты́сячная часть *f*

thrash [θræʃ] [вы́]поро́ть; избива́ть [-би́ть]; *fig.* (*defeat*) побежда́ть [-еди́ть]; ***~ out*** тща́тельно обсужда́ть [-уди́ть]; **~ing** ['θræʃɪŋ]: ***give s.o. a good ~*** основа́тельно поколоти́ть *pf.* кого́-л.

thread [θred] **1.** ни́тка, нить *f*; *fig.* нить *f*; *of a screw, etc.* резьба́; **2.** *needle* продева́ть ни́тку в (В); *beads* нани́зывать [-за́ть]; **~bare** ['θredbeə] потёртый, изно́шенный; потрёпанный; *fig.* (*hackneyed*) изби́тый

threat [θret] угро́за; **~en** ['θretn] *v/t.* (при)грози́ть, угрожа́ть (Д ***with*** Т); *v/i.* грози́ть

three [θriː] **1.** три; **2.** тро́йка → ***five***; **~fold** ['θriːfəʊld] тройно́й; *adv.* втройне́; **~-ply** трёхслойный

thresh [θreʃ] *agric.* обмолоти́ть *pf.*

threshold ['θreʃhəʊld] поро́г

threw [θruː] *pt. от* ***throw***

thrice [θraɪs] три́жды

thrift [θrɪft] бережли́вость *f*, эконо́мность *f*; **~y** ['θrɪftɪ] □ эконо́мный, бережли́вый

thrill [θrɪl] **1.** *v/t.* [вз]волнова́ть; приводи́ть в тре́пет, [вз]будора́жить; *v/i.* (за)трепета́ть (***with*** от Р); [вз]волнова́ться; **2.** тре́пет; глубо́кое волне́ние; не́рвная дрожь *f*; **~er** ['θrɪlə] детекти́вный *or* приключе́нческий рома́н *or* фильм, три́ллер; **~ing** ['θrɪlɪŋ] захва́тывающий; *news* потряса́ющий

thrive [θraɪv] [*irr.*] *of business* процвета́ть; *of person* преуспева́ть; *of plants* разраста́ться; **~n** ['θrɪvn] *pt. p. от* ***thrive***

throat [θrəʊt] го́рло; ***clear one's ~*** отка́шливаться [-ляться]

throb [θrɒb] **1.** пульси́ровать; си́льно би́ться; **2.** пульса́ция; бие́ние, *fig.* тре́пет

T

throes [θrəʊz]: ***be in the ~ of*** в хóде, в процéссе
throne [θrəʊn] трон, престóл
throng [θrɒŋ] **1.** толпá; **2.** [с]толпи́ться; (*fill*) заполня́ть [-óлнить]; ***people ~ed to the square*** нарóд толпóй вали́л на плóщадь *f*
throttle ['θrɒtl] (*choke*) [за]души́ть; (*regulate*) дроссели́ровать
through [θruː] **1.** чéрез (В); сквозь (В); по (Д); *adv.* насквóзь; от начáла до концá; **2.** *train, etc.* прямóй; ***be ~ with s.o.*** порвáть с кéм-л.; ***put ~*** *tel.* соедини́ть *pf.* (с Т); **~out** [θruː'aʊt] **1.** *prp.* чéрез (В); по всему́, всей …; **2.** повсю́ду; во всех отношéниях
throve [θrəʊv] *pt. от* ***thrive***
throw [θrəʊ] **1.** [*irr.*] бросáть [брóсить], кидáть [ки́нуть]; *discus, etc.* метáть [метну́ть]; **~ *away*** выбрáсывать ['-росить]; (*forgo*) упускáть [-сти́ть]; **~ *over*** перебрáсывать [-брóсить]; **~ *light on s.th.*** проливáть [-ли́ть] свет на (В); **2.** бросóк; бросáние; **~n** [-n] *pt. p. от* ***throw***
thru *Am.* = ***through***
thrush [θrʌʃ] дрозд
thrust [θrʌst] **1.** толчóк; *mil.* удáр; **2.** [*irr.*] (*push*) толкáть [-кну́ть]; (*poke*) ты́кать [ткнуть]; **~ *o.s. into*** *fig.* втирáться [втерéться] в (В); **~ *upon a p.*** навя́зывать [-зáть] (Д)
thud [θʌd] глухóй звук *or* стук
thug [θʌg] головорéз
thumb [θʌm] **1.** большóй пáлец (руки́); **2.** *book* перели́стывать [-стáть]; **~ *a lift*** *coll.* голосовáть (на дорóге)
thump [θʌmp] **1.** глухóй стук; тяжёлый удáр; **2.** стучáть [-у́кнуть]
thunder ['θʌndə] **1.** гром; **2.** [за]гремéть; *fig.* метáть грóмы и мóлнии; **~bolt** удáр мóлнии; **~clap** удáр грóма; **~ous** ['θʌndərəs] □ (*very loud*) громовóй, оглушáющий; **~storm** грозá; **~struck** *fig.* как грóмом поражённый
Thursday ['θɜːzdɪ] четвéрг
thus [ðʌs] так, таки́м óбразом
thwart [θwɔːt] *plans, etc.* мешáть, расстрáивать [-рóить]; ***be ~ed at every turn*** встречáть препя́тствия на кáждом шагу́
tick[1] [tɪk] *zo.* клещ
tick[2] [~] **1.** *of clock* ти́канье; **2.** *v/i.* тикать
tick[3] [~] *mark* гáлочка; **~ *off*** отмечá[ть] гáлочкой
ticket ['tɪkɪt] **1.** билéт; ***price ~*** этикéт[ка] с ценóй; ***cloakroom ~*** номерóк; ***rou[nd] trip*** (*Brt.* ***return***) **~** обрáтный билéт; **[~] office** билéтная кácca
tickl|e ['tɪkl] (по)щекотáть; **~ish** [~] □ *fig.* щекотли́вый
tidal ['taɪdl]: **~ *wave*** прили́вная вол[нá]
tidbit [tɪdbɪt], *Brt.* **titbit** ['tɪtbɪt] лáк[о]мый кусóчек; *fig.* пикáнтная нóвос[ть] *f*
tide [taɪd] **1. *low ~*** отли́в; ***high ~*** пр[и]ли́в; *fig.* тéчение; направлéние; *fig.* **~ *over*: *will this ~ you over till Mo[n]day?*** Это вам хвáтит до понедéльн[и]ка?
tidy ['taɪdɪ] **1.** опря́тный; аккурáтны[й]; *sum* значи́тельный; **2.** уб(и)рáть; пр[и]води́ть в поря́док
tie [taɪ] **1.** гáлстук; *sport* ничья́; **~s** *p[l.]* (*bonds*) у́зы *f/pl.*; **2.** *v/t. knot, etc.* з[а]вя́зывать [-зáть]; *together* связыва[ть] [-зáть]; *v/i.* сыгрáть *pf.* вничью́
tier [tɪə] я́рус
tiff [tɪf] *coll.* размóлвка
tiger ['taɪgə] тигр
tight [taɪt] □ тугóй; туго натя́нуты[й]; (*fitting too closely*) тéсный; *co[ll.]* (*drunk*) подвы́пивший; *coll.* **~ *sp[ot]*** *fig.* затрудни́тельное положéни[е]; **~en** ['taɪtn] стя́гивать(с[я]) [стяну́ть(ся)] (*a.* **~ *up***); *belt, etc.* затя́г[и]вать [-яну́ть]; *screw* подтя́гива[ть] [-яну́ть]; **~-fisted** скупóй; **~s** [taɪt[s]] *pl.* колгóтки
tigress ['taɪgrɪs] тигри́ца
tile [taɪl] **1.** *for roof* черепи́ца; *for wal[l] etc.* облицóвочная пли́тка, *decorati[ve]* изразéц; **2.** покрывáть черепи́цей; о[б]лицóвывать пли́ткой
till[1] [tɪl] кácca
till[2] [~] **1.** *prp.* до Р+; **2.** *cj.* покá
till[3] [~] *agric.* воздéл(ыв)ать (В[)] [вс]пахáть
tilt [tɪlt] **1.** наклóнное положéние, н[...]

клон; **at full ~** на по́лной ско́рости; **2.** наклоня́ть(ся) [-ни́ть(ся)]
mber ['tɪmbə] лесоматериа́л, строево́й лес
me [taɪm] **1.** *com.* вре́мя *n*; (*suitable ~*) пора́; (*term*) срок; **at the same ~** в то же вре́мя; **beat ~** отбива́ть такт; **for the ~ being** пока́, на вре́мя; **in** (*or* **on**) **~** во́время; **next ~** в сле́дующий раз; **what's the ~?** кото́рый час?; **2.** (уда́чно) выбира́ть вре́мя для Р; **~limit** преде́льный срок; **~r** ['taɪmə] та́ймер; **~ly** ['taɪmlɪ] своевре́менный; **~-saving** эконо́мящий вре́мя; **~table** *rail* расписа́ние
mid ['tɪmɪd] □ ро́бкий
n [tɪn] **1.** о́лово; (*container*) консе́рвная ба́нка; **2.** консерви́ровать
nfoil ['tɪnfɔɪl] фольга́
nge [tɪndʒ] **1.** слегка́ окра́шивать; *fig.* придава́ть отте́нок (Д); **2.** лёгкая окра́ска; *fig.* отте́нок
ngle ['tɪŋgl] испы́тывать *или* вызыва́ть пока́лывание (в онеме́вших коне́чностях), пощи́пывание (на моро́зе), звон в уша́х *и т. п.*
nker ['tɪŋkə] вози́ться (**with** с Т)
nkle ['tɪŋkl] звя́кать [-кнуть]
n|ned [tɪnd] консерви́рованный; **~ opener** консе́рвный нож
nsel ['tɪnsl] мишура́
nt [tɪnt] **1.** кра́ска; (*shade*) отте́нок; **2.** слегка́ окра́шивать; *hair* подкра́шивать
ny ['taɪnɪ] □ о́чень ма́ленький, кро́шечный
p¹ [tɪp] (то́нкий) коне́ц, наконе́чник; *of finger, etc.* ко́нчик
p² [~] **1.** информа́ция; (*hint*) намёк; (*advice*) рекоменда́ция, осно́ванная на малодосту́пной информа́ции; **2.** дава́ть на чай (Д); дава́ть информа́цию (Д), рекоменда́цию
p³ [~] опроки́дывать [-и́нуть]
pple ['tɪpl] *coll.* выпи(ва́)ть, пить
psy ['tɪpsɪ] подвы́пивший
ptoe ['tɪptəʊ]: **on ~** на цы́почках
re¹ (*Brt.* **tyre**) ши́на; **flat ~** спу́щенная ши́на
re² [taɪə] утомля́ть [-ми́ть]; уста́(-ва́)ть; **~d** [~d] уста́лый; **~less** ['~lɪs] неутоми́мый; **~some** ['~səm] утоми́тельный; (*pesky*) надое́дливый; (*boring*) ску́чный
tissue ['tɪʃuː] ткань *f* (*a. biol.*); **~ paper** папиро́сная бума́га
title ['taɪtl] загла́вие, назва́ние; (*person's status*) ти́тул; зва́ние; **~ holder** *sport* чемпио́н; **~ page** ти́тульный лист
titter ['tɪtə] **1.** хихи́канье; **2.** хихи́кать [-кнуть]
tittle-tattle ['tɪtltætl] спле́тни *f/pl.*, болтовня́
to [tə, … tʊ, … tuː] *prp. indicating direction, aim* к (Д); в (В); на (В); *introducing indirect object, corresponds to the Russian dative case*: **~ me** *etc.* мне *и т. д.*; **~ and fro** *adv.* взад и вперёд; *показатель инфинитива*: **~ work** рабо́тать; **I weep ~ think of it** я пла́чу, ду́мая об э́том
toad [təʊd] жа́ба; **~stool** пога́нка
toast [təʊst] **1.** гре́нок; (*drink*) тост; **2.** де́лать гре́нки; поджа́ри(ва)ть; *fig.* (*warm o.s.*) гре́ть(ся); пить за (В); **~er** [~ə] то́стер
tobacco [tə'bækəʊ] таба́к; **~nist's** [tə'bækənɪsts] таба́чный магази́н
toboggan [tə'bɒgən] **1.** са́ни *f/pl.*; *children's* са́нки; **2.** ката́ться на саня́х, са́нках
today [tə'deɪ] сего́дня; настоя́щее вре́мя; **from ~** с сего́дняшнего дня; **a month ~** че́рез ме́сяц
toe [təʊ] па́лец (на ноге́); *of boot, sock* носо́к
toffee ['tɒfɪ] ири́ска; *soft* тяну́чка
together [tə'geðə] вме́сте
togs [tɒgs] *pl. coll.* оде́жда
toil [tɔɪl] **1.** тяжёлый труд; **2.** уси́ленно труди́ться; тащи́ться, идти́ с трудо́м
toilet ['tɔɪlɪt] туале́т; **~ paper** туале́тная бума́га
token ['təʊkən] знак; **as a ~ of** в знак чего́-то; **~ payment** символи́ческая пла́та
told [təʊld] *pt. и pt. p. от* **tell**
tolera|ble ['tɒlərəbl] □ терпи́мый; (*fairly good*) сно́сный; **~nce** [~rəns]

T

терпи́мость *f*; **~nt** [-rənt] □ терпи́мый; **~te** [-reɪt] [вы-, по]терпе́ть, допуска́ть [-сти́ть]
toll [təʊl] (*tax*) по́шлина, сбо́р; *fig.* дань *f*; **~gate** ме́сто, где взима́ются сбо́ры; заста́ва
tom [tɒm]: **~ *cat*** кот
tomato [tə'mɑːtəʊ], *pl.* **~es** [-z] помидо́р, тома́т
tomb [tuːm] моги́ла
tomboy ['tɒmbɔɪ] сорване́ц (о де́вочке)
tomfoolery [tɒm'fuːlərɪ] дура́чество
tomorrow [tə'mɒrəʊ] за́втра
ton [tʌn] *metric* то́нна
tone [təʊn] **1.** *mus., paint., fig.* тон; интона́ция; **2.**: **~ *down*** смягча́ть(ся) [-чи́ть]; **~ *in with*** гармони́ровать (с Т)
tongs [tɒŋz] *pl.* щипцы́ *m/pl.*, кле́щи, *a.* клещи́ *f/pl.*
tongue [tʌŋ] язы́к; ***hold your ~!*** молчи́(те)!
tonic ['tɒnɪk] *med.* тонизи́рующее сре́дство; **~ water** то́ник
tonight [tə'naɪt] сего́дня ве́чером
tonnage['tʌnɪdʒ]*naut.*тонна́ж; (*freight carrying capacity*) грузоподъёмность *f*; (*duty*) тонна́жный сбор
tonsil ['tɒnsl] *anat.* гла́нда, минда́лина
too [tuː] та́кже, то́же; *of degree* сли́шком; о́чень; (*moreover*) бо́лее того́; к тому́ же; ***there was ground frost last night, and in June ~!*** вчера́ но́чью – за́морозки на по́чве, и э́то ию́не!
took [tʊk] *pt. от* ***take***
tool [tuːl] (рабо́чий) инструме́нт; *fig.* ору́дие
toot [tuːt] **1.** гудо́к; **2.** дать гудо́к; *mot.* просигна́ли(зи́рова)ть
tooth [tuːθ] (*pl.* **teeth**) зуб; **~ache** зубна́я боль *f*; **~brush** зубна́я щётка; **~less** ['tuːθlɪs] □ беззу́бый; **~paste** зубна́я па́ста
top [tɒp] **1.** ве́рхняя часть *f*; верх; *of mountain* верши́на; *of head, tree* маку́шка; (*lid*) кры́шка; *leafy top of root vegetable* ботва́; ***at the ~ of one's voice*** во весь го́лос; ***on ~*** наверху́; ***on ~ of all this*** в доверше́ние всего́; в доба́вок ко всему́; **2.** вы́сший, пе́рвый; *speed, etc.* максима́льный; **3.** (*cover*) покры́(ва́)ть; *fig.* (*surpass*) превыша́[ть] [-ы́сить]
topic ['tɒpɪk] те́ма; **~al** [-kl] актуа́льный, злободне́вный
top-level: **~ *negotiations*** перегово́р[ы] на вы́сшем у́ровне
topple ['tɒpl] [с]вали́ть; опроки́д[ы]вать(ся) [-и́нуть(ся)] (*a.* **~ *over***)
topsy-turvy ['tɒpsɪ'tɜːvɪ] □ (пер[е]вёрнутый) вверх дном
torch [tɔːtʃ] фа́кел; ***electric ~*** эле[к]три́ческий фона́рь *m*; *chiefly B[r].* (*flashlight*) карма́нный фона́рик
tore [tɔː] *pt. от* ***tear***
torment **1.** ['tɔːment] муче́ние, му́к[а]; **2.** [tɔː'ment] [из-, за]му́чить
torn [tɔːn] *pt. p. от* ***tear***
tornado [tɔː'neɪdəʊ] торна́до (*indecl*[.]) смерчь *m*; (*hurricane*) урага́н
torpedo [tɔː'piːdəʊ] **1.** торпе́да; **2.** то[р]педи́ровать (*im*)*pf.* (*a. fig.*)
torpid ['tɔːpɪd] □ (*inactive, slo[w]*) вя́лый, апати́чный
torrent ['tɒrənt] пото́к (*a. fig.*)
torrid ['tɒrɪd] жа́ркий, зно́йный
tortoise ['tɔːtəs] *zo.* черепа́ха
tortuous ['tɔːtʃʊəs] (*winding*) изви́л[и]стый; *fig.* (*devious*) укло́нчивый, н[е]и́скренний
torture ['tɔːtʃə] **1.** пы́тка (*a. fig.*); **2.** п[ы]та́ть; [из-, за]му́чить
toss [tɒs] (*fling*) броса́ть [бро́сить]; [~ *in*] *bed* беспоко́йно мета́ться; *head* вск[и]дывать [-и́нуть]; *coin* подбра́сыва[ть] [-ро́сить] (*mst.* **~ *up***)
tot [tɒt] (*child*) малы́ш
total ['təʊtl] **1.** □ (*complete*) по́лны[й] абсолю́тный; *war* тота́льный; *num[ber]* о́бщий; **2.** су́мма; ито́г; ***in ~*** в ито́г[е]; **3.** подводи́ть ито́г, подсчи́тыват[ь] [-ита́ть]; (*amount to*) составля́ть [в] ито́ге; (*equal*) равня́ться (Д); **~itaria[n]** [təʊtælɪ'teərɪən] тоталита́рный; **~[ly]** [-lɪ] по́лностью, соверше́нно
totter ['tɒtə] идти́ нетвёрдой похо́[д]кой; (*shake*) шата́ться [(по)ша[т]ну́ться]; (*be about to fall*) ра[з]руша́ться
touch [tʌtʃ] **1.** (*sense*) осяза́ние; (*co[ntact]*

tact) прикосновéние; *fig.* контáкт, связь *f*; **a ~** (*a little*) чýточка; (*a trace*) примесь *f*; *of illness* лёгкий приступ; штрих; **2.** трóгать [трóнуть] (В) (*a. fig.*); прикасáться [-коснýться], притрáгиваться [-трóнуться] к (Д); *fig. subject, etc.* касáться [коснýться] (Р); затрáгивать [-рóнуть]; ***be ~ed*** *fig.* быть трóнутым; ***~ up*** подправля́ть [-áвить]; **~ing** ['tʌtʃɪŋ] трóгательный; **~y** ['tʌtʃɪ] □ обúдчивый
ough [tʌf] **1.** *meat, etc.* жёсткий (*a. fig.*); (*strong*) прóчный; *person* выносливый; *job, etc.* трýдный; **2.** хулигáн; **~en** ['tʌfn] дéлать(ся) жёстким
our [tʊə] **1.** поéздка, экскýрсия, тур; *sport, thea.* турнé *n indecl.*; *a. thea.* гастрóли *f/pl.*; **2.** совершáть путешéствие *или* турнé по (Д); путешéствовать (***through*** по Д); гастролúровать; **~ist** ['tʊərɪst] турúст *m*, -ка *f*; ***~ agency*** туристúческое агéнтство
ournament ['tʊənəmənt] турнúр
ousle ['taʊzl] взъерóши(ва)ть, растрёпывать (-репáть)
ow [təʊ] *naut* **1.** буксúр; ***take in ~*** брать на буксúр; ***with all her kids in ~*** со всéми детьмú; **2.** буксúровать
oward(s) [tə'wɔːdz, twɔːdʒ] *prp.* (*direction*) по направлéнию к (Д); (*relation*) к (Д), по отношéнию к (Д); (*purpose*) для (Р), на (В)
owel ['taʊəl] полотéнце
ower ['taʊə] **1.** бáшня; **2.** возвышáться (***above, over*** над Т) (*a. fig.*)
own [taʊn] **1.** гóрод; **2.** *attr.* городскóй; ***~ council*** городскóй совéт; ***~ hall*** рáтуша; **~ dweller** горожáнин *m*, -нка *f*; **~sfolk** ['taʊnzfəʊk], **~speople** ['taʊnzpiːpl] *pl.* горожáне *m/pl.*
oxic ['tɒksɪk] токсúческий
oy [tɔɪ] **1.** игрýшка; **2.** *attr.* игрýшечный; **3.** игрáть, забавля́ться; ***~ with*** (*consider*) подýмывать
race [treɪs] **1.** след; (*very small quantity*) следы́, незначúтельное колúчество; **2.** (*draw*) [на]чертúть; (*locate*) выслéживать [вы́следить] (В); (*follow*) прослéживать [-едúть] (В)
rack [træk] **1.** след; (*rough road*) просёлочная дорóга; (*path*) тропúнка; *for running* беговáя дорóжка; *for motor racing* трек; *rail* колея́; ***be on the right (wrong) ~*** быть на прáвильном (лóжном) путú; **2.** следúть за (Т); прослéживать [-едúть] (В); ***~ down*** выслéживать [вы́следить] (В)
tract [trækt] прострáнство, полосá землú; *anat.* тракт; ***respiratory ~*** дыхáтельные путú
tractable ['træktəbl] *person* сговóрчивый
tract|ion ['trækʃn] тя́га; ***~ engine*** тягáч; **~or** ['træktə] трáктор
trade [treɪd] **1.** профéссия; ремеслó; торгóвля; **2.** торговáть (***in*** Т; ***with*** с Т); (*exchange*) обмéнивать [-ня́ть] (***for*** на В); ***~ on*** испóльзовать (*im*)*pf.*; **~mark** фабрúчная мáрка; **~r** ['treɪdə] торгóвец; **~sman** ['treɪdzmən] торгóвец; (*shopkeeper*) владéлец магазúна; **~(s) union** [treɪd(z)'juːnɪən] профсоюз
tradition [trə'dɪʃn] (*custom*) традúция, обы́чай; (*legend*) предáние; **~al** [-ʃənl] □ традициóнный
traffic [træfɪk] **1.** движéние (ýличное, железнодорóжное *и т. д.*); (*vehicles*) трáнспорт; (*trading*) торгóвля; ***~ jam*** затóр ýличного движéния; **~ lights** *pl.* светофóр; **~ police** ГАИ (госудáрственная автомобúльная инспéкция)
tragedy ['trædʒədɪ] трагéдия
tragic(al) □ ['trædʒɪk(l)] трагúческий, трагúчный
trail [treɪl] **1.** след; (*path*) тропá; **2.** *v/t.* (*pull*) тащúть, волочúть; (*track*) идтú по слéду (Р); *v/i.* тащúться, волочúться; *bot.* вúться; **~er** ['treɪlə] *mot.* прицéп, трéйлер
train [treɪn] **1.** пóезд; (*retinue*) свúта; *film star's* толпá (поклóнников); ***by ~*** пóездом; ***freight ~*** товáрный состáв; ***suburban ~*** прúгородный пóезд, *coll.* электрúчка; ***~ of thought*** ход мы́слей; **2.** (*bring up*) воспúтывать [-тáть]; приучáть [-чúть]; (*coach*) [на]тренировáть(ся); обучáть [-чúть]; *lions, etc.* [вы́]дрессировáть

T

trait [treɪt] (характе́рная) черта́
traitor ['treɪtə] преда́тель *m*, изме́нник
tram [træm], **~car** ['træmkɑː] трамва́й, ваго́н трамва́я
tramp [træmp] **1.** (*vagrant*) бродя́га *m*; (*hike*) путеше́ствие пешко́м; *of feet* то́пот; звук тяжёлых шаго́в; **2.** тяжело́ ступа́ть; тащи́ться с трудо́м; то́пать; броди́ть; **~le** ['træmpl] (*crush underfoot*) топта́ть; тяжело́ ступа́ть; **~ down** зата́птывать [-топта́ть]
trance [trɑːns] транс
tranquil ['træŋkwɪl] □ споко́йный; **~(l)ity** [træŋ'kwɪlətɪ] споко́йствие; **~(l)ize** ['træŋkwɪlaɪz] успока́ивать(ся) [-ко́ить(ся)]; **~(l)izer** ['træŋkwɪlaɪzə] транквилиза́тор
transact [træn'zækt] заключа́ть [-чи́ть] сде́лку, вести́ дела́ с (Т); **~ion** [~'zækʃn] сде́лка; **~s** *pl.* (*proceedings*) труды́ *m/pl.* нау́чного о́бщества
transatlantic [trænzət'læntɪk] трансатланти́ческий
transcend [træn'send] выходи́ть [вы́йти] за преде́лы; *expectations, etc.* превосходи́ть [-взойти́], превыша́ть [-вы́сить]
transfer 1. [træns'fɜː] *v/t.* переноси́ть [-нести́], перемеща́ть [-мести́ть]; *ownership* перед(ав)а́ть; *to another job, town, team, etc.* переводи́ть [-вести́]; *v/i. Am., of passengers* переса́живаться [-се́сть]; **2.** ['trænsfə:] перено́с; переда́ча; *comm.* трансфе́рт; перево́д; *Am.* переса́дка; **~able** [træns'fɜːrəbl] с пра́вом переда́чи; переводи́мый
transfigure [træns'fɪgə] видоизменя́ть [-ни́ть]; *with joy, etc.* преобража́ть [-рази́ть]
transfixed [træns'fɪkst]: **~ with fear** ско́ванный стра́хом
transform [træns'fɔːm] превраща́ть [-врати́ть]; преобразо́вывать [-зова́ть]; **~ation** [~fə'meɪʃn] преобразова́ние; превраще́ние; **~er** [~'fɔːmə] трансформа́тор
transfusion [træns'fjuːʒn]: **blood ~** перелива́ние кро́ви
transgress [trænz'gres] *v/t. law, e*[...] преступа́ть [-пи́ть]; *agreement* н[...]руша́ть [-у́шить]; *v/i.* (*sin*) [co[...]] греши́ть; **~ion** [~'greʃn] просту́п[...] *of law, etc.* наруше́ние
transient ['trænzɪənt] → **transitor[...]** *Am., a.* (*temporary guest/lodger*) вр[...]менный жиле́ц; челове́к/скита́ле[...] и́щущий себе́ рабо́ту
transit ['trænzɪt] прое́зд; *of goods* п[...]ре́во́зка; транзи́т; **he is here in ~** [...] здесь прое́здом
transition [træn'zɪʃn] перехо́д; пер[...]хо́дный пери́од
transitory ['trænsɪtrɪ] □ мимолётны[...] преходя́щий
translat|e [træns'leɪt] переводи́[...] [-вести́] (**from** с Р, **into** на В); *fig.* (*i[...]terpret*) [ис]толкова́ть; объясня́[...] [-ни́ть]; **~ion** [~'leɪʃn] перево́д; [...] [~leɪtə] перево́дчик *m*, -чица *f*
translucent [trænz'luːsnt] полупр[...]зра́чный
transmission [trænz'mɪʃn] переда́[...] (*a. radio & tech.*); *radio, TV* тран[...]ля́ция
transmit [trænz'mɪt] перед(ав)а́ть ([...] *radio, TV, a.* трансли́ровать); *he[...]* проводи́ть *impf.*; **~ter** [~ə] переда́тчи[...] (*a. radio, TV*)
transparent [træns'pærənt] □ пр[...]зра́чный (*a. fig.*)
transpire [træn'spaɪə] *fig.* вы́яснить[...] *pf.*, оказа́ться *pf.*; *coll.* случа́ть[...] [-чи́ться]
transplant [træns'plɑːnt] **1.** переса́ж[...]вать [-сади́ть]; *fig. people* пер[...]селя́ть [-ли́ть]; **2.** ['trænsplɑːn[...]] *med.* переса́дка
transport 1. [træn'spɔːt] перевози́[...] [-везти́]; транспорти́ровать *im(pf[...])*; *fig.* увлека́ть [-е́чь]; восхища́[...] [-ити́ть]; **2.** ['trænspɔːt] тра́нспор[...] перево́зка; *of joy, delight, etc.* **be [...]** **~s** быть вне себя́ (**of** от Р); **~atic[...]** [trænspɔː'teɪʃn] перево́зка, тран[...]портиро́вка
transverse ['trænzvɜːs] □ поп[...]ре́чный; **~ly** попе́рёк

ap [træp] **1.** ловýшка, западня́ (*a. fig.*); капкáн; **2.** *fig.* (*lure*) замани́ть *pf.* в ловýшку; ***fall into a ~*** попáсть *pf.* в ловýшку; (*fall for the bait*) попáсться *pf.* на ýдочку; **~door** опускнáя дверь *f*

apeze [trəˈpiːz] трапéция

appings [ˈtræpɪŋz] *pl.* (*harness*) сбрýя; *fig.* ***the ~ of office*** внéшние атрибýты служéбного положéния

ash [træʃ] хлам; (*waste food*) отбрóсы *m/pl.*; *fig.* дрянь *f*; *book* макулатýра; (*nonsense*) вздор, ерундá; **~y** [ˈtræʃɪ] □ дрянно́й

avel [ˈtrævl] **1.** *v/i.* путешéствовать; éздить, [по]éхать; (*move*) передвигáться [-и́нуться]; *of light, sound* распространя́ться (-ни́ться); *v/t.* объезжáть [-éздить, -éхать]; проезжáть [-éхать] (*... км в час и т. п.*); **2.** путешéствие; *tech.* ход; (пере)движéние; **~(l)er** [~ə] путешéственник *m*, -ица *f*

averse [trəˈvɜːs] **1.** пересекáть [-сéчь]; (*pass through*) проходи́ть [пройти́] (В); **2.** поперéчина

avesty [ˈtrævəstɪ] парóдия

awler [ˈtrɔːlə] трáулер

ay [treɪ] поднóс

eacher|ous [ˈtretʃərəs] □ (*disloyal*) предáтельский, верolóмный; (*unreliable*) ненадёжный; ***~ weather*** ковáрная погóда; **~y** [~rɪ] предáтельство, верolóмство

eacle [ˈtriːkl] пáтока; (*chiefly Brt., molasses*) мелáсса

ead [tred] **1.** [*irr.*] ступáть [-пи́ть]; ***~ down*** затáптывать [затоптáть]; ***~ lightly*** *fig.* дéйствовать осторóжно, таkти́чно; **2.** пóступь *f*, похóдка; *of stairs* ступéнька; *of tire, Brt. tyre* протéктор

eason [ˈtriːzn] (госудáрственная) измéна

easure [ˈtreʒə] **1.** сокрóвище; **2.** храни́ть; (*value greatly*) дорожи́ть; **~r** [~rə] казначéй

easury [ˈtreʒərɪ]; сокрóвищница; *Brt.* ***the*** ♀ Казначéйство

eat [triːt] **1.** *v/t. chem.* обрабáтывать [-бóтать]; *med.* лечи́ть; (*stand a drink, etc.*) угощáть [угости́ть] (***to*** Т); (*act towards*) обращáться [обрати́ться] с (Т), обходи́ться [обойти́сь] с (Т); *v/i.* ***~ of*** рассмáтривать [-мотрéть], обсуждáть [-уди́ть] (В); ***~ for ... with*** лечи́ть (от Р, Т); **2.** (*pleasure*) удовóльствие, наслаждéние; ***this is my ~*** за всё плачý я!; я угощáю!

treatise [ˈtriːtɪz] наýчный труд

treatment [ˈtriːtmənt] *chem., tech.* обрабóтка (Т); *med.* лечéние; (*handling*) обращéние (***of*** с Т)

treaty [ˈtriːtɪ] договóр

treble [ˈtrebl] **1.** □ тройнóй, утрóенный; **2.** тройнóе коли́чество; *mus.* ди́скант; **3.** утрáивать(ся) [утрóить(ся)]

tree [triː] дéрево; ***family ~*** родослóвное дéрево

trellis [ˈtrelɪs] решётка; шпалéра

tremble [ˈtrembl] [за]дрожáть, [за]трясти́сь (***with*** от Р)

tremendous [trɪˈmendəs] □ громáдный; стрáшный; *coll.* огрóмный, потрясáющий

tremor [ˈtremə] дрожь *f*; **~s** *pl.* подзéмные толчки́

tremulous [ˈtremjʊləs] □ дрожáщий; (*timid*) трéпетный, рóбкий

trench [trentʃ] канáва; *mil.* траншéя, окóп

trend [trend] **1.** направлéние (*a. fig.*); *fig.* (*course*) течéние; (*style*) стиль *m*; (*tendency*) тендéнция; **2.** имéть тендéнцию (***towards*** к Д); склоня́ться

trendy [ˈtrendɪ] *coll.* сти́льный; мóдный

trespass [ˈtrespəs] зайти́ *pf.* на чужýю террито́рию; (*sin*) совершáть простýпок; (*encroach*) злоупотребля́ть [-би́ть] (***on*** Т); ***~ on s.o.'s time*** посягáть на чьё-л. врéмя

trial [ˈtraɪəl] (*test, hardship*) испытáние, прóба; *law* судéбное разбирáтельство; суд; *attr.* прóбный, испытáтельный; ***on ~*** под судóм; ***give a. p. a ~*** взять когó-л. на испытáтельный срок

triang|le [ˈtraɪæŋgl] треугóльник; **~ular** [traɪˈæŋgjʊlə] □ треугóльный

T

tribe [traɪb] пле́мя *n*; *pej.* компа́ния; братва́
tribune ['trɪbju:n] (*platform*) трибу́на; (*person*) трибу́н
tribut|ary ['trɪbjʊtərɪ] *geogr.* прито́к; **~e** ['trɪbju:t] дань *f* (*a. fig.*); ***pay ~ to*** *fig.* отдава́ть до́лжное (Д)
trice [traɪs]: ***in a ~*** вмиг, ми́гом
trick [trɪk] **1.** (*practical joke*) шу́тка, *child's* ша́лость *f*; *done to amuse* фо́кус, трюк; уло́вка; (*special skill*) сноро́вка; ***do the ~*** поде́йствовать *pf.*, дости́чь *pf.* це́ли; **2.** (*deceive*) обма́нывать [-ну́ть]; наду́(ва́)ть; **~ery** ['trɪkərɪ] надува́тельство, обма́н
trickle ['trɪkl] течь стру́йкой; (*ooze*) сочи́ться
trick|ster ['trɪkstə] обма́нщик; **~y** ['trɪkɪ] □ (*sly*) хи́трый; (*difficult*) сло́жный, тру́дный; ***~ customer*** ско́льзкий тип
tricycle ['traɪsɪkl] трёхколёсный велосипе́д
trifl|e ['traɪfl] **1.** пустя́к; ме́лочь *f*; ***a ~*** *fig., adv.* немно́жко; **2.** *v/i.* занима́ться пустяка́ми; относи́ться несерьёзно к (Д); ***he is not to be ~d with*** с ним шу́тки пло́хи; *v/t.* ***~ away*** зря тра́тить; **~ing** ['traɪflɪŋ] пустя́чный, пустяко́вый
trigger ['trɪgə] **1.** *mil.* спусково́й крючо́к; **2.** (*start*) дава́ть [дать] нача́ло; вызыва́ть ['-звать] (В)
trill [trɪl] **1.** трель *f*; **2.** выводи́ть трель
trim [trɪm] **1.** *figure* аккура́тный, ла́дный; *garden* приведённый в поря́док; **2.** *naut.* (у́гол наклоне́ния су́дна) диффере́нт; ***in good ~*** в поря́дке; **3.** *hair, etc.* подреза́ть [-е́зать], подстрига́ть [-и́чь]; *dress* отде́л(ыв)ать; *hedge* подра́внивать [-ровня́ть]; **~ming** ['trɪmɪŋ] *mst.* **~s** *pl.* отде́лка; *cul.* припра́ва, гарни́р
trinket ['trɪŋkɪt] безделу́шка
trip [trɪp] **1.** пое́здка; экску́рсия; **2.** *v/i.* идти́ легко́ и бы́стро; (*stumble*) спотыка́ться [споткну́ться] (*a. fig.*); *v/t.* подставля́ть подно́жку (Д)
tripartite [traɪ'pɑ:taɪt] *agreement* трёхсторо́нний; состоя́щий из трёх часте́й
tripe [traɪp] *cul.* рубе́ц
triple ['trɪpl] тройно́й; утро́енный; **~** ['trɪplɪts] *pl.* тро́йня *sg.*
tripper [trɪpə] *coll.* экскурса́нт
trite [traɪt] □ бана́льный, изби́тый
triumph ['traɪəmf] **1.** триу́мф; тор[жество́]; **2.** (*be victorious*) побежда́[ть] [-ди́ть]; (*celebrate victory*) торжеств[ова́ть], восторжествова́ть *pf.* (***over*** на[д] Т); **~al** [traɪ'ʌmfl] триумфа́льны[й]; **~ant** [traɪ'ʌmfənt] победоно́сны[й], торжеству́ющий
trivial ['trɪvɪəl] □ ме́лкий, пустяк[о́]вый; тривиа́льный
trod [trɒd] *pt. om* ***tread***; **~den** ['trɒd[n]] *pt. p. om* ***tread***
trolley ['trɒlɪ] теле́жка; *Am. streetc[ar]* трамва́й; ***~bus*** тролле́йбус
trombone [trɒm'bəʊn] *mus.* тромбо́[н]
troop [tru:p] **1.** (*group*) гру́ппа, толп[а́]; **2.** дви́гаться толпо́й; ***~ away, ~ o[ff]*** удаля́ться [-ли́ться]; ***we all ~ed [to] the museum*** мы всей гру́ппой пошл[и́] в музе́й; **~s** *pl.* войска́ *n/pl.*
trophy ['trəʊfɪ] трофе́й
tropic ['trɒpɪk] тро́пик; **~s** *pl.* тро́пик[и] *m/pl.*; **~al** □ [~pɪkəl] тропи́ческий
trot [trɒt] **1.** *of horse* рысь *f*; бы́стры[й] шаг; ***keep s.o. on the ~*** не дава́ть к[о]му́-л. поко́я; **2.** бежа́ть трусцо́й
trouble ['trʌbl] **1.** (*worry*) беспоко́йс[т]во; (*anxiety*) волне́ние; (*cares*) забо́т[ы] *f/pl.*, хло́поты *f/pl.*; (*difficulties*) з[а]трудне́ния *n/pl.*; беда́; ***get into ~*** п[о]па́сть *pf.* в беду́; ***take the ~*** стара́тьс[я], прилага́ть уси́лия; **2.** [по]беспо[]ко́ить(ся); трево́жить; [по]проси́т[ь]; утружда́ть; ***don't ~!*** не утружда́й(т[е]) себя́!; **~some** [~səm] тру́дны[й], причиня́ющий беспоко́йств[о]; **~shooter** [~ʃu:tə] авари́йный монтё[р]; уполномо́ченный по урегули́рова[]нию конфли́ктов
troupe [tru:p] *thea.* тру́ппа
trousers ['traʊzəz] *pl.* брю́ки *f/pl.*
trout [traʊt] форе́ль *f*
truant ['tru:ənt] *pupil* прогу́льщи[к]; ***play ~*** прогу́ливать уро́ки
truce [tru:s] переми́рие
truck [trʌk] **1.** (*barrow*) теле́жка; *Am[.]*

T

motorvehicle) грузови́к; *Brt. rail.* рузова́я платфо́рма; **2.** *mst. Am.* перевози́ть на грузовика́х
uculent ['trʌkjʊlənt] (*fierce*) свире́ый; (*cruel*) жесто́кий; агресси́вный
udge [trʌdʒ] идти́ с трудо́м; така́ться, [по]тащи́ться; ***I had to ~ to he station on foot*** пришло́сь ащи́ться на ста́нцию пешко́м
ue [truː] ве́рный, пра́вильный; (*real*) астоя́щий; ***it is ~*** э́то пра́вда; ***come ~*** бы́(ва́)ться; ***~ to life*** реалисти́ческий; *genuine*) правди́вый; *portrait, etc.* как иво́й
uism ['truːɪzəm] трюи́зм
uly ['truːlɪ] ***he was ~ grateful*** он был искренне благода́рен; ***Yours ~*** (*at lose of letter*) пре́данный Вам
ump [trʌmp] **1.** (*card*) ко́зырь *m*; **2.** бить козырно́й ка́ртой
umpet ['trʌmpɪt] **1.** труба́; ***blow one's own ~*** расхва́ливать себя́; **2.** за-, про]труби́ть; *fig.* раструби́ть *f.*; **~er** [-ə] труба́ч
uncheon ['trʌntʃən] *policeman's* дуби́нка
unk [trʌŋk] *of tree* ствол; *anat.* ту́ловище; *elephant's* хо́бот; *Am. mot.* бага́жник; (*large suitcase*) чемода́н; ***pair of ~s*** трусы́; **~ call** *tel.* вы́зов по междугоро́дному телефо́ну; **~ road** магистра́ль *f*
ust [trʌst] **1.** дове́рие; ве́ра; *comm.* конце́рн, трест; ***on ~*** на ве́ру; в креди́т; ***position of ~*** отве́тственное положе́ние; **2.** *v/t.* [по]ве́рить (Д); доверя́ть [-е́рить] (Д ***with*** В); *v/i.* полага́ться [положи́ться] (***in, to*** на В); наде́яться (***in, to*** на В); ***I ~ they will agree*** наде́юсь, они́ соглася́тся; **~ee** [trʌsˈtiː] опеку́н; попечи́тель *m*; довери́тельный со́бственник; **~ful** ['trʌstfl] ☐, **~ing** ['trʌstɪŋ] ☐ дове́рчивый; **~worthy** [-wɜːðɪ] заслу́живающий дове́рия; надёжный
uth [truːθ] пра́вда; (*verity*) и́стина; **~ful** ['truːθfl] ☐ *person* правди́вый; *statement, etc. a.* ве́рный
y [traɪ] **1.** (*sample*) [по]про́бовать; (*attempt*) [по]пыта́ться; [по]стара́ться; (*tire, strain*) утомля́ть [-ми́ть]; *law* суди́ть; (*test*) испы́тывать [испыта́ть]; **~ *on*** примеря́ть [-е́рить]; ***~ one's luck*** попыта́ть *pf.* сча́стья; **2.** попы́тка; **~ing** ['traɪɪŋ] тру́дный; тяжёлый; (*annoying*) раздража́ющий
T-shirt ['tiːʃɜːt] ма́йка (с коро́ткими рукава́ми), футбо́лка
tub [tʌb] (*barrel*) ка́дка; (*wash~*) лоха́нь *f*; *coll.* (*bath~*) ва́нна
tube [tjuːb] труба́, тру́бка; *Brt.* (*subway*) метро́ *n indecl.*; *of paint, etc.* тю́бик; ***inner ~*** *mot.* ка́мера
tuber ['tjuːbə] *bot.* клу́бень *m*
tuberculosis [tjuːbɜːkjʊ'ləʊsɪs] туберкулёз
tubular ['tjuːbjʊlə] ☐ тру́бчатый
tuck [tʌk] **1.** *on dress* скла́дка, сбо́рка; **2.** де́лать скла́дки; засо́вывать [-су́нуть]; (*hide*) [с]пря́тать; **~ *in*** *shirt* запра́вить *pf.*; *to food* упи́сывать; **~ *up*** *sleeves* засу́чивать [-чи́ть]
Tuesday ['tjuːzdɪ] вто́рник
tuft [tʌft] *of grass* пучо́к; *of hair* хохо́л
tug [tʌg] **1.** (*pull*) рыво́к; *naut.* букси́р; **2.** тащи́ть [тяну́ть]; (*a.* ***tug at***) дёргать [дёрнуть]
tuition [tjuː'ɪʃn] обуче́ние
tulip ['tjuːlɪp] тюльпа́н
tumble ['tʌmbl] **1.** *v/i.* (*fall*) па́дать [упа́сть]; (*overturn*) опроки́дываться [-и́нуться]; *into bed* повали́ться; **~ *to*** (*grasp, realize*) разгада́ть *pf.*, поня́ть *pf.*; **2.** паде́ние; **~down** полуразру́шенный; **~r** [-ə] (*glass*) стака́н
tummy ['tʌmɪ] *coll.* живо́т; *baby's* живо́тик
tumo(u)r ['tjuːmə] о́пухоль *f*
tumult ['tjuːmʌlt] (*uproar*) шум и кри́ки; сумато́ха; си́льное волне́ние; **~uous** [tjuː'mʌltʃʊəs] шу́мный, бу́йный; взволно́ванный
tuna ['tjuːnə] туне́ц
tune [tjuːn] **1.** мело́дия, моти́в; ***in ~*** *piano* настро́енный; ***in ~ with*** сочета́ющийся, гармони́рующий; ***out of ~*** расстро́енный; ***sing out of ~*** фальши́вить; **2.** настра́ивать [-ро́ить]; (*a.* **~ *in***) *radio* настра́ивать (***to*** на В); **~ful** ['tjuːnfl] ☐ мелоди́чный

T

tunnel ['tʌnl] **1.** тунне́ль *m* (*a.* тонне́ль *m*); **2.** проводи́ть тунне́ль (под T, сквозь B)
turbid ['tɜ:bɪd] (*not clear*) му́тный; *fig.* тума́нный
turbot ['tɜ:bət] па́лтус
turbulent ['tɜ:bjʊlənt] бу́рный (*a. fig.*); *mob, etc.* бу́йный
tureen [tə'ri:n] су́пница
turf [tɜ:f] дёрн; (*peat*) торф; (*races*) ска́чки *f/pl.*; ***the ~*** ипподро́м
Turk [tɜ:k] ту́рок *m*, турча́нка *f*
turkey ['tɜ:kɪ] индю́к *m*, инде́йка *f*
Turkish ['tɜ:kɪʃ] **1.** туре́цкий; ***~ delight*** раха́т-луку́м; **2.** туре́цкий язы́к
turmoil ['tɜ:mɔɪl] смяте́ние; волне́ние; беспоря́док
turn [tɜ:n] **1.** *v/t.* (*round*) враща́ть, верте́ть; *head, etc.* повора́чивать [повернуть]; (*change*) превраща́ть [-рати́ть]; (*direct*) направля́ть [-ра́вить]; ***~ a corner*** заверну́ть *pf.* за у́гол; ***~ down*** *suggestion* отверга́ть [-е́ргнуть]; (*fold*) загиба́ть [загну́ть]; ***~ off*** *tap* закры́(ва́)ть; *light, gas, etc.* выключа́ть [вы́ключить]; ***~ on*** *tap* откры́(ва́)ть; включа́ть [-чи́ть]; ***~ out*** выгоня́ть [вы́гнать]; *of job, etc.* увольня́ть [уво́лить]; *goods* выпуска́ть (вы́пустить); ***~ over*** перевёртывать [-верну́ть]; *fig.* перед(ав)а́ть; ***~ up*** *collar, etc.* поднима́ть; **2.** *v/i.* враща́ться, верте́ться; повора́чиваться [поверну́ться]; станови́ться [стать]; превраща́ться [-рати́ться]; ***~ pale, red, etc.*** побледне́ть *pf.*, покрасне́ть *pf.*, *и т. д.*; ***~ about*** обора́чиваться [оберну́ться]; ***~ in*** (*inform on*) доноси́ть [-нести́]; (*go to bed*) ложи́ться спать; ***~ out*** ока́зываться [-за́ться]; ***~ to*** принима́ться [-ня́ться] за (B); обраща́ться [обрати́ться] к (Д); ***~ up*** появля́ться [-ви́ться]; ***~ upon*** обраща́ться [обрати́ться] про́тив (P); **3.** *su.* поворо́т; изги́б; переме́на; услу́га; *of speech* оборо́т; *coll.* (*shock*) испу́г; ***at every ~*** на ка́ждом шагу́, посто́янно; ***in ~s*** по о́череди; ***it is my ~*** моя́ о́чередь *f*; ***take ~s*** де́лать поочерёдно; ***in his ~*** в свою́ о́чередь; ***do s.o. a good ~*** оказа́ть кому́-л. услу́гу; **~er** ['tɜ:nə] то́карь
turning ['tɜ:nɪŋ] *of street, etc.* поворо[…]; **~ point** *fig.* поворо́тный пункт; пе[…] ло́м; *fig.* кри́зис
turnip ['tɜ:nɪp] *bot.* ре́па
turn|out ['tɜ:naʊt] *econ.* вы́пуск, пр[…]ду́кция; число́ уча́ствующих на […]бра́нии, голосова́нии, и. т. д.; **~ov[…]** ['tɜ:nəʊvə] *comm.* оборо́т; *of goo[…]* товарооборо́т; **~stile** ['tɜ:nstaɪl] ту[…]нике́т
turpentine ['tɜ:pəntaɪn] скипида́р
turquoise ['tɜ:kwɔɪz] *min.* бирю[…] бирюзо́вый цвет
turret ['tʌrɪt] ба́шенка
turtle ['tɜ:tl] *zo.* черепа́ха
tusk [tʌsk] *zo.* би́вень *m*
tussle ['tʌsl] потасо́вка; дра́ка
tussock ['tʌsək] ко́чка
tutor ['tju:tə] **1.** (*private teacher*) реп[…]ти́тор; *Brt. univ.* предподаватель […] -ница *f*; **2.** дава́ть ча́стные уро́ки; о[…]ча́ть [-чи́ть]; **~ial** [tju:'tɔ:rɪəl] *un[…]* консульта́ция
tuxedo [tʌk'si:dəʊ] *Am.* смо́кинг
twaddle ['twɒdl] **1.** пуста́я болтов[…] **2.** пустосло́вить
twang [twæŋ] **1.** *of guitar* звон; (*n[…]* ***nasal ~***) гнуса́вый го́лос; **2.** звене́[…]
tweak [twi:k] **1.** щипо́к; **2.** ущипну́т[…]
tweed [twi:d] твид
tweezers ['twi:zəz] *pl.* пинце́т
twelfth [twelfθ] двена́дцатый
twelve [twelv] двена́дцать
twent|ieth ['twentɪɪθ] двадца́тый; […] ['twentɪ] два́дцать
twice [twaɪs] два́жды; вдво́е; ***think[…]*** хорошо́ обду́мать
twiddle ['twɪdl] *in hands* верте́[…] (*play*) игра́ть (T); ***~ one's thum[…]*** *fig.* безде́льничать
twig [twɪg] ве́точка, прут
twilight ['twaɪlaɪt] су́мерки *f/pl.*
twin [twɪn] близне́ц; ***~ towns*** город[…] побрати́мы
twine [twaɪn] **1.** бечёвка, шпага́т; […] [с]вить; *garland* [с]плести́; *of pla[…]* обви́(ва́)ть(ся)
twinge [twɪndʒ] при́ступ бо́ли; **~**

T

conscience угрызе́ния со́вести *f/pl.*

twink|le ['twɪŋkl] **1.** мерца́ние, мига́ние; *of eyes* и́скорки; **2.** [за]мерца́ть; мига́ть; искри́ться; **~ling** [-ɪŋ]: ***in the ~ of an eye*** в мгнове́ние о́ка

twirl [twɜːl] верте́ть, крути́ть

twist [twɪst] **1.** круче́ние; (*~ together*) скру́чивание; *of road, etc.* изги́б; *fig.* (*change*) поворо́т; *of ankle* вы́вих; **2.** [с]крути́ть; повора́чивать [-верну́ть], [с]ви́ться; сплета́ть(ся) [-сти́(сь)]; ***~ the facts*** искажа́ть [-ази́ть] фа́кты

twit [twɪt] *coll.* болва́н

twitch [twɪtʃ] **1.** подёргивание; **2.** подёргиваться

twitter ['twɪtə] **1.** щёбет; **2.** [за]щебета́ть (*a. of little girls*), чири́кать [-кнуть]; ***be in a ~*** дрожа́ть

two [tuː] **1.** два, две; дво́е; па́ра; ***in ~*** на́двое, попола́м; ***put ~ and ~ together*** смекну́ть в чём де́ло *pf.*; ***the ~ of them*** они́ о́ба; **2.** дво́йка; → ***five***; ***in ~s*** попа́рно; **~-faced** [-'feist] *fig.* двули́чный; **~fold** ['tuːfəʊld] **1.** двойно́й; **2.** *adv.* вдвое́; **~pence** ['tʌpəns] два пе́нса; **~-stor(e)y** двухэта́жный; **~-way** двусторо́нний

type [taɪp] **1.** тип; *of wine, etc.* сорт; *typ.* шрифт; ***true to ~*** типи́чный; **2.** печа́тать на маши́нке; **~writer** пи́шущая маши́нка

typhoid ['taɪfɔɪd] (*a. **~ fever***) брюшно́й тиф

typhoon [taɪ'fuːn] тайфу́н

typhus ['taɪfəs] сыпно́й тиф

typi|cal ['tɪpɪkl] типи́чный; **~fy** [-faɪ] служи́ть типи́чным приме́ром для (Р)

typist ['taɪpɪst] машини́стка; ***shorthand ~*** (машини́стка)-стенографи́ст(ка)

tyrann|ical [tɪ'rænɪkəl] □ тирани́ческий; **~ize** ['tɪrənaɪz] тира́нить; **~y** ['tɪrənɪ] тирани́я

tyrant ['taɪrənt] тира́н

tyre ['taɪə] → ***tire***

tzar [zɑː] → ***czar***

U

ubiquitous [juː'bɪkwɪtəs] □ вездесу́щий *a. iro.*

udder ['ʌdə] вы́мя *n*

UFO ['juːfəʊ] НЛО

ugly ['ʌglɪ] □ уро́дливый, безобра́зный (*a. fig.*); ***~ customer*** ме́рзкий/опа́сный тип

ulcer ['ʌlsə] я́зва

ulterior [ʌl'tɪərɪə]: ***~ motive*** за́дняя мысль *f*

ultimate ['ʌltɪmɪt] □ после́дний; коне́чный; (*final*) оконча́тельный; **~ly** [-lɪ] в конце́ концо́в

ultra… ['ʌltrə] *pref.* сверх…, у́льтра…

umbrage ['ʌmbrɪdʒ]: ***take ~ at*** обижа́ться [оби́деться] на (В)

umbrella [ʌm'brelə] зо́нтик; ***telescopic ~*** складно́й зо́нтик

umpire ['ʌmpaɪə] **1.** *sport* судья́ *m*, арби́тр; **2.** суди́ть

un… [ʌn] *pref.* (*придаёт отрицательное или противоположное значение*) не…, без…

unable [ʌn'eɪbl] неспосо́бный; ***be ~*** быть не в состоя́нии, не [с]мочь

unaccountabl|e [ʌnə'kaʊntəbl] □ необъясни́мый, непостижи́мый; **~y** [-blɪ] по непоня́тной причи́не

unaccustomed [ʌnə'kʌstəmd] не привы́кший; (*not usual*) непривы́чный

unacquainted [ʌnə'kweɪntɪd]: ***~ with*** незнако́мый с (Т); не зна́ющий (Р)

unaffected [ʌnə'fektɪd] □ (*genuine*) непритво́рный, и́скренний; (*not affected*) не(за)тро́нутый (***by*** Т)

unaided [ʌn'eɪdɪd] без посторо́нней по́мощи

unalterable [ʌn'ɔːltərəbl] □ неизме́нный

unanimous [juː'nænɪməs] □ едино-

U

ду́шный; *in voting* единогла́сный
unanswerable [ʌnˈɑːnsərəbl] □ *argument* неопровержи́мый
unapproachable [ʌnəˈprəʊtʃəbl] □ (*physically inaccessible*) непристу́пный; *person* недосту́пный
unasked [ʌnˈɑːskt] непро́шеный; ***I did this ~*** я э́то сде́лал по свое́й инициати́ве
unassisted [ʌnəˈsɪstɪd] без посторо́нней по́мощи, самостоя́тельно
unassuming [ʌnəˈsjuːmɪŋ] скро́мный, непритяза́тельный
unattractive [ʌnəˈtræktɪv] непривлека́тельный
unauthorized [ʌnˈɔːθəraɪzd] неразрешённый; *person* посторо́нний
unavail|able [ʌnəˈveɪləbl] не име́ющийся в нали́чии; отсу́тствующий; ***these goods are ~ at present*** э́тих това́ров сейча́с нет; **~ing** [-lɪŋ] бесполе́зный
unavoidable [ʌnəˈvɔɪdəbl] неизбе́жный
unaware [ʌnəˈweə] не зна́ющий, не подозрева́ющий (***of*** P); ***be ~ of*** ничего́ не знать о (П); не замеча́ть [-е́тить] (P); **~s** [-z]: ***catch s.o. ~*** застава́ть [-ста́ть] кого́-л. врасплóх
unbalanced [ʌnˈbælənst] неуравнове́шенный (*a. mentally*)
unbearable [ʌnˈbeərəbl] □ невыноси́мый, нестерпи́мый
unbecoming [ʌnbɪˈkʌmɪŋ] □ (*inappropriate*) неподходя́щий; (*unseemly*) неподоба́ющий; *clothes* не иду́щий к лицу́
unbelie|f [ʌnbɪˈliːf] неве́рие; **~vable** [ˈʌnbɪˈliːvəbl] □ невероя́тный
unbend [ʌnˈbend] [*irr.* (***bend***)] выпрямля́ть(ся) [вы́прямить(ся)]; *fig.* станови́ться непринуждённым; **~ing** [-ɪŋ] □ *fig.* чи́стый; *fig.* непрекло́нный
unbias(s)ed [ʌnˈbaɪəst] □ беспристра́стный
unbind [ʌnˈbaɪnd] [*irr.* (***bind***)] развя́зывать [-за́ть]
unblemished [ʌnˈblemɪʃt] чи́стый; *fig.* незапя́тнанный
unblushing [ʌnˈblʌʃɪŋ] беззастéнчивый
unbolt [ʌnˈbəʊlt] отпира́ть [-пере́ть]
unbounded [ʌnˈbaʊndɪd] □ неограни́ченный; беспреде́льный
unbroken [ʌnˈbrəʊkn] (*whole*) неразби́тый; *record* непоби́тый; (*uninterrupted*) непреры́вный
unburden [ʌnˈbɜːdn]: ***~ o.s.*** излива́ть [-ли́ть] ду́шу
unbutton [ʌnˈbʌtn] расстёгивать [расстегну́ть]
uncalled-for [ʌnˈkɔːldfɔː] непро́шеный; неуме́стный
uncanny [ʌnˈkænɪ] □ сверхъесте́ственный; жу́ткий, пуга́ющий
uncared [ʌnˈkeəd]: ***~-for*** забро́шенный
unceasing [ʌnˈsiːsɪŋ] □ непрекраща́ющийся, беспреры́вный
unceremonious [ʌnserɪˈməʊnɪəs] бесцеремо́нный
uncertain [ʌnˈsɜːtn] неуве́ренный; *plans, etc.* неопределённый; неизве́стный; ***it is ~ whether he will be there*** неизве́стно, бу́дет ли он там; ***~ weather*** переме́нчивая пого́да; **~ty** [-tɪ] неуве́ренность *f*; неизве́стность *f*; неопределённость *f*
unchanging [ʌnˈtʃeɪndʒɪŋ] □ неизме́нный
uncharitable [ʌnˈtʃærɪtəbl] □ немилосе́рдный; ***~ words*** жесто́кие слова́
unchecked [ʌnˈtʃekt] беспрепя́тственный; (*not verified*) непрове́ренный
uncivil [ʌnˈsɪvl] неве́жливый; **~ized** [ʌnˈsɪvɪlaɪzd] нецивилизо́ванный
uncle [ˈʌŋkl] дя́дя *m*
unclean [ʌnˈkliːn] □ нечи́стый
uncomfortable [ʌnˈkʌmfətəbl] неудо́бный; *fig.* нело́вкий
uncommon [ʌnˈkɒmən] □ (*remarkable*) необыкнове́нный; (*unusual*) необы́чный; (*rare*) ре́дкий
uncommunicative [ʌnkəˈmjuːnɪkətɪv] неразгово́рчивый, сде́ржанный; скры́тный
uncomplaining [ʌnkəmˈpleɪnɪŋ] безро́потный

ncompromising [ʌnˈkɒmprəmaɪzɪŋ] □ бескомпроми́ссный
nconcerned [ʌnkənˈsɜːnd]: ***be ~ about*** относи́ться равноду́шно, безразли́чно (к Д)
nconditional [ʌnkənˈdɪʃənl] □ безогово́рочный, безусло́вный
nconquerable [ʌnˈkɒŋkrəbl] □ непобеди́мый
nconscious [ʌnˈkɒnʃəs] □ (*not intentional*) бессозна́тельный; потеря́вший созна́ние; ***be ~ of*** не созн(ав)а́ть Р; ***the ~*** подсозна́ние; **~ness** [-nɪs] бессозна́тельное состоя́ние
nconstitutional [ʌnkɒnstɪˈtjuːʃnl] □ противоре́чащий конститу́ции; неконституцио́нный
ncontrollable [ʌnkənˈtrəʊləbl] □ неудержи́мый; неуправля́емый
nconventional [ʌnkənˈvenʃənl] □ (*free in one's ways*) чу́ждый усло́вности; (*unusual*) необы́чный; эксцентри́чный; (*original*) нешабло́нный
ncork [ʌnˈkɔːk] отку́пори(ва)ть
ncount|able [ʌnˈkaʊntəbl] бесчи́сленный; **~ed** [-tɪd] несчётный
ncouth [ʌnˈkuːθ] (*rough*) гру́бый
ncover [ʌnˈkʌvə] *face, etc.* откры́(ва́)ть; снима́ть кры́шку с (Р); *head* обнажа́ть [-жи́ть]; *fig. plot, etc.* раскрыва́ть [-ы́ть]
ncult|ivated [ʌnˈkʌltɪveɪtɪd] *land* невозде́ланный; *plant* ди́кий; *person* неразвито́й; некульту́рный
ndamaged [ʌnˈdæmɪdʒd] неповреждённый
ndaunted [ʌnˈdɔːntɪd] □ (*fearless*) неустраши́мый
ndecided [ʌndɪˈsaɪdɪd] □ нерешённый; (*in doubt*) нереши́тельный
ndeniable [ʌndɪˈnaɪəbl] □ неоспори́мый; несомне́нный
nder [ˈʌndə] **1.** *adv.* ни́же; внизу́; вниз; **2.** *prp.* под (В, Т); ни́же (Р); ме́ньше (Р); при (П); **3.** *pref.* ни́же…, под…, недо…; **4.** ни́жний; ни́зший; **~bid** [ʌndəˈbɪd] [*irr.* (***bid***)] предлага́ть бо́лее ни́зкую це́ну, чем (И); **~brush** [-brʌʃ] подле́сок; **~carriage** [-kærɪdʒ] шасси́ *n indecl.*; **~clothing** [-kləʊðɪŋ] ни́жнее бельё; **~cut** [-kʌt] сбива́ть це́ну; **~done** [ʌndəˈdʌn] недожа́ренный; *cake* непропечённый; **~estimate** [ʌndərˈestɪmeɪt] недооце́нивать [-и́ть]; **~fed** [-fed] недоко́рмленный, истощённый от недоеда́ния; **~go** [ʌndəˈgəʊ] [*irr.* (***go***)] испы́тывать [испыта́ть]; *criticism, etc.* подверга́ться [-е́ргнуться] (Д); **~graduate** [ʌndəˈgrædʒʊət] студе́нт *m*, -ка *f*; **~ground** [-graʊnd] **1.** подзе́мный; *pol.* подпо́льный; **2.** метро́(полите́н) *n indecl.*; (*movement*) подпо́лье; **~hand** [ʌndəˈhænd] **1.** та́йный, закули́сный; **2.** *adv.* та́йно, за спино́й; **~lie** [ʌndəˈlaɪ] [*irr.* (***lie***)] лежа́ть в осно́ве (Р); **~line** [ʌndəˈlaɪn] подчёркивать [-черкну́ть]; **~mine** [ʌndəˈmaɪn] подрыва́ть [подорва́ть]; **~neath** [ʌndəˈniːθ] **1.** *prp.* под (Т/В); **2.** *adv.* вниз, внизу́; **~rate** [ʌndəˈreɪt] недооце́нивать [-и́ть]; **~secretary** [ʌndəˈsekrətrɪ] замести́тель *m*, помо́щник мини́стра (в А́нглии и США); **~signed** [ʌndəˈsaɪnd] нижеподписа́вшийся; **~stand** [ʌndəˈstænd] [*irr.* (***stand***)] *com.* понима́ть [поня́ть]; подразумева́ть (***by*** под Т); ***make o.s. understood*** уме́ть объясни́ться; **~standable** [ʌndəˈstændəbl] поня́тный; **~standing** [ʌndəˈstændɪŋ] понима́ние; взаимопонима́ние; (*agreement*) договорённость *f*; ***come to an ~*** договори́ться *pf.*; **~state** [ʌndəˈsteɪt] преуменьша́ть [-ме́ньшить]; **~stood** [ʌndəˈstʊd] *pt. и pt. p. om* ***understand***; **~take** [ʌndəˈteɪk] [*irr.* (***take***)] предпринима́ть [-ня́ть]; (*make o.s. responsible for*) брать на себя́; обя́зываться (-за́ться); **~taker** [-teɪkə] содержа́тель *m* похоро́нного бюро́; **~taking** [ʌndəˈteɪkɪŋ] предприя́тие; **~tone** [-təʊn]: ***in an ~*** вполго́лоса; **~value** [ʌndəˈvæljuː] недооце́нивать [-и́ть]; **~wear** [-weə] ни́жнее бельё; **~write** [ʌndəˈraɪt] [*irr.* (***write***)] [за]страхова́ть; **~writer** [-raɪtə] поруча́тель-гара́нт; страхова́тель *m*
undeserved [ʌndɪˈzɜːvd] □ незаслу́женный
undesirable [ʌndɪˈzaɪərəbl] □ неже-

U

ла́тельный; *moment, etc.* неудо́бный, неподходя́щий
undisciplined [ʌn'dɪsɪplɪnd] недисциплини́рованный
undiscriminating [ʌndɪs'krɪmɪneɪtɪŋ] неразбо́рчивый
undisguised [ʌndɪs'gaɪzd] □ откры́тый, я́вный; незамаскиро́ванный
undivided [ʌndɪ'vaɪdɪd] □ неразделённый; *attention* по́лный
undo [ʌn'du:] [*irr.* (**do**)] *string, etc.* развя́зывать [-за́ть]; *buttons, zip* расстёгивать [расстегну́ть]; (*destroy*) погуби́ть *pf.*; **~ing** [-ɪŋ]: ***that was my ~*** э́то погуби́ло меня́
undoubted [ʌn'daʊtɪd] несомне́нный, бесспо́рный
undreamed-of, **undreamt-of** [ʌn'dremtɒv] невообрази́мый, неожи́данный
undress [ʌn'dres] разде́(ва́)ть(ся); **~ed** [-st] неоде́тый
undue [ʌn'dju:] □ (*excessive*) чрезме́рный
undulating ['ʌndjʊleɪtɪŋ] *geogr.* холми́стый
unduly [ʌn'dju:lɪ] чересчу́р, чрезме́рно
unearth [ʌn'ɜ:θ] вырыва́ть из земли́; *fig.* (*discover*) раска́пывать [-копа́ть]; **~ly** [ʌn'ɜ:θlɪ] (*not terrestrial*) неземно́й; (*supernatural*) сверхъесте́ственный; (*weird*) стра́нный; *time* чересчу́р ра́нний (час)
uneas|iness [ʌn'i:zɪnɪs] беспоко́йство, трево́га; **~y** [ʌn'i:zɪ] □ беспоко́йный, трево́жный
uneducated [ʌn'edjʊkeɪtɪd] необразо́ванный
unemotional [ʌnɪ'məʊʃənl] бесстра́стный; неэмоциона́льный
unemploy|ed [ʌnɪm'plɔɪd] безрабо́тный; **~ment** [-mənt] безрабо́тица
unending [ʌn'endɪŋ] □ нескончáемый, бесконе́чный
unendurable [ʌnɪn'djʊərəbl] нестерпи́мый
unequal [ʌn'i:kwəl] □ нера́вный; *length, weight* разли́чный; ***be ~ to*** не в си́лах; *task, etc.* не по плечу́; **~led** [-d] непревзойдённый
unerring [ʌn'ɜ:rɪŋ] □ безоши́бочны…
uneven [ʌn'i:vn] □ неро́вный; *tempe…* неуравнове́шенный
uneventful [ʌnɪ'ventfl] □ без осо́бы… собы́тий/приключе́ний
unexpected [ʌnɪks'pektɪd] □ неож… данный
unexposed [ʌnɪk'spəʊzd] *film* неэк… пони́рованный
unfailing [ʌn'feɪlɪŋ] □ ве́рный, на… дёжный; *interest* неизме́нный; *pa… tience, etc.* неистощи́мый, беспре… де́льный
unfair [ʌn'feə] □ несправедли́вы… *play, etc.* нече́стный
unfaithful [ʌn'feɪθfl] □ неве́рный; (*vi… olating trust*) вероло́мный; *to the orig… inal* нето́чный
unfamiliar [ʌnfə'mɪlɪə] незнако́мы… *surroundings* неприві́чный
unfasten [ʌn'fɑ:sn] *door* открыва́т… [-ы́ть]; *buttons, etc.* расстёгиват… [расстегну́ть]; *knot* развя́зыват… [-за́ть]; **~ed** [-d] расстёгнутый; *doo…* неза́пертый
unfavo(u)rable [ʌn'feɪvərəbl] □ не… благоприя́тный; *reports, etc.* отрица… тельный
unfeeling [ʌn'fi:lɪŋ] □ бе… чу́вственный
unfinished [ʌn'fɪnɪʃt] неза… ко́нченный
unfit [ʌn'fɪt] него́дный, неподход… щий; ***~ for service*** него́ден к вое́нно… слу́жбе
unflagging [ʌn'flægɪŋ] □ неослабе… ва́ющий
unfold [ʌn'fəʊld] развёртывать(ся… [-верну́ть(ся)]; *plans, secret, etc.* ра… кры́(ва́)ть
unforeseen [ʌnfɔ:'si:n] непредви́де… ный
unforgettable [ʌnfə'getəbl] □ неза… бы́ва́емый
unfortunate [ʌn'fɔ:tʃənɪt] не… сча́стный; неуда́чный; (*unlucky*) не… уда́чливый; **~ly** [-lɪ] к несча́стью; сожале́нию
unfounded [ʌn'faʊndɪd] необосн…

U

ванный

nfriendly [ʌn'frendlɪ] недружелю́бный; неприве́тливый

nfruitful [ʌn'fru:tfl] □ неплодоро́дный; *fig.* бесплóдный

nfurl [ʌn'fɜ:l] развёртывать [развернýть]

ngainly [ʌn'geɪnlɪ] нескла́дный

ngodly [ʌn'gɒdlɪ]: нечести́вый; ***he woke us up at an ~ hour*** он разбуди́л нас безбóжно ра́но

ngovernable [ʌn'gʌvənəbl] □ неуправля́емый; *temper, etc.* неукроти́мый, необу́зданный

ngracious [ʌn'greɪʃəs] □ (*not polite*) невéжливый

ngrateful [ʌn'greɪtfl] □ неблагода́рный

nguarded [ʌn'gɑ:dɪd] □ неохраня́емый, незащищённый; *fig.* неосторóжный

nhampered [ʌn'hæmpəd] беспрепя́тственный

nhappy [ʌn'hæpɪ] □ несча́стный

nharmed [ʌn'hɑ:md] *thing* неповреждённый; *person* невреди́мый

nhealthy [ʌn'helθɪ] □ нездорóвый, болéзненный; *coll.* (*harmful*) врéдный

nheard-of [ʌn'hɜ:dɒv] неслы́ханный

nhesitating [ʌn'hezɪteɪtɪŋ] □ реши́тельный; **~ly** [-lɪ] не колéблясь

nholy [ʌn'həʊlɪ] порóчный; *coll.* жу́ткий, ужа́сный

nhoped-for [ʌn'həʊptfɔ:] неожи́данный

nhurt [ʌn'hɜ:t] невреди́мый, цéлый

niform ['ju:nɪfɔ:m] **1.** □ одина́ковый; (*alike all over*) единообра́зный, однорóдный; **2.** фóрма, фóрменная одéжда; **~ity** [ju:nɪ'fɔ:mətɪ] единообра́зие, однорóдность *f*

nify ['ju:nɪfaɪ] объединя́ть [-ни́ть]; унифици́ровать (*im*)*pf.*

nilateral [ju:nɪ'lætrəl] односторóнний

nimaginable [ʌnɪ'mædʒɪnəbl] □ невообрази́мый

nimportant [ʌnɪm'pɔ:tənt] □ нева́жный

uninhabit|able [ʌnɪn'hæbɪtəbl] непригóдный для жилья́; **~ed** [-tɪd] *house* нежилóй; необита́емый

uninjured [ʌn'ɪndʒəd] непострада́вший; невреди́мый

unintelligible [ʌnɪn'telɪdʒəbl] □ непоня́тный; *hand writing* неразбóрчивый, невóльный

unintentional [ʌnɪn'tenʃənl] □ ненамéренный, неумы́шленный

uninteresting [ʌn'ɪntrəstɪŋ] □ неинтерéсный

uninterrupted [ʌnɪntə'rʌptɪd] □ непреры́вный, беспреры́вный

uninvit|ed [ʌnɪn'vaɪtɪd] неприглашённый; *pej.* незва́ный; ***come ~*** прийти́ *pf.* без приглашéния; **~ing** [-tɪŋ] непривлека́тельный; *food* неаппети́тный

union ['ju:nɪən] союз; (*trade ~*) профсою́з; **♀ Jack** брита́нский национа́льный флаг

unique ['ju:ni:k] еди́нственный в своём рóде, уника́льный

unison ['ju:nɪzn] унисóн; гармóния; в пóлном согла́сии; ***act in ~*** дéйствовать сла́женно

unit ['ju:nɪt] *mil.* часть *f*, подразделéние; *math.* едини́ца; *tech.* агрега́т; ***~ furniture*** секциóнная мéбель; **~e** [ju:'naɪt] *in marriage* сочета́ть у́зами бра́ка; соединя́ть(ся) [-ни́ть(ся)]; объединя́ть(ся) [-ни́ть(ся)]; **~y** ['ju:nətɪ] еди́нство

univers|al [ju:nɪ'vɜ:sl] □ *agreement, etc.* всеóбщий; всеми́рный; *mst. tech.* универса́льный; **~e** ['ju:nɪvɜ:s] мир, вселéнная; **~ity** [ju:nɪ'vɜ:sətɪ] университéт

unjust [ʌn'dʒʌst] □ несправедли́вый; **~ified** [ʌn'dʒʌstɪfaɪd] неопра́вданный

unkempt [ʌn'kempt] (*untidy*) беспоря́дочный; неопря́тный; *hair* растрёпанный

unkind [ʌn'kaɪnd] □ недóбрый

unknown [ʌn'nəʊn] неизвéстный; ***~ to me*** *adv.* без моегó вéдома

unlace [ʌn'leɪs] расшнурóвывать [-ова́ть]

unlawful [ʌn'lɔːfl] □ незако́нный
unless [ən'les, ʌn'les] *cj.* е́сли не
unlike [ʌn'laɪk] **1.** непохо́жий на (В); ***it's quite ~ her*** э́то совсе́м на неё не похо́же; **2.** *prp.* в отли́чие от (Р); **~ly** [ʌn'laɪklɪ] неправдоподо́бный, невероя́тный; маловероя́тный; ***his arrival today is ~*** маловероя́тно, что он прие́дет сего́дня
unlimited [ʌn'lɪmɪtɪd] неограни́ченный
unload [ʌn'ləʊd] выгружа́ть [вы́грузить], разгружа́ть [-узи́ть]; *mil. a weapon* разряжа́ть [-яди́ть]
unlock [ʌn'lɒk] отпира́ть [отпере́ть]; **~ed** [-t] неза́пертый
unlooked-for [ʌn'lʊktfɔː] неожи́данный, непредви́денный
unlucky [ʌn'lʌkɪ] □ неуда́чный, несчастли́вый; ***I was ~*** мне не повезло́; ***be ~*** (*bring ill-luck*) приноси́ть несча́стье
unmanageable [ʌn'mænɪdʒəbl] □ неуправля́емый; *child, problem* тру́дный
unmanly [ʌn'mænlɪ] нему́жественный; не по-мужски́; трусли́вый
unmarried [ʌn'mærɪd] нежена́тый, холосто́й; *woman* незаму́жняя
unmask [ʌn'mɑːsk] *fig.* разоблача́ть [-чи́ть]
unmatched [ʌn'mætʃt] не име́ющий себе́ ра́вного, непревзойдённый
unmerciful [ʌn'mɜːsɪfl] безжа́лостный
unmerited [ʌn'merɪtɪd] незаслу́женный
unmistakable [ʌnmɪs'teɪkəbl] □ ве́рный, очеви́дный; несомне́нный; (*clearly recognizable*) легко́ узнава́емый
unmitigated [ʌn'mɪtɪgeɪtɪd] несмягчённый; *fig.* отъя́вленный, по́лный, абсолю́тный
unmoved [ʌn'muːvd] оста́вшийся равноду́шным; бесчу́вственный; ***he was ~ by her tears*** её слёзы не тро́нули его́
unnatural [ʌn'nætʃrəl] □ неесте́ственный; (*contrary to nature*) противоесте́ственный
unnecessary [ʌn'nesəsrɪ] □ нену́жный, ли́шний; (*excessive*) изли́шни
unnerve [ʌn'nɜːv] обесси́ливат лиша́ть прису́тствия ду́ха, реши́м сти
unnoticed [ʌn'nəʊtɪst] нез ме́ченный
unobserved [ʌnəb'zɜːvd] нез ме́ченный
unobtainable [ʌnəb'teɪnəbl]: ***~ thir*** недосту́пная вещь *f*
unobtrusive [ʌnəb'truːsɪv] н навя́зчивый
unoccupied [ʌn'ɒkjʊpaɪd] неза́нять
unoffending [ʌnə'fendɪŋ] безоби́ ный
unofficial [ʌnə'fɪʃl] неофициа́льны
unopened [ʌn'əʊpənd] неоткры́ты *letter* нераспеча́танный
unopposed [ʌnə'pəʊzd] н встреча́ющий сопротивле́ния
unpack [ʌn'pæk] распако́выват [-ова́ть]
unpaid [ʌn'peɪd] *debt* неупла́ченны *work* неопла́ченный
unparalleled [ʌn'pærəleld] беспр ме́рный; *success, kindness* необы нове́нный
unpardonable [ʌn'pɑːdənəbl] □ н прости́тельный
unperturbed [ʌnpə'tɜːbd] невозмут мый
unpleasant [ʌn'pleznt] □ непр я́тный; **~ness** [-nɪs] неприя́тность
unpopular [ʌn'pɒpjʊlə] □ непопуля́ ный; ***make o.s. ~*** лиша́ть [-ши́т себя́ популя́рности
unpractical [ʌn'præktɪkəl] непра ти́чный
unprecedented [ʌn'presɪdəntɪd] [беспрецеде́нтный; *courage* беспр ме́рный
unprejudiced [ʌn'predʒʊdɪst] □ не предубеждённый; непредвзя́тый
unprepared [ʌnprɪ'peəd] □ неподг то́вленный; без подгото́вки
unpretentious [ʌnprɪ'tenʃəs] [скро́мный, без претéнзий
unprincipled [ʌn'prɪnsəpld] беспри

ципный
nprofitable [ʌn'prɒfɪtəbl] невы́годный; *enterprise* нерента́бельный
npromising [ʌn'prɒmɪsɪŋ] малообеща́ющий; ***the crops look ~*** вряд ли бу́дет хоро́ший урожа́й
nproved [ʌn'pruːvd] недока́занный
nprovoked [ʌnprə'vəʊkt] неспровоци́рованный
nqualified [ʌn'kwɒlɪfaɪd] неквалифици́рованный; некомпете́нтный; *denial, etc.* безогово́рочный; *success, etc.* реши́тельный; безграни́чный
nquestionable [ʌn'kwestʃənəbl] несомне́нный, неоспори́мый
nravel [ʌn'rævəl] распу́т(ыв)ать (*a. fig.*); (*solve*) разга́дывать [-да́ть]
nreal [ʌn'rɪəl] нереа́льный
nreasonable [ʌn'riːznəbl] □ не(благо)разу́мный; безрассу́дный; *price, etc.* чрезме́рный
nrecognizable [ʌn'rekəgnaɪzəbl] □ неузнава́емый
nrelated [ʌnrɪ'leɪtɪd] *people* не ро́дственники; *ideas, facts, etc.* не име́ющий отноше́ния; не свя́занные (ме́жду собо́й)
nrelenting [ʌnrɪ'lentɪŋ] □ неумоли́мый; ***it was a week of ~ activity*** всю неде́лю мы рабо́тали без передышки
nreliable [ʌnrɪ'laɪəbl] ненадёжный
nrelieved [ʌnrɪ'liːvd]: ***~ boredom*** необлегчённая ску́ка; ***~ sadness*** неизбы́вная грусть *f*
nremitting [ʌnrɪ'mɪtɪŋ] □ беспреры́вный; *pain, etc.* неослабева́ющий
nreserved [ʌnrɪ'zɜːvd] □ *seat, etc.* незаброни́рованный; *support, etc.* безогово́рочный
nrest [ʌn'rest] *social, political* волне́ния, беспоря́дки; (*disquiet*) беспоко́йство
nrestrained [ʌnrɪs'treɪnd] □ *behavio(u)r* несде́ржанный; *anger, etc.* необу́зданный
nrestricted [ʌnrɪs'trɪktɪd] □ неограни́ченный
nrewarding [ʌnrɪ'wɔːdɪŋ] неблагода́рный
unripe [ʌn'raɪp] незре́лый, неспе́лый
unrival(l)ed [ʌn'raɪvld] непревзойдённый; не име́ющий сопе́рников
unroll [ʌn'rəʊl] развёртывать [-верну́ть]
unruffled [ʌn'rʌfld] *sea, etc.* гла́дкий; *person* невозмути́мый
unruly [ʌn'ruːlɪ] непослу́шный; непоко́рный; бу́йный
unsafe [ʌn'seɪf] □ (*not dependable*) ненадёжный; (*dangerous*) опа́сный
unsal(e)able [ʌn'seɪləbl] *goods* нехо́дкий
unsanitary [ʌn'sænɪtərɪ] антисанита́рный
unsatisfactory [ʌnsætɪs'fæktərɪ] □ неудовлетвори́тельный
unsavo(u)ry [ʌn'seɪvərɪ] невку́сный; неприя́тный; (*offensive*) отврати́тельный
unscathed [ʌn'skeɪðd] невреди́мый
unscrew [ʌn'skruː] отви́нчивать(-ся) [-нти́ть(ся)]; вывёртывать [-вернуть]
unscrupulous [ʌn'skruːpjʊləs] □ беспринци́пный; неразбо́рчивый в сре́дствах
unseasonable [ʌn'siːzənəbl] □ (*ill-timed*) несвоевре́менный; не по сезо́ну
unseemly [ʌn'siːmlɪ] неподоба́ющий; (*indecent*) непристо́йный
unseen [ʌn'siːn] (*invisible*) неви́димый; (*not seen*) неви́данный
unselfish [ʌn'selfɪʃ] □ бескоры́стный
unsettle [ʌn'setl] *person* расстра́ивать [-ро́ить]; **~d** [~d] *weather* неусто́йчивый; *problem, etc.* нерешённый; *bill* неопла́ченный
unshaken [ʌn'ʃeɪkən] непоколеби́мый
unshaven [ʌn'ʃeɪvn] небри́тый
unshrinkable [ʌn'ʃrɪŋkəbl] безуса́дочный
unsightly [ʌn'saɪtlɪ] непригля́дный
unskil(l)ful [ʌn'skɪlfl] □ неуме́лый, неиску́сный; **~ed** [ʌn'skɪld] неквалифици́рованный
unsociable [ʌn'səʊʃəbl] необщи́тельный

unsolicited [ʌnsə'lɪsɪtɪd] непро́шеный

unsophisticated [ʌnsə'fɪstɪkeɪtɪd] безыску́сный, бесхи́тростный; просто́й, простоду́шный

unsound [ʌn'saʊnd] □ *health* нездоро́вый; *views* не(доста́точно) обосно́ванный; *judg(e)ment* ша́ткий; лишённый про́чности

unsparing [ʌn'speərɪŋ] □ (*unmerciful*) беспоща́дный; (*profuse*) ще́дрый; ~ ***efforts*** неуста́нные уси́лия

unspeakable [ʌn'spi:kəbl] □ невырази́мый; (*terrible*) ужа́сный

unstable [ʌn'steɪbl] □ неусто́йчивый; *phys., chem.* несто́йкий

unsteady [ʌn'stedɪ] □ → ***unstable***; *hand* трясу́щийся; *steps* нетвёрдый; ша́ткий; непостоя́нный

unstudied [ʌn'stʌdɪd] невы́ученный; есте́ственный, непринуждённы

unsuccessful [ʌnsək'sesfl] □ неуда́чный, безуспе́шный; неуда́чливый

unsuitable [ʌn'su:təbl] □ неподходя́щий

unsurpassed [ʌnsə'pɑ:st] непревзойдённый

unsuspect|ed [ʌnsəs'pektɪd] □ неожи́данный; **~ing** [-ɪŋ] неподозрева́емый (***of*** о П)

unsuspicious [ʌnsə'spɪʃəs] □ *person* неподозрева́ющий; дове́рчивый

unswerving [ʌn'swɜ:vɪŋ] □ неукло́нный

untangle [ʌn'tæŋgl] распу́т(ыв)ать

untarnished [ʌn'tɑ:nɪʃt] *reputation* незапя́тнанный

untenable [ʌn'tenəbl] *theory etc.* несостоя́тельный

unthink|able [ʌn'θɪŋkəbl] немы́слимый; **~ing** [-ɪŋ] □ безду́мный; опроме́тчивый

untidy [ʌn'taɪdɪ] □ неопря́тный, неаккура́тный; *room* неу́бранный

untie [ʌn'taɪ] развя́зывать [-за́ть]; *one thing from another* отвя́зывать [-за́ть]

until [ən'tɪl] **1.** *prp.* до (Р); ***not ~ Sunday*** не ра́нее воскресе́нья; **2.** *cj.* (до тех пор) пока́ … (не) …

untimely [ʌn'taɪmlɪ] несвоевре́ме ный; ~ ***death*** безвре́менная конч

untiring [ʌn'taɪərɪŋ] □ неутоми́мы

untold [ʌn'təʊld] (*not told*) нерасск занный; (*incalculable*) несме́тны несчётный

untouched [ʌn'tʌtʃt] нетро́нутый

untroubled [ʌn'trʌbld]: необесп ко́енный; ~ ***life*** безмяте́жная жизн

untrue [ʌn'tru:] □ неве́рный; ***this is*** э́то непра́вда

untrustworthy [ʌn'trʌstwɜ:ðɪ] не з слу́живающий дове́рия

unus|ed 1. [ʌn'ju:zd] (*new*) не бы ший в употребле́нии; (*not used*) н испо́льзованный; **2.** [ʌn'ju:st] непр вы́кший (***to*** к Д); **~ual** [ʌn'ju:ʒʊəl] необыкнове́нный, необы́чный

unvarnished [ʌn'vɑ:nɪʃt] *fig.* непр кра́шенный

unvarying [ʌn'veərɪɪŋ] □ неизмен ющийся, неизме́нный

unveil [ʌn'veɪl] *statute, monument* о кры́(ва́)ть

unwanted [ʌn'wɒntɪd] *child* нежела ный; нену́жный

unwarranted [ʌn'wɒrəntɪd] □ нера решённый; неопра́вданный; *cri cism, etc.* незаслу́женный

unwavering [ʌn'weɪvərɪŋ] □ непок леби́мый; ~ ***look*** при́стальн взгляд

unwell [ʌn'wel]: нездоро́вый; ***he is*** ему́ нездоро́вится; ***feel ~*** нева́ж (пло́хо) себя́ чу́вствовать

unwholesome [ʌn'həʊlsəm] небл готво́рный; (*harmful*) вре́дный

unwieldy [ʌn'wi:ldɪ] □ *carton, e* громо́здкий

unwilling [ʌn'wɪlɪŋ] □ несклонны нежела́ющий; нерасполо́женны ***be ~ to do s.th.*** не хоте́ть что́-то сд лать

unwise [ʌn'waɪz] □ неразу́мный

unwittingly [ʌn'wɪtɪŋlɪ] нево́льно, н преднаме́ренно

unworthy [ʌn'wɜ:ðɪ] □ недосто́йны

unwrap [ʌn'ræp] развёртывать(с [-верну́ть(ся)]

unyielding [ʌn'ji:ldɪŋ] □ неподатливый, неуступчивый

unzip [ʌn'zɪp] расстёгивать [-егнуть]; ***come ~ped*** расстегнуться *pf.*

up [ʌp] **1.** *adv.* вверх, наверх; вверху, наверху; выше; *fig.* ***be ~ to the mark*** быть в форме, на высоте; ***be ~ against a task*** стоять перед задачей; ***~ to*** вплоть до (Р); ***it is ~ to me*** (***to do***) мне приходится (делать); ***what's ~?*** *coll.* что случилось?, в чём дело?; ***what is he ~ to?*** чем он занимается?; **2.** *prp.* вверх по (Д); по направлению к (Д); ***~ the river*** вверх по реке; **3.** *su.* ***the ~s and downs*** *fig.* превратности судьбы; **4.** *vb. coll.* поднимать [-нять]; *prices* повышать [-ысить]

up|braid [ʌp'breɪd] [вы]бранить; **~bringing** ['ʌpbrɪŋɪŋ] воспитание; **~date** [ʌp'deɪt] модернизировать; *person* держать в курсе дела; **~heaval** [ʌp'hi:vl] *earthquake*, *etc.* сдвиг; *fig.* глубокие (революционные) перемены; **~hill** [ʌp'hɪl] (идущий) в гору; *fig.* тяжёлый; **~hold** [ʌp'həʊld] *irr. support* поддерживать [-жать]; **~holster** [ʌp'həʊlstə] оби(ва)ть; **~holstery** [-stərɪ] обивка

up|keep ['ʌpki:p] содержание; *cost* стоимость *f* содержания; **~lift 1.** ['ʌplɪft] душевный подъём; **2.** [ʌp'lɪft] поднимать [-нять]

upon [ə'pɒn] → ***on***

upper ['ʌpə] верхний; высший; ***gain the ~ hand*** одерживать [одержать] верх (над Т); **~most** [-məʊst] самый верхний; наивысший; ***be ~ in one's mind*** стоять на первом месте, быть главным

uppish ['ʌpɪʃ] *coll.* надменный

upright ['ʌpraɪt] □ прямой (*a. fig.*), вертикальный; *adv. a.* стоймя; ***~ piano*** пианино *n indecl.*

up|rising ['ʌpraɪzɪŋ] восстание; **~roar** ['ʌprɔ:] шум, *coll.* гам; **~roarious** [ʌp'rɔ:rɪəs] □ (*noisy*) шумный; (*funny*) ужасно смешной

up|root [ʌp'ru:t] вырывать с корнем; *fig.* ***I don't want to ~ myself again*** я не хочу снова переезжать; **~set** [ʌp'set] [*irr.* (***set***)] (*knock over*) опрокидывать(ся) [-инуть(ся)]; *person, plans, etc.* расстраивать [-роить]; **~shot** ['ʌpʃɒt] итог, результат; ***the ~ of it was that ...*** кончилось тем, что ...; **~side**: ***~ down*** [ʌpsaɪd'daʊn] вверх дном; **~stairs** [ʌp'steəz] вверх (по лестнице), наверх(у); **~start** ['ʌpstɑ:t] выскочка *m/f*; **~stream** [ʌp'stri:m] вверх по течению; **~-to-date** [ʌptə'deɪt] современный; ***bring s.o. ~*** вводить [ввести] когол. в курс дела; **~turn** [ʌp'tɜ:n] сдиг к лучшему; улучшение; **~ward(s)** ['ʌpwədz] вверх, наверх; ***~ of*** свыше, больше

urban ['ɜ:bən] городской; **~e** [ɜ:b'eɪn] вежливый; (*refined*) изысканный; (*suave*) обходительный

urchin ['ɜ:tʃɪn] мальчишка *m*

urge [ɜ:dʒ] **1.** (*try to persuade*) убеждать [-едить]; подгонять [подогнать] (*often* ***~ on***); **2.** стремление, желание, толчок *fig.*; **~ncy** ['ɜ:dʒənsɪ] (*need*) настоятельность *f*, (*haste*) срочность *f*; настойчивость *f*; **~nt** ['ɜ:dʒənt] □ срочный; настоятельный, настойчивый

urin|al ['jʊərɪnl] писсуар; **~ate** [-rɪneɪt] [по]мочиться; **~e** [-rɪn] моча

urn [ɜ:n] урна

us [əs, ... ʌs] *pers. pron.* (*косвенный падеж от* ***we***) нас, нам, нами

usage ['ju:zɪdʒ] употребление; (*custom*) обычай

use 1. [ju:s] употребление; применение; пользование; (*usefulness*) польза; (*habit*) привычка; (***of***) ***no ~*** бесполезный; ***come into ~*** войти в употребление; ***for general ~*** для общего пользования; ***what's the ~ ...?*** какой смысл ...?, что толку ...?; **2.** [ju:z] употреблять [-бить]; пользоваться (Т); воспользоваться (Т) *pf.*; использовать (*im*)*pf.*; (*treat*) обращаться с (Т), обходиться [обойтись] с (Т); ***I ~d to do*** я, бывало, часто делал; **~d** [ju:st]: ***~ to*** привыкший к (Д); **~ful** ['ju:sfl] □ полезный; пригодный; ***come in ~*** пригодиться; **~less** ['ju:slɪs] □ бесполезный; непригодный, не-

U

го́дный; **~r** ['ju:zə] по́льзователь *m*; (*customer*) потреби́тель *m*; *of library*, *etc.* чита́тель *m*
usher ['ʌʃə] (*conduct*) проводи́ть [-вести́]; (**~ *in***) вводи́ть [ввести́]; **~ette** [-'ret] билетёрша
usual ['ju:ʒʊəl] □ обыкнове́нный, обы́чный
usurp [ju:'zɛ:p] узурпи́ровать (*im*)*pf*.; **~er** [ju:'zɜ:pə] узурпа́тор
utensil [ju:'tensl] (*mst. pl.* **~s**) инструме́нт; посу́да; ***kitchen ~s*** ку́хонные принадле́жности *f/pl*.
utility [ju:'tɪlətɪ] (*usefulness*) поле́зность *f*; ***public utilities*** коммуна́льные услу́ги/предприя́тия
utiliz|ation [ju:təlaɪ'zeɪʃn] испо́льзование, утилиза́ция; **~e** ['ju:təlaɪz] испо́льзовать (*im*)*pf*., утилизи́ровать (*im*)*pf*.
utmost ['ʌtməʊst] кра́йний, преде́льный; ***do one's ~*** сде́лать *pf*. всё возмо́жное; ***at the ~*** са́мое бо́льшее
utter ['ʌtə] **1.** □ *fig*. по́лный; соверше́нный; **2.** *sounds* изд(ав)а́ть; *words* произноси́ть [-нести́]; **~ance** [-ərəns] выска́зывание; ***give ~ to*** выска́зывать [-сказа́ть]; *emotion* дать вы́ход (Д)
U-turn ['ju:tɜ:n] *mot*. разворо́т

V

vacan|cy ['veɪkənsɪ] (*emptiness*) пустота́; (*unfilled job*) вака́нсия; *in hotel* свобо́дная ко́мната; **~t** ['veɪkənt] □ неза́нятый, вака́нтный; пусто́й; *look*, *mind*, *etc.* отсу́тствующий
vacat|e [və'keɪt] *house*, *hotel room*, *etc.* освобожда́ть [-боди́ть]; **~ion** [və'keɪʃn, *Am.* veɪ'keɪʃən] *univ.* кани́кулы *f/pl*.; *Am.* (*holiday*) о́тпуск; ***be on ~*** быть в о́тпуске
vaccin|ate ['væksɪneɪt] *med*. [с]де́лать приви́вку; **~ation** [væksɪ'neɪʃn] приви́вка; **~e** ['væksi:n] вакци́на
vacillate ['væsəleɪt] колеба́ться
vacuum ['vækjʊəm] *phys*. ва́куум (*a. fig*.); **~ cleaner** пылесо́с; **~ flask** те́рмос; **~-packed** в ва́куумной упако́вке
vagabond ['vægəbɒnd] бродя́га *m*
vagrant ['veɪgrənt] бродя́га *m*
vague [veɪg] неопределённый, нея́сный, сму́тный; ***I haven't the ~st idea of ...*** я не име́ю ни мале́йшего представле́ния о (П)

vain [veɪn] □ (*useless*) тще́тный, напра́сный; (*conceited*) тщесла́вный; ***in ~*** напра́сно, тще́тно; **~glorious** [veɪn'glɒ:rɪəs] тщесла́вный; (*boastful*) хвастли́вый
valet ['vælɪt, 'væleɪ] камерди́нер
valiant ['vælɪənt] *rhet*. хра́брый, до́блестный
valid ['vælɪd] *law* действи́тельный (*a. of ticket*, *etc.*), име́ющий си́лу; *of an argument*, *etc.* ве́ский, обосно́ванный
valley ['vælɪ] доли́на
valo(u)r ['vælə] *rhet*. до́блесть *f*
valuable ['væljʊəbl] **1.** □ це́нный; **2. ~s** *pl*. це́нности *f/pl*.
valuation [væljʊ'eɪʃn] оце́нка
value ['vælju:] **1.** це́нность *f*; *comm*. сто́имость *f*; *math*. величина́; ***put*** (*or* ***set***) ***little ~ on*** невысоко́ цени́ть; **2.** оце́нивать [-и́ть] (В); цени́ть (В); дорожи́ть (Т); **~less** ['vælju:lɪs] ничего́ не сто́ящий
valve ['vælv] *tech*. ве́нтиль *m*, кла́пан (*a. anat.*)
van [væn] автофурго́н; *rail*. бага́жный *or* това́рный ваго́н
vane [veɪn] (*weathercock*) флю́гер; *of propeller* ло́пасть *f*
vanguard ['væŋgɑ:d]: ***be in the ~*** быть в пе́рвых ряда́х; *fig*. аванга́рд
vanilla [və'nɪlə] вани́ль
vanish ['vænɪʃ] исчеза́ть [-е́знуть]
vanity ['vænətɪ] тщесла́вие; **~ bag** (су́мочка-)космети́чка
vanquish ['væŋkwɪʃ] побежда́ть

[-еди́ть]
antage ['vɑ:ntɪdʒ]: ~ ***point*** удо́бное для обзо́ра ме́сто; вы́годная пози́ция
apid ['væpɪd] □ пло́ский; пре́сный; *fig.* неинтере́сный
aporize ['veɪpəraɪz] испаря́ть(ся) [-ри́ть(ся)]
apo(u)r ['veɪpə] пар
aria|ble ['veərɪəbl] **1.** □ непостоя́нный, изме́нчивый; **2.** *math.* переме́нная величина́; **~nce** [-rɪəns]: ***be at ~*** расходи́ться во мне́ниях; быть в противоре́чии; **~nt** [-rɪənt] вариа́нт; **~tion** [veərɪ'eɪʃn] измене́ние; *mus.* вариа́ция
arie|d ['veərɪd] □ → ***various***; **~gated** ['vɛərigeɪtɪd] разноцве́тный, пёстрый; **~ty** [və'raiəti] разнообра́зие; (*sort*) сорт, разнови́дность *f*; ряд, мно́жество; ***for a ~ of reasons*** по ря́ду причи́н; ***~ show*** варьете́; эстра́дное представле́ние
arious ['veərɪəs] ра́зный, (*of different sorts*) разли́чный; разнообра́зный; **~ly** [-lɪ] по-ра́зному
arnish ['vɑ:nɪʃ] **1.** лак; *fig.* (*gloss*) лоск; **2.** покрыва́ть ла́ком
ary ['veərɪ] (*change*) изменя́ть(ся) [-ни́ть(ся)]; (*be different*) разни́ться; *of opinion* расходи́ться [разойти́сь]; (*diversify*) разнообра́зить
ase [vɑ:z] ва́за
ast [vɑ:st] □ обши́рный, грома́дный
at [væt] чан; бо́чка, ка́дка
ault [vɔ:lt] **1.** свод; (*tomb, crypt*) склеп; (*cellar*) подва́л, по́греб; **2.** (*a. ~ over*) перепры́гивать [-гнуть]
eal [vi:l] теля́тина; *attr.* теля́чий
eer [vəə] *of wind* меня́ть направле́ние; *views, etc.* изменя́ть [-ни́ть]; ***the car ~ed to the right*** маши́ну занесло́ впра́во
egeta|ble ['vedʒtəbl] **1.** о́вощ; **~s** *pl.* зе́лень *f*, о́вощи *m/pl.*; **2.** *oil* расти́тельный; овощно́й; ***~ garden*** огоро́д; ***~ marrow*** кабачо́к; **~rian** [vedʒɪ'teərɪən] **1.** вегетариа́нец *m*, -нка *f*; **2.** вегетариа́нский; **~tion** [vedʒɪ'teɪʃn] расти́тельность *f*
ehemen|ce ['vi:əməns] си́ла; стра́стность *f*; **~t** [-t] си́льный; стра́стный; *protests, etc.* бу́рный
vehicle ['vi:ɪkl] автомаши́на, авто́бус *и т. д.* (*любое транспортное средство*); *fig.* сре́дство; *med.* перено́счик
veil [veɪl] **1.** вуа́ль *f*; *of mist* пелена́; *fig.* заве́са; ***bridal ~*** фата́; **2.** закрыва́ть вуа́лью; *fig.* завуали́ровать; *in mist* оку́тывать
vein [veɪn] ве́на; *geol.* жи́ла; *fig.* жи́лка; (*mood*) настрое́ние
velocity [vɪ'lɒsətɪ] ско́рость *f*
velvet ['velvɪt] ба́рхат; *attr.* ба́рхатный; **~y** [-ɪ] ба́рхатный (*fig.*); бархати́стый
vend|or ['vendə] (у́личный) продаве́ц *m*, -вщица *f*
veneer [və'nɪə] фане́ра; *fig.* фаса́д
venerable ['venərəbl] □ почте́нный; *eccl. title* преподо́бный
venereal [və'nɪərɪəl] венери́ческий
Venetian [və'ni:ʃn] венециа́нский; ***~ blinds*** жалюзи́ *n indecl.*
vengeance ['vendʒəns] месть *f*
venom ['venəm] (*part.* змеи́ный) яд (*a. fig.*); *fig.* зло́ба; **~ous** [-əs] □ ядови́тый (*a. fig.*)
vent [vent] **1.** вентиляцио́нное отве́рстие; (*air ~*) отду́шина; ***give ~ to*** изли́(-ва́)ть (В); **2.** *fig.* изли́(ва́)ть (В), дава́ть вы́ход (Д)
ventilat|e ['ventɪleɪt] прове́три(ва)ть; *fig., of question* обсужда́ть [-уди́ть], выясня́ть [вы́яснить]; **~ion** [ventɪ'leɪʃn] вентиля́ция
venture ['ventʃə] **1.** риско́ванное предприя́тие; ***at a ~*** науга́д; ***joint ~*** совме́стное предприя́тие; **2.** рискова́ть [-кну́ть] (Т); отва́жи(ва)ться на (В) (*a.* ***~ upon***)
veracious [və'reɪʃəs] правди́вый
veranda(h) [və'rændə] вера́нда
verb|al ['vɜ:bl] □ слове́сный; (*oral*) у́стный; *gr.* отглаго́льный; **~atim** [vɜ:'beɪtɪm] досло́вно, сло́во в сло́во; **~ose** [vɜ:'bəʊs] □ многосло́вный
verdict ['vɜ:dɪkt] *law* верди́кт; ***what's your ~, doctor?*** каково́ Ва́ше мне́ние, до́ктор?

V

verdure ['vɜːdʒə] зе́лень *f*
verge [vɜːdʒ] **1.** (*edge*) край; *of forest* опу́шка; *of flower bed* бордю́р; *fig.* грань *f*; ***on the ~ of*** на гра́ни (P); **2.**: **~ (*up*)*on*** грани́чить с (T)
veri|fy ['verɪfaɪ] проверя́ть [-е́рить]; (*bear out*) подтвержда́ть [-рди́ть]; **~table** ['verɪtəbl] □ настоя́щий, и́стинный
vermin ['vɜːmɪn] *coll.* вреди́тели *m/pl.*; (*lice, etc.*) парази́ты *m/pl.*
vermouth ['vɜːməθ] ве́рмут
vernacular [və'nækjʊlə] *language* родно́й; ме́стный диале́кт
versatile ['vɜːsətaɪl] разносторо́нний; (*having many uses*) универса́льный
verse [vɜːs] стихи́ *m/pl.*; (*line*) строка; (*stanza*) строфа́; **~d** [vɜːst] о́пытный, све́дущий; ***she is well ~ in English history*** она́ хорошо́ зна́ет англи́йскую исто́рию
version ['vɜːʃn] вариа́нт; (*account of an event, etc.*) ве́рсия; (*translation*) перево́д
vertebral ['vɜːtɪbrəl]: **~ *column*** позвоно́чник
vertical ['vɜːtɪkəl] □ вертика́льный; *cliff, etc.* отве́сный
vertigo ['vɜːtɪgəʊ] головокруже́ние
verve [vɜːv] энтузиа́зм; подъём
very ['verɪ] **1.** *adv.* о́чень; ***the ~ best*** са́мое лу́чшее; **2.** *adj.* настоя́щий, су́щий; (*in emphasis*) са́мый; ***the ~ same*** тот са́мый; ***the ~ thing*** и́менно то, что ну́жно; ***the ~ thought*** уже́ одна́ мысль *f*, сама́ мысль *f*; ***the ~ stones*** да́же ка́мни *m/pl.*
vessel ['vesl] сосу́д (*a. anat.*); *naut.* су́дно, кора́бль *m*
vest [vest] жиле́т; *chiefly Brt.* ма́йка
vestibule ['vestɪbjuːl] вестибю́ль *m*
vestige ['vestɪdʒ] (*remains*) след, оста́ток; ***there is not a ~ of truth in this*** в э́том нет и до́ли пра́вды
veteran ['vetərən] **1.** ветера́н; **2.** *attr.* ста́рый, (*experienced*) о́пытный
veterinary ['vetrɪnərɪ] **1.** ветерина́р (*mst.* **~ *surgeon***); **2.** ветерина́рный
veto ['viːtəʊ] **1.** ве́то *n indecl*; **2.** налага́ть [-ложи́ть] ве́то на (B)

vex [veks] досажда́ть [досади́ть], ра[...] дража́ть [-жи́ть]; **~ation** [vek'seɪʃ[...] доса́да, неприя́тность *f*; **~atio[...]** [vek'seɪʃəs] доса́дный; **~ed** ['veks[...] *person* раздоса́дованный; *questi[...]* спо́рный; больно́й
via ['vaɪə] че́рез (B)
viable ['vaɪəbl] жизнеспосо́бный
vial ['vaɪəl] пузырёк
vibrat|e [vai'breit] вибри́ровать; **~i[...]** [-ʃn] вибра́ция
vice[1] [vaɪs] поро́к
vice[2] [~] *chiefly Brt.* → ***vise***
vice[3] [~] *pref.* ви́це…; **~ *president*** в[...] це-президе́нт
vice versa [vaɪsɪ'vɜːsə] наоборо́т
vicinity [vɪ'sɪnətɪ] (*neighbo*[*u*]*rhoo[...]*) окре́стность *f*; бли́зость *f*; ***in the ~*** н[...] далеко́ (***of*** от P)
vicious ['vɪʃəs] □ поро́чный; злой; ***circle*** поро́чный круг
vicissitude [vɪ'sɪsɪtjuːd]: *mst.* **~s** [...] превра́тности *f/pl.*
victim ['vɪktɪm] же́ртва; **~ize** [-tɪmaɪ[...] (*for one's views, etc.*) пресле́доват[...]
victor ['vɪktə] победи́тель *m*; **~io[...]** [vɪk'tɔːrɪəs] □ победоно́сный; [...] ['vɪktərɪ] побе́да
video ['vɪdɪəʊ] ви́део; **~ *camera*** виде[...] ка́мера; **~ *cassette*** видеокассе́та; **~ r[...] *corder*** видеомагнитофо́н, *coll.* ви́ди[...]
vie [vaɪ] сопе́рничать
view [vjuː] **1.** вид (***of*** на B); по́ле зр[...] ния; (*opinion*) взгляд; (*intention*) н[...] ме́рение; ***in ~ of*** ввиду́ P; ***on ~*** (вы́ста[...] ленный) для обозре́ния; ***with a ~ to*** [...] ***of*** + *ger.* с наме́рением (+ *inf.*); ***have ~*** име́ть в виду́; **2.** (*examine*) осма́тр[...] вать [осмотре́ть]; (*consider*) рассма́[...] ривать [-мотре́ть]; (*look at*) [по]см[...] тре́ть на (B); **~point** то́чка зре́ния
vigil|ance ['vɪdʒɪləns] бди́тельность [...] **~ant** [-lənt] □ бди́тельный
vigo|rous ['vɪgərəs] □ си́льный, эне[...] ги́чный; **~(u)r** ['vɪgə] си́ла, эне́ргия
vile [vaɪl] □ ме́рзкий, ни́зкий
villa ['vɪlə] ви́лла
village ['vɪlɪdʒ] село́, дере́вня; *at[...]* се́льский, дереве́нский; **~r** [-ə] се́л[...] ский (-кая) жи́тель *m* (-ница *f*)

V

illian ['vɪlən] злодéй, негодя́й
im [vɪm] энéргия, си́ла
indic|ate ['vɪndɪkeɪt] (*prove*) докáзывать [-зáть]; (*justify*) оправдывать [-дáть]; **~tive** [vɪn'dɪktɪv] □ мсти́тельный
ine [vaɪn] виногрáдная лозá; **~gar** ['vɪnɪgə] ýксус; **~ growing** виногрáдарство; **~yard** ['vɪnjəd] виногрáдник
intage ['vɪntɪdʒ] сбор виногрáда; винó урожáя определённого гóда; **~ wine** мáрочное винó
iolat|e ['vaɪəleɪt] *law, promise, etc.* нарушáть [-ýшить]; (*rape*) [из]наси́ловать; **~ion** [vaɪə'leɪʃn] нарушéние
iolen|ce ['vaɪələns] си́ла; наси́лие; ***outbreak of ~*** беспоря́дки *m/pl.*; **~t** [-nt] □ (*strong*) си́льный, мóщный, нейстовый; *quarrel, etc.* я́ростный; *of death* наси́льственный
iolet ['vaɪələt] фиáлка, фиолéтовый цвет
iolin [vaɪə'lɪn] скри́пка
iper ['vaɪpə] гадю́ка
irgin ['vɜːdʒɪn] **1.** дéвственница; ***the Blessed*** ♀ Дéва Мари́я, Богорóдица; **2.** □ дéвственный (*a.* **~al**); **~ity** [və'dʒɪnətɪ] дéвственность *f*
irgo ['vɜːgəʊ] *in the zodiac* Дéва
iril|e ['vɪraɪl] (*sexually potent*) вири́льный; пóлный энéргии, мýжественный; **~ity** [vɪ'rɪlətɪ] мýжественность *f*; (*potency*) мужскáя си́ла
irtu|al ['vɜːtʃʊəl] □ факти́ческий; **~e** ['vəːtjuː] добродéтель *f*; (*advantage*) достóинство; ***in or by ~ of*** благодаря́; в си́лу (Р); **~ous** ['vɜːtʃʊəs] □ добродéтельный; (*chaste*) целомýдренный
irulent ['vɪrʊlənt] *of poison* смертéльный; *of illness* свирéпый; опáсный; *fig.* злóбный
irus ['vaɪərəs] ви́рус; *attr.* ви́русный
isa ['viːzə] ви́за; ***entry*** (***exit***) **~** въезднáя (выезднáя) ви́за
iscount ['vaɪkaʊnt] викóнт
iscous ['vɪskəs] □ вя́зкий; *liquid* тягýчий, густóй
ise [vaɪs] *tech.* тиски́ *m/pl.*
isibility ['vɪzə'bɪlətɪ] □ ви́димость *f*
isible ['vɪzəbl] *apparent, evident* ви́димый; *conspicuous, prominent* ви́дный; *fig., obvious* я́вный, очеви́дный
vision ['vɪʒn] (*eyesight*) зрéние; (*mental picture*) ви́дение; *fig.* проницáтельность *f*; ***field of ~*** пóле зрéния; ***my ~ of the events is different*** моё ви́дение э́тих собы́тий инóе; **~ary** ['vɪʒənərɪ] прови́дец *m*, -дица *f*; (*one given to reverie*) мечтáтель *m*, -ница *f*
visit ['vɪzɪt] **1.** *v/t. person* навещáть [-ести́ть]; *museum, etc.* посещáть [-ети́ть]; *v/i.* ходи́ть в гóсти; (*stay*) гости́ть; **2.** посещéние, визи́т; **~ing** [-ɪŋ]: **~ *card*** визи́тная кáрточка; **~ *hours*** приёмные часы́; **~or** ['vɪzɪtə] посети́тель *m*, -ница *f*, гость *m*, -я *f*
vista ['vɪstə] перспекти́ва (*a. fig.*); (*view*) вид
visual ['vɪʒʊəl] зри́тельный; нагля́дный; **~ *aids*** нагля́дные посóбия; **~ize** [-aɪz] представля́ть себé, мы́сленно ви́деть
vital ['vaɪtl] □ жи́зненный; (*essential*) насýщный, сущéственный; *person, style* живóй; **~s, ~ *parts*** *pl.* жи́зненно вáжные óрганы *m/pl.*; **~ity** [vaɪ'tælətɪ] жи́зненная си́ла; энéргия; жи́вость *f*; ***the child is full of ~*** ребёнок пóлон жи́зни
vitamin ['vaɪtəmɪn, *Brt.* 'vɪtəmɪn] витами́н; **~ *deficiency*** авитаминóз
vivaci|ous [vɪ'veɪʃəs] живóй, темперáментный; **~ty** [vɪ'væsətɪ] жи́вость *f*
vivid ['vɪvɪd] □ *fig.* живóй, я́ркий
vixen ['vɪksn] лисá, лиси́ца
vocabulary [və'kæbjʊlərɪ] словáрь *m*, спи́сок слов; *person's* запáс слов
vocal ['vəʊkl] □ голосовóй; (*talkative*) разговóрчивый; *mus.* вокáльный; **~ *cords*** голосовы́е свя́зки
vocation [vəʊ'keɪʃn] призвáние; профéссия; **~al** [-l] □ профессионáльный
vogue [vəʊg] мóда; популя́рность *f*; ***be in ~*** быть в мóде
voice [vɔɪs] **1.** гóлос; ***at the top of one's ~*** во весь гóлос; ***give ~ to*** выражáть [вы́разить] (В); **2.** выражáть [вы́разить]

void [vɔɪd] **1.** пустóй; лишённый (***of*** P); *law* недействи́тельный; **2.** пустотá; пробел

volatile ['vɒlətaɪl] *chem.* летýчий; *fig.* измéнчивый

volcano [vɒl'keɪnəʊ] (*pl.* **volcanoes**) вулкáн

volition [və'lɪʃn] вóля

volley ['vɒlɪ] *of shots* залп; *fig. of questions, etc.* град; **~ball** волейбóл

voltage ['vəʊltɪdʒ] *el.* напряжéние

voluble ['vɒljʊbl] разговóрчивый, говорли́вый

volum|e ['vɒljuːm] объём; (*book*) том; (*capacity*) ёмкость *f*, вмести́тельность *f*; *fig. of sound, etc.* си́ла, полнотá; **~ *control*** *radio, T.V.* регуля́тор звýка; **~inous** [və'luːmɪnəs] □ объёмистый; обши́рный

volunt|ary ['vɒləntrɪ] □ доброво́льный; **~eer** [vɒlən'tɪə] **1.** доброво́лец; **2.** *v/i.* вызывáться [вы́зваться] (***for*** на В); идти́ доброво́льцем; *v/t. help, etc.* предлагáть [-ложи́ть]

voluptu|ary [və'lʌptʃʊərɪ] сластолю́бец; **~ous** [~ʃʊəs] сладострáстный

vomit ['vɒmɪt] **1.** рвóта; **2.** [вы́]рвать: ***he is ~ing*** егó рвёт

voraci|ous [və'reɪʃəs] □ прожóрливый, жáдный; **~ *reader*** ненасы́тный читáтель; **~ty** [və'ræsətɪ] прожóрливость *f*

vortex ['vɔːteks] *mst. fig.* водоворó *of wind mst. fig.* вихрь

vote [vəʊt] **1.** голосовáние; (*vote ca* гóлос; прáво гóлоса; вóтум; (*decisio* решéние; ***cast a ~*** отдавáть гóлос (***f*** за В; ***against*** прóтив Р); **~ *of no con dence*** вóтум недовéрия; ***put to the*** постáвить *pf.* на голосовáние; **2.** *v* голосовáть (*im*)*pf.*, *pf. a.* [про-] (***f*** за В; ***against*** прóтив Р); *v/t.* голос вáть (*im*)*pf.*, *pf. a.* [про-]; **~r** ['vəʊtə] и бирáтель *m*, -ница *f*

voting ['vəʊtɪŋ] **1.** голосовáние; **2.** и бирáтельный; **~ *paper*** избирáтел ный бюллетéнь

vouch [vaʊtʃ]: **~ *for*** ручáться [п ручи́ться] за (В); **~er** ['vaʊtʃə] (*ceipt*) распи́ска; *fin.* вáучер

vow [vaʊ] **1.** обéт, кля́тва; **2.** *v* [по]кля́сться в (П)

vowel ['vaʊəl] глáсный

voyage [vɔɪɪdʒ] **1.** путешéствие в дóй, плáвание; **2.** путешéствова мóрем

vulgar ['vʌlgə] □ (*unrefined*) вульгá ный; (*low*) пóшлый; (*common*) ш рокó распространённый

vulnerable ['vʌlnərəbl] □ *fig. positic* уязви́мый; *person* рани́мый

vulture ['vʌltʃə] *zo.* гриф; *fi* стервя́тник

W

wad [wɒd] *of cotton, paper* комóк; *of banknotes* пáчка

waddle ['wɒdl] ходи́ть вперевáлку

wade [weɪd] *v/t.* переходи́ть вброд; *v/i.* проб(и)рáться (***through*** по Д *or* чéрез В)

wafer ['weɪfə] *relig.* облáтка; вáфля

waffle ['wɒfl] *cul.* вáфля

waft [wɒft, wɑːft] **1.** *of wind* дуновéние; *of air* струя́; **2.** доноси́ться [-нести́сь]

wag [wæg] **1.** (*joker*) шутни́к; **2.** махáть [махнýть] (Т); *of dog* виля́ [вильнýть] хвостóм; **~ *one's fing*** грози́ть пáльцем

wage[1] [weɪdʒ]: **~ *war*** вести́ вóйнý

wage[2] *mst.* **~s** [weɪdʒɪz] *pl.* зáрабо ная плáта, зарплáта; **~ *freeze*** зам рáживание зáработной плáты

wag(g)on ['wægən] повóзка, телéг *rail. Brt.* товáрный вагóн, *open* в гóн-платфóрма

waif [weɪf] *homeless* бездóмный реб нок; безпризорного; *neglected* з бро́шенный ребёнок

ail [weɪl] **1.** вопль *m*; вой; (*lament*) причита́ние; *of wind* завыва́ние; **2.** [за]вопи́ть; выть, завы́(ва́)ть; причита́ть

aist [weɪst] та́лия; ***stripped to the ~*** го́лый по по́яс; **~coat** ['weiskout, 'weskət] *chiefly Brt.* (*vest*) жиле́т

ait [weɪt] *v/i.* ждать (***for*** В *or* Р), ожида́ть (***for*** Р), подожда́ть *pf.* (***for*** В *or* Р); (*часто*: ***~ at table***) обслу́живать [-жи́ть] (В); ***well, we'll have to ~ and see*** что ж, поживём-уви́дим; ***I'll ~ up for you*** я не ля́гу, подожду́ тебя́; *v/t.* выжида́ть [вы́ждать] (В); **~er** ['weɪtə] официа́нт

aiting ['weɪtɪŋ] ожида́ние; **~ room** приёмная; *rail.* зал ожида́ния

aitress ['weɪtrɪs] официа́нтка

aive [weɪv] *a claim, right, etc.* отка́зываться [-за́ться] от (Р)

ake [weik] **1.**: ***hunger brought disease in its ~*** го́лод повлёк за собо́й эпиде́мию; **2.** [*irr.*] *v/i.* бо́дрствовать; (*mst.* ***~ up***) просыпа́ться [просну́ться]; *fig.* пробужда́ться [-уди́ться]; *v/t.* [раз]буди́ть; *fig.* пробужда́ть [-уди́ть]; *desire, etc.* возбужда́ть [-уди́ть]; **~ful** ['weɪkfl] □ бессо́нный; (*vigilant*) бди́тельный; **~n** ['weikən] → ***wake*** *2*

alk [wɔːk] **1.** *v/i.* ходи́ть, идти́ [пойти́]; (*stroll*) гуля́ть, прогу́ливаться; ***~ away*** отходи́ть [отойти́]; ***~ in(to)*** входи́ть [войти́]; ***~ off*** уходи́ть [уйти́]; ***~ out*** выходи́ть [вы́йти]; ***~ over*** (*cross*) переходи́ть (перейти́); ***~ up*** подходи́ть [-дойти́]; **2.** ходьба́; (*gait*) похо́дка; прогу́лка пешко́м; (*path*) тропа́, алле́я; ***~ of life*** сфе́ра де́ятельности; профе́ссия

alking ['wɔːkɪŋ] **1.** ходьба́; **2.**: ***~ dictionary*** ходя́чая энциклопе́дия; ***~ stick*** трость *f*

alk|out ['wɔːk'aut] забасто́вка; **~over** лёгкая побе́да

all [wɔːl] **1.** стена́; (*side, unit*) сте́нка; ***drive s.o. up the ~*** доводи́ть кого́-л. до исступле́ния; **2.** обноси́ть стено́й; ***~ up*** заде́л(ыв)ать (*дверь и т. п.*)

wallet ['wɒlɪt] бума́жник

wallflower желтофио́ль *f*; *fig.* де́вушка, оста́вшаяся без партнёра (на та́нцах, и т. д.)

wallop ['wɒləp] *coll.* [по]би́ть, [по-, от]колоти́ть

wallow ['wɒləʊ] валя́ться

wallpaper обо́и *m/pl.*

walnut ['wɔːlnʌt] *bot.* гре́цкий оре́х

walrus ['wɔːlrəs] *zo.* морж

waltz [wɔːls] **1.** вальс; **2.** танцева́ть вальс

wan [wɒn] □ бле́дный, ту́склый

wander ['wɒndə] броди́ть; блужда́ть (*a. of gaze, thoughts, etc.*)

wane [weɪn]: ***be on the ~*** *of moon* убы́(ва́)ть, быть на уще́рбе; *of popularity, etc.* уменьша́ться [-ши́ться], снижа́ться [-и́зиться]

wangle ['wæŋgl] заполучи́ть хи́тростью; *coll.* вы́клянчить

want [wɒnt] **1.** (*lack*) недоста́ток (***of*** Р *or* в П); (*powerty*) нужда́; (*need*) потре́бность *f*; **2.** *v/i.* ***be ~ing***: ***he is ~ing in patience*** ему́ недостаёт терпе́ния; ***~ for*** нужда́ться в (П); *v/t.* [за]хоте́ть (Р *a.* В); [по]жела́ть (Р *a.* В); нужда́ться в (Д); ***he ~s energy*** ему́ недостаёт эне́ргии; ***what do you ~?*** что вам ну́жно?; ***you ~ to see a doctor*** вам сле́дует обрати́ться к врачу́; **~ed** [-ɪd] (в объявле́ниях) тре́буется, *law* разы́скивается

wanton ['wɒntən] □ (*debauched*) распу́тный; *of cruelty* бессмы́сленный

war [wɔː] **1.** война́; *fig.* борьба́; ***be at ~*** воева́ть с (Т); ***make ~*** вести́ войну́ (***[up]on*** с Т); **2.** *attr.* вое́нный; ***~ memorial*** па́мятник солда́там, поги́бшим на войне́

warble ['wɔːbl] *of birds* издава́ть тре́ли; *of person* залива́ться пе́сней

ward [wɔːd] **1.** находя́щийся под опе́кой; *hospital* пала́та; **2.** ***~ (off)*** *blow* отража́ть [отрази́ть], *danger, illness* отвраща́ть [-рати́ть]; **~er** ['wɔːdə] *in prison* надзира́тель; тюре́мный контролёр; **~robe** ['wɔːdrəʊb] пла́тяной шкаф; (*clothes*) гардеро́б

ware [weə] *in compds.* посу́да; ***~s*** *pl.*

товáр(ы *pl.*) издéлия
warehouse ['weəhaʊs] склад
war|fare ['wɔːfeə] войнá, ведéние войны́; **~head** [-hed] боеголóвка
warm [wɔːm] **1.** □ тёплый (*a. fig.*); *fig.* горя́чий; *person* сердéчный; **2.** тепло́; **3.** [на-, ото-, со]грéть, нагрé(-вá)ть(ся), согé(вá)ться (*a.* **~ *up***); ***his words ~ed my heart*** его словá согрéли мою́ ду́шу; **~th** [-θ] теплó; теплотá (*a. fig.*)
warn [wɔːn] предупреждáть [-реди́ть] (***of, against*** o П); *caution* предостерегáть [-стерéчь] (***of against*** от P); **~ing** ['wɔːnɪŋ] предупреждéние; предостережéние
warp [wɔːp] *of wood* [по]корóбить(ся); *fig.* извращáть [-рати́ть]; (*distort*) искажáть [исказить]; **~*ed mind*** извращённый ум
warrant ['wɒrənt] **1.** (*justification*) оправдáние; *fin.* гарáнтия, ручáтельство; (**~** *to arrest*) óрдер на арéст; **2.** оправдывать [-дáть]; ручáться [поручи́тьсяэ́ за (B); (*guarantee*) гаранти́ровать (*im*)*pf.*; **~y** [-ɪ] гарáнтия; ручáтельство
warrior ['wɒrɪə] *poet.* вóин
wart [wɔːt] бородáвка
wary ['weərɪ] □ осторóжный
was [wəz, … wɒz] *pt. om* ***be***
wash [wɒʃ] **1.** *v/t. floor, dishes* [вы́-, по]мы́ть; *face* умы́ть *pf.*; *wound, etc.* промы́(вá)ть; *clothes* [вы́]стирáть; *v/i.* [вы́]мы́ться, умы́ться *pf.*; стирáться; ***that won't ~*** *coll.* не пройдёт; э́тому никтó не повéрит; **2.** мытьё; сти́рка; (*articles for washing*) бельё; *of waves* прибóй; ***mouth ~*** полоскáние; **~basin** рáковина; **~er** ['wɒʃə] (*washing machine*) стирáльная маши́на; *tech.* шáйба, проклáдка; **~ing** ['wɒʃɪŋ] **1.** мытьё; сти́рка; (*articles*) бельё; **2.** стирáльный; ***~ powder*** стирáльный порошóк
washroom ['wɒʃrʊm] *Am. euph.* (*lavatory*) убóрная
wasp [wɒsp] осá
waste [weɪst] **1.** (*loss*) потéря; (*wrong use*) изли́шняя трáта; (*domestic*) отбрóсы *m/pl.*; *tech.* отхóды *m/pl.*; **~** опустошáть [-ши́ть]; ***~ of time*** напрáсная трáта врéмени; **2.**: ***~land*** пусты́рь *m*, *plot of ground* пустошь; **3.** *v/t. money, etc.* [по-, рас]трáти(ть) зря; *time* [по]терять; *v/i. resources* истощáться [-щи́ть-ся]; **~ful** ['weɪstfl] расточи́тельный; **~ paper** испóльзованная нену́жная бумáга; *for pulping* макулату́ра; **~paper basket** корзи́на для нену́жных бумáг
watch[1] [wɒtʃ] (*wrist~*) нару́чные часы́ *m/pl.*; вáхта
watch[2] *v/i.*: **~ *for*** *chance, etc.* выжидáть [вы́ждать] (B); ***~ out!*** осторóжно!; *v/t.* (*look at*) смотрéть; (*observe*) наблюдáть, следи́ть за (T); **~dog** сторожевáя собáка; **~ful** [-ful] бди́тельный; **~maker** часовщи́к; **~man** [-mən] вахтёр
water ['wɔːtə] **1.** водá; **~*s*** *pl.* вóды *f/pl.*; ***drink the ~s*** пить минерáльные вóды; ***throw cold ~ on s.o.*** охлади́ть *pf.* пыл, отрезви́ть *pf.*; *attr.* водянóй; вóдный; водо…; **2.** *v/t.* поли́(вá)ть; *animals* [на]пои́ть; (*a.* **~ *down***) разбавля́ть водóй; *fig.* чересчу́р смягчáть; *v/i. eyes* слези́ться; ***it makes my mouth ~*** от э́того у меня́ слю́нки текýт; **~colo(u)r** акварéль; **~fall** водопáд; **~ heater** (*kettle*) кипяти́льник
watering ['wɔːtərɪŋ]: **~ can** лéйка; **~ place** *for animals* водопóй; (*spa*) курóрт на вóдах
water| level у́ровень воды́; **~ lily** водянáя ли́лия, кувши́нка; **~ main** водопровóдная магистрáль; **~melon** арбу́з; **~ polo** вóдное пóло *n indecl.*; **~proof 1.** непромокáемый; **2.** непромокáемый плащ *m*; **~ supply** водоснабжéние; **~tight** водонепроницáемый; *fig. of alibi, etc.* неопровержи́мый; **~way** вóдный путь *m*; фарвáтер; **~works** *pl. a., sg.* систéма водоснабжéния; **~y** ['wɔːtərɪ] водяни́стый
wave [weɪv] **1.** волнá; *of hand* знак, взмах; **2.** *v/t.* [по]махáть, дéлать знак (T); *hair* зави́(вá)ть; **~ *a p. away*** дéлать знак комý-либо, чтóбы он удали́лся; отстраня́ть [-ни́ть] жéстом; **~ *aside***

W

fig. отмáхиваться [-хнýться] от (Р); *v/i. of flags* развевáться; *of hair* вúться; *of corn, grass* колыхáться; *of boughs* качáться; **~length** длинá волны́

waver ['weɪvə] [по]колебáться; *of flames* колыхáться [-хнýться]; *of troops, voice* дрóгнуть *pf.*

wavy ['weɪvɪ] волнúстый

wax[1] [wæks] воск; *in ear* сéра; *attr.* восковóй

wax[2] [-] [*irr.*] *of moon* прибы́(вá)ть

way [weɪ] *mst.* дорóга, путь *m*; (*direction*) сторонá, направлéние; мéтод, спóсоб; (*custom, habit*) обы́чай, привы́чка; (*a.* **~s** *pl.*) óбраз жúзни; поведéние; ***~ in, out*** вход, вы́ход; ***in a ~*** в извéстном смы́сле; ***in many ~s*** во мнóгих отношéниях; ***this ~*** сюдá; ***by the ~*** кстáти, мéжду прóчим; ***by ~ of*** в кáчестве (Р); (*through*) чéрез; ***in the ~*** *fig.* поперёк дорóги; ***on the ~*** в путú, по дорóге; ***out of the ~*** находя́щийся в сторонé; (*unusual*) необы́чный; необыкновéнный; ***under ~*** на ходý; в пугú; ***give ~*** уступáть [-пúть] (Д); ***have one's ~*** добивáться своегó; настáивать на своём; ***keep out of s.o.'s ~*** избегáть когó-л; ***lead the ~*** идтú впередú, [по]вестú; ***lose the ~*** заблудúться *pf.*; **~lay** [weɪ'leɪ] [*irr.* (***lay***)] подстерегáть [-рéчь]; **~side 1.** обóчина; **2.** прúдорожный; **~ward** ['weɪwəd] ☐ своенрáвный

we [wɪ, … wiː] *pers. pron.* мы

weak [wiːk] ☐ слáбый; **~en** ['wiːkən] *v/t.* ослабля́ть [-áбить]; *v/i.* [о]слабéть; **~ling** ['wiːklɪŋ] физúчески слáбый *or* слабовóльный человéк; **~ly** [-lɪ] *adv.* слáбо; **~ness** [-nɪs] слáбость *f*

wealth [welθ] богáтство; (*profusion*) изобúлие; **~y** ['welθɪ] ☐ богáтый

wean [wiːn] отнимáть от грудú; отучáть [-чúть] (***from, of*** от Р)

weapon ['wepən] орýжие (*a. fig.*)

wear [weə] **1.** [*irr.*] *v/t. hat, glasses, etc.* носúть; (*a.* ***~ away, down, off***) стирáть [стерéть]; изнáшивать (*fig.* изнуря́ть [-рúть] *mst.* ***~ out***); *v/i. clothes* носúться; ***~ on*** мéдленно тянýться; **2.** (*a.* ***~ and tear***, *part. tech.*) изнóс; ***men's*** (***ladies'***) ***~*** мужскáя (жéнская) одéжда

wear|iness ['wɪərɪnɪs] устáлость *f*; утомлённость *f*; **~isome** [-səm] ☐ (*tiring*) утомúтельный; (*boring*) скýчный; **~y** ['wɪərɪ] **1.** утомлённый; **2.** утомля́ть(ся) [-мúть(ся)]; *v/i.* наскýчить *pf.*

weasel ['wiːzl] *zo.* лáска

weather ['weðə] **1.** погóда; ***be a bit under the ~*** невáжно себя́ чýвствовать; быть в плохóм настроéнии; **2.** *v/t. of rocks* изнáшивать [-носúть]; *a storm* выдéрживать [вы́держать] (*a. fig.*); *v/i.* вывéтриваться [вы́ветриться]; **~-beaten**, **~worn** *face* обвéтренный; *person* пострадáвший от непогóды; **~ forecast** прогнóз погóды

weav|e [wiːv] [*irr.*] [со]ткáть; [с]плестú; *fig. story* сочиня́ть [-нúть]; **~er** ['wiːvə] ткач *m*, ткачúха *f*

web [web] *spider's* паутúна; ***a ~ of lies*** паутúна лжи

wed [wed] *of woman* выходúть зáмуж (за В); *of man* женúться (*im*)*pf.* (на П); сочетáться брáком; **~ding** ['wedɪŋ] **1.** свáдьба; **2.** свáдебный; **~ding ring** обручáльное кольцó

wedge [wedʒ] **1.** клин; ***drive a ~ between*** *fig.* вби(вá)ть клин мéжду (Т); **2.** (*a.* ***~ in***) вклúнивать(ся) [-нить(ся)]; ***~ o.s. in*** втúскиваться [втúснуться]

wedlock ['wedlɒk] брак

Wednesday ['wenzdɪ] средá

wee [wiː] крóшечный, малю́сенький; ***~ hours*** предрассвéтные часы́

weed [wiːd] **1.** сорня́к; **2.** [вы́]полóть; **~killer** гербицúд; **~y** ['wiːdɪ] завóсший сорнякóм; *coll. fig. person* тóщий, долговя́зый

week [wiːk] недéля; ***by the ~*** понедéльно; ***for ~s on end*** цéлыми недéлями; ***this day a ~*** недéлю томý назáд; чéрез недéлю; **~day** бýдний день *m*; **~end** [wiːk'end] суббóта и воскресéнье, уикéнд; **~ly** ['wiːklɪ] **1.** еженедéльный; **2.** еженедéльник

weep [wiːp] [*irr.*] [за]плáкать; **~ing**

W

['wi:pɪŋ] *person* пла́чущий; *willow* плаку́чий
weigh [weɪ] *v/t.* взве́шивать [-е́сить] (*a. fig.*); **~ anchor** поднима́ть я́корь; **~ed down** отягощённый; *v/i.* ве́сить; взве́шиваться [-е́ситься]; *fig.* име́ть вес, значе́ние; **~ (up)on** тяготе́ть над (T)
weight [weɪt] **1.** вес; (*heaviness*) тя́жесть *f*; (*object for weighing*) ги́ря; *sport* шта́нга; *of responsibility* бре́мя *n*; влия́ние; **2.** отягоща́ть [-готи́ть]; *fig.* обременя́ть [-ни́ть]; **~y** ['weɪtɪ] □ тяжёлый; тру́дный; *fig.* ва́жный, ве́ский
weird [wɪəd] (*uncanny*) таи́нственный; стра́нный
welcome ['welkəm] **1.** приве́тствие; **you are ~ to** + *inf.* я охо́тно позволя́ю вам (+ *inf.*); (**you are**) **~** не́ за что!; **~!** добро́ пожа́ловать!; **2.** (*wanted*) жела́нный; (*causing gladness*) прия́тный; **3.** (*greet*) приве́тствовать (*a. fig.*); (*receive*) раду́шно принима́ть
weld [weld] *tech.* сва́ривать [-и́ть]
welfare ['welfeə] *of nation* благосостоя́ние; *of person* благополу́чие; *Am.* социа́льная по́мощь *f*
well[1] [wel] коло́дец; *fig.* исто́чник; (*stairwell*) пролёт; *tech.* бурова́я скважи́на; **2.** хлы́нуть *pf.*
well[2] [~wel] **1.** хорошо́; **~ off** состоя́тельный; **I am not ~** мне нездоро́вится; **2.** *int.* ну! *or* ну, …; **~-being** [~'bi:ɪŋ] благополу́чие; **~-bred** [~'bred] (хорошо́) воспи́танный; **~-built** [~'bɪlt] хорошо́ сложённый; **~-founded** [~'faʊndɪd] обосно́ванный; **~-kept** [~'kept] *garden* ухо́женный; *secret* тща́тельно храни́мый; **~-read** [~'red] начи́танный; *in history, etc.* хорошо́ зна́ющий; **~-timed** [~'taɪmd] своевре́менный; **~-to-do** [~tə'du:] состоя́тельный, зажи́точный; **~-worn** [~'wɔ:n] поно́шенный; *fig.* изби́тый
Welsh [welʃ] **1.** уэ́льский, валли́йский; **2.** валли́йский язы́к; **the ~** валли́йцы *m/pl.*
welter ['weltə] *of ideas* сумбу́р
went [went] *pt. от* **go**
wept [wept] *pt. и pt. p. от* **weap**
were [wə, wə:] *pt. pl. от* **be**
west [west] **1.** за́пад; **2.** за́падный; **3.** *adv.* к за́паду, на за́пад; **~ of** к за́пад[у] от (P); **~erly** ['westəlɪ], **~ern** ['westə[n]] за́падный; **~ward(s)** ['westwəd(z)] н[а] за́пад
wet [wet] **1.** дождли́вая пого́да; **do[n't] go out in the ~** не выходи́ под дожд[ь]; **2.** мо́крый; *weather* сыро́й; дождли́вый; "**~ Paint**" "окра́шено"; **get through** наскво́зь промо́кнуть *pf.*; **3.** [*irr.*] [на]мочи́ть, нама́чивать [-мо]чи́ть]
whale [weɪl] кит
wharf [wɔ:f] прича́л, при́стань *f*
what [wɒt] **1.** что?; ско́лько …?; **2.** т[о], что; что; **~ about…?** что но́вого о …; ну как …?; **~ for?** заче́м?; **~ a pity …** кака́я жа́лость …; **3. ~ with …** из-з[а] (P), отча́сти от (P); **4.** како́й; **~(so)ever** [wɒt(sou)'evə] како́й бы ни; что б[ы] ни; **there is no doubt whatever** нет ни[-] како́го сомне́ния
wheat [wi:t] пшени́ца
wheel [wi:l] **1.** колесо́; *mot.* руль *m*; **2.** *pram, etc.* ката́ть, [по]кати́ть; **~ in[to]** вка́тывать [-ти́ть]; **~ round** пово[]ра́чивать(ся) [поверну́ть(ся)]; **~ba[r]row** та́чка; **~chair** инвали́дная коля́[с]ка
wheeze [wi:z] хрипе́ть; дыша́ть при́свистом
when [wen] **1.** когда́?; **2.** *conj.* когда́, [в] то вре́мя как, как то́лько; тогда́ ка[к]
whenever [wen'evə] вся́кий раз когд[а]; когда́ бы ни
where [weə] где, куда́; **from ~** отку́д[а]; **~about(s)** **1.** [weərə'baʊt(s)] где?; **2.** ['weərəbaʊt(s)] местонахожде́ни[е]; **~as** [weər'æz] тогда́ как; поско́льку; **~by** [weə'baɪ] посре́дством чего́; **~i[n]** [weər'ɪn] в чём; **~of** [weər'ɒv] из кото[]рого; о кото́ром; о чём; **~upo[n]** [weərə'pɒn] по́сле чего́
wherever [weər'evə] где бы ни; куд[а] бы ни
wherewithal [weəwɪ'ðɔ:l] необходи[]мые сре́дства *n/pl.*
whet [wet] [на]точи́ть; *fig.* возбуж[дать]

W

да́ть [-уди́ть]

whether ['weðə] … ли; **~ or not** так и́ли ина́че; в любо́м слу́чае

which [wɪtʃ] **1.** кото́рый?; како́й?; **2.** кото́рый; что; **~ever** [-'evə] како́й уго́дно, како́й бы ни …

whiff [wɪf] *of air* дунове́ние, струя́; (*smell*) за́пах; *of pipe, etc.* затя́жка

while [waɪl] **1.** вре́мя *n*, промежу́ток вре́мени; ***after a ~*** че́рез не́которое вре́мя; ***a little*** (***long***) ***~ ago*** неда́вно (давно́); ***in a little ~*** ско́ро; ***for a ~*** на вре́мя; *coll.* ***worth ~*** сто́ящий затра́ченного труда́; **2.** ***~ away*** *time* проводи́ть [-вести́]; **3.** (*a.* ***whilst*** [waɪlst]) пока́, в то вре́мя как; тогда́ как

whim [wɪm] при́хоть *f*, капри́з

whimper ['wɪmpə] [за]хны́кать

whim|sical ['wɪmzɪkl] □ прихотли́вый, причу́дливый; **~sy** ['wɪmzɪ] при́хоть *f*; причу́да

whine [waɪn] [за]скули́ть; [за]хны́кать

whip [wɪp] **1.** *v/t.* хлеста́ть [-стну́ть]; (*punish*) [вы́]сечь; *eggs, cream* сби(-ва́)ть; **~ *out*** *gun, etc.* выхва́тывать ['-хватить]; **~ *up*** расшеве́ливать [-ли́ть]; подстёгивать [-стегну́ть]; *v/i.*: ***I'll just ~ round to the neighbo(u)rs*** я то́лько сбе́гаю к сосе́дям; **2.** плеть; кнут, (*a.* ***riding ~***) хлыст

whippet ['wɪpɪt] *zo.* го́нчая

whipping ['wɪpɪŋ] (*punishment*) по́рка

whirl [wɜːl] **1.** *of dust* вихрь *m*; круже́ние; ***my head is in a ~*** у меня́ голова́ идёт кру́гом; **2.** кружи́ть(ся); **~pool** водоворо́т; **~wind** смерч

whisk [wɪsk] **1.** (*egg ~*) муто́вка; **2.** *v/t.* *cream, etc.* сби(ва́)ть; (*remove*) смахивать [-хну́ть]; *v/i.* *of mouse, etc.* ю́ркать [ю́ркнуть]; **~ers** ['wɪskəz] *pl.* *zo.* усы́ *m/pl.*; (*side-~*) бакенба́рды *f/pl.*

whiskey, *Brt.* **whisky** ['wɪskɪ] ви́ски *n indecl.*

whisper ['wɪspə] **1.** шёпот; **2.** шепта́ть [шепну́ть]

whistle ['wɪsl] **1.** свист; свисто́к (*a. instrument*); **2.** свисте́ть [сви́стнуть]

white [waɪt] **1.** *com.* бе́лый; (*pale*) бле́дный; **~ *coffee*** ко́фе с молоко́м; **~ *lie*** ложь *f* во спасе́ние; **2.** бе́лый цвет; *of eye, egg* бело́к; **~n** ['waɪtn] [по]бели́ть; (*turn white*) [по]беле́ть; **~ness** ['waɪtnɪs] белизна́; **~wash 1.** побе́лка; **2.** [по]бели́ть; *fig.* обеля́ть [-ли́ть]

whitish ['waɪtɪʃ] бел(ес)ова́тый

Whitsun ['wɪtsn] *relig.* Тро́ица

whiz(z) [wɪz] *of bullets, etc.* свисте́ть; **~ *past*** промча́ться *pf.* ми́мо

who [huː] *pron.* **1.** кто?; **2.** кото́рый; кто; тот, кто …; *pl.*: те, кто

whoever [huː'əvə] *pron.* кто бы ни …; (*who ever*) кто то́лько; кото́рый бы ни …

whole [həʊl] **1.** □ (*complete, entire*) це́лый, весь; (*intact, undamaged*) це́лый; **~ *milk*** це́льное молоко́; **~ *number*** це́лое число́; **2.** це́лое; всё *n*; ито́г; ***on the ~*** (*entity, totality*) в це́лом; **~-hearted** □ и́скренний, от всего́ се́рдца; **~sale 1.** (*mst.* ***~ trade***) о́птовая торго́вля; **2.** о́птовый; *fig.* (*indiscriminate*) огу́льный; **~ *dealer*** о́птовый торго́вец; **3.** о́птом; **~some** ['həʊlsəm] □ поле́зный, здра́вый

wholly ['həʊlɪ] *adv.* целико́м, всеце́лполностью

whom [huːm] *pron.* (*вини́тельный паде́ж от* **who**) кого́ *и т. д.*; кото́рого *и т. д.*

whoop [huːp]: ***~ of joy*** ра́достный во́зглас; **~ing cough** ['huːpɪŋ kɒf] *med.* коклю́ш

whose [huːz] (*роди́тельный паде́ж от* **who**) чей *m*, чья *f*, чьё *n*, чьи *pl.*; *relative pron. mst.*: кото́рого, кото́рой: **~ *father*** оте́ц кото́рого

why [waɪ] **1.** *adv.* почему́?, отчего́?, заче́м?; **2.** *int.* да ведь …; что ж…

wick [wɪk] фити́ль *m*

wicked ['wɪkɪd] □ (*malicious*) злой, зло́бный; (*depraved*) бессо́вестный; (*immoral*) безнра́вственный

wicker ['wɪkə]: **~ *basket*** плетёная корзи́нка; **~ *chair*** плетёный стул

wide [waɪd] *a.* □ *and adv.* широ́кий; обши́рный; широко́; далеко́, далёко (**of** от P); ~ **awake** бдительный; осмотрительный; **three feet** ~ три фута в ширину, шириной в три фута; ~ **of the mark** далёкий от истины; не по существу; ~**n** ['waɪdn] расширять(ся) [-ирить(ся)]; ~**spread** распространённый

widow ['wɪdəʊ] вдова; **grass** ~ соломенная вдова; *attr.* вдовий; ~**er** [~ə] вдовец

width [wɪdθ] ширина; (*extent*) широта

wield [wiːld] *lit.* владеть (T); держать в руках

wife [waɪf] жена; (*spouse*) супруга

wig [wɪg] парик

wild [waɪld] **1.** □ дикий; *flowers* полевой; *sea* бурный; *behavio(u)r* буйный; **be** ~ **about s.o.** *or* **s.th.** быть без ума/в диком) восторге от кого-л. *or* чего-л.; **run** ~ расти без присмотра; **talk** ~ говорить не думая; **2.** ~, ~**s** [~z] дикая местность *f*; дебри *f/pl.*; ~**cat strike** неофициальная забастовка; ~**erness** ['wɪldənɪs] пустыня, дикая местность *f*; ~**fire**: **like** ~ с быстротой молнии; ~**fowl** дичь *f*

wile [waɪl] *mst.* ~**s** *pl.* хитрость *f*; уловка

wil(l)ful ['wɪlfl] упрямый, своевольный; (*intentional*) преднамеренный

will [wɪl] **1.** воля; (*willpower*) сила воли; (*desire*) желание; *law* (*testament*) завещание; **with a** ~ энергично; **2.** [*irr.*] *v/aux.*: **he** ~ **come** он придёт; **3.** завещать (*im*)*pf.*; [по]желать, [за]хотеть; ~ **o.s.** *compel* заставлять [-ставить] себя

willing ['wɪlɪŋ] □ *to help, etc.* готовый (**to** на B *or* + *inf.*); ~**ness** [~nɪs] готовность *f*

willow ['wɪləʊ] *bot.* ива

wilt [wɪlt] *of flowers* [за]вянуть; *of person* [по]никнуть; раскисать [-киснуть]

wily ['waɪlɪ] □ хитрый, коварный

win [wɪn] [*irr.*] *v/t.* побеждать [-едить]; выигрывать; *victory* одерживать [-жать]; *prize* получать [-чить]; ~ **a p. over** уговаривать [-ворить]; склонить кого-л. на свою сторону; *v/i.* выигрывать [выиграть]; одерживат[ь] победу

wince [wɪns] вздрагивать [вздро[г]нуть]

winch [wɪntʃ] лебёдка; ворот

wind[1] [wɪnd] ветер; (*breath*) дыхани[е]; *of bowels, etc.* газы *m/pl.*; *mus.* дух[о]вые инструменты *m/pl.* **let me g[et] my** ~ **back** подожди, я отдышус[ь]; **get** ~ **of** *s.th.* [по]чуять; узнать *pf.*, пр[о]нюхать *pf.*; **second** ~ второе дыхани[е]

wind[2] [waɪnd] [*irr.*] *v/t.* наматыват[ь] [намотать]; обматывать [обмотать]; *of plant* обви(ва)ть; ~ **up** *watch* зав[о]дить [завести]; *comm.* ликвидир[о]вать (*im*)*pf.*; *discussion, etc.* з[а]канчивать [закончить]; *v/i.* наматываться [намотаться]; обви(ва)ться

wind|bag ['wɪndbæg] *sl.* болтун; п[у]стозвон; ~**fall** паданец; *fig.* неожида[н]ное счастье

winding ['waɪndɪŋ] **1.** изгиб, извилин[а]; (*act of* ~) наматывание; *el.* обмотка; [2.] извилистый; ~ **stairs** *pl.* винтова[я] лестница

wind instrument духовой инструмен[т]

windmill ветряная мельница

window ['wɪndəʊ] окно; (*shop* ~) в[и]трина; ~ **dressing** оформление в[и]трины; *fig.* показуха *coll.*; ~**sill** [~s[ɪl]] подоконник

wind|pipe ['wɪndpaɪp] *anat.* трахе[я]; ~**shield**, *Brt.* ~**screen** *mot.* ветров[о]е стекло

windy ['wɪndɪ] □ ветреный; *fi[g.]* (*wordy*) многословный; *chiefly Br[t.]* *coll.* **get** ~ струсить *pf.*

wine [waɪn] вино; ~ **glass** бока[л,] рюмка

wing [wɪŋ] (*a. arch.*) крыло; *thea.* ~**s** *p[l.]* кулисы *f/pl.*; **take** ~ полететь *pf.*; **o[n] the** ~ в полёте; **take s.o. under one['s]** ~ взять *pf.* кого-л. под своё крылы[ш]ко

wink [wɪŋk] **1.** (*moment*) миг; *coll.* **n[ot] get a** ~ **of sleep** не сомкнуть *pf.* гла[з]; **2.** моргать [-гнуть], мигать [мигнуть]; ~ **at** подмигивать [-гнуть] (Д); *fi[g.]* (*connive*) смотреть сквозь пальц[ы] на (B)

win|ner ['wɪnə] победи́тель *m*, -ница *f*; *in some competitions* призёр; лауреа́т; **Nobel Prize** ≈ лауреа́т Но́белевской пре́мии; **~ning** ['wɪnɪŋ] **1.** (*on way to winning*) выи́грывающий; побежда́ющий; (*having won*) вы́иравший, победи́вший; *fig*. (*attractive, persuasive*) обая́тельный (*a.* **~some** [-səm]); **2. ~s** *pl.* вы́игрыш

wint|er ['wɪntə] **1.** зима́; *attr.* зи́мний; **2.** проводи́ть зи́му, [пере-, про]зимова́ть; **~ry** ['wɪntrɪ] зи́мний

wipe [waɪp] вытира́ть [вы́тереть]; *tears* утира́ть [утере́ть]; **~ off** стира́ть [стере́ть]; **~ out** (*destroy*) уничтожа́ть [-о́жить]; **~r** ['waɪpə] (*windshield ~, Brt. windscreen ~*) стеклоочисти́тель; *coll.* дво́рник

wire ['waɪə] **1.** про́волока; *el.* про́вод; *coll.* телегра́мма; **2.** [с]де́лать прово́дку; телеграфи́ровать (*im*)*pf*.; **~ netting** прово́лочная се́тка

wiry ['waɪərɪ] *person* жи́листый; *hair* жёсткий

wisdom ['wɪzdəm] му́дрость *f*; **~ tooth** зуб му́дрости

wise[1] [waɪz] му́дрый; благоразу́мный; **~crack** *coll.* остро́та

wise[2] [~]: **in no ~** нико́им о́бразом

wish [wɪʃ] **1.** жела́ние; пожела́ние (*a. greetings*); **2.** [по]жела́ть (Р) (*a.* **~ for**); **~ well** (**ill**) жела́ть добра́ (зла); **~ful** ['wɪʃfl]: **~ thinking** *in context* принима́ть жела́емое за действи́тельное

wisp [wɪsp] *of smoke* стру́йка; *of hair* прядь *f*

wistful ['wɪstfl] □ заду́мчивый, тоскли́вый

wit [wɪt] *verbal felicity* остроу́мие; (*mental astuteness*) ум, ра́зум (*a.* **~s** *pl.*); острosло́в; **be at one's ~'s end** в отча́янии; **I'm at my ~s end** пря́мо ум за ра́зум захо́дит; **be scared out of one's ~s** испуга́ться до́ сме́рти

witch [wɪtʃ] колду́нья; ве́дьма; **~craft** колдовство́; **~hunt** охо́та за ве́дьмами

with [wɪð] с (Т), со (Т); (*because of*) от (Р); у (Р); при (П); **~ a knife** ножо́м, **~ a pen** ру́чкой

withdraw [wɪð'drɔː] [*irr.* (**draw**)] *v/t.* убира́ть; *quickly* одёргивать [-рнуть]; *money from banks* брать [взять]; брать наза́д; *from circulation* изыма́ть [изъя́ть]; *troops* выводи́ть [-вести]; *v/i.* удаля́ться [-ли́ться]; *mil.* отходи́ть [отойти́]; **~al** [-əl] изъя́тие; удале́ние; *mil.* отхо́д; вы́вод; **~n** *person* за́мкнутый

wither ['wɪðə] *v/i.* [за]вя́нуть; *of colo(u)r* [по]блёкнуть; *v/t. crops* погуби́ть *pf.*; **~ed hopes** увя́дшие наде́жды

with|hold [wɪð'həuld] [*irr.* (**hold**)] (*refuse to give*) отка́зывать [-за́ть] в (П); *information* скры́(ва́)ть (**from** от Р); **~in** [-'ɪn] **1.** *lit. adv.* внутри́; **2.** *prp.* в (П), в преде́лах (Р); внутри́ (Р); **~ call** в преде́лах слы́шимости; **~out** [-'aut] **1.** *lit. adv.* вне, снару́жи; **2.** *prp.* без (Р); вне (Р); **it goes ~ saying ...** само́ собо́й разуме́ется; **~stand** [-'stænd] [*irr.* (**stand**)] выде́рживать [вы́держать] про тивостоя́ть (Д)

witness ['wɪtnɪs] **1.** свиде́тель *m*, -ница *f*; очеви́дец *m*, -дица *f*; **bear ~** свиде́тельствовать (**to, of** о П); **2.** свиде́тельствовать о (П); быть свиде́телем (Р); *signature, etc.* заверя́ть [-е́рить]

wit|ticism ['wɪtɪsɪzəm] остро́та; **~ty** ['wɪtɪ] □ остроу́мный

wives [waɪvz] *pl. om* **wife**

wizard ['wɪzəd] волше́бник, маг

wizened ['wɪznd] *old lady* вы́сохший; *apple, etc.* смо́рщенный

wobble ['wɒbl] кача́ться, шата́ться

woe [wəu] го́ре; **~begone** ['wəubɪgɒn] удручённый

woke [wəuk] *pt. om* **wake**; **~n** ['woukən] *pt. p. om* **wake**

wolf [wulf] **1.** волк; **2. ~ down** есть бы́стро и с жа́дностью; на́спех проглоти́ть

wolves [wulvz] *pl. om* **wolf**

woman ['wumən] же́нщина; **old ~** стару́ха; **~ doctor** же́нщина-врач; **~ish** [-ɪʃ] □ женоподо́бный, ба́бий; **~kind** [-'kaɪnd] *collect.* же́нщины *f/pl.*; **~ly** [-lɪ] же́нственный

womb [wuːm] *anat.* ма́тка; чре́во ма́тери

women ['wɪmɪn] *pl. om* **woman**; **~folk**

W

[~fəʊk] же́нщины *f/pl.*

won [wʌn] *pt.* и *pt. p. от* ***win***

wonder ['wʌndə] **1.** удивле́ние, изумле́ние; (*miracle*) чу́до; **2.** удивля́ться [-ви́ться] (***at*** Д); ***I ~*** интере́сно, хоте́лось бы знать; **~ful** [~fl] □ удиви́тельный, замеча́тельный

won't [wəʊnt] не бу́ду *и т. д.*; не хочу́ *и т. д.*

wont [~]: ***be ~*** име́ть обыкнове́ние

woo [wu:] уха́живать за (Т)

wood [wʊd] лес; (*material*) де́рево, лесоматериа́л; (*fire~*) дрова́ *n/pl.*; ***dead ~*** сухосто́й; *fig.* балла́ст; *attr.* лесно́й, деревя́нный; дровяно́й; **~cut** гравю́ра на де́реве; **~cutter** дрово́се́к; **~ed** ['wʊdɪd] леси́стый; **~en** ['wʊdn] деревя́нный; *fig.* безжи́зненный; **~pecker** [~pekə] дя́тел; **~winds** [~wɪndz] деревя́нные духовы́е инструме́нты *m/pl.*; **~work** деревя́нные изде́лия *n/pl.*; *of building* деревя́нные ча́сти *f/pl.*; **~y** ['wʊdɪ] леси́стый

wool [wʊl] шерсть *f*; *attr.* шерстяно́й; **~gathering** ['wʊlgæðərɪŋ] *fig.* мечта́тельность; вита́ние в облака́х; **~(l)en** ['wʊlɪn] шерстяно́й; **~ly** ['wʊlɪ] **1.** (*like wool*) шерсти́стый; *thoughts* нея́сный; **2. *woollies*** *pl.* шерстяны́е изде́лия *n/pl.*; *esp.* бельё

word [wɜ:d] **1.** *mst.* сло́во; разгово́р; (*news*) изве́стия, но́вости; (*promise*) обеща́ние, сло́во; ***~s*** *pl. mus.* слова́ *n/pl.*; *fig.* (*angry argument*) кру́пный разгово́р; ***in a ~*** одни́м сло́вом; ***in other ~s*** други́ми слова́ми; ***~ of hono(u)r*** че́стное сло́во; **2.** формули́ровать (*im*)*pf.*, *pf. a.* [с-]; **~ing** ['wɜ:dɪŋ] формулиро́вка

wordy ['wɜ:dɪ] □ многосло́вный

wore [wɔ:] *pt. от* ***wear 1***

work [wɜ:k] **1.** рабо́та; труд; де́ло; заня́тие; *art, lit.* произведе́ние, сочине́ние; *attr.* работо…; рабо́чий; ***~s*** *pl.* механи́зм; (*construction*) строи́тельные рабо́ты *f/pl.*; (*mill*) заво́д; (*factory*) фа́брика; ***all in a day's ~*** де́ло привы́чное; ***be out of ~*** быть безрабо́тным; ***I'm sure it's his ~*** уве́рен, э́то де́ло его́ рук; ***set to ~*** бра́ться за рабо́ту; **2.** *v/i.* рабо́тать; занима́ться [-ня́тьс[ся]] (*have effect*) де́йствовать; *v/t.* [*ir*[*r.*]] *land, etc.* обраба́тывать [-бо́тат[ь]]; [*regular vb.*] *mine, etc.* разраба́тыва[ть] [-бо́тать]; *machine, etc.* приводи́ть [в] де́йствие; ***~ one's way*** *through crow*[*d*] проби́(ва́)ться, с трудо́м пробива́т[ь] себе́ доро́гу (*both a. fig.*); ***~ off*** *debt* о[т]раба́тывать [-бо́тать]; *anger* успока́[и]ваться [-ко́иться]; ***~ out*** *proble*[*m*] реша́ть [реши́ть]; *plan* разраба́т[ы]вать [-бо́тать]; *agreement* составля́т[ь] [-вить]; [*a. irr.*]; ***~ up*** (*excite*) возбуж[]да́ть; *coll.* взбудора́жи(ва)ть; ***don*[*'t*]** ***get ~ed up*** споко́йно

work|able ['wɜ:kəbl] осуществи́мы[й]; приго́дный; приго́дный для обрабо́т[]ки; **~aday** бу́дний; повседневны[й]; **~day** (*time worked for payment*) труд[о]де́нь *m*; **~er** ['wɜ:kə] *manual* рабо́чи[й]; рабо́тник (-ица); **~ing** ['wɜ:kɪŋ] ра[]бо́чий; рабо́тающий; де́йствующи[й]; ***in ~ order*** в рабо́чем состоя́нии; ***~ cap*[]** ***ital*** оборо́тный капита́л

workman ['wɜ:kmən] рабо́тник; **~shi**[**p**] мастерство́; (*signs of skill*) отде́лка

work|shop ['wɜ:kʃɒp] мастерска́я; *i*[*n*] *factory* цех

world [wɜ:ld] *com.* мир, свет; *attr.* ми[]ровой, всеми́рный; *fig.* ***a ~ of diffe*[*r*]*ence*** огро́мная ра́зница; ***come int*[*o*]** ***the ~*** роди́ться, появи́ться *pf.* на све[т]; ***come up in the ~*** преуспе́(ва́)ть (в жи[з]ни); сде́лагь карье́ру; ***it's a small ~*** ми[р] те́сен; ***champion of the ~*** чемпио́н ми[]ра

wordly ['wɜ:ldlɪ] све́тский

world power мирова́я держа́ва

worldwide ['wɜ:ldwaɪd] всеми́рный

worm [wɜ:m] **1.** червя́к, червь *m*; *me*[*d.*] глист; **2.** выве́дывать (вы́ведать), вы[]пы́тывать [вы́пытать] (***out of*** у Р); ***o.s.*** *fig.* вкра́дываться [вкра́сться] (***in*[]*to*** в В)

worn [wɔ:n] *pt. p. от* ***wear***; **~-out** [wɔ:n'aʊt] изно́шенный; *fig.* изму́ченный

worry ['wʌrɪ] **1.** беспоко́йство; трев[о́]га; (*care*) забо́та; **2.** беспоко́ить(ся); (*bother with questions, etc.*) надоеда́т[ь] [-е́сть] (Д); (*pester*) пристава́ть к (Д)

W

[за]му́чить; ***she'll ~ herself to death!*** она́ совсе́м изведёт себя́!

worse [wɜːs] ху́дший; *adv.* ху́же; *of pain, etc.* сильне́е; ***from bad to ~*** всё ху́же и ху́же; **~n** ['wɜːsn] ухудша́ть(ся) [уху́дшить(ся)]

worship ['wɜːʃɪp] **1.** *relig.* богослуже́ние; **2.** поклоня́ться (Д); (*love*) обожа́ть; **~per** [-ə] покло́нник *m*, -ица *f*

worst [wɜːst] (самый) ху́дший, наиху́дший›; *adv.* ху́же всего́; ***if the ~ comes to the ~*** в са́мом ху́дшем слу́чае; ***the ~ of it is that …*** ху́же всего́ то, что …

worth [wɜːθ] **1.** сто́ящий; заслу́живающий; ***be ~*** заслу́живать, сто́ить; **2.** цена́; сто́имость *f*; це́нность *f*; ***idea of little ~*** иде́я, не име́ющая осо́бой це́нности; **~less** ['wɜːθlis] ничего́ не сто́ящий; не име́ющий це́нности; **~while** ['wɜːθ'wail] *coll.* сто́ящий; ***be ~*** име́ть смысл; ***be not ~*** не сто́ить труда́; **~y** ['wɔːði] □ досто́йный (***of*** P); заслу́живающий (***of*** B)

would [wʊd] (*pt. от* ***will***) *v/aux.*: ***he ~ do it*** он сде́лал бы э́то; он обы́чно э́то де́лал

wound[1] [wuːnd] **1.** ра́на, ране́ние; **2.** ра́нить (*im*)*pf.*; заде́(ва́)ть

wound[2] [waʊnd] *pt. и pt. p. от* **wind**

wove ['wəʊv] *pt. от* **weave**; **~n** ['wouvn] *pt. p. от* **weave**

wrangle ['ræŋgl] **1.** препрека́ния *n/pl.*, **2.** препрека́ться

wrap [ræp] *v/t.* (*часто ~* ***up***) завёртывать [заверну́ть]; *in paper* обёртывать [оберну́ть]; заку́т(ыв)ать; *fig.* оку́т(ыв)ать; ***be ~ped up in*** *thought, etc.* быть погружённым в (B); *v/i.* ***~ up*** заку́т(ыв)аться; **~per** ['ræpə] обёртка; **~ping** ['ræpɪŋ] упако́вка; обёртка

wrath [rɔːθ] гнев

wreath [riːθ], *pl.* **~s** [riːðz] *placed on coffin* вено́к; гирля́нда; *fig. of smoke* кольцо́, коле́чко

wreck [rek] **1.** (*destruction*) *esp. of ship* круше́ние; ава́рия; катастро́фа; *involving person, vehicle, etc.* разва́лина; **2.** *building, plans* разруша́ть [-у́шить]; *car* разби́ть *pf.*; ***be ~ed*** потерпе́ть *pf.* круше́ние; **~age** ['rekɪdʒ] (*remains*) обло́мки

wrench [rentʃ] **1.** (*spanner*) га́ечный ключ; ***give a ~*** дёрнуть *pf.*; **2.** вырыва́ть [-рвать]; *joint* выви́хивать [вы́вихнуть]; *fig.*, (*distort*) *facts, etc.* искажа́ть [искази́ть]; ***~ open*** взла́мывать [взлома́ть]

wrest [rest] вырыва́ть [вы́рвать] (***from*** у P) (*a. fig.*); **~le** ['resl] *mst. sport* боро́ться; **~ling** [-lɪŋ] борьба́

wretch [retʃ]: ***poor ~*** бедня́га

wretched ['retʃɪd] □ несча́стный; (*pitiful*) жа́лкий

wriggle ['rɪgl] *of worm, etc.* изви́(-ва́)ться; ***~ out of*** уклоня́ться [-ни́ться] от (P), выкру́чиваться [вы́кутиться] из (P)

wring [rɪŋ] [*irr.*] скру́чивать [-ути́ть]; *one's hands* лома́ть; (*a.* ***~ out***) *of washing, etc.* выжима́ть [вы́жать]; *money* вымога́ть (***from*** у P); *confession* вы́рвать *pf.* (***from*** у P)

wrinkle ['rɪŋkl] **1.** *in skin* морщи́на; *in dress* скла́дка; **2.** [с]мо́рщить(ся)

wrist [rɪst] запя́стье; ***~ watch*** ручны́е (*or* нару́чные) часы́ *m/pl.*

write [raɪt] [*irr.*] [на]писа́ть; ***~ down*** запи́сывать [-са́ть]; ***~ out*** *check, Brt. cheque, etc.* выпи́сывать [вы́писать]; **~ off** (*cancel*) спи́сывать [-са́ть]; **~r** ['raɪtə] писа́тель *m*, -ница *f*

writhe [raɪð] *with pain* [с]ко́рчиться

writing ['raɪtɪŋ] **1.** *process* писа́ние; (*composition*) письмо́; (литерату́рное) произведе́ние, сочине́ние; (*a.* ***hand~***) по́черк; ***in ~*** пи́сьменно; **2.** пи́сьменный; **~ paper** пи́счая бума́га

written ['rɪtn] **1.** *pt. p. от* ***write***; **2.** пи́сьменный

wrong [rɒŋ] **1.** □ (*not correct*) непра́вильный, оши́бочный; не тот (, кото́рый ну́жен); ***be ~*** быть непра́вым; ***go ~*** *of things* не получа́ться [-чи́ться], срыва́ться [сорва́ться]; (*make a mistake*) сде́лать *pf.* оши́бку; ***come at the ~ time*** прийти́ *pf.* не во́время; *adv.* непра́вильно, не так; **2.** неправота́; непра́вильность *f*, (*injustice, unjust*

action) оби́да; несправедли́вость *f*; зло; ***know right from*** ~ отлича́ть добро́ от зла; **3.** поступа́ть несправедли́во с (Т); обижа́ть [оби́деть]; **~doer** [~du:ə] гре́шник *m*, -ница *f*; престу́пник *m*, -ница *f*; правонаруши́тель; **~ful** ['rɒŋfl] □ (*unlawful*) незако́нный; (*unjust*) несправедли́вый
wrote [rəʊt] *pt. от* **write**
wrought [rɔ:t] *pt. и pt. p. от* **work** [*irr.*]: ~ ***iron*** ко́ваное желе́зо
wrung [rʌŋ] *pt. и pt. p. от* **wring**
wry [raɪ] □ *smile* криво́й; *remark* переко́шенный; ирони́ческий

X

xerox ['zɪərɒks] **1.** ксе́рокс; **2.** ксерокопи́ровать
Xmas ['krɪsməs, 'eksməs] → ***Christmas***
X-ray ['eksreɪ] **1.** рентге́новские лучи́ *m/pl.*; рентгеногра́мма; **2.** просве́чивать [просвети́ть] рентгено́вскими лу́чами; [с]де́лать рентген
xylophone ['zaɪləfəʊn] ксилофо́н

Y

yacht [jɒt] **1.** я́хта; **2.** плыть на я́хте; **~ing** ['jɒtɪŋ] па́русный спорт
yankee ['jæŋki] *coll.* я́нки *m indecl.*
yap [jæp] **1.** тя́вкать [-кнуть]; болта́ть
yard[1] [jɑ:d] двор
yard[2] [~] ярд; измери́тельная лине́йка; **~stick** *fig.* мери́ло, ме́рка
yarn [jɑ:n] пря́жа; *coll. fig.* расска́з; ***spin a*** ~ плести́ небыли́цы
yawn [jɔ:n] **1.** зево́та; **2.** зева́ть [зевну́ть]; *fig.* (*be wide open*) зия́ть
year [jiə, jɜ:] год (*pl.* года́, го́ды, лета́ *n/pl.*); ***he is six*** ~***s old*** ему́ шесть лет; **~ly** [~lɪ] ежего́дный
yearn [jɜ:n] тоскова́ть (***for, after*** по Д)
yeast [ji:st] дро́жжи *f/pl.*
yell [jel] **1.** пронзи́тельный крик; **2.** пронзи́тельно крича́ть, (*howl*) [за]вопи́ть
yellow ['jeləʊ] **1.** жёлтый; *coll.* (*cowardly*) трусли́вый; ~ ***press*** жёлтая пре́сса; **2.** [по]желте́ть; **~ed** [~d] пожелте́вший; **~ish** [~ɪʃ] желтова́тый
yelp [jelp] **1.** лай, визг; **2.** [за]визжа́ть, [за]ла́ять
yes [jes] да; нет: ***you don't like tea? – Yes, I do*** Вы не лю́бите чай? – Нет, люблю́
yesterday ['jestədɪ] вчера́
yet [jet] **1.** *adv.* ещё, всё ещё; уже; до сих пор; да́же; тем не ме́нее; ***as*** ~ пока́, до сих пор; ***not*** ~ ещё не(т); **2.** *cj.* одна́ко, всё же, несмотря́ на э́то
yield [ji:ld] **1.** *v/t.* (*give*) приноси́ть [-нести́]; (*surrender*) сда(ва́)ть; *v/i.* уступа́ть [-пи́ть] (***to*** Д); подд(ава́)ться; сд(ав)а́ться; **2.** *agric.* урожа́й; *fin.* дохо́д; **~ing** ['ji:ldɪŋ] □ *fig.* усту́пчивый
yog|a ['jəʊgə] (*system*) йо́га; **~i** [~gi] йог
yog(h)urt [jɒgət] йо́гурт
yoke [jəʊk] ярмо́ (*a. fig.*); иго; *for carrying, buckets, pails, etc.* коромы́сло
yolk [jəʊk] желто́к
you [jə, … jʊ, … ju:] *pron. pers.* ты, вы; тебя́, вас; тебе́, вам (*часто* **to** ~) *и т. д.*; ~ ***and I*** (***me***) мы с ва́ми
young [jʌŋ] **1.** □ молодо́й; *person* ю́ный; **2.** ***the*** ~ молодёжь *f*; *zo.* детены́ши *m/pl.*; **~ster** ['jʌŋstə] подросток, ю́ноша *m*

your [jə, … jɔː] *pron. poss.* твой *m*, твоя́ *f*, твоё *n*, твои́ *pl.*; ваш *m*, ва́ша *f*, ва́ше *n*, ва́ши *pl.*; **~s** [jɔːz] *pron. poss. absolute form* твой *m*, твоя́ *f и т. д.*; **~self** [jɔː'self], *pl.* **~selves** [-'selvz] сам *m*, сама́ *f*, само́ *n*, са́ми *pl.*; себя́, -ся

youth [juːθ] *collect.* молодёжь *f*; (*boy*) ю́ноша *m*, мо́лодость *f*; ***in my ~*** в мо́лодости (*or* в ю́ности); **~ful** ['juːθfl] □ ю́ношеский; (*looking young*) моложа́вый

Z

zeal [ziːl] рве́ние, усе́рдие; **~ous** ['zeləs] □ рья́ный, усе́рдный, ре́вностный

zenith ['zenɪθ] зени́т (*a. fig.*)

zero ['zɪərəʊ] нуль *m* (*a.* ноль *m*); ***10° below*** (***above***) ***~*** де́сять гра́дусов моро́за (тепла́) *or* ни́же (вы́ше) нуля́

zest [zest] (*gusto*) жар; ***~ for life*** жизнера́достность; любо́вь к жи́зни

zigzag ['zɪgzæg] зигза́г

zinc [zɪŋk] цинк; *attr.* ци́нковый

zip [zɪp] (*sound of bullets*) свист; *coll.* эне́ргия; ***~ code*** почто́вый и́ндекс; ***~ fastener*** = **~per** ['zɪpə] (застёжка-) -мо́лния

zone [zəʊn] зо́на (*a. pol.*); *geogr.* по́яс; (*region*) райо́н

zoo [zuː] зооса́д, зоопа́рк

zoolog|ical [zəʊə'lɒdʒɪkl] □ зоологи́ческий; ***~ gardens*** → ***zoo***; **~y** [zəʊ'ɒlədʒɪ] зооло́гия

zoom [zuːm] **1.** (*hum, buzz*) жужжа́ние; *ae.*, (*vertical climb*) свеча́, го́рка; **2.** [про]жужжа́ть; *ae.* [с]де́лать свечу́/го́рку; ***~ lens*** объекти́в с переме́нным фо́кусным расстоя́нием

Important Russian Abbreviations

авт. ***автóбус*** bus
АЗС ***автозапрáвочная стáнция*** filling station
акад. ***акадéмик*** academician
АТС ***автоматúческая телефóнная стáнция*** telephone exchange
АЭС ***áтомная электростáнция*** nuclear power station

б-ка ***библиотéка*** library
б. ***бы́вший*** former, ex-
БЦЭ ***Большáя совéтская энциклопéдия*** Big Soviet Encyclopedia

в. ***век*** century
вв. ***векá*** centuries
ВВС ***воéнно-возду́шные сúлы*** Air Forces
ВИЧ ***вúрус иммунодефицúта человéка*** HIV (human immuno-deficiency virus)
вм. ***вмéсто*** instead of
ВОЗ ***Всемúрная организáция здравоохранéния*** WHO (World Health Organization)
ВС ***Верхóвный Совéт*** *hist.* Supreme Soviet; ***вооружённые сúлы*** the armed forces
вуз ***вы́сшее учéбное заведéние*** university, college

г ***грамм*** gram(me)
г. ***1. год*** year **2.** ***гóрод*** city
га ***гектáр*** hectare
ГАИ ***Государственная автомобúльная инспéкция*** traffic police
ГАТТ ***Генерáльное соглашéние по тамóженным тарифам и торгóвле*** GATT (General Agreement on Tariffs and Trade)
гг. ***гóды*** years
г-жа ***госпожá*** Mrs
ГИБДД ***Госудáрственная инспéкция безопáсности дорóжного движéния*** traffic police

глав... *in compounds* ***глáвный*** chief, main
главврáч ***глáвный врач*** head physician
г-н ***господúн*** Mr
гос... *in compounds* ***госудáрственный*** state, public
гр. ***граждани́н*** citizen
ГУМ ***Госудáрственный универсáльный магазúн*** department store
дир. ***дирéктор*** director
ДК ***Дом культу́ры*** House of Culture
ДОБДД ***Департáмент обеспечéния безопáсности дорóжного движéния*** traffic police
доб. ***добáвочный*** additional
доц. ***доцéнт*** lecturer, reader, assistant professor
д-р ***дóктор*** doctor

ЕС ***Европéйский сою́з*** EU (European Union)
ЕЭС ***Европéйское экономúческое сообщество*** EEC (European Economic Community)

ж.д. ***желéзная дорóга*** railroad, railway

зав. ***завéдующий*** head of ...
загс ***отдéл зáписей граждáнского состояния*** registrar's (registry) office
зам. ***заместúтель*** deputy, assistant

и др. ***и другúе*** etc.
им. ***úмени*** called
и мн. др. ***и мнóгие другúе*** and many (much) more
ИНТЕРПОЛ ***междунарóдная организáция уголóвной полúции*** INTERPOL
и пр., и проч. ***и прóчее*** etc

ТАР ***Информацио́нное теле-*** ***гра́фное аге́нтство России*** ıTAR (Information Telegraph Agency of Russia)
т.д. ***и так да́лее*** and so on
т.п. ***и тому́ подо́бное*** etc.

. ***копе́йка*** kopeck
г ***килогра́мм*** kg (kilogram[me])
в. 1. ***квадра́тный*** square; **2.** ***кварти́ра*** apartment, flat
м/час ***киломе́тров в час*** km/h (kilometer per hour)
олхо́з ***коллекти́вное хозя́йство*** collective farm, kolkhoz
оп. ***копе́йка*** kopeck
.п.д. ***коэффицие́нт поле́з-ного де́йствия*** efficiency
:ПСС ***Коммунисти́ческая па́р-тия Сове́тского Сою́за*** *hist.* C.P.S.U. (Communist Party of the Soviet Union)
уб. ***куби́ческий*** cubic

.с. ***лошади́ная си́ла*** h.p. (horse power)

1АГАТЭ ***Междунаро́дное аге́нтство по а́томной эне́р-гии*** IAEA (International Atomic Energy Agency)
1БР ***Министе́рство безопа́с-ности России*** Ministry of Security of Russia
1ВД ***Министе́рство вну́тренних дел*** Ministry of Internal Affairs
1ВФ ***Междунаро́дный валю́т-ный фонд*** IMF (International Monetary Fund)
1ГУ ***Моско́вский госуда́рст-венный университе́т*** Moscow State University
1ИД ***Министе́рство иностра́н-ных дел*** Ministry of Foreign Affairs
1О ***Министе́рство оборо́ны*** Ministry of Defence
1ОК ***Междунаро́дный олим-пи́йский комите́т*** IOC (International Olympic Committee)
м.пр. ***ме́жду про́чим*** by the way, incidentally; among other things
МХАТ ***Моско́вский худо́жест-венный академи́ческий теа́тр*** Academic Artists' Theater, Moscow

напр. ***наприме́р*** for instance
№ ***но́мер*** number
НА́ТО ***Североатланти́ческий сою́з*** NATO (North Atlantic Treaty Organization)
НЛО ***неопо́знанный лета́ющий объе́кт*** UFO (unidentified flying object)
н.э. ***на́шей э́ры*** A.D.

о. ***о́стров*** island
обл. ***о́бласть*** region
ОБСЕ ***Организа́ция по безо-па́сности и сотру́дничеству в Евро́пе*** OSCE (Organization on Security and Cooperation in Europe)
о-во ***о́бщество*** society
оз. ***о́зеро*** lake
ОНО ***отде́л наро́дного образо-ва́ния*** Department of Popular Education
ООН ***Организа́ция Объединён-ных На́ций*** UNO (United Nations Organization)
отд. ***отде́л*** section, ***отделе́ние*** department
ОПЕК ***Организа́ция стран-экспортёров не́фти*** OPEC (Organization of Petroleum Exporting Countries)

п. ***пункт*** point, paragraph
пер. ***переу́лок*** lane
ПК ***персона́льный компью́тер*** PC (personal computer)
пл. ***пло́щадь*** *f* square; area (*a. math.*)
проф. ***профе́ссор*** professor
р. 1. ***река́*** river; **2.** ***рубль*** *m*

r(o)uble
райко́м ***райо́нный комите́т*** district commitee (*Sov.*)
РИА ***Росси́йское информацио́нное аге́нтство*** Information Agency of Russia
РФ ***Росси́йская Федера́цня*** Russian Federation

с.г. ***сего́ го́да*** (of) this year
след. ***сле́дующий*** following
см ***сантиме́тр*** cm. (centimeter)
с.м. ***сего́ ме́сяца*** (of) this month
см. ***смотри́*** see
СМИ ***Сре́дства ма́ссовой информа́ции*** mass media
СНГ ***Содру́жество незави́симых госуда́рств*** CIS (Commonwealth of Independent States)
СП ***совме́стное предприя́тие*** joint venture
СПИД ***синдро́м преобретённого иммунодефици́та*** AIDS (acquired immune deficiency syndrome)
ср. ***сравни́*** cf. (compare)
СССР ***Сою́з Сове́тских Социалисти́ческих Респу́блик*** *hist.* U.S.S.R. (Union of Soviet Socialist Republics)
ст. ***ста́нция*** station
стенгазе́та ***стенна́я газе́та*** wall newspaper
с., стр. ***страни́ца*** page
с.х. ***се́льское хозя́йство*** agriculture
с.-х. ***сельскохозя́йственный*** agricultural
США ***Соединённые Шта́ты Аме́рики*** U.S.A. (United States of America)

т ***то́нна*** ton
т. 1. ***това́рищ*** comrade; **2.** ***том*** volume
ТАСС ***Телегра́фное аге́нтство Сове́тского Сою́за*** *hist.* TASS (Telegraph Agency of the Soviet Union)
т-во ***това́рищество*** company, association
т. е. ***то есть*** i.e. (that is)
тел. ***телефо́н*** telephone
т.к. ***так как*** cf. ***так***
т. наз. ***так называ́емый*** so-call[ed]
тов. → ***т. 1***
торгпре́дство ***торго́вое представи́тельство*** trade agency
тт. ***тома́*** volumes
тыс. ***ты́сяча*** thousand
ул. ***у́лица*** street

ФБР ***Федера́льное бюро́ рассле́дований*** FBI (Federal Bureau of Investigation)
ФИФА ***Междунаро́дная ассоциа́ция футбо́льных общест[в]*** FIFA (Fédération Internationale de Football)
ФРГ ***Федерати́вная Респу́блика Герма́ния*** Federal Republic [of] Germany
ФСБ ***Федера́льная Слу́жба Безопа́сности*** Federal Securit[y] Service

ЦБР ***Центра́льный банк Росси́й*** Central Bank of Russia
ЦПКиО ***Центра́льный парк культу́ры и о́тдыха*** Central Pa[rk] for Culture and Recreation
ЦРУ ***Центра́льное разве́дывательное управле́ние*** CIA (Central Intelligence Agency)

ЮАР ***Ю́жно-Африка́нская Респу́блика*** South African Republic
ЮНЕСКО ***Организа́ция Объединённых на́ций по вопро́са[м] образова́ния, нау́ки и культу́ры*** UNESCO (United Nations Educational, Scientific an[d] Cultural Organization)

Important American and British Abbreviations

AC ***alternating current*** переме́нный ток
A/C ***account (current)*** теку́щий счёт
acc(t). ***account*** отчёт; счёт
AEC ***Atomic Energy Commission*** Коми́ссия по а́томной эне́ргии
AFL-CIO ***American Federation of Labor & Congress of Industrial Organizations*** Америка́нская федера́ция труда́ и Конгре́сс произво́дственных профсою́зов, АФТ/КПП
AL, Ala. ***Alabama*** Алаба́ма (штат в США)
Alas. ***Alaska*** Аля́ска (штат в США)
a.m. ***ante meridiem (= before noon)*** до полу́дня
AP ***Associated Press*** Ассоши'йтед пресс
AR ***Arkansas*** Арка́нзас (штат в США)
ARC ***American Red Cross*** Америка́нский Кра́сный Крест
Ariz. ***Arizona*** Аризо́на (штат в США)
ATM ***automated teller machine*** банкома́т
AZ ***Arizona*** Аризо́на (штат в США)

BA ***Bachelor of Arts*** бакала́вр иску́сств
BBC. ***British Broadcasting Corporation*** Брита́нская радиовеща́тельная корпора́ция
B/E ***Bill of Exchange*** ве́ксель *m*, тра́тта
BL ***Bachelor of Law*** бакала́вр пра́ва
B/L ***bill of lading*** коносаме́нт; тра́нспортная накладна́я
BM ***Bachelor of Medicine*** бакала́вр медици́ны
BOT ***Board of Trade*** министе́рство торго́вли (Великобрита́нии)
BR ***British Rail*** Брита́нская желе́зная доро́га
Br(it). ***Britain*** Великобрита́ния; ***British*** брита́нский, англи́йский
Bros. ***brothers*** бра́тья *pl.* (в назва́ниях фирм)

c. **1.** ***cent(s)*** цент (америка́нская моне́та); **2.** ***circa*** приблизи́тельно, о́коло; **3.** ***cubic*** куби́ческий
CA ***California*** Калифо́рния (штат в США)
C/A ***current account*** теку́щий счёт
Cal(if). ***California*** Калифо́рния (штат в США)
Can. ***Canada*** Кана́да; ***Canadian*** кана́дский
CIA ***Central Intelligence Agency*** Центра́льное разве́дывательное управле́ние, ЦРУ
CID ***Criminal Investigation Department*** кримина́льная поли́ция
c.i.f. ***cost, insurance, freight*** цена́, включа́ющая сто́имость, расхо́ды по страхова́нию и фрахт
CIS ***Commonwealth of Independent States*** содружество незави́симых госуда́рств, СНГ
c/o ***care of*** че́рез, по а́дресу (на́дпись на конве́ртах)
Co. ***Company*** общество, компа́ния
COD ***cash*** (*am. collect*) ***on delivery*** нало́женный платёж, упла́та при доста́вке
Colo. ***Colorado*** Колора́до (штат в США)
Conn. ***Connecticut*** Конне́ктикут (штат в США)
cwt ***hundredweight*** хандредвейт

DC **1.** ***direct current*** постоя́нный ток; **2.** ***District of Columbia*** федера́льный о́круг Колу́мбия (с америка́нской столи́цей)
Del. ***Delaware*** Де́лавэр (штат в США)
dept. ***Department*** отде́л; управле́ние; министе́рство; ве́домство
disc. ***discount*** ски́дка; ди́сконт, учёт векселе́й
div. ***dividend*** дивиде́нд
DJ **1.** ***disc jockey*** диск-жоке́й; **2.** ***dinner jacket*** смо́кинг
dol. ***dollar*** до́ллар
DOS ***disk operating system*** ди́сковая операцио́нная систе́ма
doz. ***dozen*** дю́жина

dpt. ***Department*** отде́л; управле́ние; министе́рство; ве́домство

E 1. ***East*** восто́к; ***Eastern*** восто́чный; **2.** ***English*** англи́йский

E. & O.E. ***errors and omissions excepted*** исключа́я оши́бки и про́пуски

EC ***European Community*** Европе́йское Соо́бщество, ЕС

ECOSOC ***Economic and Social Council*** Экономи́ческий и социа́льный сове́т, ООН

ECU ***European Currency Unit*** Европе́йская де́нежная едини́ца, ЭКЮ

EEC ***European Economic Community*** Европе́йское экономи́ческое соо́бщество, ЕЭС

e.g. ***exempli gratia*** (лат. = ***for instance***) напр. (наприме́р)

Enc. ***enclosure(s)*** приложе́ние (-ния)

Esq. ***Esquire*** эсква́йр (ти́тул дворяни́на, должностно́го лица́; обы́чно ста́вится в письме́ по́сле фами́лии)

etc. & c. ***et cetera, and so on*** и так да́лее

EU ***European Union*** Европе́йский сою́з

f ***feminine*** же́нский; *gram.* же́нский род; ***foot*** фут, ***feet*** фу́ты; ***following*** сле́дующий

FBI ***Federal Bureau of Investigation*** федера́льное бюро́ рассле́дований (в США)

FIFA ***Fédération Internationale de Football Association*** Междунаро́дная федера́ция футбо́льных о́бществ, ФИФА

Fla. ***Florida*** флори́да (штат в США)

F.O. ***Foreign Office*** министе́рство иностра́нных дел

fo(l) ***folio*** фо́лио *indecl. n* (форма́т в пол-листа́); лист (бухга́лтерской кни́ги)

f.o.b. ***free on board*** франко-борт, ФОБ

fr. ***franc(s)*** фра́нк(и)

FRG ***Federal Republic of Germany*** Федерати́вная Респу́блика Герма́ния, ФРГ

ft. ***foot*** фут, ***feet*** фу́ты

g. ***gram(me)*** грамм

GA (Ga.) ***Georgia*** Джо́рджия (шт… в США)

GATT ***General Agreement on Tari… and Trade*** Генера́льное согл… ше́ние по тамо́женным тари́фам… торго́вле

GB ***Great Britain*** Великобрита́ния

GI ***government issue*** *fig.* амер… ка́нский солда́т

GMT ***Greenwich Mean Time*** сре́дн… вре́мя по гри́нвичскому мер… диа́ну

gr. ***gross*** бру́тто

gr.wt. ***gross weight*** вес бру́тто

h. ***hour(s)*** час(ы́)

HBM. ***His (Her) Britannic Majes…*** Его́ (Её) Брита́нское Вели́честв…

H.C. ***House of Commons*** Пала́… о́бщин (в Великобрита́нии)

hf. ***half*** полови́на

HIV ***human immunodeficiency vi…*** ВИЧ

HL ***House of Lords*** пала́та ло́рдов … Великобрита́нии)

HM ***His (Her) Majesty*** Его́ (Е… Вели́чество

HMS ***His (Her) Majesty's Sh…*** кора́бль англи́йского вое́нн… морско́го фло́та

HO ***Home Office*** министе́рств… вну́тренних дел (в А́нглии)

HP, hp ***horsepower*** лошади́ная си́л… (едини́ца мо́щности)

HQ, Hq ***Headquarters*** штаб

HR ***House of Representative…*** пала́та представи́телей (в США)

HRH ***His (Her) Royal Highness*** Е… (Её) Короле́вское Высо́чество

hrs. ***hours*** часы́

IA, Ia. ***Iowa*** Айо́ва (штат в США)

IAEA ***International Atomic Energ… Agency*** Междунаро́дное аге́н… ство по а́томной эне́ргии, МАГАТЭ

ID ***identification*** удостовере́н… ли́чности

Id(a). ***Idaho*** А́йдахо (штат в США…

i.e., ie ***id est*** (лат. = ***that is to say***) т.… (то есть)

IL, Ill. ***Illinois*** Иллино́йс (штат … США)

IMF *International Monetary Fund* Междунаро́дный валю́тный фонд ООН
in. *inch(es)* дюйм(ы)
Inc., inc. *incorporated* объединённый; зарегистри́рованный как корпора́ция
incl. *inclusive, including* включи́тельно
Ind. *Indiana* Индиа́на (штат в США)
inst. *instant* с.м. (сего́ ме́сяца)
INTERPOL *International Criminal Police Organization* Междунаро́дная организа́ция уголо́вной поли́ции, ИНТЕРПОЛ
IOC *International Olympic Committee* Междунаро́дный олимпи́йский комите́т, МОК
IQ *intelligence quotient* коэффицие́нт у́мственных спосо́бностей
Ir. *Ireland* Ирла́ндия; *Irish* ирла́ндский

JP *Justice of the Peace* мирово́й судья́
Jnr, Jr, jun., junr *junior* мла́дший

Kan(s). *Kansas* Канза́с (штат в США)
KB *kilobyte* килоба́йт
kg *kilogram(me)s.* килогра́мм, кг
km *kilometer, -tre* киломе́тр
kW, kw *kilowatt* килова́тт
KY, Ky *Kentucky* Кенту́кки (штат в США)

l. *litre* литр
L *pound sterling* фунт сте́рлингов
La. *Louisiana* Луизиа́на (штат в США)
LA *1. Los Angeles* Лос-Анджелес; **2.** *Australian pound* австрали́йский фунт (де́нежная едини́ца)
lb., lb *pound* фунт (ме́ра ве́са)
L/C *letter of credit* аккредити́в
LP *Labour Party* лейбори́стская па́ртия
Ltd, ltd *limited* с ограни́ченной отве́тственностью

m. 1. *male* мужско́й; **2.** *meter, -tre* метр; **3.** *mile* ми́ля; **4.** *minute* мину́та
MA *Master of Arts* маги́стр иску́сств
Mass. *Massachusetts* Массачу́сетс (штат в США)
max. *maximum* ма́ксимум
MD *medicinae doctor* (лат. = *Doctor of Medicine*) до́ктор медици́ны
Md. *Maryland* Мэ́риленд (штат в США)
ME, Me. *Maine* Мэн (штат в США)
mg. *milligram(me)(s)* миллигра́мм
Mich. *Michigan* Мичига́н (штат в США)
Minn. *Minnesota* Миннесо́та (штат в США)
Miss. *Mississippi* Миссиси́пи (штат в США)
mm. *millimeter* миллиме́тр
MO 1. *Missouri* Миссу́ри (штат в США); **2.** *money order* де́нежный перево́д по по́чте
Mont. *Montana* Монта́на (штат в США)
MP 1. *Member of Parliament* член парла́мента; **2.** *military police* вое́нная поли́ция
mph *miles per hour* (сто́лько-то) миль в час
Mr *Mister* ми́стер, господи́н
Mrs originally *Mistress* ми́ссис, госпожа́
MS 1. *Mississippi* Миссиси́пи (штат в США); **2.** *manuscript* ру́копись *f*; **3.** *motorship* теплохо́д

N *north* се́вер; *northern* се́верный
NATO *North Atlantic Treaty Organization* Североатланти́ческий сою́з, НАТО
NC, N.C. *North Carolina* Се́верная Кароли́на (штат в США)
ND, ND. *North Dakota* Се́верная Дако́та (штат в США)
NE 1. *Nebraska* Небра́ска (штат в США); **2.** *northeast* се́веро-восто́к
Neb(r). *Nebraska* Небра́ска (штат в США)
Nev. *Nevada* Нева́да (штат в США)
NH, N.H *New Hampshire* Нью-Хэ́мпшир (штат в США)
NJ, N.J *New Jersey* Нью-Дже́рси (штат в США)
NM, N.M(ex). *New Mexico* Нью-Ме́ксико (штат в США)
nt.wt. *net weight* вес не́тто, чи́стый вес

NW ***northwestern*** се́веро-за́падный
NY, N.Y. ***New York*** Нью-Йо́рк (штат в США)
NYC, N.Y.C. ***New York City*** Нью-Йо́рк (го́род)

OH ***Ohio*** Ога́йо (штат в США)
OHMS ***On His (Her) Majesty's Service*** состоя́щий на короле́вской (госуда́рственной или вое́нной) слу́жбе; служе́бное де́ло
OK 1. ***okay*** всё в поря́дке, всё пра́вильно; утверждено́, согласо́вано; **2.** ***Oklahoma*** Оклахо́ма (штат в США)
Okla. ***Oklahoma*** Оклахо́ма (штат в США)
OR, Ore(g). ***Oregon*** Орего́н (штат в США)
OSCE ***Organisation on Security and Cooperation in Europe*** Организа́ция по безопа́сности и сотру́дничеству в Евро́пе, ОБСЕ

p *Brt* ***penny, pence*** пе́нни, пенс
p. ***page*** страни́ца; ***part*** часть, ч.
PA, Pa. ***Pennsylvania*** Пенсильва́ния (штат в США)
p.a. ***per annum*** (лат.) в год; ежего́дно
PC 1. ***personal computer*** персона́льный компью́тер; **2.** ***police constable*** полице́йский
p.c. ***per cent*** проце́нт, проце́нты
pd. ***paid*** упла́чено; опла́ченный
Penn(a). ***Pennsylvania*** Пенсильва́ния (штат в США)
per pro(c). ***per procurationem (= by proxy)*** по дове́ренности
p.m., pm ***post meridiem (= after noon)*** ...часов (часа) дня
PO 1. ***post office*** почто́вое отделе́ние; **2.** ***postal order*** де́нежный перево́д по по́чте
POB ***post office box*** почто́вый абонеме́нтный я́щик
POD ***pay on delivery*** нало́женный платёж
Pres. ***president*** президе́нт
Prof. ***professor*** проф. профе́ссор
PS ***Postscript*** постскри́птум, припи́ска
PTO., p.t.o. ***please turn over*** см. н/об. (смотри́ на оборо́те)

RAF ***Royal Air Force*** вое́нно-возду́шные си́лы Великобрита́нии
RAM ***random access memory*** операти́вное запомина́ющее устро́йство, ОЗУ
ref. ***reference*** ссы́лка, указа́ние
regd ***registered*** зарегистри́рованный; заказно́й
reg.ton ***register ton*** реги́стровая то́нна
Rev., Revd ***Reverend*** преподо́бный
RI, R.I. ***Rhode Island*** Род-А́йленд (штат в США)
RN ***Royal Navy*** вое́нно-морско́й флот Великобрита́нии
RP ***reply paid*** отве́т опла́чен

S ***south*** юг; ***southern*** ю́жный
s 1. ***second*** секу́нда; **2.** *hist.* ***shilling*** ши́ллинг
SA 1. ***South Africa*** Ю́жная А́фрика; **2.** ***Salvation Army*** А́рмия спасе́ния
SC, S.C. ***South Carolina*** Ю́жная Кароли́на (штат в США)
SD, S.D(ak). ***South Dakota*** Ю́жная Дако́та (штат в США)
SE 1. ***southeast*** ю́го-восто́к; ***southeastern*** ю́го-восто́чный; **2.** ***Stock Exchange*** фо́ндовая би́ржа (в Ло́ндоне)
Soc. ***society*** о́бщество
Sq. ***Square*** пло́щадь *f*
sq. ***square...*** квадра́тный
SS ***steamship*** парохо́д
stg. ***sterling*** фунт сте́рлингов
suppl. ***supplement*** дополне́ние, приложе́ние
SW ***southwest*** ю́го-за́пад; ***southwestern*** ю́го-за́падный

t ***ton*** то́нна
TB ***tuberculosis*** туберкулёз, ТБ
tel. ***telephone*** телефо́н, тел.
Tenn. ***Tennessee*** Те́ннесси (штат в США)
Tex. ***Texas*** Теха́с (штат в США)
TU ***trade(s) union*** тред-юнион, профессиона́льный сою́з
TUC ***Trade Unions Congress*** конгре́сс (брита́нских) тред-юнио́нов

UK ***United Kingdom*** Соединённое Короле́вство (Англия, Шотла́ндия, Уэльс и Се́верная Ирла́ндия)

UFO ***unidentified flying object*** неопо́знанные лета́ющие объе́кты, НЛО

UN ***United Nations*** Объединённые На́ции

UNESCO ***United Nations Educational, Scientific, and Cultural Organization*** Организа́ция Объединённых На́ций по вопро́сам просвеще́ния, нау́ки и культу́ры, ЮНЕСКО

UNSC ***United Nations Security Council*** Сове́т Безопа́сности ООН

UP ***United Press*** телегра́фное аге́нтство „Ю́на́йтед Пресс"

US(A) ***United States (of America)*** Соединённые Шта́ты (Аме́рики)

USW ***ultrashort wave*** у́льтракоро́ткие во́лны, УКВ

UT, Ut. ***Utah*** Ю́та (штат в США)

V ***volt(s)*** во́льт(ы) В

VA, Va. ***Virginia*** Вирджи́ния (штат в США)

VCR ***video cassette recorder*** видеомагнитофо́н

viz. ***videlicet*** (лат.) а и́менно

vol. ***volume*** том

vols ***volumes*** тома́ *pl*

VT, Vt. ***Vermont*** Вермо́нт (штат в США)

W 1. ***west*** за́пад; ***western*** за́падный; **2.** ***watt*** ватт, Вт

WA, Wash. ***Washington*** Вашингто́н (штат в США)

W.F.T.U. ***World Federation of Trade Unions*** Всеми́рная федера́ция профессиона́льных сою́зов, ВФП

WHO ***World Health Organization*** Всеми́рная организа́ция здравоохране́ния, ВОЗ

Wis(c). ***Wisconsin*** Виско́нсин (штат в США)

wt., wt ***weight*** вес

WV, W Va. ***West Virginia*** За́падная Вирги́ния (штат в США)

WWW ***World-Wide Web*** всеми́рная паутина

WY, Wyo. ***Wyoming*** Вайо́минг (штат в США)

Xmas ***Christmas*** Рождество́

yd(s) ***yard(s)*** ярд(ы)

YMCA ***Young Men's Christian Association*** Христиа́нская ассоциа́ция молоды́х люде́й

YWCA ***Young Women's Christian Association*** Христиа́нская ассоциа́ция молоды́х (де́вушек)

Russian Geographical Names

Австра́лия *f* Australia
А́встрия *f* Austria
Азербайджа́н *m* Azerbaijan
А́зия *f* Asia
Алба́ния *f* Albania
А́льпы *pl. the* Alps
Аля́ска *f* Alaska
Аме́рика *f* America
А́нглия *f* England
Антаркти́да *f the* Antarctic Continent, Antarctica
Анта́рктика *f* Antarctic
Аргенти́на *f* Argentina
А́рктика *f* Arctic (Zone)
Арме́ния *f* Armenia
Атла́нтика *f*, **Атланти́ческий океа́н** *m the* Atlantic (Ocean)
Афганиста́н *m* Afghanistan
Афи́ны *pl.* Athens
А́фрика *f* Africa

Байка́л *m* (Lake) Baikal
Балти́йское мо́ре *the* Baltic Sea
Ба́ренцево мо́ре *the* Barents Sea
Белору́ссия *f* Byelorussia
Бе́льгия *f* Belgium
Бе́рингово мо́ре *the* Bering Sea
Бе́рингов проли́в *the* Bering Straits
Болга́рия *f* Bulgaria
Бо́сния *f* Bosnia
Брита́нские острова́ *the* British Isles
Брюссе́ль *m* Brussels
Будапе́шт *m* Budapest
Бухаре́ст *m* Bucharest

Варша́ва *f* Warsaw
Вашингто́н *m* Washington
Великобрита́ния *f* Great Britain
Ве́на *f* Vienna
Ве́нгрия *f* Hungary
Вене́ция *f* Venice
Во́лга *f the* Volga

Гаа́га *f the* Hague
Герма́ния *f* Germany
Гимала́и *pl. the* Himalayas
Гонко́нг *m* Hong Kong
Гренла́ндия *f* Greenland
Гре́ция *f* Greece
Гру́зия *f* Georgia (Caucasus)

Да́ния *f* Denmark
Днепр *m* Dniepr
Донба́сс *m* (Доне́цкий бассе́йн) *the* Donbas, *the* Donets Basin
Дуна́й *m the* Danube

Евро́па *f* Europe
Еги́пет *m* [-пта] Egypt
Енисе́й *m the* Yenisei

Иерусали́м *m* Jerusalem
Изра́иль *m* Israel
И́ндия *f* India
Ира́к *m* Iraq
Ира́н *m* Iran
Ирла́ндия *f* Ireland; Eire
Исла́ндия *f* Iceland
Испа́ния *f* Spain
Ита́лия *f* Italy

Кавка́з *m the* Caucasus
Казахста́н *m* Kasakhstan
Каи́р *m* Cairo
Камча́тка *f* Kamchatka
Кана́да *f* Canada
Каре́лия *f* Karelia
Карпа́ты *pl. the* Carpathians
Каспи́йское мо́ре *the* Caspian Sea
Кёльн *m* Cologne
Ки́ев *m* Kiev
Кипр *m* Cyprus
Коре́я *f* Korea
Крым *m* [в -ý] *the* Crimea
Кузба́сс *m* Кузне́цкий бассе́йн *the* Kuzbas, *the* Kuznetsk Basin

Ла́дожское о́зеро Lake Ladoga
Ла-Ма́нш *m the* English Channel
Ленингра́д *m* Leningrad (*hist.*)
Лива́н *m* Lebanon
Литва́ *f* Lithuania
Ла́твия *f* Latvia

Ме́ксика *f* Mexico
Молдо́ва *f* Moldova
Монго́лия *f* Mongolia
Москва́ *f* Moscow

Нева́ *f the* Neva
Нидерла́нды *pl. the* Netherlands
Норве́гия *f* Norway

ью-Йорк *m* New York

алестина *f* Palestine
ариж *m* Paris
ольша *f* Poland
рага *f* Prague

ейн *m* Rhine
им *m* Rome
оссийская Федерация *f* Russian Federation
оссия *f* Russia
умыния *f* Romania

анкт-Петербург *m* St. Petersburg
еверный Ледовитый океан *the* Arctic Ocean
ибирь *f* Siberia
токгольм *m* Stockholm
оединённые Штаты Америки *pl. the* United States of America

емза *f* the Thames
аджикистан *m* Tajikistan

Туркменистан *f* Turkmenistan
Турция *f* Turkey

Узбекистан *m* Uzbekistan
Украйна *f the* Ukraine
Урал *m the* Urals

Финляндия *f* Finland
Франция *f* France

Чёрное море *the* Black Sea
Чечня *f* Chechnia
Чешская Республика *f the* Czech Republic

Швейцария *f* Switzerland
Швеция *f* Sweden

Эдинбург *m* Edinburgh
Эстония *f* Estonia

Южно-Африканская Республика *f the* South African Republic

English Geographical Names

Afghanistan [æf'gænɪstɑːn] Афганистáн
Africa ['æfrɪkə] Áфрика
Alabama [ˌælə'bæmə] Алабáма (штат в США)
Alaska [ə'læskə] Аля́ска (штат в США)
Albania [æl'beɪnjə] Албáния
Alps [ælps] *the* Áльпы
Amazon ['æməzn] *the* Амазóнка
America [ə'merɪkə] Амéрика
Antarctica [ænt'ɑːktɪkə] *the* Антáртика
Arctic ['ɑːktɪk] *the* Áрктика
Argentina [ˌɑːdʒən'tiːnə] Аргенти́на
Arizona [ˌærɪ'zəʊnə] Аризóна (штат в США)
Arkansas ['ɑːkənsɔː] Аркáнзас (штат и рекá в США)
Asia ['eɪʃə] Áзия; ***Middle ~*** Срéдняя Áзия
Athens ['æθɪnz] г. Афи́ны
Atlantic Ocean [ətˌlæntɪk'əʊʃn] *the* Атланти́ческий океáн
Australia [ɒ'streɪljə] Австрáлия
Austria ['ɒstrɪə] Áвстрия

Baikal [baɪ'kæl] óзеро Байкáл
Balkans ['bɔːlkənz] *the* Балкáны
Baltic Sea [ˌbɔːltɪk'siː] *the* Балти́йское мóре
Barents Sea ['bæːrəntsiː] *the* Бáренцево мóре
Belfast [ˌbel'fɑːst] г. Бéлфаст
Belgium ['beldʒəm] Бéльгия
Bering Sea [ˌbeərɪŋ'siː] *the* Бéрингово мóре
Berlin [bɜː'lɪn] г. Берли́н
Birmingham ['bɜːmɪŋəm] г. Би́рмингем
Black Sea [ˌblæk'siː] *the* Чёрное мóре
Bosnia ['bɒznɪa] Бóсния
Boston ['bɒstən] г. Бостóн
Brazil [brə'zɪl] Брази́лия
Britain ['brɪtn] (***Great*** Велико) Британия
Brussels ['brʌslz] г. Брю́ссель
Bucharest [ˌbuːkə'rest] г. Бухарéст
Bulgaria [bʌl'geərɪə] Болгáрия
Byelorussia [bɪˌeləʊ'rʌʃə] Белорýссия, Беларýсь

Cairo ['kaɪrəʊ] г. Каи́р
Calcutta [kæl'kʌtə] г. Калькýтта
California [ˌkʌlɪ'fɔːnjə] Калифóрния (штат в США)
Cambridge ['keɪmbrɪdʒ] г. Кéмбридж
Canada ['kænədə] Канáда
Cape Town ['keɪptaʊn] г. Кéйптаун
Carolina [ˌkærə'laɪnə] Калоли́на (***North*** Сéверная, ***South*** Ю́жная)
Caspian Sea [ˌkæspɪən'siː] *the* Каспи́йское мóре
Caucasus ['kɔːkəsəs] *the* Кавкáз
Ceylon [sɪ'lɒn] о. Цéйлон
Chechnia ['tʃetʃnɪə] Чечня́
Chicago [ʃɪ'kɑːgəʊ, *Am.* ʃɪ'kɔːgəʊ] г. Чикáго
Chile ['tʃɪlɪ] Чи́ли
China ['tʃaɪnə] Китáй
Colorado [ˌkɒlə'rɑːdəʊ] Колорáдо (штат в США)
Columbia [kə'lʌmbɪə] Колýмбия (рекá, гóрод, админ. округ)
Connecticut [kə'netɪkət] Коннектикут (рекá и штат в США)
Copenhagen [ˌkəʊpn'heɪgən] г. Копенгáген
Cordilleras [ˌkɔːdɪ'ljeərəz] *the* Кордильеры (горы)
Croatia [krəʊ'eɪʃə] Хорвáтия
Cuba ['kjuːbə] Кýба
Cyprus ['saɪprəs] о. Кипр
Czech Republic [ˌtʃek rɪ'pʌblɪk] *the* Чéшская Респýблика

Dakota [də'kəʊtə] Дакóта ***North*** Сéверная, ***South*** Ю́жная (штáты США)
Danube ['dænjuːb] р. Дунáй
Delaware ['deləweə] Дéлавер (штат в США)
Denmark ['denmɑːk] Дáния
Detroit [də'trɔɪt] г. Детрóйт
Dover ['dəʊvə] г. Дувр
Dublin ['dʌblɪn] г. Дýблин

Edinburgh ['edɪnbərə] г. Э́динбург
Egypt ['iːdʒɪpt] Еги́пет
Eire ['eərə] Э́йре
England ['ɪŋglənd] Áнглия
Europe ['jʊərəp] Еврóпа

inland ['fɪnlənd] Финля́ндия
lorida ['flɒrɪdə] Фло́рида
rance [frɑːns] Фра́нция

eneva [dʒɪ'niːvə] г. Жене́ва
eorgia ['dʒɔːdʒjə] Джо́рджия (штат в США); Гру́зия
ermany ['dʒɜːmənɪ] Герма́ния
ibraltar [dʒɪ'brɔːltə] Гибра́лтар
lasgow ['glɑːzgəʊ] г. Гла́зго
reece ['griːs] Гре́ция
reenwich ['grenɪtʃ] г. Гри́н(в)ич

ague ['heɪg] *the* г. Га́ага
arwich ['hærɪdʒ] г. Ха́ридж
awaii [hə'waiiː] Гава́йи (о́стров, штат в США)
elsinki ['helsɪŋkɪ] г. Хе́льсинки
imalaya [ˌhɪmə'leɪə] *the* Гимала́и
iroshima [hɪ'rɒʃɪmə] г. Хиро́сима
ollywood ['hɒlɪwʊd] г. Го́лливуд
ungary ['hʌŋgərɪ] Ве́нгрия

celand ['aɪslənd] Исла́ндия
daho ['aɪdəhəʊ] А́йдахо (штат в США)
linois [ˌɪlə'nɔɪ] И́ллинойс (штат в США)
ndia ['ɪndjə] И́ндия
ndiana [ˌɪndɪ'ænə] Индиа́на (штат в США)
ndian Ocean [ˌɪndjən'əʊʃən] *the* Инди́йский океа́н
owa ['aɪəʊə] А́йова (штат в США)
ran [ɪ'rɑːn] Ира́н
raq [ɪ'rɑːk] Ира́к
reland ['aɪələnd] Ирла́ндия
srael ['ɪzreɪəl] Изра́иль
taly ['ɪtəlɪ] Ита́лия

apan [dʒə'pæn] Япо́ния
ersey ['dʒɜːzɪ] о. Дже́рси
erusalem [dʒə'ruːsələm] г. Иерусалим

ansas ['kænzəs] Ка́нзас (штат в США)
entucky [ken'tʌkɪ] Кенту́кки (штат в США)
iev ['kiːev] г. Ки́ев
orea [kə'rɪə] Коре́я
osovo ['kɒsəvəʊ] Ко́сово
remlin ['kremlɪn] Кремль
uwait [kʊ'weɪt] Куве́йт

Latvia ['lætvɪə] Ла́твия
Libya ['lɪbɪə] Ли́вия
Lithuania [ˌlɪθjuː'eɪnjə] Литва́
Lisbon ['lɪzbən] г. Лиссабо́н
Liverpool ['lɪvəpuːl] г. Ли́верпул
London ['lʌndən] г. Ло́ндон
Los Angeles [lɒs'ændʒɪliːz] г. Лос-А́нджелес
Louisiana [luːˌiːzɪ'ænə] Луизиа́на (штат в США)
Luxembourg ['lʌksəmbɜːg] г. Люксембу́рг

Madrid [mə'drɪd] г. Мадри́д
Maine [meɪn] Мэн (штат в США)
Malta ['mɔːltə] Ма́льта (о. и госуда́рство)
Manitoba [ˌmænɪ'təʊbə] Манитоба
Maryland ['meərɪlənd] Мэ́риленд (штат в США)
Massachusetts [ˌmæsə'tʃuːsɪts] Массачу́сетс (штат в США)
Melbourne ['melbən] г. Мельбурн
Mexico ['meksɪkəʊ] Ме́ксика
Michigan ['mɪʃɪgən] Ми́чиган (штат в США)
Minnesota [ˌmɪnɪ'səʊtə] Миннесо́та (штат в США)
Minsk [mɪnsk] г. Минск
Mississippi [ˌmɪsɪ'sɪpɪ] Миссиси́пи (река́ и штат в США)
Missouri [mɪ'zʊərɪ] Миссу́ри (река́ и штат в США)
Moldova [mɒl'dəʊvə] Молдо́ва
Montana [mɒn'tænə] Монта́на (штат в США)
Montreal [ˌmɒntrɪ'ɔːl] г. Монреа́ль
Moscow ['mɒskəʊ] г. Москва́
Munich ['mjuːnɪk] г. Мю́нхен

Nebraska [nə'bræskə] Небра́ска (штат в США)
Netherlands ['neðələndz] *the* Нидерла́нды
Nevada [nə'vɑːdə] Нева́да (штат в США)
Newfoundland ['njuːfəndlənd] о. Ньюфа́ундленд
New Hampshire [ˌnjuː'hæmpʃə] Нью-Хэ́мпшир (штат в США)
New Jersey [ˌnjuː'dʒɜːzɪ] Нью-Дже́рси (штат в США)
New Mexico [ˌnjuː'meksɪkəʊ] Нью-Ме́ксико (штат в США)

New Orleans [ˌnjuːˈɔːlɪənz] г. Но́вый Орлеа́н
New York [ˌnjuːˈjɔːk] Нью-Йо́рк (город и штат в США)
New Zealand [ˌnjuːˈziːlənd] Но́вая Зела́ндия
Niagara [naɪˈægərə] *the* р. Ниага́ра, Ниага́рские водопа́ды
Nile [naɪl] *the* р. Нил
North Sea [ˌnɔːθˈsiː] *the* Се́верное мо́ре
Norway [ˈnɔːweɪ] Норве́гия

Ohio [əʊˈhaɪəʊ] Ога́йо (река́ и штат в США)
Oklahoma [ˌəukləˈhəʊmə] Оклахо́ма (штат в США)
Oregon [ˈɒrɪgən] Орего́н (штат в США)
Oslo [ˈɒzləʊ] г. Осло
Ottawa [ˈɒtəwə] г. Отта́ва
Oxford [ˈɒksfəd] г. О́ксфорд

Pacific Ocean [pəˌsɪfɪkˈəʊʃn] Ти́хий океа́н
Pakistan [ˌpɑːkɪˈstɑːn] Пакиста́н
Paris [ˈpærɪs] г. Пари́ж
Pennsylvania [ˌpensɪlˈveɪnjə] Пенсильва́ния (штат в США)
Philippines [ˈfɪlɪpiːnz] *the* Филиппи́ны
Poland [ˈpəʊlənd] По́льша
Portugal [ˈpɔːtʃʊgl] Португа́лия
Pyrenees [ˌpɪrəˈniːz] *the* Пирене́йские го́ры

Quebec [kwɪˈbek] г. Квебе́к

Rhine [raɪn] *the* р. Рейн
Rhode Island [ˌrəʊdˈaɪlənd] Род-А́йленд (штат в США)
Rome [rəʊm] г. Рим
Romania [ruːˈmeɪnjə] Румы́ния
Russia [ˈrʌʃə] Росси́я

Saudi Arabia [ˌsaʊdɪəˈreɪbɪə] Сау́довская Ара́вия
Scandinavia [ˌskændɪˈneɪvjə] Скандина́вия
Scotland [ˈskɒtlənd] Шотла́ндия
Seoul [səʊl] г. Сеул
Serbia [ˈsɜːbɪə] Се́рбия
Siberia [saɪˈbɪərɪə] Сиби́рь
Singapore [ˌsɪŋəˈpɔː] Сингапу́р

Spain [speɪn] Испа́ния
Stockholm [ˈstɒkhəʊm] г. Стокго́льм
St Petersburg [sntˈpiːtəzbɜːg] г. Санкт-Петербу́рг
Stratford [ˈstrætfəd] -on-Avon [ˈeivən] г. Стра́тфорд-на-Э́йвоне
Sweden [swiːdn] Шве́ция
Switzerland [ˈswɪtsələnd] Швейца́рия
Sydney [ˈsɪdnɪ] г. Си́дней

Taiwan [ˌtaɪˈwɑːn] Тайва́нь
Teh(e)ran [ˌteəˈrɑːn] г. Тегера́н
Tennessee [ˌtenəˈsiː] Теннесси (река́ и штат в США)
Texas [ˈteksəs] Те́хас (штат в США)
Thames [temz] *the* р. Те́мза
Turkey [ˈtɜːkɪ] Ту́рция

Ukraine [juːˈkreɪn] *the* Украи́на
Urals [ˈjʊərəlz] *the* Ура́льские го́ры
Utah [ˈjuːtɑː] Ю́та (штат в США)

Venice [ˈvenɪs] г. Вене́ция
Vermont [vɜːˈmɒnt] Вермонт (штат в США)
Vienna [vɪˈenə] г. Ве́на
Vietnam [ˌviːetˈnæm] Вьетна́м
Virginia [vəˈdʒɪnjə] ***West*** За́падная Вирджи́ния (штат в США)

Warsaw [ˈwɔːsɔː] г. Варша́ва
Washington [ˈwɒʃɪŋtən] Ва́шингтон (город и штат в США)
Wellington [ˈwelɪŋtən] г. Ве́ллингтон (столица Новой Зеландии)
White Sea [ˌwaɪtˈsiː] *the* Бе́лое мо́ре
Wimbledon [ˈwɪmbldən] г. Уи́мблдон
Wisconsin [wɪsˈkɒnsɪn] Виско́нсин (река́ и штат в США)
Worcester [ˈwʊstə] г. Ву́стер
Wyoming [waɪˈəʊmɪŋ] Вайо́минг (штат в США)

Yugoslavia [ˌjuːgəʊˈslɑːvjə] Югосла́вия

Zurich [ˈzʊərɪk] г. Цю́рих

Numerals

Cardinals

0 ноль & нуль *m* naught, zero
1 оди́н *m*, одна́ *f*, одно́ *n* one
2 два *m/n*, две *f* two
3 три three
4 четы́ре four
5 пять five
6 шесть six
7 семь seven
8 во́семь eight
9 де́вять nine
10 де́сять ten
11 оди́ннадцать eleven
12 двена́дцать twelve
13 трина́дцать thirteen
14 четы́рнадцать fourteen
15 пятна́дцать fifteen
16 шестна́дцать sixteen
17 семна́дцать seventeen
18 восемна́дцать eighteen
19 девятна́дцать nineteen
20 два́дцать twenty
21 два́дцать оди́н *m* (одна *f*, одно *n*) twenty-one
22 два́дцать два *m/n* (две *f*) twenty-two
23 два́дцать три twenty-three
30 три́дцать thirty
40 со́рок forty
50 пятьдеся́т fifty
60 шестьдеся́т sixty
70 се́мьдесят seventy
80 во́семьдесят eighty
90 девяно́сто ninety
100 сто (a *и́ли* one) hundred
200 две́сти two hundred
300 три́ста three hundred
400 четы́реста four hundred
500 пятьсо́т five hundred
600 шестьсо́т six hundred
700 семьсо́т seven hundred
800 восемьсо́т eight hundred
900 девятьсо́т nine hundred
1000 (одна́) ты́сяча *f* (a *и́ли* one) thousand
60140 шестьдеся́т ты́сяч сто со́рок sixty thousand one hundred and forty
1 000 000 (оди́н) миллио́н *m* (a *и́ли* one) million
1 000 000 000 (оди́н) миллиа́рд *m* milliard, *Am.* billion

Ordinals

1st пе́рвый first
2nd второ́й second
3rd тре́тий third
4th четвёртый fourth
5th пя́тый fifth
6th шесто́й sixth
7th седьмо́й seventh
8th восьмо́й eighth
9th девя́тый ninth
10th деся́тый tenth
11th оди́ннадцатый eleventh
12th двена́дцатый twelfth
13th трина́дцатый thirteenth
14th четы́рнадцатый fourteenth
15th пятна́дцатый fifteenth
16th шестна́дцатый sixteenth
17th семна́дцатый seventeenth
18th восемна́дцатый eighteenth
19th девятна́дцатый nineteenth
20th двадца́тый twentieth
21st два́дцать пе́рвый twenty-first
22nd два́дцать второ́й twenty-second
23rd два́дцать тре́тий twenty-third
30th тридца́тый thirtieth
40th сороково́й fortieth
50th пятидеся́тый fiftieth
60th шестидеся́тый sixtieth
70th семидеся́тый seventieth
80th восьмидеся́тый eightieth
90th девяно́стый ninetieth
100th со́тый (one) hundredth
200th двухсо́тый two hundredth
300th трёхсо́тый three hundredth
400th четырёхсо́тый four hundredth

500th пятисо́тый five hundredth
600th шестисо́тый six hundredth
700th семисо́тый seven hundredth
800th восьмисо́тый eight hundredth
900th девятисо́тый nine hundredth
1000th ты́сячный (one) thousandth
60 140th шестьдесят ты́сяч ст(о) сороково́й sixty thousan(d) one hundred and fortieth
1 000 000th миллио́нный millionth

American and British Weights and Measures

1. Linear Measure

1 **inch** (**in.**) дюйм = 2,54 см
1 **foot** (**ft**) фут = 30,48 см
1 **yard** (**yd**) ярд = 91,44 см

2. Nautical Measure

1 **fathom** (**fm**) морска́я саже́нь = 1,83 м
1 **cable('s) length** ка́бельтов = 183 м, в США = 120 морски́м саже́ням = 219 м
1 **nautical mille** (**n. m.**) *or* **1 knot** морска́я ми́ля = 1852 м

3. Square Measure

1 **square inch** (**sq. in.**) квадра́тный дюйм = 6,45 кв. см
1 **square foot** (**sq. ft**) квадра́тный фут = 929,03 кв. см
1 **square yard** (**sq. yd**) квадра́тный ярд = 8361,26 кв. см
1 **square rod** (**sq. rd**) квадра́тный род = 25,29 кв. м
1 **rood** (**ro.**) руд = 0,25 а́кра
1 **acre** (**a.**) акр = 0,4 га
1 **square mile** (**sq. ml**, *Am.* **sq. mi.**) квадра́тная ми́ля = 259 га

4. Cubic Measure

1 **cubic inch** (**cu. in.**) куби́ческий дюйм = 16,387 куб. см
1 **cubic foot** (**cu. ft**) куби́ческий фут = 28 316,75 куб. см
1 **cubic yard** (**cu. yd**) куби́ческий ярд = 0,765 куб. м
1 **register ton** (**reg. tn**) региі́стровая то́нна = 2,832 куб. см

5. British Measure of Capacity
Dry and Liquid Measure

Ме́ры жи́дких и сыпу́чих тел
1 **imperial gill** (**gl**, **gi.**) станда́ртный джилл = 0,142 л
1 **imperial pint** (**pt**) станда́ртная пи́нта = 0,568 л
1 **imperial quart** (**qt**) станда́ртная ква́рта = 1,136 л
1 **imperial gallon** (**Imp. gal.**) станда́ртный галло́н = 4,546 л

Dry Measure

1 **imperial peck** (**pk**) станда́ртный пек = 9,092 л
1 **imperial bushel** (**bu.**, **bsh.**) станда́ртный бу́шель = 36,36 л
1 **imperial quarter** (**qr**) станда́ртная че́тверть = 290,94 л

Liquid Measure

1 **imperial barrel** (**bbl.**, **bl**) станда́ртный ба́ррель = 1,636 гл

6. American Measure of Capacity
Dry Measure

1 **U.S. dry pint** америка́нская суха́я пи́нта = 0,551 л
1 **U.S. dry quart** америка́нская суха́я ква́рта = 1,1 л
1 **U.S. dry gallon** америка́нский сухо́й галло́н = 4,4 л
1 **U.S. peck** америка́нский пек = 8,81 л
1 **U.S. bushel** америка́нский бу́шель = 35,24 л

Liquid Measure

1 **U.S. liquid gill** америка́нский джилл (жи́дкости) = 0,118 л
1 **U.S. liquid pint** америка́нская пи́нта (жи́дкости) = 0,473 л
1 **U.S. liquid quart** америка́нская ква́рта (жи́дкости) = 0,946 л
1 **U.S. gallon** америка́нский галло́н (жи́дкости) = 3,785 л
1 **U.S. barrel** америка́нский ба́ррель = 119 л
1 **U.S. barrel petroleum** америка́нский ба́ррель не́фти = 158,97 л

7. Avoirdupois Weight

1 **grain** (**gr.**) гран = 0,0648 г
1 **dram** (**dr.**) дра́хма = 1,77 г
1 **ounce** (**oz**) у́нция = 28,35 г
1 **pound** (**lb.**) фунт = 453,59 г

1 quarter (**qr**) чéтверть = 12,7 кг, в США = 11,34 кг

1 hundredweight (**cwt**) цéнтнер = 50,8 кг, в США = 45,36 кг

1 stone (**st.**) стон = 6,35 кг

1 ton (**tn, t**) = 1016 кг (тж long ton tn. l.), в США = 907,18 кг (тж short ton: tn. sh.)

Some Russian First Names

Алекса́ндр *m*, Alexander
dim: Са́ня, Са́ша, Шу́ра, Шу́рик
Алекса́ндра *f*, Alexandra
dim: Са́ня, Са́ша, Шу́ра
Алексе́й *m*, Alexis
dim: Алёша, Лёша
Анастаси́я *f*, *coll.* Наста́сья, Anastasia
dim: На́стя, Настёна, Та́ся
Анато́лий *m* Anatoly
dim: То́лик, То́ля
Андре́й *m* Andrew
dim: Андре́йка, Андрю́ша
А́нна *f* Ann, Anna
dim: А́ннушка, Аню́та, Аня, Ню́ра, Ню́ша, Ню́ся
Анто́н *m* Antony
dim: Анто́ша, То́ша
Антони́на *f* Antoni(n)a
dim: То́ня
Арка́дий *m* Arcady
dim: Арка́ша, Адик
Арсе́ний *m* Arseny
dim: Арсю́ша
Бори́с *m* Boris
dim: Бо́ря, Бори́ска
Вади́м *m* Vadim
dim: Ди́ма, Ва́дик, Ва́дя
Валенти́н *m* Valentine
dim: Ва́ля
Валенти́на *f* Valentine
dim: Ва́ля, Валю́ша, Ти́на
Вале́рий *m* Valery
dim: Вале́ра, Ва́ля, Вале́рик
Вале́рия *f* Valeria
dim: Ле́ра, Леру́ся
Варва́ра *f* Barbara
dim: Ва́ря, Варю́ша
Васи́лий *m* Basil
dim: Ва́ся, Василёк
Ве́ра *f* Vera
dim: Веру́ся, Веру́ша
Ви́ктор *m* Victor
dim: Ви́тя, Витю́ша
Викто́рия *f* Victoria
dim: Ви́ка
Влади́мир *m* Vladimir
dim: Во́ва, Воло́дя
Владисла́в *m* Vladislav
dim: Вла́дя, Вла́дик, Сла́ва, Сла́вик
Все́волод *m* Vsevolod
dim: Се́ва
Вячесла́в *m* Viacheslav
dim: Сла́ва, Сла́вик
Гали́на *f* Galina
dim: Га́ля, Га́лочка
Генна́дий *m* Gennady
dim: Ге́на, Ге́ня, Ге́ша
Гео́ргий *m* **Его́р** *m* George, Egor
dim: Го́ша, Жо́ра/Его́рка
Григо́рий *m* Gregory
dim: Гри́ша, Гри́ня
Да́рья *f* Daria
dim: Да́ша, Дашу́ля, Да́шенька
Дени́с *m* Denis
dim: Дени́ска
Дми́трий *m* Dmitry
dim: Ди́ма, Ми́тя, Митю́ша
Евге́ний *m* Eugene
dim: Же́ня
Евге́ния *f* Eugenia
dim: Же́ня
Екатери́на *f* Catherine
dim: Ка́тя, Катю́ша
Еле́на *f* Helen
dim: Ле́на, Алёнка, Алёна, Алёнушка, Лёля
Елизаве́та *f* Elizabeth
dim: Ли́за, Ли́занька
Заха́р *m* Zachary
dim: Заха́рка
Зинаида *f* Zinaida
dim: Зи́на, Зину́ля
Зо́я *f* Zoe
dim: Зо́енька
Ива́н *m* John
dim: Ва́ня, Ваню́ша
И́горь *m* Igor
dim: Игорёк, Га́рик
Илья *m* Elijah, Elias
dim: Илю́ша
Инноке́нтий *m* Innokenty
dim: Ке́ша
Ио́сиф *m* **О́сип** *m* Joseph
dim: О́ся
Ири́на *f* Irene
dim: И́ра, Ири́нка, Ири́ша, Иру́ся
Кири́лл *m* Cyril
dim: Кири́лка, Кирю́ша
Кла́вдия *f* Claudia
dim: Кла́ва, Кла́ша, Кла́вочка
Константи́н *m* Constantine
dim: Ко́ка, Ко́стя
Ксе́ния *f* **Акси́нья** *f* Xenia

dim: Ксе́ня, Ксю́ша
Кузьма́ *m* Cosmo
dim: Ку́зя
Лари́са *f* Larisa
dim: Лари́ска, Ла́ра, Ло́ра
Лев *m* Leo
dim: Лёва, Лёвушка
Леони́д *m* Leonid
dim: Лёня
Ли́дия *f* Lydia
dim: Ли́да, Лиду́ся, Лиду́ша
Любо́вь *f* Lubov (Charity)
dim: Лю́ба, Люба́ша
Людми́ла *f* Ludmila
dim: Лю́да, Лю́ся, Ми́ла
Мака́р *m* Macar
dim: Мака́рка, Мака́рушка
Макси́м *m* Maxim
dim: Макси́мка, Макс
Маргари́та *f* Margaret
dim: Ри́та, Марго́(ша)
Мари́на *f* Marina
dim: Мари́нка, Мари́ша
Мари́я *f* **Ма́рья** *f* Maria
dim: Мари́йка, Мару́ся, Ма́ня, Ма́ша, Ма́шенька
Марк *m* Mark
dim: Марку́ша, Марку́ся
Матве́й *m* Mathew
dim: Матве́йка, Матю́ша, Мо́тя
Михаи́л *m* Michael
dim: Миха́лка, Ми́ша, Мишу́ля
Наде́жда *f* Nadezhda (Hope)
dim: На́дя, Надю́ша
Ната́лия *f coll.* **Ната́лья** *f* Natalia
dim: Ната́ша, На́та, Нату́ля, Нату́ся, Та́та
Ники́та *m* Nikita
dim: Ни́ка, Ники́тка, Ники́ша
Никола́й *m* Nicholas
dim: Ни́ка, Никола́ша, Ко́ля
Ни́на *f* Nina
dim: Нину́ля, Нину́ся
Окса́на *f* Oxana
dim: Кса́на
Оле́г *m* Oleg
dim: Оле́жка
О́льга *f* Olga
dim: О́ля, О́люшка, Олю́ша
Па́вел *m* Paul
dim: Па́влик, Павлу́ша, Па́ша
Пётр *m* Peter
dim: Петру́ша, Пе́тя
Поли́на *f* Pauline
dim: Поли́нка, По́ля, Па́ша
Раи́са *f* Raisa
dim: Ра́я, Раю́ша
Ростисла́в *m* Rostislav
dim: Ро́стик, Ро́ся, Сла́ва, Сла́вик
Русла́н *m* Ruslan
dim: Русла́нка, Ру́сик
Светла́на *f* Svetlana
dim: Светла́нка, Све́та
Святосла́в *m* Sviatoslav
dim: Сла́ва
Семён *m* Simeon, Simon
dim: Сёма, Се́ня
Серге́й *m* Serge
dim: Сергу́ня, Серёжа, Серж
Станисла́в *m* Stanislav
dim: Ста́сик, Сла́ва
Степа́н *m* Stephen
dim: Степа́ша, Стёпа
Степани́да *f* Stephanie
dim: Стёша
Тама́ра *f* Tamara
dim: То́ма
Татья́на *f* Tatiana
dim: Та́ня, Таню́ша, Та́та
Тимофе́й *m* Timothy
dim: Ти́ма, Тимо́ша
Фёдор *m* Theodore
dim: Фе́дя, Федю́ля(ня)
Фе́ликс *m* Felix
dim: Фе́ля
Фили́пп *m* Philip
dim: Фи́ля, филю́ша
Эдуа́рд *m* Edward
dim: Э́дик, Э́дя
Э́мма *f* Emma
dim: Э́ммочка
Ю́лия *f* Julia
dim: Ю́ля
Ю́рий *m* Yuri
dim: Ю́ра, Ю́рочка, Юра́ша
Я́ков *m* Jacob
dim: Я́ша, Я́шенька, Яшу́ня
Яросла́в *m* Yaroslav
dim: Сла́ва (ик)

Grammatical Tables

Conjugation and Declension

'he following two rules relative to the spelling of endings in Russian inflected ,ords must be observed:

. Stems terminating in г, к, х, ж, ш, ч, щ are never followed by ы, ю, я, but by **и**, **у**, **а**.

. Stems terminating in ц are never followed by и, ю, я, but by **ы**, **у**, **а**.

ɜesides these, a third spelling rule, dependent on phonetic conditions, i. e. the osition of stress, is likewise important:

. Stems terminating in ж, ш, ч, ц can be followed by an о in the ending only if the syllable in question bears the stress; otherwise, i.e. in unstressed position, **е** is used instead.

A. Conjugation

'refixed forms of the perfective aspect are represented by adding the prefix in ngle brackets, e.g.: <про>чита́ть = чита́ть *impf.*, прочита́ть *pf.*

'ersonal endings of the present (and perfective future) tense:

st conjugation:	-ю (-у)	-ешь	-ет	-ем	-ете	-ют (-ут)
nd conjugation:	-ю (-у)	-ишь	-ит	-им	-ите	-ят (-ат)

Reflexive:

st conjugation:	-юсь (-усь)	-ешься	-ется	-емся	-етесь	-ются (-утся)
nd conjugation:	-юсь (-усь)	-ишься	-ится	-имся	-итесь	-ятся (-атся)

ɜuffixes and endings of the other verbal forms:

mp.	-й(те)	-и(те)	-ь(те)	
reflexive	-йся (-йтесь)	-ись (-итесь)	-ься (-ьтесь)	
	m	*f*	*n*	*pl.*
. pr. a.	-щий(ся)	-щая(ся)	-щее(ся)	-щие(ся)
. pr.	-я(сь)	-а(сь)		
. pr. p.	-мый	-мая	-мое	-мые
short form	-м	-ма	-мо	-мы
t.	-л	-ла	-ло	-ли
	-лся	-лась	-лось	-лись
. pt. a.	-вший(ся)	-вшая(ся)	-вшее(ся)	-вшие(ся)
. pt.	-в(ши)	-вши(сь)		
. pt. p.	-нный	-нная	-нное	-нные
	-тый	-тая	-тое	-тые
short form	-н	-на	-но	-ны
	-т	-та	-то	-ты

Stress:

a) There is *no change of stress unless the final syllable of the infinitive stressed*, i. e. in all forms of the verb stress remains invariably on the ro syllable accentuated in the infinitive, e.g.: пла́кать. The forms of плака correspond to paradigm [3], except for the stress, which is always on пла The imperative of such verbs also differs from the paradigms concerned: is in **-ь(те)** provided their stem ends in **one consonant** only, e.g.: плакат – пла́чь(те), ве́рить – ве́рь(те); and in **-и(те)** (unstressed!) in cases of **tw and more consonants** preceding the imperative ending, e.g.: по́мнить по́мни(те). Verbs with a vowel stem termination, however, generally for their imperative in **-й(те)**: успоко́ить – успоко́й(те).

b) The prefix вы- in perfective verbs always bears the stress: вы́полнить (b *impf.*: выполня́ть). Imperfective (iterative) verbs with the suffix -ыв-/-и are always stressed on the syllable preceding the suffix: пока́зывать (b *pf.* показа́ть), спра́шивать (but *pf.* спроси́ть).

c) In the past participle passive of verbs in **-а́ть** (**-я́ть**), there is usually a shi of stress back onto the root syllable as compared with the infinitive (se paradigms [1]–[4], [6], [7], [28]). With verbs in **-е́ть** and **-и́ть** such a shi may occur as well, very often in agreement with a parallel accent shift i the 2nd p.sg. present tense, e.g.: [про]смотре́ть: [про]смотрю́, смо́трищ – просмо́тренный; see also paradigms [14]–[16] as against [13]: [по]м ри́ть: [по]мирю́, -и́шь – помирённый. In this latter case the short forms the participles are stressed on the last syllable throughout: -ённый: -ё -ена́, -ено́, -ены́. In the former examples, however, the stress remains c the same root syllable as in the long form: -'енный: -'ен, -'ена, -'ено, -'ен

(*a*) present, (*b*) future, (*c*) imperative, (*d*) present participle active, (*e*) prese participle passive, (*f*) present gerund, (*g*) preterite, (*h*) past participle activ (*i*) past participle passive, (*j*) past gerund.

Verbs in **-ать**

1 <про>**чита́ть**
(*a*), <(*b*)> <про>чита́ю, -а́ешь, -а́ют
(*c*) <про>чита́й(те)!
(*d*) чита́ющий
(*e*) чита́емый
(*f*) читая́
(*g*) <про>чита́л, -а, -о, -и
(*h*) <про>чита́вший
(*i*) прочи́танный
(*j*) прочита́в

2 <по>**трепа́ть**
(with л after б, в, м, п, ф)
(*a*), <(*b*)> <по>треплю́, -е́плешь, -е́плют
(*c*) <по>трепли́(те)!
(*d*) тре́плющий
(*e*) –
(*f*) трепля́
(*g*) <по>трепа́л, -а, -о, -и
(*h*) <по>трепа́вший
(i) <по>трёпанный
(j) потрепа́в

3 <об>**глода́ть**
(with changing consonant:
г, д, з > ж
к, т > ч
х, с > ш
ск, ст > щ)
(*a*), <(*b*)> <об>гложу́, -о́жешь, -о́жут
(*c*) <об>гложи́(те)!
(*d*) гло́жущий
(*e*) –
(*f*) гложа́
(*g*) <об>глода́л, -а, -о, -и
(*h*) <об>глода́вший
(*i*) обгло́данный
(*j*) обглода́в

4 <по>**держа́ть**
(with preceding ж, ш, ч, щ)
(*a*), <(*b*)> <по>держу́, -е́ржишь, -е́ржат
(*c*) <по>держи́(те)!
(*d*) держа́щий
(*e*) –
(*f*) держа́
(*g*) <по>держа́л, -а, -о, -и
(*h*) <по>держа́вший
(*i*) поде́ржанный
(*j*) подержа́в

Verbs in **-авать**

5 **дава́ть**
(*a*) даю́, даёшь, даю́т
(*c*) дава́й(те)!
(*d*) даю́щий
(*e*) дава́емый
(*f*) дава́я
(*g*) дава́л, -а, -о, -и
(*h*) дава́вший
(*i*) –
(*j*) –

Verbs in **-евать**

(*e.* = -ю́, -ёшь, *etc.*)
6 <на>**малева́ть**
(*a*), <(*b*)> <на>малю́ю, -ю́ешь, -ю́ют
(*c*) <на>малю́й(те)!
(*d*) малю́ющий
(*e*) малю́емый
(*f*) малю́я
(*g*) <на>малева́л, -а, -о, -и
(*h*) <на>малева́вший
(*i*) намалёванный
(*j*) намалева́в

Verbs in **-овать**

(and in **-евать** with preceding ж, ш, ч, щ, ц)
7 <на>**рисова́ть**
(*e.* = -ю́, -ёшь, *etc.*)
(*a*), <(*b*)> <на>рису́ю, -у́ешь, -у́ют
(*c*) <на>рису́й(те)!
(*d*) рису́ющий
(*e*) рису́емый
(*f*) рису́я
(*g*) <на>рисова́л, -а, -о, -и
(*h*) <на>рисова́вший
(*i*) нарисо́ванный
(*j*) нарисова́в

Verbs in **-еть**

8 <по>**жале́ть**
(*a*), <(*b*)> <по>жале́ю, -е́ешь, -е́ют
(*c*) <по>жале́й(те)!
(*d*) жале́ющий
(*e*) жале́емый
(*f*) жале́я
(*g*) <по>жале́л, -а, -о, -и
(*h*) <по>жале́вший
(*i*) ...ённый (*e.g.*: одолённый)
(*j*) пожале́в

9 <по>**смотре́ть**
(*a*), <(*b*)> <по>смотрю́, -о́тришь, -о́трят
(*c*) <по>смотри́(те)!
(*d*) смо́трящий
(*e*) –
(*f*) смотря́
(*g*) <по>смотре́л, -а, -о, -и
(*h*) <по>смотре́вший
(*i*) ...о́тренный (*e.g.*: просмо́тренный)
(*j*) посмотре́в

10 <по>**терпе́ть**
(with л after б, в, м, п, ф)
(*a*), <(*b*)> <по>терплю́, -е́рпишь, -е́рпят
(*c*) <по>терпи́(те)!
(*d*) терпя́щий
(*e*) терпи́мый
(*f*) терпя́
(*g*) <по>терпе́л, -а, -о, -и
(*h*) <по>терпе́вший
(*i*) ...ённый (*e.g.*: претерпе́нный)
(*j*) потерпе́в

11 <по>**лете́ть**
(with changing consonant:
г, з > ж
к, т > ч
х, с > ш
ск, ст > щ)
(*a*), <(*b*)> <по>лечу́, -ети́шь, -етя́т
(*c*) <по>лети́(те)
(*d*) летя́щий

(*e*) –

(*f*) летя́

(*g*) <по>лете́л, -а, -о, -и

(*h*) <по>лете́вший

(*i*) ...енный (*e.g.*: ве́рченный)

(*j*) полете́в(ши)

Verbs in **-ереть**

12 <по>**тере́ть**

(*st.* = -ешь, -ет, *etc.*)

(*a*), <(*b*)> <по>тру́, -трёшь, -тру́т

(*c*) <по>три́(те)!

(*d*) тру́щий

(*e*) –

(*f*) –

(*g*) <по>тёр, -ла, -ло, -ли

(*h*) <по>тёрший

(*i*) потёртый

(*j*) потере́в

Verbs in **-ить**

13 <по>**мири́ть**

(*a*), <(*b*)> <по>мирю́, -ри́шь, -ря́т

(*c*) <по>мири́(те)!

(*d*) миря́щий

(*e*) мири́мый

(*f*) миря́

(*g*) <по>мири́л, -а, -о, -и

(*h*) <по>мири́вший

(*i*) помирённый

(*j*) помири́в(ши)

14 <по>**люби́ть**

(with л after б, в, м, п, ф)

(*a*), <(*b*)> <по>люблю́, -ю́бишь, -ю́бят

(*c*) <по>люби́(те)!

(*d*) лю́бящий

(*e*) люби́мый

(*f*) любя́

(*g*) <по>люби́л, -а, -о, -и

(*h*) <по>люби́вший

(*i*) ...лю́бленный (*e.g.*: возлю́бленный)

(*j*) полюби́в

15 <по>**носи́ть**

(with changing consonant see No 11)

(*a*), <(*b*)> <по>ношу́, -о́сишь, -о́сят

(*c*) <по>носи́(те)!

(*d*) но́сящий

(*e*) носи́мый

(*f*) нося́

(*g*) <по>носи́л, -а, -о, -и

(*h*) <по>носи́вший

(*i*) поно́шенный

(*j*) поноси́в

16 <на>**кроши́ть**

(with preceding ж, ш, ч, щ)

(*a*), <(*b*)> <на>крошу́, -о́шишь, -о́шат

(*c*) <на>кроши́(те)!

(*d*) кроша́щий

(*e*) кроши́мый

(*f*) кроша́

(*g*) <на>кроши́л, -а, -о, -и

(*h*) <на>кроши́вший

(*i*) накро́шенный

(*j*) накроши́в

Verbs in **-оть**

17 <за>**коло́ть**

(*a*), <(*b*)> <за>колю́, -о́лешь, -о́лют

(*c*) <за>коли́(те)!

(*d*) ко́лющий

(*e*) –

(*f*) –

(*g*) <за>коло́л, -а, -о, -и

(*h*) <за>коло́вший

(*i*) зако́лотый

(*j*) заколо́в

Verbs in **-уть**

18 <по>**ду́ть**

(*a*), <(*b*)> <по>ду́ю, -у́ешь, -у́ют

(*c*) <по>ду́й(те)!

(*d*) ду́ющий

(*e*) –

(*f*) ду́я

(*g*) <по>ду́л, -а, -о, -и

(*h*) <по>ду́вший

(*i*) ...ду́тый (*e.g.*: разду́тый)

(*j*) поду́в

19 <по>**тяну́ть**

(*a*), <(*b*)> <по>тяну́, -я́нешь, -я́нут

(*c*) <по>тяни́(те)!

(*d*) тя́нущий

(*e*) –

(*f*) –

(*g*) <по>тяну́л, -а, -о, -и

(*h*) <по>тяну́вший

(*i*) потя́нутый
(*j*) потяну́в

20 <со>**гну́ть**
(*st.* = -ешь, -ет, *etc.*)
(*a*), <(*b*)> <со>гну́, -нёшь, -ну́т
(*c*) <со>гни́(те)!
(*d*) гну́щий
(*e*) –
(*f*) –
(*g*) <со>гну́л, -а, -о, -и
(*h*) <со>гну́вший
(*i*) со́гнутый
(*j*) согну́в

21 <за>**мёрзнуть**
(*a*), <(*b*)> <за>мёрзну, -нешь, -нут
(*c*) <за>мёрзни(те)!
(*d*) мёрзнущий
(*e*) –
(*f*) –
(*g*) <за>мёрз, -зла, -о, -и
(*h*) <за>мёрзший
(*i*) ...нутый (*e.g.*: воздви́гнутый)
(*j*) замёрзши

Verbs in **-ыть**

22 <по>**кры́ть**
(*a*), <(*b*)> <по>кро́ю, -о́ешь, -о́ют
(*c*) <по>кро́й(те)!
(*d*) кро́ющий
(*e*) –
(*f*) кро́я
(*g*) <по>кры́л, -а, -о, -и
(*h*) <по>кры́вший
(*i*) <по>кры́тый
(*j*) покры́в

23 <по>**плы́ть**
(*st.* = -ешь, -ет, *etc.*)
(*a*), <(*b*)> <по>плыву́, -вёшь, -ву́т
(*c*) <по>плыви́(те)!
(*d*) плыву́щий
(*e*) –
(*f*) плывя́
(*g*) <по>плы́л, -а́, -о, -и
(*h*) <по>плы́вший
(*i*) ...плы́тый (*e.g.*: проплы́тый)
(*j*) поплы́в

Verbs in **-зти́, -зть (-сти)**

24 <по>**везти́**
(-с[т]- = -с[т]-instead of -з- throughout)
(*st.* = -ешь, -ет, *etc.*)
(*a*), <(*b*)> <по>везу́, -зёшь, -зу́т
(*c*) <по>вези́(те)!
(*d*) везу́щий
(*e*) везо́мый
(*f*) везя́
(*g*) <по>вёз, -везла́, -о́, -и́
(*h*) <по>вёзший
(*i*) повезённый
(*j*) повезя́

Verbs in **-сти́, -сть**

25 <по>**вести́**
(-т- = -т- instead of -д- throughout)
(*st.* = -ешь, -ет, *etc.*)
(*a*), <(*b*)> <по>веду́, -дёшь, -ду́т
(*c*) <по>веди́(те)!
(*d*) веду́щий
(*e*) ведо́мый
(*f*) ведя́
(*g*) <по>вёл, -вела́, -о́, -и́
(*h*) <по>ве́дший
(*i*) поведённый
(*j*) поведя́

Verbs in **-чь**

26 <по>**влечь**
(*a*), <(*b*)> <по>влеку́, -ечёшь, -еку́т
(*c*) <по>влеки́(те)!
(*d*) влеку́щий
(*e*) влеко́мый
(*f*) –
(*g*) <по>влёк, -екла́, -о́, -и́
(*h*) <по>влёкший
(*i*) ...влечённый (*e.g.*: увлечённый)
(*j*) повлёкши

Verbs in **-ять**

27 <рас>**та́ять**
(*e.* = -ю, -ёшь, -ёт, *etc.*)
(*a*), <(*b*)> <рас>та́ю, -а́ешь, -а́ют
(*c*) <рас>та́й(те)!
(*d*) та́ющий
(*e*) –
(*f*) та́я

(*g*) <рас>та́ял, -а, -о, -и
(*h*) <рас>та́явший
(*i*) ...а́янный (*e.g.*: обла́янный)
(*j*) раста́яв

28 <по>**теря́ть**
(*a*), <(*b*)> <по>теря́ю, -я́ешь, -я́ют
(*c*) <по>теря́й(те)!
(*d*) теря́ющий
(*e*) теря́емый
(*f*) теря́я
(*g*) <по>теря́л, -а, -о, -и
(*h*) <по>теря́вший
(*i*) поте́рянный
(*j*) потеря́в

B. Declension

Noun

a) Succession of the six cases (horizontally): nominative, genitive, dative, a cusative, instrumental and prepositional in the singular and (thereunde the plural. *With nouns denoting animate beings (persons and animals) the is a coincidence of endings in the accusative and genitive both singular an plural of the masculine, but only in the plural of the feminine and neuter ge ders.* This rule also applies, of course, to adjectives as well as various pro nouns and numerals that must in syntactical connections agree with the respective nouns.

b) Variants of the following paradigms are pointed out in notes added to th individual declension types or, if not, mentioned after the entry word itse

Masculine nouns:

		N	*G*	*D*	*A*	*I*	*P*
1	ви́д	-	-а	-у	-	-ом	-е
		-ы	-ов	-ам	-ы	-ами	-ах

Note: Nouns in -ж, -ш, -ч, -щ have in the *g/pl.* the ending -ей.

		N	*G*	*D*	*A*	*I*	*P*
2	реб	**-ёнок**	-ёнка	-ёнку	-ёнка	-ёнком	-ёнке
		-я́та	-я́т	-я́там	-я́т	-я́тами	-я́тах
3	слу́ча	**-й**	-я	-ю	-й	-ем	-е
		-и	-ев	-ям	-и	-ями	-ях

Notes: Nouns in -ий have in the *prpos/sg.* the ending -ии.
When *e.*, the ending of the *instr/sg.* is -ём, and of the *g/pl.* -ёв.

		N	*G*	*D*	*A*	*I*	*P*
4	про́фил	**-ь**	-я	-ю	-ь	-ем	-е
		-и	-ей	-ям	-и	-ями	-ях

Note: When *e.*, the ending of the *instr/sg.* is -ём.

Feminine nouns:

		N	*G*	*D*	*A*	*I*	*P*
5	рабо́т	**-а**	-ы	-е	-у	-ой	-е
		-ы	-	-ам	-ы	-ами	-ах
6	неде́л	**-я**	-и	-е	-ю	-ей	-е
		-и	-ь	-ям	-и	-ями	-ях

Notes: Nouns in -ья have in the *g/pl.* the ending -ий (unstressed) or -éй (stressed), the latter being also the ending of nouns in -éя. Nouns in -я with preceding vowel terminate in the *g/pl.* in -й (for -ий see also No. 7). When *e.*, the ending of the *instr/sg.* is -ёй (-ёю).

7	áрм**и**	**-я**	-и	-и	-ю	-ей	-и
		-и	-й	-ям	-и	-ями	-ях
8	тетрáд	**-ь**	-и	-и	-ь	-ью	-и
		-и	-ей	-ям	-и	-ями	-ях

Neuter nouns:

9	блюд	**-о**	-а	-у	-о	-ом	-е
		-а	-	-ам	-а	-ами	-ах
10	пóл	**-е**	-я	-ю	-е	-ем	-е
		-я́	-éй	-я́м	-я́	-я́ми	-я́х

Note: Nouns in -ье have in the *g/pl.* the ending -ий. In addition, they do not shift their stress.

11	учи́лищ	**-е**	-а	-у	-е	-ем	-е
		-а	-	-ам	-а	-ами	-ах
12	желáн**и**	**-е**	-я	-ю	-е	-ем	-и
		-я	-й	-ям	-я	-ями	-ях
13	врé**м**	**-я**	-ени	-ени	-я	-енем	-ени
		-енá	-ён	-енáм	-енá	-енáми	-енáх

Adjective

also ordinal numbers, etc.

Notes

a) Adjectives in **-ский** have no predicative (short) forms.

b) Variants of the following paradigms have been recorded with the individual entry words.

		m	*f*	*n*	*pl.*	
14	бéл	**-ый(-óй)**	**-ая**	**-ое**	**-ые**	long form
		-ого	-ой	-ого	-ых	
		-ому	-ой	-ому	-ым	
		-ый	-ую	-ое	-ые	
		-ым	-ой	-ым	-ыми	
		-ом	-ой	-ом	-ых	
		-	-á	-о (*a.* -ó)	-ы (*a.* -ы́)	short form

15	си́н	**-ий**	**-яя**	**-ее**	**-ие**	long form
		-его	-ей	-его	-их	
		-ему	-ей	-ему	-им	
		-ий	-юю	-ее	-ие	
		-им	-ей	-им	-ими	
		ем	-ей	-ем	-их	
		-(ь)	-я́	-е	-и	short form
16	стро́г	**-ий**	**-ая**	**-ое**	**-ие**	long form
		-ого	-ой	-ого	-их	
		-ому	-ой	-ому	-им	
		-ий	-ую	-ое	-ие	
		-им	-ой	-им	-ими	
		-ом	-ой	-ом	-их	
		-	-а́	-о	-и (*a.* -и́)	short form
17	то́щ	**-ий**	**-ая**	**-ее**	**-ие**	long form
		-его	-ей	-его	-их	
		-ему	-ей	-ему	-им	
		-ий	-ую	-ее	-ие	
		-им	-ей	-им	-ими	
		-ем	-ей	-ем	-их	
		-	-а	-е (-ó)	-и	short form
18	оле́н	**-ий**	**-ья**	**-ье**	**-ьи**	
		-ьего	-ьей	-ьего	-ьих	
		-ьему	-ьей	-ьему	-ьим	
		-ий	-ью	-ье	-ьи	
		-ьим	-ьей	-ьим	-ьими	
		-ьем	-ьей	-ьем	-ьих	
19	дя́дин	**-**	**-а**	**-о**	**-ы**	
		-а	-ой	-а	-ых	
		-у	-ой	-у	-ым	
		-	-у	-о	-ы	
		ым	-ой	-ым	-ыми	
		-ом[1]	-ой	-ом	-ых	

[1]) Masculine surnames in -ов, -ев, -ин, -ын have the ending -е.

Pronoun

20	**я**	меня́	мне	меня́	мной (мно́ю)	мне
	мы	нас	нам	нас	на́ми	
21	**ты**	тебя́	тебе́	тебя́	тобо́й (тобо́ю)	тебе́
	вы	вас	вам	вас	ва́ми	вас
22	**он**	его́	ему́	его́	им	нём
	она́	её	ей	её	е́ю (ей)	ней
	оно́	его́	ему́	его́	им	нём
	они́	их	им	их	и́ми	них

Note: After prepositions the oblique forms receive an н-prothesis, e.g.: для него́, с не́ю (ней).

3	**кто**	кого́	кому́	кого́	кем	ком
	что	чего́	чему́	что	чем	чём

ote: In combinations with ни-, не- a preposition separates such compounds, e.g. ничто́: ни от чего́, ни к чему́.

4	**мой**	моего́	моему́	мой	мои́м	моём
	моя́	мое́й	мое́й	мою́	мое́й	мое́й
	моё	моего́	моему́	моё	мои́м	моём
	мой	мои́х	мои́м	мой	мои́ми	мои́х
5	**наш**	на́шего	на́шему	наш	на́шим	на́шем
	на́ша	на́шей	на́шей	на́шу	на́шей	на́шей
	на́ше	на́шего	на́шему	на́ше	на́шим	на́шем
	на́ши	на́ших	на́шим	на́ши	на́шими	на́ших
6	**чей**	чьего́	чьему́	чей	чьим	чьём
	чья	чьей	чьей	чью	чьей	чьей
	чьё	чьего́	чьему́	чьё	чьим	чьём
	чьи	чьих	чьим	чьи	чьи́ми	чьих
7	**э́тот**	э́того	э́тому	э́тот	э́тим	э́том
	э́та	э́той	э́той	э́ту	э́той	э́той
	э́то	э́того	э́тому	э́то	э́тим	э́том
	э́ти	э́тих	э́тим	э́ти	э́тими	э́тих
8	**тот**	того́	тому́	тот	тем	том
	та	той	той	ту	той	той
	то	того́	тому́	то	тем	том
	те	тех	тем	те	те́ми	тех
9	**сей**	сего́	сему́	сей	сим	сём
	сия́	сей	сей	сию́	сей	сей
	сие́	сего́	сему́	сие́	сим	сём
	сий	сих	сим	сий	си́ми	сих
0	**сам**	самого́	самому́	самого́	сами́м	само́м
	сама́	само́й	само́й	саму́, самоё	само́й	само́й
	само́	самого́	самому́	само́	сами́м	само́м
	са́ми	сами́х	сами́м	сами́х	сами́ми	сами́х
1	**весь**	всего́	всему́	весь	всем	всём
	вся	всей	всей	всю	всей	всей
	всё	всего́	всему́	всё	всем	всём
	все	всех	всем	все	все́ми	всех
2	**не́сколько**	не́скольких	не́скольким	не́сколько	не́сколькими	не́скольких

Numeral

3	**оди́н**	одного́	одному́	оди́н	одни́м	одно́м
	одна́	одно́й	одно́й	одну́	одно́й	одно́й
	одно́	одного́	одному́	одно́	одни́м	одно́м
	одни́	одни́х	одни́м	одни́	одни́ми	одни́х

34	**два**	**две**	**три**	**четы́ре**
	двух	двух	трёх	четырёх
	двум	двум	трём	четырём
	два	две	три	четы́ре
	двумя́	двумя́	тремя́	четырьмя́
	двух	двух	трёх	четырёх

35	**пять**	**пятна́дцать**	**пятьдеся́т**	**сто**	**со́рок**
	пяти́	пятна́дцати	пяти́десяти	ста	сорока́
	пяти́	пятна́дцати	пяти́десяти	ста	сорока́
	пять	пятна́дцать	пятьдеся́т	сто	со́рок
	пятью́	пятна́дцатью	пятью́десятью	ста	сорока́
	пяти́	пятна́дцати	пяти́десяти	ста	сорока́

36	**две́сти**	**три́ста**	**четы́реста**	**пятьсо́т**
	двухсо́т	трёхсо́т	четырёхсо́т	пятисо́т
	двумста́м	трёмста́м	четырёмста́м	пятиста́м
	две́сти	три́ста	четы́реста	пятьсо́т
	двумяста́ми	тремяста́ми	четырьмяста́ми	пятьюста́ми
	двухста́х	трёхста́х	четырёхста́х	пятиста́х

37	**о́ба**	**о́бе**	**дво́е**	**че́тверо**
	обо́их	обе́их	двои́х	четверы́х
	обо́им	обе́им	двои́м	четверы́м
	о́ба	о́бе	дво́е	че́тверо
	обо́ими	обе́ими	двои́ми	четверы́ми
	обо́их	обе́их	двои́х	четверы́х